SCHÄFFER
POESCHEL

Die Steuerberaterprüfung
Band 1

Michael Preißer (Hrsg.)

Ertragsteuerrecht

2002
Schäffer-Poeschel Verlag Stuttgart

Bearbeiterübersicht:

M. Preißer: Teil A - C, D
J. Schmidt: Teil D

Die Deutsche Bibliothek – CIP-Einheitsaufnahme

Ertragsteuerrecht :
Die Steuerberaterprüfung Band 1 / Michael Preißer (Hrsg.)
- Stuttgart : Schäffer- Poeschel, 2002
   ISBN 3-7910-1843-4

Gedruckt auf säure- und chlorfreiem, alterungsbeständigem Papier.

ISBN 3-7910-1843-4

Dieses Werk einschließlich aller seiner Teile ist urheberrechtlich geschützt. Jede Verwertung außerhalb der engen Grenzen des Urheberrechtsgesetzes ist ohne Zustimmung des Verlages unzulässig und strafbar. Das gilt insbesondere für Vervielfältigungen, Übersetzungen, Mikroverfilmungen und die Einspeicherung und Verarbeitung in elektronischen Systemen.

© 2002 Schäffer-Poeschel Verlag für Wirtschaft · Steuern · Recht GmbH & Co. KG
www.schaeffer-poeschel.de
info@schaeffer-poeschel.de
Einbandgestaltung: Willy Löffelhardt
Druck und Bindung: Ebner&Spiegel GmbH, Ulm
Printed in Germany
August / 2002

Schäffer-Poeschel Verlag Stuttgart
Ein Tochterunternehmen der Verlagsgruppe Handelsblatt

Der Herausgeber

Prof. Dr. Michael Preißer
ist Steuerberater und Professor für Unternehmenssteuerrecht und Wirtschaftsprivatrecht an der Fachhochschule Nordostniedersachsen in Lüneburg (Ausbildung der Wirtschaftsjuristen), deren Schwerpunkt "Steuerrecht und Prüfungswesen" er mitbegründet hat. Er war vorher in Bayern Leiter der Betriebsprüfung. Danach lehrte er als Professor der Beamtenfachhochschule in Hamburg. Er ist Autor zahlreicher Aufsätze sowie Referent der BFA und verschiedener Fortbildungseinrichtungen und privater Lehrinstitute zur Vorbereitung auf die Steuerberaterprüfung und seit 1997 freiberuflich in der Hamburger Kanzlei Graf von Westphalen, Bappert & Modest.

Die Autoren

Leitender Regierungsdirektor Jürgen Schmidt:
war Leiter der Außensteuerprüfung der OFD München und ist derzeit Leiter des allgemeinen Betriebsprüfungsreferats der OFD München. Er ist Autor verschiedener Fachzeitschriften und Kommentierungen zum Internationalen Steuerrecht, Referent bei Fortbildungsveranstaltungen im Steuerrecht sowie Mitglied im Prüfungsausschuss für die Steuerberaterprüfung.

Prof. Dr. Michael Preißer
s.o.: Der Herausgeber

Vorwort des Herausgebers

System statt Chaos

Vor gut 20 Jahren hat Ludwig Schmidt das Einkommensteuerrecht von den Fesseln der unzähligen (und sporadischen) Erkenntnisquellen zweiten Ranges befreit, in dem er eine Kommentierung des EStG vorlegte, die nur dem Gesetz verpflichtet war. Eine ähnliche Leistung vollbrachten Tipke und Kruse mit dem Kommentar zum Verfahrensrecht. Damit war das Steuerrecht in diesen Kernbereichen für den Praktiker berechenbar geworden. Spätere Werke folgten.

Der Lernende (und damit Suchende) steht hingegen der Fülle des Stoffes – zumal angesichts des unüberhörbaren Abgesangs auf das „chaotische Steuerrecht" – nach wie vor ratlos gegenüber. Dieses Anliegen haben wir aufgegriffen.

Das vorliegende Werk unternimmt den Versuch, das gesamte Steuerrecht – soweit es für das schriftliche Steuerberaterexamen von Bedeutung ist – in drei Bänden auf faire, d.h. überschaubare Weise aufzubereiten. Das Gliederungskonzept der drei Bände lehnt sich an die Vorgaben der Prüfung an. Während es im dritten Band (Verfahrensrecht, Umsatzsteuerrecht und Erbschaftsteuerrecht) in Reinform verwirklicht werden konnte und den Klausuren des ersten Tages entspricht, haben wir uns bei den ersten zwei Bänden eher von dogmatischen Aspekten leiten lassen. Im ersten Band wird das materielle Ertragsteuerrecht (Einkommen- und Gewerbesteuerrecht sowie das Internationale Steuerrecht) präsentiert, so wie es für jedermann (und jede Frau) gilt. Dem zweiten Band ist das Unternehmenssteuerrecht vorbehalten, das von den drei Unternehmensträgern (Einzelperson, Personengesellschaft und Kapitalgesellschaften) geprägt ist und sich insbesondere mit den Fragen der jeweiligen Gewinnermittlung auseinandersetzt. Das immer wichtigere Umwandlungssteuerrecht wird aus Gründen des Sachzusammenhangs ebenfalls im zweiten Band abgehandelt.

Wir holen den Leser (besser: Mitarbeiter) bei vorhandenen Grundkenntnissen (Buchführung, Erstellen von Steuererklärungen, rechtliche Grundlagen) ab und zeigen die Strukturen der Rechtsgebiete auf. Dabei haben die zahlreichen Beispiele, die sich an der aktuellen BFH-Rechtsprechung, der Gestaltungsberatung und an typischen Klausurproblemen orientieren, weniger illustrierenden, sondern „kooperativen" Charakter. Das Buch ist – getreu einem Motto von Konfuzius, wonach nur das selbst Erstellte (und nicht das Gehörte oder Gelesene) zum Verständnis beiträgt – als aktives Medium konzipiert. Somit ist das Werk für jeden Autodidakten als ausschließliche Grundlage für das StB-Examen geeignet. Es erspart allerdings nicht die notwendige Praxis im Schreiben von sechsstündigen Klausuren. Besonders wichtig war uns die Verzahnung der einzelnen Teildisziplinen. Sowohl in den Beispielen wie im Text wird auf die Interdisziplinarität, auch zu den rechtlichen Disziplinen (Gesellschaftsrecht und Erbrecht), Wert gelegt.

Wir wollen mit dem dreibändigen Lehrwerk auch ein ausbildungspolitisches Ziel verfolgen, nachdem es kein Hochschul-Curriculum für den Beruf des Steuerberaters gibt.

Die Darstellungen erfolgen auf gesicherter dogmatischer Grundlage der jeweiligen Einzeldisziplin, orientieren sich primär am Gesetz, vernachlässigen aber nicht die weiteren „Quellen" des Steuerrechts, insbesondere die Richtlinien und BMF-Schreiben, soweit sie als Hilfsmittel in der Prüfung zugelassen sind. In einzelnen, meist hochaktuellen Fragen mag uns der Leser nachsehen, dass wir auch bemüht waren, die Diskussion mit zu gestalten.

Da Steuerrecht – ähnlich dem Prozessrecht – auch „Praxisrecht" ist, können alle Autoren auf eine Doppelqualifikation als Theoretiker und Praktiker verweisen, die durch Prüfungserfahrung ergänzt wird. Bei rein theoretischen Ansätzen zur Durchdringung des Steuerrechts treten die vorhandenen Strukturen nur allzu gerne in den Hintergrund, um einem Prinzip den Vortritt zu lassen.

So war es eine glückliche Fügung, dass sich im Autorenkreis die Kraft des Südens (Bähr, Maurer, J. Schmidt, Schuster) und die Klarheit des Nordens (Kölpin, V. Schmidt, Vollgraf) zusammengefunden haben, um mit dem Herausgeber und dem Schäffer-Poeschel Verlag gemeinsam das Erstlingswerk zu erstellen.

Wir möchten an dieser Stelle den wissenschaftlichen Mitarbeitern danken, die maßgeblich am Zustandekommen des Werkes beteiligt waren. Aus der Vielzahl sind insbesondere die Studenten des Fachbereichs Wirtschaftsrecht an der Hochschule Lüneburg, Dominic Reuters und Frank Hülskamp, hervorzuheben, ebenso wie Assessor, Dipl.-Finanzwirt Henning H. Rüth und RA/StB Dr. Thomas Lange, die uns mit ihren kritischen Anmerkungen vorangebracht haben. Herr Holger Köllmann hat das Projekt in technischer Hinsicht von Anfang bis Ende begleitet.

Mein besonderer Dank gilt dem Projektleiter aus dem Hause des Verlages, Harald Dauber, der das Projekt auch in kritischen Phasen mit kräftigem Nachdruck unterstützt und vorangetrieben hat.

Es würde uns freuen, wenn mit dem vorliegenden Werk das Steuerrecht insgesamt wieder berechenbarer und überschaubarer wird, auch wenn der Weg zu dieser Erkenntnis nicht immer einfach ist („per aspera ad astra"). Die Leser sind – mit ihrer Kritik – eingeladen, uns auf diesem – gelegentlich steinigen – Weg zu begleiten.

Lüneburg, im Juli 2002   Michael Preißer

Vorwort der Autoren

Teil A und B Einkommensteuer

In kaum einer anderen Steuerrechtsdisziplin hat die Reduktion der Komplexität, mit anderen Worte die Notwendigkeit, es auf den Punkt zu bringen, eine größere Bedeutung als in der Einkommensteuer, die sich mit nahezu allen Bereichen des Wirtschafts-, aber auch des Privatlebens befasst.

Das Einkommensteuerrecht erfährt hier eine Zweiteilung. In Teil A werden die Ergebnisse aus den verschiedenen Märkten (Arbeits-/Wohnungs-/Kapitalmarkt, etc.), die sich gesetzestechnisch in den sieben Einkunftsarten niederschlagen, zusammen mit den Komponenten dargestellt, die das steuerliche Existenzminimum garantieren.

Die Darstellung orientiert sich an den Leitbegriffen des objektiven und des subjektiven Nettoprinzips und erlaubt somit eine geschlossene Präsentation des Erwerbsaufwands sowie der privat indisponiblen Aufwendungen. Die Zusammenfassung von Werbungskosten und Betriebsausgaben – wie sie zwischenzeitlich auch vom Gesetzgeber vorgenommen wird und immer schon von der Rechtsprechung gefordert wurde, ermöglicht eine konzentrierte Behandlung des Erwerbsaufwands mit allen Facetten auf der Tatbestandsebene. Gleichzeitig wird die Thematik unterlegt mit der auf Kirchhof zurückgehenden Aufteilung in Zustands- und Handlungstatbestand. Vor diesem Hintergrundverständnis werden viele Normen erst verständlich, deren Wesensgehalt sich sonst im bloßen Aufzählen erschließt.

Während bei Teil A die Abbildung der Außenwelt durch das Steuerrecht im Vordergrund steht, konfrontiert Teil B den Leser mit den ureigenen steuerlichen Fragestellungen. Dabei wird auch methodisch ein neuer Weg eingeschlagen. Es werden vier übergreifende Komplexe gebildet, die – jeweils ausgelöst durch eine spezifische steuerliche Vorgabe – unterschiedliche Themenfelder beleuchten. So werden etwa bei der Frage nach dem richtigen steuerlichen Zurechnungssubjekt (individuelle Leistungsfähigkeit) so unterschiedliche Phänomene wie der Drittaufwand, Nießbrauchs- und Treuhandgestaltungen sowie die Angehörigenverträge besprochen. Der Anwender erhält damit die Chance der "Draufsicht" von einer erhöhten Warte, die ihn auch für künftige Entwicklungen des Steuerrechts empfänglich macht.

Teil C Gewerbesteuer

Die Gewerbesteuer (wie lange noch?) wird im Teil C mit den konventionellen Themen präsentiert, wobei bei den Fällen Wert auf die Verzahnung mit dem Bilanzrecht in Band 2 gelegt wurde.

Teil D Internationales Steuerrecht

Das internationale Steuerrecht, in Teil D dargestellt, nimmt nicht nur in der täglichen Praxis des Beraters einen immer größeren Raum ein, sondern auch – bedingt durch diese Entwicklung – in der Steuerberaterprüfung.

Die Autoren haben die umfangreiche Materie traditionell entsprechend den möglichen grenzüberschreitenden Aktivitäten gegliedert. Getrennt nach Inbound- und Outboundaktivitäten wird unter Einbeziehung des Völkerrechts (DBA), des EU-Rechts sowie des nationalen Rechts (insbesondere des AStG) der Komplex von zwei Autoren im Team-Writing dargestellt.

Lüneburg, München im Juli 2002
Michael Preißer
Jürgen Schmidt

Inhaltsverzeichnis

Vorwort des Herausgebers VII
Vorwort der Autoren IX
Abkürzungsverzeichnis XXXI

A	Einkommensteuer I – Kernbereiche	3
I	Grund- und Strukturfragen bei der Einkommensteuer	3
1	Einleitung	3
2	Übersicht Einkommensteuerrecht – Einkommensermittlung nach § 2 EStG	5
2.1	Beispiel einer Einzelveranlagung	7
2.2	Ein Veranlagungsbeispiel zur Zusammenveranlagung	11
3	Die persönliche Steuerpflicht	15
3.1	Der Wohnsitz im Inland (§ 8 AO)	16
3.2	Der gewöhnliche Aufenthalt (§ 9 AO)	17
3.3	Die Diplomatenregelung des § 1 Abs. 2 EStG	18
3.4	Die Grenzpendlerregelung nach § 1 Abs. 3 EStG und § 1a EStG – erster Überblick	19
4	Grundfragen zum Handlungstatbestand, insbesondere zu den Überschusseinkünften	20
4.1	Stellung im Dualismus – System der Einkunftsarten (§ 2 Abs. 2 EStG)	20
4.2	Einnahmen	21
4.2.1	Grundsätze (Einnahmen/keine Einnahmen)	21
4.2.2	Der Sachbezug und die Rabattregelung	24
4.2.3	Die Kausalitätsdichte	26
4.2.4	Zufluss	26
4.2.5	Negative Einnahmen	28
4.3	Erwerbsaufwendungen, insbesondere die Werbungskosten	29
4.3.1	Gemeinsamkeit und Unterschied zwischen Werbungskosten und Betriebsausgaben	29
4.3.2	Aufwendungen als Werbungskosten sowie allgemeine Auslegungsfragen zu § 9 EStG	30
4.3.3	Die „kausale" Betrachtungsweise bei den Werbungskosten bzw. der Zusammenhang mit den Einnahmen	32
4.3.4	Die Pauschalierungsregelung nach § 9a EStG	34
4.4	Der maßgebliche Zeitpunkt beim Handlungstatbestand	35
4.4.1	Systematische Stellung und Tragweite des § 11 EStG	35
4.4.2	Einnahmen und Ausgaben und die wirtschaftliche Verfügungsmacht	35
4.4.2.1	Zufluss und Abfluss bei bargeldloser Zahlung	36
4.4.2.2	Erfüllungssurrogate (Sonstige Zahlungsmodalitäten)	37
4.4.2.3	Verfügungsbeschränkungen	38
4.4.3	Regelmäßig wiederkehrende Einnahmen und Ausgaben	38

II		Der Zustandstatbestand – Teil I: Die Überschusseinkünfte 41
1		Einkünfte aus nichtselbständiger Arbeit (inkl. Grundzüge der Lohnsteuer)..41
1.1		Aufteilung in materielles und formelles Recht 41
1.2		Materiell-rechtliche Einkünfte nach § 19 EStG.................................41
1.2.1		Der Arbeitgeberbegriff 41
1.2.2		Der Arbeitnehmerbegriff 42
1.2.3		Das Dienstverhältnis 44
1.2.4		Der Arbeitslohn..45
1.2.4.1		Steuerpflichtige Komponenten 45
1.2.4.2		Steuerbefreite Komponenten (§ 3 EStG).......................................47
1.2.5		Typische Werbungskosten-Fälle bei § 19 EStG 48
1.2.5.1		Reisekosten des Arbeitnehmers 48
1.2.5.2		Arbeitsmittel des Arbeitnehmers 50
1.3		Formelles (eigentliches Lohnsteuer-)Recht 51
1.3.1		Grundzüge...51
1.3.2		Die Pauschalierung der Lohnsteuer 51
1.3.3		Das Haftungsverfahren gemäß § 42d EStG 54
1.3.3.1		Grundzüge – Prüfungsreihenfolge 54
1.3.3.2		Die Entleiherhaftung gemäß § 42d Abs. 6 und 7 EStG 56
2		Einkünfte aus Kapitalvermögen (§ 20 i.V.m. § 2 Abs. 1 S. 1 Nr. 5 EStG) . 57
2.1		Besteuerung von Kapitaleinkünften (Überblick zum geltenden Recht) – verfassungsrechtlicher Rahmen –.......57
2.2		Beteiligungserträge 58
2.2.1		Der Haupttatbestand (§ 20 Abs. 1 Nr. 1 und Nr. 2 EStG) – Das (neue) Halbeinkünfteverfahren..58
2.2.1.1		Das Berechnungsbeispiel (mit Vergleich zum Anrechnungsverfahren).....58
2.2.1.2		Anwendungsfragen 61
2.2.2		Sonstige „Beteiligungserträge"..62
2.2.3		Exkurs: Grundzüge zur Kapitalertragsteuer (§§ 43 ff. EStG) 64
2.3		Sonstige Kapitalforderungen 65
2.3.1		Zinsen aus Lebensversicherungen (§ 20 Abs. 1 Nr. 6 EStG) 65
2.3.2		Sonstige Kapitalforderungen, insbesondere § 20 Abs. 1 Nr. 7 EStG 68
2.3.2.1		Die Grundaussage 68
2.3.2.2		Einzelfälle und Zuflusszeitpunkt 68
2.4		Abschlussfragen bei § 20 EStG 71
3		Vermietung und Verpachtung (§ 21 i.V.m. § 2 Abs. 1 Nr. 6 EStG)............72
3.1		Überblick...72
3.2		Der gesetzliche Grundtatbestand (§ 21 Abs. 1 S. 1 Nr. 1 EStG) 72
3.2.1		Der Haupttatbestand: Die Vermietung einer Immobilie.................73
3.2.1.1		Erwerb bzw. Errichtung einer Immobilie (in Vermietungsabsicht)...........74
3.2.1.2		Die Vermietungsphase 78
3.2.1.2.1		Die Einkünfteerzielungsabsicht und § 15a EStG analog bei § 21 EStG......78

Inhaltsverzeichnis XIII

3.2.1.2.2	Einnahmen	79
3.2.1.2.3	Werbungskosten	80
3.2.2	Das Zusammenspiel von § 21 EStG mit den „eigenen vier Wänden"	82
3.3	Weitere Vermietungs- und Verpachtungs-Tatbestände	84
4	Sonstige Einkünfte gemäß §§ 22, 23 EStG	84
4.1	Der Anwendungsbereich der privaten wiederkehrenden Leistungen	85
4.2	Die privaten wiederkehrenden Leistungen als „Gegenleistungsrente"	85
4.3	Freiwillige wiederkehrende Bezüge	88
4.4	Schadensersatzrenten und Versicherungsrenten	88
III	**Der Zustandstatbestand – Teil II: Die Gewinneinkünfte**	**89**
1	Gemeinsamkeiten und Unterschiede	89
2	Einkünfte aus Gewerbebetrieb (§ 2 Abs. 1 S. 1 Nr. 2 i.V.m. § 15 EStG)	90
2.1	Bedeutung des Gewerbebetriebs für die (Steuer-)Rechtsordnung	90
2.2	Die positiven Tatbestandsmerkmale gemäß § 15 Abs. 2 EStG	93
2.2.1	Die Selbständigkeit	93
2.2.2	Die Nachhaltigkeit	96
2.2.3	Die Marktbeteiligung	98
2.2.4	Die Gewinnerzielungsabsicht	99
2.3	Die negativen Tatbestandsvoraussetzungen	103
2.3.1	Abgrenzung zur privaten Vermögensverwaltung (§ 14 AO)	103
2.3.1.1	Die gewerbliche Vermietung	104
2.3.1.2	Der gewerbliche Wertpapierhandel	105
2.3.1.3	Der gewerbliche Grundstückshandel und die Drei-Objekt-Grenze	105
2.3.2	Abgrenzung zu Land- und Forstwirtschaft (§ 13 EStG)	110
2.3.3	Abgrenzung zur selbständigen Arbeit (§ 18 EStG)	112
2.4	Zusammenfassung	115
2.4.1	Die zeitliche Dimension des Gewerbebetriebes	115
2.4.2	Sachlicher Umfang des Unternehmens	115
2.4.3	Das Unternehmen in personeller Hinsicht	116
3	Einkünfte aus selbständiger Arbeit (§ 2 Abs. 1 Nr. 3 i.V.m. § 18 EStG)	116
3.1	Vorbemerkung	116
3.2	Die einzelnen freiberuflichen Tätigkeiten (§ 18 Abs. 1 Nr. 1 EStG)	117
3.2.1	Die wissenschaftliche Tätigkeit	117
3.2.2	Die künstlerische Tätigkeit	117
3.2.3	Die schriftstellerische Tätigkeit	118
3.2.4	Die unterrichtende und erzieherische Tätigkeit	118
3.3	Die einzelnen freiberuflichen Berufsträger (§ 18 Abs. 1 Nr. 1 EStG)	119
3.3.1	Die Heilberufe	119
3.3.2	Rechts- und wirtschaftsberatende Berufe	119
3.3.3	Technische Berufe (Architekten, Ingenieure, Vermessungsingenieure)	120
3.3.4	Medienberufe	120
3.3.5	Ähnliche Berufe	120
3.4	Die Mithilfe anderer – die so genannte Vervielfältigungstheorie	121

3.5	Die sonstige selbständige Arbeit (§ 18 Abs. 1 Nr. 3 EStG)	123
IV	**Der Erwerbsaufwand (das objektive Nettoprinzip) und § 12 EStG**	**124**
1	Vorbemerkung	124
1.1	Gang der Darstellung	124
1.2	Rechtssystematische Stellung	125
2	Einzelne unter § 4 Abs. 4 und 5 EStG fallende Erwerbsaufwendungen (i.V.m. § 9 Abs. 5 EStG)	126
2.1	Geschäftsfreundegeschenke (§ 4 Abs. 5 Nr. 1 EStG)	126
2.1.1	Einführung in § 4 Abs. 5 Nr. 1 – 7 EStG	126
2.1.2	Materielle Aspekte zu § 4 Abs. 5 Nr. 1 EStG	127
2.2	Bewirtungsaufwendungen (§ 4 Abs. 5 Nr. 2 EStG)	128
2.3	Aufwendungen nach § 4 Abs. 5 Nr. 3 (Gästehäuser) und § 4 Abs. 5 Nr. 4 (Jagd & Jacht) EStG	129
2.4	Verpflegungsmehraufwand (§ 4 Abs. 5 Nr. 5 EStG) und doppelte Haushaltsführung (§ 4 Abs. 5 Nr. 6a EStG)	130
2.4.1	Die Unterscheidung beider Aufwandskategorien	131
2.4.2	Grundaussage und aktuelle Fragen zum Verpflegungsmehraufwand	131
2.4.3	Grundaussage und aktuelle Fragen zur doppelten Haushaltsführung	132
2.4.4	Die Konkurrenzregelung bei überlappenden Tatbeständen	134
2.5	Das häusliche Arbeitszimmer (§ 4 Abs. 5 Nr. 6b EStG)	134
2.5.1	Überblick	134
2.5.2	Fallgruppe a): Mittelpunkt der gesamten Tätigkeit (§ 4 Abs. 5 Nr. 6b S. 3, 2. HS EStG)	136
2.5.3	Fallgruppe b): Die Zeitgrenze (überwiegende häusliche Arbeit)	137
2.5.4	Fallgruppe c): Kein anderer Arbeitsplatz	138
2.5.5	Fallgruppe d): Übrige Fälle	138
2.5.6	Das Arbeitszimmer in den eigenen vier Wänden	138
2.6	Unangemessene Aufwendungen (§ 4 Abs. 5 Nr. 7 EStG)	139
2.7	Strafen und vergleichbare Sanktionen	140
2.8	Steuern und deren Behandlung (§ 4 Abs. 5 Nr. 8a und 9 bzw. § 12 Nr. 3 EStG)	142
2.9	Zuwendungen i.S.d. § 4 Abs. 5 S. 1 Nr. 10 EStG	143
2.10	Interne Konkurrenz bei § 4 Abs. 5 EStG und externe Aufwands-Konkurrenz zwischen § 4 EStG und § 9 EStG	144
2.10.1	Der Wettbewerb unter den verschiedenen Einzelfällen des § 4 Abs. 5 EStG	144
2.10.2	Konkurrenz zwischen Betriebsausgaben und Werbungskosten	145
2.11	Aktuelle Problemfelder bei § 4 Abs. 4 EStG	148
2.11.1	Fragen im Zusammenhang mit der betrieblichen Veranlassung	148
2.11.2	Betriebsausgaben oder Ausgaben für ein Wirtschaftsgut (Anschaffungskosten/Herstellungskosten)	149
3	Die zentrale Stellung von § 12 Nr. 1 und Nr. 2 EStG	151
3.1	Die Grundaussagen des § 12 Nr. 1 EStG	151

3.1.1	Eine Bemerkung zur Gesetzestechnik	151
3.1.2	Haushalts- und Unterhaltsaufwendungen (§ 12 Nr. 1 EStG) – Grundsätze	152
3.1.3	Einzelfälle (Fallgruppen), insbesondere Abgrenzung zu § 9 EStG	153
3.1.3.1	Reisen	153
3.1.3.2	Persönlichkeitsbildende Kursgebühren	155
3.1.3.3	Umzugskosten	156
3.1.3.4	Der Kfz-Unfall des Arbeitnehmers	157
3.1.3.5	„Hobbyaufwendungen"	158
3.2	Die Bedeutung des § 12 Nr. 2 EStG	158
3.2.1	Die generelle Bedeutung	158
3.2.2	Das Zusammenspiel von § 10 Abs. 1 Nr. 1a, § 12 Nr. 2 und § 22 Nr. 1 EStG bei wiederkehrenden Leistungen	159
3.2.3	Schuldzinsen und wiederkehrende Leistungen	160
3.3	Zusammenfassung zu § 12 Nr. 3 und Nr. 4 EStG	161
V	**Das subjektive Nettoprinzip (Sonderausgaben, außergewöhnliche Belastungen und Familienleistungsaugleich)**	**162**
1	Sonderausgaben	162
1.1	Systematische Stellung der Sonderausgaben im Einkommensteuerrecht	162
1.2	Sonderausgaben als Aufwendungen	162
1.2.1	Mehrjährige Nutzung von Wirtschaftsgütern	163
1.2.2	Wirtschaftliche Belastung	164
1.2.3	Zeitpunkt des Sonderausgabenabzugs	164
1.2.4	Persönliche Abzugsberechtigung	165
1.3	Einzelne Sonderausgaben	166
1.3.1	Unterhaltsleistungen	166
1.3.2	Renten und dauernde Lasten	168
1.3.3	Vorsorgeaufwendungen	168
1.3.3.1	Die verschiedenen Formen der Vorsorgeaufwendungen	169
1.3.3.2	Weitere Voraussetzungen für den Sonderausgabenabzug	170
1.3.3.3	Vorsorgepauschale	172
1.3.4	Gezahlte Kirchensteuer	173
1.3.5	Steuerberatungskosten	174
1.3.6	Berufsaus- oder Weiterbildung in einem nicht ausgeübten Beruf	175
1.3.6.1	Einführung	175
1.3.6.2	Berufsausbildungskosten	176
1.3.6.3	Weiterbildungskosten	178
1.3.6.4	Verhältnis zu den außergewöhnlichen Belastungen	179
1.3.7	Schulgeld	179
1.3.8	Abzug von Altersvorsorgebeiträgen nach § 10a EStG	181
1.3.9	Ausgaben zur Förderung steuerbegünstigter Zwecke	182
1.3.9.1	Mitgliedsbeiträge und Spenden an politische Parteien	182

1.3.9.2	Ausgaben zur Förderung mildtätiger, kirchlicher, religiöser, wissenschaftlicher und als besonders förderungswürdig anerkannter gemeinnütziger Zwecke	184
1.3.9.2.1	Einführung	184
1.3.9.2.2	Ausgaben	185
1.3.9.2.3	Höhe des Spendenabzugs	188
1.3.9.2.4	Bescheinigungsverfahren	190
1.3.9.2.5	Haftungstatbestand	191
1.3.9.2.5.1	Ausstellen unrichtiger Bestätigungen	192
1.3.9.2.5.2	Veranlassen der zweckwidrigen Verwendung	193
1.3.9.2.6	Zusammenfassendes Beispiel	194
1.3.10	Sonderausgaben-Pauschbetrag nach § 10c Abs. 1 EStG	197
2	Außergewöhnliche Belastungen	197
2.1	Grundtatbestand	197
2.1.1	Struktur und allgemeine Fragen	197
2.1.2	Zwangsläufigkeit der Ausgaben	198
2.1.3	Größere Aufwendungen	201
2.1.3.1	Ausgaben	203
2.1.3.2	Gegenwerttheorie	204
2.1.4	Zumutbare Belastung	206
2.2	Aufwendungen für Unterhalt und Berufsausbildung i.S.v. § 33a Abs. 1 EStG	206
2.2.1	Verhältnis zu § 33 EStG	206
2.2.2	Umfang der erfassten Aufwendungen	210
2.2.3	Betrag der außergewöhnlichen Belastungen	211
2.3	Freibetrag für den Sonderbedarf eines sich in der Berufsausbildung befindenden volljährigen Kindes gemäß § 33a Abs. 2 EStG	215
2.4	Aufwendungen für eine Hilfe im Haushalt oder vergleichbare Dienstleistungen im Sinne von § 33a Abs. 3 EStG	215
2.5	Pauschbeträge für behinderte Menschen, Hinterbliebene und Pflegepersonen gemäß § 33b EStG	216
2.6	Kinderbetreuungskosten gemäß § 33c EStG	218
3	Kinder im Steuerrecht	218
3.1	Bedeutung der Kinder im Einkommensteuerrecht	218
3.2	Der Familienleistungsausgleich	219
3.3	Berücksichtigungsfähige Kinder	220
3.4	Die Abzugskomponenten im Einzelnen	224
3.4.1	Freibetrag für Kinder (§ 32 Abs. 6 EStG)	224
3.4.1.1	Das sächliche Existenzminimum (Kinderfreibetrag im engeren Sinne)	224
3.4.1.2	Freibetrag für den persönlichen Bedarf (Betreuungsfreibetrag)	224
3.4.1.3	Die Übertragung des Kinderfreibetrages	225
3.4.2	Der Haushaltsfreibetrag (§ 32 Abs. 7 EStG)	225
3.5	Zusätzliche Maßnahmen	226

B	Einkommensteuer II – Übergreifende Komplexe	229
I	Personelle Zurechnung (Drittaufwand, Nießbrauch/ Treuhand, Angehörigenverträge)	229
1	Einführung	229
2	Die personelle Zurechnung im Bereich der Einnahmen	229
2.1	Das gesetzliche „Leitbild" (§ 20 Abs. 2 S. 1 Nr. 2 ff. EStG sowie § 20 Abs. 2a EStG)	229
2.1.1	Die Übertragung der Beteiligung und § 20 Abs. 2a EStG	230
2.1.2	Die Abtretung von Gewinnansprüchen nach § 20 Abs. 2 Nr. 2a EStG	231
2.1.3	Sonstige Fälle der § 20 Abs. 2 Nr. 2b ff. EStG	232
2.1.3.1	Die isolierte Abtretung von Zinsscheinen § 20 Abs. 2 S. 1 Nr. 2b EStG)	232
2.1.3.2	Stückzinsen	232
2.1.3.3	Kursdifferenzpapiere nach § 20 Abs. 2 S. 1 Nr. 4 EStG	233
2.1.3.4	Zwischengewinne bei Investmentanlagen	234
2.1.4	Zusammenfassung	235
2.2	Die (gesetzlich nicht geregelte) Abtretung und vergleichbare Fälle	236
2.3	Die Besteuerung nachträglicher Einkünfte gemäß § 24 Nr. 2 EStG	238
2.3.1	Handlungstatbestand ohne (aktuellen) Zustandtatbestand: § 24 Nr. 2 EStG	238
2.3.2	Die sonstigen Fälle des § 24 EStG	239
3	Der steuerliche Drittaufwand	243
3.1	Der „Dritte" im Steuerrecht – Anwendungsbereich und Historie	243
3.2	Die Beschlüsse in den Grundzügen – Drittaufwand heute	246
3.2.1	Allgemeiner Anwendungsbereich	246
3.2.2	Erster Spezialfall: Objektfinanzierung bei Ehegatten	247
3.2.3	Zweiter Spezialfall: Unentgeltliche Nutzung eines Arbeitszimmers im „Ehegattenhaus"	249
3.2.4	Dritter Spezialfall: Arbeitszimmer im Miteigentum beider Ehegatten	250
3.2.5	Vierter Spezialfall: Gleichzeitig angeschaffte Eigentumswohnungen	251
3.3	Bilanztechnische Behandlung des „Quasi-Wirtschaftsguts"	251
3.3.1	Aufteilung in selbständige Wirtschaftsgüter	251
3.3.2	Bilanztechnische Behandlung „wie ein materielles Wirtschaftsgut"	252
3.3.3	Höhe der AfA-Beträge	252
3.3.4	Beendigung der Nutzung	252
3.4	Fazit und Folgefragen, insbesondere zum eigenkapitalersetzenden Angehörigendarlehen	253
3.4.1	Weitere Problemfälle und Fazit	253
3.4.2	Drittaufwand bei „eigenkapitalersetzenden Darlehen"	254
4	Die Zuordnung bei komplexen Rechtsverhältnissen	256
4.1	Überblick	256
4.2	Der Nießbrauch (und vergleichbare Nutzungsrechte)	257
4.2.1	Zivilrechtliche Vorgaben	257

4.2.2	Der Nießbrauch bei Vermietung und Verpachtung – Die Verwaltungslösung	258
4.2.2.1	Rechtslage beim Zuwendungsnießbrauch	259
4.2.2.2	Rechtslage beim Vorbehaltsnießbrauch	261
4.2.2.3	Rechtslage beim Vermächtnisnießbrauch	262
4.2.2.4	Erstreckung auf vergleichbare Rechte (Wohnrecht u.a.)	262
4.2.2.5	Die Ablösung des Nießbrauchs	262
4.2.3	Der Nießbrauch bei Kapitalvermögen – Offene Fragen/Neue Wege	263
4.2.3.1	Einführung in die Problemstellung	263
4.2.3.2	Lösungsansatz: Zurechnung der Kapitaleinkünfte beim entgeltlichen Zuwendungsnießbrauch	265
4.2.3.3	Ausblick: Nießbrauch an Personengesellschaften-Beteiligungen	266
4.3	Exkurs: Die Treuhand, insbesondere an Gesellschaftsbeteiligungen	266
4.4	(Mögliche?) Übertragung der Einkunftsquelle bei Angehörigen	268
4.4.1	Einführung in die Problematik	268
4.4.2	Der Ehegattenarbeitsvertrag	269
4.4.3	Die Familienpersonengesellschaften, insbesondere die Beteiligung der Kinder	271
4.4.3.1	Die zivilrechtliche Wirksamkeit	272
4.4.3.2	Der tatsächliche Vollzug der Familien-Personengesellschaft	275
4.4.3.3	Der Fremdvergleich	276
4.4.3.4	Die Mitunternehmerqualität	277
4.4.3.5	Die Prüfung der Höhe nach (Quantifizierungsmaßstab)	277
II	**Realisationstatbestände (Steuerentsrickung im Privatvermögen/ Betriebsvermögen versus Betriebliche Umstrukturierung)**	**279**
1	Übersicht (§ 6 Abs. 3 ff. EStG versus §§ 16 ff. EStG u.a.)	279
1.1	Überblick über den gesetzlichen Regelungsbereich	279
1.2	§ 6 Abs. 3 EStG: Regelfall oder Ausnahme?	279
1.3	Unentgeltliche Übertragung von Einzel-Wirtschaftsgütern (§ 6 Abs. 4 EStG)	282
2	Betriebsveräußerung und Betriebsaufgabe, § 16 (§ 34) EStG	283
2.1	Einführung	283
2.2	Die Betriebsveräußerung (§ 16 Abs. 1 und 2 EStG)	285
2.2.1	Der Grundtatbestand: Der ganze Betrieb wird veräußert	285
2.2.1.1	Das Übertragungsobjekt („alle wesentlichen Betriebsgrundlagen")	285
2.2.1.2	Übertragungshandlung und Übertragungszeitpunkt	287
2.2.1.3	Zurückbehaltene Wirtschaftsgüter	289
2.2.1.4	Ermittlung des begünstigten Veräußerungsgewinnes	291
2.2.1.4.1	Der Veräußerungsgewinn gemäß § 16 Abs. 2 EStG	291
2.2.1.4.2	Die Begünstigung nach §§ 16 Abs. 4, 34 Abs. 3 EStG	294
2.2.1.4.3	Die Trennung zwischen laufendem Gewinn und Veräußerungsgewinn	295
2.2.1.4.4	Nachträgliche Ereignisse	296
2.2.1.5	Besondere Kaufpreis-Modalitäten	297

2.2.1.5.1	Betriebsveräußerung gegen Ratenzahlung	297
2.2.1.5.2	Betriebsveräußerung gegen wiederkehrende Bezüge	299
2.2.2	Die sonstigen Realisationstatbestände bei § 16 Abs. 1 EStG	302
2.2.2.1	(Redaktionelle) Zusammenfassung von § 16 Abs. 1 Nr. 2 und Nr. 3 EStG	302
2.2.2.2	Die Veräußerung eines Teilbetriebs (§ 16 Abs. 1 Nr. 1, 2. Alternative EStG)	302
2.2.2.2.1	Einführung	302
2.2.2.2.2	Einzelfälle zum Teilbetrieb/Versuch einer Systematisierung	303
2.3	Die Betriebsaufgabe (§ 16 Abs. 3 EStG)	307
2.3.1	Grundsätzliche Feststellung	307
2.3.2	Abgrenzungsfragen	309
2.3.2.1	Betriebsaufgabe und Betriebsverlegung	309
2.3.2.2	Betriebsaufgabe und Betriebsunterbrechung	310
2.3.2.3	Betriebsaufgabe und Strukturwandel (bzw. Beurteilungswandel)	312
2.3.2.4	Betriebsaufgabe und Entstrickung im engeren Sinne	312
2.3.2.5	Zusammenfassung	313
2.3.3	Sonstiges	313
2.3.3.1	Räumungsverkauf und Sanierungsfälle	313
2.3.3.2	Bedeutung der Aufgabeerklärung	314
2.3.3.3	Der gemeine Wert bei der Entnahme (zugleich Aufgabegewinn)	315
2.3.3.4	Die Teilbetriebsaufgabe	316
2.3.3.5	Aufgabe bei selbständiger Arbeit	316
2.4	Betriebsverpachtung	317
2.4.1	Standortbestimmung	317
2.4.2	Voraussetzungen des Verpächterwahlrechts	318
2.4.3	Folgen des Verpächterwahlrechts, insbesondere die Aufgabeerklärung	320
2.4.4	Weitere Problemfelder	321
3	Das „neue" Mitunternehmer- und Realteilungs-Konzept: § 6 Abs. 5 EStG und § 16 Abs. 3 S. 2 ff EStG – Mittel zur Umstrukturierung	321
3.1	§ 6 Abs. 5 EStG (StSenkG 2000) und § 6 Abs. 5 EStG (UntStFG 2001)	321
3.1.1	Historischer Rückblick und gesetzliche Wertung	321
3.1.2	Die Neuregelung	323
3.2	Die Realteilung gemäß § 16 Abs. 3 S. 2 ff. EStG	325
3.2.1	Rückblick	325
3.2.2	Die Realteilung nach dem Unternehmenssteuerfortentwicklungsgesetz	325
4	Die Veräußerung von Anteilen an Kapitalgesellschaften (§ 17 EStG)	326
4.1	Stellung des § 17 EStG im System des Einkünftedualismus	326
4.1.1	Historie und Gegenwart des § 17 EStG	326
4.1.2	Der eigentliche „Stellenwert" des § 17 EStG – Systematische Auslegung	327
4.1.3	Verwandte Bereiche	328
4.1.4	Die Subsidiarität von § 17 EStG	328

4.1.5	Der Zustandstatbestand bei § 17 Abs. 1 EStG	329
4.1.5.1	Der persönliche Anwendungsbereich	329
4.1.5.2	Die Beteiligungsvoraussetzungen	330
4.1.5.2.1	Anteile an einer Kapitalgesellschaft	330
4.1.5.2.2	Die 1 %-Grenze	332
4.1.5.2.3	Die Fünfjahresfrist	333
4.1.5.4	Die Nachfolger-Regelung der § 17 Abs. 1 S. 4 und Abs. 2 S. 3 EStG	334
4.1.5.5	Mittelbare Beteiligung/Unmittelbare Beteiligung	335
4.1.6	Die verdeckte Einlage	337
4.2	Der Handlungstatbestand	337
4.2.1	Die Veräußerung gegen Einmalzahlung	337
4.2.1.1	Der Grundtatbestand	337
4.2.1.2	Specifica	337
4.2.2	Veräußerung gegen wiederkehrende Zahlungen	338
4.3	Veräußerungsgewinn und Freibetrag	339
4.3.1	Berechnungsformel für den Veräußerungsgewinn	340
4.3.2	Die Abzugsgröße „Anschaffungskosten"	340
4.3.3	Nachträgliche Anschaffungskosten, insbesondere bei eigenkapitalersetzenden Maßnahmen	341
4.3.3.1	(Offene und verdeckte) Einlagen	341
4.3.3.2	Eigenkapitalersetzende Maßnahmen (§ 32a GmbHG)	342
4.3.4	Die Freibetragsregelung (§ 17 Abs. 3 EStG)	344
4.3.5	Einlage einer wertgeminderten Beteiligung	345
4.4	Der Ergänzungstatbestand des § 17 Abs. 4 EStG	345
4.4.1	Überblick über den Regelungsbereich des § 17 Abs. 4 EStG	346
4.4.2	Konkurrenz zwischen § 17 Abs. 4 EStG und § 20 Abs. 1 Nr. 1 bzw. 2 EStG	346
5	Private Veräußerungsgeschäfte (§ 23 EStG)	346
5.1	Einleitung	346
5.2	Steuerentstrickung bei Immobilien (Privatvermögen)	347
5.2.1	Der Zustandstatbestand bei Privatimmobilien	347
5.2.1.1	Der Grundtatbestand	347
5.2.1.2	Erstreckung auf errichtete Gebäude	347
5.2.1.3	Das Erbbaurecht	348
5.2.1.4	Die Ausnahme: Selbstnutzung	349
5.2.2	Der Handlungstatbestand bei § 23 EStG	350
5.3	Steuerentstrickung bei Wertpapieren und vergleichbaren Wirtschaftsgütern	350
6	Zusammenfassung	351
III	**Einkommensteuer-Rechtsnachfolge (vorweggenommene Erbfolge, Erbfall und Erbauseinandersetzng)**	**353**
1	Einleitung	353
2	Rechtsnachfolge in der Rechtsordnung	354

2.1	Überblick und Eingrenzung	354
2.2	Die Rechtsnachfolge im Zivilrecht, insbesondere im Unternehmensbereich	354
2.2.1	Die Einzelrechtsnachfolge (Singularsukzession)	355
2.2.2	Die Gesamtrechtsnachfolge (Universalsukzession)	355
2.2.2.1	Ausnahmen vom Grundsatz der erbrechtlichen Gesamtrechtsnachfolge	356
2.2.2.2	Erweiterter Anwendungsbereich der Universalsukzession	357
2.2.3	Zivilrechtliches Fazit und Bedeutung für das Steuerrecht	358
2.3	Rechtsnachfolge im öffentlichen Recht	359
2.3.1	Die Nachfolgefähigkeit der einzelnen Rechtspositionen	359
2.3.2	Der Nachfolgetatbestand	361
2.3.3	Zusammenfassung (öffentlich-rechtliche Nachfolge) und Erkenntnisse für das Steuerrecht	361
3	Die vorweggenommene Erbfolge	362
3.1	Die Entwicklung zum „Sonderrechtsinstitut"	362
3.2	Die Grundfälle zur vorweggenommenen Erbfolge	365
3.2.1	Die Übertragung von betrieblichen Einheiten	365
3.2.2	Die Übertragung von Privatvermögen	367
3.2.3	Die Übertragung von Mischvermögen bei mehreren Nachfolgern	368
3.3	Einzelfragen im Anwendungsbereich der vorweggenommene Erbfolge	370
3.3.1	Die „geeigneten" Nachfolger bei der vorweggenommenen Erbfolge	370
3.3.2	Die existenzsichernde „Familien"-Grundlage	371
3.4	Das Sonderrechtsinstitut: Die wiederkehrenden Versorgungszusagen anlässlich der vorweggenommenen Erbfolge	372
3.4.1	Generell: Vermögensübergang gegen wiederkehrende Bezüge	373
3.4.2	Unterscheidung innerhalb der Fallgruppe II nach Typus 1 und 2	376
3.4.3	„Offene" Fragen zum Institut der vorweggenommenen Erbfolge	377
3.5	Auswirkungen der Unternehmensteuerreform 2001 auf das Institut der vorweggenommenen Erbfolge	378
4	Der Erbfall (= Alleinerbfall)	379
4.1	Externe Steuernachfolge (Auswirkungen auf das Kompetenzobjekt)	380
4.2	Die (interne) Steuernachfolge bei akzessorischen Positionen	381
4.2.1	Kriterien für den erbrechtlichen Übergang akzessorischer Positionen	381
4.2.2	Beurteilung der konkreten Fälle	382
4.2.2.1	Das Verpächterwahlrecht im Todesfall	382
4.2.2.2	Vererbung und Reinvestitionsrücklage nach § 6b EStG	383
4.2.2.3	Fazit	383
4.3	Genuine Steuerpositionen im Erbfall am Beispiel des Verlustausgleichs	384
4.3.1	Entwicklung der Rechtsprechung	384
4.3.2	Stellungnahme zur Änderung der Rechtsprechung	385
5	Die Erbauseinandersetzung (Mehrere Erben)	387
5.1	Grundzüge zur Erbauseinandersetzung	388
5.1.1	Einführung in die erbrechtliche und steuerrechtliche Problematik	388

5.1.2	Der Meinungswandel in der Rechtsprechung des Bundesfinanzhofs (Reichsfinanzfhofs)	389
5.1.3	Die (steuerliche) Rechtsstellung der einzelnen Miterben	391
5.2	Erben und übergehendes Kompetenzobjekt – Laufende Besteuerung	392
5.2.1	Miterbengemeinschaft und das (reine) Privatvermögen	392
5.2.2	Die „wesentlichen" Beteiligungen an Kapitalgesellschaften	394
5.2.3	Das Einzelunternehmen und die Miterbengemeinschaft	394
5.2.4	Beteiligung an Personengesellschaften (Mitunternehmerschaft) im Nachlass (Tod des Mitunternehmers)	396
5.3	Die Abwicklung der Miterbengemeinschaft	403
5.3.1	Einführung	403
5.3.2	Personenbestandsveränderungen bei bestehender Miterbengemeinschaft	404
5.3.2.1	Die Übertragung des Anteils	404
5.3.2.2	Das Ausscheiden des Miterben, insbesondere gegen Sachwertabfindung	405
5.3.3	Die Beendigung der Miterbengemeinschaft in Form der „Naturalteilung"	407
5.3.4	Die (eigentliche) Realteilung der Miterbengemeinschaft	408
5.3.4.1	Dogmatische Grundzüge	408
5.3.4.2	Realteilung (Betriebsvermögen) ohne Abfindungszahlungen	409
5.3.4.3	Realteilung (Betriebsvermögen) mit Abfindungszahlung	410
5.3.4.4	Realteilung (Privatvermögen) ohne Abfindungszahlung	412
5.3.4.5	Realteilung (Privatvermögen) mit Abfindungszahlung	412
5.3.4.6	Realteilung eines Mischnachlasses	413
5.3.4.7	Die (insbesondere gegenständliche) Teilauseinandersetzung	415
6	Gesamtfazit zur ertragsteuerlichen Rechtsnachfolge	415
IV	**Verluste im Ertragsteuerrecht – Einkommensteuer-Verlustverrechnung und Verluste im Unternehmensbereich**	**418**
1	Einleitung	418
2	Die Verlustverrechnung in der Einkommensteuer	419
2.1	System und Terminologie der Verlustverrechnung – Einführung	419
2.2	Der Verlustausgleich	420
2.2.1	Das einführende Veranlagungsbeispiel	420
2.2.2	Die Systematik des § 2 Abs. 3 EStG	421
2.2.2.1	Der horizontale Verlustausgleich	421
2.2.2.2	Der vertikale Verlustausgleich	422
2.2.2.3	Mehrere negative Einkunftsarten und verbleibende Verluste	425
2.2.2.4	Ausschluss der Verluste: Verstoß gegen das objektive Nettoprinzip?	426
2.2.2.5	Die Fallgruppenkonzentration auf die „hohen" Gewinne/Verluste	426
2.2.2.6	Die Berücksichtigung von § 24a EStG und § 13 Abs. 3 EStG	427
2.2.3	Ehegattenverlustausgleich bei Zusammenveranlagung	427
2.2.3.1	Der exemplarische Ehegattenverlustausgleich	429
2.2.3.2	Problemfelder beim Ehegattenverlustausgleich	432
2.3	Der Verlustabzug gemäß § 10d EStG	433
2.3.1	Der Verlustrücktrag gem. § 10d Abs. 1 EStG	433

2.3.2	Der Verlustvortrag gemäß § 10d Abs. 2 EStG	436
2.3.3	Zusammentreffen von Verlustrücktrag und Verlustvortrag in einem Veranlagungszeitraum	438
2.3.4	Verbleibender Verlustvortrag	439
2.3.5	Verlustverrechnungen im Bereich der Personengesellschaften	439
2.4	Sonderfragen bei der Verlustentstehung (Veräußerungsverluste)	439
2.4.1	Verlustermittlung und Verlustberücksichtigung bei § 23 EStG	440
2.4.2	Verlustermittlung und Verlustberücksichtigung bei § 17 EStG	441
2.4.3	Gewerbliche Verluste	445
3	Spezielle Beschränkungen bei der Verlustverrechnung	447
3.1	Negative Einkünfte mit Auslandsbezug gemäß § 2a EStG	447
3.1.1	Internationalrechtliche Stellung und dogmatischer „Stellenwert" von § 2a EStG	448
3.1.2	Der Hauptanwendungsbereich: Betriebsstättenverluste	450
3.1.3	Ergänzungen	452
3.2	Verluste bei Verlustzuweisungsgesellschaften (§ 2b EStG)	453
3.2.1	Der „Tatbestand" des § 2b EStG	453
3.2.2	Die Rechtsfolgen des § 2b EStG	454
3.3	Verluste gemäß § 15 Abs. 4 EStG (gewerbliche Tierzucht/Termingeschäfte)	456
3.3.1	Verluste aus gewerblicher Tierzucht	456
3.3.2	Verluste aus betrieblichen Termingeschäften	457
3.4	Verluste gemäß § 22, 23 EStG	457
3.5	Das negative Kapitalkonto des Kommanditisten gemäß § 15a EStG	459
3.5.1	Der Grundtatbestand von § 15a Abs. 1 und Abs. 2 EStG	459
3.5.1.1	Der Begriff „Anteil am Verlust" der Kommanditgesellschaft	461
3.5.1.2	Der Begriff „Kapitalkonto des Kommanditisten"	461
3.5.1.3	Wirkungsweise des § 15a EStG und klausurtechnischer Bearbeitungshinweis	465
3.5.2	Die überschießende Außenhaftung von § 15a Abs. 1 S. 2 und 3 EStG	467
3.5.3	Einlage- und Haftungsminderung nach § 15a Abs. 3 EStG	468
3.5.3.1	Sinn und Zweck der Ausnahmeregelung	468
3.5.3.2	Die Einlageminderung	468
3.5.3.3	Die Haftungsminderung	471
3.5.4	Die Ausweitung des Anwendungsbereiches von § 15a EStG	472
3.5.4.1	Vergleichbare Unternehmer im Sinne des § 15a Abs. 5 EStG	473
3.5.4.2	§ 15a EStG bei anderen Einkunftsarten	473
3.5.5	Konkurrenzfragen	473
3.5.6	Ausscheiden des Kommanditisten und die Beendigung der Kommanditgesellschaft	474
3.5.6.1	Behandlung der verrechenbaren Verluste	474
3.5.6.2	Behandlung des negativen Kapitalkontos	474
3.5.6.3	Behandlung beim Erwerber	475

4	Verluste im Recht der Unternehmenssanierungen sowie in der Gewerbesteuer	476
4.1.	Verluste beim „Mantelkauf" nach § 8 Abs. 4 KStG	476
4.1.1	Begriff des „Mantelkaufs"/Motive	476
4.1.2	Die Entwicklung der BFH-Rechtsprechung und die Folgereaktion	476
4.1.3	Die wirtschaftliche Identität im Besonderen	477
4.2	Verluste im Umwandlungssteuerrecht	480
4.3	Der Verlustvortrag gem. § 10a GewStG	482
C	**Gewerbesteuer**	**487**
I	**Übersicht und Essentialia inklusive Berechnungsschema**	**487**
II	**Steuergegenstand und Steuerpflicht**	**489**
1	Steuergegenstand der Gewerbesteuer	489
1.1	Historische Unterscheidung	489
1.2	Anknüpfung an das Einkommensteuerrecht?	489
1.3	Formeller, fiktiver und fehlender Gewerbebetrieb	491
1.3.1	Der formelle Gewerbebetrieb	491
1.3.2	Der fiktive Gewerbebetrieb	491
1.3.3	Kein Gewerbebetrieb	492
1.4	Der Gewerbebetrieb in Abhängigkeit vom Unternehmensträger	492
1.4.1	Einzelunternehmer	492
1.4.2	Personengesellschaften	493
1.4.3	Kapitalgesellschaften	494
1.5	Inländischer Gewerbebetrieb	494
2	Die sachliche Steuerpflicht im eigentlichen Sinne	494
2.1	Beginn der Gewerbesteuerpflicht	494
2.2	Ende der Gewerbesteuerpflicht	495
3	Die persönliche Steuerpflicht	495
3.1	Gewerbebetrieb und Gewerbetreibender, insbesondere die Mehrheit von Betrieben	495
3.2	Unternehmer- und Unternehmenswechsel	496
3.2.1	Der Gesellschafterwechsel	496
3.2.2	Der Unternehmerwechsel	497
3.2.3	Die Verpachtung des Gewerbebetriebs	498
III	**Die Besteuerungsgrundlage (§ 6 GewStG)**	**499**
1	Die Ausgangsgröße: Der Gewerbeertrag	499
2	Die Hinzurechnungen des § 8 GewStG	500
2.1	Sinn der Hinzurechnungen (und Kürzungen)	500
2.2	Entgelte für Dauerschulden (§ 8 Nr. 1 GewStG)	500
2.2.1	Schulden beim Erwerb (...) des Betriebs	500
2.2.2	Die eigentlichen Dauerschulden	501
2.2.3	Der Sonderfall des Kontokorrentkontos	504
2.2.4	§ 42 AO und die Selbständigkeit eines jeden Kreditgeschäfts	505

2.3	Renten und dauernde Lasten (§ 8 Nr. 2 GewStG)	506
2.4	Gewinnanteile des stillen Gesellschafters (§ 8 Nr. 3 GewStG)	507
2.5	Halbdividendenzurechnung (§ 8 Nr. 5 GewStG)	508
2.6	Miet- und Pachtzinsen (§ 8 Nr. 7 GewStG)	508
2.6.1	Die grundsätzliche Bedeutung (unter Einbeziehung der Kürzung nach § 9 Nr. 4 GewStG)	508
2.6.2	Der Grundtatbestand: Angemietetes Anlagevermögen (ohne Grundbesitz)	509
2.6.3	Die Betriebsverpachtung (über die Gemeindegrenze hinaus)	510
2.7	Berücksichtigung der Ergebnisse aus einer Mitunternehmer-Beteiligung	511
2.8	Weitere Hinzurechnungstatbestände	512
3	Kürzungen (§ 9 GewStG)	513
3.1	Die Kürzung bei betrieblichen Grundbesitz (§ 9 Nr. 1 GewStG)	513
3.1.1	§ 9 Nr. 1 S. 1 GewStG: Der Grundtatbestand der Grundbesitzkürzung	513
3.1.2	Die erweiterte Kürzung gemäß § 9 Abs. 1 Nr. 1 S. 2 GewStG	514
3.2	Kürzung um Gewinnanteile an Kapitalgesellschaften (§ 9 Nr. 2a, 7 und 8 GewStG)	515
3.3	Kürzungen aufgrund ertragsteuerrechtlicher Besonderheiten	516
3.4	Kürzung aufgrund internationalen Steuerrechts (§ 9 Nr. 3 GewStG)	516
4	Ergänzung und Zusammenfassung der Besteuerungsgrundlagen	517
4.1	Berücksichtigung eines Gewerbesteuerverlustes (§ 10a GewStG)	517
4.2	Steuermesszahl und Steuermessbetrag	517
IV	**Spezifika der Gewerbesteuer**	**519**
1	Die Zerlegung	519
1.1	Die mehrgemeindliche Betriebsstätte (§ 30 GewStG)	519
1.2	Der Betriebsstättenbegriff des § 28 GewStG	519
2	Die Korrekturvorschrift des § 35b GewStG	520
3	Die Gewerbesteuerrückstellung als Bilanzproblem	521
3.1	Reihenfolge und Berechnung der Steuerrückstellungen bei Kapitalgesellschaften	522
3.2	Die Gewerbesteuerrückstellung bei Personengesellschaften bzw. Einzelunternehmen	523
4	De lege ferenda – Fragen zur Gewerbesteuer (u.a. § 35 EStG)	524
D	**Internationales Steuerrecht**	**529**
I	**Strukturierung der Fallgestaltungen im Internationalen Steuerrecht (inklusive der Grenzpendlerproblematik)**	**529**
1	Grenzüberschreitende Sachverhalte und Internationales Steuerrecht	529
2	Die Grenzpendlerproblematik	531
2.1	Vorgeschichte und Regelungshintergrund zu § 1 Abs. 3 EStG und § 1a EStG	531
2.2	Die konkrete Regelung	532
2.2.1	§ 1 Abs. 3 EStG	532

2.2.2	§ 1a EStG	534
2.2.3	Zusammenfassung und Schema	535
II	**Die deutschen Doppelbesteuerungsabkommen (DBA)**	**537**
1	Historie und derzeitiger Stand	537
2	Multinationale Zusammenarbeit	537
3	Wirkungsweise der Doppelbesteuerungsabkommen	538
4	Systematik der Doppelbesteuerungsabkommen	539
4.1	Ansässigkeitsbestimmungen in den Doppelbesteuerungsabkommen	539
4.2	Besteuerungsregeln der Doppelbesteuerungsabkommen	541
4.2.1	Die Anrechnungsmethode	542
4.2.1.1	Die Anrechnungsmethode nach dem Recht der Doppelbesteuerungsabkommen	542
4.2.1.2	Die Umsetzung der Anrechnungsmethode in nationales Recht	543
4.2.2	Die Freistellungsmethode	545
4.2.2.1	Die Freistellungsmethode nach Doppelbesteuerungsabkommen	545
4.2.2.2	Die Umsetzung der Freistellungsmethode in nationales Recht	545
4.2.3	Besondere Doppelbesteuerungsabkommen-Klauseln	547
4.3	Aufbau der Doppelbesteuerungsabkommen am Beispiel des OECD-Musterabkommens	548
4.4	Auslegungsregel für Doppelbesteuerungsabkommen	549
III	**Auslandsbeziehungen eines Steuerinländers (Fälle der unbeschränkten Steuerpflicht)**	**551**
1	Einführung in die Thematik	551
2	Inländisches Unternehmen mit Outbound-Aktivitäten (Internationales Unternehmenssteuerrecht)	552
2.1	Steuerliche Folgen mit einer Kapitalgesellschaften im Ausland	552
2.1.1	Steuerliche Behandlung der ausgeschütteten Dividenden	552
2.1.2	Angemessener Liefer- und Leistungsverkehr zwischen verbundenen Unternehmen	555
2.1.2.1	Einleitende Anmerkungen zu der Verrechnungspreisproblematik	556
2.1.2.2	Rechtsgrundlagen für die Korrektur der Verrechnungspreise	556
2.1.2.3	Die Ermittlung des angemessenen Verrechnungspreises	557
2.1.2.4	Festlegung der angemessenen Methode	558
2.1.2.5	Technik der Gewinnberichtigung	559
2.2	Die Errichtung einer Betriebsstätte im Ausland	561
2.2.1	Der Betriebsstättenbegriff	561
2.2.2	Steuerliche Folgen der Betriebsstätten-Gründung	562
2.2.2.1	Errichtung einer Betriebsstätte im Ausland ohne Doppelbesteuerungsabkommen	563
2.2.2.2	Errichtung einer Betriebsstätte im Ausland mit Doppelbesteuerungsabkommen	563
2.2.3	Aufteilung des Betriebsvermögens und der Einkünfte	564

2.2.3.1	Allgemeines zur Einkunftsabgrenzung zwischen den Unternehmensteilen Stammhaus und Betriebsstätte	564
2.2.3.2	Methoden der Gewinnabgrenzung	565
2.3	Beteiligung an einer ausländischen Personengesellschaft	570
2.3.1	Allgemeines	570
2.3.2	Die Einstufung der ausländischen Gesellschaft	571
2.3.3	Besteuerung des inländischen Gesellschafters einer ausländischen Personengesellschaft ohne Doppelbesteuerungsabkommen	571
2.3.4	Besteuerung des inländischen Gesellschafters einer ausländischen Personengesellschaft mit Doppelbesteuerungsabkommen	572
3	Sonstige grenzüberschreitende Aktivitäten eines Steuerinländers	575
3.1	Die Besteuerung von international tätigen Arbeitnehmern	575
3.1.1	Grundsätze	575
3.1.2	Sonderfragen	577
3.2	Die internationale Dividendenbesteuerung	577
3.2.1	Grundzüge/Vorwegunterscheidung	577
3.2.2	Einzelheiten	578
IV	**Regelungsbereiche des Außensteuergesetzes (AStG)**	**579**
1	Allgemeines	579
2	Gliederung des Außensteuergesetzes	579
3	Einkunftsberichtigung nach § 1 AStG	580
3.1	Voraussetzungen der Gewinnberichtigung nach § 1 AStG	580
3.1.1	Geschäftsbeziehungen	580
3.1.2	Nahe stehende Personen	580
3.1.3	Vereinbarte Bedingungen, die einem Fremdvergleich nicht standhalten	581
3.2	Durchführung der Berichtigung nach § 1 AStG	581
3.3	Das Zusammentreffen von § 1 AStG und einem Doppelbesteuerungsabkommen	583
4	Die Wegzugsbesteuerung (§§ 2 – 6 AStG)	584
4.1	Allgemeines	584
4.2	Die Wegzugsbesteuerung nach § 2 AStG	585
4.2.1	Der Tatbestand des § 2 AStG	585
4.2.2	Bagatellgrenze und Ausnahme von der erweitert beschränkten Steuerpflicht	586
4.2.3	Rechtsfolge des § 2 AStG	586
4.2.3.1	Ermittlung der Einkünfte nach § 2 AStG	587
4.2.3.2	Konkurrenzfragen	588
4.2.3.2.1	Verhältnis der erweitert beschränkten Steuerpflicht zur allgemeinen beschränkten Steuerpflicht	588
4.2.3.2.2	Verhältnis der erweitert beschränkten Steuerpflicht zur unbeschränkten Steuerpflicht	588
4.2.3.2.3	Auswirkungen von Doppelbesteuerungsabkommen auf die Wegzugsbesteuerung	588

4.2.3.2.4	Auswirkungen des EG-Rechts auf die Wegzugsbesteuerung	589
4.2.4	Fallstudie zu § 2 AStG	589
4.3	Erbschaftsteuerliche Auswirkungen bei Wohnsitzwechsel in das niedrig besteuernde Ausland (Kurzdarstellung)	592
4.3.1	Tatbestand der erweitert beschränkten Erbschaftsteuerpflicht	592
4.3.2	Umfang der erweitert beschränkten Erbschaftsteuerpflicht	592
4.3.3	Doppelbesteuerungsabkommen und die erweitert beschränkte Erbschaftsteuerpflicht	592
4.4	Zwischenschaltung einer Kapitalgesellschaft (§ 5 AStG)	593
4.4.1	Allgemeines	593
4.4.2	Tatbestandsvoraussetzungen für die Zurechnung nach § 5 AStG	593
4.4.3	Folgen der Anwendung des § 5 AStG	593
4.5	Besteuerung des Vermögenszuwachses bei Wegzug	594
4.5.1	Tatbestandsvoraussetzungen des § 6 AStG	594
4.5.1.1	Persönliche Voraussetzungen	594
4.5.1.2	Sachliche Voraussetzungen	595
4.5.2	Rechtsfolgen des § 6 AStG	595
4.5.2.1	Steuerliche Folgen aus dem Verkauf der Anteile nach dem Wegzug	596
4.5.2.2	Verhinderung von Umgehungen (§ 6 Abs. 3 AStG)	597
4.5.3	Die Hinzurechnungsbesteuerung nach dem AStG	599
4.5.3.1	Ausländische Gesellschaften	600
4.5.3.2	Beherrschung durch inländische Gesellschafter	600
4.5.3.3	Einkünfte aus passivem Erwerb	601
4.5.3.4	Niedrige Besteuerung (§ 8 Abs. 3 AStG)	604
4.5.4	Rechtsfolgen der Hinzurechnungsbesteuerung	606
4.5.5	Gemischte Einkünfte (§ 9 AStG)	608
4.5.6	Schachteldividenden (§ 13 AStG)	609
4.5.7	Nachgeschaltete Zwischengesellschaften (§ 14 AStG)	609
4.5.8	Besonderheiten bei Kapitalanlagegesellschaften	610
4.5.9	Verfahrensvorschriften (§ 18 AStG)	611
4.5.10	Verhältnis der §§ 7 ff. AStG zu anderen Vorschriften	611
V	**Besteuerung der Steuerausländer im Inland**	**613**
1	Sachlicher Umfang der beschränkten Steuerpflicht	613
1.1	Überblick	613
1.2	Konkurrenzen	613
2	Inlandseinkünfte gemäß § 49 EStG	613
2.1	Der Katalog des § 49 Abs. 1 EStG	615
2.1.1	Die Hauptfälle	615
2.1.2	Der Sondertatbestand des § 49 Abs. 1 Nr. 5 EStG (Kapitalforderungen)	618
2.2	Die isolierende Betrachtungsweise des § 49 Abs. 2 EStG	620
3	Durchführung der Besteuerung sowie Verfahrensfragen	621
3.1	Charakterisierung der §§ 50 und 50a EStG	621
3.2	Durchführung der Besteuerung (§ 50 Abs. 1 EStG)	621

3.2.1	Das objektive Nettoprinzip (Abzug des Erwerbsaufwands)	621
3.2.2	Das subjektive Nettoprinzip sowie Tarifermäßigungen	622
3.2.3	Sonstiges (Vertikale Steuergerechtigkeit/Tarifrecht)	622
3.3	Verfahrensfragen	623
3.3.1	Einleitung	623
3.3.2	Ausnahmen vom Quellensteuerabzug nach § 50 Abs. 5 EStG	623
3.3.2.1	Einnahmen aus inländischem Betrieb	623
3.3.2.2	Nachträgliches Nicht-Vorliegen der unbeschränkten Steuerpflicht	623
3.3.2.3	Arbeitnehmer-Veranlagung auf Antrag	623
3.3.2.4	Erstattungsverfahren	624
3.3.3	Der Sondertatbestand des § 50a EStG	624
3.3.3.1	Zweck der Norm	624
3.3.3.2	Aufsichtsratssteuer	624
3.3.3.3	Quellensteuer bei Vergütungen nach § 50a Abs. 4 EStG	624

Stichwortregister 627

Abkürzungsverzeichnis

A	Abschnitt
a.A.	anderer Ansicht
a.a.O.	am angegebenen Ort
AB	Anfangsbestand
Abs.	Absatz
Abschn.	Abschnitt
AdV	Aussetzung der Vollziehung
a.E.	am Ende
AEAO	Anwendungserlass zur Abgabenordnung
a.F.	alte Fassung
AfA	Absetzung für Abnutzung
AFG	Arbeitsförderungsgesetz
AG	Aktiengesellschaft; Arbeitgeber
agB	außergewöhnliche Belastung
AIG	Gesetz über steuerliche Maßnahmen bei Auslandsinvestitionen der deutschen Wirtschaft (Auslandsinvestitionsgesetz)
AK	Anschaffungskosten
AktG	Aktiengesetz
Alt.	Alternative
AN	Arbeitnehmer
AnfG	Gesetz über die Anfechtung von Rechtshandlungen außerhalb des Insolvenzverfahrens vom 05.10.1994 (BGBl I 1994, 2911)
Anm.	Anmerkung
AO	Abgabenordnung
arg.	argumentum
Art.	Artikel
AStG	Außensteuergesetz
AV	Anlagevermögen
Az.	Aktenzeichen
BA	Betriebsausgabe
BAG	Bundesarbeitsgesetz
BaföG	Bundesausbildungsförderungsgesetz
BauGB	Baugesetzbuch
BayObLG	Bayrisches Oberlandesgericht
BB	Betriebs-Berater
BBauG	Bundesbaugesetz
BE	Betriebseinnahmen
BesitzG	Besitzgesellschaft
BetriebsG	Betriebsgesellschaft
BeurkG	Beurkundungsgesetz
BewG	Bewertungsgesetz

BfF	Bundesamt für Finanzen
BFH	Bundesfinanzhof
BFHE	Bundesfinanzhof-Entscheidungen
BFH/NV	Sammlung amtlich nicht veröffentlichter Entscheidungen des Bundesfinanzhofes
BGB	Bürgerliches Gesetzbuch
BGBl	Bundesgesetzblatt
BGH	Bundesgerichtshof
BGHSt	Bundesgerichtshof in Strafsachen
BGHZ	Amtliche Entscheidungssammlung des Bundesgerichthofs
BiRiLiG	Bilanzrichtliniengesetz
BMF	Bundesminister/-ium für Finanzen
BMG	Bemessungsgrundlage
BRAGO	Bundesgebührenverordnung für Rechtsanwälte
BRD	Bundesrepublik Deutschland
BP	Betriebsprüfung
BPO	Betriebsprüfungsordnung
BR-Drs.	Bundesratsdrucksache
BS	Buchungssatz
Bsp.	Beispiel
BStBl	Bundessteuerblatt
Buchst.	Buchstabe
BV	Betriebsvermögen
BVerwG	Bundesverwaltungsgericht
BVV	Betriebsvermögensvergleich
BVerfG	Bundesverfassungsgericht
BVerfGE	Bundesverfassungsgericht-Entscheidungen
BverfGG	Bundesverfassungsgerichtsgesetz
bzgl.	bezüglich
BZRG	Bundeszentralregistergesetz
bzw.	beziehungsweise
CH	Schweiz
DB	Der Betrieb (Zeitschrift)
DBA	Doppelbesteuerungsabkommen
DepotG	Depotgesetz
dgl.	dergleichen
d.h.	das heißt,
DNotI	Informationsdienst des Deutschen Notarinstituts
DStjG	Deutsche Steuerjuristische Gesellschaft e.V. (Band)
DStR	Deutsches Steuerrecht (Zeitschrift)
DStZ	Deutsche Steuer-Zeitung

EFG	Entscheidungen der Finanzgerichte
EFH	Einfamilienhaus
EG	Erdgeschoss; Europäische Gemeinschaft
EGAO	Einführungsgesetz zur Abgabenordnung
EGV	Vertrag zur Neugründung der europäischen Gemeinschaft vom 25.03.1957
EigZulG	Eigenheimzulagengesetz
ErbbauVO	Erbbaurechtsverordnung
ErbGleichG	Erbrechtsgleichstellungsgesetz vom 16.12.1997, BGBl I 1997, 2968
ErbStG	Erbschaftsteuergesetz
ErbStR	Erbschaftsteuerrecht
Erl.	Erlass
ESt	Einkommensteuer
EStDV	Einkommensteuer-Durchführungsverordnung
EStG	Einkommensteuergesetz
EStR	Einkommensteuer-Richtlinien
ETW	Eigentumswohnung
EU	Europäische Union
EuGH	Gerichtshof der Europäischen Gemeinschaften
E-USt	Einfuhrumsatzsteuer
EV	Eigenstumsvorbehalt
evtl.	eventuell
e.V.	eingetragener Verein
EW	Einheitswert
EWIV	Europäische Wirtschaft. Interessenvereinigung
EZ	Erhebungszeitraum
f., ff.	folgende, fortfolgende
FA	Finanzamt
FAGO	Geschäftsordnung für die Finanzämter
FG	Finanzgerichte
FGG	Reichsgesetz über die freiwillige Gerichtsbarkeit vom 17.05.1898
FGO	Finanzgerichtsordnung
FGO-ÄndG	FGO-Änderungsgesetz
FinMin	Finanzministerium
FN	Fußnote
FörderGG	Fördergebietsgesetz
FVG	Gesetz über die Finanzverwaltung
GbR	Gesellschaft bürgerlichen Rechts
geb.	geboren
gem.	gemäß
GenG	Genossenschaftsgesetz
GewO	Gewerbeordnung

GewSt	Gewerbesteuer
GewStDV	Gewerbesteuer-Durchführungsverordnung
GewStG	Gewerbesteuergesetz
GewStR	Gewerbesteuer-Richtlinien
GF	Geschäftsführer
G'fter	Gesellschafter
GFZ	Geschossflächenzahl
GG	Grundgesetz
ggf.	gegebenenfalls
GmbH	Gesellschaft mit beschränkter Haftung
GmbHG	Gesetz betreffend die Gesellschaft mit beschränkter Haftung
GrESt	Grunderwerbsteuer
GrEStG	Grunderwerbsteuergesetz
GrS	Großer Senat
GrStG	Grundsteuergesetz
GrStR	Grundsteuer-Richtlinien
GruBo	Grund und Boden
G+V	Gewinn- und Verlustrechnung
GVG	Gerichtsverfassungsgesetz
GWG	Geringwertige Wirtschaftsgüter
H	Hinweis (zu Richtlinien)
h.A.	herrschender Auffassung
HB	Handelsbilanz
HFR	Höchstrichterliche Finanzrechtsprechung (Entscheidungssammlung)
HGB	Handelsgesetzbuch
HK	Herstellungskosten
h.L.	herrschende Lehre
h.M.	herrschende Meinung
HR	Handelsregister
HS	Halbsatz
HV	Handelsvertreter
i.d.F.	in der Fassung
i.d.R.	in der Regel
IdW	Institut der Wirtschaftsprüfer
i.e.S.	im engeren Sinne
i.H.v.	in Höhe von
inkl.	inklusive
insb.	insbesondere
InsO	Insolvenzordnung
InvZulG	Investitionszulagengesetz
i.S.d.	im Sinne des (der)

i.S.e.	im Sinne eines/-r
IStR	Internationales Steuerrecht
i.S.v.	im Sinne von
i.Ü.	im Übrigen
i.V.m.	in Verbindung mit
i.w.S.	im weiteren Sinne
JStG	Jahressteuergesetz
JGG	Jugendgerichtsgesetz i.d.F. vom 11.12.1974
Kap.	Kapitel
KapESt	Kapitalertragsteuer
KapG	Kapitalgesellschaft
KapVermStG	Kapitalvermögensteuergesetz
Kfz	Kraftfahrzeug
KG	Kommanditgesellschaft
KGaA	Kommanditgesellschaft auf Aktien
Kj.	Kalenderjahr
Komm.	Kommentar
KraftStG	Kraftfahrzeugsteuergesetz
KSt	Körperschaftsteuer
KStG	Körperschaftsteuergesetz
KStR	Körperschaftsteuer-Richtlinien
KWG	Kreditwesengesetz
LAG	Landesarbeitsgericht
Lit.	Literatur
LSG	Landessozialgericht
LSt	Lohnsteuer
LStDV	Lohnsteuer-Durchführungsverordnung
LStR	Lohnsteuer-Richtlinien
lt.	laut
L+F	Land- und Forstwirtschaft
m.a.W.	mit anderen Worten
m.E.	meines Erachtens
MEG	Miterbengemeinschaft
MFH	Mehrfamilienhaus
Mio.	Millionen
Mrd.	Milliarden
MU	Mitunternehmer
MüKo	Münchener Kommentar
m.w.N.	mit weiteren Nachweisen

nat.	natürlichen
Nato	Nordatlantischer Verteidigungspakt („North Atlantic Treaty Organization")
ND	Nutzungsdauer
n.F.	neue Fassung
NJW	Neue Juristische Wochenschrift
Nr.	Nummer
nrkr.	nicht rechtskräftig
OECD-MA	OECD-Musterabkommen
OFD	Oberfinanzdirektion
o.g.	oben genannte/-r/-s
OG	Obergeschoss
OHG	Offene Handelsgesellschaft
OLG	Oberlandesgericht
OrgG	Organgesellschaft
OrgT	Organträger
OVG	Oberverwaltungsgericht
OWiG	Gesetz über Ordnungswidrigkeiten
PartG	Partnerschaftsgesellschaft (steht auch für Parteiengesetz)
PartGG	Partnerschaftsgesellschaftsgesetz
PassG	Passgesetz
PersG	Personengesellschaft
PersHG	Personenhandelsgesellschaft
PV	Privatvermögen
R	Richtlinie
RA	Rechtsanwalt
RennwLottAB	Ausführungsbestimmungen zum Rennwett- und Lotteriegesetz
RFE	Rücklage für Ersatzbeschaffung
RFH	Reichsfinanzhof
RG	Reichsgericht
rkr.	rechtskräftig
Rspr.	Rechtsprechung
Rz.	Randziffer
S	Satz
s.	siehe
SB	Schlussbilanz
s.b.	sonstiger betrieblicher
SGB	Sozialgesetzbuch
sog.	so genannte/-n/-r/-s
SolZ	Solidaritätszuschlag

Steufa	Steuerfahndung
StÄndG	Steueränderungsgesetz
StB	Steuerbilanz; Steuerberater
StBerG	Steuerbereinigungsgesetz
StBG	Steuerberatergesetz
StBGeBV	Steuerberatergebührenverordnung
StED	Steuerlicher Eildienst
StEntlG	Steuerentlastungsgesetz vom 24.03.1999, BGBl I 1999, 402
StGB	Strafgesetzbuch
StKl.	Steuerklasse
StMBG	Gesetz zur Bekämpfung des Missbrauchs und zur Bereinigung des Steuerrechts
StPfl.	Steuerpflichtige/n/r
StPO	Strafprozessordnung
str.	strittig
StSenkG	Steuersenkungsgesetz vom 23.10.2000, BGBl I 2000, 1428
StuW	Steuern und Wirtschaft
StVBG	Steuerverkürzungsbekämpfungsgesetz
TabakStG	Tabaksteuergesetz
TW	Teilwert
Tz.	Textziffer
u.a.	unter anderem
UntStFG	Unternehmenssteuerfortentwicklungsgesetz vom 20.12.2001, BGBl I 2001, 3858
UE	Umwandlungssteuererlass
U.E.	Unseres Erachtens
UmwG	Umwandlungsgesetz
UmwStG	Umwandlungssteuergesetz
UR	Umsatzsteuer-Rundschau (Zeitschrift)
USt	Umsatzsteuer
UStÄndG	Umsatzsteueränderungsgesetz
UStB	Der Umsatz-Steuer-Berater
UStDV	Umsatzsteuer-Durchführungsverordnung
UStG	Umsatzsteuergesetz
USt-Id-Nr.	Umsatzsteueridentifikationsnummer
USt-VA	Umsatzsteuervoranmeldung
u.U.	unter Umständen
UV	Umlaufvermögen
VA	Voranmeldung, Verwaltungsakt
VAZ	Voranmeldungszeitraum
vE	verdeckte Einlage

vEK	verwendbares Eigenkapital
VermBG	Vermögensbildungsgesetz
VerwGrS	Verwaltungsgrundsätze
vGA	verdeckte Gewinnausschüttung
vgl.	vergleiche
VollStrA	Vollsteckungsanweisung
VorSt (VSt)	Vorsteuer
VStG	Vermögensteuergesetz
v.T.	vom Tausend
V+V	Vermietung und Verpachtung
VwGO	Verwaltungsgerichtsordnung
VwVG	Verwaltungsvollstreckungsgesetz
VwZG	Verwaltungszustellungsgesetz
VZ	Veranlagungszeitraum
WertV	Wertermittlungsverordnung
WG	Wirtschaftsgut
wistra	Zeitschrift für Wirtschaft, Steuer, Strafrecht
Wj.	Wirtschaftsjahr
WK	Werbungskosten
WoP	Wohnungsbauprämie
WP	Wirtschaftsprüfer
WÜRV	Wiener Übereinkommen über das Recht der Verträge vom 23.05.1969
ZASt	Zinsabschlagsteuer
z.B.	zum Beispiel
ZEV	Zeitschrift für Erbrecht und Vermögensnachfolge
ZFH	Zweifamilienhaus
ZG	Zollgesetz
Ziff.	Ziffer
ZPO	Zivilprozessordnung
z.T.	zum Teil
z.v.E.	zu versteuerndes Einkommen
ZVG	Zwangsversteigerungsgesetz
zzgl.	zuzüglich

Teil A

Einkommensteuer I – Kernbereiche

A Einkommensteuer I – Kernbereiche

I Grund- und Strukturfragen bei der Einkommensteuer

1 Einleitung

„Die Einkommensteuer geht alle an". Sie ist die Steuer mit der größten Breitenwirkung, da von ihr alle natürliche Personen mit ihren Aktivitäten im In- und Ausland betroffen sind. Sie ist auch die Steuer mit der größten Tiefenwirkung, da sie in persönliche Bereiche (SA und außergewöhnliche Belastungen) eindringt, die den Verkehrs-, Objekt- und Realsteuern vorenthalten bleiben. In ihrer speziellen Erhebungsform als Quellensteuer (Abzugsteuer) begegnet sie in der Grundform jedem Arbeitnehmer (Lohnsteuer) und jedem Kapitalanleger (Kapitalertragsteuer). Bezieht man die Körperschaftsteuer als die Einkommensteuer der Kapitalgesellschaften mit ein, bildet sie gem. § 8 Abs. 1 KStG auch die Basis für die Unternehmensbesteuerung. Sie ist zwar nicht die aufkommensstärkste Steuer, hat aber für die Entwicklung des Steuerrechts die bei weitem größte Bedeutung. An ihr haben alle Steuertheorien ihren Ausgangspunkt genommen und die Erkenntnisse an ihr verprobt. Die wichtigsten – und vor allem: „publikumswirksamen" – Entscheidungen des BVerfG zum Steuerrecht ergingen zum Einkommensteuerrecht. Die Einkommensteuer hat allerdings einen gravierenden Geburtsmangel: Sie verdankt ihr heutiges Erscheinungsbild keinem „Wurf des Gesetzgebers". **Das Einkommensteuerrecht ist nicht (geschlossen) kodifiziert.** Am EStG in der heutigen Fassung wurde seit 1925 „herumgebastelt", ohne dass ein Parlament die Kraft zur durchgängigen Normierung einer der Hauptsäulen der Rechtsordnung gefunden hat. Dies liegt nicht nur an den zahlreichen Rechtsquellen mit unterschiedlicher Normenqualität (EStG, EStDV und EStR), aus denen sie sich zusammensetzt. Als weitaus gravierender wird das Zusammenprallen unterschiedlicher (z.T. konkurrierender) Besteuerungskonzepte in einem Corpus, dem EStG, empfunden. Allein wegen dieser heterogenen Quellen waren (sind) Rspr. und Schrifttum um ein prinzipiengerechtes Einkommensteuerrecht bemüht.

Als Maximen, die auch für die praktische Auseinandersetzung, d.h. bei der Ermittlung des zu versteuernden Einkommens bei der Abgabe einer Steuererklärung (bzw. einer Klausur), von unabdingbarer Bedeutung sind, werden heute gleichberechtigt nebeneinander zitiert:

- Das Leistungsfähigkeitsprinzip,
- der Grundsatz der Individualbesteuerung und
- das Markteinkommensprinzip.

Diese sog. Prinzipien beantworten unterschiedliche Grundfragen des Einkommensteuerrechts, ergänzen sich dabei weitgehend, ohne in allen Details zu gleichen

Ergebnissen zu gelangen. Sie haben vor allem bei Regelungslücken[1] eine große Bedeutung, die sonst für die Rechtsanwender (Gerichte/Finanzverwaltung/Steuerberater) nicht prinzipiengerecht und manchmal auch nicht sinnvoll zu schließen sind. Sie sind zugleich die Richtschnur für den (aktuellen) Gesetzgeber bei der Klärung anstehender Regelungsbereiche. Auch die betroffenen Steuerzahler werden sich als die Normadressaten des EStG bei Streitigkeiten mit dem Finanzamt hierauf sowie auf ihre verfassungsmäßigen Rechte berufen.

Unter dem **Leistungsfähigkeitsprinzip**[2] (gemeinhin auch als die Besteuerung nach der persönlichen Leistungsfähigkeit – the ability to pay – bezeichnet) werden drei Subprinzipien erwähnt:

- Die gleiche Besteuerung für Bürger eines (nahezu) identischen Einkommens,
- die sog. „Ist-Besteuerung" und
- die Geltung des **objektiven** und **subjektiven Nettoprinzips**.

Dabei schließt die Ist-Besteuerung aus, dass hypothetische Sachverhalte der Besteuerung unterworfen werden; es gibt danach keine „Soll-Besteuerung"[3].

Das objektive Nettoprinzip gebietet bei der Ermittlung der Einkünfte (§ 2 Abs. 1 und 2 EStG) den uneingeschränkten Abzug der (aller) Erwerbsaufwendungen, die kausal mit einer Einkunftsquelle zusammenhängen. Die Soll-Bruchstelle mit diesem Prinzip stellen die typisierenden Abzugsbestimmungen dar (Hauptfall: Fahrten zwischen Wohnung und Arbeitsstätte nach § 9 Abs. 1 Nr. 4 EStG). Die Einzelfallgerechtigkeit wird hier zugunsten einer Vereinfachungs- und Pauschalierungsregelung für alle betroffenen Steuerbürger durchbrochen.

Das subjektive Nettoprinzip garantiert den Abzug der existenzsichernden Aufwendungen, wie sie in der Sprache des Gesetzgebers mit Sonderausgaben und außergewöhnlichen Belastungen umschrieben sind.

Mit der Forderung der gleichen Besteuerung der Steuerpflichtigen mit wesentlich gleichem Einkommen (sog. horizontale Steuergerechtigkeit[4]) wird Verzerrungen innerhalb der einzelnen sieben Einkunftsarten vorgebeugt[5]. Der Testfall für die Verifizierung dieses Prinzips sind die verschiedenen Steuervergünstigungen, die zur Zeit sehr unterschiedlich auf die einzelnen Einkunftsarten verteilt sind.

Von einigen wird der **Grundsatz der Individualbesteuerung** als Unterfall des Postulats von der Leistungsfähigkeit behandelt, in einer (sehr wichtigen) Fallgruppe hat das Prinzip jedoch eine eigenständige Bedeutung. Als wichtigster Anwendungsbereich gilt für Ehegatten der Grundsatz der Einzeleinkunftsermittlung. Verwirklichen **Ehegatten**

---

[1] Im Zusammenhang mit den anerkannten juristischen Auslegungsmethoden (grammatikalische, systematische, teleologische und historische Auslegung).
[2] Hierzu grundlegend *Tipke*, Steuerrechtsordnung, 1993, Band I, § 10, 469 ff.
[3] Eines der letzten Bsp. für eine Soll-Besteuerung stellte die Nutzungswertbesteuerung gem. § 21 Abs. 2 a.F. EStG (letztmals 1986) – mit 12-jähriger Übergangsregelung (bis inkl. 1998 für L+F-Einkünfte) – dar.
[4] Demgegenüber betrifft die „vertikale Steuergerechtigkeit" die sog. Tarifgerechtigkeit, die weitgehend in das Ermessen des Gesetzgebers gestellt ist.
[5] Eines der weiteren Stichworte hierfür lautet: Prinzip des „synthetischen Einkommens" bzw. der „synthetischen" Einkunftsarten.

gleichzeitig und sogar miteinander einen Einkunftstatbestand (z.B. als Gesellschafter einer Personengesellschaft), so erfolgt für jeden von ihnen eine getrennte und eigenständige Ermittlung der Besteuerungsgrundlagen[6]. Noch allgemeiner bedeutet der Grundsatz der Individualbesteuerung, dass die Besteuerung (und damit die Erfassung aller Besteuerungsgrundlagen wie insb. der AfA) nur bei demjenigen erfolgt, der i.S.v. § 2 Abs. 1 EStG die „... Einkünfte erzielt".

Mit dem **Markteinkommensprinzip** umschreibt die heute h.M.[7] die gemeinsame Klammer der sieben Einkunftsarten in dem Sinne, dass nur **marktoffenbare** Einnahmen zu einem steuerbaren Tatbestand führen. Ergebnisse der sog. Privatsphäre und Erträge ohne Markt (Schenkung, Erbschaft) sind nicht steuerbar. Es handelt sich dabei um ein praktisches Erklärungsmodell für die zulässige Umsetzung von Lebenssachverhalten in einkommensteuerliche Größen.

2 Übersicht Einkommensteuerrecht – Einkommensermittlung nach § 2 EStG

Im Unterschied zu den o.g. Sollens-Regeln normiert § 2 EStG exakt (und technokratisch) die jeweiligen Schritte, die bei der Ermittlung des **zu versteuernden Einkommens** zu durchlaufen sind (§ 2 Abs. 1 – 5 EStG), bevor hierauf der Steuerbetrag festgesetzt wird (§ 2 Abs. 6 EStG). Die „großen" Begriffe, so wie sie auch in § 2 EStG verwendet werden, heißen in dieser Reihenfolge:

- Einkünfte (§ 2 Abs. 1 EStG),
- Summe der Einkünfte (§ 2 Abs. 2 EStG),
- Gesamtbetrag der Einkünfte (§ 2 Abs. 3 EStG),
- Einkommen (§ 2 Abs. 4 EStG),
- zu versteuerndes Einkommen (§ 2 Abs. 5 EStG).

Für die schematische Ermittlung der Zielgröße „zu versteuerndes Einkommen" sowie für die Klausurenpraxis ist das Ermittlungsschema in R 3 EStR (2001) zusammengefasst, wobei die hier *kursiv* gedruckten Zeilen die *Standardfälle* repräsentieren.

Für Klausurenzwecke ist anzumerken, dass nur die **einschlägigen** Rechtsprüfungen und Rechenoperationen vorzunehmen sind. Das „schematische" Prüfen aller Einzelschritte ist in der vorgegebenen Zeit nicht zu leisten. Dies würde zusätzlich an vielen Stellen zu unzulässigen Sachverhaltsunterstellungen führen[8].

---

[6] Erst danach, d.h. ab dem Gesamtbetrag der Einkünfte (§ 2 Abs. 3 EStG) werden die zusammenveranlagten Ehegatten als ein Steuerpflichtiger behandelt.

[7] Grundlegende Ausführungen stammen von *P. Kirchhof* in *Kirchhof/Söhn*, § 2 A 365 ff.

[8] Andererseits ist an Stellen, an denen der Sachverhalt offensichtlich nicht umfassend vorgetragen ist, ggf. eine notwendige **Unterstellung** eines einzelnen Datums (Merkmals) in der Arbeit (ideal: in der Fußnote) zu vermerken. Dies kommt insb. dann in Betracht, wenn der Bearbeiter einen anderen Lösungsweg einschlägt, als dies vom Entwurfsverfasser vorgesehen ist. Eine solche **hypothetische Lösung** muss in der Klausur deutlich gemacht werden. Bei noch vorhandener Zeit kann auch mit verschiedenen Sachverhaltsalternativen gearbeitet werden.

Berechnungsschema für das zu versteuernde Einkommen

Das zu versteuernde Einkommen ist wie folgt[9] zu ermitteln:

1   *Summen der positiven Einkünfte aus jeder Einkunftsart (§ 2 Abs. 3 S. 2 EStG)*
2 + *Hinzurechnungsbetrag (§ 2a Abs. 3 S. 4 a.F. EStG)*
3 ./. *ausgleichsfähige negative Summen der Einkünfte (2 Abs. 3 S. 3 – 8 EStG)*
4 = **Summe der Einkünfte (§ 2 Abs. 2 EStG)**
5 ./. *Altersentlastungsbetrag (§ 24a EStG)*
6 ./. *Freibetrag für Land- und Forstwirte (§ 13 Abs. 3 EStG)*
7 = **Gesamtbetrag der Einkünfte (§ 2 Abs. 3 S. 1 EStG)**
8 ./. *Verlustabzug nach § 10d n.F. EStG (StEntlG 1999/2000/2002)*
9 ./. *Sonderausgaben (§ 10, § 10b, § 10c EStG)*
10 ./. *Außergewöhnliche Belastungen (§§ 33 – 33c EStG)*
11 ./. *Sonder-AfA (erhöhte Absetzungen) gem. §§ 10e – 10i EStG, § 7 FörderGG*
12 ./. *Verlustabzug nach § 10d a.F. EStG (§ 52 Abs. 25 EStG)*
13 + *zuzurechnendes Einkommen gem. § 15 Abs. 1 AStG*
14 = **Einkommen (§ 2 Abs. 4 EStG)**
15 ./. *Freibeträge für Kinder (§§ 31, 32 Abs. 6 EStG)*
16 ./. *Haushaltsfreibetrag (§ 32 Abs. 7 EStG)*
17 ./. *Härteausgleich nach § 46 Abs. 3 EStG, § 70 EStDV*
18 = **zu versteuerndes Einkommen (z.v.E., § 2 Abs. 5 EStG)**

Die aufgeführten 18 Schritte zur Ermittlung des z.v.E. sollen nicht darüber hinwegtäuschen, dass sich der bei weitem arbeitsintensivste Schritt auf der ersten Ebene (bzw. auf den ersten drei Stufen bei der Ermittlung der Summe der Einkünfte) befindet. Die darauf festzusetzende Einkommensteuer berechnet sich nach R 4 EStR (2001) wie folgt, wobei hier nur die wichtigsten Komponenten wiedergegeben werden:

1   Steuerbetrag
       a) lt. Grundtabelle/Splittingtabelle (§ 32a Abs. 1, § 50 Abs. 3 EStG) oder
       b) gem. Steuersatz lt. Progressionsvorbehalt (§ 32b EStG)
2 + Steuer aufgrund Berechnung nach §§ 34, 34b EStG
3 = **tarifliche Einkommensteuer (§ 32a Abs. 1/5 EStG)**
4 ./. ausländische Steuer nach § 34c Abs. 1 und 6 EStG, § 12 AStG
5 ./. Steuerermäßigung nach § 35 EStG
......
7 ./. Steuerermäßigung bei Mitgliedsbeiträgen/Spenden, § 34g EStG
8 ./. Steuerermäßigung nach § 34f Abs. 3 EStG
......
13 + Kindergeld, falls Berücksichtigung qua Kinderfreibetrag
14 = **festzusetzende Einkommensteuer**

---

[9] Z.T werden „Alt-Regelungen" bzw. Übergangsbestimmungen nicht erwähnt, da weder praxis- noch klausurrelevant.

Hieraus ergibt sich unschwer ein **Aufbauschema für eine ESt-Klausur**, das sich an die Rechenschritte der Verwaltung anlehnt, zusätzlich aber die arbeitsintensiven und problembehafteten Überlegungen zur Ermittlung der Summe der positiven Einkünfte beinhaltet:

1. Steuer**subjekt** (natürliche Person als In-/Ausländer? bei Ehegatten getrennt)
   a) unter Einbeziehung von Alter, zu berücksichtigende Kinder, Veranlagung (Tarif)
2. Steuer**inländer** oder Steuer**ausländer** mit Inlandseinkünften?
3. Prüfung der **Einkünfte je Einkunftsart** (ggf. horizontaler Verlustausgleich[10])
   a) Vorliegen einer (Markt-)Einkunftsquelle (= Zustandstatbestand)
   b) Vorliegen des „Erzielens von Einkünften" (= Handlungstatbestand[11])
   c) Nach Prüfung ggf. aller sieben Einkunftsarten: **Summe der positiven Einkünfte**
4. Die Durchführung des **vertikalen Verlustausgleichs** (Mindestbesteuerung gem. § 2 Abs. 3 S. 3 – 8 EStG) führt zur **Summe der Einkünfte**
   a) ggf. unter Einbeziehung der Einkünfte des Ehegatten bei Zusammenveranlagung
5. Von der **Summe der Einkünfte** zum **Gesamtbetrag der Einkünfte** § 2 Abs. 3 S. 1 EStG (Abzug gem. §§ 13 Abs. 3, 24a EStG – bei Ehegatten Verdoppelung –)
6. Berücksichtigung von § 10d n.F. EStG (Verlustabzug) sowie Abzug der Sonderausgaben und außergewöhnlichen Belastungen[12] zur Ermittlung des **Einkommens**
7. Bei zusammenveranlagten Ehegatten: einheitliche, zusammengefasste Ermittlung
8. Der Abzug von persönlichen Freibeträgen führt zum **zu versteuernden Einkommen (z.v.E.)**
9. Berechnung der **Steuer** nach Tabelle unter Abzug der Entlastungsbeträge, der Steuerermäßigungen und der Anrechnungsbeträge (Vorauszahlungen und Quellensteuern)

2.1 Beispiel einer Einzelveranlagung

An einem einfachen Bsp. können die einzelnen Arbeitsschritte nachvollzogen werden, wobei theoretische Aspekte miteinbezogen werden. Die Veranlagung zur Einkommensteuer setzt dabei als formalisiertes Verfahren eine Steuererklärung (§ 25 Abs. 1 EStG i.V.m. § 56 EStDV) voraus. Bei Einzel-Veranlagten wird davon nur Abstand abgenommen (d.h. keine Steuererklärungspflicht und damit keine Veranlagung), wenn:

- der Gesamtbetrag der – nicht lohnsteuerpflichtigen – Einkünfte unter 7.271 € („aufgerundeter Grundfreibetrag") liegt oder
- kein Verlustvortrag (§ 10d EStG) festgesetzt ist oder
- wenn keine Amtsveranlagung bei lohnsteuerpflichtigen Einkünften nach § 46 Abs. 2 Nr. 1 – 6 und Nr. 7b EStG in Betracht kommt.

---

[10] Vorweg: Verrechnung der Verluste **innerhalb einer Einkunftsart** (bis 0 €).
[11] Liegen zuordenbare Einnahmen und Ausgaben vor?
[12] An der Stelle wird § 10d a.F. EStG berücksichtigt (vgl. Punkt 12 von R 3 EStR).

Beispiel 1: Der einfältige Chirurg mit den vielfältigen Aktivitäten
Der verwitwete, in Leipzig lebende und arbeitende Chirurg Hacklberg (H), geb. am 31.12.1937, gibt beim zuständigen Finanzamt für das letzte Jahr seiner aktiven Berufstätigkeit (2002) die ESt-Erklärung ab. Ihr ist zu entnehmen:

		(in €)
a)	Gewinn aus der Waldnutzung in Mecklenburg-Vorpommern (M/V)	+ 5.000
b)	Verlust aus einer in Norwegen betriebenen Lachszucht:	./. 7.000
c)	Beteiligungsverlust aus der H & Co-OHG (der 30-jährige einzige Sohn ist Mitgesellschafter) nach § 15 Abs. 1 S. 1 Nr. 2 EStG:	./. 6.500
d)	Beteiligungsgewinn als Kommanditist an der X-KG:	+ 8.000
e)	Gewinn als frei praktizierender Chirurg i.H.v.: (in den erklärten BE von 450.000 € ist auch der Jahrespreis der deutschen Sterbehilfe für besonders couragierte journalistische Beiträge i.H.v. 5.000 € enthalten; Gewinnermittlung nach § 4 Abs. 3 EStG). H gibt des weiteren an, bei seinen Fähigkeiten das Doppelte verdienen zu können.	+ 250.000
f)	Arbeitslohn als angestellter Arzt (1. Jahreshälfte 02): – vom Krankenhaus abgeführte Lohnsteuer: 25.000 € –	+ 80.044
g)	Zinsen aus Sparguthaben: (Bankgebühren für die Verwaltung des Sparbuchs: 250 €)	+ 6.000
h)	Einnahmen aus der Vermietung eines Häuserblocks – Ausgaben hierzu 40.000 € –	+ 60.000
i)	(Vollabzugsfähige) Krankheitskosten (§ 33 EStG):	./. 2.500
j)	(Vollabzugsfähige) Sonderausgaben	./. 3.500

Aus diesen Angaben soll die Steuer des H, der sämtliche Einkünfte in Deutschland erzielt, für 2002 errechnet werden.

Lösung:

1. und 2. Ausführungen zur persönlichen Steuerpflicht
H als natürliche Person ist ESt-Subjekt und als Steuerinländer mit seinen Welteinkünften (§ 1 Abs. 1 EStG[13]) unbeschränkt steuerpflichtig; insb. hat er als OHG- und KG-G'schafter die Beteiligungsergebnisse der ESt zu unterwerfen;

- H hat am 30.12.2001 das 64. Lebensjahr vollendet (§ 187 Abs. 2 S. 2 BGB, § 188 Abs. 2 S. 2 BGB, § 108 Abs. 1 AO);

---

[13] Nachfolgende Paragraphen ohne nähere Angaben sind solche des EStG.

- 30-jährige Kinder sind grundsätzlich nicht zu berücksichtigen (§ 32 Abs. 5 EStG);
- für H kommt die Einzelveranlagung (Grundtabelle) in Betracht (§ 32a Abs. 1 EStG).

3. Ermittlung der Einkünfte in den verschiedenen Einkunftsarten

(in €)

a) **L+F-Einkünfte** für Waldnutzung in M/V
(§ 2 Abs. 1 Nr. 1, § 2 Abs. 2 Nr. 1, § 13 EStG):   + 5.000,00

b) Der Verlust aus der Lachszucht in Norwegen kann nicht berücksichtigt werden, da nach § 2a Abs. 1 Nr. 1 EStG dieser Verlust nur mit künftigen norwegischen L+F-Gewinnen verrechenbar ist[14]:   0,00
Gewinn aus L+F (§ 13 EStG):   + **5.000,00**

c) **Gewerbliche Einkünfte**; hier KG-Beteiligungsergebnis (§ 2 Abs. 1 Nr. 2, Abs. 2 Nr. 1, § 15 Abs. 1 S. 1 Nr. 2 EStG):   + 8.000,00

d) Horizontaler Verlustausgleich mit OHG-Beteiligungsverlusten nach § 15 Abs. 1 S. 1 Nr. 2, § 2 Abs. 3 S. 2 EStG[15]:   ./. 6.500,00
Gewerbliche Einkünfte (§ 15 EStG):   + **1.500,00**

e) Einkünfte aus **selbständiger Arbeit** (§ 18 Abs. 1 i.V.m. § 2 Abs. 1 Nr. 3, § 2 Abs. 2 Nr. 1, § 4 Abs. 3 EStG):   + 250.000,00
Der Preis der Gesellschaft für Sterbehilfe hat keinen Bezug zur Tätigkeit als Arzt (Katalogberuf i.S.d. § 18 Abs. 1 S. 1 EStG: „Zustandstatbestand") und ist daher – wegen fehlender Kausalitätsdichte der Einnahmen zur Tätigkeit – aus den BE zu streichen („Handlungstatbestand"); außerdem sind Jahrespreise keine Gegenleistung für marktoffenbare Tätigkeiten: ./. 5.000,00
Die Mitteilung zum potentiellen Mehrverdienst ist wegen der Besteuerung des Ist-Einkommens irrelevant
Gewinn aus „selbständiger Arbeit" (§ 18 EStG):   + **245.000,00**

---

[14] S. hierzu ausführlich Teil B, Kap. IV („Auslandsverluste").
[15] § 15a EStG ist bei OHG-Verlusten grundsätzlich nicht anwendbar – s. ebenda Teil B, Kap. VI.2.5.

f) Einkünfte aus **nichtselbständiger Arbeit** (§ 2 Abs. 1 Nr. 4 i.V.m. § 2 Abs. 2 Nr. 2, §§ 8 ff., § 19 EStG)
Als Einnahme (§ 8 EStG) gilt der Bruttoarbeitslohn[16]: + 80.044,00
Als Erwerbsaufwand („objektives Nettoprinzip") ist mangels konkretem Nachweis der Pauschbetrag gem. § 9a Nr. 1 EStG abzuziehen: ./. 1.044,00
Überschuss aus „nichtselbständiger Arbeit" (§ 19 EStG): + **79.000,00**

g) Einkünfte aus **Kapitalvermögen** (§ 2 Abs. 1 Nr. 5 i.V.m. § 2 Abs. 2 Nr. 2, §§ 8 ff., § 20 EStG)
Brutto-Einnahmen (inkl. ZASt[17]) gem. § 20 Abs. 1 Nr. 7 EStG („Zustandstatbestand") + 6.000,00
Die nachgewiesenen WK (250 €) sind höher als der WK-Pauschbetrag nach § 9a Nr. 2 EStG ./. 250,00
abzüglich des Sparer-Freibetrages (§ 20 Abs. 4 EStG) ./. 1.550,00
Überschuss bei „Kapitalvermögen" (§ 20 EStG): + **4.200,00**

h) Einkünfte aus **Vermietung und Verpachtung** (§ 2 Abs. 1 Nr. 6, § 2 Abs. 2 Nr. 2, § 21 EStG)
Einnahmen (§ 8 EStG) gem. § 21 Abs. 1 Nr. 1 EStG + 60.000,00
Werbungskosten (§ 9 EStG) i.H.v. ./. 40.000,00
Überschuss bei „V+V" (§ 21 EStG): **20.000,00**

4. Summe der positiven Einkünfte 354.700,00

5. Summe der Einkünfte (hier: kein vertikaler Verlust) 354.700,00

6. Ermittlung des Gesamtbetrages der Einkünfte:
- Altersentlastungsbetrag (§ 24a EStG), da H am 01.01.2002 das 64.Lebensjahr vollendet hat, max. ./. 1.908,00
- L+F-Freibetrag gem. § 13 Abs. 3 EStG (670 €) kommt nicht zum Tragen, da die Summe der Einkünfte den Betrag von 30.700 € übersteigt (§ 13 Abs. 3 S. 2 EStG) ./. 0,00

Gesamtbetrag der Einkünfte (§ 2 Abs. 3 EStG) 352.792,00

---

[16] Der Ansatz des Bruttoarbeitslohnes ist kein Verstoß gegen das Ist-Einkommensprinzip, sondern ergibt sich aus § 12 Nr. 3 EStG, wonach Steuern vom Einkommen (hier: die LSt als Quellensteuer) bei der Ermittlung der Einkünfte nicht abgezogen werden dürfen. Die LSt wird bei der Berechnung der Steuer abgezogen.

[17] Wie beim Arbeitslohn, ist auch bei den Kapitaleinkünften der Bruttobetrag bei den Einnahmen – wegen § 12 Nr. 3 EStG – anzusetzen.

7. Ermittlung des Einkommens (§ 2 Abs. 4 EStG)
a) Sonderausgaben (§ 10 ff. EStG) ./. 3.500,00
b) außergewöhnliche Belastungen (§§ 33 ff. EStG[18]) ./. 2.500,00
Einkommen (§ 2 Abs. 4 EStG) **346.792,00**

8. Ermittlung des zu versteuernden Einkommens (§ 2 Abs. 5 EStG)
Freibeträge nach § 32 Abs. 6 und Abs. 7 EStG sind nicht ersichtlich, so dass das z.v.E. dem Einkommen entspricht: **346.792,00**

9. Bei der **Berechnung der ESt-Schuld** ist das z.v.E. von 346.792 €
- nach § 32a Abs. 2 EStG auf den nächsten durch 36 € teilbaren Rest abzurunden (= 346.788 €) und
- sodann gem. § 32a Abs. 1 Nr. 4 EStG wie folgt zu berechnen:
0,485 x 346.788 € = 168.192,13 €
(Grundfreibetrag) ./. 9.872,00 €
(vorläufige ESt-Schuld) = 158.320,18 € **158.320,18**
./. einbehaltene Steuerabzugsbeträge
(ggf. ./. Vorauszahlungen)
– Lohnsteuer (§ 36 Abs. 2 Nr. 2 EStG) ./. 25.000,00
– Zinsabschlagsteuer (§ 36 Abs. 2 Nr. 2, § 43 Abs. 1 Nr. 7 EStG) ./. 1.800,00

Ergebnis:
Die endgültige ESt für H im VZ 2002 beträgt: **131.520,18**

2.2 Ein Veranlagungsbeispiel zur Zusammenveranlagung

Einen weiteren Anwendungsfall, unter Einbeziehung der Zusammenveranlagung, enthält das folgende Beispiel.

Beispiel 2: „Splitting now" – zwei jungvermählte Senioren; zugleich Besteuerung von Altersbezügen
Adam (A) und Eva (E) waren in erster Ehe bis 02.02.2002 (Todestag von Eva) verheiratet. Zu Markus (M) fühlte sich der 66-jährige A bereits seit mehreren Jahren hingezogen. Niemand war daher überrascht, dass M und A ab 03.02.2002 gemeinsam eine Mietwohnung in Hamburg-Harburg bezogen. Am 27.12.2002 heirateten M und A standesamtlich, am 06.01.2003 erfolgte die kirchliche Trauung.

---

[18] Bei dieser Sachverhaltsangabe („voll abzugsfähig") ist keine Prüfung der zumutbaren Belastung nach § 33 Abs. 3 EStG erforderlich, zumal es sich um solche nach § 33a EStG handeln könnte.

A bezieht seit 2000 eine Pension als ehemaliger Realschullehrer von 30.000 € (2002). Der gleichaltrige M war ebenfalls bis zur Jahrtausendwende als angestellter Nachhilfelehrer in einem Paukstudio („Hoffnung-GmbH") beschäftigt. Von der GmbH erhielt M ein Ruhegehalt von jährlich 1.200 €. Im Rahmen dieser Tätigkeit zahlte M auch Beiträge an die Bundesversicherungsanstalt für Angestellte. Seit seinem 63. Lebensjahr erhält M eine Angestelltenversicherungsrente von monatlich 400 €.

Das zu versteuernde Einkommen und die ESt-Schuld der Eheleute A, M im VZ 2002 sind zu ermitteln.

Lösung:

1. Ausführungen zur persönlichen Steuerpflicht (insb. zu § 26 ff. EStG)

Eine Zusammenveranlagung von A und M im VZ 2002 setzt nach § 26 Abs. 1 EStG voraus, dass die drei Voraussetzungen (gültige und intakte Ehe von unbeschränkt steuerpflichtigen Partnern) zu irgendeinem beliebigen Zeitpunkt im Jahre 2002 gleichzeitig vorliegen[19]. Alle Voraussetzungen liegen spätestens ab 27.12.2002 vor, da das maßgebliche Datum die zivilrechtliche Wirksamkeit der Ehe ist (so der BFH in ständiger Rspr., zuletzt vom 17.04.1998, BStBl II, 1998, 473[20]). Anders als früher (gleichgeschlechtliche Lebenspartnerschaften) ist eine homosexuelle Ehe nach dem In-Kraft-Treten des LebenspartnerschaftsG zu akzeptieren.

Fraglich ist allenfalls, ob die ebenfalls in 2002 vorliegenden Voraussetzungen der Zusammenveranlagung zwischen A und der verstorbenen E hieran etwas ändern. Das Konkurrenzproblem mehrerer (gültiger) Ehen in einem VZ wird von § 26 Abs. 1 S. 2 EStG dahingehend gelöst, dass das Ehegattenwahlrecht grundsätzlich nur von den Partnern der jüngsten Ehe wahrgenommen werden kann. Nach S. 3 gilt dies allerdings nicht, wenn die vorherige Ehe durch Tod aufgelöst wurde und die Ehegatten der neuen Ehe die besondere Veranlagung nach § 26c EStG wählen. Nachdem sich A und M nicht für die besondere Veranlagung nach § 26c EStG[21] entschieden haben, wird das Veranlagungsprivileg nur den „neuen" Eheleuten A und M gewährt. Folge für die verstorbene E ist dabei, dass ihr z.v.E. einzeln veranlagt wird, dafür aber das Verwitweten-Splitting (sog. „Tränen-Splitting") nach § 32a Abs. 6 Nr. 2 EStG in Anspruch genommen werden kann.

---

[19] Einhellige Meinung (*Seeger-Schmidt*, § 26 Rz.4 sowie *Seiler* in *Kirchhof-kompakt*, Rz. 14).
[20] Dort zur Ehe einer ausländischen Staatsangehörigen, die zwar nach Auslandsrecht, nicht aber nach deutschem Recht wirksam war; bei Beteiligung eines Partners, der auch die deutsche Staatsangehörigkeit besitzt, liegt keine wirksame Ehe vor.
[21] § 26c EStG (besondere Veranlagung) behandelt die Ehegatten im VZ der Eheschließung als Unverheiratete, gewährt aber alternativ das Verwitweten-Splitting bzw. den Haushaltsfreibetrag.

Anstelle der getrennten Veranlagung nach § 26a EStG[22] werden A und M im VZ 2002 – auch ohne Antrag (§ 26 Abs. 3 EStG) – zusammen veranlagt.

2. A und M erfüllen als jeweils 66-Jährige die persönlichen Voraussetzungen des § 24a EStG.

3. Einzeleinkunftsermittlung von A und M, insb. Altersbezüge

3a) Die Einkünfte von A

- Die Beamtenpension des A i.H.v. 30 T€ stellt einen beamtenrechtlichen Versorgungsbezug i.S.v. § 19 Abs. 1 Nr. 2 i.V.m. § 19 Abs. 2 Nr. 1a EStG dar. Bekanntlich fällt in der Phase des „Erdienens" der Beamtenpension keine Steuer an, so dass die Erfassung des vollen Betrages nach § 11 EStG (Zuflussprinzip) systemgerecht ist.
- Von den steuerbaren Einnahmen i.H.v. 30.000 € wird ein (Versorgungs-) Freibetrag von 40 %, maximal jedoch 3.072 €, abgezogen.
- Nach einem weiteren Abzug des WK-Pauschbetrages von 1.044 € (§ 9a S. 1, 2 EStG) belaufen sich die Einkünfte des A gem. **§ 19 EStG** (nichtselbständige Arbeit) auf **25.884 €.**

3b) Die Einkünfte von M

- Die sog. Berufsrente des M stellt als privater Versorgungsbezug nach § 19 Abs. 2 Nr. 2 i.H.v. 1.200 € ebenfalls eine steuerbare Einnahme dar, da die Altersvoraussetzung bei M (vollendetes 63. Lebensjahr) erfüllt ist[23].
- Hiervon werden 40 % Freibetrag (480 €) abgezogen (§ 19 Abs. 2 S. 1 EStG).
- der AN-Pauschbetrag darf nach § 9a S. 2 EStG nicht zu negativen Einkünften führen, so dass im Ergebnis Null-Einkünfte nach § 19 EStG vorliegen.
- Die Sozialversicherungsrente des M i.H.v. 4.800 € ist nach geltender Gesetzeslage nach § 22 Nr. 1 S. 3a EStG mit dem Ertragsanteil zu versteuern, der bei erstmaligem Bezug ab dem 63. Lebensjahr nach der Tabelle 29 %

---

[22] Die getrennte Veranlagung baut – wie die Zusammenveranlagung auch – auf dem Grundsatz der Einzeleinkunftsermittlung der Ehegatten auf, führt aber **nicht zu einer Verdoppelung** der WK-Pauschbeträge nach § 9a EStG und behält den Individualsteuergrundsatz grundsätzlich auch im Bereich der SA bei (Ausnahme: § 26a Abs. 2 i.V.m. § 10 Abs. 1 Nr. 8 a.F. EStG – ab 2002 weggefallen – und § 26a Abs. 3 EStG). Außergewöhnliche Belastungen werden grundsätzlich halbiert.
[23] Bei der betrieblichen Altersversorgung ist ansonsten im Hauptanwendungsfall zwischen der Direktversicherung und der betrieblichen Versorgungszusage zu unterscheiden (allgemein hierzu sowie zu verfassungsrechtlichen Fragen *P. Fischer*, DStJG 2001, 463 ff. (485 ff.). Während bei der Direktversicherung die Beiträge der AN Arbeitslohn darstellen und die späteren Zahlungen mit dem Ertragsanteil nach § 22 Nr. 1 S. 3a EStG zu versteuern sind, führen im Rahmen der betrieblichen Versorgungszusage (sog. Direktzusage) nur die Zahlungen zu nachträglichem Arbeitslohn nach § 19 Abs. 1 Nr. 2 EStG.

beträgt[24]: Einnahmen i.H.v. 1.392 €. Nachdem kein konkreter Erwerbsaufwand (wie z.B. die Kosten für die Berechnung der Rente) vorliegt, wird noch der Pauschbetrag von 102 € abgezogen (§ 9a Nr. 3 EStG).
- Die Einkünfte gem. § 22 EStG betragen demnach 1.290 €.

4. und 5. – von der Summe der (positiven) Einkünfte zum Gesamtbetrag
- Die Summe der einzeln ermittelten Einkünfte beträgt bei A 25.884 € und bei M 1.290 €, zusammengerechnet (§ 26b EStG) 27.174 €. Vorbehaltlich von Sonderregelungen werden die Ehegatten ab diesem Zeitpunkt wie ein Steuerpflichtiger behandelt (Metamorphose von zwei natürlichen Personen zu einem Steuersubjekt).
- Obwohl beide Steuerpflichtigen vor dem 01.01.2002 das 64. Lebensjahr vollendet haben, wird nach § 24a S. 2 EStG kein Altersentlastungsbetrag abgezogen (keine doppelte Privilegierung von Versorgungsbezügen und Leibrenten).

Der Gesamtbetrag der Einkünfte **von A und M beträgt 27.174 €.**

6. Ermittlung des Einkommens (§ 2 Abs. 4 EStG)
Mangels (eines Nachweises) konkreter Aufwendungen erhalten A und M den verdoppelten Sonderausgabenpauschbetrag gem. § 10c Abs. 1 und Abs. 4 EStG i.H.v. 72 € sowie die verdoppelte Vorsorgepauschale nach § 10c Abs. 3 und 4 EStG von 2.268 €, insgesamt einen Abzugsbetrag von 2.340 €.
Da Gründe für außergewöhnliche Belastungen nicht vorgetragen sind, beträgt das Einkommen der zusammenveranlagten A und M **24.834 €.**

Exkurs: In der aktuellen Diskussion führt die Zusammenveranlagung von Ehegatten dazu, dass die Ehegatten auch für § 10e EStG wie ein Steuerpflichtiger behandelt werden (BFH vom 13.12.2000, BStBl II, 2001, 237 und vom 29.11.2000, BFHE 194, 93). Dabei wird aber für jeden Miteigentumsanteil des Ehegatten selbständig geprüft, ob die Voraussetzungen erfüllt sind. In diesem Sinne (eigenständige Prüfung der Anspruchsberechtigung eines jeden Ehegatten) hat der BFH vom 06.04.2000 (BStBl II, 2000, 414) auch für die Eigenheimzulage entschieden.

7. und 8. Zu versteuerndes Einkommen und ESt-Schuld
Für A und M kommen keine Freibeträge (§ 32 Abs. 6 und 7 EStG) zur Anwendung; damit beträgt das z.v.E. ebenfalls 24.834 €. Nach § 32a Abs. 5 EStG kommt für zusammenveranlagte Ehegatten das Splittingverfahren zur Anwendung. Die Steuer beträgt 2.386 €.

---

[24] Zur Verfassungswidrigkeit der „Nur-Ertragsanteilsbesteuerung" im Verhältnis zur „Vollversteuerung" der Beamtenbezüge nach § 19 Abs. 2 EStG siehe BVerfG vom 24.06.1992 (BStBl II 1992, 774) sowie zu Reformüberlegungen *P. Fischer* a.a.O. (DStJG 2001, 488 ff.).

Hinweis: Für den Fall, dass Verwaltung oder Rspr. in Zukunft einem Homosexuellen-Paar aus „vorrechtlichen" oder verfassungsrechtlichen Gründen die Zusammenveranlagung bzw. nur den Splitting-Tarif vorenthalten sollten, ist auf das Einkommen eines jeden einzelnen die Grundtabelle anzuwenden.

3 Die persönliche Steuerpflicht

Die Ermittlung der sachlichen Steuerpflicht setzt nach § 1 EStG voraus, dass ein (Steuer-)Inländer Einkünfte erzielt (§ 1 Abs. 1 EStG; sog. **Welteinkommensprinzip**). Der zweite Anwendungsfall, dass ein Steuerausländer inländische Einkünfte (§ 1 Abs. 4 i.V.m. §§ 49 EStG; die sog. beschränkte Steuerpflicht) bezieht, bleibt in den Detailfragen der Darstellung zum Internationalen Steuerrecht[25] vorbehalten.

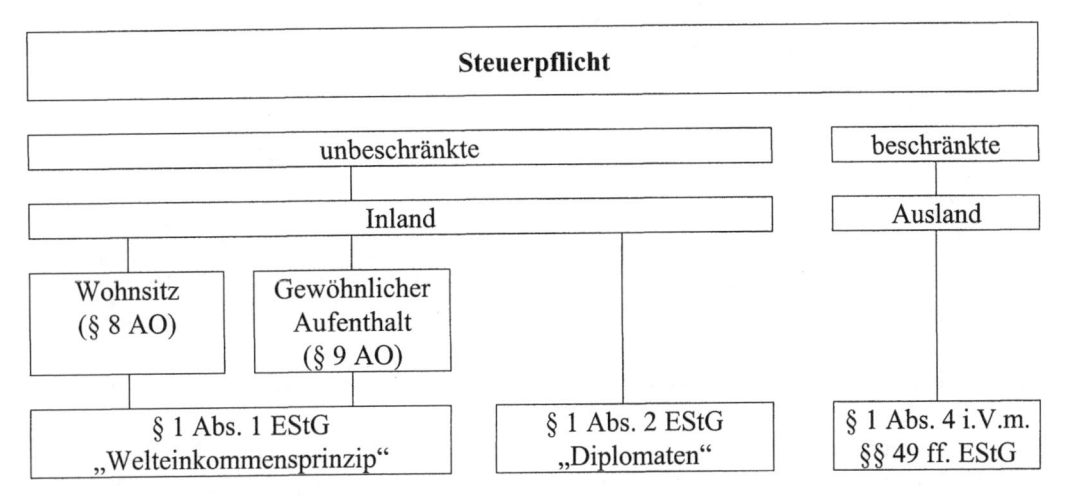

Steuerpflicht	
unbeschränkte	beschränkte
Inland	Ausland
Wohnsitz (§ 8 AO) / Gewöhnlicher Aufenthalt (§ 9 AO)	
§ 1 Abs. 1 EStG „Welteinkommensprinzip" / § 1 Abs. 2 EStG „Diplomaten"	§ 1 Abs. 4 i.V.m. §§ 49 ff. EStG

Vorweg sind daher die Voraussetzungen und die verschiedenen Anwendungsfälle der **unbeschränkten Steuerpflicht** zu prüfen. Für die unbeschränkte Steuerpflicht (§ 1 Abs. 1 EStG) genügt eine der beiden Voraussetzungen:

- ein inländischer Wohnsitz (§ 8 AO) oder[26]
- ein gewöhnlicher Aufenthalt (§ 9 AO) im Inland.

Beide Termini sind vorrangig nach deutschem Recht zu prüfen[27].

---

[25] S. dazu ausführlich *J. Schmidt/Preißer*, Internationales Steuerrecht, Teil D, Kap. I.2.2.3 (s. insb. hier die komplette Übersicht zur „Steuerpflicht").
[26] Ganz deutlich AEAO (BFH vom 19.05.1993, BStBl I 1998, 630) vor §§ 8, 9 Tz. 2: „Auch wenn ein Stpfl. im Inland keinen Wohnsitz mehr hat, kann er hier noch seinen gewöhnlichen Aufenthalt haben".
[27] Kommt ein DBA zur Anwendung, gelten vorrangig die dortigen Definitionen, die vom nationalen Recht abweichen können.

3.1 Der Wohnsitz im Inland (§ 8 AO)

Die Tatbestandsvoraussetzungen des § 8 AO (Wohnung/Innehaben/Umstände, die auf ein Beibehalten schließen lassen) bedürfen einer näheren und ergänzenden Interpretation.

> **Beispiel 3: Nomade oder Reisegewerbetreibender**
> Der unstete Handelsvertreter V ist mit seinen Verkaufsartikeln ständig in Norddeutschland unterwegs. Von Montag bis Freitag übernachtet er in Hotels, während er sich am Wochenende in seinen feststehenden Wohnwagen (mit abmontierten Reifen) auf Sylt zurückzieht. Liegt sein Wohnsitz in der BRD?

Mit dem Begriff der „Wohnung" wird ein abgeschlossener Raum, der objektiv zum Wohnen geeignet ist, verbunden. Während es beim steuerlichen Wohnsitz grundsätzlich nicht auf melderechtliche Voraussetzungen ankommt, haftet dem Begriff Wohnung nach BFH-Rspr. das Moment der **Dauerhaftigkeit** an[28].

Weitaus schwerer als mit dem statischen Wohnungsbegriff hat sich die Rspr. mit dem Merkmal des „Innehabens" getan. Als (theoretische) Mindestvoraussetzung wird eine freie Verfügungsmöglichkeit gefordert, wie sie etwa bei Strafgefangenen oder auch bei einem typischen Hotelgast, die beide ihre „Zellen" zugewiesen bekommen, nicht gegeben ist. Als weiteres Merkmal kommt die Dauerhaftigkeit und Regelmäßigkeit des Aufsuchens der Wohnung hinzu, ohne dass dabei eine Mindestanzahl an Tagen etc. genannt wird (BFH vom 19.03.1997, BStBl II 1997, 447). Umgekehrt kann das gelegentliche Aufsuchen einer Schlafstelle keinen Wohnsitz begründen. Ähnlich (kein Wohnsitz) wurde jüngst der Fall entschieden, dass bei einem dauernden, langfristigen Auslandsaufenthalt der gelegentliche Inlandsaufenthalt zu Urlaubs- oder Besuchszwecken in einer unentgeltlich überlassenen Wohnung keinen Wohnsitz begründen kann (BFH vom 12.01.2001, BFH/NV 2001, 1231).

Der Gegenbegriff für die „Umstände, die auf eine Wiederkehr schließen lassen", ist die Wohnungsaufgabe. Die Unterscheidung wird insb. bei Versetzungen oder längeren beruflichen Auslandsaufenthalten bedeutungsvoll. Solange der Rückkehrwille – z.B. durch Leerstehen-Lassen der angemieteten wie der eigenen Wohnung – dokumentiert ist, behält der Steuerpflichtige seinen Wohnsitz bei. In dem Augenblick, wo der Charakter der Vermögensverwaltung überwiegt, etwa durch langfristige Vermietung der einzigen im Inland befindlichen Wohnung, liegt eine Wohnungsaufgabe vor (Tz. 6 AEAO zu § 8 AO Tz. 6).

> **Lösung:**
> V hat mit seinen werktäglich ständig wechselnden Hotelaufenthalten keinen Wohnsitz in der BRD begründet, da er insoweit keine tatsächliche Verfügungsmacht über die konkrete Wohnung hat. Die Wochenendrückkehr nach Sylt in einen feststehenden Campingwagen (Wohnung) führt jedoch zu einem Wohnsitz. V hat auf Sylt seinen steuerlichen Wohnsitz.

---

[28] Zuletzt der BFH vom 19.05.1993 (BStBl II 1993, 655). Hingegen muss es sich nicht um eine abgeschlossene Wohnung i.S.d. Bewertungsrechts handeln (AEAO zu § 8 AO Tz. 3).

3.2 Der gewöhnliche Aufenthalt (§ 9 AO)

Als zweite rechtlich gleichberechtigte Alternative kommt ein Steuerpflichtiger in den Genuss der unbeschränkten Steuerpflicht, wenn er über einen gewöhnlichen Aufenthalt (§ 9 AO) verfügt.

Beispiel 4: Wie schnell man (deutscher) Steuerinländer werden kann
Der dänische Filmschauspieler Ole Olsen (O.O.) spielt in den Jahren 04/05 an folgenden Drehorten:

- Von Januar bis März 04 in Kiel (tägliche Rückfahrt nach Dänemark),
- im April 04 in Kopenhagen,
- von Mai 04 bis September 04 in Hamburg,
- im Oktober 04 erholt er sich von den anstrengenden Dreharbeiten in Apulien,
- von November 04 bis Februar 05 gastiert er in München.

Sowohl von München wie von Hamburg fährt (fliegt) O.O. gelegentlich an den Wochenenden zurück nach Dänemark. O.O. hat in der BRD keinen Wohnsitz begründet und möchte wissen, ob er mit seinen Welteinkünften in 04 und 05 in Deutschland – vorbehaltlich eines DBA-Dänemark – einkommensteuerpflichtig ist.

Etwas präziser als bei der Wohnsitzdefinition wird gem. § 9 S. 2 AO der gewöhnliche Aufenthalt im Inland dann begründet, wenn sich ein Steuerpflichtiger im Inland zusammenhängend **länger als sechs Monate** aufhält. Die zwei Negativmerkmale von S. 1 (pleonastische Umschreibung für dauernd: nicht nur vorübergehend) und von S. 3 (Ausschluss von Urlaubs- und Kuraufenthalten und dgl.) bringen bestenfalls eine beispielhafte Präzisierung.

Lösung:

1. Der Zeitraum von **Januar 01 – März 01** begründet alleine keinen dauernden Aufenthalt, da drei Monate Aufenthalt nur als vorübergehend gelten (Tz. 1 zu § 9 AEAO);
2. unter Einbeziehung der Monate Mai 01 – September 01 liegt dann ein dauernder Aufenthalt vor, wenn die Rückkehr im April 01 als kurzfristige Unterbrechung gem. § 9 S. 2, 2. HS AO zu werten ist. Wenn es sich folglich um einen Urlaub in Dänemark gehandelt hat, könnten neun Monate Arbeit in D grundsätzlich zu einem gewöhnlichen Aufenthalt von **Januar 01 – September 01** führen.

Hiergegen bestehen jedoch unter zwei Gesichtspunkten Bedenken:

- Die Dreharbeiten fanden im maßgeblichen Zeitraum an verschiedenen Orten (Hamburg und Kiel) statt. Lt. Verwaltungsmeinung (Tz. 3 des AEAO zu § 9 AO) kann an mehreren Orten innerhalb des zusammenhängenden Zeitraumes kein gewöhnlicher Aufenthalt begründet werden.

Diese Auffassung steht allerdings im Widerspruch zu § 9 AO, wonach es genügt, wenn die sechs Monate an diesem Ort oder „in diesem Gebiet (gemeint: Inland)" verbracht werden[29]. Die Arbeit an **verschiedenen** Drehorten in Deutschland steht daher der Annahme eines gewöhnlichen Aufenthalts nicht entgegen.

- In den ersten drei Monaten ist O.O. täglich nach der Arbeit nach Dänemark zurückgefahren. Die bloße Tätigkeit im Inland unter Beibehaltung der Wohnung im Ausland begründet für Grenzgänger **keinen gewöhnlichen Aufenthalt** (BFH vom 10.07.1996, BStBl II 1997, 15)[30].

3. Jedoch hat O.O. im Zeitraum **Mai 01 – Februar 02** einen gewöhnlichen Aufenthalt in D begründet, da die Urlaubsunterbrechung im Okt. 01 ebenso unschädlich ist wie es die gelegentlichen Wochenendflüge sind, und nach der hier vertretenen Auffassung zwei verschiedene Arbeitsstätten im maßgeblichen Zeitraum – konform mit dem Gesetz – in der BRD den gewöhnlichen Aufenthalt begründen.

Unbeachtlich ist auch, dass der Sechs- (oder Mehr-)Monatszeitraum nicht in einen VZ fällt, sondern in zwei VZ. Konkret ist O.O. sowohl im Jahre 01 wie im Jahre 02 in Deutschland unbeschränkt mit seinem Welteinkommen steuerpflichtig. Anders als nach altem Recht (§ 2 Abs. 7 S. 3 EStG a.F.[31]) wird in beiden Jahren jeweils eine Veranlagung nach den Grundsätzen der unbeschränkten Steuerpflicht durchgeführt.

Das DBA-Dänemark wird bei – wie hier unterstellter Doppelansässigkeit (in Dänemark der Wohnsitz und in Deutschland der gewöhnliche Aufenthalt) – die Konkurrenzfrage klären und sie im Kollisionsfall nach dem Kriterium des „Mittelpunkts der Lebensinteressen (= Familienwohnsitz)" bzw. der Staatsangehörigkeit entscheiden[32].

3.3 Die Diplomatenregelung des § 1 Abs. 2 EStG

Die unbeschränkte Steuerpflicht erstreckt sich auch auf deutsche Staatsangehörige (ohne Wohnsitz oder gewöhnlichen Aufenthalt im Inland), wenn sie zu einer inländischen juristischen Person des öffentlichen Rechts (im Regelfall: der Staat) in einem Dienstverhältnis stehen und Arbeitslohn aus einer inländischen öffentlichen Kasse beziehen. Die deutschen Auslandsbediensteten (Hauptfall: Diplomaten, der konsularische Dienst – im Einzelnen H 1 zu R 1der EStR) sowie die zu ihrem Haushalt gehörenden deutschen An-

---

[29] Die weiteren Ausführungen zu Tz. 3 (des AEAO zu § 9 AO) lassen erkennen (vermuten), dass die Verwaltung in diesem Zusammenhang die **Aufgabe** des gewöhnlichen Aufenthalts im Inland durch Aktivitäten an verschiedenen Orten im Ausland regeln wollte.
[30] Wiederum anders hätte O.O. bei bloßer Rückkehr am Wochenende nach Dänemark in der BRD einen gewöhnlichen Aufenthalt von Januar 01 – September 01 begründet (Tz.2 S. 4 AEAO zu § 9 AO).
[31] Nach altem Recht wurden – etwa bei Wohnsitzverlegung mit verbleibenden Inlandseinkünften – in einem VZ zwei Veranlagungen durchgeführt – eine erste für den Zeitraum der unbeschränkten Steuerpflicht und eine zweite für den Zeitraum der beschränkten Steuerpflicht.
[32] S. hierzu *J. Schmidt/Preißer*, Teil D, Kap. II.

gehörigen gelten nur dann als unbeschränkt steuerpflichtig, wenn sie im Ausland – nach dortigem Recht – als beschränkt Stpfl. behandelt werden (§ 1 Abs. 2 S. 2 EStG).

Damit unterliegen deutsche Beamte ausländischer bzw. internationaler Organisationen (insb. EG-Bedienstete) nicht der (fingierten) unbeschränkten Steuerpflicht nach § 1 Abs. 2 EStG.

Ausländische Staatsbedienstete mit inländischem Wohnsitz bzw. gewöhnlichem Aufenthalt sind entweder nicht unbeschränkt steuerpflichtig (sog. Exterritoriale wie Diplomaten und der konsularische Dienst) oder erzielen sachlich steuerbefreite Bezüge (z.B. NATO-Soldaten aufgrund des Truppenstatuts). Dies gilt jedoch nur für Einkünfte aus den hoheitlichen Tätigkeiten. Für andere Einkünfte (z.B. als Sportler/Künstler) gelten sie als beschränkt steuerpflichtig.

3.4 Die Grenzpendlerregelung nach § 1 Abs. 3 EStG und § 1a EStG – erster Überblick[33]

In zwei Bereichen der Regelung zur persönlichen Steuerpflicht folgte der Gesetzgeber durch das JStG 1996 der Rspr. des EuGH zum Gemeinschaftsrecht. Mit § 1 Abs. 3 EStG werden ab 1996[34] Grenzpendler, die als Steuerausländer ihre wesentlichen Einkünfte im Inland erzielen, von den Beschränkungen der § 50 f. EStG (Nichtberücksichtigung persönlicher Leistungsmerkmale) ausgenommen. Damit können Grenzpendler – als Folge des „Schumacker"-Urteils des EuGH vom 14.02.1995 zur unselbständigen Tätigkeit (EuGHE I 1995, 228; DB 1995, 407[35]) und des „Wielockx"-Urteils vom 11.08.1995 (zur selbständigen Tätigkeit, EuGHE I 1995, 2493) – auf Antrag wie Inländer behandelt werden. Damit gilt für diesen Personenkreis insb. nicht der Objektsteuercharakter der beschränkten Steuerpflicht, wie er in § 50 EStG, insb. in § 50 Abs. 1 EStG, dokumentiert ist[36]. Die in § 1 Abs. 3 EStG aufgeführten zusätzlichen Voraussetzungen (entweder machen die der deutschen Steuer unterliegenden Einkünfte mehr als 90 % aller Einkünfte aus oder die Auslandseinkünfte liegen unter 6.136 €) sind zwar umstritten, zwischenzeitlich aber vom EuGH als nicht gemeinschaftswidrig bestätigt worden (DStR 1999, 1609). Nach § 1 Abs. 3 S. 5 EStG bleibt es allerdings beim Steuerabzug nach § 50a EStG. Obwohl die Gesetzesänderung durch die Rspr. des EuGH ausgelöst wurde, gelten die Rechtsfolgen des § 1 Abs. 3 EStG für alle Grenzpendler, ungeachtet ihrer EU-Zugehörigkeit.

Die zweite Neuerung, § 1a EStG mit den Abzugsmöglichkeiten des Realsplitting und des Haushaltsfreibetrages sowie der eingeräumten Zusammenveranlagung, kommt hingegen nur den Staatsangehörigen der EU sowie der Staaten aus dem Europäischen Wirt-

---

[33] Vertiefung s. unter *J. Schmidt/Preißer*, Teil D, Kap. I (Grenzpendler).
[34] Aufgrund des Urteils des BFH vom 19.01.2000 (BStBl II 2000, 657) sollen § 1a und § 1 Abs. 3 EStG **auf Antrag** auch für VZ vor 1996 gelten, soweit Steuerbescheide noch nicht bestandskräftig geworden sind.
[35] Verstoß gegen den Grundsatz der Niederlassungsfreiheit; allgemeines Diskriminierungsverbot.
[36] Nach § 50 Abs. 1 EStG kommt das objektive Nettoprinzip (Abzug aller Erwerbsaufwendungen) nur bei „inländischer Kausalität" in Betracht; das subjektive Nettoprinzip sowie sonstige Steuerprivilegien werden bei der beschränkten Steuerpflicht weitestgehend negiert.

schaftsraum (Norwegen, Island und Liechtenstein) zugute. Weitere Voraussetzung ist auch hier, dass sie entweder ihre wesentlichen (zu > 90 %) Einkünfte in Deutschland erzielen oder dass die nicht der deutschen ESt unterliegenden Einkünfte weniger als 6.136 € (bei Ehegatten 12.272 €) betragen. Als weitere materielle Voraussetzung müssen die Nachweise über die nicht der deutschen ESt unterliegenden Einkünfte gem. § 1 Abs. 3 S. 4 EStG durch die ausländischen Steuerbehörden erbracht werden.

Beispiel 5: Der Benelux-Grenzpendler
Der ledige A, der in den Niederlanden wohnt, bezieht inländische Einkünfte als Arbeitnehmer i.H.v. 30.000 €, für die der deutsche Fiskus nach dem DBA-NL das Besteuerungsrecht hat. Außerdem erzielt A aus einem in Luxemburg belegenen Mietwohngrundstück Einkünfte i.H.v. 4.000 € sowie aus einem bei einer belgischen Bank angelegten Sparbuch Einkünfte von 3.000 €. Auch für diese beide Einkünfte steht dem holländischen Fiskus nach den DBA NL-Belgien sowie NL-Lux kein Besteuerungsrecht zu. Ist für A eine Amtsveranlagung nach § 46 Abs. 2 Nr. 7b EStG als fiktiv unbeschränkt Steuerpflichtiger durchzuführen?

Lösung:
- Für die Anwendung von § 1 Abs. 3 EStG ist entweder auf die relative 90 %-Grenze oder auf die absolute Betragsmarke von 6.136 € bzgl. der Einkünfte abzustellen, die nicht der deutschen ESt unterliegen.
- Die Drittstaateneinkünfte des A i.H.v. insgesamt 7.000 € übersteigen die absolute Grenze von 6.136 €; dabei spielt es keine Rolle, ob diese im Ansässigkeitsstaat des Pendlers oder in einem Drittstaat erzielt werden.
- Die 90 %-Grenze ist nur dann überschritten, wenn die Drittstaateneinkünfte nicht einbezogen werden. Ansonsten – bei Einbeziehung – machen die Inlandseinkünfte nur 81 % der Gesamteinkünfte des A aus. Nach h.M. sind die Drittstaateneinkünfte einzubeziehen und A ist daher die Vergünstigung des § 1 Abs. 3 EStG zu versagen[37]; eine Amtsveranlagung nach § 46 Abs. 2 Nr. 7b EStG ist daher nicht durchzuführen.

4 Grundfragen zum Handlungstatbestand, insbesondere zu den Überschusseinkünften

4.1 Stellung im Dualismus – System der Einkunftsarten (§ 2 Abs. 2 EStG)

Auslöser für einen **einkommensteuerbaren Sachverhalt** sind ein **Handlungstatbestand** und ein **Zustandtatbestand** (Einkunftsquelle oder Erwerbsgrundlage innerhalb

---

[37] Vgl. *Heinicke-Schmidt*, § 1 Rz. 57, wobei allerdings *Gosch* (in *Kirchhof-kompakt*, § 1 Rz. 6) die derzeit unbeantwortete Frage aufwirft, was bei einem beschränkt Stpfl. mit wesentlichen Einkünften aus Drittstaaten gilt.

der sieben Einkunftsarten). Der Handlungstatbestand setzt in positiver Hinsicht Einnahmen voraus, denen Erwerbsaufwendungen gegenüberstehen. Letztere werden je nach vorliegendem Zustandstatbestand in Werbungskosten (Überschusseinkünfte) und in Betriebsausgaben (Gewinneinkünfte) unterschieden. Die Einnahmen (§ 8 EStG) scheinen diese systematische Vorwegunterscheidung zu teilen, da sie im 4. Abschnitt der Einkommensermittlung der Überschusseinkünfte platziert sind. Nach heute h.M. und praktizierter BFH-Rspr. lehnt sich der engere Terminus der Betriebseinnahmen (Einnahmen im Bereich der Gewinneinkunftsarten) an die Erkenntnisse zu § 8 EStG an und unterscheidet sich hiervon nur durch die „betriebliche Veranlassung"[38].

> **Beispiel 6: Der kleine Unterschied**
> A nutzt seinen PC (AK: 2.000 €) beruflich als Arbeitnehmer. B nutzt seinen PC (AK: 2.000 €) als Freiberufler. Nach drei Jahren (Ablauf der betriebsgewöhnlichen ND) erhalten A und B aus dem Verkauf des PC je ein Fernsehgerät im Wert von 500 € (Käufer ist Radiohändler).
>
> **Lösung:**
> Nach § 8 Abs. 2 EStG liegen bei A Einnahmen im Rahmen der nichtselbständigen Arbeit vor, während B BE in gleicher Höhe nach § 8 Abs. 2 EStG i.V.m. § 4 Abs. 4 EStG analog (betriebliche Veranlassung) i.R.v. § 18 EStG erzielt. Der Unterschied liegt darin, dass die Wertsteigerungen der beruflich eingesetzten WG bei den Überschusseinkünften nicht einkommensteuerbar sind, während der in Sachwerten erzielte Veräußerungserlös bei B steuerpflichtige Erträge darstellt.

4.2 Einnahmen

Nach § 8 EStG werden Güter in Geld oder in Geldeswert als Einnahmen erfasst, wenn zwischen dem Zufluss und einer Einkunftsart eine Kausalität besteht („im Rahmen der Einkunftsart"). Dabei erfolgt in § 8 Abs. 2 EStG eine Quantifizierung der Einnahmen, wenn sie als sog. Sachbezug in Geldeswert bestehen; § 8 Abs. 3 EStG enthält die Sonderregelung für Personalrabatte des Arbeitgebers.

4.2.1 Grundsätze (Einnahmen/keine Einnahmen)

Die Gemeinsamkeit zwischen zugeflossenem Geld oder sonstigen erhaltenen geldeswerten Gütern als Gegenleistung für eine Vorleistung des Steuerpflichtigen (Markterfolg) besteht in der **tatsächlichen Vermögensmehrung**. Dies führt bei einer „in Geld" bestehenden Gegenleistung nur dann zu Problemen, wenn es sich um die Begleichung einer in fremder Währung eingegangenen Darlehensschuld handelt. Bei der Erfüllung einer echten Valutaschuld (Zahlung nur in fremder Währung) ist auf den Umrechnungskurs im

---

[38] Statt aller *Kirchhof in Kirchhof-kompakt*, § 8 Rz. 2 sowie zuletzt BFH vom 07.06.2000 (BFH/NV 2000, 1462 – dort zur Entnahme).

Zeitpunkt des Zuflusses abzustellen. Ansonsten besteht bei der Erfüllungsvariante „Geld" wegen des Nominalwertgrundsatzes kein Anwendungsproblem.

Durch die Einbeziehung der „Güter" in Abs. 1 wird verdeutlicht, dass Einnahmen i.S.v. § 8 Abs. 1 EStG nicht durch den Begriff des Wirtschaftsgutes (oder Vermögensgegenstandes) festgelegt sind. Deshalb können – anders als bei der Frage der Einlage in ein BV – auch Nutzungen oder Dienstleistungen steuerbare Einnahmen darstellen. Aus diesen Überlegungen scheiden mangels Wertzufuhr von außen (kein Zufluss) aus:

- Der Einnahmeverzicht (Bsp.: Vermieter verzichtet auf die ihm zustehende Miete),
- Ersparte Aufwendungen (Bsp.: Eigene Arbeitsleistung des Vermieters bei Hausreparatur),
- Entgelte für die Wertminderung des Privatvermögens.

Beispiel 7: Problembehafteter Auszug aus der Mietwohnung
Ein Jahr nach seinem überraschenden Auszug (November 01) wird M zur Zahlung folgender Beträge rechtskräftig verurteilt:

- Zur Zahlung der letzten Monatsmiete (Dezember 01: 1.000 €), da kein Nachmieter gefunden werden konnte.
- Wegen eines nicht gemeldeten Wasserrohrbruches im März 01 wurde ein Teil des Mauerwerks feucht. M ist zur Zahlung der Instandhaltungskosten (2.500 €) verpflichtet.
- Die Zahlungen werden im März 03 geleistet.

Bei den Ersatzleistungen stellt sich regelmäßig die Frage, ob diese Entgelte für Wertminderungen noch als Einnahmen gem. § 8 Abs. 1 EStG zu erfassen oder ob sie im nichtsteuerbaren Bereich der Wertzuwächse von privaten Vermögensgegenständen anzusiedeln sind.

Lösung:

- Der Schadensersatz für die entgangene Miete für Dezember 01 ist ein Ausgleich für einen Nutzungsausfall und von daher als nachträgliche (entgangene) Einnahme im VZ 03 gem. §§ 8 Abs. 1, 21 Abs. 1 Nr. 1 i.V.m. § 24 Nr. 1a EStG zu erfassen.
- Die Restitutionsleistung für das feuchte Mauerwerk gleicht einen Substanzschaden aus und führt von daher nicht zu einer Einnahme des Vermieters (so auch der BFH vom 01.12.1992, BStBl II 1994, 11). Etwas anderes würde nur gelten, wenn es sich um die Wiedergutmachung für einen Erhaltungsaufwand (etwa: Durchführung von Schönheitsreparaturen) handeln würde[39].

Einen weiteren Grenzfall stellen ideelle Vorteile dar, die ein Steuerbürger im Rahmen seiner Erwerbsquelle (im Regelfall: des Arbeitsverhältnisses) erhält.

---

[39] Hier müssten aber ggf. die eigenen WK gekürzt werden.

Beispiel 8: Der hypersoziale Arbeitgeber
Aufgeschreckt durch TV-Berichte und angesichts der guten Ertragslage verkündet der Firmeninhaber in der Weihnachtsansprache, dass

- jeder AN den firmeneigenen Tennisplatz kostenlos benutzen darf,
- auf seine Kosten jede Sekretärin Massagen zur Vorbeugung gegen Schäden am PC-Arbeitsplatz erhält und
- außerdem die erste Führungsriege der Firma zusammen mit ihren Familienmitgliedern seine private Sauna benutzen dürfe.

Losgelöst von Vereinfachungsregelungen in den LStR stellt sich in dieser Fallkonstellation die Frage, ob die in Aussicht gestellten Nutzungsvorteile Güter in Geldeswert i.S.d. § 8 Abs. 1 EStG im Rahmen der Einkünfte aus nicht selbständiger Arbeit (§ 19 EStG) darstellen.

Lösung:

- Bei der privaten Mitbenutzung der Sauna fehlt es bereits an der beruflichen Veranlassung, so dass hier mangels Kausalität zum Arbeitsplatz (vgl. § 8 Abs. 1 EStG: „im Rahmen des – hier präzisiert – § 19 EStG") keine Einnahme vorliegt.
- Des weiteren sind sog. „Aufmerksamkeiten" (Zuwendungen nach R 73 LStR anlässlich eines persönlichen Ereignisses) bis zu einem Wert von 40 € nicht steuerbar.
- Die ältere BFH-Rspr. hat die Abgrenzung anhand des Kriteriums der „Annehmlichkeit" getroffen. Diese im Jahre 1991 vom BFH aufgegebene Formel (BFH vom 27.03.1991, BStBl II 1991, 720) grenzte jene Vorteile als geldwerte Einnahmen aus, die im eigenbetrieblichen Interesse des AG (Ausgestaltung des Arbeitsplatzes) lag und jedem AN gewährt wurde. Danach wäre die kostenlose Tennisplatzbenutzung kein Arbeitslohn gewesen.
- Mit dem Wegfall dieses Kriteriums hat der BFH seit 1991 die Akzente verschoben und Nutzungs- und sonstigen Vorteile, die auch im Eigeninteresse der AN liegen, grundsätzlich als steuerbare Einnahme nach § 19 EStG – vorbehaltlich des Befreiungskatalogs von § 3 EStG[40] – behandelt (vgl. auch § 2 Abs. 2 LStDV). Danach wären sowohl die Vorteile für die Benutzung des Sportplatzes wie auch die Kosten für die Massage Arbeitslohn – vorbehaltlich des 1996 eingeführten Freibetrages von 50 DM nach § 8 Abs. 2 S. 9 EStG (ab 2002 mit 50 € verdoppelt) für geringfügige Vorteile – steuerbarer Arbeitslohn gewesen.
- Diese extensive Rspr. ist jedoch durch das Urteil des BFH vom 30.05.2001 (DB 2001, 2021) in ihren Auswüchsen gestoppt worden. Immer dann, wenn eine Maßnahme des Arbeitgebers einer **spezifisch berufsbedingten** Beeinträchtigung der Gesundheit des AN (im Urteil: Übernommene Kosten für die Massage von PC-Arbeitnehmern) **vorbeugt** oder ihr entgegen-

---

[40] Siehe insb. § 3 Nr. 15, 16, 30 – 34, 45 – 51 EStG.

wirkt, muss kein Arbeitslohn vorliegen. Mittelbare Privatvorteile sind danach kein Indiz mehr für die Annahme von steuerbaren Einnahmen, wenn sie der gesamten betroffenen Belegschaft zukommen und keine einzelpersonenbezogene Maßnahme darstellen.

Abgesehen von dieser Fallgruppe liegen dann keine steuerbaren Einnahmen vor, wenn sich der Vorteil für den Empfänger als unnützlich erweist (sog. aufgedrängte Bereicherung).

4.2.2 Der Sachbezug und die Rabattregelung

Drei Anwendungsbereiche – wiederum in Zusammenhang mit Einkünften nach § 19 EStG – genießen in der Praxis eine große Bedeutung[41].

Beispiel 9: Der mobile GmbH-Geschäftsführer
Der Geschäftsführer Y der X-GmbH, Zulieferbetrieb für die Automobilbranche (IT-Kommunikation), handelt bei seinem Anstellungsvertrag folgende Vergünstigungen aus:

- Y erhält für Privatfahrten sowie für Fahrten zwischen Wohnung und Arbeitsstätte einen BMW 530 d, den die X-GmbH zur Verfügung stellt.
- Im BMW ist ein Internetanschluss vorhanden, den Y auch zum „privaten Surfen" benutzen darf.
- Im Fuhrpark der X-GmbH befindet sich je ein EDV-vernetztes High Tech-Auto der Oberklasse (7er BMW, Mercedes S-Klasse bzw. Audi A-8). Y erhält die Möglichkeit, jedes Jahr einen Firmen-Pkw als „Jahreswagen" zu erwerben. In 2002 erhält Y den lt. Liste 90.00 € teuren BMW 745 i (mit i-Drive).
- Spielt es für die Beurteilung eine Rolle, ob Y den BMW im Rahmen einer Wohnungsrufbereitschaft nutzt und dabei bei seinen Fahrten zum Arbeitsplatz gelegentlich technische Probleme der Kunden der X-GmbH „vor Ort" löst?

Die konkreten Vertragsvorteile des Y sind unschwer als die meist diskutierten Beispiele zum Sachbezug bzw. zur Rabattregelung (Kfz-Gestellung für Werkstattwagen, privates Internet-Surfen sowie der Jahreswagenverkauf) zu erkennen. Dabei regelt § 8 Abs. 2 EStG nur die Steuerbarkeit von Sachbezügen bei jedwedem „Überschuss-Empfänger", während sich § 8 Abs. 3 EStG ausschließlich mit Belegschaftsrabatten von Arbeitnehmern befasst.

---

[41] Darüber hinaus sind für häufige Sachzuwendungen (wie „Kost und freie Logis") amtliche Sachbezugswerte gem. § 17 Abs. 1 Nr. 3 SGB IV anzusetzen (§ 8 Abs. 2 S. 6 – 7 inkl. der Ministerialregelung von S. 8).

Lösung:

1. **Kfz-Gestellung Wohnung-Arbeitsstätte**
   Gem. § 8 Abs. 2 S. 1 EStG sind Sachbezüge, zu denen auch Nutzungsvorteile zählen, im Wege einer Einzelbewertung zum üblichen Endpreis am Abgabeort anzusetzen. Dabei wird seit 1996 ein Pauschalabschlag („übliche Preisnachlässe") gewährt, der von der Verwaltung – konform mit § 8 Abs. 3 S. 1 EStG – mit 4 % angesetzt wird (R 31 Abs. 2 S. 9 LStR).
   Bei der Kfz-Gestellung gelten die typisierenden Vereinfachungsregeln von § 8 Abs. 2 S. 2 ff. EStG. In Übereinstimmung mit dem Pauschansatz bei Arbeitnehmern und dem Nutzungsentnahme-Ansatz bei „Unternehmern" werden je nach konkretem Einsatz des Werks-Pkw angesetzt:

   – Für reine Privatfahrten 1 % des inländischen Listenneupreises inkl. USt (und Zusatzausstattung) pro Monat,
   – für Fahrten zwischen Wohnung/Arbeitsstätte zusätzlich 0,03 % des Neupreises für den Entfernungskilometer,
   – für Familienheimfahrten 0,002 % des Listenpreises/km, soweit ein WK-Abzug nach § 9 EStG nicht in Betracht kommt.

   An diese grundsätzliche Lösung, die der einzelne AN – etwa bei einem hohen Listenpreis – nur durch das ganzjährige Führen eines Fahrtenbuches vermeiden kann (sog. „Escape-Klausel" gem. S. 4), ist auch Y gebunden. Allerdings führt die dienstvertragliche Verpflichtung des Y zur „Wohnungsrufbereitschaft" nach dem Urteil des BFH vom 25.05.2000 (BStBl II 2000, 690) dann zu einer anderen Erkenntnis, wenn der Werks-BMW keinen Vorteil „für" die Beschäftigung bei der X-GmbH darstellt. Vielmehr entspricht die Nutzung – auch soweit sie auf Fahrten zwischen Wohnun und Arbeitsstätte entfällt – der betriebsfunktionalen Zielsetzung (Rufbereitschaft) der X-GmbH. Die Überlassung stellt somit keine Einnahme i.S.d. § 8 Abs. 2 EStG und damit keinen zusätzlichen Arbeitslohn dar. Fraglich an dieser BFH-Lösung ist allenfalls, ob die komplette Nichterfassung der privaten Nutzungsvorteile auch dann gilt, wenn – wie im Urlaub – die Rufbereitschaft ausgeschaltet ist. In diesem Fall ist daher ein zeitlicher Nutzungswert als sonstige Einnahme i.S.d. §§ 8, 19 EStG zu versteuern.

2. **Privates Internet-Surfen**
   Abgesehen von der „Geringfügigkeitsregelung" nach § 8 Abs. 2 S. 9 EStG (Freigrenze von 50 € ab 2002) sind die üblichen Endpreise für das private Surfen im Internet – rückwirkend ab 2000 – nach § 3 Nr. 45 EStG zwar steuerbar, aber nicht steuerpflichtig.

3. **Die Jahreswagenregelung nach § 8 Abs. 3 EStG (Der Personalrabatt)**
   Für den lt. Liste 90.000 € teuren 7er BMW, den Y im Jahre 2002 erhält, ergibt sich nach Abzug der 4 % als üblicher Preisnachlass (3.600 €) und dem Rabatt-Freibetrag von 1.224 € ein Nettowert von 85.176 €. Die Differenz

zwischen dem Abnahmepreis und diesem Nettowert ist als steuerpflichtige zusätzliche Einnahme von Y i.S.d. §§ 8, 19 EStG zu versteuern.

Bei der Anwendung von § 8 Abs. 3 EStG genügt es, dass die angebotenen Güter des Arbeitgebers seine übliche Leistungspalette repräsentieren. Dies wird allerdings für AG der Investitionsgüterindustrie in Abrede gestellt, da deren Produkte nicht am allgemeinen Markt angeboten werden. Letztlich erwirtschaftet die Zulieferindustrie (X-GmbH) ein Verbrauchsgut, für das § 8 Abs. 3 EStG gilt[42].

4.2.3 Die Kausalitätsdichte

Mit der „Rahmenregelung" von § 8 Abs. 1 EStG (abgekürzt: „Zufluss im Rahmen einer der Überschusseinkunftsarten") wird ein direkter Zusammenhang zwischen der Einkunftsquelle (Erwerbsgrundlage) und der Nutzungshandlung für erforderlich gehalten. So gehören z.B. Sonderausschüttungen bei einem Aktionär zur Grundlage der Kapitalbeteiligung und eine Werbeflächenvermietung zur Grundlage eines Mietshauses und werden bei den dortigen Einkunftsarten erfasst.

Wie üblich, kommt es bei § 8 Abs. 1 EStG weder auf die richtige Bezeichnung (Bsp.: Sonderprämie für einen stillen G'fter) noch auf eine gültige causa zum Behaltendürfen (Wucherzinsen) an. Über diese sich bereits aus § 40 f. AO ergebende Einsicht hinaus hat der BFH im Urteil vom 20.05.2001 (BStBl II 2001, 482) die Unbeachtlichkeit des Rechtsgrundes auch auf den Zuflusszeitpunkt erstreckt (mit der Übergabe eines Schecks für Bestechungsgelder gilt die Zahlung – dort im Rahmen des § 22 Nr. 3 EStG – als zugeflossen).

Andererseits werden von § 8 EStG nicht solche Vorteile erfasst, für die es mangels Vorliegens einer Einkunftsart (bzw. einer marktoffenbaren Erwerbsquelle) keine Zuordnung bei § 2 EStG gibt. Danach unterliegen ausgelobte Preise bei einer Lotterieveranstaltung des AG nicht der Besteuerung nach § 8 Abs. 1 EStG, während „ausdrückliche" Belohnungsgeschenke nach §§ 8 Abs. 1, 19 EStG zu erfassen wären.

4.2.4 Zufluss

Bei der Erfassung der Einnahmen hat der Zufluss eine doppelte Bedeutung. Zum Einen sind die Eigengesetzlichkeiten des Steuerrechts zu berücksichtigen (vgl. 4.4 zu § 11 EStG); zum Zweiten ist bei manchen Vermögenstransfers zweifelhaft, ab wann der Begünstigte über den geldwerten Vorteil verfügen kann.

Beispiel 10: Die „Stock options" – Vereinbarung

Y (aus Beispiel 9) übt nunmehr als Vorstand die Funktion des Vertretungsorgans bei der Y-AG aus. Die AG gewährt dem neuen Vorstand ein Optionsrecht, kraft dessen Y ein Aktienpaket an der ausländischen Muttergesellschaft

---

[42] So auch die h.M. (*Drenseck-Schmidt*, § 8, Rz. 77 sowie *Kirchhof-kompakt*, § 8 Rz. 64), wo die weitere Differenzierung nach betriebstypischen und arbeitnehmerorientierten Angeboten zu Recht nicht weiter verfolgt wird.

der Y-AG zu einem jetzt festgelegten Einstandspreis zu einem x-beliebigen Zeitpunkt innerhalb der nächsten fünf Jahre erwerben kann. Der Kurswert beträgt beim Abschluss der Vereinbarung (VZ 01) 100 € je Aktie.

Im VZ 04 erwirbt G das Paket (100 Aktien an der Y-AG) zu dem vereinbarten Einstandspreis (damaliger Kurswert), während der notierte Börsenwert im Kaufzeitpunkt 150 € beträgt.

Mit der zeitlichen Erfassung von Aktienoptionen, die eine AG ihren Mitarbeitern einräumt, war der BFH im Grunde schon seit dem Jahre 1972 befasst. Mit mehreren Urteilen liegt eine nunmehr gefestigte Rspr. vor, die mit zwei Entscheidungen aus dem Jahre 2001 ein vorläufiges Ende gefunden hat[43].

Lösung:
Grundsätzlich ist bei der Einräumung eines Optionsrechtes der Zuflusszeitpunkt identisch mit der **Erfüllung** des Anspruches. Gerade dann, wenn erst mit der Ausübung des Rechts die Höhe des geldwerten Vorteils bestimmt werden kann (aktueller Kurswert ./. Einstandspreis), fällt im VZ 04 der geldwerte Vorteil bei G an [100 x (150 ./. 100) = 5.000 €].

An diesen Grundsätzen ändert sich nichts, wenn – wie hier – das Optionsrecht gegenüber einem Dritten (ausländische Muttergesellschaft) ausgeübt wird (BFH vom 24.01.2001, BStBl II 2001, 512).

Aus der Beurteilung des Aktienoptionsrechts als zukunftsorientierte Erfolgsmotivation (und nicht als Belohnung für die Vergangenheit) ergeben sich Gestaltungsmöglichkeiten für mobile AN, die längere Zeit im Ausland tätig sein wollen. Durch die Koppelung des geldwerten Vorteils mit Einnahmen nach § 19 EStG sind die geldwerten Vorteile der ausgeübten Option steuerfrei, soweit sie auf den Zeitraum zwischen Gewährung und Ausübung der Aktienoption entfallen, und diese Zeit mit dem steuerfreien Auslandsaufenthalt identisch ist. Sollte daher G für zwei Jahre ununterbrochen für die Y-AG im Ausland (z.B. bei der Muttergesellschaft) tätig gewesen sein, so sehen nahezu alle DBA vor, dass diese Auslandstätigkeit in der BRD steuerfrei ist (Art. 15 OECD-MA). G hätte sodann statt 5.000 € nur die Hälfte zu versteuern, da sie auf zwei steuerfreie „Ansparjahre" im Ausland entfallen.

Ähnliche Probleme – wenngleich im Rahmen des § 20 EStG – treten auf, wenn der (mögliche) Gegenstand des geldwerten Vorteils in der **Wiederanlage** der Ersterträge besteht. In mehreren Entscheidungen zur Kapitalanlage bei der „**Ambros S.A.**" ging es um die Beurteilung solcher Kapitalanlagen von stillen G´ftern, die sich bereits bei der Erstanlage zur späteren Wiederanlage der „Erstrenditen" verpflichtet hatten. Die Frage verschärft sich naturgemäß, wenn sich die Ertragssituation des Emittenten zwischen Erstanlage und Wiederanlage dramatisch verschlechtert und die Ersterträge „sehenden Auges" verloren gehen. In dieser Fallgruppe erkennt der BFH (BFH vom 10.07.2001, BStBl II

---

[43] BFH vom 24.01.2001 (BStBl II 2001, 512) sowie vom 20.02.2001 (DStR 2001, 653 und 1436) [mit Anm. von *Herzig*].

2001, 646) darauf, dass im hier vorliegenden Fall eine sog. Novation (Schuldumschaffung) vorliege: Danach folgt auf die Gutschrift der „Ersterdite" (Erfüllung der Altforderung) mit der Wiederanlage der zweite neue Schuldgrund. Anstelle eines ausbezahlten Betrages wird hier der wiederangelegte Betrag besteuert. Die wirtschaftliche Verfügungsmacht über diesen Betrag wird dann bejaht, wenn der Schuldner im Zeitpunkt der Wiederanlage die ersten geschuldeten Beträge hätte zahlen können. Durch dieses Konzept werden die Ersterträge im Zeitpunkt der Wiederanlage steuerlich als Einnahme nach §§ 8 Abs. 1, 11 Abs. 1 i.V.m. § 20 Abs. 1 Nr. 4 EStG erfasst, während die Verluste der „Zweitrendite" später als WK bis zur Höhe der Einlage berücksichtigt werden können.

Mit einer spezialgesetzlichen Regelung des Zuflusses ordnet § 24 Nr. 2, 1. Alt. EStG Einnahmen aus einer vorherigen Einkunftsquelle dem früheren Inhaber des Zustandstatbestandes (der Erwerbsgrundlage) zu. Werden daher nach Abschluss eines Mietvertrages (bzw. Arbeitsvertrages) noch nachträglich Zahlungen – z.B. aufgrund eines späteren rechtskräftigen Urteils – geleistet, werden diese von § 24 Nr. 2, 1. Alt. EStG beim ehemaligen Inhaber der Einkunftsquelle erfasst. Das **zeitliche Auseinanderfallen** von Handlungs- und Zustandstatbestand ändert nichts an der Steuerpflicht.

4.2.5 Negative Einnahmen

In zweifacher Hinsicht kann es zu Rückzahlungen kommen. Es können sowohl die ursprünglich vereinnahmten Beträge zurückgezahlt wie auch WK storniert werden. Als typischer Fall sei angeführt, dass eine vertragliche Mietnebenkostenpauschale[44] in 01 zu hoch angesetzt war und nach durchgeführter Berechnung der Betriebskosten in 02 anteilig zurückbezahlt wird. Nach dem Grundschema der Überschussermittlung – ebenso wie nach dem Dogma des objektiven Nettoprinzips – führt die Rückzahlung als actus contrarius zu einer Erfassung mit umgekehrten Vorzeichen:

- Fall 1: Einnahmen des Jahres 01 werden bei Rückzahlung in 02 als Erwerbsaufwand abgezogen.
- Fall 2: Stornierte (zurückgezahlte) WK werden im Jahr der Erstattung als Einnahme erfasst.

Die Behandlung der ersten Fallgruppe wirft zunächst terminologische und sodann auch praktische Fragen auf. Sind die zurückgezahlten Einnahmen „negative Einnahmen" oder WK?

> **Beispiel 11: „Früh gefreut – spät gereut"**
> Arbeitnehmer Servus (S) erhält in 01 als 13. Gehalt 1.200 €. Aufgrund einer außerordentlichen Kündigung wird S zum 31.03.02 entlassen und muss gleichzeitig – aufgrund der Rspr. des BAG – das Weihnachtsgeld zurückzahlen.

---

[44] Mit zwei Urteilen vom 14.12.1999 hat der BFH entschieden, dass die Mietnebenkostenpauschale eine Einnahme i.S.v. § 8 Abs. 1 EStG und nicht etwa Auslagenersatz (§ 3 Nr. 50 EStG analog) oder negative WK darstellt (BFH vom 14.12.1999, BFH/NV 2000. 831 und 832).

S findet in 02 nur noch Gelegenheitsjobs (Jahresarbeitslohn: 2.000 €), denen keine nachgewiesenen Aufwendungen gegenüberstehen.

Lösung:
Wird in der Veranlagung des S der Rückzahlungsbetrag (1.200 €) als WK behandelt, so kann dieser nicht mehr den WK-Pauschbetrag nach § 9a Nr. 1 EStG i.H.v. 1.044 € geltend machen. 1.200 € „negative Einnahmen" konsumieren (verschlingen) hingegen nicht den AN-Pauschbetrag.
Nach h.M. liegen immer dann **negative Einnahmen** vor, wenn im Zuflusszeitpunkt bereits mit einer Rückzahlung zu rechnen war oder wenn der Grund für die Rückzahlung bereits im Zuflusszeitpunkt vorlag[45].
Nachdem der Grund für die Kündigung erst im Jahre 02 vorlag, wird die Rückzahlung des Weihnachtsgeldes i.H.v. 1.200 € in der ESt-Veranlagung des S als WK behandelt. S hat darüber hinaus keinen Pauschbetrag[46].

4.3 Erwerbsaufwendungen, insbesondere die Werbungskosten

4.3.1 Gemeinsamkeit und Unterschied zwischen Werbungskosten und Betriebsausgaben

Den Gegenpol zu den Einnahmen im Rahmen des Handlungstatbestandes stellen die Erwerbsaufwendungen dar, die nach BA (§ 4 Abs. 4 EStG) und nach WK (§ 9 EStG) unterschieden werden. Entgegen der ursprünglichen gesetzlichen Trennung haben sowohl die Rspr. des BFH wie spätere Akte des Gesetzgebers zu einer Annäherung beider Gruppen von Erwerbsaufwendungen geführt.

Dies bedeutet für die Gruppe der WK zunächst, dass entgegen der legalistischen Aussage in § 9 Abs. 1 S. 1 EStG der WK-Begriff grundsätzlich nicht zielgerichtet (final), sondern kausal ausgelegt wird. Es wird nach der Verursachung des Aufwands durch eine Einkunftsquelle gefragt und sodann entsprechend der jeweiligen Einkunftsart zugeordnet. § 9 EStG wird in **Analogie zu § 4 Abs. 4 EStG** ausgelegt.

> **Beispiel 12: Die berufliche Urlaubsunterbrechung eines „Erwerbstätigen"**
> **– eine (auch) historische Betrachtung –**
> Der Vorstandsvorsitzende V wurde 1991 während seines Urlaubs auf Sylt zu einer überraschenden Vorstandssitzung nach Hamburg „einbeordert". V flog mit einem Privatjet von Westerland nach Hamburg und machte die Kosten, die das Fünffache einer Linienmaschine und das 20fache einer Bahnfahrt ausmachten, bei seiner ESt-Erklärung geltend.
>
> - Variante 1: Der Flug erfolgte im Sommer 1992.
> - Variante 2: V ist Einzelunternehmer.

---

[45] *Heinicke-Schmidt*, § 8, Rz. 7d sowie BFH vom 19.12.1975 (BStBl II 1976, 322); a.A. *H/H/R*, § 9 Anm. 3e.
[46] Eine andere Lösung (negative Einnahmen) ergibt sich etwa bei einer überhöhten Berechnung des „Weihnachtsgeldes".

Durch die Einführung bzw. Erweiterung von § 9 Abs. 5 EStG in den Jahren 1992 und 1996 ist der Katalog von § 4 Abs. 5 EStG (sog. „nichtabzugsfähige BA") in den Bereich der Überschusseinkünfte übernommen worden. Damit ist schlagartig die frühere BFH-Rspr. u.a. zur Nichtberücksichtigung (!) der Angemessenheitsprüfung bei den WK (§ 4 Abs. 5 Nr. 7 EStG) ab 01.03.1992 gegenstandslos geworden.

Lösung:

- Nach älterer BFH-Rspr. (BFH vom 12.01.1990, BStBl II 1990, 423) wurde mangels gesetzlicher Grundlage § 4 Abs. 5 Nr. 7 EStG („Angemessenheitsprüfung") nicht im Bereich der Überschusseinkünfte angewandt. Danach konnte V die Kosten mit dem Privat-Jet im Jahr 1991 als WK nach §§ 9, 19 EStG absetzen.
- Durch § 9 Abs. 5 EStG ist ab 1992 weitgehend ein Gleichlauf zwischen WK und BA hergestellt, so dass V ab 01.03.1992 nur angemessene Fahrtkosten von Sylt nach Hamburg geltend machen kann (wohl nur: Kosten des Linienfluges).
- Diese Aussage traf – und trifft immer noch – auf V als Einzelunternehmer zu, da insoweit § 4 Abs. 5 Nr. 7 EStG unmittelbar einschlägig ist.

Sowohl für WK wie für BA gelten daher einheitlich die Grundaussagen, dass Erwerbsaufwendungen nicht abgezogen werden dürfen, wenn:

- § 12 EStG, insb. § 12 Nr. 1 S. 2 EStG (Kosten der Lebensführung), vorrangig ist,
- ausnahmsweise § 10 EStG (Sonderausgaben) konstitutiv Ausgaben enthält, die den WK/BA vorgehen (Bsp.: Rentenversicherungsbeiträge)[47],
- § 4 Abs. 5 EStG (i.V.m. § 9 Abs. 5 EStG) den Abzug – dem Grunde oder der Höhe nach – verbietet.

Hinsichtlich dieser generellen Abgrenzungsfragen, die bei allen Erwerbsaufwendungen auftreten, wird auf Kap. IV (Objektives Nettoprinzip und Erwerbsaufwand) verwiesen. In dieser Darstellung zum Handlungstatbestand werden auch nicht die Spezialfragen zu den WK, wie sie insb. in § 9 Abs. 1 S. 3 EStG aufgelistet sind, behandelt, da diese wegen ihrer konzeptionellen Zugehörigkeit zu den einzelnen Einkunftsarten „gehören" (sogleich Kap. II). Der sog. Drittaufwand wird ebenfalls gesondert unter Teil B, Kap. I (Dritte im Steuerrecht) dargestellt.

4.3.2 Aufwendungen als Werbungskosten sowie allgemeine Auslegungsfragen zu § 9 EStG

Die Verwendung historischer Begriffe wie „Werbungs"kosten (S. 1) oder der Abzug in der Einkunftsart, in der sie „erwachsen" sind (S. 2) lässt das gesetzestechnische Alter vermuten: Seit dem preußischen EStG 1906 sind Kosten im Rahmen einer werbenden Einkunftsquelle dort abzuziehen, wo sie „aus etwas hervorgehen" (= erwachsen sind). § 9

---
[47] Ansonsten gilt bei § 10 EStG bei gleichzeitigem Vorliegen der Vorrang von WK/BA.

Abs. 1 S. 2 EStG und § 9 Abs. 3 EStG unterstreichen heute den untrennbaren Zusammenhang von WK und dem Abzug bei einer konkreten Einkunftsart.

Der zentrale Begriff der Aufwendungen in § 9 Abs. 1 S. 1 EStG ist gesetzlich nicht definiert und erschließt sich spiegelbildlich aus § 8 EStG. **Geld oder Güter in Geldeswert**, die bei einer Überschuss-Einkunftsart **abfließen,** sind demnach als WK abzuziehen.

Beispiel 13: Die strittige Fahrt zum Vermietungsobjekt
Vermieter (V) mit Wohnsitz in Saarbrücken hat ein neu renoviertes Mietshaus (zwei Mietparteien) am Bodensee geerbt. Er gibt an, einmal wöchentlich „nach dem Rechten" zu sehen und möchte die Fahrtkosten mit dem Pkw als WK geltend machen. Als Autodidakt führt er auch die Hausmeisterarbeiten eigenständig durch (behaupteter Arbeitslohn: 30 €/Stunde).
Nachdem sich die Hausbank von V ebenfalls in Meersburg befindet – und dort immer wieder Gespräche über seine Kapitalanlagen anstehen –, möchte V je eine Fahrt im Quartal im Rahmen von § 20 EStG berücksichtigt wissen.

Analog zu § 8 EStG erfüllen weder ersparte Auslagen noch Wertverluste in der Privatsphäre (Vermögensminderung von WG des PV wie z.B. Kursverluste von privaten Aktien) den Begriff der Aufwendungen i.S.d. § 9 EStG.

Einen ersten Anhaltspunkt zum steuerrelevanten WK-Begriff liefert § 9 Abs. 1 S. 1 EStG, soweit es sich um Kosten

- zum Erwerb von Einnahmen (Bsp.: Finanzierung eines Mietshauses),
- zu deren Sicherung (Bsp.: Versicherungsbeiträge) oder
- zur Erhaltung der Mieteinnahmen (Bsp.: Reparaturkosten) handelt.

Lösung:
1. Die Fahrtkosten erfüllen dem Grunde nach den Aufwendungsbegriff, wenn sie nicht privaten Zwecken des V (§ 12 Nr. 1 EStG) dienen. Da eine private Mitveranlassung bereits den Abzug verhindert, sind die wöchentlichen Fahrten dann nicht zu berücksichtigen, wenn V am Bodensee auch seinem Hobby, z.B. als Wassersportler, nachkommen sollte.
Nachdem die wöchentlichen Fahrtkosten im Rahmen des § 21 EStG anfallen, ist bei deren Berücksichtigung der Höhe nach gem. § 9 Abs. 2 EStG der gestaffelte Pauschansatz nach § 9 Abs. 1 S. 3 Nr. 4 EStG analog zu Grunde zu legen. Dies setzt aber – wegen der Analogie – voraus, dass es sich um eine regelmäßige „Tätigkeitsstätte" des V handelt. Trifft dies – wie in vorliegendem Fall – nicht zu, sind die tatsächlichen nachgewiesenen Kosten zu berücksichtigen. Diese Annahme stößt jedoch wegen § 9 Abs. 5 EStG i.V.m. § 4 Abs. 5 Nr. 7 EStG auf Bedenken, da die wöchentliche Inspektion des Vermietungsobjektes unangemessen ist. Bei Vermietungseinnahmen bei einem neuen (bzw. neu renovierten) Objekt können allenfalls monatliche oder quartalsmäßige Fahrtkosten in tatsächlich nachgewiesener Höhe abgezogen werden.

2. Der Abzug des eigenen Arbeitslohnes ist als ersparter Eigenaufwand nicht berücksichtigungsfähig.

3. Die zusätzlich als WK begehrten Fahrtkosten anlässlich der Finanzierungs- und Geldanlagegespräche i.R.v. § 20 EStG begegnen den gleichen Bedenken aus § 4 Abs. 5 Nr. 7 EStG analog. Sollte man – bei umfangreichen Kapitalanlagen – eine Fahrt im Halbjahr zum WK-Abzug zulassen, müssten die tatsächlichen Fahrtkosten des V von Saarbrücken zum Bodensee aufgeteilt und beiden Einkunftsarten (§ 20 EStG sowie § 21 EStG) hälftig zugewiesen werden (§ 9 Abs. 1 S. 2 EStG)[48].

Die Rspr. sieht sich immer wieder mit der Frage konfrontiert, ob auch solche Aufwendungen abzugsfähig sind, die der Anschaffung oder Herstellung eines WG dienen. Im Urteil vom 08.05.2001 hatte sich der BFH mit der Frage auseinander zu setzen, ob die Gebühren, die bei einem Beteiligten eines Immobilienfonds anfallen (konkret: Mietgarantie- und Treuhändergebühren in gesonderten Verträgen) sofort abzugsfähige WK oder AK der künftigen bezugsfertigen Immobilie sind. Dabei ist darauf hinzuweisen, dass Aufwendungen, auch wenn sie in AK oder HK eines neuen WG münden, als WK berücksichtigt werden können. Die Erfassung erfolgt jedoch nicht mittels Sofortabzug, sondern im Rahmen der **AfA**, soweit das WG **abnutzungsfähig** ist. Im vorliegenden Fall (BFH vom 08.05.2001, BStBl II, 2001 720) hatte sich der BFH – auf der Grundlage von § 42 AO – gegen einen Sofortabzug ausgesprochen[49].

In diesem Sinne sind etwa die AK für eine „Meistergeige" nur über die AfA als Arbeitsmittel (§ 9 Abs. 1 S. 3 Nr. 7 EStG) eines Konzertmeisters zu berücksichtigen[50].

4.3.3 Die „kausale" Betrachtungsweise bei den Werbungskosten bzw. der Zusammenhang mit den Einnahmen

Über den enumerativen Katalog des § 9 Abs. 1 S. 3 Nr. 1 ff. EStG hinaus hat die Rspr. aufgrund eines weit gefassten Zusammenhangs der Aufwendungen mit den Einnahmen nachfolgende Fallgruppen für den WK-Bereich erschlossen:

- Vorab entstandene WK (Bsp.: Reisekosten für ein Vorstellungsgespräch).
- Nachträgliche WK (Bsp.: Inanspruchnahme des GmbH-GF als Haftungsschuldner nach dessen Entlassung)[51].

---

[48] Allgemeine Ansicht (vgl. *von Beckerath* in *Kirchhof-Kompakt*, § 9 Rz. 80).
[49] Modellbedingte Nebenaufwendungen bei einem Immobilienfonds sind keine WK, sondern AK.
[50] Im Urteil des BFH vom 26.01.2001 (BStBl II 2001, 194) lehnt der BFH § 4 Abs. 5 Nr. 7 EStG analog (§ 9 Abs. 5 EStG) bei einer über 300 Jahre alten kostspieligen Geige ab und gelangt zu einer Restnutzungsdauer von 100 Jahren.
[51] In einem Grenzfall, da Reparaturarbeiten am Ende der Vermietungszeit – vor unmittelbarer Eigennutzung des Objekts – anfielen, hat der BFH in einem problematischen Urteil vom 20.02.2001 (BFH/NV 2001, 1022) ebenfalls auf den Abzug als WK erkannt.

- Vergebliche Aufwendungen (Bsp.: Umzugskosten eines AN bei widerrufener Versetzung[52]), auch wenn es nicht zum Abschluss eines Arbeitsvertrages kommt (WK ohne Zustandstatbestand)[53].

Umstritten sind – wegen der kausalen Betrachtungsweise – Aufwendungen, die zur **Beendigung** einer Erwerbsgrundlage führen. Dieser Fallgruppe begegnet man häufiger bei Abrisskosten für ein vermietetes Wohnhaus, wenn der frei gewordene (der „geräumte") Grundbesitz entweder verkauft oder auf ihm ein neues Gebäude zur Eigennutzung errichtet wird. Das Problem tritt dann auf, wenn die Altimmobilie nicht zum Zwecke des Abbruchs erworben wurde, da in diesem Fall die Abrisskosten zu den HK des neuen Objekts zählen (H 33a zu R 33 EStR). Die neuere Rspr. des BFH zu dieser Frage[54] verneint zwar nachträgliche WK, lässt aber zu, die Abrisskosten oder die AfA nach § 7 Abs. 1 S. 5 EStG i.R.d. § 10e Abs. 6 EStG (als Vorkosten) zu berücksichtigen. Eine weitergehende Entscheidung für den Fall, dass der unbebaute Grund anschließend verkauft wird, liegt derzeit nicht vor[55].

> **Beispiel 14: Die unglückliche Heimfahrt im Beispiel 13**
> Auf einer der steuerlich anerkannten Fahrten des V (im Beispiel 13) verunglückt dieser auf der Rückfahrt vom Bodensee nach Saarbrücken durch Eigenverschulden. Die Reparaturkosten belaufen sich auf 3.000 €, wobei V, der vollkaskoversichert ist, auf Ersatzansprüche gegen die Versicherung verzichtet, um die günstige Tarifeinstufung zu behalten.

In vorliegender Fallkonstellation, die noch um die Variante einer Trunkenheitsfahrt mit Unfallfolge (Bsp.: Heimfahrt eines AN nach Betriebsfeier) ergänzt werden kann, erschließt sich die Tragweite des WK-Abzugs. Angesprochen sind die Behandlung von:

- Unfreiwilligen Aufwendungen,
- schuldhaft verursachten Aufwendungen und von
- dem Verzicht auf Ersatzleistungen.

---

[52] Im Urteil des BFH vom 24.05.2000 (BStBl II 2000, 584) wird dies soweit bejaht, als es sich um echte Vermögensverluste in der Privatsphäre (Maklerkosten, Kosten für die Baureifmachung eines Grundstücks) handelt. Für die Beurteilung spielt es dabei keine Rolle, ob diese Aufwendungen vom AN getragen werden und insoweit WK sind oder ob sie bei Ersatz durch den AG als Arbeitslohn anzusetzen sind. Hiervon sind jedoch Schadensersatzleistungen des AG abzugrenzen. Problematisch bleibt allerdings die Abgrenzung zu § 23 Abs. 1 Nr. 1 EStG, wenn der Grundstückserwerb schon vollzogen war. Ein Jahr später hat der BFH diese Rspr. auf einen geplanten Umzug ins Ausland erstreckt (Kosten für den – rückabgewickelten – Erwerb eines Eigenheims; Urteil des BFH vom 23.03.2001, BFH/NV 2001, 1379). Nach dem Urteil des BFH vom 21.09.2000 (BStBl II 2001, 70) sind allerdings Möbeleinlagerungskosten keine berücksichtigungsfähigen WK.
[53] Zu der in der Praxis wichtigen Fallgruppe der ergebnislosen Aufwendungen für den Erwerb von Grundstücken vgl. die Darstellung unter Band 2, Kap. 2.3, § 21 EStG.
[54] Nach dem Urteil des BFH vom 26.06.2001 (IX R 22/98 (NV); noch anders der BFH im Urteil vom 31.03.1998 (BFH/NV 1998, 1212 sowie BFH/NV 1990, 94).
[55] Siehe dazu *von Bornhaupt* in *Kirchhof/Söhn*, § 9 B 239 ff.

Nachdem – wie gesehen – die WK-Auslegung den Steuerbürger nicht zu notwendigen, üblichen oder zweckmäßigen Aufwendungen zwingt, sondern den Abzug nur von der Angemessenheit abhängig macht, stellt sich die weitere Frage, wie excessiv motivierte Aufwendungen, die sich ansonsten im Anwendungsbereich von § 9 EStG bewegen, steuerlich zu behandeln sind.

Lösung:

1. Für den Anwendungsbereich der unfreiwilligen Aufwendungen, z.B. anlässlich der Beschädigung oder des Diebstahls des auf Dienstfahrten eingesetzten Pkw des AN, hat der BFH in ständiger Rspr. entschieden, dass es – trotz der finalen Legaldefinition in § 9 Abs. 1 S. 1 EStG – nicht auf eine gesteigerte subjektive Voraussetzung (etwa als Motiv) ankäme. Entscheidend ist lediglich, dass objektiv ein wirtschaftlicher Zusammenhang der Aufwendungen mit der Einnahmenerzielung besteht und dass diese subjektiv zur Förderung der Einnahmeerzielung getätigt werden müssen[56].
Die Kosten für Schadensbeseitigung des eigenverursachten Unfalls des V sind dem Grunde nach als WK abzugsfähig. Ein Reparaturaufwand i.H.v. 3.000 € ist als angemessen anzusehen, solange der Zeitwert des beschädigten Pkw nicht überschritten wird.

2. Selbst bei einer gesteigerten Negativveranlassung – wie hier bei einem schuldhaft verursachten Unfall – bleibt es beim WK-Abzug, wenn der Unfall nicht Folge gesteigerten Alkoholkonsums war (BFH vom 27.02.1992, BStBl II 1992, 837). Mit einer abenteuerlichen Begründung wird dabei der Verkehrsunfall durch Alkoholgenuss der privaten Lebensführung zugeordnet und damit dem Abzugsverbot von § 12 Nr. 1 S. 2 EStG unterstellt.

3. Der Verzicht auf Ersatzansprüche soll dem WK-Abzug ebenfalls nicht entgegenstehen. Eine Ausnahme wird nach den gleichen Überlegungen wie zuvor (§ 12 Nr. 1 EStG) nur für den Fall gemacht, dass aus rein privaten Gründen verzichtet wurde[57].

4.3.4 Die Pauschalierungsregelung nach § 9a EStG

Die von Amts wegen zu berücksichtigenden Pauschbeträge nach § 9a EStG, die um WK-Pauschalen in Verwaltungsanordnungen ergänzt werden[58], bereiten in der Anwendung kaum Probleme[59]. Der von Teilen der Steuerrechtswissenschaft unternommene Ver-

---

[56] Ständige Rspr., zuletzt BFH vom 01.10.1996 (BStBl II 1997, 454).
[57] *Drenseck-Schmidt*, § 9 Rz. 75.
[58] Zwei Gruppen sind zu unterscheiden:
- Pauschalen für Aufwendungsarten (z.B. Übernachtungspauschalen) gem. R 38 ff. LStR.
- Pauschalen für bestimmte Berufsgruppen (Artisten, Journalisten etc.) gem. R 47 a.F. LStR.

[59] Für drei Jahre (von 1996 – 1998) gab es einen weiteren Pauschbetrag für private Wohnraumvermietung (§ 21 EStG): 42 DM/qm vermietete Wohnfläche.

such, die Pauschalierungsregelungen von § 9a EStG als allgemeine Typisierungsnorm auch für die Gewinnermittlung fruchtbar zu machen, ist zu Recht gescheitert[60].

Alle in § 9a EStG vorgesehenen Pauschbeträge kommen jeweils nur einmal in der jeweiligen Einkunftsart zum Tragen, auch wenn mehrere Erwerbsverhältnisse (Dienstverhältnisse, Kapitalanlagen etc.) innerhalb einer Einkunftsart bestehen. Nach § 9a S. 2 EStG darf der Abzug der Pauschbeträge nicht zu Verlusten innerhalb einer Einkunftsart führen.

Es handelt sich um Jahresbeträge, die nicht zu ermäßigen sind, wenn die unbeschränkte Steuerpflicht nicht während des ganzen VZ bestand (R 85 Abs. 2 EStR).

4.4 Der maßgebliche Zeitpunkt beim Handlungstatbestand

4.4.1 Systematische Stellung und Tragweite des § 11 EStG

In der Systematik des EStG nimmt § 11 EStG eine Sonderstellung ein. Platziert zwischen den SA und der generellen Abzugsverbotsnorm des § 12 EStG, beansprucht § 11 EStG einen nahezu flächendeckenden Anwendungsbereich. Im Bereich der Überschusseinkünfte bestimmt sich die zeitliche Zuordnung nach § 11 EStG, ebenso wie sich die Einnahme-Überschussrechnung des § 4 Abs. 3 EStG im Bereich der Gewinneinkünfte danach richtet. SA und agB orientieren sich bei der zeitlichen Erfassung der Abzugsbeträge ebenfalls nach § 11 EStG. Letztlich gilt die Norm auch für Tarifermäßigungen (§ 34g EStG).

§ 11 Abs. 1 S. 4 EStG sowie § 11 Abs. 2 S. 3 EStG belegen die herausgehobene Position. Es bedarf offensichtlich einer **spezialgesetzlichen Ausnahmeregelung** (dort: für den BVV), um Fragen der zeitlichen Zuordnung im Einkommensteuerrecht **nicht** dem Regime des **§ 11 EStG** zu unterstellen. Eine weitere Ausnahme sind die zeitliche Erfassung des Arbeitslohnes (§ 11 Abs. 1 S. 3 EStG) sowie §§ 11a, 11b EStG[61] zur Verteilung von Erhaltungsaufwand.

§ 11 EStG gibt die Antwort auf die zeitliche Erfassung von Einnahmen/Ausgaben für den jährlichen Besteuerungszeitraum (§ 2 Abs. 7 i.V.m. § 25 Abs. 1 EStG). Die Kernaussage vom Zuflussprinzip für Einnahmen nach Abs. 1 S. 1 leg. cit. und vom Abflussprinzip für Ausgaben nach § 11 Abs. 2 S. 1 EStG wird nur durch das Sonderrecht für regelmäßig wiederkehrende Einnahmen und Ausgaben durchbrochen.

4.4.2 Einnahmen und Ausgaben und die wirtschaftliche Verfügungsmacht

Zum Grundverständnis von § 11 EStG zählt, dass unter Zufluss die Erlangung der wirtschaftlichen Verfügungsmacht und unter Abfluss (oder Leistung) der Verlust derselben über Geld oder geldeswerte Güter zu verstehen ist. Diese bei Barzahlung noch unproblematische Zuordnung bedarf bei bargeldloser Zahlung der Ergänzung. Die zeitliche Zuordnungsfrage stellt sich immer beim Auseinanderfallen von Zustandstatbestand (Arbeits- oder Mietverhältnis in 01) und Handlungstatbestand (Bezahlung des Lohnes/der Miete in 02).

---

[60] *Kirchhof*, NJW 1997, 193.
[61] Bzw. § 82b a.F. EStDV.

4.4.2.1 Zufluss und Abfluss bei bargeldloser Zahlung

Beispiel 15: Varianten der bargeldlosen Zahlung

V erhält als Inhaber seines neu errichteten Wohn- und Geschäftshauses (bezugsfertig zum 01.12.01) die Dezembermiete 01 seiner fünf Mieter M 1 – M 5 auf folgende Weise:

- Durch Banküberweisung von M 1 (Überweisungsauftrag am 29.12.01/ Gutschrift bei V am 03.01.02),
- durch Scheckaushändigung an Silvester 01 seitens M 2,
- durch Begebung eines 3-Monats-Akzepts (Wechsel) am 28.12.01 von M 3,
- M 4 zahlt mit Kreditkarte (Unterschrift am 31.12.01, Gutschrift am 05.01.02),
- M 5 durch Aushändigung einer Einzugsermächtigung über sein Bankkonto.

In allen Fällen ist davon auszugehen, dass mit der Zuflussfrage bei V für die V+V-Einkünfte gleichzeitig die Abflussfrage bei M 1 – M 5 zu beantworten ist (etwa als § 4 Abs. 3 EStG-Rechner, der die Räume geschäftlich nutzt).

Lösung:

Nachdem es sich um die jeweils erste Mietzahlung handelt, liegen noch keine regelmäßig wiederkehrenden Einnahmen/Ausgaben vor. Die folgende Lösung erfolgt tabellarisch (H 116 zu R 116 EStR):

Art der Zahlung	Zufluss (V)	Abfluss (M)
Überweisung (M 1)	Gutschrift Empfängerbank (hier: 02)	Zugang Überweisungsauftrag bei Bank (hier: 01)
Scheck (M 2)	Erhalt (01)	Hingabe (01)
Wechsel (M 3)	Einlösung (28.03.02)	Zahlung (02) bzw. Diskontierung (Tatfrage)
Kreditkarte (M 4)	Zahlung Kartenausgeber (hier: 02)	Str.[62] (Belastung Bankkonto/Unterschrift 01)
Einzugsermächtigung[63]	Gutschrift	Aushändigung

Die ggf. unterschiedliche Erfassung ist darauf zurückzuführen, dass beim Zufluss der Leistungserfolg im Vordergrund steht, während der Abfluss schon mit der Leistungshandlung angenommen wird.

---

[62] Für Belastung des Bankkontos *L/B/H*, § 11 Anh. Nach h.M. ist Unterschrift entscheidend *(H/H/R*, § 11 Rz. 120 sowie *Heinicke-Schmidt*, § 11, Rz. 30 „Kreditkarte".
[63] Ohne dass hierzu eine ausdrückliche Entscheidung des BFH oder der FG vorliegt, ist der Auslegung wie bei einer Überweisung zu folgen.

4.4.2.2 Erfüllungssurrogate (Sonstige Zahlungsmodalitäten)

Drei häufig vorkommende Ersatzhandlungen sind hierbei zu untersuchen:
- Die Aufrechnung,
- die Novation
- und der Erhalt einer Dividende nach erfolgtem Gesellschafterbeschluss.

Die ebenfalls nicht seltene Abtretung stellt einen Unterfall des steuerlichen Mehrpersonenverhältnisses dar und wird bei der personellen Zurechnung (s. Teil B, Kap. I) dargestellt.

Für die **Aufrechnung** (§§ 387 ff. BGB) ist nach h.M. bei Vorliegen der Aufrechnungslage[64] die Aufrechnungserklärung bzw. das Zustandekommen des Aufrechnungsvertrages Auslöser für Zu- und Abfluss i.S.d. § 11 EStG. Behandelt etwa ein Arzt seinen Vermieter und verrechnet dieser die ausstehende Miete mit dem Honorar, so liegt bei beiden ein Zufluss vor (und beim Arzt gleichzeitig einer Abfluss hinsichtlich der Raumkosten[65]).

In mehreren Entscheidungen hat sich der BFH mit dem Zufluss bei einer **Novation** (Schuldumschaffung: Ein neuer Schuldgrund ersetzt den alten Schuldgrund) anlässlich von kumulierten Gewinnversprechen bei bestimmten Anlageformen (Ambros S.A.) auseinander gesetzt. In den Urteilen der Jahre 1997 sowie 2001 wird der „Austausch von Forderungen", der aus Gläubigersicht hinter der Novation steht, dann als Zufluss erfasst, wenn sich Gläubiger (Kapitalanleger) und Schuldner (Unternehmer, bei dem das Geld für Börsengeschäfte angelegt wird) paritätisch gegenüberstehen und wenn der Schuldner im Zeitpunkt der Novation zahlungsfähig war[66]. Die zeitliche Erfassung des Gutschriftwertes im Zeitpunkt der Begründung einer neuen Forderung führte in den Fällen der Kapitalbeteiligung an der Ambros S.A. zu vorgezogenen Verlusten aus der (typisch) stillen Beteiligung, wenn der Gutschriftbetrag (die sog. „erste Rendite") hinter der Einlageleistung zurücklag. Ähnliche Fälle des Zuflusses kraft Novation sind etwa bei Absprachen zwischen AN und AG denkbar, wenn die Forderung auf Lohnzahlung in ein langfristiges betriebliches Darlehen umgewandelt wird (Arbeitslohn im Zeitpunkt der Darlehensbegründung).

> **Beispiel 16: Zeitenwende bei der Dividende**
> A ist Aktionär der V-AG. Diese schüttet am 28.12.02 den in 01 erwirtschafteten Gewinn aus. Der Ausschüttungsbeschluss wurde (sehr spät) auf der Hauptversammlung am 01.10.02 gefasst. Am 12.01.03 weist der Bankauszug des A (mit Wertstellung an diesem Tag) einen Zugang im Haben von 59.175 € aus. Wann hat A, der die Aktien im Privatbesitz hält, die Dividende zu versteuern?

---

[64] Gem. § 387 BGB müssen (Aktiv-)Forderung und (Passiv- bzw.)Gegenforderung gleichartig und gegenseitig sein, die Aktivforderung (mit der aufgerechnet wird) muss durchsetzbar und die Passivforderung (gegen die aufgerechnet wird) muss zumindest erfüllbar sein.
[65] Auch bei V könnte ein Abfluss i.S.d. § 33 EStG gegeben sein.
[66] Nach den Urteilen des BFH vom 10.07.2001 (BStBl II 2001, 646) sowie vom 22.07.1997 (BStBl II 1997, 761).

Lösung:
Nach § 20 Abs. 1 Nr. 1 EStG ist die Dividende zu erfassen. Dabei ist wegen § 12 Nr. 3 EStG von der Bruttodividende auszugehen, da die im Vorfeld von der V-AG abgezogene KapESt sowie der SolZ als Quellen-ESt des A nicht berücksichtigt werden können. Eine Nettodividende von 59.175 € ergibt nach dem Halbeinkünfteverfahren eine Bruttodividende von 75.000 € (75 T€ lösen eine 20 %ige KapESt von 15 T€ sowie einen SolZ von 825 € aus).

Die wirtschaftliche Verfügungsmacht i.S.d. § 11 Abs. 1 EStG hat A erst mit der Gutschrift auf seinem Bankkonto am 12.01.03 erlangt (und nicht bereits mit der Beschlussfassung am 28.12.02, die lediglich ein Forderungsrecht begründet)[67].

Allein für Zwecke der KapESt fingiert § 44 Abs. 2 S. 2 EStG als Zuflusszeitpunkt – mangels genauer Festlegung – den Tag nach der Beschlussfassung, d.h. den 29.12.02. Nach richtiger Auffassung begründet dieser vorgezogene Zeitpunkt aber nicht die Anrechnungsmöglichkeit des A gem. § 36 Abs. 2 Nr. 2 EStG im VZ 02, sondern begründet nur die Verpflichtung für die V-AG, die KapESt noch in 02 abzuführen[68].

4.4.2.3 Verfügungsbeschränkungen

Aktuelle sowie spätere Verfügungsbeschränkungen – wie etwa eine Einzahlung auf ein Konto mit Sperrvermerk oder ein auf ein Kautionskonto eingezahlter Betrag – ändern nach der BFH-Rspr. grundsätzlich nichts am Zufluss des Betrages. Nachdem diese Konten entweder der Sicherung anderer Ansprüche dienen oder – wie das beim Treuhandkonto der Fall ist – dem rechtlichen Inhaber (§ 39 Abs. 2 AO) zugerechnet werden, genügt es offensichtlich für den Zufluss, dass der Gläubiger die Möglichkeit des Leistungserfolges herbeiführen kann[69].

4.4.3 Regelmäßig wiederkehrende Einnahmen und Ausgaben

Als wichtigste Ausnahme folgt bei regelmäßig wiederkehrenden Einnahmen/Ausgaben die zeitliche Zuordnung nicht dem Zuflussaspekt, sondern gehorcht der wirtschaftlichen Zugehörigkeit. Sie werden gem. § 11 Abs. 1 S. 2 EStG bzw. gem. § 11

---

[67] Diese Zeitpunkt-Frage spielt zusätzlich eine wichtige Rolle bei:
- Einer vom Gesellschafter beherrschten KapG (dazu zuletzt der GrS des BFH vom 07.08.2000, BStBl II 2000, 632),
- der rechtzeitigen Erfassung von Verlusten nach § 20 EStG,
- einem typisch stillen Gesellschafter und dessen Gewinnen/Verlusten (hierzu BFH vom 07.09.2000, BFH/NV 2001, 415: Voraussetzung für die Erfassung des Verlustes eines typisch stillen Gesellschafters ist, dass der Verlustanteil im Jahresabschluss festgestellt und im maßgeblichen Jahr von der Kapitaleinlage des Gesellschafters abgebucht ist).

[68] S. auch *Weber-Grellet/Schmidt*, § 44 Rz. 3.

[69] Vgl. *Puhl* in *Kirchhof-Kompakt*, § 11 Rz. 16 (dortige FN 3); s. auch a.a.O. das anderslautende BFH-Urteil zum Notar-Anderkonto (BFH vom 30.01.1986, BStBl II 1986, 404: Zufluss an Verkäufer bei Auszahlungsreife).

Abs. 2 S. 2 EStG – unabhängig von ihrem Zu-/Abfluss – dem Zeitraum (dem VZ) zugerechnet, für den sie erbracht wurden.

Beispiel 17: Die Finanzierung der Dividende (Bsp. 16)
Zur Finanzierung des Aktienerwerbs (Bsp. 16) nahm A ein Darlehen auf, dessen Zinsen vierteljährlich im Voraus fällig gestellt wurden. Die Zinsen für das 4. Quartal 02 (fällig am 01.10.02) und für das 1. Quartal 03 werden am 05.01.03 überwiesen. Macht es einen Unterschied, ob die Zinsen nachbelastet werden (Fälligkeit im Nachhinein)?

Unter regelmäßig wiederkehrenden Einnahmen/Ausgaben versteht man Leistungen, die von vornherein aufgrund einer feststehenden Rechtsgrundlage in bestimmten Zeitabständen anfallen. Dabei müssen die Beträge nicht der Höhe nach identisch sein, da es auf die Gleichartigkeit (und nicht die Gleichmäßigkeit) der jeweiligen Zahlungsvorgänge ankommt. Die klassischen Anwendungsfälle sind die aufgrund eines Dauerschuldverhältnisses (wie etwa Miete, Darlehen, Versicherung) erfolgten Zahlungen.

Das nächste unbestimmte Tatbestandsmerkmal bei § 11 Abs. 1 S. 2 EStG (und damit auch bei § 11 Abs. 2 S. 2 EStG) ist der „kurze Zeitraum", binnen dessen die Zahlung erfolgen darf. Aufgrund gesicherter Rspr. ist von einem Zehn-Tages-Zeitraum auszugehen (H 116 zu R 116 EStR). Da es sich meist um Fragen der zeitlichen Zuordnung zu einem VZ handelt, ist der maßgebliche Stichtag der 31.12./01.01., so dass für Zahlungen im **Zeitkorridor vom 22.12. bis 10.01.** zu prüfen ist, ob es sich dabei um regelmäßig wiederkehrende Vorgänge handelt. Darüber hinaus war nach der älteren BFH-Rspr. ausdrücklich vorgesehen, dass auch die Fälligkeit im maßgeblichen 20-Tages-Zeitraum liegen müsse[70]. In neueren Urteilen (BFH vom 06.07.1995, BFH/NV 1996, 209 sowie vom 23.09.1999, BStBl II 2000, 121) fehlt ein ausdrücklicher Hinweis auf die gleichzeitige „20-Tages-Fälligkeit" um den Jahreswechsel. So nehmen die Verwaltung (H 116 zu R 116 EStR) und Teile der Literatur[71] neuerdings Abstand vom Erfordernis der einschlägigen „Kurzzeitfälligkeit". M.E. ist dieser Auffassung für die Einnahmen, aber nicht für die Ausgaben zu folgen. Bei den Ausgaben sollte weiterhin die Fälligkeit innerhalb des engen Zeitkorridors von insgesamt zwanzig Tagen liegen, um der Möglichkeit eines Gestaltungsmissbrauchs vorzubeugen. Bei Einnahmen hingegen, die vom Willen des Steuerpflichtigen unbeeinflusst sind, sollte auf das „Fälligkeits-Fixum" verzichtet werden. Mit dieser Auslegung lässt sich das Ziel der Ausnahmeregelung, zufällige Verschiebungen zu korrigieren, erreichen.

Lösung:
Da Zinsen zur Finanzierung einer Beteiligung an einer KapG WK nach § 20 EStG sind, werden die Überweisungen am 05.01.03 für das 1. Quartal 03 dem VZ 03 zugeordnet (§ 11 Abs. 2 S. 1 EStG).

---

[70] Zuletzt vom BFH im Urteil vom 24.07.1986 (BStBl II 1987, 16) betont.
[71] *Ramb*, SteuerStud 2000, 417; a.A. *Puhl* in *Kirchhof-Kompakt*, § 11 Rz. 54; unentschieden *Heinicke/Schmidt*, § 11 Rz. 22 (ja) und Rz. 24 (nein!).

Mit bereits mehrfach[72] erfolgter Zahlung der Zinsen liegen regelmäßig wiederkehrende Ausgaben vor. In der Variante des Falles (Fälligkeit für das 4. Quartal 02 am 31.12.02) sind die am 05.01.03 überwiesenen Zinsen eindeutig dem VZ 02 gem. § 11 Abs. 2 S. 2 EStG zuzuordnen, da sowohl die Fälligkeit wie auch die Zahlung innerhalb des Kurzzeitkorridors liegen und die Zinsen wirtschaftlich dem VZ 02 zuzuordnen sind.

Im Ausgangsfall (Fälligkeit der Zinsen für das 3. Quartal am 01.10.02) sind die Zahlungen nach älterer BFH-Rspr. und h.M. dem VZ 03 zuzurechnen. Die neuere Verwaltungsauffassung (und die Mindermeinung) berücksichtigt die Fälligkeit nicht mehr und würde deshalb die Zinsen für das 4. Quartal 02 bei Überweisung am 05.01.03 ebenfalls im VZ 02 berücksichtigen.

Nach der hier vertretenen Auffassung soll bei Ausgaben (vorliegender Fall) nach wie vor am „Fälligkeitsfixum" zwischen 22.12. und 10.01. festgehalten werden, um keine willentliche Disposition über den Besteuerungszeitraum zu ermöglichen. Die Zinsen für das 4. Quartal 02 können nach dieser Auffassung im Grundfall erst im VZ 03 abgezogen werden.

---

[72] Bereits ab der **zweiten Zahlung** nimmt die h.M. regelmäßige wiederkehrende Zahlungen an.

II Der Zustandstatbestand – Teil I: Die Überschusseinkünfte

1 Einkünfte aus nichtselbständiger Arbeit (inkl. Grundzüge der Lohnsteuer)

1.1 Aufteilung in materielles und formelles Recht

Die Einkünfte nach § 19 EStG aus nichtselbständiger Arbeit stellen – als LSt – die bei weitem aufkommensstärkste Komponente der gesamten ESt dar. In der speziellen Erhebungsform als Quellensteuer (§§ 38 ff. EStG) sind von ihr über 90 % aller ESt-Subjekte betroffen. Allein wegen der Erhebungstechnik als Abzugssteuer beim Arbeitgeber (im weiteren: AG) können verlässliche statistische Angaben über den Beitrag zum Steueraufkommen gemacht werden.

Dies erklärt vorweg die Unterscheidung in einen materiellen und in einen formellen Teil. Als eine der sieben Einkunftsarten sind zunächst nach § 2 Abs. 1 Nr. 4 i.V.m. § 19 EStG die materiellen Voraussetzungen zu prüfen. Daneben ist in §§ 38 ff. EStG eine Erhebungstechnik angeordnet, die in formeller Hinsicht aus (materiell-rechtlich) nichtselbständigen Einkünften lohnsteuerpflichtige Einkünfte macht. Dem AG kommt dabei die Rolle als „beliehener Unternehmer"[73] der Finanzbehörde zu.

1.2 Materiell-rechtliche Einkünfte nach § 19 EStG

Anstelle einer gesetzlichen Definition müssen nach §§ 1, 2 LStDV immer vier Voraussetzungen gleichzeitig vorliegen, die zu nichtselbständigen Einkünften führen:

- ein Arbeitgeber (AG),
- ein Arbeitnehmer (im Folgenden: AN),
- ein Dienstverhältnis und
- ein Arbeitslohn.

1.2.1 Der Arbeitgeberbegriff

Während als AN nur natürliche Personen in Betracht kommen, sind gem. § 1 Abs. 2 LStDV als AG die Vertragspartner der AN, denen diese ihre Arbeitskraft schulden, anzusehen. Als AG können sowohl natürliche Personen, PersG sowie Körperschaften (KapG) auftreten.

---

[73] Definition: Eine kraft gesetzlicher Anordnung zur Durchführung hoheitlicher Aufgaben eingesetzte Privatperson.

Beispiel 1: AN und AG in einer Person
Der Belegarzt A hat neben seiner Praxis, in der mehrere ärztliche Hilfskräfte beschäftigt sind, einen zusätzlichen Anstellungsvertrag mit dem städtischen Klinikum, in dem er sich zur Durchführung von zehn Herztransplantationen im Jahr verpflichtet. Die OP-Räume kann er ansonsten einmal wöchentlich für die Operation seiner Privatpatienten benutzen. A ist nebenbei Geschäftsführer und Einmann-Gesellschafter einer Organverpflanzungs-GmbH.

Lösung:
In der Person des A vereinigen sich mehrere subjektive steuerliche Zuordnungsfunktionen, die vom jeweiligen Vertrag (bzw. vom jeweiligen Rechtsverhältnis) abhängen:

- In der Eigenschaft als Inhaber einer Einzelpraxis ist A gegenüber seinen Angestellten AG und demnach verpflichtet, die LSt seiner AN einzubehalten (§ 38 Abs. 3 EStG), anzumelden (§ 41a Abs. 1 Nr. 1 EStG) und abzuführen (§ 41a Abs. 1 Nr. 2 EStG). In diesem Bereich erzielt A Einkünfte nach § 18 EStG.
- Der Anstellungsvertrag mit dem Klinikum zur Durchführung von zehn Operationen pro Jahr begründet ein Dienstverhältnis des A zum AG Klinikum (mit Einkünften nach § 19 EStG).
- Der Belegvertrag mit dem Klinikum allein begründet in keinerlei Richtung ein privates oder öffentliches Dienstverhältnis, sondern stellt einen atypischen Mietvertrag dar, dessen Ausgaben (Miete) als BA bei § 18 EStG erfasst werden.
- Die Eigenschaft als Einmann-Gesellschafter mit der eigenen GmbH ist für die arbeitsrechtliche und damit für die lohnsteuerliche Beurteilung irrelevant, da dieser Rechtsgrund gesellschaftsrechtlicher Art ist. In steuerlicher Hinsicht bezieht A jedoch als GF der GmbH nichtselbständige Einkünfte nach § 19 EStG, ohne arbeitsrechtlich AN zu sein. Bei den Organen von KapG (GF einer GmbH und Vorstand einer AG) fallen die zivilrechtlichen Kategorien (kein AN) und die steuerlichen Zuordnungen (Einkünfte aus nichtselbständiger Arbeit) auseinander.

Darüber hinaus (d.h. nicht in der Eigenschaft als Organ) ist auch ein sonstiges Dienstverhältnis eines Gesellschafters mit der KapG – z.B. im Rahmen eines Beratungsvertrages – vorstellbar.

1.2.2 Der Arbeitnehmerbegriff

Während der AG-Begriff kaum Probleme aufwirft, gibt es zum Terminus des AN eine umfangreiche Rspr.. Bereits das Gesetz kennt überraschende Anwendungsfälle.

Beispiel 2: Der nie arbeitende AN
Welcher steuerliche AN hat nie gearbeitet?

§ 1 Abs. 1 S. 1 LStDV umschreibt den AN, ohne Kriterien für die Unterscheidung zur selbständigen Tätigkeit zu liefern. Die Rspr. des BFH hat in dieser Frage weitgehend die Merkmale des BAG übernommen. Danach ergibt sich aus einer Fülle von Einzelmerkmalen die Zuordnung zum AN. Als solche werden genannt:

- Eingliederung in den Organismus (betrieblichen Ablauf) des AG.
- Vorliegen eines Direktionsrechtes.
- Die Arbeit (als Zeiteinheit) und nicht der Erfolg wird geschuldet.
- Feste Bezahlung mit Abgeltung von Fehlzeiten (Urlaub/Krankheit).
- Beschäftigung bei einem Arbeitgeber.
- Höchstpersönliche Leistungsverpflichtung (keine Delegation).

Bei der Umkehrung der o.g. Merkmale wird die Eigenschaft als AN abgelehnt. Bei der Beurteilung bemüht der BFH immer wieder die „besonderen Umstände des Einzelfalles" sowie das gesamte Erscheinungsbild. Nach neueren Erkenntnissen sind diejenigen Faktoren aus dem Indizienstrauß als besonders wichtig anzusehen, die auf das (Nicht-)Vorliegen des unternehmerischen Risikos schließen lassen, womit insb. die Automatik der Fortzahlung im Krankheits- und Urlaubsfall angesprochen ist[74].

Von entscheidender Bedeutung ist die **hermetische steuerliche Trennungswirkung**: Entweder ist ein Steuerpflichtiger AN und damit lohnsteuerpflichtig oder er unterliegt als Selbständiger der USt und ggf. der GewSt, wenn die weiteren Voraussetzungen hinzukommen. Somit schließen sich Lohnsteuerpflicht und Umsatzsteuerpflicht (**einer** Person für **eine** Tätigkeit) gegenseitig aus.

Bei **Scheinselbständigen** und **freien Mitarbeitern** trifft das Steuerrecht eigene Wertentscheidungen. Bei freien Mitarbeitern (Praktikanten, Referendare, Journalisten) liegen unabhängig von der arbeitsrechtlichen Einordnung bei einer – meistens vorliegenden – Eingliederung in den Betrieb (Kanzlei, Fernsehanstalt etc.) nichtselbständige Einkünfte vor. Umgekehrt wird die sozialversicherungsrechtliche Einordnung der „Scheinselbständigen" nach § 7 Abs. 4 SGB IV nicht in das Steuerrecht übernommen[75].

Lösung:
Gem. § 1 Abs. 1 S. 2 LStDV wird der Rechtsnachfolger des AN als steuerlicher AN fingiert. Von daher haben z.B. Witwen und Waisen des AN die Versorgungsbezüge als nichtselbständige Einkünfte nach § 19 Abs. 1 S. 1 Nr. 2 EStG zu versteuern, ohne jemals in eine Dienstleistungsbeziehung zur Person des zahlenden AG getreten zu sein.

Anders als bei KapG führen in steuerlicher Hinsicht (§ 15 Abs. 1 S. 1 Nr. 2 EStG) Dienstverträge von Gesellschaftern einer PersG nicht zu deren Qualifikation als AN; die-

---

[74] In den letzten Entscheidungen des BFH zu dieser Frage (Krankenhilfepfleger – BFH vom 12.05.1999, BFH/NV 1999, 1391; selbständiger Rundfunkmittler – BFH vom 02.12.1998, BStBl II 1999, 534; selbständige gastspielverpflichtete Opernsängerin – BFH vom 30.05.1996, BStBl II 1996, 493) wurde vermehrt auf dieses Kriterium des (Nicht-)Unternehmerrisikos abgestellt.
[75] Mit der Folge, dass die vom Auftraggeber der Scheinselbständigen zu leistenden Sozialversicherungsbeiträge BE der Scheinselbständigen sind.

se werden vielmehr im Rahmen der mitunternehmerischen (gesellschaftsrechtlichen) Aufgabe wahrgenommen[76].

1.2.3 Das Dienstverhältnis

In zwei Bereichen bereiten Dienstverhältnisse in der steuerlichen Einordnung Schwierigkeiten. Zum einem wird wegen der 35-Stunden-Woche, gepaart mit einem erhöhten Konsumbedürfnis, der Bereich der Nebentätigkeiten immer umfangreicher. Die zweite Fallgruppe der Ehegattenverträge wiederum wird allgemein bei den Angehörigenverträgen[77] erörtert.

Beispiel 3: Das Multitalent – steuerlich ein (oder mehrere) Sklave(n)?
Ein wegen seiner Vielseitigkeit geschätzter WP ist bei einer der „Big Five" in Hamburg angestellt und prüft hauptsächlich Mineralölkonzerne. Das erworbene Know-how ist bei Lehrveranstaltungen sehr gefragt. So unterricht er in „Indoor"-Veranstaltungen seines AG bundesweit und ist am Wochenende bei einem Steuerrepetitorium beschäftigt (Einsatzgebiet: Konzernbesteuerung). Um wie viele Lohnsteuerkarten (welche LSt-Klasse?) hat sich WP zu bemühen?

Rein begrifflich wurden früher die Nebentätigkeiten von den Hilfstätigkeiten unterschieden. Damit war zum Ausdruck gebracht, dass es sich bei den echten Nebentätigkeiten um solche im Rahmen eines weiteren Arbeitsverhältnisses handelt, während die Hilfstätigkeit nur als Ausfluss (Nebenpflicht) des Hauptamtes (des ersten Arbeitsvertrages) angesehen wurde. An der Rechtsfolge (ein oder zwei Arbeitsverhältnisse) hat sich auch bei der neuen Betrachtungsweise nichts geändert, wonach jede einzelne Tätigkeit gesondert nach den Merkmalen des § 19 EStG geprüft wird. Jedoch gehört immer dann, wenn die **zweite** Tätigkeit bei dem **identischen AG** im Rahmen seines **Organisationsapparates** stattfindet, das Entgelt zum Arbeitslohn (BFH vom 20.12.2000, BStBl II 2001, 496). Ausnahmsweise können Einkünfte nach § 18 EStG vorliegen.

Bei Mehrfacharbeitsverhältnissen ist beim zweiten AG eine weitere Lohnsteuerkarte (StKl. 6, vgl. § 38b S. 2 Nr. 6 EStG) vorzulegen.

Lösung:

- Die WP-Tätigkeit wird im Angestelltenverhältnis ausgeübt; WP erzielt Einkünfte nach § 19 EStG.
- Die Vortragstätigkeit im „eigenen Haus" führt zu nichtselbständigen Einkünften, wenn sie auch zeitlich anstelle der Prüfertätigkeit, bzw. mit vom AG vorbereiteten Skripten, oder während der regulären Arbeitszeiten der Zuhörer stattfindet. Insoweit liegt nur ein zweites Einsatzfeld im Rahmen

---

[76] Eine Ausnahme von dieser Umqualifizierung wird lediglich für Tätigkeiten gemacht, da mit der konkreten Dienstleistung kein wirtschaftlicher Beitrag für die Mitunternehmerschaft erbracht wird. Vgl. *Preißer*, Band 2, Teil B, Kap. I (Mitunternehmer-Status).
[77] S. Teil B, Kap. I „Personelle Zurechnung von Einkünften".

eines Arbeitsvertrages[78] vor. Zusätzliche Entlohnungen ändern nichts an dieser Beurteilung.
- Bei der Wochenendbeschäftigung des WP hängt die steuerliche Beurteilung von den allgemeinen Unterscheidungskriterien zwischen §§ 18, 19 EStG ab.
- Je nach dem Organisationsgrad des Repetitoriums (Kriterien: Vorgabe von Lehrmaterial, (kein) Einfluss auf den Ablauf der Veranstaltung etc.) liegt eine selbständige unterrichtende Tätigkeit (§ 18 EStG) oder eine nichtselbständige Tätigkeit nach § 19 EStG vor. Im zuletzt genannten Fall kann der WP nur bei Vorlage einer zweiten Lohnsteuerkarte tätig werden[79].

Der gelegentlich von Vertretern der nebenberuflichen Lehre beanspruchte „Ausbilder - oder Übungsleiter"-Freibetrag nach § 3 Nr. 26 EStG i.H.v. 1.848 € bleibt ausschließlich der Tätigkeit vorbehalten, die zur Förderung „gemeinnütziger, mildtätiger oder kirchlicher" Zwecke erfolgt[80]. Dabei spielt es allerdings keine Rolle, ob die nebenberufliche Arbeit (auch die Unterweisung) als AN oder selbständig durchgeführt wird.

1.2.4 Der Arbeitslohn

1.2.4.1 Steuerpflichtige Komponenten

Die Standardfragen zur Steuerbarkeit des Arbeitslohnes sind bereits i.R.d. allgemeinen Einnahmendiskussion nach § 8 EStG abgehandelt worden. Als Spezialthema bei § 19 EStG treten immer wieder Abgrenzungsfragen zu anderen Einkünften auf. Ein häufiges lohnsteuerrechtliches Thema ist auch die Behandlung von Betriebsveranstaltungen.

> **Beispiel 4: Der lebenslustige Vermieter als AN**
> Der Sizilianer Sylvio (S) ist bei dem Spediteur F (Fernverkehr/Obstimporte), Sitz in Augsburg, als Lkw-Fahrer beschäftigt. Besonders häufig werden Tomaten von Neapel nach München/Augsburg befördert. Zu diesem Zweck mietet F von S, der sich in Neapel zum Grundbesitzer aufgeschwungen hat, einen Raum als Außendienst-Mitarbeiterbüro an, in dem sich S nur zur Erledigung von Transportaufgaben für F aufhält. Genauso verfährt F auch bei anderen Niederlassungen.
> Die jährliche Weihnachtsfeier in einem Edel-Kontaktlokal in Augsburg mit seinen zehn Brummi-Piloten kommt F teuer zu stehen (Gesamtbetrag: 2.000 €).
> Unterliegen die Miete und die vorweihnachtliche Unterstützung dem Lohnsteuerabzug?

---

[78] In diesem Sinne sind auch zusätzliche Prüfungstätigkeiten von Professoren beurteilt worden (s. *Eisgruber* in *Kirchhof-kompakt*, § 19 Rz. 100 (Prüfungstätigkeit m.w.N.).
[79] In diesem Zusammenhang ist auf § 46 Abs. 2 Nr. 2 EStG (Amtsveranlagung) hinzuweisen. Besonders bei Mehrfacharbeitsverhältnissen im Konzern treten Probleme auf (dazu *Forchhammer*, DStZ 1999, 153).
[80] Einhellige Ansicht (statt aller *von Beckerath* in *Kirchhof-kompakt*, § 3 Rz. 75).

Lösung:

1. Der BFH hat am 19.10.2001 (BFH/NV 2002, 262) entschieden, dass die Miete an S nur dann nicht zu Einnahmen nach §§ 8, 19 EStG und damit nicht zum Lohnsteuerabzug führt, wenn:

   - F als AG gleichlautende Mietverträge auch mit fremden Dritten schließt,
   - die Anmietung im eigenbetrieblichen Interesse des AG erfolge und
   - dies dann der Fall sei, wenn der AN über keinen weiteren Arbeitsplatz in einer Betriebsstätte des AG verfügt.

   Die (auszugsweise) Wiedergabe der Entscheidungsgründe des BFH in diesem konkreten Fall verdeutlicht die Argumentationslinie, auf die die Rspr. die Abgrenzung stützt. Ausgehend von einem Fremdvergleich bildet das **eigenbetriebliche Interesse** des AG das Hauptunterscheidungsmerkmal.
   Immer dann, wenn ein möglicher Güterzufluss (§ 8 EStG) beim AN hauptsächlich dem betrieblichen Interesse des AG dient bzw. einer betrieblichen Notwendigkeit entspringt, ist dieser steuerbare Vorteil **nicht als Lohn**, sondern als sonstiges Entgelt (hier: im Rahmen des § 21 EStG) zu erfassen.

2. Mit einer „doppelten Üblichkeitsprüfung" regelt die Verwaltung in R 72 LStR 2002 Zuwendungen i.R.v. **Betriebsveranstaltungen**[81]. Übliche Zuwendungen bei üblichen Betriebsveranstaltungen (Weihnachtsfeier etc.) sind mit einer Freigrenze von 110 € abgegolten. Bei unüblichen Veranstaltungen sowie bei Zuwendungen, die diese Grenze überschreiten, wird nach R 72 Abs. 6 EStR 2002 der gesamte Bezug der Lohnsteuer unterworfen.
   Im konkreten Fall fallen beide Üblichkeitsprüfungen negativ aus, so dass der „Zuschuss" von 200 € für S dem pauschalierten Lohnsteuerabzug (§ 40 Abs. 2 Nr. 2 EStG) mit 25 % unterliegt.

---

[81] Von Zuwendungen zu trennen sind sog. Aufmerksamkeiten (R 73 LStR). Diese **Sachleistungen** sind danach bis zu einem Wert von 40 € steuerfrei.

1.2.4.2 Steuerbefreite Komponenten (§ 3 EStG)

Der Katalog der steuerbefreiten AN-Einnahmen umfasst folgende Hauptbereiche:

Norm	Steuerbefreite Einnahme
§ 3 Nr. 2, Nr. 2a EStG	Arbeitslosengeld, -hilfe und dgl. nach SGB III
§ 3 Nr. 9 EStG	Abfindungen bei Auflösung eines Dienstverhältnisses – nach gestaffelten Beträgen (bis max. 12.271 €) –
§ 3 Nr. 10 EStG	Übergangsgelder (bis max. 12.271 €)
§ 3 Nr. 15 EStG	Heirats- und Geburtsbeihilfen (bis max. 358 €)
§ 3 Nr. 13 und 16 EStG	Erstattung der Reise- und Umzugskosten
§ 3 Nr. 30 – 34 EStG	Werkzeuggeld, Berufskleidung, Sammelbeförderung (inkl. öffentliche Verkehrsmittel), Betriebskindergärten
§ 3 Nr. 39 EStG	630 DM-Jobs (geringfügige Beschäftigungsverhältnisse[82])
§ 3 Nr. 45 EStG	Private Nutzung betrieblicher PC/Internet (mit R 21e LStR 2002: Erstreckung auf Pkw-Handys u.a.)
§ 3 Nr. 50 EStG	Auslagenersatz (durchlaufende Gelder)
§ 3 Nr. 51 EStG	Trinkgelder bis max. 1.224 €
§ 3 Nr. 52 EStG	Zukunftssicherungsleistungen
§ 3 Nr. 59 EStG	Mietvorteile (mit R 23a LStR 2002)

Daneben gewährt § 3b EStG eine Steuerfreiheit für Zuschläge des AG, die neben dem Grundlohn für Arbeiten an Sonn- und Feiertagen sowie für Nachtarbeit gezahlt werden. In dogmatischer Hinsicht sind vor allem folgende Aspekte von Belang:

- Aufwendungen, die mit steuerfreien Einnahmen in Zusammenhang stehen, können nach § 3c Abs. 1 EStG nicht zum WK-Abzug zugelassen werden. Ebenso sind Vorsorgeaufwendungen, die mit steuerbefreiten Einnahmen zusammenhängen, nach § 10 Abs. 2 Nr. 1 EStG nicht als Sonderausgaben abzugsfähig.
- Die Behandlung des **Auslagenersatzes** in § 3 Nr. 50 EStG einerseits und die Anwendungsfälle der § 3 Nr. 30 – 32 sowie Nr. 13 und 16 EStG andererseits verdeutlichen den unterschiedlichen Charakter der Befreiungstatbestände.

Während es sich bei § 3 Nr. 50 EStG nach h.M. wegen der fehlenden Bereicherung des AN um eine nicht steuerbare Einnahme handelt (nur deklaratorische Bedeutung), kann die zweite Fallgruppe als **WK-Ersatz** durch den AG bezeichnet werden. Hier liegen steuerbare Einnahmen des AN vor, die durch die konstitutive Wirkung des § 3 EStG befreit werden und damit nicht steuerpflichtig sind[83].

---

[82] Dafür ist ein Pauschalbetrag für die Rentenversicherung zu entrichten.
[83] S. hierzu ausführlich *Drenseck/Schmidt*, § 3 Rz. 23.

1.2.5 Typische Werbungskosten-Fälle bei § 19 EStG

Aus dem klassischen Repertoire der WK bei § 19 EStG ragen neben den bei § 9 EStG grundsätzlich abgehandelten Fragen (z.B. Fahrtkosten) und der bei § 10 EStG anstehenden Abgrenzungsdiskussion (Fortbildungskosten versus Ausbildungskosten[84]) die Themen Reisekosten und Arbeitsmittel heraus.

1.2.5.1 Reisekosten des Arbeitnehmers

Die der Verwaltung in R 37 ff. LStR 2002 überantwortete Regelung der abzugsfähigen Reisekosten wird – wegen ihrer „Massenbedeutung" – in tabellarischer Form aufbereitet. Die frühere Unterscheidung in Dienstgang (Reisekosten am Arbeitsort) und Dienstreise ist ab 1996 zugunsten des neuen Terminus „Dauer der Auswärtstätigkeit" aufgegeben worden. Erfasst werden:

---

[84] S. Kap. V (Sonderausgaben, § 10 Abs. 1 Nr. 7 EStG).

Kosten für Dienstreisen – R 37 ff. LStR 2002

- sind, soweit sie nicht vom AG steuerfrei (§ 3 Nr. 16 EStG) ersetzt werden, als Werbungskosten abzugsfähig -

Fahrtkosten (R 38 Abs. 1 LStR 2002)	Mehraufwendungen (R 39 LStR 2002)	Übernachtungskosten (R 40 LStR 2002)	Reisenebenkosten (R 40a LStR 2002)	Umzugskosten (R 42 LStR 2002)

• tatsächliche Aufwendungen bzw. Fahrpreis (bei öffentlichen Verkehrsmitteln)
 • pauschale Kilometersätze
   – bei Kraftwagen 0,30 €
   – bei Motorrädern/ Motorrollern 0,13 €
   – bei Mopeds/Mofas 0,08 €
   – bei Fahrrädern 0,05 €
   pro gefahrenen Kilometer
 • ggf. Erhöhung bei Mitnahme eines AN im eigenen Wagen um 0,02 €
	• Berücksichtigung nur mit Pauschsätzen gem. §§ 4 Abs. 5 S. 1 Nr. 5, 9 Abs. 5 EStG)
	 • Einzelnachweis ist nicht mehr möglich
	 • Der Verpflegungskostenpauschbetrag beträgt bei einer Abwesenheit von
	   – 24 Stunden: 24 €
	   – weniger als 24, aber mindestens 14 Stunden: 12 €
	   – weniger als 14, aber mindestens 8 Stunden: 6 €
	 [Abwesenheitsdauer am einzelnen Kalendertag]
	 • Bei Auslandstätigkeiten gelten besondere Pauschbeträge (sog. Auslandstagegelder)
		• grundsätzlich nur in Höhe der nachgewiesenen Einzelbelege (Angabe von: Hotelanschrift, Name des Übernachtenden, Datum)
		 • der Gesamtpreis zur Ermittlung der Übernachtungskosten ist wie folgt zu ermitteln: „Kürzung des Gesamtpreises für Unterkunft und Frühstück"
		   – bei einer Übernachtung im Inland um 4,50 €
		   – bei einer Übernachtung im Ausland um 20 % des für den Unterkunftsort maßgebenden Pauschbetrages für Verpflegungsmehraufwendungen (> 24 Stunden)
		 • steuerfreie Erstattung durch den AG i.H.d. Pauschbetrages von 20 € möglich (Abs. 3)
			• die während einer Auswärtstätigkeit anfallenden Nebenkosten sind in nachgewiesener und glaubhaft gemachter Höhe absetzbar, z.B. für
			   – Gepäckbeförderung und -aufbewahrung
			   – Reisegepäckversicherung
			   – Öffentliche Verkehrsmittel/Taxi am Reiseort
			   – Gebühren für Ferngespräche oder Telegramme mit dem AG
			   – Porto
			   – Kosten für Garagen/ Parkplätze
			   – Trinkgelder und kleine Geschenke
				• Alle Kosten, die dem AN durch einen beruflich veranlassten Wohnungswechsel entstehen
				 • die Höhe richtet sich nach dem Bundesumzugskostengesetz (BUKG) und der Auslandsumzugskostenverordnung (AUV)

1.2.5.2 Arbeitsmittel des Arbeitnehmers

Die Kasuistik der BFH-Rspr. lässt sich beim Arbeitsmittel eines AN auch als Rabulistik charakterisieren. Gem. § 9 Abs. 1 S. 3 Nr. 6 EStG können Arbeitsmittel – vorbehaltlich Nr. 7 – sofort abgesetzt werden.

> **Beispiel 5: Den richtigen Beruf müsste man haben**
> Die Eheleute A und B sind berufstätig. Herr A geht seiner Tätigkeit als Hausmeister mit ruhigem Gewissen nach, seitdem er sich einen Kampfhund (Bayerischer Dackel zu einem Einstandspreis von 400 €) zugelegt hat. Frau B ist Musiklehrerin und hat sich zur besseren Vor- und Nachbereitung auf ihre pädagogische Aufgabe ein Klavier (AK: 4.000 € brutto) gekauft.
> Können A und B die Aufwendungen im Rahmen des objektiven Nettoprinzips als Erwerbsaufwand (als WK) abziehen?

Nachdem die in § 9 Abs. 1 S. 3 Nr. 6 EStG ausdrücklich genannten Werkzeuge und die typische Berufskleidung (Bsp.: Lodenmantel eines Försters) nur exemplarischen Charakter haben, steht einem Abzug von Hund/Piano grundsätzlich nichts im Wege. Beide Gegenstände werden sowohl nach der finalen wie nach der kausalen Auslegung des WK-Begriffes im bzw. für den Beruf eingesetzt. Wegen des Generalvorbehalts von § 12 Nr. 1 S. 2 EStG ist es letztlich dem BFH vorbehalten, die Entscheidung im Einzelfall vorzunehmen, ob die private Mitbenutzung von ganz untergeordneter Bedeutung ist[85].

> **Lösung:**
> - Für einen Schäferhund als Dienstwachhund eines Schulhausmeisters hat der BFH im Urteil vom 10.09.1990 (BFH/NV 1991, 234) diese Frage verneint, während das FG Hbg diese Frage im Anschluss an ein BFH-Urteil vom 29.01.1960 (BStBl III 1960, 163) bejaht hat (EFG 1989, 228). Danach kann der Dackel als GWG sofort abgeschrieben werden (§ 9 Abs. 1 S. 3 Nr. 6 und 7 i.V.m. § 6 Abs. 2 EStG).
> - Musikinstrumente von Lehrern gelten ebenfalls nicht als Arbeitsmittel, während das Klavier beim Pianisten über die AfA gem. § 7 EStG i.V.m. § 9 Abs. 1 S. 3 Nr. 7 EStG berücksichtigt werden kann[86]. Für eine steuerschädliche private Mitveranlassung spricht eine nur geringe berufliche Nutzung.

---

[85] S. hierzu grundlegend BFH vom 21.11.1986 (BStBl II 1987, 262) sowie zuletzt BFH vom 08.12.1998 (BFH/NV 1999, 797 – wiederum zum PC).
[86] BFH vom 30.04.1993 (BFH/NV 1993, 722 – Cembalo eines Gesamtschullehrers).

1.3 Formelles (eigentliches Lohnsteuer-)Recht

1.3.1 Grundzüge

Aus dem umfangreichen formellen Lohnsteuerrecht werden als wichtigste Bereiche das Pauschalierungssystem und das Haftungsverfahren näher beleuchtet. Darüber hinaus sind in der Praxis die Fragen von Bedeutung, die mit der Lohnsteuerkarte als dem auslösenden Moment für den Lohnsteuerabzug verbunden sind.

Ausgehend von den individuellen Eintragungen auf der Lohnsteuerkarte (Lohnsteuerklasse gem. § 38b EStG, Kinderfreibeträge gem. § 39 Abs. 3 Nr. 2 EStG sowie sonstigen Freibeträgen nach § 39a EStG[87]) wird die Lohnsteuer vom AG berechnet und an das FA abgeführt (§ 38 Abs. 3 i.V.m. § 39b Abs. 2 EStG und § 41a EStG). Dabei gelten zwei Besonderheiten:

- Bei Nichtvorlage einer Lohnsteuerkarte wird die Steuer nach der StKl. VI berechnet (§ 39c Abs. 1 EStG) und
- bei Steuerausländern als AN ist grundsätzlich gem. § 39d Abs. 1 EStG von der StKl. I auszugehen.

Für alle Fälle der vom AG einbehaltenen LSt gilt aber, dass der **AN** beim Lohnsteuerabzug nach § 38 Abs. 2 S. 1 EStG **Steuerschuldner** ist und bleibt. Die einzige Ausnahme hierzu stellt das sogleich unter 1.3.2 zu besprechende Pauschalierungssystem dar. In zeitlicher Hinsicht ist zu beachten, dass der laufende Lohn nach § 38a Abs. 1 S. 2 EStG im Lohnzahlungszeitraum (Kalenderjahr, Monat, vgl. R 118 Abs. 2 LStR 2002) unabhängig von der tatsächlichen Zuwendung als zugeflossen gilt. Für sonstige Bezüge gilt wiederum der Zuflussgrundsatz von § 11 EStG (siehe auch R 119 LStR 2002).

Als Konsequenz der bestehen bleibenden Schuldnerschaft des AN wird dieser nach § 46 EStG auch zur ESt veranlagt, es sei denn, dass eine Amtsveranlagung mangels Gründen (vgl. den Katalog von § 46 Abs. 2 Nr. 1 – 7 EStG) unterbleibt bzw. dass kein Antrag des AN (§ 46 Abs. 2 Nr. 8 EStG) gestellt ist. Bei unterlassener Veranlagung hat der **Lohnsteuerabzug Abgeltungswirkung** für den AN (§ 46 Abs. 4 S. 1 EStG). Anstelle der Veranlagung kann der AN in bestimmten Fällen – z.B. bei überhöhten monatlichen Vorauszahlungen – auch einen Lohnsteuerjahresausgleich beantragen[88], den der AG durchzuführen hat (§ 42b EStG).

1.3.2 Die Pauschalierung der Lohnsteuer

Beispiel 6: Die reiche Friseuse – der arme Coiffeur
Der Haarstylist Y beschäftigt neben weiteren 22 Angestellten auch die tüchtige und beliebte Friseuse F mit einem festen Arbeitslohn von 1.200 €/Monat. Sei-

---

[87] Wichtig ist in diesem Zusammenhang, dass die zusätzlichen Freibeträge nach § 39a Abs. 2 S. 2 EStG beantragt werden müssen (Ausnahme: Pauschbeträge für Behinderte) und dass dabei in der Hauptfallgruppe (§ 39a Abs. 1 Nr. 5 – Negativeinkünfte) eine Verbindung mit § 37 Abs. 3 EStG (Regelung zur Höhe der Vorauszahlungen) hergestellt wird. Es kann aber – bei Mehrfacharbeitsverhältnissen – auch zu einer Hinzurechnung (§ 39a Abs. 1 Nr. 7 i.V.m. § 39b Abs. 2 S. 3 EStG) kommen.
[88] Zu beachten ist dazu die Ausnahme gem. § 42b Abs. 1 S. 4 Nr. 1 EStG.

ne Verwunderung, warum F mit einem Porsche zur Arbeit kommt, und Y sich nur einen Seat von der Konzerntochter leisten kann, wird im Rahmen einer Lohnsteueraußenprüfung aufgedeckt. Er wird zur Nachzahlung nicht einbehaltener LSt wegen erhaltener Trinkgelder für drei Jahre im Umfang von 30.000 € aufgefordert. Zu Recht? Muss sich das FA nicht an F schadlos halten?

In mehreren Fällen besteht – meist aus Gründen der Praktikabilität – die Möglichkeit der Pauschalierung der LSt. In den nachfolgend aufgelisteten Fällen der **Pauschalierung** (§§ 40, 40a und 40b EStG) liegt sodann immer ein Wechsel der Steuerschuldnerschaft vor: Nunmehr ist gem. § 40 Abs. 3 S. 2, 1. HS EStG der **AG Steuerschuldner**. Davon sind drei weitere Rechtsfolgen ausgelöst:

- der pauschal besteuerte Arbeitslohn wird weder bei der Veranlagung noch beim Lohnsteuerjahresausgleich berücksichtigt (§ 40 Abs. 3 S. 3 EStG);
- es erfolgt keine Anrechnung auf die Jahres-ESt bzw. auf die Jahres-LSt (§ 40 Abs. 3 S. 4 EStG);
- nach § 40 Abs. 1 S. 2 und § 40 Abs. 3 S. 2 EStG ist die übernommene pauschalierte Steuer wiederum ein geldwerter Vorteil und damit zugeflossener Lohn; aus diesem Grunde ist der sog. Nettosteuersatz bei der Ermittlung des Pauschsteuersatzes zu errechnen

Formel[89]: $\dfrac{1 \times \text{Durchschnittssteuersatz}}{1 \,./.\, \text{Durchschnittssteuersatz}}$

Aus diesem Grunde ist auch bei der ab 01.04.1999 zugelassenen Überwälzung der pauschalen LSt auf den AN die LSt aus dem vollen Arbeitslohn zu berechnen[90]. Den (Interessens-)Gegensatz dazu stellen die Fälle dar, da der AG im Vorhinein bereit ist, die auf den Arbeitslohn entfallende LSt selbst zu tragen (sog. Nettolohnvereinbarung). Auch in diesem Fall wird systemgerecht die LSt aus dem Bruttoarbeitslohn (inkl. der übernommenen Abzugsbeträge) berechnet (R 122 LStR 2002).

---

[89] Im Einzelnen sehr ausführlich in R 126 Abs. 3 LStR dargestellt.
[90] Hierzu auch *Eisgruber* in Kirchhof-kompakt, § 40 Rz. 29.

Fälle zur Pauschalierung der Lohnsteuer

§ 40 Abs. 1 Nr. 1, 2 EStG	§ 40 Abs. 2 EStG	§ 40a Abs. 1 EStG	§ 40a Abs. 2 EStG	§ 40b EStG
Nr. 1: Sonstige Bezüge in größerer Anzahl	**Satz 1:** Arbeitstägliche Mahlzeiten, **Betriebsveranstaltungen**, Erholungsbeihilfen, Verpflegungsmehraufwendungen, **PC-Überlassung** (inkl. Internet, R 127 Abs. 4a LStR 2002)	**Kurzfristig Beschäftigte**	**Geringfügig Beschäftigte**	**Zukunftssicherungsleistungen**
Grenze: 1.000 € pro AN pro Jahr		Voraussetzungen: • Gelegentliche, nicht wiederkehrende Beschäftigung des AN, • nicht mehr als 18 zusammenhängende Arbeitstage, • Arbeitslohn = 62 € pro Tag oder unvorhergesehener Zeitpunkt	Voraussetzung: Beschäftigung in geringem Umfang, gegen geringen Arbeitslohn, d.h. nicht mehr als 325 € im Monat	Beispiele: Direktversicherung, Rückdeckungsversicherung, Pensionskasse (vgl. R 129 LStR 2002)
Nr. 2: Nacherhebung von LSt in größerer Anzahl	LSt-Höhe: 25% Pauschsteuersatz			Pauschalierungsgrenze: 1.752 € pro Jahr
Antrag: AG-Antrag an FA auf Zulassung der Pauschalierung nötig	**Satz 2:** Unentgeltliche oder verbilligte Beförderung eines AN zur Arbeit bzw. Fahrtkostenzuschüsse (R 127 Abs. 5 LStR 2002)	Antrag: Nicht erforderlich	Antrag: Nicht erforderlich	Antrag: Nicht erforderlich
LSt-Höhe: Orientierung an durchschnittlichen Jahresarbeitslöhnen (R 126 Abs. 3 LStR 2002)	Antrag: Nicht erforderlich	LSt-Höhe: 25 % Pauschsteuersatz	LSt-Höhe: 20 % Pauschsteuersatz	LSt-Höhe: 20 % Pauschsteuersatz
	LSt-Höhe: 15% Pauschsteuersatz			
	Ausnahme: Keine Pauschalierung bei Benutzung öffentlicher Verkehrsmittel im Linienverkehr			

Lösung:
Bei mehr als 20 AN ist die Pauschalierung gem. § 40 Abs. 1 Nr. 2 EStG zulässig (R 126 Abs. 1 LStR 2002). Für die Nachforderung von LSt aufgrund einer LSt-Außenprüfung bestehen grundsätzlich zwei Möglichkeiten, das Haftungsverfahren nach § 42d EStG (sogleich unter 1.3.3) oder die **Nacherhebung** gem. § 40 Abs. 1 Nr. 2 EStG. Im Verhältnis beider Vorschriften zueinander genießt das Pauschalierungsverfahren den Vorrang, wenn der Antrag zugelassen wird[91].
Der möglichen Rechtsfolge (AG Y als Steuerschuldner der pauschalierten LSt – sog. Unternehmenssteuer sui generis – für nicht einbehaltene LSt auf Trinkgelder jenseits des Freibetrages von § 3 Nr. 51 EStG) stehen aber neuere Erkenntnisse der Rspr. entgegen.
Zwar ist der BFH nicht dem Argument gefolgt, dass mangels gleichmäßigen Verwaltungsvollzugs Trinkgelder überhaupt nicht besteuert werden dürfen (BFH vom 19.02.1999, BStBl II 1999, 361). In der nachfolgenden „Trinkgeldentscheidung" wird aber zu Recht ausgeführt, dass eine Pauschalierung der LSt i.S.d. Übernahme einer bereits entstandenen Steuer zumindest die **Kenntnis** von der Höhe der Trinkgelder voraussetzt (BFH vom 20.07.2000, BFH/NV 2001, 35).
Aus diesen Gründen wäre der Antrag des Y abzulehnen gewesen bzw. führt der erfolgreich gestellte Antrag hier nicht zur Nachforderung einer Pauschsteuer. Das FA wird sich an die reiche Coiffeuse F (bzw. ihre Kolleginnen) halten müssen oder muss im Haftungsverfahren gegen Y vorgehen.

1.3.3 Das Haftungsverfahren gemäß § 42d EStG

1.3.3.1 Grundzüge – Prüfungsreihenfolge

1. Die steuerliche Haftung setzt immer eine Steuerschuld voraus (Gebot der Akzessorietät). Demnach kann der AG nur für die Steuerschuld des AN haften[92]. Hierbei handelt es sich um die in § 38 Abs. 1 EStG genannten Fälle. Neben dem Grundtatbestand begründet auch die Lohnzahlung durch Dritte gem. § 38 Abs. 1 S. 2 EStG (s. Bsp. 6: Trinkgelder) – ebenso wie eine Nettolohnvereinbarung – die Steuerschuld des AN und damit die potentielle Haftungsschuld des AG. Die Tragweite der **Akzessorietät** ist in Rspr. und Schrifttum umstritten. Ist die Haftung des AG auf die durch Lohnsteuerkarte vorgegebene (Monats- oder Jahres-)Vorauszahlungsschuld limitiert oder bildet die endgültige (ESt-)Veranlagung des AN die Obergrenze? In letzterem Fall stehen dem AG die Einwendungen des AN zu, die dieser im Rahmen der Veranlagung vortragen kann. Während die h.M. im Schrifttum dieser Auffassung folgt[93],

---
[91] So der BFH vom 16.03.1990 (BFH/NV 1990, 639).
[92] Bei der pauschalierten LSt ist der AG der Steuerschuldner (§ 40 Abs. 3 EStG). Gegen ihn kann in diesen Fällen nur ein Nachforderungsbescheid ergehen.
[93] *Drenseck/Schmidt*, § 42d, Rz. 2 sowie *ders.* in StuW 2000, 455; *H/H/R*, § 42d Rz. 115 ff. *Blümich*, § 42d Rz. 37.

bezieht die Mindermeinung eine Haftung des AG auf die vorläufige Abzugsteuerschuld[94]. Nachdem unstreitig für das Verhältnis von AG und AN die steuerliche Gesamtschuld (§ 44 AO) gilt (§ 42d Abs. 3 EStG), kann die Antwort nur bei einer verständigen Interpretation von § 44 AO gegeben werden. Nachdem sich in §§ 421 ff. BGB exakte Informationen über die Gesamtschuld finden, kann den dortigen Regelungen entnommen werden, dass nur die Einwendungen, die sich auf das Erlöschen des Gläubigeranspruches beziehen, sog. Gesamtwirkung haben. Diese Argumente (wie z.B. Bezahlung der Schuld durch einen Gesamtschuldner) können von allen Gesamtschuldnern erhoben werden. Danach sind für diese steuerliche Gesamtschuld diejenigen Einwendungen, die sich für den AN aus § 47 AO ergeben, auch vom AG vorzutragen. Dieses restriktive Ergebnis findet seine materielle Berechtigung in der Funktion des AG als beliehener Unternehmer (Waffengleichheit).

2. Für den Erlass des Haftungsbescheides gem. § 191 AO[95] ist zusätzlich zu berücksichtigen, dass neben dem AG noch andere Haftungsschuldner für den AN in Betracht kommen können (§§ 69 ff. AO). Sodann sind der AG und die anderen Haftungsschuldner gleichartige Gesamtschuldner i.S.d. § 44 AO.

3. Bei Vorliegen der Grundtatbestände von § 42d Abs. 1 Nr. 1 – 3 EStG (Hauptfall: Fehler bei Lohnsteuereinbehaltung und -abführung) kommt es gem. § 42d Abs. 2 EStG in den dort genannten Fällen zu einem Haftungsausschluss. Von praktischer Bedeutung ist allenfalls § 41c Abs. 4 EStG, wenn der AG einen vorschriftswidrigen LSt-Einbehalt errechnet und anzeigt (§ 42d Abs. 2 Nr. 1 und Abs. 4 EStG).

4. Gem. § 42d Abs. 3 EStG sind neben der materiellen Erkenntnis der Gesamtschuld zwischen AG und AN die Ermessensgrundsätze gem. § 5 AO zu berücksichtigen. Hieraus ergibt sich folgende Prüfungsfolge für die ermessensgerechte Inanspruchnahme des AG:

a) Als Frage des **Entschließungsermessens** ist zu prüfen, ob der AG überhaupt in Anspruch genommen werden kann. An diesem Ermessen fehlt es, wenn der AN wegen § 42d Abs. 3 S. 4 EStG e contrario (im Umkehrschluss) belangt werden kann[96]. Hier liegt eine „Ermessensreduzierung auf Null" beim Vorgehen gegen den AG vor.

b) Kommen sowohl AG als AN in Betracht, ist auf der Ebene des **Auswahlermessens** zu prüfen, ob nicht vorrangig der AN belangt werden muss.

c) Hierbei ist zu berücksichtigen, dass der AN immer der primäre Steuerschuldner und der AG der sekundäre Haftungsschuldner ist. In diesem Sinne wird auch von einer ungleichartigen Gesamtschuld gesprochen. Hieraus folgt, dass

---

[94] *Thomas*, in DStR 1995, 273 sowie *Eisgruber*, in Kirchhof-kompakt, § 42d Rz. 10.
[95] S. hierzu ausführlich *Bähr*, Band 3, Teil A, Kap. III.
[96] Nr. 1: Korrekter Einbehalt der LSt des AN; hier erlischt die LSt-Schuld des AN.
   Nr. 2: Fehlende Kenntnis des AN von der fehlerhaften Anmeldung der LSt durch den AG.

aa) ein entschuldbarer Fehler beim AG bzw. ein nicht in seiner Sphäre liegender Irrtum zu einem Haftungsausschluss führt[97];

bb) der AN dann vorrangig (mit einem Nachforderungsbescheid) zu belangen ist, wenn die LSt ebenso schnell bei ihm erhoben werden kann[98].

Als **Fazit** dieser Überlegungen ist eine vorrangige Inanspruchnahme des AG bei groben Verstößen gegen das formale Lohnsteuerrecht immer zulässig. Ebenso kann der AG vorweg bei einer Nettolohnvereinbarung beansprucht werden[99].

4. Das sich anschließende Haftungsverfahren nach § 42d Abs. 4 EStG trägt aufgrund umfangreicher BFH-Rspr. dem Rechtsstaatsgrundsatz Rechnung, wonach – vorbehaltlich der Befreiungstatbestände in § 42d Abs. 4 EStG – beim Erlass und bei der Begründung des Haftungsbescheides die üblichen Standards von § 191 AO einzuhalten sind[100].

1.3.3.2 Die Entleiherhaftung gemäß § 42d Abs. 6 und 7 EStG

Bei erlaubter als auch bei unerlaubter AN-Überlassung ist grundsätzlich der Verleiher der AG i.S.d. Lohnsteuerrechts. Um einer damit verbundenen Regelungslücke vorzubeugen, erklärt § 42d Abs. 6 EStG den Entleiher zum Haftungsschuldner. Voraussetzung ist allerdings, dass eine gewerbsmäßige AN-Überlassung vorliegt (Einzelheiten bei R 146 LStR 2002).

Geriert sich der Entleiher als AG, indem er im Rahmen einer illegalen AN-Überlassung den Lohn im eigenen Namen auszahlt, bestimmt § 42d Abs. 7 EStG die Haftungsschuld für den Verleiher, um auch in diesem Falle eine nahtlose Inanspruchnahme aller Beteiligten (Verleiher/Entleiher/AN) zu ermöglichen.

Für einen häufig vorkommenden Fall der grenzüberschreitenden AN-Überlassung im Konzern (die ausländische Mutter-KapG hat ihre AN der inländischen Tochter überlassen) kommt der BFH zu dem Ergebnis, dass die inländische Tochter nicht AG i.S.d. Lohnsteuerrechts ist, sondern allenfalls wie ein Entleiher nach § 42d Abs. 6 EStG haftet (BFH vom 24.03.1999, BStBl II 2000, 41).

---

[97] Bsp.: Fehlerhafte Auskünfte der Finanzverwaltung, insb. bei einer LSt-Außenprüfung gem. § 42f EStG oder nach einem Auskunftsersuchen gem. § 42e EStG.

[98] Bsp.: Veranlagung bzw. Ausscheiden des AN, da der Regressanspruch des AG ins Leere geht.

[99] Problematisch ist daher die Rspr. des BFH, die den AG bereits bei einer Vielzahl von AN (ab 40) haften lässt (BFH vom 24.01.1992, BStBl II 1992, 696). Nur dann, wenn aus der Masse ein Rückschluss auf die Obliegenheitsverletzung des AG möglich ist (erhöhte Fahrlässigkeit), erscheint dies gerechtfertigt.

[100] Hierzu ausführlich *Bähr*, Band 3, Teil A, Kap. III. Bei der Begründung ist insb. auf das Thema der „vorformulierten/vorgeprägten" Ermessensgründe zu achten sowie auf das Erfordernis der Aufgliederung der einzelnen Lohnsteuerschulden für jeden AN.

2 Einkünfte aus Kapitalvermögen (§ 20 i.V.m. § 2 Abs. 1 S. 1 Nr. 5 EStG)

2.1 Besteuerung von Kapitaleinkünften (Überblick zum geltenden Recht) – verfassungsrechtlicher Rahmen –

Die Besteuerung der privaten Kapitalerträge als Überschusseinkünfte gem. § 2 Abs. 2 Nr. 2 EStG orientiert sich am quellentheoretischen Konzept, wonach **Veräußerungen, Wertveränderungen und Teilwertabschreibungen** von Kapitalanlagen grundsätzlich unberücksichtigt bleiben[101]. Damit sind gem. §§ 8, 9 und 11 EStG auch die Ausführungen zum allgemeinen Handlungstatbestand bei Überschusseinkünften anwendbar. Sobald aber das (Wert-)Papier oder die Beteiligung in ein BV eingelegt wird, wird über § 20 Abs. 3 EStG (Subsidiaritätsgrundsatz) dieser theoretische Ansatz verlassen und es werden auf der Basis der Reinvermögenstheorie die o.g. Vorgänge steuerlich erfasst.

Innerhalb des (privaten) Regelungsbereiches von § 20 EStG können verschiedene Gruppen (Zustandstatbestände) mit steuerbaren Erträgen gebildet werden:

- Beteiligungen an Unternehmen, insb. KapG[102] gem. § 20 Abs. 1 S. 1 Nr. 1, 2, 4, 9 und 10 EStG) – sog. Beteiligungserträge –
- Sonstige Kapitalforderungen gem. § 20 Abs. 1 S. 1 Nr. 5 – 8, insb. Nr. 7 EStG.

Während die Erstreckung auf „besondere" Entgelte in § 20 Abs. 2 S. 1 Nr. 1 EStG lediglich klarstellende Funktion hat[103] und besser im ersten Absatz mitgeregelt worden wäre, beziehen sich die Einzelregelungen von § 20 Abs. 2 Nr. 2 – 4 EStG auf eine anders gelagerte Thematik. Dort wird – als weitere Ausnahme von der Quellentheorie – in bestimmten Fällen die Übertragung von Kapitalanlagen (oder einzelner Komponenten) besteuert. Mit § 20 Abs. 2a EStG wollte der Gesetzgeber die persönliche Zurechnung von Kapitaleinkünften definieren. Beide Bereiche (§ 20 Abs. 2 S. 1 Nr. 2 – 4 EStG sowie § 20 Abs. 2a EStG) werden hier in der Gesamtschau der personellen Zurechnung (s. Teil B, Kap. I) behandelt.

Der – allen Kapitaleinkünften zukommende – Sparerfreibetrag nach § 20 Abs. 4 EStG i.H.v. derzeit 1.550 € (bzw. 3.100 € bei Zusammenveranlagung) stellt nach dem Abzug der WK eine weitere – von Amts wegen – zu berücksichtigende Abzugsgröße dar. Seine Entstehungsgeschichte sowie die nicht verstummende Kritik daran führen zu einer ersten steuerverfassungsrechtlichen Diskussion. § 20 Abs. 4 EStG in seiner ursprünglichen Fassung (mit doppelt so hohen Freibeträgen nach dem ZinsabschlagG 1992: 6.000/12.000 DM) verdankt seine Existenz der Appell-Entscheidung des BVerfG vom 27.06.1991 (BStBl II 1991, 654). Mit dem damaligen Beschluss diagnostizierte das BVerfG nicht nur eine hohe Diskrepanz zwischen erzielten und erklärten Zinseinkünften in der Vergangenheit. Das BVerfG ging eine Schritt weiter forderte vom Gesetzgeber, das gleichheitssatzwidrige Verwaltungsvollzugsdefizit (zwischen steuerehrlichen und steuerunehrlichen

---

[101] Vorbehaltlich §§ 17, 23 EStG und § 21 UmwStG sowie § 6 AStG.
[102] Gleichgestellt sind die Erwerbs- und Wirtschaftsgenossenschaften.
[103] Bsp.: Bezüge aufgrund von Verzinsungs- oder Rückkaufgarantien.

Bürgern) auf der Grundlage des damaligen Bankenerlasses zu beseitigen. Daraufhin wurde der Freibetrag von 600 DM (1.200 DM) verzehnfacht.

Wie schon in einigen früheren BVerfG-Entscheidungen zum Steuerrecht erwies sich auch dieser Beschluss als „kontraproduktiv", wie dies durch die anschließende Kapitalflucht ins Ausland belegt ist[104]. Auch die Halbierung des Freibetrages durch das StEntlG 1999/2000/2002 ändert nichts an der bestehenden Schieflage der Kapitaleinkünfte innerhalb der sieben Einkunftsarten.

Das gegen das Synthesegebot (Gleichbehandlung aller sieben Einkunftsarten) verstoßende Besteuerungskonzept von § 20 EStG, wird jedoch immer wieder vom BFH und vom BVerfG aufrechterhalten (zuletzt nach dem Urteil des BFH 20.04.2000, BFH/NV 2000, 1095). Durch das „neue" Halbeinkünfteverfahren ist die Kluft zu den anderen Einkunftsarten noch größer geworden. Als Argumente werden die spezielle Inflationsanfälligkeit sowie die Altersvorsorge genannt.

Der Kampf, den die drei Staatsgewalten gegen die Nichterfassung des mobilen Kapitals führen, löst auf der „anderen" Seite eine entsprechende Gestaltungsphantasie aus. Dieser begegnet die Legislative klugerweise mit einem offenen (exemplarischen) Enumerationskatalog, andererseits auch mit – weniger klugen – hektischen Nachbesserungen.

Die bereits angesprochene „Inflationsanfälligkeit" von Kapitalanlagen schließlich fußt auf dem Nominalismusprinzip (Mark = Mark; € = €), das eine Entwertung der Kapitalanlage durch die Inflation nicht berücksichtigt[105].

In einer steuerlichen Gesamtschau der Kapitalerträge darf die internationale Dimension nicht fehlen. Gerade auf diesem Gebiet (insb. die sog. „per country limitation" des § 34c Abs. 1 EStG, die Gesellschafterfremdfinanzierung nach § 8a KStG, die Besteuerungsfallen der §§ 2 und 7 ff. AStG sowie die Abgeltungswirkung von § 50 Abs. 5 S. 1 EStG) ist eine Diskussion in Gang gekommen, die wegen europarechtlicher und internationalrechtlicher Vorgaben über kurz oder lang Aktivitäten des Gesetzgebers zur Beseitigung dieses Vollzugsdefizits nach sich ziehen muss[106]. Vorliegend wird (nur) die geltende Rechtslage der §§ 20, 43 ff. (KapESt) EStG dargestellt, die o.g. Bestimmungen werden im Internationalen Steuerrecht behandelt (insb. Teil D, Kap. II und V).

2.2 Beteiligungserträge

2.2.1 Der Haupttatbestand (§ 20 Abs. 1 Nr. 1 und Nr. 2 EStG) – Das (neue) Halbeinkünfteverfahren

2.2.1.1 Das Berechnungsbeispiel (mit Vergleich zum Anrechnungsverfahren)

Durch das StSenkG 2001 ist das bisherige Anrechnungsverfahren bei Erträgen von anrechnungsberechtigten KapG durch das Halbeinkünfteverfahren ersetzt worden. Die

---

[104] Die sich anschließenden Steuerstrafverfahren – aufgrund von Ermittlungstätigkeiten der Steuerfahndung – sind zwischenzeitlich Legende.
[105] Hierzu bereits sehr früh der BFH vom 14.05.1974 (BStBl II 1974, 572) sowie das BVerfG vom 19.12.1978 (BStBl II 1979, 308).
[106] Ausführlich dazu *Schaumburg*, DStJG 24 (2001), 225 ff.

ausgeschütteten Gewinnanteile (Dividenden) werden ab VZ 2001 (VZ 2002[107]) zur Hälfte gem. § 3 Nr. 40d EStG angesetzt; umgekehrt können damit zusammenhängende Erwerbsaufwendungen (BA, WK) nach § 3c Abs. 2 EStG nur noch zur Hälfte angesetzt werden. Die Neuregelung gilt für Dividenden aus dem In- und Ausland. Völlig abgeschafft wurde die fiktive Einnahme des KSt-Guthabens (zuletzt 3/7) nach § 20 Abs. 1 Nr. 3 EStG a.F. Damit wurde nach dem (alten) Vollanrechnungskonzept – zusammen mit der exakten Vorerfassung der jeweiligen ausschüttungsfähigen Eigenkapitalteile (sog. verwendbares EK) bei der KapG – erreicht, dass die Dividende nur mit dem individuellen Steuersatz des Anteilseigners besteuert wurde[108]. Den Unterschied verdeutlicht

> **Beispiel 7: Dividendenberechnung – Fragen an den Finanzvorstand**
> Die X-AG verfügt über 100 Mio. € ausschüttungsfähigen Gewinn. Der Vorstandsvorsitzende möchte – zur Vorbereitung auf die Hauptversammlung – von seinem Finanzvorstand wissen, in welcher Höhe er nach altem wie nach neuem Recht den Aktionären eine Dividende versprechen kann.

Bereits begrifflich wurde nach altem Recht zwischen drei Dividenden unterschieden, der Netto-, Bar- und Bruttodividende. Während die Nettodividende der Überweisungsbetrag auf dem Bankkonto des Anteilseigners war, waren mit Bardividende die steuerpflichtigen Kapitaleinnahmen nach § 20 Abs. 1 Nr. 1 EStG (inkl. der KapESt) gemeint, zu dem sich noch das KSt-Guthaben von 3/7 (§ 20 Abs. 1 Nr. 3 EStG) dazugesellte (Bruttodividende). Durch den Wegfall der letzten Komponente erübrigt sich für die Zukunft die steuerliche Dreiteilung. Es wird – in Übereinstimmung mit der wohl herrschenden Diktion – dennoch vorgeschlagen, die Dreiteilung beizubehalten, sie aber in einem anderen, nämlich wirtschaftlichen, Sinn zu verwenden.

Danach ist nunmehr die Dividende identisch mit den Einnahmen nach § 20 Abs. 1 Nr. 1 EStG, während die Bardividende mit dem tatsächlichen Überweisungsbetrag angesetzt wird. In diesem Zusammenhang meint der Begriff den nach Steuern verbleibenden wirtschaftlichen Vorteil aus dem Beteiligungsertrag.

Außerdem wurde (und wird) für die Berechnung der Dividende immer vom sog. **„100er-Modell"** ausgegangen. Dieses unterstellt 100 (Punkte) ausschüttungsfähigen Gewinn, der dann in entsprechenden Segmenten beim Anteilseigner ankommt. Idealtypisch wird dabei von einem Anteilseigner ausgegangen, der keine Kirchensteuer zahlt.

---

[107] Zur Übergangsregelung vgl. § 52 Abs. 36 EStG i.V.m. § 34 Abs. 9 KStG sowie hier *Maurer*, Band 2, Teil C.
[108] Gleichzeitig wurde die Vorbelastung der Dividende durch die 30 %ige Ausschüttungssteuer, die von der KapG im voraus und pauschal entrichtet wurde, bei der Veranlagung komplett angerechnet (§ 36 Abs. 2 Nr. 3 EStG a.F.).

Lösung (altes Recht)[109]:

	KapG	Anteilseigner
Ausschüttungsgewinn	100,00	
./. KSt (30 %)	./. 30,00	
./. KapESt (25 % auf 70,00)	./. 17,50	
=	./. 47,50	
Tatsächliche Ausschüttung ("Nettodividende")	52,50	52,50
"Bardividende" (§ 20 Abs. 1 Nr. 1 EStG) – inkl. KapESt (vgl. § 12 Nr. 3 EStG) –		70,00 (inkl. 17,50)
zzgl. 3/7 (§ 20 Abs. 1 Nr. 3 EStG)		30,00
"Bruttodividende"		100,00

Die Bruttodividende war mit dem persönlichen Steuersatz zu versteuern; gleichzeitig hatte der inländische Anteilseigner bei der Veranlagung einen Anrechnungsanspruch nach § 36 Abs. 2 EStG auf die abgeführte KapESt (Nr. 2) sowie auf die KSt (Nr. 3).

Lösung (neues Recht):

	KapG	Anteilseigner
Ausschüttungsgewinn	100,00	
./. KSt (25 %)	./. 25,00	
./. KapESt (20 %)	./. 15,00	
=	./. 40,00[110]	
Tatsächliche Ausschüttung	60,00	
"Bardividende"		60,00
zzgl. KapESt (§ 12 Nr. 3 EStG)		15,00
Dividende (i.S.d. § 20 Abs. 1 Nr. 1 EStG)		75,00
./. ½ steuerfrei (§ 3 Nr. 40d EStG)		./. 37,50
steuerpflichtige Einnahmen (§ 20 EStG)		**37,50**

---

[109] Anmerkung: Auf die Berechnung des SolZ wird beim Vergleich verzichtet; bei der Lösung (neues Recht) wird ergänzend der SolZ berechnet.
[110] Bei zusätzlicher Berücksichtigung des SolZ wird nochmals ein SolZ von 0,825 % (5,5 % auf 15 gem. § 3 Abs. 1 Nr. 5, § 4 SolZG) abgezogen, so dass für die tatsächliche Ausschüttung (Bardividende) nur noch ein Betrag von 59,175 verbleibt. Wird noch zusätzlich SolZ auf die KSt gerechnet (5,5 % auf 25 % KSt = 1,375 %), so verbleibt nur noch ein Betrag von 57,8.

Hierauf der individuelle Steuersatz[111]:	30%	40%	50%
Steuer (je Steuersatz)	11,25	15,00	18,75
./. anrechenbare KapESt	./. 15,00	./. 15,00	./. 15,00
endgültige Steuer **(+ = Erstattung und ./. = Nachzahlung)**	+ 3,75	-,-	./. 3,75
wirtschaftliche Berechnung:			
inkl. Bardividende	+ 60,00	+ 60,00	+ 60,00
Nettodividende nach Steuern	63,75[112]	60,00	56,25

Mit diesem Rechenexempel wird deutlich, dass das Halbeinkünfteverfahren nur für den Anteilseigner mit einem persönlichen Steuersatz von 40 % zu einer – verglichen mit den anderen Einkünften – identischen Steuerbelastung führt. Demgegenüber sind die „steuerschwächeren" Bürger benachteiligt, da sich deren Gesamtbelastung verschlechtert hat. Bei einem persönlichen Steuersatz von 30 % wird mit der Dividende eine Rendite nach Steuern von nur 63,75 erwirtschaftet, während die anderen Einkünfte eine Nettorendite von 70 % erzielen. Umgekehrt erzielt der Spitzenverdiener (hier mit 50 % ESt-Satz) eine Rendite von 56,25 %, bei ansonsten 50 %.

2.2.1.2 Anwendungsfragen

Der Ertrag aus Beteiligungen an KapG gem. § 20 Abs. 1 Nr. 1 S. 1 EStG umfasst neben den Dividenden bei Aktien und den Gewinnanteilen bei GmbH-Geschäftsanteilen sämtliche Bezüge aus Körperschaften, bei denen die juristische Person selbst Steuersubjekt für die von ihr erwirtschafteten Erträge ist. Damit gelten auch Zuwendungen von Vorgesellschaften (KapG vor Eintragung in das HR, vgl. § 11 Abs. 1 und § 13 Abs. 1 GmbHG) und Zuwendungen von ausländischen Rechtssubjekten mit dem Charakter einer KapG als Bezüge in diesem Sinne.

Mit Satz 2 werden ausdrücklich die vGA[113] einbezogen. Im Unterschied zu den offenen Ausschüttungen entspricht es allerdings der Veranlagungsrealität, dass die verdeckten Zuwendungen auf der Vorstufe nicht durch KapSt vorbelastet sind, da es wegen der Aufdeckung durch die Finanzverwaltung keiner Abzugsbesteuerung bedarf[114].

Nach § 20 Abs. 1 Nr. 1 S. 3 EStG zählen Ausschüttungen, die auf zurückgewährten Einlagen aus dem gezeichneten Kapital bzw. aus der Kapitalrücklage herrühren, zu nicht steuerbaren Vermögensmehrungen.

---

[111] Hier nur für Rechenzwecke; ab 2002 muss mit dem Spitzensteuersatz von 48,50 gerechnet werden
[112] Die Kontrollrechnung für den Steuersatz von 30 % lautet:
- KSt der KapG 25,00 %
- persönlicher Steuersatz 11,25 %

Gesamtsteuerbelastung: 36, 25 % (!)
[113] Vgl. zum Anwendungsbereich und zur umfangreichen Rspr. *Maurer*, Band 2, Teil C, Kap. III.4 und IV.4.
[114] Andeutungsweise *von Beckerath* in *Kirchhof-kompakt*, § 43 Rz. 10 gesehen.

Mit dem Hinweis auf § 27 KStG sind die früher im EK 04 erfassten Kapitalrücklagen gemeint, die jetzt in das steuerliche Einlagenkonto umgegliedert sind. Die Ausgrenzung dieser Gewinnausschüttungen beruht auf einer Gesamtvorstellung für das Verhältnis zwischen KapG und ihren Gesellschaftern. Danach sind **Einlagen** der Gesellschafter ebenso **steuerneutral** bei der KapG zu erfassen wie umgekehrt die **Ausschüttung (Rückgewähr)** der Einlagen nicht bei den Gesellschaftern besteuert wird[115]. In diesem Sinne ist § 20 Abs. 1 Nr. 1 S. 3 EStG die Korrespondenzregelung zu § 4 Abs. 1 EStG i.V.m. § 8 Abs. 1 KStG[116].

Diese Rechtsfolge (Vorgang auf der steuerneutralen Vermögensebene) gilt auch ohne ausdrückliche Anordnung für die Rückzahlung des gezeichneten Nennkapitals, wie dies bei einer Kapitalherabsetzung oder bei einer Liquidation der Fall ist.

Nach § 20 Abs. 1 Nr. 2 EStG wird von diesem Grundsatz nur insoweit eine Ausnahme gemacht, als mit dem neu geregelten Halbeinkünfteverfahren auch eine Umwandlung der vorherigen Eigenkapitalteile einhergehen musste. In den Fällen einer Kapitalherabsetzung bei der KapG sind sowohl Gewinnrücklagen als auch Kapitalrücklagen und gezeichnetes Kapital betroffen. Nach § 28 S. 4 KStG a.F. gelten die Gewinnrücklagen als vorrangig verwendet und werden nach S. 5 als Gewinnausschüttungen behandelt. Insofern knüpft § 20 Abs. 1 Nr. 2 EStG zwar in bürokratischer Form an die Neuregelung an, drückt damit aber eine „alte" Selbstverständlichkeit aus: Die Rückzahlung (Ausschüttung) von **Gewinnrücklagen**, die bei einer Kapitalherabsetzung oder einer Liquidation bei thesauriertem Einkommen der KapG zwangsläufig erfolgt, führt zu **steuerbaren Einnahmen** beim Anteilseigner.

Für den **Zeitpunkt** der Erfassung der Kapitalerträge gilt § 11 EStG[117]. Von diesem Grundsatz, der besagt, dass i.d.R. erst mit Gutschrift auf dem Konto des Anteilseigners die Dividende zugeflossen ist, wird nach der Rspr. nur beim beherrschenden Gesellschafter der GmbH eine Ausnahme gemacht. Mit dem Urteil des BFH vom 17.11.1998 (BStBl II 1999, 223) datiert dieser den Zuflusszeitpunkt beim beherrschenden Gesellschafter auf den Tag des Beschlusses über die Gewinnverwendung. Als Ausnahme von diesem Zuflussindiz, an dem sich auch nichts durch eine spätere Fälligkeitsregelung ändert, wird nur der Fall der Zahlungsunfähigkeit der Gesellschaft zugelassen.

2.2.2 Sonstige „Beteiligungserträge"

Für die weiteren Fälle des § 20 EStG im Zusammenhang mit Beteiligungserträgen können wiederum zwei Gruppen gebildet werden:
1. Die Fälle von § 20 Abs. 1 Nr. 9 und 10 EStG sowie
2. die Behandlung des stillen Gesellschafters (Nr. 4).

---

[115] Steuerliche Konsequenz der Rückzahlung von Einlagen: Minderung der AK (im BV wie im PV – dort bei § 17 EStG von Bedeutung).

[116] Mit dem Urteil des BFH vom 01.02.2001 wurde die Regelung des § 20 Abs. 1 Nr. 1 S. 3 EStG auch auf Beteiligungen im BV übertragen (BStBl II 2001, 520) – dort in Abgrenzung zu einer wertlosen Forderung gegen die GmbH.

[117] VGA sind mit Erlangung des Vermögensvorteils zugeflossen.

Die erste Fallgruppe trägt dem (neuen) Körperschaftsteuerrecht Rechnung. Nachdem es nicht bei allen Körperschaften zu Ausschüttungen an die Anteilseigner kommt (z.B. nicht bei Vereinen, Stiftungen – allgemein siehe § 1 Abs. 1 Nr. 3 – 5 KStG), werden nach Nr. 9 die vergleichbaren Vermögensvorteile von diesen – nicht steuerbefreiten – Körperschaften bei den Mitgliedern erfasst[118]. § 20 Abs. 1 Nr. 10 EStG bezieht die Empfänger von Betrieben gewerblicher Art (und von wirtschaftlichen Geschäftsbetrieben) mit ein. Der bei weitem wichtigste Fall hieraus ist jedoch die **(typisch) stille Gesellschaft**.

Beispiel 8: Der stille Ehemann
Als Beamter (Professor, Richter, Freiberufler) darf B1 sich nicht gewerblich betätigen. Anstatt das ererbte Geld in einer Bank anzulegen, lässt B1 sein Nachlassvermögen im Einzelunternehmen seiner Ehefrau B2 „arbeiten". Mit dem eingelegten Betrag von 100 T€ ist B1 zu 10 % am Gewinn und am Verlust von B1 beteiligt, ohne nach außen in Erscheinung zu treten. Die Einlage geht in das Vermögen von B2 über.
In den ersten Jahren werden ihm – nach einbehaltener KapESt – Gewinnanteile i.H.v. 16 T€ (01) sowie 3 T€ (02) überwiesen. In 03 wird der auf ihn entfallende Verlust von 5 T€ gegen die Einlage verrechnet. In 04 wird der Gewinnanteil von 12 T€ nur i.H.v. 7 T€ (abzüglich 20 % KapSt) überwiesen, da die Differenz zum Ausgleich des Vorjahresverlustes verwendet wird.

Im Unterschied zum – ebenfalls in Nr. 4 erwähnten – partiarischen Darlehen kann bei einer typisch stillen Beteiligung eine Verlustbeteiligung vereinbart werden. Der Hauptunterschied liegt im Gesellschaftsrechtsverhältnis bei der stillen Gesellschaft gem. §§ 230 ff. HGB, wonach hier eine gemeinsame Zweckverfolgung stattfindet. Kennzeichen dieser Innengesellschaft ist allerdings, dass kein gemeinsames Gesamthandsvermögen gebildet wird und die Einlage somit Fremdkapital beim Inhaber des Handelsgewerbes darstellt. Die Gemeinsamkeit mit dem partiarischen Darlehen besteht wiederum in der **erfolgsabhängigen** Verzinsung für das überlassene Kapital. Die steuerlich als Mitunternehmerschaft „erhöhte" atypische stille Beteiligung wird bei § 15 Abs. 1 Nr. 2 EStG behandelt (s. Band 2, Teil B, Kap. I).

Lösung:
- In den Jahren 01 und 02 sind die einbehaltenen KapESt-Beträge von 20 % wegen § 12 Nr. 3 EStG bei den Einnahmen nach § 20 Abs. 1 Nr. 4 EStG hinzuzurechnen. Der Zufluss i.S.d. § 11 EStG ist mit Zahlung oder mit Gutschrift auf dem Konto gegeben.
- Problematisch ist die Erfassung des Verlustes. Nach absolut h.M. ist der Verlustanteil bei § 20 Abs. 1 Nr. 4 EStG zu berücksichtigen[119]. Fraglich ist jedoch, ob der Verlust des Jahres 03 mit der Abbuchung vom Kapitalkonto

---

[118] Damit ist auch hier – wie bei den Ausschüttungen – die Nachbelastung mit der Hälfte der Einnahmen garantiert.
[119] Dabei geht die Rspr. zu Recht von WK – und nicht von negativen Einnahmen aus (vgl. *Heinicke-Schmidt*, § 20 Rz. 143 m.w.N.).

(03) oder mit der späteren Verrechnung mit den Gewinnen in 04 anzusetzen ist. Wegen der Geltung von § 11 Abs. 2 EStG (Verlust der wirtschaftlichen Verfügungsmacht) liegt die Annahme in 04 nahe. Uneingeschränkt gilt jedoch, dass nur „**laufende Verluste**" (Verluste aus dem laufenden Geschäftsbetrieb) als WK berücksichtigt werden können.
- **Vermögensverluste** durch Insolvenz des Betreibers des Handelsgewerbes u.ä. sind **nicht berücksichtigungsfähig.**
- Die analoge Anwendung des § 15a EStG schließlich, die auch bei einer typisch stillen Beteiligung greift, setzt voraus, dass der stille G'fter **über seine Einlage hinaus am Verlust** teilnimmt, da nur bei dieser Konstellation der Rechtsfolgenverweis in § 20 Abs. 1 Nr. 4 S. 2 EStG einen Sinn ergibt. Die Ausführungen zu § 15a EStG gelten – mit Ausnahme der überschießenden Außenhaftung des § 15a Abs. 1 S. 2 und 3 EStG – analog.

2.2.3 Exkurs: Grundzüge zur Kapitalertragsteuer (§§ 43 ff. EStG)

Die schon mehrfach angesprochene KapESt verfolgt – vergleichbar der LSt – das Ziel, an der Quelle die Einkünfte aus Kapitalanlagen zu erfassen. Die Berechnungs- und Zahlstellenfunktion übernimmt die KapG (als Schuldnerin der Kapitalerträge bezeichnet, vgl. § 44 Abs. 1 S. 3 EStG) dabei für die Beteiligungserträge. Diese Aufgabe übernehmen für die sonstigen Kapitalforderungen bzw. bei der Einschaltung von Banken für die Dividendenauszahlung (§ 45a Abs. 3 EStG) die Kreditinstitute.

Der Anwendungsbereich der Kapitaleinkünfte, die dem KapESt-Abzug unterliegen, orientiert sich gem. § 43 Abs. 1 EStG an den Kapitaleinkünften des § 20 EStG, ohne mit diesem deckungsgleich zu sein. So sind z.B. die Tatbestände von § 20 Abs. 1 Nr. 5 und 8 EStG sowie § 20 Abs. 2 Nr. 2a EStG nicht erfasst, während umgekehrt gem. § 8b Abs. 1 KStG die eigentlich steuerbefreite Dividende, die eine KapG von einer anderen KapG erhält, trotzdem der KapESt unterliegt (§ 43 Abs. 1 Nr. 1 EStG). Bei der KapESt werden zwei Abzugssteuern unterschieden:

- Die „große KapESt", die auf Beteiligungserträge sowie auf Zinsen aus Lebensversicherungen entfällt (§ 43a Abs. 1 Nr. 1 und 2 sowie Nr. 4 EStG) und
- die Zinsabschlagsteuer nach § 43a Abs. 1 Nr. 3 EStG für die wichtigsten sonstigen Kapitalforderungen.

Für letztere (Zinsabschlag; auch ZASt genannt) beträgt der Steuersatz 30 %, während der Steuersatz für die Beteiligungserträge gestaffelt ist. Bei Dividenden werden nach § 43a Abs. 1 Nr. 1 EStG nunmehr 20 % einbehalten, während die sonstigen Beteiligungserträge (§ 20 Abs. 1 Nr. 4, 9, 10 EStG sowie Nr. 6) mit 25 % (bzw. 10 %) vorab besteuert werden.

Diese Pauschsteuersätze gelten vorbehaltlich der **Nettovereinbarung**. Ähnlich der LSt führt auch hier die Übernahme der KapESt durch die (zivilrechtliche) Schuldnerin der Kapitalerträge (KapG/Bank) zu einem steuerbaren Vorteil (§ 20 Abs. 2 Nr. 1 EStG), der durch entsprechend pauschal erhöhte Steuersätze berücksichtigt wird. So erhöht sich

2 Einkünfte aus Kapitalvermögen (§ 20 i.V.m. § 2 Abs. 1 S. 1 Nr. 5 EStG)

etwa die KapESt für Dividenden[120] mit Nettovereinbarung (KapG übernimmt die Abzugssteuer als Steuerschuldnerin[121]) von 20 % auf 25 % (§ 43a Abs. 1 Nr. 1 EStG).

Für den Zeitpunkt der KapESt ist bei Dividenden § 11 EStG (Zufluss) durch § 44 Abs. 2 EStG abbedungen. Wenn der Ausschüttungsbeschluss den Tag der Auszahlung nicht festlegt, gilt der Tag nach der Beschlussfassung als „Zuflusstag"; dies gilt jedoch nur für die KapESt und nicht für § 20 EStG, wie der BFH mehrfach entschieden hat (zuletzt nach dem Urteil des BFH vom 17.11.1998, BStBl II 1999, 223; dort zum „beherrschenden GmbH-Gesellschafter").

Dem Charakter einer Vorauszahlung auf die ESt des Anteilseigners bzw. Papierinhabers entspricht es auch, dass Einbehalt und Abführung von KapESt gem. § 45a EStG **bestätigt** werden müssen, sollen sie nach § 36 Abs. 2 EStG angerechnet werden. Kommt es aufgrund der durchgeführten Veranlagung jedoch zu keiner Einkommensteuerschuld des Anteilseigners, so wird diese gem. § 44b EStG erstattet. Bereits im Vorfeld wird aufgrund einer NV-Bescheinigung bzw. eines Freistellungsauftrages nach § 44a EStG vom KapESt-Abzug Abstand genommen. Diese Regelungen gelten nur für Steuerinländer.

Bei Steuerausländern (§ 1 Abs. 4 EStG) hat die KapESt grundsätzlich[122] eine sog. **Abgeltungswirkung** (§ 50 Abs. 5 S. 1 EStG) für Kapitaleinkünfte nach § 49 Abs. 1 Nr. 5 EStG, da allein von Kapitalerträgen für beschränkt Stpfl. keine Veranlagung durchgeführt wird. Auch bei der KapESt gibt es ein Haftungsverfahren. Es ist in § 44 Abs. 5 EStG (bzw. in § 45a Abs. 7 EStG) der Lohnsteuerhaftung des § 42d EStG nachgebildet.

2.3 Sonstige Kapitalforderungen

Während es sich bei den Tatbeständen von § 20 Abs. 1 Nr. 5 und Nr. 8 EStG um Sonderfälle der lex generalis von § 20 Abs. 1 Nr. 7 EStG handelt, kommt den Zinsen aus Lebensversicherungen gem. § 20 Abs. 1 Nr. 6 EStG eine – vorab darzustellende – Sonderrolle zu.

2.3.1 Zinsen aus Lebensversicherungen (§ 20 Abs. 1 Nr. 6 EStG)

Zinsen aus Lebensversicherungen sind grundsätzlich nur bei darin enthaltenen **Sparanteilen** nach § 20 Abs. 1 Nr. 6 EStG steuerbar. Damit unterliegen andere Komponenten wie Verwaltungs- und Risikoanteile, die in den Beitragsleistungen des Versicherungsnehmers enthalten sind, rein begrifflich nicht der Steuerpflicht. Das gleiche (keine Steuerbarkeit) gilt für zurückgezahlte Beiträge. Die von den Versicherern angelegten – und den Versicherungsnehmern zugeschriebenen – Beträge sind nur insoweit steuerbar, als sie sich in der Differenz zwischen der Versicherungssumme und den (niedrigen) rechnungsmäßigen Zinsen bemerkbar machen. Daneben zählen auch die in dem Versicherungsplan gutgeschriebenen außerrechnungsmäßigen Zinsen zu den Einnahmen. Entscheidend ist, dass der **Zufluss** (§ 11 EStG) bei rechnungsmäßigen Zinsen erst mit der Auszahlung bzw.

---

[120] Es ist – klarstellend – darauf hinzuweisen, dass sich die KapESt auf die **Dividende in voller Höhe** und nicht nur auf die Hälfte bezieht.
[121] Damit ist natürlich nicht die Zahlstellenfunktion gemeint.
[122] Ausnahmen: vgl. § 50 Abs. 5 S. 2 EStG (inländische Betriebsstätte, Grenzpendler etc.) bzw. § 2 AStG.

dem Rückkauf der Versicherung erfolgt, während bei außerrechnungsmäßigen Zinsen ein Zufluss schon vorher durch Gutschrift, Abkürzung der Versicherungsdauer oder durch Erhöhung der Versicherungssumme erfolgen kann. Wegen der Schwierigkeiten in der Berechnung obliegt diese Aufgabe dem Versicherer (R 154 Abs. 1 S. 5 EStR 2002), die auch den evtl. KapESt-Abzug gem. § 43 Abs. 1 Nr. 4 EStG vorzunehmen hat. Bezeichnenderweise liegt zur Steuerpflicht nach § 20 Abs. 1 Nr. 6 EStG bis zum heutigen Tage keine BFH-Entscheidung vor[123].

Nach Satz 2 sind von der Steuerpflicht weitgehend[124] und unter bestimmten Voraussetzungen die Versicherungen befreit, bei denen die Beitragsleistungen zum SA-Abzug nach § 10 Abs. 1 Nr. 2 EStG berechtigen. Die Auflistung der „steuerschädlichen" Lebensversicherungen in R 154 Abs. 1 EStR 2002 stellt demnach das Negativ-Bild zu den in § 10 Abs. 1 Nr. 2 EStG genannten Versicherungen dar[125]. Die Befreiung gilt jedoch nur bei Verrechnung der Beiträge, bei Auszahlung oder bei Rückkauf nach zwölf Jahren.

Von dieser Steuerbefreiung wird gem. § 20 Abs. 1 Nr. 6 S. 3 EStG eine Ausnahme für sog. „gebrauchte" Lebensversicherungen (d.h. entgeltlich nach 1996 erworbene Versicherungen, vgl. § 10 Abs. 1 Nr. 2b S. 5 EStG) gemacht, bei denen die Kapitalanlage im Vordergrund steht.

Exkurs: Die Steuerpflicht nach § 20 Abs. 1 Nr. 6 S. 4 EStG betrifft die Problematik der **steuerschädlichen Finanzierungsversicherung** nach § 10 Abs. 2 S. 2 EStG. Durch das StÄndG 1992 wurde der damalige steuerliche Anreiz zur Verwendung von Kapitallebensversicherungen zur Finanzierung von BA und WK unterbunden. Die steuerpolitische Zielsetzung des Sonderausgabenabzugs für die Beiträge und der Steuerfreiheit für die Zinsen war mit der Vertragspraxis der **Policendarlehen** schwerlich in Einklang zu bringen. Diese wurden – und werden – (statt der Annuitätendarlehen) als langfristiges Tilgungsmittel u.a. für die Finanzierung von steuerlich abzugsfähigem Erwerbsaufwand eingesetzt[126]. Zusammen mit dem BMF-Schreiben vom 15.06.2000 (BStBl I 2000, 1118)

---

[123] S. hierzu BFH vom 02.02.2001 (BFH/NV 2001, 1253), wonach allein der Hinweis des Revisionsklägers auf eine fehlende Spruchpraxis des BFH noch keinen Fall von grundsätzlicher Bedeutung i.S.d. § 115 FGO darstellt.
[124] Nach h.M. besteht allerdings keine (negative) Kongruenz zwischen § 10 und § 20 EStG (*von Beckerath* in *Kirchhof-kompakt*, § 20 Rz. 258).
[125] Beispielsweise berechtigen Beiträge gem. § 10 Abs. 1 Nr. 2b Doppelbuchst. cc EStG zu Rentenversicherungen mit – erst nach 12 Jahren auszuübendem – Kapitalwahlrecht gegen laufende Beitragsleistung zu SA. Umgekehrt listet R 154 Abs. 1 EStR u.a. folgende Lebensversicherungen als schädlich auf:
- Nr. 2: Rentenversicherung mit Kapitalwahlrecht gegen Einmalbeitrag,
- Nr. 3: Rentenversicherung mit – vor 12 Jahren auszuübendem – Kapitalwahlrecht gegen laufende Beiträge u.s.w.

[126] Statt der sich – zusammen mit dem Zins – kontinuierlich erhöhenden Rückzahlung der Darlehensvaluta wird bei Policendarlehen nur der Zins für die Darlehenssumme gezahlt. Die Rückzahlung erfolgt schlagartig durch die Ausbezahlung der Versicherungssumme nach 30 (35) Jahren. Die Versicherungsbeiträge sind in gleicher Höhe zu leisten. Wegen des (geringeren) Risikos – und des damit verbundenen niedrigeren Beitrages – wurde (wird) die Lebensversicherung häufig auf die Kinder des Versicherungsnehmers abgeschlossen.

liegt nunmehr eine verlässliche Planungsgrundlage im steuerlichen Umgang mit Finanzierungsversicherungen vor[127].

Das Abzugsverbot (ggf. gekoppelt mit einer Nachversteuerung gem. § 30 EStDV) betrifft alle in § 10 Abs. 1 Nr. 2b EStG genannten Lebensversicherungen (Ausnahme: Reine Risikoversicherungen), die während[128] der Laufzeit des Vertrages für die Tilgung oder Sicherung eines Darlehens verwendet werden, wenn damit verbundene Finanzierungskosten **BA oder WK** sind.

Eine **Ausnahme** vom Abzugsverbot ist umgekehrt in folgenden Fällen bei kumulativem Vorliegen vorgesehen:

- Finanzierung von AK/HK[129] von materiellen[130] und immateriellen WG[131] (ohne Forderungen[132]), wenn diese Anlagevermögen[133] sind und
- die verwendeten[134] Versicherungsansprüche die mit dem Darlehen[135] finanzierten AK/HK nicht übersteigen,
- wobei eine – an sich schädliche – Teilverwendung bis zu 2.556 € in Kauf genommen wird (Bagatellgrenze).

Die Veränderung der Darlehensverhältnisse (Umschuldung) ist gem. Rz. 43 ff. a.a.O. unschädlich. Eine Umwidmung der finanzierten WG ist dann schädlich, wenn der neue Einsatzzweck von Anfang an zur Schädlichkeit geführt hätte (aus AV wird UV, Rz. 51). Daneben sind (alternativ) unschädlich:

- Die Beleihung von Direktversicherungen durch den AG (§ 10 Abs. 2 S. 2 lit. b EStG)
- vorübergehende (bis max. drei Jahre) Beleihung von Betriebsmittelkrediten (Buchst. c a.a.O.).

Für fondsgebundene Lebensversicherungen gelten die o.g. Ausführungen entsprechend (§ 20 Abs. 1 Nr. 6 S. 5 EStG).

---

[127] S. aber *Horlemann*, DStR 2001, 337 mit Kritik insb. in den Umschuldungsfällen (zu Rz. 43 ff.).
[128] Die spätere (d.h. nach Fälligkeit der Versicherung) Verwendung ist unschädlich, wenn ihr keine vorherige Sicherungsabrede vorausgeht (Rz. 4 des BMF-Schreiben). Auch die Abtretung einer Rentenversicherung mit Kapitalwahlrecht ist für sich gem. Rz. 6 noch nicht schädlich.
[129] Obwohl Finanzierungskosten gem. § 255 HGB nicht zu den AK zählen, ist nach Rz. 15 a.a.O. die **erstmalige** Finanzierung nicht zu beanstanden. Eine Schuldübernahme ist nur dann unschädlich, wenn sie zu AK führt (Einzel-WG) m.w.N. zur vorweggenommenen Erbfolge (Rz. 19).
[130] Nach Rz. 13 f. a.a.O. zählen Anteile an offenen Aktien- oder Immobilienfonds nicht dazu.
[131] Es ist abzusehen, dass mangels direkter Zuordnung zu einem WG das Entstehen eines „Geschäftswert" behauptet wird (vgl. bereits zu Malerarbeiten das FG Hbg vom 31.05.2001, Az.: II 288/00).
[132] Deshalb ist die Besicherung eines Darlehens zum Erwerb einer Leibrente (Forderung!) schädlich, so FG Hbg vom 16.07.1999 (EFG 1999, 1117).
[133] Damit sind Investitionen im PV ausgeschlossen (s. *Fischer* in *Kirchhof-kompakt*, § 10 Rz. 18.).
[134] Diese Voraussetzung muss in der Abtretungs- oder Verpfändungserklärung vorgenommen werden (Rz. 26).
[135] Zum Gesamtdarlehen für ein gemischt-genutztes WG (Geschäftsgrundstück mit Privatwohnung) s. neuerdings Rz. 8 und 58 a.a.O.: unschädlich, wenn jeder einzelne Einsatzzweck unschädlich ist. Zu Vorschaltdarlehen s. Rz. 39 ff.

2.3.2 Sonstige Kapitalforderungen, insbesondere § 20 Abs. 1 Nr. 7 EStG

2.3.2.1 Die Grundaussage

Zwei Spezialtatbestände (Zinsen für grundpfandrechtlich gesicherte Forderungen nach Nr. 5 und Diskontbeträge für Wechsel nach Nr. 8) bilden den gesetzlichen Rahmen für die Generalklausel von § 20 Abs. 1 Nr. 7 EStG. Mit einem zurückhaltenden Wortlaut wird die Mannigfaltigkeit der Banken- und Kapitalanlagewelt steuerlich wiedergespiegelt, aber nur teilweise „eingefangen". Nur die **Erträge** (Zinsen) und nicht etwaige Vermögensveränderungen für **überlassenes Kapital** bilden den Zustandstatbestand. Die Trennung zwischen unbeachtlicher Vermögenssphäre und dem steuerrelevanten Aufwands- und Ertragsbereich ist Auslöser für zahlreiche Finanzinnovationen, die letztlich nur die Verlagerung des Zuflusszeitpunktes für das Entgelt des überlassenen Kapitals zum Gegenstand haben. Der BFH hat gut daran getan, in sämtlichen Entscheidungen diese zeitliche Verschiebung nicht mit dem Vorwurf des Gestaltungsmissbrauchs (§ 42 AO) zu belegen (BFH vom 12.12.2000, BFH/NV 2001, 789).

Die strikte Sphärentrennung zwischen Vermögen und Ertrag markiert auch die Trennlinie für unbeachtliche Vermögensverluste (Bsp.: Insolvenz des Emittenten) und nach § 9 EStG abzugsfähige WK. Darüber hinaus können Schuldzinsen (Refinanzierungsaufwendungen) für eine spekulative Kapitalanlage nur dann abgezogen werden, wenn insgesamt eine Einnahmeerzielungsabsicht besteht. Ist bereits im Zeitpunkt des Erwerbs die „Talfahrt" des erworbenen Papiers erkennbar und besteht auch keine Aussicht auf einen positiven Saldo während der vertraglichen Überlassung, scheitert ein WK-Abzug an allgemeinen Kriterien (BFH vom 30.03.1999, BFH/NV 1999, 1321).

2.3.2.2 Einzelfälle und Zuflusszeitpunkt

Beispiel 9: Dagoberts Welt

Dagoberts Erfindungsreichtum kennt keine (Kapital-)Grenzen:

1. Für ein „klassisches" Sparbuch mit dreimonatiger Kündigungsfrist wird der Jahreszins am Ende des Jahres 01 gutgeschrieben,
2. Festgelder (Termineinlagen) mit sechsmonatiger Laufzeit. D verlängert am 11.11.01 um ein weiteres halbes Jahr,
3. Kommunalobligationen im Nennwert von 50 €/Stück zum Kurswert von 97 % (01). Ein Jahr später erfolgt die Rückzahlung zu 100 % bei 4 %iger Verzinsung.
4. Bundesschatzbrief vom Typ A (Nennbetrag: 100.000 €) und vom Typ B.
5. Eine Index-Anleihe.

Lösung:

	Papier (ggf. Kurzcharakterisierung)	Zufluss
1.	Sparbuch	Unabhängig von der Gutschrift in 01 oder in 02 (wiederkehrende Einnahmen) in 01 zu erfassen.
2.	Festgelder	Grundsätzlich mit Ablauf des Zinsfestschreibungstermins (11.11.01)[136], bei Verlängerung danach (in 02).
3.	Kommunalobligationen (Wertpapiere, bei denen Aussteller – hier die Gemeinde – dem Inhaber die Rückzahlung in Geld und laufender Verzinsung verspricht)	Die Differenz zwischen dem Ausgabe- und dem Rückzahlungskurs (3 %)[137] und der versprochene Zins von 4 % ist als Einnahme in 02 zu erfassen.
4a.	Bundesschatzbrief Typ A (Sparanlagen mit laufender, gleichmäßiger Verzinsung)	Nachträgliche jährliche Gutschrift oder Auszahlung ist als Zufluss zu erfassen.
4b.	Bundesschatzbrief Typ B Ähnlich den Zerobonds (Nullkupon-Anleihen) enthalten Auf- oder Abzinsungspapiere keinen laufenden Zins. Die Einmalverzinsung liegt im Differenzbetrag zwischen dem Einzahlungs- und dem Einlösungsbetrag.	Der Zins wird am Ende der Laufzeit (bzw. bei vorzeitiger Rückgabe nach Ablauf der Sperrfrist) nunmehr in einem Betrag zusammengefasst und ist für mehrere Jahre zu erfassen (vgl. auch zur entsprechenden Zinsabschlagregelung BMF vom 26.10.1992, BStBl I 1992, 693, Rz. 3.1).
5.	Indexanleihe (Anleihen mit begrenzter Laufzeit, die sich auf einen Wertpapierindex beziehen)	Nur bei Rückzahlung der Kapitalanlage bzw. bei Entgeltvereinbarung liegt ein steuerbarer Ertrag nach § 20 Abs. 1 Nr. 7 EStG vor[138].

---

[136] Ist vertraglich bei längerfristigen Festgeldern sowie Nichtkündigung die Auszahlung ausgeschlossen und wird stattdessen der Zinsbetrag dem Konto gutgeschrieben, liegt in der unterlassenen Kündigung eine Vorausverfügung, die den Zufluss in diesem Zeitpunkt auslöst.

[137] S. zusätzlich § 22 Nr. 2 EStG i.V.m. § 23 Abs. 1 Nr. 2 EStG. Außerdem ist auf ein Emissionsdisagio zu achten (H 154 zu R 154 Stichwort: „Nullkupon-Anleihe" i.V.m. BMF-Schreiben vom 26.10.1992, BStBl I 1992, 693).

[138] S. *von Beckerath* in *Kirchhof-kompakt*, § 20 Rz. 322 sowie a.a.O. (Rz. 324 ff.) zu weiteren Formen (Optionsanleihen, Wandelanleihen und „capped warrants").

Darüber hinaus kommt § 20 Abs. 1 Nr. 7 EStG noch zur Anwendung bei:

- Verzinslichen privaten Darlehen,
- Erstattungszinsen i.S.d. § 233a AO[139],
- Bausparzinsen, soweit sie nicht – wegen § 20 Abs. 3 EStG – zu Einkünften nach § 21 EStG gehören (z.B. bei engem zeitlichem Zusammenhang mit dem Kauf eines Mietwohnhauses),
- Erträgen aus **gestundeten** Kaufpreisforderungen, wie dies bei einer späteren Fälligkeit der Kaufpreises oder bei einer Ratenzahlung der Fall ist. Diese Fallgruppe kommt häufig bei dem Verkauf von Betrieben oder von sonstigen funktionellen Einheiten oder auch beim Immobilienverkauf vor. Der Kapitalertrag ist durch die Abzinsung der Raten zu ermitteln.

Beispiel 10: Unternehmenskauf auf Raten
U veräußert sein Unternehmen (Buchwert des Betriebes: 150 T€; Kaufpreis: 200 T€) an K mit folgender Zahlungsvereinbarung:
- Sofortzahlung am 01.01.01 i.H.v. 100 T€,
- Der Rest ist in zwei Raten zu je 50 T€ zum 31.12.01 sowie 31.12.02 fällig.

Lösung:

1. Der Veräußerungsgewinn nach § 16 EStG ist wie folgt zu ermitteln:

Sofortzahlung zum 01.01.01 mit	100.000 €
zzgl. nach § 12 Abs. 3 BewG (Anlage 9a) abgezinste Restforderung von 50.000 € x 1,897	+ 94.850 €
Veräußerungspreis	194.850 €
./. Buchwert	./. 150.000 €
Veräußerungsgewinn:	**44.850 €**

2. Die Differenz zwischen der Nominalrestforderung von 100 T€ und dem abgezinsten Betrag von 94.850 € ist als **Kapitaleinnahme** gem. § 20 Abs. 1 Nr. 7 EStG in den Jahren 01 und 02 zu erfassen. Dabei wird die Restforderung von 50 T€ zum 31.12.01/01.01.02 neu mit 0,974 (Anlage 9a BewG) bewertet und beträgt somit 48.700 €. Dies hat für die Zinseinkünfte des Jahres 01 folgende Konsequenz:
Im Zahlungsbetrag von 50 T€ im Jahre 01 ist ein Tilgungsanteil von 46.150 € (94.850 € ./. 48.700 €) enthalten und ein steuerbarer Zinsanteil von **3.850 €**. In 02 wird der Rest i.H.v. 1.300 € (5.150 € ./. 3.900 €) als Zinseinnahme versteuert.

---

[139] Das BMF verzichtet im Schreiben vom 05.10.2001 (BStBl I 2000, 1508) im Billigkeitsweg auf die Erfassung von Erstattungszinsen, soweit ihnen nichtabzugsfähige Nachforderungszinsen gegenüberstehen, die auf demselben Ereignis beruhen.

2.4 Abschlussfragen bei § 20 EStG

Nicht selten werden bei § 20 Abs. 1 EStG durch einen Sachverhalt mehrere Anwendungsbereiche der Kapitalüberlassung angesprochen. Gesellt sich dann noch eine untypische Entgeltvereinbarung hinzu, werden sogleich Grundsatzfragen angesprochen.

Beispiel 11: Das teilentgeltliche Gesellschafterdarlehen
A gewährt der A-Familien-GmbH (A ist mit 40 % und seine Angehörigen sind zu 60 % an der GmbH beteiligt) ein Darlehen i.H.v. 100 T€ zu 6 %, während der marktübliche Zinssatz 10 % beträgt. A holt sich die (Refinanzierungs-)Mittel für das Darlehen bei seiner Hausbank zu einem Zinssatz von 5 %.

Lösung:
Nach dem Urteil des BFH vom 25.07.2000 (BStBl II 2001, 698) ist bei einem (Familien-)Gesellschafterdarlehen mit unüblich niedrigen Zinsen eine **Trennung** in ein entgeltliches Kapitalüberlassungsverhältnis nach § 20 Abs. 1 Nr. 7 EStG und in ein unentgeltliches Darlehen vorzunehmen. Bei der Behandlung eines teilentgeltlichen Gesellschafter-Darlehens kommt es demnach nicht zur analogen Anwendung von § 21 Abs. 2 EStG[140], der als Sondervorschrift nur für das V+V-Recht interpretiert wird (siehe unter 3).

- Beim **entgeltlichen Darlehenspart** nach § 20 Abs. 1 Nr. 7 EStG muss sodann vorweg geprüft werden, ob eine Überschusserzielungsabsicht vorliegt, die alleine einen WK-Abzug ermöglichen kann. Bei dieser Berechnung sind die gesamten Zinseinnahmen (jährlich 6 %) den **anteiligen WK** gegenüberzustellen und es ist für die gesamte Laufzeit eine entsprechende Einnahmeerzielungsprognose zu stellen. Danach werden die Refinanzierungsaufwendungen nur i.H.v. 60 % (= 3 %, bezogen auf die gesamte Darlehensvaluta) in die Berechnung einbezogen. Hieraus folgt, dass bei der Erfassung der entgeltlichen Kapitaleinkünfte nach § 20 Abs. 1 Nr. 7 EStG nur 60 % der tatsächlich gezahlten WK (3.000 €) abgezogen werden dürfen. Dem stehen Einnahmen i.H.v. 6.000 € per anno gegenüber.

- Den **unentgeltlichen Part** des Darlehens (40 %) unterstellt der BFH a.a.O. dem Einkünftetatbestand des § 20 Abs. 1 Nr. 1 EStG und gelangt nur unter dem Aspekt des Drittvergleiches zu einer Berücksichtigung der vollen restlichen WK. Fällt der Fremdvergleich allerdings negativ aus – und dies wird der Regelfall sein –, so kann A nur die auf seine Beteiligungsquote entfallenden restlichen Zinsen als WK berücksichtigen. Vorliegend ist die verbleibende 2 %ige Refinanzierung nochmals mit dem Anteil von 40 % des A zu multiplizieren, sodass A bei § 20 Abs. 1 Nr. 1 EStG nur 0,8 % der eigenen Zinsaufwendungen abziehen kann. Insgesamt werden daher nur

---

[140] Bei einer analogen Anwendung von § 21 Abs. 2 EStG würde jede Zinsvereinbarung, die über 50 % des marktüblichen Zinses liegt, dazu führen, dass damit zusammenhängende Refinanzierungskosten in voller Höhe zum Abzug zugelassen werden.

3,8 % (statt 5 %) der eigenen Zinsaufwendungen des A als WK berücksichtigt.

3 Vermietung und Verpachtung (§ 21 i.V.m. § 2 Abs. 1 Nr. 6 EStG)

3.1 Überblick

Trotz der gesetzlichen Überschrift liegt nur in den ersten beiden von § 21 EStG aufgeführten Erscheinungsformen eine Vermietungs- bzw. Verpachtungstätigkeit vor. Allenfalls das Moment der Nutzungsüberlassung verbindet § 21 Abs. 1 S. 1 Nr. 3 EStG (Überlassung von Urheberrechten) mit dem Haupttatbestand. In § 21 Abs. 1 S. 1 Nr. 4 EStG ist schließlich der (seltene) Fall einer Surrogation geregelt, bei der die steuerliche „Zielgröße Mietzins" durch den Verkaufspreis ersetzt wird.

Beispiel 12: Die etwas andere Form der Kaufpreiszahlung
V verkauft sein Mietwohnhaus an K lt. Vertrag zu einem beurkundeten Preis von 400 T€, Übergang zum Jahreswechsel 03/04. Die häufig mit den Mieten im Rückstand liegende Mietpartei M hat vor zwei Jahren mit V einen auf fünf Jahre befristeten Mietvertrag geschlossen. Wegen § 566 BGB („Kauf bricht nicht die Miete") bleibt M auch dem K als Mieter erhalten. K und V vereinbaren deshalb, dass K noch im Dezember 03 den Betrag von 402 T€ überweisen müsse und die Differenz durch die ausstehenden zwei Monatsmieten des M ausgeglichen werde. Am 02.01.04 gehen auf dem Konto des K 3.000 € ein, der Beleg weist M als Einzahler aus.

Lösung:
- Ein Betrag i.H.v. 1.000 € ist nach § 21 Abs. 1 S. 1 Nr. 1 EStG als Miete des K, erhalten von M, im VZ 04 zu erfassen.
- Bereits mit der Bezahlung des Bruttokaufpreises von 402 T€ im Dezember 03 liegen i.H.v. 2.000 € bei V Einnahmen aus V+V gem. § 21 Abs. 1 S. 1 Nr. 4 EStG vor. Die Ergänzungsnorm stellt dabei klar, dass der spätere Eingang der ausstehenden Miete weder bei V noch bei M zu einer steuerbaren Mieteinnahme führt.

3.2 Der gesetzliche Grundtatbestand (§ 21 Abs. 1 S. 1 Nr. 1 EStG)

Die Begriffe der Vermietung und Verpachtung sind aus dem BGB entliehen. Während die Vermietung nur die entgeltliche Gebrauchsüberlassung (§ 535 BGB) regelt, kommt bei der Verpachtung (§ 581 BGB) die Überlassung zum Zwecke der Fruchtziehung hinzu. Stärker noch als im Zivilrecht dominiert das Merkmal der **Gebrauchsüberlassung** die steuerliche Einordnung zu den Einkunftsarten.

Beispiel 13: Kauf oder Pacht?
Privatmann P veräußert sein Lehm-(Kies-/Erdöl-)grundstück gegen

- einen Einmal-Kaufpreis,
- eine laufende Jahrespacht,
- einen Stückpreis je Tonne (bzw. je Barrel) ausgebeutete Menge

und vereinbart mit dem Erwerber einen Rückkauf nach Abschluss der Mineralausbeute.

Substanzausbeuteverträge werden häufig als Kaufverträge bezeichnet. Für die steuerliche Beurteilung ist der wirtschaftliche Gehalt entscheidend. Überwiegt das zeitliche Moment der Gebrauchsüberlassung von Grund und Boden und steht nicht die einmalige Lieferung von genau umgrenzten Bodenschätzen im Vordergrund, so liegt steuerlich eine Grundstücksverpachtung vor.

Lösung:
In allen drei Varianten der Bezahlung liegt eine Grundstücksverpachtung vor. Nach ständiger Rspr. ist in den Fällen einer Rückkaufsvereinbarung oder einer aufgrund sonstiger Umstände zu erkennenden zeitlichen Begrenzung der Substanzausbeute von einer Grundstücksverpachtung auszugehen[141] (R 164a EStR 2002). Gem. § 21 Abs. 1 S. 1 Nr. 1 EStG unterliegt das jeweilige Entgelt der V+V-Besteuerung. Wegen der Subsidiaritätsklausel von § 21 Abs. 3 EStG ist darauf zu achten, dass es sich um private V+V-Einkünfte handelt, solange P nicht die Schwelle zur (ausnahmsweise) gewerbsmäßigen Verpachtung überschreitet.

3.2.1 Der Haupttatbestand: Die Vermietung einer Immobilie

Nach § 21 Abs. 1 S. 1 Nr. 1 EStG werden neben der Vermietung eines Wohnhauses („Gebäude") bzw. eines Zimmers („Gebäudeteil") und der Verpachtung einer freien Ackerfläche („Grundstück") auch Einnahmen aus der Vermietung grundstücksgleicher Rechte[142] erfasst.

Beispiel 14: Das (nur scheinbar) komplizierte Erbbaurecht
E räumt auf seinem Grundstück dem F ein 99-jähriges Erbbaurecht ein und erhält dafür einen jährlichen Erbbauzins von 10 T€. F errichtet kraft Erbbaurechtes ein zweigeschossiges Gebäude und vermietet eine Wohnung an M. E verpachtet einige Jahre später das Grundstück inkl. dem Erbbaurecht an Q.

---

[141] BFH vom 24.11.1992 (BStBl II 1993, 296) und vom 21.07.1993 (BStBl II 1994, 231).
[142] Auch die Vermietung von Wohnungen, die nach WEG gebildet sind, zählt zur Vermietung grundstücksgleicher Rechte.

Lösung:
Die Bestellung des Erbbaurechts löst keinen steuerbaren Tatbestand aus. Die jährlichen Erbbauzinsen i.H.v. 10 T€ stellen für E zunächst Einnahmen aus der Verpachtung des Grundstücks dar.

Erst die späteren – von Q erhaltenen – Pachtzinsen für das überlassene Grundstücks inkl. des Erbbaurechts stellen für E Einnahmen aus der Verpachtung des Erbbaurechts dar.

Durch die Vermietung an M erzielt F Einnahmen aus der Vermietung eines Gebäudeteils (Wohnung); die an E gezahlten Erbbauzinsen sind hierbei anteilig WK.

3.2.1.1 Erwerb bzw. Errichtung einer Immobilie (in Vermietungsabsicht)

Die Anschaffung bzw. die Herstellung eines Mietwohnhauses haben wegen der Ermittlung der AfA-BMG eine gravierende Bedeutung für die spätere Mietphase. Wegen der Möglichkeit der (staffel-)degressiven AfA nach § 7 Abs. 5 Nr. 3b EStG (derzeit: jeweils 5 % jährliche AfA in den ersten acht Jahren) bildet diese erhöhte AfA für den umsichtigen Bauherrn bzw. für den Erwerber im Jahr der Fertigstellung einen wichtigen Finanzierungsbaustein.

Beim Kauf von gebrauchten Immobilien steht die Aufteilung der AK des (im Regelfall) einheitlichen Kaufpreises im Vordergrund. Nur auf diese Weise kann die zutreffende BMG für die Abschreibung (anteilige Gebäude-AK) gem. § 7 Abs. 4 EStG ermittelt werden.

Beispiel 15: Das klassische Finanzierungsmodell
Das Ehepaar W(üst) und R(ot) verwirklicht im VZ 01 seine Baupläne. Am 01.02.01 wird ein im Bau befindliches ZFH auf der Alb für 250 T€ erworben (GruBo-Anteil: 50 T€[143]; Nutzen- und Gefahrübergang: 01.04.01).
Die Fertigstellung erfolgt zum 30.11.01; die fremdfinanzierten Baukosten betragen 200 T€. Im Dezember 01 wird bereits die erste Wohnung für 500 € vermietet. Das Baukostenbuch von WR weist folgende Eintragungen auf:

Bezahlte Ausgaben bis 30.11.01 (in €):

- Schuldzinsen für ein Darlehen (zzgl. Bearbeitungsgebühr) 3.250 € (+ 600 €),
- Grunderwerbsteuer (§ 11 Abs. 1 GrEStG mit 3,5 %) 8.750 €,
- Notargebühr für die Beurkundung des Kaufvertrages 1.250 €,
- Notargebühr für die Beurkundung der Grundschuld 500 €.

---

[143] Ist die Aufteilung des Kaufpreises nicht mitgeteilt, wird in der Praxis entweder der GruBo-Wert durch die Bodenrichtwerte der Finanzverwaltung ermittelt oder es lässt sich durch die Gebäudeversicherung der isolierte Wert für das Gebäude feststellen.

3 Vermietung und Verpachtung (§ 21 i.V.m. § 2 Abs. 1 Nr. 6 EStG)

Bezahlte Ausgaben im Dezember 01 (in €):

- Schuldzinsen für das Darlehen (nachträglich belastet) 4.250 €,
- Bauversicherung 150 €,
- Grundsteuer 60 €,
- Erstmalige Heizöllieferung 3.600 €.

Wie hoch sind die Einkünfte von WR aus V+V in 01?

Lösung:

WR erzielen durch die Vermietung einer Wohnung Einkünfte gem. § 21 Abs. 1 S. 1 Nr. 1 EStG. Es werden an **Einnahmen** (§§ 8, 11 EStG) erzielt:	**500,00 €**
An laufenden **abzugsfähigen WK** fallen im VZ 01 zunächst an:	
• Grundsteuer (§ 9 Abs. 1 S. 3 Nr. 2 EStG)	./. 60,00 €
• Schuldzinsen inkl. Bearbeitungsgebühr (§ 9 Abs. 1 S. 3 Nr. 1 EStG)	./. 8.100,00 €
• Bestellung der Grundschuld (§ 9 Abs. 1 S. 3 Nr. 1 EStG)	./. 500,00 €
• Heizöltankfüllung (§ 9 Abs. 1 S. 1 EStG)	./. 3.600,00 €
Zwischensumme (abzugsfähige WK):	./. 12.260,00 €

Die AfA (§ 9 Abs. 1 Nr. 7 i.V.m. § 7 Abs. 5 Nr. 3b EStG) von 5 % bemisst sich nach der AFA-BMG für das Gebäude, die sich wie folgt zusammensetzt:

• anteilige Gebäude-AK	200.000,00 €	
Anteilige Anschaffungsnebenkosten		
• (GrESt und Notargebühren für Kaufvertrag) 4/5 von 10.000 €	8.000,00 €	
• Gebäude-HK	200.000,00 €	
AfA-BMG	408.000,00 €	

Die Voraussetzungen des § 7 Abs. 5 Nr. 3b EStG (WR als Bauherrn bzw. Erwerber im Jahr der Fertigstellung) sind gegeben; auch kann bei einer nur monatlichen Nutzung die volle Jahres-AfA mit 5 % angesetzt werden. Dies ergibt einen AfA-Abzug von   20.400,00 €   ./. 20.400,00 €

WR erzielen V+V-Verluste i.H.v.:   **32.160,00 €**

Nachdem für die Ermittlung der Einkünfte der Grundsatz der Individualeinkunftsermittlung gilt, bemisst sich der individuelle Anteil von W und R nach ihren Eigentumsanteilen am ZFH auf der Alb. Mangels genauer Sachverhaltsangaben ist bei einem Ehepaar vom hälftigen Eigentum auszugehen, so dass W und R jeweils Verluste aus V+V in Höhe von 16.330 € erzielen.

An Sonderfragen wegen der AfA-Berechnung sind beim Erwerb/der Errichtung einer Immobilie zu berücksichtigen:

- Aufwendungen für Straßenanliegerbeiträge,
- sog. anschaffungsnahe Aufwendungen und nachträgliche AK/HK,
- ergebnislose (vergebliche) Planungsaufwendungen.

Beispiel 16: Der komplizierte Erwerb eines Einfamilienhauses (EFH)
Beim Erwerb eines § 21 EStG-Objektes (EFH) wird der Erwerber E seitens der Stadt aufgefordert, Erschließungsbeiträge für einen neu errichteten Abwasserkanal zu entrichten (Anschlusskosten), nachdem die Benutzung der noch funktionsfähigen Sickergrube untersagt wird. Im Jahr des Erwerbs (01) wird das EFH Opfer eines Orkans, so dass das beschädigte Dach ersetzt werden muss. Im VZ 02 tauscht E die alte Ölheizung gegen eine neue Gasheizung aus. Gleichzeitig wird auf Wunsch der Mietpartei ein Schwimmbecken mit Heimsauna errichtet.

Bei der gegenständlichen Zuordnung von „Zusatzaufwendungen" bei einem Vermietungsobjekt geht es wegen der Abschreibung in erster Linie um die Aufteilung in GruBo-AK und Gebäude-AK/HK, in zweiter Linie um die Frage der sofortigen Berücksichtigung dieser Aufwendungen (WK) oder der steuerlichen Verteilung kraft AfA.

Lösung:
- Bei den Anliegerbeiträgen ist in umfangreicher Kasuistik vom BFH entschieden, dass Beiträge für den erstmaligen Hausanschluss an kommunale Einrichtungen zu den AK des GruBo zählen.
- Demgegenüber werden Anschluss- und Erschließungsbeiträge zur Modernisierung bzw. zum Ersatz bereits vorhandener Einrichtungen als sofort abzugsfähiger Erhaltungsaufwand behandelt (zuletzt nach dem Urteil des BFH vom 23.02.1999, BFH/NV 1999, 1079 sowie H 33a EStR 2002 „ABC der Grundstücksaufwendungen").
- Vorliegend sind die Erschließungsbeiträge als WK gem. § 9 Abs. 1 S. 1 i.V.m. § 21 EStG sofort abziehbar[144].
- Die Reparaturkosten (anlässlich des Orkans) sind im Jahr des Abflusses abzugsfähige WK gem. § 9 Abs. 1 S. 1 EStG („zur Erhaltung des EFH").

---

[144] Demgegenüber gehören die Gebühren für die Zuleitung der Abwässer von dem Territorium des Grundstückseigentümers zu den kommunalen Versorgungsanlagen inkl. des unmittelbaren Anschlusses (z.B. Kanalstichgebühr) zu den HK des Gebäudes (s. ABC in H 33a EStR m.w.N.).

- Beim Austausch alter Vorrichtungen (Ölheizung) durch neue Anlagen (Gasheizung) ist grundsätzlich nach R 157 Abs. 1 EStR 2002 von sofort abzugsfähigem Erhaltungsaufwand auszugehen.
- Ausnahmsweise kommt jedoch der „Erneuerungs"-Gedanke des § 255 Abs. 2 S. 1 HGB zum Tragen, wonach bei einer wesentlichen Verbesserung der bestehenden Anlagen von nachträglichen HK auszugehen ist. Seitens der Verwaltung ist bis zu einer Aufgriffsgrenze von 2.100 € (früher: 4.000 DM) immer von Erhaltungsaufwand auszugehen (R 157 Abs. 3 S. 2 EStR 2002).
- Losgelöst von der o.g. betragsmäßigen Obergrenze ist nach R 157 Abs. 4 EStR 2002 für die ersten drei Jahre nach dem Erwerb eines Objekts bei hohen Reparatur- und Modernisierungsaufwendungen von einem sog. **anschaffungsnahen Herstellungsaufwand** auszugehen, wenn diese zur Verbesserung des Nutzungswertes des Gebäude beigetragen haben. Die Verwaltung behilft sich dabei mit einer prozentualen Festlegung. Bei Aufwendungen im Dreijahreszeitraum wird bis 15 % des Kaufpreises von Erhaltungsaufwand ausgegangen. Die jüngere Rspr. des BFH nimmt diese Grenze jedoch nicht zum Anlass, bei Übersteigen des Aufgriffsbetrages ipso iure von HK auszugehen. Vielmehr bedarf die Annahme „nachträglicher" HK einer (methodisch bedenklichen) Prüfung des § 255 Abs. 2 HGB. Nach dieser Rspr. sind Generalüberholungen, Anpassungen an den zeitgemäßen Wohnkomfort oder die Verwendung hochwertiger Materialien mit dem Ziel eines „gesteigerten Wohnstandards" für sich alleine nicht geeignet, zu HK des erworbenen Objektes zu führen[145].
- Die Sauna stellt Erhaltungsaufwand dar, während die Aufwendungen für das Schwimmbad als HK zu werten sind.

Die bis 1998 mögliche Verteilung größeren Erhaltungsaufwands auf zwei bis fünf Jahre gem. § 82b EStDV ist entfallen. Diese Abweichung von § 11 Abs. 2 EStG ist derzeit nur in dem engen Anwendungsbereich der §§ 11a, 11b EStG (Erhaltungsaufwand in Sanierungsgebieten sowie bei Baudenkmälern) möglich.

Nach den Erkenntnissen der Verwaltung liegen jedenfalls bei einer Vergrößerung der nutzbaren Flächen bzw. bei einer Vermehrung der Substanz eine Erweiterung und damit HK vor[146]. Eine wesentliche Verbesserung kann schließlich nur bei einer deutlichen Verlängerung der Gesamtnutzungsdauer angenommen werden.

Von besonderem Gewicht sind **ergebnislose Planungsaufwendungen**. Aufgrund nunmehr gesicherter Rspr.[147] sind vergebliche Planungskosten für ein nicht verwirklichtes Gebäude nur dann als HK des später errichteten „zweiten" Gebäudes zu erfassen, wenn

---

[145] Zuletzt nach den Urteilen des BFH vom 21.11.2000 (BFH/NV 2001, 449) und vom 21.02.2001 (BFH/NV 2001, 780) im Anschluss an den BFH vom 28.04.1998 (BStBl II 1998, 515). Für § 10e Abs. 6 EStG sowie für die HK anlässlich eines unentgeltlichen Erwerbs lehnt der BFH die Regelung der R 157 Abs. 4 EStR ab.
[146] S. BMF-Schreiben vom 16.12.1996 (BStBl I 1996, 1442).
[147] Zusammengefasst im Urteil des BFH vom 02.11.2000 (BFH/NV 2001, 592).

sie als Negativerfahrung wertmäßig in das neue (in etwa gleich große und gleichen Zwecken dienende) Gebäude eingeflossen sind.

Vergebliche Planungskosten am ersten Objekt gehören nur dann nicht zu den HK des errichteten Gebäudes, wenn es sich bei beiden Objekten nach Zweck und Bauart um völlig verschiedene Bauwerke handelt und wenn die Planungsarbeit beim Erstobjekt in keiner Weise der Errichtung des neuen Gebäudes dient. In diesem Fall können WK gem. § 9 Abs. 1 S. 3 Nr. 7 EStG ab dem Zeitpunkt geltend gemacht werden, da es mit Sicherheit nicht mehr zu einer regulären, planmäßigen Verteilung des Aufwands kommen konnte[148].

Nach h.M. sollen vergebliche Aufwendungen, die auf die Anschaffung von GruBo entfallen, nicht als WK berücksichtigt werden können, da sie offensichtlich dem nichtsteuerbaren (privaten) Vermögensbereich zugerechnet werden. Die Nutzung einer Immobilie aufgrund eines Nießbrauches wird im Gesamtzusammenhang im Kap. 4 dargestellt.

3.2.1.2 Die Vermietungsphase

Bei vermieteten Objekten sind sowohl auf der Einnahmen-Seite als auch bei den WK stereotype Besonderheiten zu beachten.

3.2.1.2.1 Die Einkünfteerzielungsabsicht und § 15a EStG analog bei § 21 EStG

Auch (gerade) bei § 21 EStG wird die Diskussion zu den Themen Liebhaberei[149] und Verlustgesellschaften[150] geführt. Die Annahme der Liebhaberei führt zur generellen Aberkennung von V+V-Verlusten, während im zweiten Punkt bei der gemeinschaftlichen Erzielung von V+V-Einkünften die Beschränkungen des § 15a EStG zu befolgen sind.

Ähnlich wie bei § 15 Abs. 2 EStG wird bei Vermietungseinkünften – in Abgrenzung zur Liebhaberei – die **Überschusserzielungsabsicht** (Einkünfteerzielungsabsicht) gefordert. Dabei ist dieses subjektive Merkmal nach ständiger Rspr. dann erfüllt, wenn ein Totalüberschuss der Einnahmen über die WK während der Gesamtnutzungsdauer des Objekts angestrebt wird. Anders als bei der Abgrenzung der Liebhaberei zur Gewinnerzielungsabsicht (§ 15 Abs. 2 EStG) werden bei der Überschussprognose grundsätzlich keine Veräußerungsergebnisse einbezogen (unbeachtliche private Wertsteigerungen). An dieser Auffassung will die Finanzverwaltung auch nach Einführung der zehnjährigen „privaten Steuerverstrickung" gem. § 23 EStG ab 1999 – entgegen der h.Lit. – festhalten (OFD Rostock vom 02.05.2000, DStR 2000, 927). Unter Einbeziehung der Erben wird ein Nutzungszeitraum von **50 – 100 Jahren** angenommen, in dem sich ein **Überschusssaldo** ergeben muss, wobei erhöhte AfA und Sonderabschreibungen, die erfahrungsgemäß in den ersten Jahren der Nutzung zu Verlusten führen, nicht gegen die Einkünfteerzielung sprechen. Generell indiziert eine Dauervermietung die geforderte Überschusserzielungsabsicht, während als Anzeichen für Liebhaberei gewertet werden:

---
[148] Nach *von Bornhaupt* in *K/S/M*, § 9b Rz. 811 ff., sollen AfA bei vergeblichen HK vorliegen; a.A. *Drenseck-Schmidt*, § 9 Rz. 49, der § 9 Abs. 1 S. 3 Nr. 7 EStG direkt zur Anwendung kommen lässt.
[149] S. dazu umfassend Kap. III (fehlende Gewinnerzielungsabsicht).
[150] Hierzu ausführlich Teil B, Kap. IV (insb. 3.5.4.2).

- Kurzfristige Vermietung von Ferienwohnungen.[151]
- Eingeräumte Garantien wie Rückkaufsangebote oder Verkaufsgarantien.[152]
- Insb. Mietkaufmodelle als Unterform befristeter Vermietung mit Verkaufsabsicht.[153]
- Langfristige, unterpreisige Vermietung an Angehörige.[154]

Häufig werden Immobilien (Gewerbeparks) nicht von Einzelpersonen, sondern von **geschlossenen Immobilienfonds** in der Rechtsform einer **KG** errichtet. Wegen § 21 Abs. 1 S. 2 EStG stellt sich sogleich die Frage der sinngemäßen Anwendung von § 15a EStG. Bei einer analogen Anwendung des § 15a EStG auf vermögensverwaltende PersG ist erste „Soll-Bruchstelle" die unterschiedliche Erfassung der Einkünfte. Bei der unmittelbaren Geltung von § 15a EStG wird das Ergebnis der KG (als Gewinnermittlungssubjekt) durch Betriebsvermögensvergleich gem. §§ 4 Abs. 1, 5 Abs. 1 EStG ermittelt, während vermögensverwaltende PersG – auch als Kommanditgesellschaften – Überschusseinkünfte erzielen. Es heißt also, das dortige Ausgleichsvolumen (negatives Kapitalkonto) in analoger Form zu ermitteln. Dies kann nur durch eine „Nachentwicklung" eines fiktiven Kapitalkontos der jeweiligen Kommanditisten des Immobilienfonds geleistet werden. Dies bedeutet, bei der Rekonstruktion des Kapitalkontos zunächst von den geleisteten Einlagen auszugehen, vermehrt um die späteren Einlagen und die positiven Ergebnisse der KG. Davon werden die Entnahmen und evtl. Verluste der KG abgezogen. Dieser Saldo stellt die Ausgangsbasis für die Folgebeurteilung dar. Übersteigen die neuen WK-Überschüsse diesen Saldo, so ist dieser nur verrechenbar; bis zur Höhe dieses Saldos können sie in der Periode ausgeglichen werden. Der BFH hat für einen **Fonds mit einer Mischanlage** (positive Kapitaleinkünfte und negative Vermietungseinkünfte) entschieden, dass ein einheitlicher Saldo unter Einbeziehung der positiven Kapitaleinkünfte zu bilden ist (BFH vom 15.10.1996, BStBl II 1997, 250).

3.2.1.2.2 Einnahmen

Zu den Mieteinnahmen nach § 8 Abs. 1 EStG zählen neben der Haupt-(Netto-)miete auch die Umlagen, insgesamt also die Bruttomiete im Zeitpunkt der Vereinnahmung. Nicht selten werden beim Abschluss eines Mietvertrages Kautionen einbehalten bzw. leisten Mieter bei einem neu errichteten Objekt eine Vorauszahlung in Form eines Baukostenzuschusses, der mit der späteren Miete verrechnet wird.

---

[151] Zuletzt nach dem Urteil des BFH vom 21.11.2000 (BStBl II 2001, 705; Selbstnutzung als Indiz für private Veranlassung).
[152] Aus der Lit. *Mellinghoff* in *Kirchhof-kompakt*, § 21 Rz. 18.
[153] Hierzu ausführlich *Drenseck-Schmidt*, § 21 Rz. 108 sowie BFH vom 05.09.2000 (BStBl II 2000, 676).
[154] S. hierzu BFH vom 23.08.2000 (BFH/NV 2001, 160).

Beispiel 17: Doppelte Sicherung
In dem zwischen V und M geschlossenen Mietvertrag ist u.a. geregelt:

§ 12: M leistet zu Beginn des Mietverhältnisses eine zu 5 % verzinsliche Kaution von 3.000 €. Die Zinsen werden jährlich einem von V aufbewahrten Sparbuch gutgeschrieben.

§ 13: Der beim Bau der Wohnung bezahlte „Baukostenzuschuss"[155] i.H.v. 10.000 € wird gleichmäßig auf die Mietlaufzeit (geplant: 10 Jahre) verteilt.

Lösung:

- Die Kaution stellt eine Sicherheitsleistung des M zugunsten des V dar. Es handelt sich dabei um eine Form der Sicherungstreuhand. Gem. § 39 Abs. 2 Nr. 1 S. 2 AO ist der Betrag dem Treugeber M zuzurechnen. Etwaige Erträge aus der Anlage der Kautionssumme sind Einnahmen des M gem. § 20 Abs. 1 Nr. 7 EStG[156].
- Mieterzuschüsse sind grundsätzlich im Jahr der Vereinnahmung als Einnahmen nach V+V zu erfassen. Nach R 163 Abs. 3 S. 3 EStR 2002 können sie von V auf Antrag auf die Laufzeit des Mietverhältnisses verteilt werden. Umgekehrt stellt die Rückzahlung nicht verbrauchter Zuschüsse (etwa bei vorzeitigem Auszug) bei V eine negative Einnahme dar[157].

3.2.1.2.3 Werbungskosten

Die Regelung in § 21 Abs. 2 EStG trägt dem Umstand Rechnung, dass Wohnungen häufig Angehörigen oder AN des Vermieters zu einem nicht marktüblichen Entgelt überlassen werden. Hält sich der Vermieter an den gesetzlichen Orientierungsrahmen von 50 % der ortsüblichen Miete, so werden hieraus steuerlich keine Konsequenzen gezogen. Beim Unterschreiten der 50 %-Marge (Bsp.: Miete von 250 € bei einer ortsüblichen Miete[158] von 1.000 €) erfolgt die Aufteilung in einen entgeltlichen (25 %) und einen unentgeltlichen Teil (75 %). Damit sind wegen des Grundsatzes der Besteuerung des Ist-Einkommens keine Folgen für die Einnahmenseite zu befürchten. Für die WK bedeutet dies jedoch eine Kappung der abzugsfähigen WK (im Kurz-Beispiel kann nur ein Viertel der tatsächlichen WK abgezogen werden).

---

[155] Der Mieterzuschuss ist nicht mit einem sonstigen Baukostenzuschuss (z.B. von der öffentlichen Hand) zu verwechseln. Diese stellen gem. R 163 Abs. 1 S. 2 EStR Minderungen der AK/HK des Gebäudes dar.
[156] Das BFH-Urteil vom 11.07.2000 (BFH/NV 2000, 874) brachte in diese gesicherte Rechtsansicht Bewegung, als dort ausgeführt wurde, dass die einbehaltene Kaution zu V+V-Einnahmen führt und die damit durchgeführten Reparaturen WK seien. Es ging dabei aber um die Verwendung der Kautionssumme für Erhaltungsaufwendungen. Ansonsten, bei verzinslicher Anlage bleibt es bei der Zuordnung zu M.
[157] Eine andere Lösung (WK) gilt dann, wenn der Grund für die Rückzahlung erst nach dem Zufluss des Baukostenzuschusses erfolgte (z.B. ursprünglich nicht vorgesehene Rückabwicklung).
[158] So R 162 EStR und der BFH im Urteil vom 25.07.2000 (BFH/NV 2001, 305).

Eine umfangreiche Rspr. gibt es zur Behandlung von Finanzierungsaufwendungen, insb. von **Schuldzinsen**, im Zusammenhang mit der Vermietungstätigkeit. Die Fragen konzentrieren sich auf zwei Problemfelder:

- Die Zuordnung der Aufwendungen für unterschiedlich genutzte Gebäudeteile.
- Die Verwendung der Darlehenssumme für andere Zwecke.

Beispiel 18: Das „Allround-Darlehen"
V beleiht im Januar 01 das Betriebsgrundstück (A) mit einer Grundschuld zur Finanzierung eines Zweifamilienhauses (1 Mio. € zu 5 %), in dem er das EG zunächst betrieblich an einen AN vermietet und das gleich große 1. OG fremdvermietet.
V nimmt ebenfalls im Januar 01 einen zweiten Kredit (0,5 Mio. € zu 8 %) zur Finanzierung einer Computeranlage auf, die in der Verwaltung eingesetzt wird. Auch das neue EDV-System kann das Unternehmen nicht mehr aus den roten Zahlen führen.
Nach Verkauf des Unternehmens (ohne das Betriebsgrundstück (A)[159]) in 02 könnte V zwar das zweite Darlehen aus dem Verkaufspreis zurückzahlen, unterlässt dies aber und hält sich den Verwendungszweck für eine spätere Vermögensanlage (evtl. Aktien) offen. In 03 erwirbt er mit Hilfe dieses Kredits ein neues Mietobjekt (Eigentumswohnung).

Bei den Schuldzinsen (§ 9 Abs. 1 S. 3 Nr. 1 EStG) hat die Rspr. die kausale Betrachtungsweise bei den WK entwickelt und in (nahezu[160]) allen Urteilen in den Vordergrund seiner Entscheidungen gestellt. Damit ist eine wirtschaftliche Zuordnung der jeweiligen Schuld(zinsen) zu der Einkunftsart vorzunehmen, für die die erstmalige oder spätere Darlehensverwendung das „auslösende Moment" war. Dabei ist auf äußere Beweisanzeichen abzustellen, damit es nicht zu einem willkürlichen Austausch von Finanzierungsgrundlagen kommt.

Lösung:
1. Das betriebliche Beleihungsobjekt (Grundstück A) allein macht aus dem ersten Grundschuld-Darlehen noch keine Betriebsschuld. Vielmehr besteht ein eindeutiger Veranlassungszusammenhang zu dem ZFH, das zur Hälfte eigenbetrieblich genutzt (R 13 Abs. 4 S. 2 EStR 2002) und zur anderen Hälfte privat vermietet ist. Gem. § 21 Abs. 3 EStG ist aufgrund der Subsidiaritätsklausel der Teil des Grundschulddarlehens, der auf das „betriebliche EG" entfällt, als Betriebsschuld zu behandeln; die hierauf entfallenden Zinsen sind gem. § 4 Abs. 4 EStG i.H.v. 25 T€ BA. Umgekehrt zählt der

---

[159] Das Grundstück (A) ist dann keine wesentliche Betriebsgrundlage, wenn es keine hohen stillen Reserven enthält und für das Unternehmen auch in funktioneller Hinsicht nicht betriebsnotwendig ist. Nur unter diesen Voraussetzungen steht es einer Betriebsveräußerung nach § 16 EStG nicht im Wege.

[160] Abgesehen von einer kurzfristigen – zwischenzeitlich wieder berichtigten – Unterbrechung durch zwei Urteile vom 30.10.1990 (BFH/NV 1991, 303 [Az.: IX/R 20/89]) sowie vom 27.11.1990 (Az.: IX R 158/89) – nicht amtlich veröffentlicht.

auf das 1. OG entfallende Teil der Zinsen zu den WK gem. § 9 Abs. 1 S. 3 Nr. 1 EStG[161].

2. Komplizierter stellt sich die Rechtslage bzgl. des zweiten Darlehens dar. Im Zeitpunkt der Darlehensaufnahme in 01 liegt eindeutig eine Betriebsschuld vor, die i.H.v. 40 T€ zu einem BA-Abzug im 01 führt. Nach der Veräußerung des Unternehmens in 02 können die Zinsen solange nachträgliche BA gem. § 24 Nr. 2 i.V.m. § 15 EStG sein, bis ein etwaiges Verwertungshindernis entfällt. Solange V jedoch die Darlehensvaluta aus dem Verkaufspreis für das Unternehmen begleichen kann, entfällt nach Ansicht des BFH (BFH vom 19.08.1999, BStBl II 1999, 353) sowie der Verwaltung (H 161 zu R 161 EStR 2002 – „Finanzierungskosten") der Abzug als nachträgliche BA. In 02 sind die gezahlten Zinsen daher weder nach § 15 EStG als BA noch als WK abzuziehen, da V sich die Verwendung offen hält. Mit der ausdrücklichen Umwidmung in 03 (Verwendung zur Finanzierung eines Mietobjekts) entsteht eine Privatschuld, die gem. §§ 9, 21 EStG einen WK-Abzug i.H.v. 40 T€ zulässt.

Die hier zugrunde gelegte Argumentation **(wirtschaftliche Erst- und Folgeveranlassung der Schuld als Indikator für die jeweilige Einkunftsart)** lässt sich für alle Streitfälle der gemischten und problematischen Finanzierungsaufwendungen nutzbar machen[162].

3.2.2 Das Zusammenspiel von § 21 EStG mit den „eigenen vier Wänden"

Nicht selten dient ein Gebäude sowohl der Vermietung als auch der Eigennutzung. Die steuerliche Förderung der **Eigennutzung** hat seit 1986 einige steuerpolitische Kehrtwendungen über sich ergehen lassen müssen[163]. Bis einschließlich 1986 wurde ein fingierter Nutzungswert der Wohnung im eigenen Haus besteuert (§ 21 Abs. 2 S. 1 EStG a.F. i.V.m. §§ 21a, 7b EStG a.F.). Diese sog. Sollbesteuerung wurde nach § 52 Abs. 21 S. 2 (inkl. Abs. 15) EStG für eine Übergangszeit von zwölf Jahren (bis einschließlich 1998) optional für die Fälle am Leben erhalten, in denen die selbstgenutzten Wohnungen zum gewillkürten gewerblichen BV gehörten.

Von 1987 bis 1995 erfolgte die Eigenheimförderung mittels einer progressionsabhängigen Entlastung nach § 10e EStG, wonach limitierte Abzugsbeträge für acht Jahre „wie Sonderausgaben" abzuziehen waren. Ergänzt wurde die Grundförderung durch das sog. Baukindergeld (§ 34f. EStG).

Seit 1996 gibt es aufgrund des EigZulG, mit dem eine progressionsunabhängige Zulage eingeführt wurde, die jeder Bauherr (Erwerber) einmal im Leben (zusammenveran-

---

[161] S. hierzu bereits BFH vom 15.01.1980 (BStBl II 1980, 348) sowie zuletzt zur Aufteilung einer Schuld auf vier ETW der BFH vom 29.08.2001 (Az.: IX B 67/01 – NV).
[162] S. im Einzelnen die zahlreichen Bsp. in H 161 zu R 161 EStR – Finanzierungskosten –; insb. dürfen sog. Bauzeitzinsen (Damnum, Bereitstellungszinsen) im Zeitpunkt der Zahlung in voller Höhe bei § 21 EStG abgezogen werden, wenn nicht § 42 AO entgegensteht (BMF-Schreiben vom 19.04.2000, BStBl I 2000, 484). Der Drittaufwand wird in Teil B, Kap. I zusammenfassend dargestellt.
[163] Details werden nicht dargestellt.

lagte Ehegatten für zwei Objekte) für wiederum acht Jahre beantragen kann. Die max. Zulage von jährlich 2.556 € erhöht sich um die Kinderzulage von 767 € für jedes im Haushalt wohnende Kind, wenn der Steuerpflichtige nach § 32 Abs. 6 EStG einen Kinderfreibetrag für dieses Kind erhält.

Beispiel 19: „Das (steuerliche) Multifunktionshaus"
F ist Freiberufler und nutzt jede Geschossfläche seines eigenen MFH (Baukosten: 200.000 €; Grunderwerb: 50.000 €) unterschiedlich:

EG:	150 qm für die Praxis
1. OG:	150 qm an M vermietete Wohnung (1.000 € Monatsmiete)
2. OG:	je 75 qm an die unterhaltsberechtigten Kinder K 1 (200 € Miete) und an K 2 (300 € Miete) vermietet
3. OG:	abwechselnde Eigennutzung mit seiner Ehefrau / Freundin.

Wie sind Einnahmen und Ausgaben der Immobilie anzusetzen?

Neben der Aufteilungsproblematik der unterschiedlich genutzten Gebäudeteile stellt sich bei entgeltlicher Unterbringung der Angehörigen immer die Frage nach der Anerkennung der **Angehörigenmietverträge**. Nach jüngster Rspr. des BFH werden – in Abkehr von früherer BFH-Rspr. und in Verdrängung von § 12 Nr. 1 EStG[164] – Mietverträge mit Angehörigen selbst dann anerkannt, wenn sie mit unterhaltsberechtigten Kindern geschlossen werden und die Miete durch Verrechnung mit dem Barunterhalt (!) bzw. aus geschenkten Mitteln der Eltern beglichen wird (BFH vom 19.10.1999, BStBl II 2000, 223 und 224)[165].

Lösung:
- Die Aufwendungen für die Praxis im EG (insb. die AfA) können zu einem Viertel bei § 18 EStG als BA abgezogen werden (§ 21 Abs. 3 EStG). Ein (fiktiver) betrieblicher Nutzungswert ist nicht anzusetzen.
- Die Vermietung des 1. OG führt zu Einnahmen nach § 21 EStG (12 T€) sowie zum anteiligen (1/4) Abzug der Aufwendungen als WK.
- Bei der – dem Grunde nach – anzuerkennenden Vermietung an die Kinder ist beim WK-Abzug nach den Mietern zu differenzieren. Bei K 1 unterschreitet die Miete mit 200 € 50 % des ortsüblichen Ansatzes (500 €/2 = 250 €), so dass etwaige WK nur zu 40 % für diese Wohnung berücksichtigt werden können (§ 21 Abs. 2 EStG). Umgekehrt führt der Mietansatz von 300 € (60 %) bei K 2 zum vollen WK-Abzug, soweit er auf diese Wohnung entfällt.

---
[164] Zur Bedeutung von § 12 Nr. 1 EStG bei Angehörigenverträgen allgemein s. Teil B Kap. I.
[165] Einzige Voraussetzung ist, dass die Kinder keine Haushaltsgemeinschaft mit den Eltern bilden (BFH a.a.O. sowie Finanzverwaltung H 162a zu R 162a EStR – „Vermietung an Unterhaltsberechtigte"). Äußerst fragwürdig (und abzulehnen) ist, ob sich das – in der Verwaltungsanweisung a.a.O. zitierte ältere BFH-Urteil vom 17.03.1992 (BStBl II 1992, 1009) – zur Nichtanerkennung des Mietverhältnisses in den Fällen noch halten lässt, da im vorhinein eine Wohnung aufgrund einer Unterhaltsvereinbarung überlassen wird und sich dadurch der Barunterhalt vermindert.

- Nach § 6 Abs. 1 EigZulG kann F für die Wohnung im 3. OG Eigenheimzulage beanspruchen. Sie beträgt nach § 8 Abs. 1 i.V.m. § 9 Abs. 2 EigZulG 5 % der anteiligen HK der Wohnung (50 T€) sowie der anteiligen AK des Grundbesitzes (12.500 €). Dies ergibt mit 3.125 € (5 % von 62.500 €) einen höheren als den max. zugelassenen Förderbetrag von 2.556 €, welcher vom FA angesetzt wird.

3.3 Weitere Vermietungs- und Verpachtungs-Tatbestände

Die Vermietung von Sachinbegriffen bzw. beweglichem BV nach § 21 Abs. 1 S. 1 Nr. 2 EStG setzt entweder eine wirtschaftliche Einheit (Sachinbegriff wie z.B. eine Wohnungseinrichtung) oder **ehemaliges** bewegliches BV voraus, da bei einer aktuellen BV-Qualität § 21 Abs. 3 EStG einschlägig ist und damit § 15 EStG gilt. In diesem Zusammenhang darf nicht § 22 Nr. 3 EStG außer Acht gelassen werden, der die Vermietung privater beweglicher Gegenstände (z.B. einen Strandkorb an der Ostsee) zu Leistungen und damit zu sonstigen Einkünften nach § 22 EStG deklariert.

In allen Fällen muss es sich allerdings um eine Nutzungsüberlassung (Mietvertrag) handeln, was der BFH jüngst bei einem Vertrag zwischen einem Fernsehveranstalter und einem Satellitenbetreiber bzgl. des Satellitentransponders aberkannt hat (lt. BFH vom 17.02.2000, HFR 2000, 815 soll ein Werkvertrag vorliegen).

Nach § 21 Abs. 1 S. 1 Nr. 3 EStG i.V.m. § 73a EStDV werden nur die Überlassungsentgelte (Hauptfall: Lizenzgebühren für die Überlassung von Patenten) – und nicht die Verwertungsentgelte – als Vermietungseinkünfte besteuert.

4 Sonstige Einkünfte gemäß §§ 22, 23 EStG

Die sonstigen Einkünfte i.S.d. § 2 Abs. 1 S. 1 Nr. 7 EStG werden im vorliegenden Lehrwerk nicht geschlossen bei den Überschusseinkünften erfasst, sondern im jeweiligen Sachzusammenhang dargestellt. So werden die „privaten Veräußerungsgeschäfte" des § 23 EStG im Kapitel der Steuerentstrickung und bei der Verlustdiskussion (ebenso wie § 22 Nr. 3 EStG[166]) behandelt, während die Versorgungsrenten der Darstellung bei der vorweggenommenen Erbfolge vorbehalten sind[167]. Da auch Parlamentarierbezüge nach § 22 Nr. 4 EStG i.V.m. R 168b EStR 2002 keine großen Probleme bereiten, verbleiben abschließend der Bereich der **allgemeinen (Gegenleistungs-)Renten**, unter Einbeziehung der Sozialversicherungsrenten und des Ehegattenversorgungsausgleichs. **Betriebliche**

---

[166] Bei den Leistungen gem. § 22 Nr. 3 EStG erfassen Rspr. und Verwaltung (H 168a zu R 168a EStR) jedes Tun, Dulden oder Unterlassen, das Gegenstand eines Vertrages sein kann und das um des Entgelts willen erbracht wird, als steuerbaren Gegenstand. Ausgeschlossen sind demgegenüber Veräußerungsvorgänge im privaten Bereich (vgl. die von der Verwaltung angeführten, hinreichend illustrativen Beispiele a.a.O.). Allgemein unterliegen solche Austauschentgelte dem § 22 Nr. 3 EStG, bei denen **eines der gewerblich-qualifizierenden Merkmale fehlt**.

[167] Das Realsplitting (§ 22 Nr. 1a EStG) wiederum wird aus Gründen der Sachnähe bei den SA (§ 10 Abs. 1 Nr. 1 EStG) gewürdigt.

4 Sonstige Einkünfte gemäß §§ 22, 23 EStG

Renten, wie sie bei der Übergabe von Einzel-WG oder von Funktionseinheiten vereinbart werden, werden ebenfalls an den einschlägigen Stellen[168] behandelt.

4.1 Der Anwendungsbereich der privaten wiederkehrenden Leistungen

Nach heute vorherrschendem Verständnis ist im Bereich der **privaten** wiederkehrenden Bezüge bzw. Leistungen nur noch die Unterscheidung zwischen den wiederkehrenden mit **Gegenleistung** und den wiederkehrenden Bezügen anlässlich der privaten Vermögensübergabe im Rahmen der vorweggenommenen Erbfolge von grundsätzlicher Bedeutung[169]. Dabei gehen die private Versorgungsrente und die private Unterhaltsrente als Unterfall des Sonderrechts der privaten Generationennachfolge in dieser auf (s. Teil B, Kap. III).

Es verbleiben damit zur Unterscheidung nur noch die privaten wiederkehrenden Bezüge **mit Gegenleistung** gegenüber solchen **ohne Gegenleistung,** wie dies bei einer privaten Versicherungsrente oder einer Schadensersatzrente der Fall ist.

Das Realsplitting nach § 22 Abs. 1 Nr. 1a EStG ist bei den SA (§ 10 Abs. 1 Nr. 1 EStG) abgehandelt. Für das **Rentensplitting** (Versorgungsausgleich unter Ehegatten durch Übertragung der gesetzlichen Rentenanwartschaft gem. § 1587b Abs. 1 BGB) gilt die Aussage, dass der spätere Zufluss bei beiden geschiedenen Ehegatten mit dem Ertragsanteil besteuert wird. Beim „Quasi-Splitting" gem. § 1587b Abs. 2 BGB hat nur der „fiktiv nachversicherte" Ehegatte beim Zufluss Einkünfte nach § 22 Nr. 1 S. 3a EStG[170].

4.2 Die privaten wiederkehrenden Leistungen als „Gegenleistungsrente"

Bereits im Einleitungskapitel (Kap. I) wurde die Diskussion der wiederkehrenden Leistungen/Bezüge mit dem **Rentenbegriff** geführt. Renten sind gleichbleibend wiederkehrende Bezüge in Geld (oder vertretbaren Sachen) als geschuldete Gegenleistung für einen privaten Gegenstand. Als (häufig synonym verwendete) **Leibrenten** sind die periodischen Bezüge bis zum Ableben des Bezugsberechtigten zu zahlen. Die wichtigste Rechtsfolge bei einer Gegenleistungsleibrente ist die Aufteilung der periodischen Zahlungen in einen **Zinsanteil und einen Tilgungsbetrag**.

Bei dem Gegenbegriff zur Rente, i.e. der **dauernden Last**, bei der keine gleichmäßig wiederkehrenden, sondern abänderbare Bezüge[171] vorliegen, wird der **volle Betrag** zum Abzug berechtigt und umgekehrt besteuert.

---

[168] Z.B. im Bilanzrecht (*Kölpin*, Band 2, Teil A, Kap. III) oder nachfolgend unter Teil B, Kap. II (Steuerverstrickung).
[169] Vgl. *Fischer* in *Kirchhof-kompakt*, § 22 Rz. 2.
[170] S. *Fischer*, a.a.O. § 22 Rz. 29. Beim **schuldrechtlichen Versorgungsausgleich** nach § 1587 f – n BGB ist die Zahlung einer lebenslänglichen Geldrente voll abziehbar und beim Empfänger voll steuerbar.
[171] Bsp.: Abhängigkeit des Bezugs von einer **variablen** Größe; im Urteil vom 15.03.2000 hat der BFH die Verpflichtung des Übernehmers zur dauernden Instandhaltung der Wohnung, für die sich der Übergeber ein Wohnrecht vorbehalten hat, als dauernde Last beurteilt (BFH/NV 2000, 1089). Die dauernde Last spielt hauptsächlich beim Generationennachfolgevertrag eine Rolle.

Im Gegensatz dazu wird die Rente steuerlich in eine unbeachtliche Vermögensumschichtung (Tilgungsanteil) und einen **steuerrelevanten Zinsanteil** aufgespalten. Insoweit (von den Rechtsfolgen) sind die Renten mit Kaufpreisraten (der Höhe nach abänderbare und zeitlich befristete Gegenleistungen als gestundeter Kaufpreis) vergleichbar, wo die Gegenleistung auch in einen steuerrelevanten Zinsanteil (§ 20 Abs. 1 Nr. 7 EStG) und einen Tilgungsanteil aufgeteilt wird. Eine ggf. vereinbarte Wertsicherungsklausel verändert nicht den Charakter der Rente, da der „innere" Wert der Rente gleich bleibt. Unmittelbar mit der Kaufpreisrate vergleichbar ist die sog. **Zeitrente**, bei der das Zeitmoment (z.B. 15 Jahre) das einzige Merkmal für die Bemessung der Gegenleistung ist. Bei dieser wird ebenfalls der Zinsanteil (abgezinster Barwert) nach § 20 Abs. 1 Nr. 7 EStG besteuert und abgezogen.

Der **Zinsanteil der Leibrente** wird nach der gesetzlichen Fiktion des § 22 Nr. 1 S. 3a EStG mit dem sog. Ertragsanteil erfasst. Die dabei zugrundegelegte Tabelle basiert auf der Annahme einer fiktiven durchschnittlichen Lebenserwartung der männlichen Bevölkerung[172]. Der Ertragsanteil wird dabei für die **ganze Laufzeit** zu Beginn der Rente festgelegt und bleibt unverändert.

> **Beispiel 1: Die verschiedenen privaten Rentenvarianten (inkl. Kaufpreisrate)**
> V (70-jährig) veräußert sein Mietshaus gegen
>
> a) einen Kaufpreis i.H.v. 500 T€, der in 10 Jahresraten i.H.v. 50 T€ fällig gestellt wird;
>
> b) eine 10 Jahre anhaltende Verpflichtung des K zur monatlichen Rente i.H.v. 4.000 €;
>
> c) eine Rente auf Lebenszeit in monatlicher Höhe von 800 €;
>
> d) eine Monatsrente von 4.200 € bis zu seinem Ableben, max. 15 Jahre;
>
> e) eine Monatsrente von 4.100 € bis zum Tode, mindestens 15 Jahre.
>
> Wie wirken sich die Vereinbarungen für V und K aus?

Neben den „klassischen (oder echten)" Leibrenten werden auch Höchstzeitrenten und Mindestzeitrenten vereinbart, die nicht mit den eigentlichen Zeitrenten zu verwechseln sind, sondern ein Unterfall der Leibrenten darstellten. Bei der Höchstzeitrente (oder abgekürzte Leibrente = Vereinbarung d) ist für die Berechnung nach § 55 Abs. 2 EStDV der ggf. niedrigere Ertragsanteil maßgebend. Für die Mindestzeitrente (Vereinbarung e)), die u.U. dem Rechtsnachfolger zufließt, ist der höhere Ertragsanteil anzusetzen.

---

[172] Basis: Sterbetafel 1986/88. Die fehlende Geschlechterdifferenzierung ist nicht angreifbar, da insoweit den Frauen das Rechtsschutzbedürfnis fehlt, da das Ergebnis aufgrund der höheren Lebenserwartung ein höherer Ertragsanteil für Frauen wäre.

Lösung:

a) Kaufpreisrate:
Bei der Kaufpreisrate wird als Rentenbarwert der abgezinste Betrag gem. Anlage 9a (BewG) gebildet, hier mit 50 T€ x 7,745 = 387.250 €.
Je nachdem, ob durch den Veräußerungsvorgang bei V Steuerfolgen gem. § 23 EStG ausgelöst werden, handelt es sich bei V um einen steuerbaren oder steuerirrelevanten Veräußerungsvorgang.
In der Folgezeit wird der jeweilige Rentenbarwert am Ende und zu Beginn des Jahres miteinander verglichen. Der Unterschiedsbetrag (im Bsp.: 30.100 € = 387.250 € ./. 357.150 € [50 T€ x 7,143]) ist eine steuerlich unbeachtliche Tilgungsleistung; der sich in der Differenz zu der tatsächlichen jährlichen Rentenzahlung (50 T€) ergebende Betrag stellt den steuerpflichtigen Zinsanteil i.S.d. § 20 Abs. 1 Nr. 7 EStG dar.
Beim Erwerber K repräsentiert der Rentenbarwert die AK des erworbenen Gegenstandes. Nutzt K das Objekt als Mietwohnhaus gem. § 21 EStG, dann wird sodann der Rentenbarwert für Zwecke der Abschreibung entsprechend dem Aufteilungsverhältnis in einen GruBo-Anteil und in einen Gebäudeanteil (= AfA-BMG) aufgeteilt.

b) Zeitrenten:
Eine Zeitrente (im Beispiel: 48 T€/Jahr für 10 Jahre = 480.000 €) wird im Ergebnis wie eine Kaufpreisrate behandelt. Wie bei einer Kaufpreisrate ist auch hier die jährliche Barwertminderung als steuerirrelevanter Tilgungsanteil und die Differenz als steuerpflichtiger Zinsanteil zu erfassen (s. H 167, Stichwort „Zeitrente" und – in gewerblichen Zusammenhang – R 139 Abs. 11 EStR).

c) Leibrente:
Der Berechtigte einer Leibrente hat den Ertragsanteil gem. § 22 Nr. 1 S. 3a EStG zu versteuern. Der steuerpflichtige Ertragsanteil wird bei einem 70-Jährigen, der erstmals eine Rente erhält (V), mit 21 % der Jahresrente angesetzt. Für V ergeben sich im 1. Jahr der Rentenzahlung steuerpflichtige Einkünfte gem. § 22 Nr. 1 EStG i.H.v. 1.914 € (2.016 € [9.600 € x 21 %] ./. 102 € [§ 9a EStG]).
Läge, z.B. durch den Bezug auf § 323 ZPO, eine dauernde Last vor, so hätte V den vollen Betrag (abzüglich des WK-Pauschbetrages nach § 9a EStG) zu versteuern.
Für den Fall wiederum, dass eine **Wertsicherungsklausel** vereinbart wurde, erhöht sich zwar die BMG (Jahresrente), der einmal festgelegte Ertragsanteil bleibt aber bestehen (R 167 Abs. 3 S. 2 EStR).

d) Höchstzeitrente:
Bei einer Höchstzeitrente wird der Ertragsanteil gem. § 55 Abs. 2 EStDV nach der Lebenserwartung unter Berücksichtigung der zeitlichen Begrenzung ermittelt. Im vorliegenden Fall ergibt die Berechnung nach § 55 Abs. 2 EStDV allerdings, dass der sich aus § 22 Nr. 1 S. 3a EStG ergeben-

de Ertragsanteil von 21 % günstiger ist als der nach § 55 Abs. 2 EStDV lt. Vorspalte errechnete Anteil von 28 %. Es bleibt daher beim niedrigeren Ertragsanteil.

- e) **Mindestzeitrente:**
  Bei einer Mindestzeitrente, die im Zweifel (Tod des Berechtigten) auch dem Rechtsnachfolger zusteht, ist wieder der höhere Ertragsanteil anzusetzen.

4.3 Freiwillige wiederkehrende Bezüge

Bei freiwilligen Rentenzahlungen (Unterhalts-, Schul- und Studiengelder) ohne gesetzliche Pflicht „streiten" § 12 Nr. 2 i.V.m. § 22 Nr. 1 S. 2 EStG für die Steuerfreiheit der Rente (und umgekehrt für die fehlende Abzugsmöglichkeit).

Es ist jedoch zu beachten, dass sich bei einer freiwilligen Rentenunterstützung des deutschen Studenten durch seine im **Ausland** lebenden Eltern schlagartig steuerpflichtig werden (§ 22 Nr. 1 S. 2 EStG)[173]. Die konkrete Steuerpflicht hängt sodann wieder von den Modalitäten der Rente (Zeitrente, Leibrente etc.) ab.

4.4 Schadensersatzrenten und Versicherungsrenten

Beim Empfänger von **Schadensersatzrenten** ist zunächst danach zu fragen, ob sie der Empfänger aufgrund eines Unfallereignisses erhält, die mit den Einkunftsarten Nr. 1 bis Nr. 6 zusammenhängen. In diesem Fall liegen nachträgliche Einnahmen gem. § 24 Nr. 1a EStG.

Sonstige Schadensrenten (z.B. als Folge eines Privatunfalls) sind grundsätzlich mit dem vollen Betrag als wiederkehrende Leistungen zu erfassen. Eine Ausnahme (keine Steuerpflicht) wird seitens der Rspr. und der Verwaltung (BMF vom 08.11.1995, BStBl I 1995, 705) nur für Schadensrenten gemacht, die persönliche Schäden ausgleichen (z.B. Schmerzensgeld nach § 847 BGB).

Versicherungsvertragsrenten (Erwerbs- und Berufsunfähigkeitsrenten, große und kleine Witwenrente) sind entweder als Leibrenten oder als abgekürzte Leibrenten mit dem Ertragsanteil nach § 22 Nr. 1 S. 3a EStG steuerpflichtig. Diese Grundsätze gelten sowohl für Sozialversicherungsrenten wie für sonstige Versicherungsvertragsrenten.

---

[173] S. auch die Billigkeitsregelung für ausländische Studenten, die in der BRD studieren (R 166 S. 2 EStR).

III Der Zustandstatbestand – Teil II: Die Gewinneinkünfte

1 Gemeinsamkeiten und Unterschiede

Nach der Lehre verbindet alle Gewinneinkünfte das Bekenntnis zur Reinvermögenszugangstheorie, bei der auch die Einkünfte aus der Veräußerung der „betrieblich"[174] bzw. unternehmerisch eingesetzten WG zum Gesamtergebnis der unternehmerischen Betätigung gehören. Technisch formuliert sind alle betrieblich eingesetzten WG **steuerverstrickt**. Nur für Gewinneinkünfte gibt es die Möglichkeit der Bilanzierung (§ 4 Abs. 1 EStG), für die gewerblichen Einkünfte verdichtet sich dies meistens zu einer Verpflichtung zur doppelten Buchführung[175]. Jedoch wird auch bei der Alternative, d.h. bei der § 4 Abs. 3-Rechnung, die als „Kassenrechnung" mehr Ähnlichkeit zur Einkunftsermittlung der Überschusseinkünfte aufweist, das Prinzip der Steuerverstrickung konsequent beachtet[176].

Auf diesem Hauptunterschied zu den Überschusseinkünften beruht der **Dualismus der Einkunftsarten**. Als Folgewirkung gibt es weitere technisch bedingte Belastungsunterschiede der Gewinneinkünfte zu den Überschusseinkünften, vor allem:

- Die zeitliche (meist vorgezogene) Erfassung der Ergebnisse,
- keine Geltung des Subsidiaritätsprinzips (anders bei § 20 Abs. 3, § 21 Abs. 3, § 23 Abs. 3 EStG),
- Querverweis auf die Regelung zur gewerblichen Mitunternehmerschaft sowohl bei § 13 Abs. 7 EStG wie bei § 18 Abs. 4 S. 2 EStG.

Innerhalb der Gewinneinkünfte stehen die einzelnen Einkunftsarten (§§ 13, 15 und 18 EStG) in Realkonkurrenz zueinander; es gibt nur ein **ausschließliches** entweder/oder untereinander[177] (Erster Hauptunterschied).

Zwangsläufig werden auf der Ebene der einzelnen Gewinneinkunftsarten die Konturen schärfer gezogen. Dies belegt auch das umfangreiche Bemühen der BFH-Rspr. um eine klare Abgrenzung insb. zwischen den Einkünften nach § 18 EStG und denen nach § 15 EStG.

Dies hat seinen weiteren Grund darin, dass nur gewerbliche Einkünfte zu einer weiteren Steuerbelastung, nämlich der Gewerbesteuer, führen (der praxisrelevante Unter-

---

[174] „Betrieblich" i.w.S. meint hier den Gegensatz zu privat eingesetzt. Betrieblich i.w.S. gilt demnach für alle im Rahmen der Gewinneinkünfte eingesetzten WG, während „betrieblich" i.e.S. nur die gewerblich genutzten WG meint.
[175] Nicht alle gewerblichen Tätigkeiten sind kaufmännischer Art. Dies setzt ein Handelsgewerbe voraus.
[176] Auch bei der in der L+F möglichen Gewinnermittlung nach Durchschnittssätzen (§13a EStG), auf die hier nicht näher eingegangen wird, wird die Veräußerung forstwirtschaftlich genutzter WG berücksichtigt.
[177] Lateinisch: Ein sog. „aut-aut" und kein „vel-vel".

schied)[178]. Im Folgenden wird allerdings auf die L+F-Einkunftsart nur im Rahmen der Abgrenzung zu § 15 EStG eingegangen.

2 Einkünfte aus Gewerbebetrieb (§ 2 Abs. 1 S. 1 Nr. 2 i.V.m. § 15 EStG)

2.1 Bedeutung des Gewerbebetriebs für die (Steuer-)Rechtsordnung

Einer der zentralen Rechtsbegriffe in der deutschen Rechtsordnung ist der Gewerbebetrieb. Er findet sich ausdrücklich in der GewO und wird vorausgesetzt im HGB beim kaufmanns-definierenden „Handelsgewerbe". Aufgrund höchstrichterlicher Rspr. hat er als absolutes Recht i.S.d. § 823 BGB Einlass gefunden in das Schadensersatzrecht des BGB[179]. Als identischer Rechtsbegriff („Recht am eingerichteten und ausgeübten Gewerbebetrieb") genießt er nach Art. 14 GG Verfassungsrang[180].

Geringfügige Detailunterschiede[181] in den verschiedenen Rechtsordnungen können nicht darüber hinwegtäuschen, dass der Kernbegriff des Gewerbebetriebes einheitlich verwendet wird. Im Steuerrecht kommt ihm eine erhöhte Ordnungsfunktion zu, da er mehrere steuerliche Teilrechtsordnungen „dominiert". Die ihm oftmals zugeschriebene Teilungswirkung für das Steuerrecht in zwei Hemisphären kommt ihm aber nicht zu. Dies ist dem Unternehmerbegriff des UStG vorbehalten, in dem er aber teilweise aufgeht[182].

> **Beispiel 1: Der „Umkehr-Aussteiger"**
>
> A, in seinem Leben nur politisch tätig („Vom Sponti zum Minister"), besinnt sich nach einer großzügigen Schenkung ab seinem 58. Lebensjahr großbürgerlicher Tugenden. Eine stillgelegte Windmühle im Vorpommerschen ist das Objekt seines Tatendranges.
>
> Nach der Sanierung mit einem Kostenaufwand von 200.000 € zzgl. USt möchte er den Eingangsbereich, den „Bauch" der Mühle, an Pensionsgäste vermieten und das Oberstübchen zu einem Restaurant umgestalten.

---

[178] Hieran ändert auch § 35 EStG nichts, da die wenigsten Gemeinden einen Hebesatz von weniger als 360 % haben.
[179] BGHZ 45, 234; zuletzt BGHZ 138, 311.
[180] BGHZ 92, 34.
[181] vgl. die Bsp. bei *Weber-Grellet/Schmidt*, § 15, Rz. 9
[182] Hierzu ausführlich *V. Schmidt*, Band 3, Teil B, Kap. III.

A will wissen, mit welchen Steuern er rechnen muss, ob er etwas für den Ausbau vom Staat bekommt und ob er sonst noch irgendwelche Pflichten zu erfüllen hat, von denen er bislang verschont war.

Der Fragenkatalog des Politprofis beinhaltet zwei konkrete Fragen (welche Steuerpflicht? und welche Steuererstattung bzw. sonstiger „parasteuerlicher" Vorteil?) und eine eher unbestimmte Frage (nach der Buchführungspflicht), deren Antworten um den Gewerbebetriebsbegriff fokussieren.

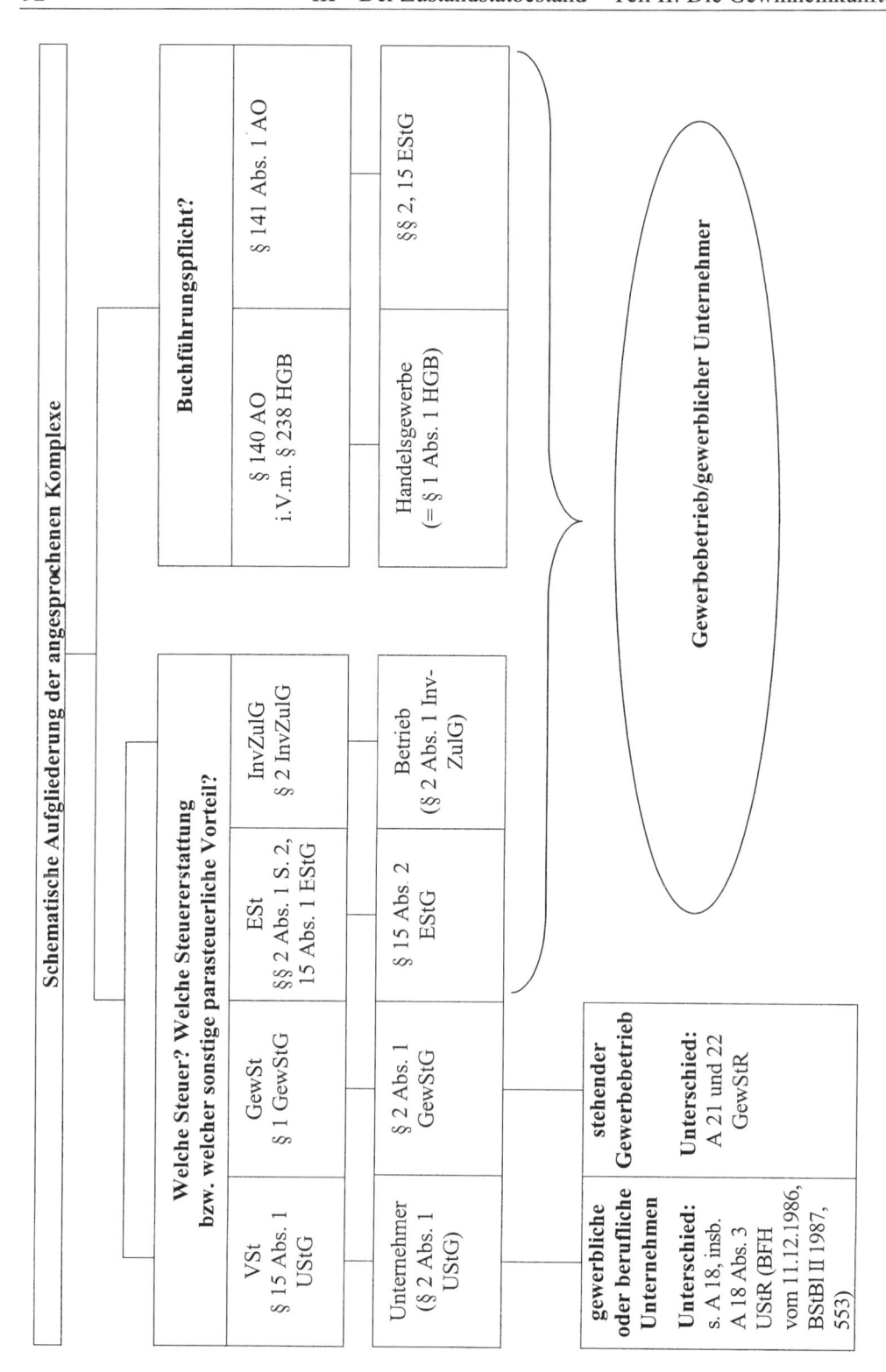

Schematische Aufgliederung der angesprochenen Komplexe

Welche Steuer? Welche Steuererstattung bzw. welcher sonstige parasteuerliche Vorteil?

VSt	GewSt	ESt	InvZulG
§ 15 Abs. 1 UStG	§ 1 GewStG	§§ 2 Abs. 1 S. 2, 15 Abs. 1 EStG	§ 2 InvZulG
Unternehmer (§ 2 Abs. 1 UStG)	§ 2 Abs. 1 GewStG	§ 15 Abs 2 EStG	Betrieb (§ 2 Abs. 1 InvZulG)

gewerbliche oder berufliche Unternehmen	stehender Gewerbebetrieb
Unterschied: s. A 18, insb. A 18 Abs. 3 UStR (BFH vom 11.12.1986, BStBl II 1987, 553)	Unterschied: A 21 und 22 GewStR

Buchführungspflicht?

§ 140 AO i.V.m. § 238 HGB	§ 141 Abs. 1 AO
Handelsgewerbe (= § 1 Abs. 1 HGB)	§§ 2, 15 EStG

⟹ **Gewerbebetrieb/gewerblicher Unternehmer**

2 Einkünfte aus Gewerbebetrieb (§ 2 Abs. 1 S. 1 Nr. 2 i.V.m. § 15 EStG)

Mit der Synopse wird verdeutlicht, dass mit Ausnahme des USt-Rechts (weitergehender Unternehmerbegriff[183]) und des GewSt-Rechts (eingeschränkter Gewerbebetriebsbegriff: nur „werbende Aktivitäten" werden erfasst[184]) in den sonstigen subjektiven Voraussetzungen Deckungsgleichheit besteht: Das Vorliegen eines Gewerbebetriebes (gewerblicher Unternehmer) entscheidet über die Anwendung der einschlägigen Gesetzesvorschriften. Zur Diskussion steht der **gewerbliche Einzelbetrieb** (§ 15 Abs. 1 Nr. 1 EStG).

Die gewerbliche PersG (§ 15 Abs. 1 Nr. 2, § 15 Abs. 3 EStG) wird geschlossen im Band 2, Teil B i.V.m. den Bilanzfragen der Mitunternehmerschaft aufbereitet.

2.2 Die positiven Tatbestandsmerkmale gemäß § 15 Abs. 2 EStG

Anders als bei einem Typusbegriff müssen bei dem Rechtsbegriff „Gewerbebetrieb" alle gesetzlich vorgeschriebenen Merkmale erfüllt sein. Vier positive Merkmale stehen gleichberechtigt neben drei negativen Merkmalen. In einer Klausur ist natürlich nur bei Problemsachverhalten eine Diskussion erforderlich und möglich, da ansonsten die Gefahr einer „Sachverhaltsquetsche" besteht.

In der folgenden Darstellung wird der Ausgangsfall der sanierten Windmühle benutzt, um hieran die Grenzziehung bei den einzelnen Topoi durch die BFH-Rspr. aufzuzeigen. Die Rspr. des BFH ist in den meisten Fällen nahezu wortlautgetreu von der Verwaltung in den R 134 ff. EStR 2002 (inkl. H 134 ff.) übernommen worden. Bei den positiven Merkmalen wird in der Diskussion die einschlägige Formulierung des BFH jeweils im Balkenformat vorangestellt, die für das Vorliegen (+) bzw. für das Nicht-Vorliegen (-) des jeweiligen Merkmals verantwortlich sind. In der Negativspalte ist der typische Gegenbegriff enthalten.

2.2.1 Die Selbständigkeit

(+)	Die selbständige Betätigung (R 134 und H 134 EStR 2002)	(-)
Der Gewerbetreibende muss auf eigene Rechnung und eigenes Risiko tätig werden (Unternehmerrisiko und -initiative, BFH vom 27.09.1988, BStBl II 1989, 414)		Unselbständiger Arbeitnehmer, der weisungsgebunden bei fester Arbeitszeit gegen erfolgsunabhängige Bezahlung arbeitet.

An dieser Stelle erfolgt die Abgrenzung zur Einkunftsart des § 19 EStG. Im Unterschied zu der bei § 19 EStG geführten Einordnungsdiskussion der nicht selbständigen Arbeit werden hier die Unterschiede herausgestellt.

---

[183] Die „bloße" Einnahmeerzielungsabsicht des § 2 Abs. 1 UStG ist – prüfungstechnisch – ein Minus gegenüber der Gewinnerzielungsabsicht, da diese die Einnahmeerzielung voraussetzt.
[184] Der in der GewSt stattfindende Ausschluss der Aktivitäten vor dem Marktzugang („Vorweg-BA") und nach der Schließung (nachträgliche BE/BA bzw. Veräußerungseinkünfte) wird mit dem Charakter des stehenden Gewerbebetriebes begründet.

Die Markierungslinie verläuft nicht bei der wirtschaftlichen Abhängigkeit, die ein Kennzeichen der selbständigen Tätigkeit ist. Wenn sich Politprofi A (Bsp. 1) darauf einlassen sollte, die Zeit- und Erfolgsabhängigkeit eines Restaurantbetreibers von seinen Gästen als Argument für die unselbständige Arbeit zu verwenden, so kann damit nur die jeder unternehmerischen Tätigkeit immanente wirtschaftliche Abhängigkeit gemeint sein. Entscheidendes Kriterium ist indessen die Bezahlung während einer **Krankheit** und während des **Urlaubs**. Lautet das Urteil „keine Vergütung während Krankheit und Urlaub", hat man es im Regelfall mit selbständiger Tätigkeit zu tun (vice versa).

Beispiel 2: R-R auf Lohnsteuerkarte?
Literaturpapst RR untersucht wöchentlich im ZDF die steuerlichen Neuerscheinungen auf ihren literarischen Wert. Hierzu hat er einen Vertrag als freier Mitarbeiter des ZDF unterschrieben, der ihm eine wöchentliche Prämie i.H.v. 10.000 € einbringt. Sollte er verhindert sein oder im Urlaub verweilen (unter Fortzahlung seiner Bezüge), benennt das ZDF einen Reserverezensenten, der ihm die Präsentation abnimmt.
RR und das ZDF streiten, ob die 520 T€ im Jahr auf Lohnsteuerkarte von RR zu erfassen oder ggf. der Umsatzsteuer zu unterwerfen sind.

Die Polarität in der Steuerfolge (Lohnsteuerkarte oder USt-Verfahren) unterstreicht die Bedeutung des Kriteriums der (Un-)Selbständigkeit. In den meisten Fällen (wie z.B. bei den Vertretern und den Heimarbeitern) können die Rechtsfolgen von griffigen Kriterien abhängig gemacht werden:

- So ist ein (Reise-)Vertreter selbständig tätig, wenn er für mehrere Unternehmer arbeitet; der dabei zugrunde gelegte § 84 Abs. 1 HGB (freie Zeiteinteilung) ist auch für das ESt-Recht herangezogen worden. Umgekehrt unterstellt § 84 Abs. 2 HGB die ständige Vermittlungstätigkeit für einen Prinzipal der nicht selbständigen Tätigkeit[185].
- Bei Versicherungsvertretern, die Versicherungsverträge als Spezialagenten selbst vermitteln, unterstellt R 134 Abs. 1 EStR 2002 – auch bei (geringem) Zusatzlohn – die Selbständigkeit.
- Von größerer Bedeutung ist immer wieder das Maß der Bewegungsfreiheit und der Organisationsgrad. Diese Merkmale unterscheiden selbständige Hausgewerbetreibende von nicht selbständigen Heimarbeitern, die lediglich ihre Arbeitsstätte selbst gewählt haben. Wer über die Verwertung der Arbeitsergebnisse disponieren kann, gilt als Selbständiger (Hausgewerbetreibender, R 134 Abs. 2 EStR 2002).
- Nachdem weder die sozialversicherungsrechtliche Beurteilung noch die gewählte Bezeichnung (z.B. als „freier Mitarbeiter") einen Anhaltspunkt für die Einordnung liefern können, haben Spitzensportler als Werbeträger einen Beitrag zur Einkunftsartendiskussion geleistet. Solange sie nicht in eine Werbeorganisation eingegliedert sind, aber wiederholt bei Werbeveranstaltungen mitwirken oder sich als Werbeträger vermarkten lassen, erzielen sie hieraus gewerbliche Einkünfte (BFH vom 19.11.1985,

---

[185] Hiervon hat der BFH im Urteil vom 26.10.1977 (BStBl II 1978, 137) eine Ausnahme gemacht (Selbständiger Versicherungsvertreter, der nur für ein Versicherungsunternehmen tätig war).

BStBl II 1986, 424 und vorher BFH vom 03.11.1982, BStBl II 1983, 182). Ähnliches gilt für kurzfristig beschäftigte Werbedamen, die sich bei Sonderveranstaltungen um den Ausschank bemühen (BFH vom 14.06.1985, BStBl II 1985, 661).

Für den schwierigen Bereich der bei Funk- und Fernsehanstalten beschäftigten Journalisten, Reporter und Künstler hat die Verwaltung in einem umfangreichen Schreiben des BMF vom 05.10.1990 (BStBl I 1990, 638) anhand von speziellen Berufsträgern[186] und speziellen Fertigkeiten Stellung bezogen. Je höher der künstlerische bzw. eigenschöpferische Gestaltungsgrad (Bsp.: Moderator) ist und je weniger reproduzierend (Bsp.: Nachrichtensprecher) die Tätigkeit erscheint, umso eher müssen sich die betroffenen Personen als Unternehmer um eine USt-Erklärung bemühen.

Lösung:
- Nachdem die Bezeichnung als „freier Mitarbeiter" nicht weiter hilft (BFH vom 24.07.1992, BStBl II 1993, 155), ist die Einordnung von RR als lohnsteuerpflichtiger Angestellter des ZDF oder als freier Unternehmer des USt-Rechts anhand der **Gesamtumstände** zu treffen.
- Für die Selbständigkeit spricht vor allem die originäre (eigengestalterische) intellektuelle Leistung einer Rezension.
- Dieser Aspekt wird vorrangig durch drei andere Faktoren überlagert:
  - Es handelt sich hierbei nur um einen Teilausschnitt in der Beurteilung der vorgelegten Bücher. Anders als bei der sonstigen Rezensionsarbeit kann RR hier kein Gesamturteil über das Oeuvre ablegen.
  - Die Möglichkeit der Assistenz oder sogar der Vertretung zeigt die Bedeutung des Beitrags als Serienleistung für das ZDF. Die Person des Rezensenten tritt daher in den Hintergrund. Das unternehmerische Risiko liegt daher beim Sender.
  - Vor allem aber ist die Fortzahlung im Urlaub für die Einordnung als Angestelltenverhältnis ausschlaggebend.

RR rezensiert und präsentiert die literarischen Aspekte der neuen steuerlichen Fachliteratur als Angestellter des ZDF und erzielt lohnsteuerpflichtige Einkünfte gem. § 19 EStG.

Auf eine selbständige Tätigkeit hat der BFH allerdings im Urteil vom 02.12.1998 (BStBl II 1999, 534) beim Rundfunkermittler entschieden und dabei auf das Merkmal der Eigeninitiative abgestellt.

---

[186] So wird z.B. a.a.O. zwischen „Lippen-Synchronsprechern" und sonstigen Synchronsprechern unterschieden. Einige ansonsten eher unübliche Berufsbezeichnungen wie „Realisatoren" finden Eingang in das Steuerrecht.

2.2.2 Die Nachhaltigkeit

(+)	Die nachhaltige Betätigung, H 134a EStR 2002	(-)
Auf Wiederholung und auf eine ständige Erwerbsquelle angelegt; gelegentliche Unterbrechung schadet nicht (BFH vom 12.07.1991, BStBl II 1992, 143).		Gelegentliche Tätigkeit.

Die Hauptfunktion dieses Abgrenzungsmerkmals liegt nicht darin, Dauersachverhalte von Einmalgeschehnissen abzugrenzen. Vielmehr sollen Zufallserfolge oder -aktivitäten ohne die dahinter stehende Absicht, eine andauernde Erwerbsquelle zu begründen, aus dem Kreis der gewerblichen Tätigkeiten ausgeschlossen werden. Dies setzt allerdings als subjektives Merkmal (**Wiederholungsabsicht**) eine „innere Tatsache" voraus, bei deren Nachweis den tatsächlichen Begleitumständen eine besondere Bedeutung beigemessen wird.

Auf der anderen Seite stehen gelegentliche Tätigkeiten (Hauptfall: Flohmarktgeschäfte[187]), die ausnahmsweise gem. § 22 Nr. 3 EStG als sonstige (Vermittlungs-)Leistung Gegenstand der siebten Einkunftsart sein können. Bekanntlich kann mit einer einzigen Vermittlungsprovision anlässlich eines einzigen schwierigen Geschäfts durchaus eine Familie über Jahrzehnte honorig ausgestattet werden. Der steuerliche Nachteil, dass wegen des Zuflussprinzips bei § 22 EStG der Staat auf einmal die Hälfte vereinnahmen wird, mag dabei in Kauf genommen werden. Unter dem Gesichtspunkt einer periodenübergreifenden Leistungsfähigkeit werden hiergegen – und allgemein gegen eine Übersbesteuerung aufgrund bei einem „Einmal-Zufluss" immer wieder verfassungsrechtliche Bedenken geltend gemacht.

Beispiel 3: Schwankende Öffnungszeiten
Der Jungunternehmer A (aus Bsp. 1) stellt sich und sein Publikum auf folgende Öffnungszeiten ein:

1. Das Restaurant im OG ist am 1. Mai und am 17. Oktober geöffnet.
2. Die Pension im EG steht den Pensionsgästen nur in den Sommermonaten Mai und Juli zur Verfügung.

Nachdem einmalige Handlungen grundsätzlich nicht zur Nachhaltigkeit führen, sollen die mehreren Handlungen von einem „Gesamtvorsatz", zumindest von einer Wiederholungsabsicht getragen sein. Größere Zeitabstände sind nicht hinderlich. Auch Einzeltätigkeiten, die in einer nachträglichen (rückblickenden) Gesamtschau eine geschlossene Gesamttätigkeit erkennen lassen, führen zur Nachhaltigkeit (BFH vom 21.08.1985, BStBl II 1986, 88).

---

[187] Sehr unterschiedlich hierzu ist aber die Spruchpraxis der Finanzgerichte. Während vom FG Bdbg der Verkauf von sechs Pkw in sechs Jahren noch mit dem Attribut gelegentlich versehen war (EFG 1997, 675), wird dies vom FG Nds (EFG 1997, 802) bei Schiffsmodellen anders gesehen.

Lösung:
Die Zuordnung der Pensionsvermietung (unter 2.) zu den nachhaltigen Tätigkeiten bereitet allein deshalb keine Probleme, da widrigenfalls sämtlichen **Saisonbeschäftigungen** die dauernde Gewerblichkeit abzusprechen wäre[188] (argumentum ad absurdum).

Anders verhält es sich dagegen bei den sehr punktuellen Öffnungszeiten in der Gaststätte (1.). Trotz berechtigter Zweifel bzgl. der „dauernden Erwerbsquelle" hat der BFH bei einem jeweils nur an einem Tag des Jahres geöffneten Restaurationsbetrieb eines Sportvereins („Verköstigung anlässlich einer Flugshow") entschieden, dass eine Wiederholungstätigkeit aufgrund eines einmal gefassten Entschlusses vorläge. Dies führte im konkreten Fall (BFH vom 21.08.1985, BStBl II 1986, 88) dazu, dass für diese verköstigende Tätigkeit des Vereins ein wirtschaftlicher Geschäftsbetrieb angenommen wurde. Vorliegend ist die Entscheidung anhand der (nicht) zustande gekommenen Erwerbsquelle zu treffen.

Einen Sondertatbestand bildet in diesem Zusammenhang der **Grundstückshandel**. Hier wurde schon mehrfach vom BFH entschieden, dass ein einziger Notartermin mit einem Übertragungsgeschäft (uno actu) durchaus auf Nachhaltigkeit schließen lasse, nämlich dann wenn

- dem einzigen Notartermin mehrere umfangreiche Vorbereitungshandlungen vorausgingen und dabei von Einzelveräußerungen ausgegangen, letztlich aber an einen Erwerber veräußert wurde (BFH vom 12.07.1991, BStBl II 1992, 143),
- in einem Notartermin mehrere Miteigentumsanteile an einem Grundstück an verschiedene Erwerber übertragen werden (BFH vom 07.12.1995, BStBl II 1996, 367).

Tendenziell neigt die Rspr. in den letzten Jahren eher zur Annahme der Nachhaltigkeit[189] als zur Ablehnung. Für einen interessanten Abgrenzungsaspekt zu § 18 EStG sorgte der BFH am 28.06.2001 (BStBl II 2002, 338), als er die Nachhaltigkeit bei einer unternehmerischen Stundenbuchhalterin als Indiz für § 15 EStG und gegen § 18 Abs. 1 Nr. 3 EStG (sonstige selbständige Tätigkeit) wertete.

---

[188] Dies hätte z.B. bei einem Wintersaisonbetrieb zur Folge, dass in jedem Frühjahr eine Betriebsaufgabe stattfände und in jedem Spätherbst eine Betriebseröffnung – und das jedes Jahr!

[189] So der allgemein kritisch (*Reiß in Kirchhof-Kompakt*, § 15 Rz. 25 und *Weber-Grellet/Schmidt*, § 15 Rz. 17) aufgenommene Fall der Zufallserfindung und der Folgetätigkeiten (BFH vom 18.06.1998, BStBl II 1998, 567).

2.2.3 Die Marktbeteiligung

(+)	Die Beteiligung am allgemeinen wirtschaftlichen Verkehr (H 134 c EStR 2002)	(-)
Angebot der Dienstleistungen/Wirtschaftsgüter am allgemeinen Markt (BFH vom 09.07.1986, BStBl II 1986, 851 und vom 13.12.1995, BStBl II 1996, 232).		Tätigkeit ohne nach außen in Erscheinung tretenden Güter- und Leistungsaustausch.

Auch wenn die Verwaltung in idyllischer Weise mit diesem Merkmal vorrangig die Bettelei ausklammert (s. H 138c EStR – Allgemeines – S. 2), kommt dem Kriterium als dem prägenden Merkmal gewerblicher Betätigung eine weit größere Bedeutung zu. Vorgreiflich ist darauf hinzuweisen, dass die vom Gewerbetreibenden erwartete „Zur Schaustellung" dem Absatzmarkt und natürlich nicht dem Einkaufsmarkt gilt, so dass der Einkauf bei nur einem Lieferanten nicht geeignet ist, die Selbständigkeit abzuerkennen. Mit der fast politischen Bedeutung des Merkmals hängt zusammen, dass es bei öffentlich-rechtlichen Aufgaben des Hoheitsträgers nie zu einer gewerblichen Betätigung kommen kann. Andererseits stehen Privatpersonen, denen öffentliche Aufgaben übertragen werden (sog. beliehene Unternehmer), genauso im steuerlichen Wettbewerb wie andere Private auch.

> **Beispiel 4: Der „gebremste" Marktteilnehmer**
> Jungunternehmer A (Bsp. 1) geht seine neue Karriere dosiert an:
> 1. Das Restaurant ist nur für „VIP" (Alt.: für „Freunde des Hauses") geöffnet
> 2. Die Zimmer werden nur mittels eines Belegvertrages mit einem Reisebüro vergeben.
>
> Kann A an den neuen Segnungen der Marktteilnahme vollständig teilhaben?

Zwischenzeitlich ist gesichert, dass eine Marktteilnahme auch gegenüber einer **begrenzten Allgemeinheit** vorliegt (BFH vom 09.07.1986, BStBl II 1986, 851). Ebenso kann der Kundenkreis aus nur einem Vertragspartner bestehen, wenn sich wenigstens dieser am Verkehr beteiligt (BFH vom 12.07.1991, BStBl II 1992, 143). Dies wurde später auf den Fall erweitert, dass der Unternehmer aufgrund von Wettbewerbsvereinbarungen oder dgl. verhindert ist, Geschäftsbeziehungen zu anderen Marktteilnehmern einzugehen (BFH vom 15.12.1999, BStBl II 2000, 404).

> **Lösung:**
> 1. Durch die restriktive Auslegung des Kundenkreises aufgrund der BFH-Rspr. genügt das Gaumenangebot für „VIP" jedenfalls dem Marktkriterium. Nachdem bereits ein einziger Abnehmer das Kriterium zu erfüllen hilft (s. oben), müsste dies erst recht von den „Freunden des Hauses" zu erwarten sein. Zweifel sind hier jedoch weniger wegen der Anzahl der Teilnehmer angebracht als wegen der Nachhaltigkeit und der Gewinnerzielungsab-

sicht. Ob damit eine dauernde Erwerbsquelle oder lediglich eine bestimmte Form der Wohngemeinschaft geschaffen wird, hängt in diesem Fall vom Vorhandensein einer (entsprechenden) Speisekarte ab.
2. Der Belegvertrag mit nur einem Vertragspartner steht der Marktannahme nicht entgegen, da dieser wie ein marktöffnendes Medium für A wirkt.

Etwas unverständlich reiht die Verwaltung die BFH-Entscheidung über den Telefonsex (BFH vom 23.02.2000, BStBl II 2000, 610) in diesen Bereich (s. H 134c EStR) ein, da es insoweit nur um die allgemeine Geltung des § 40 AO im Bereich der gewerblichen Einkünfte geht. Dessen uneingeschränkte Geltung (Steuerbar sind auch nichtige Rechtsgeschäfte) ist vom BFH für gewerbliche Einkünfte nie in Abrede gestellt worden (so bereits der BFH vom 04.06.1987, BStBl II 1987, 653). Paradoxerweise wird in diesem Zusammenhang jedoch noch immer die gewerbliche Prostitution nicht als Gewerbebetrieb behandelt (BFH 28.11.1969, BStBl II 1970, 185). Vielmehr werden Einkünfte nach § 19 EStG bzw. nach § 22 Nr. 3 EStG erzielt. Spätestens mit dem neuen Gesetz zur sozialrechtlichen Integration der Prostituierten (2001) sollte mit der dortigen Abkehr von der Doppelmoral auch die steuerliche Doppelzüngigkeit, die Prostituierten seit 1987, wenn schon nicht die Gewerblichkeit, so doch immerhin die Unternehmereigenschaft zubilligte, beseitigt werden[190].

2.2.4 Die Gewinnerzielungsabsicht

(+)	Die Gewinnerzielungsabsicht (H 134b EStR 2002)	(-)
Betriebsvermögensmehrung in Form des sog. Totalgewinns (positives Gesamtergebnis von der Gründung bis zur Beendigung – sog. Totalperiode; wirtschaftlich bedeutsamer Gewinn). Die Absicht ist entscheidend (BFH vom 25.06.1984, BStBl II 1984, 751).	Einkommensteuerersparnis.	

Aus dem Machtkampf zur gewerblich geprägten PersG zwischen Legislative und Judikative ist trotz der Niederlage in der Hauptsache (§ 15 Abs. 3 Nr. 2 EStG) als wichtigste Erkenntnis des BFH vom 25.06.1984 (BStBl II 1984, 751) die Definition der Gewinnerzielungsabsicht übriggeblieben. Sie wurde in § 15 Abs. 2 S. 2 EStG in einem Teilbereich festgeschrieben. Gleichzeitig wirken die Erkenntnisse des BFH nunmehr als eine verlässliche Bastion gegenüber der **Liebhaberei**.

Damit ist die Negativaussage getroffen bzw. die Sanktion bezeichnet, wenn die Gewinnerzielungsabsicht verneint wird. Kann der beabsichtigte Totalgewinn in der Totalperiode nicht substantiiert nachgewiesen werden, sind die behaupteten Verluste aus dem

---

[190] Um möglichen Einwendungen vorzubeugen: Es ist dem Verfasser bewusst, dass sich Gesetzesmotive zum Arbeits- und Sozialrecht methodisch nicht zweifelsfrei auf das Steuerrecht übertragen lassen.

konkreten Engagement nicht anzuerkennen. Für jedes unternehmerische Einzelengagement ist – soweit möglich – der o.g. Nachweis **getrennt** zu führen (sog. **Segmentierung**).

Von zusätzlicher Bedeutung ist die Erstreckung dieser Prüfungsstation auf alle Einkunftsarten. Dabei wird der Begriff „Gewinnerzielungsabsicht" bei den Überschusseinkünften durch den Begriff „Einkünfteerzielungsabsicht" ersetzt. Wichtiger ist jedoch, dass beim dortigen Totalergebnis (z.B. bei Kap-Einkünften und bei V+V-Einkünften) wegen der fehlenden Steuerverstrickung steuerfreie Veräußerungsgewinne nicht zu berücksichtigen[191] sind.

In dogmatischer Hinsicht ist die Prüfung der Gewinnerzielungsabsicht deshalb von herausragender Bedeutung, da die Annahme der Liebhaberei als erste materielle Prüfungsstation (nach der Einkunftsartenklassifikation) sofort zu **steuerirrelevanten Verlusten** führt. Sie werden weder in den horizontalen noch in den vertikalen Verlustausgleich einbezogen. Auf dieser vorgezogenen Prüfungsstation zu § 12 Nr. 1 EStG werden die Liebhabereiverluste – als Angelegenheit der Privatsphäre – ausgeklammert und keiner weiteren Betrachtung unterzogen. So werden auch die speziellen Verlustbeschränkungsnormen der §§ 2a, 15 Abs. 4, 15a EStG etc. und sogar § 2b EStG nach festgestellter Liebhaberei nicht mehr benötigt. Anders formuliert: Eine vorgezogene Prüfung etwa des § 2b EStG vor der Liebhabereiprüfung ist verfehlt und überflüssig. Hieraus folgt aber zugleich, dass bei der Subsumtion problematischer Tatbestandsmerkmale bei den o.g. speziellen Verlustbeschränkungsnormen immer eine Vorwegprüfung der Liebhaberei stattfindet. M.a.W. trifft für eine Verlustzuweisungsgesellschaft mit prognostiziertem „Totalverlust" die Sanktion der Liebhaberei und nicht die Sanktion des § 2b EStG zu[192].

> **Beispiel 5: Mühle mit Spezialitätenrestaurant**
> A belässt es nicht nur bei der Sanierung des alten Gemäuers, sondern entdeckt gleichzeitig seine Liebe zur gehobenen Gastronomie. So kommt es, dass die Speisekarte auf sechs von sieben Seiten Hammelhodengerichte in jeder nur erdenklichen Form und Zubereitung aufweist. Letzteres, die Zubereitung, ist auch für den stolzen Preis eines durchschnittlichen Hammelhodens i.H.v. 85 € verantwortlich. In den ersten zwei Jahren erzielt A trotz guten Zulaufs aus dem Restaurant durchschnittliche Verluste lt. G+V von 25.000 €, da die meisten Gäste über ein Hammel-Hors d'oeuvre nicht hinauskommen. Der umsatzstarke Spirituosenverkauf kann die Zahlen nicht mehr retten.
> Ab dem dritten Jahr stehen die einschlägigen Gerichte nur noch auf einer der sieben Speisekarteseiten, worauf zum ersten Mal der Verlust auf 250 € zurückgefahren wurde.
> Die Fremdenpension hingegen läuft gut und wirft schon erste Gewinne ab. Insgesamt gleichen die Zinsen für den anlässlich des Umbaus aufgenommenen Kredit die Pensionsgewinne aus.

Von den verschiedenen Fallgruppen zur Liebhaberei nehmen die **Anlaufverluste** einen besonderen Stellenwert ein. Verluste der Anlaufzeit sind steuerlich nicht zu berück-

---

[191] Neuerdings wird dies z.T. in der Lit. wegen der Neufassung von § 23 EStG in Abrede gestellt.
[192] S. hierzu auch die folgenden Ausführungen, insb. zu § 2b EStG, im Teil B, Kap. IV.

sichtigen, wenn die Tätigkeit von Anfang an erkennbar ungeeignet ist, auf Dauer einen Gewinn zu erbringen (BFH vom 28.08.1987, BStBl II 1988, 10). Für die zweigliedrige Prognosefeststellung sind objektive Beweisanzeichen wie die Betriebsführung und die Kalkulation von ebenso entscheidender Bedeutung wie die subjektiven (inneren) Tatsachen, die im Bereich der Lebensführung des Unternehmers liegen. Bei diesen Überlegungen, die zunächst das **laufende Geschäftsergebnis** betreffen, darf nicht vergessen werden, dass durch die BFH-Definition des Totalgewinns auch solche Faktoren mit einfließen, die das Schlussergebnis der Unternehmensbetätigung (§ 16 EStG) beeinflussen. Können geschäftswertbildende Faktoren ausgemacht werden oder ist von hohen stillen Reserven auszugehen, sind diese beim Veräußerungs- bzw. beim Aufgabegewinn zu berücksichtigen. Das Ergebnis dieser Überlegungen ist eine Schätzung (BFH vom 09.05.2000, BStBl II 2000, 660). Feststehen dürfte aufgrund zwischenzeitlicher Rspr., dass der Schätzungs-Zeitraum **subjektbezogen** auszulegen ist, wobei es für einen Generationenbetrieb keine Besonderheit gibt (BFH vom 24.08.2000, BStBl II 2000, 674). Umstritten ist derzeit, ob eine unterstellte (unentgeltliche) Rechtsnachfolge einzubeziehen ist[193].

Bei der Prognoseentscheidung, die sich des „prima facie" – Beweises (Beweis des ersten Anscheins) bedienen darf, sind folgende weitere Überlegungen zu berücksichtigen:

- Bei der **Betriebsergebnisprognose** sind nur die tatsächlichen Aufwendungen und Erlöse, die sich aus der G+V der letzten Jahre ergeben haben, zu berücksichtigen; kalkulatorische Kosten scheiden aus. Reine Selbstkostendeckung reicht – schon begrifflich – nicht aus (BFH vom 22.08.1984, BStBl II 1985, 61). Wegen des „nicht unbedeutenden" Gewinnes spielen inflationsbedingte Auflösungsgewinne keine Rolle. Schulden machen sich sowohl beim Anfangs- wie beim geschätzten Endvermögen nur mit absoluten Zahlen bemerkbar, da sie bekanntlich keine stillen Reserven enthalten (Urteil des BFH vom 17.06.1998, BStBl II 1998, 727). Bei neu gegründeten Betrieben spricht eine Vermutung trotz Anlaufverluste für die Gewinnerzielungsabsicht; umgekehrt spricht bei Verlustzuweisungsgesellschaften eine Vermutung gegen die Gewinnerzielungsabsicht (Urteil des BFH vom 12.12.1995, BStBl II 1996, 219). Bei einer hauptberuflich ausgeübten Tätigkeit sind selbst langjährige „Zwischenverluste" nicht unschädlich, wenn der Beruf gewinngeeignet ist (so der BFH vom 22.04.1998, BStBl II 1998, 663 bei einem RA); anders sieht die Situation bei einem Zweitberuf aus. Daneben gibt es eine – nicht ausgesprochene – „Branchenvermutung" für oder gegen Gewinnerzielungsabsicht (s. im Anschluss die Rspr.-Übersicht).
- Im **persönlichen Bereich** beeinflussen die beabsichtigte ESt-Ersparnis sowie rein private Umstände („Hobbyberuf") das Ergebnis. Besonders beliebt sind in diesem Zusammenhang die Charterbetriebe, bei denen „Spaßgegenstände" wie Motor- oder Segelyachten, Flugzeuge, Wohnmobile und dgl. gewerblich vermietet werden.

---

[193] Für die Berücksichtigung die überwiegende Lit. (statt aller *H/H/R*, § 2 Rz. 386); gegen die Berücksichtigung das FG SchlHol im Urteil vom 16.06.1999 (EFG 2000, 118). M.E. hängt dies allein von den Einzelumständen des Falles ab (bei einem älteren Unternehmer mit konkreten Nachfolgeplänen: **ja**; bei einem Jungunternehmer: **nein**).

Die Verwaltung verhilft sich in den (häufigen) Fällen einer unsicheren Prognosegrundlage mit der vorläufigen Steuerfestsetzung gem. § 165 AO.

Anders als bei der Erstentscheidung über die Liebhaberei bleibt eine „**spätere Liebhaberei**" (aus einem Gewinnunternehmen wird ein Verlustbetrieb) steuerlich unbeachtlich, da die Grundsätze des Strukturwandels eine an sich gebotene Aufdeckung der Reserven gem. § 16 Abs. 3 EStG verhindern[194].

Lösung:
- Aufgrund der Segmentierung sind beide Bereiche getrennt zu prüfen.
- Für die Pension wird zweifelsfrei die Gewinnerzielungsabsicht konstatiert.
- Hinderlich könnte hier nur sein, wenn A dieser Beschäftigung nur unter dem Gesichtspunkt der Einkommensteuerersparnis nachginge (unterstellter Sachverhalt). Dies wäre etwa dann der Fall, wenn der Ausbau nur aus Gründen der erhöhten Abschreibung (oder der Investitionszulage) vorgenommen worden wäre. Wiederum anders verhält es sich, wenn A den Umbau ausschließlich wegen des Vorsteuerabzugs vorgenommen hätte. Diese Steuervergünstigung spielt bei der Prüfung der Gewinnerzielungsabsicht keine Rolle.
- Beim betriebenen Restaurant sprechen die ersten Zahlen gegen eine Gewinnerzielungsabsicht. Dabei ist jedoch auch zu berücksichtigen, dass Spezialitätenrestaurants per se nicht als verlustträchtig gelten und vor allem, dass A das Restaurant bereits nach zwei Jahren zu einseitiger Gaumenbefriedigung erfolgreich umgestellt hat. Vor allem aber dürfte eine negative Prognoseentscheidung immer dann schwierig sein, wenn das konkrete Engagement in nicht unbeträchtlichem Ausmaß in eigenen Geschäftslokalitäten betrieben wird. Erfahrungsgemäß ist zumindest in nicht ganz ungünstigen Lagen immer noch von einer Wertsteigerung im Immobiliensektor auszugehen, der sich bei der Schlussbesteuerung bemerkbar machen wird.

Als Ergebnis kann eine positive Gewinnerzielungsabsicht für beide Bereiche und damit also auch für das Gesamtengagement des A ausgesprochen werden. Die Anlaufverluste werden im Rahmen des Verlustausgleichs bei A berücksichtigt.

---

[194] S. dazu ausführlich im Teil B, Kap. II.

(ja)	(Auszugsweise) Rspr. – Übersicht zur Gewinnerzielungsabsicht	(nein)
Reitschule und Pferdeverleih (BFH vom 15.11.1984, BStBl II 1985, 205 und vom 28.11.1985, BStBl II 1986, 293)	Pferdezucht und Gestüt (BFH vom 21.03.1985, BStBl II 1985, 399 und vom 27.01.2000, BStBl II 2000, 227)	
Zucht und Handel mit Wellensittichen (BFH vom 07.08.1991, BFH/NV 1992, 108)	Vercharterung Motorboot (BFH vom 24.02.1999, BFH/NV 1999, 1081) Segelyacht (BFH vom 14.04.2000, BFH/NV 2000, 1333)	
Gästehaus (BFH vom 13.12.1985, BStBl II 1985, 455) und Spezialitätenrestaurant	Getränkegroßhandel mit langjährigen Verlusten (BFH vom 19.11.1985, BStBl II 1986, 289)	
Nebenberuflicher Kunstmaler (BFH vom 26.04.1989, BFH/NV 1989, 696)	Schriftstellerische Nebenbeschäftigung (RA) (BFH vom 23.05.1985, BStBl II 1985, 515) und Nebentätigkeit eines Lehrers (EFG 1993, 514)	
Erfinder (BFH vom 14.03.1985, BStBl II 1985, 424)	Galerie (BFH vom 19.05.2000, BFH/NV 2000, 1458)	

2.3 Die negativen Tatbestandsvoraussetzungen

Gleichberechtigt mit dem kumulativen Vorliegen der positiven Tatbestandsmerkmale müssen ebenso kumulativ die drei negativen Ausschlussmerkmale gegeben sein. In den (+)/(-)-Spalten werden auch hier die Topoi für das Vorliegen eines Gewerbebetriebs mitgeteilt.

2.3.1 Abgrenzung zur privaten Vermögensverwaltung (§ 14 AO)

(+)	Keine private Vermögensverwaltung	(-)
Über Nutzung und Vermögensverwaltung hinausgehende Tätigkeit.	Nutzung im Sinnes einer Fruchtziehung aus zu erhaltendem Substanzwert (R 137 Abs. 1 EStR).	

Die private Vermögensverwaltung ist als negatives Tatbestandsmerkmal aus § 14 S. 3 AO zu prüfen, das die Gewerblichkeit ausschließt. Wie so häufig, bemüht der BFH auch hier das Gesamtbild der Verhältnisse und hält die Verkehrsanschauung für maßgeblich (BFH vom 25.06.1984, BStBl II 1984, 751). In der Praxis spielen eine Rolle

- die (möglicherweise) gewerbliche Vermietung,
- der (möglicherweise) gewerbliche Wertpapierhandel und vor allem
- der (möglicherweise) gewerbliche Grundstückshandel.

2.3.1.1 Die gewerbliche Vermietung

Grundsätzlich ist die Vermietung privater, vermögensverwaltender Natur. Daran ändern weder Anzahl der Mietobjekte (so der BFH vom 21.08.1990, BStBl II 1991, 126) noch der Charakter etwas (Vermietung zu Wohn- oder zu gewerblichen Zwecken).

> **Beispiel 6: Harzer Roller**
> Der Hamburger Finanzbeamte Hein (HH) investiert seinen Verdienst in eine Harzer Ferienanlage. Alle zehn Jahre kommt so eine ETW hinzu, die er in den Sommer- und Wintermonaten an Kurgäste vermietet. Kurz vor der Pensionierung erhält HH ein routinemäßiges Schreiben, in dem er über seine Nebentätigkeiten Auskunft geben muss. In einer Spalte findet sich „gewerbliche Tätigkeit" (Hinweis auf Drei Objekt-Grenze!). HH weiß, dass die Pension bei gewerblicher Tätigkeit gekürzt wird. War das investive Sparen umsonst?

Mit dem formularmäßigen Hinweis auf die Drei-Objekt-Grenze wird nicht die Vermietung, sondern der gewerbliche Grundstückshandel gemeint sein. Dennoch gab es in der Vergangenheit eine Äußerung der Verwaltung (R 137 EStR 1984), wonach die Vermietung von mehr als drei Wohnungen in einer Ferienwohnanlage als gewerblich einzustufen war. Diese Grenze findet sich heute nicht mehr und hat folgender Differenzierung Platz gemacht (H 137 Abs. 2 EStR 2001):

Immer dann, wenn sich der Vermieter zu Zusatzleistungen verpflichtet, die den Charakter einer hotelmäßigen Nutzung annehmen, liegt wegen des vorgehaltenen Organisationsapparats – unabhängig von der Anzahl der vermieteten Objekte – eine gewerbliche Vermietung vor. Hieraus folgt, dass die Beherbergung in Gaststätten und Fremdenpensionen immer als gewerblich qualifiziert ist (BFH vom 11.07.1984, BStBl II 1984, 722). Generell hat der BFH **kurzfristige** Nutzungsüberlassungen, wie dies bei Tennisplätzen und Parkhäusern der Fall ist, und solche, die mit zusätzlichen Serviceleistungen verbunden sind (Campingplatzvermietung) als gewerblich angesehen[195].

> **Lösung:**
> Zusätzlich zu den aufgelisteten Kriterien kommt für die Beurteilung der Harzer Wohnungen noch hinzu, dass sie sich in einer Ferienanlage befinden. Unter – kumulativ – drei Voraussetzungen sind die Bedenken von HH berechtigt:
> - möblierte Wohnung,
> - Vorliegen einer einheitlichen Feriendienstorganisation (Werbung, etc.),
> - hotelmäßiges, jederzeitiges Vermietungsangebot.
>
> Bei diesen Zusatzvoraussetzungen sind die Sorgen von HH angebracht.

---

[195] Hiermit korrespondiert § 4 Nr. 12 S. 2 UStG, der die kurzfristige Vermietung ebenfalls für umsatzsteuerpflichtig erklärt.

2.3.1.2 Der gewerbliche Wertpapierhandel

Rechtzeitig zur Börsenhausse Ende der 90er-Jahre beruhigte der BFH mit zwei Urteilen aufkommende Gewerbe-Bedenken der privaten Kleinanleger. Auch der wiederholt fortgesetzte An- und Verkauf von Wertpapieren, selbst bei erheblichen Umfang, spielt sich noch in der Schutzzone der privaten Vermögensverwaltung ab (BFH vom 19.02.1997, BStBl II 1997, 399 und vom 29.10.1998, BStBl II 1999, 448).

Dies gilt zumindest solange, als diese Geschäfte auf eigenem Namen abgeschlossen werden und sich in Form der Auftragserteilung an eine Bank abwickeln. Dies gilt – mit Ausnahme der Pfandbriefe[196] – für alle Arten von Wertpapiergeschäften, auch für Devisentermin- und Optionsgeschäfte (BFH a.a.O.)[197].

Die Grenze ist jedoch überschritten, wenn die Geschäfte auch im **fremden Namen** unter Einschaltung mehrerer Banken und Mitnahme von Provisionen abgewickelt werden (H 137 Abs. 9 EStR). Ähnlich verhält es sich mit Wertpapiergeschäften eines Bankiers.

2.3.1.3 Der gewerbliche Grundstückshandel und die Drei-Objekt-Grenze

Der praxisrelevante Bereich des gewerblichen Grundstückshandel erhielt nach langjähriger Rechtsunsicherheit mit dem BMF-Schreiben vom 20.12.1990 (BStBl I 1990, 884), ein Fundament, das sich in den meisten Punkten als Garant für Vermögensdispositionen behauptet hat. Einen ersten Überblick verschafft dabei die Übersicht.

---

[196] Für Pfandbriefe hat der BFH im Urteil vom 02.04.1971 (BStBl II 1971, 620) dann eine Ausnahme gemacht, wenn die Geschäfte am „grauen Markt" getätigt wurden.
[197] Hiergegen *Reiß* in *Kirchhof-Kompakt*, § 15 Rz. 129 (immer Gewerbebetrieb).

Abgrenzung zwischen privater Vermögensverwaltung und gewerblichem Grundstückshandel
(nach dem BMF-Schreiben vom 20.12.1990 (BStBl I 1990, S. 884 ff.)

I. Veräußerung von unbebauten Grundstücken (Rz. 4, 5 16 des o.g. BMF-Schreibens)

	Zeitraum	Anzahl verkaufter Grundstücke	Steuerliche Behandlung
a) Veräußerung	weniger als 5 Jahre	mehr als 3 Grundstücke (erworben **mit** Veräußerungsabsicht)	Gewerbebetrieb
b) Veräußerung	weniger als 5 Jahre	mehr als 3 Grundstücke (erworben **ohne** Veräußerungsabsicht)	• private Vermögensverwaltung, falls lediglich Parzellierung und Veräußerung erfolgt • Gewerbebetrieb, falls der Stpfl. sich wie ein Erschließungsunternehmer „geriert" (= sich verhält)
c) Veräußerung	weniger als 5 Jahre	bis zu 3 Grundstücke	private Vermögensverwaltung

II. Veräußerung von bebauten Grundstücken (Rz. 2, 3, 21 – 24 des o.g. BMF-Schreibens)

	Zeitraum	Anzahl verkaufter Grundstücke	Steuerliche Behandlung
Veräußerung	weniger als 5 Jahre	mehr als 3 „privilegierte Objekte"[1] (erworben **mit** Veräußerungsabsicht)	Gewerbebetrieb (Ausnahme: über 10 Jahre vorherige Eigennutzung bzw. V+V)

III. Gebäudeerrichtung (Rz. 2, 3, 21 – 24 des o.g. BMF-Schreibens)

	Zeitraum	Anzahl verkaufter Grundstücke	Steuerliche Behandlung
Veräußerung von Eigentumswohnungen, die auf eigenem Grund und Boden errichtet wurden	weniger als 5 Jahre nach Fertigstellung	mehr als 3 Objekte an verschiedene Personen (Grund: Erfordernis der Beteiligung am allgemeinen Wirtschaftsverkehr gem. § 15 Abs. 2 EStG)	Gewerbebetrieb

---

[1] „Privilegierte Objekte" in der Terminologie des BMF-Schreibens sind Eigentumswohnungen sowie Ein- und Zweifamilienhäuser.

Die wichtigste Aussage – und damit ein Stück Planungssicherheit – bestand in der Schaffung einer „Freigrenze" von drei bebauten Objekten, die innerhalb von fünf Jahren gewerbesteuerfrei mobilisiert werden können. So hat z.B. der Eigentümer von zehn ETW einen Schutzkorridor (einen „Immobilien – safe haven") von fünf Jahren, in dem gefahrlos der Verkauf von drei Einzel-Objekten erfolgen darf.

Ergänzend zur Übersicht ist für den wichtigsten Bereich (II und III: Veräußerung von bebauten Grundstücken bzw. Veräußerung nach Gebäudeerrichtung) und damit für die eigentliche Drei-Objekt-Grenze anzufügen, dass es sich bei den drei Objekten in **zweifacher** Hinsicht um „Kurzzeit"-Objekte (enger zeitlicher Zusammenhang) handeln muss:

- zum einen darf der Zeitraum der Einzelveräußerungen aller Objekte fünf Jahre nicht überschreiten und
- zum anderen werden nur solche Objekte in die Beurteilung einbezogen, bei denen selbst der Zeitraum zwischen Anschaffung (Herstellung) und Weiterverkauf nicht die Fünfjahresgrenze überschritten hat. M.a.W. müssen sie die Eigenschaft als „Umlaufvermögen" haben.

Beispiel 7: Aus Vermietung wird Veräußerung
A erwirbt im Jahr 02 zwei Eigentumswohnungen, die er zunächst vermietet, aber bei günstiger Gelegenheit mit Gewinn weiter veräußern will. In 04 errichtet er ein Einfamilienhaus, das er selbst bewohnt. In 06 veräußert er eine der beiden ETW, in 08 sein EFH und im Jahr 10 die andere ETW.

Die einzelnen Tatbestandsvoraussetzungen bedürfen der Präzisierung:

- Unter den **privilegierten (drei) Objekten** waren lt. Rz. 9 des BMF-Schreibens ursprünglich nur Zweifamilienhäuser, Einfamilienhäuser und ETW erfasst, während für andere Objekte (MFH, Lagergrundstücke etc.) die allgemeinen Grundsätze galten und demnach schon der Verkauf des zweiten oder dritten „Kurzzeit"-MFH den gewerblichen Grundstückshandel begründen konnte. Ebenso ist der Miteigentumsanteil an einem der genannten Objekte bereits ein Objekt (BFH vom 24.01.1996, BFH/NV 1996, 608). Mit mehreren Entscheidungen (zuletzt BFH vom 15.03.2000, BStBl II 2001, 530) hat die Rspr. auch Mehrfamilienhäuser (im Bsp. des BFH: ein Sechsfamilienhaus) und andere Großobjekte (Gewerbebauten) einbezogen.
- Bei den **unbebauten Grundstücken** kann schon eine Flur-Nr. ein Objekt ausmachen. Bei umfangreichem Grundbesitz, der als ein Grundstück erworben wurde, tritt bei einer Parzellierung des Areals in mehrere Flur-Nummern bereits die mathematische Frage auf, ob hier ein Objekt (beim Ankauf) oder mehrere Objekte (beim Verkauf) vorliegen. Die Rspr. behilft sich hier mit einer Umschreibung der Aktivitäten. Solange der Voreigentümer das Grundstück nur „aufschließt" und anschließend mehrere Parzellen veräußert, bleibt er sogar bei einer Auflassungszahl von mehr als drei Objekten im privaten Schutzkorridor. Ab dem Augenblick, da er sich wie ein Erschließungsunternehmer verhält (aktives Mitwirken am „Baureifmachen"), wird der Schutzbereich verlassen, und dies kann schon ab der ersten veräußerten Parzelle (BFH vom 13.12.1995, BStBl II 1996, 232) der Fall sein.

- Der (schädliche) Veräußerungsbegriff selbst wird – konform mit seiner sonstigen Verwendung – als entgeltlicher Übertragungsakt interpretiert; auch teilentgeltliche Objektübertragungen erfüllen den Begriff. Ausgeschlossen (und damit ungefährlich) sind Schenkungen und gesellschaftsrechtliche Einlagen.
- Da der gewerbliche Grundstückshandel bereits beim Erwerb ansetzt, hat sich daraus die Schlussfolgerung entwickelt, dass bereits der Erwerb der Immobilie in bedingter Verkaufsabsicht stattgefunden haben muss[199]. Hiermit stimmt überein, dass immer dann, wenn der (spätere) Veräußerer die fraglichen Objekte möglichst lange nutzt (lt. Rz. 2 a.a.O.: > 10 Jahre), sich der spätere Verkauf als private Vermögensverwaltung darstellt.

Lösung:

- Der kurze Zeitraum der zulässigen Einzelveräußerungen beginnt mit dem Jahr 06 und umfasst daher noch das Jahr 10.
  - Handelt es sich bei den drei Objekten um „Kurzzeit-Objekte?
    - Die erste ETW (erworben im VZ 02 und veräußert im VZ 06) erfüllt die Voraussetzung.
    - Ebenfalls ist das EFH (Erwerb 04, Verkauf 08) ein Kurzzeit-Objekt.
    - Bei der zweiten ETW liegen allerdings 8 Jahre zwischen dem Erwerb (02) und dem Verkauf (10).

  A hält sich mit den bislangigen Grundstücksaktivitäten im „safe haven" auf. Er hätte sogar noch ein Objekt „gut" gehabt.

Dies ändert sich schlagartig, wenn A noch an einer Grundstücksgesellschaft beteiligt gewesen wäre.

Beispiel 8: Die Doppelfunktion des A als Immobilienhändler
Um sich möglichst viele Grundstücksoptionen offen zu halten, geht A weiteren Immobilienaktivitäten zusammen mit seiner Frau in verschiedenen BGB-Gesellschaften nach. Es werden ab VZ 04 vier GbR gegründet, die sich jede um die Vermarktung diverser Objekte bemüht:

- GbR 1 (A und EF zu je 50 %) mit ZFH,
- GbR 2 (A zu 10 %, EF zu 90 %) mit zehn verschiedenen Einzelobjekten,
- GbR 3 (A zu 9 %, EF zu 91 %) mit einer Eigentumswohnanlage (12 ETW),
- GbR 4 (A zu 75 %, EF zu 25 %) mit einem MFH.

Welche der Beteiligungen bzw. welche Aktivitäten könnten für A „gefährlich" werden? Ausgangspunkt ist dabei, dass A in den Jahren 06 – 10 (Bsp. 7) bereits zwei „Kurzzeit"-Objekte veräußert hat.

---

[199] Die Lit. (*Reiß* in *Kirchhopf-Kompakt*, § 15 Rz. 115 sowie *Weber-Grellet* in *Schmidt*, § 15, Rz. 55) distanziert sich von dem als nichtssagend empfundenen Merkmal.

Im BMF-Schreiben vom 20.12.1990 (BStBl I 1990, 884) hat man für den Fall, dass die Drei-Objekt/Fünf-Jahresgrenze durch die Gründung von PersG, insb. GbR, umgangen werden könnte, einen Zusatztatbestand eingeführt. Danach (Rz. 8 a.a.O.) werden Beteiligungen ab **mindestens 10 % an PersG mit Grundstückshandel** unter bestimmten Voraussetzungen bei der Ermittlung der Schädlichkeitsgrenze hinzugezählt.

Vorweg (1. Schritt) muss jedoch auf der Ebene der PersG differenziert werden (Rz. 12), ob bereits eine PersG mit gewerblichem Grundstückshandel vorliegt oder ob es sich um eine vermögensverwaltende PersG handelt. Bei dieser Vorwegdifferenzierung wird wiederum die Drei-Objekt-Grenze angewendet. Befinden sich mehr als drei „Kurzzeit"-Objekte im BV der PersG, so liegt demnach eine gewerbliche Immobilien-PersG vor (ansonsten bei drei oder weniger Objekten: vermögensverwaltende PersG).

Die Beteiligung an danach **gewerblichen PersG** führt dazu, dass dem G'fter im (bedenklichen) **Durchgriff** die Anzahl der von der PersG veräußerten Objekten zugerechnet wird (Schritt 1a). Die von der Verwaltung dafür bemühte „Zurechnungsnorm" des § 39 Abs. 2 Nr. 2 AO gibt jedoch eine **1:1 – Transformation nicht** her. Nach h.M., die den Umrechnungsschlüssel unkritisch übernimmt, führt allein die Veräußerung von einem Objekt, die von der gewerblichen PersG vorgenommen wird, zur Hinzurechnung von einem **Objekt bei jedem** G'fter, der an dieser PersG beteiligt ist[200]. In der (überspitzten) Konsequenz kann dies dazu führen, dass bei einer zehngliedrigen PersG mit gleichen Beteiligungsverhältnissen ein veräußertes Objekt zehnmal berücksichtigt wird. § 39 Abs. 2 Nr. 2 AO kann zwar der Durchgriff entnommen werden, aber dieser nur entsprechend dem Beteiligungsverhältnis. M.E. kann in dem Bsp. der zehngliedrigen PersG das veräußerte Objekt bei allen G'ftern nur mit dem Faktor 1/10 berücksichtigt werden.

Im 2. Schritt werden aber auch die Beteiligungen der **vermögensverwaltenden PersG** berücksichtigt. Dabei ist wiederum zu differenzieren, ob die Beteiligung im BV oder im PV des G'fters gehalten wird. Im ersten Fall (BV) liegen ohnehin gewerbliche Einkünfte vor. Wird – Regelfall – die Beteiligung im PV des G'fter gehalten, wird das Beteiligungsengagement in doppelter Hinsicht bei der Drei-Objekt-Berechnung des G'fters gewürdigt. Wiederum werden dem G'fter die Objektveräußerungen der PersG im problematischen Verhältnis 1:1 zugerechnet (Rz. 14 und 15 a.a.O.). Dies kann zusammen mit den Veräußerungen als Einzelperson zu einem Überschreiten der Drei-Objekt-Grenze führen, obwohl eine rechtsträgerbezogene Betrachtungsweise zu unschädlichen Einzelergebnissen kommt.

Neben der Objektveräußerung löst auch die **Anteilsveräußerung** des G'fters an einer vermögensverwaltenden PersG (Rz. 16) die Hinzurechnung aus (hierzu BFH vom 07.03.1996, BStBl II 1996, 369).

Lösung:
- GbR 2 und GbR 3 gelten bei entsprechenden Grundstücksaktivitäten aufgrund der Objektüberschreitung als gewerbliche PersG. Wegen des Unterschreitens der 10 %-Beteiligungsquote sind für A aber nur Veräußerungen der GbR 2 problematisch. Kommt es hierzu, wird jedes von der GbR 2

---

[200] Statt aller *Weber-Grellet* in *Schmidt*, § 15, Rz. 73 Bsp. bb).

veräußerte Einzelobjekt dem G'fter A im Verhältnis 1:1 hinzugerechnet; m.a.W. ist A dann gewerblicher Grundstückshändler, wenn die GbR 2 im Zeitraum 06 – 10 zwei Immobilien verkauft.
- GbR 1 und GbR 4 können als vermögensverwaltende PersG bezeichnet werden. Bei diesen führen wiederum entweder Objektveräußerungen oder Anteilsveräußerungen zu einer Hinzurechnung bei A.

Generell ist darauf zu achten, dass ein festgestellter gewerblicher Grundstückshandel die Rechtsfolgen **ex-tunc** nach sich zieht, so dass bereits ab der Fertigstellung (bzw. ab dem Erwerb) des ersten Objekts die Gewinnermittlung einsetzt (Rz. 27). Die zu erfassenden Objekte bilden Umlaufvermögen des Geschäftsbetriebs und lassen demnach nicht nur keine AfA zu, sondern führen bei der Veräußerung zu laufenden Gewinnen.

2.3.2 Abgrenzung zu Land- und Forstwirtschaft (§ 13 EStG)

(+)	Keine Land- und Forstwirtschaft (R 135 EStR)	(-)
Eine dauerhafte Umstrukturierung des land- und forstwirtschaftlichen Betriebes führt zum Gewerbebetrieb.		Planmäßige Nutzung der Naturkräfte des Bodens und die Verwertung der dadurch gewonnenen Erzeugnisse (§ 13 EStG)

Drei Probleme stehen bei der Abgrenzungsdiskussion von § 13 EStG zu § 15 EStG im Vordergrund:
1. die Frage der Tierhaltung und Tierzucht,
2. die Mischbetriebe (R 135 EStR) und
3. die sog. Urproduktion.

Zu 1.: Tierhaltung
Landwirtschaftliche Tierhaltung setzt neben der Tiergattung voraus, dass der Bestand der Tiere und die L+F-Nutzfläche gem. § 13 EStG übereinstimmen. Können die Tiere nicht mehr artgerecht gehalten und ernährt werden, so liegt gewerbliche Tierhaltung vor. Dafür sind in § 13 EStG und genauer in R 124a EStR **Vieheinheiten** (VE) als Parameter für die Beantwortung dieser Frage gebildet worden. So müssen z.B. einer Schafherde von 100 Schafen (1 Jahr und älter) mindestens 20 Hektar eigenbewirtschaftete Fläche zur Verfügung stehen, damit noch von L+F-Tierhaltung gesprochen werden kann[201]. Der Auflistung in R 124a EStR kann sodann unschwer entnommen werden, bei welcher Tiergattung die Verwaltung typischerweise von landwirtschaftlicher Tierhaltung ausgeht. Pferde (inkl. Rennpferde) und Hühner zählen dazu, während dies bei Hunden und Katzen nicht der Fall ist.

---

[201] 100 „erwachsene" Schafe ergeben 10 VE (R 124a EStR), wofür mindestens 20 Hektar Fläche gem. § 13 Abs. 1 Nr. 1 S. 2 EStG zur Verfügung stehen müssen.

Zu 2.: Mischbetriebe

Zu den schwierigen Abgrenzungsfragen zählen die Mischbetriebe bzw. die gemischten Tätigkeiten. Rein denklogisch gibt es folgende Kombinationen:

a) Zwei selbständige Betriebe.
b) Ein L+F-Hauptbetrieb mit einem gewerblichen Nebenbetrieb.
c) Ein gewerblicher Hauptbetrieb mit einem L+F-Nebenbetrieb.

Dabei ist von besonderer Bedeutung, dass der jeweilige Hauptbetrieb (b und c) den Nebenbetrieb hinsichtlich der Einkunftsart absorbiert.

Die Vorfrage (zwei getrennte Betriebe mit je eigener Einkunftsermittlung oder ein Hauptbetrieb) hängt davon ab, ob zwischen beiden Betrieben eine zufällige oder eine planmäßige Verbindung besteht. Eine planmäßige Verbindung ist anzunehmen, wenn der eine Betrieb (z.B. Hofladen) nicht ohne den anderen (L+F) gedacht werden kann. In diesem Fall wird sodann wieder nach der Gepräageformel über die dominierende Einkunftsart entschieden.

Die Zuordnungsdiskussion wird überlagert durch die verschiedenartigen Betriebsformen, die von der Verwaltung wiederum mit unterschiedlichen Kriterien versehen werden. Dabei werden unterschieden:

- Absatzbetriebe (Handelsbetriebe),
- Be- und Verarbeitungsbetriebe (Bsp.: Sägewerk),
- Substanzbetriebe (Kiesgrube),
- Vermietungs- und Dienstleistungsbetriebe.

Beispiel 9: Waldbesitz und Sägewerk

Dem Holzbauer Rosegger (R) gehören 15 ha Wald und ein Sägewerk mit einer Jahresschnittleistung von 2.000 cbm. In Sägebetrieben wird mit einer durchschnittlichen Abfallquote von 50 % (Bretter, Seitenware etc.) gerechnet. Von den benötigten 4.000 cbm Rundholz wird ein Zehntel aus den eigenen geschlagenen Beständen verwendet. Beim jährlichen Durchforsten des Waldbesitzes fallen ca. 400 Festmeter (fm) Schnittholzware und die gleiche Menge minderwertige Qualität (Papierholz) an. Wie werden die Betriebe steuerlich zugeordnet?

Ohne auf quantitative Vorgaben einzugehen, könnten die Ausgangsfragen des einheitlichen Betriebes oder zweier getrennter Betriebe zu ideologischen Streitigkeiten führen (rechtlicher oder wirtschaftlicher Zusammenhang zwischen den Einzelbetrieben?). Um diesem Streit vorzubeugen, hat die Verwaltung Vereinfachungsberechnungen in R 135 EStR angestellt, mittels derer zweifelsfrei die Konnexität der Betriebe festgelegt werden kann.

Im Falle der **Handelsbetriebe** (Bsp.: im Hofladen abgesetzte Bio-Produkte) stellt R 135 Abs. 6 EStR folgende Relationen auf:

Folge	Voraussetzung
Einheitlicher L+F-Betrieb (gewerblicher Nebenbetrieb)	• L+F-Produkte werden zu > 40 % über das Handelsgeschäft abgesetzt oder • Zukauf fremder Erzeugnisse zu < 30 % der Handelsumsätze (R 135 Abs. 6 EStR)
Einheitlicher Gewerbebetrieb (L+F-Nebenbetrieb)	• L+F-Produkte werden zu > 40 % über das Handelsgeschäft abgesetzt und • Zukauf fremder Erzeugnisse zu > 30 % der Handelsumsätze
Zwei getrennte Betriebe	• L+F-Produkte werden zu < 40 % über das Handelsgeschäft abgesetzt oder • Zukauf fremder Erzeugnisse zu > 30 % der Handelsumsätze

Lösung (zu den Bearbeitungsbetrieben):

- Nach R 135 Abs. 3 EStR ordnet sich das Sägewerk als Bearbeitungsbetrieb dem forstwirtschaftlichen Hauptbetrieb unter, wenn in ihm die eigenen Hölzer nur geringfügig bearbeitet werden (Nr. 1). Dies ist bei dem Zuschnitt von Bäumen für Schnittware nicht der Fall.
- Ein einheitlicher Gewerbebetrieb läge vor, wenn die L+F-Hölzer überwiegend im Sägewerk bearbeitet würden. Dies ist bei einer Quote von nur 10 % (400 cbm eigener Bestand/4.000 cbm insgesamt) ebenfalls nicht gegeben.
- Als Ergebnis kann demnach festgehalten werden, dass zwei getrennte Betriebe vorliegen. Beide Betriebe bedingen sich bei den genannten Zahlen nicht gegenseitig.

Zu 3.: Die Urproduktion

Dem Charakter der L+F-Urproduktion entspricht die Zuordnung der reinen **bodenabhängigen** Produktion zu § 13 EStG. Soweit es bei der Veräußerung der so gewonnenen tierischen und pflanzlichen Produkte verbleibt, wird der Bereich des § 13 EStG nicht verlassen. Mit diesem allgemeinsten Zuordnungskriterium ist im Zweifel – jenseits der o.g. Prozentzahlen – immer eine zutreffende Entscheidung zu erzielen.

2.3.3 Abgrenzung zur selbständigen Arbeit (§ 18 EStG)

Vorgreiflich der Abgrenzungsdiskussion bei den „neuen Berufen" innerhalb von § 18 EStG (nachfolgend unter 3), die von der Verwaltung unsystematisch mit R 136 EStR bei § 15 EStG vorgenommen wird, stehen hier nur die **Mischtätigkeiten** zur Diskussion. Dabei gelten für beide Gewinneinkunftsarten die schon vorweg geprüften Merkmale der Selbständigkeit, Nachhaltigkeit, Marktbeteiligung und der Gewinnerzielungsabsicht.

(+)	Keine selbständige Arbeit (R 136 EStR)	(-)
Keine § 18 EStG vorbehaltene Berufsbetätigung (BFH vom 01.10.1986, BStBl II 1987, 116).	Tätigkeit i.S.d. § 18 EStG.	

Der Kundenwunsch und die Mehrfachtalente bringen es mit sich, dass sich Träger von freien Berufen i.S.d. § 18 EStG auch im gewerblichen Milieu bewegen. Dies ist solange steuerlich unproblematisch, da sich die Aktivitäten in irgendeiner Form (betriebswirtschaftlich, Buchführung, zeitlich etc.) unschwer trennen lassen und sich nicht gegenseitig bedingen (BFH vom 11.05.1976, BStBl II 1976, 641).

Schon schwieriger wird es, wenn sog. gemischte Tätigkeiten vorliegen. Dort greifen die Merkmale ineinander oder es besteht ganz allgemein ein enger sachlicher und wirtschaftlicher Zusammenhang zwischen den Tätigkeitsfeldern. Jedoch war der BFH auch in diesen Fällen immer um eine Trennung bemüht, solange die gewerblichen und freiberuflichen Bereiche nicht unlösbar miteinander verflochten waren (BFH vom 03.10.1985, BStBl II 1986, 213).

Beispiel 10: Der Politprofi A als Multitalent
A ging zwischendurch bei Bocuse in die Schule und versteht sich seither als „Speiseschöpfer". Ist der damit künstlerisch i.S.d. § 18 EStG tätig? Zu den Kreationen zählt auch ein „Gaumen-/Augen-/Ohrenschmaus", womit gemeint ist, dass an jedem Wochenende im Restaurant eine Theaterinszenierung stattfindet, zu der besondere Cheeseburger präsentiert werden.

Vorweg wird bei der gemischten Tätigkeiten geprüft, ob überhaupt eine freiberufliche Tätigkeit, insb. ein behauptetes künstlerisches Engagement vorliegt. Falls dies bejaht werden kann (beispielsweise eine sog. künstlerische Gestaltungshöhe vorliegt), so ist die nächste Frage die nach der Trennbarkeit beider Aktivitäten. Dies wird z.B. verneint, wenn ein einheitlicher Erfolg geschuldet wird oder wenn sich eine Tätigkeit lediglich als Ausfluss der anderen Betätigung begreifen lässt. Falls eine untrennbar gemischte Tätigkeit vorliegt, folgt die einheitliche Subsumtion der **Geprägetheorie.**

Symptomatisch für diese Auslegungsarbeit ist die Beurteilung des BFH in zwei Urteilen zu Steuerberatern, die gleichzeitig gewerblichen Aufgaben nachgingen. In der ersten Entscheidung vom 09.08.1983 (BStBl II 1984, 129) war der StB gleichzeitig im Marketingbereich tätig und führte einem Vertriebsunternehmen Interessenten für ETW zu, um gleichzeitig mittels **Pauschalhonorar** steuerliche Beratungsleistungen mit abzurechnen. In diesem Fall, da die Vermittlungsprovision und das Beratungshonorar untrennbar in einem Pauschalhonorar abgerechnet werden, kam der BFH nicht umhin, auf eine einheitliche gewerbliche Betätigung des StB zu entscheiden, da der Kundenfang eindeutig im Vordergrund stand.

Anders hat der BFH elf Jahre später einen Fall entschieden (BFH vom 21.04.1994, BStBl II 1994, 650), in dem ein als (gewerblicher) Treuhänder an einer Bauherrengemeinschaft beteiligter StB zusätzlich freiberufliche Leistungen für die Treugeber erbrachte, die unschwer von den Treuhandleistungen zu trennen waren.

Die Rspr. war bei Einzelpersonen immer um eine Trennung bemüht, auch wenn die beteiligten Stpfl. keine entsprechende Vorkehrung (getrennte Abrechnung und getrennte Buchführung) getroffen haben. Bei profiskalischer Vorgehensweise seitens der Verwaltung ist diese Zurückhaltung nicht immer geboten.

Von daher sollten bei Aktivitäten im Bereich der Werbung[202], der Vermittlung[203] und des Verkaufs[204], die per se zu gewerblichen Einkünften führen, die betroffenen Berufsträger im Vorfeld auf die Möglichkeit der organisatorischen Trennung beider Bereiche hingewiesen werden, um späteren Schwierigkeiten vorzubeugen.

Lösung:
Es liegen zwei getrennt zu beurteilende Sachverhalte vor:

1. einmal die Frage nach der künstlerischen Tätigkeit an sich (Speiseschöpfer?) und
2. sodann die Frage nach der Beurteilung des Kombi-Angebots.

Ob die „Küchenleistungen" des A das Prädikat „künstlerische Betätigung" (1. Fall) nach sich ziehen, hängt davon ab, ob der (behauptete) Kunstwert höher als der Gebrauchswert der präsentierten Speisenfolge ist. Diese Entscheidung wird man letztlich von einem Preisvergleich abhängig machen. Sollte der vereinbarte (und bezahlte) Preis im Mühlenrestaurant des A deutlich (um mehr als 100 %) über dem vergleichbar zubereiteter Speisen anderswo liegen, überwiegt der „Event"-Charakter. Man sollte sich in diesem Fall nicht scheuen, die Ergebnisse aus dem Restaurant komplett bei § 18 EStG zu erfassen.

Das Kombi-Angebot (2. Fall) durchläuft drei Prüfungsstationen:

a) Sind Theaterinszenierungen „eigenschöpferische" Leistungen, die künstlerische „Gestaltungshöhe" erreichen? Die Antwort kann nur auf „ja" lauten.
b) Getrennte oder gemischte Beurteilung? Falls beide Leistungen untrennbar miteinander verbunden sind (Bsp.: einheitlicher und einziger Preis), liegen untrennbare gemischte Tätigkeiten vor.
c) Die Entscheidung nach der sich anschließenden Gepräge-Theorie wird wiederum von einem Preisvergleich abhängig sein.

---

[202] Bsp.: Fahrschulwagen mit Werbeaufschrift.
[203] Von Architektenverträgen getrennte Grundstückskaufverträge (BFH vom 23.10.1975, BStBl II 1976, 152).
[204] Zum Verkauf von Medikamenten, Ärztepräparaten etc. durch Ärzte vgl. BMF-Schreiben vom 14.05.1997 (BStBl I 1997, 566): Trennung; ggf. im Schätzungsweg (s. auch BFH vom 05.05.1999, BFH/NV 1999, 1328).

2.4 Zusammenfassung

Nach der grundsätzlichen Feststellung der gewerblichen Tätigkeit und damit eines gewerblichen Unternehmens sind weitere Zuordnungen vorzunehmen[205].

2.4.1 Die zeitliche Dimension des Gewerbebetriebes

Wie bereits im Vorgriff (Übersicht unter 2.1) gezeigt wurde, beschränkt sich die Gewerbesteuer auf die „werbenden Tätigkeiten" des Unternehmers und ignoriert sowohl die vorbereitenden Maßnahmen wie vor allem die Abwicklungshandlungen. Diese weitgehend dem § 16 EStG vorbehaltenen einkommensteuerbaren Schlusshandlungen des Unternehmers bleiben von der Gewerbesteuer ausgespart.

2.4.2 Sachlicher Umfang des Unternehmens

Die häufig gestellte Fangfrage (eine natürliche Person: ein Unternehmen?) lässt sich leicht dahingehend beantworten, dass eine natürliche Person so viele Gewerbebetriebe unterhalten kann, wie es seiner Organisationskraft entspricht. Das theoretische Spektrum einer Einzelperson umfasst folgende Möglichkeiten:

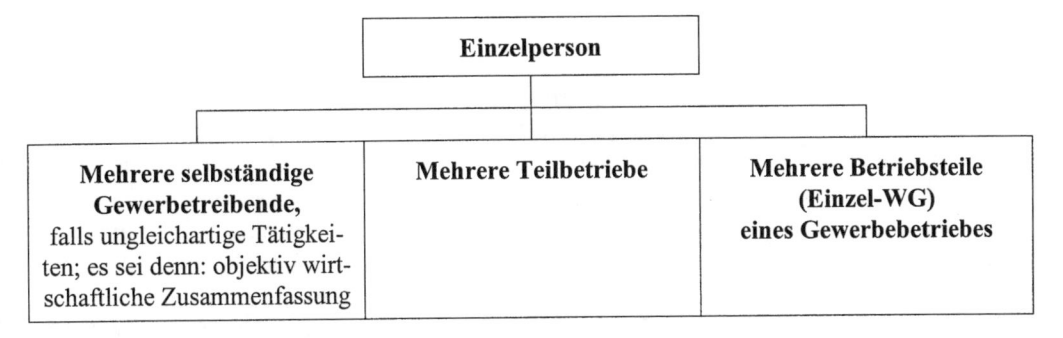

	Einzelperson	
Mehrere selbständige Gewerbetreibende, falls ungleichartige Tätigkeiten; es sei denn: objektiv wirtschaftliche Zusammenfassung	Mehrere Teilbetriebe	Mehrere Betriebsteile (Einzel-WG) eines Gewerbebetriebes

Diese Unterscheidung hat vor allem Bedeutung im Hinblick auf §§ 16, 34 EStG sowie auf §§ 20, 24 UmwStG. Dessen ungeachtet sollte vor betrieblichen Umstrukturierungsmaßnahmen nicht nur ein betriebswirtschaftliches Organigramm, sondern auch ein steuerliches Organigramm für einen ggf. erforderlichen due diligence erstellt werden.

Hinzuzufügen bleibt, dass die Beliebigkeit der Gründung und Unterhaltung von mehreren selbständigen Betrieben steuerlich ihre Grenze in der Zusammenfassung solcher Betriebe hat, die in räumlicher Nähe gleichartigen Tätigkeiten nachgehen (BFH vom 09.08.1989, BStBl II 1989, 901). Der früher zu beobachtende steuerliche Konzentrationswunsch der Finanzverwaltung hat heute nur noch wegen der GewSt-Freibeträge eine gewisse Bedeutung. Die Neuregelung (§ 35 EStG) wird auch hier den Erfindungsreichtum der Stpfl. sowie den Jagd- und Konzentrationseifer der Verwaltung erlahmen lassen.

---

[205] Ähnlich *Weber-Grellet* in *Schmidt*, § 15 Rz. 125 ff.

2.4.3 Das Unternehmen in personeller Hinsicht

Hingegen unvermindert aktuell bleibt das Thema nach der unternehmerischen Steuersubjektivität. Damit ist die Frage der persönlichen steuerlichen Zurechnung von Unternehmensaktivitäten angesprochen. Ohne der Diskussion zur persönlichen Zurechnung (Teil B, Kap. I) vorzugreifen, ist auf folgende Besonderheiten hinzuweisen:

- Gewerbliche Einkünfte erzielt derjenige, der als Unternehmensträger gewerbliche Einkünfte i.S.d. § 2 Abs. 1 EStG „erzielt". Dies wird bei einer Betriebsverpachtung der Pächter und nicht der rechtliche Eigentümer (Verpächter[206]) sein.
- Bei Ehegatten als gemeinsame Betreiber eines Unternehmens ist nicht ipso iure (= von Rechts wegen) zu unterstellen, dass sie auch MU des Betriebs sind[207].
- Die eigentlichen Zurechnungsfragen des Unternehmensnießbrauchs und der Aufnahme von Familienangehörigen bleibt dem Zurechnungskapitel (Teil B, Kap I) vorbehalten.

3 Einkünfte aus selbständiger Arbeit (§ 2 Abs. 1 Nr. 3 i.V.m. § 18 EStG)

3.1 Vorbemerkung

Der Gesetzgeber und – vor allem – die Rspr. sind bei § 18 EStG bemüht, mit der stürmischen Entwicklung neuer Berufe Schritt zu halten. Die Dreiteilung in § 18 Abs. 1 EStG wird der vom Gesetz abzubildenden Lebenswirklichkeit nicht gerecht, da Nr. 2 (Staatlicher Lotterieeinnehmer) kaum eine Rolle spielt und sich bei der (wichtigen) Nr. 3 wegen der redaktionellen Trennung von § 18 Nr. 1 EStG das vorhandene Abstimmungsproblem umso unversöhnlicher stellt. § 18 Abs. 2 und 3 EStG tragen Selbstverständlichkeiten wie dem Grundsatz der **Steuerverstrickung** aller beruflich eingesetzten WG (Abs. 3) Rechnung. § 18 Abs. 4 EStG enthält den Querverweis auf § 15 Abs. 1 Nr. 2 EStG und erschließt damit die **steuerliche MU-schaft für die Freiberufler**.

Gemeinsames Kennzeichen aller in § 18 EStG genannten (bzw. durch die Rspr. erschlossener) Personen ist der Verzicht auf die Buchführungspflicht (bei vorhandener Möglichkeit) und auf die Gewerbesteuer. Die zusätzliche Prämierung (Freibetrag) der „vornehmen" Einkunftsart des § 18 EStG, bei der die **persönliche Arbeitsleistung** im Vordergrund steht (ständige BFH-Formel, zuletzt BFH vom 18.05.2000, BStBl II 2000, 625), ist 1990 dem Rotstift des Gesetzgebers zum Opfer gefallen.

Die Einkunftsermittlung aus selbständiger Arbeit ist in Band 2, Teil A, Kap. I ebenso ausführlich dargestellt wie der Zusammenschluss zu einer Freiberufler-Sozietät in Band 2, Teil B (Mitunternehmerschaft). Veräußerung/Aufgabe sind der Darstellung zur Steuerentstrickung in diesem Band (Teil B, Kap. II) vorbehalten.

---

[206] Zur Besteuerung seiner Pachtzinsen s. hier unter Teil B, Kap. II (Verpächterwahlrecht).
[207] MU-Qualität setzt MU-Initiative und MU-Risiko voraus; dazu *Preißer* Band 2, Teil B (Mitunternehmerschaft).

Die Erfassung als selbständige Einkünfte gem. § 18 EStG setzt – konform mit den gewerblichen Einkünften – die **Selbständigkeit**, die Nachhaltigkeit, die Marktteilnahme, die Gewinnerzielungsabsicht und negativ das Fehlen gewerblicher bzw. land- und forstwirtschaftlicher Betätigung voraus. Auch insoweit kann voll-inhaltlich auf die obigen Darstellungen zu § 15 EStG verwiesen werden.

3.2 Die einzelnen freiberuflichen Tätigkeiten (§ 18 Abs. 1 Nr. 1 EStG)

Aus dem Anwendungsbereich des § 18 EStG ragt die erste Gruppe der **selbständigen Arbeit**[208], nämlich die **freiberufliche Tätigkeit** gem. § 18 Abs. 1 Nr. 1 EStG bei weitem heraus. Der Gesetzgeber hat den einheitlichen Block freiberuflicher Tätigkeit durch zwei Norminhalte präzisiert:

- im ersten Bereich erfüllen spezielle Tätigkeitsbereiche den Terminus,
- im zweiten Bereich genügt bereits eine typische Berufstätigkeit (s. unter 3.3).

3.2.1 Die wissenschaftliche Tätigkeit

Der Begriff der wissenschaftlichen Betätigung umfasst neben der „reinen" Wissenschaft (Forschung) auch die „angewandte" Wissenschaft, bei der die Theorie auf konkrete Abläufe angewandt wird. Den Grenzfall dazu stellt nach dem Urteil des BFH vom 27.02.1992 (BStBl II 1992, 826) eine Tätigkeit dar, die im wesentlichen in einer praxisorientierten Beratung besteht. Entscheidendes Abgrenzungsmerkmal war für den BFH (Gutachterfälle) immer, ob die Marktkenntnisse bzw. die kommerziellen Aspekte im Vordergrund stehen (gewerbliche Tätigkeit) oder ob es um die Übertragung objektiv qualifizierter Grundlagenkenntnisse geht (sodann freiberufliche Tätigkeit).

Eine Sonderstellung nehmen die **Erfinder** ein (R 149 EStR). Während die Erfinderleistung immer als wissenschaftlich zu qualifizieren ist und dort noch keine steuerlichen Einordnungsprobleme verursacht, verlässt der Erfinder mit der **Verwertung** seiner Idee (Lizenzvergabe) den steuerirrelevanten Bereich. Die Erfassung der Lizenzgebühren hängt sodann davon ab, ob die Erfindung(-sarbeit) im Rahmen eines Betriebs, Arbeitsverhältnisses oder dgl. erfolgte. In diesem Fall (Erfindung im Rahmen eines Gewerbebetriebes) werden die Lizenzgebühren bereits über die betriebliche Erfassung zu gewerblichen Einkünften führen. Dies ist auch der Fall bei der (nicht seltenen) Überlassung eines Patents im Rahmen einer Betriebsaufspaltung[209].

3.2.2 Die künstlerische Tätigkeit

Über die Zuordnung zu einer künstlerischen Tätigkeit halten sich alle Fachgerichte wegen des durch Art. 5 GG gebotenen Schutzzweckes mit Werturteilen zurück. Die Erkenntnisformel des BFH belässt es bei den Vokabeln „eigenschöpferische" Arbeit und

---

[208] Dabei ist zu berücksichtigen, dass auch **Nebentätigkeiten selbständig** ausgeübt werden können (Bsp: die Lehr- und Vortragstätigkeit von Beamten, Rechtsanwälten und dgl. an Hochschulen, s. H 146 EStR).
[209] So auch *Wacker* in *Schmidt*, § 18 Rz. 64.

"künstlerische Gestaltungshöhe" (BFH vom 11.02.1991, BStBl II 1992, 353), um Serienproduzenten auszugrenzen. Nur mittels Gutachten lassen sich reproduzierende Tätigkeiten oder die Herstellung von Gebrauchskunst auf ihren künstlerischen Wert hin überprüfen. Die Grenze zur Gewerblichkeit war für den BFH jedoch überschritten, als sich ein Schauspieler für Produktwerbung verdingte (BFH vom 21.04.1999, BFH/NV 1999, 1280).

3.2.3 Die schriftstellerische Tätigkeit

Die Umschreibung der schriftstellerischen Tätigkeit hat der BFH mit der „für die Öffentlichkeit bestimmten schriftlichen Fixierung eigener Gedanken" versucht (BFH vom 14.05.1958, BStBl III 1958, 316). Da dies bei Journalisten zum Tagesgeschäft zählt, und diese schon als Katalogberufler erfasst sind, erfüllen ihre Elaborate keine zusätzliche schriftstellerische Leistung.

Ebenso wie bei den künstlerischen Tätigkeiten, ist bei der Schriftstellerei auf die Abgrenzung zur **Liebhaberei** zu achten. Spätestens an dieser Stelle (Ergebnisprognose) betritt man gefährlichen Boden aufgrund der Begutachtung des Werks. M.E. kann der h.M. in diesem Punkt nicht gefolgt werden, wenn sie auf eine inhaltliche Prüfung – vergleichbar der Prüfung bei künstlerischen und wissenschaftlichen Tätigkeiten – verzichtet[210].

3.2.4 Die unterrichtende und erzieherische Tätigkeit

Während bei der unterrichtenden Tätigkeit die Person des Unterrichtenden im Vordergrund steht, orientiert sich der Begriff der erzieherischen Tätigkeit stärker an den Adressaten der Schulungsmaßnahme. Mit erzieherischen Aktivitäten soll primär die Charakterbildung junger Menschen erreicht werden, während bei unterrichtender Tätigkeit eine eigenverantwortliche Lehrpersönlichkeit Auslöser für die Zuordnung ist. Bei der unterrichtenden Tätigkeit steht häufig einer Einordnung nach § 18 Abs. 1 Nr. 1 EStG die Eingliederung der betreffenden Person in einen Lehrapparat (Lehrplan/Curriculum) im Wege, da die Tätigkeit neben den Qualitätsanforderungen auch selbständig ausgeübt sein muss.

Während der BFH bei Fahrlehrern, Tanzlehrern[211], Repetitoren, Lehranalytikern, Moderatoren und Bergführern grundsätzlich keine Probleme sieht, gehen ihm bloße Geräteeinweisungen trotz vereinzelter Trainingsüberwachung nicht weit genug, um eine unterrichtende Tätigkeit anzunehmen: Fitnesscenter und Bodybuildingstudios sind demnach gewerblich (BFH vom 13.01.1994, BStBl II 1994, 362 und vom 18.04.1996, BStBl II 1996, 573).

Bei der erzieherischen Qualitätsprüfung versagt der BFH dann die Anerkennung, wenn sich eine Beratungstätigkeit nur auf einzelne zwischenmenschliche Bereiche und nicht auf die ganze Persönlichkeit bezieht (BFH vom 11.06.1997, BStBl II 1997, 687 zu Managementtrainern).

---

[210] S. nur *Lambrecht* in *Kirchhof-Kompakt*, § 18 Rz. 77 (arg.: Wortlaut und Entstehungsgeschichte).
[211] Wiederum anders, d.h. gewerblich, falls die Tanzschule einen Getränkeverkauf mit Gewinnerzielungsabsicht betreibt, BFH vom 18.05.1995 (BStBl II 1995, 718).

3.3 Die einzelnen freiberuflichen Berufsträger (§ 18 Abs. 1 Nr. 1 EStG)

Nachfolgend werden nur die im Zusammenhang mit den einschlägigen Berufsgruppen auftretenden Spezialprobleme dargestellt. Auf ein lexikalisches Berufs-Gotha wird verzichtet. Von entscheidender Bedeutung für alle in § 18 Abs. 1 Nr. 1 EStG genannten Berufsträger (sog. Katalogberufe) ist jedoch, dass für sie die Vermutung selbständiger Arbeit gilt.

3.3.1 Die Heilberufe

Bei den Heilberufen steht der Zusammenschluss von mehreren Ärzten zu einer Gemeinschaftspraxis mit den sich aus § 15 Abs. 3 Nr. 1 EStG (gewerbliche Infektionswirkung) Problemen[212] sowie die Mitarbeit anderer Personen (s. sogleich 3.4) im Vordergrund.

Soweit es um die gesundheitssubstituierenden Berufe der Krakengymnasten, Dentisten und vor allem der Heilpraktiker geht, ist darauf hinzuweisen, dass nicht jeder nach dem HeilpraktikerG zuzulassende Berufsträger (Bsp. Psychologe) automatisch zu den Katalogberufen zählt. Insoweit liegt auch hier ein ähnlicher Beruf mit den speziellen Anerkennungsvoraussetzungen vor.

3.3.2 Rechts- und wirtschaftsberatende Berufe

Bei den Rechtsanwälten stellt sich häufig das Abgrenzungsproblem zu § 18 Abs. 1 Nr. 3 EStG, wenn sie nebenher (oder hauptsächlich) als Vermögensverwalter, insb. als Insolvenzverwalter auftreten. Hierbei ist auf die unterschiedliche Handhabung der „Vervielfältigungstheorie"[213] hinzuweisen.

Ebenfalls tritt bei RA/StB häufig das Problem der gemischten Tätigkeiten auf (s. oben). Sämtliche vom Mandat nicht erfassten Geldgeschäfte dieser Berufsträger (wie Vermittlungsprovisionen) werden – wie die standeswidrige Geschäfte (Erfolgshonorare) – als gewerbliche Einkünfte (oder nach § 20 EStG) behandelt.

Durch den Wegfall des Buchführungsprivilegs für StB können diese Aufgaben von Berufsfremden wahrgenommen werden und sind sodann gewerblich. Solange sie weiterhin von StB oder von den genannten Berufsträgern (vereidigter Buchprüfer) erfüllt werden, sind sie selbständiger Art.

Anders als bei den klassischen Berufsträgern ist bei beratenden Volks- und Betriebswirten das Berufsrecht nicht geregelt. Eine Unternehmensberatung führt nur dann zu Einkünften nach § 18 EStG, wenn sich die Beratung auf eines oder mehrere Hauptgebiete der BWL bezieht; bei zu starker Spezialisierung (Versicherungsberatung, Werbeberatung, Marktforschungsberatung, Mietpreis- und Grundstücksgutachter etc[214].) liegen gewerbliche Einkünfte vor.

---

[212] Ausführliche Darstellung s. Band 2, Teil B.
[213] S. sogleich unter 3.4.
[214] Nach den Urteilen des BFH vom 16.01.1974 (BStBl II 1974, 293) und vom 16.10.1997 (BStBl II 1998, 139 bzw. BFH/NV 1998, 1206).

3.3.3 Technische Berufe (Architekten, Ingenieure, Vermessungsingenieure)

Auch hier weist der BFH in mehreren Entscheidungen darauf hin, dass die Fachkenntnisse hierzu auf Hoch- oder Fachhochschulen erworben werden. Gerade bei Architekten kommt häufig das Thema der gemischten Tätigkeiten vor. Besonders gefährlich (einheitlicher Preis) sind Verträge, denen zufolge sich der Architekt zur Erstellung eines „schlüsselfertigen" Hauses verpflichtet, da damit das gesamte Entgelt aus diesem Vertrag der Gewerbesteuer unterliegt, da eine Abschottung der freiberuflichen Leistungen nicht möglich ist[215]. Wiederum anders (getrennte Tätigkeit), wenn der Architekt neben seiner freiberuflichen Planungs- und Aufsichtstätigkeit daneben Grundstückshandel betreibt. Einen Sonderstatus nehmen See- und Revierlotsen ein, die seit 1960 zu den freien Berufen zählen.

3.3.4 Medienberufe

Bei Journalisten, Bildberichterstattern, Dolmetschern und Übersetzern entfällt die zusätzliche oder Vorwegprüfung nach schriftstellerischer oder einer vergleichbaren Tätigkeit, da mit der Berufserfassung eine pauschale Einbeziehung in die selbständigen Einkünfte erfolgt. Die Selbständigkeit soll immer dann gegeben sein, wenn Urheberrechte übertragen werden.

3.3.5 Ähnliche Berufe

Ein großes Betätigungsfeld stellt(e) für den BFH die Eingruppierung „junger Berufe" zu den Katalogberufen dar. In dogmatischer Hinsicht ist vorweg zu berücksichtigen, dass eine pauschale Ähnlichkeit oder eine sog. „Gruppenähnlichkeit" (zu einer Auswahl von Katalogberufen) dem BFH für die Aufnahme nach § 18 Abs. 1 Nr. 1 EStG nicht genügt (vgl. BFH vom 31.05.2000, BFH/NV 2000, 1460). Vielmehr muss der Vergleich mit einem bestimmten Katalogberuf erfolgreich geführt werden, wobei Ähnlichkeiten zu anderen Katalogberufen nicht hinderlich sind.

> **Beispiel 11: Die Dipl.-Wirtschaftsjuristin (FH)**
> Die frisch absolvierte Dipl.-Wirtschaftsjuristin (FH), Evelyn Zack (23 Jahre), schlägt die lukrativen Angebote der Wirtschaft in den Wind und macht sich als Wirtschaftsberaterin selbständig. Innerhalb von zwei Jahren floriert das Geschäft („Anfertigung von finanziellen Machbarkeitsstudien bei Hedge-Konzepten unter Einbeziehung aller rechtlichen Aspekte – In- und Ausland"). Sie staunt nicht schlecht, als ihr seitens des Betriebsstätten-FA die Formulare für die Gewerbesteuererklärung zugeschickt werden. Liegt ein postalisches Versehen vor?

In den beiden Punkten der **Ausbildung** und der **Tätigkeit** müssen der „ähnliche Beruf" und der Katalogberuf vergleichbar sein (BFH vom 12.10.1989, BStBl II 1990, 64).

---

[215] Sehr früh der BFH im Urteil vom 15.12.1971 (BStBl II 1972, 291).

- **Zur Ausbildung:** Wird als Vergleichsberuf ein akademischer Beruf ausgewählt, so ist der Ausbildungsnachweis durch ein vergleichbares Studium (mit Curriculum) erbracht. Ist dies bei dem Vergleichsberuf nicht der Fall (Bsp.: Medienberufe), so wird nur der Ähnlichkeitsvergleich hinsichtlich der Tätigkeiten angestellt. In den letzten Jahre hatte sich die Rspr. verstärkt mit der **Autodidakten**-Thematik auseinander zu setzen. Nachdem dem Autodidakten der direkte Ausbildungsvergleich schwerlich gelingen wird[216], erlaubt der BFH einen „retrograden" Nachweis. Bei besonders anspruchsvoller Tätigkeit kann durch praktische Arbeiten der Nachweis erbracht werden, dass Fähigkeiten (Kenntnisse) vorliegen, die ansonsten nur durch den Kernbereich eines Fachstudiums vermittelt werden können (BFH vom 11.08.1999, BStBl II 2000, 31).

- **Zur Tätigkeit:** (Erschwerend) kommt hinzu, dass auch die konkrete Tätigkeit auf wissenschaftlicher (oder künstlerischer) Grundlage **durchgeführt** sein muss (Tätigkeitsvergleich). Rein schematische oder Routine-Vorgänge führen somit – selbst bei vergleichbarer Ausbildung – nicht zur Aufnahme nach § 18 EStG.

    Lösung:
    - Der Vergleichsberuf ist für diplomierte Wirtschaftsjuristen grundsätzlich der Anwaltsberuf (Ausnahme: Schwerpunkt Steuern und Prüfungswesen; dort ist es der StB).
    - Das Curriculum der Wirtschaftsjuristen weist 60 % Recht, 30 % Wirtschaft und 10 % Schlüsselqualifikation auf. Der Nachweis (Kleingruppenarbeit auf wissenschaftlicher Basis) dürfte unschwer zu führen sein, zumal dieses Studium ohne Repetitor auskommt.
    - Der Tätigkeitsnachweis gelingt nur, wenn Zack nachweisen kann, dass sie ihre Arbeiten nicht als Serienprodukte erstellt, sondern im jedem Einzelfall auf die Belange des konkreten neuen Mandats eingeht und auf fachwissenschaftlicher Grundlage ihre Arbeit erledigt.

    Gelingt vor allem der zuletzt genannte Nachweis, dann handelte es sich bei dem GewSt-Anliegen des FA zwar nicht um ein postalisches, aber um eine steuerjuristisches Versehen. Zack erzielt selbständige Einkünfte nach § 18 Abs. 1 Nr. 1 EStG.

3.4 Die Mithilfe anderer – die so genannte Vervielfältigungstheorie

Die Beschäftigung von fachlich vorgebildeten Mitarbeitern steht der Annahme einer freiberuflichen Tätigkeit gem. § 18 Abs. 1 Nr. 1 S. 3 EStG nicht entgegen, wenn der Berufsträger auf Grund eigener Fachkenntnisse leitend tätig ist und eigenverantwortlich mitwirkt (BFH vom 01.02.1990, BStBl II 1990, 507).

---

[216] Auf alle Fälle kann mittels eines abgebrochenen Studiums der Ausbildungsnachweis nicht erbracht werden (BFH vom 04.05.2000, BStBl II 2000, 616).

Mit dieser Formel will der BFH sicherstellen, dass der Freiberufler der konkreten Tätigkeit – auch bei Unterstützung durch Mitarbeiter – den „Stempel seiner Persönlichkeit" gibt. Diese Formel hat sich aus der ursprünglichen Rspr. des BFH (Urteil vom 05.12.1968, BStBl II 1969, 165), derzufolge die Beschäftigung von mehr als einem qualifizierten Mitarbeiter bereits zu gewerblichen Einkünften führt, in die heutige Zeit „hinüber gerettet".

Beispiel 12: Der „Wirtschaftsanwalt"
RA R beschäftigt den Wirtschaftsprüfer W und den StB S im Angestelltenverhältnis. Auf diese Weise will er als Wirtschaftsanwalt seinen Mandanten ein umfassendes Beratungsangebot unterbreiten, zu dem auch die Prüfung und das Testat der Jahresabschlüsse von KapG zählt.

Steuerlich unschädlich ist die Mitarbeit fachlich vorgebildeter Kräfte nur dann, wenn die Ausführung jedes einzelnen Auftrags dem Berufsträger in dem Sinne zuzurechnen ist, dass sie Ausfluss seiner Gesamttätigkeit ist. Hierzu gehört, dass der Freiberufler überhaupt in der Lage ist, die einzelne delegierte Arbeit zu kontrollieren. An dieser Fähigkeit fehlt es bereits dann, wenn – rein rechnerisch – dem Arbeitgeber bei der Vielzahl seiner Mitarbeiter keine Zeit zur Überwachung der Arbeit eines jeden einzelnen Angestellten verbleibt (Laborärzte[217]).

Lösung:
Mindestvoraussetzung für die eigenverantwortliche Mitwirkung des Berufsträgers ist die berufsrechtliche Legitimation für die Ausführung der angebotenen und vermarkteten Leistung.
Einem RA ist zwar die geschäftsmäßige Wahrnehmung aller steuerlichen Angelegenheiten erlaubt, hingegen nicht die Prüfung und Testierung von Jahresabschlüssen. Dies ist den Wirtschaftsprüfern vorbehalten.
R ist gewerblich tätig, wenn er einen WP als Angestellten beschäftigt und ihn mit der Wahrnehmung von Aufgaben betraut, die seinem Berufsstand vorenthalten ist.
Wiederum anders darf ein RA als Arbeitgeber so viele angestellte Rechtsanwälte und StB beschäftigen, dass ihm nicht die eigenverantwortliche Leitung der Gesamttätigkeit abgesprochen wird[218].

Ein besonderes Problem stellt die Mitarbeit von Angestellten bei Tätigkeiten nach § 18 Abs. 1 Nr. 3 EStG dar. Während eine dauernde Vertretung zu Einkünften nach § 15 EStG führt, kann bei einer vorübergehenden Vertretung gem. § 18 Abs. 1 Nr. 1 S. 4 EStG die freiberufliche Tätigkeit erhalten bleiben.

---

[217] Aufgrund der BFH-Rspr. (Urteil vom 21.03.1995, BStBl II 1995, 732) ist dies dann nicht mehr der Fall, wenn dem Laborarzt nur noch eine Zeit von 36,5 Sekunden für die durchschnittliche Untersuchung verbleibt.
[218] Freiberufliche Einkunft für einen StB mit 25 Mitarbeitern bejaht; bei einem StB mit 53 Mitarbeitern in einer Buchstelle verneint (vgl. *Wacker* in *Schmidt*, § 18 Rz. 29).

3.5 Die sonstige selbständige Arbeit (§ 18 Abs. 1 Nr. 3 EStG)

Anders als der staatliche Lotterieeinnehmer (§ 18 Abs. 1 Nr. 2 EStG) umschreibt der Katalog des § 18 Abs. 1 Nr. 3 EStG sonstige selbständige Arbeiten, deren gemeinsamer Nenner die **Verwaltung fremden Vermögens** bzw. Überwachungstätigkeit darstellt.

Von entscheidender Bedeutung ist aber, dass bei den sonstigen selbständigen Arbeiten der Vermögensverwalter, Testaments- und Insolvenzverwalter sowie der Aufsichtsräte der Gesetzgeber auf einen Querverweis zu § 18 Abs. 1 Nr. 1 S. 3 EStG (unschädliche Mitarbeit) verzichtet hat. Von daher entspricht es der h.M., die jüngst vom BFH bestätigt wurde (Urteil vom 12.12.2001, BStBl II 2002, 202), dass in diesem Tätigkeitsfeld die (alte) Vervielfältigungstheorie mit der Konsequenz gewerblicher Einkünfte fortgilt.

Nachdem in einer Anwaltskanzlei solche Tätigkeiten an der Tagesordnung sind, sollten spätestens seit Bekanntmachung des Urteils, gegen das Verfassungsbeschwerde eingelegt wurde, organisatorische Vorkehrungen getroffen werden, dass sämtliche Referendare, angestellten RA und sog. freie Mitarbeiter von der Zuarbeit in diesem Bereich freigestellt werden.

IV Der Erwerbsaufwand (das objektive Nettoprinzip) und § 12 EStG

1 Vorbemerkung

1.1 Gang der Darstellung

Mit der Kapitelüberschrift „Erwerbsaufwand" werden die Werbungskosten (WK) und die Betriebsausgaben (BA) zusammengefasst. Vom normativen Regelungsgehalt her sind betroffen:

- § 4 Abs. 4, Abs. 5 und Abs. 7 EStG für die BA und
- § 9 EStG für die WK.

Beiden „Positivregelungen" zum Erwerbsaufwand steht das generelle Abzugsverbot des § 12 EStG gegenüber, dem allerdings nur in der Theorie der Vorrang vor den Spezialregelungen zum Erwerbsaufwand gebührt[219].

Die Diskussion im steuerlichen **„Aufwands-Dreieck"** der §§ 4, 9, 12 EStG darf nicht darüber hinwegtäuschen, dass § 12 EStG einen umfassenderen Ausschlusstatbestand beansprucht, nämlich die zusätzliche Abgrenzung zu §§ 10, 33 EStG.

Die Zusammenfassung von WK und BA zum Begriff „Erwerbsaufwand" (oder: erwerbssichernder Aufwand) ist lediglich eine redaktionelle Klammer für Aufwendungen, die im Einzelfall entweder bei Gewinneinkünften (BA) oder bei Überschusseinkünften (WK) anfallen. Die **phänomenologische** (und nicht an der gesetzlichen Reihenfolge orientierte) Betrachtungsweise wird auch dieser Darstellung zugrundegelegt.

Eine komprimierte Behandlung beider gesetzlicher Aufwandsgruppen ist allein deshalb gerechtfertigt, weil über die jeweiligen Querverweise (vgl. § 9 Abs. 5 und § 4 Abs. 5 Nr. 6 EStG) fast ausnahmslos für einen positivrechtlichen Gleichlauf gesorgt ist[220]. Außerdem werden nach der Rspr. des BFH beide Aufwandsgruppen grundsätzlich mit dem identischen Erkenntnisinhalt ausgelegt[221].

Mit dem **„objektiven Nettoprinzip"** hingegen wird ein systematisierender und wertender Begriff der Rechtslehre[222] als Synonym verwendet, demzufolge der geleistete Erwerbsaufwand – von Typisierungen und Pauschalierungen abgesehen – immer zum **steuerlichen Ausgabenabzug** berechtigt. Dieser Aspekt des Besteuerungsdogmas der individuellen Leistungsfähigkeit wird bei Auslegungsfragen von Bedeutung sein.

In der vorausgehenden Darstellung wurde bei den Grundfragen zum Handlungstatbestand (vgl. Kap. I)[223] bereits auf die grundsätzliche Bedeutung und auf fundamentale Auslegungsfragen zu BA und insb. zu WK eingegangen. Ebenso sind vorgreiflich einige ein-

---

[219] Statt aller *Fischer* in Kirchhof-kompakt, § 12 Rz. 1.
[220] Ausnahme: § 4 Abs. 5 Nr. 9 EStG.
[221] Zur kausalen Auslegung des WK-Begriffs trotz § 9 Abs. 1 S. 2 EStG s. Kap. II.
[222] Vgl. *Kirchhof* in Kirchhof- kompakt, § 2 Rz. 6.
[223] S. auch zur Parallelthematik bei der Gewinnermittlung *Preißer*, Band 2, Teil A, Kap. I.

1 Vorbemerkung

kunftsartenspezifische[224] Erwerbsaufwendungen (vor allem § 9 Abs. 1 S. 3 Nr. 2 – 7 EStG) behandelt worden. Nachfolgend werden besonders praxisrelevante – und gleichzeitig häufig der Rspr. unterliegende – Anwendungsfälle des Erwerbsaufwands dargestellt. Vor allem aber wird hier eine Systematisierung nicht nur der Fallgruppen, sondern vor allem der (hochaktuellen) Konkurrenzfragen innerhalb des steuerlichen „Aufwand-Dreiecks" unternommen.

Nach dem „tatbestandsfesten" Erwerbsaufwand gem. § 4 Abs. 5 (§ 9 Abs. 5) EStG (inkl. § 12 Nr. 3 und Nr. 4 EStG, die an den passenden Stellen integriert werden) erfolgt eine Generaldebatte zu § 12 Nr. 1 und Nr. 2 EStG, bevor auf die Konkurrenzthematik eingegangen wird.

1.2 Rechtssystematische Stellung

Bei einer rein grammatikalischen Interpretation sowie bei einem bloßen Wortlautvergleich von §§ 4, 9 und 12 EStG kommt man zu folgendem vorläufigen Ergebnis:

- § 4 Abs. 4 EStG setzt das objektive Nettoprinzip in „Reinform" um.
- Entgegen der Präambel zu § 4 Abs. 5 EStG handelt es sich bei dem **Katalog des § 4 Abs. 5 EStG** bei näherer Betrachtung nicht um „nicht abzugsfähige BA"[225], sondern – bei Vorliegen der Voraussetzungen – um **„Dennoch-BA"** (bzw. begrenzt abzugsfähige BA).
- § 9 Abs. 1 S. 3 EStG entbindet den Rechtsanwender bei Vorliegen der tatbestandlichen Voraussetzungen (Nr. 1 – Nr. 7) vor einer u.U. schwierigen Prüfung dem Grunde nach (§ 9 Abs. 1 S. 1 EStG oder § 4 Abs. 4 EStG analog). Tatsächlich kommt es aber auch hier zu einer ausdrücklichen oder gem. § 4 Abs. 5 Nr. 7 (i.V.m. § 9 Abs. 5 EStG) analog anzuwendenden Verhältnismäßigkeitsprüfung. Dies kann häufig zu einem **Abzugslimit** der Höhe nach führen.
- § 12 EStG proklamiert ein **generelles Abzugsverbot**, das sich bei näherer Kenntnis der BFH-Rspr. gelegentlich in ein – begrenztes und beschränktes – Anerkennungsgebot umwandelt.

Die Wichtigkeit des Themas wird am besten durch eine Zahl dokumentiert. Bei einer vom Autor in den Jahren 1997 und 1998 durchgeführten Auflistung und Einordnung aller BFH-Urteile (und der wichtigsten FG-Urteile) zu allen Steuerrechtsgebieten nahmen die Judikate zum Einkommensteuerrecht 48,5 % (40.796 Urteile) ein, davon wiederum waren die Urteile zu dem hier unter Kap. V abgesteckten Teilkapitel mit ca. 10 % vertreten.

Interessanter – und gleichzeitig die Legitimation für die Folgedarstellung – ist aber die bei den meisten BFH-Urteilen vorliegende doppelte Paragraphenverweisung sowohl auf § 4 wie auf § 9 EStG.

---

[224] Fahrten zwischen Wohnung und Arbeitsstätte; typische WK bei V+V und bei § 19 EStG; § 4 Abs. 4a EStG ist gesondert dargestellt. Generell vorgezogen wurde die Kausalitätsdiskussion bei § 4 EStG und § 9 EStG. Bei § 9 EStG wurde bereits die theoretische „Generaldebatte" zu § 9 Abs. 1 S. 1 EStG geführt.
[225] So aber die meisten Kontenbezeichnungen in den führenden EDV-Buchführungsprogrammen.

2 Einzelne unter § 4 Abs. 4 und 5 EStG fallende Erwerbsaufwendungen (i.V.m. § 9 Abs. 5 EStG)

2.1 Geschäftsfreundegeschenke (§ 4 Abs. 5 Nr. 1 EStG)

2.1.1 Einführung in § 4 Abs. 5 Nr. 1 – 7 EStG

Stellvertretend für die ersten sieben Nummern sind Geschäftsfreundegeschenke Aufwendungen, die sowohl betrieblich (dienstlich[226]) veranlasst sind als auch die private Lebensführung einer beteiligten Person betreffen. Als wenig hilfreich erweist sich dabei R 21 Abs. 1 S. 2 EStR, wonach vorweg gem. § 12 Nr. 1 EStG geprüft werden müsse, ob nicht das generelle Abzugsverbot greift. Sämtliche in § 4 Abs. 4 Nr. 1 – 7 EStG geregelten Fälle berühren direkt oder indirekt die private Lebensführung zumindest einer beteiligten Person, i.d.R. die des Stpfl. Vielmehr liegen hier typisierte BA (WK) vor, bei denen der Gesetzgeber – wegen des Mischcharakters – eine Abzugsbeschränkung vorgenommen hat.

Die wichtigste technische Regelung enthält R 21 Abs. 1 S. 3 EStR, dass sämtliche dem Katalog des § 4 Abs. 5 (i.V.m. Abs. 7) EStG unterliegenden BA keine Entnahmen sind. Sie sind daher **außerbilanziell hinzuzurechnen**[227].

Die zweite wichtige Aussage besteht in dem Hinweis auf § 4 Abs. 7 EStG. Die meisten der „Dennoch-BA" von § 4 Abs. 5 EStG (Nr. 1 – Nr. 4, Nr. 6b und Nr. 7) stehen unter einer gesonderten **materiell-rechtlichen Aufzeichnungspflicht** (R 22 EStR)[228]. Diese Aufwendungen dürfen nur dann abgezogen werden, wenn sie alle (oder in Gruppen) auf einem gesonderten Konto in der Buchführung erfasst werden. Als Grund dafür hat der BFH im Urteil vom 19.08.1980 (BStBl II 1980, 745) u.a. angegeben, dass sich allein dadurch für einen außenstehenden Dritten eine erleichterte Überprüfbarkeit dieser Aufwendungen ergibt. Diese schwer nachvollziehbare Begründung[229] wurde vom BFH später (BFH vom 19.08.1999, BStBl II 2000, 203) dahingehend relativiert, dass die harte Sanktion nur dann nicht greift, wenn es sich um eine Fehlbuchung i.S.d. § 129 AO gehandelt hat.

---

[226] Vgl. § 9 Abs. 5 EStG. Dies ist insb. bei Organen von KapG (Vorstand, Geschäftsführer) von Bedeutung, wenn die KapG nicht für die Bewirtung aufkommt. Für KapG selbst gilt § 4 Abs. 5 EStG über § 8 Abs. 1 KStG.
[227] Zu den technischen Auswirkungen s. Preißer, Band 2, Teil A, Kap. I.
[228] Anderweitig (Belegnachweis, Zeugen etc.) kann der Nachweis nicht erbracht werden.
[229] Nach R 22 Abs. 1 S. 2 EStR genügt es, dass **alle** davon betroffenen Aufwendungen des § 4 Abs. 5 EStG auf **einem** Konto erfasst sind, beim Belegnachweis sind sogar Sammelbuchungen (R 22 Abs. 2 EStR) zugelassen. Andererseits soll die Verbuchung eines Geschäftsvorfalles, der materiell nicht von § 4 Abs. 5 EStG erfasst ist, auf diesem Konto „nichtabzugsfähige BA" schädlich sein!?

2.1.2 Materielle Aspekte zu § 4 Abs. 5 Nr. 1 EStG

Die meisten Auslegungsfragen können mit der reinen Wortlautauslegung befriedigend gelöst werden.

Beispiel 1: Der multiple Schenker
Der vorsteuerabzugsberechtigte Unternehmer V bedankt sich auf folgende Weise bei seinen Partnern:
1. Sein StB erhält aus Freude über eine hohe Vorsteuererstattung neben der Gebühr eine Herrenuhr mit dem Einkaufswert von 39 €.
2. Die Ehefrau des StB wird zu ihrem Geburtstag mit einer Damenuhr (Einkaufswert 44 €) beglückt.
3. Der Mitarbeiter des StB erhält ebenso wie sein eigener Buchhalter kostenlos eine Einladung zu einem Champions-League-Spiel von Fortuna Düsseldorf.

Bei dem (neuen) 40 € – Limit handelt es sich um eine Freigrenze/Empfänger. Mit jedem Cent, der die AK über diese Grenze „drückt", entfällt der komplette BA-Abzug. Für die Errechnung der AK ist ggf. H 86 EStH von Bedeutung, wonach § 9b EStG berücksichtigt wird (bei einem nichtvorsteuerabzugsberechtigten Schenker sind die Vorsteuern in die AK einzubeziehen). Außerdem setzt der Begriff „Geschenk" eine voll unentgeltliche Zuwendung[230] ohne zeitlichen und ohne rechtlichen Zusammenhang mit einer Gegenleistung (besser: Vorleistung) des Beschenkten voraus (R 21 Abs. 4 EStR).

Lösung:
1. Zwar liegt – wegen der Honorarzahlung – kein rechtlicher Zusammenhang mit der Arbeit des StB vor; der zeitliche Zusammenhang schließt jedoch die Anerkennung als Geschenk aus (BFH vom 23.06.1993, BStBl II 1993, 806: kein Geschenk, wenn auch nur eine Seite von einer entgeltlichen Zuwendung ausgeht).
2. Die Damenuhr anlässlich des Geburtstags lässt keinen rechtlichen Zusammenhang erkennen. Nach H 86 EStH ist bei V die Vorsteuer von 6,06 € herauszurechnen; die Freigrenze von 40 € ist nicht überschritten. Solange es das einzige Geschenk für die Ehefrau des StB ist, kann V 37,94 € bei gesonderter Verbuchung abziehen.
3. Bei dem eigenen Mitarbeiter scheidet ohnehin ein Abzug gem. § 4 Abs. 5 Nr. 1 EStG aus. Unabhängig davon muss das Geschenk einen objektiven Wert haben, um entweder zum BA-Abzug nach § 4 Abs. 5 Nr. 1 EStG (Mitarbeiter des StB) oder zu einem lohnsteuerpflichtigen Sachbezug (eigener Mitarbeiter) zu führen. Daher treten vorliegend keine Steuerfolgen ein.

---

[230] S. auch BMF vom 08.05.1995 (H 21 zu Abs. 2-4 EStH) zur Unterscheidung der Geschenke von den Zugaben.

2.2 Bewirtungsaufwendungen (§ 4 Abs. 5 Nr. 2 EStG)

Bei kaum einem der aufgelisteten Anwendungsfälle wird der Mischcharakter so deutlich wie bei Bewirtungsaufwendungen, da mit dem pauschalen Nichtabzugsbetrag von 20 % nur die private Haushaltsersparnis gemeint ist. Dies führt nach R 21 Abs. 6 EStR – vor Anwendung der 80 % – zu folgender **Vorabeliminierung** nachfolgender Kosten:

- Rein privat veranlasste Bewirtungskosten.
- Allgemeine Angemessenheitsprüfung der Aufwendungen (§ 4 Abs. 5 Nr. 7 EStG).
- Fehlender Nachweis der Aufwendungen.
- Fehlende Dokumentation der Bewirtungsaufwendungen (§ 4 Abs. 7 EStG).
- Keine echten Bewirtungsaufwendungen (vgl. R 21 Abs. 5 EStR[231]).

Der verbleibende Rest wird zu 80 % zum BA-Abzug zugelassen.

> **Beispiel 2: Der typische Geschäftsabschluss in Hamburg**
> Der im Chinahandel erfolgreiche Hamburger Geschäftsmann Fu-Cheng bewirtet – wie jede Woche – eine Delegation aus Shanghai in einem der teuersten Clubs auf dem Kiez. Nach dem Fünf-Gänge-Menü à 120 € werden den vier Herren und einer Dame aus Fernost, die ihren Geburtstag feiert, die leiblichen Kostbarkeiten vorgeführt. Solche Abende kosten Fu-Cheng 6.000 € inkl. 10 % Trinkgeld.
> Sein StB sieht – wie immer in diesen Fällen – nur Fragen im Zusammenhang mit der Aufzeichnungspflicht nach § 4 Abs. 5 Nr. 2 S. 3 EStG.

Eines der größeren Probleme mit dem gleichmäßigen Verwaltungsvollzug war die Dokumentation der Bewirtungsaufwendungen. Mit exakten gesetzlichen Vorgaben und mit einer Verwaltungsregelung für die allein praxisrelevante „Gaststättenbewirtung" (ab 1995 nur noch mittels maschineller Belege, BMF vom 21.11.1994, BStBl I 1994, 855) sind heute die Probleme mit der Dokumentation, die der Stpfl. unterschreiben muss (BFH vom 15.01.1998, BStBl II 1998, 263) behoben[232].

---

[231] Unter Bewirtungsaufwendungen versteht R 21 Abs. 5 S. 3 EStR nur Aufwendungen für den Verzehr von Speisen, Getränken und sonstigen Genussmitteln inkl. Trinkgelder. Vergleichbare Aufwendungen wie Aufmerksamkeiten in geringem Umfang (Kaffee etc.) oder Produkt- und Warenverkostungen können in vollem Umfang abgezogen werden.

[232] Pflichtangaben zur beigefügten Rechnung bei der – maschinellen – Gaststättenbewirtung nach § 4 Abs. 5 Nr. 3 EStG:
- Name und Anschrift der Gaststätte,
- Tag der Bewirtung,
- Art und Umfang der Leistung (Menü 1: ja; Speisen und Getränke: nein),
- Rechnungsbetrag (ohne Trinkgelder; hierfür allgemeine Beweispflicht!),
- Name des Bewirtenden (nur, falls über 200 DM).

Darüber hinaus müssen der Anlass und die Teilnehmer angegeben werden.

Lösung:

- Der geschäftliche Anlass ist zumindest bei den vier Herren unbestritten; andererseits ist ein Geburtstag immer ein privates Ereignis, das wegen § 12 Nr. 1 EStG generell vom BA-Abzug ausgenommen wird (1.000 € anteiliger Aufwand für die Dame sind überhaupt nicht zu berücksichtigen).
- Bei den restlichen Aufwendungen i.H.v. 5.000 € fallen nur die Menü-Kosten für die verbleibenden fünf Personen (vier Gäste und Fu-Cheng) i.H.v. 600 € unter § 4 Abs. 5 Nr. 2 EStG. Die Differenz von 4.400 € für das sonstige Programm ist gem. BFH vom 16.02.1990 (BStBl II 1990, 575) aus dem Anwendungsbereich der Bewirtungsaufwendungen auszuscheiden und nur nach § 4 Abs. 5 Nr. 7 (und ggf. Nr. 10) EStG zu beurteilen[233]. Dabei handelt es sich immer um eine Einzelfallprüfung unter dem Gesichtspunkt der Kosten-Nutzen-Relation.
- 120 €/Menü (pro Person) können als angemessen angesehen werden („Branchenbeurteilung").
- Von den verbleibenden 600 €, die durch die Rechnung der Gaststätte maschinell belegt und in der Buchhaltung gesondert erfasst sein müssen (§ 4 Abs. 7 EStG), können nur 80 % (480 €) als Bewirtungsaufwand definitiv abgezogen werden.
- Der Trinkgeldnachweis i.H.v. 600 € kann nur durch Zeugenaussage belegt werden.

Ob die private Bürokratie den gleichmäßigen Verwaltungsvollzug rechtfertigt, mag ein jeder selbst entscheiden.

2.3 Aufwendungen nach § 4 Abs. 5 Nr. 3 (Gästehäuser) und § 4 Abs. 5 Nr. 4 (Jagd & Jacht) EStG

Das BA-Abzugsverbot für Gästehäuser außerhalb des Ortes[234] der Niederlassung und für die in § 4 Abs. 5 Nr. 4 EStG aufgelisteten „sportlichen Bewirtungen" betrifft nur Aufwendungen. Damit wird verdeutlicht, dass nur die Aufwendungen ausgeschlossen sind. Dem widerspricht nicht, dass es sich um WG des (gewillkürten) BV handeln kann (Bsp.: Gästehaus). Problematisch ist, ob in Zusammenhang mit den genannten sportlichen Bewirtungen vereinnahmte BE (Mieten/Gebühren) steuerbar oder sogar steuerpflichtig sind. Nach h.A. sind diese BE zwar steuerbar, aber in umgekehrter (reziproker) Analogie zu § 3c EStG nicht steuerpflichtig[235].

---

[233] S. 2.6. (Ausschluss bei § 4 Abs. 5 Nr. 7 EStG dem Grunde nach).
[234] Damit ist die politische Gemeindegrenze gemeint, BFH vom 09.04.1968 (BStBl II 1968, 603). Unter Betrieb wiederum werden auch die Filialen subsumiert.
[235] Statt aller *Wolff-Diepenbrock* in *L-B-Pt*, §§ 4, 5 Rz. 1702.

Beispiel 3: Der Golfplatz des Konzerns
Der Großkonzern S unterhält in der Nähe von Düsseldorf einen Golfplatz, damit sich Gäste und Gastgeber beim Putten näherkommen. Die interne G+V für die „Außenstelle" weist in 01 folgende Positionen aus:

- Personal (Gärtner, Trainer etc.): 100.000 €,
- AfA für das Golfrestaurant: 10.000 €,
- Raseninstandhaltung (Material): 20.000 €.

In 02 wird das Restaurant, das nicht mehr benötigt wird, verkauft (200 T€ Erlös ./. 120 T€ BW). Wo und auf welcher Stufe der Gewinnermittlung des Großkonzerns werden die Tatbestände in 01 und 02 berücksichtigt?

Auf die Tatbestandsfragen bei § 4 Abs. 5 Nr. 3 und Nr. 4 EStG muss nicht näher eingegangen werden, mit der einzigen Ausnahme, dass bei § 4 Abs. 5 Nr. 4 EStG auch „ähnliche Zwecke" wie Jagen und Segeln und dgl. erfasst sind. Der BFH hat bislang ausdrücklich nur Reitpferde einer KapG darunter subsumiert (BFH vom 11.08.1994, BFH/NV 1995, 205); es besteht aber in der Lit. kein Zweifel, dass auch Golfplätze, Schwimmbecken und dgl. dazu gehören[236].

Lösung:

- Typische vom BA-Abzug abgeschlossene Aufwendungen sind die Personalkosten (100 T€) und die AfA (10 T€). Beim Rasen hängt es davon ab, ob dieser zu AK/HK führt oder ob es sich um eine Aufwandsposition handelt. Wegen der Instandhaltung ist hier ein Aufwandsposten angesprochen (20 T€).
- Alle Positionen werden regulär in der G+V sowie über den Gewinn in der Schlussbilanz erfasst. Erst danach erfolgt nur für das jeweilige Jahr (01) eine außerbilanzielle Hinzurechnung (R 21 Abs. 1 S. 3 EStR) als steuerliches Additiv zum Bilanzergebnis.
- Nachdem auf diese Weise sichergestellt ist, dass die Bilanzwerte – unter Einbeziehung der AfA – fortgeführt werden, sind die Erlöse aus etwaigen Anlageverkäufen der von § 4 Abs. 5 Nr. 3 und 4 EStG betroffenen WG als BE zu erfassen. Damit wird der Veräußerungsgewinn aus dem Anlageabgang in 02 wie sonst auch aus der Differenz zwischen dem Erlös und dem Buchwert i.H.v. 80 T€ erfasst.

2.4 Verpflegungsmehraufwand (§ 4 Abs. 5 Nr. 5 EStG) und doppelte Haushaltsführung (§ 4 Abs. 5 Nr. 6a EStG)

Die bis 1996 weitgehend den Richtlinien übertragenen Regelungen für den Verpflegungsmehraufwand und für die doppelte Haushaltsführung sind aufgrund eines Rege-

---

[236] Ebenso *Heinicke/Schmidt*, § 4 Rz. 567 sowie *Crezelius* in *Kirchhof-kompakt*, § 4 Rz. 135.

lungsauftrages des BFH an den Gesetzgeber nunmehr gesetzlich geregelt. Sie gelten inhaltsgleich für beruflich begründete BA wie für dienstlich begründete WK.

Konform mit der allgemeinen Regelungstechnik bei § 4 Abs. 5 EStG wird der Verpflegungsmehraufwand grundsätzlich als Teil der nicht abzugsfähigen privaten Lebenshaltungskosten angesehen, um sodann ab S. 2 ff. gestaffelte Pauschbeträge – je nach Einsatzdauer und -ort – zum BA zuzulassen. Demgegenüber präsentiert § 4 Abs. 5 Nr. 6a EStG eine aus sich heraus nicht verständliche Aussage. Nur der Binnenverweisung auf Nr. 5 und Nr. 6 in der missglückten Norm[237] sowie der parallel geltenden Norm des § 9 Abs. 1 S. 3 Nr. 5 EStG ist zu entnehmen, dass auch der **betrieblich bedingte** Verpflegungsmehraufwand abziehbar ist. Er ist auf zwei Jahre begrenzt und nimmt inhaltlich Bezug auf Nr. 5 und Nr. 6 (Fahrtkosten).

2.4.1 Die Unterscheidung beider Aufwandskategorien

Der **Verpflegungsmehraufwand** greift bei **vorübergehender beruflicher** Tätigkeit außerhalb des Lebensmittelpunktes (Wohnung) **und** außerhalb des beruflichen Mittelpunktes des Stpfl. Für den Verpflegungsmehraufwand gilt eine Dreimonatsgrenze.

Demgegenüber setzt die – maximal für zwei Jahre geltende – doppelte Haushaltsführung eine **(weitere) Wohnung** am (dauerhaft) auswärtigen Beschäftigungsort voraus.

2.4.2 Grundaussage und aktuelle Fragen zum Verpflegungsmehraufwand

In § 4 Abs. 5 Nr. 5 S. 2 EStG sind kalendertagsbezogene Pauschbeträge für Inlands-**Dienstreisen** (inkl. der Übernachtungskosten) zum BA-Abzug zugelassen, deren dreifach gestaffelte Höhe von der täglichen Abwesenheitsdauer abhängen (max. 24 €/Tag).

Bei einer sog. **Einsatzwechseltätigkeit** (Bsp.: „Springer an der Schule") bzw. bei Fahrtätigkeiten kommt es nach S. 3 für die Höhe der Staffelbeträge nur auf die Abwesenheit von der **Wohnung** an. S. 4 sieht für Auslandstätigkeiten erhöhte und ländergestaffelte Pauschbeträge vor (Auslandsdienstreisen).

Neuerdings wird bei Stpfl. mit Einsatzwechseltätigkeit (§ 4 Abs. 5 Nr. 5 S. 3 EStG) in Frage gestellt, ob es für die in S. 3 geforderte Abwesenheit von der Wohnung auf die Wohnung des Lebensmittelpunktes oder auf eine ggf. am Beschäftigungsort begründete zweite Wohnung ankäme. Selbst wenn in diesem Fall grundsätzlich die doppelte Haushaltsführung einschlägig ist, bleibt es bei der aufgeworfenen Rechtsfrage, wenn der Stpfl. nur den Abzug nach § 4 Abs. 5 Nr. 5 EStG (bzw. nach § 9 Abs. 5 EStG) geltend macht. Der BFH hat im Beschluss vom 07.05.2001 (BFH/NV 2001, 1387) die Auslegungszweifel bestätigt, ohne in der Sache selbst zu entscheiden. M.E. liegt eine deutliche Aussage des Gesetzgebers vor, dass der Wohnungsbegriff bei S. 3 in Blick auf S. 2 auszulegen ist. Nachdem dort zwischen (privater) Wohnung und (beruflichem) Mittelpunkt unterschieden wird und die am Beschäftigungsort begründete (Zweit-)Wohnung dem Institut der

---

[237] Kritische Worte findet insb. *Bergkemper* in *H/H/R*, § 4 Rz. 1460, ohne allerdings a.a.O. das Missverständnis aufzulösen.

doppelten Haushaltsführung vorbehalten bleibt, wird das Anliegen des Stpfl. m.E. keinen Erfolg haben[238].

2.4.3 Grundaussage und aktuelle Fragen zur doppelten Haushaltsführung

Im Unterschied zum Verpflegungsmehraufwand ist der doppelten Haushaltsführung die Begründung eines zweiten Wohnsitzes immanent. Unter drei Voraussetzungen können als Mehraufwand die pauschalen Verpflegungs-, die tatsächlichen Fahrt- (inkl. der pauschalen Familienheimfahrt-) und die (tatsächlichen) Übernachtungskosten abgezogen werden:

1. Unterhalt eines eigenen Hausstands am Wohnort
2. Auswärtige Beschäftigung und
3. Zweite – beruflich begründete – alleinige Wohnung am Beschäftigungsort.

Insb. in der Rspr. des VI. Senats des BFH zu § 9 EStG kommt die doppelte Haushaltsführung nicht zur Ruhe. Dabei stehen folgende Zweifelsfragen im Vordergrund des Regelungsinteresses:

- Der Partner einer **nicht-ehelichen Lebensgemeinschaft ohne Kinder**[239] kann am Beschäftigungsort keinen beruflich veranlassten doppelten Haushalt durch Beibehalten begründen, wenn später ein gemeinsamer Hausstand begründet wird (BFH vom 04.04.2001, BFH/NV 2001, 1384 sowie vom 28.08.2001, BFH/NV 2002, 23).
- Dies steht nicht in Widerspruch zu der ständigen Rspr. des BFH[240], wonach **Ehegatten,** die vor ihrer Heirat an verschiedenen Orten berufstätig waren, an ihren jeweiligen Beschäftigungsorten wohnen und nach der Eheschließung eine der beiden Wohnungen zur Familienwohnung gemacht haben (das **Beibehalten** zweier Wohnsitze als berufliche Begründung eines zweiten Wohnsitzes als zulässige doppelte Haushaltsführung). In dieser Fallgruppe wurde in extensiver Würdigung des Begriffes „Begründen" auch das Beibehalten der zweiten Wohnung nach der Heirat der Begründung gleichgestellt.
- Die **berufliche Begründung** ganz allgemein steht im Mittelpunkt mehrerer aktueller BFH-Entscheidungen. Während es für den „Normalfall" schon genügt, dass mit der zweiten Wohnung am Beschäftigungsort Fahrtkosten eingespart werden, werden grundsätzliche Bedenken gegen das Tatbestandsmerkmal der beruflichen Veranlassung im Hinblick auf die Kontokorrentscheidung des BFH vom 08.12.1997 (BStBl II 1998, 193) geltend gemacht. Wenn dort der „kurze zeitliche Zusammenhang" als Argument für die Unbeachtlichkeit der Unternehmensfinanzierung (mit Eigen- oder Fremdkapital) angesehen wurde – und dies gleichzeitig der Anlass für die Anerkennung des Zweikontenmodells war –, so müsse Ähnliches auch für die Kausa-

---

[238] Gleicher Ansicht *Bergkemper* in *H/H/R*, § 4 Rz. 1374.
[239] Kein Schutz von Art. 6 Abs. 1 GG (Familie), da eine Familie auch aus den nicht verheirateten Eltern mit Kindern bestehen kann.
[240] Beginnend mit BFH vom 13.07.1976 (BStBl II 1976, 654) und vorläufig endend mit BFH vom 13.03.1996 (BStBl II 1996, 315).

litätsprüfung bei der doppelten Haushaltsführung gelten. Damit solle bereits eine „tatsächliche Veranlassung" genügen. Der BFH lehnte für den konkreten Sachverhalt, bei dem der Stpfl. umgezogen ist und acht Monate später dort eine Arbeitsstelle angenommen hat, eine Übertragung der o.g. Entscheidungsgründe auf die Fallgruppe der doppelten Haushaltsführung ab (BFH vom 10.07.2001, BFH/NV 2002, 17).

Beispiel 4: Einmal Sylt und zurück
R ist in Hamburg als Rechtsanwalt seit 01 zugelassen; er ist Partner in einer Sozietät und hat in Hamburg eine Wohnung angemietet. In 02 erwirbt er zusammen mit seiner Mutter auf Sylt ein Haus, in dem er eine Wohnung nutzt. Ab 04 wohnt er – zusammen mit seiner Ehefrau – in einer weiteren, gemeinsamen Wohnung in Hamburg. Für 03 macht R u.a. für die Fahrten an 184 Arbeitstagen von Sylt nach Hamburg die doppelte Haushaltsführung als Sonder-BA geltend.

Lösung:
- Aufwendungen für doppelte Haushaltsführung können – je nach Veranlassung – als WK (AN) oder als BA (Unternehmer) geltend gemacht werden. Für den Partner einer Sozietät (Mitunternehmer) werden sie als Sonder-BA berücksichtigt.
- Der BFH hat im Urteil vom 05.10.1994 (BStBl II 1995, 180) festgestellt, dass – eine doppelte Haushaltsführung unterstellt – während der beruflichen Abwesenheit kein hauswirtschaftliches Leben am Wohnort herrschen müsse. Dennoch lassen hier die Gesamtumstände darauf schließen, dass bereits vor dem Erwerb der Immobilie auf Sylt in 02 der Lebensmittelpunkt in Hamburg war (BFH vom 03.08.2001, BFH/NV 2002, 20).
- Die stringent ablehnende Praxis gegenüber Partnern einer kinderlosen nicht-ehelichen Lebensgemeinschaft soll auch nicht im Widerspruch zu derjenigen Rspr. stehen, die seit 1995 (zuletzt BFH vom 12.09.2000, BStBl II 2001, 29) ausnahmsweise auch **nicht verheiratete** Stpfl. (AN) einen zweiten Wohnsitz aus beruflichen Gründen begründen lässt. Der Begriff des „eigenen Hausstandes" am Wohnort erfordert dabei, dass die Wohnung aus eigenem Recht (Eigentum, Mietvertrag) genutzt wird. Die zusätzliche geforderte Unterhaltung der Wohnung soll vom Vorhalten einer Wohnung abgrenzen und muss demnach die Qualität eines Haupthausstandes haben (wohl nicht in der elterlichen Wohnung – so auch der BFH vom 27.04.2001, BFH/NV 2001, 1385 sowie allgemein BFH vom 22.02.2001, HFR 2001, 754).
- Umgekehrt hat der BFH entschieden, dass die **Wegverlegung** der Familienwohnung vom Beschäftigungsort – bei beibehaltener Wohnung am Beschäftigungsort – grundsätzlich privat veranlasst ist (BFH vom 02.12.1981, BStBl II 1982, 297). Es wurden jedoch später Fälle entschieden, in denen trotzdem eine berufliche Veranlassung angenommen wurde, wenn entweder kein enger Zusammenhang besteht (bei fünf Jahren; so

vom BFH vom 30.10.1987, BStBl II 1988, 358 gesehen) oder wenn die Zweitwohnung am Beschäftigungsort aus nicht vorhersehbaren Gründen wieder erforderlich wird (BFH vom 22.09.1988, BStBl II 1989, 94)[241].

2.4.4 Die Konkurrenzregelung bei überlappenden Tatbeständen

Durch den Verweis innerhalb von § 4 Abs. 5 Nr. 6a EStG auf Nr. 5 ist sichergestellt, dass die Kosten für den Verpflegungsmehraufwand innerhalb der ersten drei Monate der doppelten Haushaltsführung nur nach den o.g. Pauschalen abgezogen werden darf. Nr. 6 präzisiert die Höhe der Familienheimfahrtkosten.

2.5 Das häusliche Arbeitszimmer (§ 4 Abs. 5 Nr. 6b EStG)

2.5.1 Überblick

Einen ersten Überblick über den Anwendungsbereich über die Folgen der ab VZ 1996 geltenden Regelung verschafft die *Broudré*-Tabelle[242] (hier in €):

Nutzung des häuslichen Arbeitszimmers	BA/WK voll	bis zu 1.250 €	Kein BA-/WK-Abzug
a) Mittelpunkt der gesamten betrieblichen/beruflichen Tätigkeit	Ja	-	-
b) über 50 % der gesamten Tätigkeit	-	Ja	-
c) bis 50 % ohne anderen Arbeitsplatz	-	Ja	-
d) bis 50 % mit anderem Arbeitsplatz	-	-	Ja

Das generelle Abzugsverbot von § 4 Abs. 5 Nr. 6b S. 1 EStG greift im Ergebnis nur in der Fallgruppe d). In den anderen Fallgruppen (b – c) kommt es demgegenüber zu einem limitierten BA-/WK-Abzug (Regelfall) oder es können in der Gruppe a) alle Kosten im Zusammenhang mit dem Arbeitszimmer inkl. der Ausstattungskosten abgezogen werden.

Obwohl das JStG 1996 den (Gestaltungs-)Missbrauch mit dem Arbeitszimmer eindämmen sollte, beschäftigt die Neuregelung des Arbeitszimmers ungebremst die Finanzgerichtsbarkeit, so dass derzeit allein aus dem Jahre 2001 neunzehn Verfahren beim BFH zum Thema Arbeitszimmer anhängig sind. Am Rande sei vermerkt, dass der BFH das Arbeitszimmer allein deshalb als „Massenphänomen" behandelt, weil bei unterlassenen Angaben hierzu in der vom StB vorbereiteten Steuererklärung den Stpfl. ein grobes Verschulden trifft, so dass eine Korrektur des (falschen) Bescheides gem. § 173 Abs. 1 Nr. 2 AO ausgeschlossen wurde (BFH vom 28.02.2001, BFH/NV 2001, 1011). Vorgreiflich der Detailprobleme sind vier wesentliche Punkte festzuhalten:

---

[241] Hierzu ausführlich *Thürmer* in *Blümich*, EStG-Komm. § 9 Rz. 373 ff.
[242] *Broudré*, NWB 1998, F. 3, 10414 ; *dies.* in *H/H/R*, § 4 Rz. 1514; S. auch *Heinicke/Schmidt*, § 4 Rz. 590.

1. Aus dem „häuslichen" Arbeitszimmer wird geschlossen, dass sich das Arbeitszimmer in der eigenen (oder angemieteten) Wohnung befinden muss (**räumlicher Zusammenhang**). Dies bedingt eine erste Abgrenzung gegenüber einem (voll abzugsfähigen) **außerhäuslichen** Arbeitszimmer, das zusätzlich angemietet ist und bei dem der Bezug zur privaten Sphäre fehlt (so auch Rz. 7 des BMF-Schreiben vom 16.06.1998, BStBl I 1998, 863, nachfolgend BMF-AZ). Strittig ist das Verhältnis von Arbeitszimmer und **Betriebsstätte** (Tätigkeitsmittelpunkt)[243]:

   > **Beispiel 5: Das Chirurgenbesteck im Nebenraum**[244]
   > Die Notfallärztin N betreibt in gemieteten Räumen im Rahmen einer Gemeinschaftspraxis u.a. Notfallchirurgie. Die Praxisräume und der private Wohnbereich sind räumlich nicht abgeschlossen. Ist die anteilige Miete für die Praxisräume begrenzt nach § 4 Abs. 5 Nr. 6b EStG oder unbegrenzt abziehbar?

   Es besteht noch Einigkeit, dass bei einem fehlenden räumlichen Zusammenhang des Objekts mit der Wohnung kein Arbeitszimmer i.e.S. vorliegen kann (Bsp.: Ein von der im Dachgeschoss liegenden Wohnung abgeschlossenes Kellerbüro). Umgekehrt ist mehrfach ausgeführt worden, dass ein Arbeitszimmer im räumlichen Zusammenhang mit der Wohnung grundsätzlich keine – isolierte – Betriebsstätte sein kann (BFH vom 25.11.1999, BFH/NV 2000, 699 sowie BFH vom 21.03.2001, IV B 29/00 (NV). Diese Streitfrage kann nach der h.M. jedoch dann dahinstehen, wenn bei **gleichzeitigem** Vorliegen einer Betriebsstätte mit räumlichen Zusammenhang zur Wohnung (**„häusliche Betriebsstätte"**) § 4 Abs. 5 Nr. 6b EStG als die vorrangige Regelung betrachtet und auch hierfür das limitierte Abzugsgebot postuliert wird (BFH vom 23.09.1999, BStBl II 2000, 7).

   > **Lösung:**
   > - Mit der h.M. würde für die häusliche Betriebsstätte das Abzugsverbot des § 4 Abs. 5 Nr. 6b EStG einschlägig sein. Die weiteren Folgen hängen von der Fallgruppeneinteilung (oben lit. a) bis d) ab.
   > - Ohne dass die Verwaltung in der zitierten Rz. 7 die Abgrenzung direkt verdeutlicht, lassen die dortigen Beispiele (unter b) erkennen, dass die Verwaltung hier wegen einer typisierenden „Branchenbetrachtung" von einem vollen BA-Abzug ausgeht. Dieser Entscheidung ist der Vorzug zu geben, da die h.M. zu schematisch („wortklauberisch") verfährt.

2. Die gesetzlich zusätzlich erfassten Kosten der **Ausstattung** sind objektiv-räumlich auszulegen (Bsp.: Teppiche, Gardinen), wobei vor allem Arbeitsmittel (Bsp.: PC) nicht zu den Ausstattungskosten zählen (BFH vom 21.11.1997, BStBl II 1998, 351 sowie Rz. 20 des BMF-AZ).

---

[243] Umfassend hierzu *Broudré* H/H/R, § 4 Rz. 1513.
[244] Geringfügig abgewandelter Fall des FG Gotha vom 25.10.2001 (anhängig beim IV. Senat).

3. Zu den wichtigsten Aufwendungen, die bei einem Arbeitszimmer anfallen, zählen:
   - Miete,
   - AfA,
   - sowie die sonstigen in § 9 Abs. 1 S. 3 Nr. 1 und 2 EStG aufgelisteten Kosten.
4. Das Arbeitszimmer führt auch bei Ausbildungskosten bzw. Weiterbildungskosten in einem nicht ausgeübten Beruf nach § 10 Abs. 1 Nr. 7 EStG zum begrenzten SA-Abzug (Bsp.: Die häusliche Anfertigung der Promotion).

2.5.2 Fallgruppe a): Mittelpunkt der gesamten Tätigkeit (§ 4 Abs. 5 Nr. 6b S. 3, 2. HS EStG)

Der volle BA-/WK-Abzug kommt – zusätzlich zu der Mittelpunktsfrage – nur zum Tragen, wenn die vorherigen Voraussetzungen von § 4 Abs. 5 Nr. 6b S. 2 EStG (überwiegende häusliche Arbeit bzw. kein anderer Arbeitsplatz) zum Tragen kommen. Insoweit wird auf die Fallgruppen (b) und (c) verwiesen.

> **Beispiel 6: Beruflicher Mittelpunkt eines Betriebsprüfers zu Hause?**
> Im Rahmen eines Modellprojekts hat man den Betriebsprüfern des FA Passau die Möglichkeit eines häuslichen Arbeitsplatzes eingeräumt. Der für die Berichtsabfassung erforderliche PC samt Installation wurde vom Dienstherrn gestellt. Nur einmal im Quartal halten die „Heimprüfer" Rücksprache im FA. Kleinstbetriebsprüfer K macht davon Gebrauch. Wie früher auch, prüft er vormittags die Betriebe, schreibt jetzt aber nachmittags die Kurzberichte zu Hause. Auf diese Weise unternimmt er 180 halbtägige Dienstreisen im Jahr. Kann K die Aufwendungen für sein Arbeitszimmer voll absetzen?

Durch die veränderte Arbeitsplatzsituation (Telearbeitsplätze etc.) kann der als Ausnahmeregelung konzipierte S. 3 in einigen Bereichen für einen status quo ante (1995 und davor) sorgen. Zahlreiche beim BFH anhängige Verfahren lassen darauf schließen[245].

> **Lösung:**
> Es sind drei Fallgruppen zu unterscheiden:
> 1. **Eine Tätigkeit mit dem Arbeitszimmer als Betätigungsort**
>   a) Diese etwa für Tele-Arbeiter charakteristische Situation führt zum vollen WK-/BA-Abzug. Evtl. Außenkontakte (Krankenbesuch eines Arztes, der seine Praxis im eigenen Haus betreibt) treten demgegenüber zurück (aber: quantitative Abgrenzung).
>   b) Anders (nur begrenzter Abzug) sieht es aus, wenn die häuslichen Arbeiten (> 50 %) nur der Vor- oder Nachbereitung für den **außerhäus-**

---

[245] Z.B. der Berufsmusiker (FG Mchn vom 29.08.2001, EFG 2001, 1592), der Außendienstmitarbeiter mit zwei Tagen/Woche Außendienst, die Lehrerin während eines Erziehungsurlaubs (vorweggenommene WK!), der Vertriebsingenieur mit 40 % Außendienst etc.

lichen Betrieb (Tätigkeitsmittelpunkt) bilden, wie das bei Professoren (Hochschule) oder Richtern (Gericht) der Fall ist.

2. **Verschiedenartige Tätigkeiten werden vom Arbeitszimmer aus durchgeführt**

Der BFH hat hierzu schon mehrfach entschieden, dass es **nicht** auf die **isolierte** Betrachtung ankommt, sondern alle Tätigkeiten zusammen für die „Mittelpunktsprüfung" herangezogen werden, zuletzt BFH vom 30.10.2001 (BFH/NV 2002, 380). Damit ist i.d.R. der Vollabzug, der bei isolierter Betrachtung möglich wäre (Bsp.: Von einem einzigen häuslichen Zimmer aus wird eine Schriftstellertätigkeit ausgeübt, die insgesamt 25 % der Arbeitskraft eines Journalisten bindet) ausgeschlossen.

3. **Außendienstberufe mit häuslicher Vor- und Nachbearbeitung**

Diese Fallgruppe stellt derzeit die Mehrzahl der beim BFH anhängigen Verfahren dar. Im Unterschied zum Ausnahmetatbestand in der ersten Fallgruppe (Richter, Professoren) begründen diese Stpfl. **keinen außerhäuslichen Betrieb (bzw. keinen auswärtigen Tätigkeitsmittelpunkt)**, da die verschiedenen Einsatzgebiete sich nicht bündeln lassen. In dieser Fallgruppe, zu der auch der Betriebsprüfer (Fall 6) gehört, wird man den vollen BA-Abzug zulassen müssen, wenn die häusliche Vor- und Nachbearbeitung entsprechend qualifiziert ist (Berichtsabfassung bzw. umfangreiche Vorarbeiten) und nicht nur im buchhalterischen Nacharbeiten besteht. Quantitativ muss gewährleistet sein, dass – notfalls im Schätzungsweg (vgl. Rz. 21 des BMF-AZ) – die Zeitgrenze erfüllt ist.

2.5.3 Fallgruppe b): Die Zeitgrenze (überwiegende häusliche Arbeit)

Gem. § 4 Abs. 5 Nr. 6b S. 2, 1. Alt. EStG ist bei einem vorhandenen externen Arbeitsplatz die Zeitgrenze, ggf. anhand eines Arbeitszeitbuches, zu prüfen. Dabei ist nach Rz. 10 und 17 des BMF-Schreibens bei nicht ganzjähriger Nutzung des Arbeitszimmers eine Aufteilung, ansonsten eine Ganzjahresbeurteilung vorzunehmen.

Beispiel 7: Die zwei Halbzeiten des StB
In der ersten Jahreshälfte 01 arbeitet der frisch geprüfte StB J als freier Mitarbeiter in einer Kanzlei noch überwiegend zu Hause. An den ersten vier Werktagen der Woche werden die Unterlagen, Schriftsätze und dgl. für die Freitags-Besprechung im Büro des Seniorpartners bzw. im Besprechungszimmer zu Hause vorbereitet. In der zweiten Jahreshälfte 01 ist J an drei Tagen in der Kanzlei tätig, die „Heimarbeit" wird nur noch an zwei Tagen ausgeübt.

Lösung:
Obwohl das Arbeitszimmer das ganze Jahr über genutzt wird, ist eine Zäsur in der Beurteilung des häuslichen Arbeitszimmers in 01 angebracht. In der ersten Jahreshälfte stellt das Arbeitszimmer (auch wegen des fehlenden externen Arbeitsplatzes) den Mittelpunkt der gesamten Tätigkeit dar. Als Folge dessen können die Aufwendungen für die erste Jahreshälfte voll zum Abzug gebracht werden (BA oder WK[246]).

In der zweiten Hälfte 01 ist ein externer Arbeitsplatz vorhanden; die Zeitgrenzenüberprüfung kommt zu dem Ergebnis, dass J zu 60 % in der Kanzlei arbeitet. Damit kann J für die zweite Jahreshälfte keinen Erwerbsaufwand abziehen.

2.5.4 Fallgruppe c): Kein anderer Arbeitsplatz

Bei fehlendem externen Arbeitsplatz kann unabhängig vom häuslichen Zeitaufwand ein auf 1.250 € limitierter Abzug erfolgen. Auch hier fordern derzeit mehrere Schulleiter vom BFH den limitierten Abzug mit der Begründung ein, dass das Dienstzimmer zu klein (11 qm) sei oder dass es nur mit Kollegen gemeinsam benutzt werden könne[247]. Es bedarf keiner großen Prophetie, dass subjektive Sensibilitäten für das behauptete Fehlen eines Arbeitsplatzes nicht ausreichen (so auch Rz. 12 des BMF-Schreibens, wonach bereits ein Schreibtisch in einem Großraumbüro als ausreichend angesehen wird).

2.5.5 Fallgruppe d): Übrige Fälle

In den übrigen Fällen (Negativentscheidung in den Fallgruppen a bis c) kommt nach § 4 Abs. 5 Nr. 6b S. 1 EStG ein Abzug als Erwerbsaufwand nicht in Betracht. Dies gilt auch, wenn trotz Vorliegen der materiellen Voraussetzungen nach den S. 2 und 3 der Aufwand nicht getrennt nach § 4 Abs. 7 EStG aufgezeichnet wurde. Selbstredend gilt dies nur für BA und nicht für WK (vgl. § 9 Abs. 5 EStG).

2.5.6 Das Arbeitszimmer in den eigenen vier Wänden

Zur Behandlung des Arbeitszimmers in den eigenen vier Wänden enthalten § 10e Abs. 1 S. 7 EStG und § 8 S. 3 EigZulG übereinstimmend die Aussage, dass die auf das Arbeitszimmer entfallende Nutzfläche aus der BMG der steuerlichen Förderung ausgeschlossen wird.

Für den Fall schließlich, dass die Aufwendungen für das Arbeitszimmer ab VZ 1996 wegen der **Neueinführung** des § 4 Abs. 5 Nr. 6b EStG aus den speziellen o.g. Gründen nicht mehr als BA/WK anerkannt werden kann, stellt sich die Frage, ob die entsprechende Nutzfläche damit aus der BMG der Eigenheimförderung auszuscheiden ist oder wenigstens als „Wohnfläche" gewertet wird. Eine entsprechende Regelung enthält R 42a Abs. 3 S. 2 EStR für das Arbeitszimmer in einer angemieteten Wohnung: Danach wird die Flä-

---
[246] Dies hängt von der konkreten Ausgestaltung des Vertragsverhältnisses als „freier Mitarbeiter" ab.
[247] FG Karlsruhe vom 03.05.2001 (EFG 2001, 1185), FG Neustadt vom 10.04.2001 (EFG 2001, 1183) sowie FG Bremen vom 20.10.1999 (EFG 2000, 115).

che des Arbeitszimmers den zu Wohnzwecken dienenden Räumen zugerechnet. Mit Urteil vom 27.09.2001 (BStBl II 2002, 51) hat sich der BFH für eine restriktive Auslegung entschieden. Unabhängig von der Anerkennung nach § 4 Abs. 5 Nr. 6b EStG als Erwerbsaufwand ist die genutzte (Arbeits-)Fläche aus der BMG nach § 10e Abs. 1 EStG bzw. nach § 8 EigZulG zu eliminieren. Die Vereinfachungsregel von R 42a EStR gilt nicht für das Arbeitszimmer des Eigentümers.

2.6 Unangemessene Aufwendungen (§ 4 Abs. 5 Nr. 7 EStG)

Die steuerpolitische Norm des § 4 Abs. 5 Nr. 7 EStG (i.V.m. § 9 Abs. 5 EStG) entscheidet nicht über die Kausalitätsfrage, sondern nur über die **Höhe** der Repräsentationsaufwendungen. Lediglich in der bereits angesprochenen „Nachtbar"-Entscheidung hat der BFH im Urteil vom 16.02.1990 (BStBl II 1990, 575) Aufwendungen für den Besuch von Nachtbars und Striptease-Lokalen auch dem Grunde nach gem. § 4 Abs. 5 Nr. 7 EStG für nicht abzugsfähig gehalten (Ausnahme-Entscheidung)[248].

Soweit es sich um Gewinneinkünfte handelt, wird gleichfalls nicht die Frage gestellt, ob das – Bedenken auslösende – WG zum BV gehört oder nicht. Vielmehr setzt die systematische Stellung ein BV voraus, bevor es zu Korrekturen im Bereich der BA kommen kann.

Das Fehlen „großer" BFH-Entscheidungen zu § 4 Abs. 5 Nr. 7 EStG hängt weitgehend mit dem Charakter einer Tatsachenentscheidung zusammen, die spätestens auf FG-Ebene verbindlich getroffen wird.

Beispiel 8: Der Kurzwarenverkäufer mit dem Lamborghini Murcielago
Der selbständige Kurzwarenkommissionsverkäufer K ist auf seinen Werbefahrten in ganz Deutschland mit dem neuen Lamborghini Murcielago (AK von netto 240 T€) unterwegs. Seine Erlöse (155 T€) liegen Jahr für Jahr knapp über den Pkw-Kosten lt. G+V (AfA i.H.v. 60 T€, sonstige Fixkosten i.H.v. 15 T€, Benzin 25 T€); als sonstiger Aufwand fallen Übernachtungskosten und Reisekosten i.H.v. 50 T€ an.

Die Verwaltung nennt in R 21 Abs. 12 EStR folgende Aufgriffstatbestände für eine Verhältnismäßigkeitsprüfung:

- Kosten der Übernachtung bei einer Geschäftsreise,
- Aufwendungen für Unterhaltung und Beherbergung von Geschäftsfreunden,
- Aufwendungen für die Unterhaltung von Pkw und Flugzeugen sowie
- Aufwendungen für die Ausstattung von Geschäftsräumen.

---

[248] Die Lit. stimmt zwar im Ergebnis der Entscheidung weitgehend zu (vgl. *Stapperfend* in *H/H/R*, § 4 Rz. 1639), will aber dogmatisch lieber eine Begrenzung der Höhe nach vornehmen. M.E. gehört der Fall zu § 4 Abs. 4 EStG bzw. zu § 12 Nr. 1 EStG, wo keinerlei Bedenken gegen einen grundsätzlichen Ausschluss angebracht sind.

In der Vorbereitung auf das JStG 1996 war geplant, für Pkw allgemein eine AK-Höchstgrenze von 100.000 DM festzuschreiben. Entscheidend ist aber, dass durch die Festlegung eines maximalen AK-Betrages nur die amortisierte AfA betroffen ist. In der Buchführung (Anlagespiegel, Bilanzen) werden die historischen AK zugrunde gelegt.

Lösung:
Die Angemessenheitsprüfung ist eine Einzelfallprüfung, bei der auf Branchen-Erfahrungswerte zurückgegriffen wird. Aufgrund der vorliegenden Judikatur, insb. der FG, wird man heute erst bei AK von > 75 T€ ernsthaft in eine Prüfung einsteigen. Nachfolgend wird bei einem Kurzwarenverkäufer eine AK-Höchstgrenze von 90 T€ sowie ein Pkw-BA-Jahreshöchstlimit von 50 T€ als angemessen unterstellt. Dies führt zu folgenden Konsequenzen:

- In der Buchführung und in den Bilanzen bleibt es bei den tatsächlichen AK von 240 T€ als AfA-BMG.
- Statt der jährlich errechneten 40 T€ AfA werden jedoch nur noch 15 T€ Jahres-AfA (90 T€/6 Jahre) zum BA-Abzug zugelassen. Die Differenz von 25 T€ wird außerbilanziell hinzugerechnet.
- Ebenso wird ein Teil der restlichen Pkw-Kosten (5 T€) vom Abzug ausgeschlossen.

Per Saldo ergibt sich eine Differenz von 30 T€, die als unangemessener Repräsentationsaufwand dem Gewinn außerhalb der Bilanz hinzugerechnet wird.

2.7 Strafen und vergleichbare Sanktionen

In der Zusammenschau der § 4 Abs. 5 Nr. 8 (§ 9 Abs. 5) EStG und § 12 Nr. 4 EStG ergibt sich für Strafen (und vergleichbare Geldsanktionen) aus der nachfolgenden Tabellenübersicht die genaue tatbestandliche Zuordnung. Beiden Bestimmungen ist gemein, dass das Steuerrecht i.S.d. Einheit der Rechtsordnung keine (Abzugs-)Vergünstigung für inkriminiertes Verhalten gewähren darf.

2 Einzelne unter § 4 Abs. 4 und 5 EStG fallende Erwerbsaufwendungen

Bezeichnung	§ 4 Abs. 5 Nr. 8 EStG	§ 12 Nr. 4 EStG
Gegenstand	Geldbußen, Ordnungsgelder, Verwarnungsgelder[249]	Geldstrafen und vermögensrechtliche Nachteile mit Strafcharakter[250]
Ergänzungen	Leistungsauflagen ohne Wiedergutmachung[251]	Leistungsauflagen ohne Wiedergutmachung
Ausnahmen	Bei Geldbußen: Bei Abschöpfung des Vermögensvorteils **ohne** ertragsteuerliche Berücksichtigung[252]	—
Organ	Organ der EG	Weltweit, falls gleichzeitig Verstoß gegen allgemeine deutsche Rechtsgrundsätze (ordre public).
Folge	Nicht abzugsfähige BA mit außerbilanzieller Hinzurechnung	Keine BA

Beispiel 9: Alles wegen der Steuer
Gegen den Unternehmer U wurde seitens der BuStrA ein Ermittlungsverfahren wegen Hinterziehung von Einkommen- und Gewerbesteuer eingeleitet (hinterzogene Steuer für drei Jahre: 35 T€). Im Verfahren ließ er sich von dem erfahrenen Steuerstrafrechtler C vertreten. Diesem verdankte es U, dass das Verfahren – mit Zustimmung des Gerichts – von der StA nach § 153a Abs. 1 StPO gegen Zahlung von 20 T€ eingestellt wurde. C erhielt ein Honorar von 15 T€, das gleichmäßig seinen Verteidigungsbemühungen im Bereich der ESt wie der GewSt zugerechnet wird. Bei einer der Besprechungen im FA parkte U im Parkverbot und musste dafür 20 € zahlen. U will sicher gehen, nicht noch einmal wegen Steuerhinterziehung beschuldigt zu werden, und möchte wissen, ob er die Leistungsauflage von 20 T€ bzw. die Verteidigerkosten von 15 T€ oder wenigstens die Verwarnungsgebühr absetzen kann.

---

[249] Gem. R 24 Abs. 2, 4 und 5 EStR näher definierte Sanktionen aufgrund des OWiG (und anderer strafrechtlicher Nebengesetze).
[250] Beispiel gem. H 120 EStH: Einziehung von Gegenständen (Nachteil mit Strafcharakter). Gegenbeispiel (kein Strafcharakter): Verfall von Gegenständen und von Tatentgelten.
[251] Diese werden verhängt bei:
- Strafaussetzung zur Bewährung,
- Verwarnung mit Strafvorbehalt, einen Geldbetrag zugunsten einer Einrichtung zu erbringen,
- Einstellung des Verfahrens gem. § 153a Abs. 1 StPO.

[252] Bei Nachweis, dass bei der Abschöpfung des Vermögensvorteils die Ertragsteuer nicht berücksichtigt wurde, kann der auf die Abschöpfung entfallende Teil der Geldbuße abgezogen werden. Nach dem Urteil des BFH vom 09.06.1999 (BStBl II 1999, 658) kann der „abschöpfende Teil" der Geldbuße ggf. geschätzt werden, da eine eindeutige Abgrenzung nicht erforderlich ist.

IV Der Erwerbsaufwand (das objektive Nettoprinzip) und § 12 EStG

Hinsichtlich der allgemeinen Berücksichtigung von Prozesskosten (Verfahrenskosten) als BA hat der BFH im Urteil vom 30.08.2001 (BStBl II 2001, 837) entschieden, dass bei einem Prozess ohne Erfolgsaussicht Zweifel an der betrieblichen Veranlassung bestehen, wenn private Motive (Rachegelüste, Gerechtigkeitsüberempfinden etc.) eine Rolle spielen.

Losgelöst davon ist für die Kosten anlässlich eines Strafverfahrens eine differenzierte Beurteilung erforderlich (vgl. H 120 EStH):

- Wurde die Straftat in Ausübung der betrieblichen/beruflichen Aktivität begangen, sind die Kosten als BA abziehbar, da sie keinen Strafcharakter haben.
- Beruht die Straftat auf privaten Gründen (bzw. auf gemischt privaten/betrieblichen Gründen), unterliegen die Kosten § 12 Nr. 1 EStG (Kosten der Lebensführung) und sind nicht abziehbar.

Lösung:
- Leistungsauflagen zur Wiedergutmachung werden bei einer Einstellung nach § 153a StPO den Strafen gleichgestellt. Die Auflage i.H.v. 20 T€ kann gem. § 12 Nr. 4 EStG nicht als BA berücksichtigt werden.
- Bei den Strafverteidigerkosten kann keine Differenzierung nach der Art der Steuer erfolgen. Selbst wenn die Steuer eindeutig dem Privatbereich (ESt) bzw. dem Betriebsbereich (GewSt) zugeordnet werden kann, ist die Steuerhinterziehung nicht betrieblich veranlasst (§ 4 Abs. 4 EStG). Folglich kommt es auch zu keiner Berücksichtigung der Kosten des C.
- Die Verwarnung i.H.v. 20 € stellt eine nach § 4 Abs. 5 Nr. 8 EStG nicht abziehbare BA dar.

2.8 Steuern und deren Behandlung (§ 4 Abs. 5 Nr. 8a und 9 bzw. § 12 Nr. 3 EStG)

In unsystematischer Weise wird in § 12 Nr. 3 EStG ein generelles Abzugsverbot für Personensteuern und hierauf entfallende Nebenleistungen[253] ausgesprochen, während Hinterziehungszinsen (§ 235 AO) gem. § 4 Abs. 5 Nr. 8a (ggf. gem. 9 Abs. 5) EStG und organschaftliche Ausgleichszahlungen gem. § 4 Abs. 5 Nr. 9 EStG nicht abzugsfähige BA sind.

Beispiel 10: Verrechnung mit Folgen
Unternehmer U erhält von der Finanzkasse den Abrechnungsbescheid für das Jahr 01. Die rückständige ESt von 3.000 € samt eines Verspätungszuschlages von 300 € sowie Zinsen für hinterzogene Erbschaftsteuer i.H.v. 1.000 € werden mit einer USt-Erstattung i.H.v. 1.500 € verrechnet. In der Jahres-USt war i.H.v. 500 € USt für unentgeltliche Wertabgaben gem. § 3 Abs. 1b Nr. 1 UStG und gem. § 3 Abs. 9a UStG enthalten. Die Differenz von 2.800 € überweist U von seinem Betriebskonto.

---

[253] Im Einzelnen (H 121 EStH): Aussetzungszinsen, Hinterziehungszinsen, Nachforderungszinsen, Säumniszuschläge, Stundungszinsen, Verspätungszuschläge und Zwangsgelder.

2   Einzelne unter § 4 Abs. 4 und 5 EStG fallende Erwerbsaufwendungen

Zu den nicht berücksichtigungsfähigen Personensteuern nach § 12 Nr. 3 EStG zählen:

- Einkommensteuer,
- Erbschaftsteuer,
- ESt-Quellensteuern (Lohn- und KapESt) sowie die Annexsteuern[254],
- Solidaritätszuschlag und
- (die frühere) Vermögensteuer.

Lösung:

- Sowohl die ESt wie der Verspätungszuschlag hierauf (3.300 €) sind gem. § 12 Nr. 3 EStG nicht als BA zu berücksichtigen.
- Die Hinterziehungszinsen für die ErbSt unterliegen ebenfalls dem Abzugsverbot nach § 12 Nr. 3 EStG (lex specialis gegenüber § 4 Abs. 5 Nr. 8a EStG), da es sich um Hinterziehungszinsen (Nebenleistungen) für eine Personensteuer handelt, daher sind insgesamt 4.300 € vom Abzugsverbot des § 12 Nr. 3 EStG betroffen.
- Als actus contrarius ist die Erstattung einer Betriebssteuer (wie die USt und die GewSt) als steuerpflichtige BE zu erfassen (§ 12 Nr. 3 im Umkehrschluss). Die USt wird allerdings nicht berücksichtigt, soweit in ihr USt auf den (früheren) Eigenverbrauch oder Vorsteuer auf nicht abzugsfähige BA enthalten ist. Damit erhöht sich die BE des U von 1.500 € um 500 € (USt-Eigenverbrauch), so dass U trotz der Überweisung von 2.800 € eine BE von 2.000 € verzeichnet.

2.9   Zuwendungen i.S.d. § 4 Abs. 5 S. 1 Nr. 10 EStG

Lt. H 24 EStH fallen Zuwendungen aufgrund folgender Tatbestände unter ein generelles Abzugsverbot:

- Wählerbestechung (§ 108b StGB),
- Abgeordnetenbestechung (§ 108e StGB),
- Bestechung im geschäftlichen Verkehr (§ 299 Abs. 2 StGB),
- Vorteilsgewährung (§ 333 StGB),
- Bestechung (§ 334 StGB),
- Bestechung ausländischer Abgeordneter – internationaler Zahlungsverkehr,
- Vorteilsgewährung in Bezug auf Betriebsratswahlen (§ 119 Abs. 1 BetrVG),
- Vorteilsgewährung für wettbewerbsbeschränkendes Verhalten (§ 21 Abs. 2 GWB),
- Vorteilsgewährung in Bezug auf das Stimmverhalten in der Hauptversammlung bzw. Generalversammlung (§ 405 Abs. 3 Nr. 7 AktG und § 152 Abs. 1 Nr. 2 GenG),
- Vorteilsgewährung in Bezug auf die Abstimmung in der Gläubigerversammlung.

Neuerdings kommen noch Verstöße gegen das GeldwäscheG hinzu.

---

[254] Für die Kirchensteuer ist § 10 Abs. 1 Nr. 4 EStG einschlägig.

Beispiel 11: Grundstücksbesitzer B/Bauunternehmer U und die Gemeinde
B und U haben das gleiche Ziel: In der Vorortgemeinde einer süddeutschen Großstadt will der Bauer B möglichst viele Grundstücke im Bebauungsplan als Baugebiet ausgewiesen bekommen, während U möglichst viele Bauaufträge der Kommune erhalten möchte. Zu diesem Zweck wird die Fraktion der Unabhängigen & Grünen seit Jahren mit Geschenken versorgt.

Entgegen der bis 1999 geltenden Regelung gilt ab 2000 die abstrakte Strafbarkeit („rechtswidrige Tat"), während nach altem Recht der Stpfl. rechtskräftig verurteilt sein musste. Rechtspolitisch nicht unbedenklich ist die angeordnete gegenseitige Amtshilfe zwischen den Verfolgungs- und Finanzbehörden, die steuerrechtlich eine Durchbrechung des Steuergeheimnisses darstellt.

Lösung:
Nachdem die fraglichen Zuwendungen an Gemeindeabgeordnete – und nicht an Beamte – gezahlt werden, kommt der abstrakte Straftatbestand des § 108e StGB (Abgeordnetenbestechung) in Betracht. Nach h.A.[255] unterliegen jedoch nur solche Zuwendungen gegenüber Gemeinderäten dem objektiven Tatbestand des § 108e StGB, bei denen auf **Legislativ**entscheidungen der Gemeinde eingewirkt wird. Dies ist bei der Aufstellung eines Bebauungsplanes, hingegen nicht bei der Abstimmung über die Vergabe von Bauaufträgen der Fall. U darf die Zuwendungen in voller Höhe abziehen, B kann die Unterstützungshilfe für die gemeindliche Willensbildung nicht als BA abziehen.

2.10 Interne Konkurrenz bei § 4 Abs. 5 EStG und externe Aufwands-Konkurrenz zwischen § 4 EStG und § 9 EStG

2.10.1 Der Wettbewerb unter den verschiedenen Einzelfällen des § 4 Abs. 5 EStG

In einigen Fällen hat das Gesetz selbst die Konkurrenzfrage geregelt. Fälle der normierten Konkurrenz sind die Fahrtkosten und der Verpflegungsmehraufwand bei doppelter Haushaltsführung (§ 4 Abs. 5 Nr. 6a EStG). Auch die unangemessenen Repräsentationsaufwendungen nach Nr. 7 leg. cit. setzen eine negative Vorwegprüfung der vorherigen Nr. 1 – 6b EStG (Ausnahme: Nr. 6) voraus. Nicht immer hat das Gesetz das gleichzeitige Vorliegen gesehen.

Beispiel 12: Die Berufsfahrt zur Hallig
Der auf dem Festland wohnende Kinderarzt K hat seine Praxis auf einer Hallig. Zu diesem Zweck benutzt er ein eigenes gedecktes Motorboot (AK: 80.000 €), um möglichst schnell und unabhängig zwischen dem Festland (Whg.) und der Hallig (BSt) unterwegs zu sein (Entfernung: ca. 10 km Luft-(Wasser-)linie). Dies führt in seiner Gewinnermittlung zu einem Aufwand von 20 T€, wobei der Privatanteil von 30 % schon eliminiert ist.

---

[255] S. *Eser* in *Schönke/Schröder*, StGB-Komm., § 108e StGB Rz. 6.

Lösung:
Von den zwei denkbaren Auslegungsmöglichkeiten (gedecktes Motorboot als Jacht i.S.d. § 4 Abs. 5 Nr. 4 EStG und damit nichtabzugsfähige BA oder Verweigerung des Pauschalansatz nach § 9 Abs. 1 Nr. 4 i.V.m. § 4 Abs. 5 Nr. 6 EStG) hat der BFH ein dritte Auslegung favorisiert (BFH vom 10.05.2001, BStBl II 2001, 575). Der Begriff der Motorjacht wird teleologisch ausgelegt, so dass nur solche Wasserfahrzeuge darunter fallen, mit denen eine „sportliche Bewirtung" der Geschäftsfreunde möglich ist. Einem gedeckten Motorboot spricht der BFH diese ausschließliche Eignung ab[256].

Trotz der damit eröffneten Berücksichtigung der vollen BA für das Motorboot lässt der BFH im Zweifel die limitierende Regelung von § 4 Abs. 5 Nr. 6 EStG vorgehen, obwohl diese Norm offensichtlich auf landgebundene Fahrzeuge abstellt. Der Methode nach liegt eine Auslegung praeter legem (neben dem Gesetz, aber nicht gegen das Gesetz) vor, die aber im Ergebnis überzeugt.

Die Kombination zweier verwandter Normen ist überzeugender als eine Alles-oder-Nichts-Entscheidung, zumal mit § 4 Abs. 5 EStG zwar ein Enumerationskatalog vorliegt, die einzelnen Nummern aber keinen ausschließlichen (exklusiven) Anwendungsbereich haben.

2.10.2 Konkurrenz zwischen Betriebsausgaben und Werbungskosten

Die am häufigsten vorkommende Zuordnungsfrage stellt sich bei **Verbindlichkeiten** und den dazu gehörenden Zinsen. Während das Abstimmungsproblem zwischen betrieblichen/beruflichen Schulden und **privaten** Verbindlichkeiten mit § 4 Abs. 4a EStG einer positiv-rechtlichen Lösung zugeführt wurde[257], hat sich die Rspr. mehrfach mit der Zuordnung einer Verbindlichkeit (d.h. der Schuldzinsen) zu den Gewinn- **oder** Überschusseinkünften befasst. Die Gründe dafür liegen auf der Hand:

- Umwidmung eines fremdfinanzierten WG durch Einlage bzw. Entnahme (Fall a),
- Steuerliche Schuldumwandlung (Novation) (Fall b).

Im **Fall a)** verliert das WG eindeutig die bislangige Eigenschaft (aus PV wird BV und umgekehrt), so dass sich die Frage stellt, ob damit automatisch die zweckbestimmte Schuld die neue Qualität annimmt (Frage der Akzessorietät). In diesem Fall wird allgemein anerkannt, dass bei einer objektiv eindeutig nachvollziehbaren Verwendungsänderung auch die finanzierende Verbindlichkeit ihre rechtliche Zuordnung verändert[258]. Dies hat nichts mit der **unzulässigen** Annahme einer **gewillkürten Betriebsschuld** zu tun.

Schwieriger ist die Zuordnung im zweiten **Fall b)**, da eine ursprüngliche Betriebsschuld vorlag, und nunmehr durch ein Verhalten des Stpfl. eine **Schuldumschaffung (Novation)** behauptet wird. Hierzu wird aufgrund mehrerer BFH-Urteile eine Fallgruppenbildung unternommen.

---

[256] Anders wäre dies bei (auch eingedeckten) Segelbooten. Wohl ungeeignet für ein Arbeitsgerät.
[257] S. dazu ausführlich Band 2, Teil A, Kap. II „Zweikontenmodell".
[258] Vgl. *Heinicke/Schmidt*, § 4 Rz. 229.

1. Betriebsaufgabe/-veräußerung und die neue dokumentierte Verwendung der „hängenden" Betriebsschuld (ehemaliges „Rest-BV") als Privatverbindlichkeit

Bekanntlich gibt es bei der Betriebsaufgabe und bei der Betriebsveräußerung die Möglichkeit, nicht übernomme Betriebsschulden als „Rest-BV" zu behandeln, mit der weiteren Folge, dass später anfallende Zinsen nachträgliche BA gem. § 24 Nr. 2, § 15 EStG sind. Dies („Rest-BV") setzt aber nach ständiger BFH-Rspr. (zuletzt BFH vom 07.07.1998, BStBl II 1999, 209) voraus, dass der bei der Veräußerung erzielte Erlös nicht ausreicht, um die Betriebsschulden zu tilgen. Hätte der Erlös ausgereicht, um die betrieblichen Verbindlichkeiten zu tilgen, so liegt keine betriebliche Restschuld mehr vor.

Mit zwei Urteilen aus dem Jahre 2001 hat der BFH seine Rspr. für den Fall fortentwickelt, dass mit der betrieblichen Restschuld nach der Aufgabe bzw. nach der Veräußerung des Betriebes nunmehr WG weiterfinanziert werden, die im Bereich V+V eingesetzt werden.

Im Sachverhalt des BFH vom 25.01.2001 (BStBl II 2001, 573) beanspruchte der Stpfl. nach der Betriebsaufgabe einen weiteren Darlehensbetrag – noch i.R.d. betrieblichen Schuldkorridors –, ohne dass vorher die alten Betriebsschulden getilgt wurden, was möglich gewesen wäre. Das korrespondierende Bankguthaben buchte er zeitgleich und in identischer Höhe auf ein Festgeldkonto um, mit Hilfe dessen ein bebautes Grundstück im Bereich der V+V finanziert wurde.

Entgegen der Vorinstanz, die sich mit der richtigen Feststellung fehlender nachträglicher BA begnügte, ging der BFH einen Schritt weiter, um in der zeitgleichen Überweisung auf das Festgeldkonto eine hinreichende Dokumentation zu sehen, dass diese Mittel nunmehr im Bereich V+V verwendet werden. Gem. § 9 Abs. 1 S. 3 Nr. 1 EStG waren die Zinsen anteilig als WK bei § 21 EStG abzuziehen.

Im zweiten ausdrücklich als Anschlussurteil bezeichneten Fall vom 19.06.2001 (BFH/NV 2002, 163) der die Betriebsaufgabe des Besitzunternehmens im Rahmen einer Betriebsaufspaltung zum Gegenstand hat, lag ein vergleichbarer Sachverhalt vor. Wiederum wurden die alten betrieblichen Bürgschaftsverbindlichkeiten nicht durch den möglichen Verkauf des Betriebsgrundstücks getilgt. Vielmehr wurden die Grundstücke aus der alten „Betriebsmasse" privat weitervermietet und zu diesem Zweck Umschuldungsdarlehen aufgenommen. Auch hier beurteilte der BFH die Zinsen für das Umschuldungsdarlehen als WK gem. §§ 9, 21 EStG.

Entscheidend für die Um-(oder besser: Neu-)Qualifikation der Darlehenszinsen war in beiden Fällen – neben der neuen Verwendung der betroffenen Grundstücke im Bereich von § 21 EStG –, dass die Stpfl. durch eine Umschuldung bzw. durch eine Festgeldanlage den neuen Verwendungszweck hinreichend dokumentierten.

2. Schuldumschaffung ohne objektive Loslösung des Veranlassungszusammenhangs

Den Gegenpart zur 1. Fallgruppe bilden die Fälle, in denen der Stpfl. die ursprüngliche Verwendungsabsicht des Darlehens (z.B. für betriebliche Zwecke) durch einen willkürlichen Austausch des Finanzierungsobjekts verändert. Der BFH hat am 27.03.2001 (BFH/NV 2001, 907) dazu präzisierend festgestellt, dass für eine Novation des Darlehens mit dem Wechsel der Einkunftsart eine eindeutige objektive Beendigung der ersten Einkunftsart, für die das Darlehen aufgenommen wurde, erforderlich sei (so schon BFH vom 12.11.1998, BStBl II 1998, 144). Dies ist aber bei einem beliebigen Austausch des Beleihungsobjektes ohne hinreichende Dokumentation der neu verwendeten Darlehensmittel nicht der Fall.

3. Der Veranlassungszusammenhang bei Auszahlung der Darlehensvaluta

Die ursprüngliche Zweckbestimmung eines Darlehens (z.B. für betriebliche Zwecke) ist allein ausschlaggebend für die Beurteilung des Veranlassungszusammenhangs[259]. Der BFH hatte im Urteil vom 29.08.2001 (BFH/NV 2002, 188) einen Fall zu entscheiden, da der Stpfl. zwar ein betriebliches Darlehen beanspruchte und erhielt, im Zeitpunkt der Auszahlung der Valuta die betrieblichen Aufwendungen aber schon mit liquiden Mitteln bezahlt waren. Gleichzeitig buchte der Stpfl. die erhaltenen Mittel auf ein Festgeldkonto um, mit dessen Hilfe ein privates Vermietungsobjekt finanziert wurde. Wegen der hinreichenden Dokumentation bzgl. der Neuverwendung der Darlehensmittel und wegen der fehlenden betrieblichen Kausalität im Zeitpunkt der Auszahlung, beurteilte der BFH auch in diesem Fall die Zinsen als WK gem. §§ 9, 21 EStG.

Fazit: Bei der erstmaligen Zuweisung der Darlehensmittel ist für die Einkunftsartenzuordnung (Veranlassungszusammenhang) die Verwendung des Darlehensbetrages entscheidend (Hauptfall). Ist der ursprüngliche Zweck entfallen und werden die Darlehensmittel durch eine hinreichende Dokumentation anderweitig verwendet, sind die Zinsen im Rahmen der neuen Einkunftsart abziehbar (3. Fallgruppe). Bei gemischter Verwendung der Darlehensvaluta für betriebliche wie für private Verbindlichkeiten (§ 21 EStG) sind die jeweiligen Zinsen entsprechend dem Verhältnis der Zahlungen zu ermitteln und entsprechend abzuziehen (BFH vom 01.02.2001, BFH/NV 2001, 902).

Bei einer später geänderten Verwendungsabsicht liegt zwar ein neuer Veranlassungszusammenhang vor (Novation, Schuldumschaffung). Dies führt aber nur bei einer ausdrücklichen Dokumentation der geänderten Einkunftsart sowie der entsprechenden Darstellung des Darlehensschicksals (z.B. Umbuchung von betrieblichen Konten auf private Festgeldkonten und umgekehrt) zu einer Neuzuordnung des Erwerbsaufwands. Bei einem willkürlichen Austausch des Beleihungsobjekts verweigert der BFH den „Umstieg" in eine andere Einkunftsart (2. Fallgruppe).

---

[259] Entscheidende aktuelle Urteile des BFH vom 08.12.1997 (BStBl II 1998, 193) und vom 29.07.1998 (BStBl II 1999, 81).

Für die verbleibenden betrieblichen Verbindlichkeiten bei einer Betriebsaufgabe bzw. -veräußerung gelten ebenfalls die Grundsätze über die Novation, werden aber gekoppelt mit den Erkenntnissen bei § 16 EStG über das sog. Rest-BV (1. Fallgruppe).

2.11 Aktuelle Problemfelder bei § 4 Abs. 4 EStG

Nachdem die grundlegenden Ausführungen zu § 4 Abs. 4 EStG beim Handlungstatbestand und zu § 4 Abs. 4a EStG beim Mehrkontenmodell erfolgten, werden als Abschluss zur normierten BA-Thematik noch einige z. Zt. bei § 4 Abs. 4 EStG angesiedelte aktuelle Problembereiche angesprochen.

2.11.1 Fragen im Zusammenhang mit der betrieblichen Veranlassung

Unter zwei konträren Gesichtspunkten setzte sich der BFH jüngst mit der Grundidee des § 4 Abs. 4 EStG, i.e. die betriebliche Veranlassung, auseinander. Im ersten Themenbereich geht es um das speziell bei Freiberuflern wegen § 4 Abs. 3 EStG umstrittene Thema **Geld(geschäfte)**. Im zweiten Bereich geht es wieder einmal um die **Abgrenzung** zu privat veranlassten Lebensführungskosten.

> **Beispiel 13: Geld regiert die § 4 Abs. 3 – Welt (oder nicht?)**
> Der freiberufliche Ingenieur I (Statik- und Planungsbüro, § 4 Abs. 3 – Rechner) zeichnet eine Beteiligung an der X-AG über 100 T€. Die X-AG beabsichtigt – in Zusammenarbeit mit dem Büro des I – den Erwerb und Umbau eines Hotelkomplexes. In diesem Zusammenhang ist I zusätzlich für VB der X-AG eine Bürgschaftsverpflichtung i.H.v. 50 T€ eingegangen. Die Einzahlung des Aktiennennkapitals (100 T€) erfolgte vereinbarungsgemäß durch Überweisung vom Geschäftskonto. Das zusätzlich eingeforderte Agio von 10 % (10.000 €) wollte I persönlich in Scheinen aus dem Tresor seines Büros holen und übergeben. Der Zufall wollte es, dass der Tresor aufgebrochen wurde und der komplette Inhalt entleert wurde. I zeichnet seine Bargeschäfte vierteljährlich auf. Die AG meldete Insolvenz an, I ist aus der Bürgschaft in Anspruch genommen worden.

Der Fall betrifft zwei Problembereiche von § 4 Abs. 4 EStG:

- Können **Geldverluste durch Diebstahl** anders als durch eine „geschlossene Kassenführung" als BA berücksichtigt werden?
- Unabhängig von der Problematik des gewillkürten BV bei einem § 4 Abs. 3 – Rechner stellt sich generell bei einem **Freiberufler** die Frage, inwieweit **Geldgeschäfte** i.w.S. zum (notwendigen) BV gehören können und somit ggf. über eine Teilwertabschreibung oder allgemein über eine Aufwandsbuchung als BA berücksichtigt werden können.

Lösung:

1. **Gelddiebstahl**

   Nachdem Geld zu den neutralen WG schlechthin gehört, denen man die Zuordnung zu PV oder BV nicht ansehen kann, hatte der BFH ursprünglich einen Geldverlust nur dann als Betriebsaufwand zugelassen, wenn durch eine geschlossene Kassenführung (mit Tageslosung) der substantiierte Verwendungsnachweis erbracht werden konnte.
   Bereits mit Urteil vom 28.11.1991 (BStBl II 1992, 343) wurde diese Amts-Skepsis gegenüber dem Stpfl. (dort: § 4 Abs. 3 – Rechner) aufgelockert, indem auch mittels anderer Nachweise der Bargeldbestand dem betrieblichen Bereich zugeordnet werden konnte. Im Urteil vom 12.12.2001 (X R 65/98 NV) erstreckte der BFH nunmehr diese Grundsätze auch auf einen bilanzierenden Freiberufler.
   Fraglich ist indessen, ob vorliegend (Quartalsaufzeichnung/Tresor im Büro) der Nachweis erbracht werden kann. Aufgrund der aufgezeichneten Barzahlungen und mittels einer Geldverkehrsrechnung, die über die Privatentnahmen und -einlagen Aufschluss gibt, kann möglicherweise der Nachweis erbracht werden, der um so schwieriger ausfällt, je weiter das Quartal verstrichen ist.

2. **Geldgeschäfte eines Freiberuflers als BV (mit der Folge BA)**

   Der persönlichkeitsbezogenen Tätigkeit eines Freiberuflers ist es zu verdanken, dass der BFH **betrieblichen Geldgeschäften** (wie Darlehensgewährung, Beteiligungserwerben und dgl.) sehr reserviert gegenübersteht. I.d.R. überantwortet der BFH das spätere Schicksal dieser Geschäfte § 20 EStG. Unter der präzisierenden Voraussetzung, dass bei einem „eigenen wirtschaftlichen" Gewicht der Geldgeschäfte eine Zuordnung zum BV nie in Betracht kommt (BFH vom 26.03.1985, BStBl II 1985, 519) sind der betrieblichen Aufnahme enge Grenzen gesetzt. In der Entscheidung vom 31.05.2001 (BStBl II 2001, 828) erkennt der BFH nur für den Fall eine betriebliche Veranlassung an, dass mit dem konkreten Geldgeschäft die Aussicht auf **neue Aufträge** verbunden war und dies nicht nur ein Nebeneffekt der Kapitalanlage gewesen ist, sondern das Hauptmotiv.
   Konkret kann der Nachweis m.E. durch einen Vergleich des Business-Planes der AG mit den Kalkulationszahlen des I einerseits und den G+V-Zahlen in den letzten beiden Jahren andererseits erbracht werden. Nur wenn dieser Vergleich positiv ausfällt, können die „in den Sand gesetzten" 150 T€ Kapitalverluste als BA berücksichtigt werden.

2.11.2 Betriebsausgaben oder Ausgaben für ein Wirtschaftsgut (Anschaffungskosten/Herstellungskosten)

BA (und WK) können nur anfallen, wenn es sich um einen **Erwerbsaufwand** handelt. Gerade in der Gestaltungsbranche wird die Unterscheidung zwischen Aufwand und AK für ein WG gerne zugunsten des Aufwands vorgenommen.

Beispiel 14: Der typische Fehler beim geschlossenen Immobilienfonds
Eine GmbH & Co. – KG (mit einer Komplementär-GmbH und 70 Kommanditisten) erwirbt in Berlin-Marzahn ein Grundstück, um dort 100 Wohnungen zu errichten. Die einer Vermittlungsgesellschaft geschuldete Provision von 25 % des vermittelten Kommanditkapitals will die KG als BA abziehen.

Der BFH hat mit zwei Urteilen aus den Jahren 1983 und 1986 für eine (reguläre) KG entschieden[260], dass Provisionen für die Vermittlung des Eintritts von Kommanditisten sofort abzugsfähige BA seien.

Lösung:
Die Grundsätze aus den beiden vorgreifenden Urteilen werden vom BFH vom 28.06.2001 (BStBl II 2001, 717) nicht auf den Fall eines (in der Form einer GmbH & Co. – KG firmierenden) geschlossenen Immobilienfonds übertragen. Vielmehr führt die Anwendung von § 42 AO hier zu dem Ergebnis, dass Eigenkapitalvermittlungsprovisionen wegen ihres wirtschaftlichen Gehalts als AK/HK des errichteten Gebäudes zu behandeln sind, bei dem auch aus diesem Grunde keine sofortige Teilwertabschreibung möglich sei.
Diese – für den Bereich der geschlossenen Immobilienfonds begrüßenswerte – Entscheidung ist nicht verallgemeinerungsfähig, zeigt aber auf, dass auch hier das Steuerrecht eigene Wege gehen kann und soll.

Exkurs: Erwerbsaufwand und Anschaffungskosten/Herstellungskosten bei ermietungsobjekten (betrieblich/privat)

Die bereits mehrfach bei § 21 EStG angesprochene Frage, ob bestimmte Aufwendungen des Vermieters anschaffungsnaher Aufwand, **nachträgliche HK** oder nur Reparaturaufwendungen seien, hat mit drei Urteilen neue Nahrung erhalten. Für den Bereich der Gewinneinkünfte liegt zu den nachträglichen HK (Eternitplatten zur Verkleidung und vorgemauerte Ziegelmauer) eine Trend-Entscheidung vom 27.09.2001 vor (X R 55/98 NV). Streng an § 255 HGB orientiert, wird eine – für HK erforderliche – Funktionsänderung dann angenommen, wenn Erhaltungsaufwendungen (Verkleidung) und HK (vorgemauertes Ziegelwerk) bautechnisch ineinander greifen.

Zum **anschaffungsnahen Aufwand** deutet sich ebenfalls eine Änderung der Rspr. an (zwei Divergenzanfragen vom 12.09.2001, BFH/NV 2002, 25) wonach der IX. Senat nicht jede größere bauliche Maßnahme innerhalb von drei Jahren nach Erwerb (vgl. R 157 Abs. 4 EStR) als anschaffungsnahen Herstellungsaufwand (HK) beurteilt. Vielmehr soll dies nur bei wesentlichen Verbesserungen der Bausubstanz und nicht bei jedem nachträglich korrigierten Reparaturstau der Fall sein.

Trotz der sich in beiden Fällen abzeichnenden gesuchten Nähe zu § 255 HGB bleibt die grundsätzliche Frage zu klären, ob zumindest bei Fällen des § 21 EStG die „doppelt umgekehrte Maßgeblichkeit" (HGB => EStG => Überschusseinkünfte) der richtige Erkenntnisansatz ist. M.E. ist der Zugang nicht bei § 255 HGB zu suchen, sondern bei der

---
[260] BFH vom 13.10.1983 (BStBl II 1984, 101) und vom 23.10.1986 (BStBl II 1988, 128).

für das Einkommensteuerrecht uneingeschränkt geltenden Frage, ob mit der fraglichen Maßnahme ein **neues WG** entstanden ist. Erst wenn dies bejaht werden kann, bestehen keine Bedenken gegen die Aktivierung (samt verzögerter AfA-Amortisation) statt der Sofortabschreibung.

3 Die zentrale Stellung von § 12 Nr. 1 und Nr. 2 EStG

Die Bedeutung von § 12 Nr. 1 EStG ist bereits evident geworden. In nahezu jeder Abgrenzungsfrage zum Erwerbsaufwand ist in Form von *Platons* Höhlengleichnis das Schattenbild des § 12 Nr. 1 EStG aufgetaucht. § 12 Nr. 2 EStG hat einen gänzlich anderen Stellenwert.

3.1 Die Grundaussagen des § 12 Nr. 1 EStG

3.1.1 Eine Bemerkung zur Gesetzestechnik

In doppelter Hinsicht überrascht § 12 Nr. 1 EStG:
- Der bekannten Regelungstechnik zum Trotz, werden bei § 12 EStG die Rechtsfolgen antizipiert (Einleitungssatz) und der Tatbestand (Nr. 1 – Nr. 4) wird nachgeschoben.
- Das generelle Abzugsverbot des § 12 Nr. 1 EStG für **jedwede** privaten Lebensführungskosten betrifft tatbestandlich nahezu alle von § 4 Abs. 5 EStG (und einige von § 9 Abs. 1 S. 3 Nr. 1 – 7 EStG) normierten Einzelfälle. Während dort meistens eine Beschränkung der Höhe nach vorgesehen ist, will "der spätere" § 12 Nr. 1 EStG ein generelles Abzugsverbot **dem Grunde nach** vornehmen.

Dieser unorthodoxen Anordnung ist es auch zu verdanken, dass zunächst die gesetzliche Radikalaussage des §12 Nr. 1 EStG von der Rspr. des BFH „relativiert" wird, zumindest soweit § 12 Nr. 1 S. 2 EStG davon betroffen ist. Zweitens wird beim tatbestandlichen (phänomenologischen) Vorliegen einer der Fälle aus dem Enumerationskatalog des § 4 Abs. 5 EStG die Diskussion ausschließlich dort geführt. Diese „lex specialis"-Urteilspraxis ist allerdings nirgendwo festgeschrieben, wird aber dennoch dieser Gliederung zugrunde gelegt.

Das Haupteinsatzgebiet von § 12 Nr. 1 EStG liegt daher in der allgemeinen Abgrenzung des privat oder beruflich/betrieblich veranlassten Aufwands zu § 4 Abs. 4 EStG bzw. zu § 9 Abs. 1 S. 1 EStG. Allerdings wird die Abgrenzungsdiskussion auch in einzelne Nummern von § 9 Abs. 1 S. 3 EStG hineingetragen. Insoweit liegt ein unstrukturiertes „case-law" vor.

Rechtskonstitutiv ist die Abgrenzung von § 12 (insb. Nr. 1 und Nr. 2) EStG gegenüber den existentiellen Aufwendungen der §§ 10, 33 ff. EStG. Mit dem Konkurrenzvorbehalt zugunsten der meisten SA und agB gehen diese eindeutig vor. Allenfalls bei den ausgesparten Fällen des § 10 Abs. 1 Nr. 1a und des § 33c EStG treten echte Konkurrenzfragen auf.

3.1.2 Haushalts- und Unterhaltsaufwendungen (§ 12 Nr. 1 EStG) – Grundsätze

§ 12 Nr. 1 S. 1 EStG schließt Aufwendungen für den Haushalt (für die Wohnung) und für den Unterhalt (für Ernährung, aber auch für das „kulturelle Existenzminimum") allgemein vom Abzug aus. Solche Aufwendungen gelten durch den Grundfreibetrag für den Steuerpflichtigen und durch den Familienleistungsausgleich für die Angehörigen als abgegolten. Problematisch sind indessen die **gemischten Aufwendungen** gem. § 12 Nr. 1 S. 2 EStG.

Im häufig vorkommenden Grauzonenbereich der Mischaufwendungen, die sowohl beruflichen/betrieblichen Zwecken dienen wie auch der privaten Lebensführung zugute kommen (§ 12 Nr. 1 EStG: „auch wenn sie zur Förderung ..."), spricht § 12 EStG eine gesetzliche Vermutung für den privaten Lebensbereich und damit für die Nichtabziehbarkeit aus (§ 12 Nr. 1 EStG: „gehören auch die"). Das Ergebnis lautet sodann: **Aufteilungs- und Abzugsverbot**. Mit der doppelten gesetzestechnischen Verwendung von „auch"/"auch" liegt eine unverhältnismäßige Regelung vor, die gegen das Übermaßverbot – und damit gegen die steuerliche Belastungsgleichheit – verstößt.

So haben der BFH schon recht früh (BFH vom 19.10.1970, BStBl II 1971, 17) und zwischenzeitlich auch die Verwaltung (R 117 S. 2 EStR) eine **Ausnahme** vom Aufteilungs- und Abzugsverbot für die Fälle zugelassen, bei denen eine **Trennung** beider Sphären anhand objektiver Merkmale (früher: realphysikalisch) leicht und einwandfrei möglich ist. Schließlich wird eine weitere Einschränkung für den Fall gemacht, dass einer der beiden Bereiche von „untergeordneter Bedeutung" ist. Eine private Mitbenutzung ist nach h.A. bei einem Anteil von **weniger als 10 %** unbeachtlich[261].

Beispiel 15: Der Geschäftsführer mit Trachtenanzug und Handy
In einem Rostocker Lokal der Franchising-Kette „Wienerwald" trägt der GF Josef (genannt Sepp) einen Trachtenanzug der Marke Loden- Frey (Kosten: 750 €). Sepp verhält sich allerdings in einem anderen Punkt zeitgenössisch und klagt über hohe monatliche Gebühren für die Handy-Benutzung (300 €).
Können Sepps Aufwendungen im Rahmen der steuerlichen Belastungsgleichheit berücksichtigt werden?

Die Feststellungs- und Nachweispflicht für den behaupteten betrieblichen/beruflichen Part trifft den Steuerbürger, da er eine steuerbegünstigende Tatsache behauptet. Zwei Punkte sind dabei zusätzlich zu berücksichtigen:

- Die Verwaltung erlaubt in bestimmten, restriktiv gehandhabten Fällen sogar eine Schätzung der Aufwendungen, falls eine überprüfbare Aufteilungsgrundlage vorliegt (z.B. verneint bei den Frisurkosten einer Fernsehansagerin), R 117 S. 2 EStR.

---

[261] Vgl. *Schuster* in *Littman/Bitz/Pust*, § 12 Rz. 10, wo auch 15 % aufgrund eines BFH-Urteils vom 21.11.1986 (BStBl II 1987, 262) diskutiert werden. Wichtiger aber ist, dass die „Quantité négligeable" für beide Bereiche gilt (dazu *Fischer* in *Kirchhof-kompakt*, § 12 Rz. 5). Die Lit. und abweichende Lösungsvorschläge sind bei *Drenseck/Schmidt*, § 12 Rz. 14 aufgelistet.

- Tendenziell wird eine Aufteilung befürwortet (BMF vom 11.06.1990, BStBl I 1990, 290 zur Telefongebührenaufteilung sowie BMF vom 04.08.1999, BStBl I 1999, 727 zum Fahrtenbuch).

Lösung:
- Während für Kleidung generell ein Aufteilungsverbot besteht (BFH vom 18.04.1991, BStBl II 1991, 751), wird hiervon für sog. „typische Berufskleidung" eine Ausnahme gemacht. Dies kann nicht immer an einzelnen Kleidungsstücken dingfest gemacht werden (s. aber R 20 LStR sowie H 44 LStH), sondern beruht auf einer Einzelfallprüfung. Nachdem die private Benutzung eines Trachtenanzugs in Rostock (anders als z.B. in Bayern/Thüringen) ausgeschlossen erscheint, wird man dieses Kleidungsstück als typische Berufskleidung zum WK-Abzug zulassen[262].
- Aufgrund der mehr als detaillierten Gebührenabrechnungen können Handykosten als prototypische Mischaufwendungen angesehen werden, die eine Aufteilung zulassen.

3.1.3 Einzelfälle (Fallgruppen), insbesondere Abgrenzung zu § 9 EStG

Anstelle eines unsystematischen „ABC" der Problemfälle werden nachfolgend fünf Fallgruppen gebildet, die die wichtigsten Einzelentscheidungen fokussieren sollen. In den meisten Fällen geht (ging) es um eine Abgrenzung gegenüber WK.

3.1.3.1 Reisen

In ständiger Rspr. des BFH zum Thema „Reisen" haben sich zwei Formulierungen „eingeschliffen", die einmal für die Anerkennung als Erwerbsaufwand („so gut wie ausschließlich betrieblich/beruflich veranlasst") stehen und ein anderes Mal gegen die Anerkennung („die Befriedigung privater Interessen ist nicht nahezu ausgeschlossen") sprechen. Trotz der verschiedenen Untergruppen (Studienreisen, Kongressreisen, Auslandsreisen etc.) gibt es unabdingbare Parameter für die Anerkennung als „Berufsreise/Betriebsreise":

- Je enger das (auch durchgeführte) Programm auf die einschlägigen beruflichen Bedürfnisse/Vorkenntnisse des Teilnehmerkreises zugeschnitten ist, desto eher wird die Reise „anerkannt".
- Eine aktive Teilnahme ist ein deutliches Indiz für die berufliche Veranlassung (H 117a EStH), obwohl ein gehaltener Vortrag für sich alleine nicht geeignet sein

---

[262] A.A. FG SchlesHol vom 13.07.1977 (EFG 1977, 533). Vgl. die Auflistung und Unterscheidung zwischen typischer Berufskleidung einerseits (Uniform, Amtstracht, Talar, schwarzer Anzug von Leichenbestatter und Kellner) gegenüber der bürgerlichen Kleidung andererseits (weiße Kleidung eines Arztes, Masseurs etc., Ballkleid einer Tanzlehrerin!) bei *Schuster* in *Littmann/Bitz/Pust*, § 12 Rz. 113/114 sowie die Kritik a.a.O. (Rz. 115 ff.). S. auch BFH vom 20.11.1979 (BStBl II 1980, 73): ebenfalls für den Trachtenanzug des Geschäftsführers eines im bayerischen Stil gehaltenen Nürnberger Lokals?

soll, den Nachweis zu führen (BFH vom 23.01.1997, BStBl II 1997, 357 – unverständlich).
- Die Teilnahme, auch bei den Einzelveranstaltungen, muss nachgewiesen werden.

Beispiel 16: Marketing-Chefs trainieren in Luxor
Ein Vertriebsunternehmen honoriert die erbrachte Leistung seiner Mitarbeiter durch eine einwöchige Reise nach Unterägypten. In einem Hotel in der Nähe von Luxor sollen die neuesten Techniken von H. Hubbard den Mitarbeitern beigebracht werden. Der Verkaufsleiter Ron fungiert bei einigen Sitzungen als „Teamer", um die Kollegen auf Vordermann zu bringen.
Variante a: Das Vertriebsunternehmen kommt für die Kosten auf.
Variante b: Ron bezahlt die Reise aus eigener Tasche.

In der Gesamtschau der vom BFH entschiedenen Fälle lässt sich anhand einer Tabelle ein Wahrscheinlichkeitsprofil für die – beruflich/privat veranlasste – Anerkennung einer Studienreise entwickeln. Umgekehrt liegt ein Negativtestat vor. Natürlich ist eine Einzelfallentscheidung herbeizuführen.

Kriterien (s. auch H 117a EStH m.w.N. – Rspr.)	Für die Anerkennung (so gut wie ausschließlich betrieblich/beruflich veranlasst)	Gegen die Anerkennung (Befriedigung privater Interessen ist nicht auszuschließen)
Organisationsgrad	Homogener Teilnehmerkreis mit straffer Organisation	Mitnahme von Angehörigen mit privater Ausrichtung[263]
Gegenstand der Tagung	Fachkongress	Allgemeinbildende Reise
Veranstaltungsort	Inland	Touristisch interessantes Gebiet im Ausland; Schiffsreise („schwimmende Kongresse")
Intensität	Aktive Teilnahme	Sprachkurs/Studienreise
Zuschuss bei AN	Dienstbefreiung/Sonderurlaub	Kein Zuschuss seitens des AG
Bildungsreisen	Reisen im fortgeschrittenen Ausbildungsstadium	Fortbildungsveranstaltungen im Ausland

Von Bedeutung ist des Weiteren, dass selbst bei der pauschalen Ablehnung einer Reise Einzelaufwendungen dann berücksichtigt werden können, wenn es sich um abgrenzbare Teile eines Gesamtprogramms (eigene Kongressgebühren etc.) handelt.

---

[263] Beispiele:
- Wochenend-übergreifende Veranstaltung,
- Tagungsort in touristisch interessanten Gebieten.

Lösung:
- Beide Varianten sind dem Grunde nach gleich zu behandeln. Entweder geht es um die Lohnsteuerpflicht der bezahlten Reise (Variante a) oder um den Abzug als WK bei dem Selbstzahler (Variante b).
- In der Sache liegen zu viele Indizien vor, die gegen die Anerkennung als beruflich veranlasste Reise sprechen. Vor allem das touristisch interessante Ziel im Ausland ist für den BFH (vom 08.02.2001 und vom 19.02.2001, BFH/NV 2001, 903 und 904) Grund genug, um die private Veranlassung überwiegen zu lassen. Daran vermag auch die aktive Einbeziehung eines Marketing-Chefs als Mitveranstalter nichts zu ändern.

3.1.3.2 Persönlichkeitsbildende Kursgebühren

Losgelöst von der schwierigen Unterscheidung zwischen Ausbildungskosten, Fortbildungskosten und Weiterbildungskosten[264] entspricht es einem Zeittrend, Kurse zur Persönlichkeitsentfaltung zu besuchen. Die Grenze zwischen beruflicher Veranlassung (§§ 4, 9 EStG), privater Motivation (§ 12 EStG) und ggf. krankheitsbedingter Regeneration (§ 33 EStG) ist naturgemäß fließend. Dennoch verstand es der BFH, auch hier verlässliche Indikatoren für die Entscheidungspraxis zu entwickeln.

Beispiel 17: Die Pädagogen mit dem Psycho-Selbsterfahrungskurs
Im Kollegium der XY-Grundschule nehmen 90 % des Lehrkörpers an den unterschiedlichsten Persönlichkeitserfahrungs- und -entwicklungskursen (kurz: Psycho-Kurs) teil.
A (Beratungslehrer) nimmt an Kursen für Gesprächstherapie teil, die mit Supervisionsstunden verbunden sind. Der auf zwei Jahre angelegte Kurs war ursprünglich initiiert vom Institut für Lehrerfortbildung und musste von A im zweiten Jahr selbst bezahlt werden.
B (Fachlehrerin) nimmt auf Empfehlung ihres Therapeuten an einer von ihm geleiteten Selbsterfahrungsveranstaltung (Frauen zwischen 30 und 50 im Berufsleben) teil, die ebenfalls über zwei Jahre angelegt ist.
In beiden Fällen lehnen die Wohnsitz-FÄ den Abzug als WK ab, da nach „allgemeiner Lebenserfahrung" die Selbsterkenntnis und damit ein persönlicher Beweggrund i.S.d. § 12 Nr. 1 EStG im Vordergrund stünde.

Lösung:
- Bei einem homogenen Teilnehmerkreis und einer auf die Belange des konkreten Berufs zugeschnittenen Veranstaltung (mit Multiplikatoreneffekt) bestehen lt. BFH vom 24.08.2001 (HFR 2002, 16) keine Bedenken an der beruflichen Veranlassung. Dies gilt auch bei der Vermittlung psychologischer Informationen, selbst wenn diese z.T. im EU-Ausland stattfindet. A kann die Aufwendungen als WK abziehen.

---

[264] S. dazu Kap. VI.

- Bei B hingegen liegt eine Krankheitsbehandlung vor. Dabei kommt es nach den Erkenntnissen des BFH vom 01.02.2001 (BStBl II 2001, 543) (dort zu Ayur-Veda-Behandlung) entscheidend darauf an, ob die Behandlung nach den Erkenntnissen der Heilkunde objektiv indiziert ist. Bei **alternativen** Behandlungsformen fehlt es bereits an der Zwangsläufigkeit gem. § 33 EStG; für die verbleibende weitere Berücksichtigung als WK versperrt sodann § 12 Nr. 1 EStG den Weg.

3.1.3.3 Umzugskosten

Für den Bereich der Umzugskosten ist mit vier Entscheidungen des BFH aus den Jahren 2000 und 2001 für Planungssicherheit bei betroffenen AN gesorgt:

- Der Anwendungsbereich der abzugsberechtigenden **vergeblichen** WK ist gefestigt worden um Aufwendungen für einen Umzug (Bsp.: Kauf eines Eigenheims im Ausland), auch wenn die in Aussicht gestellte Versetzung – und damit der Umzug – rückgängig gemacht wird. Die private Mitveranlassung wird in diesem Fall von der beruflichen Veranlassung verdrängt, auch wenn sie sich als vergeblich erwiesen hat[265].

- Noch weitergehend treten nach den Erkenntnissen des BFH vom 23.03.2001 (BStBl II 2002, 56) private Begleitumstände (im Urteilsfall: durch die Heirat und die Geburt eines Kindes gestiegener Wohnbedarf) in den Hintergrund, wenn die berufliche Veranlassung für den Umzug im Vordergrund steht. Dies nahm der BFH (a.a.O.) für den Fall an, dass mit dem Umzug eine Verkürzung der täglichen Fahrzeit von mindestens einer Stunde verbunden ist.

- In der Tradition mehrerer BFH-Urteile steht allerdings die Entscheidung vom 22.03.2001 (BFH/NV 2001, 1025), wonach die Transportkosten für anerkannte Arbeitsmittel anlässlich eines privaten Umzugs nicht als WK abzugsfähig sind[266].

Über den Anwendungsbereich der Umzugskosten hinaus erlauben die Entscheidungen einen Einblick in die Differenzierungsversuche der BFH-Rspr. bei gemischten Aufwendungen. Wenn für eine Fallgruppe (Umzugskosten) ein Grundtenor (überwiegende berufliche Veranlassung) feststeht, so werden auch entferntere Tatbestände (vergeblicher Umzug), so sie unmittelbar mit der Fallgruppe zusammenhängen, darunter subsumiert. Der Zwang zur Differenzierung gebietet es sodann, Abgrenzungssachverhalte (Transportkosten für Arbeitsmittel) mit entgegengesetzter Rechtsfolge zu schaffen.

---

[265] BFH vom 24.05.2000 (BStBl II 2000, 584) sowie vom 23.03.2001 (BFH/NV 2001, 1379).
[266] Bestätigung des BFH vom 16.10.1992 (BStBl II 1993, 610).

3.1.3.4 Der Kfz-Unfall des Arbeitnehmers

Ein besonders delikates Problem in der Abgrenzung von § 12 Nr. 1 EStG zum Erwerbsaufwand, insb. zu § 9 EStG, tritt beim Kfz-Unfall auf, da keine der diametralen Zuordnungsvermutungen (berufliche contra private Veranlassung) passt.

> **Beispiel 18: Ende einer Dienstfahrt**
> Der ob seiner Jovialität beliebte Kumpel K ist auch beim diesjährigen Weihnachtsfest in der Betriebskantine der letzte Gast. Bei der nächtlichen Heimfahrt erleidet er auf einer kurzen Umwegstrecke, die er immer zum Volltanken seines Kfz benutzt, einen selbstverschuldeten Unfall mit seinem Pkw.
> Wegen der hohen Kosten (2.500 €) lässt K seinen Golf nicht reparieren und trägt den Schaden alleine. Der zwei Jahre alte Pkw kostete 24.000 € (inkl. USt) und war nach dem Unfall noch 15 T€ (Gutachten des Kfz-Sachverständigen) wert.
> **Variante**: Spielt es eine Rolle, ob K den Unfall mit 0,3 Promille oder mit 1,0 Promille verursacht hat?

Zu Kfz-Unfällen von AN gibt es eine gesicherte BFH-Rspr. Danach sind nur die Unfallkosten, die sich bei beruflich veranlassten Fahrten bzw. die sich auf dem Weg zwischen Wohnung und Arbeitsstätte ereignet haben, grundsätzlich als WK abzugsfähig. Umwegfahrten werden nur unter der engen Voraussetzung gleichgestellt, dass die Umwegstrecke zum Tanken notwendig war. Reparaturkosten sind unter Beachtung dieser Grundsätze bis 30.12.2000 abzugsfähig gewesen.

Ab VZ 2001 sind jedoch gem. § 9 Abs. 2 S. 1 EStG sämtliche, und somit auch außergewöhnliche Aufwendungen (wie Unfallkosten) – mit der Entfernungspauschale abgegolten[267]. Es können demnach nur noch die Unfallkosten berücksichtigt werden, die auf einer beruflich veranlassten **Umwegstrecke** verursacht werden.

Während ein (auch grob fahrlässiges) Verschulden den WK-Abzug nicht ausschließt, sieht dies bei einem Unfall im alkoholisierten Zustand anders aus. Der BFH hat für diesen Fall eine primäre private Veranlassung angenommen und pauschal den Abzug als Erwerbsaufwand ausgeschlossen (BFH vom 11.02.1993, BStBl II 1993, 518).

> **Lösung:**
> - Dem Grunde nach sind die Unfallkosten – auch nach dem 01.01.2001 – als beruflich veranlasste WK abziehbar, da die Umwegstrecke hier nicht als Privatfahrt anzusehen ist.
> - Ein Abzug ist jedoch ausgeschlossen, soweit K mit 1,0 Promille unterwegs war, da der BFH einen alkoholverursachten Unfall als Privatfahrt (!) einstuft. Anders muss die Entscheidung ausfallen, wenn K diesseits der strafbewehrten Grenze (0,03 Promille) unterwegs ist.
> - Der Höhe nach kann als AfA gem. § 9 Abs. 1 Nr. 7 EStG i.V.m. § 7 Abs. 1 S. 5 EStG die Differenz zwischen dem Zeitwert (15 T€) und dem „Buch-

---

[267] S. hierzu *von Beckerath* in *Kirchhof-kompakt*, 2. Aufl. (2002) § 9 Rz. 230 f.

wert" des Pkw abgezogen werden (zuletzt BFH vom 09.01.2002, VI B 222/01 (NV) in Bestätigung durch den BFH vom 24.11.1994, BStBl II 1995, 318). Der „Buchwert" bemisst sich dabei nach den AK abzüglich der fiktiven AfA und beträgt hier – bei einer zweijährigen Nutzung – 16.000 €[268]). Im Ergebnis können 1.000 € als WK abgezogen werden.

Anmerkung: Würde K bei einem eigenverschuldeten Unfall **mit Fremdschaden** bei der Schadensregulierung **(WK!)** auf eine Meldung bei seiner Haftpflichtversicherung verzichten, um die Rückstufung zu vermeiden, so wäre der Verzicht auf die Ersatzleistung grundsätzlich unbeachtlich (keine Gegenrechnung). Eine Ausnahme wird nur für den Fall gemacht, in dem der Verzicht aus rein privaten Gründen erfolgt.

3.1.3.5 „Hobbyaufwendungen"

Aus der umfangreichen Entscheidungspraxis der Finanzgerichtsbarkeit, insbesondere der ersten Instanz, zur Abgrenzung des Erwerbsaufwands gegenüber Hobbyaufwendungen (§ 12 Nr. 1 EStG) seien zwei aktuelle Fälle hervorgehoben:

Im **ersten Fall** beantragte eine Reitlehrerin die Kosten für ein Reitpferd als Erwerbsaufwand (BFH vom 26.01.2001, BFH/NV 2001, 809), während im **zweiten Fall** ein Speditionskaufmann die Aufwendungen zum Erwerb eines Berufsflugzeugführerscheines als BA (konkret: als Fortbildungskosten) absetzen wollte (BFH vom 22.08.2001, BFH/NV 2002, 326).

In beiden Fällen stützte der BFH die Tatsachenfeststellung der ersten Instanz und verneinte den Abzug als Erwerbsaufwand. Hierin liegt die verallgemeinerungsfähige Aussage, dass in diesem allgemeinen Bereich – anders als bei den Spezialaufwendungen – nicht einmal ein sehr konkreter Bezug zu einem speziellen Beruf (Reitpferd/Reitlehrerin) genügt, um den Kausalnexus zwischen beruflicher/betrieblicher Veranlassung und dem einzelnen Beruf herzustellen.

3.2 Die Bedeutung des § 12 Nr. 2 EStG

3.2.1 Die generelle Bedeutung

In der Lit. wird die Bedeutung von § 12 Nr. 2 EStG zwar unterschiedlich intensiv diskutiert, im Ergebnis aber auf einen kleinen Nenner „heruntergefahren". Demgegenüber zitiert der BFH § 12 Nr. 2 EStG immer noch in den Entscheidungen zur Anerkennung von Angehörigenverträgen[269] sowie zur Frage der Vermögensübergabe gegen Versorgungsleistungen[270].

---

[268] 24.000 € ./. 8.000 € (2 x 4.000 €) = 16.000 €.
[269] Zuletzt BFH vom 16.11.2001 (BFH/NV 2002, 345) zur Frage der persönlichen Beziehung von Partnern einer nichtehelichen Lebensgemeinschaft.
[270] Zuletzt BFH vom 14.11.2001 (BStBl II 2002, 191 bzw. X R 90/98 V).

Einigkeit besteht jedoch – trotz der Zitierpraxis des BFH – darüber, dass § 12 Nr. 2 EStG für die Frage der Anerkennung von Angehörigenverträgen in der Sache ebenso wenig hergibt wie für die generelle Frage der persönlichen Zurechnung von Zustandstatbeständen (Erwerbsgrundlagen)[271]. Neben der sogleich unter 3.2.2 zu klärenden Frage des Zusammenspiels von drei Bestimmungen zur Frage des Ansatzes und der Abzugsfähigkeit von wiederkehrenden Bezügen hat § 12 Nr. 2 EStG eigentlich nur **deklaratorische Bedeutung**. So werden auch in diesem Buch die o.g. Komplexe an anderer Stelle und isoliert von § 12 Nr. 2 EStG besprochen[272].

Alle drei Varianten von § 12 Nr. 2 EStG (freiwillige Zuwendungen und solche aufgrund freiwillig begründeter Rechtspflicht sowie Zuwendungen gegenüber unterhaltsberechtigten Personen) stellen eine **nicht steuerbare Vermögensumschichtung** (Einkommensverwendung) dar.

Für die Unterscheidung zwischen betrieblicher/beruflicher Veranlassung versus privater Motivation gibt § 12 Nr. 2 EStG nichts her, da sämtliche betroffenen Anwendungsfälle die **Privatsphäre** betreffen. Für die Beurteilung der dritten Variante (Unterhaltsleistungen) ist § 33 EStG einschlägig, so dass auf die dortigen Ausführungen verwiesen wird[273]. § 12 Nr. 2, 2. Variante EStG (Zuwendungen aufgrund einer freiwillig begründeten Rechtspflicht), der 1974 eingefügt wurde, erweiterte das Abzugsverbot von wiederkehrenden Leistungen um diejenigen, die aufgrund einer freiwillig eingegangenen Rechtspflicht erbracht wurden[274]. Auch hier hängt demnach die Antwort von der grundsätzlichen Abzugsfähigkeit wiederkehrender Leistungen ab.

3.2.2 Das Zusammenspiel von § 10 Abs. 1 Nr. 1a, § 12 Nr. 2 und § 22 Nr. 1 EStG bei wiederkehrenden Leistungen

Nach dem Wortlaut von § 10 Abs. 1a EStG sind – auf einem **besonderen Verpflichtungsgrund** beruhende – **wiederkehrende** Leistungen (Renten/dauernde Lasten) als SA abziehbar, soweit sie nicht als Erwerbsaufwand (WK/BA) zu berücksichtigen sind und nicht mit steuerfreien Einkünften zusammenhängen.

Gem. § 12 Nr. 2 EStG wiederum sind auf einem **freiwilligen** Rechtsgrund beruhende Zuwendungen generell nicht abzugsfähig. Nach § 22 Nr. 1 EStG sind wiederkehrende Bezüge – außerhalb der vorgehenden sechs Einkunftsarten – beim **Empfänger steuerbar**. Dies gilt nach S. 2 allerdings **nicht** (steuerfreie Bezüge), wenn die Bezüge aufgrund einer freiwillig begründeten Rechtspflicht oder gegenüber Unterhaltsberechtigten erbracht wird.

Aus dem Zusammenwirken der drei Bestimmungen (Korrespondenzprinzip) haben sich folgende Eingruppierungen ergeben:

---

[271] Übereinstimmend von *Fischer* in *Kirchhof-kompakt*, § 12 Rz. 27 sowie von *Drenseck/Schmidt*, § 12 Rz. 26 ff. festgestellt.
[272] S. Kap. II.
[273] S. Kap. V.
[274] Die Freiwilligkeit wird bei gesetzlichen Verpflichtungen (Schadensrenten) und bei Anordnungen Dritter ausgeschlossen (testamentarische Anordnungen), vgl. *Drenseck/Schmidt*, § 12 Rz. 43.

- **Gruppe I:** Soweit der Rechtsgrund für die Begründung wiederkehrender Bezüge unmittelbar mit einer Einkunftsart zusammenhängt (Rente als kaufmännisch abgewogene Gegenleistung) und dabei **Gegenleistungs-"Renten"**[275] vereinbart werden (Betriebliche Veräußerungsleib- und -zeitrenten), bleibt der Zusammenhang mit einer Einkunftsart bestehen. Dies bedeutet, dass bei dieser gestreckten langfristigen Rückzahlung des Kapitals die Gegenleistung immer in einen Zinsanteil und in einen steuerirrelevanten Anteil der Vermögensumschichtung umgedeutet wird. Der Zinsanteil führt dabei beim Empfänger[276] zu Kapitaleinkünften (§ 20 Abs. 1 Nr. 7 EStG) und beim Verpflichteten zu Erwerbsaufwand (BA/WK). Handelt es sich dabei um Renten, so besteht der Zinsanteil im sog. Ertragsanteil, ansonsten (dauernde Last) ist der bezahlte Betrag zu erfassen.
- **Gruppe II:** Für den Bereich der sog. **privaten Versorgungsrente** (Vermögensübergabe gegen Versorgungsleistungen = Generationennachfolgevertrag) wird erstens als Sonderrecht der unentgeltliche Übergang der betroffenen Wirtschaftseinheit nach § 6 Abs. 3 EStG zugelassen. Andererseits werden die laufenden Vorgänge bei dieser Betrachtung (Gleichsetzung der Rentenzahlungen als zurückbehaltene Vermögenserträge) der Erfassung innerhalb einer Einkunftsart entzogen. Sie führen beim Verpflichteten zum Abzug als SA (§ 10 Abs. 1 Nr. 1a EStG) sowie beim Empfänger zur Erfassung als wiederkehrender Bezug gem. § 22 Nr. 1 EStG. Je nach konkreter Ausgestaltung wird der Ertragsanteil (Rente) oder der absolute Betrag zugrundegelegt (Dauernde Last)[277].
- **Gruppe III:** Bei **Unterhaltsrenten** schließlich wirkt § 12 Nr. 2 EStG (i.V.m. § 12 Nr. 1 EStG) rechtskonstitutiv. Liegen die Voraussetzungen hierfür vor (nach der h.M. anhand der 50 % -Regelung von R 123 S. 6 EStR a.F. zu untersuchen; nach Auffassung des X. Senats des BFH nach Art der übergebenen Wirtschaftseinheit zu bilden), so kommt es weder zum SA-Abzug noch zum Ansatz als steuerbare Einnahme.

3.2.3 Schuldzinsen und wiederkehrende Leistungen

Im Zusammenhang mit der Verpflichtung zur Zahlung wiederkehrender Bezüge nach 3.2.2 kommt es häufig zur Inanspruchnahme von Krediten. Damit stellt sich die Frage, wie – und ob – die Schuldzinsen abzugsfähig sind.

Mit zwei grundsätzlichen Entscheidungen vom 14.11.2001 hat der X. Senat des BFH diese Frage und dabei eine noch weitergehende Frage zum Abzug des Ertragsanteils bei einer Leibrentenvereinbarung anlässlich einer Gegenleistungsrente beantwortet. Danach gilt:

- **Schuldzinsen**, die in wirtschaftlichem Zusammenhang mit der Finanzierung einer als SA (§ 10 Abs. 1 Nr. 1a EStG) abziehbaren **privaten Versorgungsrente** (Gruppe II) gezahlt werden, sind ihrerseits nicht zusätzlich als dauernde Last abziehbar. Dies

---

[275] Exakter ist die Bezeichnung: „Wiederkehrende Bezüge auf der Basis einer Gegenleistung".
[276] Bei Veräußerungsleibrenten anlässlich einer Betriebsveräußerung besteht allerdings ein Wahlrecht des Veräußerers, R 139 Abs. 11 EStR.
[277] S. hierzu umfassend Teil B, Kap. III.

hängt damit zusammen, dass der Katalog des § 10 Abs. 1 EStG – anders als die Öffnungsklauseln bei § 4 Abs. 4 EStG und bei § 9 EStG – eine abschließende Aufzählung enthält, in dem Finanzierungsaufwendungen keinen Platz haben (BFH vom 14.11.2001, BFH/NV 2002, 277 = DB 2002, 179).

- Wird eine Leibrente in Form einer **privaten Gegenleistungsleibrente** (Gruppe I) vereinbart, so ist deren Ertragsanteil (Zinsanteil) nicht als SA abziehbar (BFH vom 14.11.2001, BFH/NV 2002, 424). Mit diesem weitreichenden Urteil schließt der X. Senat an die Rspr. des BFH vom 25.11.1992 (BStBl II 1996, 666) an und widerlegt Teile des Schrifttums, die bei jedweder Leibrentenvereinbarung über den Wortlaut des § 10 Abs. 1 Nr. 1a S. 2 EStG den Abzug des Ertragsanteils als SA reklamieren. Vielmehr werden die weiteren Rechtsfolgen aufgrund der vorherigen Einteilung in eine der drei (oben skizzierten) Gruppen der Übergabevereinbarungen bestimmt. Das Sonderrecht der Abzugs der wiederkehrenden Leistungen als SA (voller Betrag bei dauernden Lasten und Ertragsanteil bei Leibrenten) hängt allein mit dem nur in der Fallgruppe II (private Versorgungsrente) vorliegenden unbeachtlichen Transfer der Einkünfte bzw. dem „– ausnahmsweise zulässigen – Transfer der steuerlichen Leistungsfähigkeit[278]" zusammen. Dies sei bei einer Gegenleistungsrente nicht gegeben. Handelt es sich bei den übertragenen Gegenständen (wie im Urteilsfall) um steuerirrelevantes PV (selbstgenutzte Wohnungen), so läuft auch der mögliche WK-Abzug ins Leere.

3.3 Zusammenfassung zu § 12 Nr. 3 und Nr. 4 EStG

Das Abzugsverbot für Personensteuern (§ 12 Nr. 3 EStG) und für Geldstrafen (§ 12 Nr. 4 EStG) wurde bereits bei dem einschlägigen § 4 Abs. 5 Nr. 8 ff. EStG erörtert.

---

[278] So das BVerfG im Beschluss vom 17.12.1992 (DStR 1993, 315).

V Das subjektive Nettoprinzip (Sonderausgaben, außergewöhnliche Belastungen und Familienleistungsausgleich)

1 Sonderausgaben

1.1 Systematische Stellung der Sonderausgaben im Einkommensteuerrecht

Sonderausgaben (SA) sind private Ausgaben. Anders als die BA und die WK dienen sie kraft Definition nicht der Einkünfteerzielung („Sonderausgaben sind die folgenden Aufwendungen, wenn sie weder Betriebsausgaben noch Werbungskosten sind:" gem. § 10 Abs. 1 S. 1 EStG). Von den sonstigen privaten Ausgaben unterscheidet sich die SA wiederum dadurch, dass sie bei der Ermittlung des zu versteuernden Einkommens berücksichtigt werden. In § 12 EStG sind sie bei den nicht abzugsfähigen Ausgaben deshalb ausdrücklich ausgenommen („Soweit in § 10 Abs. 1 Nr. 1, 2, 4, 6, 7 und 9, § 10a, § 10b ... nichts anderes bestimmt ist, dürfen weder bei den einzelnen Einkunftsarten noch vom Gesamtbetrag der Einkünfte abgezogen werden ..."). Die steuerliche Belastung mindern die SA, da sie gem. § 2 Abs. 4 EStG zur Ermittlung des Einkommens zusammen mit den agB von dem Gesamtbetrag der Einkünfte abgezogen werden.

Der SA-Abzug ist nicht das einzige Instrument, die Freistellung des indisponiblen Einkommens von der Besteuerung sicherzustellen. Der Grund- und der Kinderfreibetrag in den Tarifvorschriften der §§ 32 und 32a EStG sind noch deutlichere Instrumente des subjektiven Nettoprinzips. Daneben wird **indisponibles Einkommen** durch den Abzug der außergewöhnlichen Belastungen vom Gesamtbetrag der Einkünfte gem. § 2 Abs. 4 EStG von der Besteuerung freigestellt. Die agB werden im Anschluss (s. 2) behandelt.

Weitere Abzugsbeträge, die systemwidrig als SA ausgestaltet worden sind, aber nicht notwendig das indisponible Einkommen betreffen, verstellen dagegen teilweise den Blick auf die Funktion der SA. Dies gilt beispielsweise für die Abzugsbeträge in den §§ 10f und 10g EStG. Sie sind im Abschnitt SA geregelt, aber nur „wie SA" abziehbar. Die Abzugsbeträge betreffen nicht das indisponible Einkommen, sondern stellen der Sache nach eine Steuersubvention dar. Sie werden daher in diesem Kapitel nicht behandelt.

Das Einkommensteuergesetz enthält keine allgemeine Definition der SA. Sie sind abschließend im Gesetz aufgezählt (Enumerationsprinzip).

1.2 Sonderausgaben als Aufwendungen

SA sind gem. § 10 Abs. 1 S. 1 EStG „Aufwendungen". Unter Aufwendungen wird die tatsächliche Zahlung verstanden; außerdem muss mit der Zahlung eine wirtschaftliche Belastung für den Stpfl. verbunden sein.

1.2.1 Mehrjährige Nutzung von Wirtschaftsgütern

Zahlungen sind nicht abziehbar, wenn der Stpfl. durch sie nicht wirtschaftlich belastet ist, weil er eine Gegenleistung erhält.

Die tatsächliche Zahlung bereitet im Regelfall keine Probleme, beispielsweise beim Abzug gezahlter KiSt gem. § 10 Abs. 1 Nr. 4 EStG. Problematisch ist der Einsatz von Wirtschaftsgütern, deren Nutzung sich auf einen Zeitraum von mehr als einem Jahr erstreckt. Die Anschaffung des WG führt nicht zu Ausgaben, da der Stpfl. für den Kaufpreis eine Gegenleistung erhält. Bei der Ermittlung der **Einkünfte** wird der anschließende Werteverzehr durch die Absetzungen für Abnutzung (AfA) berücksichtigt (Betriebsausgabe gem. §§ 6 Abs. 1 Nr. 1 und 7 EStG oder WK gem. § 9 Abs. 1 S. 3 Nr. 7 EStG). Für die SA fehlt eine entsprechende Vorschrift. Der BFH hat deshalb festgestellt, dass ein anteiliger Abzug nicht möglich sei[279]. Von diesem Grundsatz hat er in einer Entscheidung vom 07.05.1993 (BFH vom 07.05.1993, BStBl II 1993, 676) eine Ausnahme gemacht.

Beispiel 1: Das teure Notebook
Die Stpfl. schaffte am 01. Dezember des VZ 01 ein Notebook mit AK i.H.v. 3.000 € an, um sich während ihres Erziehungsurlaubes für einen eventuellen späteren Wiedereinstieg in ihren Beruf vorzubereiten. Eine feste Absicht, nach Ende des Erziehungsurlaubs wieder berufstätig zu sein, bestand aber nicht. Im ESt-Bescheid für den VZ 01 berücksichtigte das FA erklärungsgemäß andere SA i.S.v. § 10 Abs. 1 Nr. 7 EStG i.H.v. 920 €. Bei der Veranlagung für 02 lehnte das FA den jetzt in gleicher Höhe für das Notebook geltend gemachten SA-Abzug ab.

Bei den Kosten für die Berufsausbildung oder die Weiterbildung in einem nicht ausgeübten Beruf i.S.v. § 10 Abs. 1 Nr. 7 EStG können die Absetzungen für Abnutzung verteilt über die Nutzungsdauer geltend gemacht werden. Dieses Ergebnis begründet der BFH mit einem Vergleich zu Weiterbildungskosten in einem ausgeübten Beruf. Dort werden die Absetzungen als Betriebsausgabe oder WK berücksichtigt. Da die Aufwendungen bei den Aus- und Fortbildungskosten wesensgleich seien und eine Gleichbehandlung hier dem Zweck des SA-Abzugs entspreche, seien die Vorschriften über die AfA sinngemäß anzuwenden.

Lösung:
Der Werteverzehr führt nicht zu (vorweggenommenen) WK, da die Verwendung des Notebooks für die Weiterbildung nicht in einem hinreichend konkreten Zusammenhang mit der Erzielung von Einkünften steht. Insofern kommt nur die Berücksichtigung als SA wegen der Weiterbildung in einem nicht ausgeübten Beruf gem. § 10 Abs. 1 Nr. 7 EStG in Betracht. Grundsätzlich können Absetzungen für Abnutzung nicht als SA geltend gemacht werden. Da das Notebook aber für die Weiterbildung eingesetzt wird und die daraus resultierenden Aufwendungen den als WK zu berücksichtigenden Fortbildungskosten in

---

[279] BFH vom 07.12.1983 (BStBl II 1983, 660) und vom 30.10.1984 (BStBl II 1985, 610).

einem ausgeübten Beruf wesensverwandt sind, müssen die Absetzungen für Abnutzung auch im zweiten Nutzungsjahr als SA anerkannt werden, allerdings nur bis zum Höchstbetrag von 920 €.

1.2.2 Wirtschaftliche Belastung

Zahlungen sind nicht abziehbar, wenn der Stpfl. durch sie nicht wirtschaftlich belastet ist, beispielsweise, weil er eine Gegenleistung erhält.

Beispiel 2: Grabpflegeaufwendungen
Die Klägerin hatte von ihrer Mutter zwei Einfamilienhäuser geerbt, mit denen sie Einkünfte aus Vermietung und Verpachtung erzielte. Gleichzeitig begehrte sie den Abzug von Grabpflegeaufwendungen als dauernde Last bei den SA.

Lösung:
Der BFH lehnte den Abzug nach § 10 Abs. 1 Nr. 1a EStG als dauernde Last ab, weil wirtschaftlich keine Belastung vorliege, solange die Aufwendungen aus einer hierfür empfangenen Gegenleistung erbracht werden können. Etwas anderes gelte nur für Vermögensübertragungen im Wege der vorweggenommenen Erbfolge, wo nach dem Willen des Gesetzgebers keine Verrechnung stattfinde (BFH vom 04.04.1989, BStBl II 1989, 779).

An der wirtschaftlichen Belastung fehlt es auch bei willkürlichen Zahlungen oder Zahlungen, für die offensichtlich keine Rechtspflicht besteht.

Beispiel 3: Versehentliche Festsetzung
Der Kläger war aus der Kirche ausgetreten. Das FA setzte die KiSt-Vorauszahlungen für den VZ 01 auf 0 herab. Für das II. bis IV. Quartal des folgenden VZ 02 wurden versehentlich wieder Vorauszahlungen für die KiSt festgesetzt. Die von dem Kläger gezahlten Beträge wurden in 03 erstattet.

Lösung:
Das FA berücksichtigte die Zahlungen nicht als gezahlte KiSt i.S.d. § 10 Abs. 1 Nr. 4 EStG im VZ 02. Die hiergegen erhobene Klage beim Finanzgericht war ohne Erfolg. Der Kläger war durch die Zahlung im Jahr 02 nicht wirtschaftlich belastet, da im Zeitpunkt der Zahlung offensichtlich war, dass die Zahlung zurückgefordert werden kann. Der BFH bestätigte die Entscheidung des FG (BFH vom 22.11.1974, BStBl II 1975, 350).

1.2.3 Zeitpunkt des Sonderausgabenabzugs

SA sind gem. **§ 11 Abs. 2 EStG** in dem Jahr abzuziehen, in dem sie geleistet worden sind[280].

---
[280] H 86a EStH „Abzugszeitpunkt".

Nicht gesetzlich geregelt ist die Frage, wie Erstattungen von SA zu behandeln sind, die insb. bei den Versicherungsbeiträgen i.S.v. § 10 Abs. 1 Nr. 2 EStG und der KiSt vorkommen. Entsprechend dem Grundsatz, dass SA nur bei einer wirtschaftlichen Belastung des Stpfl. vorliegen, müssen diese Erstattungen die abzugsfähigen SA mindern. Zeitlich gilt Folgendes:

Ist bereits im Zeitpunkt der Zahlung offensichtlich, dass es zu einer Erstattung kommt, insb. bei willkürlichen Zahlungen, ist der Abzug von vornherein im VZ der Zahlung mangels wirtschaftlicher Belastung zu versagen (s. 1.2.2). In allen anderen Fällen werden Erstattungen von der Finanzverwaltung zunächst mit SA verrechnet, die in den VZ der Erstattung fallen[281]. Die Finanzrechtsprechung billigt dies aus Gründen der Praktikabilität[282]. Erst wenn eine Kompensation mangels verrechenbarer gleichartiger SA nicht oder nicht vollständig möglich ist, ist der SA-Abzug rückwirkend im Jahr der Zahlung zu kürzen. Der Bescheid für das Abzugsjahr ist insoweit nach § 175 Abs. 1 S. 1 Nr. 2 AO zu ändern, da die spätere Erstattung der zunächst als SA abgezogenen Beträge ein rückwirkendes Ereignis darstellt[283].

1.2.4 Persönliche Abzugsberechtigung

SA setzen eine wirtschaftliche Belastung voraus. Persönlich abzugsberechtigt ist dementsprechend, wer durch die Ausgabe wirtschaftlich belastet ist[284]. Probleme bereitet dies dann, wenn Dritte die Zahlung übernehmen, beispielsweise die Ausbildungskosten nicht von dem Auszubildenden, sondern von dessen Eltern getragen werden. Der Begünstigte kann sie als eigene SA abziehen, wenn ihm die Zahlungen als eigene Belastung zugerechnet werden können. Ob dies der Fall ist, wird sich wohl inzwischen im Bereich der SA nach der Rspr. des BFH zum **Drittaufwand** richten, auch wenn die Rspr. den Drittaufwand bisher nur im Zusammenhang mit der Einkünfteerzielung behandelt hat[285]. Häufig wird eine Zuwendung der Mittel durch den Dritten an den Begünstigten anzunehmen sein, der daraus dann eigene SA bestreitet. Selbst direkte Zahlungen des Dritten können SA des Begünstigten sein, wenn es sich lediglich um einen abgekürzten Zahlungsweg handelt[286].

Ein Problem bleiben die SA, die aufgrund eines schuldrechtlichen Vertrages gezahlt werden, insb. die Versicherungsbeiträge i.S.v. § 10 Abs. 1 Nr. 2 EStG. Die Finanzverwaltung erkennt den SA-Abzug hier nur an, wenn der Stpfl. auch der Vertragspartner des Versicherers ist.

---

[281] H 86a EStH „Erstattete Aufwendungen".
[282] Vgl. BFH vom 26.06.1996 (BStBl II 1996, 648).
[283] Vgl. BFH vom 28.05.1998 (BStBl II 1999, 95); H 87a EStH „Sozialversicherungsbeiträge, Erstattung von"; vgl. *Schmidt/Heinicke*, EStG § 10 Rz 7 f., der zwischen der Erstattung und dem nachträglich rückwirkenden Wegfall der Abzugsvoraussetzungen unterscheidet.
[284] *Schmidt/Heinicke*, EStG § 10 Rz. 15.
[285] Nach *Blümich/Hutter*, EStG § 10 Rz. 44, folgt der Drittaufwand bei den SA den gleichen Regeln, die von der Rspr. für WK und Betriebsausgaben entwickelt worden sind.
[286] Vgl. *Diepenbrock*, DStR 1999, S. 1642 f. und *Schmidt/Heinicke*, EStG § 10 Rz 24, die deshalb auch die anderslautende Rspr. des BFH zum abgekürzten Zahlungsweg bei SA im Urteil vom 19.04.1989 (BStBl II 1989, 683) für überholt halten; H 18 EStH „Drittaufwand".

Beispiel 4: Kfz-Haftpflicht
Wegen des günstigeren Schadensfreiheitsrabattes schließen die Eltern für ihr Kind eine Kfz-Haftpflichtversicherung für das von ihm genutzte Auto ab. Die Versicherungsprämien zahlt das Kind aber selbst an den Versicherer.

Nach H 88 EStH können nur die Eltern die Versicherungsbeiträge als SA geltend machen, weil sie Versicherungsnehmer sind. Sie sind aber nicht wirtschaftlich belastet, da ihr Kind die Prämien trägt. Das Kind erbringt die Versicherungsbeiträge im eigenen Interesse. Es will den Eltern die Mittel für die Prämien deshalb auch nicht mittels abgekürzten Zahlungsweges zuwenden. Der SA-Abzug durch die Eltern scheidet damit in jedem Fall aus.

Fraglich ist, ob das Kind die Versicherungsprämien geltend machen kann. Das wäre der Fall, wenn neben dem „abgekürzten Zahlungsweg" auch ein „**abgekürzter Vertragsweg**" anzuerkennen ist und die Zahlungen deshalb dem Kind zugerechnet werden könnten. Dies ist durch Rspr. des BFH zum Drittaufwand noch nicht geklärt[287]. Die Finanzverwaltung lehnt den abgekürzten Vertragsweg als Grundlage für die Zurechnung von BA oder WK ausdrücklich ab (vgl. H 18 EStH „Drittaufwand").

Lösung:
Nach derzeit geltender Auffassung der Finanzverwaltung handelt es sich nicht um SA des Kindes, weil es eben nicht Vertragspartner ist. **In der Klausur ist es ratsam, bis auf Weiteres der (bisherigen) Auffassung der Rspr. (BFH vom 25.02.1972, BStBl 1972, 484) und der Finanzverwaltung zu folgen und sich nicht durch die zeitaufwendige, aber nicht punkteträchtige Rechtfertigung der Gegenmeinung zu profilieren.**

Kein Problem mit Drittaufwand besteht zwischen Ehegatten, die nach § 26b EStG zusammen veranlagt werden. Da die Ehegatten gemeinsam als Stpfl. behandelt werden, kommt es nicht darauf an, wer von ihnen die Ausgaben tatsächlich getragen hat (R 86a EStR). Bei beschränkt Stpfl. ist zu beachten, dass der Abzug von SA eingeschränkt oder für bestimmte SA ganz ausgeschlossen ist (§ 50 Abs. 1 S. 4 ff. EStG).

1.3 Einzelne Sonderausgaben

1.3.1 Unterhaltsleistungen

Bei dauernd getrennt lebenden oder geschiedenen Ehegatten besteht regelmäßig eine Unterhaltsverpflichtung des einen sowie eine Unterhaltsberechtigung des anderen Ehegatten nach bürgerlichem Recht, wenn die Unterhaltsverpflichtung nicht aufgrund eines Ehevertrages oder wegen fehlender Bedürftigkeit ausgeschlossen ist. Der Abzug von Unterhaltsleistungen gem. § 10 Abs. 1 Nr. 1 EStG soll u.a. einen Ausgleich dafür schaffen, dass durch die dauerhafte Trennung oder Scheidung die Vorteile des Splittingtarifs entfallen. Es hat sich daher der Begriff des so genannten „begrenzten Realsplitting" eingebür-

---
[287] *Diepenbrock*, DStR 1999, 1642 f.

gert. Richtigerweise ist der SA-Abzug aber damit zu begründen, dass die Unterhaltsleistungen zu den indisponiblen Privatausgaben zählen, die nach dem subjektiven Nettoprinzip von der Besteuerung auszunehmen sind[288]. Da der Abzug gegenwärtig auf 13.805 € im Kalenderjahr beschränkt ist, wird von **begrenztem** Realsplitting gesprochen.

Unterhaltsleistungen sind nicht automatisch abzugsfähig. Voraussetzung sind gem. § 10 Abs. 1 Nr. 1 EStG ein Antrag des Verpflichteten und die Zustimmung des Empfängers. Durch das Zustimmungserfordernis soll der Empfänger vor wirtschaftlichen Nachteilen geschützt werden, da die Zahlungen bei ihm zu Einkünften gem. § 22 Nr. 1a EStG führen. Allerdings hat der Unterhaltsverpflichtete einen **zivilrechtlichen (nicht steuerrechtlichen) Anspruch** auf Zustimmung, wenn dem Berechtigten keine Nachteile aus der Zustimmung erwachsen oder diese ausgeglichen werden (BGH vom 23.03.1983, NJW 1983, 1545). Der Anspruch auf die Zustimmung kann bei den Zivilgerichten eingeklagt werden. Die Erteilung der Zustimmung selbst durch den Zahlungsempfänger ist dagegen eine **öffentlich-rechtliche Willenserklärung** (vgl. BFH vom 25.10.1988, BStBl II 1989, 192). Weitere gesetzliche Voraussetzung ist, dass der Empfänger unbeschränkt steuerpflichtig ist, er die Zahlungen mithin auch im Inland versteuert. Diese Anforderung entspricht dem Verständnis von einem Realsplitting als Ausgleich für den Wegfall des Splittingtarifs. Aus Sicht des Unterhaltsverpflichteten ist die Anforderung verfehlt, da seine Aufwendungen unabhängig von der steuerlichen Behandlung beim Empfänger zu indisponiblen Privatausgaben führen und schon deshalb SA sein müssten.

„Unterhaltsleistungen" i.S.v. § 10 Abs. 1 Nr. 1 EStG können Geldzahlungen aber auch Sachleistungen sein. Sachleistungen sind für den SA-Abzug entsprechend § 8 Abs. 2 S. 1 EStG zu bewerten[289]. Häufig wird der Unterhalt ganz oder zum Teil durch die Überlassung einer Wohnung erbracht. Dieser Fall ist steuerlich auf zwei Weisen gestaltbar. Die Wohnung kann außerhalb der Einkünfteerzielung unmittelbar als Unterhaltsleistung zur Verfügung gestellt werden. Die Überlassung ist dann als SA mit dem ortsüblichen Mietwert anzusetzen[290]. Die Wohnung kann aber auch an den Unterhaltsberechtigten aufgrund eines schuldrechtlichen Vertrages vermietet und die Miete mit dem geschuldeten Barunterhalt verrechnet werden (vgl. H 162a EStH „Vermietung an Unterhaltsberechtigte"). Welche Variante für den Stpfl. günstiger ist, hängt von den steuerlichen Folgen der Vermietung ab.

Beispiel 5: Barunterhalt oder Wohnungsüberlassung
Die ortsübliche/gezahlte Miete für die überlassene Wohnung beträgt 9.000 € im Jahr. Finanzierungsaufwand, AfA und sonstige Kosten fallen jährlich i.H.v. 15.000 €, 10.000 € und 1.000 € an. Bei einer reinen Überlassung der Wohnung sind Unterhaltsleistungen i.H.v. 9.000 € als SA abzugsfähig. Bei einem Mietverhältnis entsteht zusätzlich ein Werbungskostenüberschuss i.H.v. 17.000 €.

---

[288] *Söhn* in *Kirchhof/Söhn/Mellinghoff*, EStG § 10 Rz. C 9 ff.
[289] *Söhn* in *Kirchhof/Söhn/Mellinghoff*, EStG § 10, Rz. C 29.
[290] Vgl. BFH vom 12.04.2000 (DStR 2000, 1303 f.).

Abwandlung 1:
Die ortsübliche Miete beträgt 12.000 €. Die Wohnung ist für 6.000 € vermietet (§ 21 Abs. 2 EStG). WK entstehen i.H.v. 8.000 €. Wird in Anbetracht der ortsüblichen Miete lediglich ein Unterhalt i.H.v. 6.000 € vereinbart, der mit der Miete zu verrechnen ist, entstehen SA i.H.v. 6.000 € und negative Einkünfte i.H.v. 2.000 €.

Abwandlung 2:
Die Miete wird auf das ortsübliche Niveau angehoben, um SA i.H.v. 12.000 € zu erzielen. Dies führt jetzt aber zusätzlich auch zu einem Einnahmeüberschuss aus der Vermietung i.H.v. 4.000 €. In beiden Varianten ist die mit 12.000 € bewertete direkte Überlassung für den Stpfl. günstiger.

Abwandlung 3:
In Ergänzung zu Abwandlung 2 wird ein Barunterhalt von 20.000 € vereinbart und die vertraglich geschuldete Miete von 12.000 € verrechnet. Da der Höchstbetrag für den SA-Abzug überschritten wird, entstehen hier durch das Mietverhältnis zusätzliche positive Einkünfte, denen zudem kein Liquiditätszufluss gegenübersteht. Durch eine unmittelbar Überlassung als Unterhalt ohne Mietverhältnis könnte dies vermieden werden. Wird die Miete stattdessen auf die Hälfte reduziert (§ 21 Abs. 2 EStG), entsteht jetzt zusätzlich ein Werbungskostenüberschuss von 2.000 € ohne schädlichen Einfluss auf den SA-Abzug, da dort weiter der Höchstbetrag ausgeschöpft wird.

1.3.2 Renten und dauernde Lasten

Die SA erfassen in § 10 Abs. 1 Nr. 1a EStG mit den so genannten **Versorgungsleistungen** einen Teil, aber eben auch nur einen Teil der wiederkehrende Leistungen. Die Versorgungsleistungen, nur sie sind SA, müssen von den **Unterhaltsleistungen** und den **wiederkehrenden Leistungen im Austausch mit einer Gegenleistung** abgegrenzt werden. Sie werden damit Teil einer Thematik mit eigenständiger Bedeutung, die über den SA-Abzug weit hinausgeht. Dies rechtfertigt es, sie nicht an dieser Stelle, sondern in einem größeren Zusammenhang mit den anderen wiederkehrenden Leistungen in Teil B, Kap. III (Rechtsnachfolge) darzustellen.

1.3.3 Vorsorgeaufwendungen

Eine Reihe von Beiträgen zu Versicherungen wird in § 10 Abs. 1 Nr. 2 EStG durch abschließende Aufzählung zum SA-Abzug zugelassen. In § 10 Abs. 2 S. 1 EStG sind die von § 10 Abs. 1 Nr. 2 EStG erfassten Versicherungsbeiträge mit dem Begriff „Vorsorgeaufwendungen" vom Gesetzgeber selbst definiert worden (Legaldefinition).

1.3.3.1 Die verschiedenen Formen der Vorsorgeaufwendungen

Die Beiträge zu Kranken-, Pflege-, Unfall-, und Haftpflichtversicherungen sowie zu den gesetzlichen Rentenversicherungen und an die Bundesanstalt für Arbeit i.S.v. § 10 Abs. 1 Nr. 2 a) EStG sind in der praktischen Gesetzesanwendung wenig problematisch. Das Gleiche gilt für Beiträge zu einer zusätzlichen freiwilligen Pflegeversicherung i.S.v. § 10 Abs. 1 Nr. 2 c) EStG.

Eine ungleich höhere Regelungsdichte haben die Vorschriften, die den Abzug von Beiträgen zu den **Versicherungen auf den Erlebens- oder Todesfall** i.S.v. § 10 Abs. 1 Nr. 2 b) EStG bestimmen.

Als Instrument der Altersvorsorge haben die Lebensversicherungen besondere wirtschaftliche Bedeutung. Unter steuerlichen Gesichtspunkten sind sie wohl weniger wegen des SA-Abzuges interessant. Aufgrund der Höchstbeträge für Vorsorgeaufwendungen in § 10 Abs. 3 EStG wird der SA-Abzug häufig schon durch andere Zahlungen ausgeschöpft sein. Einzahlungen in Lebensversicherungen eröffnen aber die Möglichkeit, steuerfreie Einkünfte aus Kapitalvermögen zu erzielen, da in § 20 Abs. 1 Nr. 6 S. 2 EStG unter bestimmten Voraussetzungen Zinsen aus Versicherungen von den Einkünften aus Kapitalvermögen ausgenommen worden sind. Diese Ausnahme greift grundsätzlich nur für Zinsen aus Verträgen, in die Vorsorgeaufwendungen i.S.v. § 10 Abs. 1 Nr. 2 b) EStG eingezahlt werden. Damit korrespondiert die Frage nach dem SA-Abzug hier unmittelbar mit der Einkünfteermittlung.

Die Lebensversicherungen werden in § 10 Abs. 1 Nr. 2 b) EStG nach Maßgabe der vertraglich dem Versicherungsnehmer zugesicherten Leistungen unterteilt und abschließend beschrieben. Das Gesetz nennt einerseits die reine Risikolebensversicherung (Buchst. aa) und die Rentenversicherung ohne Kapitalwahlrecht (Buchst. bb), bei der vom Versicherer laufende Rentenzahlungen zugesagt werden. Bei diesen Formen der Lebensversicherung steht der Vorsorgecharakter deutlich im Vordergrund. Hier können die Beiträge bis zur Höhe der in § 10 Abs. 3 EStG festgelegten Höchstbeträge abgezogen werden.

Andererseits schaffte der Gesetzgeber für die Rentenversicherungen mit Kapitalwahlrecht (Buchst. cc) und die reine Kapitallebensversicherungen (Buchst. dd) erweiterte Voraussetzungen für den SA-Abzug. Bei diesen kapitalbildenden Lebensversicherungen muss der Versicherungsvertrag zusätzlich für mindestens zwölf Jahre abgeschlossen sein bzw. darf das Kapitalwahlrecht nicht vor Ablauf von 12 Jahren seit Vertragschluss ausgeübt werden[291]. Außerdem müssen hier die Beitragsleistungen laufend erbracht werden. Eine laufende Beitragsleistung bedeutet grundsätzlich während der gesamten Vertragsdauer. Sofern nicht während der gesamten Vertragsdauer Beiträge erbracht werden, sieht es die Finanzverwaltung noch als laufende Beitragszahlung an, wenn für einen Zeitraum von mindestens fünf Jahren seit Vertragschluss laufend Beiträge gezahlt werden (H 88 EStH „Beitragszahldauer").

---

[291] Gemäß EStH 88 „Kapitalwahlrecht" soll es aber bei Versicherungen, deren Rentenzahlungen zwölf Jahre nach Vertragsabschluss beginnen, unschädlich sein, wenn das Kapitalwahlrecht schon frühestens fünf Monate vor Beginn der Rentenzahlungen ausgeübt werden kann.

Der vom Gesetzgeber verwendete Oberbegriff „Versicherungen auf den Erlebens- oder Todesfall" ist missverständlich, da man auch reine Versicherungen auf den Erlebensfall darunter subsumieren könnte. Reine „Ansparversicherungen" werden aber aus disponiblem Einkommen eingezahlt und entsprechen nicht dem Leitbild der SA als indisponiblen Aufwendungen. Die Beiträge zu den kapitalbildenden Versicherungen auf den Erlebens- oder Todesfall, also denen i.S.v. § 10 Abs. 1 Nr. 2 b) Buchst. cc) und dd) EStG, sind deshalb nach Maßgabe von R 88 Abs. 1 EStR nicht ohne weiteres abziehbar. Ein nach dem 31.03.1996 abgeschlossener Versicherungsvertrag muss vielmehr während der gesamten Laufzeit zumindest auch einen Todesfallschutz bieten, der mindestens 60 % der Summe der Beiträge ausmacht, die für die gesamte Vertragsdauer zu zahlen wären. Nur dann sind die Prämien zum SA-Abzug zugelassen[292].

1.3.3.2 Weitere Voraussetzungen für den Sonderausgabenabzug

Der Abzug der Vorsorgeaufwendungen ist an weitere Voraussetzungen geknüpft, die sich mehr oder weniger verstreut in § 10 EStG finden und teils positiv und teils negativ formuliert sind.

- Die Vorsorgeaufwendungen dürfen gem. § 10 Abs. 2 S. 1 Nr. 1 EStG nicht in unmittelbarem wirtschaftlichen Zusammenhang mit steuerfreien Einnahmen stehen. Dies betrifft vor allem die nach § 3 Nr. 62 EStG steuerfreien Arbeitgeberanteile zur Sozialversicherung, soll aber auch für die gesetzlichen Arbeitnehmeranteile zur Sozialversicherung gelten, die auf steuerfreien Arbeitslohn z.B. aufgrund einer Freistellung nach einem DBA entfallen (vgl. H 87a EStH).
- Die Vorsorgeaufwendungen müssen gem. § 10 Abs. 2 S. 1 Nr. 2 EStG an in- oder ausländische Sozialversicherungsträger oder aber an ein Versicherungsunternehmen geleistet werden, das seinen Sitz oder seine Geschäftsleitung in einem Mitgliedsstaat der Europäischen Gemeinschaft hat und das Versicherungsgeschäft im Inland betreiben darf; alternativ kommt ein Versicherungsunternehmen als Prämienempfänger in Betracht, dem die Erlaubnis zum Geschäftsbetrieb im Inland erteilt worden ist. Die auf den ersten Blick nicht einleuchtende Differenzierung beruht darauf, dass für Versicherungsunternehmen in der EU die in einem Mitgliedsstaat von der nationalen Versicherungsaufsicht erteilte Erlaubnis für alle anderen Mitgliedsstaaten ausreichend ist. Versicherungsunternehmen aus Nicht-EU-Staaten bedürfen hingegen einer besonderen Erlaubnis zum Geschäftsbetrieb im Inland. In der Anlage 3 zu den EStR findet sich eine Aufstellung der Versicherungsunternehmen aus Nicht-EU-Staaten, denen eine solche Erlaubnis erteilt worden ist.
- Die Vorsorgeaufwendungen dürfen gem. § 10 Abs. 2 S. 1 Nr. 3 EStG keine vermögenswirksamen Leistungen darstellen.

---

[292] Das BMF-Schreiben vom 06.03.1996 (BStBl I 1996, 1438 f.) nimmt die Rentenversicherungen mit Kapitalwahlrecht i.S.v. § 10 Abs. 1 Nr. 2 b) Buchst. cc) EStG in Tz. 6 dann wieder entgegen Tz. 1 von diesem Erfordernis aus, da das Risiko dieser Variante in der späteren Rentenzahlung liege, selbst wenn von der Möglichkeit des Kapitalwahlrechtes Gebrauch gemacht werde; nur wenn ein Todesfallschutz trotzdem vereinbart werde, müsse dieser den Mindestanforderungen entsprechen.

- Die Versicherungsprämien dürfen gem. § 10 Abs. 2 S. 2 EStG grundsätzlich nicht im Rahmen einer so genannten Policenfinanzierung gezahlt werden. Mit dieser Einschränkung reagierte der Gesetzgeber auf ein Finanzierungsmodell, bei dem Ausgaben mit abziehbaren betrieblichen Schuldzinsen finanziert wurden, während das zugrunde liegende Darlehen durch Lebensversicherungen getilgt wurde[293]. Die Zinsanteile in der Ablaufleistung der Lebensversicherung konnten so gleichzeitig steuerfrei vereinnahmt werden. Von der Ausnahme werden einzelne Rückausnahmen gemacht, insb. bei der Finanzierung von Anschaffungs- und Herstellungskosten eines WG. Die Einzelheiten ergeben sich aus § 10 Abs. 2 S. 2 EStG und den umfangreichen Erläuterungen in einem zusammenfassenden Erlass der Finanzverwaltung[294] vom 15.06.2000. Zu beachten ist, dass reine Risikolebensversicherungen i.S.v. § 10 Abs. 1 Nr. 2 b) Buchst. aa) EStG von vornherein nicht erfasst sind und deshalb immer zur Tilgung oder Sicherung eines betrieblichen Darlehens verwendet werden können.
- In § 10 Abs. 1 Nr. 2 S. 4 EStG werden Beiträge zur fondsgebundenen Lebensversicherung seit 1975 vom SA-Abzug ausgeschlossen. Der Gesetzgeber begründete dies seinerzeit damit, dass diese Form der Lebensversicherung den Charakter einer Vermögensbildung in Sachwerten habe und den Kapitalansammlungsverträgen nahe stehe. Diese Begründung ist angreifbar, da es sich auch bei der fondsgebundenen Lebensversicherung um eine von der Versicherungsaufsicht genehmigte Form der Lebensversicherung handelt; sie kann gem. § 20 Abs. 1 Nr. 6 S. 5 EStG auch zur Erzielung steuerfreier Kapitaleinkünfte benutzt werden kann. Für die fondsgebundene Lebensversicherung ist damit die Verknüpfung zwischen dem SA-Abzug und der steuerfreien Vereinnahmung von Zinsen aus Versicherungsverträgen aufgehoben.
- Gem. § 10 Abs. 1 Nr. 2 S. 5 EStG können die Beiträge grundsätzlich nicht abgezogen werden, wenn der Stpfl. Ansprüche aus einem von einer anderen Person abgeschlossenen Vertrag entgeltlich erworben hat.
- Bei den Vorsorgeaufwendungen gelten für den SA-Abzug die in § 10 Abs. 3 EStG festgelegten Höchstbeträge. Ob die Beträge ausreichen, das nicht disponible Einkommen von Besteuerung freizustellen, ist augenblicklich Gegenstand einer verfassungsrechtlichen Überprüfung[295]. Die Berechnung des Höchstbetrages folgt einem relativ komplizierten Schema, dessen systematische Rechtfertigung sich aus dem Gesetzestext kaum erschließt. Dies liegt u.a. daran, dass mit dem so genannten **Vorwegabzug** individuelle Belastungsunterschiede bei der Aufbringung der Vorsorgeaufwendungen bei den Höchstbeträgen steuerlich ausgeglichen werden sollen. Der Vorwegabzug beträgt grundsätzlich 3.068 €. Bei Stpfl. mit Einkünften aus nichtselbständiger Arbeit wird dieser Betrag um 16 % dieser Einnahmen gekürzt, wenn Arbeitgeberanteile zur Sozialversicherung entrichtet worden sind (Leistungen im Sinne des § 3 Nr. 62 EStG) oder der Stpfl. als sozialversicherungsfrei Beschäftigter, insb. als Beamter oder beherrschender Gesellschafter-GF, Anspruch auf eine nicht allein von

---

[293] Vgl. *Schmidt/Heinicke*, EStG § 10 Rz. 186.
[294] BMF-Schreiben vom 15.06.2000 (BStBl I 2000, 1118); siehe auch H 88 Nr. 4 EStH „Lebensversicherung".
[295] Vgl. BFH-Beschlüsse vom 20.12.2000 (BFH/NV 2001, 770) und vom 23.01.2001 (BStBl II 2001, 346).

ihm selbst finanzierte Altersversorgung hat (Personenkreis des § 10c Abs. 3 Nr. 1 oder 2 EStG). Insb. Selbstständigen bleibt der Vorwegabzug damit ungeschmälert erhalten, während den vorgenannten Personen dieser Vorwegabzug mit einem i.H.v. 16 % der Einnahmen pauschal ermittelten Vorteil gekürzt wird. Die Höchstbetragsprüfung gem. § 10 Abs. 3 EStG erfolgt nach folgendem Schema, wobei sich für zusammenveranlagte Ehepaare die Beträge jeweils verdoppeln.

Lediger Abgeordneter mit Bezügen gem. § 22 Nr. 4 EStG (Kürzung gem. § 10 Abs. 3 Nr. 2 Buchst. b) i.H.v. 15.000 € und Vorsorgeaufwendungen von 14.000 €:

Vorsorgeaufwendungen		14.000 €	
Vorwegabzug	3.068 €		
Minderung Vorwegabzug	2.400 €		
verbleibender Vorwegabzug	668 €	./. 668 €	**668 €**
verbleibende Vorsorgeaufwendungen		13.332 €	
Grundhöchstbetrag		1.334 €	
Zusatzpflegeversicherung (maximal)		+ 184 €	**1.518 €**
verbleibende Vorsorgeaufwendungen		11.814 €	
davon 50%		5.907 €	
maximal hälftiger Höchstbetrag		667 €	**667 €**
nach § 10 Abs. 3 EStG abziehbar			**2.853 €**

1.3.3.3 Vorsorgepauschale

Für Vorsorgeaufwendungen können diejenigen Stpfl., die im VZ zumindest zeitweise **Arbeitslohn** bezogen haben, eine Vorsorgepauschale nach § 10c Abs. 2 – 4 EStG in Anspruch nehmen, wenn sie keine höheren Vorsorgeaufwendungen nachweisen können oder wollen.

Versucht man die Vorschrift zunächst vereinfacht zu katalogisieren, so behandelt Absatz 2 den „typischen Arbeitnehmer", der einzeln oder, wenn er verheiratet ist, getrennt nach § 26a EStG veranlagt wird und für den Arbeitnehmer- und Arbeitgeberanteile zur Sozialversicherung entrichtet werden. Die Vorsorgepauschale ist hier mit 20 % des Arbeitslohnes an die gesetzlichen Sozialversicherungsbeiträge des Arbeitnehmers angelehnt. Sie wird durch eine Höchstbetragsrechnung begrenzt, die der nach § 10 Abs. 3 EStG für die nachgewiesenen Vorsorgeaufwendungen entspricht. Arbeitslohn i.S.d. Vorschrift ist gem. § 10c Abs. 2 S. 4 EStG der um den Versorgungsfreibetrag nach § 19 Abs. 2 EStG und den Altersentlastungsbetrag nach § 24a EStG verminderte Arbeitslohn.

Absatz 3 betrifft dagegen ledige oder verheiratete, aber getrennt veranlagte Stpfl., die zumindest während eines Teils des VZ typischerweise keine eigenen Beiträge zur Sozialversicherung erbringen, insb. Beamte, sozialversicherungsfreie GF, Altersrentner und die Bezieher beamtenrechtlicher Versorgungsbezüge. Dementsprechend ist die für sie geltende Vorsorgepauschale niedriger angesetzt. Sie beträgt zwar ebenfalls grundsätzlich 20 % des Arbeitslohnes, ist aber auf einen absoluten Betrag von 1.134 € begrenzt.

In Absatz 4 findet sich schließlich eine vom Wortlaut her kaum verständliche Vorschrift für die Berechnung der Vorsorgepauschale bei **zusammenveranlagten Ehegatten**. Hilfreiche Berechnungsbeispiele dazu finden sich in H 114 EStH. Das Gesetz unterscheidet drei mögliche Konstellationen.

Zum einen in Satz 1 die Fälle, in denen entweder ohnehin nur einer der Ehegatten Arbeitslohn bezogen hat, oder zwar beide Ehegatten Arbeitslohn bezogen haben, sie aber beide einheitlich zum Personenkreis entweder des § 10c Abs. 2 EStG oder des § 10c Abs. 3 EStG gehören. In diesen Fällen werden zunächst gem. § 10c Abs. 4 S. 1 EStG die Einzelbemessungsgrundlagen unter Berücksichtigung von § 10c Abs. 2 S. 4 EStG ermittelt. Auf die sich aus deren Addition ergebende gemeinsame BMG ist sodann in Abhängigkeit von der Zugehörigkeit der Stpfl. entweder Abs. 2 oder Abs. 3 unter Verdopplung der dort festgelegten Beträge anzuwenden. Anzumerken ist der Vollständigkeit halber, dass dieses Verfahren gem. § 10c Abs. 4 S. 3 EStG auch dann zur Anwendung kommt, wenn das besondere Splitting-Verfahren nach § 32a Abs. 6 EStG zur Anwendung kommt.

Zum anderen werden in § 10c Abs. 4 S. 2 EStG die so genannten Mischfälle geregelt, bei denen beide Ehegatten Arbeitslohn bezogen haben, aber einer der Ehegatten zu den Personen i.S.v. Abs. 2 und der andere zu denen i.S.v. Abs. 3 gehört. Hier ist eine Alternativberechnung durchzuführen. Entweder wird die Vorsorgepauschale nach Absatz 2 berechnet. Dazu muss die Ausgangsgröße bei dem unter § 10c Abs. 3 EStG fallenden Ehegatten statt auf 20 % des Arbeitslohnes (= der sich nach Abs. 2 S. 2, 1. HS ergebende Betrag) auf 1.134 € begrenzt werden. Oder es wird nach Abs. 3 berechnet, der Betrag von 1.134 € wird auch auf 2.268 € verdoppelt, der Arbeitslohn des unter Absatz 2 fallenden Ehegatten bleibt aber bei der Ermittlung des Ausgangsbetrages ganz außer Ansatz. Als Vorsorgepauschale ist dann der jeweils höhere Betrag anzusetzen.

Um sich mit der Ermittlung der Vorsorgepauschalen vertraut zu machen, sollten die Beispielsrechnungen in H 114 EStH nachvollzogen werden und die Fundstelle als Anhaltspunkt für eine ggf. vom Kandidaten selbst durchzuführende Berechnung in Erinnerung behalten werden.

1.3.4 Gezahlte Kirchensteuer

Kirchensteuer i.S.v. § 10 Abs. 1 Nr. 4 EStG sind nur die Geldleistungen, die von Religionsgemeinschaften erhoben werden, die als Körperschaften des **öffentlichen** Rechts anerkannt sind. Daher sind die privatrechtlichen religiösen Körperschaften, insb. eingetragene Vereine, nicht in der Lage, Kirchensteuer i.S.v. § 10 Abs. 1 Nr. 4 EStG zu erheben. Die Kirchensteuer muss außerdem aufgrund gesetzlicher Vorschriften erhoben werden (vgl. H 101 EStH). Freiwillige Zahlungen sind keine Kirchensteuern. Sie können aber ggf. nach § 10b EStG abgezogen werden[296] (dazu später in 1.3.9.2). Die Einzelheiten ergeben sich aus den Kirchensteuergesetzen der Bundesländer.

---

[296] Vgl. R 101 Abs. 2 EStR und die Sonderregelung R 101 Abs. 1 EStR.

1.3.5 Steuerberatungskosten

Steuerberatungskosten i.S.d. § 10 Abs. 1 Nr. 6 EStG sind Aufwendungen, die im sachlichen Zusammenhang mit dem Besteuerungsverfahren stehen. Dazu zählen auch die durch abgabenrechtliche Rechtsbehelfe und Rechtsmittel erwachsenden Kosten, also insb. die in diesem Zusammenhang anfallenden Honorare nach dem sechsten und siebten Abschnitt der Steuerberatergebührenverordnung (**StBGebV**) und auch nach den Vorschriften der Bundesgebührenordnung für Rechtsanwälte (**BRAGO**). Nicht zu den Steuerberatungskosten gehören aber die nach dem **Gerichtskostengesetz** festgesetzten Gebühren für das finanzgerichtliche Verfahren oder auch die Rechtsanwaltskosten, die ein Stpfl. aufwendet, um die Zustimmung seines geschiedenen oder dauernd getrennt lebenden Ehegatten zum begrenzten Realsplitting zu erlangen (vgl. H 102 EStH).

> **Beispiel 6: Weniger ist mehr**
> Die Stpfl. S erzielt ausschließlich Einkünfte aus nichtselbständiger Arbeit. Im VZ 03 betragen ihre Einnahmen 50.000 €, ihre WK 250 €. Für die Anfertigung der ESt-Erklärung betreffend den VZ 01 hat ihr der StB ein Honorar von insgesamt 500 € einschließlich USt im Dezember 02 in Rechnung gestellt, das Anfang Januar 03 bezahlt wurde. Weitere Honorare sind im VZ 03 nicht berechnet oder bezahlt worden. S ist aber zweimal für die Übergabe der Unterlagen und eine Besprechung mit ihrem Pkw von ihrer Wohnung zu der Kanzlei ihres Steuerberaters gefahren (Entfernung: 25 km). Welche Steuerberatungskosten wird der StB für den VZ 03 für S geltend machen?

Für die Abgrenzung der SA i.S.v. § 10 Abs. 1 Nr. 6 EStG zu den BA und WK gilt: Steuerberatungskosten, die sich auf die mit der Einkünfteerzielung unmittelbar zusammenhängenden Steuern wie beispielsweise die USt, KSt und GewSt beziehen, sind BA oder WK und nicht SA. Bei der ESt kann dagegen eine Aufteilung erforderlich werden. Soweit sich die StB-Kosten auf die Ermittlung der Einkünfte beziehen, sind sie BA/WK. Soweit sie das Ausfüllen der Steuerklärung oder die Beratung in Tarif- und Veranlagungsfragen betreffen, sind sie Kosten der Lebensführung, die als SA abziehbar sind (vgl. H 102 EStH).

Die Finanzverwaltung gewährt gem. R 102 S. 2 EStR ein Wahlrecht bei der Aufteilung der StB-Kosten, wenn diese im Kalenderjahr insgesamt nicht mehr als 520 € betragen. Dieses Wahlrecht wird man zugunsten des SA-Abzuges ausüben, wenn ein WK- oder BA-Abzug beispielsweise gem. § 3c Abs. 1 EStG nicht möglich ist, da die StB-Kosten mit steuerfreien Einnahmen in unmittelbarem wirtschaftlichen Zusammenhang stehen. Bei einem negativen Gesamtbetrag der Einkünfte erweist sich dagegen die Zuordnung zu den BA oder WK als vorteilhaft, da sie zumindest den Vor- oder Rücktrag der Aufwendungen nach § 10d EStG eröffnet.

> **Lösung:**
> Das Honorar des StB ist hinsichtlich der ESt-Erklärung SA und hinsichtlich der Ermittlung der Einkünfte WK. Es ist insgesamt gem. § 11 Abs. 2 S. 1 EStG im VZ der Zahlung, also in 03, zu berücksichtigen. Die ebenfalls im

1 Sonderausgaben

VZ 03 zu berücksichtigenden Fahrten zum StB mit dem eigenen Pkw können WK aber auch StB-Kosten sein (vgl. H 102 EStH „Fahrtkosten") und entsprechend H 38 LStH auf der Grundlage von pauschalen Kilometersätzen i.H.v. 30 € (100 x 0,30 €) angesetzt werden. Die aus der Steuerberatung resultierenden Kosten betragen damit insgesamt 530 €. Der Ansatz von WK erweist sich als nachteilig, da diese ohne steuerliche Auswirkungen im Arbeitnehmer-Pauschbetrag nach § 9a S. 1 Nr. 1 EStG aufgehen. Der StB wird daher auf die Geltendmachung einer Fahrt verzichten (50 x 0,30 € = 15 €) und ausschließlich SA für S geltend machen. Bei den verbleibenden 515 € folgt die Finanzverwaltung der Aufteilung der Steuerpflichtigen.

1.3.6 Berufsaus- oder Weiterbildung in einem nicht ausgeübten Beruf

1.3.6.1 Einführung

Aufwendungen des Stpfl. für seine (eigene) Berufsausbildung oder seine (eigene) Weiterbildung in einem nicht ausgeübten Beruf können bis zu 920 € im Kalenderjahr als SA abgezogen werden. Der Betrag erhöht sich auf 1.227 €, wenn der Stpfl. auswärtig untergebracht ist. Aufwendungen für den Lebensunterhalt sind keine SA i.S.v. 10 Abs. Nr. 7 EStG, es sei denn, sie sind durch eine auswärtige Unterbringung veranlasst. Bei Aufwendungen für ein häusliches Arbeitszimmer, für Fahrten zwischen Wohnung und Ausbildungs- oder Weiterbildungsort und wegen doppelter Haushaltsführung sowie bei Mehraufwand für Verpflegung gelten die Abzugsbeschränkungen in den Vorschriften zu den BA und WK gem. § 10 Abs. 1 Nr. 7 S. 5 EStG sinngemäß. Der Stpfl. kann gem. § 10 Abs. 1 Nr. 7 S. 3 EStG außerdem Beträge abziehen, die er für die Berufsausbildung oder Weiterbildung seines Ehegatten aufwendet, wenn die Voraussetzungen für die Wahl der Veranlagungsart nach § 26 Abs. 1 S. 1 EStG vorliegen. Die Bedeutung dieser Erweiterung liegt darin, dass eine Zusammenveranlagung nach § 26b EStG, die ohnehin zur Berücksichtigung der Aufwendungen für den Ehegatten führen würde, lediglich möglich sein muss, nicht aber tatsächlich durchgeführt zu werden braucht. Nicht begünstigt sind dagegen Aufwendungen, die Eltern aus der Berufausbildung oder Weiterbildung ihrer Kinder entstehen. Diese können aber unter bestimmten Voraussetzungen (s. 2.2) als **außergewöhnliche Belastung** nach § 33a Abs. 1 und 2 EStG berücksichtigt werden.

Die Einordnung der Aufwendungen für eine Berufsausbildung oder Weiterbildung in einem nicht ausgeübten Beruf bei den SA durch den Gesetzgeber ist fragwürdig[297]. Gem. § 10 Abs. 1 S. 1 EStG können Aufwendungen nur SA sein, wenn sie weder BA noch WK sind. Die von § 10 Abs. 1 Nr. 7 EStG erfassten Aufwendungen sollten sich in den meisten Fällen unter den WK- oder BA-Begriff subsumieren lassen. Sachverhalte, in denen derartige Aufwendungen gemacht werden, ohne dass die Absicht besteht, Einkünfte zu erzielen, werden eher selten sein. Sie sollten sich auch über das ungeschriebene Tatbestandsmerkmal der Gewinnerzielungsabsicht/Überschusserzielungsabsicht bei den Einkunftsarten sachgerecht lösen lassen. Insofern müsste die Abzugsbeschränkung in § 10 Abs. 1

---

[297] Eingehend *Drenseck* (StuW 1999, 3 ff.) und *Schmidt/Drenseck*, EStG § 19 Rz. 60 „Ausbildungskosten" Buchst. d).

Nr. 7 EStG eigentlich eher den Vorschriften über die nicht abziehbaren BA und WK zugeordnet werden[298].

Der Gesetzgeber war trotzdem der Auffassung, mit der Einführung des beschränkten SA-Abzugs nach § 10 Abs. 1 Nr. 7 EStG dem Stpfl. entgegenzukommen. Seine Bewertung beruht auf der These, dass die für die Erlangung der beruflichen Qualifikation als Quelle der Einkünfte erforderlichen Kenntnisse noch nicht der Einkunftserzielung, sondern der Lebensführung zuzuordnen seien. Heute wird überlegt, ob dieses unbefriedigende Ergebnis sich schon anhand der vorgefundenen Gesetzeslage korrigieren lässt. Ansatzpunkt ist die in § 10 EStG vorgefundene Definition, wonach SA nicht vorliegen, wenn es sich bei den Ausgaben um BA oder WK handelt. Über eine richtige Einordnung der Kosten für die Berufsausbildung und die Weiterbildung in einem nicht ausgeübten Beruf als Betriebsausgabe oder WK scheint so die Möglichkeit zu bestehen, den begrenzten Abzug als SA weitestgehend leer laufen zu lassen[299].

Ob eine derartig radikale Fortentwicklung des Rechts zulässigerweise von der Rspr. (Judikative) vorgenommen werden kann oder aufgrund der Gewaltenteilung nach Art. 20 Abs. 2 und 3 GG alleinige Aufgabe des Gesetzgebers (Legislative) bleibt, ist schwierig zu entscheiden. Für die **Klausurlösung** haben diese weitreichenden Überlegungen angesichts der vorgefundenen Aussage des Gesetzgebers und der bisherigen Rspr. des BFH vorläufig keine entscheidende Bedeutung. Als Betriebsausgabe oder WK sollen nur Weiterbildungskosten in einem bereits erlernten und auch aktuell ausgeübten Beruf abziehbar sein. Ungeachtet dessen können behutsame Ausdehnungen durch die Annahme von **vorweggenommenen WK** anstelle von Weiterbildungskosten durch die neuere Rspr. des BFH oder auch durch eine enge Auslegung des Tatbestandmerkmals „Berufsausbildung" schon heute zu Gunsten des Stpfl. vorgenommen werden. Sie führen aber zu Abgrenzungsproblemen.

1.3.6.2 Berufsausbildungskosten

Für die Kosten einer Berufsausbildung kommt allein der SA-Abzug in Betracht. Praktisch keine Probleme macht die **erstmalige** Berufsausbildung. Diese beginnt bereits mit dem Besuch allgemein bildender Schulen. Sie endet, wenn ein Abschluss erzielt wird, der eine angestrebte Berufsausübung auf der Grundlage der erworbenen Fertigkeiten erlaubt[300], also nicht unbedingt erst dann, wenn das endgültige Berufsziel erreicht ist. Zu beachten ist, dass bei sog. **Ausbildungsdienstverhältnissen** wie einer Lehre, die im wesentlichen Maße durch die Ausbildung geprägt sind und gegen Arbeitslohn ausgeübt werden, die entstehenden Aufwendungen WK i.S.v. § 9 EStG und keine Berufsausbildungskosten i.S.v. § 10 Abs. 1 Nr. 7 sind (vgl. H 34 LStH mit einzelnen Nachweisen).

Bei weiteren Ausbildungsmaßnahmen nach der Erstausbildung wird eine Abgrenzung zwischen der Ausbildung in einem noch nicht ausgeübten Beruf und der Fortbildung in einem ausgeübten Beruf erforderlich. Hierbei ist der Berufsbegriff nicht zu eng zu fassen. Lediglich verbotene, strafbare und verfassungswidrige Tätigkeiten können von Vorher-

---

[298] Zur Geschichte des begrenzten Abzugs der Ausbildungskosten *Beul* (FR 1986, 347 ff.)
[299] Diesen weitgehenden Ansatz vertritt das FG Nds in seinem Urteil vom 28.02.2001 (EFG 2001, 1424).
[300] *Drenseck*, StuW 1999, 9.

ein nicht Gegenstand eines Berufes i.S.v. § 10 EStG sein (vgl. BFH vom 18.12.1987, BStBl II 1988, 494). Kosten der Allgemeinbildung, die sich der Stpfl. aneignet, ohne das objektive Anzeichen die spätere Verwendung für eine Erwerbstätigkeit erkennen lassen, sind ebenfalls keine Ausbildungskosten i.S.v. § 10 Abs. 1 Nr. 7 EStG[301]. Schwierig ist die Abgrenzung zwischen verschiedenen Berufsbildern, wenn bereits ein erlernter Beruf ausgeübt wird.

Beispiel 7: Seitenwechsel
Der Kläger war Betriebsprüfer bei einem FA. Er besuchte einen Lehrgang, der auf die StB-Prüfung vorbereitete. Die ihm dabei entstandenen Aufwendungen von 5.000 € machte er in voller Höhe als WK bei seinen Einkünften aus nichtselbständiger Arbeit geltend. Das FA lehnte die Berücksichtigung ab.

Entscheidend kommt es darauf an, ob der StB-Beruf und die Tätigkeit als Betriebsprüfer verschiedene Berufe kennzeichnen oder ob die Tätigkeiten Aspekte eines einheitlichen Berufes i.S.v. § 10 Abs. 1 Nr. 7 EStG sind.

Lösung:
Das Finanzgericht und der BFH haben die Aufwendungen nicht als SA, sondern als Kosten der Fortbildung und damit als WK anerkannt (vgl. BFH vom 06.11.1992, BStBl II 1993, 108). Der Begriff der Fortbildung sei im Interesse der Förderung beruflichen Strebens nicht zu eng auszulegen. Bei der Abgrenzung der Kosten der Fortbildung von denen der Ausbildung komme es entscheidend auf den inhaltlich materiellen Bezug der angestrebten zur ausgeübten Tätigkeit an, nicht dagegen auf den äußeren Rahmen ihrer Ausübung. Beide Tätigkeiten liegen in der praktischen Anwendung des Steuerrechts. Nicht entscheidend sei, dass beide Funktionen in einem natürlichen Spannungsverhältnis verschiedener Interessen ausgeübt werden und die dienstrechtlichen oder arbeitsvertraglichen Bedingungen unterschiedlich seien.

Insgesamt besteht die Tendenz, den Veränderungen der Berufswelt und dem ständigen Zwang zur fachlichen Weiterbildung und auch Veränderung Rechnung zu tragen. In allen beruflich veranlassten Maßnahmen, die nach Abschluss der ersten Berufsausbildung durchgeführt werden, einschließlich von Umschulungen und Hochschulstudien, wird immer weniger noch eine weitere Berufsausbildung i.S.v. § 10 Abs. 1 Nr. 7 EStG gesehen[302].

---

[301] Vgl. *Schmidt/Heinicke*, EStG § 10 Rz 123.
[302] Vgl. *Drenseck* (StuW 1999, 9 ff.); der BFH sieht Kosten eines Erststudiums bisher allerdings generell noch als Berufsausbildungskosten an; dies wird von der Rspr. der Finanzgerichte unter Bezugnahme auf die Rspr. des BFH zum Zweitstudium nachhaltig in Frage gestellt, vgl. Urteil des Nds Finanzgerichts vom 28.02.2001 (EFG 2001, 1424) und Urteil des FG D'dorf vom 27.08.2001 (EFG 2001, 1600); einschränkend auch Urteil des FG M'ster vom 21.08.2001 (EFG 2002, 79).

1.3.6.3 Weiterbildungskosten

Aufwendungen, die nicht für eine Berufsausbildung gemacht werden, sind als Weiterbildungskosten gemäß § 10 Abs. 1 Nr. 7 EStG trotzdem nur begrenzt als SA abzugsfähig, wenn sie im Zusammenhang mit einem aktuell nicht ausgeübten Beruf anfallen. Die Weiterbildung umfasst alle Maßnahmen, die der Stpfl. in der objektiv erkennbaren Absicht vornimmt, früher erlernte berufliche Kenntnisse und Fertigkeiten zu erhalten, zu erweitern, der Entwicklung der Verhältnisse anzupassen oder wiederzuerlangen bzw. aufzufrischen[303]. Die Weiterbildungskosten im Zusammenhang mit einem ausgeübten Beruf werden demgegenüber als „Fortbildungskosten" teilweise auch sprachlich abgegrenzt[304]. Die Unterscheidung kann schwierig werden bei den so genannten vorweggenommenen WK oder BA.

Vorweggenommene WK oder BA liegen vor, wenn die Ausgaben zwar nicht während der Ausübung eines Berufes getätigt werden, aber schon in einem hinreichend klaren wirtschaftlichen Zusammenhang mit der in Aussicht genommene Einkunftserzielung stehen (vgl. H 34 LStH „Fortbildungskosten als vorweggenommene WK"). Nicht erforderlich ist, dass während der Weiterbildung bereits die Zusage für ein Anstellungsverhältnis besteht. Der BFH sieht es vielmehr als ausreichend an, dass der Stpfl. nach Abschluss der Weiterbildung eine Anstellung anstrebt und dem Arbeitsmarkt tatsächlich uneingeschränkt zur Verfügung steht (vgl. BFH vom 18.04.1996, BStBl II 1996, 482). Der begrenzte SA-Abzug nach § 10 Abs. 1 Nr. 7 EStG komme demgegenüber für Stpfl. in Betracht, die sich zwar in einem erlernten Beruf auf dem laufenden halten wollen, dem Arbeitsmarkt nach Abschluss der Weiterbildungsmaßnahme aber nicht zur Verfügung stehen.

Fortbildungskosten, also Kosten für die Weiterbildung in einem erlernten und gegenwärtig ausgeübten Beruf, können auch dann als Betriebsausgabe/WK abgezogen werden, wenn dafür eine Aufteilung der Kosten erforderlich wird, um sie von SA i.S.v. § 10 Abs. 1 Nr. 7 EStG abzugrenzen.

> **Beispiel 8: Mischnutzung**
> Der Stpfl. nutzte sein Arbeitszimmer sowohl für die Anfertigung einer Promotion (Ausbildung) als auch für seine Tätigkeit als angestellter wissenschaftlicher Mitarbeiter. Das FA hat die Kosten des Arbeitszimmers lediglich als SA berücksichtigt. Den anteiligen Ansatz von WK hat es abgelehnt.

Die Veranlagung durch das FA erweist sich nur dann als richtig, wenn der Berücksichtigung anteiliger WK das Aufteilungsverbot gem. § 12 Nr. 1 S. 2 EStG entgegensteht.

> **Lösung:**
> Die Sichtweise des Finanzamtes ist insoweit folgerichtig, als der Gesetzgeber die Ausbildungskosten als SA und damit als Kosten der Lebensführung behandelt, für die das Aufteilungsverbot gilt. Bei einer isoliert systematischen

---

[303] *Söhn* in *Kirchhof/Söhn/Mellinghoff*, EStG § 10 Rz. J 32.
[304] Vgl. *Schmidt/Heinicke*, EStG § 10 Rz. 122; *Söhn* in *Kirchhof/Söhn/Mellinghoff*, EStG § 10 Rz. J 33.

Gesetzesauslegung erweist sich die Bewertung durch das FA daher als richtig. Der BFH kam dennoch zu dem Ergebnis, dass eine Aufteilung vorzunehmen und der auf die Tätigkeit als angestellter wissenschaftlicher Mitarbeiter entfallende Aufwand als WK abziehbar sei. Aufgrund einer Auslegung des § 12 Abs. 1 S. 2 EStG nach dem Normzweck bestätigte er die Entscheidung des Finanzgerichtes. Mit der Vorschrift solle nur verhindert werden, dass private Ausgaben in einen einkommensteuerrechtlich relevanten Bereich verlagert werden können, weil der Stpfl. einen entsprechenden Beruf habe. Der Gesichtspunkt der Vermischung von beruflich veranlassten Kosten mit solchen der Lebensführung könne aber nur insoweit beachtet werden, als steuerlich nicht abziehbare Lebenshaltungskosten mit WK/BA zusammentreffen. Dies sei aber dann nicht mehr der Fall, wenn die privaten Ausgaben, wie hier die Berufsausbildungskosten, als SA steuerlich (zumindest begrenzt) abziehbar sind (vgl. BFH vom 22.06.1990, BStBl II 1990, 901).

1.3.6.4 Verhältnis zu den außergewöhnlichen Belastungen

Für Aufwendungen, die wegen der Begrenzung des SA-Abzugs nicht abgezogen werden dürfen, ist gem. § 33 Abs. 2 S. 2, 2. HS EStG grundsätzlich der Abzug als außergewöhnliche Belastung eröffnet. Er wird jedoch zumeist an der fehlenden Zwangsläufigkeit der Aufwendungen scheitern.

1.3.7 Schulgeld

Beispiel 9: Auslandsaufenthalt
Der Sohn der Kläger besuchte im Streitjahr die „W-School" mit Internatsunterbringung in Großbritannien. Das FA lehnte die Berücksichtigung von gezahltem Schulgeld i.H.v. insgesamt rund 4.250 € (ohne Internatskosten) ab. Die Kläger sind der Auffassung, die Aufzählung der geförderten Schulen in § 10 Abs. 1 Nr. 9 EStG sei nur beispielhaft. Für die belasteten Eltern mache es außerdem keinen Unterschied, ob das Schulgeld für den Besuch einer inländischen oder ausländischen Schule bezahlt werden. Eine unterschiedliche Behandlung sei deshalb nicht gerechtfertigt.

Der SA-Abzug für Schulgeld i.S.v. § 10 Abs. 1 Nr. 9 EStG ist mehrfach eingeschränkt. Entgelte für die **Beherbergung, Betreuung und Verpflegung** gehören von vornherein **nicht** zu den abzugsfähigen Ausgaben. Der SA-Abzug ist auf **30 % des verbleibenden Entgeltes** beschränkt. Außerdem ist tatbestandliche Voraussetzung, dass der Stpfl. für das Kind einen **Kinderfreibetrag oder Kindergeld** erhält.

Hinsichtlich der erfassten Schulform ist der SA-Abzug auf Entgelte für den Besuch einer gem. Art. 7 Abs. 4 GG **staatlich genehmigten Ersatzschule**, einer **nach Landesrecht erlaubten Ersatzschule** oder einer **nach Landesrecht anerkannten allgemeinbildenden Ergänzungsschule** beschränkt. Ersatzschulen gem. Art. 7 Abs. 4 GG sind nach ständiger Rechtssprechung des BVerfG Schulen, die nach dem mit ihrer Errichtung verfolgten Gesamtzweck als Ersatz für eine in dem jeweiligen Bundesland vorhandene oder grundsätzlich vorgesehene öffentliche Schule dienen sollen. Bei den nach Landesrecht erlaubten Ersatzschulen handelt es sich um Privatschulen, die die Voraussetzungen des Art. 7 Abs. 4 GG nur deswegen nicht erfüllen, weil eine vergleichbare Schule in dem jeweiligen Bundesland nicht vorhanden noch vorgesehen ist. Ergänzungsschulen sind dagegen inländische Schulen, die keine Ersatzschulen sind. Hier ist das Schulgeld nur abziehbar, wenn die Schule nach Landesschulrecht als allgemeinbildende Ergänzungsschule förmlich anerkannt ist.

Lösung:
Die vom Sohn der Kläger besuchte Schule in Großbritannien fällt in keine der in § 10 Abs. 1 Nr. 9 EStG genannten Schulkategorien. Der Vortrag der Kläger, die Aufzählung in § 10 Abs. 1 Nr. 9 EStG sei nur beispielhaft, musste erfolglos sein. Eine Auslegung der Norm gegen ihren eindeutigen Wortlaut ist methodisch unzulässig. Aus der Entstehungsgeschichte und dem Zweck der Vorschrift ergab sich außerdem, dass keine zur Rechtsfortbildung berechtigende Unklarheit oder Gesetzeslücke vorliegt. Der Gesetzgeber hat die Förderung ganz bewusst auf bestimmte Schulformen beschränkt. Die Kläger konnten aber auch mit dem Vortrag einer gleichheitswidrigen Benachteiligung keinen Erfolg haben. Der BFH hat die Vorschrift auf die Vereinbarkeit mit Art. 3 Abs. 1 GG geprüft. Ein Verstoß gegen das Gleichheitsgebot liegt vor, wenn eine Gruppe von Normadressaten im Vergleich zu anderen Normadressaten anders behandelt wird, obwohl zwischen beiden Gruppen keine Unterschiede von solcher Art und solchem Gewicht bestehen, dass sie – bezogen auf die Art des Regelungsgegenstandes – die ungleiche Behandlungen rechtfertigen könnten. In seiner Entscheidung (BFH vom 11.06.1997, BStBl II 1997, 617) legt der BFH für die von § 10 Abs. 1 Nr. 9 EStG erfassten Schultypen im einzelnen dar, wie sie in das öffentliche Schulwesen einbezogen sind, bestimmte staatliche Anforderungen erfüllen und deshalb typischerweise besonders förderungsbedürftig sowie förderungswürdig sind. Insofern ist die Entscheidung des Gesetzgebers zur Beschränkung des SA-Abzuges auf die in § 10 Abs. 1 Nr. 9 EStG genannten privaten Schulformen vom Entscheidungsspielraum des Gesetzgebers gedeckt[305].

Außerhalb der von § 10 Abs. 1 Nr. 9 EStG gesteckten engen Grenzen für das Schulgeld können Zahlungen als Spende an den Schulträger unter den weiteren qualifizierten Anforderungen nach § 10b EStG als **freigiebige Zuwendung** abziehbar sein. Sie dürfen dann aber offensichtlich **keine Gegenleistung** für den Schulbesuch darstellen[306]. Eine Berücksichtigung der nicht als SA abziehbaren Schulgelder als **außergewöhnliche Belastung** scheint darüber hinaus auf den ersten Blick § 33 Abs. 2 S. 2 EStG zu ermöglichen. Die Vorschrift soll nach Auffassung des BFH aber nur die Sachverhalte erfassen,

---
[305] Die Vereinbarkeit des § 10 Abs. 1 Nr. 9 EStG mit dem EG-Vertrag behandelt das Urteil des FG Hbg vom 15.02.2000 (EFG 2000, 670) und stellt keinen Verstoß fest.
[306] Einzelheiten im BMF-Schreiben vom 04.01.1991 (DB 1991, 256).

bei denen der Schulbesuch nicht wesentlich durch schulische Zwecke veranlasst ist, sondern anlässlich der Behandlung oder Linderung einer Krankheit erfolgt, und die dadurch verursachten Aufwendungen daher als unmittelbare Krankheitskosten anzusehen sind[307]. Dabei wird es sich aber um echte Ausnahmefälle handeln. Der steuerliche Abzug für Leistungen an Privatschulen bleibt damit eng begrenzt.

1.3.8 Abzug von Altersvorsorgebeiträgen nach § 10a EStG

Durch das Gesetz zur Reform der gesetzlichen Rentenversicherung und zur Förderung eines kapitalgedeckten Altersvorsorgevermögens vom 26.06.2001 ist mit § 10a EStG ein zusätzlicher SA-Abzug für Altersvorsorgebeiträge eingeführt worden. Der SA-Abzug ist Teil eines Instrumentariums, mit dem auch Beziehern kleinerer Einkommen und kinderreichen Familien die Möglichkeit eröffnet werden soll, eine staatlich geförderte private Altersvorsorge aufzubauen.

Der SA-Abzug führt im Zusammenwirken mit dem neuen § 22 Nr. 5 EStG zu einer erst nachgelagerten Besteuerung, die grundsätzlich erst dann eingreift, wenn die Versorgungsleistungen später zufließen. Das Prinzip ist nicht völlig neuartig. Erste Schritte zu einer privaten Altersvorsorge mit einer nachgelagerten Besteuerung waren bereits 1995 durch koordinierte Ländererlasse zu einer arbeitnehmerfinanzierten betrieblichen Altersvorsorge gemacht worden. Danach war unter bestimmten Bedingungen davon auszugehen, dass die Umwandlung von Gehalt in eine betriebliche Altersversorgung („deferred compensation") zum Zeitpunkt der Gehaltsumwandlung noch nicht nach § 11 Abs. 1 EStG zum Zufluss des Arbeitslohns führt.

Die steuerliche Förderung nach § 10a EStG ist eine Reaktion auf die Absenkung des Leistungsniveaus in der gesetzlichen Rentenversicherung. Die persönliche Abzugsberechtigung knüpft deshalb grundsätzlich an die Pflichtversicherteneigenschaft in der gesetzlichen Rentenversicherung an. Der von § 10a Abs. 1 S. 1 EStG begünstigte Personenkreis ist nachträglich auf die Empfänger von Bezügen nach dem Bundesbesoldungsgesetz wie Beamte, Richter, Soldaten und auf weitere Personen in einem öffentlich-rechtlichen Dienstverhältnis erweitert worden, nachdem auch dort eine gesetzliche Absenkung des Leistungsniveaus bei der Versorgung vorgenommen wurde.

Gehört bei Ehepaaren nur ein Ehegatte zum begünstigten Personenkreis, besteht für den anderen trotzdem die Möglichkeit, eine staatliche Zulage nach dem XI. Abschnitt des EStG für Beiträge zu einem eigenen Altersvorsorgevertrag zu erhalten. Dadurch soll die mittelbare Absenkung der Leistungen ausgeglichen werden, die für den Ehegatten insoweit eintritt, als er durch die gesetzliche Rentenversicherung des Ehegatten über die Hinterbliebenenrente ebenfalls begünstigt ist. Neben dem Zulageanspruch wird dem Ehegatten der SA-Abzug nach § 10a EStG allerdings nicht selbst, sondern nur über den Abzug beim Ehegatten gewährt (§ 10a Abs. 3 S. 2 EStG). Weder einen Zulageanspruch, noch einen Anspruch auf den SA-Abzug nach § 10a EStG haben gem. § 79 S. 1 i.V.m. § 10a Abs. 1 S. 4 EStG die Personen, die zwar pflichtversichert sind, aber zusätzlich bereits einen Anspruch auf eine beamtenähnliche Zusatzversorgung haben. Dies betrifft vor allem Angestellte im öffentlichen Dienst.

---

[307] BFH vom 17.04.1997 (BStBl II 1997, 752) und vom 23.11.2000 (BStBl II 2001, 132 f.).

Der SA-Abzug umfasst sowohl die eigenen Beiträge zu einem Altersvorsorgevertrag als auch die Zulage. Er ist aber gem. § 10a Abs. 2 EStG an eine Günstigerprüfung gekoppelt, die mit derjenigen beim Kinderfreibetrag im Verhältnis zum Kindergeld vergleichbar ist. Ist der Steuervorteil aus dem SA-Abzug geringer als die Zulage, so entfällt der SA-Abzug ganz und es hat mit der Gewährung der Zulage sein bewenden. Ist er dagegen höher, wird der SA-Abzug durchgeführt, die tarifliche ESt aber gleichzeitig um die gewährte Zulage erhöht. Der Abzug erfasst dabei nur Beiträge und Zulagen auf die nach dem Altersvorsorgeverträge-Zertifizierungsgesetz vom Bundesaufsichtsamt für Finanzdienstleistungsaufsicht (früher: Versicherungswesen) anerkannten Verträge und die nach § 82 Abs. 2 EStG geförderten Formen der betrieblichen Altersversorgung. Die maximale Höhe des SA-Abzugs ist wie folgt gestuft:

- Veranlagungszeiträume 2002 und 2003 bis zu 525 €,
- Veranlagungszeiträume 2004 und 2005 bis zu 1.050 €,
- Veranlagungszeiträume 2006 und 2007 bis zu 1.575 €,
- ab dem VZ 2008 bis zu 2.100 €.

Abweichend vom sonst für die SA geltenden Abflussprinzip kommt es beim Zulageanspruch nicht auf die tatsächliche Zahlung der Zulage, sondern auf den Anspruch selbst an. Dadurch soll zusätzlicher Verwaltungsaufwand, der sich aus dem Nebeneinander von Zulageverfahren und Besteuerungsverfahren ergeben könnte, vermieden werden. Bei der Zusammenveranlagung von Ehegatten kann der von dem einen Ehegatten nicht ausgenutzte Höchstbetrag grundsätzlich nicht auf den anderen Ehegatten übertragen werden. Eine Ausnahme gilt lediglich in den Fällen, in denen nur einer der Ehegatten abzugsberechtigt ist, der andere Ehegatte aber in einen Altersvorsorgevertrag einzahlt und über die Zulage einen Ausgleich für die Absenkung des Rentenniveaus bei der Hinterbliebenenversorgung erhält. Hier kann für den nicht begünstigten Ehegatten zwar kein SA-Abzug durchgeführt werden, seine Beiträge und die Zulage können aber vom abzugsberechtigten Ehegatten bei der Veranlagung gem. § 10a Abs. 3 S. 2 EStG angesetzt werden, soweit er seinen eigenen Höchstbetrag nicht ausschöpft.

Der sich aus dem SA-Abzug ergebende Steuervorteil wird gem. § 10a Abs. 4 EStG gesondert festgestellt. Diese gesonderte Feststellung steht im Zusammenhang mit dem Verlust der Steuerermäßigung, die gegebenenfalls gem. § 93 EStG bei einer schädlichen Verwendung des in einen Altersvorsorgevertrag eingezahlten Kapitals eintritt.

1.3.9 Ausgaben zur Förderung steuerbegünstigter Zwecke

1.3.9.1 Mitgliedsbeiträge und Spenden an politische Parteien

Beispiel 10: Regenerative Energien
Der ledige, besser verdienende Stpfl. S ist ein ausgesprochener Befürworter von regenerativen Energien. Aufgrund seiner Beteiligungen an mehreren Windkraftanlagen in Mecklenburg-Vorpommern konnte er durch Sonderabschreibungen im VZ 01 sein zu versteuerndes Einkommen so vermindern, dass er am Ende des VZ mit einer Einkommensteuerbelastung von nur noch 6.000 €

1 Sonderausgaben

rechnet. S möchte zum Jahresende noch etwas für die Förderung erneuerbarer Energien tun und denkt an Spenden im Gesamtbetrag von 5.000 €. Primär möchte er eine kommunale Wählerinitiative unterstützen, die bei den kurz bevorstehenden Kommunalwahlen antritt und die Errichtung von Windkraftanlagen in seinem Heimatort fördern will. Er wäre aber auch bereit, an eine bundespolitisch aktive Partei mit ökologischen Zielsetzungen zu spenden. S fragt nach einem steueroptimierten Spendenverhalten.

Von den in § 10b EStG erfassten Ausgaben nehmen die Mitgliedsbeiträge und Spenden gem. Abs. 2 eine Sonderrolle ein. Das sensible Thema Parteienfinanzierung, das mehrfach Gegenstand verfassungsrechtlicher Entscheidung war, wirkt sich hier unmittelbar auf die einkommensteuerlichen Vorschriften aus.

Mit Wirkung zum 01.01.1989 war der als SA abziehbare Betrag für Mitgliedsbeiträge und Spenden an politische Parteien auf 60.000/120.000 DM angehoben worden. Darin sah das BVerfG einen Verstoß gegen den Grundsatz der Chancengleichheit der Parteien. Der Staat verfälsche die Wettbewerbslage zwischen den Parteien. In Anbetracht der hohen Beträge würden Parteien bevorzugt, die eine größere Anziehungskraft auf Stpfl. mit hohen Einkünften ausüben. Die verfassungsrechtliche Grenze einer zulässigen steuerlichen Begünstigung von Beiträgen und Spenden läge aber da, wo die steuerliche Begünstigung noch von einer Mehrzahl der Stpfl. in gleicher Weise genutzt werden könne. Dies war bei den damals geltenden Beträgen offenkundig nicht der Fall, da der durchschnittliche Einkommensbezieher den steuerwirksamen Spendenrahmen von 60.000 und 120.000 DM bei der Zusammenveranlagung auch nicht annähernd auszuschöpfen vermochte (vgl. BVerfG vom 09.04.1992, BStBl II 1992, 766).

Heute wird die steuerliche Förderung von Ausgaben an politische Parteien zunächst über eine Verminderung der ESt gem. § 34g EStG i.H.v. 50 % der Ausgaben durchgeführt, maximal aber mit Beträgen von 767 € bzw. 1.534 € bei der Zusammenveranlagung von Ehegatten. Darüber hinausgehende Mitgliedsbeiträge und Spenden können gem. § 10b Abs. 2 EStG bis zur Höhe von 1.534/3.068 € als SA abgezogen werden. Der Gesetzgeber nimmt Bezug auf die **Legaldefinition** der **politischen Parteien** in § 2 des Parteiengesetzes. Dort sind Parteien definiert als Vereinigungen von Bürgern, die dauernd oder für längere Zeit für den Bereich des Bundes oder eines Landes auf die politische Willensbildung Einfluss nehmen und an der Vertretung des Volkes im deutschen Bundestag oder einem Landtag mitwirken wollen, wenn sie nach dem Gesamtbild der tatsächlichen Verhältnisse, insb. nach Umfang und Festigkeit ihrer Organisation, nach der Zahl ihrer Mitglieder und nach ihrem Hervortreten in der Öffentlichkeit eine ausreichende Gewähr für die Ernsthaftigkeit dieser Zielsetzung bieten[308]. Mitgliedsbeiträge und Spenden an lediglich kommunal tätige Vereinigungen können daher nicht nach 10b Abs. 2 EStG abgezogen werden.

---

[308] Gemäß § 2 Abs. 3 ParteiG sind politische Vereinigungen keine Partei, wenn ihre Mitglieder oder die Mitglieder ihres Vorstandes in der Mehrheit Ausländer sind oder der Sitz oder die Geschäftsleitung der Vereinigung sich außerhalb des Geltungsbereiches des Parteiengesetzes befinden. Gemäß § 2 Abs. 2 ParteiG verliert eine Vereinigung ihre Rechtsstellung als Partei, wenn sie sechs Jahre lang weder an einer Bundestagswahl noch an einer Landtagswahl mit eigenen Wahlvorschlägen teilgenommen hat.

Der SA-Abzug ist gem. § 50 Abs.1 EStDV davon abhängig, dass die Zuwendung (Spende oder Mitgliedsbeitrag, § 48 Abs. 3 EStDV) von der Partei durch eine Zuwendungsbestätigung nach amtlich vorgeschriebenem Vordruck bescheinigt wird. Lediglich für Mitgliedsbeiträge ist gem. § 50 Abs. 3 EStDV der Nachweis durch Vorlage von Bareinzahlungsbelegen, Buchungsbestätigungen oder Beitragsquittungen ausreichend.

Lösung:
S befindet sich tariflich im unteren Progressionsbereich. Er sollte daher zunächst die Steuerermäßigungen nach § 34g EStG ausschöpfen, bei denen sich die Ausgaben zu 50 % in gesparter ESt auswirken. Zur Ausnutzung der Höchstbeträge sollte er jeweils 1.534 € an die kommunale Wählerinitiative und die Bundespartei spenden. Hinsichtlich des verbleibenden Betrages kann S nur durch eine Spende an die Bundespartei den SA-Abzug nach § 10b Abs. 2 EStG erreichen, da die kommunale Wählerinitiative keine Partei i.S.d. Parteiengesetzes und damit anders als bei § 34g EStG kein tauglicher Empfänger im Sinne dieser Vorschrift ist. Aus steuerlicher Sicht sollte S seine Spende auf weitere 1.534 € beschränken, da der darüber hinausgehende Betrag den für § 10b Abs. 2 EStG geltenden Höchstbetrag überschreiten und sich daher steuerlich nicht auswirken würde.

1.3.9.2 Ausgaben zur Förderung mildtätiger, kirchlicher, religiöser, wissenschaftlicher und als besonders förderungswürdig anerkannter gemeinnütziger Zwecke

1.3.9.2.1 Einführung

Mit der Neuregelung des Spendenrechtes ab dem VZ 2000 übertrug der Gesetzgeber der Finanzverwaltung erneut die Aufgabe, einzelne Bereiche dieser Materie durch eine **Rechtsverordnung** zu regeln, also durch ein von der Verwaltung (Exekutive) erlassenes Gesetz zwar nicht im **formellen** Sinne (kein Parlamentsgesetz), aber im **materiellen** Sinne (abstrakt-generelle Regelung). Aufgrund der Ermächtigung in § 51 Abs. 1 Nr. 2 Buchst. c) EStG wurden verschiedene bisher lediglich in den EStR geregelte Bereiche, insb. im Zusammenhang mit der Anerkennung von gemeinnützigen Tätigkeiten als besonders förderungswürdig und im Zusammenhang mit dem Bescheinigungsverfahren, in den §§ 48 bis 50 EStDV und der Anlage 1 zur EStDV neu normiert. Das bisher praktizierte so genannte „Durchlaufspendenverfahren" wurde abgeschafft. Durch das Gesetz zur weiteren steuerlichen Förderung von Stiftungen vom 14.07.2000 hat der SA-Abzug nach § 10b EStG zusätzlich neue Impulse erhalten.

Ausgaben zur Förderung steuerbegünstigter Zwecke sind im strengen Sinne keine SA, weil sie keinen existenzsichernden und damit keinen zwangsläufigen Charakter haben; insoweit enthält § 10b Abs. 1 EStG lediglich einen Rechtsfolgenverweis[309].

Die Verteilung der einschlägigen Vorschriften des Spendenrechts auf das EStG, die EStDV und deren Anlage und das Zusammenspiel dieser Vorschriften mit § 5 Abs. 1

---
[309] *Kirchhof* in *Kirchhof/Söhn/Mellinghoff,* EStG § 10b Rz. A 5 und B 601.

Nr. 9 KStG und den Regelungen der AO zu den steuerbegünstigten Zwecken (§§ 51 ff. AO) erleichtern die Gesetzesanwendung nicht eben. Die nachfolgenden Erläuterungen sind nach den Bereichen Ausgaben, Höhe der Ausgaben, Bescheinigungsverfahren sowie zum Vertrauens- und Haftungstatbestand nach § 10b Abs. 4 EStG gegliedert.

1.3.9.2.2 Ausgaben

Die Ausgaben müssen der Förderung steuerbegünstigter Zwecke (beim Empfänger) dienen. Diese begünstigten Zwecke sind in § 10b Abs. 1 EStG mit mildtätigen, kirchlichen, religiösen, wissenschaftlichen und als besonders förderungswürdig anerkannten gemeinnützigen Zwecken abschließend benannt.

Ihre Definitionen finden die mildtätigen, kirchlichen und gemeinnützigen Zwecke unmittelbar in den §§ 52 – 54 AO. Dies stellt § 48 Abs. 1 EStDV ausdrücklich klar.

Die mildtätigen und kirchlichen Zwecke sind in § 53 und 54 AO eigenständig definiert. Religiöse und wissenschaftliche Zwecke sind gem. § 52 Abs. 2 Nr. 1 AO eigentlich nur ein Unterfall der gemeinnützigen Zwecke. Da sie aber in § 10b EStG ausdrücklich neben den sonstigen gemeinnützigen Zwecken gesondert genannt werden, benötigen sie anders als die anderen gemeinnützigen Zwecke nicht mehr die Anerkennung als besonders förderungswürdig. Unter den nicht näher definierten religiösen Zwecken werden jede Beziehung zu Gott oder eine nichtchristliche Gottheit und neuerdings auch weltanschauliche Fragen verstanden[310]. Die Abgrenzung zu den kirchlichen Zwecken i.S.d. § 54 AO ergibt sich vor allem daraus, dass kirchliche Zwecke nur vorliegen, wenn eine Religionsgemeinschaft gefördert wird, die als Körperschaft des öffentlichen Rechts anerkannt ist und damit einen besonderen Status hat[311]. Unter wissenschaftlichen Zwecken sind die Forschung und Lehre auf dem Gebiet der Geistes- und Naturwissenschaften, der theoretischen und der angewandten Wissenschaften zu verstehen[312].

Bei allen übrigen gemeinnützigen Zwecken ist zusätzlich erforderlich, dass sie für das Spendenrecht als besonders förderungswürdig anerkannt sind. Die Anerkennung ist gem. § 51 Abs. 1 Nr. 2 Buchst. c) EStG von der Bundesregierung mit Zustimmung des Bundesrates durch § 48 Abs. 2 i.V.m. Anlage 1 EStDV in Form einer Rechtsverordnung vorgenommen worden. Innerhalb der Anlage 1 zur EStDV wird mit den Abschnitten A und B zwischen verschiedenen besonders förderungswürdigen gemeinnützigen Zwecken unterschieden. Da an die Einteilung der Anlage in die Abschnitte A und B unterschiedliche Rechtsfolgen bei der Abziehbarkeit von Ausgaben geknüpft werden, ist eine genau Zuordnung zu einer der erfassten besonders förderungswürdigen gemeinnützigen Zwecke erforderlich.

> **Beispiel 11: Schädliche Gegenleistungen**
> Gegen den Kläger wurde ein strafrechtliches Ermittlungsverfahren nach § 153a StPO gegen Zahlung eines Geldbetrages von 5.000 € zugunsten einer

---

[310] Vgl. *Schmidt/Heinicke*, EStG § 10b Rz. 25.
[311] Vgl. AEAO zu § 54 AO.
[312] Vgl. *Schmidt/Heinicke*, EStG § 10b Rz. 25.

gemeinnützigen Einrichtung eingestellt. Das FA lehnte den vom Kläger geltend gemachten Abzug der Spende nach § 10b EStG ab.

Aus der erkennbaren Ausrichtung der Förderungsleistungen auf einen der steuerbegünstigten Zwecke schließt die herrschende Meinung, dass für den SA-Abzug nur Aufwendungen in Betracht kommen, die der Stpfl. sowohl unentgeltlich als auch freiwillig geleistet hat. Die Einstellung des Ermittlungsverfahrens nach § 153a StPO war nur mit Zustimmung des Beschuldigten möglich, so dass man insoweit vielleicht noch Freiwilligkeit annehmen könnte. Nach Auffassung des BFH (vom 19.12.1990, BStBl II 1991, 234) war die Leistung aber nicht unentgeltlich. Maßgeblich soll nicht der bürgerlich-rechtliche Begriff von Leistung und Gegenleistung sein. Die Spende müsse um der Sache willen und ohne die Erwartung eines besonderen Vorteils gegeben werden; die Spendenmotivation muss im Fordergrund stehen. Daher sei der Spendenabzug auch schon dann ausgeschlossen, wenn die Zuwendungen an den Empfänger unmittelbar und ursächlich mit einem auch von einem Dritten gewährten Vorteil zusammenhängen, ohne dass der Vorteil unmittelbar wirtschaftlicher Natur sein müsse.

Lösung:
Der den SA-Abzug ausschließende Vorteil lag hier in der Einstellung des Ermittlungsverfahrens. Der SA-Abzug nach § 10b Abs. 1 EStG ist zu Recht versagt worden.

Die Frage nach einer möglichen Gegenleistung und der Freiwilligkeit der Ausgaben stellt sich daneben bei Mitgliedsbeiträgen. Die Problematik wurde durch die Neufassung von § 48 Abs. 3 und 4 EStDV entschärft, wonach nur noch Mitgliedsbeiträge zur Förderung der in Abschnitt B der Anlage 1 bezeichneten Zwecke nicht mehr als SA abgezogen werden können. In den verbleibenden Fällen kann im Einzelfall immer noch die Abgrenzung zwischen einer Spende und einem durch die Gegenleistung motivierten Mitgliedsbeitrag erforderlich werden.

Beispiel 12: Golfclub und FA
Der Stpfl. S war durch Vorstandsbeschluss in den Golfclub G aufgenommen worden. Im Zusammenhang damit entrichtete er einen Aufnahmebeitrag i.H.v. 1.500 € sowie einen Jahresbeitrag i.H.v. 1.150 €. Im gleichen Jahr wendete er dem Verein außerdem einen als Spende bezeichneten Betrag i.H.v. 15.000 € zu. Für die Aufnahme in den Golfclub war erforderlich, dass zwei so genannte Paten als Fürsprecher benannt werden konnten. Diese Paten hatten den Stpfl. bereits im Rahmen der Aufnahmegespräche darauf hingewiesen, dass von dem neuen Mitglied eine Sonderspende zur Vereinsfinanzierung erwartet wird. Dabei war dem Stpfl. auch die übliche Spendenhöhe mitgeteilt worden. Der Club sah es zwar äußerst ungern, wenn nicht gespendet wurde, es wurden aber in diesem Fall auch keine Konsequenzen gezogen, insb. wurde das nichtspendende Mitglied nicht ausgeschlossen. Der weit überwiegende Teil der neuen Mitglieder, die nicht unter die Sonderregelung für Jugendliche und Junioren fielen, leisteten die zusätzliche Zahlung. Die üblichen Mitgliedsbeiträge des Ver-

eins wurden weitgehend schon durch Personalkosten aufgebraucht. Kann S seine Spende nach § 10b Abs. 1 EStG als SA abziehen?[313].

Lösung
Bei der zusätzlichen Zahlung i.H.v. 15.000 € fehlt es an der für eine Ausgabe i.S.d. § 10b EStG erforderlichen Freiwilligkeit. Dafür ist es letztendlich nicht entscheidend, dass dem Steuerpflichten keine echte Rechtspflicht zur Zahlung traf. Ausreichend ist, dass ein faktischer Zwang bestand. Nach Auffasung der Finanzverwaltung ist eine faktische Verpflichtung regelmäßig schon dann anzunehmen, wenn mehr als 75 % der neu eingetretenen Mitglieder neben der Aufnahmegebühr eine gleich oder ähnlich hohe Sonderzahlung leisten. Die 75 %-Grenze wird als widerlegbare Vermutung für das Vorliegen von Pflichtzahlungen angesehen. Dem Stpfl. bleibt also die Möglichkeit aufgrund der tatsächlichen Verhältnisse des Einzelfalles nachzuweisen, dass doch eine Spende vorliegt. Auf der anderen Seite können die Umstände des Einzelfalls auch ergeben, dass eine Zahlungsverpflichtung bestand, obwohl weniger als 75 % der neu eingetretenen Mitglieder die Zahlung geleistet haben[314]. Die Zahlung war im vorliegenden Fall auch nicht unentgeltlich. Der Golfclub wäre ohne die Sonderzahlung überhaupt nicht zu finanzieren gewesen. Die geleisteten Sonderzahlungen standen damit in einem unmittelbaren Zusammenhang zu der Nutzung der Anlagen durch die Mitglieder.

Unter Umständen kann es aber auch einmal im ausdrücklichen Interesse des Leistenden liegen, dass es an der Unentgeltlichkeit fehlt und daher keine Ausgabe i.S.v. § 10b EStG vorliegt. Dies ist namentlich beim so genannten Sponsoring der Fall.

Unter Sponsoring wird üblicherweise die Gewährung von Geld oder geldwerten Vorteilen durch Unternehmen zur Förderung von Personen, Gruppen und/oder Organisationen in sportlichen, kulturellen, kirchlichen, wissenschaftlichen, sozialen, ökologischen oder ähnlich bedeutsamen gesellschaftspolitischen Bereichen verstanden, mit der regelmäßig auch eigene unternehmensbezogene Ziele der Werbung oder Öffentlichkeitsarbeit verfolgt werden. Beim Sponsor können die gemachten Aufwendungen nicht abziehbare Kosten der Lebensführung (§ 12 Nr. 1 EStG), Spenden i.S.v. § 10b EStG oder auch BA i.S.d. § 4 Abs. 4 EStG sein[315].

Aufwendungen des Sponsors sind BA, wenn der Sponsor wirtschaftliche Vorteile, die insb. in der Sicherung oder Erhöhung seines unternehmerischen Ansehens liegen können, für sein Unternehmen erstrebt oder für Produkte seines Unternehmens werben will. Da der Betriebsausgabenabzug nicht an Höchstbeträge gebunden ist, wie dies für den Spendenabzug bei natürlichen Personen und Personenzusammenschlüssen nach § 10b Abs. 1 EStG und bei Körperschaften nach § 9 Abs. 1 Nr. 2 KStG der Fall ist, wird der Steuerpflichtige häufig sogar ausdrücklich verlangen, dass auf das Unternehmen oder die Produkte des Sponsors vom Empfänger werbewirksam hingewiesen wird.

---

[313] Vereinfachtes Bsp. nach dem Urteil des FG RhPf vom 10.01.2000 (DStRE 2000, 399).
[314] Vgl. im Einzelnen das BMF-Schreiben vom 20.10.1998 (BStBl. I 1998, 1424 ff.).
[315] Vgl. das BMF-Schreiben vom 18.02.1998 (BStBl I 1998, 212).

Die Ausgaben für steuerbegünstigte Zwecke müssen außerdem an Empfänger mit bestimmten **Rechtsformen** geleistet werden. Zuwendungen i.S.d. § 48 EStDV sind gem. § 49 EStDV nur dann nach § 10b EStG abziehbar, wenn der Empfänger eine inländische juristische Person des öffentlichen Rechts, eine inländische öffentliche Dienststelle oder eine in § 5 Abs. 1 Nr. 9 KStG bezeichnete Körperschaft, Personenvereinigung oder Vermögensmasse ist. Festzuhalten ist daher insb., dass natürliche Personen und diejenigen Privatrechtssubjekte, die nicht potentiell körperschaftsteuerpflichtig sind, beispielsweise die OHG, die KG und die BGB-Gesellschaft, keine tauglichen Empfänger von Ausgaben i.S.v. § 10b EStG sind.

Sollen vom Stpfl. nicht Barzuwendungen, sondern für die Körperschaft getätigte **Aufwendungen** als Spende geltend gemacht werden, so ist dies darüber hinaus nur unter Beachtung der strengen Anforderungen nach § 10b Abs. 3 S. 4 f. EStG durch Verzicht auf einen entsprechenden Aufwendungsersatzanspruch möglich[316]. Werden **Wirtschaftgüter** unmittelbar nach einer Entnahme aus dem BV zugewendet, so ist der Betrag der Ausgabe gem. § 10b Abs. 3 S. 2 EStG an die **Bewertung bei der Entnahme** gebunden. Die Entnahme kann gem. § 6 Abs. 1 Nr. 4 S. 4 und 5 EStG mit dem Buchwert erfolgen[317]. In allen anderen Fällen ist die Zuwendung des WG gem. § 10b Abs. 3 S. 3 EStG mit dem gemeinen Wert (§ 9 BewG) anzusetzen.

1.3.9.2.3 Höhe des Spendenabzugs

Der Spendenabzug setzt mit einem jährlichen Grundbetrag i.H.v. 5 % des Gesamtbetrages der Einkünfte oder 2 v.T. der Summe der gesamten Umsätze und der im Kalenderjahr aufgewendeten Löhne und Gehälter ein. Dieser Grundbetrag gilt für alle von § 10b Abs. 1 S. 1 EStG erfassten steuerbegünstigten Zwecke.

Ein erweiterter Spendenabzug gilt gem. § 10b Abs. 1 S. 2 EStG nur noch für bestimmte steuerbegünstigte Zwecke. Bei den wissenschaftlichen, mildtätigen und als besonders förderungswürdig anerkannten **kulturellen** Zwecken – als Ausschnitt aus den als besonders förderungswürdig anerkannten gemeinnützigen Zwecken – erhöht sich der Prozentsatz von 5 zusätzlich um weitere 5 %. Damit fallen die kirchlichen, religiösen und die sonstigen als besonders förderungswürdig anerkannten gemeinnützigen Zwecke aus der zusätzlichen Förderung heraus. Die Erhöhung wirkt als Vorwegabzug. Der verbleibende Abzug nach § 10b Abs. 1 S. 1 EStG kann nach dem Vorwegabzug deshalb durch Spenden für die übrigen Zwecke, aber auch für weitere nach § 10b Abs. 1 S. 2 EStG besonders begünstigte Spenden genutzt werden. Da sich nur der Prozentsatz erhöht, wirkt sich die erhöhte Förderung ausschließlich beim Gesamtbetrag der Einkünfte als BMG für den Spendenabzug aus. Der in einem „Vomtausendsatz" gemessene Betrag der Summe der gesamten Umsätze und der im Kalenderjahr aufgewendeten Löhne und Gehälter wird in § 10b Abs. 1 S. 2 EStG nicht erhöht. Das muss auf der anderen Seite nicht heißen, dass

---

[316] Vgl. H 111 EStH „Aufwandsspenden" und BMF-Schreiben vom 07.06.1999 (BStBl I 1999, 591).
[317] Durch die Entnahme zum Buchwert ergeben sich Vorteile, wenn der Entnahmegewinn durch die Begrenzung des SA-Abzugs nicht vollständig kompensiert werden würde oder sich der SA-Abzug bei einem negativen Gesamtbetrag der Einkünfte nicht auswirkt, gleichzeitig der realisierte Entnahmegewinn aber den Verlustausgleich nach § 10d EStG vermindert.

die Anwendung dieser BMG zu einem niedrigeren Spendenabzug führen muss, wenn der Vorwegabzug nach § 10b Abs. 1 S. 2 EStG zur Anwendung kommen kann. Beide Grenzen sind zu ermitteln und die für den Stpfl. günstigste zur Anwendung zu bringen.

Ein zusätzlicher Abzugsbetrag i.H.v. 20.450 € ist durch das Stiftungsförderungsgesetz in § 10b Abs. 1 S. 3 EStG eingeführt worden. Der Abzug ist hinsichtlich der geförderten Zwecke weitergehend als der Abzug nach § 10b Abs. 1 S. 1 und 2 EStG. Lediglich die Förderung gemeinnütziger Zwecke i.S.v. § 52 Abs. 2 Nr. 4 AO ist vom Spendenabzug ausgeschlossen. Im Übrigen werden alle steuerbegünstigten Zwecke i.S.d. §§ 52 – 54 AO erfasst. Insb. müssen die gemeinnützigen Zwecke nicht als besonders förderungswürdig klassifiziert worden sein. Enger ist der Abzug insofern, als er nur gilt, wenn der Empfänger eine **Stiftung** des öffentlichen Rechts oder eine nach § 5 Abs. 1 Nr. 9 KStG steuerbefreite Stiftung des privaten Rechts ist.

Noch weitergehender ist der zusätzliche Abzugsbetrag für die Förderung von Stiftungen nach § 10b Abs. 1a EStG. Er beträgt 307.000 € und gilt nur für Zuwendungen i.S.d. § 10b Abs. 1 EStG, die bei der Neugründung einer Stiftung des öffentlichen Rechts oder einer nach § 5 Abs. 1 Nr. 9 KStG steuerbefreiten Stiftung des privaten Rechts in deren Vermögensstock geleistet werden. Mit dem Begriff Vermögensstock soll das Grundstockvermögen einer Stiftung gemeint sein, das gem. § 58 Nr. 11 AO nicht einer zeitnahen Mittelverwendung für steuerbegünstigte Zwecke unterliegt[318]. Gemäß § 10b Abs. 1a S. 2 EStG gelten Zuwendungen als anlässlich der Neugründung geleistet, wenn die Zuwendung bis zum Ablauf eines Jahres nach Gründung der Stiftung erfolgt. Der Betrag kann gem. § 10b Abs. 1a S. 3 EStG hinsichtlich der Höhe nur einmal innerhalb eines Zehnjahreszeitraumes in Anspruch genommen werden.

Die Höchstbeträge für den einzelnen VZ können größere Spenden steuerlich teilweise ins Leere laufen lassen. Abhilfe schafft zumindest teilweise die **Großspendenregelung** gem. § 10b Abs. 1 S. 4 und 5 EStG. Danach können Einzelzuwendungen von mindestens 25.565 € entsprechend § 10d EStG jeweils im Rahmen der Höchstsätze im VZ der Zuwendung, im vorangegangenen VZ sowie in den fünf folgenden Veranlagungszeiträumen abgezogen werden. Dies gilt allerdings nicht für alle von § 10b EStG erfassten steuerbegünstigten Zwecke, sondern nur für die auch schon nach § 10b Abs. 1 S. 2 EStG besonders begünstigten wissenschaftlichen, mildtätigen und als besonders förderungswürdig anerkannten kulturellen Zwecke. Eine **Einzelzuwendung** liegt grundsätzlich nur bei einem einzelnen Abfluss einer Zahlung oder einer einzelnen Zuwendung eines Gegenstandes vor. Die Finanzverwaltung räumt aber Erleichterungen ein, wenn mehrere Zahlungen oder die Abgabe mehrerer WG im VZ auf einer einheitlichen Spendenentscheidung des Stpfl. beruhen oder über eine sog. Durchlaufstelle geleistet werden (vgl. R 113 Abs. 2 EStR). Für die Verteilung von Spenden in den Vermögensstock einer neugegründeten Stiftung schafft § 10b Abs. 1a S. 1 EStG eine gesonderte Regelung. Sie können zwar nicht zurückgetragen, aber über einen längeren Zeitraum von bis zu neun Jahren nach Antrag des Stpfl. vorgetragen und verteilt werden. Die besonderen Anforderungen nach § 10d EStG gelten hier nicht entsprechend. Der verbleibende zu verteilende Betrag wird gem. § 10b Abs. 1a S. 4 EStG lediglich entsprechend § 10d Abs. 4 EStG gesondert festgestellt.

---

[318] Vgl. *Schmidt/Heinicke*, EStG § 10b Rz. 71.

1.3.9.2.4 Bescheinigungsverfahren

Gem. § 50 Abs. 1 EStDV dürfen Zuwendungen i.S.d. § 10b EStG nur abgezogen werden, wenn sie vom Empfänger auf amtlich vorgeschriebenem Vordruck bestätigt werden. Nur für Zuwendungen, die 100 € nicht übersteigen oder zur Linderung der Not in Katastrophenfällen geleistet werden, lässt § 50 Abs. 2 EStDV unter bestimmten weiteren Voraussetzungen den Bareinzahlungsbeleg oder die Buchungsbestätigung eines Kreditinstitutes als Nachweis ausreichen. Nach R 111 Abs. 2 EStR besteht außerdem trotz Abschaffung des sog. Durchlaufspendenverfahrens immer noch die Möglichkeit, Spenden über inländische Personen des öffentlichen Rechts, die Gebietskörperschaften sind (Bund, Länder, Landkreise, Gemeinden), und ihre Dienststellen sowie inländische kirchliche juristische Personen des öffentlichen Rechts an die Zuwendungsempfänger i.S.d. § 49 EStDV zu leiten; in diesen Fällen darf die Zuwendungsbestätigung gem. R 111 Abs. 2 S. 7 EStR nur von der Durchlaufstelle ausgestellt werden. Die Bescheinigung ist kein ersetzbares Beweismittel für die Zuwendung und ihre Verwendung, sondern echte **materielle Abzugsvoraussetzung**.

Dies darf nicht darüber hinwegtäuschen, dass primäre Voraussetzung für den Spendenabzug die tatsächliche Verwendung der Zuwendung für steuerbegünstigte Zwecke bleibt und die subjektive Absicht der Förderung beim Stpfl. nicht ausreichend ist. Deutlich wird dies u.a. durch § 48 Abs. 1 EStDV. Dort wird für die Definition der steuerbegünstigten Zwecke i.S.d. § 10b EStG mit den §§ 51 – 68 AO ausdrücklich auf den ganzen Abschnitt der AO über die steuerbegünstigten Zwecke abgehoben, also z.B. auch auf die Anforderungen an die Satzung der Empfängerin und deren tatsächliche Geschäftsführung. Ebenso wäre die **Haftung** des Empfängers für die entgangene Steuer bei zweckwidriger Verwendung der Zuwendung nach § 10b Abs. 4 S. 2 EStG ohne einen Hauptanspruch gegen den (erfolglosen) Spender nicht denkbar[319].

Klar ist andererseits, dass die tatsächliche Verwendung sich praktisch nicht in jedem Veranlagungsverfahren der Spender prüfen lässt. Der BFH hat deshalb zwar die tatsächliche Verwendung für steuerbegünstigte Zwecke immer für erforderlich gehalten. Er geht aber davon aus, dass es im Regelfall einer Prüfung in der Veranlagung nicht bedarf, wenn der Nachweis durch eine ordnungsgemäße Spendenbescheinigung erfolgt. Bei der Spendenbestätigung handele sich um einen in die Zukunft vorausgreifenden Nachweis der rechtlich erwarteten Verwendung des Spendengesamtaufkommens[320]. Für die ab 1990 geleisteten Spenden greift zusätzlich der in § 10b Abs. 4 S. 1 EStG normierte Vertrauensschutz, wonach der Stpfl. auf die Richtigkeit der Bestätigung vertrauen darf, wenn er sie nicht durch unlautere Mittel oder falsche Angaben erwirkt hat, deren Unrichtigkeit nicht kannte und seine Unkenntnis auch nicht auf grober Fahrlässigkeit beruhte[321]. Damit erüb-

---

[319] *Brandt* in *H/H/R*, EStG § 10b Anm. 34.
[320] Zum Verhältnis zwischen der Spendenbescheinigung und dem Nachweis der Verwendung für steuerbegünstigte Zwecke ausführlich *Kirchhof* in *Kirchhof/Söhn/Mellinghoff*, EStG § 10b Rz. A 336 ff.
[321] Für den Zeitpunkt der Kenntnis soll es nach Auffassung der Finanzverwaltung gem. § 150 Abs. 2 AO auf die Abgabe der Steuererklärung und nicht auf den Zeitpunkt der Ausstellung der Bescheinigung ankommen; andererseits soll keine Berichtigungspflicht nach § 153 AO gelten, da § 10b Abs. 4 S. 1 EStG dann in den meisten Fällen leer laufen würde, vgl. *Schmidt/Heinicke*, EStG § 10b Rz. 50 46 zu den formellen Änderungsvoraussetzungen und *Kirchhof* in *Kirchhof/Söhn/Mellinghoff*, EStG § 10b Rz. E 22;

rigen sich in der **Klausurlösung** umfangreiche Erwägungen zur Verwendung der Mittel durch den Empfänger, wenn eine ordnungsgemäße Spendenbescheinigung vorgelegt wird und keine Anhaltspunkt für eine zweckwidrige Verwendung bestehen.

Wesentlich schwieriger ist die Situation für den Spendenempfänger, der nach amtlichem Vordruck die Bestätigung über die erhaltene Spende ausstellen muss, um dem Zuwendenden den Abzug nach § 10b EStG zu ermöglichen. Er muss dabei praktisch eine Aussage über die Verwendung für steuerbegünstigte Zwecke i.S.d. §§ 51 ff. AO treffen. Es gibt kein gesondertes Verfahren, durch das festgestellt wird, ob eine Körperschaft steuerbegünstigte Zwecke verfolgt. Dies wird nachträglich im Rahmen der Veranlagung entschieden. Bei neu gegründeten Körperschaften wird auf Antrag eine vorläufige Bescheinigung über die Gemeinnützigkeit erteilt, wenn die Satzung den Gemeinnützigkeitsvoraussetzungen entspricht. Diese Bescheinigung ist kein Verwaltungsakt und frei widerruflich. Sie soll aber zumindest das Veranlagungs-FA des Spenders binden[322].

Die vorläufige Bescheinigung oder der Veranlagungsbescheid geben bei den Körperschaften, die keine mildtätigen oder kirchlichen Zwecke i.S.v. §§ 53 und 54 AO sondern gemeinnützige Zwecke i.S.v. § 52 AO verfolgen, immer noch keine abschließende Auskunft, ob auch steuerbegünstigte Zwecke i.S.d. § 10b EStG vorliegen. Die Verfolgung gemeinnütziger Zwecke reicht für die Körperschaft aus, steuerliche Vergünstigungen zu erlangen, insb. die Befreiung von der KSt und GewSt. Sie berechtigen aber nur dann zum Spendenabzug, wenn sie entweder zu den wissenschaftlichen oder religiösen Zwecken gehören oder aber als besonders förderungswürdig anerkannt sind. Der Aussteller muss daher ein Interesse haben, auch über seine Berechtigung zum Spendenempfang eine Auskunft zu erhalten. Die Finanzverwaltung trägt dem Rechnung, indem sie in der vorläufigen Bescheinigung oder im Veranlagungsbescheid nachrichtlich mitteilt, ob die Körperschaft zur Ausstellung von Spendenbestätigungen berechtigt ist. Bei dieser Mitteilung handelt es sich um eine reine Rechtsauskunft und nicht um einen Verwaltungsakt. Das Begehren, überhaupt einen Hinweis zu erteilen, kann aber zumindest mit der allgemeinen Leistungsklage verfolgt werden[323].

1.3.9.2.5 Haftungstatbestand

Der Vertrauensschutz für den Spender nach § 10b Abs. 4 S. 1 EStG soll zumindest zum Teil durch die Haftung bei der empfangenden Körperschaft und den dort handelnden Personen nach § 10b Abs. 4 S. 2 und 3 EStG kompensiert werden[324]. Die bei der Veranlagung des Spenders entgangene Steuer wird aus Vereinfachungsgründen pauschal mit 40 % des zugewendeten Betrages veranschlagt. Da nur für eine entgangene Steuer gehaftet wird, kann gegen die Inanspruchnahme erfolgreich eingewendet werden, dass der

---

a.A. *Brandt* in *H/H/R*, EStG § 10b Anm. 172, der auf die Ausstellung der Bestätigung abstellt, da diese Gegenstand des Vertrauenstatbestandes sei.
[322] *Kirchhof* in *Kirchhof/Söhn/Mellinghoff*, EStG § 10b Rz. B 447.
[323] BFH vom 10.06.1992 (BFH/NV 1993, 13 f.); da es sich nur um eine Rechtsauskunft handelt, besteht allerdings kein Anspruch, einen Hinweis zu erhalten, der die Spendenberechtigung bejaht.
[324] *Brandt* in *H/H/R*, EStG § 10b Anm. 181.

Spender aufgrund eigener Bösgläubigkeit keinen Vertrauensschutz nach § 10b Abs. 4 S. 1 EStG in Anspruch nehmen kann[325].

Das Steuerrechtsverhältnis mit dem Spender wird durch den Vertrauensschutz dabei lediglich modifiziert; der zutreffende Steueranspruch gegen ihn erlischt nicht, er kann lediglich gegenüber dem Spender nicht geltend gemacht werden[326]. Die Haftung nach § 10b Abs. 4 S. 2 EStG bedeutet deshalb das Einstehen-Müssen für eine fremde Schuld. Sie muss von der Finanzverwaltung dementsprechend durch einen Haftungsbescheid nach § 191 AO und nicht mittels eines Steuerbescheides nach § 155 AO geltend gemacht werden. Die Haftung knüpft an zwei unterschiedliche Haftungsgründe an, das Ausstellen unrichtiger Zuwendungsbestätigungen und die Verwendung der Zuwendung für andere als den in der Bestätigung angegebenen steuerbegünstigten Zweck.

1.3.9.2.5.1 Ausstellen unrichtiger Bestätigungen

Die Zuwendungsbestätigung ist unrichtig, wenn ihr Inhalt nicht der objektiven Rechtslage entspricht, beispielsweise der Spendenbetrag zu hoch angegeben ist, der bescheinigte Zweck kein satzungsmäßiger Zweck ist, der Aussteller zum Spendenempfang nicht berechtigt ist oder die Zuwendung keinen unentgeltlichen Charakter besitzt[327]. Der Aussteller muss bei der Ausstellung der unrichtigen Bestätigung schuldhaft i.S.v. Vorsatz oder grober Fahrlässigkeit gehandelt haben. Vorsätzlich handelt, wer die Unrichtigkeit kennt oder zumindest billigend in Kauf nimmt. Grob fahrlässig wird eine unrichtige Bestätigung dann erteilt, wenn der Aussteller die Unrichtigkeit zwar nicht kennt, die gebotene und zumutbare Sorgfalt aber in ungewöhnlichem und nicht entschuldbarem Maße verletzt[328]. Die Prüfung auf schuldhaftes Handeln soll nach individuellen Maßstäben vorgenommen werden, also gemessen an den individuellen Kenntnissen und Fähigkeiten des Ausstellers. Einfache Fahrlässigkeit reicht nicht aus, um die Haftung des Ausstellers auszulösen. Der Gesetzgeber berücksichtigt so zu Gunsten des Ausstellers, dass er zum Zeitpunkt der Bestätigung häufig kaum beurteilen kann, ob die Empfängerin steuerbegünstigt ist oder bleibt und für welche Zwecke die Spende tatsächlich verwendet wird[329].

Dem Gesetzeswortlaut lässt sich nicht eindeutig entnehmen, wer Haftungsschuldner ist, wenn schuldhaft eine unrichtige Bestätigung ausgestellt wird. In Betracht kommen die handelnden natürlichen Personen und daneben die Körperschaft als juristische Person. Teilweise wird die Auffassung vertreten, Haftungsschuldner könne grundsätzlich nur die spendenempfangsberechtigte Körperschaft sein, da allein sie in der Lage sei, die den Vertrauensschutz nach § 10b Abs. 4 S. 1 EStG auslösenden Spendenbestätigungen auszustellen. Die Haftung von natürlichen Personen käme nur dann in Betracht, wenn diese unrichtige Spendenbestätigungen außerhalb eines ihnen zugewiesenen Wirkungskreises bei einer Körperschaft ausstellen, da sich die juristische Person allein derartiges Verhalten

---
[325] *Schmidt/Heinicke*, EStG § 10b Rz. 56; *Brandt* in *H/H/R*, EStG § 10b Anm. 181.
[326] *Kirchhof* in *Kirchhof/Söhn/Mellinghoff*, EStG § 10b Rz. E 26.
[327] *Kirchhof* in *Kirchhof/Söhn/Mellinghoff*, EStG § 10b Rz. E 16; *Gierlich*, FR 1991, 518 f.
[328] Vgl. *Schmidt/Heinicke*, EStG § 10b Rz. 50.
[329] *Thiel/Eversberg*, DB 1990, 395 (399).

nicht zurechnen lassen brauche[330]. Die Gegenmeinung stellt darauf ab, dass der Wortlaut der Norm weit sei und bei dem Aussteller schuldhaftes Handeln vorausgesetzt werde, was unmittelbar aber nur bei natürlichen Personen gegeben sein könne[331]. Primär hafte daher die natürliche Person, die die Bestätigung physisch ausstellt. Die Körperschaft hafte zusätzlich neben der natürlichen Person, wenn ihr der Vorgang als Verschulden ihrer Organe oder Erfüllungsgehilfen zugerechnet werden könne[332]. Diese profiskalische Annahme einer gesamtschuldnerischen Haftung wird auch von Stimmen aus dem Bereich der Finanzverwaltung favorisiert[333].

1.3.9.2.5.2 Veranlassen der zweckwidrigen Verwendung

Die Haftung für die Fehlverwendung von Spendengeldern knüpft daran an, dass die zugewendeten Mittel nicht zu den in der Bestätigung angegebenen steuerbegünstigten Zwecken verwendet werden. Sie greift deshalb bereits ein, wenn die Mittel zwar für steuerbegünstigte Zwecke, aber für andere als die bescheinigten steuerbegünstigten Zwecke verwendet werden[334]. Häufig wird der Haftungstatbestand dadurch ausgelöst werden, dass Zuwendungen bei der steuerbegünstigten Körperschaft nicht im ideellen Bereich, sondern in der Vermögensverwaltung oder in einem wirtschaftlichen Geschäftsbetrieb Verwendung finden. Die Zuordnung der fehlverwendeten Mittel zu bestimmten Spendern oder Zuwendungen ist für die Feststellung des Haftungstatbestandes nicht erforderlich[335].

Die Haftung für die Fehlverwendung ist – anders als die für das Ausstellen unrichtiger Zuwendungsbestätigungen – als **Gefährdungshaftung** ausgestaltet und setzt ein schuldhaftes Handeln nicht voraus. Als Haftungsschuldner werden hier primär die handelnden natürlichen Personen angesehen, die die zweckwidrige Verwendung bewirkt haben. Bei einer Kausalkette ist nur derjenige Haftungsschuldner, der die satzungsmäßige Entscheidungsbefugnis über die Verwendung hat[336]. Die Haftung richtet sich daneben gegen die Körperschaft, wenn sie sich das Verhalten der Handelnden zurechnen lassen muss, weil diese als ihre Organe oder Erfüllungsgehilfen handeln[337].

---

[330] *Brandt* in *H/H/R*, EStG § 10b Anm. 182 m.w.N.
[331] Vgl. *Gierlich*, FR 1991, 518 f.
[332] *Kirchhof* in *Kirchhof/Söhn/Mellinghoff*, EStG § 10b Rz. E 26, vertritt die Auffassung, dass dann bei gesamtschuldnerischer Haftung gemäß § 44 AO das Auswahlermessen regelmäßig zu einer vorrangigen Inanspruchnahme der Körperschaft führen müsse.
[333] Verfügung der OFD Frankfurt am Main vom 27.05.1994 (DB 1994, 1900).
[334] *Gierlich*, FR 1991, 518 (520), weist darauf hin, dass bereits dies wegen der unterschiedlichen Höchstbeträge beim Spendenabzug zu Steuerausfällen führen kann.
[335] *Kirchhof* in *Kirchhof/Söhn/Mellinghoff*, EStG, § 10b Rz. E 54.
[336] *Gierlich*, FR 1991, 518 (520).
[337] *Kirchhof* in *Kirchhof/Söhn/Mellinghoff*, EStG § 10b Rz. E 26, leitet die Haftung aus einer Zurechnung nach § 31 BGB ab, während *Gierlich*, FR 1991, 518 (520), die Haftung der Körperschaft unmittelbar aus § 10b Abs. 4 S. 2 EStG entwickelt.

1.3.9.2.6 Zusammenfassendes Beispiel

Beispiel 13: Richtig spenden

Der verwitwete Mäzen M verfügt über umfangreichen Beteiligungsbesitz und ein kleineres Einzelunternehmen, das er aber lediglich mit einer geringfügig entlohnten Beschäftigten führt (Gehalt 12 x 325 €). Im VZ 01 hat das Einzelunternehmen ein ausgeglichenes Ergebnis bei einem Umsatz von 50.000 € (ohne USt) erzielt. Die Einkünfte aus Kapitalvermögen halten sich in 01 bedingt durch das Ausschüttungsverhalten der Gesellschaften in Grenzen. Der Gesamtbetrag der Einkünfte beträgt 150.000 €. SA i.S.v. § 10 EStG sind in abziehbarer Höhe von 3.000 € angefallen. Außergewöhnliche Belastungen bestanden im VZ 01 nicht. Außerdem hat M folgende Ausgaben getätigt:

An die katholische Kirche wurde eine Spende von 1.500 € und eine weitere Spende i.H.v. 2.500 € geleistet. M kann für die Spende i.H.v. 2.500 € zwar den Überweisungsbeleg, nicht aber eine Spendenbestätigung der katholischen Kirche vorlegen. Für die Förderung einer kirchlichen Schule hat M außerdem einen Betrag von 3.000 € an eine katholische Kirchengemeinde in Südamerika überwiesen.

Für die Finanzierung eines größeren Turniers steuerte M dem örtlichen Sportverein S einen Betrag von 5.000 € bei. S wird in dem begleitenden Veranstaltungsheft auf die Unterstützung durch M und sein Unternehmen in einer halbseitigen Anzeige hinweisen und stellt über die Zuwendung eine ordnungsgemäße Zuwendungsbestätigung aus. Außerdem hat M seinen jährlichen Mitgliedsbeitrag i.H.v. 300 € überwiesen.

Eine in 01 neu gegründete, wissenschaftlich tätige private Stiftung hat M mit einem Betrag von 21.000 € bedacht. Der Tierschutzverein erhielt eine Spende von 600 €. Der örtliche Heimatverein erhielt eine Spende i.H.v. 1.000 €. M hat allerdings inzwischen erfahren, dass der Heimatverein wegen der Fehlverwendung von Mitteln ab dem VZ 01 vom FA nicht mehr als gemeinnützige Körperschaft anerkannt wird.

Da M auch die Kultur sehr am Herzen liegt, hat er einem eingetragenen Verein eine Spende zukommen lassen. Ein Mitglied des Vereinsvorstandes hatte M darauf hingewiesen, dass der Verein mit Anerkennung des FA's besonders förderungswürdige kulturelle Zwecke verfolge und die Spenden an den Verein daher in erweitertem Umfang abziehbar seien. M hatte daraufhin besonders tief in die Tasche gegriffen und einen Betrag von 25.000 € überwiesen.

M möchte die Höhe seines steuerlichen Einkommens wissen. Alle erforderlich Bestätigungen können, sofern nicht anders erwähnt, von M ordnungsgemäß vorgelegt werden.

Lösung:

Das steuerliche Einkommen des M ergibt sich gem. § 2 Abs. 4 EStG aus dem um die SA und die agB verminderten Gesamtbetrag der Einkünfte. Neben dem Abzug der SA i.S.v. § 10 EStG kommt der Abzug von Ausgaben zur Förderung steuerbegünstigter Zwecke i.S.v. § 10b EStG in Betracht.

Die Inanspruchnahme des besonderen Abzugsbetrages nach § 10b Abs. 1a EStG für die Zuwendung an die wissenschaftlich tätige Stiftung ist nicht möglich. Die Zahlung gilt zwar nach § 10b Abs. 1a S. 2 EStG als anlässlich der Neugründung der Stiftung erbracht, da sie innerhalb eines Jahres nach Gründung der Stiftung erfolgt ist. Die allgemeine Zuwendung wurde aber nicht in den Vermögensstock der Stiftung geleistet und unterliegt deshalb bei der Stiftung dem Gebot der zeitnahen Verwendung gem. § 55 Abs. 1 Nr. 5 AO. Für die Zuwendung kann daher lediglich der besondere Abzugsbetrag für Stiftungen nach § 10b Abs. 1 S. 3 EStG i.H.v. 20.450 € beansprucht werden.

Daneben kann der Vorwegabzug i.H.v. 5 % des Gesamtbetrages der Einkünfte, das sind 7.500 €, für bestimmte Aufwendungen zur Förderung steuerbegünstigter Zwecke nach § 10b Abs. 1 S. 2 EStG geltend gemacht werden. Hier kann M zunächst den Restbetrag aus der Zuwendung an die Stiftung i.H.v. 550 € verwenden. I.H.d. verbleibenden Betrages von 6.950 € erfüllt lediglich die Zuwendung an den Verein zur Förderung als besonders förderungswürdig anerkannter kultureller Zwecke die qualifizierten Anforderungen für den Vorwegabzug nach § 10b Abs. 1 S. 2 EStG.

Dem M verbleibt der Grundbetrag i.H.v. weiteren 5 v.H. des Gesamtbetrages der Einkünfte gem. § 10b Abs. 1 S. 1 EStG zum SA-Abzug. Der Alternativbetrag von 2 v.T. der Summe der gesamten Umsätze und der Löhne und Gehälter spielt, da M in seinem Einzelunternehmen lediglich eine geringfügig Beschäftigte Mitarbeiterin angestellt hat und 50.000 € Umsatz macht, mit 107,80 € keine Rolle. Eine kritische Betrachtung ergibt jedoch, dass ein wesentlicher Teil der Zuwendungen nicht abzugsfähig ist.

Die Spende an die katholische Kirche i.H.v. 2.500 € kann nicht in Ansatz gebracht werden, weil mit der Zuwendungsbestätigung nach amtlichem Vordruck gem. § 50 Abs. 1 EStDV eine echte materielle Abzugs-Voraussetzung fehlt. Ein anderer Nachweis für die Zuwendung und deren tatsächliche Verwendung reicht generell nicht aus. Der vereinfachte Nachweis nach § 50 Abs. 2 EStDV ist vorliegend nicht möglich, da die Voraussetzungen dafür nicht gegeben sind. Die Überweisung vom 3.000 € an die katholische Gemeinde in Südamerika kann ebenfalls nicht berücksichtigt werden. Es kann dahinstehen, ob die katholische Kirche dort wie in Deutschland den Status einer Körperschaft des öffentlichen Rechts hat oder aber eine privatrechtliche Körperschaft ist. Gemäß § 49 EStDV sind nur **inländische** Körperschaften des öffentlichen Rechts oder die nach § 5 Abs. 1 Nr. 9 KStG steuerbefreiten juristischen Personen des privaten Rechts geeignete Zuwendungsempfänger. Eine inländische Körperschaft des öffentlichen Rechts ist die ausländische Kirchengemeinde nicht. Sie kann aber auch nicht nach § 5 Abs. 1 Nr. 9 KStG steuerbefreit sein, da diese Befreiung für beschränkt Körperschaftsteuerpflichtige gem. § 5 Abs. 2 Nr. 2 KStG nicht gilt.

Die Spende an den Sportverein S für die Ausrichtung des Turniers ist keine freigiebige Ausgabe, sondern Betriebsausgabe im Einzelunternehmen des M, da der Verein nicht lediglich auf den Spender als Sponsor hinweist, sondern mit der Anzeige eine echte werbliche Gegenleistung erbringt[338]. Im Übrigen verfolgen der Sportverein und auch der Tierschutzverein als besonders förderungswürdig eingestufte gemeinnützige Zwecke. Die Förderung des Sports ist allerdings eingeordnet in Abschnitt B der Anlage zu § 48 EStDV. Daher ist der an den Sportverein entrichtete Mitgliedsbeitrag gem. § 48 Abs. 4 Nr. 2 EStDV nicht abziehbar. Allgemein ist zu beachten, dass Mitgliedsbeiträge gem. § 48 Abs. 4 S. 2 EStDV bereits dann nicht abgezogen werden dürfen, wenn die Körperschaft neben den in Abschnitt A genannten Zwecken auch solche aus Abschnitt B fördert.

Die Spende an den Heimatverein ist grundsätzlich nach § 48 Abs. 4 Nr. 1 i.V.m. Anlage 1 Abschnitt B Nr. 3 EStDV abziehbar. Voraussetzung für den Spendenabzug ist neben der Zuwendungsbestätigung nach amtlichem Vordruck aber, dass die Zuwendung auch tatsächlich für steuerbegünstigte Zwecke verwendet wird. Dies ist bei dem von M bedachten Heimatverein aktuell nicht der Fall. Auf einen Vertrauensschutz nach § 10b Abs. 4 S. 1 EStG kann M sich nicht berufen, da er inzwischen von der Fehlverwendung Kenntnis hat. Nach h.M. kommt es für die Gutgläubigkeit nicht auf den Zeitpunkt an, in dem die Zuwendungsbestätigung ausgestellt wird, sondern in dem die ESt-Erklärung abgegeben wird.

Abziehbar nach § 10b Abs. 1 S. 1 EStG bleibt die ordnungsgemäß bescheinigte Zuwendung i.H.v. 1.500 € an die katholische Kirche in Deutschland. Da die katholische Kirche Körperschaft des öffentlichen Rechts ist, verfolgt sie kirchliche und nicht religiöse Zwecke i.S.v. § 52 Abs. 2 Nr. 1 AO. Abziehbar ist ebenfalls die Spende von 600 € an den Tierschutzverein gem. § 10b Abs. 1 EStG i.V.m. § 48 Abs. 4 Nr. 1 und Anlage 1 Abschnitt A Nr. 11 EStDV.

Es verbleiben 5.400 €, die durch die bisher nicht verbrauchte Zahlung an den Verein, der als besonders förderungswürdig anerkannte kulturelle Zwecke verfolgt, abgedeckt werden. Diese Spende kann damit i.H.v. 12.650 € (= 25.000 € ./. 6.950 € ./. 5.400 €) endgültig nicht verwertet werden. Hier zeigt sich, dass M an der falschen Stelle gespart hat. Hätte er diese Spende auf 25.565 € aufgestockt[339], bestünde die Möglichkeit, den übersteigenden Betrag gem. § 10b Abs. 1 S. 4 EStG zurück- und vorzutragen.

Das steuerliche Einkommen des M beträgt also:

Gesamtbetrag der Einkünfte:	150.000 €
./. SA i.S.v. § 10 EStG	3.000 €
./. Abzug nach § 10b Abs. 1 S. 3 EStG	20.450 €
./. Abzug nach § 10b Abs. 1 S. 2 EStG	7.500 €
./. Abzug nach § 10b Abs. 1 S. 1 EStG	7.500 €
./. agB	0 €
= Einkommen	**111.550 €**

---

[338] Buchung also dort per Aufwand an Einlage.
[339] Dies kann gemäß R 113 Abs. 2 S. 2 EStR auch noch durch weitere Zuwendungen im selben VZ geschehen, wenn die Zuwendungen auf einer einheitlichen Entscheidung des Stpfl. beruhen.

1.3.10 Sonderausgaben-Pauschbetrag nach § 10c Abs. 1 EStG

Für die SA nach §§ 10 und 10b EStG – mit Ausnahme der Vorsorgeaufwendungen nach § 10 Abs. 1 Nr. 2 EStG, die einen gesonderten Pauschbetrag nach § 10c Abs. 2 bis 4 EStG haben – kann der Stpfl. einen Pauschbetrag nach § 10c Abs. 1 EStG i.H.v. 36 € in Anspruch nehmen, wenn er keine höheren Aufwendungen nachweisen kann. Bei zusammenveranlagten Ehegatten verdoppelt sich der Betrag[340].

2 Außergewöhnliche Belastungen

2.1 Grundtatbestand

2.1.1 Struktur und allgemeine Fragen

Der Grundtatbestand der außergewöhnliche Belastungen (agB) ist im IV. Abschnitt des EStG bei den Tarifvorschriften unter § 33 EStG gesetzlich geregelt. Da die agB gem. § 2 Abs. 4 EStG bei dem Gesamtbetrag der Einkünfte abgezogen werden und damit bereits die BMG vermindern, dürfte die Einordnung bei den Tarifvorschriften verfehlt und allenfalls mit der historischen Entwicklung der Vorschrift zu erklären sein[341].

§ 33 EStG enthält eine Legaldefinition der agB. Der Wert dieser Legaldefinition wird allerdings zu Recht in Frage gestellt[342]. Weitgehende Einigkeit besteht noch insoweit, dass es sich bei den agB der Sache nach um Kosten der Lebensführung handelt, die aufgrund der in § 12 EStG gemachten Ausnahme abgezogen werden können. Während die SA gesetzlich typisierte Fälle von Kosten der privaten Lebensführung erfassen, kommt den agB die Aufgabe zu, in den atypischen Fällen eine „angemessene" Besteuerung herbeizuführen[343].

Die Legaldefinition der agB täuscht auf den ersten Blick eine echte Randschärfe des Tatbestandes vor. Spätestens bei der Anwendung der Norm auf einen konkreten Sachverhalt (Subsumtion) kann sich dieser Eindruck nicht bestätigen. Deshalb kommt der Auslegung der Vorschrift bei der Bestimmung der agB eine besondere Bedeutung zu. Gelingt dies nicht, ist eine gleichmäßige Festsetzung der Einkommensteuer entsprechend § 85 S. 1 AO in Frage gestellt, da eine Subsumtion unter dem Tatbestand nicht mehr ohne Willkür möglich wäre.

Hier richtet sich Kritik im Schrifttum gegen den BFH. Die höchstrichterliche Rechtsprechung begreife die Regelungen in § 33 EStG als eine mit den Billigkeitsvorschriften wesensverwandte Regelung, die dazu dienen soll, unzulässige Härten bei der Besteuerung

---

[340] *Schmidt/Heinicke*, EStG § 10c Rz. 3.
[341] Vgl. *Kanzler in H/H/R*, § 33 EStG Anm. 8 und *Drenseck in Schmidt*, EStG § 33 Rz 1.
[342] Vgl. *Drenseck in Schmidt*, EStG § 33 Rz. 14 („verunglückt"); *Arndt in Kirchhof/Söhn/Mellinghoff*, EStG § 33 Rz. B 41.
[343] *Kanzler in H/H/R*, EStG § 33 Anm. 7; BFH vom 29.08.1996 (BStBl II 1997, 199, 201).

zu vermeiden[344]. Dies bringe aber ein Fallrecht hervor, das sich einer systematischen Kommentierung entziehe[345].

Besser begründete, wenn wohl in der Mehrzahl der Fälle nicht abweichende Ergebnisse erzielt die Lehre, die zur tatbestandlichen Konkretisierung der agB an die schon bekannte Unterscheidung zwischen disponibler und indisponibler Einkommensverwendung anknüpft[346]. Sie vermag der Vorschrift eine Auslegung zu geben, die sich in nachvollziehbarer Weise in die steuerliche Gesamtsystematik einfügt. Ihre Vertreter gehen davon aus, dass die außergewöhnliche Belastung i.S.d. § 33 Abs. 1 EStG vor allem zwei Voraussetzungen hat, nämlichen die **Indisponibilität** des Aufwandes und seine **Atypik**[347]. Aufgrund der ersten Voraussetzung werden die verfassungsrechtlichen Anforderungen an die Steuergesetzgebung gewahrt und die für indisponible Aufwendungen erforderlichen Mittel steuerfrei gestellt. Gleichzeitig wird gewährleistet, dass die private Vermögensverwendung entsprechend § 12 EStG grundsätzlich steuerlich unbeachtlich bleibt. Mit der Voraussetzung der Atypik wird lediglich die Abgrenzung zu den typischen nicht disponiblen Aufwendungen hergestellt. Sie sind durch den Abzug als Sonderausgabe oder im Grundfreibetrag des ESt-Tarifs bereits berücksichtigt und können daher nicht außergewöhnliche Belastung sein.

Mit der Indisponibilität und der Atypik der von § 33 EStG erfassten Ausgaben sind die Grundlagen für die Anwendung der Vorschrift geschaffen. In einem nächsten Schritt muss es darum gehen, die Begriffe für die konkrete Rechtsanwendung näher zu bestimmen. Dabei sollte der Wortlaut der Vorschriften Ausgangspunkt für die Rechtanwendung sein, auch wenn sich dabei ergeben wird, dass einzelne Tatbestandsmerkmale überflüssig oder missverständlich sind.

2.1.2 Zwangsläufigkeit der Ausgaben

Der Gesetzgeber gibt mit dem legal definierten Begriff der Zwangsläufigkeit zumindest eine Hilfestellung. Es soll darauf ankommen, dass sich der Steuerpflichtige den Aufwendungen nicht entziehen kann. Dies ist nach Auffassung der Rechtssprechung dann der Fall, wenn die Gründe von Außen auf die Entschließung des Stpfl. so einwirken, dass er ihnen nicht ausweichen kann (BFH vom 26.04.1991, BStBl II 1991, 755). Dabei soll es nach überwiegender Ansicht nicht darauf ankommen, ob sich der Steuerpflichtige den konkreten Aufwendungen entziehen konnte. Entscheidend sei vielmehr, ob der Steuerpflichtige dem die Aufwendungen verursachenden Ereignis hätte ausweichen können[348].

Die Frage lässt sich nicht mit einer reinen Ursachenforschung im Sinne einer **Kausalitätsbetrachtung** beantworten. Sie vermag nicht zu klären, welche Ursache innerhalb der Kausalitätskette der letztendlich entscheidende Auslöser sein soll. Die Kausalitätsfrage ist ohne eine wertende Betrachtung nicht zu lösen.

---

[344] Vgl. *Drenseck* in *Schmidt*, EStG § 33 Rz. 1 m.w.N.
[345] *Kanzler* in *H/H/R*, EStG § 33 Anm. 3.
[346] Vgl. vor allem *Arndt*, in *Kirchhof/Söhn/Mellinghoff*, EStG § 33 Rz. A1 ff.
[347] Vgl. *Arndt* in *Kirchhof/Söhn/Mellinghoff*, EStG § 33 Rz. B 47; ähnlich aber auch BFH vom 29.08.1996 (BStBl II 1997, 199, 201).
[348] Vgl. *Drenseck in Schmidt*, EStG § 33 Rz. 17.

Beispiel 14: Ungesunde Lebensweise
Dem Stpfl. erwachsen Krankheitskosten. Zur Entstehung der Krankheit hat seine ungesunde Lebensweise wesentlich beigetragen.

Stellt man lediglich auf den konkreten Auslöser der Krankheitskosten ab, nämlich auf die Krankheit selbst, wird man die Zwangsläufigkeit schwerlich verneinen können. Bezieht man die krankheitsauslösenden Faktoren in die Betrachtung mit ein, so entstehen Zweifel, ob die Zwangsläufigkeit noch bejaht werden kann.

Lösung:
Die Rspr. nimmt bei Krankheitskosten immer an, dass die Kosten zwangsläufig sind, da auf die Wiederherstellung der Gesundheit nicht verzichtet werden könne[349].

In der Mehrzahl der Fälle wird dies richtig sein, da zumeist nicht sicher feststellbar ist, dass die Krankheit auf einer Kausalkette beruht, die vorwerfbar in Gang gesetzt wurde. Dies sollte aber auf der anderen Seite nicht dazu führen, dass auch solche Krankheitskosten als außergewöhnliche Belastung anerkannt werden, die vorsätzlich oder grob fahrlässig herbeigeführt worden sind[350].

Dass allein die theoretische Möglichkeit, Aufwendungen zu vermeiden, die Zwangsläufigkeit und die Entstehung außergewöhnlicher Belastungen nicht generell ausschließt, zeigen auch die Fälle von leichter Fahrlässigkeit.

Beispiel 15: Leichteste Fahrlässigkeit
Der Steuerpflichtige beschädigt aufgrund eines so genannten „Bedienungsfehlers" den von einem Dritten geliehenen PKW und muss daher Schadensersatz leisten. Er begehrt die Anerkennung der Zahlung als außergewöhnliche Belastung.

Der BFH hat bereits vor längerer Zeit entschieden, dass nicht jeder Grad von Verschulden die Zwangsläufigkeit i.S.v. § 33 EStG ausschließen könne (vgl. BFH vom 03.06.1982, BStBl II 1982, 749). Die moderne Industriegesellschaft bediene sich in immer stärkerem Maße komplizierter und damit gefährlicher Techniken. Menschliches Versagen könne hier Schadensfolgen auslösen, die in keinem Verhältnis zum teilweise sehr geringen Maß des Versagens bestünden. Dies müsse auch bei der Auslegung der Zwangsläufigkeit berücksichtigt werden.

Lösung:
Der Bedienungsfehler beruhte auf einfacher Fahrlässigkeit im Sinne eines auch bei gewissenhaften Menschen vorkommenden, nicht ins Gewicht fallenden

---

[349] Vgl. *Drenseck* in *Schmidt*, EStG § 33 Rz. 19; da allerdings Aufwendungen, die durch Diätverpflegung entstehen, gemäß § 33 Abs. 2 S. 3 EStG generell vom Abzug als Sonderausgabe ausgeschlossen sind, kommt deren Abzug nach Auffassung des BFH vom 27.09.1991 (BStBl. II 1992, 110) auch dann nicht in Betracht, wenn sie krankheitsbedingt sind.
[350] Vgl. *Arndt* in *Kirchhof/Söhn/Mellinghoff*, EStG § 33 Rz. C19 f.

Außerachtlassens der im Verkehr erforderlichen Sorgfalt. Der Steuerpflichtige ist trotz seines Bemühens um verkehrsgerechtes Verhalten letztlich nur an einer ihn überfordernden Situation gescheitert. Er handelte nicht vorsätzlich und auch nicht grob fahrlässig, d. h. nicht in einer die im Verkehr erforderliche Sorgfalt im besonders schweren Maße verletzenden Art und Weise. Obwohl er im zivilrechtlichen Sinne schuldhaft gehandelt hat, da der Fehler vermeidbar war, ist nicht von vornherein ausgeschlossen, dass ihm außergewöhnliche Belastungen entstanden sind.

Umstritten ist ebenso, ob Ausgaben nicht mehr zwangsläufig sind, wenn der Steuerpflichtige die Möglichkeit gehabt hätte, die Aufwendungen durch eine übliche **Versicherung** auf ein Versicherungsunternehmen **abzuwälzen**. Im Schrifttum wird überwiegend davon ausgegangen, dass der Verzicht auf den Abschluss einer Versicherung die Zwangsläufigkeit der Ausgaben nicht ausschließen könne, da dies auf eine Zwangsversicherung per Steuerrecht hinausliefe[351]. Demgegenüber hat der BFH in einer Entscheidung aus dem Jahre 1994 die Auffassung vertreten, Aufwendungen für die Beseitigung von Schäden an Vermögensgegenständen seien nicht zwangsläufig, wenn allgemein zugängliche und übliche Versicherungsmöglichkeiten nicht wahrgenommen worden seien, da es in diesen Fällen nicht gerechtfertigt sei, den Schaden auf die Allgemeinheit abzuwälzen (BFH vom 06.05.1994, BStBl II 1995, 104). Dem hat sich die Finanzverwaltung angeschlossen (H 189 EStH „Versicherung").

Die Gründe für die Ausgaben müssen nach der im Gesetz selbst vorgenommenen Definition für die Zwangsläufigkeit (sog. Legaldefinition) **rechtlicher, tatsächlicher oder sittlicher Art** sein.

Der Umfang der **rechtlichen Gründe** muss im Hinblick auf die Funktion der agB enger gefasst werden, als dies der Wortlaut eigentlich zulässt (teleologische Reduktion). Sie können nicht unter § 33 Abs. 2 EStG fallen, wenn der Steuerpflichtige ihre Ursache selbst gesetzt hat, insb. durch den Abschluss entsprechender Verträge, aus denen die Verpflichtung resultiert (H 189 EStH „Rechtliche Pflicht"). **Tatsächliche Gründe** sind unabwendbare Ereignisse, insb. Unfälle und Krankheiten. **Sittliche Gründe** sind entsprechend dem Normzweck eng auszulegen und können nur vorliegen, wenn die sittliche Pflicht derart unabdingbar auftritt, dass sie ähnlich einer Rechtspflicht von außen her als eine Forderung oder zumindest Erwartung der Gesellschaft so auf den Stpfl. einwirkt, dass ihre Erfüllung als eine selbstverständliche Handlung erwartet und ihre Missachtung als moralisch anstößig empfunden wird und Sanktionen im sittlichen Bereich oder auf gesellschaftlicher Ebene haben kann (vgl. H 189 EStH „Sittliche Pflicht").

Das Gesetz knüpft die Zwangsläufigkeit i.S.d. § 33 Abs. 1 EStG zusätzlich daran, dass die Aufwendungen zum einen den Umständen nach **notwendig** sind und zum anderen einen **angemessenen Betrag** nicht übersteigen. Diese Merkmale können im Ergebnis nur deklaratorische Bedeutung haben, da für nicht notwendige oder unangemessene Aufwendungen schon keine rechtlichen, tatsächlichen oder sittlichen Pflichten bestehen kön-

---

[351] Vgl. *Drenseck* in *Schmidt*, EStG § 33 Rz. 21; es geht allerdings nicht darum, ob eine Versicherung abgeschlossen werden muss, sondern um die Frage, ob der freiwillige Verzicht auf die Versicherung es auf der anderen Seite rechtfertigt, nicht gedeckte Ausgaben steuerlich zu berücksichtigen.

nen[352]. Bei der Prüfung von Aufwendungen auf eine außergewöhnliche Belastung dürfte ihnen daher keine eigenständige Bedeutung zukommen. Wer diese Tatbestandsmerkmale nicht als überflüssig behandeln will, was bei Teilen einer Legaldefinition zugegebenermaßen auch etwas Mut erfordert, wird zusätzlich prüfen, ob zum einen hinsichtlich der Erforderlichkeit der bezweckte Erfolg nicht auch mit geringeren Aufwendungen zu erreichen gewesen wäre und ob zum anderen hinsichtlich der Angemessenheit die Aufwendungen nicht in einem Missverhältnis zum erzielten Ergebnis stehen.

2.1.3 Größere Aufwendungen

Neben der Indisponibilität der Aufwendungen sind die agB durch ihre Atypik gekennzeichnet. In § 33 Abs. 1 EStG ist dieses Tatbestandsmerkmal dadurch ausgedrückt, dass es sich um „größere Aufwendungen als der überwiegenden Mehrzahl der Stpfl. gleicher Einkommensverhältnisse, gleicher Vermögensverhältnisse und gleichen Familienstands" handeln muss. Die Legaldefinition ist missglückt. Ihr zufolge müssten beispielsweise auch Ausgaben für ein, gemessen an den Vermögensverhältnissen des Stpfl., teures Hobby außergewöhnlich sein[353]. Bei richtiger Auslegung ist auch nicht auf die absolute Höhe der Aufwendungen abzustellen, um zu entscheiden, ob es sich um „größere" Aufwendungen handelt. Es kommt darauf an, ob die überwiegende Mehrzahl der Stpfl. derartige Ausgaben nicht zu tätigen braucht[354]. Die am Wortlaut orientierte Auslegung der Vorschrift führt damit nicht wesentlich weiter. In der Kommentierung wird davon ausgegangen, dass sich die Rspr. und die Lit. ohnehin weniger mit der verunglückten Legaldefinition als vielmehr direkt mit dem unbestimmten Rechtsbegriff der Außergewöhnlichkeit selbst befassen[355]. Dies sollte dann aber auch dem „Klausurlöser" erlaubt sein. Es kommt demnach allein darauf an, ob Sonderaufwendungen vorliegen, die der überwiegenden Mehrzahl der Stpfl. nicht entstehen[356].

Beispiel 16: Fahrerlaubnis
Der gehbehinderte Stpfl. ist auf die Benutzung eines PKW angewiesen. Er begehrt die Berücksichtigung der Kosten für die Erlangung der Fahrerlaubnis als außergewöhnliche Belastung.

Der Abzug außergewöhnlicher Belastungen soll bei richtigem Verständnis der Vorschrift sicherstellen, dass indisponible Einkünfte nicht der Besteuerung unterworfen werden. Soweit diese Funktion von den SA wahrgenommen wird, kann es sich begrifflich schon nicht um außergewöhnliche Belastungen handeln. Da die SA tatbestandlich recht

---
[352] *Arndt* in *Kirchhof/Söhn/Mellinghoff*, EStG, § 33, Rz. C 32.
[353] *Arndt* in *Kirchhof/Söhn/Mellinghoff*, EStG, § 33 Rz. B 40.
[354] *Arndt* in *Kirchhof/Söhn/Mellinghoff*, EStG, § 33 Rz. B 40.
[355] *Arndt* in *Kirchhof/Söhn/Mellinghoff*, EStG, § 33 Rz. B 41. Die Finanzverwaltung scheint dem zu folgen. Sie stellt in R 186 S. 1 EStR auf die Außergewöhnlichkeit der Aufwendungen ab und erläutert den Begriff in H 186 – 189 EStH dahingehend, dass Aufwendungen außergewöhnlich sind, wenn sie der Höhe, der Art und dem Grunde nach außerhalb des üblichen liegen und nur einer Minderheit entstehen; typische Aufwendungen der Lebensführung seien ungeachtet ihrer Höhe ausgeschlossen.
[356] Vgl. *Drenseck* in *Schmidt*, EStG § 33 Rz. 14.

genau präzisiert sind, lässt sich hier zumindest negativ bestimmen, bei welchen Aufwendungen es sich nicht um außergewöhnliche Belastungen handelt.

Schwieriger wird die Bestimmung, wenn es darum geht, welche Aufwendungen durch die tariflichen Freibeträge, insb. durch den Grundfreibetrag abgedeckt sind. Vereinfacht lässt sich sagen, dass die **üblichen Aufwendungen der Lebensführung** aus dem Anwendungsbereich des § 33 EStG ausgeschlossen sein müssen[357].

Umstritten ist, ob für die Außergewöhnlichkeit der Aufwendungen nur auf die konkreten Aufwendungen selbst abzustellen ist, oder ob auch das **auslösende Ereignis** zu betrachten ist. Teilweise wird die Auffassung vertreten, mit der Formulierung in § 33 Abs. 1 EStG sollte der Aufwand vom auslösenden Ereignis abstrahiert werden[358]. Die überwiegende Ansicht betrachtet wohl richtigerweise auch das auslösende Ereignis[359]. Aus dem Wortlaut, der die Grenzen der Auslegung festlegt, ergibt sich offensichtlich keine Isolierung der Aufwendungen von den sie auslösenden Ursachen. Die den Sinn und Zweck der Norm betrachtende (sog. teleologische) Auslegung der Vorschrift erlaubt es, die Ursachen mit in die Prüfung der Atypik einzubeziehen. Häufig wird sich die Streitfrage nicht auswirken, da atypische Lebenssachverhalte überwiegend auch zu atypischen Aufwendungen führen werden. Zwingend ist diese Korrespondenz zwischen Lebenssachverhalt und Aufwendung aber nicht. Daher wird man auch bei Aufwendungen, die für sich genommen nicht das Merkmal der Außergewöhnlichkeit tragen, prüfen müssen, ob sie aufgrund atypischer Ursachen außergewöhnlich i.S.v. § 33 EStG sind.

> **Lösung:**
> Bei Personen, die aufgrund einer körperlichen Behinderung auf die Benutzung eines Kfz angewiesen sind, ist die Zwangsläufigkeit der Aufwendungen aufgrund tatsächlicher Gründe zu bejahen, da sich die Person den Kfz-Kosten praktisch nicht entziehen kann. Es fehlt aber hinsichtlich eines Betrages, der üblicherweise für den Erwerb der Fahrerlaubnis aufgewendet wird, an dem Erfordernis, dass der Steuerpflichtige „größere Aufwendungen" als die überwiegende Mehrzahl der Stpfl. tragen muss. Kosten für den Erwerb der Fahrerlaubnis stellen heute typische Ausgaben dar. Atypisch sind nur diejenigen Kosten, die u.U. aufgrund der Körperbehinderung zusätzlich entstehen[360].

Dass bei der Beurteilung der Lebenssachverhalte auf ihren atypischen Charakter eine gewisse Pauschalisierung nicht vermeidbar ist, zeigt das nachfolgende Bsp.

> **Beispiel 17: „Über XXL hinaus"**
> Der Stpfl. hat aufgrund seiner ungewöhnlichen Körpergröße nicht die Möglichkeit, sich mit Konfektionsware einzukleiden. Er möchte die Mehrkosten, die ihm durch die Anfertigung von Maßkleidung entstehen, als außergewöhnliche Belastung vom Gesamtbetrag der Einkünfte abziehen.

---

[357] Vgl. *Drenseck* in *Schmidt*, EStG § 33 Rz. 14.
[358] Diese Auffassung vertritt *Kanzler* in *H/H/R*, EStG § 33 Anm. 31.
[359] Vgl. *Drenseck* in *Schmidt*, EStG § 33 Rz. 15.
[360] Vgl. *Drenseck* in *Schmidt*, EStG § 33 Rz. 15; entgegen BFH vom 26.03.1993 (BStBl II 1993, 749).

Lösung:
Die Bekleidungskosten gehören i.H.d. üblichen Bedarfs zu den indisponiblen (zwangsläufigen) Aufwendungen. Fraglich ist, ob der Mehrbedarf des Stpfl. atypisch und damit außergewöhnlich i.S.v. § 33 EStG ist. Entscheidend ist, ob der Mehraufwand, der dem Stpfl. zweifellos entsteht, in der Sache nach durch den Grundfreibetrag und die damit bezweckte Freistellung des Existenzminimums erfasst ist. Nicht entscheidend ist, ob der dafür vom Gesetzgeber vorgesehene Betrag der Höhe nach ausreichend ist[361]. Allein die Tatsache, dass die überwiegende Anzahl der Stpfl. auf Konfektionsgrößen zurückgreifen kann und deshalb auf maßgefertigte Kleidung nicht angewiesen ist, führt noch nicht automatisch dazu, dass atypischer Aufwand gegeben ist. Der Gesetzgeber kommt nicht umhin, für bestimmte Bereiche typisierende Vorschriften zu schaffen. Der tarifliche Grundfreibetrag zur Sicherung des Existenzminimums kann nicht in jedem Fall auf die Bedürfnisses des in jeder Hinsicht durchschnittlichen Normalbürgers reduziert werden. Der BFH hat es deshalb grundsätzlich bei Kosten der Bekleidung und Ernährung abgelehnt, einen Normalbedarf zu ermitteln und darüber hinausgehende Aufwendungen als außergewöhnliche Belastungen anzuerkennen[362]. Daher können die zusätzlichen Bekleidungskosten nicht als außergewöhnliche Belastung anerkannt werden.

2.1.3.1 Ausgaben

Außergewöhnliche Belastungen müssen **Aufwendungen** i.S.d. § 33 Abs. 1 EStG sein. Außerdem ist in zeitlicher Hinsicht zu klären, in welchem VZ die Aufwendungen geltend gemacht werden können.

Als Aufwendungen i.S.v. § 33 EStG werden nur **Ausgaben**, d.h. bewusste und gewollte Vermögensverwendungen angesehen[363]. Damit können **ungewollte Vermögensverluste** und **entgangene Einnahmen** von vornherein nicht zu den agB zählen. Dagegen soll es für eine außergewöhnliche Belastung nicht darauf ankommen, dass die Ausgaben aus dem Einkommen des betroffenen VZ bestritten werden müssen. Verfügt der Stpfl. über weiteres Vermögen, aus dem er die Ausgaben bereits leisten kann, hindert dies nicht die Entstehung einer agB.

Für die zeitliche Erfassung gilt § 11 Abs. 2 EStG (BFH vom 30.07.1982, BStBl 1982, 744). Dieser Grundsatz erhält Korrekturen durch das § 33 EStG immanente **Belastungsprinzip**[364]. Daher mindern Ersatzleistungen, die in einem anderen VZ als dem der Verausgabung zufließen, unmittelbar schon die agB. Eine Saldierung dieser späteren Ersatzleistungen mit anderen agB im Jahr ihres Zuflusses, wie sie aus Gründen der Praktikabilität bei den SA vorgenommen wird, hat Befürworter im Schrifttum[365], wird aber von der

---
[361] *Drenseck* in *Schmidt*, EStG § 33, Rz. 14.
[362] BFH vom 21.06.1963 (BStBl III 1963, 381); zu beachten ist aber, dass diese Rspr. nicht auf krankheitsbedingte Mehrkosten für Bekleidung übertragbar ist.
[363] Vgl. R 186 S. 3 EStR und *Drenseck* in *Schmidt*, EStG § 33 Rz. 6.
[364] Vgl. *Drenseck* in *Schmidt*, EStG § 33 Rz. 5.
[365] *Kanzler* in *H/H/R*, § 33 EStG Anm. 44 m.w.N.

Finanz-Rspr. offenbar nicht durchgeführt[366]. Ist die Höhe der zu erwartenden Ersatzleistungen noch ungewiss, ist für die Veranlagung deren Schätzung zulässig[367]. Sofern die Veranlagung dann nicht nach § 164 AO oder nach § 165 AO vorgenommen wird, soll eine spätere Korrektur aufgrund eines rückwirkenden Ereignisses nach § 175 Abs. 1 S. 1 Nr. 2 AO möglich sein[368]. Einen Grenzfall bilden Ausgaben, die durch Darlehen finanziert werden. Hier könnte man die Auffassung vertreten, dass die Belastung effektiv erst durch die Leistung von Zins- und Tilgung eintritt. Die Rspr. geht aber davon aus, dass die Belastung bereits zum Zeitpunkt der Verausgabung eintritt (vgl. H 186 – 189 EStH „Darlehen", „Ersatz von dritter Seite", „Verausgabung").

Bei Ehegatten sind außergewöhnliche Belastung einheitlich zu betrachten (Einheitsgedanke), so dass es nicht darauf ankommt, welcher Ehegatte die Ausgaben getragen hat[369].

2.1.3.2 Gegenwerttheorie

Ausgaben des Stpfl., für die er einen Gegenwert oder einen nicht nur vorübergehenden Vorteil erhält, können nicht zu agB führen. Dies entspricht heute der herrschenden Meinung und der ständigen Rspr. des BFH. Ein Gegenwert oder ein nicht nur vorübergehender Vorteil wird erlangt, wenn Teile des Einkommens für die Anschaffung von Gegenständen verwendet werden, die von bleibendem oder doch mindestens länger andauerndem Wert und Nutzen sind und zumindest eine gewisse Marktgängigkeit besitzen[370]. Die Gegenwerttheorie war nicht immer unumstritten und führte in den 60er-Jahren immerhin zu einer Entscheidung des BVerfG.

> **Beispiel 18: Aussteuer**
> Die Stpfl., die beide berufstätig waren, hatten im Jahre 1960 geheiratet. Da sie von ihren Eltern keine Aussteuer oder Ausstattung erhielten, verwendeten sie im Jahre 1961 einen erheblichen Teil ihres Einkommens zur Anschaffung von Einrichtungsgegenständen. Die Aufwendungen machten sie als außergewöhnliche Belastung i.S.v. § 33 EStG geltend. Das FA lehnte die Berücksichtigung ab. Der BFH hob eine zunächst anders lautende Entscheidung des Finanzgerichtes unter Hinweis auf die Gegenwerttheorie auf. Gegen das Urteil des Bundesfinanzhofes legten die Stpfl. Verfassungsbeschwerde ein, die sie unter anderem mit einer Verletzung des Rechtsstaatsprinzips begründeten. Der BFH schaffe mit dem Tatbestandsmerkmal „Gegenwert", das in § 33 EStG nicht enthalten sei, einen neuen Steuertatbestand.

Die undifferenzierte Anwendung der Gegenwerttheorie kann zu unbilligen Ergebnissen führen, wenn Ersatzbeschaffungen für verlorene oder beschädigte Gegenstände erforderlich werden. Der Verlust oder die Beschädigung stellt noch keine Aufwendung im

---

[366] *Trzaskalik* in *Kirchhof/Söhn/Mellinghoff*, EStG § 11 Rz. C 41.
[367] *Arndt* in *Kirchhof/Söhn/Mellinghoff*, EStG § 33 Rz. B 23.
[368] *Drenseck* in *Schmidt*, EStG § 33 Rz. 13.
[369] *Drenseck* in *Schmidt*, EStG § 33 Rz. 2; *Arndt* in *Kirchhof/Söhn/Mellinghoff*, EStG § 33 Rz. B 5.
[370] Vgl. *Drenseck* in *Schmidt*, EStG § 33 Rz. 10.

Sinne einer gewussten und gewollten Vermögensverwendung dar und kann deshalb nicht außergewöhnliche Belastung sein. Die Ausgaben für die Wiederbeschaffung könnten dagegen bei einer unkritischen Anwendung der Gegenwerttheorie nicht zu agB führen, da der Stpfl. für die Ausgabe einen Gegenwert erhält.

Derart unbillige Ergebnisse sind schon seit längerem durch eine Einschränkung der Gegenwerttheorie bei „verlorenem Aufwand" vermieden worden. Sie unterscheiden sich von den Anwendungsfällen der Gegenwerttheorie dadurch, dass keine reine Vermögensumschichtung vorliegt.

Auf der anderen Seite muss klar sein, dass die Einschränkung der Gegenwerttheorie bei verlorenem Aufwand nicht in jedem Fall die Annahme außergewöhnlicher Belastungen begründen kann. Entsprechend den allgemeinen Merkmalen einer agB i.S.v. § 33 EStG müssen auch die verlorenen Aufwendungen zum einen indisponibel sein und zum anderen atypischen Charakter haben. Aufwendungen zur Wiederbeschaffung oder Schadensbeseitigung können daher nur bei existenziell notwendigen Gegenständen zur agB führen. Außerdem müssen der Verlust oder die Beschädigung durch ein unabwendbares Ereignis verursacht sein und es darf den Stpfl. kein Verschulden am Schadenseintritt treffen. Die Einkommensteuerrichtlinien fassen die Voraussetzungen für die Berücksichtigung der Aufwendungen zur Wiederbeschaffung oder Schadensbeseitigung unter R 187 EStR zusammen.

Lösung:
Die Verfassungsbeschwerde der Stpfl. wäre begründet gewesen, wenn sie einer Besteuerung unterworfen gewesen wären, die nicht auf ein formell und materiell verfassungsgemäßes Gesetz zurückgeführt werden könnte. Konkret ging es darum, ob der BFH mit der Anwendung der Gegenwerttheorie noch eine Auslegung des § 33 EStG vornimmt oder eine unzulässige Rechtsfortbildung betreibt. Das BVerfG hat in überzeugender Weise entschieden, dass die Anwendung der Gegenwerttheorie Teil der Auslegung der Norm ist, die legitime Aufgabe des BFH als oberstem Bundesgericht ist (vgl. BVerfG vom 13.12.1966, BStBl III 1967, 106). Es handelt sich um eine nach Sinn und Zweck vorgenommene einschränkende Auslegung des gesetzlichen Tatbestandsmerkmals der Aufwendungen (teleologische Reduktion), durch die sichergestellt wird, dass nur endgültige Belastungen von der Norm erfasst werden[371]. Die Entscheidung des BFH erweist sich aber auch jenseits der verfassungsrechtlichen Fragen als richtig. Mit der Anschaffung von Einrichtungsgegenständen haben die Stpfl. lediglich eine Vermögensumschichtung vorgenommen. Da keine verlorenen Aufwendungen vorliegen, hat das FA die Anerkennung der Aufwendungen als agB zu Recht abgelehnt.

---

[371] Vgl. *Arndt* in *Kirchhof/Söhn/Mellinghoff*, EStG § 33 Rz. B 32.

2.1.4 Zumutbare Belastung

Gemäß § 33 Abs. 1 i.V.m. Abs. 3 EStG können nur die agB abgezogen werden, die eine zumutbare Belastung übersteigen. Die zumutbare Belastung beträgt gestaffelt nach den persönlichen Lebensverhältnissen 1 – 7 % des Gesamtbetrages der Einkünfte.

Versteht man die agB richtig als Teil der indisponiblen Aufwendungen neben den SA und den durch tarifliche Freibeträge freigestellten Aufwendungen, so handelt es sich bei der zumutbaren Belastung um einen echten Fremdkörper. Bei den indisponiblen Aufwendungen kann es eigentlich keine zumutbare Belastung geben. Sie passen allenfalls zum Verständnis der Norm als Billigkeitsregelung. Dieser dogmatische Bruch ist letztendlich unvermeidlich. Die Berücksichtigung einer zumutbaren Belastung ist gesetzlich vorgegeben und nicht in Frage zu stellen, insb. nicht in Klausurlösungen.

2.2 Aufwendungen für Unterhalt und Berufsausbildung i.S.v. § 33a Abs. 1 EStG

2.2.1 Verhältnis zu § 33 EStG

In § 33a Abs. 1 EStG hat der Gesetzgeber abschließende Sonderregelungen für außergewöhnliche Belastungen geschaffen, die dem Stpfl. entweder aus dem **Unterhalt einer anderen Person** oder den Aufwendungen für deren **Berufsausbildung** erwachsen. Bei den Aufwendungen i.S.v. § 33a Abs. 1 EStG kommt die Anwendung des Grundtatbestandes für außergewöhnliche Belastungen in § 33 EStG gem. § 33a Abs. 5 EStG ausdrücklich nicht mehr in Betracht. Da der Abzug nach § 33a Abs. 1 EStG zwar **keine zumutbare Belastung** kennt, der Höhe nach aber mehrfach beschränkt ist, stellt sich die Frage, welche Aufwendungen von § 33a Abs. 1 EStG erfasst werden, und wie weit die abschließende Regelung reicht. Die Antwort ergibt sich aus der Interpretation der Regelung in § 33a Abs. 5 EStG und der Auslegung der Begriffe „Aufwendungen für den Unterhalt und eine etwaige Berufsausbildung".

> **Beispiel 19: Unterstützung ohne Unterhaltspflicht**
> Der Stpfl. unterstützte seine in der Türkei lebende Schwägerin, nachdem sein Bruder überraschend verstorben war. Die Schwägerin war nach dem Vortrag des Stpfl. auf die Unterstützung angewiesen, da sie keine Arbeit finden konnte, keine ihr und den drei Kindern unterhaltsverpflichtete Person existierte und es in der Türkei keine Sozialhilfe gebe.

Eine Berücksichtigung der Unterstützungsleistungen nach § 33a Abs. 1 EStG konnte nur in Betracht kommen, wenn der Stpfl. nach den gem. § 33a Abs. 1 S. 5 EStG allein entscheidenden inländischen Maßstäben durch eine gesetzliche Vorschrift verpflichtet war, seiner Schwägerin Unterhalt zu gewähren. Zwischen Verschwägerten besteht aber nach deutschem Recht keine gesetzliche Unterhaltspflicht[372]. Fraglich ist, ob die Aufwendungen stattdessen nach § 33 EStG als agB abziehbar sind. Gemäß § 33a Abs. 5 EStG kann der Stpfl. in den Fällen der Abs. 1 – 3 wegen der in diesen Vorschriften bezeichneten Aufwendungen eine Steuerermäßigung nach § 33 EStG nicht in Anspruch nehmen.

Lösung:
Stellt man bei der Auslegung von § 33a Abs. 5 EStG allein auf die Aufwendungen ab, so ist der Abzug nach § 33 EStG ausgeschlossen, da die Leistungen an die Schwägerin unstreitig Unterhaltsleistungen i.S.v. § 33a Abs. 1 EStG waren. Betont man dagegen, dass die Inanspruchnahme von § 33 EStG nur in Fällen der Abs. 1 – 3 ausgeschlossen ist, kommt die Anwendung von § 33 EStG in Betracht, da ein Fall von § 33a Abs. 1 EStG mangels gesetzlicher Unterhaltspflicht offenbar nicht vorliegt. Der Ausschluss von § 33 EStG würde damit nur für die Unterhaltsleistungen gelten, auf die § 33a Abs. 1 EStG auch Anwendung findet. Der Gesetzgeber wollte mit der Regelung in § 33a Abs. 1 EStG eine Sondervorschrift für die durch Unterhalt verursachten agB schaffen. Darin wird der Betrag der abziehbaren Aufwendungen auch der Höhe nach begrenzt und deren Zwangsläufigkeit ausschließlich an die gesetzliche Unterhaltspflicht geknüpft. Es würde der Intention des Gesetzgebers widersprechen, bei fehlender gesetzlicher Unterhaltspflicht die Anwendung von § 33 EStG erneut zu eröffnen. Dies spricht für die Anwendung von § 33a Abs. 5 EStG auf alle Unterhaltsleistungen i.S.v. § 33a Abs. 1 EStG. Der Stpfl. kann die Unterhaltsleistungen an seine Schwägerin daher nicht als agB abziehen[373].

Unterhalt i.S.v. § 33a Abs. 1 EStG sind nur die **typische** Unterhaltsaufwendungen. Dazu zählen beispielsweise Ernährung, Kleidung, Wohnung, Krankenversicherung und auch die Kosten für die altersbedingte Unterbringung in einem normalen Altersheim; keine typischen Unterhaltsaufwendungen sind solche infolge von Krankheit, Unfall und für die Anschaffung von Haushaltsgegenständen von nicht unerheblichem Wert[374].

Beispiel 20: Pflegeheim
Die Eltern des Stpfl. mussten in einem Pflegeheim untergebracht werden, nachdem der Vater einen Schlaganfall erlitten hatte und die Mutter schon längere Zeit auf die Benutzung eines Rollstuhls angewiesen war. Die von dem Pflegeheim in Rechnung gestellten Beträge trugen die Eltern zu einem Teil aus ihren eigenen Renteneinkünften. Den Restbetrag bezahlte der Stpfl. Das FA teilte seine Zahlungen in nach § 33 EStG abziehbare Kosten der krankheitsbedingten Pflege und nach § 33a Abs. 1 EStG abziehbare Unterhaltskosten auf.

---
[372] Fraglich ist allerdings, ob sich nicht aus den inländischen Vorschriften des Internationalen Privatrechts oder des Gemeinschaftsrechts ein erweiterter Begriff der gesetzlichen Unterhaltspflicht ergibt, vgl. den Beschluss des BFH vom 08.03.2001 (BStBl II 2001, 407).
[373] Zu diesem Ergebnis kommt das FG Brem im Urteil vom 18.12.1997 (EFG 1999, 70).
[374] Vgl. *Glanegger* in *Schmidt* EStG, § 33a Rz.13 m.w.N.

Nach Anrechnung der eigenen Einkünfte der Eltern verblieb bei den Unterhaltskosten nur noch ein geringer nach § 33a Abs. 1 EStG abziehbarer Betrag.

Aufwendungen für die durch Krankheit oder Pflegebedürftigkeit notwendig gewordene Unterbringung von Angehörigen in einem **Pflegeheim** sind anders als die Kosten für die Unterbringung in einem normalen **Altersheim** nicht Unterhaltsaufwendungen i.S.v. § 33a Abs. 1 EStG, sondern agB i.S.v. § 33 EStG.

Lösung:
Nach Auffassung des BFH gehören bei der durch Krankheit veranlassten Unterbringung in einem Pflegeheim zu den nach § 33 EStG zu berücksichtigenden Mehraufwendungen nicht nur die Kosten für die medizinischen Leistungen, sondern auch die Pflegekosten einschließlich der Kosten der Unterbringung und damit grundsätzlich alle vom Pflegeheim in Rechnung gestellten Beträge. Keine Mehrkosten i.S. einer agB liegen lediglich i.H.d. Haushaltsersparnis (ersparte Verpflegungs- und Unterbringungskosten[375]) vor, wenn der eigene Haushalt anlässlich der Unterbringung im Pflegeheim aufgelöst wird. Da die der Haushaltsersparnis entsprechenden Kosten der Unterbringung von den Eltern des Stpfl. aus eigenen Einkünften selbst bestritten werden, sind die verbleibenden Ausgaben des Stpfl. entgegen der Aufteilung durch das FA in voller Höhe als agB i.S.v. § 33 EStG zu berücksichtigen[376].

Die Aufwendungen müssen außerdem dazu geeignet sein, den Lebensbedarf für eine gewisse Zeit zu decken. Unterhaltsaufwendungen werden deshalb normalerweise **laufend** erbracht. Gelegentliche Zahlungen können unter Umständen Aufwendungen i.S.v. § 33a Abs. 1 EStG sein. Bei ihnen ist aber besonders sorgfältig zu prüfen, ob der Empfänger unterstützungsbedürftig ist und ob die Leistungen geeignet sind, den laufenden Lebensbedarf des Empfängers zu decken (BFH vom 13.02.1987, BStBl II 1987, 341). Üblicherweise richtet der Unterhaltsverpflichtete seine Leistungen so ein, dass sie zur Deckung des zukünftigen Lebensbedarfs des Empfängers bis zum Erhalt der nächsten Leistung dienen[377]. Dies führt dazu, dass gelegentliche Unterhaltsleistungen im Regelfall nicht auf Monate vor dem Zahlungsmonat zurück bezogen werden können. Einmalzahlungen, die nicht für vergangene Zeiträume sondern für den zukünftigen Unterhaltsbedarf geleistet werden, sind dagegen im Hinblick auf das Prinzip der Abschnittsbesteuerung problematisch. Soweit sie auch bereits den notwendigen Unterhalt für den folgenden VZ umfassen, sollen sie weder im VZ der Zahlung noch im Folgejahr abziehbar sein[378].

---

[375] Vgl. 188 Abs. 2 S. 2 f. EStR und H 186 – 189 EStH „Haushaltsersparnis".
[376] Vereinfachtes Bsp. nach BFH vom 24.02.2000 (BStBl II 2000, 294).
[377] Hierbei handelt es sich nach Auffassung des BFH um eine aus der Lebenserfahrung abgeleitete tatsächliche Vermutung, die aber widerlegbar sein soll, beispielsweise wenn erstmalig Unterhalt geleistet wird oder der zurückliegende Unterhalt fremdfinanziert war, vgl. *Glanegger* in *Schmidt*, EStG § 33a Rz. 14.
[378] Der III. Senat des BFH räumt in seiner Entscheidung vom 13.02.1987 (BStBl II 1987, 341) ein, dass dies zu unbefriedigenden Ergebnissen führen kann, die aber von den Stpfl. durch entsprechende Wahl des Zahlungszeitpunktes vermieden werden könnten.

Kein Raum für Unterhaltsleistungen i.S.v. § 33a Abs. 1 EStG besteht im Übrigen dann, wenn für einen VZ das **Realsplitting** beantragt wird. Durch den Antrag werden alle Unterhaltsleistungen zu SA umqualifiziert. Das gilt auch, soweit die Unterhaltsleistungen den Höchstbetrag von 13.805 € nach § 10 Abs. 1 Nr. 1 EStG übersteigen. Durch die Beschränkung des Antrages kann zwar die steuerliche Erfassung von Einkünften beim Empfänger nach § 22 Nr. 1a EStG begrenzt, nicht aber die vollständige Umqualifizierung in SA verhindert werden (BFH vom 07.11.2000, BStBl II 2001, 338). Auf die tatsächliche Abziehbarkeit als Sonderausgabe kommt es bei den Unterhaltsleistungen nicht an, wie der Umkehrschluss aus § 33 Abs. 2 S. 2, 2. HS EStG ergibt, wo der Abzug als agB nur für bestimmte andere nicht abziehbare SA erst wieder eröffnet wird. Damit wird der Abzug von SA als agB durch § 33 Abs. 2 S. 2, 2. HS EStG auch für die Unterhaltsleistungen i.S.v. § 33a EStG ausgeschlossen (vgl. BFH vom 07.11.2000, BStBl II 2001, 338).

Der Begriff der **Berufsausbildung** in § 33a Abs. 1 EStG umfasst wie bei § 32 Abs. 4 Nr. 2 Buchst. a) EStG jede ernstlich betriebene Vorbereitung auf ein künftiges Berufsziel und damit alle Maßnahmen, die zum Erwerb von Kenntnissen, Fähigkeiten und Erfahrungen als Grundlage für die Ausbildung des angestrebten Berufs geeignet sind[379]. Sie beginnt nach h.M. bereits mit dem Besuch allgemeinbildender Schulen und dauert an, solange das Berufsziel noch nicht erreicht ist, aber die Vorbereitung darauf ernstlich betrieben wird. Sie endet grundsätzlich mit der Erreichung des gesteckten Berufsziels, spätestens aber, wenn aufgrund der bisherigen Berufsausbildung ein Dauerberuf i.S. einer voll lebensunterhaltssichernden Tätigkeit ausgeübt wird[380]. Zu den Berufausbildungskosten zählen zunächst alle typischen Aufwendungen wie beispielsweise Studien- und sonstige Lehrgangsgebühren, Prüfungsgebühren, Lernmaterial, Fahrtkosten zur Ausbildungsstelle und Kosten der auswärtigen Unterbringung. Umstritten ist, ob auch atypische Kosten der Berufsausbildung unter § 33a Abs. 1 EStG fallen.

Beispiel 21: Studium mit Hindernissen
Der Kläger erhob verwaltungsgerichtliche Klagen, um die Aufnahme seiner beiden Söhne zum Studium der Medizin bzw. der Zahnmedizin zu erreichen. Die dadurch verursachten Anwalts- und Gerichtskosten möchte er nach § 33 EStG als allgemeine agB berücksichtigt wissen.

Der BFH hat offen gelassen, ob im Bereich der Berufausbildungskosten eine Anwendung von § 33 EStG bei atypischen Aufwendungen überhaupt in Betracht kommen kann. Er vertritt aber einen weiten Begriff der Berufsausbildung, da der Gesetzgeber bei diesen Aufwendungen eine Pauschalierung und Typisierung gewollt hat[381].

---

[379] Vgl. *Glanegger* in *Schmidt*, EStG § 33a Rz. 18 und § 32 Rz. 38 m.w.N.; bei den Aufwendungen für eine Berufsausbildung soll die Zahlung nach einer Entscheidung des FG BaWü vom 29.04.1993 (EFG 1993, 658) anders als bei den Unterhaltsleistungen auf Monate vor der Zahlung zurückbezogen werden können.
[380] Vgl. *Glanegger* in *Schmidt*, EStG § 32 Rz. 39 m.w.N. Ein Dauerberuf wurde vom BFH im Urteil vom 11.10.1984 (BStBl II 1985, 91) beispielsweise für eine Tätigkeit als Steuerfachangestellter angenommen.
[381] BFH vom 09.11.1984 (BStBl II 1985, 135); a.A. *Arndt* in *Kirchhof/Söhn/Mellinghoff*, EStG § 33 Rz. B 66 und *Kanzler* in *H/H/R*, EStG § 33a Anm. 50, die eine Differenzierung zwischen typischen und atypischen Berufsausbildungskosten für möglich erachten.

Lösung:
Die vom Stpfl. geltend gemachten Aufwendungen sind für ein zulassungsreglementiertes Studium nicht derart ungewöhnlich, dass sie nicht mehr als Berufsausbildungskosten i.S.v. § 33a Abs. 1 EStG anzusehen wären. Sie können deshalb gem. § 33a Abs. 5 EStG nicht unter § 33 EStG fallen.

2.2.2 Umfang der erfassten Aufwendungen

Außergewöhnliche Belastungen müssen dem Stpfl., da es sich um indisponible Aufwendungen handelt, zwangsläufig entstehen. Seit dem VZ 1996 ist die Zwangsläufigkeit bei den Aufwendungen für den Unterhalt oder die Berufsausbildung i.S.v. § 33a Abs. 1 EStG allein durch das Bestehen einer **gesetzlichen Unterhaltspflicht** gekennzeichnet, also durch rechtliche Gründe. Sittliche oder tatsächliche Gründe haben hier keine Bedeutung mehr. Das EStG bezeichnet die gesetzlichen Unterhaltspflichten nicht im einzelnen und lässt es mit dem Hinweis auf die in anderen Gesetzen geregelten Unterhaltspflichten bewenden. Ob eine gesetzliche Unterhaltspflicht besteht, beurteilt sich gem. § 33a Abs. 1 S. 5, 2. HS EStG aber in jedem Fall ausschließlich nach inländischen Maßstäben, selbst wenn die unterhaltsberechtigte Person beschränkt steuerpflichtig ist und sich die Unterhaltspflicht damit zivilrechtlich möglicherweise nach ausländischem Recht beurteilt[382]. Es kommen vor allem folgende gesetzliche Unterhaltsverpflichtungen in Betracht (vgl. R 190 EStR).

Eine gesetzliche Unterhaltspflicht besteht zwischen **Verwandten in gerader Linie** gem. §§ 1589 und 1601 BGB[383]. Der Vater ist der Mutter seines unehelichen Kindes nach § 1615 Abs. 1 BGB zum Unterhalt verpflichtet[384].

Ehegatten sind nach § 1360 BGB gegeneinander unterhaltsberechtigt bzw. -verpflichtet. Hier ist jedoch zu beachten, dass bei zusammenlebenden, unbeschränkt Stpfl. Ehegatten die Erfüllung der Unterhaltspflicht keine agB darstellen kann; die Anwendung des § 33a Abs. 1 EStG wird in diesen Fällen durch die Zusammenveranlagung nach §§ 26 Abs. 1 und 26b EStG und die Anwendung des Splittingtarifs nach § 32a Abs. 5 EStG verdrängt[385]. Dies gilt folgerichtig dann nicht mehr, wenn eine Zusammenveranlagung überhaupt nicht möglich ist, weil die Eheleute getrennt leben oder zumindest einer der Eheleute nur beschränkt steuerpflichtig ist[386].

Vergleichbares gilt für **Kinder**, für die der Stpfl. oder auch irgend eine andere Person einen **Kinderfreibetrag** oder **Kindergeld** erhält. Da hier die aus dem Unterhalt resultierenden indisponiblen Aufwendungen durch das Kindergeld oder den Kinderfreibetrag

---

[382] Ist auch der Unterhaltsverpflichtete nur beschränkt einkommensteuerpflichtig, entfällt der Abzug von agB gem. § 50 Abs. 1 S. 4 EStG ganz, sofern nicht ein Antrag gemäß § 1 Abs. 3 EStG in Betracht kommt.
[383] Geschwister sind nur in Seitenlinie und nicht in gerader Linie verwandt und deshalb nicht gesetzlich unterhaltsberechtigt bzw. -verpflichtet.
[384] Die Vorschrift ist unter H 190 EStH wiedergegeben.
[385] BFH vom 28.11.1988 (BStBl II 1989, 164, 168); es soll nicht darauf ankommen, ob die Zusammenveranlagung auch tatsächlich gewählt wird. Die Entscheidung ist folgerichtig, da indisponible Aufwendungen nur dann als agB noch erfasst werden müssen, als sie noch nicht als Sonderausgabe oder im ESt-Tarif berücksichtigt sind.
[386] Vgl. H 190 EStH „Personen im Ausland" und BFH-GrS vom 28.11.1988 (BStBl II 1989, 164).

steuerlich berücksichtigt werden, kommen außergewöhnliche Belastungen grundsätzlich nicht mehr in Betracht. Dies ist in § 33a Abs. 1 S. 3, 1. HS EStG allerdings auch ausdrücklich gesetzlich festgelegt.

Ausreichend ist es gem. § 33a Abs. 1 S. 1 EStG, wenn die Unterhaltspflicht den Ehegatten des Stpfl. trifft[387].

Der Steuergesetzgeber hat gem. § 33a Abs. 1 S. 2 EStG die Zwangsläufigkeit zusätzlich auf Unterhaltszahlungen erweitert, zu denen der Stpfl. zwar nicht i.S.v. § 33a Abs. 1 S. 1 EStG gesetzlich verpflichtet ist, die aber beim Empfänger zur **Kürzung** von inländischen **öffentlichen Unterhaltsleistungen** führen. Dies betrifft konkret die Kürzung von Sozial- oder Arbeitslosenhilfe, die von den Behörden bei Partnern von nichtehelichen Lebensgemeinschaften vorgenommen werden (vgl. R 190 Abs. 2 EStR). In diesen Fällen ist es sachgerecht, wenn die Unterhaltsleistungen steuerlich als agB angesetzt werden können, auch wenn keine gesetzliche Unterhaltspflicht bestand.

Ergänzt hat der Steuergesetzgeber den Verweis auf die gesetzlichen Vorschriften zum Unterhalt insgesamt durch § 33a Abs. 1 S. 3, 2. HS EStG. Demzufolge ist für die Anwendung von § 33a Abs. 1 EStG generelle Voraussetzung, dass die unterhaltene Person **kein oder nur ein geringes Vermögen** besitzt. Die Finanzverwaltung interpretiert Vermögen im Wert bis zu 15.500 € noch als geringes Vermögen i.S.v. § 33a Abs. 1 S. 3, 2. HS EStG[388].

Nach R 190 Abs. 1 S. 3 f. EStR reicht es im Übrigen für den Abzug der tatsächlich geleisteten Unterhaltsaufwendungen aus, dass die unterhaltene Person dem Grunde nach gesetzlich unterhaltsberechtigt und bedürftig ist; ob im Einzelfall tatsächlich ein Unterhaltsanspruch besteht, brauche nicht geprüft werden. **Diese Erleichterung sollte für die Klausurlösung Beachtung finden.** So kann z.B. bei in gerader Linie verwandten Personen unter Hinweis auf die Richtlinien von der individuellen Prüfung des Unterhaltsanspruches abgesehen werden.

2.2.3 Betrag der außergewöhnlichen Belastungen

Die Höhe des abziehbaren Betrages folgt nicht den zivilrechtlichen Regeln, die über die Unterhaltspflicht dem Grunde nach entscheiden. Während im EStG hinsichtlich der Zwangsläufigkeit dem Grunde nach auf die in anderen Gesetzen geregelten Unterhaltspflichten verwiesen wird, bestimmt sich die Zwangsläufigkeit nach Steuerrecht, soweit es um die Höhe der Aufwendungen geht[389].

---

[387] *Glanegger* in *Schmidt*, EStG § 33a Rz. 21 stellt zu Recht in Frage, ob dies bei Ehegatten, die keine Option zur Zusammenveranlagung haben, richtig sein kann; da das Gesetz nicht differenziert, gewährt die Finanzverwaltung (BMF-Schreiben vom 15.09.1997, BStBl I 1997, 826, Tz. 9) selbst dann die Berücksichtigung als agB.
[388] R 190 Abs. 3 EStR; außerdem werden Gegenstände, die schwer veräußerbar sind oder für den Eigentümer mit einem Affektionsinteresse versehen sind, von der Bewertung ausgenommen.
[389] Vgl. *Glanegger* in *Schmidt*, EStG § 33a Rz. 19 und 28.

Beispiel 22: Verspätete Rente
Der im Inland unbeschränkt Stpfl. S musste ab Juli 01 seine in Argentinien lebende Mutter M finanziell mit einem Betrag von 500 € monatlich unterstützen. Diese war noch bis Ende März 01 berufstätig gewesen (Einkünfte monatlich umgerechnet 750 €). Die von ihr rechtzeitig beantragte Rente lies aber auf sich warten und wurde verspätet ab November 01 bewilligt und ausgezahlt. S zahlte seiner Mutter trotzdem bis Ende des Jahres 01 den monatlichen Unterhalt weiter, weil M von April bis Juni schon ihre Ersparnisse für den Lebensunterhalt aufgebraucht hatte. M konnte lediglich im September durch eine Urlaubsvertretung bei ihrem vormaligen Arbeitgeber umgerechnet netto 300 € dazuverdienen. S will wissen, ob er seine Zahlungen steuerlich geltend machen kann. Er ist verheiratet, hat zwei Kinder, für die er Kindergeld erhält, und ein Jahresnettoeinkommen (einschließlich Kindergeld) von 30.000 €.

Der nach § 33a Abs. 1 EStG abziehbare Betrag ist grundsätzlich auf 7.188 € beschränkt. Er orientiert sich am Existenzminimum der unterstützten Person[390]. Hat die unterhaltene Person andere Einkünfte oder aber Bezüge i.S.d. § 32 Abs. 4 S. 2 und 4 EStG[391], vermindern diese gem. § 33a Abs. 1 S. 4 EStG den abziehbaren Höchstbetrag, wenn sie im Kalenderjahr den Betrag von 624 € übersteigen (**anrechnungsfreier Betrag**); bezieht die unterhaltene Person als **Ausbildungshilfe** Zuschüsse aus öffentlichen Mitteln oder von Förderungseinrichtungen, die mit öffentlichen Mitteln finanziert werden, so mindern diese ebenfalls den Höchstbetrag, allerdings ohne dass dafür ein anrechnungsfreier Betrag berücksichtigt wird. Die Anrechnung von Ausbildungshilfen ist nach der Rspr. des BFH allerdings nur zulässig, wenn die Ausbildungsbeihilfe Leistungen abdeckt, zu denen die Eltern gesetzlich verpflichtet waren, da nur dann ihre Unterhaltspflicht gemindert und eine Kürzung daher gerechtfertigt ist (BFH vom 04.12.2001, BStBl II 2002, 195). Die Finanzverwaltung gewährt gem. R 190 Abs. 5 EStR bei den Bezügen, einschließlich der Ausbildungshilfen aus öffentlichen Mitteln, aus Vereinfachungsgründen einen Abzug von 180 €, wenn nicht höhere Aufwendungen im Zusammenhang mit diesen Einnahmen nachgewiesen oder glaubhaft gemacht werden.

Die Höhe der in einem VZ abziehbaren Beträge bedarf der Modifikation, wenn die gesetzliche Unterhaltspflicht nicht während des gesamten Kalenderjahres gegeben war und die Anwendung des Jahreshöchstbetrages deshalb zu einer sachlich nicht gerechtfertigten Besserstellung des Stpfl. führen würde. Für alle vollen Kalendermonate, in denen keine Unterhaltsverpflichtung bestand, vermindert sich der Betrag der abziehbaren Unterhaltsleistungen dementsprechend gem. § 33a Abs. 4 S. 1 EStG um ein Zwölftel[392]. In gleichem Umfang reduziert sich der anrechnungsfreie Betrag von 624 € bei den Einkünf-

---

[390] *Glanegger* in *Schmidt*, EStG § 33a Rz. 26.
[391] Vgl. die Zusammenstellung in R 180e Abs. 2 EStR.
[392] Die Vorschrift hat allerdings nicht den Zweck, in Abkehr von der Abschnittsbesteuerung für jeden Monat gesondert zu prüfen, ob der Unterhaltsbetrag unter Berücksichtigung der eigenen Einkünfte und Bezüge gewährt werden kann, vgl. *Kanzler* in *H/H/R*, EStG § 33a Anm. 380. Es ergeben sich lediglich gekürzte Beträge für den gesamten VZ. Eine monatliche Betrachtung ist allerdings für die Prüfung nach § 33a Abs. 4 S. 2 und 3 EStG erforderlich, ob eigene Einkünfte und Bezüge dem Zeitraum mit gesetzlichem Unterhaltsanspruch zuzurechnen sind.

ten und Bezügen des Unterhaltenen. Auf der anderen Seite wäre es unbillig, sämtliche Einkünfte und Bezüge des Unterstützten auf den Betrag der abziehbaren Unterhaltsleistungen anzurechnen. Entfallen die Einkünfte oder Bezüge auf Kalendermonate, in denen durchgehend kein Unterhaltsanspruch bestand, so mindern sie den abziehbaren Höchstbetrag gem. § 33a Abs. 4 S. 2 EStG nicht[393]; bei den Ausbildungshilfen kommt es gem. § 33a Abs. 4 S.3 EStG darauf an, ob sie für den Zeitraum mit Unterhaltspflicht bestimmt waren.

Eine Kürzung der abziehbaren Beträge sieht auch die Regelung in § 33a Abs. 1 S. 5, 1. HS EStG bei Sachverhalten mit Auslandsberührung vor, wenn Personen unterstützt werden, die im Inland nur beschränkt steuerpflichtig sind. Demzufolge dürfen dann nur die Beträge abgezogen werden, die nach den Verhältnissen des **Wohnsitzstaates der unterhaltenen Person** notwendig und angemessen sind. Die Finanzverwaltung legt diese unbestimmten Rechtsbegriffe anhand einer Ländergruppeneinteilung aus[394]; in drei Kategorien werden die Beträge demnach ungekürzt gewährt oder auf 2/3 bzw. 1/3 reduziert. Die praktische Anwendung dieses Teils der Norm mit ihren weitgehend unbestimmten Rechtsbegriffen anhand einer stark typisierenden **Verwaltungsvorschrift** ist nicht unproblematisch. Sie hat aber einer verfassungsrechtlichen Prüfung standgehalten[395]. An den Nachweis von Unterhaltsleistungen an im Ausland lebende Personen und deren tatsächliche Unterhaltsbedürftigkeit stellt die Finanzverwaltung unter Hinweis auf § 90 Abs. 2 AO gesteigerte Anforderungen (vgl. BMF-Schreiben vom 15.09.1997, BStBl I 1997, 826). Besteht die Unterhaltsbedürftigkeit nicht während des vollen VZ, ist die Kürzung nach § 33a Abs. 4 S. 1 EStG auf die nach § 33a Abs. 1 S. 5 EStG bereits verminderten Jahreshöchstbeträge anzuwenden (BMF-Schreiben vom 15.09.1997, BStBl I 1997, 826, Tz. 8.1).

Eine weitere Begrenzung der abziehbaren Unterhaltsleistungen nimmt die Finanzverwaltung anhand der so genannten **Opfergrenze** vor, wonach die Aufwendungen in einem angemessenen Verhältnis zum Nettoeinkommen des Leistenden stehen müssen und diesem nach Abzug der Unterhaltsleistungen noch die angemessenen Mittel zur Bestreitung des Lebensbedarfs für sich sowie ggf. seine Familie verbleiben müssen[396]. Sie beträgt grundsätzlich 1 % je volle 511,29 € (umgerechnet von 1.000 DM) des Nettoeinkommens, höchstens 50 %; für den Ehegatten und für jedes Kind, für das der Stpfl. einen Kinderfreibetrag, Kindergeld oder eine andere Leistung für Kinder erhält, ist der Prozentsatz um

---

[393] Die Aufteilung der Einkünfte und Bezüge der unterhaltenen Person auf die Kalendermonate soll bei den Einkünften aus nichtselbständiger Arbeit, den sonstigen Einkünften und den Bezügen entsprechend § 11 EStG, ansonsten durch Zwölfteilung des Jahresbetrages erfolgen; der Stpfl. hat die Option, eine andere wirtschaftliche Zurechnung nachzuweisen, vgl. R 192a Abs. 2 EStR.
[394] Zuletzt BMF-Schreiben vom 26.10.2000 (BStBl I 2000, 1502); vgl. H 190 EStH „Ländergruppeneinteilung".
[395] Das BVerfG hat in seiner instruktiven Entscheidung vom 31.05.1988 (FR 1988, 675 mit Anmerkung von *Kanzler*) in der Norm noch eine ausreichend konkrete gesetzliche Grundlage gesehen, um das Handeln der Finanzverwaltung nach Inhalt, Gegenstand, Zweck und Ausmaß zu bestimmen. Mit der Ländergruppeneinteilung nimmt die Finanzverwaltung im Interesse der Einheitlichkeit und Praktikabilität eine zulässige Interpretation der Norm vor, hinter der das Interesse des einzelnen an einer vollen Einzelfallprüfung zurückstehen muss.
[396] R 190 Abs. 4 EStR und H 190 EStH „Opfergrenze" mit Hinweis auf die Berechnungsbeispiele im BMF-Schreiben vom 15.09.1997 (BStBl I 1997, 826, Tz. 6.2).

je 5 %-Punkte, höchstens aber um 25 %-Punkte, zu kürzen. Die Opfergrenze ist ein spezifisch steuerrechtlicher Maßstab für die Bestimmung des angemessenen Unterhalts. Sie hat im Gesetzeswortlaut – anders als die absolute Höhe der Unterhaltsaufwendungen nach § 33a Abs. 1 S. 1 EStG und die Kürzung bei beschränkt Stpfl. nach § 33a Abs. 1 S. 5 EStG – keine Grundlage mehr, seitdem für die Zwangsläufigkeit allein auf das Bestehen einer gesetzlichen Unterhaltspflicht abgestellt wird. Die Opfergrenze kann daher nach – allerdings bestrittener – Rechtsauffassung keine Geltung mehr beanspruchen[397]. Die Finanzverwaltung wendet die Opfergrenze bisher aber weiter an.

Gehört die unterhaltene Person zum Haushalt des Stpfl., so geht die Finanzverwaltung zu Gunsten des Stpfl. davon aus, dass ihm im Rahmen der maßgeblichen Höchstbeträge im Regelfall auch tatsächlich Unterhaltsaufwendungen erwachsen (R 190 Abs. 1 S. 5 EStR).

Die abziehbaren Unterhaltsaufwendungen können schließlich nicht dadurch erhöht werden, dass mehrere Personen Unterhalt leisten. Gemäß § 33a Abs. 1 S. 5 EStG wird in diesem Fall der abziehbare Betrag nach Maßgabe der individuellen Anteile am Gesamtbetrag der Leistungen auf alle Unterhalt leistenden Personen aufgeteilt.

Lösung:
Die von S geleisteten Unterhaltsaufwendungen können gem. § 33a Abs. 1 i.V.m. Abs. 5 EStG ausschließlich nach dieser Vorschrift als agB abziehbar sein. Entsprechend § 33a Abs. 1 S. 5, 2. HS EStG besteht nach inländischen Maßstäben eine gesetzliche Unterhaltspflicht gegenüber der Mutter in Argentinien (§§ 1589 und 1601 BGB). Ob tatsächlich ein Unterhaltsanspruch bestand, bedarf keiner Prüfung (R 190 Abs. 1 S. 3 f. EStR). M hat entsprechend § 33a Abs. 1 S. 3, 2. Alt. EStG auch kein oder nur ein geringes Vermögen. Der Höhe nach ist der Betrag der als agB abziehbaren Aufwendungen gem. § 33a Abs. 1 S. 1 EStG auf 7.188 € beschränkt. Da M in Deutschland nicht unbeschränkt steuerpflichtig ist, muss dieser Betrag anhand der Ländergruppeneinteilung gem. § 33a Abs. 1 S. 5, 1. HS EStG auf 2/3, also 4792 € gekürzt werden. Unterhaltsbedürftig war die Mutter des S nur von Juli bis Oktober 01, also vier Monate. Damit ist dieser Betrag gem. § 33a Abs. 4 S. 1 EStG zusätzlich um 8/12 auf 1.597,33 € zu kürzen. S hat vier Monate von Juli bis September Unterhalt geleistet. Die Zahlungen im November und Dezember waren keine echten Unterhaltszahlungen, da sie nicht mehr dazu bestimmt waren, den Lebensbedarf der M zu decken. Der in den vier Monaten geleistete Unterhalt von 2.000 € ist damit nur bis zum Höchstbetrag von 1.597,33 € abziehbar. Zusätzlich muss S sich auf diesen Betrag eigene Einkünfte und Bezüge der M gem. § 33a Abs. 1 S. 4 EStG anrechnen lassen. Die Anrechnung erfasst allerdings gem. § 33a Abs. 4 S. 2 EStG nicht die Gehalts- und Rentenzahlungen, da diese auf die Kürzungsmonate entfallen. Es verbleiben aber die Einkünfte aus der

---

[397] *Müller* (FR 1997, 708 f.); a.A. *Glanegger* in *Schmidt*, EStG § 33a Rz. 19. Sofern sich die Anwendung einer Opfergrenze dagegen unmittelbar aus den zivilrechtlichen Bestimmungen für die Feststellung einer Unterhaltspflicht ergibt, müsste sie sich auch auf die Abzugsfähigkeit nach § 33a EStG auswirken. Eine Prüfung, ob im Einzelfall tatsächlich ein Unterhaltsanspruch besteht, soll aber nach R 190 Abs. 1 S. 4 EStR gerade nicht erforderlich sein.

Urlaubsvertretung i.H.v. 300 €. Von diesem Betrag ist der anrechnungsfreie Betrag abzuziehen. Er beträgt grundsätzlich 624 €, ist aber vorliegend gem. § 33a Abs. 1 S. 5, 1. HS EStG nach der Ländergruppeneinteilung ebenfalls auf 2/3 zu reduzieren und sodann wegen der Kalendermonate ohne Unterhaltsbedarf gem. 33a Abs. 4 S. 1 EStG zusätzlich um 8/12 zu kürzen. Damit ergibt sich ein anrechnungsfreier Betrag von 138,67 € und ein anrechenbarer Betrag von 161,33 €. Der als agB abziehbare Betrag beträgt damit **1.436 €**. Zusätzlich ist der Betrag nach Auffassung der Finanzverwaltung durch die Opfergrenze gedeckelt. Die Opfergrenze beträgt bei einem Jahresnettoeinkommen von 30.000 € rechnerisch 58 %, höchstens aber 50 % dieses Einkommens. Aufgrund der drei Familienmitglieder wird dieser Satz um 15 % auf 35 % gekürzt. Die Opfergrenze beträgt damit 30.000 € x 35 % = 10.500 € und ist durch den Unterhalt nicht überschritten.

Weitere Beispiele zur Berechnung der abziehbaren Unterhaltsaufwendungen finden sich in Tz. 8 des BMF-Schreibens vom 15.09.1997 (BStBl I 1997, 826).

2.3 Freibetrag für den Sonderbedarf eines sich in der Berufsausbildung befindenden volljährigen Kindes gemäß § 33a Abs. 2 EStG

Die Neufassung der Vorschrift ersetzt ab dem VZ 2002 die bisherigen Ausbildungsfreibeträge. Zukünftig kann der Stpfl. grundsätzlich einen Freibetrag von 924 € je Kalenderjahr für den Sonderbedarf eines **in Berufsausbildung befindenden, auswärtig untergebrachten, volljährigen Kindes** abziehen. Voraussetzung ist, darin liegt der Unterschied zu den Aufwendungen für die Berufsausbildung i.S.v. § 33a Abs. 1 EStG, dass der Stpfl. für das Kind Anspruch auf einen **Kinderfreibetrag** oder auf **Kindergeld** hat. Die Vorschrift regelt nach ihrer systematischen Stellung einen vom Gesetzgeber typisierten Fall der agB. Der Sache nach handelt es sich aber um eine Vorschrift, die in das gesetzliche Regelwerk zur Berücksichtigung von Kindern im Einkommensteuerrecht gehört. Die Vorschrift wird daher in diesem Zusammenhang im folgenden Abschnitt (s. 3) behandelt.

2.4 Aufwendungen für eine Hilfe im Haushalt oder vergleichbare Dienstleistungen im Sinne von § 33a Abs. 3 EStG

In § 33a Abs. 3 S.1 EStG wird eine abschließende Regelung für die Beschäftigung einer Hilfe im Haushalt geschaffen. Eine Haushaltshilfe ist eine Person, die typische hauswirtschaftliche Arbeiten verrichtet, wozu **nicht** die ausschließliche Betreuung von im Haushalt des Stpfl. lebenden Kindern gehört[398]. Mit der beschäftigten Person muss kein unmittelbares Arbeitsverhältnis bestehen; als Grundlage ist auch ein Dienst- oder Werkvertrag mit einem die Leistungen erbringenden Unternehmen ausreichend, solange die Tätigkeit im Haushalt des Stpfl. ausgeübt wird[399].

---

[398] *Glanegger* in *Schmidt*, EStG § 33a Rz. 69.
[399] *Glanegger* in *Schmidt*, EStG § 33a Rz. 69.

Die Aufwendungen für die Haushaltshilfe können, bedingt durch den abschließenden Charakter der Vorschrift nach § 33a Abs. 5 EStG, nur dann als agB des Stpfl. berücksichtigt werden, wenn

- der Stpfl. oder sein nicht dauernd getrennt lebender Ehegatte das **60. Lebensjahr** vollendet haben oder
- die Beschäftigung einer Hilfe im Haushalt wegen **Krankheit** des Stpfl. selbst, seines nicht dauernd getrennt lebenden Ehegatten oder eines zu seinem Haushalt gehörigen Kindes i.S.v. § 32 Abs. 1 oder 6 S. 8 EStG oder einer anderen zu seinem Haushalt gehörigen, nach § 33a Abs. 1 EStG unterstützten Person erforderlich ist.

Der Höchstbetrag der abziehbaren Aufwendungen beträgt 624 € im Kalenderjahr. Er erhöht sich bei der Beschäftigung einer Haushaltshilfe wegen Krankheit gem. § 33a Abs. 3 S. 1 Nr. 2 EStG auf 924 €, wenn die erkrankte Person hilflos i.S.d. § 33b EStG oder schwer behindert ist.

Ehegatten, die nach § 26 Abs. 1 EStG zusammen veranlagt werden können, dürfen die Höchstbeträge gem. § 33a Abs. 3 S. 3 EStG nur einmal abziehen, es sei denn, sie sind wegen der Pflegebedürftigkeit eines der Ehegatten an einer gemeinsamen Haushaltsführung gehindert. Gemäß § 33a Abs. 4 S. 1 EStG vermindern sich die Höchstbeträge um je ein Zwölftel für jeden vollen Kalendermonat, in dem die Voraussetzungen für den Abzug der Aufwendungen für die Beschäftigung der Haushaltshilfe nicht vorgelegen haben.

Ist der Stpfl. in einem Heim oder Pflegeheim untergebracht, so können in den Aufwendungen für die Unterbringung auch Kosten für Dienstleistungen enthalten sein, die mit denen einer Hilfe im Haushalt vergleichbar sind. In diesen Fällen räumt der Gesetzgeber in § 33a Abs. 3 S. 2 EStG auch den Abzug der Aufwendungen für die Unterbringung in folgender Höhe als agB ein:

- 624 €, wenn der Stpfl. oder sein nicht dauernd getrennt lebender Ehegatte in einem Heim untergebracht ist, ohne pflegebedürftig zu sein,
- 924 €, wenn die Unterbringung zur dauernden Pflege erfolgt.

Die Beschränkung des Abzugs für Ehegatten nach § 33a Abs. 3 S. 3 EStG und die Kürzung der Höchstbeträge nach § 33a Abs. 4 EStG für diejenigen Monate des VZ, in denen die Abzugsvoraussetzungen nicht vorlagen, gelten auch hier.

2.5 Pauschbeträge für behinderte Menschen, Hinterbliebene und Pflegepersonen gemäß § 33b EStG

Die Vorschrift gewährt Pauschbeträge für Behinderte, Hinterbliebene und Pflegepersonen anstelle der Steuerermäßigung nach § 33 EStG, ohne dessen Anwendung auszuschließen. Der Stpfl. kann deshalb auf die Geltendmachung der Pauschbeträge verzichten und für die durch den Pauschbetrag abgedeckten typischen agB höhere Aufwendungen nach § 33 EStG geltend machen. Eine zumutbare Belastung wird auf die Pauschbeträge nicht angerechnet.

Der nach dem Grad der Behinderung gestaffelte **Behinderten-Pauschbetrag** soll alle mit einer Körperbehinderung unmittelbar und typisch zusammenhängenden Belastungen abgelten. Der Einzelnachweis von Aufwendungen und ihre Prüfung auf Zwangsläufigkeit und Atypik wie bei § 33 EStG entfällt für diese daher ganz. Die Darlegungspflicht beschränkt sich auf den Nachweis der Behinderung nach Maßgabe von §§ 33b Abs. 7 EStG, 65 EStDV. Bescheide, die nach § 65 EStDV den Grad der Körperbehinderung festlegen, sind **Grundlagenbescheid** i.S.v. § 171 Abs. 10 AO für den ESt-Bescheid[400] mit den Folgewirkungen nach § 175 Abs. 1 S. 1 Nr. 1 AO[401].

Die Eltern eines behinderten Kindes haben nach § 33b Abs. 5 EStG die Möglichkeit, den Behinderten-Pauschbetrag ihres Kindes auf sich zu übertragen, wenn das Kind ihn nicht selbst in Anspruch nimmt; sie verlieren dadurch allerdings die Möglichkeit, für die vom übertragenen Behinderten-Pauschbetrag erfassten Aufwendungen einen Abzug nach § 33 EStG geltend zu machen.

Neben den durch den Behinderten-Pauschbetrag abgegoltenen typischen Aufwendungen können andere außergewöhnliche Belastungen, auch wenn sie mit der Behinderung in einem gewissen Zusammenhang stehen, nach § 33 EStG geltend gemacht werden (vgl. EStH 194 „Fahrtkosten" und „Krankheitskosten"). Der Abzug von pflegebedingten Aufwendungen nach § 33 EStG soll allerdings ausgeschlossen sein, wenn bereits der erhöhte Pauschbetrag von 3.700 € für Hilflose nach § 33b Abs. 3 S. 3 EStG geltend gemacht werde, da dieser derartige Kosten mit abdecke[402].

Der **Hinterbliebenen-Pauschbetrag** gem. § 33b Abs. 4 EStG von 370 € knüpft an die Gewährung laufender Hinterbliebenenbezüge nach bestimmten Gesetzen an[403]. Hier ist nach § 33b Abs. 5 ebenfalls eine Übertragung des Hingegebenen-Pauschbetrages auf die Eltern möglich.

Der **Pflege-Pauschbetrag** nach § 33b Abs. 5 EStG sollte nach der Vorstellung des Gesetzgebers Anreize für die Pflege im Angehörigenkreis schaffen. Die Bedeutung der Vorschrift kann aber nicht auf die einer reinen Lenkungsnorm reduziert werden[404]. Gegenstand der Regelung bleibt eine agB. Deshalb müssen die durch den Pflege-Pauschbetrag abgegoltenen Aufwendungen für den Stpfl. zwangsläufig entstanden sein. Die Zwangsläufigkeit ist allerdings nach weniger strengen Kriterien als bei § 33 EStG zu beurteilen; eine sittliche Verpflichtung zur Pflege ist bereits bei einer engen persönlichen Beziehung zwischen dem Stpfl. und der gepflegten Person gegeben[405]. Die in der Norm legal definierte Pflegebedürftigkeit wegen nicht nur vorübergehender Hilflosigkeit entspricht der Hilflosigkeit oder Pflegestufe III i.S.v. §§ 14, 15 SGB XI (Pflegeversicherung)[406]. Weitere Voraussetzungen für die Gewährung des Pflege-Pauschbetrages sind:

---

[400] BFH vom 05.02.1988 (BStBl II 1988, 436) und vom 22.02.1991 (BStBl II 1991, 717); vgl. H 194 EStH „Allgemeines und Nachweis".
[401] Siehe hierzu die Ausführungen von *Schuster*, Band 3, Teil A, Kap. VI.10.
[402] BFH vom 10.05.1968 (BStBl II 1968, 647); vgl. EStR 188 Abs. 4.
[403] Zu den Gesetzen i.S.v. § 33b Abs. 4 S. 1 Nr. 1 EStG, die die Vorschriften des Bundesversorgungsgesetzes für entsprechend anwendbar erklären, vgl. H 194 EStH „Hinterbliebenen-Pauschbetrag".
[404] Vgl. *Glanegger* in *Schmidt*, EStG § 33b Rz. 19 und *Kanzler* in *H/H/R*, EStG § 33b Anm. 115.
[405] BFH vom 29.08.1996 (BStBl II 1997, 199); H 194 EStH „Pflege-Pauschbetrag".
[406] H 194 EStH „Pflegebedürftigkeit" i.V.m. R 188 Abs. 1 EStR.

- Der Stpfl. darf aus der Pflege keine Einnahmen erzielen. Der Begriff soll neben echten Vergütungen auch reinen Aufwendungsersatz und die gem. § 3 Nr. 36 EStG steuerfrei an den Stpfl. weitergeleiteten Gelder aus der Pflegeversicherung als schädliche Einnahmen erfassen[407].
- Die Pflege muss gem. § 33b Abs. 6 S. 4 EStG vom Stpfl. persönlich durchgeführt werden. Die zeitweise Unterstützung durch eine ambulante Pflegekraft ist aber unschädlich (R 194 Abs. 4 EStR).
- Die Pflege muss im Inland und in der Wohnung des Stpfl. oder des Pflegebedürftigen erfolgen. Gefördert wird nur die häusliche Pflege. Der Begriff der Wohnung soll dem Gesetzeszweck entsprechend weit ausgelegt werden und sich daran orientieren, dass die pflegebedürftige Person in ihrer vertrauten Umgebung verbleiben kann[408].

Wird die pflegebedürftige Person im VZ von mehreren Personen gepflegt, so kommt es gem. § 33b Abs. 6 S. 5 EStG zu einer Aufteilung des Pflege-Pauschbetrages. Diese Aufteilung ist unabhängig davon vorzunehmen, ob der anteilige Pauschbetrag von allen Personen tatsächlich steuerlich geltend gemacht wird, so dass ein nicht geltend gemachter Pauschbetrag nicht den anderen Pflegepersonen zugeschlagen werden kann[409].

2.6 Kinderbetreuungskosten gemäß § 33c EStG

Die ab dem VZ 2002 in § 33c EStG als agB ausgestalteten Kinderbetreuungskosten gehören sachlich zu dem übergreifenden Thema Kinder und Familie im Steuerrecht und werden deshalb im folgenden Abschnitt (s. 3) behandelt.

3 Kinder im Steuerrecht

3.1 Bedeutung der Kinder im Einkommensteuerrecht

Mehrere Bsp. im Text der indisponiblen Privataufwendungen (§ 10 Abs. 1 Nr. 9, § 33a Abs. 2 und § 33c EStG u.a.) offenbaren bereits die Bedeutung der Kinder im ESt-Recht. Über diese Einzelfälle hinaus werden Kinder und die mit ihnen einhergehende Beeinträchtigung der steuerlichen Leistungsfähigkeit der Eltern gem. § 31 EStG nach Maßgabe des sog. **Optionsmodells** (s. sogleich 3.2.) berücksichtigt. Während auf eine Säule des Optionsmodells (Kindergeld als Steuervergütung[410]) nur kursorisch eingegangen

---

[407] *Glanegger* in *Schmidt*, EStG § 33b Rz. 19 unter Hinweis auf das BMF-Schreiben vom 07.11.1996 (BStBl I 1996, 1433), durch das BMF-Schreiben vom 02.04.1992 (BStBl I 1992, 267) aufgehoben wurde, und die OFD Brem in BB 1998, 1459; Urteil des FG Thür vom 30.04.2001 (EFG 2001, 1283).
[408] *Glanegger* in *Schmidt*, EStG § 33b Rz. 20; *Kanzler* in *H/H/R*, § 33b EStG Anm. 115: ausreichend sei es deshalb, wenn die Wohnung *auch* vom Pflegebedürftigen bewohnt werde.
[409] BFH vom 14.10.1997 (BStBl II 1998, 20); R 194 Abs. 5 EStR; H 194 EStH „Pflege-Pauschbetrag", 2. Spiegelstrich.
[410] Von *Jachmann* in *Kirchhof-kompakt*, § 31 Rz. 1, als Vorausleistung auf die Entlastung durch die Freibeträge nach § 32 Abs. 6 EStG bezeichnet.

wird, werden die tariflichen Entlastungen des § 32 Abs. 6 (Kinderfreibetrag) und des § 32 Abs. 7 EStG (Haushaltsfreibetrag) ausführlich dargestellt.

In allen Fällen ist der Kinderbegriff i.S.d. § 32 EStG maßgeblich für die Gewährung von Kindergeld bzw. für die Entlastung im Rahmen der Veranlagung.

3.2 Der Familienleistungsausgleich

Seit dem VZ 1996 gibt es den Familienleistungsausgleich als **duales** Konzept der Kinderberücksichtigung gem. § 31 EStG. Bereits früher gab es eine pauschale **kumulative** Berücksichtigung durch Kindergeld einerseits und durch einen degressiv[411] wirkenden Kinderfreibetrag andererseits. Dieses rein-duale Modell ist ab 1996 durch das Optionsmodell verfeinert worden. Das neu kreierte **Optionsmodell** bedeutet in diesem Zusammenhang, dass aufgrund einer Vergleichsrechnung bei der Veranlagung die günstigste Entlastung für den Steuerbürger berechnet wird.

Die Steuerfreistellung des Existenzminimums des Kindes wird entweder durch Kindergeldzahlung oder die Gewährung eines Kinderfreibetrages i.R.d. ESt-Veranlagung des/der Berechtigten erzielt. Im laufenden Kj. wird das Kindergeld als steuerfreie Vergütung monatlich ausbezahlt (§§ 61 ff. EStG)[412]. Bei der ESt-Veranlagung wird sodann von Amts wegen die sog. „Günstigerprüfung" für jedes Kind durchgeführt. Ist danach die gebotene Freistellung durch das Kindergeld nicht voll bewirkt, sind in der ESt-Veranlagung gem. § 32 Abs. 6 der Kinderfreibetrag und ab VZ 2000 der Betreuungsfreibetrag abzuziehen. Letzterer wurde ab VZ 2002 um einen Erziehungs- und Ausbildungsbetrag erweitert.

Bei der Vergleichsrechnung werden zwei Rechenergebnisse miteinander verglichen: Es wird die tarifliche ESt nach Abzug der Freibeträge (ESt I) mit derjenigen ohne Berücksichtigung der Freibeträge (ESt II) verglichen.

Diese Rechnung	**ESt II – ohne** Freibeträge –
	./. **ESt I – mit** Freibeträge –
führt zwangsläufig zu einer	**Differenz.**

Im nächsten Schritt wird diese Differenz mit dem gezahlten Kindergeld[413] verglichen. Dabei sind nur zwei Ergebnisse denkbar:

1. Entweder ist die Differenz > Kindergeld oder
2. das bezahlte Kindergeld > Differenz.

Im 1. Fall ist die (degressive) Entlastungswirkung der Freibeträge offensichtlich höher als die aktive Förderung mit Kindergeld. Hier wird sodann die tarifliche ESt I (unter

---

[411] Als Abzugsgröße beim z.v.E. wirken tarifliche Abzugsbeträge immer degressiv, in dem sie einen Stpfl. mit höherem Durchschnittssteuersatz stärker entlasten als einen mit geringerem Steuersatz.
[412] Das Kindergeld, festgesetzt und ausbezahlt von der Familienkasse bzw. von der Körperschaft (öffentlicher Dienst) beträgt derzeit (2002):
- Für das erste, zweite und dritte Kind jeweils 154 €/Monat und
- für das vierte und jedes weitere Kind jeweils 179 € monatlich (§ 66 EStG).
[413] Kindergeld ist auch dann zu verrechnen, wenn es dem Stpfl. kraft zivilrechtlichen Ausgleichsanspruch (§ 1612b Abs. 1 BGB) zusteht.

Berücksichtigung der Freibeträge gem. § 32 Abs. 6 EStG) angesetzt; das erhaltene Kindergeld wird sodann gem. § 31 S. 6 EStG i.V.m. § 36 Abs. 2 EStG mit der tariflichen ESt verrechnet; dies ergibt die festzusetzende ESt.

Im 2. Fall wurde mehr Kindergeld ausgezahlt, als dies nach einer rein tariflichen Berechnung der Fall gewesen wäre. Hier bleibt es bei der Auszahlung; ein evtl. überschießender Betrag muss nicht zurückgezahlt werden. Das „Mehr" an staatlicher Familienleistung dient der Förderung der Familie (§ 31 S. 2 EStG).

Mit dieser verbesserten Optionslösung sind die ideologischen Bedenken weitgehend ausgeräumt, die als Reaktion auf die drei Familienbeschlüsse des BVerfG vom 10.11.1998 (BStBl II 1999, 182) laut wurden. Mit dieser Rspr. hatte das BVerfG die fehlende Entlastungswirkung für Eltern mit höherem Einkommen (für die Streitjahre 1985, 1987 und 1988) gerügt, wonach die damalige duale[414] Regelung dem verfassungsrechtlichen Petitum einer **höheren Entlastung bei höherem Einkommen** nicht gerecht wurde[415].

Die weiteren Anregungen des BVerfG, wonach die steuerliche Entlastungswirkung mit dem sozialhilferechtlichen Existenzminimum verglichen werden müsse und dieses nicht unterschreiten dürfe sowie das verfassungswidrige Vorenthalten der Kinderbetreuungskosten und des Haushaltsfreibetrages für die eheliche Erziehungsgemeinschaft, sind zwischenzeitlich vom Gesetzgeber umgesetzt worden. Berücksichtigt werden

- nicht nur das sächliche Existenzminimum gem. § 32 Abs. 6 S. 1, 1. Tatbestand (Kinderfreibetrag), sondern auch
- der Ausbildungs- und Erziehungsbedarfes des Kindes (§ 32 Abs. 6 S. 1, 2. Tatbestand EStG),
- und beides in entsprechender Größenordnung[416].

3.3 Berücksichtigungsfähige Kinder

In einer Klausur ist es am zweckmäßigsten, die Frage nach den berücksichtigungsfähigen Kindern an den Anfang der Ausführungen zu stellen (vgl. Aufbau-Schema in Kap. I.1; dort bei den persönlichen Verhältnissen), da die Rechtsfolgen an mehreren Stellen eines ESt-Falles begegnen können[417].

> **Beispiel 23: Kinder, Kinder ...**
> Aus der Steuererklärung für den VZ 28 des in zweiter Ehe mit Eva E verheirateten Hans H ergibt sich, dass sich sein erstgeborener Sohn Primus P, geb. am 03.03.00, nach dem Abitur (VZ 19) zunächst für vier Jahre bei der Bundeswehr verpflichtete, um anschließend mit dem auswärtigen Studium zu beginnen. H kam im VZ 28 für alle Kosten des P (Lebensunterhalt, Miete für die Studentenappartement sowie Studienkosten) i.H.v. 5.000 € auf.

---

[414] Rein technisch wurde dabei das parallel gewährte Kindergeld in einen Entlastungswert umgerechnet.
[415] Etwas plakativ: „Ein Euro = nicht ein Euro", wenn dabei die steuerlich relevante Unterhaltsleistung gemeint ist.
[416] Meßlatte sind dabei die Regelsätze der §§ 22 f. BSHG.
[417] Z.B. schon bei § 1a Abs. 1 Nr. 3 EStG oder erst bei § 46 Abs. 2 Nr.4a EStG.

Die zehn Jahre später, am 01.07.10 geborene Tochter Ultima U besuchte während des ganzen Jahres (VZ 28) das Gymnasium und wohnte im gemeinsamen Haushalt von H und E. Die Mutter von U/P ist verstorben.
Spielt es eine Rolle, ob H für seine Kinder Kindergeld erhalten hat?

Kinder können im Steuerrecht nur **berücksichtigt** werden, wenn sie zum Steuerpflichtigen in einem Verhältnis i.S.v. § 32 Abs. 1 EStG stehen. Danach werden erfasst:

- Leibliche Kinder (Nr. 1),
- Adoptivkinder (Nr. 1[418]) und
- Pflegekinder (Nr. 2) i.V.m. R 177 EStR[419].

Umgekehrt werden Stiefkindschaftsverhältnisse seit 1986 steuerlich nicht mehr anerkannt[420]. § 32 Abs. 2 EStG regelt Konkurrenzfragen bei mehrfachen Kindschaftsverhältnissen.

Wesentlich umfassender hat der Gesetzgeber die steuerliche Berücksichtigung der Kinder in Abhängigkeit von ihrem jeweiligen **Lebensalter** geregelt (§ 32 Abs. 3 – 5 EStG).

Lösung:

1. **Berücksichtigung der 18-jährigen U**
   Ein Kind wird bis zu dem Kalendermonat berücksichtigt, zu dessen Beginn es das **18. Lebensjahr noch nicht vollendet** hat (§ 32 Abs. 3 EStG). U hat am 30.06.28 das 18. Lebensjahr vollendet (§ 187 Abs. 2 S. 2 i.V.m. § 188 Abs. 2, 2. HS BGB) und wird daher zunächst nur für die ersten sechs Monate im VZ 28 berücksichtigt.

Gem. § 32 Abs. 4 EStG werden Kinder auch **über das 18. Lebensjahr** hinaus berücksichtigt.

---

[418] Bei der Adoption Minderjähriger wird das Kind in der ESt (anders: § 15 Abs. 1a ErbStG) nur noch beim Annehmenden berücksichtigt. Bei der Adoption Volljähriger s. § 1770 Abs. 2 BGB: keine Auswirkung.
[419] Von entscheidender Bedeutung ist, dass das Obhut- und Pflegeverhältnis zu den leiblichen Eltern **nicht mehr** besteht (R 177 Abs. 2 EStR) und dass der Stpfl. das Pflegekind zu einem wesentlichen Teil auf seine Kosten unterhält. Dies wird angenommen, wenn der Kostenbeitrag des Stpfl. mindestens 125 €/Monat für das Pflegekind beträgt (R 177 Abs. 4 EStR).
[420] Somit werden P und U im Verhältnis zur Stiefmutter E nicht berücksichtigt, es sei denn als Pflegekinder.

Bis zu welchem Alter? (Monatsberechnung)	Unter welchen Voraussetzungen?	Gesetzesgrundlage?[421]
Bis zur Vollendung des 21. Lebensjahres	Arbeitslos (R 179 EStR)	§ 32 Abs. 4 Nr. 1 EStG
Bis zur Vollendung des 27. Lebensjahres	• Bei Berufsausbildung (R 180 EStR)[422]	§ 32 Abs. 4 Nr. 2a EStG
	• Bei maximal viermonatiger Übergangszeit[423]	§ 32 Abs. 4 Nr.2 b EStG
	• Kein Ausbildungsplatz[424]	§ 32 Abs. 4 Nr. 2c EStG
	• Freiwilliges Soziales Jahr[425]	§ 32 Abs. 4 Nr. 2d EStG
Über das 21./27. Lebensjahr hinaus (limitiert)	Kinder i.S.v. Nr. 1, Nr. 2a und 2b mit Wehr- oder Zivildienst[426]	§ 32 Abs. 5 EStG
Über das 27. Lebensjahr hinaus (unbegrenzt)	Behinderte Kinder (R 180d EStR)	§ 32 Abs. 4 Nr. 3 EStG

In allen Fällen der erweiterten Berücksichtigung gem. § 32 Abs. 4 und 5 EStG werden Kinder nicht berücksichtigt, wenn die eigenen Bezüge und Einkünfte der Kinder den Jahresbetrag von 7.188 € übersteigen (S. 2 ff. a.a.O.). Bei Überschreiten dieses Betrages entfällt sowohl das Kindergeld wie auch die Berücksichtigung im Rahmen des Kinderfreibetrages.

Die Beträge werden jedoch ggf. (z.B. Begrenzung des Kindergeldantrages auf einen Monat) im Zweifel auf den „Fördermonat" umgerechnet. Für den Fall, dass die zeitlichen Voraussetzungen nicht für das ganze Jahr gegeben sind (sog. Kürzungsmonate), kommt es ebenfalls zu einer Monatsberechnung, d.h. es findet eine Zwölfteilung (§ 32 Abs. 4 S. 7 EStG) statt. In den nicht berücksichtigungsfähigen Monaten bleiben folglich die Einkünfte und Bezüge der Kinder außer Betracht (§ 32 Abs. 4 S. 8 EStG). Bei Bezügen werden nur diejenigen „gegengerechnet", die zur Bestreitung des Unterhalts oder der Berufsausbildung bestimmt, und keine Einkünfte sind[427].

---

[421] Die Paragrafen in dieser Spalte sind solche des EStG.
[422] Sehr großzügige Regelung; so zählen darunter:
- Der Besuch von Schulen, die Allgemeinwissen (!?) vermitteln (Gymnasium, Realschule etc.),
- Studium und ggf. Referendarzeit (BFH vom 10.02.2000, BStBl II 2000, 398); Zweitstudium (BFH vom 20.07.2000, BStBl II 2001, 107); Promotion (BFH vom 09.06.1999, BStBl II 1999, 708),
- Sprachaufenthalt im Ausland (vgl. H 180 EStH), falls > 10 Stunden/Woche.

[423] Nach R 180a EStR sind damit Zwangspausen zwischen Ausbildungsabschnitten gemeint.
[424] Nach R 180b EStR wird die Wartezeit auf einen Ausbildungsplatz nur bei ernsthaftem Bemühen berücksichtigt.
[425] S. hierzu H 180c EStH, der auf die DA-FamEStG vom 14.08.2000 (BStBl I 2000, 665) verweist.
[426] Die jeweiligen Verlängerungstatbestände, die über das maßgebliche Datum (21. oder 27. Lebensjahr) hinaus limitiert berücksichtigt werden, sind in H 180f EStH abschließend aufgelistet, z.B. nach dem EntwicklungshelferG vom 20.12.2000 (BGBl I 2000, 1827).
[427] S. im Einzelnen H 180e EStH: z.B. Renten aus der gesetzlichen Unfallversicherung.

Nachdem von dem Grenzbetrag gem. § 32 Abs. 4 S. 2 EStG **nicht** der **Ausbildungsmehrbedarf**, sondern nur die Lebenskosten des Kindes betroffen sind, gibt es für die Gegenrechnung mit den eigenen Bezügen eine Rückausnahme für besondere Ausbildungskosten. Aufgrund mehrerer BFH-Entscheidungen vom 14.11.2000 sind diese als zusätzlicher Ausbildungsbedarf **unabhängig** von der Finanzierung durch **eigene Bezüge/Einkünfte** der Kinder abzuziehen. Dazu gehören Aufwendungen für:

- Wege zwischen Wohnung und Ausbildungsstätte (BStBl II 2001, 489)
- Bücher, die bei der Ausbildung benötigt werden (BStBl II 2001, 489)
- Arbeitsmittel und Studiengebühren (BStBl II 2001, 491) und
- ein Auslandsstudium (BStBl II 2001, 495).

Nicht hierzu gehören allerdings, d.h. gegenrechnungspflichtig sind:

- Aufwendungen für eine auswärtige Unterbringung (BStBl II 2001, 489),
- Mehraufwendungen für Unterkunft und Verpflegung (BStBl II 2001, 495),
- Versicherungsbeiträge des Kindes (H 180e EStH).

Der **Jahresgrenzbetrag** ist in folgender Reihenfolge zu ermitteln:

- Ermittlung der Einkünfte und Bezüge des Kindes,
- Kürzung des Betrages und Aufwendungen für den ausbildungsbedingten Mehrbedarf (§ 32 Abs. 4 S. 5 EStG).

Damit soll sichergestellt werden, dass das Kindergeld nicht wegen solcher Mittel versagt wird, die für die Lebensführung nicht zur Verfügung stehen, da sie bereits für besondere Ausbildungszwecke verwendet wurden.

Der Kinderfreibetrag wird unabhängig davon gewährt, in welchem Land sich das Kind aufhält. Bei Ansässigkeit in bestimmten Ländern wird jedoch der Kinderfreibetrag gekürzt, womit der dort bestehende geringere Lebensstandard und somit das geringere Existenzminimum berücksichtigt werden soll (BMF vom 26.10.2000, BStBl I 2000, 1502).

Fortführung der Lösung:
U wird daher ab 07/28 gem. § 32 Abs. 4 Nr. 2a EStG weiter berücksichtigt (Besuch des Gymnasiums).

2. Berücksichtigung des P

P hat zu Beginn des VZ 28 bereits das 27. Lebensjahr vollendet (am 03.03.27).

Er kann daher nicht mehr als Kind berücksichtigt werden. Daran ändert auch die Tatsache nichts, dass er seinen Wehrdienst abgeleistet hat. Nachdem sich P jedoch für vier Jahre verpflichtet hat, ist der vom Gesetz maximal gezogene Rahmen von drei Jahren (§ 32 Abs. 5 Nr.2 EStG) überschritten, so dass P nicht berücksichtigt werden kann.

Für P bekommt H weder Kindergeld noch kann er ggf. Freibeträge gem. § 32 Abs.6 EStG geltend machen.

3.4 Die Abzugskomponenten im Einzelnen

3.4.1 Freibetrag für Kinder (§ 32 Abs. 6 EStG)

Als die wichtigste Reaktion auf die BVerfG-Beschlüsse vom 10.11.1998 gewährt § 32 Abs. 6 EStG nunmehr einen erhöhten Kinderfreibetrag sowie einen neuen Freibetrag für den Betreuungs-, Erziehungs- sowie Ausbildungsbedarf, der den bisherigen Betreuungsfreibetrag ersetzt. Hierin liegt das zweite Novum der BVerfG-Rspr., wonach nunmehr **erwerbstätige verheiratete Eltern** sowohl den Betreuungsbedarf wie den Erziehungsbedarf steuerlich berücksichtigen können, was nach der Altfassung (§ 33c EStG) weitestgehend unmöglich war.

3.4.1.1 Das sächliche Existenzminimum (Kinderfreibetrag im engeren Sinne)

Für den existentiellen Sachbedarf wird bei jedem berücksichtigungsfähigen Kind bei jedem Elternteil ein **halber Kinderfreibetrag** von 1.824 € abgezogen (§ 32 Abs. 6 S. 1, 1. Tatbestand EStG). Bei zusammenveranlagten Ehegatten wird der **volle Kinderfreibetrag** von 3.648 € abgezogen (S. 2).

Der halbe Kinderfreibetrag ist demnach unbeschränkt steuerpflichtigen Eltern vorbehalten, die die Voraussetzungen der Zusammenveranlagung (§§ 26 und 26a EStG) nicht erfüllen (z.B. getrennt veranlagte Ehegatten, wo die Kinder bei jedem Elternteil zu berücksichtigen sind). Gleiches (halber Kinderfreibetrag) gilt, wenn die Ehegatten dauernd getrennt leben bzw. geschieden sind.

3.4.1.2 Freibetrag für den persönlichen Bedarf (Betreuungsfreibetrag)

Für den Aufwand für Betreuung, Erziehung und Ausbildung kann neben dem Kinderfreibetrag ein zusätzlicher halber Pauschbetrag von 1.080 € abgezogen werden (§ 32 Abs. 6 S. 1, 2. Tatbestand EStG). Der Betrag verdoppelt sich bei zusammenveranlagten Ehegatten auf 2.160 €. Entscheidend ist auch hier, dass der Betreuungsfreibetrag unabhängig vom Vorliegen eines tatsächlichen Fremdbetreuungsaufwandes gewährt wird. Hierin liegt der konzeptionelle Unterschied zu den tatsächlichen Betreuungskosten, die gem. § 33c EStG ab VZ 2002 als agB abzugsfähig sind (s. unter 3.5).

> **Fortführung der Lösung zum Bsp. 23:**
>
> Nachdem U das ganze Jahr (VZ 28) als leibliches Kind bei H berücksichtigt wird, kann H den halben Kinderfreibetrag i.H.v. 1.824 € und den halben „Betreuungsbetrag" i.H.v. 1.080 € abziehen.
> Weiterhin besteht zu E kein berücksichtigungsfähiges Verhältnis i.S.v. § 32 Abs. 1 EStG, da sie weder leibliches Kind noch Pflegekind ist. Der Status von U als Stieftochter findet seit 1986 keine Berücksichtigung mehr.
> Nach § 32 Abs. 6 S. 3 Nr. 1 EStG erhalten H und E jedoch die vollen Beträge von 3.456 € (Kinderfreibetrag) und 2.160 € (Betreuungsfreibetrag), da die leibliche Mutter von U verstorben ist.

Weitere Voraussetzung für die Gewährung der vollen Freibeträge bei dem Ehepaar E/H für das Kind U ist allerdings, dass nicht das vorrangige Kindergeld einen Abzug als Freibetrag erübrigt.

3.4.1.3 Die Übertragung des Kinderfreibetrages

Gem. § 32 Abs. 6 S. 6 EStG kann auf Antrag des unterhaltsleistenden Elternteils der halbe Kinderfreibetrag und bei minderjährigen Kindern der halbe Betreuungsbedarf des anderen Ehegatten auf ihn übertragen werden[428]. Voraussetzung dafür ist allerdings, dass er (nicht hingegen der andere Elternteil) im Wesentlichen der Unterhaltspflicht nachkommt[429]. Bei der Übertragung des Betreuungsbetrages muss noch hinzukommen, dass das minderjährige Kind nicht bei dem Elternteil wohnt (genauer: nicht gemeldet ist), der den halben Freibetrag verliert.

Für den Fall, dass sich die Stiefeltern oder Großeltern des Unterhalts und der Erziehung des Kindes annehmen, kann der den Eltern zustehende Freibetrag gem. § 32 Abs. 6 S. 7 EStG auf Antrag auch auf diese Personen übertragen werden.

3.4.2 Der Haushaltsfreibetrag (§ 32 Abs. 7 EStG)

Alleinerziehenden[430] Elternteilen steht bis VZ 2004 der Abzug von 2.340 €[431] als Haushaltsfreibetrag vom Einkommen zu (§ 2 Abs. 5 EStG) . Entsprechend der Vorgaben des BVerfG ist eine über den VZ 2005 hinausgehende Förderung der Alleinerziehenden mit Art. 6 Abs. 1 und 2 EStG unvereinbar[432]. Entscheidende Voraussetzung für den Abzug des Haushaltsfreibetrages nach § 32 Abs. 7 EStG ist allerdings, dass das Kind in der inländischen Wohnung des Stpfl. gemeldet ist. Den Fall der „Meldekonkurrenz" (mehrfache Wohnungsmeldung) regelt § 32 Abs. 7 S. 2 ff. EStG[433], wobei es zur Zuordnung des Kindes zu einem Elternteil kommt. Im Übrigen müssen die Voraussetzungen für die Gewährleistung bereits im VZ 2001 vorgelegen haben (§ 32 Abs. 7 S. 6 EStG).

---

[428] Voraussetzungen und Verfahren sind in R 181a, insb. R 181a Abs. 4 EStR näher geregelt (Wichtig: der – bis zur Bestandskraft widerrufliche – Antrag ist formlos bei dem Wohnsitz-FA zu stellen).
[429] Darunter versteht man bei der Barunterhaltsverpflichtung eine Quote von 75 % (R 181a Abs. 2 EStR); die Unterhaltsverpflichtung kann aber auch durch die Pflege und Erziehung des Kindes erfüllt werden (§ 1606 Abs. 3 BGB).
[430] Dies ergibt sich aus der näheren Tatbestandsfixierung auf Stpfl., für die das Splittingverfahren nicht anzuwenden (auch kein Gnaden-Splitting gem. § 32a Abs. 6 EStG) ist und für die auch – als Ehegatte – keine getrennte Veranlagung in Betracht kommt. Folglich kommt § 32 Abs. 7 EStG nur bei Einzelveranlagung (§ 25 EStG) oder bei der besonderen Veranlagung gem. § 26c EStG in Betracht (vgl. aber § 26c Abs. 3 EStG).
[431] Gem. § 52 Abs. 40a EStG wird der Betrag im VZ 2003 und im VZ 2004 auf 1.188 € gesenkt.
[432] Hierzu aktuell *Jachmann* in *Kirchhof-kompakt*, § 32 Rz. 36 sowie allgemein zur „verkürzten Auslegung" von Art. 6 GG i.Z.m. dem Familienleistungsausgleich *Preißer*, DWS 1999/2000 Teil IV.
[433] Die Fälle des Abzugs mit **Zuordnung** sind ausführlich in H 182 EStH geregelt.

3.5 Zusätzliche Maßnahmen[434]

Mit § 33c EStG sind erstmals ab VZ 2002 Kinderbetreuungskosten als agB **außerhalb des Familienleistungsausgleichs** zu berücksichtigen, die für **nachgewiesene Aufwendungen** von erwerbstätigen (oder gleichgestellten[435]) Eltern(teilen) angefallen sind. Unter der weiteren Voraussetzung, dass die betreuenden Elternteile zusammenveranlagt[436] werden oder die sonstigen Voraussetzungen des vollen Kinderfreibetrages (§ 32 Abs. 6 S. 3 EStG) vorliegen, beträgt der Höchstbetrag 1.500 €, ansonsten 750 €.

Die Aufwendungen lassen sich in Aufwendungen für Fremdbetreuung für Kinder bis 14 Jahren und solche für behinderte Kinder – unabhängig vom Lebensalter[437] – unterscheiden. In beiden Fällen müssen die Kinder zum Haushalt des Stpfl. gehören. Eine Kürzung des o.g. Höchstbetrages von 1.500 € (bzw. 750 €) um eine zumutbare Belastung i.S.d. § 33 Abs. 3 EStG kommt nicht in Betracht; allerdings müssen die konkreten Aufwendungen den Mindestbetrag von 774 € (bzw. 1548 €) übersteigen, um überhaupt berücksichtigungsfähig zu sein.

Die aus der Berücksichtigung der Kinder i.R.d. Kinderfreibeträge gem. § 32 Abs. 6 und 7 EStG bekannten „Monatsregeln" (§ 33c Abs. 3 S. 2 EStG), sowie die Ländergruppeneinteilung (§ 33c Abs. 3 S. 1 EStG) kehrt auch bei § 33c EStG wieder.

---

[434] Auf § 46 Abs. 3 EStG (sog. Härteausgleich bei lohnsteuerpflichtigen Nebeneinkünften) als der letzten Abzugsgröße bei der Ermittlung des z.v.E. gem. § 2 Abs. 5 EStG wird nur noch der „Chronistenpflicht halber" hingewiesen.
[435] Hierzu *Mellinghoff* in *Kirchhof-kompakt*, § 33c Rz. 21 ff.
[436] Für **zusammenlebende** Elternteile ist allerdings einschränkend zu berücksichtigen, dass beide Elternteile die Voraussetzungen des § 32c Abs. 1 S. 1 EStG (Erwerbstätig bzw. Vergleichbarer status) erfüllen müssen.
[437] Allerdings muss die Behinderung vor dem 27. Lebensjahr eingetreten sein.

Teil B

Einkommensteuer II –
Übergreifende Komplexe

B Einkommensteuer II – Übergreifende Komplexe

I Personelle Zurechnung (Drittaufwand, Nießbrauch/Treuhand, Angehörigenverträge)

1 Einführung

In der gesamten deutschen Rechtsordnung wird die Beteiligung **Dritter** an Rechtsverhältnissen stiefmütterlich behandelt. Die knappe „Ressource Gesetz" steht im krassen Gegensatz zu den verwirklichten Lebenssachverhalten, da in der Regel mehrere Personen bei der Realisierung eines Rechtsverhältnisses mitwirken. Das Steuerverfahrensrecht kennt immerhin mit der Gesamtschuld – § 44 AO i.V.m. §§ 421 ff. BGB – ein Institut, mittels dessen Drei- oder Mehrpersonenverhältnisse bewältigt werden können.

Im materiellen Steuerrecht begegnet das Phänomen der mehrpersonalen Beteiligung sowohl im geschlossenen Kreis der Besteuerung der Gesellschaften wie auch im offenen Anwendungsbereich sonstiger mehrheitlicher Beteiligungen an Einkunftsquellen. Bei der Lösung des personellen Zuordnungskonfliktes kommt nach der Rspr. des BFH dem Tatbestandsmerkmal „Erzielen von Einkünften" i.S.d. § 2 Abs. 1 S. 1 EStG die Hauptaufgabe zu. Besonders argwöhnisch verfolgen Rspr. und Verwaltung unter dem Aspekt der (unzulässigen) Übertragung von Einkünften die Angehörigenverträge, wie sie etwa bei Ehegattenarbeitsverträgen oder bei den sog. Familiengesellschaften vorkommen.

In dogmatischer Hinsicht werden steuerliche Dreiecksverhältnisse auf verschiedenen Ebenen diskutiert:

- Auf der Einnahmenseite,
- auf der Aufwandsebene und
- bei komplexen Rechtsverhältnissen.

Diese Einteilung wird für die Gliederung übernommen, wobei hier eine – im Gegensatz zur ausufernden Diskussion in der Lit. – geschlossene Darstellung angestrebt wird.

2 Die personelle Zurechnung im Bereich der Einnahmen

2.1 Das gesetzliche „Leitbild" (§ 20 Abs. 2 S. 1 Nr. 2 ff. EStG sowie § 20 Abs. 2a EStG)

Abgesehen von der Sonderregelung in § 21 Abs. 1 Nr. 4 EStG (Besteuerung aufgrund der gesetzlichen Surrogation[1] im V+V-Bereich) enthalten allein die §§ 20 Abs. 2 Nr. 2 ff.

---

[1] S. Teil A, Kap. II.3: Der Kaufpreis **ersetzt** bei einer veräußerten Immobilie die Mietzahlung. Die spätere Einziehung der Miete ist für Erwerber wie für Veräußerer steuerirrelevant.

EStG gesetzliche Antworten für die Beteiligung mehrerer Personen an einer Einkunftsquelle. Diese im Jahre 1994 durch das StMBG als Klarstellung eingeführten Anwendungsfälle sind durch das (mögliche) **Auseinanderfallen** von Stammrecht (Wertpapier bzw. Beteiligung) und dem eigentlichen Ertragsanspruch (auch Gewinn-, Zins- oder Dividendenanspruch genannt) gekennzeichnet. Als irritierende Begleiterscheinung ist bei der Gesamtschau des § 20 Abs. 2 Nr. 2 ff. EStG zusätzlich zu berücksichtigen, dass die vom Stammrecht isolierten Ertragsansprüche zusätzlich verbrieft sein können (als Dividendenscheine oder als Zinskupons), während umgekehrt die Einkunftsquelle selbst nicht verbrieft sein muss, wie dies etwa bei GmbH-Geschäftsanteilen der Fall ist[2]. Die Fälle der nicht verbrieften Inhaberschaft des Stammrechts werden gem. § 20 Abs. 2 S. 2 EStG pauschal den verbrieften Wertpapieren gleichgestellt.

2.1.1 Die Übertragung der Beteiligung und § 20 Abs. 2a EStG

Der Gesellschafterwechsel bei einer KapG ist weder an den Jahreswechsel noch an das Vorliegen eines Gewinnverteilungsbeschlusses gebunden. Wird inmitten eines Jahres die Beteiligung verkauft (abgetreten), erfolgt i.d.R. auch eine zivilrechtliche Absprache über den Gewinn des laufenden Jahres.

> **Beispiel 1: Der (jahres-)mittige Gesellschafterwechsel bei einer GmbH**
> Bei der X-GmbH (Wj. = Kj.) veräußert A am 30.06.01 seinen GmbH-Geschäftsanteil von 10 T€ an B, während C den Restanteil von 15 T€ behält. Bei den Verhandlungen über den Kaufpreis (insgesamt 100 T€) wird vereinbart, dass hiervon 5 T€ auf den zu erwartenden Gewinnanspruch des Jahres 01 entfallen. Der am 01.04.02 beschlossene auszuschüttende Gewinn ist so hoch wie das Stammkapital der X-GmbH (25 T€) und wird entsprechend der Beteiligungsverhältnisse an B und C überwiesen.

In der Praxis wird unterstellt, dass die Parteien von dem gesellschaftsrechtlichen Grundsatz ausgehen, dass der Gewinnanspruch dem jeweiligen (d.h. derzeitigen) Inhaber des Mitgliedschaftsrechtes zusteht (vgl. § 29 Abs. 1 GmbHG). Die Absprache über den laufenden Gewinn im Jahr des Gesellschafterwechsels wird – wie hier – häufig entgeltlich erfolgen. Die Gewinnabsprache kann auch unentgeltlich oder teilentgeltlich geregelt werden.

Lösung:

- Das Stammrecht steht im Zeitpunkt des Verteilungsbeschlusses (01.04.02) dem Neugesellschafter C zu (gesellschaftsrechtliche Ausgangslage).

---

[2] Nach dem GmbHG ist eine Verbriefung des GmbH-Geschäftsanteils nicht vorgesehen. Es können jedoch sog. Anteilsscheine ausgegeben werden (selten), die allerdings keine Wertpapiere, sondern nur sog. Beweisurkunden sind (vgl. *Münchner Vertragshandbuch*, Band 1 – IV 78 Anm. 1 m.w.N.). Die notarielle Beurkundungspflicht nach § 15 GmbHG bezieht sich nur auf die Mitgliedschaft und nicht etwa auf ein „Papier".

- Weiter ist durch **§ 20 Abs. 2a EStG** ab 1994 – in Übereinstimmung mit zwei BFH-Urteilen aus dem Jahre 1986[3] – klarstellend geregelt, dass – entgegen zivilrechtlicher Absprachen über die Früchteverteilung nach § 101 BGB[4] – der Gewinn i.H.v. 10 T€ (die Dividende) immer vom Neugesellschafter (C) versteuert wird.
- Der Kaufpreis von 5 T€ bezieht sich auf den hiervon losgelösten Ertragsanspruch für das Jahr 01. Anders als bei § 21 Abs. 1 Nr. 4 EStG tritt hier der anteilige Kaufpreis von 5 T€ nicht an die Stelle des künftigen Gewinnes (als vorgezogener Gewinnanteil), sondern geht im Gesamtkaufpreis von 100 T€ auf und wird steuerlich nur bei Vorliegen der Voraussetzungen der §§ 17, 23 EStG bzw. § 21 UmwStG (oder § 6 AStG) berücksichtigt.

Zur Klarstellung wird darauf verwiesen, dass zwei weitere Fälle in der Beurteilung unproblematisch sind:

- Der Gesellschafterwechsel erfolgt in 02 nach dem Verteilungsbeschluss für 01: Der Gewinn steht dem Altgesellschafter zu, BFH vom 09.03.1982 (BStBl II 1982, 540).
- Der Gesellschafterwechsel erfolgt in 01 und zur Diskussion stehen die zukünftigen Gewinne der Jahre 02 ff.: nach BFH vom 12.10.1982 (BStBl II 1983, 128) stehen die zukünftigen Gewinne dem Neugesellschafter zu.

2.1.2 Die Abtretung von Gewinnansprüchen nach § 20 Abs. 2 Nr. 2a EStG

Anders als bei § 20 Abs. 2a EStG wird hier nicht die Beteiligung übertragen, sondern – wegen der Abspaltungstheorie zulässigerweise – nur der Gewinn- oder Dividendenanspruch.

> **Beispiel 2: Die isolierte Abtretung des Dividendenscheines**
> Der Aktionär A verkauft in 04 seinen Gewinnanteilsschein auf die Jahresdividende 04 an B zu 2.000 €. In 05 entfällt auf A eine anteilige Dividende von 1.850 €.
> **Lösung:**
> Der Dividendenschein gilt – ebenso wie die Aktie – als Wertpapier. Gem. § 20 Abs. 2 S. 1 Nr. 2a EStG hat A in 04 den Kaufpreis von 2 T€ als vorgezogenen Kapitalertrag zu erfassen; KapESt fällt dabei nicht an[5]. Der spätere Zufluss der Dividende bei B ist für beide Personen steuerlich unbeachtlich. Nach h.A. ist es auch unbeachtlich, ob die spätere Dividende dem Kaufpreis entspricht.

---

[3] BFH vom 21.05.1986 (BStBl II 1986, 795 und 815 – sog. Abspaltungsthese: Danach spaltet sich der Gewinnanspruch mit dem Gewinnverteilungsbeschluss vom Mitgliedschaftsrecht ab).
[4] S. hierzu die grundlegenden und „historischen" Ausführungen – zur alten Rechtslage – von *Heinicke*, DStJG 1987, 99 (123 ff., 126, 130) einerseits sowie *ders.* heute in *Heinicke-Schmidt*, § 20 Rz. 171 ff.
[5] Vgl. § 43 Abs. 1 S. 1 Nr. 8 EStG: Der Fall ist nicht erfasst.

Diese mit § 21 Abs. 1 Nr. 4 EStG identische Lösung (**gesetzliche Surrogation:** der Kaufpreis ersetzt den späteren Dividendenzufluss) lässt sich unschwer für Übertragungsmöglichkeiten, vor allem im Familienkreis, nützen. Um der Gefahr der Einkünfteverlagerung vorzubeugen, bleibt es daher bei einer **unentgeltlichen** Übertragung des isolierten Gewinnanspruches bei der Regelung des § 20 Abs. 2a EStG, wonach der Aktionär (Inhaber des Stammrechts) Einkunftssubjekt bleibt[6].

2.1.3 Sonstige Fälle der § 20 Abs. 2 Nr. 2b ff. EStG

2.1.3.1 Die isolierte Abtretung von Zinsscheinen (§ 20 Abs. 2 S. 1 Nr. 2b EStG)

In der Vorschrift sind zwei – zeitlich – unterschiedliche Anwendungsfälle angesprochen. Nach S. 1 veräußert der Inhaber der Schuldscheine den – verbrieften – Ertragsanspruch (Zinsschein) bzw. den – nicht verbrieften – Ertragsanspruch (Zinsforderung) **vor der Fälligkeit** der Erträge.

Nach § 20 Abs. 2 S. 1 Nr. 2b S. 2 EStG ist der Wertpapierinhaber **nicht mehr Inhaber** der Schuldscheine, hat sich aber die Ertragsansprüche zurückbehalten und veräußert nunmehr isoliert die Zinsansprüche.

> **Beispiel 3: „Stripped-Bonds"**
> S besitzt seit 01 einen Zero-Bonds mit einem Ausgabewert von 90 € und einem Einlösungswert in fünf Jahren von 100 €. Gleichzeitig sind die Zinsansprüche während dieser Zeit getrennt als Zinskupons verbrieft. S veräußert in 03 den Zinskupon für den Ertragsanspruch des Jahres 04.
>
> **Lösung:**
> Der Veräußerungspreis für den Kupon ist in 03 gem. § 20 Abs. 2 S. 1 Nr. 2b S. 1 EStG zu erfassen.
> Hiervon unberührt bleibt die Erfassung des Differenzbetrages von 10 € nach Einlösung in 05 gem. § 20 Abs. 1 Nr. 7 EStG – ebenfalls in der Person des S –.

2.1.3.2 Stückzinsen

Bei der Übertragung von Wertpapieren kann es zur gleichen Situation wie beim Gesellschafterwechsel kommen, d.h. zu einer Übertragung während des laufenden Zinsjahres. Auch in dieser Konstellation werden sich die Vertragsparteien Gedanken über die Aufteilung des Jahreszinses machen. Der abgerechnete Zins für die Besitzzeit des Veräußerers wird als Stückzins nach § 20 Abs. 2 S. 1 Nr. 3 EStG versteuert.

---

[6] Bei teilentgeltlichen Abtretungen wird entsprechend der – im PV gültigen – Trennungstheorie in einen entgeltlichen und in einen unentgeltlichen Übertragungsteil aufgeteilt (so auch *von Beckerath* in *Kirchhof-kompakt*, § 20 Rz. 135).

Beispiel 4: Der gestaffelte Kaufpreis bei einem Wertpapier
V veräußert zur Sonnenwende 01 Bundesobligationen (10 Stück) mit dem Kurswert von 100 € zu 102 €, wobei er den Jahreszins mit 4 €/Papier berechnet. Der Erwerber E erhält Anfang 02 als Zins 4.000 €.
Variante: E erwirbt das Wertpapier Ende 01 (Stückzins: 3,90 €/Papier) und veräußert es zu Beginn des Jahres 02 zum Kurswert an einen Dritten.

Lösung:
Während V in 01 den erhaltenen Stückzins von 2 T€ nach § 20 Abs. 2 Nr. 3 EStG versteuert, wird der Erwerbsaufwand von E in 01 nach absolut h.M.[7] – bei Geltung des § 11 Abs. 2 EStG – als dessen negative Einnahme nach § 20 EStG erfasst. Umgekehrt hat E in 02 den vollen Zinsbetrag von 4 T€ zu versteuern.

Variante:
Es ist offensichtlich, dass E das Papier in 01 erworben hat, um mit den negativen Kapitaleinkünften (3.900 € Kosten für die Stückzinsen) die Besteuerungssituation für Kapitaleinkünfte in 01 oder mit den positiven Einkünften für das Jahr 02 (4.000 € und § 20 Abs. 4 EStG) zu „steuern".
Der BFH hat im Urteil vom 27.07.1999 für einen vergleichbaren Sachverhalt zu Recht Gestaltungsmissbrauch nach § 42 AO angenommen (BStBl II 1999, 769).

2.1.3.3 Kursdifferenzpapiere nach § 20 Abs. 2 S. 1 Nr. 4 EStG

Nach § 20 Abs. 2 Nr. 4 EStG werden Einnahmen aus der Veräußerung von (versteckten) Zinserträgen bei Kursdifferenzpapieren erfasst. Die dabei zugrunde liegenden Kapitalforderungen sind durch das Fehlen eines festen und gleichmäßigen Zinssatzes gekennzeichnet. Damit werden Options- und Termingeschäfte mit Wertpapieren (und Stammrechten) erfasst, bei denen die kalkulierte Emissionsrendite auf die Besitzzeit des Veräußerers entfällt und die sich dieser durch den Veräußerungspreis entgelten lässt. Es ist mithin sichergestellt, dass nur der Veräußerungspreis erfasst wird, der sich als Entgelt für die zwischenzeitliche **Kapitalnutzung** des Veräußerers berechnen lässt (§ 20 Abs. 2 Nr. 4 S. 3 EStG).

Zur Charakterisierung der vier verschiedenen Anwendungsfälle eignet sich am besten die von *von Beckerath*[8] eingeführte Terminologie in:

- „Geborene" Auf- und Abzinsungspapiere gem. § 20 Abs. 2 S. 1 Nr. 4a EStG[9],
- „Gekorene" Auf- und Abzinsungspapiere nach Nr. 4b[10],

---

[7] Statt aller *Heinicke/Schmidt*, § 20 Rz. 178.
[8] In *Kirchhof-kompakt*, § 20 Rz. 381, 395, 405 und 415.
[9] Es handelt sich um vom Emittenten ausgegebene aufgezinste Kapitalforderungen (Bsp.: Ausgabewert von 100 € und Einlösewert von 100 + x €) wie z.B. aufgezinste Sparbriefe, Bundesschatzbrief Typ B oder um abgezinste Schuldverschreibungen wie Finanzierungsschätze des Bundes, die mit einem Agio emittiert und pari zurückgezahlt werden. Die Besteuerung trifft den **Ersterwerber** (oder jeden weiteren Erwerber).

- Forderungen ohne Stückzinsen oder mit ungewissem Ertrag gem. Nr. 4c[11] und
- Forderungen mit Erträgen in unterschiedlicher Höhe oder für unterschiedliche Zeiträume nach § 20 Abs. 2 S. 1 Nr. 4d EStG[12].

Es muss jedoch betont werden, dass alle aufgelisteten Tatbestände des § 20 Abs. 2 Nr. 4 EStG nur **Zwischenveräußerungen** erfassen, bei denen der Ersterwerber die Zeit bis zur Einlösung des Wertpapiers nicht „durchsteht".

Wiederum anders erzielt der Ersterwerber eines Kursdifferenzpapiers bei Einlösung des Papiers im Zeitpunkt der Endfälligkeit (der sog. „Durchhalter") i.H.d. Differenz zwischen Ausgabe/Einlösung immer steuerbare Einnahmen nach § 20 Abs. 1 Nr. 7 EStG. Dies hat zuletzt der BFH im Urteil vom 05.11.2001 (NV; FG D´dorf vom 04.04.2001, EFG 2001, 1422) bestätigt.

2.1.3.4 Zwischengewinne bei Investmentanlagen

Im Unterschied zu den bei § 20 EStG behandelten Kapitalanlagen (Wertpapiere, Beteiligungen, kurz: Kapitalforderungen als Stammrecht) führt der Erwerb von Investmentanteilen nur zu einer Mitberechtigung an einem gesonderten Fondsvermögen. Im Fonds werden die Gelder vieler Anleger gebündelt, um sie in verschiedenen Vermögenswerten (Wertpapiere, Grundstücke, stillen Beteiligungen oder – neuerdings bei Dachfonds – andere Fonds) anzulegen. Für die steuerliche Beurteilung ist es von besonderer Bedeutung, dass der Anleger mit seinen Investmentfonds nicht Mitgesellschafter der Kapitalanlagegesellschaft[13] wird. Die Einzahlungen der Anleger werden getrennt vom Eigenvermögen der Anlagegesellschaft, die mit dem Status eines Kreditinstitutes versehen ist, einem Sondervermögen zugeführt, das von der Gesellschaft verwaltet wird. Die Anteilsscheine (Zertifikate) werden nicht an der Börse gehandelt, so dass die Rücknahmepreise nicht „amtlich", sondern nur in den Tageszeitungen veröffentlicht werden.

Je nach der Zielsetzung werden offene und geschlossene Fonds unterschieden. Letztere, bei denen die Anzahl der Anteile und die Anlagesumme fest begrenzt ist (closed-end-Prinzip) werden meist in der Form einer KG betrieben und hier nicht weiter dargestellt[14].

---

[10] Im Unterschied zu Nr. 4a trennt nach Nr. 4b erst der Inhaber der Kapitalforderung das Stammrecht von der Ertragsforderung und veräußert eines der beiden (Kapitalforderung oder Zinsanspruch). Die Besteuerung trifft hier deshalb den **Zweiterwerber** (oder jeden weiteren Erwerber). Die Papiere werden als „künstliche" Zero-Bonds bezeichnet.

[11] Nr. 4c erfasst – über § 20 Abs. 2 Nr. 3 EStG hinaus – **nicht gesondert berechnete** Stückzinsen, die auf die Besitzzeit des Veräußerers entfallen und entsprechend vergütet werden. Genannt werden in diesem Zusammenhang Optionsscheine (sog. „warrants"), die das Recht, aber nicht die Verpflichtung verbriefen, eine bestimmte Menge eines Basiswertes (Anleihen, Währungen, Rohstoffe) zu kaufen („Call-options") oder zu verkaufen („Put-options"). Der zweite Fall von Nr. 4c betrifft Veräußerungserträge, die von ungewissen Ereignissen abhängen (sog. Index-Anleihen).

[12] Hierunter fallen Anleihen mit einem Auf und Ab der verbrieften Zinserträge, wie dies bei Kombizinsanleihen (nach kuponlosen Jahren folgen die restlichen Jahre mit hohen Kuponerträgen) und sog. „floatern" (variable Zinsen, bei denen sich der Zinssatz an den Interbankzinssätzen wie dem Euribor oder Libor (in London gehandelter Interbankzinssatz) orientiert.

[13] Deutsche Investmentgesellschaften unterliegen dem KAGG (Gesetz über Kapitalanlagegesellschaften).

[14] S. hierzu die Ausführungen über die vermögensverwaltende GmbH & Co. KG in Band 2, Teil B, Kap. III.

2 Die personelle Zurechnung im Bereich der Einnahmen

Bei den offenen Investmentfonds werden die Anleger mit ihren Erträgen über die Fiktion des § 39 KAGG so besteuert, als ob sie direkt an dem Investmentvermögen beteiligt wären. Damit wird z.B. erreicht, dass der Anleger von thesaurierenden (oder akkumulierenden) Fonds mit den nicht ausgeschütteten, wieder angelegten Zinsen etc. besteuert wird.

Von besonderer Bedeutung sind seit jeher die **Zwischengewinne**. Um solche handelt es sich nach § 39 Abs. 2 S. 2 n.F. KAGG bei den Anteilen der Anleger am Veräußerungserlös der während der Besitzzeit erwirtschafteten (besser: zugewachsenen) Erträgen des Sondervermögens. Diese können in erwirtschafteten Zinsen ebenso liegen wie (ab 01.04.1999) in Gewinnanteilen aus Termingeschäften. Dabei spielt es keine Rolle, ob diese schon zugeflossen oder noch nicht zugeflossen sind. Nachdem die frühere Möglichkeit der Umgehung der Steuerpflicht durch Rückgabe der Anteile nach Ablauf der Spekulationsfrist mit der Neufassung des § 20 Abs. 2 Nr. 2 ff. EStG[15] abgeschafft werden sollte, sind nunmehr Zwischengewinne aufgrund der skizzierten Regelung des § 39 Abs. 2 KAGG steuerpflichtig.

Als Ausgleich zu der Erfassung der Zwischengewinne unterliegen Veräußerungsgewinne des Fonds, die in den Ausschüttungen enthalten sind, nur insoweit der Besteuerung beim Anteilseigner, als sie nicht nach Maßgabe der §§ 17, 23 EStG erfasst werden. Mit der Umstellung auf das Halbeinkünfteverfahren profitiert der Anleger in Investmentfonds ebenfalls von den Vergünstigungen des § 3 Nr. 40 EStG und des § 8b Abs. 1 und 2 KStG.

2.1.4 Zusammenfassung

Als Fazit zur steuerlichen Erfassung von **Kapitalerträgen** bei **mehrheitlicher** Beteiligung lassen sich folgende Grundsätze aufstellen:

- In der Fallgruppe „Auseinanderfallen von Stammrecht und Ertrags-(Dividenden)Anspruch" sind entgeltliche Abtretungen des Ertragsanspruchs allein bei der gleichzeitig veräußerten Beteiligung an der KapG (GmbH-Geschäftsanteil, Aktie) steuerlich unbeachtlich. Der Ertrag (die Dividende) hängt akzessorisch am Vollrecht (Aktie).
- Ansonsten gelten bei isolierter Abtretung des Ertragsrechtes (abgetretene Dividendenansprüche) oder bei mitveräußerten Wertpapieren (Stückzinsen) die Grundsätze der gesetzlichen Surrogation: der Kaufpreis ersetzt den zugeflossenen Ertrag. Zedent (Abtretender) und Zessionar (Abtretungsempfänger) erzielen je eigene Einkünfte (bzw. negative Einnahmen).
- Unentgeltliche Abtretungen führen in keinem Fall zu einer Einkunftsverlagerung.
- Bei Investmentfonds behandelt das Steuerrecht das gesellschaftsrechtlich getrennte Sondervermögen nach dem Transparenzgrundsatz und weist die dortigen Ergebnisse unmittelbar den Investoren zu.

---

[15] Für die alte Rechtslage hat der BFH im Urteil vom 27.03.2001 (BFH/NV 2001, 1539) die Steuerfreiheit der Zwischengewinne bestätigt.

2.2 Die (gesetzlich nicht geregelte) Abtretung und vergleichbare Fälle

Im Bereich der **Einnahmen** nehmen die Abtretung und vergleichbare Fallgestaltungen – unter dem Stichwort der Dritteinnahmen – den größten Raum ein.

Beispiel 5: Die altruistische Mutter?
Unternehmerin U tritt eine Werkforderung (3.000 €) gegen Kunde K

unentgeltlich,

gegen Bezahlung von 300 €

an ihre Tochter T ab. K zahlt an T.

Variante: U vereinbart mit K, dass dieser – im Wege eines Vertrages zugunsten Dritter (§ 328 BGB) – an T zu leisten habe.

Die zivilrechtliche Unterscheidung nach Abtretung einer entstandenen Forderung im Unterschied zur Begründung einer Forderung in der Person des Dritten durch einen Vertrag zugunsten Dritter spielt für die steuerliche Zuordnung eine untergeordnete Rolle. Während nach älterer BFH-Rspr. entscheidend war, wer zivilrechtlich als wirksamer Inhaber der Einkunftsquelle galt, fand seit Mitte der 80er-Jahre ein Umdenken statt. Die eigene steuerliche Betrachtungsweise stellt sowohl § 38 AO (gesetzliche Tatbestandsverwirklichung) wie § 2 Abs. 1 EStG (Person des Einkünfteerzielers) in den Vordergrund der Überlegungen. Damit kommt es darauf, wer die Einkünfte **erwirtschaftet**, anders formuliert: „Welche Person verwirklicht auf eigenes Risiko den Markterfolg?". Gleichzeitig ist die These zu befolgen, dass es keine private Disposition über einzelne Steuergrößen gibt. Diese These findet ihren Niederschlag in den Worten der **unbeachtlichen Einkommensverwendung.**

Lösung:

1. Bei der unentgeltlichen Abtretung hat U den Markterfolg herbeigeführt und hat ihn – darüber hinaus – z.B. als bilanzierende Steuerbürgerin[16] auch erfolgswirksam auszuweisen. Die Abtretung an T stellt eine unbeachtliche Maßnahme der Verwendung dar (BFH vom 08.07.1998, BStBl II 1999, 123).
2. Bei der entgeltlichen Abtretung wird die generelle Frage von den zwei o.g. Spezialregelungen überlagert:
    a) Gem. § 20 Abs. 2 Nr. 2 – 4 EStG werden Veräußerungsentgelte für ausstehende Kapitalforderungen, wenn sie im Kaufpreis des übertragenen Wertpapiers enthalten sind, gem. § 20 Abs. 2 Nr. 3 EStG als sog. Stückzinsen beim **Abtretenden** erfasst. Dasselbe gilt, wenn der dividendenauslösende Gegenstand nicht, sondern alleine der Zinsanspruch übertragen wird.

---

[16] Hingegen nicht als § 4 Abs. 3 – Rechner.

b) Die identische Rechtsfolge tritt nach § 21 Abs. 1 Nr. 4 EStG beim Verkauf eines Mietshauses und ausstehenden Mietzinsforderungen ein. Diese ausstehenden Mieten werden beim Kaufpreis i.d.R. mitberücksichtigt; das dafür vereinbarte Entgelt wird auch hier beim Zedenten als Mieteinnahme besteuert. Die Einziehung der Forderung durch den Erwerber ist letztlich ein unbeachtlicher Vorgang in der Privatsphäre (im sog. Vermögensbereich). Für den Erwerber bedeutet dies, dass der für den Mietzins bezahlte Kaufpreis Anschaffungskostencharakter hat; die Bezahlung der Miete ist sodann steuerunerheblich.

c) **Verallgemeinert** man – mit der h.M – diese Grundsätze für alle Formen der entgeltlichen Abtretung[17], so hätte U 300 € zusätzlich im Zeitpunkt der Abtretung zu versteuern. Der Einzug der Forderung findet für T sodann in der steuerirrelevanten Privatsphäre statt[18].

Noch problematischer als diese Streitfrage ist der „unterpreisige" Verkauf einer Forderung eines § 4 Abs. 3 – Rechners, die sich noch nicht erfolgswirksam ausgewirkt hat. In diesem Fall wird man – um Deckungsgleichheit mit der Abtretung eines Bilanzierenden zu erreichen – i.H.d. Differenz zum Verkehrswert der Forderung eine Entnahme anzunehmen haben. Ansonsten könnten sich die Beteiligten durch teilentgeltliche Abtretungen der Besteuerung entziehen.

Variante:
Bei einem Vertrag zugunsten Dritter wird unterschieden nach Verträgen zu Lebzeiten und Verträgen auf den Todesfall.
Bei der Begründung eines Forderungsrechtes zu Lebzeiten wird mit der „Erst-Recht"-Argumentation – wie bei der Abtretung – der Markterfolg bei U besteuert.
Anders sähe es bei einem Vertrag zugunsten Dritter auf den Todesfall aus; hier gilt der Begünstigte (im Bsp. T) als Rechtsnachfolger i.S.d. § 24 Nr. 2 EStG. Danach hätte T den Forderungseingang zu versteuern.

Weitgehend unproblematisch ist hingegen der zusätzliche Anwendungsbereich der „Dritteinnahmen", wenn ohne Beeinflussung des Marktteilhabers (Einkünfteerzielers) die Zahlung (bzw. die Zuwendung des Vermögensvorteils) nicht bei ihm erfolgt, sondern bei einem Angehörigen.

---

[17] Von der Lehre als Surrogationsprinzip bezeichnet (*Drenseck* in *Schmidt*, § 8 Rz. 18; *Crezelius* in *K/S/M*, § 8 A 10 ff. sowie *Trzaskalik* a.a.O. § 11 B 12 ff.).

[18] Gegen diese Lösung, soweit davon der **Zeitpunkt** betroffen ist, wendet ein Teil der Lit. (*Heinicke*, DStJG 10, 120 sowie *Drenseck* in *Schmidt*, § 8 Rz. 18 m.w.N.) ein, dass es auf die Zahlung durch K ankäme. Gegen die Lösung der h.M. ist allerdings grundsätzlich vorzubringen, dass bei der Behandlung gem. § 20 und § 21 EStG Erwerbsgrundlagen auf den Erwerber übergehen und von daher die Erfassung der ausstehenden Beträge in der Person des Veräußerers einen wirtschaftlichen Sinn macht. In den Fällen der isolierten entgeltlichen Forderungsabtretung **ohne** übergehendes Kompetenzobjekt (Betrieb) ist die Lösung der h.M. „weltfremd" und nicht zwingend.

Beispiel 6: Der Zufallsfund als Betriebseinnahme
Bauunternehmer U hat einen Werklohnanspruch gegen den Bauherrn B über 300 T€, die i.H.v. 295 T€ sofort beglichen wird. Die Zahlungsaufforderung bzgl. des Restbetrages bleibt ohne Folgen. Als U seinen Buchhalter anweisen möchte, die Forderung wegen Uneinbringlichkeit abzuschreiben, entdeckt er in der Garderobe seiner Ehefrau einen wertvollen Pelzmantel. Auf Nachfrage erklärt sie, den Pelz von B als „Ausgleich" für die hervorragende Bauleistung ihres Ehemannes erhalten zu haben.

Lösung:
Die Kausalitätsdichte zu der betrieblichen Sphäre des U liegt vor. Der Adressat des geldwerten Vorteils ist insoweit von untergeordneter Bedeutung. Das „Geschenk" an die Ehefrau ist als BE (sog. Dritteinnahme) bei U gem. §§ 8 Abs. 1, 15 EStG zu erfassen. Ein weiterer Verbleib des Pelzes in der Garderobe der Ehefrau stellt ab diesem Zeitpunkt eine Entnahme dar. Damit wird deutlich, dass der Pelzmantel für eine logische Sekunde BV war. Eine andere Erklärung für die Erfassung als BE kann mit der „Entmaterialisierung" des geschenkten Gegenstandes angegeben werden; nur der (Nutzungs-)Vorteil ist als BE zu erfassen.

2.3 Die Besteuerung nachträglicher Einkünfte gemäß § 24 Nr. 2 EStG

2.3.1 Handlungstatbestand ohne (aktuellen) Zustandstatbestand: § 24 Nr. 2 EStG

Nach § 24 Nr. 2, 1. HS EStG liegt ein Auseinanderfallen von Zustands- und Handlungstatbestand vor: Die ursprüngliche Einkunftsquelle ist versiegt (z.B. durch die Beendigung des Arbeitsverhältnisses) und es kommt zu nachträglichen Zahlungen (Handlungstatbestand ohne aktuellen Zustandstatbestand).

Gem. § 24 Nr. 2, 2. HS EStG kommt es nicht nur zu einem Auseinanderfallen zwischen den beiden erforderlichen Ebenen; vielmehr sind auch die Inhaber der Einkunftsquelle und des Handlungstatbestandes (Zahlung) **verschiedene Personen**. Nach der rechtsbegründenden Wertentscheidung des Gesetzgebers hat der (Gesamt- wie Einzelrechts-)Nachfolger die nachträglichen und personenverschiedenen Einnahmen zu versteuern.

Beispiel 7: Erbfall bricht – steuerlich – Miete[19]
V hat mit M einen Mietvertrag auf fünf Jahre (01 – 05) abgeschlossen und erhält dafür monatlich 1.000 €. Im ersten Jahr kommt M mit der Mietzahlung für die letzten drei Monate in Verzug. Gram über die Verweigerungshaltung des M kündigt V dem M fristlos zum 31.12.01 und verstirbt am 24.12.01 ob des Ärgernisses. Im Januar 02 überweist M, der zwischenzeitlich ausgezogen ist, 3.000 € auf das Konto des Alleinerben E.

---
[19] In Anspielung auf den zivilrechtlichen Grundsatz „Kauf bricht nicht Miete" (§ 566 BGB).

Lösung:
Gäbe es keinen § 24 Nr. 2 S. 2 EStG, läge eine Besteuerungslücke vor, da der verstorbene V als ehemaliger Inhaber der Einkunftsquelle (Mietverhältnis) nach dessen Tod keinen Besteuerungstatbestand nach § 38 AO verwirklichen kann. Da der Zufluss bei den Überschusseinkünften zu dem (kompletten) gesetzlichen Tatbestand nach § 21 Abs. 1 Nr. 1 EStG gehört, wird diese Lücke mit (in) der Person des Rechtsnachfolgers geschlossen. Die nachträglichen Einkünfte werden von dem **Nachfolger als dessen eigene Einkünfte**[20] versteuert. Zur Klarstellung wird darauf verwiesen, dass es sich dabei nicht um die nach § 1922 BGB, § 45 AO übergegangene Steuerschuld des Erblassers auf den Erben handelt. Vielmehr werden auf die zugeflossenen Einnahmen die persönlichen Verhältnisse des Rechtsnachfolgers – wie z.B. sein Steuersatz – angewendet. Sie werden Besteuerungsgrundlagen des Nachfolgers.

Demgegenüber betont die BFH-Rspr. immer wieder, dass der Nachfolger die **Einkunftsart des Vorgängers fortführt**. Damit werden bei § 24 Nr. 2, 2. Alt. EStG (höchst-)persönliche Merkmale (wie z.B. die Freiberufler-Eigenschaft gem. § 18 EStG) „eingefroren", um als freiberufliche Einnahmen von den Erben versteuert zu werden (Bsp.: Nach dem Tode des Freiberuflers eingehende Honorareinnahmen)[21].

Einen Schritt zu weit ging allerdings der BFH im Urteil vom 20.04.1993 (BStBl II 1993, 716), als er bei Bildern, die die Witwe eines Malers veräußerte, die künstlerische Tätigkeit i.S.d. § 18 Abs. 1 S. 1 EStG auf die Witwe übergehen ließ. In dem Augenblick, da der Rechtsnachfolger alleine die erforderlichen Marktbeiträge (Veräußerung) erbringt, sind seine persönlichen Merkmale für die Beurteilung zugrunde zu legen[22].

2.3.2 Die sonstigen Fälle des § 24 EStG

§ 24 Nr. 1 und Nr. 3 EStG haben eine andere Zielsetzung als § 24 Nr. 2 EStG. Dies ergibt sich bereits aus ihrer Sonderbehandlung als „außerordentliche Einkünfte" i.S.d. § 34 Abs. 2 EStG. Dabei kommt § 24 Nr. 3 EStG (Nutzungsvergütung für öffentlich beanspruchten Grundbesitz) in der Praxis – wegen der Vorrangigkeit der ggf. einschlägigen §§ 15, 21 EStG – keine große Bedeutung zu. Umgekehrt verhält es sich mit § 24 Nr. 1 EStG, der bei allen **Abfindungszahlungen** anlässlich der Auflösung von Dienstverhältnissen sowie allgemein bei **Entschädigungen** zu berücksichtigen ist.

Den unter § 24 Nr. 1b EStG (zukunftsorientierte Entschädigung für den Verzicht auf eine mögliche Einkunftserzielung[23]) und unter Nr. 1c (Ausgleichszahlung an Handelsver-

---

[20] Nach richtigem Verständnis zur materiellen Steuerrechtsnachfolge verwirklicht der Nachfolger einen eigenen Steuertatbestand i.S.v. § 38 AO, vgl. *Mellinghoff*, DStJG 1999, 127 ff. sowie *Trzaskalik* in StuW, 1979, 97.
[21] BFH-Urteil vom 24.01.1996 (BStBl II 1996, 287) zu nachträglichen Rentenzahlungen.
[22] In diesem Sinne ist wohl auch die zurückhaltende Erwähnung des o.g. „Witwen-Urteils" nur in einer Fußnote (!) bei H 171 EStH (Stichwort: Rechtsnachfolger) zu verstehen.
[23] Auf § 24 Nr. 1b EStG stützt der BFH im Urteil vom 23.01.2001 (BStBl II 2001, 541) die Abfindungszahlung einer Versicherung an ihren Bezirksdirektor für Substanzverluste anlässlich der Gebietsverkleinerung.

treter nach § 89b HGB[24]) genannten Fällen kommt dabei eine Konkretisierungswirkung zu, die auf den offenen Tatbestand des – wichtigen – § 24 Nr. 1a EStG ausstrahlt. Literatur und Verwaltung haben dazu umfangreich Stellung genommen[25].

Unter drei Voraussetzungen werden arbeitsrechtliche Abfindungszahlungen (bzw. sonstige Entschädigungsleistungen) als Einnahmen nach § 24 Nr. 1a EStG behandelt, ohne dass hiermit ein neue Einkunftsart geschaffen wird[26]:

- Der „Entschädigungsbegriff" setzt den Ausgleich eines vom Stpfl. erlittenen Schadens voraus (R 170 EStR). Während damit nach älterer Rspr. bereits bei einer schadenstiftenden Mitwirkung des Stpfl. die Anwendung des § 24 Nr. 1a EStG ausgeschlossen war, ist dies heute nur noch dann der Fall, wenn dieser das Ereignis allein und aus eigenem Antrieb herbeigeführt hat. Deshalb muss z.B. die Kündigung vom Vertragspartner (vom AG) veranlasst sein. Die Mitwirkung des AN ist dabei unschädlich, wenn sie unter erheblichem Druck erfolgte (BFH vom 09.07.1992, BStBl II 1993, 27).
- Die stellvertretende Ersatzleistung muss auf einer **neuen** Rechts- oder Billigkeitsgrundlage basieren. Die Entschädigung darf nicht auf dem gleichen Vertrag beruhen, der aufgelöst wurde. Die neue Rechtgrundlage (Bsp.: Prozessvergleich, tarifliche Regelung) tritt an die Stelle des nicht mehr gültigen Vertrages.
- Die Entschädigungszahlung muss durch ein außergewöhnliches Ereignis (Kündigung bei einem Arbeitsverhältnis oder Standortverlegung im Gewinnerzielungsbereich) veranlasst sein und darf von daher nicht zu den laufenden Einkünften zählen.

Aus diesem Grunde ist eine Vergleichszahlung, die als Erfüllungsleistung des bestehenden Vertrages anzusehen ist (etwa durch eine Entgeltsvereinbarung wegen geduldeter Fortführung des Rechtsverhältnisses im Anschluss an eine unwirksame Kündigung), keine Entschädigung auf Basis einer neuen Rechtsgrundlage[27].

Beispiel 8: Die Abfindungszahlung (Sturzlandung nach Steilflug)
Bei einem Unternehmen der Luftfahrtindustrie werden ein 40-jähriger Pilot (in 2001 deutlich angehobener Jahresverdienst: 200 T€; vorher 120 T€) und eine 51-jährige Stewardess (Jahresgehalt: 55 T€) betriebsbedingt im Nov. 2001 entlassen. Der Pilot akzeptiert die Kündigung und erhält 220 T€ Abfindung, die zur Hälfte in 2001 und zur anderen Hälfte in 2002 ausbezahlt wird. Die Abfindungshöhe wurde einem Tarifvertrag entnommen. Die Stewardess wehrt sich gegen die Entlassung und erwirkt einen von der Gewerkschaft im Jahre 2003 rechtskräftig ausgehandelten Prozessvergleich, der mit der Zahlung von 75 T€, sofort zur Zahlung fällig gestellt, endet.

---

[24] Vom BFH im Urteil vom 12.10.1999 (BStBl II 2000, 220) wegen eines „rechtspolitischen Fehlers" auf vergleichbare Ausgleichszahlungen an Kfz-Vertragshändler übertragen.
[25] Aus dem Schrifttum insb. *Offerhaus*, DStZ 1997, 108 und *ders.* in DB 2000, 396 sowie die Verwaltung im BMF-Schreiben vom 18.12.1998 (BStBl I 1998, 1512).
[26] Dies hat zur Folge, dass bei fehlender Zuordnung zu einer Einkunftsart § 24 EStG nicht angewandt wird.
[27] So der BFH im Urteil vom 12.01.2000 (BFH/NV 2000, 712): Der Anteil der „Abfindung" ist, soweit er zeitlich auf das fortbestehende Arbeitsverhältnis entfällt, „laufender Arbeitslohn"!

Wer hat die besseren Karten im Abfindungspoker? Dabei wird unterstellt, dass die einzeln veranlagten P und S in den jeweiligen Jahren ohne die Abfindungszahlungen ein z.v.E. von jeweils 50 T€ erzielen.

Bei Abfindungszahlungen anlässlich der Auflösung eines Dienstverhältnisses können drei Rechtsgrundlagen mit unterschiedlichen Voraussetzungen einschlägig sein[28]:
- Der gestaffelte Steuerfreibetrag für Abfindungszahlungen nach § 3 Nr. 9 EStG,
- die Erfassung als Entschädigungsleistung nach § 24 Nr. 1a EStG und
- die Behandlung als außerordentliche Einkünfte nach § 34 Abs. 2 Nr. 2 EStG, wobei ggf. noch § 34 Abs. 2 Nr. 4 EStG zu prüfen ist.

Lösung:

1. **Der Steuerfreibetrag nach § 3 Nr. 9 EStG**
   Pilot P kann unstreitig den Höchstbetrag von 8.181 € von der Ablösesumme abziehen.
   Ebenso steht der von der Stewardess (S) erwirkte Vergleich einem Abzug ihres Höchstbetrages von 10.266 € (bei unterstellter 15-jähriger Betriebszugehörigkeit) nicht im Wege. Das späte Datum des Vergleiches (2003) steht nicht entgegen, da von der Verwaltung zu Recht nur der sachliche und nicht auch der zeitliche Zusammenhang gefordert wird (R 9 LStR 2002).
   In beiden Fällen ist das Dienstverhältnis aufgelöst[29].

2. **Abfindungsleistung nach § 24 Nr. 1a EStG?**
   Die Entschädigungsleistung erfüllt in beiden Fällen die drei Voraussetzungen von § 24 Nr. 1a EStG (Entschädigung auf der Basis einer neuen Rechtsgrundlage – hier: Tarifvertrag bzw. Prozessvergleich – vom AG ausgesprochene Kündigung, die nicht zu den laufenden Einnahmen der betroffenen AN führt).
   Da § 24 EStG keine neue Einkunftsart begründet, gilt für die zeitliche Erfassung § 11 EStG, soweit – wie hier – Überschusseinkünfte betroffen sind.
   P hat die Entschädigungsleistungen i.H.v. 211.819 € – vorbehaltlich § 34 EStG – je zur Hälfte in 2001 und in 2002 zu erfassen, während S im VZ 2003 Einkünfte nach § 24 EStG i.H.v. 64.734 € erzielt.

3. **Außerordentliche Einkünfte nach § 34 Abs. 2 Nr. 2 EStG**
   Für die Gewährung der Tarifbegünstigung nach § 34 Abs. 2 Nr. 2 EStG verlangen Rspr. und Verwaltung als ungeschriebene Tatbestandsvoraussetzung eine **Zusammenballung** der Einkünfte.
   Diese für S unproblematische Voraussetzung (einmalige Zahlung in 2003) könnte bei P unter zwei Gesichtspunkten verneint werden. Zum einen

---

[28] So auch BMF vom 18.12.1998 (BStBl I 1998, 1512, Rz. 1).
[29] Bei einer Änderungskündigung kommt § 3 Nr. 9 EStG nicht zum Tragen.

muss nach älterer Verwaltungsauffassung (BMF-Schreiben vom 18.11.1997, BStBl I 1997, 973) der Entschädigungsbetrag deutlich über den entgangenen Einnahmen eines Kj. liegen und zum anderen müssen die Entschädigungsleistungen grundsätzlich in **einem VZ** geleistet werden.
Das erste Hemmnis (den Jahreslohn übersteigende Entschädigung) wurde durch das BFH-Urteil vom 04.03.1998 (BStBl II 1998, 787) beseitigt, zumal im konkreten Fall die Vorjahreszahlungen des P, die deutlich unter dem Jahresgehalt für 2001 liegen, mit zu berücksichtigen sind.
Wesentlich gravierender ist die **ratenweise Zahlung** der Entschädigung in 2001 und in 2002. Während die Verwaltung (H 199 EStH, Stichwort: Entschädigung in zwei Kalenderjahren) in Ausnahmefällen – etwa bei Vorwegzahlungen zur Überbrückung von existentiellen Engpässen – zu Zugeständnissen bereit ist, verneint der BFH zu Recht im Beschluss vom 02.02.2001 (BFH/NV 2001, 1020) apodiktisch die Tarifvergünstigung nach § 34 Abs. 1 und 2 EStG, wenn die Entschädigungsleistung nicht in einem VZ erfolgt. Eine Ausnahme wird nur für geringfügige Beträge zugelassen, die die Tariffunktion nicht beeinträchtigen[30].
Nachdem auch eine Umdeutung der Abfindungszahlung in eine Vergütung für mehrjährige Tätigkeit[31] gem. § 34 Abs. 2 Nr. 4 EStG wenig hilfreich ist, ist die Tarifermäßigung für P zu versagen.
S kommt indessen im VZ 2003 in den tariflichen Genuss der „Fünftelungsregelung" von § 34 Abs. 1 EStG. Die einzelnen Rechenschritte gem. § 34 Abs. 1 S. 2 EStG lauten[32]:

1. ESt nach der Grundtabelle für das verbleibende z.v.E.(50 T€): 14.451 €[33],
2. ESt inkl. 1/5 der außerordentlichen Einkünfte (insg. 65 T€): 21.653 €,
3. (Differenz „2. ./. 1.") x 5 = (21.653 € ./. 14.451 €) x 5 = 36.010 €.

S zahlt im VZ 2003 aufgrund der Fünftelungsregelung auf die außerordentlichen Einkünfte 36.010 €, zusammen mit der Steuer auf die regulären Einkünfte von 14.451 € insgesamt 50.461 €.
Ohne § 34 Abs. 1 EStG hätte S auf ein z.v.E. von 125 T€ eine Steuer von 50.753 € zu entrichten.

---

[30] Gleicher Ansicht *Mellinghof* in *Kirchhof-kompakt*, § 34 Rz. 18; *Seeger* in *Schmidt*, § 34 Rz. 19 sowie *Weber-Grellet*, DStR 1996, 1993 verweisen auf die Billigkeitsregelung; ähnlich BMF (BStBl I 1998, 1512 Rz. 10).
[31] Hierzu R 200 EStR 2001; § 34 Abs. 2 Nr. 4 EStG gilt für alle Einkunftsarten, kommt aber hauptsächlich für Einkünfte aus nichtselbständiger Arbeit zur Anwendung und umfasst alle Vergütungen, die für einen Zeitraum von mehr als 12 Monaten gezahlt werden (H 200 zu R 200 EStR 2001).
[32] S. hierzu ausführliche Rechenbeispiele in H 198 zu R 198 EStR 2001.
[33] Es wird die auf € (1,955) umgerechnete Grundtabelle des Jahres 2001 zugrunde gelegt.

3 Der steuerliche Drittaufwand

Beim steuerlichen Drittaufwand stoßen mehrere Grundparameter der Rechtsordnung aufeinander:

- Wie schon gesehen: Die „stiefmütterliche" Behandlung der Dritten im deutschen Recht[34],
- die sachen-(insb. immobilien-)rechtliche Trennung von Eigentum und Besitz (Nutzung),
- das steuerrechtliche Nettoprinzip, das Erwerbsaufwendungen zum Abzug zulässt, sowie
- der Steuergrundsatz der individuellen (d.h. subjektiv-persönlichen) Leistungsfähigkeit.

Die Lösung des Kollisionsfalles setzt das Wissen um den „Dritten" im Steuerrecht sowie die Kenntnis der Hauptanwendungsfälle voraus.

3.1 Der „Dritte" im Steuerrecht – Anwendungsbereich und Historie

Etwas plakativ wurde die Entscheidung des Großen Senats vom 23.08.1999 als die „Fünf Arbeitszimmer"-Beschlüsse bezeichnet[35]. Damit ist der Anwendungsbereich zumindest angedeutet. Es geht um die Fälle, da Ehemann (im Folgenden EM) und Ehefrau (im Folgenden EF) gemeinsam Eigentümer eines Hauses sind, das in einem Bereich beruflich (Stichwort: Arbeitszimmer[36]) genutzt wird. Als **Dritter** ist dabei immer derjenige der Ehepartner gemeint, der zwar die Kosten für die Errichtung des Gebäudes (mit)getragen hat – zumindest (Mit-)Eigentümer ist –, aber den streitgegenständlichen Gebäudeteil **nicht beruflich** bzw. **nicht betrieblich** nutzt, da er keine entsprechende Einkunftsquelle hat.

Die Thematik betrifft sämtliche Einkunftsarten, die mit dem beruflich genutzten Raum (Gebäude) verwirklicht werden können (§§ 15, 18, 19 EStG), so dass das Arbeitszimmer schnell durch einen Praxisraum oder eine Fabrikationshalle ersetzt wird. An einer Fabrikationshalle soll denn auch das grundsätzliche Problem aufgezeigt werden:

> **Beispiel 1: Grundfall „Drittaufwand" – Hauptproblem**
> EM und EF sind zu je 50 % Miteigentümer einer Grundstücksfläche. EF ist Gewerbetreibende und errichtet – zusammen mit EM – eine Fabrikationshalle auf dem gemeinsamen Grundstück (HK: 1 Mio. €). Es stellt sich die Frage, in welcher Höhe EF nach Errichtung der Halle AfA vornehmen kann[37].

---

[34] Selbst im Zivilrecht blieb es der Rspr. überlassen, kreativ die gesetzlichen Regelungslücken zu füllen (Drittschadensliquidation, vertragliche Schutzwirkung zugunsten Dritter etc.), da die ausdrücklichen Rechtsgrundlagen (§§ 328 ff. BGB, §§ 421 ff. BGB und einige verstreute sachenrechtliche Normen) viel zu dürftig sind.
[35] BFH vom 23.08.1999 (BStBl II 1999, 774; 778; 782; 785). Die „Überschrift" stammt von *Söffing*, BB 2000, 381.
[36] Damit ist folglich nicht die isolierte „Arbeitszimmer"-Problematik von § 4 Abs. 5 Nr. 6b EStG gemeint, wenngleich die Entscheidung(en) auch hierauf – der Höhe nach – Einfluss haben.
[37] So auch die ersten vom BFH entschiedenen Fälle (z.B. BFH vom 07.03.1989, BStBl II 1989, 768).

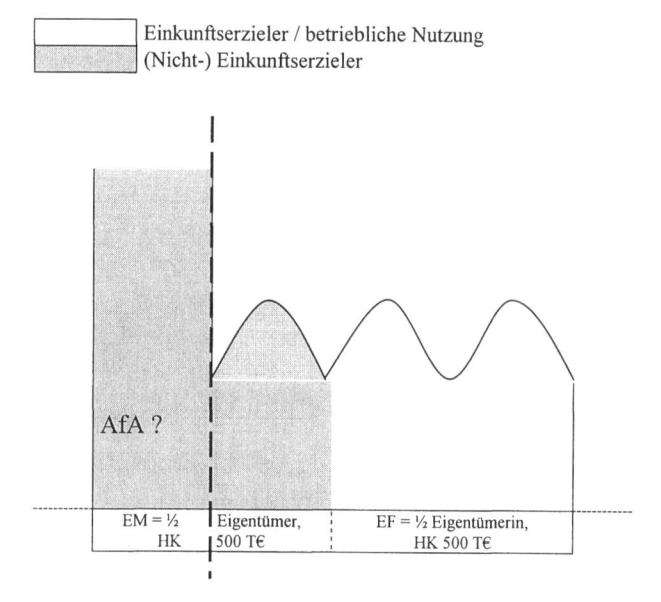

```
                Einkunftserzieler / betriebliche Nutzung
                (Nicht-) Einkunftserzieler
```

```
 AfA ?

    EM = ½   Eigentümer,    EF = ½ Eigentümerin,
    HK       500 T€          HK 500 T€
```

Losgelöst von allen Konstruktionen der Rspr. und der Lit. ist die einfachgesetzliche Ausgangslage eindeutig. Nur der Inhaber einer Einkunftsquelle („Zustandstatbestand") kann nach § 2 Abs. 1 S. 1 EStG Einkünfte **erzielen** und dabei den Erwerbsaufwand als WK/BA berücksichtigen. WG wiederum werden grundsätzlich nur dem rechtlichen Eigentümer (hier: zwei Miteigentümer zu je 50 %) zugewiesen. Sodann kann nur der Einkunftserzieler = Eigentümer (hier: EF) die auf das WG entfallenden Kosten absetzen (0,5 Mio. €). Bei abnutzbaren WG des AV werden die HK bekanntlich über die AfA gem. § 7 Abs. 4 bzw. 5 EStG berücksichtigt. Damit geht im Bsp. 1 die AfA i.H.v. 500.000 € verloren, soweit sie die anteiligen AK/HK des EM betreffen. Man war immer schon bemüht, den Ausfall der „Dritt"-AfA (EM als Nicht-Einkunftserzieler ist „Dritter") zu beheben. Bereits an dieser Stelle darf darauf hingewiesen werden, dass der drohende AfA-Ausfall dann nicht gegeben ist, wenn EM seine bebaute Grundstückshälfte an EF vermietet. EM hätte sodann V+V-Einkünfte nach § 21 EStG, in deren Rahmen er gem. § 7 Abs. 4 bzw. 5 i.V.m. § 9 Abs. 1 Nr. 7 EStG als Vermieter die AfA berücksichtigen kann (und muss). Nur: Rechtzeitig (!) abgeschlossene Mietverträge sind unter Ehegatten die Ausnahme.

(Historische) Lösungsansätze:

Ein Teil des Schrifttums ging von dem Veranlassungsprinzip (§ 4 Abs. 4 EStG) bzw. von der Zuwendungslehre aus. Das Veranlassungsprinzip[38] stellt die betriebliche Verursachung über die Zuwendungsfrage. Man gelangt so (das Grundstück wird komplett betrieblich genutzt) zur Berücksichtigung der AfA des Nicht-Einkunftserzielers (im Folgenden: N-Eink) in der Steuererklärung des Einkunftserzielers (im Folgenden: Eink). Die Vertreter der Veranlassungs-

---

[38] Hauptvertreter: *Biergans*, ESt und StB, 1988, 865, und *Kaiser*, Diss. 1993, 42 ff.

lehre konnten sich dabei auf den Zuwendungsgedanken[39] berufen, demzufolge nicht nur das Eigentum an WG übertragen werden kann, sondern auch die Nutzungsbefugnis. Mit der – eingeforderten und hiernach möglichen – Abspaltung der Nutzung vom Eigentum und der Übertragung der Nutzungsbefugnis vom N-Eink-EM auf die Eink-EF war nach dieser Theorie ein Weg für den AfA-Transfer gefunden.

Der andere „Argumentationskreis" orientierte sich an den vorgefundenen Steuernormen und versuchte sich an folgenden Lösungen:

a) Mehrere FG ignorierten den Grundsatz der Individualeinkunftsermittlung der Ehegatten (§ 26 EStG) und gelangten über eine faktische Mitunternehmerschaft des EM bzw. über das wirtschaftliche Eigentum von EF (§ 39 Abs. 2 Nr. 1 AO) zur AfA des Eink-Ehepartners[40].

b) Einige Senate des BFH reklamierten die Einlagefähigkeit der bloßen Nutzung und unterstellten bei der Wertermittlung nach § 6 Abs. 1 Nr. 5 EStG als Einlagewert die ersparten Aufwendungen, um somit AfA-Potential zu generieren[41].

Diese Lösungen a) und b) führten zu Recht nicht weiter, weil durch die Entscheidung des Großen Senats zur Unzulässigkeit der Nutzungseinlage (BStBl II 1988, 348) der konstruktive Ansatz verbaut und die Annahme einer faktischen Mitunternehmerschaft des N-Eink-EM viel zu hypothetisch war.

c) Die letzte über eine Analogie zu § 11d EStDV (Rechtsnachfolge in ein Nutzungsrecht) erschlossene Konstruktion war nach der Entscheidung über die Unzulässigkeit der Abspaltungstheorie ebenfalls zum Scheitern verurteilt[42].

§ 2 Abs. 1 S. 1 EStG (kurz: Nur der Einkunftserzieler kann Aufwand geltend machen) erwies sich indessen stärker als die Bemühungen der Lit. und die ersten Erkenntnisprozesse in der Rspr.

Als ergiebiger auf dem Weg der endgültigen Erkenntnis sollten sich die anderen Diskussionsfelder zum steuerlichen Drittaufwand erweisen.

- So ist z.B. der steuerliche Abzug des „Sofortaufwands" eines Dritten (Bsp.: Eltern begleichen den Kaufpreis für Arbeitsmittel ihrer Kinder) unter dem Gesichtspunkt des abgekürzten Zahlungsweges (statt der Geldschenkung) allgemein anerkannt[43].
- Den entgegengesetzten Entscheidungspol bildet derzeit der unzulässige Drittaufwand im Bereich des subjektiven Nettoprinzips (bei SA und agB)[44].

---

[39] Insb. *Ruppe*, DStJG 10, 45 ff. (77 ff.).
[40] S. hierzu *Drenseck* in *Schmidt*, § 7 Rz. 25 ff. (38). S. aber auch das Urteil des BFH vom 28.09.1993 (BStBl II 1994, 319) wonach die persönliche AfA-Berechtigung ausdrücklich weder das rechtliche noch das wirtschaftliche Eigentum voraussetzen soll.
[41] So z.B. BFH vom 16.12.1988 (BStBl II 1989, 763).
[42] Hierzu insb. *Jakob/Jüptner* in FR 1988, 141 ff. und vorher *Preißer*, DStR 1985, 498 ff.
[43] *Drenseck* in *Schmidt*, § 9 Rz. 71 (heute sog. eigener Aufwand des Stpfl. durch Zurechnung).

Bereits oben wurde verdeutlicht, dass die Fallgruppe des **periodisierten Drittaufwands** nicht auf die Fabrikationshalle des bilanzierenden Gewerbetreibenden oder die Arztpraxis des Überschussrechners beschränkt ist, sondern allgemein – also auch beim AN und dessen (echtem) Arbeitszimmer – gilt. Die erforderliche Grundsatzentscheidung liegt nun vor, das Anwendungsschreiben des BMF jedoch noch nicht[45].

3.2 Die Beschlüsse in den Grundzügen – Drittaufwand heute

3.2.1 Allgemeiner Anwendungsbereich

Zunächst wird betont, dass der **echte Drittaufwand,** wonach ein Dritter, zu dem auch der Ehegatte zählt, Aufwand tätigt, der steuerlich einer anderen Person als Erwerbsaufwand dient, **nicht** zum Abzug berechtigt[46]. Als Begründung wird auf die individuelle Leistungsfähigkeit i.V.m. dem objektiven Nettoprinzip verwiesen, die in § 2 Abs. 1 und Abs. 2 EStG verankert sind.

Nur unter der Voraussetzung des **abgekürzten Zahlungsweges** liegt unter Berücksichtigung des Zuwendungsgedanken kein Drittaufwand vor, sondern **Eigenaufwand** des Einkunftserzielers, dem die Zahlung des Dritten als eigene zugerechnet wird[47].

> **Beispiel 2: Der altruistische Vater**
> Vater tilgt – in Absprache – die Reparaturkosten des Sohnes für dessen Mietshaus.

> **Lösung:**
> Es liegt ein Eigenaufwand des Sohnes vor, der nach §§ 9, 21 EStG zum WK-Abzug berechtigt. Dies soll auch gelten, wenn es sich dabei um periodisierten Aufwand handelt (Bsp.: V trägt zugunsten des Sohnes Vertragskosten anlässlich eines Ausbaus, die steuerlich als nachträgliche HK zu werten sind).

In der Fallgruppe des **abgekürzten Vertragsweges** liegt zwar eine ablehnende Entscheidung des BFH aus dem Jahre 1996 vor (BFH vom 13.03.1996, BStBl II 1996, 375), der Große Senat hat diese Fallgruppe aber nicht generell abgelehnt[48]. Zwischenzeitlich hat der IV. Senat die Anerkennung des abgekürzten Vertragsweges auf Bargeschäfte des täglichen Lebens präzisiert; so der BFH im Urteil vom 24.02.2000 (BStBl II 2000, 314).

---

[44] So immer noch der BFH, vgl. BFH vom 19.04.1989 (BStBl II 1989, 683) sowie *Preißer* im Band 1, Teil A, Kap. V.
[45] Es gibt derzeit nur Einzelanweisungen der OFD, zuletzt OFD Kiel VV vom 07.06.2001, SH 2001-08-2.
[46] BFH (GrS) vom 23.08.1999 (BStBl II 1999, 782) in Bestätigung durch BFH vom 30.01.1995 (BStBl II 1995, 281 – u.a.).
[47] So schon der BFH vom 13.03.1996 (BStBl II 1996, 375).
[48] *Söffing* a.a.O. (BB 2000, 382) empfiehlt ein Rechtsmittel.

Beispiel 3: Der verkürzte Kontrakt
Vater schließt im Beispiel 2 den Reparaturvertrag mit dem Bauhandwerker selbst und bezahlt als Vertragspartner die Schuld, die dem Sohn zugute kommt.

Lösung:
Vorbehaltlich der Verwaltungsauffassung kann S auch in diesem Fall die von V als Vertragspartner bezahlten Reparaturkosten als WK abziehen.

Zur Fallgruppe des Drittaufwands im Bereich des subjektiven Nettoprinzips hat sich der Große Senat nicht geäußert, so dass das dortige Abzugsverbot (noch) bestehen bleibt.

3.2.2 Erster Spezialfall: Objektfinanzierung bei Ehegatten

Um Abzugsbeschränkungen nach den o.g. Grundsätzen zu vermeiden, hat der BFH in der Hauptfallgruppe des Ehegattenerwerbs einer Immobilie folgende Überlegungen entwickelt:

- Zunächst wird eine **Zuwendungsvermutung** aufgestellt. Danach wird bei Ehegatten unterstellt, dass diese die Aufwendungen (HK oder AK) in dem Verhältnis getragen haben, wie sie der **Eigentumssituation** an dem Objekt entspricht. Diese Hypothese gilt unabhängig von der tatsächlichen Zahlung. Diese Überlegung geht zunächst von der Irrelevanz der Mittelherkunft aus und spricht sich für eine eigentums-(besser: grundbuch-)orientierte Betrachtungsweise aus[49].
- Dies gilt auch, wenn die jeweiligen Mittel aus „**einem Topf**" (d.h. von einem gemeinsamen Konto) beglichen werden.
- Diese Überlegungen sollen auch im Falle des Alleineigentums eines Ehegatten gelten.

Beispiel 4: Vermietete Ehegattenimmobilie mit unterschiedlicher Startfinanzierung

    a) EM ist zu 1/4 und EF zu 3/4 Eigentümer der Immobilie mit HK von 0,4 Mio. €.

    b) Der „Topf" der 400 T€ (vgl. a) ist ausschließlich aus Mitteln der EF gespeist worden.

    c) EF ist zu 100 % Eigentümerin; EM trägt mit Eigenmitteln oder mit Kreditmitteln 100 T€ bei.

---

[49] BFH vom 23.08.1999 (BStBl II 1999, 782).

```
         ┌─────────────┬──────────────────────────────┐
         │  EM = ¼     │   EF = ¾ Eigentümerin        │
    a)   │  100 T€     │   300 T€ (Finanzierung)      │
         │  100 T€     │                              │
         │  AfA BMG    │   300 T€ AfA BMG             │
         ├─────────────┼──────────────────────────────┤
         │  EM = ¼     │   EF = ¾ Eigentümerin        │
    b)   │  0 T€       │   400 T€ (Finanzierung)      │
         │  100 T€     │                              │
         │  AfA BMG    │   300 T€ AfA BMG             │
         ├─────────────┴──────────────────────────────┤
         │            EF = 100 % Eigentümerin         │
    c)   │  100 T€      300 T€ (Finanzierung)         │
         │            400 T€ AfA BMG                  │
         └────────────────────────────────────────────┘
```

Lösung:

a) EM hat steuerlich 100 T€ aufgewendet, während EF 300 T€ steuerlich aufgewendet hat.
b) Es ändert sich nichts an der Lösung zu a).
c) EF kann steuerlich zu 100 % das Abschreibungspotential ausnutzen.

Zur letzten Fallgruppe (Alleineigentum eines Ehegatten unter Darlehensverwendung des Nicht-Eink-Ehegatten) hat der IX. Senat des BFH in zwei Folgeentscheidungen vom 02.12.1999 (BStBl II 2000, 310 und 312) entschieden, dass die Schuldzinsen für ein vom Nicht-Eink-Ehegatten aufgenommenes Darlehen nur dann voll abzugsfähig sind, wenn sie der Eink-Ehegatte aus eigenen Mitteln gezahlt hat[50].

Die Frage der Mittelherkunft (Banktechnischer Schuldner des Darlehens?) wird überlagert durch die tatsächliche Bezahlung. Für den Fall allerdings, dass sich der Eink-Ehegatte nicht am Zahlungsvorgang beteiligt, können die Schuldzinsen des Nicht-Eink-Ehegatten nicht als WK abgezogen werden. Hierin liegt nach dem Urteil des BFH vom 05.07.2000 (BFH/NV 2000, 1344) auch kein Verstoß gegen Art. 6 GG.

In wertender Hinsicht decken sich die Erkenntnisse zur Ertragsteuer mit der Wertung im Zivilrecht und im Schenkungsteuerrecht, wonach die Finanzierung des Ehegattenimmobilienerwerbs untereinander eine sog. „unbenannte Zuwendung" unter Ehegatten darstellt. Diese spielt sich weitgehend im „sanktions- oder rechtsfreien" Raum (keine Schenkung, keine Schenkungsteuerpflicht) ab[51].

---

[50] Dies hat der BFH im Urteilsfall dann angenommen, wenn der Eink-Ehegatte die Mieten auf ein Konto des Nicht-Eink-Ehegatten überweist, von dem aus die Schuldzinsen bezahlt werden.

3 Der steuerliche Drittaufwand   249

3.2.3 Zweiter Spezialfall: Unentgeltliche Nutzung eines Arbeitszimmers im „Ehegattenhaus"

Die o.g. Zuwendungsvermutung wird bei Nutzung eines Arbeitszimmers (Praxisraumes etc.) durch eine **Zuordnungsfiktion** ersetzt. Hat der das Arbeitszimmer nutzende Ehegatte einen **höheren** Beitrag geleistet, als dies seinem Eigentumsanteil entspricht, so zählt für die AfA **nicht die Eigentumsquote**. Vielmehr wird der überschießende Betrag dem Einkunftserzieler als **eigener Aufwand** zugeordnet. Vereinfacht ausgedrückt: Der Einkunftstatbestand hat – bei Ehegatten – Vorrang vor dem Eigentum.

Dabei wurde die Rspr. (BFH vom 30.01.1995, BStBl II 1995, 281: **Miteigentum** beider Ehegatten und Arbeitszimmer eines Ehegatten) fortentwickelt. Der Große Senat hat sie 1999 auf den Fall des **Alleineigentums** übertragen. In diesem Fall qualifizierte der BFH die Aufwendungen des EM, soweit sie auf das Arbeitszimmer entfielen, als dessen Eigenaufwand für ein eigenes WG, ohne dass dieser Eigentümer des anteiligen Grundstückes war[52]. Diese Aufwendungen sind demnach steuerlich keine Aufwendungen (AK/HK) für ein fremdes WG, sondern für ein **eigenes WG**, auch „Quasi-WG" genannt. In bilanztechnischer Hinsicht ist es **wie ein materielles WG** zu behandeln.

> **Beispiel 5: Eigentumsverhältnisse und Einkunftsart stehen „überkreuz"**
> Im Grundbuch ist die EF zu 100 % eingetragen, ohne eine Einkunftsart zu verwirklichen. Allein der EM realisiert Einkünfte und nutzt dabei ein Arbeitszimmer. Hierfür fallen Aufwendungen an.

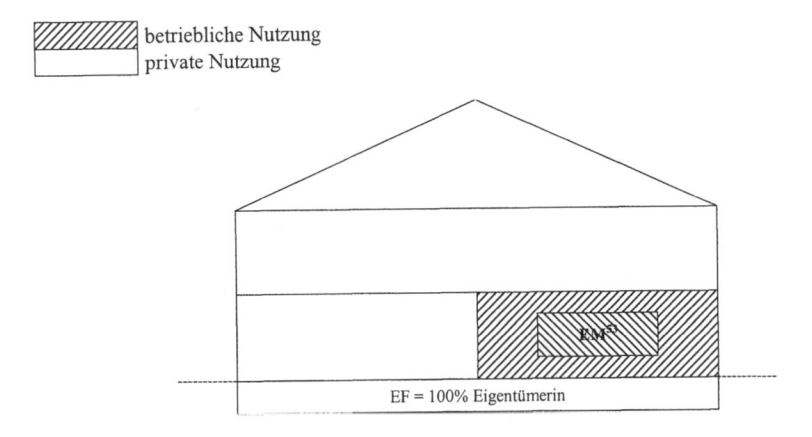

///// betriebliche Nutzung
     private Nutzung

EF = 100% Eigentümerin

> **Lösung:**
> Die vom EM getätigten Aufwendungen für das Arbeitszimmer werden steuerlich nicht als Aufwendungen für ein fremdes WG angesehen (so aber das Zivilrecht: §§ 946, 951 BGB), sondern als Aufwendungen für ein eigenes WG („Quasi-WG" – Einzelheiten s. unter 3.3).

---

[51] S. *Palandt/Putzo*, § 516 Rz. 10 (BGH-Rspr.) sowie BFH vom 28.11.1984 (BStBl II 1985, 159).
[52] BFH vom 23.08.1999 (BStBl II 1999, 778).

3.2.4 Dritter Spezialfall: Arbeitszimmer im Miteigentum beider Ehegatten

Beispiel 6: Gemeinsames Haus; zwei Arbeitszimmer
EM und EF haben gemeinsam ein bebautes Haus zu je 50 % erworben; die Gebäude-AK betragen 500 T€. Jeder nutzt ein Arbeitszimmer (anteilige AK: je 30 T€) alleine.

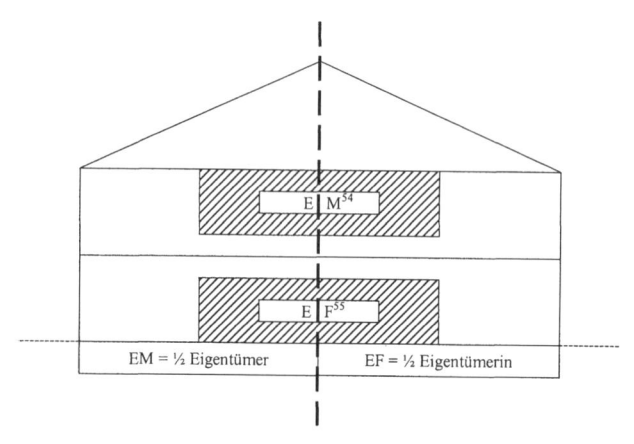

[Diagramm: Haus mit zwei Etagen; obere Etage EM[54], untere Etage EF[55]; EM = ½ Eigentümer, EF = ½ Eigentümerin]

Lösung:
Nach BFH vom 23.08.1999 (BStBl II 1999, 774) gelten folgende Grundsätze:

- Nutzen die Miteigentümer-Ehegatten das Gebäude (einen Raum) **gemeinsam** zur Erzielung von Einkünften, so kann jeder der Ehegatten die seinem Eigentumsanteil entsprechende AfA in Anspruch nehmen. Im ersten Schritt können danach EM und EF – ohne Zahlungsprüfung – je 15 TE als AfA-BMG geltend machen, da ihnen auch das jeweilige Arbeitszimmer zu 50 % gehört.
- Nutzt ein Miteigentümer das Arbeitszimmer **allein**, ist davon auszugehen, dass er AK/HK aufgewendet hat, um diesen Raum insgesamt zu nutzen. Danach kann hier jeder der Ehepartner grundsätzlich 30 T€ als AfA-BMG geltend machen (wie hier).
- Trägt jeder Ehegatte unterschiedlich hohe Beiträge (bei gleichen Miteigentumsanteilen), dann hat der Ehegatte, der das „Mehr" leistet, dieses seinem Ehepartner mit der Folge zugewendet, dass jeder von ihnen so anzusehen ist, als habe er den Anteil selbst getragen.
- Entscheidend ist nun, dass der den anderen Miteigentümern gehörende Anteil – zur Geltendmachung der AfA – **nicht wechselseitig vermietet** (und angemietet) werden muss[56]. Anders als das Miteigentumsrecht bezieht sich das **Nutzungsrecht** auf den **ganzen** Raum. Dies gilt gerade in

---

[53] Aufwendungen des EM als „Quasi-WG" (= eigenes WG)
[54] Volle AfA, obwohl nur zu ½ Eigentümer.
[55] Volle AfA, obwohl nur zu ½ Eigentümer.
[56] Man verzichtet in dieser Fallkonstellation auf einen ausdrücklichen Erwerbstatbestand nach § 21 EStG.

der Konstellation, wenn das Gebäude (mit den zwei Arbeitszimmern) von den Ehegatten gemeinsam bewohnt wird.

3.2.5 Vierter Spezialfall: Gleichzeitig angeschaffte Eigentumswohnungen[57]

Für den Fall, dass die Ehegatten **gleichzeitig** aus gemeinsamen Mitteln **zwei** ETW erworben haben und **eine** davon zu **gemeinsamen Wohnzwecken** dient, in der ein Ehegatte allein ein Arbeitszimmer zu betrieblichen Zwecken nutzt und die andere ETW vermietet wird, gelten besondere Regeln. Danach kann vom Eink-Ehegatten die darauf entfallenden AK nicht als eigene WK (BA) in Form der AfA geltend gemacht werden. Der Grund liegt darin, dass die oben aufgestellte Zuordnungsfiktion hier nicht gilt, da die jeweiligen ETW jeweils auf alleinige Rechnung der Ehegatten angeschafft und eben nicht aus einem Topf finanziert wurden. Mit anderen Worten: der Eink-Ehegatte hat hier kein „Quasi-WG" erworben.

Darüber hinaus werden nach den Entscheidungsgründen des BFH-Beschlusses noch **zwei** weitere **Ausnahmen** von der **Zuordnungsfiktion** des Eigentums (Irrelevanz der Mittelherkunft bei Ehegatten) gemacht:

- Nur einer der Ehegatte erzielt Einkünfte bzw. ein Ehegatte erzielt wesentlich höhere Einkünfte als sein Partner;
- die Wohnungen sind zu unterschiedlichen Zeitpunkten erworben worden.

3.3 Bilanztechnische Behandlung des „Quasi-Wirtschaftsguts"

Immer dann, wenn der Eink-Ehegatte seinen Gewinn durch BVV nach § 4 Abs. 1 EStG ermittelt, stellt sich die weitere Frage nach der bilanziellen Behandlung des „Quasi-WG". Der BFH hat dabei nur die grundsätzliche Behandlung vorgegeben, Einzelheiten aber offen gelassen[58].

3.3.1 Aufteilung in selbständige Wirtschaftsgüter

Zunächst ist bei Vorliegen eines Arbeitszimmers (einer Praxis, einer Fabrikhalle) auf dem gemeinsamen Grundstück der Ehegatten die Aufteilungsregel von R 13 Abs. 3 und 4 EStR zu beachten, wonach ein bebautes Grundstück entsprechend seines Nutzungs- und Funktionszusammenhangs **aufgeteilt** wird.

> **Beispiel 7: Eine Wohnung und vier Wirtschaftsgüter**
> EM und EF sind zu je 50 % Miteigentümer einer ETW. Eines der drei gleich großen Zimmer nutzt EM für berufliche Zwecke als selbständiger Architekt (Praxisraum).

---

[57] BFH vom 23.08.1999 (BStBl II 1999, 782).
[58] S. *Wassermeyer*, DB 1999, 2486 und *Paus*, INF 1999, 705.

Mit der Aufteilung nach dem Funktionszusammenhang entstehen – steuerlich – isolierte (besser: atomisierte) WG einer – zivilrechtlich – einheitlichen Sache. Die zweite Aufteilung folgt der Eigentumssituation, so dass so viele selbständige WG geschaffen werden, wie Gebäudeeigentümer vorhanden sind[59].

> **Lösung:**
> Es existieren vier selbständige WG. EM hat einen hälftigen Miteigentumsanteil am Praxisraum und an der Whg., ebenso wie EF über zwei inhaltsgleiche WG verfügt. Als weitere Konsequenz kann nur der hälftige Anteil des EM am Praxisraum (allgemein: am betrieblich genutzten Gebäudeteil) zu seinem BV gem. § 5 Abs. 1 S. 1 EStG gezählt werden.

3.3.2 Bilanztechnische Behandlung „wie ein materielles Wirtschaftsgut"

Der hälftige Anteil der EF (Bsp. 7) an dem betrieblich von EM genutzten Gebäudeteil ist „wie ein materielles WG" zu behandeln. EM erwirbt durch seinen Eigenaufwand kein selbständiges bilanzierungsfähiges WG, da er weder dessen zivilrechtlicher noch wirtschaftlicher Eigentümer wird. Diese als „Quasi-WG" zu bilanzierende **Nutzungsbefugnis** ist mit seinen AK/HK zu aktivieren und gem. BMF vom 05.11.1996 (BStBl I 1996, 1257) nach den für Gebäude geltenden Grundsätzen abzuschreiben.

Als Vorbild für die bilanzielle Behandlung der Nutzungsbefugnis dient dabei die Behandlung von „Bauten auf fremden Grund und Boden". In diesen Fällen hat der Nutzende bei Beendigung der Nutzung einen zivilrechtlichen Anspruch gegen den Grundstückseigentümer nach §§ 951, 946, 812 ff. BGB auf Wertausgleich (sog. Verwendungskondiktion).

3.3.3 Höhe der AfA-Beträge

Bis zur BFH-Entscheidung aus dem Jahre 1995 (BFH vom 30.01.1995, BStBl II 1995, 281) hat sich die Höhe der AfA-Beträge an der Dauer des Nutzungsrechtes i.S.d. § 7 Abs. 1 EStG orientiert. Wenn nun aber in der Entscheidung des Jahres 1999 von der Nutzungsbefugnis „wie ein materielles WG" die Rede ist und die Aufwendungen „ihrer Natur nach HK/AK eine Gebäudes bzw. mit ihnen vergleichbar sind" (siehe BFH a.a.O.), dann sind – konsequenterweise – die für die Gebäude-AfA geltenden typisierenden AfA-Sätze von § 7 Abs. 4 f. EStG anwendbar[60].

3.3.4 Beendigung der Nutzung

> **Beispiel 8: Gemeinsames Haus mit Arbeitszimmer; Schluss und vorbei?**
> EM erwirbt ein Gebäude im Alleineigentum. EF zahlt 1/3 der AK dazu und nutzt ein Gebäudeteil zu beruflichen Zwecken und schreibt die Nutzungsbe-

---

[59] So der BFH im Beschluss des GrS 1/97 vom 23.08.1999 (BStBl II 1999, 778); s. auch *Obermeier/Weinberger*, DStR 1998, 913.
[60] S. hierzu auch kritisch *Paus*, INF 1999, 705 (709).

fugnis „wie ein materielles WG" ab. Nach 10 Jahren endet die berufliche Nutzung (bzw. erfolgt die Scheidung). Der beruflich genutzte und „wie ein materielles WG" abgeschriebene Teil soll einen Rest-BW von 100.000 € haben. Diesen Betrag wendet EF durch die Aufgabe der Nutzung nunmehr EM zu[61].

Über die **Zuwendungsvermutung** bei dem Erwerb des gemeinsamen Objekts hinaus (der AK-Beitrag des Nicht-Eig-Ehegatten wird dem Eig-Ehegatten zugerechnet) lässt der BFH diesen Gedanken auch bei **Beendigung** der Nutzungsbefugnis gelten. Danach wird der steuerlich noch nicht verbrauchte Teil des auf die Nutzungsbefugnis entfallenden „Quasi-WG" dem anderen Ehegatten zugewendet[62].

> **Lösung:**
> In Höhe des Rest-BW von 100.000 € liegt eine Entnahme aus dem BV der EF vor. Die AK des EM erhöhen sich bei Beendigung der Nutzungsbefugnis um eben diese 100.000 €.
> Fraglich ist bis zum heutigen Tag, ob die Entnahme bei EF erfolgsneutral oder gem. § 6 Abs. 1 Nr. 4 EStG mit dem TW erfolgt. Die h.M. entnimmt aus der Formulierung des BFH [(sinngemäß) „Der Mehrbetrag bei Beendigung ... ist dem Eigentümer ... zuzurechnen. Dies gilt auch für ..., wenn die berufliche Nutzung endet"[63]], dass der BFH die **Entnahme** der Berufsträgerin EF **erfolgsneutral** (AK bzw. HK ./. AfA) begrenzen wollte[64].

3.4 Fazit und Folgefragen, insbesondere zum eigenkapitalersetzenden Angehörigendarlehen

3.4.1 Weitere Problemfälle und Fazit

Eine geringfügige Variante bei allen oben diskutierten Fälle zeigt die Singularität der BFH-Erkenntnis. Sollte es sich bei dem Arbeitszimmer um ein **„Studierzimmer"** eines noch in Ausbildung befindlichen Ehepartners handeln, stellt sich die Frage der Übertragung der Grundsätze auf den Bereich der Sonderausgaben (§ 10 Abs. 1 Nr. 7 EStG). Bekanntlich gibt es keinen Drittaufwand im Anwendungsbereich des subjektiven Nettoprinzips. Oder haben der Zuwendungsgedanken unter Ehegatten und die folgende Zuordnungsfiktion einen höheren Stellenwert als die apodiktischen Aussagen? M.E. überwiegen die neuen Erkenntnisse das einmal ausgesprochene Verbot des Drittaufwands bei den Sonderausgaben und sind hierauf zu übertragen.

Natürlich wird die Verwaltung die BFH-Grundsätze nicht auf eheähnliche Beziehungen übertragen. Was hat aber zu geschehen, wenn **Miteigentümer-Verlobte** steuerlich in

---

[61] Das Bsp. lehnt sich an das von *Söffing*, BB 2000, 381 (390) gebildete Bsp. 17 an.
[62] Zur Scheidung und der vergleichbaren Problematik bei § 10e EStG vgl. das Urteil des BFH vom 18.07.2001 (DStR 2001, 1971 – grundsätzlich strenge zivilrechtliche Betrachtung bei § 10e EStG).
[63] BFH vom 23.08.1999 (BStBl II 1999, 778 – zweite Rechtsfrage).
[64] So auch *Söffing*, BB 2000, 391; vgl. aber auch *Fischer*, FR 1999, 1167 (die Verwendungskondiktion ist auf den TW gerichtet).

die Ehe „hineinwachsen". Man wird hier wohl auf die Einlageregelung des § 6 Abs. 1 Nr. 5 EStG und die dortigen Fallalternativen zurückgreifen werden.

Den künftigen Anwendungsfragen im „Immobilienbereich" kommt jedoch nur Marginalbedeutung zu. Die Basis hat der BFH mit dem Zuwendungsgedanken (1. Schritt) und der Zuordnungsfiktion („side-step") in dieser praxisrelevanten Fallgruppe (gemeinsamer Erwerb einer Ehegattenimmobilie mit disproportionaler beruflicher Nutzung) geschaffen. Die Rspr. orientiert sich methodisch einwandfrei am (objektiven) Nettoprinzip und kommt dabei zu Vergünstigungen für Ehegatten, die in der Tradition der Rspr. des BGH und des BFH zur „unbenannten Ehegattenzuwendung" steht. Die dogmatischen Bedenken (insb. zum Verhältnis von Zuwendungsgedanken und Zuordnungsfiktion als lex specialis und vor allem der mögliche Vorwurf einer hypothetischen Besteuerung) haben wegen der Wertung von Art. 6 GG eindeutig das Nachsehen.

3.4.2 Drittaufwand bei „eigenkapitalersetzenden Darlehen"

Mit vier Entscheidungen vom 12.12.2000 hat der VIII. Senat das steuerliche Rechtsinstitut des Drittaufwands auf ein neues Feld übertragen[65]. Es geht um die Beurteilung von Finanzhilfen seitens der Angehörigen (Ehegatten) von GmbH-Gesellschaftern, die in der Krise der GmbH gegeben werden. Rein gesellschaftsrechtlich sind finanzielle Unterstützungen (Darlehen, Bürgschaften, Sicherheiten) bei einer unterkapitalisierten GmbH als sog. **eigenkapitalersetzendes Darlehen** (§ 32a GmbHG) zu behandeln. Über § 32a Abs. 3 GmbHG („ähnliche Rechtshandlungen") hat der BGH auch die Unterstützung von Angehörigen hierunter subsumiert. Kommt es nun zur Insolvenz der GmbH, stellt sich für den „wesentlich beteiligten" Gesellschafter die Frage nach der Höhe seiner Verluste (Gewinne) gem. § 17 EStG. Wegen der auch für § 17 EStG geltenden Berechnungsformel (Veräußerungspreis bzw. gemeiner Wert ./. AK) ist es von entscheidender Bedeutung, ob die eigenkapitalersetzende Maßnahme seitens des Ehegatten als nachträgliche AK auf die Beteiligung beurteilt werden. Nachdem die Vorfrage der Einlagefähigkeit von Finanzmitteln mit der Annahme von bilanzierungsfähigen Vorteilen geklärt ist[66], stellt sich die Kernfrage, ob die Zuwendung von Dritten (Ehegatten, Geschäftspartnern) einen unzulässigen (oder ausnahmsweise zulässigen) Drittaufwand darstellt. Unter Übernahme der o.g. allgemeinen Erkenntnisse zum Drittaufwand kommt der BFH in dieser Fallgruppe **„Drittaufwand bei eigenkapitalersetzenden Darlehen (bzw. allgemein: finanziellen Sicherheiten")** zu folgenden Ergebnissen:

- Darlehen von Angehörigen (Ehegatten) zugunsten der notleidenden GmbH des Gesellschafters sind grundsätzlich nicht als Drittaufwand und damit nicht als nachträgliche AK des Gesellschafters zu berücksichtigen (BFH vom 12.12.2000, BStBl II 2001, 286). Aufwendungen können nur dann einkünftemindernd geltend gemacht werden, wenn sie dem Stpfl. als eigene zugerechnet werden können. Dies ist auch

---

[65] Zur Situation vor den BFH-Entscheidungen vgl. *Gosch* in *Kirchhof-kompakt*, § 17 Rz. 212 ff. (231).
[66] Anders ist es bekanntlich, wenn es sich nur um Nutzungen oder Dienstleistungen als Vermögensvorteile handelt (BFH vom 26.10.1987, BStBl II 1988, 348). Hier liegen keine (verdeckte) Einlage und damit keine (nachträglichen) AK vor.

hier – abgesehen von den Ausnahmen (s. sogleich) grundsätzlich nur bei selbst getätigten Aufwendungen der Fall.

- Hiervon kann dann eine Ausnahme gemacht werden („abgekürzter Vertragsweg"), wenn die Finanzierungshilfe wirtschaftlich für Rechnung des Gesellschafters gewährt wird, weil dieser dem Dritten zum Ausgleich verpflichtet ist (a.a.O.). Hierfür kann auch der Begriff der „Leistung im Innenverhältnis für Rechnung des Stpfl." gebraucht werden.
- Bei der Inanspruchnahme aus einer Bürgschaft, die der Ehegatte zugunsten der notleidenden GmbH seines Gesellschafter-Ehepartners geleistet hat, liegt dann ein berücksichtigungsfähiger Drittaufwand („Leistung im Innenverhältnis für den Stpfl.") vor, wenn der Ehegatte einen Aufwendungsersatzanspruch (gem. BFH nach § 426 BGB) gegen den Gesellschafter hat[67].
- Über die Grundsätze der mittelbar verdeckten Einlage (als vGA zu beurteilende Darlehen einer EM-GmbH an die EF-GmbH) sind die Darlehen als Nachschüsse bei der GmbH und damit als nachträgliche AK zu werten (BFH vom 12.12.2000, BStBl II 2001, 234).

Beispiel 9: Der Schmuck der Ehefrau als eigenkapitalersetzender Drittaufwand[68]

G ist seit 01 Alleingesellschafter der G-GmbH (eingezahltes Stammkapital: 12.500 €). Die GmbH gerät Mitte 03 in eine Krise; im Dezember 03 wird der Antrag auf Eröffnung des Insolvenzverfahrens abgelehnt.

G und Ehefrau (EF) haben sich im September 03 bei der B-Bank verbürgt und werden in 04 aus der Bürgschaft in Anspruch genommen. Bei G wird das private Girokonto i.H.v. 50 T€ verwertet, der Schmuck von EF im Wert von 100 T€ wird versteigert.

Kann G bei der ESt des Jahres 03 (04) den Auflösungsverlust gem. § 17 Abs. 4 EStG auch insoweit berücksichtigen, als hiervon der versteigerte Schmuck betroffen ist?

Lösung:

- Die (nicht in das Stammkapital der GmbH geleisteten) Zahlungen des G sind nur dann als nachträgliche AK (verdeckte Einlage) zu berücksichtigen, wenn sie eigenkapitalersetzenden Charakter haben. Die in Anlehnung an § 32a GmbHG entwickelten Grundsätze gelten auch im Steuerrecht. Die Einziehung des Girokontos von G erfüllt die Voraussetzungen.
- Fraglich sind die Vermögensopfer der EF. Über den unmittelbaren persönlichen Anwendungsbereich des Gesellschafters hinaus werden die Aufwendungen der Angehörigen steuerlich nur dann berücksichtigt, wenn sie tatsächlich vorliegen und als abgekürzter Zahlungsweg bzw. Vertragsweg auszulegen sind. Dem steht der Fall gleich, dass sie im Innenverhältnis für

---

[67] BFH vom 12.12.2000 (BStBl II 2001, 385 sowie BFH/NV 2001, 761).
[68] Weitere Fälle s. FN 45.

Rechnung des Stpfl. G erfolgte. Durch die aufgrund der gemeinsamen Bürgschaftsverpflichtung geduldete Versteigerung des Schmuckes hat EF im Innenverhältnis gegenüber G einen Ausgleichsanspruch von 25 T€ ([100 T€ ./. 50 T€] / 2 = 25 T€).

- Der Auflösungsverlust des G errechnet sich – wie folgt –:

Veräußerungspreis (bzw. gemeiner Wert):	-
./. (historische) AK	./. 12.500 €
./. nachträgliche (eigene) AK	./. 50.000 €
./. nachträgliche AK (quasi Drittaufwand)	./. 25.000 €
= Auflösungsverlust	**./. 87.500 €**

Als Ergebnis dieser neuen Rechtsentwicklung kommt es für die (ausnahmsweise) Anerkennung des Drittaufwands in dieser praxisrelevanten Fallgruppe darauf an, ob eine tatsächliche Inanspruchnahme mit konkretisierter Ausgleichsverpflichtung des GmbH-Gesellschafters schon erfolgt ist (Berücksichtigung) oder noch nicht erfolgt ist (keine Berücksichtigung).

4 Die Zuordnung bei komplexen Rechtsverhältnissen

4.1 Überblick

In den bisherigen Gliederungspunkten zur personellen Zurechnung der Einkünfte wurden Gestaltungen untersucht, bei denen für einen vorübergehenden Zeitraum bestimmte Teilbefugnisse aus dem Vollrecht (Eigentum) einer dritten Person übertragen werden. Gleichzeitig waren nur einzelne Besteuerungsgrundlagen (Einnahmen bei Teil A, Kap. IV.2 und Erwerbsaufwand bei Teil A, Kap. IV.3) von der Übertragung betroffen.

Die nachfolgende Darstellung bezieht sich zunächst auf die **langfristige** (dauernde?) Aufspaltung des steuerlichen Zustandstatbestandes und auf **alle** Komponenten des Handlungstatbestandes (Einnahmen- wie Aufwandsseite). Das dafür probate Rechtsinstitut ist der Nießbrauch. Hierzu liegt für den V+V-Bereich eine aktuelle und umfassende Verwaltungsregelung vor, während im (spannenderen) Bereich des § 20 EStG der redaktionelle Hinweis auf einen (Kombi[69]-)Erlass aus dem Jahre 1983 kaum als verlässliche Rechtsquelle angesehen werden kann.

Im zweiten Anwendungsbereich erfolgt die Aufteilung nicht nur bei einzelnen Einkunftsquellen wie bei Beteiligungen an KapG oder wie bei Immobilien. Vielmehr steht die Disposition von umfangreichen (komplexen) Rechtsverhältnissen, wie dies etwa bei der Begründung und Übertragung von Beteiligungen an PersG der Fall ist, im Vordergrund. Den Fallgestaltungen ist zu Eigen, dass sie sich meistens im Kreis der Angehörigen vollziehen, so dass § 12 Nr. 2 EStG mit in die Überlegungen einbezogen werden muss.

---

[69] Dieser 1. Nießbrauchserlass vom 23.11.1983 (BStBl I 1983, 508) bezog sich in erster Linie auf V+V; erst in Tz. 55 ff. erfolgte eine Übernahme auf § 20 EStG.

4.2 Der Nießbrauch (und vergleichbare Nutzungsrechte)

4.2.1 Zivilrechtliche Vorgaben

Schon längst hat sich der Rechtsverkehr die funktionale Teilung des Vollrechts in seine drei Hauptkomponenten zu Eigen gemacht. Das Eigentum kann aufgeteilt werden in:

- die Herrschaftsbefugnis (Besitz und Nutzungsbefugnis),
- die Abwehrbefugnis (Herausgabe- und Unterlassungsanspruch) und
- die Verfügungsbefugnis (Übertragung und Vererbung).

Der funktionalen Trennung folgt im Wirtschaftsleben die Begründung und ggf. die Übertragung der einzelnen Teilbefugnisse aus dem Eigentumsrecht. Wirtschaftlich gesehen werden „Minus-Rechte" geschaffen. Das wichtigste dieser Teilrechte ist der Nießbrauch.

Gem. § 1030 BGB ist der Nießbraucher zur Nutzung einer Sache berechtigt. Bei wirksamer Bestellung des Nießbrauches, wofür dieselben Formvorschriften wie für die Übertragung des belasteten Gegenstandes gelten (häufig – wie bei Immobilien – notarielle Beurkundung), kann der Nießbraucher kraft eigener Rechtsposition die Früchte (Mieten) ziehen oder den Gegenstand sonst nutzen. Der Nießbrauch kann auch an Rechten gem. § 1068 BGB (z.B. GmbH-Geschäftsanteile) bzw. am Vermögen (§ 1085 BGB) bestellt werden.

Der Nießbrauch ist als höchstpersönliches (d.h. nicht übertragbares) Recht konzipiert und von daher auch nicht vererblich. Diese Befugnisse bleiben dem Eigentümer als dem Inhaber des Substanzrechtes vorbehalten. Von einem dinglichen Nießbrauch wird gesprochen, wenn er – wie oben skizziert – durch seine sachenrechtliche Begründung (z.B. durch die Eintragung im Grundbuch) gegenüber jedem Inhaber des Eigentums gilt. Ansonsten (bei nicht wirksamer oder unterlassener Bestellung des Nießbrauchs gem. § 1030 BGB) kann ein lediglich schuldrechtliches (obligatorisches) Nutzungsrecht vorliegen. Dieses (etwa in der Form einer Leihe oder eines Pachtvertrages vereinbart) wirkt nur gegenüber dem jeweiligen Vertragspartner und muss, soll es beständig sein, jeweils neu begründet werden.

Unter steuerlichen Gesichtspunkten, aber immer noch als zivilrechtliche Vorfrage, werden drei Hauptformen des Nießbrauchs unterschieden:

Beispiel 1: Die verschiedenen Nießbrauchsformen
G, 80-jährig, gehören drei Mietwohnhäuser (A, B und C).
G überschreibt das Haus A seinem Sohn S und behält sich dabei den lebenslänglichen Nießbrauch vor.
Am Haus B lässt G zur finanziellen Absicherung seiner Ehefrau zu deren Gunsten einen Nießbrauch eintragen.
Beim Haus C verfügt G testamentarisch, dass seiner Tochter T ein Nießbrauch eingeräumt wird.

Lösung:
Als mehrfacher Immobilien-Eigentümer ist G in der glücklichen Lage, von den drei Hauptformen des Nießbrauches Gebrauch zu machen.

- Am Haus A hat der neue Eigentümer S den Vorbehaltsnießbrauch zugunsten des G zu berücksichtigen. Die Mieterträge bleiben G vorbehalten. Über die Instandhaltung können G und S abweichend vom Gesetz (§§ 1041, 1047 BGB) vereinbaren, dass der neue Eigentümer S die Instandhaltungsmaßnahmen durchzuführen hat und die öffentlichen Lasten tragen muss (sog. Bruttonießbrauch). Von dieser Möglichkeit wird gerne im Rahmen der vorweggenommenen Erbfolge Gebrauch gemacht.
- Demgegenüber trägt der am Grundstück B eingetragene Zuwendungsnießbrauch der Altersversorgung der Ehefrau Rechnung. G bleibt Eigentümer, der Ehefrau gebühren die Mieterträge. Der Sachverhalt legt nahe, dass hier ein unentgeltlicher (kostenloser) Nießbrauch bestellt wurde. Beim Zuwendungsnießbrauch kann jedoch auch ein Preis für die Nutzungsüberlassung vereinbart werden (teilentgeltlicher oder entgeltlicher Nießbrauch).
- Wenn die Erben des G verpflichtet sind, der Tochter T den Nießbrauch am Haus C einzuräumen, spricht man von einem Vermächtnisnießbrauch.

Neben den o.g. Grundformen ist noch zu berücksichtigen, dass ein Nießbrauch hinsichtlich des belasteten Gegenstandes (Bruchteilsnießbrauch) oder hinsichtlich der Einkünfte (Quotennießbrauch) **beschränkt** werden kann.

4.2.2 Der Nießbrauch bei Vermietung und Verpachtung – Die Verwaltungslösung

Mit mehreren Verwaltungserlassen hat sich die Finanzverwaltung der Thematik bemächtigt. Mit dem letzten[70] Nießbrauchserlass vom 24.07.1998[71] hat die Verwaltung eine umfassende Lösung für den V+V-Bereich vorgelegt. Die ausführliche mit 74 Textziffern präzisierte Darstellung kommt einer Zusammenfassung sowie einem Kurzkommentar der umfangreichen BFH-Rspr. gleich und wird nachfolgend in den Grundzügen dargestellt. Das BMF-Schreiben macht sich ebenfalls die obige Unterscheidung in die drei Arten des Nießbrauches zu Eigen.

Mit den drei Mai-Urteilen aus dem Jahre 1980[72] hatte der BFH in der Beurteilung des Nießbrauchs eine Kehrtwendung vollzogen, indem nunmehr darauf abzustellen ist, wer von den beteiligten Personen mit dem jeweiligen Zustandstatbestand (hier: Mietwohnhaus) Einkünfte i.S.d. § 2 Abs. 1 S. 1 EStG „erzielt". Damit wurde das frühere Kriterium der (un-)zulässigen Übertragung von Einkunftsquellen ersetzt.

In der Beurteilung der Nießbrauchsfälle wurden daraufhin die Akzente verschoben, so dass in den Folgejahren (bis heute) bei allen Fallkonstellationen die Prüfung im Vorder-

---
[70] Zu den ersten Nießbrauchserlassen (BStBl I 1983, 508 sowie BStBl I 1984, 561) gibt es eine gute (historische) Übersicht bei *Kirchhof* in *Kirchhof/Söhn*, § 2 B 263 ff.
[71] BStBl I 1998, 914; zuletzt geringfügig ergänzt in Tz. 4, BStBl I 2001, 171.
[72] BFH vom 13.05.1980, BStBl II 1981, 295, 297 und 299.

grund steht, ob der Nießbraucher als tatsächlicher Einkunftserzieler betrachtet werden kann. So müssen (Minimalvoraussetzung) bei einem vermieteten Objekt die Mietparteien davon in Kenntnis gesetzt werden, dass die Mieten nunmehr auf das Konto des Nießbrauchers einzuzahlen sind. Unter dieser Prüfungsstation werden auch die Fälle des Brutto- oder Quotennießbrauches abgehandelt, die als zulässig angesehen werden (Tz. 14, 16[73]). Bei einem Zuwendungsnießbrauch zugunsten der Angehörigen behandeln Rspr. und Verwaltung die Rückvermietung an den Nießbrauchsbesteller (= Eigentümer) als einen Fall des Gestaltungsmissbrauches i.S.d. § 42 AO und erkennen die Nießbrauchsbestellung nicht an (Tz. 17). Vor dem Hintergrund der Mai-Urteile aus dem Jahre 1980 erübrigt sich ein Rekurs auf § 42 AO. Einfacher wäre es, im Falle der Rückvermietung oder bei sonstigen „Papiergestaltungen" wegen § 2 Abs. 1 EStG „alles beim alten" Rechtszustand zu belassen.

Für die nachgelagerten Fälle ist – trotz der Mai-Urteile 1980 – eine weitere Voraussetzung, dass zumindest bei Nießbrauchsbestellungen zugunsten von Kindern diesen eine gesicherte Rechtsposition eingeräumt ist. Die Grundsätze der zulässigen Angehörigenverträge (s. sogleich unter 4.3.) sind folglich auch hier anzuwenden, wenngleich auch dort bei Zweifelsfragen (z.B. zur Frage der Mitwirkung eines Ergänzungspflegers, Tz. 4) eine Auflockerung festzustellen ist[74].

4.2.2.1 Rechtslage beim Zuwendungsnießbrauch

Den größten Raum nimmt der Zuwendungsnießbrauch ein. Dies hängt weitgehend mit den Modalitäten der Bestellung zusammen. Wie bereits angedeutet, kann der Zuwendungsnießbrauch unentgeltlich (Bsp. 1: G bleibt Eigentümer und wendet seiner Ehefrau den lebenslangen Nießbrauch an einem Mietswohnhaus zu) oder aber entgeltlich bestellt werden. Für die jeweilige Charakterisierung greift die Verwaltung auf die üblichen Kriterien zurück (Tz. 10 ff.):

a) Bei einer abgewogenen (kaufmännischen) Gegenüberstellung vom Wert des Nießbrauchs (damit kann nur der nach §§ 13 f. BewG i.V.m. Anlage 9 und 9a BewG kapitalisierte Wert gemeint sein) und Gegenleistung (= steuerliches Synallagma) liegt ein entgeltlicher Nießbrauch vor.

b) Stehen sich Eigentümer und Nießbraucher nicht als Angehörige gegenüber, so wird für den Regelfall eine entgeltliche Bestellung unterstellt.

c) Ist kein Entgelt vereinbart oder beträgt die Gegenleistung **weniger als 10 %** des Nießbrauchs, so liegt ein unentgeltlicher Nießbrauch vor.

d) Ansonsten (Gegenleistung > 10 % und kein Synallagma) liegt ein teilentgeltlicher Nießbrauch vor, für den die Trennungstheorie gilt: Aufteilung – anhand der Gegenleistung – in einen entgeltlichen und unentgeltlichen Nießbrauch.

---

[73] Nachfolgende Tz. ohne genaue Angaben sind im Kap. 4.2.2 ausschließlich solche des BMF-Schreibens vom 24.07.1998 (BStBl I 1998, 914).
[74] Nach ergänzter Tz. 5 (BStBl I 2001, 171) erübrigt sich ein Ergänzungspfleger bei der Bestellung eines Nießbrauchs zugunsten minderjähriger Kinder, wenn – im Einzelfall – das Vormundschaftsgericht dessen Mitwirkung als entbehrlich angesehen hat.

Beispiel 2: Der teilentgeltliche Nießbrauch
G bestellt seinem Sohn S für zehn Jahre an einem ZFH den Nießbrauch. Eine Jahresmiete von 10 T€ ist erzielbar. Als Gegenleistung hat S 40 T€ zu zahlen. Eine Wohnung wird vermietet; die zweite Wohnung nutzt S selbst.

Lösung:

- Es liegt ein Zuwendungsnießbrauch des G zugunsten des S vor.
- Bei einer erzielbaren Jahresmiete von 10 T€ beträgt der auf 10 Jahre kapitalisierte Wert des Nießbrauchs gem. Anlage 9a zu § 13 BewG 77.450 € (Faktor 7,745 x 10.000 €).
- Der Nießbrauch ist damit i.H.v. 40 T€ entgeltlich und im Übrigen unentgeltlich bestellt worden.
- Bei den Rechtsfolgen (s. sogleich) sind beide Bereiche getrennt zu behandeln; § 21 Abs. 2 EStG ist zu beachten.

Zu a): Beim **entgeltlichen Zuwendungsnießbrauch** übernimmt der Nießbraucher die bisherige Position des Eigentümers als Einkunftserzieler gem. § 21 EStG. Der **Nießbraucher** hat demnach bei einem vermieteten Objekt die Mieten als eigene Einkünfte gem. § 21 EStG zu versteuern. Die – gegenüber dem Eigentümer – aufgewendete Gegenleistung hat der Nießbraucher über die AfA nach § 7 Abs. 1 EStG zu berücksichtigen. Der Abschreibungsplan hängt von der Laufzeit des Nießbrauchs ab. Die Verwaltung lässt dabei eine Ausnahme zu: Erfolgt die Gegenleistung nicht als Einmalzahlung, sondern in laufenden gleichmäßigen Beiträgen, so können diese Zahlungen als WK (statt der AfA nach § 7 Abs. 1 EStG) abgezogen werden (Tz. 26). Der sonstige Abzug von WK gem. § 9 EStG hängt allein davon ab, wer im Innenverhältnis die Instandhaltungskosten etc. zu tragen hat. Für den Fall, dass der Nießbraucher das Gebäude selbst nutzt, soll nach h.M. der Nutzungsberechtigte einem Mieter gleichstehen und dies zu keinen steuerlichen Auswirkungen beim Nießbraucher führen[75]. M.E. liegen hier AK/HK vor, die zumindest bei einem entgeltlichen lebenslangen Zuwendungsnießbrauch gem. § 2 EigZulG zu berücksichtigen sind.

Umgekehrt erzielt der Eigentümer **(Besteller des Nießbrauches)** mit der Gegenleistung Einnahmen nach § 21 EStG, die er über zehn Jahre verteilen darf (Tz. 29) und ist somit weiter berechtigt, AfA (auf die AK/HK des Gebäudes) und sonstige bei ihm anfallende Aufwendungen in Abzug zu bringen.

Zu b): Beim **unentgeltlichen Zuwendungsnießbrauch** ändert sich bei wirksamer Bestellung und tatsächlicher Durchführung beim **Nießbraucher** mit Ausnahme der fehlenden AfA auf das Nutzungsrecht zunächst nichts. Gem. Tz. 19 soll der unentgeltlich Nutzende auch nicht die AfA auf die Gebäude-AK/HK des Eigentümers geltend machen können. In der Lit. wird gelegentlich[76] darauf hingewiesen, dass für die Gebäude-AfA die Grundsätze zum Drittaufwand (s. 3) anzuwenden sind. M.E. greifen aber diese Überle-

---

[75] Vgl. Rz. 42 bei *Drenseck* in *Schmidt*, § 21 Rz. 42 sowie *Mellinghof* in *Kirchhof-kompakt*, § 10e Rz. 11 für den Vorbehaltsnießbrauch.
[76] *Drenseck* in *Schmidt*, § 7 Rz. 26 und 36 ff.

gungen nicht, da bei der ausnahmsweise zulässigen „AfA auf ein eigenes WG" die Investitionen des Dritten im Zeitpunkt der erstmaligen Verwendung des WG für Zwecke der aktuellen Einkunftserzielung erfolgten. Vorliegend liegen die Investitionen des Eigentümers (historische AK) lange zurück und können mit der h.M. nicht mehr „reaktiviert" werden. Anders formuliert: In dem Augenblick, da das WG vom Nießbraucher zur Erzielung von Einkünften eingesetzt wird, liegen keine – irgendwie – zu berücksichtigenden Eigen- oder (zuordenbare) Fremdaufwendungen vor. Die Wertung von § 12 Abs. 1 Nr. 2 EStG ist stärker.

Der **Eigentümer** erzielt beim unentgeltlichen Zuwendungsnießbrauch keine Einkünfte und ist daher **nicht mehr** berechtigt, AfA auf das Gebäude vorzunehmen (Tz. 24).

Alleine wegen der damit verbundenen Gefahr des kompletten Verlustes der AfA ist der unentgeltliche Zuwendungsnießbrauch in steuerlicher Hinsicht nur bei einem voll abgeschriebenen Gebäude sinnvoll.

4.2.2.2 Rechtslage beim Vorbehaltsnießbrauch

Beispiel 3: Die nur scheinbar komplizierte Regelung
G hat in 01 ein ZFH mit HK i.H.v. 400 T€ errichtet, das an zwei Mietparteien vermietet ist (jährliche Miete: je 10 T€).
G schenkt in 08 das Grundstück seiner volljährigen Tochter T, behält sich aber den lebenslangen Nießbrauch vor.

Bei dieser aus schenkungsteuerlichen Gründen[77] gern praktizierten Variante bleibt wirtschaftlich „alles beim Alten". Beim Vorbehaltsnießbrauch wird die Bestellung des Nießbrauches **nicht als Gegenleistung** des neuen Eigentümers angesehen (Tz. 40). Diese in ständiger Rspr. gefestigte Ansicht gilt unabhängig davon, ob die Bestellung des Vorbehaltsnießbrauchs ansonsten entgeltlich (selten vorkommend) oder unentgeltlich erfolgte.

Lösung:
- Der Vorbehaltsnießbraucher G erzielt weiterhin Einkünfte gem. § 21 EStG; dabei kann er als ursprünglicher Bauherr die Gebäude-AfA gem. § 7 Abs. 4 bzw. Abs. 5 EStG (und sonstige WK) geltend machen.
- Die neue Eigentümerin T erzielt – mangels Einnahmen aus dem vermieteten Objekt – keine Einkünfte gem. § 21 EStG und ist demnach nicht AfA-berechtigt[78]. Auch sonstige Aufwendungen, die sie ggf. vertraglich zu leisten hat, kann sie nicht abziehen.

---

[77] S. dazu Band 3, Teil C, Kap. II.2.2, insb. die Verzichts- und Ausschlagungsvarianten.
[78] Nach Ablauf des Nießbrauchs kann der Eigentümer gem. § 11d EStDV die AfA als Rechtsnachfolger fortführen (Tz. 48). Nur ausnahmsweise liegt ein entgeltlich bestellter Vorbehaltsnießbrauch vor. In diesem Fall kann der Eigentümer, wenn ihm Einnahmen zuzurechnen sind, AfA für den kapitalisierten Nutzungswert ansetzen (Tz. 47).

4.2.2.3 Rechtslage beim Vermächtnisnießbrauch

Nach Tz. 32 kommen beim Vermächtnisnießbrauch die Grundsätze zum unentgeltlichen Zuwendungsnießbrauch zur Anwendung. Dies ist wegen der identischen Ausgangslage (unentgeltliche Begründung des Nießbrauchs) sachgerecht. Eine Differenzierung nach den verschiedenen Personen, von denen der unentgeltliche Erwerb abgeleitet wird (beim Vermächtnisnießbrauch bekanntlich von den Erben; beim Zuwendungsnießbrauch direkt vom Eigentümer), wird auch ansonsten im Steuerrecht (vgl. § 6 Abs. 3 EStG) nicht vorgenommen.

4.2.2.4 Erstreckung auf vergleichbare Rechte (Wohnrecht u.a.)

Einen neuen Weg geht die Verwaltung in der Gleichstellung von dinglichen Nießbrauchsrechten mit sonstigen dinglichen Rechten (wie z.B. einem im Grundbuch eingetragenen Wohnrecht, Tz. 33) und vor allem mit (nur) schuldrechtlichen Nutzungsüberlassungen. Nachdem gescheiterte (d.h. unwirksam bestellte) dingliche Bestellungen als obligatorische Nutzungsrechte umgedeutet werden (Tz. 8), wird die Gleichstellung in den Rechtsfolgen (Tz. 35 ff. und Tz. 51 ff.) davon abhängig gemacht, ob er durch eine Vertragsübernahme in den Mietvertrag mit den Mietern „einsteigt."

4.2.2.5 Die Ablösung des Nießbrauchs

Für den Fall, dass der Nießbraucher erkennt, dass er nicht mehr auf die existentielle Sicherungsfunktion[79] der garantierten Mieterträge angewiesen ist – wie dies häufig beim Vorbehaltsnießbrauch der Fall ist –, kann der Nießbrauch abgelöst werden.

> **Beispiel 4: Ablösung des Vorbehaltsnießbrauchs**
> Tochter T löst im VZ 10 den dem G eingeräumten Vorbehaltsnießbrauch ab, nachdem G erkannt hat, dass er nicht mehr auf die Miete angewiesen ist.
>
> **Lösung:**
> Nach Tz. 57 führt die Ablösung des Vorbehaltsnießbrauch zu AK, die – bei einem ausnahmsweise entgeltlich bestellten Vorbehaltsnießbrauch – die BMG für die AfA des Eigentümers erhöhen können.
> Umgekehrt führt die Zahlung beim Nießbraucher zu einer nicht steuerbaren Vermögensumschichtung (Tz. 58).

Bei der Ablösung eines **unentgeltlichen Zuwendungsnießbrauchs** liegt die Vermutung der Verwaltung nahe (Tz. 61), dass es sich bei den Aufwendungen des Eigentümers um Zuwendungen i.S.d. § 12 Nr. 2 EStG handelt (im Bsp. 2 „kauft" der bestellende G

---

[79] Dies ist nicht mit dem sog. „Sicherungsnießbrauch" (Tz. 9) zu verwechseln, der lediglich zum Schein dinglich vereinbart wird und in Wirklichkeit dem Nießbraucher keinen tatsächlichen Einfluss auf den belasteten Gegenstand ermöglicht. Dieser wird nicht akzeptiert, da er wirtschaftlich gerade nicht vollzogen wird.

seiner Ehefrau den Nießbrauch, für den sie nichts bezahlen musste, ab). Hiervon wird nur dann eine Ausnahme gemacht (nachträgliche AK auf das Grundstück), wenn der ablösende Eigentümer das Grundstück mit der Belastung des Nießbrauchs erworben hat (Tz. 62).

Beispiel 5: Die Ablösung des Kombi-Nießbrauchs
G übereignet seinem Sohn ein Objekt und bestellt dabei gleichzeitig – und zu gleichen Teilen – für sich (Vorbehaltsnießbrauch) und für seine Ehefrau (Zuwendungsnießbrauch) einen lebenslangen Nießbrauch. Nach dem Ableben des G bedrängt S die Witwe, in die Löschung des Nießbrauches im Grundbuch einzuwilligen.

Lösung:
Nach dem Tode des G nutzt S das Grundstück, belastet mit einem Zuwendungsnießbrauch. Das Anliegen des S ist allein deshalb berechtigt, weil er sonst keine AfA für die Immobilie geltend machen kann.
Bereits zu Lebzeiten des G kann in der vorliegenden Konstellation nur die hälftige AfA – und zwar in der Person des G – genutzt werden, da der hälftige Zuwendungsnießbrauch zugunsten der EF zum Wegfall der AfA führt.
Nach dem Tode des G kommt es zum vollen Leerlauf der AfA, da mit dem Wegfall des Vorbehaltsnießbrauchs (als höchstpersönliches Recht) auch diese AfA-Befugnis verloren geht.
Während die Ablösesumme für EF eine unbeachtliche Vermögensumschichtung darstellt, kann S auf diese Weise AfA-Potential generieren.

4.2.3 Der Nießbrauch bei Kapitalvermögen – Offene Fragen/Neue Wege

4.2.3.1 Einführung in die Problemstellung

Wie bereits ausgeführt, bereitet zivilrechtlich die Bestellung eines Nießbrauchs an einem Gesellschaftsanteil, nachfolgend an einem **GmbH-Geschäftsanteil**, keine Probleme. Die allgemeine Zulässigkeit ergibt sich aus § 1068 BGB (Nießbrauch an Rechten), wonach wegen des Grundsatzes von § 1069 Abs. 2 BGB (keine Bestellung an unübertragbaren Rechten) nur noch darauf zu achten ist, dass im Falle der Vinkulierungsklausel nach § 15 Abs. 5 GmbHG die übrigen Gesellschafter zustimmen[80]. Nach der wirksamen Bestellung (mit notarieller Beurkundung) ist der Nießbraucher zur Nutzung berechtigt[81]. Nach h.M. kann bei der inhaltlichen Ausformulierung des Nießbrauchs nur ein „Ertragsnießbrauch" und kein „Vollrechtsnießbrauch" vereinbart werden, da ansonsten das Vollrecht ausgehöhlt werden könnte[82]. Wegen des erforderlichen Ausschlusses von Mitver-

---
[80] Vgl. *K. Schmidt*, GesR, § 35 II 1b sowie allgemein *Priester*, Festschrift zum 50-jährigen Bestehen FAfStR, 1999, 153 (dort unter Einbeziehung der Treuhandfälle).
[81] Die Besitzfrage bereitet allein deshalb Probleme, weil oftmals nur GmbH-Gesellschafterlisten beim HR geführt werden und ein Anteilsschein oder dgl. nicht existiert. M.E. muss der Nießbraucher zumindest vom GF der GmbH mindestens eine Abschrift erhalten.
[82] So auch *Milatz/Sonneborn*, DStR 1999, 137 und *Korn*, DStR 1999, 1461: Zumindest ein Übergang der Verwaltungsrechte ist ausgeschlossen.

waltungsrechten, die beim Inhaber des GmbH-Geschäftsanteils verbleiben, wird praxisgerecht der Ertragsnießbrauch mit einer **Stimmrechtsbevollmächtigung** versehen sein. Diese wird – im Auszug – folgenden Wortlaut haben:

„Rechte und Pflichten der Beteiligten:

- *Der Inhaber des GmbH-Geschäftsanteils (Vater V) bevollmächtigt den Nießbraucher (Sohn S) unwiderruflich zur Ausübung des Stimmrechts.*
- *V verpflichtet sich, von seinem Stimmrecht keinen Gebrauch zu machen, ersatzweise auf Wunsch des S abzustimmen.*
- *Das Gewinnbezugsrecht steht uneingeschränkt dem S zu. Er kann im Rahmen der GmbH-Satzung für größtmögliche Gewinnausschüttung stimmen"*[83].

Im Unterschied zu den überarbeiteten Regelungen beim Immobiliennießbrauch (s.o. mit dem derzeit überarbeiteten 3. Nießbrauchserlass) sind den ursprünglichen (1983) Aussagen im Bereich des Nießbrauchs bei Kapitalbeteiligungen keine Ergänzungen hinzugefügt worden. Im Gegenteil: In der jüngsten amtlichen Rezeption der Erkenntnisse von 1983 aus dem Jahre 1999[84] werden wiederum „holzschnittartig" die Ausführungen zu den Immobilien auf die Kapitaleinkünfte übertragen. Als vorläufige Ergebnisse schreiben daher Verwaltung und noch h.M. die Gewinnanteile nach § 20 Abs. 1 Nr. 1 EStG nur im Falle des Vorbehalts[85]- und Vermächtnisnießbrauches[86] dem Nießbraucher zu.

Beim Zuwendungsnießbrauch scheint der Bestellmodus (entgeltlich/unentgeltlich) zu unterschiedlichen Ergebnissen zu führen. Beim unentgeltlichen Zuwendungsnießbrauch verbleiben die Einkünfte beim Besteller (Inhaber des GmbH-Geschäftsanteils). Zum entgeltlichen Zuwendungsnießbrauch wird ausgeführt, dass das Entgelt für die Bestellung des Nießbrauches zu Einkünften nach § 20 Abs. 2 Nr. 2 EStG (heute: § 20 Abs. 2 Nr. 2a EStG) führe und die Einziehung des Gewinnanteils durch den Nießbraucher nur eine unbeachtliche Forderungsabtretung sei und demzufolge der Nießbrauchsbesteller nach wie vor Zurechnungssubjekt für die Kapitaleinkünfte sei (s. auch 2.1.2 – Beispiel 2 –)[87].

Diese Ansicht führt nicht nur zu entsprechenden „Verwerfungen" in den Verträgen zur Nießbrauchsbestellung, sondern ignoriert in der unreflektierten Übernahme der „Immobilien-Überlegungen" den unterschiedlichen Ausgangspunkt. Während die Zuordnungsfrage bei § 21 EStG weitgehend von der Frage der persönlichen AfA-Befugnis überlagert ist, muss die Zuordnungsfrage bei den Kapitalübereinkünften von der Überlegung getragen sein, wer Einkünfte i.S.d. § 2 Abs. 1 EStG erzielt, d.h. wer als marktbe-

---

[83] Vgl. *Hopt*-Formularhandbuch zum Handels- und Gesellschaftsrecht (a.a.O. *Vollhard/Tischbirek*).
[84] Vfg. der OFD Kiel, Az.: VV SH OFD Kiel 1999-03-00.
[85] Hierzu zuletzt BFH vom 29.05.2001, BFH/NV 2001, 1393 (wegen der ertragsteuerlichen Zurechnung beim Nießbraucher kann der Besteller – hier eines Quotennießbrauches – nicht alle Zinsen anlässlich des Erwerbs des Wertpapiers ansetzen).
[86] Auch hier fehlt die neue Erkenntnis aus dem Immobiliennießbrauch, dass der Vermächtnisnießbrauch dem Zuwendungsnießbrauch gleichkommt, da bei ihm die Ableitung von den Erben und nicht vom Erblasser erfolgt.
[87] Ebenso aus der Literatur *Wassermeyer* in *Kirchhof/Söhn*, § 20 B 48 (50 f.), der unterschiedslos (radikal) die Einnahmen immer dem Inhaber des GmbH-Geschäftsanteils zurechnet.

rechtigter Teilhaber an diesen Kapitaleinkünften anzusehen ist. Die Antwort kann nur unter Zuhilfenahme der Erkenntnisse der Marktbeteiligungstheorie gefunden werden.

4.2.3.2 Lösungsansatz: Zurechnung der Kapitaleinkünfte beim entgeltlichen Zuwendungsnießbrauch

Die Doppelbesteuerung, mit der die h.M. das Problem löst (das Entgelt für die Begründung des Zuwendungsnießbrauches = Einnahme nach § 20 Abs. 2 Nr. 2a EStG für den Besteller und die zusätzliche Erfassung der späteren Gewinnanteile wiederum beim **Besteller**, soweit nicht § 20 Abs. 2a S. 3 EStG greift) kann **nicht** hingenommen werden[88].

Wiederum andere betrachten die späteren Gewinnzahlungen als unbeachtliche Forderungseinziehung (der Nießbraucher hat hiernach keine Einkünfte, vgl. BFH vom 12.12.1969, BStBl II 1970, 212) und ignorieren somit vollends die rechtsgeschäftliche Absprache beim entgeltlichen Zuwendungsnießbrauch. Auch diese Lösung kann nicht richtig sein. Es besteht insgesamt ein unbefriedigendes „Rechtsfolgenpatt".

In Hinblick auf das gesetzliche Differenzierungsangebot des § 20 EStG, wonach in den Nr. 1 – 4 „aktive" Kapitaleinkünfte geregelt sind und in den folgenden Nr. 5 – 7 eher „passive" Einkünfte, kann die **Marktbeteiligungstheorie** an dieser Nahtstelle wertvolle Erkenntnisse liefern. Im Anwendungsbereich des „aktiven Katalogs" von § 20 EStG, wozu über Nr. 1 auch die Gewinnbeteiligung an einer GmbH zählt, wird man eine entsprechende **Dispositionsbefugnis**, mit der ein Nießbraucher ad hoc ausgestattet ist, nicht ignorieren dürfen und ihm folglich die Einkünfte zurechnen müssen. Zu diesen Dispositionsbefugnissen über die Einkunftsquelle GmbH-Geschäftsanteil sollten, worauf in der Lit. immer wieder hingewiesen wird[89], zählen:

- das Stimmrecht,
- ein Anfechtungsrecht sowie,
- die Eigenberechtigung zur Teilhabe an der Kapitalerhöhung.

Von entscheidender Bedeutung ist schließlich noch, dass der Nießbraucher durch die Bezahlung (entgeltlicher Nießbrauch) bereits einen Erfolgsbeitrag für die Marktbeteiligung an dieser Einkunftsquelle geleistet hat.

Dieser konsistenten Lösung gebührt gegenüber der herkömmlichen „Steuerklausellösung", die in Verträgen zu lesen ist, wonach bei einer Stimmrechtsbevollmächtigung der Nießbrauch auf die „Erträge nach Abzug der Einkommensteuerbelastung" beschränkt werden soll, eindeutig der Vorzug[90].

Um ein gesamt-schlüssiges Konzept vorzulegen, fehlt bei der hier vorgeschlagenen Lösung (Zurechnung der Gewinnanteile beim entgeltlichen Zuwendungsnießbrauch) nur

---

[88] So aber *Wassermayer* a.a.O. Zur Kritik an der h.M. s. auch *Korn*, DStR 1999, 1461 (1475). Nach altem Recht hat die Verwaltung zusätzlich noch die KSt-Gutschrift von 3/7 nach § 20 Abs. 1 Nr. 3 EStG für ein Jahr (nach der Abtretung) dem Besteller = Inhaber des GmbH-Geschäftsanteils gegeben.
[89] *Kurz*, DStZ/A 1977, 448; *Scharff*, Der Nießbrauch an Aktien, 1985, sowie *Schulze zur Wiesche*, FR 1999, 281. Ähnlich auch *Heinicke* in *Schmidt*, § 20, Rz. 20 (22), der allerdings – fälschlich – von einer Vollrechtsübertragung spricht.
[90] So aber (Klauselvorschlag) die „vorsichtige" Lit. (z.B. *Milatz/Sonneborn* a.a.O.).

noch die Behandlung des bezahlten Entgelts bei der Bestellung des Nießbrauchs. Nach den obigen Erkenntnissen zu einer identischen Fallgruppe stellt der Kaufpreis für das Nutzungsrecht im Jahr der Bezahlung eine **negative Einnahme** des Nießbrauchers dar. Somit liegt ein in sich konsistentes Besteuerungskonzept für den entgeltlichen Zuwendungsnießbrauch vor, das ohne gekünstelte Vertragsgestaltungen und ohne Rechtsfolgenwiderspruch auskommt.

4.2.3.3 Ausblick: Nießbrauch an Personengesellschaften-Beteiligungen

Mit den identischen Argumenten und **teilidentischen Ergebnissen** kann ein Nießbrauch auch an Beteiligungen an PersG, insb. an Kommanditanteilen, begründet werden[91]. Diese Alternative wird allerdings durch die zusätzliche Prüfung der Mitunternehmerschaft nach § 15 Abs. 1 Nr. 2 EStG erschwert. Wegen des erforderlichen Qualitätsnachweises (Unternehmerrisiko und -initiative) kann nur derjenige Nießbraucher an PersG-Beteiligungen gewerbliche Einkünfte erzielen, auf den (Mit-)Verwaltungsrechte in der PersG übergehen. Dies stellt nach den neueren Erkenntnissen des BGH zu § 717 BGB kein Problem mehr dar, nachdem der BGH nunmehr – entgegen dem früheren Abspaltungsverbot – von einer gemeinschaftlichen Ausübung der Verwaltungsbefugnis nach § 717 BGB ausgeht[92]. Danach können Gesellschafter (= Besteller des Nießbrauchs) und Nießbrauchsberechtigter gemeinsam die Mitverwaltungsrechte an einer PersG ausüben. Damit geht die steuerliche Lösung einher, dass beim Nießbrauch an PersG-Beteiligungen der Besteller im Regelfall Mitunternehmer bleibt[93]. Bei dieser „Doppellösung" liegt der Unterschied zum vorherigen Nießbrauch an GmbH-Anteilen in der **Aufteilung** der Gewinnanteile gem. § 15 Abs. 1 Nr. 2 EStG und in der getrennten Zuweisung an beide Partner der Nießbrauchsbestellung entsprechend ihrer zivilrechtlichen Absprache. Diese Lösung wird aber ihre Grenze spätestens bei OHG-Beteiligungen finden, wo man sich wegen der persönlichen Haftung gem. § 128 HGB und wegen der absoluten Mitwirkungsbefugnis des persönlich haftenden Gesellschafters (§§ 114, 125 HGB) keine Aufteilung i.S.d. BGH-Rspr. vorstellen kann.

4.3 Exkurs: Die Treuhand, insbesondere an Gesellschaftsbeteiligungen

Die Diskussion zum Nießbrauch zeigt die Nähe zur Treuhandschaft. Rein begrifflich unterscheiden sich beide Institute dadurch, dass bei der Treuhand das **komplette WG** (das „Treugut" wie z.B. eine gesellschaftsrechtliche Beteiligung) im Außenverhältnis vom Treuhänder wahrgenommen wird. Demgegenüber gehen auf den Nießbraucher nur Teilbefugnisse (das Nutzungsrecht) über, die dieser aber als originärer (Teil-)Rechtsinhaber wahrnimmt.

---

[91] Hierzu ausführlich *Schön*, StBJb 1996/97, 45 sowie *Korn*, DStR 1999, 1461 (1464 und 1470).
[92] BGH vom 09.11.1998 (DStR 1999, 246) sowie OLG Koblenz vom 16.01.1992 (NJW 1992, 2163). Für eine „Vergemeinschaftung" der Mitwirkungsrechte im ganzen GesR spricht sich die h.L. aus (zuletzt *Suffel*, FS 50 Jahre FAfStR 1999, 375).
[93] Statt aller *L. Schmidt*, § 15 Rz. 309 (313).

4 Die Zuordnung bei komplexen Rechtsverhältnissen

Im Hintergrund bleibt der Treugeber – bei erfolgtem Nachweis (§ 159 AO) – steuerlicher Inhaber des WG (vgl. § 39 Abs. 2 Nr. 1 S. 2 AO). Bezogen auf gesellschaftsrechtliche Mitgliedschaftsrechte ist der Treuhänder zwar der (im Register eingetragene) Gesellschafter, während der Treugeber steuerliches Zurechnungssubjekt ist (und bleibt).

Rein bildlich sieht die Treuhandkonstellation bei einer ABC-OHG mit D als Treuhänder für C wie folgt aus:

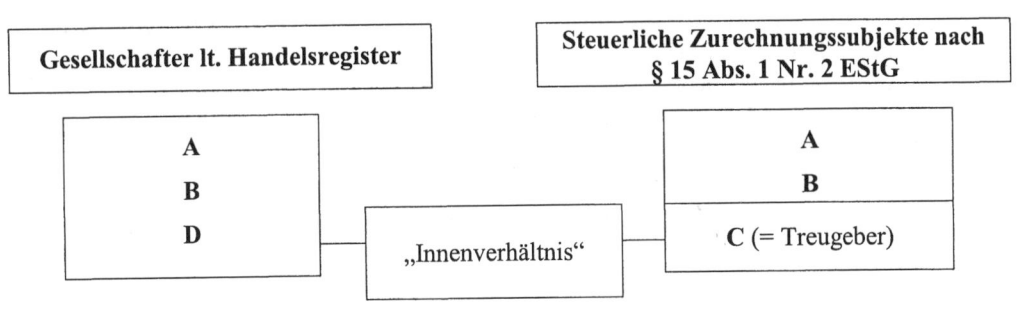

Gesellschafter lt. Handelsregister	Steuerliche Zurechnungssubjekte nach § 15 Abs. 1 Nr. 2 EStG
A B D	A B C (= Treugeber)

(verbunden durch „Innenverhältnis")

Losgelöst von den vielfältigen Erscheinungsformen der Treuhandschaft (fiduziarische und Ermächtigungstreuhand[94]; eigennützige und fremdnützige Treuhand[95]; Übertragungs-, Vereinbarungs- oder Erwerbstreuhand[96]; offene oder verdeckte Treuhand[97]) sind trotz der grundsätzlichen Aussage von § 39 Abs. 2 Nr. 1 S. 2 AO auch hier Fallkonstellationen denkbar, wo der Treuhänder zum **zusätzlichen** steuerlichen Zurechnungssubjekt wird. Dies kann aber nur dann der Fall sein, wenn der Treuhänder nicht nur die Interessen des Treugebers wahrnimmt, folglich eine eigennützige Treuhand vorliegt, und wenn der Gesellschafter (= Treuhänder) im Außenverhältnis uneingeschränkt haftet (Umkehrschluss zu BFH vom 12.10.1999, BFH/NV 2000, 427). M.E. müsste in diesem Fall (doppelte MU-schaft) noch hinzukommen, dass die Vertretungs- und Geschäftsführungsbefugnis des Treuhänders nicht aufgrund von Satzungsklauseln beliebig entzogen werden kann. Als Folge sind die Vergütungen, die der Treuhänder für die Geschäftsbesorgung vom Treugeber erhält, Einkünfte nach § 15 Abs. 1 Nr. 2 EStG, während der Gewinnanteil vom Treugeber leg. cit. versteuert wird.

---

[94] Bei der fiduziarischen Treuhand wird das Treugut (PersG- oder KapG-Beteiligung) dem Treuhänder dinglich zum Volleigentum übertragen, während bei der Ermächtigungstreuhand dieser nur ermächtigt wird, das – immer noch – fremde Treugut im eigenem Namen gem. § 185 BGB zu verwalten.

[95] Die eigennützige Sicherungstreuhand wird im überwiegenden Interesse des Treuhänders (Sicherung eines Anspruchs) begründet, während bei der fremdnützigen Verwaltungstreuhand der Treugeber seine Rechte nicht selbst ausüben will.

[96] Diese Unterscheidung trägt der Entstehung der Treuhand Rechnung:
- bei der Übertragungs-Treuhand überträgt der Treugeber das WG (z.B. die Beteiligung) an den Treuhänder;
- bei der Vereinbarungs-Treuhand hat der Treuhänder bereits das WG, und sodann wird das Treuhandverhältnis vereinbart;
- bei der Erwerbs-Treuhand erwirbt der Treuhänder das WG von einem Dritten für den Treugeber.

[97] Bei der verdeckten Treuhand („Strohmann") wird sie ausschließlich aus Geheimhaltungsgründen gewählt.

Interpretiert man das Vollrecht „Eigentum" wirtschaftlich als 3-Komponenten-Recht (mit Herrschafts-[98], Abwehr-[99] und Verfügungsbefugnis[100]), so ergibt dies im Vergleich von Treuhand und Nießbrauch ein interessantes **dogmatisches Fazit:**

- Die Übertragung des Abwehrrechts und der Verfügungsbefugnis allein, wie dies bei der Treuhand (und beim Sicherungseigentum) der Fall ist, genügt noch nicht für einen Wechsel in der subjektiven Zurechnung des WG (§ 39 Abs. 2 Nr. 1 S. 2 AO).
- Konform mit der Marktbeteiligungstheorie kann erst die Übertragung von aktiven Dispositionsbefugnissen (Stimmrechtsbevollmächtigung u.a.) beim Nießbrauch zu einem Wechsel in der steuerlichen Zuordnung führen.

4.4 (Mögliche?) Übertragung der Einkunftsquelle bei Angehörigen

4.4.1 Einführung in die Problematik

Der 2. Senat des BVerfG machte am 07.11.1995 (BStBl II 1996, 34) grundsätzliche Ausführungen zur steuerlichen Anerkennung von Angehörigenverträgen. Angehörigenverträge werden bekanntlich auch zur faktischen Umverteilung einer Erwerbsquelle eingesetzt, um auf diese Weise Angehörige (Kinder) an der erdienten Marktposition (der Eltern) teilhaben zu lassen. Das plakative Stichwort hierfür heißt: „Faktisches Familiensplitting", wenn damit gleichzeitig die Progressionskappung wegen der einhergehenden Mehrfachveranlagung verbunden ist[101]. Andererseits unterstreicht das BVerfG in der genannten Entscheidung einmal mehr die Bedeutung von Art. 6 GG (Schutz von Ehe und Familie), die nicht dazu führen darf, Angehörigenverträgen per se die steuerliche Anerkennung zu versagen. Die Rspr. des BFH und die Verwaltung haben in der Vergangenheit versucht, zwischen Skylla (wegen § 12 Nr. 1 bzw. 2 EStG keine Anerkennung) und Charybdis (generelle Berücksichtigung der Verträge aufgrund des – betrieblichen – Veranlassungsprinzips) einen Weg zu finden. Dabei ist die ursprünglich (sehr) restriktive Erkenntnispraxis heute einer interessensgerechten Betrachtungsweise gewichen. Trotz dieses Wandels in der Rspr. des BFH sind die Prüfungsstationen – auch für die Verwaltung – für die Anerkennung immer identisch geblieben. In den beiden Hauptgruppen der Angehörigenverträge (Ehegattenarbeitsverträge und Familien-PersG[102]) sind dies:

1. Zivilrechtliche Wirksamkeit des Vertrages;
2. Tatsächlicher Vollzug;
3. (Erfolgreicher) Fremdvergleich;
4. (Ggf. zusätzliche) steuerliche Qualifikationsmerkmale, die mit der beabsichtigten Rechtsstellung verknüpft sind.

---

[98] Damit sind Nutzungs- und Besitzbefugnisse gemeint.
[99] Damit ist bei Besitzstörung der Herausgabeanspruch (§ 985 BGB) und der Unterlassungsanspruch (§ 1004 BGB) gemeint.
[100] Veräußerbarkeit und Vererbbarkeit.
[101] Vgl. *Tipke/Lang*, 16. Aufl., § 9 Rz. 523 sowie BFH vom 22.08.1951 (BStBl III 1951, 181), wonach der beabsichtigte steuerliche Vorteil allein nicht zur Ablehnung der gewählten Gestaltung führen darf.
[102] Auf die Problematik der mittelbaren vGA wird hier nicht eingegangen: S. dazu *Maurer*, Band 2, Teil C, Kap. III.

4.4.2 Der Ehegattenarbeitsvertrag

Die Problemkonzentration auf Ehegattenarbeitsverträge – und das außer Acht lassen der Arbeitsverhältnisse mit Kindern[103] – entspricht heute weitgehend der wirtschaftlichen Realität. Im Unterschied zu der Interessenlage bei den Familien-PersG werden bei dem angestelltem Ehegatten im Betrieb des Unternehmer-Ehegatten auch sozialversicherungsrechtliche Gründe eine Rolle spielen.

> **Beispiel 1: Der Orthopäde und die mitarbeitende Ehefrau (Masseuse)**
> Nachdem sich Single O, ein selbständiger Orthopäde, unsterblich in die 21-jährige „gelernte" Masseuse M verliebt hat, kommt es nach der Eheschließung auch zu einem personellen Revirement in seiner gutgehenden Praxis. O schließt mit M einen „Unterstützungsvertrag", kraft dessen M für die Mitarbeit als Sprechstundenhilfe (wahlweise als Krankengymnastin) 100 € brutto/Stunde erhält. Tatsächlich vereinbart und in der Buchhaltung des O abgerechnet werden 60 Stunden/Woche. Monatlich werden somit nach Abzug der LSt und der Sozialversicherunsbeiträge (insgesamt 50 %) 12.000 € auf ein sog. „Oder-Konto" der Ehegatten überwiesen.

Der Abzug der Lohnzahlungen als BA gem. § 4 Abs. 4 EStG hängt von der Anerkennung des Ehegattenarbeitsverhältnisses O-M ab. Die früher unübersichtliche Rspr.-Kasuistik kann nach der grundlegenden BVerfG-Entscheidung nunmehr als gesichert gelten.

Lösung:

1. **Zivilrechtliche Wirksamkeit:**
   Entgegen § 41 AO und in Widerspruch zu dem grundsätzlichen Konkurrenzverständnis zwischen Zivilrecht und Steuerrecht, das von der Vorherigkeit (Präzedenz) und nicht von der Vorrangigkeit des Zivilrechts ausgeht, wird immer noch für Ehegattenarbeitsverträge die zivilrechtliche Wirksamkeit („Ernsthaftigkeit") postuliert.
   Einem rechtlichen Missverständnis entsprang dabei die frühere Praxis der Verwaltung, nur schriftliche Vereinbarungen anzuerkennen. Unabhängig von der Nachweispflicht für den Stpfl. sieht die einfachgesetzliche Ausgangslage des BGB für Dienst- und Arbeitsverträge keine Schriftform vor, so dass heute an dieser Stelle nur noch Fragen der Geschäftsfähigkeit diskutiert werden können. Vorliegend sind keine Hinderungsgründe ersichtlich.

2. **Tatsächlicher Vollzug:**
   Unter diesem Stichwort haben nach früherer Rspr. alle jene **Zahlungsvorgänge** hiergegen verstoßen, bei denen keine strenge Trennung der Vermögenssphären des Unternehmer-Ehegatten und des AN-Ehegatten ersicht-

---

[103] Nach H 19 (Arbeits- und Ausbildungsverhältnisse mit Kindern) zu R 19 Abs. 3 EStR 2001 gelten hierfür die gleichen Voraussetzungen wie für die Ehegattenarbeitsverhältnisse. In der Gesamtschau ist bei der Mitarbeit minderjähriger Kinder immer auf § 33a Abs. 1 S. 4 EStG zu achten.

lich war. Noch heute werden in der Verwaltungsanweisung (H 19 zu R 19 EStR) hierunter Fälle als steuerschädlich subsumiert (wie z.B. die Überweisung auf ein „Und-Konto" der Ehegatten = Mitverfügungsrecht beider Ehegatten[104]), die nach der neueren BVerfG-Erkenntnis zum „Oder-Konto" (alleiniges Verfügungsrecht beider Ehegatten) nicht mehr haltbar erscheinen. Das BVerfG – und ihm folgend die Verwaltung (ebenda) – war gegen eine Verselbständigung der „Kontoführung" als eigenes Tatbestandsmerkmal. Den anderen Faktoren (ernsthafte Vereinbarung und Durchführung bei angemessenem Entgelt) kommt eine vorrangige Bedeutung zu. Es sind demnach an dieser Stelle nur noch die Fälle auszugrenzen, bei denen der AN-Ehegatte gar kein Mitverfügungsrecht über das Konto hat (BFH vom 04.10.1996, BFH/NV 1997, 347) oder eine tatsächliche Zahlung nicht stattfindet.

Selbstredend muss eine Überprüfung des Arbeitsverhältnisses ergeben, dass der AN-Ehegatte tatsächlich im Betrieb des Unternehmer-Ehegatten **gearbeitet** hat. Hierzu zählt auch, dass die vereinbarte Tätigkeitsbeschreibung und das tatsächliche Arbeitsgebiet übereinstimmen (BFH vom 10.10.1997, BFH/NV 1998, 448). Vorliegend führen beide Tätigkeitsbereiche (Sprechstundenhilfe und Krankengymnastin) zur Aberkennung des Arbeitsverhältnisses, da M nicht über die erforderlichen Vorbildungsvoraussetzungen verfügt.

3. **Fremdvergleich:**

Das heute bei weitem wichtigste (Ablehnungs-)Kriterium ist die unübliche Entlohnung oder eine atypische Vertragsgestaltung, die den Rückschluss auf einen simulierten Arbeitslohn erlaubt, hinter dem sich eine Unterhaltsleistung nach § 12 Nr. 2 EStG verbirgt. Selbst, wenn man im vorliegenden Fall noch eine Eingruppierung der Massagetätigkeit unter die Arbeit als Krankengymnastin begründen könnte, sprechen der überhöhte Lohn (in beiden Fällen) und die Alternativvereinbarung gegen das konkrete Ehegattenarbeitsverhältnis.

Im umgekehrten Fall (zu niedrige Entlohnung) ist die Arbeit in einen entgeltlichen und unentgeltlichen Teil aufzuteilen und nur der bezahlte Lohn als BA abzugsfähig, da bekanntlich eine Aufwandseinlage von unentgeltlichen Dienstleistungen nicht in Betracht kommt.

4. **Steuerliche Qualifikationsmerkmale:**

Bei einem behaupteten Arbeitsverhältnis werden wegen der eher geringen Anforderungen zu § 19 EStG kaum Probleme auftreten, so dass dieses Merkmal meist der Überprüfung bei den Familienpersonengesellschaften vorbehalten bleibt.

---

[104] So noch das zitierte Urteil des BFH vom 24.03.1983 (BStBl II 1983, 663).

Als **Fazit** und **Folge der Nichtanerkennung** ist – entsprechend der Wertung des § 12 EStG – der Lohn nicht als BA abzugsfähig; der Gewinn des O erhöht sich dementsprechend.

Als Nachtrag ist anzufügen, dass die aufgezeigten Grundsätze auch gegenüber einem AG-Ehegatten gelten, der eine **beherrschende** Stellung in einer PersG innehat (R 19 Abs. 2 EStR). Umgekehrt würde bei einer Gemeinschaftspraxis von zwei Orthopäden das Gehalt der M (im Beispiel 1) anzuerkennen sein, wenn es dem Ehegatten O gelingt, seinen gleichberechtigten Partner von der Notwendigkeit der Mitarbeit der M zu überzeugen.

Von einer gewissen Schematik und „Lebensfremdheit" zeugt indessen das Urteil des BFH vom 14.04.1988 (BStBl II 1988, 670), wenn die o.g. Grundsätze zur Überprüfung von Ehegattenverträgen nicht auf die Partner von nichtehelichen Lebensgemeinschaften anwendbar sein soll: Hätte O im Ausgangsbeispiel nicht übereilt die Ehe geschlossen, wären danach nicht die skizzierten atypischen Prüfungsstationen zu erfüllen gewesen und das Gehalt der Verlobten M – vorbehaltlich § 4 Abs. 4 und § 4 Abs. 5 Nr. 7 EStG anzuerkennen gewesen.

4.4.3 Die Familienpersonengesellschaften, insbesondere die Beteiligung der Kinder

Von größerer wirtschaftlicher Bedeutung sind die Familien-PersG. Ungeachtet der Motive der Eltern („Heranführen an den Betrieb" bzw. steuerliche Verlagerung der Einkunftsquelle) werden vor allem gegen die Beteiligung minderjähriger Kinder Argumente ins Feld geführt, die vom Gestaltungsmissbrauch (§ 42 AO) inspiriert sind. Rein formal sind die identischen Prüfungsstationen zu durchlaufen. Wird die Beteiligung der Kinder dem Grunde nach für gut geheißen, erfolgt(e) eine zusätzliche quantitative Prüfung, mit der in freier Rechtsfindung ein Übermaß an Gewinn abgeschöpft wird (wurde).

Beispiel 2: Die propere Familien-KG
Nach bestandener Gesellenprüfung nimmt der Vater ab 01.01.01 den 19-jährigen Sohn S in seine Schreinerei (KG) als weiteren Kommanditisten auf. Es wird vereinbart, dass der Sohn ein Jahr gegen hälftige Gewinnbeteiligung arbeitet und die andere Hälfte (10 T€) durch Verrechnung mit seinem Kapitalkonto als Einlage erbringt. S ist für den technischen Bereich mitverantwortlich und erhält eine – seinem Anteil entsprechende – Gewinn- und Verlustbeteiligung.

Fälle wie das vorliegende Beispiel 2 bereiten weder gesellschaftsrechtliche noch steuerrechtliche Probleme und können insoweit als idealtypisch bezeichnet werden.

Lösung:
In **gesellschaftsrechtlicher** Hinsicht bestehen gegen die Aufnahme eines Familienangehörigen in eine KG nach §§ 161, 105 HGB keine Bedenken. Es ist

unproblematisch, wenn der Neugesellschafter seine Einlageverpflichtung durch „Stehenlassen" des ihm zustehenden Gehalts erfüllt[105]. Wichtig ist, dass aufgrund der Haftungsregelungen der §§ 171 f. HGB der Wert der Dienstleistung korrekt ermittelt ist. 20 T€ Jahresgehalt (und davon die Hälfte als Einlage) erscheinen angemessen. Am Ende des Jahres hat S gem. § 171 Abs. 1 i.V.m. § 172 Abs. 1 HGB die Einlage geleistet, so dass ab 31.12.01 keine persönliche Haftung des S besteht. Das Kapitalkonto weist eine Einlage von 10 T€ auf; dies wird – in Relation zu den Kapitalkonten der anderen Gesellschafter – die Beteiligungsquote des S am Ergebnis der KG und an den stillen Reserven darstellen.

In **steuerrechtlicher Hinsicht** bestehen gegen die Aufnahme des S keine Bedenken, soweit nicht durch atypische Klauseln die Merkmale der unternehmerischen Initiative (hier: mitverantwortlich für den technischen Bereich) und des Risikos (hier: anteilige Ergebnisbeteiligung) in Frage gestellt werden.

S ist auch steuerlich als Mitunternehmer zu qualifizieren, der gewerbliche Einkünfte nach § 15 Abs. 1 S. 1 Nr. 2 EStG erzielt.

Die nächsten Prüfungsstationen markieren gleichzeitig die neuralgischen Punkte.

4.4.3.1 Die zivilrechtliche Wirksamkeit

Wie schon erwähnt, wird von Rspr. und Verwaltung der Auslegungsbefehl von § 41 AO in der Fallgruppe der Angehörigenverträge, wonach zunächst von der steuerlichen Unbeachtlichkeit der zivilrechtlichen Wirksamkeit auszugehen ist (S. 1), in das Gegenteil (S. 2) verkehrt. So bezeichnet etwa *Tipke* die BFH-Rspr. zu den Familien-PersG als „Stachel im Fleisch des § 12 Nr. 2 EStG"[106].

Beispiel 3: Die spät besorgten Eltern
Die aus dem Stpfl. (V) und seiner Ehefrau (M) bestehende KG nimmt die 16-jährige Tochter (T) als Kommanditistin auf. Die von der Tochter zu erbringende Einlage i.H.v. 25 T€ wird ihr vom Vater geschenkt, indem dieser den Betrag am 24.12.01 von seinem Kapitalkonto abbucht. Am 27.12.01 wird T im HR als Kommanditistin eingetragen. V sucht zur Beurkundung einen Notar (N) auf, der ihm mitteilt, dass eine Beurkundung wegen Vollzuges der Schenkung nicht erforderlich sei. N weist V allerdings auf die Notwendigkeit einer vormundschaftsgerichtlichen Genehmigung sowie auf die Beteiligung eines Abschluss-(Ergänzungs-)pflegers hin. Beides wird Ende Februar 02 nachgeholt. Können der T anteilige Gewinne der Jahre 01 und 02 zugewiesen werden?

---

[105] Demgegenüber kann eine Einlage nicht durch eine unentgeltliche Dienstleistung erbracht werden (vgl. *K. Schmidt*, GesR, 3. Aufl., 574 und 1557 ff.).
[106] *Tipke/Kruse*, § 41 Rz. 14.

4 Die Zuordnung bei komplexen Rechtsverhältnissen

Die Vorprüfung des Zivilrechts hat sich für den BFH schon in mehrfacher Hinsicht als wenig ergiebig erwiesen. Mit zivilistischen Vorfragen sind die Senate in nahezu allen Steuerdisziplinen befasst. Nur zu selten wird von der Möglichkeit Gebrauch gemacht, den Gemeinsamen Senat der obersten Gerichtshöfe des Bundes bei Streitfragen anzurufen. Von entscheidender Bedeutung bei der Auslegung ist allerdings, dass den einschlägigen Normen im jeweiligen Zusammenhang eine andere Bedeutung („Teleos") beikommt.

Lösung:
Im Beispiel 3 entscheiden drei (Standard-)Formfragen über die Wirksamkeit des Grundgeschäfts, i.e. die Aufnahme der T in die KG in dieser Reihenfolge:

a) **Wirksame Schenkung?**
- Nach §§ 516, 518 Abs. 1 BGB benötigen vertragliche Schenkungsversprechen der notariellen Beurkundung, sollen sie einen gültigen Rechtsgrund (causa) darstellen. Nach § 518 Abs. 2 BGB wird der Mangel durch den Vollzug geheilt.
- Konkret stellt sich die Frage, ob mit der Abbuchung vom Kapitalkonto des V und der gleichzeitigen Einbuchung des Betrages von 25 T€ auf dem neu errichteten Kapitalkonto der T die Schenkung **vollzogen** ist. In ständiger Rspr. geht der BFH bei Außengesellschaften (KG, OHG u.a.) bei dieser Form der Übertragung von einem Vollzug aus, während dies bei Innengesellschaften (Unterbeteiligung, stille Gesellschaft) und bei bloßen Kapitalbeteiligungen nicht der Fall sein soll (BGHZ 7, 174 sowie BFH vom 27.01.1994, BStBl II 1964, 635). Der eigentliche Grund für diese unterschiedliche Rechtsprechungspraxis liegt wohl in der Publikationswirkung, die nur bei Außengesellschaften durch die Eintragung im HR erzeugt wird. Vorliegend ist der Mangel der Form spätestens durch die Eintragung im HR geheilt.

b) **Beteiligung des Vormundschaftsgerichtes (Familiengerichts)**
- Gem. § 1643 i.V.m. § 1822 Nr. 3 BGB benötigen die Eltern für die Beteiligung der Kinder an einer „Erwerbs"-Gesellschaft die vormundschaftsgerichtliche Genehmigung (heute: Genehmigung des Familiengerichts).
- Wird, wie im vorliegenden Fall, die Genehmigung später beigeholt, so gehen die Meinungen über die Rechtsfolgen auseinander:
  – Nach **älterer Rspr.** (Urteil des BFH vom 05.03.1981, BStBl II 1981, 435, zitiert in H 138a Abs. 2 zu R 138a Abs. 2 EStR) ist allenfalls bei „unverzüglich" eingeholter Genehmigung eine (nach § 184 BGB vorgesehene) heilende Rückwirkung für das schwebend unwirksame Rechtsgeschäft möglich.
  – Nach **neuerer Rspr.** (Urteil des BFH vom 13.07.1999, BStBl II 2000, 382) soll ein zivilrechtlicher Formfehler dann unbeachtlich sein, wenn den Beteiligten die Unkenntnis nicht angelastet werden

kann und eine evtl. fehlende Genehmigung „**zeitnah**" beigebracht wird. Dieser Entscheidung, der an einer anderen Stelle (H 19 EStH) auch die Verwaltung folgt, kann in Übereinstimmung mit der Rspr. der anderen Senate des BFH zur Einhaltung von Formvorschriften[107] nur gefolgt werden. Entscheidend ist dabei, dass die zivilrechtlichen Formvorschriften keinen (vor allem keinen steuerlichen) Selbstzweck verfolgen. Wird aber der Schutzzweck (hier: umfangreiche Fremdprüfung der Kindesinteressen) durch die Verspätung nicht verletzt, kann das Steuerrecht nicht weiter gehen als das Zivilrecht.

- Als vorläufiges Fazit wirkt die in Februar 02 erwirkte Genehmigung auf den **24.12.01** zurück.

c) **Beteiligung des Ergänzungspflegers**

Mit den gleichen Argumenten (keine Verletzung des Schutzzweckes: Verbot des Insichgeschäfts) ist auch die spätere Einschaltung des Ergänzungspflegers unschädlich, wenn dadurch kein unzumutbarer Dauerzustand erzeugt wird[108].

Fazit: T sind ab 24.12.01 etwaige Gewinnanteile aus der KG für das Jahr 01 zuzurechnen. Weiter zurück (01.01.01) kann das Steuerrecht nicht gehen, auch wenn es zivilrechtlich vereinbart worden wäre.

Exkurs: Mit einer besonders häufig vorkommenden Fallgruppe wird man in diesem Zusammenhang bei der Kombination aus **Darlehen und Schenkung** konfrontiert.

Beispiel 4: „Privates Schütt aus – Betriebliches Hol zurück"
V lässt aus Privatmitteln seinem Sohn S einen Beitrag von 100 T€ zukommen, den dieser alsbald dem Betrieb des V als verzinsliches Darlehen zur Verfügung stellt. Zwischen der (nicht notariell beurkundeten) Übertragung des Betrages und der betrieblichen Wiederverwendung der Valuta liegt ein Zeitraum von einem Tag (Variante: 100 Tage). V macht die Zinsen i.H.v. 6.000 €/Jahr als BA gem. § 4 Abs. 4 EStG geltend.

Die Skepsis der Verwaltung gegen schenkweise begründete Darlehensforderungen ist in mehreren BMF-Schreiben dokumentiert[109] und stimmt mit der zurückhaltenden Aufnahme durch die BFH-Rspr.[110] überein.

---

[107] Vgl. BFH vom 23.10.1996 (DB 1996, 2589), in dem der I. Senat die – über 5 Jahre (!) fehlende Befreiung vom Selbstkontrahierungsverbot beim GmbH-Gesellschafter-Geschäftsführer – als unschädlich angesehen hat (keine vGA).
[108] Gleicher Ansicht *Reiß* in *Kirchhof-Kompakt*, § 15 Rz. 257, wo nochmals darauf hingewiesen wird, dass eine Dauerpflegschaft nicht erforderlich ist.
[109] BMF vom 01.12.1992 (BStBl I 1992, 729) sowie vom 25.05.1993 (BStBl I 1993, 410).
[110] Zuletzt BFH vom 09.10.2001 (BFH/NV 2002, 334); dort allerdings für § 20 EStG (Zinsen als WK).

Lösung:

1. Für die Verwaltung besteht bei einer gegenseitigen Abhängigkeit von Schenkung und Wiederverwendung des Betrages als betriebliches Darlehen dann eine unwiderlegbare Vermutung für eine nicht anzuerkennende Aufteilung einer Einkunftsquelle, wenn

   - beide Verträge in einer Urkunde oder kurz nacheinander abgeschlossen werden oder wenn
   - die spätere Darlehensverwendung zur Bedingung (Auflage) der Schenkung gemacht wurde (Rz. 9 des BMF-Schreibens vom 01.12.1992, BStBl I 1992, 729).

   Rein begrifflich liegt in diesen Fällen ein **befristetes Schenkungsversprechen** vor, dem die betriebliche Veranlassung abgesprochen wird.

2. Demgegenüber begründen gekoppelte Absprachen hinsichtlich der Modalitäten der Darlehensverwendung (wie z.B. der Kündigungsvorbehalt des Schenkers) nur eine widerlegbare Vermutung für die schädliche Abhängigkeit (Rz. 10).

3. Steuerunschädlich sind danach nur diejenigen Geschäfte, bei denen durch eine Trennung der Vermögenssphären von Eltern und Kindern in zeitlicher und sachlicher Hinsicht der Schenker entreichert und der Beschenkte tatsächlich bereichert erscheint (Rz. 11).

Als **vorläufiges Fazit** führt allenfalls die Variante (100 Tage Unterbrechung) bei unterstelltem Vollzug der Schenkung (§ 518 Abs. 1 BGB) zum BA-Abzug der Zinsen. Ansonsten liegen nicht abzugsfähige Unterhaltszahlungen gem. § 12 Nr. 2 EStG vor. Der Gewinnanteil des Schenkers erhöht sich um diesen Betrag.

Zwei jüngere Urteile des BFH distanzieren sich von der Automatik der Verwaltungslösung. Im Urteil vom 18.01.2001 (BStBl II 2001, 393) wird der Verwaltung generell die Autorität abgesprochen, unwiderlegbare Vermutungen aufzustellen; ganz speziell folgt der BFH nicht der Schädlichkeitsvermutung bei der Verwendung einer einzigen Urkunde, wenn zwischen beiden Geschäften nur eine kurze Zeit liegt.

Noch weitergehend lässt der BFH im Urteil vom 15.04.1999 (BStBl II 1999, 524) erkennen, dass für ihn die **Mittelherkunft** der wiederverwendeten Darlehensbeträge von entscheidender Bedeutung ist. Stammen somit die Beträge nicht aus (vorherigem) BV bzw. von dem Elternteil, der über keine betriebliche Einkunftsquelle verfügt, so ist danach der Anfangsverdacht über eine unzulässige Abhängigkeit beider Verträge widerlegt.

4.4.3.2 Der tatsächliche Vollzug der Familien-Personengesellschaft

Vom zivilrechtlichen Vollzugsproblem nach § 518 BGB zu unterscheiden ist der Fall, dass die deklarierten Gewinnanteile der Kinder von den Eltern in Eigenregie verwaltet werden. Bei minderjährigen Kindern ist dabei zu berücksichtigen, dass die Eltern die Vermögensfürsorge für die Kinder haben, worunter auch die Gewinnanteile aus der Familien-PersG gehören. Ein Vollzug ist jedenfalls dann zu bejahen, wenn diese Gewinnanteile getrennt vom übrigen Elternvermögen (z.B. auf eigenen Konten der Kinder) aufbewahrt werden und mit ihnen nicht ausschließlich die sonst anfallenden Unterhaltsaufwendungen beglichen werden.

4.4.3.3 Der Fremdvergleich

Unter dem Aspekt des Fremdvergleichs werden vor allem Klauseln im Gesellschaftsvertrag diskutiert, bei denen die Rspr. annimmt, dass sie unter Dritten nicht vereinbart worden wären. Z.T. wird diese Prüfung vermengt mit der nächsten Prüfungsstation, bei der es um die steuerliche Qualität des aufgenommenen Familienmitgliedes als Mitunternehmer geht.

Aus der umfangreichen Rspr. des BFH wird vor allem auf diejenigen Problemklauseln hingewiesen, zu denen aus naheliegenden Gründen des Fortbestandes des Unternehmens gern gegriffen wird.

Einen ersten Bereich der fragwürdigen Entrechtung der Angehörigen-Kommanditisten bilden die **Buchwertklauseln**. Darunter fallen Vereinbarungen, die beim Ausscheiden einen Abfindungsanspruch zu Buchwerten vorsehen und somit dem Ex-Gesellschafter die Beteiligung an den stillen Reserven und am Firmenwert während seiner Mitgliedschaft verwehren. Nachdem diese Klauseln zwischenzeitlich auch von der BGH-Rspr. bei fremden Gesellschaftern toleriert werden (Argument: Notwendige Unternehmenskontinuität), können nicht mehr alle Buchwertklauseln bei Angehörigen als steuerschädlich angesehen werden (so noch H 138a zu R 138a Abs. 1 EStR). Die Schädlichkeit der Buchwertklausel ist auf die Fälle zu beschränken, da diese „immer" bei Ausscheiden des Angehörigen greift oder etwa auch in dem Fall zum Tragen kommt, da dieser aus nicht wichtigem Grund ausgeschlossen wird. Andererseits kann die Buchwertklausel bei eigener Kündigung des Angehörigen oder bei dessen Ausschluss aus wichtigem Grunde nicht per se zur Aberkennung des Mitunternehmerstatus führen[111].

Ähnlich werden in der Lit. sog. **Rückfallklauseln** (bzw. bedingte **Weiterleitungsklauseln**) diskutiert[112], bei denen die Beteiligung bei Vorliegen bestimmter Gründe den Altgesellschaftern anwächst oder auf neue Gesellschafter übertragen wird. Während die generelle Vereinbarung („freier Widerruf") sicher keinem Drittvergleich standhält, bestehen bestimmte auslösende Gründe wie z.B. Notfall des Schenkers oder grober Undank (§§ 528, 530 BGB) bei einer Drittvergleichsprüfung.

---

[111] Besonders schwierig ist der Fall der „Unfähigkeit". Bei einer GmbH & Co. KG kann dies – unschädlich – dadurch erreicht werden, dass ein „Unfähigkeitsgrund", der bei der GmbH zur Abberufung des Geschäftsführers führt, beim personenidentischen Kommanditisten gleichzeitig zum Ausscheiden gegen Buchwertabfindung führt.
[112] *Jülicher*, DStR 1998, 1977.

4.4.3.4 Die Mitunternehmerqualität

Jedes in eine PersG aufgenommene Familienmitglied muss die persönliche Voraussetzung der Mitunternehmerschaft (§ 15 Abs. 1 S. 1 Nr. 2 EStG) erfüllen. Als „Faustformel" der Rspr. dient dabei die Formulierung, dass die Rechtsposition des aufgenommenen Kindes mindestens mit dem Regelstatut des HGB für einen Kommanditisten vergleichbar ist (BFH vom 24.07.1986, BStBl II 1987, 54). Darunter zählen ein begrenztes Widerspruchsrecht (§ 164 HGB) und ein Einsichtsrecht in die Bücher (§ 166 HGB).

In den folgenden Fällen war für den BFH nicht einmal dieser Mindeststatus gewahrt[113]:

- Bei einer im Vorhinein (auf das Alter der Volljährigkeit) befristeten Gesellschafterstellung (BFH vom 29.01.1976, BStBl II 1976, 324).
- Einseitiges Kündigungsrecht des elterlichen Komplementärs bei Erreichen der Volljährigkeit (BMF vom 05.10.1989, BStBl I 1989, 378).
- Rückfallklausel an den Vater bei Vorversterben des Kindes (BFH vom 27.01.1994, BStBl II 1994, 635).

Zusätzlich wird – als Überleitung zur letzten Prüfungsstation – eine angemessene Gewinnverteilung für erforderlich gehalten.

4.4.3.5 Die Prüfung der Höhe nach (Quantifizierungsmaßstab)

Beispiel 5: Angemessene Gewinnverteilung
Die schenkweise aufgenommene minderjährige Tochter T ist mit 25 T€ an der Familien-KG beteiligt. Sie hat die „Mitunternehmerprüfung" bestanden und erhält vereinbarungsgemäß 5 % vom Gewinn und Verlust, da sich das Kapitalkonto I des Vaters auf 400 T€ und das der Mutter auf 75 T€ beläuft (Gesamtkapital: 500 T€). V und M sind im Betrieb tätig.
Im Jahr 01 erzielt die KG einen HB-Gewinn von 200 T€. Danach entfällt auf T ein Gewinnanteil von 10.000 €. Hat T diesen Betrag zu versteuern?

Bei schenkweiser Übertragung einer Mitunternehmerstellung (KG-Beteiligung, atypisch stille Beteiligung etc.) wird nach der Rspr. von einer angemessenen **Durchschnittsrendite von 15 %**[114] ausgegangen. Der Prozentsatz wird auf den **tatsächlichen Wert der Beteiligung** bezogen, ein nicht mitarbeitendes Kind wird dabei unterstellt. Genauer wird ausgeführt, dass sich die Angemessenheit der Gewinnverteilungsabrede nach den Verhältnissen bei Vertragsschluss orientiert und dabei auf einen Zeitraum von **fünf Jahren** abzustellen ist (H 139a Abs. 3 EStH).
Der tatsächliche Wert der Beteiligung ist aus dem gesamten Unternehmenswert abzuleiten und berücksichtigt somit auch den Geschäftswert im Zeitpunkt des Vertragsabschlusses sowie entsprechende (günstige wie unvorteilhafte) Abfindungsregelungen. Bei

---

[113] So auch H 138a Abs. 2 EStH (Einzelfälle).
[114] Bei Verlustausschluss wird die Rendite auf 12 % gesenkt (vgl. *Reiß* in *Kirchhof-Kompakt*, § 15 Rz. 263 m.w.N.).

der Prüfung, ob der 15 %ige Anteil überschritten wird, ist auf den künftig zu erwartenden Restgewinnanteil (d.h. nach Abzug von Sondervergütungen für die Geschäftsführung) abzustellen. Der errechnete Wert bleibt grundsätzlich so lange maßgeblich, bis eine Veränderung eintritt, die auch unter Dritten zu einer geänderten Gewinnverteilung führen würde. Durch den ursprünglichen Prognosezeitraum von fünf Jahren ist indirekt auch ein Zeitrahmen für die Überprüfung der getroffenen Verteilung mitgeteilt.

Lösung:
Aufgrund der getroffenen 5 %-Regelung erhält T 10.000 € Gewinnanteil. Unterstellt, ihr Kapitalkonto entspricht dem wahren Beteiligungswert, so ergibt der Gewinn eine 40 %ige Rendite (10 T€ von 25 T€). Angemessen sind hingegen 3.750 € (15% von 25 T€). Der übersteigende Mehrbetrag von 6.250 € ist dem an der KG als Mitunternehmer beteiligten Schenker als verkappte Einkommensverwendung hinzuzurechnen.

Diese immer schon von der Lit. und von den FG angegriffene Grenze von 15 %, die bei einem entgeltlichen Erwerb der Beteiligung nicht anzuwenden sind, ist **erstmalig** im Urteil vom 09.10.2001 auch vom **BFH nicht** mehr als allein-verbindliche Größe akzeptiert worden (BFH/NV 2002, 113). Im dortigen Fall schenkte der Vater seinem Kind eine atypische Unterbeteiligung von 10 % an seinem Kommanditanteil, wobei sich für das Kind aufgrund der quotalen Gewinnbeteiligung von 10 % ein Gewinn ergab, der über den 15 % des Wertes der Unterbeteiligung lag. Zu einer Korrektur der Gewinnverteilung sah sich der BFH außerstande, soweit mit dem Gewinnanteil des Hauptgesellschafters nur dessen Haftungskapital abgegolten werden sollte.

Es bleibt abzuwarten, ob die Verwaltung bereit ist, den Automatismus von R 138a Abs. 3 EStR zu lockern.

Die Familien-GmbH & Co. KG schließlich wird im Anschluss an die Doppelgesellschaft besprochen[115].

---

[115] S. *Preißer*, Band 2, Teil B, Kap. III.

II Realisationstatbestände (Steuerentstrickung im Privatvermögen/Betriebsvermögen versus Betriebliche Umstrukturierung)

1 Übersicht (§ 6 Abs. 3 ff. EStG versus §§ 16 ff. EStG u.a.)

1.1 Überblick über den gesetzlichen Regelungsbereich

Mit der ab 01.01.1999 greifenden Neuregelung in § 6 Abs. 3 – 6 EStG werden **betriebliche Umstrukturierungen und Übertragungen** erstmalig zusammengefasst und gleichzeitig auf eine gesetzliche Grundlage gestellt. Entsprechend der steuersubjektiven Vorgabe des EStG gelten die Bestimmungen unmittelbar nur für Einzelpersonen und PersG[116].

Den thematischen Gegenpart nehmen die immer schon kodifizierten **Realisationstatbestände** des (betrieblichen) § 16 EStG und der (privaten) Ausnahmetatbestände § 17, § 23 EStG ein. § 16 Abs. 3 S. 2 EStG n.F. gehört von der Systematik, zumindest von der Zielsetzung her zu der ersten Regelungsgruppe. Zusätzlich sind im EStG und darüber hinaus zahlreiche Regelungen verstreut, die sich der gleichen Thematik annehmen: steuerliche Realisation (Aufdeckung der stillen Reserven) und deren Vermeidung.

Innerhalb des ersten Regelungskomplex (§ 6 Abs. 3 ff. EStG) nehmen wiederum die ersten beiden Absätze (Abs. 3 und Abs. 4) eine vorgezogene Sonderstellung ein. § 6 Abs. 5 EStG setzt sich hingegen mit der individualsteuerlichen Frage der Übertragung von **Einzel-WG** in verschiedene BV **desselben** Unternehmers bzw. mit Einzelübertragungen innerhalb einer **Mitunternehmerschaft** auseinander. § 6 Abs. 6 EStG hat einen engeren Anwendungsbereich und widmet sich dem bilanzsteuerlichen Thema der Ermittlung der AK bei einem Tausch (und der vergleichbaren verdeckten Einlage). § 6 Abs. 6 EStG wird deshalb im systematischen Zusammenhang mit den AK bzw. mit der Einlage behandelt.

1.2 § 6 Abs. 3 EStG: Regelfall oder Ausnahme?

Aufgrund zahlreicher Anregungen aus dem Schrifttum hat der Gesetzgeber die bis 1998 in **§ 7 Abs. 1 EStDV** beheimatete Regelung in den Corpus des EStG aufgenommen. Die Forderungen aus der Lit. hatten ihren berechtigten Grund in der Rechtsfolge von (nunmehr) § 6 Abs. 3 S. 2 EStG, wonach bei einer **unentgeltlichen** Übertragung von Betrieben u.ä. der Rechtsnachfolger an die Werte der Schlussbilanz gebunden ist. Damit findet bei jedweder unentgeltlichen Übertragung von betrieblichen (wirtschaftlichen, steuerfunktionellen) Einheiten eine **Buchwertverknüpfung** von Rechtsvorgänger und Nachfolger statt. Diese im Interesse der Unternehmenskontinuität[117] angeordnete gesetz-

---

[116] Im Unternehmensbereich ergänzt das UmwStG die Thematik der Umstrukturierung, soweit es um Fälle der Gesamtrechtsnachfolge bzw. um die Einbringung (§§ 20 ff. UmwStG) geht. Das Ende (die Liquidation) einer KapG ist § 11 KStG vorbehalten.
[117] Sehr instruktiv zur geschichtlichen Entwicklung des § 7 EStDV *Reiß* in Kirchhof/Söhn, § 16 Rz. B 79 f.

liche Pflichtentscheidung bedeutet in individualsteuerlicher Hinsicht eine Ausnahme von dem Grundsatz, dass Steuergrößen (Steuerbelastungen aufgrund stiller Reserven) grundsätzlich nicht übertragen werden dürfen.

Diese ausnahmsweise zulässige intersubjektive Übertragung stiller Reserven greift aber nur bei **steuerlichen Funktioneinheiten** wie bei Betrieben, Teilbetrieben und – ihnen gleichgestellten – MU-Anteilen. Die Konzentration auf diese drei Kompetenzobjekte hat ihr bilanzsteuerliches Pendant in der Größe „Kapital"[118] bzw. „Kapitalkonto", die ihrerseits die **Bündelung** der vom Einzel- bzw. Mit-Unternehmer erfassten einzelnen WG dokumentiert. Diese Korrelation (Betrieb/Kapital bzw. MU-Anteil/Kapitalkonto) als verselbständigte steuerliche Größe kehrt im Steuerrecht wieder bei § 16 EStG und bei den Einbringungstatbeständen der §§ 20, 24 UmwStG. Während die Auslegung der Einzelmerkmale in § 6 Abs. 3 EStG und § 16 EStG weitgehend identisch ist, kann die umwandlungssteuerliche Auslegung in Detailfragen hiervon abweichen[119]. In allen Fällen des geschlossenen Übergangs (oder der geschlossenen Beendigung) von steuerfunktionalen Einheiten müssen **alle (funktional) wesentlichen Betriebsgrundlagen** übergehen. Dieser Vorgang muss – wie bei § 16 EStG – in einem Akt[120] erfolgen und ebenso muss der Übergeber damit sein bisheriges unternehmerisches Engagement aufgeben (BFH vom 12.06.1996, BStBl II 1996, 527).

Der **Gegenbegriff** zu den betrieblichen Einheiten bilden die **Einzel-WG** mit konträren Rechtsfolgen. Bei der unentgeltlichen Übertragung ist dies der Ansatz des gemeinen Werts (§ 6 Abs. 4 EStG) und damit der Aufdeckungszwang. Bei der entgeltlichen Übertragung von Einzel-WG wird ein evtl. Gewinn (Veräußerungspreis ./. Buchwert) nicht als begünstigter Gewinn nach § 16 EStG, sondern als laufender Gewinn gem. § 15 EStG erfasst[121]. Auslegungsfragen hierzu werden nachfolgend unter § 16 EStG behandelt.

Die (subjektive) Steuerverschonung des Rechtsvorgängers bei § 6 Abs. 3 EStG knüpft an **unentgeltliche** Übertragungsakte an. Der prototypische Fall ist der Erbfall nach § 1922 BGB. Nachdem der Gesetzgeber (wie schon früher § 7 Abs. 1 EStDV) auf eine weitere Spezifikation der unentgeltlichen Übertragung verzichtet, unterliegen alle Fälle der unentgeltlichen Übertragung, also auch die der Einzelrechtsnachfolge, dem Zwang der Buchwertfortführung. Damit kommen neben dem Erben auch der Beschenkte und der Vermächtnisnehmer (bzw. deren Vorgänger[122]) in den Genuss des § 6 Abs. 3 EStG. Auf drei wichtige Aspekte aus der Praxis ist vorgreiflich der Einzeldarstellung schon jetzt hinzuweisen:

1. Reine unentgeltliche Übertragungen (sog. voll-unentgeltliche) Übertragungen sind die Ausnahme, da sich der Vorgänger (der Übergeber) häufig Gegenleistungen (bzw. Kompensationszahlungen) ausbedingt, ohne dass dies einem vollwertigen Kaufpreis

---

[118] Bei Teilbetrieben muss diese Größe u.U. erst herausgebildet werden.
[119] S. *Vollgraf*, Band 2, Teil D, Kap. VII.
[120] Zu Ausnahmen (schrittweise Übertragung nur, wenn sie auf einem einheitlichen Willensentschluss beruhen) s. BFH vom 12.04.1989 (BStBl II 1989, 653).
[121] Wiederum anders die Regelung bei einer Einlage nach § 4 Abs. 1 S. 5 EStG, wo mit § 6 Abs. 1 Nr. 5 EStG eine spezielle Bewertungsvorschrift den Wert der (grundsätzlich erfolgsneutralen) Einlage festlegt (TW bzw. niedrigere AK/HK).
[122] Erblasser bzw. Schenker.

entspricht. In diesen Fällen spricht man von **teilentgeltlichen** Übertragungen, die grundsätzlich § 16 EStG (und nicht § 6 Abs. 3 EStG) unterstehen. Teilentgeltlich meint dabei immer, dass die Gegenleistung nicht dem Verkehrswert entspricht. Für diese Rechtsgeschäfte gilt sodann die **Einheitstheorie**, wonach die Gegenleistung dem einheitlichen (nicht aufgeteilten) Buchkapital des Übergebers gegenübergestellt wird. Die (wiederum aus dem Bilanzrecht abgeleitete) Begründung für die Einheitstheorie lautet, dass die Einheitsgröße „Kapital", die bekanntlich auch die Betriebsschulden beinhaltet, nicht aufgespalten werden kann, ohne gegen elementares Bilanzrecht zu verstoßen.

Beispiel 1: Der halb-altruistische Schenker
Der frustrierte Witwer W übergibt seinen Betrieb (Kapital: 100 T€; Verkehrswert 1 Mio. €) an den Prokuristen P gegen Übernahme einer Privatschuld (200 T€).

Lösung:
Zivilrechtlich liegt eine gemischte Schenkung vor. Der Betrieb wird zu 4/5 verschenkt und zu 1/5 „verkauft". Steuerrechtlich wird dies als eine teilentgeltliche Übertragung angesehen, die nach § 16 EStG von W zu versteuern ist. Vorbehaltlich § 16 Abs. 4 EStG beträgt der begünstigte Veräußerungsgewinn des W 100 T€, da der Gegenleistung (200 T€) das einheitliche Buchkapital von 100 T€ (Einheitstheorie) und eben nicht ein aufgeteiltes Kapitalkonto (etwa: 1/5 von 100 T€)[123] gegenübergestellt wird.

2. Die am häufigsten vorkommende Fallgruppe ist – neben dem Erbfall – die vorweggenommene Erbfolge. Hier erlaubt die Verwaltung bei bestimmten Übergabemodalitäten die Eingruppierung des Übergabevorganges nach § 6 Abs. 3 EStG. Die fingierte Unentgeltlichkeit betrifft dort aber nur den Übertragungsvorgang als solchen. Wegen der Komplexität und aus Gründen des Sachzusammenhangs werden diese (teil-)unentgeltlichen Übertragungsvorgänge hier in einem geschlossenen Teil B, Kap. III „ESt-Rechtsnachfolge" behandelt.

3. Aufgrund des UntStFG (2001) ist eine klarstellende Ergänzung vorgenommen worden. Nach § 6 Abs. 3 S. 1, 2. HS EStG wird bei der unentgeltlichen Aufnahme eines neuen Partners in ein Einzelunternehmen ebenso wie bei der unentgeltlichen Übertragung eines Teils eines MU-Anteils die Buchwertverknüpfung ohne Gewinnrealisation festgeschrieben. Damit ist lediglich die bisherige Besteuerungspraxis, die beide Tatbestände in dem jetzt geklärten Sinne behandelt hat, auf eine gesetzliche Grundlage gestellt worden[124].

Zurückkommend auf die Ausgangsfrage stellt die dogmatische Ausnahme (intersubjektive Übertragung stiller Reserven gem. § 6 Abs. 3 EStG) i.V.m. den Anleitungen der

---

[123] So aber die **Trennungstheorie**, die beim Übergang von **PV** angewandt wird.
[124] So auch die amtliche Begründung in BR-Drucks. 638/01.

Verwaltung[125] einen solch großen Anreiz für die Gestaltungspraxis dar, dass davon häufiger Gebrauch gemacht wird als von der Einzelübertragung von WG.

1.3 Unentgeltliche Übertragung von Einzel-Wirtschaftsgütern (§ 6 Abs. 4 EStG)

Die Nachfolgerbestimmung zu § 7 Abs. 2 EStDV, § 6 Abs. 4 EStG, schreibt bei einer betrieblichen, unentgeltlichen Einzelübertragung den Ansatz des gemeinen Werts (§ 9 Abs. 2 BewG) als AK für den Empfänger vor.

Der (enge) Anwendungsbereich von § 6 Abs. 4 EStG erschöpft sich in Werbegeschenke und dgl., die den Schenker-Betrieb erfolgswirksam verlassen und die im Empfänger-Betrieb einerseits mit dem gemeinen Wert als AK anzusetzen sind und ansonsten als BE zu erfassen sind.

Beispiel 2: Wie kommt ein originäres Patent zum Bilanzausweis?
Der schwäbische Tüftler D erfindet in seinem Zuliefererbetrieb für Nutzfahrzeuge einen Motor, der eine Direkteinspritzung bei gleichzeitiger Verwendung von Raps und Dieselöl erlaubt (das sog. Kombi-Einspritzverfahren). Um sich für die Geschäftskontakte zu bedanken, überlässt er dieses Verfahren kostenlos dem Tuner B. Die neu getunten Hochleistungs-Traktoren sind ab diesem Zeitpunkt nur noch mit dem Kombi-Einspritzverfahren unterwegs.

Lösung:
D konnte das Patent bis zur Überlassung an B nicht aktivieren (§ 5 Abs. 2 EStG). Mit der Überlassung an B liegt eine betrieblich bedingte unentgeltliche Übertragung eines Einzel-WG in ein anderes BV vor. Gem. § 6 Abs. 4 EStG ist der gemeine Wert des Patents in der Bilanz des B anzusetzen[126]; § 5 Abs. 2 EStG steht in diesem Fall nicht entgegen (R 31a Abs. 3 S. 5 EStR 2001). Dies führt umgekehrt (und anders als bei § 6 Abs. 3 EStG) auch zu Steuerfolgen für D.

§ 6 Abs. 4 EStG geht (ebenso wie die Lösung zu Bsp. 2) von einem betrieblich veranlassten Ausscheiden des Einzel-WG aus dem Betrieb des Übergebers aus. Sollte der Anlass privater Natur sein, so liegt beim Schenker-Betrieb eine Entnahme vor, die zum TW (§ 6 Abs. 1 Nr. 4 EStG) beim Schenker anzusetzen ist und spiegelbildlich beim Empfänger zum TW einzulegen ist[127].

In der Zusammenschau beider Regelungsmaterien kommt gleichzeitig zum Ausdruck, dass es neben dem **1. Dualismusgrundsatz** im deutschen Est-R, dem zufolge die sieben Einkunftsarten nach dem Realisationsaspekt (Gewinneinkünfte: ja; Überschusseinkünfte: nein) unterschieden werden, noch einen **2. Dualismusgrundsatz** gibt. Innerhalb der Gewinneinkünfte werden steuerfunktionale Einheiten – im Vergleich zu Einzel-WG – ent-

---

[125] Vgl. BMF vom 13.01.1993 („Generationennachfolge"), BStBl I 1993, 80.
[126] Gegenbuchung: BE.
[127] Gleicher Ansicht *Glanegger/Schmidt*, § 6 Rz. 490.

weder komplett verschont (unentgeltliche Übertragung gem. § 6 Abs. 3 EStG) oder begünstigt behandelt (§§ 16, 34 EStG).

2 Betriebsveräußerung und Betriebsaufgabe, § 16 (§ 34) EStG

2.1 Einführung

Die Hauptfragen zur Gewinnrealisation und gleichzeitig den wichtigsten Anwendungsbereich behandelt § 16 EStG, der in seiner Grundform nahezu unverändert seit dem preußischen EStG fortbesteht.

> **Beispiel 3: Eine erste „Annnäherung" an § 16 EStG**
> Zu erklären ist die zweimalige Verwendung des Wörtchens „auch" bei § 16 EStG (§ 16 Abs. 1 S. 1 EStG und § 16 Abs. 3 S. 1 EStG).

§ 16 EStG definiert Einkünfte, die bei der Veräußerung (Abs. 1) und bei der Aufgabe (Abs. 3) von betrieblichen (steuerfunktionalen) Einheiten erzielt werden, als **gewerbliche Einkünfte**, ohne dass sie gewerbesteuerpflichtig sind[128]. § 14 (§ 14a) EStG und § 18 Abs. 3 EStG erstrecken den Anwendungsbereich auf die gleichen Realisationstatbestände bei L+F sowie bei den selbständigen Einkünften nach § 18 EStG. Damit gilt für alle Gewinneinkunftsarten das gleiche Konzept der **betrieblichen Schlussbesteuerung** des jeweiligen unternehmerischen Engagements.

> **Lösung:**
> - Die Einbeziehung der Veräußerungseinkünfte in § 16 Abs. 1 EStG unter die gewerblichen Einkünfte wird von der h.M. als deklaratorische (rechtsbestätigende) Aussage verstanden[129]. Diese Rechtsfolge ergibt sich bereits aus dem Dualismusgrundsatz, wonach alle betrieblich eingesetzten WG steuerverstrickt sind. Dies müsse erst recht gelten, wenn nicht nur einzelne WG veräußert werden, sondern die Gesamtheit der WG. So wie im laufenden Geschäftsbetrieb über § 4 Abs. 1 EStG (Betriebsvermögensvergleich) die Erfassung der stillen Reserven erfolgt[130], geschieht dies beim Schlussakt nach § 16 Abs. 2 EStG.
> - Ebenfalls als deklaratorisch wird § 16 Abs. 3 EStG empfunden[131]. Auch dort entspricht die Betriebsaufgabe der Summe aller Entnahmevorgänge der Einzel-WG („Totalentnahme"). Dies gilt zumindest für einen der bei-

---

[128] S. dazu bereits *Preißer*, Kap. III sowie Teil C, Kap. III.
[129] Statt aller *Wacker* in *Schmidt*, § 16 Rz. 5 m.w.N.; a.A. *Reiß* in *Kirchhof-Kompakt*, § 16 Rz. 8 (eigene Tatbestandsmäßigkeit des § 16 EStG) und vorher schon in *Kirchhof/Söhn*, § 16 A 24.
[130] Buchungssatz z.B. für ein WG des AV: Anlageabgang an WG (AV) und sonstiger betrieblicher Ertrag. Entsprechendes gilt beim UV (Erlös versus Wareneinsatz).
[131] S. *H/H/R*, § 16 Rz. 4.

den Anwendungsfälle der Betriebsaufgabe, da alle wesentlichen Betriebsgrundlagen in das PV des Unternehmers überführt werden. Für den zweiten Fall – Übertragung der WG an verschiedene Erwerber – kann auf die obige Erklärung zurückgegriffen werden. Anders als bei der singulären Entnahmeregelung (§ 6 Abs. 1 Nr. 4 EStG) schreibt § 16 Abs. 3 S. 5 EStG für die Betriebsaufgabe allerdings den Ansatz des gemeinen Werts vor. Insoweit wird diese Regelung als konstitutiv (rechtsbegründend) verstanden.

Demgegenüber kommt beiden Regelungen insoweit eine (eher steuerpolitische) Eigenständigkeit zu, als mit der Freibetragsregelung nach § 16 Abs. 4 EStG und der Tarifbegünstigung nach § 34 EStG die (ab 2001 wieder[132]) eindeutige Steuervergünstigung des unternehmerischen Schlussaktes einhergeht. Die „schlagartige Aufdeckung zusammengeballter stiller Reserven" soll zumindest dann – als außerordentliche Einkunft (§ 34 Abs. 2 Nr. 1 EStG) – steuerbegünstigt (halber Steuersatz) sein, wenn sie auch mit den biographischen Daten des Unternehmers (> 55 Jahre, nur einmalige Gewährung, Gewinn < 5 Mio. €) übereinstimmt (BFH vom 16.07.1999, BStBl II 2000, 123).

Allein wegen dieser unterschiedlichen Steuerbelastung gehört die Trennung zwischen laufendem Gewinn (§ 15 EStG) und Veräußerungs-/Aufgabegewinn im letzten Jahr des unternehmerischen Handelns zu den **wichtigsten Aufgaben** eines StB (**wie auch eines Klausurbearbeiters**).

Einen systematischen Fremdkörper bildet dabei § 16 Abs. 2 S. 3 EStG, der den Teil des Veräußerungsgewinns, der auf **personenidentische** Veräußerer/Erwerber entfällt, als **laufenden** Gewinn behandelt. Dies kann nur bei PersG der Fall sein.

> **Beispiel 4: „Weltkind in der Mitten"**
> An der X-OHG sind A, B und C zu gleichen Teilen beteiligt. Die X-OHG veräußert ihren Betrieb an die Y-OHG, an der C, D und E zu gleichen Teilen beteiligt sind.

Die frühere rein unternehmensbezogene Betrachtungsweise führte bei der Betriebsveräußerung einer PersG dazu, dass alle G'fter gleichmäßig von den Steuervorteilen (§§ 16, 34 EStG) profitierten. Es kam folglich zu Betriebsübertragungen zwischen (nahezu) personenidentischen PersG (Schwester-PersG), um nach der steuerbegünstigten Liquidation der Alt-PersG mit der neuen PersG einen „Steuerschnitt" zu machen. Dem hat § 16 Abs. 2 S. 3 EStG ab 1994 einen Riegel vorgeschoben.

> **Lösung:**
> Der Veräußerungsgewinn der X-OHG ist zu 2/3 ein begünstigter Veräußerungsgewinn (§ 16 Abs. 1 Nr. 2 EStG) und wird zu 1/3 als laufender Gewinn des G'fters C behandelt (§ 15 Abs. 1 Nr. 2 EStG).

---

[132] In den Jahren 1999 und 2000 kam die sog. Fünftelungsregelung zum Tragen. Sie gilt weiterhin bei fehlendem Antrag nach § 34 Abs. 3 EStG sowie bei den Veräußerungs- und Aufgabegewinnen, die 10 Mio. DM überschreiten.

2.2 Die Betriebsveräußerung (§ 16 Abs. 1 und 2 EStG)

2.2.1 Der Grundtatbestand: Der ganze Betrieb wird veräußert

2.2.1.1 Das Übertragungsobjekt („alle wesentlichen Betriebsgrundlagen")

Gem. § 16 Abs. 1 Nr. 1 S. 1 EStG muss eine entgeltliche Übertragung eines ganzen Gewerbebetriebes vorliegen. Wegen der Korrespondenznorm des § 18 Abs. 3 EStG und des § 14 EStG sind auch Freiberufler-Praxen und L+F-Betriebe mit einbezogen[133].

Es entspricht der langjährigen Spruchpraxis des BFH, das gesetzliche Tatbestandsmerkmal mit der Veräußerung **aller wesentlichen Betriebsgrundlagen** zu umschreiben. Gelegentlich wird diese Formulierung substituiert durch die Aussage, dass der Betrieb als geschäftlicher Organismus fortgeführt werden kann. Wichtiger ist dabei die Zusatzaussage, dass der Betrieb auf **einen Erwerber** entgeltlich übertragen wird und von diesem weiter betrieben werden kann.

Im Sinne einer teleologischen Ergänzung muss gleichzeitig hinzukommen, dass der **Veräußerer** seine mit dem Betrieb verbundene unternehmerische **Tätigkeit aufgibt** (BFH vom 12.06.1996, BStBl II 1996, 527).

Die Rspr. zu den wesentlichen Betriebsgrundlagen war in den 90er-Jahren durch ein Hin und Her zwischen der funktionalen und der quantitativen Betrachtungsweise geprägt. Unter **funktionalen** Aspekten ist ein WG dann wesentlich, wenn es für die Fortführung dieses Betriebes unentbehrlich ist. Ob ein WG eine wesentliche Betriebsgrundlage nach **quantitativen** Kriterien darstellt, hängt allein von seinen stillen Reserven ab.

> **Beispiel 5: Praxisverkauf trotz einiger zurückbehaltener Mandanten**
> StB X veräußert seine Praxis an Y, in dem er Forderungen und Verbindlichkeiten, das gesamte Mobiliar, die Bibliothek sowie nahezu alle Mandanten überträgt. Lediglich die Mandanten A, B und C, die ihm in den letzten drei Jahren einen Umsatzanteil von 9,78 % eingebracht haben, behält er zurück. Darüber hinaus ist er als Angestellter bei Y für besonders schwierige Fälle im Umfang von 5 Stunden/Woche beschäftigt.

Es besteht wenigstens in dem Punkt Einigkeit, dass funktional wesentliche Betriebsgrundlagen immer mit übertragen werden müssen, um eine Begünstigung nach § 16 EStG zu erzielen. Das Unentbehrlichkeitsdogma wurde etwas aufgeweicht und ist bereits dann gegeben, wenn die Ersatzbeschaffung des streitigen WG nicht sofort erfolgen kann. Somit gehören – in pauschaler Beurteilung – Maschinen, Betriebsvorrichtungen sowie allgemein das AV inkl. immaterieller WG wie der (hauptsächliche) Kundenstamm, Fertigungstechniken und dgl.[134] hierzu, während das Umlaufvermögen eher nicht zu den wesentlichen Betriebsgrundlagen zählt[135].

---

[133] Wegen der Zielsetzung des Buches wird auf L+F-Betriebe nicht näher eingegangen.
[134] Im Urteil des BFH vom 26.04.2001 – allerdings zur Betriebsaufgabe – (BFH/NV 2001, Beilage 9, 1186), werden GmbH-Anteile eines Freiberuflers (notwendiges BV) alleine wegen ihrer hohen stillen Reserven zu den wesentlichen Betriebsgrundlagen gezählt.
[135] So auch der BFH vom 29.10.1992 (BFH/NV 1993, 233) und H 139 Abs. 8 EStH (Umlaufvermögen). Anders allerdings BFH vom 24.06.1976 (BStBl II 1976, 672) – bei bestimmten Betrieben sind Waren

Lösung:
Eine Veräußerung der **ganzen Praxis** (§ 18 Abs. 3 i.V.m. § 16 Abs. 1 Nr. 1 EStG) setzt nicht voraus, dass (alle) Forderungen abgetreten werden und dass die Verbindlichkeiten – mit Genehmigung der Gläubiger – übernommen werden. Auch das Mobiliar wird in funktionaler Hinsicht nicht ausschlaggebend sein. Für die Bibliothek trifft dies dann zu, wenn in ihr schwer beschaffbare Spezialliteratur vorhanden ist, zumal wenn diese für die laufende Betreuung benötigt wird. Zweifel an einer begünstigten Übertragung bestehen jedoch aus anderen Gründen:

1. Zum einen kann das zurückbehaltene Kontingent von knapp 10 %-Mandanten-Umsatzträgern der Annahme einer Praxisveräußerung im Ganzen entgegenstehen.
2. Zum andern kann die Weiterarbeit als schädlich angesehen werden.

Zu 1.: Der ganze Betrieb
Der BFH bedient sich bei Zweifelsfragen bzgl. der wesentlichen Betriebsgrundlagen im Bereich der Veräußerung der kombiniert **funktional-quantitativen** Betrachtungsweise. Mit zwischenzeitlich vier Entscheidungen (zuletzt BFH vom 06.08.2001, XI B 5/00 (NV)) zum **zurückbehaltenen Kontingent** von Mandanten, auf die in den letzten drei Jahren **weniger als 10 %** der Einnahmen entfielen, hat der BFH dennoch eine tarifbegünstigte Veräußerung bejaht[136]. Zurückbehaltene 10 %-Umsatzträger gelten dabei unter quantitativen Gesichtspunkten als vernachlässigenswert. Dies gilt zumindest für die Veräußerung von Freiberufler-Praxen.
Eine Kehrtwendung hin zur flankierenden quantitativen Mit-Beurteilung brachte das Urteil vom 02.10.1997 (BStBl II 1998, 104), wo der rein funktionalen Rspr. der Vorjahre (besonders deutlich im Urteil vom 26.05.1993, BStBl II 1993, 718) eine Absage erteilt wurde. Diese neuere Rspr. ist aber nicht nur mit Vorteilen – wie im Beispiel 5 – verbunden, sondern kann dazu führen, dass ansonsten nicht unbedingt betriebsnotwendige WG (z.B. des gewillkürten BV oder auch Grundstücke) übertragen werden müssen, um den Steuervorteil der §§ 16, 34 EStG erfolgreich zu reklamieren. Die Änderung der Rspr. ist darauf zurückzuführen, dass dem Merkmal der Aufdeckung aller zusammengeballter Reserven – in Hinblick auf § 34 EStG – verstärkte Bedeutung beigemessen wird.

Zu 2.: Einstellung der Tätigkeit
Grundsätzlich ist es erforderlich, dass der Veräußerer seine bisherige gewerbliche (bzw. freiberufliche) Tätigkeit einstellt (BFH vom 12.06.1996, BStBl II 1997, 527). Danach muss die **freiberufliche** Tätigkeit im bisherigen örtlichen

---

wesentliche Betriebsgrundlagen – und *Reiß* in *Kirchhof-kompakt*, § 16 Rz. 57. Differenzierend *Wacker/Schmidt*, § 16 Rz. 106, der nur schwer wiederbeschaffbare Waren eines Einzelhändlers zu den wesentlichen Betriebsgrundlagen zählt.

[136] Erstes Urteil vom 01.11.1991 (BStBl II 1992, 457); letztes Urteil vom 06.08.2001 (BFH/NV 2001, 1561).

Wirkungskreis wenigstens für eine gewisse Zeit eingestellt sein. Dabei ist es unschädlich, wenn der Veräußerer nunmehr eine nichtselbständige Tätigkeit im Büro des Erwerbers oder als dessen Subunternehmer ausführt. Die Fünfstundenbeschäftigung/Woche steht §§ 16 (§18), 34 EStG nicht entgegen. Mit den oben ausgeführten „quantitativen Argumenten" darf der Veräußerer auch bis zu 10 % seiner Altmandanten weiterhin selbständig betreuen.

Ergebnis: X hat wirksam und begünstigt gem. §§ 16, 34 EStG veräußert[137].

Für den **gewerblichen** Bereich fehlt ein ausdrückliches (quantifizierendes) BFH-Urteil, das entsprechend der Zehn-Prozentvorgabe zur Praxisveräußerung eine (Un-)Schädlichkeitsgrenze für das weitere Engagement festlegt[138]. Es wird jedoch allgemein als unschädlich angesehen, wenn der Veräußerer sodann einen andersartigen Gewerbebetrieb (andere Kundschaft, anderer örtlicher Wirkungskreis) unterhält. So setzt die weitere Aktivität eines Bäckers, Gastwirts, Tankstellenpächter und dgl. – nach vorheriger Veräußerung des Einzelbetriebs – einen Ortswechsel voraus, sollte nicht die Begünstigung nach §§ 16, 34 EStG verloren gehen. Besonders problematisch (und eigentlich immer steuerschädlich) ist die Rechtslage, wenn eine gleichartige Tätigkeit mit zulässigerweise zurückbehaltenem alten BV (keine wesentliche Betriebsgrundlage des alten Betriebs) unternommen wird (BFH vom 09.10.1996, BStBl II 1997, 236: sog. Betriebsverlegung bei einem Bezirkshändler, wo alte Geschäftsbeziehungen aufrechterhalten wurden).

2.2.1.2 Übertragungshandlung und Übertragungszeitpunkt

Für die Veräußerung wird ebenso wie für den Zeitpunkt der Übertragung ausgeführt, dass es auf das wirtschaftliche Eigentum ankommt.

> **Beispiel 6: Die komplizierte Übergabe**
> Zum BV des gewerblichen Immobilienhändlers I gehört ein wertvolles Vorzeigegrundstück im Zentrum einer Großstadt (1a-Lage). Der berufsmüde I, dessen Umsatz- und Gewinnzahlen immer stärker rückläufig sind (01 und 02: Gewinne i.H.v. ca. 10 T€; 03 erstmalig Verluste), entschließt sich in 04, mit der Stadt Dresden einen Erbbaurechtsvertrag über sein letztes freies Grundstück mit folgendem Inhalt abzuschließen:
>
> § 1: Die Stadtwerke-GmbH der Stadt Dresden ist berechtigt, auf dem Grundstück ein Verwaltungsgebäude zu errichten bzw. es in den freien Verkauf zu bringen.
>
> § 7: Der Erbbauzins beträgt jährlich 30.000 €. Der Betrag wird jährlich neu angepasst (BMG: Gehalt eines Regierungsdirektors, A 15).

---

[137] Nachdem sich der BFH vorbehält, immer eine Einzelfallprüfung vorzunehmen, ist zu dem Ergebnis im Bsp. 5 noch eine kleine Einschränkung anzubringen. Sollte es sich bei den < 10 %-Umsatzträgern um sog. „Edelmandanten" mit Sogwirkung auf den weiteren (90 %igen) Mandantenkreis handeln, wird man die Vergünstigung der §§ 16 Abs. 4, 34 EStG nicht gewähren.
[138] Sie wird z.T. von der Lit. gefordert (vgl. *Glanegger*, DStR 1998, 1329).

§ 12: Der Erbbauvertrag gilt für 30 Jahre. Nach Ablauf dieser Zeit ist die Stadt Dresden berechtigt und verpflichtet, das Grundstück zu erwerben. Gleichzeitig ist ein etwaiger Heimfallanspruch des I ausgeschlossen.

I, der auch keinen Nachfolger hat, betrachtet das Geschäft – nach einer internen Aktennotiz – als seine letzte Berufshandlung.

Gewöhnlich beruht der Veräußerungsvorgang bei § 16 Abs. 1 Nr. 1 EStG auf einem Unternehmenskaufvertrag. Statt eines Kaufvertrages kann auch ein Tauschvertrag oder ein sonstiger Austauschvertrag vorliegen, der den entgeltlichen Betriebsübergang zum Gegenstand hat. Maßgeblicher Übergabezeitpunkt, der wegen des „Soll-Prinzips" bei § 16 EStG von besonderer Bedeutung ist, ist der Tag, an dem das wirtschaftliche Eigentum (Übergang von Nutzen und Lasten = Gefahrübergang) an den veräußerten WG übergeht. Das Erfordernis des **einheitlichen Vorgangs** ist immer dann gewahrt, wenn die Übergabe der einzelnen WG auf einem einheitlichen (schuldrechtlichen) Vertrag beruht. Da sich bei Einzelunternehmern die Übergabe im Regelfall im Rahmen der Einzelrechtsnachfolge vollzieht, können die verschiedenen Übertragungsakte in verschiedene VZ fallen. In diesem Fall ist es zulässig, wenn der Zeitrahmen der Einzelübertragungen nicht mehr als zwei Jahre[139] umfasst (ansonsten sukzessive Einzelveräußerung nach § 15 EStG), die einzelnen Gewinnanteile in den jeweiligen VZ als Veräußerungsgewinn zu erfassen. Die Beträge des § 16 Abs. 4 EStG (30.700 €) und des § 34 EStG (5,11 Mio. €) können insgesamt nur einmal in Anspruch genommen werden.

Lösung:
Der Erbbauvertrag über das letzte Grundstück des I ist bei wirtschaftlicher Betrachtungsweise als die Einräumung des wirtschaftlichen Eigentums (§ 39 Abs. 2 Nr. 1 AO) an der Immobilie zu werten. Der Sachverhalt ist anders als die Fälle zu beurteilen, da nur eine Nutzungsüberlassung an dem maßgeblichen WG (i.d.R. an dem Grundstück) vorliegt und diese keiner Veräußerung i.S.d. § 16 Abs. 1 EStG gleichkommt[140]. Hier führen die in § 1 (Erwerbsberechtigung) und gleichzeitig in § 12 (Erwerbsverpflichtung) eingeräumten Rechtspositionen dazu, dass die Stadt Dresden den Eigentümer I von der tatsächlichen Einwirkung auf das Grundstück ausschließen kann.
Mit der Einräumung des wirtschaftlichen Eigentums an dem letzten Betriebsgrundstück und der dreißigjährigen Zahlungsvereinbarung liegt steuerlich ein „verkappter" Kaufvertrag auf Raten vor.
Nachdem es für § 16 EStG entscheidend darauf ankommt, dass die übertragene(n) wesentliche(n) Betriebsgrundlage(n) aus Sicht des Veräußerers (I) dem Erwerber (Stadt Dresden) die Fortführung des Geschäfts als lebensfähiger Organismus ermöglichen, spielt es keine Rolle, ob der Erwerber mit der Vermak-

---

[139] H.M. (statt aller *Wacker/Schmidt*, § 16 Rz. 121).
[140] Vgl. FG Nbg vom 12.11.1997 (EFG 1999, 330).

lung fortfährt oder auf dem Grundstück ein Gebäude errichtet. Damit liegt in 04 (und nicht erst in 34) eine begünstigte Betriebsveräußerung vor[141].

2.2.1.3 Zurückbehaltene Wirtschaftsgüter

WG, die nicht zu den wesentlichen Betriebsgrundlagen zählen, können steuerunschädlich zurückbehalten werden. Die Folgebehandlung hängt von der weiteren Verwendung ab. Dabei spielt die Qualität der zurückbehaltenen WG eine Rolle, je nachdem ob sie nur betrieblich verwendet werden (Zwangsrest-BV), ob sie sowohl betrieblich wie auch privat eingesetzt (Wahlrest-BV) oder nur privat verwendet werden können (PV).

Beispiel 7: Der eitle Übernehmer
Ein Werkzeughersteller W veräußert seinen Betrieb zum 31.12.03 und erhält vom Erwerber 300 T€ (steuerliches Kapitalkonto: 250 T€). Der Erwerber wollte eine Stanzmaschine mit den dazugehörenden Werkzeugen nicht übernehmen. W beabsichtigt, diese WG bei der nächstbesten Gelegenheit im Geschäftsverkehr zu verkaufen (Buchwert: 20 T€, gemeiner Wert: 25 T€ und TW: 22 T€)

1. Macht es einen Unterschied, ob die Stanzmaschine zum AV oder zum UV gehört?
2. W schenkt die WG seinem Sohn, die er für Bastelarbeiten in der Schule einsetzt.

- WG, die ihrer Art nach nur betrieblich genutzt werden können (insb. UV), bleiben BV ohne Betrieb (sog. Zwangsrest–BV). Ihre spätere Verwertung (Veräußerung/Entnahme) führt zu nachträglichen gewerblichen Einkünften nach § 24 Nr. 2 EStG.
- WG, die auch privat genutzt werden können (insb. gewillkürtes BV; sog. „Wahlrest-Betriebsvermögen) kann der Veräußerer zum gemeinen Wert (§ 16 Abs. 3 S. 5 EStG) in das PV überführen[142].
- Unbestrittene Forderungen können in das PV mit dem gemeinen Wert überführt werden. Folgerichtig ist ein späterer Forderungsausfall als privater Vermögensverlust steuerlich ebenso unbeachtlich[143] wie ein Zahlungseingang. Demgegenüber bleiben ungewisse Forderungen immer BV (ohne Betrieb).

---

[141] Der Lösung steht auch nicht das Urteil des BFH vom 25.01.1995 (BStBl II 1995, 388) entgegen, wonach der Verkauf von Grundstücken bei gewerblichen Grundstückshändlern immer zum laufenden Gewinn zählt, da er im vorliegenden Bsp. I seinen ganzen Betrieb mit der Einräumung des wirtschaftlichen Eigentums einstellt.
[142] Daneben kann er das Wahlrest-BV auch in ein anderes BV überführen. Er muss dann aber gem. § 6 Abs. 5 S. 1 EStG den Buchwert ansetzen. Im Urteil vom 01.10.1986 (BStBl II 1987, 113), hat der BFH die Frage offengelassen, ob er dieses WG (im Urteil: zurückbehaltenes fremdvermietetes Grundstück) auch als BV ohne Betrieb behandeln kann.
[143] *Wacker/Schmidt*, § 16 Rz. 125 lässt die Frage dahingestellt, ob sich hierdurch nicht rückwirkend der Veräußerungsgewinn mindert (§ 175 Abs. 1 Nr. 2 AO). M.E. unzutreffend, wenn vorher die Forderung in das PV überführt wurde.

- Nicht übernommene Verbindlichkeiten, die nicht aus dem Veräußerungserlös und aus der Verwertung zurückbehaltener WG getilgt werden können, bleiben BV (ohne Betrieb; BFH vom 27.11.1984, BStBl II 1985, 323).
- Wiederum anders ist es denkbar, dass in Zusammenhang mit zurückbehaltenen WG (z.B. einem ehemaligen Betriebsgrundstück) stehende Schulden (betriebliche Grundschuld) durch die zulässige Entnahme des Betriebsgrundstücks nunmehr zu Privatverbindlichkeiten werden. In diesem Sinne hat der BFH schon mehrfach die Zinsen für das nunmehr im Rahmen von V+V genutzte Privatgrundstück als WK gem. §§ 9, 21 EStG zugelassen (BFH vom 19.08.1998, BStBl II 1999, 353 und zuletzt BFH vom 21.01.2001, BFH/NV 2001, 849).

Zulässigerweise in das PV überführte WG werden gem. § 16 Abs. 3 S. 5 EStG analog bei der Ermittlung des begünstigten Veräußerungsgewinnes (§ 16 Abs. 2 EStG) mit dem gemeinen Wert angesetzt. Bei der Überführung in das PV ist darauf zu achten, dass diese ebenfalls in engem zeitlichen Zusammenhang mit der Veräußerung des Betriebes erfolgt (nach BFH vom 12.04.1989, BStBl II 1989, 653 sollen 25 Monate die obere Grenze sein).

Lösung:

Variante a):
- Soweit es sich bei der Maschine um UV handelt, liegt Zwangsrest-BV vor. Bei einer späteren Veräußerung werden nachträgliche, laufende gewerbliche Gewinne gem. §§ 15, 24 Nr. 2 EStG erzielt. Im übrigen beträgt der Veräußerungsgewinn gem. § 16 Abs. 2 EStG 70 T€ [300 T€ ./. 230 T€ (250 T€ ./. 20 T€)].
- Soweit es sich um AV gehandelt hat, kann die Maschine in das PV überführt werden (Wahlrest-BV). Der Veräußerungsgewinn beträgt sodann 75 T€ [325 T€ (300 T€ + 25 T€[144]) ./. 250 T€].

Variante b):
- In der Variante AV ändert sich nichts zu oben.
- In der Variante UV liegt eine laufende Entnahme zum TW vor (§ 15, § 6 Abs. 1 Nr. 4 EStG).

2.2.1.4 Ermittlung des begünstigten Veräußerungsgewinnes

2.2.1.4.1 Der Veräußerungsgewinn gemäß § 16 Abs. 2 EStG

Der Veräußerungsgewinn ergibt sich aus der Differenz zwischen dem um die Veräußerungskosten geminderten Veräußerungspreis und dem Buchwert des übertragenen BV (§ 16 Abs. 2 EStG)[145]. Soweit – zulässigerweise – WG zurückbehalten werden, müsste das Kapitalkonto der Schlussbilanz/Veräußerungsbilanz (Buchwert des BV) entsprechend

---

[144] § 16 Abs. 3 S. 5 EStG analog.
[145] Auf die Eliminierung des **laufenden** personenidentischen Übertragungsgewinnes bei PersG nach § 16 Abs. 2 S. 3 EStG wurde schon einleitend hingewiesen.

bereinigt werden. Wie soeben unter 2.2.1.3 aufgezeigt, können die zurückbehaltenen WG unter bestimmten Voraussetzungen (Wahlrest-BV) tarifbegünstigt in das PV überführt werden. Es empfiehlt sich daher folgende Berechnungsmethode für den begünstigten **Veräußerungsgewinn** nach § 16 Abs. 2 EStG:

  Veräußerungspreis
+ gemeiner Wert der zulässigerweise[146] in das PV überführten WG
  (passive WG mit umgekehrten Vorzeichen)
./. Veräußerungskosten
./. Kapitalkonto im Veräußerungszeitpunkt
  (inkl. des Buchwerts der zulässigerweise zurückbehaltenen WG; jedoch abzüglich der Buchwerte der WG, die BV bleiben oder in ein anderes BV zum Buchwert überführt werden)
= Veräußerungsgewinn gem. § 16 Abs. 2 EStG
./. Freibetrag gem. § 16 Abs. 4 EStG
= Begünstigter Veräußerungsgewinn
  (= außerordentliche Einkunft gem. § 34 Abs. 2 EStG)

Wegen der Geltung des „Soll-Prinzips" wird der Veräußerungsgewinn grundsätzlich in dem VZ erfasst, da das wirtschaftliche Eigentum an dem übertragenen WG übergeht und damit der Kaufpreis einredefrei entsteht (§ 252 Nr. 4 HGB).

Der Veräußerungspreis umfasst sämtliche Gegenleistungen für die Übertragung des BV ohne Rücksicht auf die Bezeichnung. Insb. zählen übernommene **Privatschulden** mit zum Veräußerungspreis (H 139 Abs. 10 EStH), während die übernommenen Betriebsschulden nach h.M. als (bilanztechnischer) Bestandteil des BV i.S.d. § 16 Abs. 2 S. 1 EStG nicht zum Veräußerungspreis gehören. Zugrunde gelegt wird der **Nettobuchwert**, d.h. die Saldogröße zwischen Aktiva und Fremdkapital[147].

Beispiel 8: Der Schuldenübernehmer
Z veräußert seinen Gewerbebetrieb an den Optimisten A zum 31.12.00 gegen Übernahme der Betriebsschulden und einer Privatschuld des Z i.H.v. 250 T€.

A	Schlussbilanz A per 31.12.00		P
Diverse Aktiva	200.000 €	Kapital	140.000 €
		Verbindlichkeiten	60.000 €
	200.000 €		200.000 €

---

[146] Es darf sich nicht um wesentliche Betriebsgrundlagen handeln.
[147] M.E. wird an dieser Stelle ein unverständlicher rein literarischer Meinungsstreit geführt, ob die Nettomethode zugrunde gelegt wird oder – bei gleichem Ergebnis – die übernommenen Betriebsschulden zunächst als Teil des Veräußerungspreis behandelt werden und sodann wieder vom BV abgezogen werden. Mit dieser Mindermeinung wird überflüssigerweise der gesetzliche Parallellauf zwischen § 16 Abs. 2 EStG und § 4 Abs. 1 S. 1 EStG ignoriert.

Lösung:
- Bei der Ermittlung des Veräußerungsgewinnes von Z wird als Veräußerungspreis nur die übernommene Privatschuld i.H.v. 250.000 € angesetzt.
- Nach Abzug des Kapitals (Wert des BV) i.H.v. 140.000 € hat Z vorbehaltlich § 16 Abs. 4 EStG einen begünstigten Veräußerungsgewinn von 110.000 € (250 T€ ./. 140 T€) zu versteuern.

Spiegelbildlich zum erfassten Veräußerungspreis werden die AK für den Erwerber und damit die maßgeblichen Werte für dessen Eröffnungsbilanz festgelegt. Etwas kompliziert errechnet sich der (mögliche) Veräußerungsgewinn eines echt überschuldeten Betriebs.

Beispiel 9: Der Alles-Übernehmer (Maximalist)
Der Gewerbetreibende X veräußert seinen Betrieb zum 31.12.00 an Y.

A	Schlussbilanz Y per 31.12.00		P
Diverse Aktiva	200.000 €	Verbindlichkeiten	240.000 €
Kapital	50.000 €	§ 6b-Rücklage	10.000 €
	250.000 €		250.000 €

Y übernimmt alle Schulden und bezahlt zusätzlich 60 T€ per Scheck.

Lösung:
- Die Übernahme der Betriebsschulden stellt keinen zusätzlichen Veräußerungspreis dar[148].
- Entsprechend stellt die Übernahme des negativen Kapitalkontos (Übernahme eines überschuldeten Betriebes) kein Entgelt dar[149].
- Erster Zugang zum Veräußerungspreis ist der Scheckbetrag von 60.000 €.
- Die § 6b-Rücklage ist bei einer entgeltlichen Betriebsübertragung gewinnerhöhend aufzulösen.

Der Veräußerungsgewinn des X beträgt:

    60.000 €   (eigentlicher Kaufpreis)
+ 10.000 €   (§ 6b-Rücklage; Teil des Veräußerungsgewinnes, R 41b Abs. 10 S. 6 EStR 2001[150])
+ 50.000 €   Kapitalkonto (Berücksichtigung des Buchkapitals mit umgekehrten Vorzeichen)
= **120.000 €**   **Veräußerungsgewinn**

---

[148] Werden die betrieblichen Verbindlichkeiten nicht übernommen, wird dies nur bei der Abzugsgröße „Kapitalkonto" berücksichtigt. Das dann höhere Kapitalkonto sorgt für einen niedrigeren Veräußerungsgewinn.
[149] Dies führt dann zu einem Anwendungsfall des § 6 Abs. 3 EStG (unentgeltliche Betriebsübertragung), wenn keine sonstige Gegenleistungen erbracht werden.
[150] Allerdings hat X die Möglichkeit, die Rücklage fortzuführen, wenn er über hinreichendes Rest-BV verfügt (R 41b Abs. 10 S. 2 EStR).

Ähnlich umfangreiche Rechnungen sind anzustellen, wenn – wie gesehen – zulässigerweise WG zurückbehalten werden. Unzulässigerweise zurückbehaltene WG (wesentliche Betriebsgrundlagen) führen hingegen zur Versagung der begünstigten Veräußerung nach §§ 16, 34 EStG und zur allmählichen Betriebsabwicklung (§ 15 EStG).

Beispiel 10: Der nachdenkliche Erwerber
H, 60-jährig, veräußert an K seinen einzigen (Handwerks-)Betrieb zum 30.06.01 und gibt für das Rumpfwirtschaftsjahr einen laufenden Gewinn von 20.000 € an.

A	Schlussbilanz per 30.06.01		P
Diverse Aktiva	500.000 €	Kapital	200.000 €
		Fremdkapital	300.000 €
	500.000 €		500.000 €

Folgende Übergabemodalitäten werden vereinbart:
- K übernimmt sämtliche Betriebsschulden mit Ausnahme der Kosten des Übergabevertrages (5.000 €)
- H behält sich liquide Mittel i.H.v. 20.000 € zurück.
- Den nagelneuen Firmen-Pkw (Buchwert/TW: 30.000 €; gemeiner Wert: 34.800 €) möchte H weiterhin privat nutzen.
- Die in der SB mit 50.000 € angesetzten Forderungen werden von K übernommen, aber – wegen drohenden Ausfall eines Kunden – nur mit 40.000 € bei der Kaufpreisermittlung angesetzt.
- Eine Sofortzahlung von 200.000 € wird vereinbart.

Wie hoch sind die gewerblichen Einkünfte des H in 01?

Wie so häufig bei Klausuraufgaben zur Ermittlung des Veräußerungsgewinnes enthalten diese indirekte Hinweise zur Überprüfung und ggf. zur Korrektur des laufenden Gewinnes.

Lösung:
1. **Ermittlung des laufenden Gewinnes (§ 15 EStG):**
   Der bislang ermittelte Gewinn für das Rumpfwirtschaftsjahr 01 (vgl. § 4a Abs. 1 EStG i.V.m. § 8b S. 1 Nr. 1 EStDV) beträgt 20.000 €. Die berechtigte Reduzierung des Forderungsbestandes um 10.000 € auf nunmehr 40.000 € muss auch bei der Ermittlung des laufenden Gewinnes berücksichtigt werden (§ 6 Abs. 1 Nr. 2 EStG i.V.m. § 5 Abs. 1 EStG i.V.m. § 253 Abs. 2 HGB). Der laufende Gewinn für das Rumpfwirtschaftsjahr beträgt demnach **10.000 €**.

2. Veräußerungsgewinn des H (§ 16 EStG):
Weder die zurückbehaltenen liquiden Mittel noch der Firmen-Pkw zählen nach der kombiniert funktional-quantitativen Methode[151] zu den wesentlichen Betriebsgrundlagen. Eine begünstigte Veräußerung nach § 16 EStG liegt vor.

Veräußerungspreis	+ 200.000 €
+ gemeiner Wert der zurückbehaltenen WG (Pkw i.H.v. 34.800 € und liquide Mittel i.H.v. 20 T€) – § 16 Abs. 3 S. 5 EStG analog –	+ 54.800 €
= Zwischensumme:	**+ 254.800 €**
./. Kapitalkonto (§ 16 Abs. 2 EStG) (200.000 € ./. 10.000 € Forderungskorrektur)	./. 190.000 €
./. Veräußerungskosten (§ 16 Abs. 2 EStG)	./. 5.000 €
= Veräußerungsgewinn:	+ 59.800 €
./. Freibetrag gem. § 16 Abs. 4 EStG	./. 30.700 €
= steuerpflichtiger Veräußerungsgewinn (§§ 16, 34 EStG):	**+ 29.100 €**

Die gewerblichen Einkünfte des H in 01 belaufen sich auf 39.100 €, von denen 29.100 € als außerordentliche Einkünfte auf Antrag dem halben Steuersatz nach § 34 Abs. 3 EStG unterliegen.

2.2.1.4.2 Die Begünstigung nach §§ 16 Abs. 4, 34 Abs. 3 EStG

Die **Freibetragsregelung** des § 16 Abs. 4 EStG hat als Subventionsnorm viele Spielarten gesehen. Die heutige, seit 2001 gültige Version gehört zu den am einfachsten zu handhabenden Varianten:

Auf Antrag wird der Veräußerungs-/Aufgabegewinn i.H.v. 30.700 € freigestellt, soweit er nicht die Freibetragsgrenze von 154.000 € überschreitet. Der Freibetrag wird bei Überschreiten dieser Grenze abgeschmolzen, bis er bei einem Veräußerungsgewinn von 184.700 € (Eckwert) vollends aufgezehrt ist. Bei einem Gewinn nach § 16 EStG über 184.700 € gibt es folglich keinen Freibetrag mehr. Im Unterschied zu früheren Fassungen des § 16 Abs. 4 EStG wird der Freibetrag nur einmal im Leben eines Unternehmers gewährt. Dabei spielt es – dem Grunde und der Höhe nach[152] – keine Rolle, um welche steuerfunktionelle Einheit (Betrieb, Teilbetrieb, MU-Anteil[153]) es sich handelt. Ein nicht voll

---

[151] Eine Pkw ist nach funktionalen Gesichtspunkten keine wesentliche Betriebsgrundlage eines Handwerksbetriebs; bei den vorliegenden Zahlen (Buchwert = TW) kommen auch keine quantitativen Momente ins Spiel.
[152] Früher wurde der Freibetrag bei einem Teilbetrieb und einem MU-Anteil nur anteilig gegeben.
[153] Bei der Veräußerung eines MU-Anteils wird im Rahmen der einheitlichen und gesonderten Gewinnfeststellung nur der Veräußerungsgewinn des einzelnen Mitunternehmers festgehalten.

verbrauchter Freibetrag ist für künftige Veräußerungen nicht mehr zu beanspruchen (R 139 Abs. 13 S. 4 EStR).

Die Voraussetzungen, die an die Gewährung des Freibetrages geknüpft sind (Alter und dauernde Berufsunfähigkeit[154]) sind höchstpersönlicher Natur, und können nicht von einem Rechtsnachfolger (Erben) stellvertretend geltend gemacht werden (BFH vom 19.05.1981, BStBl II 1981, 665). Der Freibetrag selbst ist aber eine sachliche Steuerbefreiung und keine tarifliche Regelung.

Letztere, die **tarifliche Begünstigung** gem. § 34 Abs. 3 EStG (halber Tarif) ist das eigentliche Kernstück der Steuerbegünstigung des Realisationstatbestandes nach § 16 EStG, der – ebenfalls ab 2001 – an die gleichen Tatbestandsvoraussetzungen wie § 16 Abs. 4 EStG anknüpft[155].

2.2.1.4.3 Die Trennung zwischen laufendem Gewinn und Veräußerungsgewinn

Beide Vergünstigungen machen eine strikte **Trennung** zwischen laufendem Gewinn und Veräußerungsgewinn erforderlich[156]. Für die Abgrenzung ist noch immer die Lösung des BFH vom 25.06.1970 (BStBl II 1970, 719) entscheidend, wonach die Gewinne aus „normalen" Geschäften, auch wenn sie im zeitlichen Zusammenhang mit der Veräußerung anfallen, nicht zu § 16 EStG gehören.

> **Beispiel 11: Die Zweikomponenten-Übergabe**
> Ein Handelsvertreter (HV) überträgt seine Vertretungen (wesentliche Betriebsgrundlage seines Betriebs) auf seinen Sohn gegen eine angemessene Prämie von 200 T€. Von seinem Prinzipal (Unternehmer, für den er auch tätig wird) erthält er eine Abfindung nach § 89b HGB als Ausgleich für die Auflösung des Vertragsverhältnisses (1 Mio. €).
>
> **Lösung:**
> Der BFH behandelt in ständiger Rspr. die Ausgleichszahlungen an den Handelsvertreter nach § 89b HGB, die der Unternehmer für die Auflösung des Vertragsverhältnisses mit ihm als Ausgleich für die bestehen bleibenden Kontrakte leistet, als laufenden Gewinn des HV[157].
> Während die angemessene Abfindung, die HV von seinem Sohn erhält (200 T€), als begünstigter Veräußerungsgewinn nach §§ 16, 34 EStG erfasst

---

[154] Gem. R 139 Abs. 14 EStR und H 139 Abs. 14 EStH reichen wahlweise der Bescheid des Versicherungsträgers oder eine amtsärztliche Bescheinigung. Die Berufsunfähigkeit liegt vor, wenn die Erwerbsfähigkeit auf weniger als die Hälfte vergleichbarer gesunder Versicherter gesunken ist.
[155] Zur Berechnung beider Methoden des § 34 EStG (Fünftelungsregelung nach § 34 Abs. 1 EStG und der halbe Steuersatz gem. § 34 Abs. 3 EStG) vgl. die zahlreichen Bsp. insb. zu § 16 Abs. 1 Nr. 2 EStG (*Preißer*, Band 2, Teil B, Kap. IV) sowie zu § 24 EStG (*Preißer*, Band 1, Teil B, Kap. I.1).
[156] Auf die Trennung zwischen laufendem Gewinn und Aufgabegewinn wird unter 2.2.3 näher eingegangen.
[157] Ursprünglich BFH vom 05.12.1968 (BStBl II 1969, 196). Später auf Zahlungen an Kommissionsagenten ausgedehnt (BFH vom 19.01.1987, BStBl II 1987, 570); schließlich auch auf vergleichbare Zahlungen des Nachfolgers erstreckt (BFH vom 25.07.1990, BStBl II 1991, 218).

wird, ist die Abfindungszahlung i.H.v. 1 Mio. € laufender Gewinn nach § 15 EStG. Allerdings genießt diese Zahlung, wenn sie als Einmalleistung erfolgt, den Tarifvorteil des § 34 EStG, da sie zu den außerordentlichen Einkünften nach §§ 34 Abs. 2 Nr. 2 i.V.m. § 24 Nr. 1c EStG zählt. Im Unterschied zu den Realisationstatbeständen des § 16 EStG nimmt sie allerdings ab 2001 nicht am Vorteil des hälftigen Tarifs des § 34 Abs. 3 EStG teil, sondern nur an der Fünftelungsregelung von § 34 Abs. 1 EStG.

2.2.1.4.4 Nachträgliche Ereignisse

Einige Jahre nach In-Kraft-Treten der AO 1977 entdeckte der BFH auch die neue Möglichkeit, spätere materielle Änderungen der BMG für den Unternehmenskaufpreis, auch verfahrensrechtlich zu berücksichtigen. § 175 Abs. 1 Nr. 2 AO ermöglicht bei nachträglichen zivilrechtlichen Korrekturen von steuerlichen Tatbeständen (z.B. bei Anfechtung sowie allgemein bei Ex-tunc-Ereignissen[158]) eine rückwirkende Korrektur des Steuerbescheides.

Es wäre jedoch verfehlt, jedes spätere Ereignis nach einer Betriebsveräußerung als einen Anwendungsfall des § 175 Abs. 1 Nr. 2 AO anzusehen. Vielmehr achtet der BFH in seiner Rspr. zu diesem Korrekturkomplex auf den unmittelbaren rechtlichen (Rück-)Bezug des späteren Vorfalls auf das frühere Grundgeschäft. In diesem Sinne **bejaht** der BFH (und ihm folgend die Verwaltung, H 139 Abs. 10 EStH) die Korrekturmöglichkeit in folgenden Fällen – in chronologischer Folge –:

1. Eintritt einer auflösenden Bedingung oder einer im Vergleichswege herbeigeführten späteren Festlegung des Kaufpreises (BFH vom 26.07.1984, BStBl II 1984, 786).
2. Die spätere Herabsetzung des Kaufpreises aufgrund von berechtigten Mängeleinreden des Käufers (BFH vom 23.06.1988, BStBl II 1989, 41).
3. In zwei problematischen Grenzfällen hat der BFH am 19.07.1993 dies auch für die Uneinbringlichkeit der gestundeten Kaufpreisforderung (BStBl II 1993, 897) sowie für die Nichteinhaltung einer Haftungsfreistellung (BStBl II 1993, 894) gelten lassen.
4. Schadensersatzleistungen für betriebliche Schäden waren nach dem Urteil des BFH vom 10.02.1994 ebenfalls rückwirkend zu berücksichtigen (BStBl II 1994, 786)[159].

Während von diesen Ereignissen nur die Höhe des Veräußerungsgewinnes betroffen ist, stellt sich die m.E. noch nicht zu § 16 EStG entschiedene Frage, was bei der **Rückabwicklung des Kaufvertrages** selbst zu gelten hat:

- Entweder man gelangt mit einer „a minore ad maius"-Überlegung (das Größere beinhaltet das Kleinere) zu dem Schluss, dass § 175 Abs. 1 Nr. 2 AO hier erst recht gelten müsse[160] oder

---

[158] Zum allgemeinen Anwendungsbereich des § 175 Abs. 1 Nr. 2 AO vgl. *Schuster*, Band 3, Teil A, Kap. VI.
[159] In den Fällen 3. und 4. hätte man besser mit § 24 Nr. 2 EStG argumentiert.
[160] So offensichtlich *Littmann/Hörger*, § 16 Rz. 114 und andere.

- man akzeptiert das unternehmerische Zwischenstadium des Erwerbers und sieht in der Rückabwicklung des Kaufvertrages eine erneute Veräußerung (diesmal in der Person des Erwerbers)[161].

Die Entscheidung hängt von der Wertung des § 16 EStG ab. In den Fällen, da der Erwerber mit eigenem Engagement zur Schaffung **neuer wesentlicher Betriebsgrundlagen** beiträgt, ist die Rückabwicklung des ursprünglichen Übergabevertrages als zweiter Veräußerungstatbestand zwischen Erwerber und Rückerwerber (Verkäufer) auszulegen. Ist dies nicht der Fall, kann man § 175 Abs. 1 Nr. 2 AO anwenden, wobei die zwischenzeitlichen Einkünfte dem Erwerber als laufende Gewinne erhalten bleiben.

Den erwarteten **Gegenpol** zu den obigen „Rückwirkungs"-Entscheidungen des BFH nehmen jüngere Urteile ein, wonach z.B. ein späterer (Altlasten-)Verdacht nicht nachträglich den Wert des Übertragungsgegenstandes beeinflussen kann (BFH vom 01.04.1998, BStBl II 1998, 569). Ebenso (kein rückwirkendes Ereignis) hat der BFH im Urteil vom 19.08.1999 (BStBl II 2000, 179) den Fall des Todes Rentenberechtigter bei gewählter „Sofortversteuerung" (s. unter 2.2.1.5) entschieden.

2.2.1.5 Besondere Kaufpreis-Modalitäten

Im Regelfall wird der Kaufpreis nicht sofort bezahlt. Statt der Einmal-Zahlung gibt es die probaten Mittel der Ratenzahlung sowie der Rentenzahlungen. Letztere hängen von der Person des Berechtigten (Übergeber des Betriebs) ab, während die Raten nur eine Stundung des nach objektiven Kriterien festgelegten Kaufpreises darstellen.

2.2.1.5.1 Betriebsveräußerung gegen Ratenzahlung

Bei der Bezahlung des Kaufpreises in Raten gibt es zwei Möglichkeiten:

1. Verzinsung des Kaufpreises.
2. Keine Verzinsung des Kaufpreises.

Losgelöst von beiden Alternativen ist der Veräußerungsgewinn wegen des bei § 16 EStG geltenden Soll-Prinzips im Jahr des (wirtschaftlichen) Übergangs des Betriebs zu erfassen. Der Veräußerungsgewinn ist nicht zu strecken[162].

Im erst genannten Fall 1. bildet die Summe der Raten den Kaufpreis (§ 16 Abs. 2 EStG) und die künftig gezahlten Zinsen gehören zu den Kapitaleinkünften gem. § 20 Abs. 1 Nr. 7 EStG des Verkäufers[163].

Etwas komplexer ist die Behandlung des häufiger vorkommenden Falles 2. – keine ausdrückliche Verzinsung.

---

[161] Wiederum anders differenzieren *H/H/R*, § 16 Rz. 194 nach dem Grund der Rückabwicklung.
[162] Dies hat nichts mit der zulässigen Verteilung des Veräußerungsgewinnes auf mehrere Jahre zu tun, wenn die WG in verschiedene VZ übertragen werden.
[163] Umgekehrt hat der Erwerber des Betriebes in seiner Eröffnungsbilanz die Kaufpreisverpflichtung zu passivieren und die Zinszahlungen als BA zu erfassen, während die Tilgungsleistungen neutral gegen die Verpflichtung verrechnet werden.

Beispiel 12: Zeitlich gestreckter Kaufpreis
Veräußerungszeitpunkt ist der 01.01.00. Der Kaufpreis beträgt 200.000 € und ist in fünf gleichen Jahresraten i.H.v. 30.000 €, beginnend ab 01.01.01, zu entrichten. 50 T€ werden bereits zum Übergabezeitpunkt angezahlt. Eine Verzinsung ist nicht vereinbart worden. Das Kapitalkonto beträgt 100.000 €. Kosten bei der Übergabe sind nicht entstanden; WG sind nicht zurückbehalten worden.

Abgesehen von besonders langfristigen (> zehn Jahre) Ratenvereinbarungen, die nach ständiger Verwaltungsauffassung wie Renten behandelt werden können (H 139 Abs. 11 EStH), folgt die steuerliche Beurteilung der Kaufpreisraten dem Grundsatz, dass der nach § 12 Abs. 3, § 13 BewG zu ermittelnde **abgezinste Barwert**[164] den Veräußerungspreis bildet. Die Zinsanteile werden auch hier in der Folgezeit nach § 20 Abs. 1 Nr. 7 EStG besteuert.

Lösung:
Der Veräußerungsgewinn ist zum 01.01.00 zu ermitteln:

Einmalzahlung i.H.v.	50.000 €
Abgezinster Barwert	
(gem. Anlage 9a BewG wird die Restforderung von 150.000 €	
wie folgt berechnet:	
30.000 x 4,388 (5 Jahre!) = 131.640 €	131.640 €
Veräußerungspreis	**181.640 €**
./. Kapitalkonto (Wert des BV)	100.000 €
Begünstigter Veräußerungsgewinn	**81.640 €**

Die Differenz zwischen der Restforderung von 150 T€ und der abgezinsten Forderung i.H.v. 131.640 € wird in der Folgezeit als Zinseinnahme nach § 20 Abs. 1 Nr. 7 EStG versteuert und zwar auf folgende Weise:

Die jährliche Zahlung von 30.000 € wird aufgeteilt in einen Zins- und einen (steuerneutralen) Tilgungsanteil, in dem der jeweilige Barwert der Forderung zu Beginn und am Ende des Jahres verglichen wird.

- Im ersten Jahr der Zahlung beträgt die Restforderung zum 01.01: **131.640 €**.
- Zu Beginn des nächsten Jahres (31.12.) beträgt die Forderung: 30.000 x 3,602: **108.060 €**.

---

[164] Dies gilt nach dem BFH vom 25.06.1974 (BStBl II 1974, 431), auch dann, wenn die Parteien die Verzinsung ausdrücklich ausgeschlossen haben.

Folglich liegt in der Differenz beider Barwerte der Tilgungsanteil (23.580 €), während die verbleibende Summe zu den tatsächlich bezahlten 30 T€ der nach § 20 Abs. 1 Nr. 7 EStG zu versteuernde Zinsanteil von **6.420 €** ist. In den Folgejahren wird entsprechend verfahren.

2.2.1.5.2 Betriebsveräußerung gegen wiederkehrende Bezüge

Bei der vollentgeltlichen Veräußerung des Gewerbebetriebs (der Praxis) gegen wiederkehrende Bezüge (Hauptfall: gegen eine Leibrente[602]) gewährt die Verwaltung dem Veräußerer ein **Wahlrecht** zwischen der Sofortversteuerung und der sog. „Nach-und-Nach-Versteuerung" (oder Zuflussbesteuerung), R 139 Abs. 11 EStR 2001. Er kann entweder den Rentenbarwert (§ 14 BewG i.V.m. Anlage 9) sofort versteuern oder aber die Rentenzahlungen als nachträgliche, laufende Einkünfte gem. §§ 15, 24 Nr. 2 EStG ab dem Zeitpunkt versteuern, ab dem sie das Kapitalkonto bei der Veräußerung übersteigen. Bei der Sofortversteuerung werden die laufenden Rentenzahlungen nach der Entstrickung mit dem Ertragsanteil gem. § 22 Nr. 1 S. 3 a) EStG als Privateinkünfte versteuert.

Das Wahlrecht hat nach der BFH-Rspr. seine Berechtigung im Wagnischarakter der Vereinbarung [lebenslanger (!) Lauf der Rentenzahlung], BFH vom 07.11.1991, BStBl II 1992, 457[603].

> **Beispiel 13: Wer die Wahl hat, ...**
> Die 62-jährige Parkinson (P) veräußert ihre Boutique zum 01.01.02 gegen eine monatliche Leibrente i.H.v. 1.400 € (16.800 € jährlich). Der Rentenbarwert im Zeitpunkt der Veräußerung beträgt 170.000 €, zum Jahresende (31.12.02) ist er auf 160 T€ gesunken. Das Kapitalkonto der P beträgt alternativ
>
> 1. 120.000 €,
> 2. 10.000 €.
>
> Die Erwerberin E hat alle WG (nunmehr: „third hand"-Artikel) übernommen.

---

[602] Einige (*Wacker/Schmidt*, § 16 Rz. 224 f.) sehen im **Wortlaut-Unterschied** zwischen R 139 Abs. 11 EStR (Begrenzung auf Leibrente) und H 139 Abs. 11 EStH: Erstreckung sogar auf langfristige Kaufpreisraten) einen Hinweis der Verwaltung, die Tragweite des Wahlrechts einer gerichtlichen Klärung zuführen zu wollen. Der Unterschied ist in den **EStR 2001** beibehalten worden.
[603] Im dortigen Sachverhalt wurde die Rente sogar von einem Dritten bezahlt.

Lösung:

Entscheidungsraster		
Sofortversteuerung		Nach-und-Nach-Versteuerung
Variante 1		
a): Entstrickung		**a): Keine Entstrickung**
Barwert	170.000 €	
./. Kapitalkonto	./. 120.000 €	
=	50.000 €	0
./. Freibetrag	./. 30.700 €	
Tarifbegünstigt	19.300 €	
b): Laufende Erfassung 02 (§ 22 Nr. 1 S. 3a EStG)		**b): Laufende Besteuerung**
30 % v. 16.800 €	5.040 €	12 x 1.400 € = 16.800 €. Verrechnung mit Kapitalkonto 120 T€: Keine Versteuerung in 02 (erstmalige Versteuerung im Februar 09).
./. WK-PB (§ 9a Nr. 3 EStG)	./. 102 € 4.938 €	
Variante 2		
a): Entstrickung		**a): Keine Entstrickung**
Barwert	170.000 €	
./. Kapitalkonto	./. 10.000 € 160.000 €	0
./. Freibetrag	./. 24.700 €[167]	
Tarifbegünstigt	135.300 €	
b): Laufende Erfassung 02		**b): Laufende Besteuerung**
(s. oben): 4.938 €		16.800 € ./. 10.000 € = 6.800 € bereits in 02 (§§ 15, 24 Nr. 2 EStG); ab 03: 16.800 € (§§ 15, 24 Nr. 2 EStG)

Wenn ein fester Barpreis und eine Rente zusammenfallen, dann räumt die Verwaltung (R 139 Abs. 11 S. 8 EStR) trotzdem ein Wahlrecht ein, eliminiert dabei jedoch den bereits durch den Barpreis realisierten Teil des Veräußerungsgewinnes[168].

Beispiel 14: Eine schwierige Überlegung
Der 64-jährige Alzheim (A) veräußert seinen Betrieb gegen eine Barzahlung von 250 T€ und gegen eine lebenslängliche Rente mit einem – versicherungsmathematisch ermittelten – Barwert von 180 T€. Die Vereinbarung gilt angesichts des Buchwerts (200 T€) und der berechneten stillen Reserven als ausgewogen. Die Rente soll monatlich 1.200 € betragen. Unterbreiten Sie als StB Herrn A eine Empfehlung, welche Form der Besteuerung er wählen soll.

---

[167] Der Veräußerungsgewinn hat um 6.000 € die Grenze (154.000 €) überschritten; damit ermäßigt sich der (maximale) Freibetrag von 30.700 € um 6.000 € auf 24.700 €.
[168] S. zu dieser Fallgruppe auch *Littmann/Hörger*, § 16 Rz. 96.

Lösung:
Die Empfehlung setzt zunächst die Kenntnis der Alternativberechnung voraus.

1. Sofortbesteuerung

a) Ermittlung des Veräußerungsgewinnes:

Barpreis	250.000 €
+ Rentenbarwert	180.000 €
= Veräußerungspreis:	430.000 €
./. Kapitalkonto	./. 200.000 €
= Begünstigter Gewinn	230.000 €
(kein Freibetrag)	0 €
Tarifbegünstigt	**230.000 € (§ 34 EStG)**

b) Folgebesteuerung (nunmehr laufende private Einkünfte)[169]:
Die monatliche Rente von 1.200 € wird sodann mit 28 % gem. § 22 Nr. 1 S. 3 a) EStG besteuert (jährlicher Ertragsanteil: 4.032 €).

2. Zuflussbesteuerung

a) Ermittlung des Veräußerungsgewinnes (wegen des Barpreises):

Barpreis	250.000 €
./. Kapitalkonto	./. 200.000 €
= Begünstigter Gewinn	50.000 €
./. Freibetrag	./. 30.700 €
Tarifbegünstigt	**19.300 € (§ 34 EStG)**

b) Nach-und-Nach-Besteuerung:
Diese setzt als laufender Gewinn erst ab dem Zeitpunkt ein, da das durch den Veräußerungsgewinn verbleibende Kapitalkonto noch nicht aufgebraucht ist. Dies ist jedoch sofort der Fall, so dass nachträgliche BE nach §§ 15, 24 Nr. 2 EStG (laufender Gewinn) i.H.v. 14.400 € versteuert werden.

3. Empfehlung

Die psychologisch sehr schwierige Empfehlung hängt allein von der persönlichen Lebenserwartung und der Steuerlandschaft des A ab. Bei hoher Lebenserwartung ist die Sofortversteuerung (1.) zu empfehlen.

Noch schwieriger ist die Empfehlung bei einer **Abweichung** im Sachverhalt dergestalt, dass bei ansonsten identischen Zahlungen nur ein fester Barpreis von 100 T€ bezahlt wird. In diesem Fall würde die Nach-und-Nach-Versteuerung (ohne Veräußerungsgewinn) erst dann einsetzen, wenn das relevante Kapitalkonto von 100 T€[170] (100 T€ ./. 200 T€) verbraucht ist. Dies wäre bei einer jährlichen Rentenzahlung von 14.400 € nach 6 Jahren und 11 Monaten der Fall[171].

---

[169] Mit der Besteuerung nach § 16 EStG (Steuerentstrickung) liegt nunmehr eine private Rente vor.
[170] Ohne, dass es hier zu einem steuerpflichtigen Veräußerungsgewinn kommt, muss man das theoretisch mit dem Festpreis (100 T€) anteilig verrechnete Buchkapital für die Berechnung nach R 139 Abs. 11 EStR als verbraucht ansehen.
[171] Gleicher Ansicht *Wacker/Schmidt*, § 16 Rz. 248.

Exkurs: Erwerberbilanz bei einem Betriebserwerb gegen Leibrente

Der Barwert der Rente muss nach versicherungsmathematischen Grundsätzen[609] berechnet und passiviert werden. Die erworbenen WG sind gem. § 6 Abs. 1 Nr. 7 EStG mit dem TW, höchstens mit den AK anzusetzen. Der versicherungsmathematische Barwert ist jährlich neu zu berechnen. Die einzelnen Rentenzahlungen sind um die Differenz zwischen dem Barwert zu Beginn und am Ende des Wj. zu kürzen. Der verbleibende Betrag ist als Zinsanteil eine abzugsfähige BA. Etwaig greifende Indexklauseln erhöhen zwar die laufenden Rentenbeträge, ändern aber nichts am zugrunde gelegten Prozentsatz. Dabei hat der Erwerber den höheren Barwert zu passivieren, womit sich die abzugsfähige BA (Zinsanteil) bei Eintritt der Klausel entsprechend erhöht.

2.2.2 Die sonstigen Realisationstatbestände bei § 16 Abs. 1 EStG

2.2.2.1 (Redaktionelle) Zusammenfassung von § 16 Abs. 1 Nr. 2 und Nr. 3 EStG

Gem. § 16 Abs. 1 Nr. 2 EStG unterliegt die Anteilsveräußerung eines Mitunternehmers (G'fter einer PersG bzw. eines wirtschaftlich vergleichbaren Gemeinschaftsgebildes) als weiterer Realisationstatbestand ebenfalls der begünstigten Veräußerungsbesteuerung. Gesellschaftsrechtlich unterschiedliche Vorgänge (z.B. eine entgeltliche Übertragung an Dritte oder die An-/Abwachsung bei Ausscheiden aus einer PersG) lösen die Rechtsfolgen der §§ 16, 34 EStG aus. Mit der Neufassung durch das UntStFG (2001) – Anfügung von S. 2 in § 16 Abs. 1 EStG sowie der Tatbestandspräzisierung in § 16 Abs. 1 Nr. 2 und Nr. 3 EStG (der „gesamte" Anteil) führt die Veräußerung eines **Bruchteils** eines MU-Anteils nunmehr zu einem **laufenden** Gewinn.

Mit § 16 Abs. 1 Nr. 3 EStG wird die Veräußerung des nicht in Aktien bestehenden Komplementäranteils, des sog. Geschäftsanteils, an einer KGaA in den privilegierten Anwendungsbereich einbezogen.

Sämtliche hiermit zusammenhängende Zweifelsfragen werden aus Gründen der Eigengesetzlichkeit im Kapitel der Besteuerung der **Mitunternehmerschaft** (Band 2, Teil B, Kap. IV) behandelt.

2.2.2.2 Die Veräußerung eines Teilbetriebs (§ 16 Abs. 1 Nr. 1, 2. Alternative EStG)

2.2.2.2.1 Einführung

Der steuergesetzlichen Zugehörigkeit des Teilbetriebes zu den betrieblichen Einheiten i.S.d. § 16 EStG einerseits und einer fehlenden handelsrechtlichen Regelung andererseits ist es zu verdanken, dass eine umfangreiche Rspr. mit gesicherter Terminologie, aber mit z.T. überraschenden Einzelerkenntnissen vorliegt. Wie bei der Veräußerung des ganzen Gewerbebetriebs müssen auch beim Teilbetrieb dessen **gesamte wesentliche Betriebsgrundlagen** übertragen werden, will der Veräußerer die Vorteile der § 16 Abs. 4, § 34 EStG beanspruchen. Wie dort, werden auch beim Teilbetrieb die Kerninhalte (wesentli-

---

[609] Der Hauptunterschied zum Rentenbarwert nach BewG liegt im unterschiedlichen Zinssatz, da das Steuerrecht immer von 5,5 % ausgeht (vgl. § 14 BewG).

che Betriebsgrundlagen) sowohl nach der funktionalen wie nach der quantitativen Methode bestimmt.

Allein hieraus erhellt bereits die enorme Praxisbedeutung des Teilbetriebs. Nachdem die meisten Gewerbetreibenden (Freiberufler) nur einen 1 Betrieb unterhalten, ergibt sich bei geplanten Umstrukturierungen oder Einstellungen im voraus die Diskussion, ob es sich bei den „Abspalt"-Produkten um einen Teilbetrieb oder nur um unselbständige Teile eines geschlossenen Gesamtbetriebs handelt. Ggf. sind im Vorfeld Maßnahmen zu treffen, die dem Betriebsinhaber rechtzeitig den Weg für eine privilegierte Loslösung aufzeigen, zumal der Teilbetrieb die gleiche „Wertigkeit" (§ 16 Abs. 4 und § 34 EStG) genießt wie der gesamte Betrieb.

Wegen des Gleichlaufs der Realisationstatbestände von § 18 EStG und von §§ 15 f. EStG werden die Ausführungen zu freiberuflichen Teilbetrieben nahtlos mit einbezogen. Dabei spielt es nach der Rspr. des BFH – überraschender Weise – keine Rolle, dass § 18 Abs. 3 EStG für die selbständige Arbeit mit einem eigenständigen Terminus („selbständiger Teil des Vermögens" bzw. „Anteil am Vermögen") aufwartet, BFH vom 18.10.1999 (BStBl II 2000, 123).

Der Teilbetrieb ist kein spezifischer Begriff des EStG; er kehrt wieder bei den Einbringungstatbeständen der §§ 20, 24 UmwStG und wird auch als privilegierter Gegenstand der unentgeltlichen Übertragung nach §§ 13a, 19a ErbStG behandelt[173]. Er ist weder identisch mit dem neuen Begriff des „Betriebsteils" bei § 12 UmwStG noch mit der „Betriebsstätte" bei § 12 AO.

Bedeutsamer als diese Negativabgrenzung ist jedoch die **gesetzliche Fiktion** eines Teilbetriebes bei einer betrieblich gehaltenen **100 %**-Beteiligung an einer **KapG** (§ 16 Abs. 1 Nr. 1 S. 2 EStG). Während dies für die Altregelung (inkl. VZ 2001) zur Besteuerung der Veräußerungserlöse an einer allumfassenden KapG-Beteiligung uneingeschränkt zu den Tarifvorteilen des § 34 EStG führte, ist dieses Tarifprivileg bei dem (neuen) Halbeinkünfteverfahren nach § 34 Abs. 2 Nr. 1 EStG systemgerecht wegen § 3 Nr. 40b EStG entfallen. „Gestaltungserwerbe" zum Vollbesitz der 100 %-Beteiligung an einer KapG werden damit der Vergangenheit angehören[174]. Dies gilt auch für die der Veräußerung gleichgestellte Teilbetriebsaufgabe.

2.2.2.2.2 Einzelfälle zum Teilbetrieb/Versuch einer Systematisierung

In ständiger Rspr. (zuletzt der BFH vom 10.10.2001, BFH/NV 2002, 336 sowie vom 21.06.2001, BFH/NV 2001, 1641) ist nach dem BFH ein Teilbetrieb ein „**organisch geschlossener**, mit einer **gewissen Selbständigkeit** ausgestatteter Teil eines Gesamtbetriebes, der **für sich betrachtet** alle Merkmale eines **Betriebes** i.S.d. EStG aufweist und als solcher **lebensfähig ist**".

Von ebenso entscheidender Bedeutung wie die positiven Voraussetzungen eines Teilbetriebes ist seit der BFH-Entscheidung vom 03.10.1984 (BStBl II 1985, 245) die zusätz-

---

[173] Trotz des gleichen Terminus gibt es bei Auslegungsfragen, insb. bei der Frage nach den betriebsnotwendigen WG, normspezifische Unterschiede.
[174] Für den einzigen Anreiz könnte noch die unterschiedliche Freibetragsregelung (§ 16 Abs. 4 EStG versus § 17 Abs. 3 EStG) sorgen.

liche Prüfung und Bejahung der Frage, ob der Unternehmer seine **spezifische Tätigkeit aufgibt**.

Beispiel 15: Ein- und dasselbe?
Spediteur S (eigener Frachtführer) betreibt unter einer Fa. ein Güternah- und ein Güterfernverkehrsunternehmen. Für beide Bereiche besteht eine getrennte Buchhaltung und eine eigene Betriebsleitung; ebenso wird beim Fuhrpark auf eine Trennung geachtet. Beim Personal kommt es gelegentlich vor, dass dieses in beiden Bereichen eingesetzt wird.
Wegen der EG-Hemmnisse und aufgrund der stärker werdenden Konkurrenz verkauft S an eine holländische Firma den Güterfernverkehrsbereich einschließlich des Fuhrparks und der Konzessionen. Einige Fahrer bleiben bei ihm; der Kundenstamm wird zu 80 % mitverkauft. Liegt eine Teilbetriebsveräußerung vor?

Einleitend wurde bereits ersichtlich, dass nur eine **zweigleisige** Prüfung weiterführt. Neben der tätigkeitsbezogenen Überprüfung muss der konkret veräußerte Betriebsteil die o.g. definitorischen Voraussetzungen erfüllen, wobei hierbei auf die Person des Veräußerers (!) abzustellen ist (ständige Rspr., zuletzt BFH vom 18.10.1999, BStBl II 2000, 123).

Als Indizien für einen eigenständigen, lebensfähigen Teilorganismus werden von der Rspr. genannt[175]:

- Räumliche Trennung.
- Verschiedenes Personal (insb. getrennte Betriebsleitung).
- Getrenntes Anlagevermögen.
- Eigener Kundenstamm.
- Selbständige Preisgestaltung.

Dabei wird in allen Entscheidungen betont, dass es sich hierbei um einen „Indizienstrauß" handelt und nicht alle Einzelfaktoren zusammen vorliegen müssen.

Lösung:
1. **Prüfung der Teilbetriebseigenschaft**
   - Aus Sicht des S sind die meisten der Kriterien (Trennung von Buchhaltung, Anlagevermögen und Management) gegeben; demgegenüber tritt der gelegentliche Austausch von Mitarbeitern in den Hintergrund.
   - Nach dem gesamten Erscheinungsbild basieren beide Teilbereiche auf unterschiedlichen organisatorischen Voraussetzungen (getrennte Konzessionen), wie sie sich auch bei der Veräußerung niederschlagen. Unbeachtlich sind die nicht in die Veräußerung einbezogenen 20 % des Kundenstamms, solange sich nicht S selbst um die Betreuung dieser Kunden durch Einschaltung von Subunternehmern bemüht (BFH vom 22.11.1988, BStBl II,

---

[175] BFH vom 12.09.1979 (BStBl II 1980, 51); vom 27.10.1994 (BStBl II 1995, 403); vom 02.04.1997, (BFH/NV 1997, 481); vom 18.06.1998 (BStBl II 1998, 735); vom 21.06.2001 (BFH/NV 2001, 1641).

1989, 357). Ebenfalls müssen die übernommenen 80 % der Kunden ein betriebswirtschaftliches Überleben des Teilbereichs „Güterfernverkehr" garantieren.
- Bei Vermeidung der aufgezeichneten Problemstellen liegt ein Teilbetrieb vor[176].

2. Einstellung der spezifischen Tätigkeit des S
In der Beurteilung dieser Frage ist in der Rspr. eine Akzentverlagerung eingetreten. Für einen Fall der Veräußerung einer Offset-Druckerei bei Überführung von Forderungen und Kunden in den verbleibenden Bereich der Tief-Druckerei hat der BFH in der Entscheidung vom 03.10.1984 (BStBl II 1985, 245) noch entschieden, dass mit dem Auswechseln der Produktionsmittel alleine keine Teilbetriebsveräußerung vorläge. Fünf Jahre später (BFH vom 09.08.1989, BStBl II 1989, 973: Tankstellenpächter in zwei Orten betreibt nur noch eine Tankstelle) präzisierte der BFH seine erste Äußerung dahingehend, dass eine Teilbetriebsveräußerung bereits dann vorliegt, wenn die Tätigkeit nicht mit dem sachlich weitergeführten Teil fortgeführt wird. Entscheidend ist daher die Aufgabe der spezifischen Tätigkeit, die in keiner Form im Restbetrieb fortgeführt werden dürfe. Im Tankstellenpächter-Fall hat der BFH den Kundenstamm am jeweiligen Ort als eine eigene sachliche Betriebsgrundlage angesehen, so dass mit der Veräußerung der Tankstelle an einem Ort diese spezifische Tätigkeit als eingestellt angesehen wurde. Bezogen auf das Beispiel 15 muss S alles unterlassen, die nicht übertragenen 20 % des Fernverkehr-Kundenstammes mit eigenen Subunternehmern zu betreuen. Unterlässt er dies, so stehen ihm die Vorteile der §§ 16, 34 EStG zu.

Die **Teilbetriebseigenschaft** ist vom BFH in folgenden Konstellationen nach dem grundsätzlichen Erscheinungsbild **bejaht** worden:
- Bei einer Brauerei ist die von ihr betriebene Gastwirtschaft ein Teilbetrieb (BFH vom 03.08.1966, BStBl II 1967, 47, auch bei Verpachtung der BFH vom 20.06.1989, BFH/NV 1990, 102).
- Zweigniederlassungen gem. § 13 HGB erfüllen i.d.R. die Teilbetriebseignung (räumliche Selbständigkeit; auf Dauer angelegt; Leiter hat die Befugnis zum selbständigen Handeln), nach dem Urteil des BFH vom 16.12.1992 (BStBl II 1993, 677).
- Bei Einzelhandelsfilialen muss hinzukommen, dass das leitende Personal eine Mitwirkung beim Wareneinkauf und bei der Preisgestaltung hat, BFH vom 12.09.1979 (BStBl II, 1980, 51) und vom 12.02.1992 (BFH/NV 1992, 516).
- Eine Spielhalle kann bei einem Automatenaufsteller ein selbständiger Teilbetrieb sein (BFH vom 10.10.2001, BFH/NV 2002).

---

[176] Für die beiden Bereiche des Güternah- und -fernverkehrs bereits pauschal zweimal vom BFH entschieden (vgl. H 139 Abs. 3 EStH „Güternah- und Fernverkehr").

Die **Teilbetriebseigenschaft** wurde grundsätzlich **abgelehnt** bei:

- dem Dentallabor eines Zahnarztes (BFH vom 27.10.1993, BStBl II 1994, 352).
- einem Fertigungsbetrieb mit mehreren Produktionszweigen. Es liegen dann keine Teilbetriebe vor, wenn wesentliche Maschinen für alle Produktionsabteilungen eingesetzt werden (BFH vom 08.09.1971, BStBl II 1972, 118).

In die gleiche Richtung (einheitliches Anlagevermögen, das im Restbetrieb weiter genutzt wird, als Hinderungsgrund für einen Teilbetrieb) zielen mehrere BFH-Urteile, die beim **zurückbehaltenen Grundstück** die Teilbetriebseigenschaft verneinen, BFH vom 13.02.1996 (BStBl II 1996, 409)[177]. Dies gilt unabhängig davon, ob das zum Teilbetrieb gehörende Grundstück überwiegend vom Restbetrieb genutzt wird oder in das PV überführt wurde. Bei mehreren Teilbetrieben müssen folglich die anteiligen Grundstücksflächen, auf denen den operativen Geschäften nachgegangen wird, mit übertragen werden.

Weitaus **restriktiver** bei der Annahme eines Teilbetriebes ist die Rspr. bei der Veräußerung von selbständigen Teilen eines „Freiberufler-Vermögens" i.S.d. § 18 Abs. 3 EStG.

Beispiel 16: Der Rückzug mit Privatpatienten
Der 66-jährige Urologe U hat sich erfolgreich auf die Behandlung von Prostata-Krebsvorsorge spezialisiert. Nach seiner § 4 Abs. 3-Rechnung ist das Verhältnis der Einnahmen aus der Behandlung von Kassenpatienten und Privatpatienten in etwa ausgeglichen, in der Patientenkartei machen die Privatpatienten nur 15 % der Klienten aus. U überträgt die Kassenpatienten an den Jungarzt J.

Allein wegen der Personenbezogenheit der selbständigen Arbeit differenziert der BFH in der Beurteilung einer Teilpraxis (Teilkanzlei) vorweg danach,

a) ob es sich um verschiedenartige Tätigkeiten mit verschiedenen Patienten-(Mandanten-)kreisen handelt oder,
b) ob es bei gleichartiger Tätigkeit wenigstens eine organisatorische und räumliche Trennung der in Frage stehenden Teilbereiche gibt[178].

Für die Fallgruppe b) hat der BFH die Voraussetzungen für einen Teilbetrieb bei mehreren über die Stadt verteilten Büros eines StB nur dann angenommen, wenn von diesen verschiedenen Büros aus jeweils die Gesamttätigkeit für die verschiedenen Mandanten (einschließlich der Buchführungsarbeiten) durchgeführt wurde. Es bleibt abzuwarten, ob diese Rspr. auf die Spaltung nach sog. Großfusionen („Elefantenhochzeiten") von RA-Kanzleien übertragen wird, bei denen die einzelnen scheidungswilligen Partner nicht den status eines MU haben.

---

[177] Darüber hinaus ist diese Rspr. ein Beleg für die (auch) quantitative Betrachtungsweise bei den wesentlichen Betriebsgrundlagen eines Teilbetriebs.
[178] BFH vom 14.05.1970 (BStBl II 1970, 566) und vom 27.04.1978 (BStBl II 1978, 562).

Lösung:
Weder erfüllt bei einem Tierarzt die Veräußerung der „Großtierpraxis" bei zurückbehaltener Kleintierpraxis die Voraussetzung eines Teilbetriebs (BFH vom 29.10.1992, BStBl II 1993, 182) noch ist dies bei der Veräußerung der Kassenpatienten unter Rückbehalt der Privatpatienten der Fall (BFH vom 06.03.1997, BFH/NV 1997, 746).
Als einzige Möglichkeit – de lege lata (nach geltendem Recht) – bleibt die rechtzeitige Trennung und Aufteilung i.S.d. Komplettversorgung beider „Patientenkreise" aus zwei örtlich getrennten Praxen (inkl. einer getrennten verwaltungsmäßigen Nachbehandlung).
Diese Rspr. steht allerdings im Widerspruch zur (seit 2001 wieder uneingeschränkt geltenden) steuerlichen Verschonung bei der Altersversorgung, wie sie §§ 16, 34 EStG immanent ist.

2.3 Die Betriebsaufgabe (§ 16 Abs. 3 EStG)

2.3.1 Grundsätzliche Feststellung

Dem Verkehrsgeschäft der Betriebsveräußerung in § 16 Abs. 1 EStG stellt § 16 Abs. 3 EStG als zweiten Realisationstatbestand die Betriebsaufgabe zur Seite. Die Betriebsaufgabe basiert auf einem (ggf. erzwungenem[179]) Entschluss[180] des Unternehmers, den Betrieb nicht mehr fortzuführen. Vielfach wird als Charakteristikum der Betriebsaufgabe die „Zerschlagung der wirtschaftlichen Einheit" angegeben, womit zum Ausdruck gebracht wird, dass der Betrieb – anders als bei der Veräußerung gem. § 16 Abs. 1 EStG – in seiner bisherigen Form nicht mehr am Marktgeschehen teilnimmt.

Die früher geschlossene Regelung der Betriebsaufgabe in § 16 Abs. 3 EStG mit der für alle[181] steuerfunktionalen Einheiten gleichermaßen geltenden Rechtsfolge ist durch die Aufnahme der Realteilung in § 16 Abs. 3 S. 2 EStG gesetzestechnisch unnötig aufgebrochen worden[182]. § 16 Abs. 3 S. 3 EStG, der bei Personidentität zwischen Veräußerer und Erwerber wiederum anteiligen laufenden Gewinn „verschreibt", ist ein weiterer Fremdkörper in der Gesetzestechnik[183].

---

[179] Nach dem Urteil des BFH vom 03.07.1991 (BStBl II 1991, 802) können auch von außen einwirkende Ereignisse zum Entschluss der Betriebsaufgabe führen; diese muss nicht immer freiwillig sein.

[180] So auch *Knobbe-Keuk*, Bil-UStR, § 22 IV 1a) statt R 139 Abs. 2 S. 1 EStR (Willensentscheidung oder Handlung des Stpfl., den Betrieb aufzugeben).

[181] Die Aufgabe des MU-Anteils ist erst ab 01.01.1999 ausdrücklich der Veräußerung des MU-Anteils gleichgestellt worden.

[182] Man hätte die Realteilung besser einem § 16 Abs. 3a EStG (bzw. einem § 6 Abs. 5a EStG) „überantwortet". In diesem Sinne (wohl) auch *Wacker/Schmidt*, § 16 Rz. 170 ff. a.A. *Reiß* in *Kirchhof-kompakt*, § 16 Rz. 307, der die Realteilung ausdrücklich als dritte Form der Betriebsaufgabe behandelt. M.E. macht es keinen gesetzestechnischen Sinn, zwei verschiedene Rechtsinstitute in einer Norm (einem Absatz) „gleichzuschalten".

[183] S. hierzu bereits die inhaltsgleichen Ausführungen zu § 16 Abs. 2 S. 3 EStG unter 1.2.

Eine Betriebsaufgabe liegt danach vor, wenn die wesentlichen Betriebsgrundlagen des Betriebs (Teilbetriebs, MU-Anteils) innerhalb kurzer Zeit (in einem einheitlichen Vorgang)

- entweder in das PV überführt/betriebsfremden Zwecken zugeführt werden (1. Akt),
- oder an verschiedene Erwerber veräußert werden (2. Akt),
- oder wenn beide Akte (1 und 2) kombiniert werden.[184]

Beispiel 17: Resignation oder Rezession?
Emma (E), Betreiberin einer der letzten Feinkost-Einzelhandelsgeschäfte in ihrem Stadtviertel, ist des „Aufschwunggeredes" überdrüssig und schließt zum 31.12.01 endgültig ihr in eigenen Räumen ausgeübtes Geschäft. Dabei verzehrt sie mit ihren Freunden an Sylvester 01 den mit 1.000 € inventarisierten Warenbestand (Gemeiner Wert: 2.000 €). Die Betriebs- und Geschäftsausstattung (neue Computerkasse, Tresen etc.) verkauft sie im März 02 an den härtesten Konkurrenten, die Firma „Wall-Mart" für 137 € (Buchwert: 1.137 €). Im Februar 03 erhält sie schließlich – nach langen Verhandlungen – für ihr dreigeschossiges Haus, in dessen EG der Feinkostladen (in den Bilanzen mit 10.000 € geführt) betrieben wurde, den Kaufpreis von 300 T€. Muss E in 03 die Differenz von 90.000 € zum vollen Steuersatz versteuern?

Wegen der Eingruppierung auch der Betriebsaufgabe unter die außerordentlichen Einkünfte des § 34 Abs. 2 EStG war die Rspr. immer gehalten, beim Abwicklungszeitraum **rechtsfolgenorientiert** (schlagartige Aufdeckung der stillen Reserven) vorzugehen. Wie auch bei der Veräußerung nach § 16 Abs. 1 EStG, ist es auch bei der Betriebsaufgabe nicht zu beanstanden, wenn sich der Vorgang über einen mehrmonatigen Zeitraum hinzieht. Die Abgrenzung zur **allmählichen („schleichenden") Liquidation**, die nicht steuerbegünstigt ist (laufende Gewinne), ist schwierig. Einigkeit besteht nur darüber, dass die Betriebsaufgabe mit dem Aufgabeentschluss und seinen darauf fußenden ersten Handlungen beginnt und mit der Veräußerung (Überführung) der letzten wesentlichen Betriebsgrundlage endet (H 139 Abs. 2 EStH). Während die Verwaltung a.a.O. einen zahlenmäßigen Schematismus scheut, sind der Rspr. des BFH folgende Eckdaten für den steuerbegünstigten Abwicklungszeitraum zu entnehmen:

- 6 Monate sind zulässig (BFH vom 25.06.1970, BStBl II 1970, 719),
- 14 Monate sind zulässig (BFH vom 16.09.1966, BStBl II 1967, 70),
- 25 Monate sind an der oberen Grenze (BFH vom 12.04.1989, BStBl II 1989, 653),
- 36 Monate kann nicht mehr akzeptiert werden (BFH vom 26.05.1993, BStBl II 1993, 710).

---

[184] So zuletzt der BFH vom 26.04.2001 (BStBl II 2001, 798) in ständiger Rspr.; aus der Lit. *Stahl/Herff* in *Korn*, EStG, § 16 Rz. 234 m.w.N.

Daneben findet sich die allgemeine Äußerung des BFH vom 26.05.1993 (BStBl II 1993, 710), dass der Aufgabegewinn zwei VZ nicht überschreiten dürfe.

Lösung:
Bei E kommt es zu einer Betriebsaufgabe gem. § 16 Abs. 3 S. 1 EStG. Als Aufgabetatbestände liegen kombiniert eine Überführung in das PV (Warenbestand) und Einzelveräußerungen der wesentlichen Betriebsgrund-lagen an zwei verschiedene Erwerber vor.

Problematisch kann nur der Zeitraum sein. Zwar ist die Höchstgrenze offensichtlich nicht überschritten, ein ggf. festgestellter Aufgabegewinn würde sich steuerlich in drei aufeinanderfolgenden VZ (01, 02 und 03) auswirken. Dies kann jedoch unter folgenden Gesichtspunkten obsolet sein:

- Im Sachverhalt war vom Erhalt des Kaufpreises im Februar 03 die Rede; für die Erfassung des Aufgabegewinnes bei der Einzelveräußerung des betrieblich genutzten EG ist aber nach dem „Soll-Prinzip" des § 16 EStG auf den Übergang des wirtschaftlichen Eigentums i.V.m. dem Realisationsgrundsatz des § 252 Nr. 4 HGB abzustellen. Sollte eine genauere Überprüfung ergeben, dass dies im VZ 02 der Fall war, steht der spätere Eingang der Kaufpreissumme nicht entgegen.
- Außerdem warnt auch der BFH vor einer schematischen Betrachtungsweise insb. bei schwierigen Verkaufsverhandlungen, wozu nahezu immer Immobiliengeschäfte zählen.
- Ein weiteres Argument wäre, den Beginn des Abwicklungszeitraumes mit teleologischen Argumenten in den VZ 02 zu legen. Die Entnahme des Warenbestandes am 31.12.01 erfordert zumindest aus quantitativen Gesichtspunkten nicht eine Vordatierung der Betriebaufgabe auf den 31.12.01.

Nach allen Einzelargumenten liegt eine begünstigte Betriebsaufgabe vor, die insgesamt zu einem Aufgabegewinn von 90.000 € (1.000, Warenentnahme, 1.000 € Verlust aus dem Verkauf der BGA und 90.000 € Gewinn aus dem Verkauf des EG) führen.

2.3.2 Abgrenzungsfragen

2.3.2.1 Betriebsaufgabe und Betriebsverlegung

Nicht selten kommt es vor, dass ein Betrieb an einem Ort eingestellt wird und der Unternehmer nicht weit entfernt eine neue Tätigkeit beginnt. Zumindest einmal im Leben eines „Unternehmer-Migranten" würde sich diese Art von Wechselspiel steuerlich bezahlt machen[622].

---

[622] Der Realisationsgewinn wird mit halben Steuersatz, wenn überhaupt besteuert. Die Neueröffnung könnte sodann mit dem TW (§ 6 Abs. 1 Nr. 6 EStG) erfolgen, womit die „Messlatte" für künftige stille Reserven höher gelegt wäre.

Beispiel 18: Derselbe Unternehmer, aber ein anderer Betrieb
Gastwirt G schließt seine Traditions-Kneipe auf Gelsenkirchen (Schalke 04) in der Weise einer „Totalentnahme" aller wesentlichen Betriebsgrundlagen. Er eröffnet einen Monat später in einiger Entfernung mit dem Know-how eines Fußballer-Gastwirts in der Nähe des Dortmunder Stadions ein neues Lokal.

Grundsätzlich liegt keine begünstigte Betriebsaufgabe, sondern lediglich eine Betriebsverlegung vor, wenn alter und neuer Betrieb als wirtschaftlich identisch anzusehen sind (BFH vom 03.10.1984, BStBl II 1985, 131). Dies wird vom BFH dann unterstellt, wenn der Unternehmer die wesentlichen Betriebsgrundlagen in den neuen Betrieb überführt. Der Gegenfall (und damit eine vorherige Betriebsaufgabe) ist gegeben, wenn sich der neue Betrieb in finanzieller, wirtschaftlicher und organisatorischer Hinsicht vom bisherigen Betrieb unterscheidet, BFH vom 18.12.1996 (BStBl II 1997, 573).

Lösung:
Eine wirtschaftliche Identität zweier Fan-Lokale an verschiedenen Sportstätten ist schwer vorstellbar. Dies wäre nur dann der Fall, wenn die Stammkundschaft des G (sachlich wesentliche Betriebsgrundlage) von der alten Gaststätte in den neuen Betrieb mitziehen würde. Dies wäre allenfalls bei einer Neueröffnung eines Lokals im örtlichen Umfeld der gleichen Sportstätte denkbar.
Mangels Betriebs-Identität liegen hier eine Entnahmehandlung im Gastronomiebetrieb in Gelsenkirchen (laufender Gewinn) sowie eine Neueröffnung in Dortmund vor (§ 6 Abs. 1 Nr. 6 i.V.m. § 6 Abs. 1 Nr. 5 EStG).

2.3.2.2 Betriebsaufgabe und Betriebsunterbrechung

Anstelle einer örtlichen Verlagerung der identischen unternehmerischen Fähigkeiten (Betriebsverlegung, s. 2.3.1.1) sind auch „Auszeiten" vorstellbar, während dessen der Unternehmer seine akuten Aktivitäten einstellt (Bsp.: Saisonbetriebe).

Beispiel 19: Der „Eisdielen-Fall"
Gastunternehmer Guiseppe G verfährt jedes Jahr auf die gleiche Weise:
- Von April bis Oktober bietet er in Bitterfeld seine Eiswaren feil;
- Den November bis März verbringt er in seiner Heimatstadt Catania, um sich von dem Stress in Deutschland zu erholen.

In 01 wickelt G seine Geschäfte in einem Handkarren ab, in 02 hat er einen kleinen Laden gemietet, in 03 ist der Laden größer geworden; das Angebot wird um Capuccino und Café Latte erweitert. In 04 ist er stolzer Eigentümer einer Eisdiele in eigenen vier Wänden (eine gewerbliche Einheit, ca. 30 qm). In 05 gehört ihm das ganze Haus; das sich über das EG (120 qm) erstreckende Geschäft heißt jetzt: Ristorante d'alle Guiseppe con Gelateria. In den fünf Jahren bleibt er seinen Ein- und Ausreisegewohnheiten treu.

Es ist anerkannt, dass das „Ruhen lassen" der gewerblichen Tätigkeit nicht zu einer Betriebsaufgabe führt (BFH vom 17.04.1997, BStBl II 1998, 388), wenn die Absicht besteht, den Betrieb in gleicher oder ähnlicher Weise wieder aufzunehmen. Dies setzt in objektiver Hinsicht eine **Identität der Betriebe** nach der Verkehrsanschauung voraus. Diese ist nicht gegeben, wenn nach der Einstellung der werbenden Tätigkeit wesentliche Betriebsgrundlagen nicht mehr vorhanden sind, die in dem fortzuführenden Betrieb benötigt werden (BFH vom 26.02.1997, BStBl II 1997, 561).

Lösung:
Die wesentlichen Betriebsgrundlagen einer Eisdiele sind das Rezept, die Einkaufskontakte, Betriebs- und Geschäftsaustattung sowie die Kundschaft. Danach handelt es sich – unabhängig, ob die Ware aus einem mobilen Handkarren (01) oder von einem festen Lokal (02) verkauft wird – um den identischen Betrieb. Dies gilt auch noch bei der geringfügigen Erweiterung des Angebots in 03.

Fraglich ist, ob die alte Mieterfunktion (03) und die neue Eigentümerrolle (04) zu einer anderen Beurteilung zwingen. Dies muss allein deshalb bejaht werden, da mit dem eigenen Betriebsgrundstück nunmehr zwangsläufig eine neue (und die bei weitem wichtigste) wesentliche Betriebsgrundlage vorliegt.

Spätestens von 04 auf 05 kann daher nicht mehr von einer Betriebsunterbrechung gesprochen werden.

Problematisch ist dennoch, ob die vorliegende saisonale **Betriebserweiterung** zur Aufgabe des alten Betriebs in 03 und zur Eröffnung eines neuen Betriebs in 04 zwingt. Dabei muss berücksichtigt werden, dass eine allmähliche Betriebserweiterung **ohne Unterbrechung** nicht zu einer Zäsur mittels Aufgabe und Neueröffnung führt. Dafür gibt es auch keine fiskalische Notwendigkeit, da die neuen WG automatisch steuerverstrickt sind.

Für einen vergleichbaren Fall der baulichen Umgestaltung (Bauaufwand: ca. 238 T€) eines Hotels „garni" zu einer Ferienwohnanlage hat der BFH am 03.04.2001 (BFH/NV 2001, 1383) die Tatsachenentscheidung des FG BaWü von 24.05.2000 (EFG 2000, 1069) bestätigt. Nach dieser lag trotz des Umbaus eine identitätswahrende Fortsetzung wirtschaftlich vergleichbarer Aktivitäten und damit keine Betriebsaufgabe vor.

Vorliegend wird man die Annahme einer identitätswahrenden Fortsetzung jedoch verneinen müssen. Erstens sind eine Gelateria und ein Speiserestaurant bereits nach der Verkehrsanschauung[623] zwei verschiedene Betriebe; das Anhängsel (con Gelateria) vermag daran nichts zu ändern. Zweitens zwingt die halbjährige Abwesenheit als Unterbrechungsphase zwischen einem angemieteten Lokal und einem eigenem Betriebsgebäude zumindest dann zu dieser An-

---

[623] Hierauf sowie auf die Umstände des Einzelfalles stellt der BFH immer ab (zuletzt BFH vom 18.03.1999, BStBl II 1999, 398).

nahme, wenn mit dem Ausbau des neuen Lokals in architektonischer Hinsicht die alten Vorrichtungen (BGA) nicht mehr zu gebrauchen sind[624].

2.3.2.3 Betriebsaufgabe und Strukturwandel (bzw. Beurteilungswandel)

Ändert sich lediglich die rechtliche Bewertung der unternehmerischen Betätigung („Subsumtionswandel"), so liegt nach gefestigter Rspr. des BFH dann keine Betriebsaufgabe vor, wenn garantiert ist, dass die (nationale) Erfassung der stillen Reserven gewährleistet ist. Fälle des sog. Strukturwandels sind:

- Aus einem gewerblichen Betrieb wird infolge Einschränkung des Zukaufs ein L+F-Betrieb (BFH vom 26.04.1979, BStBl II 1979, 732).
- Dies gilt auch umgekehrt (aus einem L+F-Betrieb wird ein gewerblicher Betrieb)[625].

Der BFH hat diese Rspr. erweitert auf den Beurteilungswandel, wenn aus einem Gewinneinkunftsbetrieb Liebhaberei wird (BFH vom 29.10.1981, BStBl II 1982, 381). In diesen Fällen bleiben die betroffenen WG „eingefrorenes BV", bis es zur Gewinnrealisierung nach allgemeinen Grundsätzen (z.B. Entnahme) kommt[626]. Diese sehr großzügige Rspr. geht zurück auf die Anregungen von *Knobbe-Keuk*[627], die mit einer teleologischen Reduktion § 16 Abs. 3 EStG als ultima ratio nur für den Fall anwenden will, dass ansonsten die Erfassung der stillen Reserven nicht mehr gesichert ist. Durch den Hinweis der Verwaltung auf § 8 der VO zu § 180 Abs. 2 AO (H 139 Abs. 2 EStH – Stichwort Liebhaberei – werden materiell die stillen Reserven (Gemeiner Wert ./. Buchwert) im Zeitpunkt des Übergangs zur Liebhaberei festgehalten. Aus praktischen Erwägungen ist dieser ineffektiven Rspr. im Falle des Beurteilungswandels nicht zu folgen, da ein gleichmäßiger Verwaltungsvollzug nicht gewährleistet ist.

2.3.2.4 Betriebsaufgabe und Entstrickung im engeren Sinne

Von der Zielsetzung des § 16 EStG (Erfassung der stillen Reserven bei Aufgabeentschluss) her gibt es eine **Ausnahme** von dem Grundsatz, dass die Betriebsaufgabe immer mit der **Zerschlagung** (dem Ende) des Betriebs „als selbständigem Organismus des Wirtschaftslebens" verbunden sein müsse.

Immer dann, wenn – ausgelöst durch ein **Handeln** des Stpfl. – die WG nicht mehr steuerverhaftet (steuerverstrickt) sind, kommt es über die **Entstrickung** i.e.S. zur Aufdeckung der stillen Reserven. Als Anwendungsfälle der – gesetzlich nicht geregelten[628] – Entstrickung (Ausscheiden aus der deutschen Steuerpflicht) mit den Rechtsfolgen der Betriebsaufgabe sind entschieden:

---

[624] A.A. (keine Betriebsaufgabe und keine neue Betriebseröffnung, sondern Betriebsunterbrechung) ist jedoch aus teleologischen Gesichtspunkten vertretbar, da auch so die Erfassung der stillen Reserven gewährleistet ist.
[625] So auch *Wacker/Schmidt*, § 16 Rz. 177.
[626] Vgl. *Zenthöfer, Schulze zur Wiesche*, EStR, 2001,
[627] *Knobbe-Keuk*, Bil und UntStR, § 7 V 3 und § 7 III 2c.
[628] Zu gesetzlich geregelten Fällen vgl. § 21 Abs. 2 UmwStG sowie § 6 AStG.

- Betriebsverlegung in das Ausland, wenn der das DBA die Freistellungsmethode für ausländische Unternehmensergebnisse vorschreibt (BFH vom 13.10.1976, BStBl II 1977, 76[629]).
- Wohnsitzverlegung des Betriebsinhabers ins Ausland, wenn damit das Ausscheiden aus der deutschen Steuerpflicht verbunden ist (BFH vom 12.04.1978, BStBl II 1978, 494).
- Eine handlungsbedingte Beendigung der Betriebsaufspaltung[630] sowie
- Wegfall der Voraussetzungen für eine gewerblich geprägte PersG (R 139 Abs. 2 S. 5 EStR 2001).

Demgegenüber hat der BFH – anders als der RFH vom 20.11.1940 (RStBl 1941, 225) – die Eröffnung des Insolvenz-(Konkurs-)Verfahrens nicht als Betriebaufgabe behandelt (BFH vom 19.01.1993, BStBl II 1993, 594).

2.3.2.5 Zusammenfassung

Die Betriebsaufgabe unterscheidet sich[631]:
1. von der (gleichwertigen) Betriebsveräußerung dadurch, dass bei dieser alle wesentlichen Betriebsgrundlagen in einem Akt an einen Erwerber veräußert werden,
2. von einer (nicht gleichwertigen) Betriebsverlegung oder Betriebsänderung dadurch, dass bei dieser der Betrieb als selbständiger Organismus des Wirtschaftslebens bestehen bleibt,
3. von einer allmählichen (nicht begünstigten) Abwicklung dadurch, dass alle wesentlichen Betriebsgrundlagen in einem einheitlichen Vorgang veräußert oder in das PV überführt werden,
4. von einer (nicht gleichwertigen) Betriebsunterbrechung, dass die gewerbliche Tätigkeit endgültig eingestellt wird,
5. von der Entstrickung dadurch, dass dort der Betrieb am Leben bleibt, aber dennoch durch Handeln des Stpfl. die gleichen Rechtsfolgen wie bei der Betriebsaufgabe gelten,
6. vom (nicht gleichwertigen) Beurteilungs- bzw. Strukturwandel dadurch, dass trotz fehlender Identität der Betriebe vorher/nachher die Rechtsfolgen der Zwangsrealisation vermieden werden.

2.3.3 Sonstiges

2.3.3.1 Räumungsverkauf und Sanierungsfälle

Nach dem Urteil des BFH vom 29.11.1988 (BStBl II 1989, 602) führt der verbilligte Verkauf der Restbestände im Rahmen eines **Räumungsverkaufs** dann zu laufendem Gewinn, wenn sie im Rahmen eines normalen Geschäfts (Regelfall) an die Kundschaft ab-

---

[629] Anders, falls die Anrechnungsmethode für Unternehmensgewinne gilt.
[630] S. dazu genauer *Preißer* im Band 2, Teil B, Kap. III.
[631] Die Übersicht ergänzt hier die Zusammenfassung von *Wacker/Schmidt*, § 16 Rz. 174.

gegeben werden. Davon wird nur für den Fall eine Ausnahme gemacht, dass die Ware an den Lieferanten zurückgegeben wird.

Bei überschuldeten Betrieben sprechen häufig die Gläubiger im Rahmen eines Moratoriums einen (Teil-)Erlass ihrer Forderungen aus. Dies führt rein buchtechnisch zu Gewinnen beim sanierungsbedürftigen Unternehmen. Während diese außerordentlichen Erträge bis 1997 nach § 3 Nr. 66 EStG steuerbefreit waren, entfällt diese Befreiungsregelung ab 1998. Führt die **Sanierungsmaßnahme** nicht zum erwünschten Erfolg und kommt es zur Betriebsaufgabe, gehört dieser Gewinn systematisch zum laufenden Gewinn, da er vor dem Einstellungsentschluss zustande kam. Dennoch ist der Fall m.E. – im Billigkeitsweg – als **sachlicher Teil-Erlass** zu behandeln, soweit davon der volle Steuersatz ausgelöst wird. Der halbe Steuersatz sollte gem. § 227 AO gewährt werden.

2.3.3.2 Bedeutung der Aufgabeerklärung

In vielen Fällen besteht Unklarheit über das Vorliegen einer Betriebsaufgabe oder verwandter Rechtsinstitute (s. 2.3.1 – Abgrenzungsfragen –). Man sollte meinen, dass in diesen Fällen eine Aufgabeerklärung des Stpfl. (oder deren Unterlassen) für die nötige Klärung sorgt. Zu Recht hat der BFH in dieser Konstellation der Erklärung des Unternehmers (bzw. dem Fehlen einer solchen) nicht die rechtsentscheidende Bedeutung beigemessen (BFH vom 03.06.1997, BStBl II 1998, 373). Die Rechtsfrage der Abgrenzung der verschiedenen Institute kann nicht in das Belieben der Stpfl. gestellt werden, wenn es sich dabei um **externe Tatsachen** handelt (z.B. betriebsnotwendige WG).

Andererseits hat der Unternehmer ein **echtes Wahlrecht**, bei Vorliegen der Voraussetzungen einer Betriebsaufgabe (beabsichtigte Überführung/Übertragung innerhalb kurzer Zeit) eine begünstigte Aufgabe gem. § 16 Abs. 3 EStG zu erklären oder in eine allmähliche Abwicklung nach § 15 EStG „einzusteigen". Die h.M. koppelt das Wahlrecht an die Tatbestandsvoraussetzungen des § 16 Abs. 3 EStG und betrachtet es nach Ablauf des Kurzzeit-Zeitraumes von max. 14 Monaten (ausnahmsweise 25 Monaten) als verwirkt[632]. Eine beachtliche Mindermeinung nimmt das Wahlrecht ernst und kommt in kritischen Fällen, insb. bei der Betriebsunterbrechung, zu der Figur des **erklärten „fortbestehenden BV ohne Betrieb"**[633].

M.E. kann das Wahlrecht bei der Abgrenzung der begünstigten Betriebsaufgabe zur allmählichen Abwicklung im Ergebnis nicht zu einer „schleichenden begünstigten Betriebsaufgabe" führen. Etwaige Zweifelsfragen im Zusammenhang mit dem Aufgabezeitraum sollten hier – gerade bei schwer veräußerbaren WG – durch verbindliche Auskunft mit dem FA geklärt werden.

Andererseits sind bei der Unterscheidung zwischen Aufgabe und Unterbrechung, insb. im Erbfall, Erklärungen des Unternehmers (Nachfolgers) zu respektieren. Bei **inneren Tatsachen**, auf die es hier ankommt (Bsp.: Fortführungswille oder Aufgabeentschluss), ist die Verwaltung sogar gut beraten, auf einen entsprechenden Willensakt des

---

[632] Statt aller *Wacker/Schmidt*, § 16 Rz. 185 f. sowie BFH vom 26.07.2001 (BFH/NV 2002, 180).
[633] Befürworter: *Dötsch*, Einkünfte aus Gewerbebetrieb, 1987, 48 ff. und neuerdings wieder *Reiß* in *Kirchhof-kompakt*, § 16 Rz. 320 f. sowie *ders.* in *K/S*, § 16 F 30 ff.

Bürgers hinzuwirken. Meistens wird es um die Frage der **ausdrücklichen Entnahmehandlung** gehen[634].

2.3.3.3 Der gemeine Wert bei der Entnahme (zugleich Aufgabegewinn)

Zu den Rätseln des Steuerrechts gehört die Ermittlung des gemeinen Werts. Nachdem dieser bei der Überführung in das BV (Entnahme) anlässlich der Betriebsaufgabe nach § 16 Abs. 3 S. 7 EStG anzusetzen ist[635], muss an dieser Stelle das Geheimnis um den gemeinen Wert „gelöst" werden. Daneben wird § 16 Abs. 3 S. 7 EStG bei der Betriebsveräußerung analog angewandt, wenn anlässlich der Veräußerung nicht notwendige WG in das PV überführt werden.

Nach § 9 Abs. 2 BewG wird der gemeine Wert durch den Preis bestimmt, der im gewöhnlichen Geschäftsverkehr nach der Beschaffenheit der einzelnen WG bei einer Veräußerung zu erzielen wäre. Dieser entspricht i.d.R. dem **Verkehrswert**. Dies gilt grundsätzlich auch für **Grundstücke**[636].

> **Beispiel 20: Vive la différence – Der (kleine) Unterschied macht's**
> In einem viergeschossigen Wohn- und Geschäftshaus ist im EG eine Apotheke untergebracht. Die anderen drei annähernd gleich großen Geschossflächen werden zu Wohnzwecken vermietet bzw. selbst bewohnt. Zum 01.01.01 stellt der Apotheker seinen Betrieb ein und vermietet nunmehr das EG an einen Buchhändler. Der Verkehrswert für das ganze Haus ist einvernehmlich auf 1 Mio. € anhand eines Ertragswertverfahrens[637] ermittelt worden. Auf das gewerbliche EG entfällt die Hälfte (0,5 Mio. €), wenn auch bei der Aufteilung die Ertragswerte zugrunde gelegt werden. Werden die Nutzungsflächen zugrunde gelegt, ist der Verkehrswert nur 1/4 (250 T€).

Die Aufteilungsnotwendigkeit entspricht zum einen der Tatsache, dass das Gebäude zivilrechtlich eine Einheit darstellt und zum anderen der bilanzrechtlichen Trennung von bebauten Grundstücken nach ihrem Nutzungs- und Funktionszusammenhang (R 13 Abs. 4 EStR 2001). Fraglich kann nur der Aufteilungsmaßstab sein.

> **Lösung:**
> Der BFH hat in einer viel beachteten Entscheidung vom 15.02.2001 (BFH/NV 2001, 840), konform mit der h.M. entschieden, dass die Aufteilung des Verkehrswertes für ein Grundstück – und damit die Ermittlung des gemeinen Werts für den betrieblichen Grundstücksteil Apotheke – nach dem **Nutzflächenverhältnis** zu erfolgen hat.

---

[634] *Reiß* a.a.O. gelangt sodann bei nicht ausdrücklich entnommenen WG zu nachträglichen gewerblichen Einkünften ohne Betrieb (§§ 21, 24 Nr. 2 EStG).
[635] Bei der Einzelveräußerung von WG an verschiedene Erwerber sind gem. § 16 Abs. 3 S. 6 EStG die Veräußerungspreise den Buchwerten gegenüberzustellen.
[636] BFH vom 02.02.1990 (BStBl II 1990, 497).
[637] Im Urteilsfall des BFH basierte die Schätzung auf der Wertermittlungs-VO vom 06.12.1988 (BStBl I 1998, 2209). Im Prinzip gilt das gleiche bei einer heutigen Ermittlung nach § 146 Abs. 2 BewG.

Aus der Tatsache, dass das Gesamtobjekt nach dem Ertragswertverfahren bewertet wurde, lässt sich nach dem BFH nicht der Zwang ableiten, dies auch beim Aufteilungsmaßstab anzuwenden. Als entscheidendes Argument wird die gleiche Methode (Nutzflächenverhältnis) bei der Ermittlung des anteiligen TW nach § 6 Abs. 1 Nr. 4 EStG bzw. bei der Ermittlung des eigenbetrieblichen Anteils von untergeordneter Bedeutung (R 13 Abs. 8 EStR) ins Feld geführt.

Im Ergebnis wird der gemeine Wert der Apothekenfläche mit 250 T€ angesetzt.

Die methodische Zufälligkeit dieser Erkenntnis lässt erahnen, warum der BFH im Beschluss vom 03.08.2001 (BFH/NV 2002, 181), keine Verpflichtung seitens der Finanzverwaltung im Rahmen einer verbindlichen Auskunft erkennen mag, eine Sachverhaltsermittlung in Bezug auf den gemeinen Wert von Grundstücken vorzunehmen.

Ansonsten ergeben sich bei der allgemeinen Ermittlung des Aufgabegewinnes keine Besonderheiten gegenüber der Ermittlung des Veräußerungsgewinnes gem. § 16 Abs. 2 EStG. Hier wie dort wird als Subtraktionsgröße der Buchwert genommen; ebenso führt beim **Aufgabegewinn einer PersG** die Personenidentität auf beiden Seiten des Übertragungsvorgangs zu laufendem Gewinn (§ 16 Abs. 3 S. 5 EStG). Eine ähnliche **Individualbetrachtung** findet nach § 16 Abs. 3 S. 8 EStG bei der Naturalteilung einer PersG statt.

2.3.3.4 Die Teilbetriebsaufgabe

Aufgrund gesicherter Rspr., die von der Verwaltung übernommen wurde (H 139 Abs. 4 EStH – Stichwort Teilbetriebsaufgabe –) gelten die Grundsätze der Veräußerung eines Teilbetriebs für die Aufgabe eines Teilbetriebs entsprechend (BFH vom 15.07.1986, BStBl II 1986, 896).

Während dabei die objektive Prüfung (Teilbetrieb) mit derjenigen bei der Veräußerung identisch ist, muss bei der Aufgabehandlung (Zerschlagung des selbständigen Teils) darauf geachtet werden, dass nur die im Teilbetrieb entfalteten Aktivitäten eingestellt werden.

2.3.3.5 Aufgabe bei selbständiger Arbeit

Auch hier sind wegen der Personenbezogenheit der selbständigen Arbeit Besonderheiten bei der Praxis-(Kanzlei-)Aufgabe zu beachten. So führt der **Tod eines Praxisinhabers** nicht ohne weiteres zur Betriebsaufgabe (BFH vom 12.03.1992, BStBl II 1993, 36). Je nachdem, ob und von wem die Praxis fortgeführt wird, werden unterschiedliche Ergebnisse erzielt:

- Führt der Erbe (Vermächtnisnehmer) die Praxis (Kanzlei) aufgrund eigener Berufsqualifikation fort, so tritt er nach § 6 Abs. 3 EStG unmittelbar in die Rechtsstellung des Vorgängers und führt dessen Buchwerte (Steuerwerte) fort.

- Bei einer Verpachtung an einen fremden Berufsträger erzielt der Rechtsnachfolger gewerbliche Einkünfte, ohne dass eine Betriebsaufgabe vorliegt (Unterfall des Strukturwandels), BFH vom 12.03.1992 (BStBl II 1993, 36).
- Noch nicht entschieden ist die Frage, ob die „unterdrückte" Betriebsaufgabe auch bei einer längerfristigen Verpachtung gilt[201]. M.E. ist eine vernünftige Zeitgrenze im Ablauf des richterlich fixierten Praxiswerts von fünf Jahren zu setzen.
- Für eine Übergangszeit nimmt die Verwaltung auch bei Leerstehen der Praxis keine Aufgabe an, solange sich der Rechtsnachfolger noch um ausstehende Berufsqualifikationen bemüht, mittels derer er die Praxis übernehmen kann (H 147 EStH – Stichwort Verpachtung).

Auch hier ist fraglich, ob diese großzügige Rspr. – zumindest bei Heilberufen – noch in das Zeitalter der zentralen und kontingentierten Praxisvergabe nach der sog. Gesundheitsreform passt.

2.4 Betriebsverpachtung

2.4.1 Standortbestimmung

Als eine besondere Form der Betriebsunterbrechung wird die sog. Betriebsverpachtung angesehen[202].

> **Beispiel 21: Der Kurzzeit-Aussteiger**
> Der 30-jährige Soziologe und Sorgenmann S möchte nach fünfjähriger Berufstätigkeit als Kommunikationstrainer für einige Zeit wieder sein Image als Sonnyboy aufpolieren und überlegt sich den Ausstieg für ca. zwei Jahre. Geplant ist danach ein Wiedereinstieg in das harte Berufsleben. Damit die Geschäftskontakte nicht ganz verloren gehen, verpachtet er seinen „Interaktions-Betrieb" an den 22-jährigen Junior J. Er überlässt ihm als Basisausstattung drei Leitz-Ordner mit je 50 Folien, die S für seine Kurse erstellt hat sowie seinen kompletten Kundenstamm (Vorstandsetagen der deutschen Chemie) und vereinbart einen Überlassungspreis von 5.000 €/Monat.

Es ist offensichtlich, dass die entgeltliche Überlassung der wesentlichen Betriebsgrundlagen ohne eine Sonderregelung zu V+V-Einkünften nach § 21 Nr. 2 EStG führt. Dies setzt wiederum voraus, dass den nunmehrigen „Privateinkünften" eine steuerliche Entstrickung des bisherigen BV vorausgeht, da weder ein unbeachtlicher Strukturwandel (Fortdauer einer Gewinneinkunftsart) noch ein irrelevanter Beurteilungswandel (keine Liebhaberei) vorliegen.

Vom tatsächlichen Erscheinungsbild her liegt im weitesten Sinne eine Betriebsunterbrechung vor, wenn der Altinhaber nach Ablauf der vereinbarten Überlassungszeit wieder

---

[201] Zum Meinungsstand vgl. *Wacker/Schmidt*, § 18 Rz. 215.
[202] Vgl. nur *Märkle*, BB 2002, 17 (21).

den Betrieb aufnehmen möchte. Im Unterschied zur eigentlichen Betriebsunterbrechung erzielt jetzt eine andere Person, der Pächter, Einkünfte mit den überlassenen WG.

Nach einer bewegten Geschichte hat der Große Senat des BFH am 13.11.1963 den Königsweg für das Beurteilungsdilemma gefunden, ob nämlich die Verpachtung noch als gewerbliche Tätigkeit angesehen werden kann oder ob bereits zwingend eine Betriebsaufgabe kraft nunmehriger Vermögensverwaltung vorliegt. Er räumte in der grundlegenden Entscheidung (BStBl II 1964, 124) dem Verpächter ein **Wahlrecht** ein, sich für den Fortbestand des Gewerbebetriebs (der Praxis) oder für dessen Aufgabe zu entscheiden. Das Wahlrecht ist von der Verwaltung akzeptiert worden und hat sich bis zum heutigen Tag als **konstitutive** Verwaltungsregelung gehalten (**R 139 Abs. 5 EStR 2001**).

> **Lösung:**
> S steht nach R 139 Abs. 5 S. 1 EStR – bei Vorliegen der tatbestandlichen Voraussetzungen (s. sogleich) – das Verpächterwahlrecht (für oder gegen die Betriebsaufgabe) zu.

2.4.2 Voraussetzungen des Verpächterwahlrechts

Im Einzelnen **setzt** das Verpächterwahlrecht während der ganzen Pachtzeit **voraus**, dass

1. die Verpachtung (bzw. Leihe) eines „lebenden" Betriebes mit
   a) der Überlassung aller wesentlichen Betriebsgrundlagen und
   b) der Betriebsfortführung durch den Pächter ohne grundlegende Umgestaltung vorliegt, wobei
   c) der Verpächter (oder sein unentgeltlicher Nachfolger) die Absicht hat und objektiv die Möglichkeit besteht, den (vorübergehend eingestellten) Betrieb wieder aufzunehmen.

2. der Verpächter eine natürliche Person (bzw. eine PersG) sein muss, die unbeschränkt steuerpflichtig ist.

3. Schließlich darf kein Fall der
   a) Betriebsaufspaltung,
   b) der mitunternehmerischen Verpachtung nach § 15 Abs. 1 Nr. 2 EStG und
   c) keine „gewerbsmäßige" Verpachtung vorliegen.

Das Verpächterwahlrecht wird gem. R 139 Abs. 5 S. 4 EStR auf **Teilbetriebe** und von der h.M. auch auf **freiberufliche Betriebe** erstreckt, soweit die Tätigkeit nicht höchstpersönlicher Art ist (wie z.B. bei Künstlern und bei Notaren[203]).

Zu 1.: Verpachtung eines lebenden Betriebs
Parallel mit den sonstigen Realisationstatbeständen erfordert auch das Verpächterwahlrecht die Überlassung sämtlicher wesentlicher Betriebsgrundlagen (BFH vom 17.04.1997, BStBl II 1998, 388). Wird z.B. bei einem Produktionsunternehmen der Ma-

---
[203] Grund: Öffentliches Amt, das hoheitlich verliehen wird.

schinenpark veräußert, so liegt trotz kurzfristiger Wiederbeschaffbarkeit eine definitive Betriebsaufgabe vor. Der Begriff der wesentlichen Betriebsgrundlagen wird beim Verpächterwahlrecht nur **funktional** ausgelegt („besonderes wirtschaftliches Gewicht für die Betriebsführung"). Rechtsgrund für die Überlassung kann sowohl ein entgeltlicher Pachtvertrag wie ein unentgeltlicher Betriebsüberlassungsvertrag sein (BFH vom 07.08.1979, BStBl II 1980, 181).

Ein besonderes Problem stellt die **Umgestaltung** durch den Pächter dar. Dabei werden die Fälle der Anpassung an wirtschaftliche Veränderungen, wie dies bei der Modernisierung der Maschinen und sogar bei einer geringfügigen betriebswirtschaftlichen Umorientierung der Fall ist, von schädlichen Umgestaltungen ausgeklammert. Die Grenze der unschädlichen Umstrukturierung wird dann verlassen, wenn Produktionsanlagen veräußert werden. Andererseits hat der BFH bei fünf verpachteten Gaststättenbetrieben, von denen drei vom Pächter veräußert wurden, das Verpächterwahlrecht für die verbleibenden zwei Gaststätten aufrechterhalten (BFH vom 18.06.1998, BStBl II 1998, 735). Ein „Gesundschrumpfen" stellt demnach noch keine schädliche Umgestaltung dar, wenn mit dem Restbetrieb der ursprünglichen Tätigkeit nachgegangen werden kann. Die Verwaltung bürdet dem Verpächter als steuerliche Obliegenheitspflicht eine Überwachung während der Pachtzeit auf (BMF vom 01.12.2000, BStBl I 2000, 1556). Die Folge einer schädlichen Umgestaltung ist der Wegfall des Verpächterwahlrechts und die zwangsläufige Betriebsaufgabe. Gegen schädliche Umgestaltungen kann sich der Verpächter nur zivilrechtlich schützen[204], ohne dass etwaige Vereinbarungen im Außenverhältnis (gegenüber dem FA) wirksam wären. Die Absicht der Wiederaufnahme wird solange vermutet, bis dem FA eine Aufgabeerklärung eingeht.

Zu 2.: Verpächter als natürliche Person

Eine der Rechtsfolgen des Verpächterwahlrechts, die Möglichkeit privater V+V-Einkünfte setzt voraus, dass der Verpächter überhaupt über sieben Einkunftsarten disponieren kann. Dies ist nur bei natürlichen Personen und PersG der Fall, während KapG nach § 8 Abs. 2 KStG nur gewerbliche Einkünfte erzielen und von daher subjektiv als Inhaber des Verpächterwahlrechts ausscheiden.

Bei PersG hat der BFH entschieden (BFH vom 17.04.1997, BStBl II 1998, 388), dass das Wahlrecht nur einheitlich ausgeübt werden kann.

In personeller Hinsicht hat der BFH des weiteren entschieden, dass der Verpächter (oder sein unentgeltlicher Rechtsvorgänger) den streitgegenständlichen Betrieb selbst betrieben haben muss. M.a.W. kann man sich das Verpächterwahlrecht nicht durch den Erwerb eines verpachteten Betriebs erkaufen (BFH vom 20.04.1989, BStBl II 1989, 863).

Zu 3.: Ausschlusstatbestände

Die Auflistung der einzelnen Ausschlusstatbestände dient lediglich dem Zweck, für bereits **gewerblich vorqualifizierte** Überlassungstatbestände kein Wahlrecht mit der möglichen Folge des PV zu kreieren. Dieses Verbot folgt bereits aus dem Gesetzesvorbehalt. Andererseits lässt die Verwaltung bei Wegfall einer Voraussetzung für die gewerb-

---

[204] Vertragsstrafe für den Fall der schädlichen Umgestaltung in der Höhe der Steuerbelastung.

lich vorqualifizierte Verpachtung[205] das Verpächterwahlrecht **wiederaufleben**, wenn nach wie vor die allgemeinen Voraussetzungen (s. oben) gegeben sind (BMF vom 17.10.1994, BStBl I 1994, 771).

2.4.3 Folgen des Verpächterwahlrechts, insbesondere die Aufgabeerklärung

Wegen der Bedeutung der Aufgabeerklärung für die weiteren Rechtsfolgen hat R 139 Abs. 5 S. 5 ff. EStR einige Voraussetzungen an die Abgabe der Erklärung geknüpft:

- Selbst wenn die Aufgabe grundsätzlich formfrei (S. 5) zu erklären ist, muss sie unmissverständlich den Willen des Verpächters zum Ausdruck bringen (S. 8). So genügt etwa eine Erfassung der Pachteinnahmen bei V+V oder eine entsprechende Berufsangabe in der Steuererklärung nicht für die Eindeutigkeit der abgegebenen öffentlichen Willenserklärung[206].
- Die Bindungswirkung der Aufgabeerklärung ist an einer **Drei-Monats-Frist** geknüpft (S. 6 f.), der VZ kann übersprungen werden[207]. Innerhalb dieses Zeitraumes kann der Stpfl. über den genauen **Zeitpunkt** der Aufgabe bestimmen (S. 12). Nach dieser Frist gilt der Betrieb erst mit dem Eingang der verspäteten Aufgabeerklärung als aufgegeben.

Eine Ausnahme für die freie Wahl des Aufgabezeitpunkts innerhalb der Drei-Monatsfrist hat der BFH allerdings für den Fall angenommen, dass erhebliche Wertsteigerungen in der Zeit zwischen dem erklärten Aufgabezeitpunkt und der eingegangenen Erklärung erfolgten (BFH vom 27.02.1986, BStBl II 1985, 456).

- Bei **erklärter** Aufgabe treten zunächst die Rechtsfolgen des § 16 EStG ein (Ermittlung des Aufgabegewinnes, § 16 Abs. 4 EStG und antragsgemäße Erfassung mit dem halben Steuersatz). Sowohl der originäre wie ein etwaiger derivativer Geschäftswert bleiben bei der Ermittlung des Aufgabegewinnes außer Ansatz, obwohl §§ 16, 34 EStG gewährt wird[208]. In der Folgezeit stellen die Pachteinnahmen V+V-Einkünfte gem. § 21 Nr. 2 EStG dar.
- Bei **nicht erklärter** Aufgabe erzielt der Verpächter weiterhin gewerbliche Einkünfte, die allerdings nicht der GewSt unterliegen. Nach Ablauf des Pachtvertrages kann er den Betrieb wieder selbst fortführen oder ihn endgültig gem. § 16 Abs. 3 EStG einstellen oder gem. § 16 Abs. 1 EStG veräußern.

---

[205] Bsp.: Durch die Aufnahme einer natürlichen Person in die Geschäftsführung bei einer GmbH & Co. – KG kommt es wieder auf die tatsächlichen Aktivitäten der KG an.

[206] In dieser Situation soll das FA durch Rückfrage beim Stpfl. den Willen in Erfahrung bringen (R. 139 Abs. 5 S. 9). Bei einem weiteren Schweigen des Stpfl. ist nach R 139 Abs. 5 S. 10 EStR zugunsten (?) des Stpfl. vom Fortbestand des Gewerbebetriebs auszugehen. Dies enthält gleichzeitig eine Auslegungsvermutung.

[207] So kann im Februar 02 eine Aufgabeerklärung für Dezember 01 abgegeben werden.

2.4.4 Weitere Problemfelder

Personelle Veränderungen beim Verpächter und beim Pächter wirken sich auf das Rechtsinstitut des verpachteten Gewerbebetriebs aus.

- Kommt es auf Seiten des Verpächters zu einem unentgeltlichen Übergang gem. § 6 Abs. 3 EStG, so tritt der Erbe (Vermächtnisnehmer, Beschenkte) in die Rechtsstellung des Verpächters (BFH vom 17.10.1991, BStBl II 1992, 392).
- Beerbt der Pächter den Verpächter, soll nach h.M. gleichfalls ein unentgeltlicher Betriebsübergang gem. § 6 Abs. 3 EStG vorliegen[209]. Richtigerweise wird man diesen Fall der Konsolidation (Erbfallbedingte Vereinigung von Gläubiger und Schuldner) nicht als unentgeltliche „Übertragung" i.S.d. § 6 Abs. 3 EStG ansehen können, sondern generell als nicht steuerbaren ESt-Tatbestand. Die Rechtsfolge der Buchwertverknüpfung ergibt sich m.E. aus § 1922 BGB bzw. § 45 AO.
- Zur Veräußerung des ruhenden Betriebs seitens des Verpächters (s. 2.4.3: Betriebsveräußerung nach § 16 Abs. 1 EStG).

3 Das „neue" Mitunternehmer- und Realteilungs-Konzept: § 6 Abs. 5 EStG und § 16 Abs. 3 S. 2 ff. EStG – Mittel zur Umstrukturierung

Für eine umfassende Darstellung der Realisationstatbestände sind in den letzten Jahren die gesetzgeberischen Aktivitäten bei § 6 Abs. 5 EStG und bei § 16 Abs. 3 S. 2 ff. EStG in das Blickfeld gerückt worden.

3.1 § 6 Abs. 5 EStG (StSenkG 2000) und § 6 Abs. 5 EStG (UntStFG 2001)

3.1.1 Historischer Rückblick und gesetzliche Wertung

Zunächst wird ein synoptischer Wortlaut-Vergleich beider Regelungen vorangestellt. Dabei werden in der rechten Spalte (UntStFG) nur die Änderungen textlich vermerkt. Ein identischer Wortlaut wird mit „..." übernommen. Z.T. erfolgt eine klarstellende Kurzwiedergabe des Wortlauts in *kursiv*. Besonders wichtige Passagen werden **fett** gedruckt. Vorweg werden die fundamentalen Aussagen gegenübergestellt[210], im Anschluss werden die ergänzenden Regelungen nur textlich aufbereitet.

---

[208] BFH vom 14.02.1978 (BStBl II 1979, 99) zum originären Geschäftswert sowie BFH vom 04.04.1989 (BStBl II 1989, 606) zum derivativen Geschäftswert. Letzterer (der derivative Geschäftswert) bleibt BV ohne Betrieb (BFH a.a.O.) mit AfA gem. § 7 Abs. 1 S. 3 EStG, falls nicht verbraucht.
[209] Statt aller *Wacker/Schmidt*, § 16 Rz. 716.
[210] Die anschließende Kommentierung fußt weitgehend auf der Gesetzesbegründung in BR-Drs. 638/01.

§ 6 Abs. 5 (StSenkG)	§ 6 Abs. 5 (UntStFG)
S. 1: Wird ein **einzelnes** WG von einem BV in ein anderes BV **desselben** Stpfl. überführt, ist bei der Überführung der *richtige Bilanz-Wert* anzusetzen, sofern die Besteuerung der stillen Reserven sichergestellt ist.	S. 1: ....
S. 2: Satz 1 gilt auch für die Überführung aus einem **eigenen** BV des Stpfl. in dessen **Sonder-BV** bei einer Mitunternehmerschaft und umgekehrt sowie für die Überführung zwischen **verschiedenen Sonder-BV desselben Stpfl.** bei verschiedenen Mitunternehmerschaften.	S. 2: ....
S. 3: Satz 1 (*neutrale Buchwertverknüpfung*) gilt auch bei der Übertragung eines WG aus einem **BV des MU in das Gesamthandsvermögen einer Mitunternehmerschaft** und umgekehrt, bei der Übertragung eines WG aus dem **Gesamthandsvermögen** einer Mitunternehmerschaft in das **Sonder-BV bei derselben** Mitunternehmerschaft und umgekehrt sowie bei der Übertragung zwischen den jeweiligen **Sonder-BV verschiedener MU** derselben Mitunternehmerschaft.	S. 3: Satz 1 (*neutrale Buchwertverknüpfung*) gilt entsprechend, soweit ein WG 1. **unentgeltlich** oder gegen Gewährung oder Minderung von **Gesellschaftsrechten** aus einem BV des MI in das Gesamthandsvermögen einer Mitunternehmerschaft und umgekehrt 2. **unentgeltlich** oder gegen Gewährung oder Minderung von **Gesellschaftsrechten** aus dem Sonder-BV eines MU in das Gesamthandsvermögen derselben Mitunternehmerschaft oder einer **anderen Mitunternehmerschaft**, an der er beteiligt ist, und umgekehrt oder 3. **unentgeltlich** zwischen den jeweiligen Sonder-BV verschiedener MU derselben Mitunternehmerschaft übertragen wird.

Die Änderungen im Kernbereich der Mitunternehmerschaften werden nur bei einem Rückblick auf die im Jahre 1999 (StEntlG 1999/2000/2002) erstmals gesetzlich geregelten (hier nicht abgedruckten) Übertragungstatbestände zwischen MU und innerhalb von Mitunternehmerschaften nachvollziehbar.

Bis zu der Regelung durch das StEntlG galt der MU-Erlass vom 20.12.1977 (BStBl I 1978, 6), der die Übertragung von Einzel-WG gegen Gewährung von Gesellschaftsrechten zum Buchwert, TW und Zwischenwert zuließ.

Diese **Wahlrechte des MU-Erlass**es wurden 1999 durch § 6 Abs. 5 EStG (StEntlG) **ausgeschlossen**. Die Übertragung eines Einzel-WG von einem BV/Sonder-BV des MU in ein anderes BV/Sonder-BV desselben Stpfl. waren zwingend zum Buchwert vorzunehmen. Aufgrund der rechtsträgerbezogenen Betrachtungsweise des StEntlG waren hingegen alle Übertragungen, die mit dem **Wechsel des Rechtsträgers** verbunden waren (vom MU-BV in das Gesamthandsvermögen und umgekehrt) **zwingend zum TW** vorzunehmen.

Durch das StSenkG (2000) wurde – aufgrund massiver Intervention der Verbände – § 6 Abs. 5 S. 3 EStG geändert (s. oben: linke Spalte) und der Gedanke der Zwangsrealisation bei jedem Rechtsträgerwechsel wieder aufgegeben. Damit war ab 2001 für jede Übertragung von Einzel-WG innerhalb einer Mitunternehmerschaft und zwischen MU und Mitunternehmerschaft und zwischen den MU einer Mitunternehmerschaft, somit für **alle Übertragungen im Mitunternehmerschaftskreis** zwingend die Buchwertfortführung vorgesehen.

Der Wortlaut des § 6 Abs. 5 EStG i.d.F. des StSenkG lässt allerdings keine Differenzierung zwischen entgeltlicher und unentgeltlicher Übertragung erkennen, ebenso wenig wie er die Sacheinlage in eine PersG (Einzel-WG gegen Gesellschaftsrecht) ausdrücklich erfasst. Hieran hat sich in der Lit. ein Streit entwickelt, ob für diese Fallgruppe der **gesellschaftsrechtlichen Sacheinlage** § 6 Abs. 5 S. 3 EStG (Buchwertfortführung) oder der vom Wortlaut ebenfalls passende § 6 Abs. 6 EStG (Aufdeckungszwang) einschlägig seien[211].

3.1.2 Die Neuregelung

Mit der Neufassung aufgrund des § 6 Abs. 5 S. 3 EStG (UntStFG) wird klargestellt, dass – konform mit der h.M. und dem MU-Erlass 1977 – die gesellschaftsrechtliche Sacheinlage (aus dem BV[212]) zu **Buchwerten** erfolgt. Dies gilt auch für den umgekehrten Fall (Sachentnahme gegen Minderung der Gesellschaftsrechte). Die gesetzliche Beilegung des Meinungsstreits zog eine zusätzliche redaktionelle Ergänzung in § 6 Abs. 6 S. 4 EStG nach sich.

Des weiteren – und auch dies konform mit dem MU-Erlass 1977 – sind **unentgeltliche** Übertragungen zwischen (den Sonder-BV der) MU **derselben Mitunternehmerschaft** zu Buchwerten durchzuführen.

Damit ist umgekehrt (und an sich selbstverständlich) zum Ausdruck gebracht, dass voll-entgeltliche Veräußerungsgeschäfte zwischen MU'n bzw. zwischen MU und **Mitunternehmerschaft** die Einzel-WG mit den AK anzusetzen sind und somit i.d.R. zu einen Veräußerungsgewinn (Erlös ./. Buchwert) führen.

---

[211] Für den Vorrang des § 6 Abs. 5 EStG hat sich die h.M. ausgesprochen (statt aller *Korn/Strahl*, EStG-Komm., § 6 Rz. 513.7.), a.A. *van Lishaut*, DB 2000, 1785.
[212] Erfolgt die Sacheinlage aus dem PV, so geht § 6 Abs. 6 EStG vor.

Zusätzlich ist in § 6 Abs. 5 S. 3 Nr. 2 EStG geregelt, dass auch die Buchwert-Übertragung von einzelnen WG aus einer **Mitunternehmerschaft** auf eine andere **Mitunternehmerschaft** (sog. Schwester-PersG) möglich ist. Diese Übertragung ist jedoch nach wie vor nicht direkt (d.h. von Gesamthandsvermögen der Schwester I auf das Gesamthandsvermögen der Schwester II) möglich, sondern nur als Dreiecksgeschäft über das Sonder-BV (vgl. Kap. III.4).

Mit dem **neu eingefügten Satz 4** legt der Gesetzgeber des UntStFG eine authentische Gesetzesinterpretation vor. Nur für Zwecke der **betrieblichen Umstrukturierung** ist die Buchwertverknüpfung von Einzel-WG zulässig und zwangsläufig. Dies wird durch eine dreijährige[213] Sperrfrist der übertragenen Einzel-WG erreicht, deren Lauf mit der Abgabe der Steuererklärung für das „Übertragungsjahr" beginnt. Werden innerhalb dieser Sperrfrist die WG entnommen oder veräußert, so wird rückwirkend (Spezialregelung zu § 175 Abs. 1 Nr. 2 AO) der TW im Übertragungszeitpunkt angesetzt[214]. Aus bilanztechnischen Gründen ist die rückwirkende Strafbesteuerung dann nicht durchzuführen, wenn die stillen Reserven anlässlich der Übertragung bereits in einer Ergänzungsbilanz erfasst und somit steuerverhaftet sind.

Mit den Missbrauchsklauseln (auch „Körperschaftsklauseln" genannt) von § 6 Abs. 3 S. 5 und 6 EStG, die vom UntStFG gegenüber dem StSenkG in einigen Punkten geändert wurden, soll das Überspringen stiller Reserven auf KapG verhindert werden. Die Buchwertüberführung eines WG in das Gesamthandsvermögen einer GmbH & Co. – KG mit anschließender Veräußerung der GmbH-Anteile unter Nutzung des (neuen) Halbeinkünfteverfahrens war der eigentliche Stein des Anstoßes[215]. In den Fällen, dass bei der Übertragung von Einzel-WG auf eine KG automatisch der GmbH-Anteil des Kommanditisten begründet wird oder sich erhöht, schreibt § 6 Abs. 5 S. 5 EStG nunmehr die Teilwertrealisation vor.

§ 6 Abs. 5 S. 6 EStG bestimmt, dass auch eine nachträgliche Anteilsbegründung oder -erhöhung bei einer KapG an dem übertragenen WG ein rückwirkendes Ereignis i.S.d. § 175 Abs. 1 S. 1 Nr. 2 AO mit der Folge ist, dass rückwirkend auf den Übertragungszeitpunkt der TW anzusetzen ist. Aus Gründen der Praktikabilität ist für den rückwirkenden Teilwertansatz eine zeitliche Beschränkung von sieben Jahren eingeführt worden[216].

Nachdem gem. § 52 Abs. 16a EStG die Neufassung des § 6 Abs. 5 S. 3 – 5 EStG „rückwirkend" für Übertragungsvorgänge ab 01.01.2001 gilt, war die Regelung des StSenkG Makulatur von Anfang an.

---

[213] Im UntStFG-Entwurf war noch von einer Verbleibensfrist von sieben Jahre die Rede.
[214] Vgl. *Sauter/Heurung/Oblau*, BB 2001, 2448, die allerdings a.a.O. immer noch von sieben Jahren ausgehen.
[215] S. *Reiß*, BB 2000, 1969.
[216] Man darf nur vermuten, dass dem Gesetzgeber des UntStFG an dieser Stelle ein Unterlassungsfehler unterlaufen ist. Nachdem in S. 4 von § 6 Abs. 5 EStG die dreijährige Sperrfristregelung gegenüber dem Entwurf des UntStFG (sieben Jahre) durchgesetzt wurde, hat man offensichtlich die Parallelkorrektur bei S. 6 vergessen.

3.2 Die Realteilung gemäß § 16 Abs. 3 S. 2 ff. EStG

3.2.1 Rückblick

Nach älterer BFH-Rspr. galt bis 1998 bei der Realteilung einer PersG ein Wahlrecht zwischen der Buchwertfortführung und der Behandlung als steuerbegünstigte Betriebsaufgabe einer PersG gem. § 16 Abs. 3 EStG. In die Realteilung (und damit in das Wahlrecht) wurden später durch das Urteil des BFH vom 10.12.1991 (BStBl II 1992, 385) auch Einzel-WG als Teilungsmassen einbezogen.

Nach § 16 Abs. 3 S. 2 EStG i.d.F. des StEntlG 1999/2000/2002 galt die Realteilung für Übertragungsvorgänge ab 01.01.1999 als **Aufgabe eines MU-Anteils**, wenn die einzelnen MU im Rahmen der Realteilung **Einzel-WG** erhalten haben. Eine Buchwertfortführung und -verknüpfung war danach mit Einzel-WG nicht möglich.

Der Rechtsträgergedanke (oder allgemein der Individualsteuergrundsatz), der für die Gesetzesänderung ab 1999 verantwortlich zeichnet, musste sich jedoch der Gestaltungskraft der Realteilung beugen. Als neu definierte **betriebliche Umstrukturierungs-Maßnahme** kehrt sie in der Fassung des § 16 Abs. 3 S. 2 ff. EStG wieder.

3.2.2 Die Realteilung nach dem Unternehmenssteuerfortentwicklungsgesetz

Nach § 16 Abs. 3 S. 2 EStG i.V.m. § 52 Abs. 34 S. 4 EStG ist die Realteilung ab 01.01.2001 auch mit **Einzel-WG** wieder mit **Buchwerten** durchzuführen (kein Wahlrecht), solange das unternehmerische Engagement in anderer Form fortgeführt wird.

Als gesetzestechnisches Merkmal des Umstrukturierungsgedankens ist wiederum eine dreijährige[217] Behaltefrist für die einzeln bezeichneten Einzel-WG (GruBo, Gebäude bzw. andere wesentliche Betriebsgrundlagen) vorgesehen, die wiederum an die Abgabe der Steuererklärung für das Realteilungsjahr gekoppelt ist. Veräußerungen/Entnahmen innerhalb dieser Frist lösen für Einzel-WG rückwirkend den Realisationstatbestand aus (hierzu ausführlich die Fälle unter Kap. III.4.)

Die Einschränkungen der Steuerneutralität durch (un)mittelbare Übertragungen auf KapG sind gem. § 16 Abs. 3 S. 4 EStG auch bei der Realteilung mit Einzel-WG zu beachten.

---

[217] Etwas problematisch erscheint die Verkürzung der Behaltefrist auf drei Jahre, da ansonsten mit längeren Fristen als Indikator für das fortbestehende Unternehmensengagement (vgl. § 15 Abs. 3 UmwStG sowie § 13a Abs. 5 ErbStG: fünf Jahre). Andererseits liegt durch die Koppelung mit der Abgabe der Steuererklärung de facto nur eine Verkürzung um ca. 1 Jahr vor.

4 Die Veräußerung von Anteilen an Kapitalgesellschaften (§ 17 EStG)

4.1 Stellung des § 17 EStG im System des Einkünftedualismus

4.1.1 Historie und Gegenwart des § 17 EStG

§ 17 EStG kann auf eine bewegte Vergangenheit zurückblicken. Für kritische Rechtsanwender ist die Besteuerung der Veräußerungsgewinne von KapG-Beteiligungen die Eintrittspforte zur Überwindung des Dualismusprinzips im deutschen ESt-Recht und – zusammen mit § 23 EStG – der Einstieg zur Abschaffung von § 2 Abs. 1 EStG („sieben Einkunftsarten")[218]. Das – aus dem Grundsatz der subjektiven Leistungsfähigkeit geborene – Petitum lautet: Nur noch zwei (max. drei) Einkunftsarten bzw. Verbreiterung der BMG.

Es ging und geht bei der Besteuerung der **privat** gehaltenen Anteile an KapG um die Frage und vor allem um den Anwendungsbereich der (ausnahmsweisen) Erfassung von **Wertsteigerungen des PV**. Das Steuerdogma der steuerfrei gehaltenen privaten Vermögenszuwächse wird bei §§ 17, 23 EStG am empfindlichsten durchbrochen. Der aktuelle Gesetzgeber trägt das seine dazu bei, die Frage aufkommen zu lassen, was die Regel (das Steuerdogma) und was die Ausnahme (die Durchbrechung) ist.

In zwei kurz aufeinanderfolgenden Schritten wurde der Anwendungsbereich des § 17 EStG drastisch erweitert. Die Gesetzeshektik wurde begleitet von einer Entwicklung am Kapitalmarkt, die viele Bürger in die neu geöffnete Falle der §§ 17, 23 EStG laufen ließ.

> **Beispiel 22: Die Schlagzeile**
> In der Wirtschaftswoche (Handelsblatt) – Anfang März 2002 – war zu lesen, dass sich die Finanzverwaltung demnächst mit verstärktem Personaleinsatz der Überprüfung der Anlagenverkäufe in den Jahren 1998 – 2000 annehmen werde. Voraussetzung sei, dass der BFH den Weg für die Einsichtnahme in das gesammelte Datenmaterial der Banken freimacht.

Bis 1998 stimmten die damalige Überschrift des § 17 EStG („Veräußerung von wesentlichen Beteiligungen") und der Gesetzestext noch überein, als die Wesentlichkeitsgrenze bei > 25 % lag. Diese heute noch im ErbStG gültige Wesentlichkeitsschwelle[219] wurde ab 01.01.1999 für die ESt auf **mindestens 10 %**-Anteilsbesitz herabgedrückt.

Mit der Einführung des Halbeinkünfteverfahrens ist § 17 EStG ab **01.01.2002**[220] bereits bei einer Beteiligung von **1 %** anwendbar. Erst später (durch das UntStFG 2001) wurden die nicht mehr passenden Begriffe der wesentlichen Beteiligung aus dem Gesetzestext gestrichen.

---

[218] Statt aller *Tipke/Lang*, § 9 F 2.
[219] Die Privilegien der §§ 13a, 19a ErbStG werden nur bei der Übertragung von „wesentlichen Beteiligungen" eingeräumt (§ 13a Abs. 4 Nr. 3 und § 19a Abs. 2 Nr. 3 ErbStG) gewährt.
[220] Für KapG mit abweichendem Wj. trifft die 1 %-Regelung ein Jahr später (ab 2003) zu, vgl. § 52 Abs. 34a EStG i.V.m. § 34 Abs. 1 f. KStG.

Mit dieser Änderung ist der sachliche Anwendungsbereich wesentlich erweitert worden, wobei – parallel zum (laufenden) Halbeinkünfteverfahren – nur noch die **Hälfte** der **Veräußerungsgewinne** gem. § 3 Nr. 40c EStG i.V.m. § 3c EStG besteuert wird. Damit korrespondiert der Wegfall der Tarifbegünstigung nach § 34 EStG.

Lösung:
Veranlasst durch die Börsenhausse und ausgelöst durch das Versprechen der Politik, jeder Staatsbürger könne (solle) durch die Öffnung der Börse für den Neuen Markt leicht „Unternehmer" werden, investierten plötzlich breite Bevölkerungsschichten in Kapitalbeteiligungen. Die Eigengesetzlichkeit der Börse (schnelle Rotation des WP-Besitzes) trug dazu bei, dass viele Bürger ihre Aktien (bzw. ihre GmbH-Geschäftsanteile) innerhalb und außerhalb der Spekulationsfrist (vor 1999: sechs Monate) mit Gewinn verkauften, um neu anzulegen.
Zumindest bei Beteiligungen an KapG mit geringem Grundkapital – und vor allem bei den meisten GmbH-Beteiligungen – war damit plötzlich ein aktueller Steuertatbestand (nach § 17 EStG bzw. nach § 23 EStG) geschaffen.
Wenn der BFH die Güterkollision „Bankgeheimnis contra gleichmäßiger Verwaltungsvollzug" zugunsten von Art. 3 GG entscheidet, ist mit einer ähnlichen Nachversteuerung und Verfolgungswelle zu rechnen, wie dies bei den Luxemburg-Anlagen Mitte der 90er-Jahre der Fall war.

4.1.2 Der eigentliche „Stellenwert" des § 17 EStG – Systematische Auslegung

Während die laufenden Einkünfte aus Kapitalbesitz (Dividenden) zu den Überschusseinkünften zählen, werden die Veräußerungseinkünfte aus der identischen Erwerbsgrundlage unter bestimmten Voraussetzungen als gewerbliche Einkünfte behandelt (fingiert). Die ursprünglich hierfür abgegebene Rechtfertigung lag in der Vergleichbarkeit mit der **Mitunternehmerschaft** nach § 15 Abs. 1 Nr. 2 EStG[221]. Nachdem es bei keiner deutschen KapG eine „Sperrminorität" von 1 %[222] gibt, sollte man diesen Vergleich in der Zukunft fallen lassen.
Trotz des Wegfalles der "gewerblichen Berechtigung" bei § 17 EStG ist die gesetzestechnische Folge zu berücksichtigen. Mit der Erfassung als **gewerbliche Einkunft** gilt:

- das „Soll"-Prinzip und nicht das Zuflussprinzip (wie z.B. bei § 23 EStG[223]) und damit

---

[221] Die Brüchigkeit dieser Logik wird ganz deutlich bei § 2 Abs. 3 Nr. 1 AStG (zu den dortigen wesentlichen wirtschaftlichen Interessen).
[222] Für die „alte" wesentliche Beteiligung (> 25 %) hatte diese Überlegung eine gewisse Berechtigung.
[223] Dies ist nicht der einzige Unterschied zwischen § 17 EStG und § 23 EStG
- Beim Begriff der Veräußerung wird bei § 17 EStG auf den Übergang des wirtschaftlichen Eigentums abgestellt, während bei § 23 EStG bei der Spekulationsberechnung auf das schuldrechtliche Verpflichtungsgeschäft abgestellt wird;
- Bei § 17 EStG gibt es einen Freibetrag, während es bei § 23 EStG eine Freigrenze gibt;
- Andere Verlustberücksichtigung.

- die zeitliche Erfassung des Veräußerungsvorganges in dem Jahr der realisierten Übertragung bei zeitlich gestreckter Bezahlung (Ratenvereinbarung und dgl.) sowie
- generell die vorgezogene Besteuerung, vgl. mit der „verlangsamten" Erfassung bei Geltung des Zuflussprinzips.

Mit der einkommensteuerlichen Fiktion der gewerblichen Einkunftsart steht weder die fehlende GewSt-Pflicht der Veräußerungseinkünfte nach § 17 EStG[224] noch die Unzulässigkeit einer TW-AfA[225] im Widerspruch.

4.1.3 Verwandte Bereiche

Neben § 23 EStG werden private Vermögenszuwächse ebenfalls bei § 21 UmwStG, § 6 AStG und bei § 13 Abs. 6 KStG besteuert. Diese außerhalb des EStG geregelten Tatbestände gehen als lex specialis § 17 EStG vor. Allerdings wird man bei der Auslegung auf die Erkenntnisse bei § 17 EStG zurückkehren, da der dortige Gesetzestext sich z.T. direkt an § 17 EStG anlehnt. Zumindest in der Auswirkung sind § 8b KStG und § 17 EStG aufeinander abzustimmen.

4.1.4 Die Subsidiarität von § 17 EStG

Als Ergebnis der systematischen Stellung von § 17 EStG kann auch die Frage der Subsidiarität angesehen werden. Dabei ist das Konkurrenzproblem von § 23 und § 17 EStG ab dem VZ 1994 ausdrücklich zugunsten von § 23 EStG geregelt (§ 23 Abs. 2 S. 2 EStG).

> **Beispiel 23: Mehrfachveräußerung einer Beteiligung**
> Von dem am 01.01.00 erworbenen privaten 30 %igen GmbH-Geschäftsanteil veräußert der Inhaber I am 10.07.00 die erste Tranche (10 %) und am 02.01.01 die zweite Tranche (20 %) – jeweils gegen Gewinn.
> **Variante:** Am 1. Juli 00 werden 29,5 % der GmbH-Beteiligung verkauft, am 2. Januar 02 wird der Rest (0,5 %) veräußert.
>
> **Lösung:**
> - Bei der Veräußerung am 10.07.00 liegen tatbestandlich die Voraussetzungen beider Normen (§ 17 EStG wie § 23 EStG) vor; gem. § 23 Abs. 2 S. 2 EStG unterliegt der erste Verkauf allein § 23 EStG.
> - Bei der zweiten Veräußerung am 02.01.01 ist nur noch § 17 EStG einschlägig, da die „Spekulationsfrist" des § 23 EStG am 01.01.01, 24 Uhr abgelaufen ist. Gem. § 108 AO i.V.m. §§ 187 f. BGB begann der Lauf der Einjahresfrist am 02.01.00, 0 Uhr, um am 01.01.01, 24 Uhr zu enden.

---

[224] Der GewSt unterliegen nur die laufende Einkünfte eines Gewerbebetriebs (zur ausdrücklichen Nichterfassung s. A 39 Abs. 1 S. 2 GewStR).
[225] Eine TW-AfA setzt BV voraus.

In der **Variante** von Beispiel 23 ist anzumerken, dass auch der Verkauf der Restbeteiligung von 0,5 % am 02.01.01 der Besteuerung nach § 17 EStG unterliegt, da die Beteiligungsqualität von 1 % nur an irgendeinem Tag im Fünfjahreszeitraum vorliegen muss. Die Tatsache, dass im letzten halben Jahr vor der Veräußerung eine „abgespeckte" Beteiligung von < 1% vorlag, ist steuerlich obsolet.

Eine weitere Ausgrenzung des § 17 EStG liegt für im BV gehaltene Beteiligungen vor, da für diese ausschließlich die Gewinnermittlung der §§ 4, 5 EStG und die Einkunftsart des § 15 EStG gelten.

Beispiel 24: Veräußerung von Mehrfachbeteiligungen
C hält folgende Beteiligungen an KapG in seinem PV und in seinen BV[663]:

1. 25 %ige Beteiligung im PV,
2. 25 %ige Beteiligung im BV,
3. 1 %-Beteiligung im PV,
4. 100 % aller Anteile (PV),
5. 100 % aller Anteile (BV).

Nach überstandener Behaltefrist von einem Jahr veräußert C die Beteiligungen. Welche Einkunftsart liegt vor?

Die für die Besteuerungspraxis entscheidende Frage ist weniger die nach der exakten Rechtsgrundlage, sondern die nach der Zuordnung zu PV oder zu BV[664], die hier als richtig unterstellt wird.

Lösung:

Voraussetzung	Rechtsfolge
1. 25 %-KapG-Beteiligung im PV	§ 17 EStG
2. 25 %-KapG-Beteiligung im BV	§ 15 EStG
3. 1 %-KapG-Beteiligung im PV	§ 17 EStG
4. 100 %-KapG-Beteiligung im PV	§ 17 EStG
5. 100 %-KapG-Beteiligung im BV	§ 16 (§ 16 Abs. 1 Nr. 1 S. 2 EStG)

4.1.5 Der Zustandstatbestand bei § 17 Abs. 1 EStG

4.1.5.1 Der persönliche Anwendungsbereich

Die persönliche Steuerpflicht begegnet einmal als Thema bei § 17 EStG. Zum ersten ergibt sich bereits aus dem Charakter der im PV gehaltenen Beteiligung, dass § 17

---

[663] *Zenthöfer/Schulze zur Wiesche*, ESt (2000), K 3.7, 708 bringen noch den Fall der Veräußerung einer 0,9 % – (dort: 9 %, da altes Recht) – Beteiligung (PV) nach Ablauf von einem Jahr: Keine Steuerbarkeit (weder nach § 17 EStG noch nach § 23 EStG!).
[664] S. dazu *Preißer/Kölpin*, Band 2, Teil A, Kap. III „Beteiligungen" sowie „gewillkürtes BV".

EStG nur für natürliche Personen und PersG gelten kann. Bei der Veräußerung von KapG-Anteilen durch PersG erfolgt die 1 %-Prüfung nicht für die PersG, sondern gem. § 39 Abs. 2 Nr. 2 AO entsprechend der Beteiligungsquote der G´fter (s. 4.2.2.4).

Bei KapG liegt zwangsläufig BV vor (§ 8 Abs. 2 KStG), so dass hier § 17 EStG nicht zum Zuge kommt. Eine Ausnahme bilden hier nur die Körperschaftsteuersubjekte des § 1 Abs. 1 Nr. 4 KStG (Körperschaften, keine KapG), für die § 8 Abs. 2 KStG nicht gilt.

Zum zweiten gilt § 17 EStG wegen § 49 Abs. 1 Nr. 2e EStG sowohl für Steuerinländer wie für Steuerausländer als Veräußerer, für letztere vorbehaltlich der DBA-Regelung. Bei den Zielgesellschaften wiederum, deren Anteile veräußert werden, spielt es nach der bilateralen Abkommenspraxis keine Rolle, ob es inländische oder ausländische KapG sind, da die meisten DBA das Besteuerungsrecht für § 17 EStG-Tatbestände dem Ansässigkeitsstaat zuweisen[665]. Voraussetzung ist dabei aber die Vergleichbarkeit der ausländischen KapG mit einer deutschen KapG (BFH vom 21.10.1999, BStBl II 2000, 424).

4.1.5.2 Die Beteiligungsvoraussetzungen

§ 17 EStG setzt voraus, dass der Veräußerer in den letzten fünf Jahren eine Beteiligung von mindestens 1 % an einer KapG gehalten hat, bevor er diese oder Anteile davon verkauft. Dabei spielt es keine Rolle, ob die Beteiligung unmittelbar oder nur mittelbar gehalten wird. Die verdeckte Einlage wird der Veräußerung gleichgestellt.

4.1.5.2.1 Anteile an einer Kapitalgesellschaft

Nach § 17 Abs. 1 S. 1 und S. 3 EStG gelten Aktien, GmbH-Geschäftsanteile, Genussscheine und ähnliche Beteiligungen sowie die Anwartschaften hierauf als taugliche Erwerbsgrundlage, deren Veräußerung die Steuerbarkeit nach sich zieht.

> **Beispiel 25: Gesellschaftsrechtliche = nicht steuerrechtliche Wertigkeit**
> Bei der X-AG (gesetzliches Grundkapital) wird bei der Emission von Aktien von allen gesellschaftsrechtlichen Möglichkeiten Gebrauch gemacht. Im Zuge dessen werden Portfolio-(Streubesitz-)aktien ausgegeben an:
> - Y und zwar stimmrechtslose Vorzugsaktien von insgesamt 1,6 % des gezeichneten Haftkapitals sowie an
> - Z, der ein Aktienpaket von 0,8 % des Nennkapitals erwirbt, die aber mit einem doppelten Stimmrecht versehen sind.
>
> Der Aktienerwerb kommt beide Anleger gleich teuer zu stehen.

---

[665] Anders sieht es aus, wenn ein konkretes DBA mit der Quellenmethode arbeitet. Die von der h.M. (z.B. *Weber-Grellet/Schmidt*, § 17 Rz. 8) in diesem Zusammenhang häufig angeführte isolierende Betrachtungsweise des § 49 Abs. 2 EStG (für einen Fall, das sich die Beteiligung im BV einer ausländischen Betriebsstätte befindet) hilft m.E. nicht weiter und macht nur dann einen Sinn, wenn sie bei der inländischen PersG als PV zu werten wäre.

Zur terminologischen Klarstellung wird darauf hingewiesen, dass die Begriffe Nennkapital, Haftkapital und Grundkapital bei einer AG ein- und dasselbe meinen: die finanzielle Erstausstattung (ursprüngliches Eigenkapital) einer AG, mit der – wenn sie erbracht ist – die Haftung der Gesellschafter ausgeschlossen ist. Bei einer GmbH tritt anstelle des „Grundkapitals" der Terminus „Stammkapital". Ein anderer Begriff dafür wäre „Anfangshaftkapital" der einzelnen KapG[666].

Die unterschiedliche Terminologie hängt mit den jeweiligen Einzelgesetzen (HGB, AktG oder GmbHG) zusammen, wo die Begriffe beheimatet sind und ihre unterschiedliche Begrifflichkeit dem spezifischen Regelungszusammenhang verdanken. Der inhaltlich identische Kapitalbegriff wird auch bei § 17 EStG als sog. **Nominalkapital** (oder **nominelle Beteiligung**) zugrunde gelegt, BFH vom 25.11.1997 (BStBl II 1998, 257).

Lösung:
Der nahezu gleiche Marktpreis bei einer nominellen 1 zu 2-Relation hängt mit den Einwirkungsmöglichkeiten auf den Vorstand der AG zusammen. Während die Beteiligung für Y eine reine Kapitalanlage ohne Mitspracherechte ist, stehen Z immerhin 1,6 % der Stimmrechte zu.
Für die Beurteilung nach **§ 17 EStG** stellt der BFH jedoch in ständiger Rspr. alleine auf die **nominelle Beteiligung** ab.
Y's Aktien sind daher steuerverhaftet; Z kann mit seinem Aktienpaket nur Einkünfte nach § 20 EStG erzielen. Verkäufe sind nicht steuerbar.

Nach der Spruchpraxis des BFH kommen als ähnliche KapG bzw. als ähnliche Beteiligungen nur **Vor-KapG** (Vor-GmbH) und ausländische KapG in Betracht. Unter einer Vor-KapG wird eine GmbH (eine AG) im Stadium nach Errichtung der Satzung und vor der Eintragung in das HR verstanden. Die Bedeutung der Vor-KapG liegt bei allen nicht zur Eintragung gelangenden KapG.

Nach einem Urteil des BFH Anfang der 90-er Jahre sind **eigenkapitalersetzende Darlehen** nach § 32a GmbH für sich betrachtet nicht geeignet, eine ähnliche Beteiligung i.S.d. § 17 Abs. 1 S. 3 EStG zu begründen und damit den Anteil festzulegen (BFH vom 19.05.1992, BStBl II 1992, 724). An dieser Stelle muss sogleich betont werden, dass nach jüngster BFH-Rspr. eigenkapitalersetzende Maßnahmen allerdings zu **nachträglichen AK** führen können und somit den Veräußerungsgewinn einer relevanten Beteiligung beeinflussen. Es bleibt festzuhalten, dass sie jedoch dem **Grunde nach nicht** die relevante Beteiligungsquote i.S.d. § 17 Abs. 1 EStG definieren können[667]. So stellt z.B. die Einlage eines stillen Gesellschafters keine ähnliche Beteiligung dar, wenn sie kapitalersetzenden Charakter hat, BFH vom 28.05.1997 (BStBl II 1997, 724).

---

[666] Damit ist gleichzeitig zum Ausdruck gebracht, dass die **spätere** Haftung einer KapG nie mehr mit dieser Größe identisch sein wird. Vielmehr muss eine KapG später mit dem jeweils aktuellen Gesellschaftsvermögen einstehen (haften), das höher oder niedriger sein wird.

[667] In der Praxis spielt das Urteil des BFH aus dem Jahre 1992 allein deshalb keine Rolle, weil eigenkapitalersetzende Maßnahmen fast ausschließlich bei GmbH's vorkommen und dort von Gesellschaftern getätigt werden, die eindeutig die relevante 1 %-Größe überschreiten. Für die spätere Frage eines Veräußerungsgewinnes (bzw. -verlustes) sind sie allerdings von großer Bedeutung.

Schließlich sind mit Anwartschaften Bezugs- oder Umtauschrechte gemeint, die den Beteiligungen gleichgestellt sind, vgl. H 140 Abs. 3 EStH.

4.1.5.2.2 Die 1 %-Grenze

Ein gesellschaftsrechtlich zulässiges Mittel beim Ausschluss (untechnisch „Kündigung") des Gesellschafters ist die Einziehung der Anteile (sog. Amortisation gem. § 34 GmbHG; gleiche Rechtsfolge bei der Kaduzierung im Gründungsstadium nach § 21 GmbHG). Sieht die Satzung in diesem Fall nicht den Freiverkauf der Anteile vor und kommt es auch nicht zum Erwerb der eigenen Anteile durch die KapG nach § 33 GmbHG, so entspricht die Summe der Stammeinlagen (GmbH-Geschäftsanteile i.S.d. § 14 GmbHG) nicht mehr dem Stammkapital. In diesem Fall, aber auch im Fall des Eigenerwerbs der Anteile durch die GmbH ist die Bemessungsgrundlage für die Beteiligungsquote um den eingezogenen Anteil bzw. um den Eigenanteil abzuziehen, BFH vom 24.09.1970 (BStBl II 1971, 89).

> **Beispiel 26: Der säumige Gründungsgesellschafter**
> Die A-GmbH hat ein Stammkapital von 101.000 € und 101 Gesellschafter mit einer Stammeinlage (§ 5 Abs. 2 GmbHG) von je 1.000 €. Nach mehrfacher erfolgloser Aufforderung gegen X, einem der Gründungsgesellschafter, seine Einlage zu erbringen, macht der GF der GmbH von seinem Recht Gebrauch, den Anteil des X einzuziehen. Folge für die verbleibenden G'fter?
>
> **Lösung:**
> Der GmbH-Geschäftsanteil wird für „verlustig" erklärt (Kaduzierung), ohne dass ein Nachfolger gefunden wurde. Damit entspricht die Summe der Stammeinlagen (100 T€) nicht mehr dem Stammkapital von 101 T€.
> Bis zur Einziehung waren alle G'fter mit 0,99 % an der GmbH beteiligt (1.000 € Stammeinlage/101.000 € Stammkapital), womit keiner der GmbH-Geschäftsanteile steuerverhaftet war.
> Nach der Einziehung wird die BMG für die Berechnung der nominellen Beteiligung des Einzel-Gesellschafters auf 100.000 € herabgesetzt. Nunmehr hat jeder Gesellschafter eine 1 %ige Beteiligung an der GmbH. Alle GmbH-Geschäftsanteile sind steuerverhaftet i.S.d. § 17 EStG.

Bsp. 26 leitet über zu einer verfassungsrechtlichen Diskussion bei § 17 EStG. Bei der zweifachen Herabsetzung der „Relevanzschwelle" (früher Wesentlichkeitsgrenze) bei § 17 EStG und durch das Fehlen einer Übergangsregelung sind – wegen der rückbezüglichen Wirkung des § 17 EStG („in den letzten fünf Jahren") – schlagartig alte Beteiligungen in die Steuerverhaftung hineingewachsen.

Beispiel 27: Rückwirkung?
B hat seit 1998 eine 5 %ige Beteiligung an einer GmbH, die er

1. im Dezember 2001 veräußert bzw.
2. im Januar 2002 veräußert.

Lösung:

1. Die Veräußerung im Dez. 2001 ist nicht steuerbar, da bis einschließlich 2001 eine der Voraussetzungen für § 17 EStG a.F. eine – hier nicht erfüllte – mindestens 10%ige Beteiligung an einer GmbH war.
2. Gem. § 17 Abs. 1 EStG n.F. hat B im Veräußerungszeitpunkt Januar 2002 die Voraussetzungen einer mindestens 1 %igen Beteiligung an einer KapG erfüllt, weil die Neufassung Zeiträume der Vergangenheit einbezieht.

Die verfassungsrechtlichen Rückwirkungsprobleme (echte oder unechte Rückwirkung? verfassungskonforme Notwendigkeit einer Übergangsregelung) werden für B durch die Halbeinkünftebesteuerung nur unwesentlich gemildert. Mit R 140 Abs. 1 S. 2 EStR 2001 unterstreicht die Verwaltung ihre Rechtsauffassung zur Wertzuwachsbesteuerung. Die h.M. in der Lit. stellt hingegen auf eine Wertaufstockung zum 01.01.2002 ab: für die nachträglich verstrickten Anteile sollen die gemeinen Werte zum 01.01.2002 die Basis für künftige Wertzuwächse bilden[668].

Die Diskussion leitet nahtlos über zur nächsten Prüfungsstation.

4.1.5.2.3 Die Fünfjahresfrist

Der Veräußerer muss zu irgendeinem Zeitpunkt innerhalb von fünf Jahren vor der Veräußerung zu mindestens 1 % am Nennkapital dieser KapG beteiligt gewesen sein[669].

Beispiel 28: Rechnen muss man können

- C hält vom 28.06.01 bis zum 07.07.01 eine 3 %- Beteiligung an einer C-AG.
- Am 08.07.01 veräußert C 2,5 % der C-AG-Beteiligung, wovon er fünf Jahre gut leben kann.
- Nachdem es finanziell wieder „eng" wird, trennt sich C am 08.07.06 von seiner restlichen Beteiligung (0,5 %). Er verprasst den Veräußerungserlös, ohne an die Post vom FA zu denken.

Erhält C in dieser Angelegenheit einen Brief vom FA?

---

[668] Zusammenfassung bei *Gosch* in *Kirchhof-kompakt*, § 17, Rz. 79.
[669] Problematisch ist, ob die 1 %-Rückwirkung auch die Jahre vor 1999 betrifft (so R 140 Abs. 2 S. 2 EStR 2001); hiergegen *Weber-Grellet/Schmidt*, § 17 Rz. 71 m.w.N.

Ein echtes Überraschungsmoment hält § 17 EStG für manchen Streubesitzer parat, wenn im Wortlaut von § 17 Abs. 1 S. 1 EStG **nicht** vorausgesetzt wird, dass die relevante Beteiligungsquote im Zeitpunkt der Veräußerung vorliegen müsse.

Lösung:
Die Berechnungsgrundlagen liefert wieder § 108 AO i.V.m. §§ 187, 188 BGB. Danach beginnt die „Fünfjahresberechnung" mit dem 08.07.01 und endet am 08.07.06, 24 Uhr. Hätte sich C einen Tag mehr Zeit genommen, wäre in dieser Angelegenheit kein Brief vom FA gekommen.

Die Veräußerung löst die rückwirkende Berechnung des Fünfjahres-Zeitraumes aus. Dabei genügt im Zweifel die Übertragung des wirtschaftlichen Eigentums für die auslösende Berechnung, BFH vom 10.03.1988 (BStBl II 1988, 832). Dabei kann „wirtschaftliches Eigentum" in diesem Zusammenhang nur den Zeitpunkt meinen, ab welchem dem Erwerber die gesellschaftsrechtlichen Mitwirkungsbefugnisse im eigenen Namen zustehen.

Schließlich werden nacheinander erworbene Beteiligungen, die erst in der Summe die Relevanzgrenze überschreiten, als Einheit betrachtet. Für § 17 Abs. 1 S. 1 EStG findet keine Segmentierung statt.

4.1.5.2.4 Die Nachfolger-Regelung der § 17 Abs. 1 S. 4 und Abs. 2 S. 3 EStG

§ 17 Abs. 1 S. 4 EStG ist zu entnehmen, dass die 1%-Beteiligungsquote innerhalb des Fünfjahreszeitraums nicht höchstpersönlich erfüllt sein muss, um die Folgen des § 17 EStG herbeizuführen.

Beispiel 29: Das geschenkte Aktien-Portefeuille
V hat sein ganzes Geld in Aktien angelegt und sein privates Interesse gilt alleine seinen vier Kindern K 1 – K 4. Kurz vor der feindlichen Übernahme bei der L-AG, bei der er von VZ 05 (Startanlage: 1 %) bis VZ 08 ein Aktienpaket von 3 % an der L-AG gehortet hat, besinnt er sich eines besseren und verschenkt (vererbt) seine L-Aktien seinen Kindern zu gleichen Teilen. Die historischen AK betrugen im Schnitt 100 €/Aktie. Der Schlussbestand (3 %) repräsentiert 1.000 Aktien.
Führt der komplette Verkauf der L-AG-Aktien von K 1 im VZ 10 zu steuerbaren Veräußerungsgewinnen nach § 17 EStG, nachdem die Kurse in 09 um 100 % angestiegen sind?

Gem. § 17 Abs. 1 S. 4 EStG i.V.m. § 17 Abs. 2 S. 3 EStG werden vom Rechtsvorgänger erzielte Tatbestandsmerkmale dem Nachfolger zugerechnet, wenn es sich um eine **unentgeltliche** Nachfolgeregelung handelt. Dies wird zweifelsfrei für die Schenkung, den Erbfall und das Vermächtnis angenommen. Bei **teilentgeltlichen** Erwerbsvorgängen, wie sie bei der vorweggenommenen Erbfolge (ohne wiederkehrende Bezüge) und der gemischten Schenkung typisch sind, erfolgt bei privaten WG eine Aufteilung des Erwerbsvorganges nach der **Trennungstheorie** in einen voll-entgeltlichen und einen voll-unentgeltlichen Teil. § 17 Abs. 1 S. 4 EStG (und § 17 Abs. 2 S. 3 EStG) gelten nur für den unentgeltlichen Part[670]. Ähnliches gilt für die Erbauseinandersetzung mit Spitzenausgleich[671].

Lösung:
K 1 hat – wie seine Geschwister K 2, K 3 und K 4 – 0,75 % des Nominalkapitals an der L-AG unentgeltlich erworben. Keiner der jetzigen Inhaber erfüllt in seiner Person die 1 %-Schwelle. Nach dem Wortlaut von § 17 Abs. 1 S. 4 EStG wird aber zu Lasten von K 1 auf die Person des V abgestellt, der die Beteiligungsqualität erfüllt.
Fraglich kann allenfalls sein, ob der Anteil des Vorgängers V bei mehreren Schenkungen aufgesplittet werden muss oder ob er seine Steuermerkmale auf jedes der beschenkten Kinder unaufgeteilt überträgt.
Richtigerweise überträgt V bei § 17 Abs. 1 S. 4 EStG seine steuerrelevante Beteiligungsquote auf alle Beschenkten (Erben), während für die Ermittlung der historischen AK nach § 17 Abs. 2 S. 3 EStG nur auf den Anteil der Schenkung abzustellen ist.
Im **Ergebnis** hat K 1 die Veräußerung von 0,75 % gem. § 17 Abs. 1 S. 4 EStG zu versteuern. Gem. § 17 Abs. 2 S. 3 EStG wird den übernommenen anteiligen historischen AK von 25.000 € (250 x 100 €) der Erlös von 50.000 € gegenübergestellt. Vorbehaltlich § 17 Abs. 3 EStG versteuert K 1 25 T€ nach § 17 EStG.

4.1.5.2.5 Mittelbare Beteiligung/Unmittelbare Beteiligung

KapG sowie Beteiligungen an KapG werden nicht selten wegen ihrer Abschirmwirkung ausgewählt. Das Steuerrecht durchbricht bei § 17 Abs. 1 EStG – wie bei anderen Regelungen auch – die Abschottungswirkung der KapG, in dem auch **mittelbare** Beteiligungen die Besteuerungsfolgen auslösen.

Beispiel 30: Die „Billiard"-Beteiligung (über's Eck)
B ist zu 0,5 % an der A-AG beteiligt (PV) und hält eine 0,2 % ige Beteiligung an der Medium (M)-GmbH, die ihrerseits zu 30 % an der A-AG beteiligt ist.

Mittelbare Beteiligungen können alleine oder zusammen mit unmittelbaren Beteiligungen die Besteuerungsrelevanz bei § 17 EStG auslösen, BFH vom 01.08.2001 (BFH/NV 2002, 180). Dabei bereitet es keine Probleme, wenn die **vermittelnde** Gesellschaft wiederum eine **KapG** ist (Regelfall). Bei einer PersG als beteiligungsvermittelnder

---

[670] Bsp.: Ein Aktienpaket mit AK von 100 € und einem Verkehrswert von 200 € wird im Rahmen der vorweggenommenen Erbfolge gegen eine Ausgleichszahlung von 50 € auf S übertragen. Die Schwester T erhält die 50 T€. Hier liegt zu 25 % eine entgeltliche und zu 75 % eine unentgeltliche Übertragung vor. Nur hinsichtlich 3/4 des Aktienpakets greifen §§ 17 Abs. 1 S. 4 und Abs. 2 S. 3 EStG.
[671] S. zum Ganzen Kap. III.

Gesellschaft gibt es einen Meinungsstreit, die h.M. nimmt auch hier eine mittelbare Beteiligung an[672].

Lösung:
B ist unmittelbar mit 0,5 % und mittelbar zu 0,6 % an der A-AG beteiligt. Nur bei der Zusammenrechnung von unmittelbarer und mittelbarer Beteiligung fällt B mit 1,1 %-Anteil in die Steuerpflicht.
Nach der Rspr. des BFH spielt es keine Rolle, ob es sich um eine mehrfache Verschachtelung handelt (BFH vom 28.06.1978, BStBl II 1978, 590) und welche Qualität die vermittelnde Gesellschaft hat (BFH vom 12.06.1980, BStBl II 1980, 646).
Fraglich kann nur sein, ob die Veräußerung von beiden Beteiligungen, des 0,5 %-Anteils an der A-AG sowie des 0,2 %-Anteils an der M-GmbH die Voraussetzungen des § 17 EStG erfüllen.
Richtigerweise bezieht sich der Wortlaut des § 17 Abs. 1 EStG nur auf die Zielgesellschaft, hier die A-AG, so dass ausschließlich die Veräußerung der Aktien an der A-AG steuerbar sind.

Schwieriger gestaltet sich die Rechtslage bei der Beteiligung an einer **vermögensverwaltenden PersG**, die ihrerseits an einer KapG beteiligt ist. Bei gewerblichen PersG stellt sich die Frage nicht, da bei dieser Gewinne aus der Veräußerung von Beteiligungen ohnehin nach § 15 EStG steuerpflichtig sind.

Beispiel 31: Billard-Beteiligung über eine private PersG
A ist zu 1/3 an einer vermögensverwaltenden GbR (bzw. an einer Immobilien-KG) beteiligt, die 1,5 % des Aktienbesitzes von der X-AG hält. Die GbR veräußert auf ein Börsengerücht hin die komplette Beteiligung. Zusätzlich hält A noch selbst 0,5 % der Anteile an der X-AG.

Wegen § 39 Abs. 2 Nr. 2 EStG wendet der BFH bei vermögensverwaltenden PersG, die dem G'fter die Beteiligung an der KapG vermitteln, das Transparenzkonzept in voller Konsequenz an.

Lösung:
A wird die Veräußerung seitens der GbR zu 1/3 wie eine eigene (Bruchteils-) Veräußerung zugerechnet, BFH vom 09.05.2000 (BStBl II 2000, 686). Dies ergibt jedoch nur eine Beteiligungsquote von 0,5 %. Zusammen mit der Eigenbeteiligung von ebenfalls 0,5 % wächst A in die persönliche Steuerpflicht nach § 17 EStG, vgl. BFH vom 13.07.1999 (BStBl II 1999, 820). Damit löst die Veräußerung seitens der PersG bei A § 17 EStG aus.

---

[672] Andere (z.B. *Weber-Grellet/Schmidt*), § 17 Rz. 69 arbeiten hier über § 39 Abs. 2 Nr. 2 AO (anteilige unmittelbare Beteiligung).

4 Die Veräußerung von Anteilen an Kapitalgesellschaften (§ 17 EStG)

4.1.6 Die verdeckte Einlage

Nachdem der BFH die verdeckte Einlage (Übertragung eines WG bzw. eines geldwerten Vorteils auf die KapG ohne unmittelbare gesellschaftsrechtliche Gegenleistung) als einen unentgeltlichen Vorgang behandelt und die indirekte Werterhöhung der Beteiligung (Reflex) nicht als Gegenleistung versteht, ist eine Regelungslücke entstanden. § 17 EStG schließt für **verdeckt eingelegte KapG-Beteiligungen**[673] in die Ziel-KapG diese Regelungslücke und fingiert eine Veräußerung. Als Veräußerungspreis wird dabei gem. § 17 Abs. 2 S. 2 EStG der gemeine Wert angesetzt.

4.2 Der Handlungstatbestand

4.2.1 Die Veräußerung gegen Einmalzahlung

4.2.1.1 Der Grundtatbestand

Als Handlungstatbestand gilt bei § 17 EStG die Veräußerung der Beteiligung (bzw. die verdeckte Einlage in eine KapG).

Wie bereits zum Erwerbstatbestand ausgeführt wurde, wird unter Veräußerung die voll-entgeltliche Übertragung der Beteiligung an einen neuen Rechtsträger verstanden. Dabei gebührt im (seltenen) Zweifelsfall der Übertragung des wirtschaftlichen Eigentums der Vorrang vor der Übertragung des rechtlichen Eigentums[674].

Bei **teilentgeltlichen** Übertragungen muss auch hier die **Trennungstheorie** beachtet werden[675]: Der Kaufpreis (im Bsp.: 80) wird in Relation zum Verkehrswert (z.B. 120) gesetzt und die ermittelte Quote (80/120 = 2/3) definiert als Entgelts-Quote die AK (im Bsp.: historische AK von 60). Vom Erlös von 80 werden nun die aufgeteilten AK von 40 (2/3 von 60) abgezogen, so dass der Veräußerungsgewinn aus diesem (Kurz-)Bsp. 40 betragen würde. Bei einer Erbauseinandersetzung wird nur die Realteilung mit Spitzenausgleich als teilentgeltliches Veräußerungs- und Anschaffungsgeschäft behandelt.

4.2.1.2 Specifica

Aufgrund der Einbeziehung der **Anwartschaften** in den Regelungsbereich des § 17 Abs. 1 S. 3 EStG können auch Bezugsrechte veräußert werden, da für Anwartschaftsrechte die zivilrechtliche Aussage gilt, dass diese wie das Vollrecht (die Beteiligung an der KapG) übertragen werden. Der BFH stellt die Übertragung des Bezugsrechts der Vollrechtsübertragung gleich, auch für einen Fall der Einräumung eines Bezugsrechts an einen Nicht-G'fter anlässlich der Kapitalerhöhung einer GmbH, BFH vom 13.10.1992 (BStBl II 1993, 477).

---

[673] Zur (verdeckten) Einlage ausführlich *Maurer*, Band 2, Teil C, Kap. III.
[674] Das Problem kann bei GmbH-Geschäftsanteilen – wegen des Erfordernisses der notariellen Beurkundung (§ 15 GmbHG) – eher eine Rolle spielen als beim Aktienerwerb, der zumindest bei Inhaberaktien formlos erfolgt.
[675] S. auch das Beispiel von Rz. 23 beim BMF-Schreiben vom 11.01.1993 zur vorweggenommenen Erbfolge (BStBl I 1993, 81).

Die Veräußerung wird i.d.R. auf einem Kaufvertrag basieren. Ist der schuldrechtliche Verpflichtungsgrund für das Erfüllungsgeschäft (Veräußerung) ein **Tausch** (PV-Beteiligung gegen PV-Beteiligung), so greift ebenfalls § 17 Abs. 1 EStG, BFH vom 07.07.1992 (BStBl II 1993, 331[239]).

Vergleichbar der Problematik bei der Betriebsveräußerung können auch bei der Anteilsübertragung nach § 17 EStG spätere Ereignisse den Ausgangstatbestand noch beeinflussen. In der ersten Entscheidung hierzu hat der BFH – auch hier vergleichbar mit der Rspr. zu § 16 EStG – die Rückübertragung eines KapG-Anteils aufgrund einer **Rücktrittsvereinbarung** als nachträgliches Ereignis i.S.d. § 175 Abs. 1 Nr. 2 AO gewürdigt, BFH vom 21.12.1993 (BStBl II 1994, 648). Zu recht wurde die „Rückwirkungseuphorie" durch eine spätere Entscheidung gedämpft, wonach die Rückübertragung **ohne Rücktrittsvereinbarung** nicht als Fall des § 175 AO betrachtet wird, sondern eine erneute Veräußerung – mit umgekehrten Rollen – i.S.d. § 17 EStG darstellt, BFH vom 21.10.1999 (BStBl II 2000, 424).

Für Überraschung in der Fachöffentlichkeit sorgte die – im Ergebnis – richtige Entscheidung des BFH vom 18.08.1992 (BStBl II 1993, 34), die Übertragung wertloser GmbH-Anteile ohne Gegenleistung als Veräußerung zu behandeln. Diesem Fall ist vom Ergebnis der Eigenerwerb der Anteile einer KapG vergleichbar, da die eigenen Anteile im Eigentum der KapG eigentlich wertlos sind. Das BMF behandelt den **Eigenerwerb** differenzierend (BMF vom 16.08.1998, BStBl I 1998, 1509):

- Der einfache Erwerb eigener Anteile wird wie eine Veräußerung behandelt (Rz. 16).
- Der Erwerb zum Zwecke der Einziehung sei eine Kapitalherabsetzung (s. unter 4.4).

Es kann – in Hinblick auf § 20 Abs. 2a EStG – auch vereinbart werden, dass künftige Gewinnausschüttungen als Teil des Veräußerungserlöses angesehen werden. In diesen Fällen werden die künftigen Dividenden vom Erwerber nach § 20 EStG versteuert, die zusätzliche AK für die Beteiligung bilden.

4.2.2 Veräußerung gegen wiederkehrende Zahlungen

Auch hier gibt es die Parallele zu § 16 EStG:

1. Bei **Ratenvereinbarung** gilt das „Soll-Prinzip" und nicht das Zuflussprinzip.

> **Beispiel 32: Beteiligung auf Raten**[240]
> A verkauft am 01.11.01 einen GmbH-Anteil mit eigenen AK von 400 T€ zu einem Kaufpreis von 700 T€. Dabei ist eine zweimalige Ratenzahlung zu je 350 T€ vereinbart, wovon die erste Rate mit Abschluss des Kaufvertrages und die zweite Rate am 01.01.03 (Tag des Übergangs der Beteiligung) fällig ist.

---

[239] Zur Frage des Veräußerungserlös und allgemein zur bilanziellen Behandlung des Tausches s. *Preißer/Kölpin*, Band 2, Teil A, Kap. II.
[240] Nachgebildet dem Bsp. von *Zenthöfer/Schulze zur Wiesche*, ESt, K 3.12.1 (718).

Entsprechend den Ausführungen zu § 16 EStG wird bei Ratenzahlungen die Übertragung einmal – und zwar am Tage des Erfüllungsgeschäftes, frühestens bei der Einräumung des wirtschaftlichen Eigentums – besteuert. Sodann wird der Zinsanteil erfasst und als private Kapitaleinkunft gem. § 20 Abs. 1 Nr. 7 EStG versteuert.

Lösung:

- Die Anzahlung am 01.11.01 löst keine Steuerpflicht aus; der Kaufvertrag ist nicht der maßgebliche Zeitpunkt für die Steuerfolgen bei der Realisation.
- Erst mit der Übertragung am 01.01.03 – und damit im VZ 03 – ist der Tatbestand des § 17 EStG erfüllt. An diesem Tag geht gleichzeitig (wie in den meisten Fällen) das rechtliche Eigentum und das wirtschaftliche Eigentum (Übergang von Nutzen und Lasten) auf den Erwerber über. Im VZ 03 hat A gem. § 17 EStG – vorbehaltlich § 17 Abs. 4 EStG – 300 T€ (700 T€ ./. 400 T€) zu versteuern.
- Eine Erfassung eines späteren Zinsanteils ist bei der vorliegenden Konstellation (Anzahlung) obsolet.

2. Bei wiederkehrenden Leistungen i.e.S. (Leibrente/Dauernde Last) gibt es gem. R 140 Abs. 7 S. 2 EStR i.V.m. R 139 Abs. 11 EStR das Wahlrecht zwischen der Sofortversteuerung (mit anschließender Erfassung des Ertragsanteils nach § 22 Nr. 1 S. 3a EStG) und der Nachversteuerung (§§ 24 Nr. 2, 15,17 EStG).

3. Auch nach R 140 Abs. 7 S. 2 EStR 2001 wird das Wahlrecht nicht nur bei Leibrenten und einer Dauernden Last (s. 2.), sondern zusätzlich bei Ratenzahlung eingeräumt. Dies kann verständlicher Weise nur bei einer Ratenzahlung mit Versorgungscharakter der Fall sein, die erst bei einer Laufzeit von über zehn Jahren angenommen wird. Eine andere Auslegung (Wahlrecht bei jeder Form von Ratenzahlung) ist mit dem Rechtsnatur des Wahlrechts (Wagnismoment!) nicht vereinbar, wie das Bsp. 32 belegt.

4.3 Veräußerungsgewinn und Freibetrag

Das realisierte Veräußerungsergebnis kann sowohl zu Gewinnen wie zu Verlusten führen. Die enorm praxisrelevanten Veräußerungsverluste (KapG[241] in der Insolvenz) gem. § 17 Abs. 2 S. 4 EStG werden im Teil B, Kap. IV zusammenfassend dargestellt. Nachfolgend wird nur der Veräußerungsgewinn (Hauptfall) behandelt. Die meisten technischen Ausführungen können mit umgekehrten Vorzeichen auf die Veräußerungsverluste übertragen werden, nur eben nicht die rechtlichen Aspekte.

---

[241] Im Jahre 2001 gab es bislang bei den AG die größte Steigerungsrate bei den Insolvenzen, gefolgt von den GmbH- und Privatinsolvenzen; die Zahlen für 2002 liegen noch nicht vor.

4.3.1 Berechnungsformel für den Veräußerungsgewinn

Der Veräußerungsgewinn wird gem. § 17 Abs. 2 S. 1 EStG nach dem bekannten Schema ermittelt:

Veräußerungspreis
./. Anschaffungskosten
./. Veräußerungskosten[242]
= **Veräußerungsgewinn**

Gem. § 52 Abs. 34a EStG (i.V.m. R 140 Abs. 9 EStR 2001) gilt grundsätzlich (kein abweichendes Wj.) ab 2002 das neue Halbeinkünfteverfahren (§ 3 Nr. 40c S. 1 EStG – hälftiger Veräußerungspreis – i.V.m. § 3c Abs. 2 EStG – hälftige AK und hälftige Veräußerungskosten). Vorher (bis 2001) wurden die Veräußerungseinkünfte nach § 17 EStG als außerordentliche Einkünfte behandelt, auf die zuletzt (1999 – 2001) die Fünftelungsregelung des § 34 Abs. 1 EStG anzuwenden war. Ein besonderes Problem bei § 17 EStG stellen Inhalt und Ermittlung der AK dar.

4.3.2 Die Abzugsgröße „Anschaffungskosten"

Die AK-Definition des § 255 HGB wird im Ergebnis auch für die AK-Diskussion bei § 17 EStG zugrunde gelegt. Danach erhöhen die Anschaffungsnebenkosten ebenso wie nachträgliche AK den Ausgangswert. Umgekehrt reduzieren Anschaffungspreis-minderungen den Betrag.

Vor dem Hintergrund dieser Überlegungen sind beim Gründungserwerb von Anteilen alle Komponenten zu berücksichtigen, die materialisierte Aufwendungen für das verkehrfähige WG „Beteiligung an einer KapG" sind.

- Unter dem Gesichtspunkt der finalen AK-Lehre (Aufwendungen **zum** Erwerb der Beteiligung) ist die Rspr. einleuchtend, die beim Erwerb von Anteilen anlässlich einer Kapitalerhöhung danach differenziert, ob die Mittel für die Kapitalerhöhung von der KapG selbst oder von den G'ftern geleistet werden. Danach münden – wie beim Ersterwerb – nur diejenigen Beträge in die **AK**, die aus **Mitteln der G'fter** stammen (R 140 Abs. 5 S. 1 EStR sowie BFH vom 21.01.1999, BStBl II 1999, 638). Es werden bei einer Kapitalerhöhung aus G'fter-Mitteln neue Relationen zwischen den Altanteilen und den neuen (jungen) Anteilen geschaffen, die im Wege der Gesamtwertmethode aufgeteilt werden.

- Bei der Kapitalerhöhung aus **Mitteln der KapG** sind die AK nach dem Verhältnis der Nennbeträge für die Altanteile und die neuen Frei-Anteile zu verteilen (R 140 Abs. 5 S. 2 EStR).

- Als Anschaffungsnebenkosten kommen diejenigen Aufwendungen in Betracht, die zwangsläufig beim Erwerb anfallen und vom Erwerber zu zahlen sind. Bei derivativen GmbH-Geschäftsanteilen sind dies z.B. die Notarkosten für die Beurkundung,

---

[242] Nur, soweit sie vom Veräußerer bezahlt wurden (Maklercourtagen, Provisionen). Ist der Erwerber zur Zahlung verpflichtet, so liegen bei ihm Anschaffungsnebenkosten für den Anteil vor.

ansonsten – bei gründungsgeborenen Anteilen – kommen evtl. Prüfkosten oder Beratungskosten hinzu.
- Anschaffungspreisminderungen sind Rückzahlungen auf den ursprünglichen Verkaufspreis, wenn sie aufgrund gesetzlicher oder vertraglicher Verpflichtung zu leisten sind. Die Rspr. nimmt diesen Fall auch bei der Rückzahlung im Rahmen einer Kapitalherabsetzung an, BFH vom 26.09.1995 (BStBl II 1995, 725).

4.3.3 Nachträgliche Anschaffungskosten, insbesondere bei eigenkapitalersetzenden Maßnahmen

Mit der Ermittlung der historischen AK – egal ob sie bei der Gründung der KapG angefallen sind oder sie im Kaufpreis beim Erwerb der Anteile ausgewiesen sind – sind die Anteile an KapG nicht auf ewige Zeit festgelegt. Vielmehr kann es zu späteren Werterhöhungen durch Nachschusszahlungen und dgl. kommen. Die häufigste Form sind jedoch die späteren (verdeckten) Einlagen sowie neuerdings die eigenkapitalersetzenden Maßnahmen.

4.3.3.1 (Offene und verdeckte) Einlagen

Als offene Einlagen werden die Übertragung von WG in das Vermögen der KapG bezeichnet, die mit einer unmittelbaren gesellschaftsrechtlichen Gegenleistung verbunden sind. Auf der Ebene der KapG sind diese Vorgänge durch eine Einstellung in das gezeichnete Kapital (Kapitalerhöhung aus Gesellschaftermitteln) oder in die Kapitalrücklage (§ 272 Abs. 2 HGB, wie z.B. das Agio) erfasst[243].

Ebenso erhöhen verdeckte Einlagen, die mit keiner unmittelbaren Gegenleistung für den G'fter verbunden sind, sondern als Reflex nur mittelbar seinen Beteiligungswert zugute kommen, die AK der Anteilsinhabers. Sie werden bei der KapG ebenfalls in die Kapitalrücklage eingestellt.

> **Beispiel 33: Die zinsverbilligte Darlehensüberlassung**
> M ist zu 80 % an der M-GmbH beteiligt. Aufgrund guter Beziehungen zu seiner Hausbank steht ihm aus einer privaten zinsgünstigen Hypothek (5 %) noch ein Restdarlehensbetrag von 100 T€ zur Verfügung, der nicht aufgebraucht wurde. Er überlässt den Geldbetrag der GmbH gegen 6 %, obwohl die GmbH für diesen Kredit mangels grundpfandrechtlicher Absicherung mindestens 10 % Zinsen zahlen hätte müssen.
> Als M ein Jahr später 10 % seine Beteiligung gegen ein hohes Entgelt überträgt, möchte er einen möglichst niedrigen Veräußerungsgewinn versteuern.

Bei der Diskussion zur Einlage (dem Grunde wie der Höhe nach) muss man sich vergegenwärtigen, dass jede (erfolgreiche) Einlage – als werterhöhender Subtrahent – den

---
[243] S. zum Ganzen *Maurer*, Band 2, Teil C, Kap. III.

späteren Veräußerungsgewinn verringert (s. 4.3.1: Berechnungsformel). Der jeweilige Vermögensvorteil muss allerdings einlagefähig sein.

Lösung:
Aufgrund des epochalen Beschlusses des GrS vom 26.10.1987 (BStBl II 1988, 348) können nur WG – und damit z.B. Nutzungsrechte – einlagefähig sein. Eine einfache **Nutzungsüberlassung** – wie sie auch hier bei der Kapitalüberlassung des M an die M-GmbH vorliegt – ist nach diesem richtigen Judikat **nicht einlagefähig.**
Weder M noch die M-GmbH können den Nutzungsvorteil [4 % (10 % ./. 6 %)] als Einlage behandeln. M muss die volle Differenz zwischen Kaufpreis und anteiligen historischen AK versteuern.

4.3.3.2 Eigenkapitalersetzende Maßnahmen (§ 32a GmbHG)

Mit mehreren grundlegenden Entscheidungen aus den Jahren 1997 bis 1999 hat der BFH – ursprünglich gegen die Verwaltungsauffassung – seine Rspr. zu eigenkapitalersetzenden Maßnahmen, insb. zu **Darlehen und Bürgschaften in der Krise** der GmbH, vollständig der gesellschaftsrechtlichen Beurteilung angepasst[244]. Liegen die Voraussetzungen der §§ 32a, 32b GmbHG[245] vor, so sind diese gesellschaftsrechtlichen Leistungen nunmehr auch steuerlich per se als **nachträgliche AK** auf die Beteiligung zu beurteilen. Die zweifelsfreie Wertminderung des Rückzahlungsanspruches könne nur auf diese Weise hinreichend das objektive Nettoprinzip (zu erwartende Erträge ./. Aufwand) wirksam werden lassen. Die §§ 32a ff. GmbHG werden auf andere KapG, insb. auf die AG, analog angewandt.

Beispiel 34: Die steuerliche Insolvenzverschleppung
A und B sind Gründungsgesellschafter der I-GmbH. B (zugleich Allein-Geschäftsführer) hält 92 % der Anteile, A den Rest. Seit einigen Wochen gerät die I-GmbH in immer größere Zahlungsschwierigkeiten. Den Gang zum Insolvenzgericht vermeidet A, da er von erheblichen stillen Reserven der GmbH ausgeht. Um das schlimmste zu verhindern, geben A und B der I-GmbH in diesem Zeitpunkt ein Überbrückungsdarlehen.

BGH, BFH und (nunmehr auch die Verwaltung, BMF vom 08.06.1999, BStBl I 1999, 545) gehen bei drei Formen der **Darlehen**shingabe von einem eigenkapitalersetzenden Darlehen aus mit der Folge, dass der G'fter als Darlehnsgeber die Forderung gegen die GmbH (heute) nur noch als nachrangige Forderung in der Insolvenz gelten machen kann:

1. Nachdem die **Krise** der GmbH bereits **eingetreten** ist – und ein ordentlicher Kaufmann der GmbH zu den konkreten Bedingungen keine Fremdmittel mehr gegeben hätte – geben die G'fter der GmbH ein Darlehen.

---

[244] BFH vom 24.04.1997 (BStBl II 1999, 339), vom 04.11.1997 (BStBl II 1999, 344) und vom 10.11.1998 (BStBl II 1999, 348) [jeweils zu Darlehen].
[245] § 32b GmbHG regelt die Rückzahlungspflicht.

2. Das Darlehen wurde vor der Krise gegeben, es wird aber in der Krise nicht gekündigt („**Stehenlassen des Darlehens**").
3. Unabhänigig vom Zeitpunkt der Darlehensvergabe ist ein Darlehen im vorhinein in der Absicht gegeben worden, es in der Krise stehen zu lassen („**krisenbestimmtes Darlehen**").
4. Hinzu kommen sog. **Finanzplankredite**. Damit sind nach der Rspr. des BFH (und des BGH) solche Kredite der G'fter gemeint, die – unabhängig von der „Krisenprüfung" – im vorhinein auf eine Kombination von Eigen- und Fremdfinanzierung der KapG angelegt waren. Auch diese sind den Einlagen gleichgestellt und führen zu nachträglichen AK.

Die genannten vier Formen des „Einlage-Ersatzes" unterscheiden sich in der Bewertung:

Art des Einlage-Ersatzes	Höhe der nachträglichen AK (Zeitpunkt)
1. Darlehen in der Krise	Nennwert der Darlehensforderung (Hingabe)
2. Stehengelassenes Darlehen	„Erheblich unter Nennwert", ggf. 0 (Unterlassene Kündigung)
3. Krisenbestimmtes Darlehen	Nennwert der Darlehensforderung (Ausfall der Forderung)
4. Finanzplankredit	Nennwert (Gründung der KapG)

Lösung:
- Bei der Anwendung der eigenkapitalersetzenden Kapital- und Sicherheitsüberlassungen sind die gesellschaftsrechtlichen Vorgaben strikt zu beachten. § 32a Abs. 3 S. 2 GmbHG wendet die o.g. Grundsätze nicht für den nicht beherrschenden G'fter an. Darunter versteht § 32a Abs. 3 GmbHG eine Person, die nur mit 10 % (oder weniger) am Stammkapital beteiligt ist und gleichzeitig nicht GF der I-GmbH (nicht Vorstand der AG) ist. Für A (8 %-Gesellschafter und Nicht-GF) gelten die Aussagen nicht. Sein Darlehen führt nicht zu nachträglichen AK.
- Anders gestaltet sich die rechtliche Beurteilung für B. Als geschäftsführender Mehrheitsgesellschafter bestimmt er die Geschicke der I-GmbH. Er gibt in der Krise der GmbH (einer der Insolvenzgründe gem. § 64 Abs. 1 GmbHG – Zahlungsunfähigkeit oder Überschuldung – genügt) ein Darlehen. Damit sind für ihn im Zeitpunkt der Vergabe des Kredits i.H.d. Valuta nachträgliche AK auf seine Beteiligung entstanden. Dies erhöht im Falle der Insolvenz der I-GmbH seinen Veräußerungsverlust gem. § 17 Abs. 2 S. 4 EStG [Wert der Beteiligung im Zeitpunkt der vorhersehbaren Insolvenz ./. AK (inkl. nachträgliche AK)].

Während die Rspr. des BFH die neueste Form der eigenkapitalersetzenden Maßnahmen, i.e. die eigenkapitalersetzende **Nutzungsüberlassung** noch nicht entdeckt hat[246], spielen **Bürgschaften** in der **Krise** eine wichtige Rolle.

Danach liegen nachträgliche AK wiederum in folgenden Konstellationen vor (H 140 Abs. 5 EStH):

- Bürgschaften, die erst in der Krise übernommen werden,
- krisenbestimmte Bürgschaften und
- Finanzplanbürgschaften.

Wiederum unter zwei Gesichtspunkten verhelfen diese Maßnahmen dem G'fter-Bürgen jedoch nicht zu nachträglichen AK:

- Bürgschaft, die vor der Krise übernommen wurde und nicht krisenbestimmt war, BFH vom 06.07.1999 (BStBl II 1999, 817).
- Bürgschaft eines zahlungsunfähigen G'fters, BFH vom 08.04.1998 (BStBl II 1998, 660).

4.3.4 Die Freibetragsregelung (§ 17 Abs. 3 EStG)

§ 17 Abs. 3 EStG hat eine mit § 16 Abs. 4 EStG vergleichbare Konzeption. Der Sockel-Freibetrag von 10.300 € wird bis zu einer Gewinngrenze von 41.000 € immer gewährt (ohne allerdings zu negativen Einkünften zu führen). Der Freibetrag schmilzt allerdings („ermäßigt sich"), soweit der Gewinn 41.000 € übersteigt. Als Folge dieser Arithmetik wird ab 51.300 € Veräußerungsgewinn keine sachliche Steuerbefreiung in Form eines Freibetrages gewährt. Im Unterschied zu § 16 Abs. 4 EStG ist der Freibetrag bei § 17 Abs. 3 EStG an keine persönlichen Voraussetzungen geknüpft.

Die Grundaussage mit diesen Zahlen gilt jedoch nur für die **Einmann-KapG**. Für alle anderen Beteiligungen werden die mitgeteilten Referenzbeträge entsprechend der Beteiligungsquote **aufgeteilt**.

Beispiel 35: Jedem das Seine (suum cuique)

- B veräußert seinen 40 %igen GmbH-Anteil mit 1/2-Gewinn von 15 T€,
- C veräußert seinen 60 %igen GmbH-Anteil mit 1/2-Gewinn von 30 T€.

---

[246] Die Grundsätze der §§ 32a ff. GmbHG werden sinngemäß auf die eigenkapitalersetzende Nutzungsüberlassung (Bsp.: GmbH-G'fter überlässt weiterhin als Verpächter seiner GmbH in der Krise ein Grundstück, anstatt das Pachtverhältnis zu kündigen – BGHZ 127, 17) erstreckt, wobei das beim Verpächter bestehen bleibende Eigentum respektiert wird (das Grundstück kann nicht zur Masse gezogen werden). Lediglich das Nutzungsrecht steht dem Insolvenzverwalter für Zwecke des Gemeinschuldners zur Verfügung (kostenlose Weiternutzung).

4   Die Veräußerung von Anteilen an Kapitalgesellschaften (§ 17 EStG)

Lösung (in €):

Anteiliger Freibetrag	Teil-Ermäßigungsbetrag	Ergebnis
B: 40 % von 10.300 = **4.120**	(40 % von 41.000 = 16.400) => 0	15.000 ./. 4.120 = **10.880**
C: 60 % von 10.300 = **6.180**	60 % von 41.000 = **24.600** 30.000 ./. 24.600 = **5.400**	6.180 ./. 5.400 = 780 30.000 ./. 780 = **29.220**

Bei **teilentgeltlichen Veräußerungen** bildet die ermittelte Entgeltsquote den Faktor, mit dem die gesetzlichen Frei- und Ermäßigungsbeträge multipliziert werden (BMF vom 13.01.1993, BStBl I 1993, 80 – Rz. 23). Sollte es sich im Beispiel 35 (Fall C) um einen teilentgeltlichen Vorgang mit der Entgeltsquote von 50 % gehandelt haben, so werden sowohl der anteilige Freibetrag (6.180/2 = 3.090 €) wie der anteilige Ermäßigungsbetrag (24.600 / 2 = 12.300 €) nochmals halbiert.

4.3.5   Einlage einer wertgeminderten Beteiligung

Ein nicht minder aktuelles Thema stellt die **Einlage einer wertgeminderten** Beteiligung an einer KapG dar. Für den Grundfall ordnet R 140 Abs. 8 EStR an, dass bei einer Beteiligung, die bereits im Einlagezeitpunkt unter die AK gesunken ist, die **Differenz** erfasst wird und beim **Ausscheiden** der Beteiligung aus dem BV **gewinnmindernd** zu berücksichtigen ist. Aufgrund des Halbeinkünfteverfahren haben die überarbeiteten R 140 Abs. 8 EStR 2001 zwischenzeitlich die Verlustberücksichtigung auf die **Hälfte** reduziert. Einzige Voraussetzung heute[247] ist, dass § 17 Abs. 2 S. 4 EStG einer Verlustberücksichtigung nicht im Wege steht.

Nach dem Urteil des BFH vom 19.10.1998 (BStBl II 2000, 230), das zwischenzeitlich von der Verwaltung umgesetzt wurde (BMF vom 29.03.2000, BStBl I 2000, 462) wird die Einbringung **wertgeminderter Beteiligungen** differenzierend behandelt:

- Bei Einbringung in eine PersG gegen Gesellschaftsrechte entsteht entgegen R 140 Abs. 8 EStH – wegen des Tauschcharakters – bereits im Zeitpunkt der **Einbringung** ein Veräußerungsverlust.
- Bei Einbringung in eine PersG ohne Gewährung von Gesellschaftsrechten bzw. bei einer Einbringung in ein Einzelunternehmen gilt weiterhin R 140 Abs. 8 EStR.

4.4   Der Ergänzungstatbestand des § 17 Abs. 4 EStG

Die nur in Zusammenhang mit der körperschaftsteuerlichen Behandlung der Kapitalherabsetzung und Liquidation sinnvoll nachvollziehbare Erfassung der Auswirkungen beim Anteilseigner gem. § 17 Abs. 4 EStG wird in diesem Buch exemplarisch und im Detail im KSt-Recht präsentiert[248].

---

[247] Früher (bis 2001) durfte auch § 50c EStG (Sperrbetragsregelung) nicht im Wege stehen.
[248] S. *Maurer*, Band 2, Teil C, Kap. VI.

Nachfolgend wird nur eine abrundende Einführung zu § 17 Abs. 4 EStG gegeben sowie die Konkurrenz zwischen § 17 Abs. 4 EStG mit § 20 Abs. 1 Nr. 1 bzw. 2 EStG beleuchtet.

4.4.1 Überblick über den Regelungsbereich des § 17 Abs. 4 EStG

§ 17 Abs. 4 EStG soll einerseits als Realisationstatbestand die zurückgezahlten stillen Reserven von Anteilen an KapG bei deren Auflösung und bei der Herabsetzung des Nennkapitals erfassen und insoweit § 17 Abs. 1 EStG ergänzen.

Andererseits wird die Zurückzahlung der umstellungsbedingten[249] Einlagen gem. § 27 KStG n.F. nach § 17 Abs. 4 S. 1 EStG erfasst. Dabei handelt es sich um die – nach altem Anrechnungsrecht im **EK 04** geparkten – **verdeckten Einlagen**, die zurückgezahlt werden. Auf diesem steuerlichen Einlagenkonto werden alle noch nicht ausgeschütteten und nicht in das Nennkapital der KapG geleisteten Einlagen erfasst.

In beiden Fällen löst die Rückzahlung bei einer mindestens 1 % igen Beteiligung an einer KapG (fingiert) gewerbliche Einkünfte des § 17 EStG aus. Statt eines Veräußerungspreises wird hier der gemeine Wert angesetzt.

4.4.2 Konkurrenz zwischen § 17 Abs. 4 EStG und § 20 Abs. 1 Nr. 1 bzw. 2 EStG

Die Subsidiaritätsregelung in § 17 Abs.4 S. 3 EStG (Vorrang des § 20 Abs. 1 Nr. 1 bzw. 2 EStG) besagt, dass die Bestimmungen über die Gewinnausschüttung Vorrang vor der gewerblichen (!) Einkunftsart des § 17 EStG haben.

Damit wird klarstellend zum Ausdruck gebracht, dass unter § 17 EStG nur echte Nennkapitalrückzahlungen inkl. der Kapitalrücklagen (§ 272 Abs. 4 HGB – Hauptfall: Agio und vE) fallen.

Umgekehrt werden von § 20 Abs. 1 Nr. 1 bzw. 2 EStG die Auskehrungen aus dem sonstigen verwendbaren Eigenkapital (ohne EK 04) sowie aus dem Teil des Nennkapitals erfasst, das früher (1977 – 2001) aus der Kapitalerhöhung von Gesellschaftsmitteln (§ 29 Abs. 3 KStG a.F.) stammte.

5 Private Veräußerungsgeschäfte (§ 23 EStG)

5.1 Einleitung

Alleine die Neu-Etikettierung von § 23 EStG (statt „Spekulationsgeschäfte" jetzt „private Veräußerungsgeschäfte") kennzeichnet den Wandel in der Besteuerung von realisierten Wertzuwächsen im PV.

Zusammen mit der Tatbestandserweiterung bei § 17 EStG sind seit 1999 Wertzuwächse bei den wichtigsten WG des PV (Immobilien, Wertpapiere, Anteile an KapG)

---

[249] Die Umstellung vom Vollanrechnungssystem auf das Halbeinkünfteverfahren ist im Jahre 2017 endgültig vollzogen.

5 Private Veräußerungsgeschäfte (§ 23 EStG)

steuerlich erfasst. Auch ohne buchhalterische Dokumentation sind diese PV-WG nunmehr steuerverstrickt.

Nachfolgend werden aus den Bereich des § 23 EStG nur Immobilien und Wertpapiere behandelt, die sonstigen Neuerungen (§ 23 Abs. 1 Nr. 4 EStG : Termingeschäfte; die durch den Transfer BV – PV und umgekehrt ausgelösten Folgen[250] sowie die Verlustthematik) sind in anderem Zusammenhang dargestellt.

Als Veräußerungsgewinne werden Veräußerungen und ihnen gleichgestellte Tatbestände erfasst, die innerhalb der maßgeblichen, steuerschädlichen Frist des § 23 Abs. 1 EStG getätigt werden.

5.2 Steuerentstrickung bei Immobilien (Privatvermögen)

5.2.1 Der Zustandstatbestand bei Privatimmobilien

Nachdem auf der Grundlage des Urteils des BFH vom 19.07.1983 (BStBl II 1984, 26) die Steuerbarkeit nach § 23 EStG von der **Identität** (Nämlichkeit) der zunächst angeschafften und später veräußerten Objekte abhängt, ist im tatbestandlichen Vorfeld der Gegenstand so exakt wie möglich zu definieren.

5.2.1.1 Der Grundtatbestand

Nach § 23 Abs. 1 Nr. 1 S. 1 EStG unterliegen in- und ausländische[251] Grundstücke sowie Rechte, die den zivilrechtlichen Vorschriften über Grundstücke gleichgestellt sind (Wohnungs-, Teileigentum sowie Erbbaurechte), der virtuellen Besteuerung. Sonstige dingliche Rechte wie Nießbrauch und Vorkaufsrecht lösen hingegen nicht die Steuerfolgen des § 23 EStG aus.

Allein wegen des Ausschlusstatbestandes von § 23 Abs. 1 S. 3 EStG (vorherige Selbstnutzung) ist die steuerliche Selbständigkeit von GruBo einerseits und Gebäude andererseits zu beachten[252]. Dies kann nicht darüber hinwegtäuschen, dass die Ermittlung des Veräußerungsgewinnes beide Komponenten (GruBo und Gebäude – Wertsteigerungen) beinhaltet.

5.2.1.2 Erstreckung auf errichtete Gebäude

Eine (wirtschaftliche) Ausnahme vom Identitätsgebot stellt § 23 Abs. 1 Nr. 1 S. 2 EStG dar. Danach werden Gebäude (und selbständige Gebäudeteile), die innerhalb der zehnjährigen Veräußerungsfrist errichtet wurden, in die Besteuerung einbezogen.

---

[250] Rein steuertechnisch stellt die Entnahme aus dem BV eine Anschaffung i.S.d. § 23 Abs. 1 S. 2 EStG dar, während die Einlage einer Veräußerung gem. § 23 Abs. 1 S. 5 EStG gleichgestellt wird. Während die betroffenen WG steuerverstrickt bleiben, löst die Zäsur jeweils eine Neubewertung aus.

[251] Die tatsächliche Besteuerung hängt in diesem Fall vom DBA ab; in den meisten DBA wird sie allerdings vom Belegenheitsstaat vorgenommen.

[252] Dies ist allein deshalb von Bedeutung, da sich das Besteuerungsgut des § 23 EStG hauptsächlich aus den gestiegenen Bodenpreisen ergibt.

Beispiel 36: Die problematische Wertsteigerung
Schwabe S erwirbt am 01.01.04 eine grüne Wiese zu 100 T€. Wie bei allen seinen Landsleuten steht spätestens nach drei Jahren auf seinem Grundstück ein MFH (HK i.H.v. 1 Mio. €), mit dem V+V-Einkünfte ab April 04 erzielt werden. Aufgrund persönlicher Umstände sieht sich S gezwungen, das MFH noch im 1. Quartal 11 zu verkaufen.
Steuerpflicht, falls der Kaufpreis 2 Mio. € betragen soll?

Variante: Macht es einen Unterschied, wenn S das Objekt von seinem Vater V geschenkt bekam (bzw. ihm vererbt wurde) und V die AK im Jahre 01 getragen hat?

Lösung:
Trotz fehlender Identität des erworbenen Objekts („Grüne Wiese") und des veräußerten Objekts (MFH) liegt gem. § 23 Abs. 1 Nr. 1 S. 2 EStG dann ein privates Veräußerungsgeschäft vor, wenn die maßgebliche Veräußerung (s. 5.2.2) vor dem 31.03.11 stattfindet.

Variante:
Wegen § 23 Abs. 1 S. 3 EStG kommt es zur identischen Rechtsfolge, wenn S unentgeltlicher Einzel-Rechtsnachfolger des V ist, ihm folglich die Wiese geschenkt wurde.
Bei Gesamtrechtsnachfolge (Erbfall) ging man früher – wie selbstverständlich– („Fußstapfentheorie") von dem Einrücken des Erben in die latente Steuerposition des Erblassers aus. Die h.M. hält denn auch die Neueinführung der „Einzelrechtsnachfolge" im Text des § 23 EStG nur für eine Bestätigung der ohnehin bestehenden Steuerkontinuität im Erbfall[253]. Hiergegen kann aber mit guten Gründen eingewandt werden, dass durch die jüngste BFH-Rspr. die steuerliche Nachfolgeeuphorie ins Wanken geraten ist und es von daher einer konstitutiven Gesetzesregelung bedarf, sofern Fälle der Gesamtrechtsnachfolge hierunter subsumierbar sein sollen[254].

5.2.1.3 Das Erbbaurecht

Ein privates Veräußerungsgeschäft wird auch bei der Veräußerung eines „bebauten Erbbaurechts" angenommen.

Beispiel 37: Erbbaurecht und § 23 EStG[255]
An einem unbebauten Grundstück wird im Jahre 03 ein Erbbaurecht zu Gunsten von A bestellt. A errichtet auf dem Grundstück im Jahre 04 ein Gebäude,

---
[253] Vgl. etwa *Fischer* in *Kirchhof-kompakt*, § 23 Rz. 15.
[254] S. die Darstellung unter Kap. IV sowie *Kupfer*, KÖSDI 2000, 12276.
[255] Das Beispiel stammt aus Rz. 15 des BMF-Schreibens vom 05.10.2000 (BStBl I 2000, 1383) zu „Zweifelsfragen ... bei § 23 EStG".

mit dem er V+V-Einkünfte erzielt. Im Jahre 07 erwirbt er das Grundstück und veräußert das bebaute Grundstück im Jahre 10.

Wird ein Gebäude in Ausübung eines Nutzungsrechts errichtet und wird der GruBo nach Fertigstellung des Gebäudes erworben, so ist bei einer späteren Veräußerung des bebauten Grundstücks das Gebäude nicht in das private Veräußerungsgeschäft mit einzubeziehen.

Lösung:
Hinsichtlich des Grundstücks liegt ein privates Veräußerungsgeschäft i.S.d. § 23 Abs. 1 S. 1 Nr. 1 EStG vor. Das Gebäude ist nicht einzubeziehen, weil es vor der Anschaffung des Grundstücks in Ausübung des Erbbaurechts errichtet wurde und somit nicht das private Veräußerungsgeschäft betrifft, dessen Gegenstand das Grundstück und nicht das Erbbaurecht ist.

5.2.1.4 Die Ausnahme: Selbstnutzung

Gem. § 23 Abs. 1 Nr. 1 S. 3 EStG sind **ausschließlich** zu **eigenen Wohnzwecken** genutzte WG (Gebäudeteile inkl. dem zugehörigen GruBo-Anteil[256]) von der Besteuerung ausgeschlossen. Dabei werden aber weder Ferienwohnungen noch ein häusliches Arbeitszimmer dem „Ausschließlichkeitsanspruch" gerecht (Rz. 21 BMF-Schreiben a.a.O.).

Beispiel 3: Ein weiterer[257] Steuervorteil der „eigenen vier Wände"
Bauherr B erwirbt in 03 ein unbebautes Grundstück, auf dem in 07 ein EFH errichtet wird, das zunächst vermietet wird. In 09 zieht B mit seiner Familie in das EFH ein und bewohnt es selbst. In 11 wird das EFH verkauft.
Löst der Verkauf die Steuerfolgen des § 23 EStG aus?

Von der Besteuerung nach § 23 EStG ist auch der GruBo-Anteil ausgenommen, der dem zu eigenen Wohnzwecken ermittelten Gebäude(-teil) zuzurechnen ist. Diese umfasst aber nur die für die entsprechende Gebäudenutzung erforderlichen und üblichen Flächen[258]. Entscheidend ist jedoch, ob die zeitliche Frist von drei Kj. Eigennutzung eingehalten ist.

Lösung:
Der gesetzliche Begriff von der zusammenhängenden Nutzung innerhalb der letzten drei Kj. in § 23 Abs. 1 Nr. 1 S. 3 EStG wird von der Verwaltung (Rz. 25 des BMF-Schreibens) so interpretiert, dass es sich nicht um volle Kj. Eigennutzung handeln müsse. Es genügt demnach, wenn die Voraussetzung der Eigennutzung zusammenhängend in drei Kj. vorliege, demzufolge – im

---
[256] Hierzu BMF vom 05.10.2000 BStBl I 2000, 1383 Rz. 18.
[257] Neben der Förderung nach EigZulG.
[258] Dazu näher BMF a.a.O. Rz. 17.

Extremfall – auch eine Eigennutzung vom 31.12.09 bis 01.01.11 genügen würde, um die Steuerfreiheit des Verkaufes des EFH zu garantieren[259].

5.2.2 Der Handlungstatbestand bei § 23 EStG

Nach der Anschaffung (bzw. Entnahme[260]) ist eine Veräußerung (bzw. Einlage[261]) innerhalb des Zehnjahreszeitraumes steuerschädlich.

Die Begriffe „Anschaffung" und „Veräußerung" werden dabei einheitlich i.d.S. interpretiert, dass es sich um entgeltliche Übertragungsvorgänge handeln muss. Bei **teilentgeltlichen** Übertragungen, wie dies insb. bei der vorweggenommenen Erbfolge (z.B. bei vereinbarten „Gleichstellungsgeldern„) der Fall ist, erfolgt eine Aufteilung des Kaufpreises nach der **Trennungstheorie**[262]. Bei unentgeltlichen Erwerben wird auf § 23 Abs. 1 S. 3 EStG verwiesen.

Des weiteren ist bei der Berechnung des Zehnjahreszeitraumes darauf zu achten, dass sowohl für die Anschaffung wie für die Veräußerung die **schuldrechtlichen** Rechtsgeschäfte (i.d.R. der Kaufvertrag) und nicht die dingliche Auflassung zu Grunde gelegt wird[263].

Nach § 23 Abs. 3 S. 4 EStG ist schließlich bei Objekten, die nach dem 31.07.1995 (§ 52 Abs. 39 S. 4 EStG) erworben wurden, bei der Abzugsgröße der AK noch die (Sonder-)AfA abzuziehen, soweit diese vorher bei der Einkunftsermittlung berücksichtigt wurde. Auf diese Weise erhöht sich für „ neue Objekte" der private Veräußerungsgewinn (Veräußerungspreis ./. reduzierte AK gem. § 23 Abs. 3 S. 1 EStG).

5.3 Steuerentstrickung bei Wertpapieren und vergleichbaren Wirtschaftsgütern

Bei Steuertatbeständen gem. § 23 Abs. 1 Nr. 2 EStG, die innerhalb einer einjährigen Veräußerungsfrist anfallen, ist insb. auf den Identitätsnachweis zu achten. Bei der häufig vorkommenden Aufbewahrung im Giro-Sammeldepot liegt ein steuerpflichtiger Veräußerungstatbestand nur dann vor, wenn der Art und Stückzahl nach feststeht, dass Anschaffung und Veräußerung innerhalb eines Jahres stattgefunden haben (H 169 zu R 169 EStR).

---

[259] Der Fall ist im BMF-Schreiben a.a.O. nicht so gebildet worden, muss aber nach dem Wortlaut so gelöst werden.
[260] Hinweis auf die ausführlichen Regelungen (Rz. 33 f. des BMF-Schreibens) zur Ermittlung des steuerpflichtigen Gewinns bei Entnahme.
[261] Hinweis auf die Ermittlung des Veräußerungsgewinnes bei Einlage auf Rz. 35 ff. a.a.O.
[262] Hierzu ausführlich Kap. III.
[263] Ständige BFH-Rspr. (BFH vom 15.12.1993, BStBl II 1994, 687).

6 Zusammenfassung

Bei einer Gesamtbetrachtung der Realisationstatbestände müssen für den privaten Bereich die Entstrickungsvorgänge des § 21 UmwStG und des § 6 AStG ebenso einbezogen werde, wie dies im betrieblichen Bereich mit § 11 KStG (Liquidation der KapG inkl. der Auswirkungen auf die Anteilseigner) der Fall ist.

Für den **privaten** Bereich (§§ 17, 23 EStG inkl. der o.g. Tatbestände) ist als erstes Fazit festzuhalten, dass – bezogen auf die werthaltigsten WG des BV (Immobilien, KapG-Beteiligungen) – der Dualismus der Einkunftsarten in seiner wichtigsten Ausprägung nahezu zur Worthülse wird. Der realisierte Wertzuwachs innerhalb eines Zehnjahreszeitraum ist bei „Markt-Immobilien"[264] zu versteuern, ebenso wie die an der Börse oder sonst am Kapitalmarkt realisierten Gewinne der meisten Streubesitzaktionäre erfasst werden, die „schnellen" Gewinne allemal.

Wenn über § 21 UmwStG die anlässlich einer Buchwerteinbingung (in eine KapG[265]) verstrickten stillen Reserven auf die Gesellschafterebene übergehen und sodann die Veräußerung dieser einbringungsgeborenen Anteile zur Aufdeckung zwingt (§ 21 Abs. 1 UmwStG) und wenn zusätzlich die Ersatztatbestande von § 21 Abs. 2 UmwStG auf Antrag oder ipso iure[266] diese Folgen zeitigen, so gilt für Anteile an KapG allgemein eher der Grundsatz einer allumfassenden Steuerverstrickung als dessen Gegenteil. Dies wird durch § 6 AStG ergänzt, der ebenfalls, ohne dass es zu einer gesteigerten Leistungsfähigkeit des Steuerbürgers kommt, einen Ersatzrealisationstatbestand bei Wegzug anordnet[267].

Umgekehrt, bei den **im BV** gehaltenen WG, mag es zwar bei ungeschickter Gestaltung immer noch zu der „ultima ratio" der Besteuerung des Aufgabegewinnes bei § 16 Abs. 3 EStG kommen. Die jüngsten Aktivitäten des Gesetzgebers (UntStFG 2001, StÄndG 2001) lassen aber für Personenunternehmen wieder hinreichend Raum, durch Übertragung auch von Einzel-WG Umstrukturierungen auf betrieblicher Ebene vorzunehmen, die trotz eines Rechtsträgerwechsels von der Entstrickung verschont sind. Bei funktionellen Einheiten wurde dies schon immer erleichtert; die hier erfolgten Verschärfungen (§ 16 Abs. 1 S. 2 EStG und § 16 Abs. 2 S. 3 EStG) lassen sich als zutreffende Korrektur von Gestaltungsfinessen beurteilen, die den Grundentscheidungen des EStG zuwider laufen.

---

[264] Im Unterschied zu den selbstgenutzten Immobilien.
[265] Dies gilt auch für eine Einbringung zu Zwischenwerten. S. hierzu *Vollgraf*, Band 2, Teil D, Kap. VII.2.
[266] Hinzuweisen ist insb. auf § 21 Abs. 2 Nr. 2 UmwStG: Wegzug des Anteilseigners in ein DBA-Land, das in diesem Fall das Besteuerungsgut im Wohnsitzstaat erfasst.
[267] Dazu näher *J. Schmidt/Preißer*, Teil D, Kap. IV.

Bei § 11 KStG (Liquidation von KapG[268]) schließlich besteht ein gänzlich anderes Interesse; es gilt dort, die wahrscheinlichen Verluste rechtzeitig in der Steuererklärung der Anteilseigner zu erfassen. Dabei lernen die Gesellschafter nunmehr die gegenläufige Wirkung des neuen Halbeinkünfteverfahrens kennen: sie sind nach neuem Recht nur noch zur Hälfte nutzbar.

---

[268] Hierzu ausführlich *Maurer*, Band 2, Teil C, Kap. VI.3.

III Einkommensteuer-Rechtsnachfolge (vorweggenommene Erbfolge, Erbfall und Erbauseinandersetzung)

1 Einleitung

Das „Thema" der Rechtsnachfolge durchzieht die ganze Rechtsordnung. Im Steuerrecht kehrt es wieder in der ESt (allgemein: im Ertragsteuerrecht), in der Erbschaftsteuer und im Verfahrensrecht. Die Berührungspunkte mit der Umsatzsteuer werden – wegen der Eigengesetzlichkeit der allgemeinen Verkehrsteuer – in diesem Kapitel nicht weiter verfolgt[269].

Beide Säulen des ErbStG, das Schenkung- und das Erbschaftsteuerrecht, sind durch die Zweipoligkeit von Einzelrechtsnachfolge (Schenkung) und Gesamtrechtsnachfolge (Erbfall) für das vorliegende Thema prädisponiert. Dort gibt es mit dem erbrechtlichen Grundsatz der Universalsukzession (Gesamtrechtsnachfolge gem. § 1922 BGB) und seinen praxisrelevanten Ausnahmen wichtige Anknüpfungspunkte. Bestimmte Fragestellungen wie die Sonderrechtsnachfolge bei Beteiligungen an PersG konnten erst mittels der zivilrechtlichen „Vorleistung" befriedigend beantwortet werden[270]. In dieser Steuerdisziplin ist die gegenseitige Durchdringung am weitesten entwickelt. Das Verfahrensrecht schließlich gebraucht gelegentlich den Terminus der Gesamtrechtsnachfolge (§ 45 AO[271]), um damit die Kontinuität des Steuerschuldverhältnisses zu begründen. Für die Lösung vorhandener Unstimmigkeiten im verfahrensrechtlichen Bereich kann die nachfolgende Darstellung neue Erkenntnisse bringen.

Vor allem aber sind das ESt- und das Umwandlungsteuerrecht sowie in Randbereichen auch das GewSt-Recht von der Rechtsnachfolge betroffen. Besonders deutlich wird dies im UmwStG, wenn dessen Hauptanwendungsbereich (Ausnahme: die Einbringungstatbestände) von der unternehmensrechtlichen Gesamtrechtsnachfolge des UmwG abhängt[272]. Die ESt hält sich mit exakten gesetzlichen Festlegungen zurück, verwendet aber in wichtigen Regelungsbereichen zumindest die neutralen Begriffe der „Rechtsnachfolge" (vgl. § 24 Nr. 2 EStG), des „Rechtsvorgängers" (z.B. § 17 EStG) oder des „unentgeltlichen Erwerbs" (§ 6 Abs. 3 EStG), um daran Rechtsfolgen anzuknüpfen. Neben „tatbestandlichen" Anwendungsfragen in diesem Zusammenhang ist die Rechts- oder Generationennachfolge vor allem ein **phänomenologischer Anhaltspunkt** für fundamentale Neuerungen ausgangs des letzten Jahrzehnts gewesen. Soweit die – noch nicht abgeschlossenen – Änderungen auf die Rspr. des BFH zurückgehen, war das oberste Steuergericht immer um die Ableitung seiner Steuererkenntnisse aus dem Zivilrecht bemüht.

---

[269] S. dazu *V. Schmidt,* Band 3, Teil B, Kap. VIII.
[270] S. *Preißer,* Band 3, Teil C, Kap. I.4.1 und I.4.2.
[271] Zu den Details bei §§ 45, 155 Abs. 3, 166 (u.a.) AO s. *Schuster/Bähr,* Band 3, Teil A Kap. II und III.
[272] Zu Aspekten der unternehmensrechtlichen Gesamtrechtsnachfolge im Bereich der Umstrukturierung s. *Vollgraf,* Band 3, Teil D, Kap. II.

2 Rechtsnachfolge in der Rechtsordnung

2.1 Überblick und Eingrenzung

In diesem Sinne wird im Folgenden eine kritische Bestandsaufnahme zur aktuellen Rechtsnachfolgediskussion im Zivilrecht vorangestellt. Insb. werden die häufig synonym verwendeten Begriffe der **„unentgeltlichen = erbrechtlichen = Gesamt-Rechtsnachfolge"** einer kritischen Bestandsaufnahme unterzogen. Eine Betrachtung der Rechtsnachfolge im öffentlichen Recht, aus der gerade für das Steuerrecht wichtige Erkenntnisse gezogen werden könnten, erfolgt als Exkurs (unter 2.3). Die dortigen Ausführungen runden für den interessierten Leser die Thematik ab, ohne zum „Pflichtstoff" eines StB zu zählen.

Die Darstellung folgt dem „natürlichen" Zeittableau der Übertragungsvorgänge. Beginnend mit der vorweggenommenen Erbfolge wird der Erbfall und sodann die Erbauseinandersetzung dargestellt. Konform mit dem von der Rspr. entwickelten Übergabekonzept handelt es sich um „kompakte" Übertragungen in dem Sinne, dass die Generationennachfolge von Familienvermögen im Vordergrund steht. Vorgreiflich (und begriffsjuristisch) wird darauf hingewiesen, dass nicht jeder Rechtsübergang eine Rechtsnachfolge, dass aber jede Rechtsnachfolge ein Rechtsübergang ist[273]. Wenn dabei mit Rechtsübergang der „Wechsel des Subjekts bei Identität des Rechtsinhalts" und mit Rechtsnachfolge der „von der Berechtigung des Vorgängers abgeleitete Erwerb" gemeint ist, verdeutlicht dies bereits eine erste Abweichung im Steuerrecht.

Auf die Berechtigung der Ableitung vom Vorgänger, d.h. auf die Rechtmäßigkeit der Eigentumsübertragung wird es im Steuerrecht nicht ankommen. Dort werden die mit dem Übergang einhergehende gesteigerte Leistungsfähigkeit und vor allem der dafür gezahlte „Preis" (unentgeltlich, teilentgeltlich oder vollentgeltlich) die Indikatoren für die Steuerfolgen sein. Gerade in steuerlicher Hinsicht kommt jedoch einer anderen Unterscheidung aus dem Zivilrecht eine große Bedeutung zu, nämlich die Trennung von **abgeleiteter und neu begründeter** Rechtsnachfolge[274]. So einem begegnet die steuerliche Rechtsnachfolge auch dort, wo aus einem einheitlichen WG (Bsp. einer gesellschaftsrechtlichen Beteiligung) ein hierin enthaltener Teilbereich „herausgeschnitten" wird und in der Person des Nachfolgers neu begründet wird (Bsp. Unterbeteiligung).

Am Ende der Kurzdarstellung wird sich zeigen, ob – und ggf. mit welchen Einschränkungen – die zivilrechtlichen Termini oder sogar das zivile Rechtsinstitut der Rechtsnachfolge in das Steuerrecht übernommen werden kann.

2.2 Die Rechtsnachfolge im Zivilrecht, insbesondere im Unternehmensbereich

Wegen der grundlegenden – und vor allem exklusiven (d.h. trennenden) – Bedeutung stehen Begriffe, Anwendungsbereich und Folgen der „Einzelrechtsnachfolge" und der „Gesamtrechtsnachfolge" im Zentrum der Betrachtung.

---

[273] Vgl. *Süss*, AcP 151, 1.
[274] Zur allgemeinen Unterscheidung s. *Larenz*, Allgem. Teil, § 13 V a.

2.2.1 Die Einzelrechtsnachfolge (Singularsukzession)

Mit Nachfolge ist immer der dingliche (sachenrechtliche) Übergang von Sachen oder Rechten gemeint. Das BGB nennt die Vorgänge im Einzelnen:

- Übereignung von beweglichen Sachen gem. §929 BGB,
- Auflassung von Grundstücken gem. §§ 925, 873 BGB,
- Abtretung von Forderungen nach § 398 BGB) und
- Schuldübernahme (§ 414 ff. BGB)[275].

Aufgrund des Spezialitätsgrundsatzes dürfen die erforderlichen Willensakte immer nur jeweils ein **einzelnes WG** (Aktivum wie Passivum) erfassen, von daher auch Einzelrechtsnachfolge genannt[276].

Dabei handelt es sich bei der Einzelrechtsnachfolge um die prototypische Übertragungsform **unter Lebenden**, die grundsätzlich immer möglich ist[277]. Wird demnach ein Unternehmen (ein Betrieb) verkauft, so kann dies in der Form der Einzelrechtsnachfolge erfolgen. Für alle davon betroffenen WG müssen die vom BGB vorgehaltenen Übertragungsschritte eingehalten werden; allerdings können auch einzelne WG ausgenommen werden.

2.2.2 Die Gesamtrechtsnachfolge (Universalsukzession)

Demgegenüber ist das gesetzliche Leitbild für die Gesamtrechtsnachfolge der Erbfall und damit der Tod des Übergebers (§ 1922 BGB). Auch wenn den bedachten Übernehmern einzelne Gegenstände aus dem Nachlass zugewiesen werden können (Bsp.: Vermächtnis), geht dies nie ohne Erbe(n) und Erbe kann man nur im Wege der Gesamtrechtsnachfolge werden[278]. Mehrere Aspekte sind gesetzliche Voraussetzung und Folge zugleich:

- Alle dem Übergeber (Erblasser) gehörenden Vermögenspositionen sind vom Übergang betroffen[279];
- der Übergang erfolgt in einem Rechtsakt („uno actu")ohne Einzelübertragungen[280];
- mit den Aktiven gehen auch die Schulden über (§§ 1967 ff. BGB)[281];

---

[275] Es kommt also nicht auf das schuldrechtliche Grundgeschäft (Kauf, Schenkung etc.) an. Dies wird gelegentlich im Steuerrecht anders gesehen (entweder allgemein bei § 39 Abs. 2 AO – wirtschaftliches Eigentum – oder speziell bei § 23 EStG, wenn der Kaufvertrag als Auslöser für die „Spekulationsfrist" dient).

[276] Wobei natürlich auch mehrere WG zusammengefasst werden können.

[277] Zivilrechtliche Voraussetzung ist nur das Vorliegen der Wirksamkeitsvoraussetzungen für die Abgabe der einschlägigen Willenserklärungen.

[278] Die erbrechtliche Gesamtrechtsnachfolge hat germanischrechtliche und römischrechtliche „Vorfahren".

[279] Höchstpersönliche Rechtsgüter (z.B. Gestaltungsrechte; Persönlichkeitsrechte) sind ausgeschlossen.

[280] Man spricht plakativ auch vom „Vonselbsterwerb".

[281] Damit ist eine Vereinigung des Nachlassvermögen mit dem Eigenvermögen verbunden. Die Verbindung kann jedoch wieder aufgehoben werden (Nachlassverwaltung, -insolvenz u.a.).

- als erbrechtliche Besonderheit, aber tatsächlicher Regelfall kommt hinzu, dass mehrere Erben zunächst immer als (Mit-)Erbengemeinschaft in die Fußstapfen des Erblassers treten (§§ 2032 ff. BGB).

Der Rechtskomfort der Gesamtrechtsnachfolge (ein Vorgang löst den Übergang aller WG des Übergebers aus) wurde erkannt und blieb nicht mehr nur dem Übergang von Todes wegen vorbehalten. So ist durch §§ 2 UmwG – mit Wirkung ab 1995 – ein Instrument geschaffen worden, Unternehmen im Wege der Gesamtrechtsnachfolge umzustrukturieren. Der Auslöser ist dabei nicht mehr der Tod des Übergebers, sondern ein registerpflichtiger Beschluss, durch den Fusionen, Spaltungen und sog. Vermögensübertragungen vorgenommen werden können[282].

Zivilrechtlich unerlässliche Voraussetzung für die Anwendung der Gesamtrechtsnachfolge ist eine gesetzliche Regelung (sog. Numerus-clausus-Prinzip). Mangels einer ausdrücklichen Gesetzesgrundlage (oder bei Fehlen mindestens einer der gesetzlichen Voraussetzungen) ist eine Übertragung nur im Wege der Einzelrechtsnachfolge möglich.

Zur thematischen Abrundung sei angefügt, dass der Grundsatz der erbrechtlichen Universalsukzession nicht uneingeschränkt gilt (nachfolgend 2.2.2.1). Andererseits hat die Rspr. des BGH einige neue Anwendungsbereiche der Gesamtrechtsnachfolge geschaffen, die jedoch nicht in allen Punkten dem gesetzlichen Paradigma des § 1922 BGB entsprechen.

2.2.2.1 Ausnahmen vom Grundsatz der erbrechtlichen Gesamtrechtsnachfolge

Die erste „Ausnahme" begegnet einem bereits bei der **Testamentserrichtung**. Die fehlende Akzeptanz der Rechtsanwender zur gesetzlichen Vorgabe der Gesamtrechtsnachfolge zeigt sich vor allem bei mehreren bedachten Erben. Die meisten Erblasser testieren gegenstandsbezogen (Bsp.: Erbe A erhält den Betrieb, Erbe B das Geld). Diese dem Grundsatz der ganzheitlichen Vererbung widersprechende Erbeinsetzung mehrerer Miterben wird durch eine flexible Handhabung der Auslegungsregel des § 2087 Abs. 2 BGB bereinigt. Danach wird das Objekt (im Bsp. der Betrieb) nach seinem Gegenstandswert berechnet und die beteiligten Rechtskreise gehen von einer Erbeinsatzung auf den Bruchteil aus; damit kann bedenkenlos der Erbschein mit der entsprechenden Nachlassquote ausgestellt werden.

Eine zweite – dogmatisch bedeutsame – Variante liegt bei der Vererbung von **Beteiligungen an PersG** vor. Aufgrund jahrzehntelanger Entwicklung in der Literatur und in der Rspr.[283] führt der besondere Charakter der Beteiligung an einer PersG als einer – wegen der intensiven Mitwirkungsrechte – nicht nur vermögensrechtlichen Position zu einer **Sonderrechtsnachfolge**. Als Folge der Sondererbfolge geht einmal die Beteiligung aufgrund einer erbrechtlichen causa[284] und – was wichtiger ist – **direkt** auf den (oder die)

---
[282] Hierzu ausführlich *Vollgraf*, Band 2 Teil D, Kap. II. Der Formwechsel zählt nicht dazu.
[283] S. grundlegend BGH vom 10.02.1977, BGHZ 68, 225.
[284] Damit ist zum Ausdruck gebracht, dass das Einrücken des (der) Nachfolger(s) nicht durch komplizierte gesellschaftsrechtliche Transaktionen (zweimal nach § 738 BGB) erfolgt, sondern direkt kraft testamentarischer Verfügung. Wichtig ist aber, dass diese Gesellschafter-Nachfolge „nicht am Nachlass" vor-

Gesellschafter-Erben über. Anders formuliert: Es wird der Umweg über die Miterbengemeinschaft, die ansonsten bei mehreren Erben die direkte Rechtsnachfolgerin des Erblasser-Gesellschafters ist, gespart. Der Grund liegt in der ansonsten (MEG als Nachfolgerin des Altgesellschafters) bei der MEG bestehenden Auflösungstendenz (Erbauseinandersetzung gem. § 2140 BGB), die man von einer aktiven PersG fernhalten will[285].

Während es noch einige vergleichbare Fälle der Sonder(berechtigten)nachfolge gibt[286], erfreut sich eine andere Variante einer weitaus größeren Beliebtheit. Die **Lebensversicherung** erlaubt – bei unwiderruflicher Bezugsberechtigung des Berechtigten – eine formfreie (§§ 330 f. BGB) Übertragung eines wesentlichen Vermögensstockes am **Nachlass vorbei**[287]. In diesem Zusammenhang ist auch der Spruch vom „Massenungehorsam" der Rechtsanwender gegenüber der Gesamtrechtsnachfolge entstanden.

2.2.2.2 Erweiterter Anwendungsbereich der Universalsukzession

Die familienrechtliche Variante der Gesamtrechtsnachfolge ist die ehelichen Gütergemeinschaft. Mit der Güterstandsvereinbarung wird das Gesamtgut beider Ehepartner uno actu (§ 1416 Abs. 2 BGB) gemeinschaftliches Vermögen. Sondergut und Vorbehaltsgut nehmen an diesem Übergang nicht teil.

Ein weiterer gesetzlicher Anwendungsfall liegt bei der **Anwachsung/Abwachsung** gem. § 738 BGB vor. Die Bedeutung der Regelung, wonach beim Ausscheiden eines Gesellschafters einer PersG (GbR, OHG, KG) dessen Anteil den verbleibenden Gesellschaftern zuwächst, kann gerade für Unternehmensumstrukturierungen nicht hoch genug eingeschätzt werden. Bei entsprechendem „Zuschnitt" der Gesellschafter wird auch vom **„Anwachsungsmodell"** gesprochen. Scheidet z.B. bei einer GmbH & Co. KG der „Co." (natürliche Person) aus, findet auf diese Weise – ohne Beteiligung weiterer Stellen (HR, Notar) – eine Umwandlung von einer PersG (KG) auf eine KapG (GmbH) statt.

Auch bei dieser Erscheinungsform (Ausscheiden des vorletzten Gesellschafters) wird der einschränkende Zusatz der **„beschränkten Gesamtrechtsnachfolge"** deutlich. Nicht alle Gegenstände des Gesellschafters wechseln bei der Anwachsung den Rechtsträger: nur die gesellschaftsrechtlich (d.h. gesamthänderisch) gebundenen Gegenstände gehen auf die verbleibenden Gesellschafter über. Der „Rechtskomfort" dieser Lösung wird besonders dann deutlich, wenn zum Gesamthandsvermögen Immobilienvermögen gehört. Ohne Auflassung kann – auch bei umfangreichem Grundbesitz der PersG – ein Rechts-

---

bei erfolgen darf. Die „ausgebooteten" Miterben haben einen Ausgleichsanspruch gegen den (die) privilegierten Gesellschafter-Erben.
[285] So bereits das RG im Jahre 1913.
[286] So z.B. nach §§ 4 und 15 HöfeO bei der Vererbung landwirtschaftlicher Anwesen oder nach §§ 563a und 563b BGB beim Tode des (Wohnungs-)Mieters.
Für die Nachlassgläubiger bzw. die Pflichtteilsberechtigten wird ein Ausgleichsanspruch nach § 2325 Abs. 3 BGB (gegen den Erben) nur in Höhe der während der letzten zehn Jahre eingezahlten Prämien gegeben.
[287] Man spricht in diesem Zusammenhang von Vermögensmassen in der Größenordnung von 0,4 Mio. €, die jährlich auf diesem Weg „bewegt" werden.

trägerwechsel stattfinden[288]. Der Nachteil bei der Anwachsung besteht allerdings darin, dass für eine befreiende Schuldübernahme die Zustimmung der Gläubiger erforderlich ist.

In zwei weiteren Bereichen wurde durch die Rspr. des BGH zusätzlicher Boden für das Rechtsinstitut der Gesamtrechtsnachfolge gewonnnen.

- Nachdem die rechtsgeschäftliche Übertragung einer **Beteiligung an einer PersG** unter **Lebenden** heute als Verkehrsgeschäft zugelassen[289] ist, fügt sich auch die weitere Vorstellung einer beschränkten Gesamtrechtsnachfolge – als Prozess und Gegenstand der Übertragung – nahtlos in das Konzept[290].
- Von einer vergleichbaren Tragweite war auch das Urteil des BGH aus dem Jahre 1981, als das neue Verständnis vom **Übergang einer Vor-KapG** auf die mit HR-Eintragung entstandene juristische Person (KapG) begründet wurde[291]. In Abkehr von dem alten Verständnis des sog. Vorbelastungsverbots gehen nunmehr mit der Eintragung alle Aktiva und Passiva trotz § 11 und 13 GmbHG von der Vor-GmbH auf die GmbH über. Auch wenn der BGH in der Entscheidung nicht die Formulierung „Gesamtrechtsnachfolge" gebrauchte, war (und ist) sich die Rezensionsliteratur über den Vorgang der ganzheitlichen Uno-actu-Übertragung im Klaren[292].

2.2.3 Zivilrechtliches Fazit und Bedeutung für das Steuerrecht

Der traditionelle Anwendungsbereich der Einzelrechtsnachfolge (Übertragungen unter Lebenden) und der Gesamtrechtsnachfolge (Übergang von Todes wegen) ist heute überwunden. Die Begriffe können nicht mehr als Synonyma verstanden werden. Der neue Anwendungsbereich wurde erschlossen durch die – vor allem bei der Universalsukzession – erfolgte Auslegung der Rechtsnachfolge als „funktionsbestimmter Rechtsbegriff"[293]. Nur, wenn der einheitliche, einzige und sofortige Übergang der Aktiva mit einer **geschlossenen Haftungsmasse** (oder sogar mit einer **Haftungserweiterung**; Bsp. Differenzhaftung) verbunden ist, kann das „komfortable" Rechtsinstitut der Gesamtrechtsnachfolge greifen.

---

[288] Die spätere Grundbuchmitteilung (geänderter Gesellschafterbestand) ist kein konstitutives Merkmal für den Übergang. Diese Möglichkeit hat vor allem für die (Ersparnis von) Grunderwerbsteuer eine große Bedeutung bekommen. S. aber die Neuregelung von § 1 Abs. 2a GrEStG, wonach bei einem Wechsel im Gesellschafterbestand von mehr als 95 % innerhalb von fünf Jahren ein GrESt-Tatbestand **fingiert** wird.
[289] Die „Väter" des BGB gingen (vgl. §§ 717, 719 BGB) von der Unübertragbarkeit aus. Mit *Wiedemann (1965)* und *Flume*, AT, 1977, § 17, haben namhafte Vertreter der Rechtslehre zuerst die rechtliche Eigenständigkeit der Mitgliedschaft an einer PersG und sodann deren isolierte Übertragbarkeit begründet.
[290] Im Detail ist hier allerdings noch vieles umstritten (Übergang nach § 398 BGB i.V.m. § 414 BGB, nach § 413 BGB oder nach § 241 BGB).
[291] BGH vom 09.03.1981 BGHZ 80, 129 = NJW 1981, 1373.
[292] Statt aller *K. Schmidt* (NJW 1981, 1345) und *Flume* (NJW 1981, 1373 und 1756). Mindestens gleichbedeutend war die anlässlich des Gesamtübergangs zur Sicherung der Gläubiger erforderliche **neue „Differenzhaftung"** der Gründungsgesellschafter einer GmbH (KapG), wonach diese – über § 11 Abs. 2 GmbHG hinaus – für die Differenz des tatsächlichen Vermögens zum Stammkapital im Eintragungszeitpunkt haften.
[293] Der Gegensatz wäre: phänomenologisches Erscheinungsbild.

Für das Steuerrecht kommt dieser Interpretation insoweit eine große Bedeutung zu, da bekanntlich für das Verhältnis Zivilrecht-Steuerrecht heute der Grundsatz der zivilistischen **Vorherigkeit (Präzedenz)**, aber nicht der Vorrangigkeit (Prävalenz) gilt. Danach geht im Steuerrecht kein Weg an der zivilrechtlichen Auslegung des Begriffes „Erbfall" vorbei[294]. Anders sieht es bereits aus, wenn das Steuergesetz nur den Begriff „Rechtsnachfolge" verwendet.

Die Übertragung der zivilistischen Erkenntnisse auf das Steuerrecht ergibt jedoch nur dann einen Sinn, wenn die dortige Auslegung mit den steuerrechtlichen Grundparametern übereinstimmt. In diesem Sinne erscheint es zulässig und folgerichtig, die „Rechtsnachfolge" nur dann als steuerliche „Vergünstigung" zu behandeln, wenn bei einem zu diskutierenden Rechtsträgerwechsel auch das Korrelat, d.h. die **Haftung**, auf den Übernehmer übergeht. Nur dann sind zivilistische Vorstellungen (Rechtskomfort, Identität des Rechtsobjekts) mit den Wertungen des Steuerrechts (insb. der Leistungsfähigkeit) deckungsgleich. Dies kann dazu führen, dass es – bei Vorliegen einer Universalsukzession – im Verfahrensrecht nicht nur bei der **Kontinuität** des Steuerschuldverhältnisses bleibt, sondern weitergehende Folgerungen gezogen werden. Im Ertragsteuerbereich kann danach für Auslegungsstreitigkeiten bei der „bloßen" (und häufigen) gesetzestechnischen Verwendung der Begriffe „unentgeltlich", „Übertragung" oder eben „Rechtsnachfolge" ein Differenzierungsraster zugrunde gelegt werden.

(Steuerliche) Leistungsfähigkeit und (zivilistischer) Rechtskomfort schließen sich danach nicht nur nicht aus, sondern bedingen sich gegenseitig. Die Klammer des gleichzeitigen und gleichwertigen Schuldübergangs muss allerdings immer gegeben sein. Nachdem sich steuerlich eine eventuelle Schuldübernahme häufig als entgeltlicher Erwerbstatbestand erweist, muss – in steuertechnischer und nicht nur in wertender Hinsicht – immer die Modalität der Übertragung miteinbezogen werden[295].

2.3 Rechtsnachfolge im öffentlichen Recht

Im allgemeinen Verwaltungsrecht wird die Diskussion um die Rechtsnachfolge unter zwei Aspekten geführt, der Nachfolgefähigkeit und des sog. Nachfolgetatbestandes. Mit letzterem ist die Frage angesprochen, ob sich der Übergang von öffentlich-rechtlichen Ansprüchen und Pflichten (daher auch Pflichtennachfolge) im Sinne und in der Art des BGB, analog zum Zivilrecht oder ganz anders vollzieht. Unter der Nachfolgefähigkeit wird die Diskussion der einzelnen öffentlich-rechtlichen Rechte und Pflichten und deren Übergang zusammengefasst.

2.3.1 Die Nachfolgefähigkeit der einzelnen Rechtspositionen

Global können drei Bereiche aus dem besonderen Verwaltungsrecht gebildet werden, bei denen die Behandlung weitgehend identisch verläuft. In einer ersten Gruppe handelt es sich um **Genehmigungen**, wie sie im **Bau- und Gewerberecht** erteilt werden. Bei

---

[294] Ähnliches gilt für die Prüfung einer Umwandlung nach §§ 2 ff. UmwG.
[295] In diesem Sinne dürfte die Vorstellung einer Buchwertfortführung bei gleichzeitigem Haftungsausschluss auf Schwierigkeiten stoßen.

Baugenehmigungen herrscht heute Einigkeit, dass – wegen des Charakters als sachbezogener VA – erteilte Genehmigungen „für und gegen" jeden Rechtsnachfolger gelten. Es spielt danach keine Rolle, ob der Erblasser oder der Verkäufer einer Immobilie die Genehmigung erwirkt hat. In jedem Fall ist der Erbe wie der Käufer Nutznießer der seinem Vorgänger erteilten Baugenehmigung. Im Gewerberecht (oder allgemein im öffentlichen Wirtschaftsrecht) wird ein erstes Unterscheidungsmerkmal deutlich, das auch für steuerliche Zwecke „entdeckt" werden kann. Im Bereich der Personalkonzessionen (Bsp.: Apothekenkonzession) ist eine Übertragung unter Lebenden ausgeschlossen, während es meistens ein „Hinterbliebenen-Privileg" im Todesfall gibt. Diese Stellvertretererlaubnis (mit/ohne Übergangszeit) ist aber keine vom Konzessionsinhaber abgeleitete Rechtsposition, sondern eine originäre Erlaubnis des/der Erben. Als erstes Teilergebnis lässt sich festhalten, dass nur **Sachkonzessionen** übergangsfähig sind.

Die Nachfolge im **Sozial- und Beamtenrecht** unterstreicht diese Grundregel, indem dort allein vermögensrechtliche Positionen übergangsfähig, Rechte höchstpersönlicher Art aber vom Übergang ausgeschlossen sind. Am Beispiel des Beamtenrechts lässt sich dies am besten verdeutlichen: Rückständige Besoldungsbezüge sind sowohl vererbbar wie auch abtretbar; Beihilfeansprüche erlöschen hingegen und die Witwen- und Waisenbezüge der Hinterbliebenen entstehen mit dem Tode des Beamten als eigenständige Ansprüche dieser Personengruppe, ohne von dem Verstorbenen abgeleitet zu werden.

Einen besonders aktuellen Bezug (Maßnahmen gegen „Störtransporte") nimmt die Nachfolge Im Recht der **Gefahrenabwehr** (oder noch allgemeiner: im öffentlich-rechtlichen Sicherheitsrecht) ein. Die Nachfolgethematik ist dort vor allem durch eine geschickte Verschleierungspolitik der beteiligten Kreise ausgelöst. Kann z.B. der Betreiber (A-GmbH) einer mit einem Abbruch- bzw. Einstellungsbescheid versehenen Anlage der Ersatzvornahme durch Umfirmierung entgehen? Diese und ähnliche Fallkonstellationen führten zu einem Umschwenken in der Rspr. der Verwaltungsgerichte. Seit dem Jahr 1971 geht das BVerwG bei der **Zustandsverantwortlichkeit** (Gefahr geht von der Sache aus) von einem Übergang auf den Einzel- wie Gesamtrechtsnachfolger aus. Diese gilt heute ganz allgemein für grundstücksbezogene Ordnungsmaßnahmen wie z.B. einer baurechtlichen Abrissverfügung. Nur für den Fall des Polizeirechts gibt es noch keine einhellige Auffassung, ob es sich bei sachbezogenen Anordnungen um eine – übergangsfähige – Allgemeinverfügung, einen „VA an den, den es angeht", handelt oder doch um eine persönliche Aufforderung an den Zustandsstörer. Besonders kontrovers wird die Frage des Übergangs der Nachfolge im Bereich der **Verhaltensverantwortlichkeit** diskutiert. Ist danach der neue Besitzer für die **Schadensbeseitigung**(!) des Vorbesitzers verantwortlich? Die konventionelle Antwort hierauf ist die nach der Art der Pflichtennachfolge. Für den Fall der Einzelrechtsnachfolge (Verkauf/Schenkung) hält man den automatischen Übergang für unzulässig. Dies wird mit der – aus dem Steuerrecht kommenden – Begründung belegt, dass es keine „private" Disposition über öffentlich-rechtliche Pflichten geben dürfe. Im Erbfall hingegen wird der Übergang der Verhaltenshaftung auf den Erben dann befürwortet, wenn der auslösende Bescheid (VA) dem Vorgänger noch bekanntgegeben wurde.

2 Rechtsnachfolge in der Rechtsordnung

2.3.2 Der Nachfolgetatbestand

Die Lösungsalternative des letzten Falles zur Verhaltenshaftung (Bekanntgabe ja/nein) führt in das Gebiet des Nachfolgetatbestandes. Losgelöst von der potenziellen Nachfolgefähigkeit (dem „Ob" der öffentlich-rechtlichen Nachfolge) stellt sich die Frage, wie die konkrete Rechts- oder Pflichtenposition beschaffen sein muss, um übergangsfähig zu sein. Mit dem Stichwort des Übergangs auch „unfertiger Rechtslagen" hat sich im letzten Jahrzehnt eine Auffassung durchgesetzt, die den Übergang nicht mehr von der vorheriger **Bekanntgabe** des konkretisierten VA an den Vorgänger abhängig macht. Begründet wird die Ansicht vom Übergang der abstrakten Verantwortlichkeit mit der bereits gesetzlich bestehenden, noch unvollkommenen Rechtspflicht, bei der die Bekanntgabe nur noch Hinweisfunktion für den Adressaten habe. Diese stark an § 38 AO (Gesetzliche Tatbestandsverwirklichung) angelehnte Auffassung ist nachvollziehbar für Pflichtentscheidungen der Behörde, keinesfalls jedoch für Ermessensentscheidungen. Bei der extensiven Auslegung der heute h.M. sollte allerdings nicht außer Acht gelassen werden, dass der steuerrechtliche Hintergrund bei § 38 AO im dortigen Massenverfahren liegt. Bei Fehlen dieser typisierenden Voraussetzungen (d.h. bei Ermessens- und Einzelfallentscheidungen) setzt m.E. der Übergang die vorherige ordnungsgemäße Bekanntgabe voraus.

Die andere Diskussionsebene im allgemeinen Verwaltungsrecht, ob sich ein – dem Grunde nach befürworteter – Übergang in den Bahnen des Zivilrechts oder in eigenen Bahnen des öffentlichen Rechts vollzieht, kann sich auch für das Steuerrecht als ergiebig erweisen. Steuerrechtlich ist ohnehin zwischen dem Steuerschuldverhältnis und der materiellen Steuerrechtsposition zu unterscheiden. Für das Verfahrensrecht gibt § 45 AO die Antwort, dass sich nur im Falle der Gesamtrechtsnachfolge ein verfahrensrechtlicher Übergang ergibt (Kontinuitätsthese). Bei der Einzelrechtsnachfolge gilt ohnehin die Maxime vom Neuanfang. Für den Übergang der materiellen Rechtsposition ist die Antwort schwieriger zu finden. Es geht dabei um Fragen, ob – und wie (zu 100 %) – Verluste vererbbar sind oder wie man sich den Übergang latenter Steuergrößen (stille Reserven) vorzustellen hat. Eine Gesamtbeantwortung kann nicht in der Einleitung gegeben werden. Bei der Einzeldiskussion ist jedoch immer Bezug zur Ausgangsfrage zu nehmen, ohne das gefundene Ergebnis als „Zufallstreffer" erscheinen zu lassen (s. sogleich).

2.3.3 Zusammenfassung (öffentlich-rechtliche Nachfolge) und Erkenntnisse für das Steuerrecht

Die gegenseitige Befruchtung überrascht nicht im – und für das – Steuerrecht, da es sich doch um eine Teildisziplin des öffentlichen Rechts handelt. In der einen Richtung konnte aufgezeigt werden, dass (der Gedanke des) § 38 AO im allgemeinen öffentlichen Recht für den geforderten Übergang unfertiger Rechtslagen verantwortlich zu machen ist. Umgekehrt scheint ein Übergang originärer steuerrechtlicher Größen wie etwa ein nicht verbrauchter Verlust des Erblassers oder die mit einem etwaigen Buchwertübergang aufgeschobene künftige Steuerbelastung (die sog. latente Steuer) nur dann möglich zu sein, wenn das zivilistische Kompetenzobjekt (Betrieb, Grundstück etc.) mit übergeht. Ein **losgelöster Übergang** einer materiellen Steuerrechtsposition **ohne** mitübergehendes Kompetenzobjekt bereitet – trotz § 45 AO (und der früheren BFH-„Fußstapfen"-Rspr.) –

Schwierigkeiten, bei einem Fall der Einzelrechtsnachfolge ist er schlechthin unvorstellbar.

Der Gedanke des erleichterten Übergangs bei einem „dinglichen VA" kann sich als wichtiger und wertvoller Anhaltspunkt für ungeklärte Streitfragen im Steuerrecht ebenso erweisen wie mit der Unzulässigkeit der Disponibilität von öffentlich-rechtlichen Verpflichtungen ein **Übergang** von hoheitlichen **Steuerpositionen** (Ansprüche wie Schulden) im Wege eines **Verkehrsgeschäftes ausgeschlossen** erscheint.

3 Die vorweggenommene Erbfolge

Als zeitlich erste Übertragungsform kommt neben der klassischen Schenkung[296] die sog. vorweggenommene Erbfolge (nachfolgend auch v.E.) in Betracht. Die Entwicklung des Rechtsinstituts durch Rspr. und Literatur, vor allem unter einkommensteuerlichen Gesichtspunkten[297], soll kurz nachgezeichnet werden.

3.1 Die Entwicklung zum „Sonderrechtsinstitut"

Unter v.E. sind Vermögensübertragungen unter Lebenden mit Rücksicht auf die künftige Erbfolge zu verstehen. An weiteren Umschreibungen ist zu lesen[298]:

- Bei der Vermögensübertragung soll der Übernehmer wenigstens teilweise eine unentgeltliche Zuwendung erhalten;
- die Übertragung erfolgt nicht kraft Gesetz, sondern aufgrund einzelvertraglicher Regelungen;
- in der Lit. wird auch der Begriff „Generationennachfolgevertrag" verwendet[299].

Bis zum heutigen Tage gibt es weder eine Legaldefinition[300] noch ein einheitliches steuerrechtliches Begriffsverständnis[301], aber doch einen „Begriffskern" bzw. einen hinreichend konturierten Typusbegriff. Zu diesen „Sollens-Voraussetzungen" gehören neben den bereits genannten Unterpunkten:

- Die Gegenstände der v.E. sind wesentlicher Teil der Existenzgrundlage der übergebenden Generation und/oder der übernehmenden Generation;

---

[296] S. dazu die Abgrenzung zum Erbfall und die weitgehende ESt-Gleichbehandlung sofort unter 3.
[297] Zur v.E. in der ErbSt s. *Preißer* Band 3, Teil C, Kap. II.3.1.
[298] So nachzulesen im BFH-Beschluss vom 05.07.1990 (BStBl II 1990, 847) sowie im BMF-Schreiben vom 13.01.1993 zur v.E. (BStBl I 1993, 80; berichtigt BStBl 1993 I, 464).
[299] Vgl. *Spiegelberger*, Vermögensnachfolge, 1994, Rn. 18.
[300] So setzte § 13a Abs. 1 Nr. 2 ErbStG a.F. bis 2001 den Begriff voraus, ohne ihn zu definieren. Mit der Neufassung des § 13a Abs. 1 Nr. 2 ErbStG („Schenkungen") hat sich dieser hermeneutische Punkt erübrigt.
[301] Nur so sind die „Absetzungsversuche" des II. Senats des BFH zu verstehen (hierzu umfassend *Preißer* Band 3, Teil C, Kap. II.3.1).

- Die Versorgungsinteressen des Übergebers und ggf. weichender Angehöriger, insb. der Geschwister, sollen angemessen berücksichtigt werden und
- Die Gegenleistung bei der v.E. sind „vorbehaltene Vermögenserträge" des Übergebers sowie
- Die Art der „Gegenleistung" (besser: der „Austauschleistung") soll charakteristisch für das Vorliegen der v.E. sein.

In **dogmatischer** Hinsicht stehen seit der Entscheidung des GrS vom 05.07.1990 zwei andere Aspekte im Vordergrund. So lautet das einkommensteuerliche Gegensatzpaar heute: Liegt ein **unentgeltliches oder ein (teil-)entgeltliches** Übertragungsgeschäft vor? Bei jeder Erscheinungsform der v.E. wird es nie eine voll-entgeltliche, d.h. nie eine klassische „Veräußerung" geben. Gelangt man zur Annahme eines Teilentgelts, so wird dieser Vorgang begrifflich „wie eine Veräußerung" behandelt, folglich den **entgeltlichen** Geschäften zugeschlagen[302]. Der **Antagonismus** in der ESt in der Fallgruppe der Generationennachfolge wird daher anders als in der Erbschaftsteuer gebildet.

Der zweite wichtige Anhaltspunkt liegt in der Anwendung und Festschreibung der Einheitstheorie (besser: **Einheitsprinzip) bei betrieblichen** Übergängen und in der Trennungstheorie (besser: **Trennungsprinzip**) bei der Übertragung von **PV**.

> **Beispiel 1: Trennungsprinzip versus Einheitsprinzip**
> Angenommen, der Verkehrswert eines WG beträgt 100 und die vereinbarte Gegenleistung anlässlich einer v.E. wird mit 80 angesetzt. Sie trifft auf einen Buchwert (bzw. Steuerwert) des WG von 50.

Vorgreiflich wird darauf hingewiesen, dass die beiden hier angesprochenen „Theorien" nicht zu verwechseln sind mit der bei der Erbauseinandersetzung ebenfalls kursierenden Problematik um die „Einheitstheorie". Dort handelt es sich um einen echten Theorienstreit, der die Frage klärt, ob Erbfall und Erbauseinandersetzung ein steuerrechtlicher Vorgang (sog. Einheitstheorie) sind oder zwei Vorgänge (Trennungstheorie) repräsentieren. Hier – bei der v.E. – geht es um zwei **Prinzipien**, die beide unterschiedlich angewandt werden:

1. Bei der Übertragung von PV greift die Trennungstheorie (begrifflich besser: das Trennungsprinzip),
2. bei der Übertragung von steuerlichen Funktionseinheiten die Einheitstheorie (begrifflich besser: das Einheitsprinzip).

In diesem Sinne werden die Begriffe auch in dieser Darstellung zur Nachfolge verwendet. Für die Erbauseinandersetzung verbleibt sodann die Einheitstheorie.

---

[302] Wiederum ganz anders an dieser Stelle das **ErbStG**, das das „teilentgeltliche" Geschäft der v.E. dem Steuertatbestand der **(teil)-unentgeltlichen** Rechtsgeschäfte zuschlagen muss.

Lösung:

1. **Der übertragene Gegenstand ist PV**
   Nach dem Trennungsprinzip liegt zu 4/5 (80/100) ein entgeltlicher Vorgang und zu 1/5 eine unentgeltliche Übertragung vor. An zweiter Stelle wird der steuerliche Wert (historische AK von 50) **aufgeteilt** in einen unentgeltlichen (1/5) Teil (= 10) und in einen entgeltlichen (4/5) Teil (= 40). Bei der Berechnung eines etwaigen Veräußerungsgewinnes nimmt man die Differenz zwischen der Gegenleistung 80 und dem „Entgelts-Part" von 40 und erzielt einen **Veräußerungsgewinn von 40**.

2. **Der übertragene Gegenstand ist eine betriebliche Funktionseinheit (Betrieb).**
   Nach dem hier geltenden Einheitsprinzip wird der Gegenleistung von 80 der komplette Buchwert von 50 gegenübergestellt und somit ein **Veräußerungsgewinn von nur 30** erzielt.

Bis zum Beschluss aus dem Jahre 1990 wurden alle Vermögensübertragungen an die voraussichtlichen Erben als private, unentgeltliche Vorgänge behandelt[303]. Aufgrund von drei Vorlagebeschlüssen des IX. Senats aus dem Jahre 1989[304] führte die Entscheidung des GrS des BFH vom 05.05.1990 (BStBl II 1990, 847) unterschiedslos für Betriebs- und PV zu einschneidenden Änderungen. In den Kernaussagen haben sie durch das BMF-Schreiben vom 13.01.1993 (BStBl I 1993, 80; nachfolgend zitiert als BMF-v.E.) allgemein-verbindlichen Charakter erhalten.

Danach liegen heute **(teil-)entgeltliche** Übertragungen (Veräußerungen beim Übergeber und Anschaffungsgeschäfte beim Erwerber) bei folgenden Gegenleistungen vor:

- Bei der Verpflichtung zu Abstandszahlungen an den Übergeber,
- bei der Zahlung von sog. „Gleichstellungsgeldern" an Angehörige, insb. Geschwister und
- bei der Übernahme privater Schulden des Übergebers.

Umgekehrt bleibt es bei einem insgesamt **voll-unentgeltlichen** Rechtsgeschäft, wenn **Versorgungsleistungen** anlässlich der Generationennachfolge ausgehandelt werden. In diesem Zusammenhang wird – wegen des steuerneutralen Einkünftetransfers von einer Generation auf die andere – auch von einem **Sonderrechtsinstitut** gesprochen[305].

Mit dieser – von der Exekutive abgesegneten – Rspr. hat sich der BFH im Jahre 1990 – anders als bei der gleichzeitig entschiedenen Rechtslage zur Erbauseinandersetzung – vom Zivilrecht und von der Spruchpraxis des maßgeblichen V. Senats losgelöst. Bis dahin wurden alle vergleichbaren Übergabeverträge nach der „Herkunft" der Gegenleistung behandelt. Kam die Gegenleistung aus dem übertragenen Vermögen, so lag eine voll-

---

[303] Zuletzt BFH vom 30.10.1984 (BStBl II 1985, 610) und BFH vom 31.03.1987 (BFH/NV 1987, 645). Allenfalls lag eine gemischte Schenkung vor.
[304] BFH vom 07.03.1989 (BStBl II 1989, 768).
[305] Unabhängig von den entwickelten BFH-Rechtsgrundsätzen greifen ansonsten das **Abzugsverbot** des § 12 Nr. 2 EStG sowie die spezialgesetzlichen §§ 10, 22 EStG (s. 3.4).

unentgeltliche Auflagenschenkung vor. War dies nicht der Fall – und hat der Erwerber eigene Aufwendungen getätigt – so kam es zu einer teilentgeltlichen gemischten Schenkung.

Die steuerliche Verselbstständigung des Generationennachfolgevertrages bei relativer tatbestandlicher Unbestimmtheit und vor allem die Möglichkeit des – qua vereinbarter Versorgungsleistung – steuerneutralen Einkünftetransfers riefen die Lit. und die Einzelsenate des BFH (insb. den X. Senat) auf den Plan, um Korrekturen anzumelden.

In den Status eines Rechtsinstituts sind die Erkenntnisse des GrS zur v.E. durch die Billigung seitens des BVerfG (DStR 1993, 315) gehoben worden. Mit dem späteren „Rentenerlass" vom 23.12.1996 (BStBl I 1996, 1508) und seiner Nachbesserung vom 30.10.1998 (BStBl I 1998, 1417 – beide nachfolgend als BMF-Rentenerlass bezeichnet –) sind durch den BFH-Beschluss offengebliebenen Fragen zu den Versorgungsleistungen durch die Verwaltung geregelt worden.

3.2 Die Grundfälle zur vorweggenommenen Erbfolge

3.2.1 Die Übertragung von betrieblichen Einheiten

Obwohl das BMF-v.E. zunächst die Übergabe des PV regelt, stehen in der Praxis eindeutig die Übergabe steuerfunktioneller Einheiten wie Betrieb, Teilbetrieb oder MU-Anteil im Vordergrund. Bei diesen Funktionseinheiten steht die Tauglichkeit des Übergabeobjekts als existenzsichernde Einheit außer Zweifel.

> **Beispiel 2: Der zögernde Übergeber**
> Der verwitwete V will zu Lebzeiten den Betrieb (Verkehrswert 1 Mio. €; Buchwert 100 T€) an seine einzige Tochter T übergeben. Als Gegenleistung schwebt ihm vor:
> 1. eine wiederkehrende Versorgungszusage,
> 2. eine Abstandszahlung an V i.H.v. 400 T€ bzw. 50 T€,
> 3. die Übernahme einer Privatschuld von 200 T€ sowie
> 4. die Übernahme der Betriebsschuld von 300 T€.

Die Lösung wird alternativ zu den Fallgestaltungen entwickelt:

> **Lösung :**
> 1. **Wiederkehrende Versorgungszusagen** stellen kein (Teil-)Entgelt dar. Der Vorgang ist als eine voll unentgeltliche Übertragung nach § 6 Abs. 3 EStG zu werten, bei der T das Buchkapital des V in ihrer Eröffnungsbilanz übernimmt und V keinen Veräußerungsgewinn zu versteuern hat. Die weitere Gestaltung hängt von der Art der wiederkehrenden Bezüge ab. Dabei wird der laufende wiederkehrende Bezug dem SA-Recht (beim Zahlungsverpflichteten) bzw. § 22 EStG beim Empfänger unterstellt. Je nachdem, ob die Beteiligten eine Rente oder eine dauernde Last vereinbaren (s. 3.4),

kommt es zum Vollabzug und zur Vollversteuerung (Dauernde Last) oder zur Erfassung mit dem Ertragsanteil.

2. Wird an den Übergeber V eine **Abstandszahlung** geleistet, liegt eine teilentgeltliche Veräußerung vor. Im Ausgangsfall (400 T€) entsteht bei V ein Veräußerungsgewinn nach § 16 Abs. 1 Nr. 1 EStG von 300 T€, da nach der Einheitstheorie dem Teilentgelt (400 T€) der komplette Buchwert (100 T€) nach § 16 Abs. 2 EStG gegenübergestellt wird. In der Eröffnungsbilanz der T werden die Buchwerte der aktivierten WG, so sie stille Reserven enthalten, aufgestockt[306]. Sind die stillen Reserven aufgebraucht, kann auch ein bislang nicht erfasster Geschäftswert (§ 5 Abs. 2 EStG) aktiviert werden[307].

Rechtlich unsystematisch wird von der Verwaltung jedoch unterstellt, dass der Übernehmer hinsichtlich der internen Steuermerkmale (AfA-Berechnung, Vorbesitzzeiten etc.) nur hinsichtlich des **unentgeltlichen Teils** in die Rechtsstellung des Übergebers eintritt[308]. M.a.W. greift insoweit das Trennungsprinzip beim Übernehmer. Die hiergegen von der h.M. im Schrifttum vorgetragene Kritik vermag jedoch nicht zu überzeugen[309]. Die von dem Trennungsprinzip betroffenen Steuermerkmale hängen nicht akzessorisch von der einheitlichen Steuergröße „Buchwert = Buchkapital", sondern von einzelnen WG ab. Insofern ergibt sich m.E. kein zwingender Grund, von der (nicht begründeten) Auffassung der Finanzverwaltung in diesem Punkt abzuweichen.

In der Zahlungsvariante (50 T€) entstünde – bei fremden Dritten und nach der „Rechen-Logik" von § 16 Abs. 2 EStG ein Veräußerungsverlust. Die Verwaltung subsumiert diesen Fall jedoch unter § 6 Abs. 3 EStG und kommt zur Buchwertfortführung (Tz. 38 des BMF-v.E.), da Privatmotive i.S.d. § 12 EStG unterstellt werden.

3. Bei Übernahme einer **Privatschuld** des Übergebers wird das gleiche Ergebnis wie bei Abstandszahlung erzielt. Danach liegt bei V ein Veräußerungsgewinn von 100 T€ (200 T€ ./. 100 T€) vor, während T in ihrer Eröffnungsbilanz die Aktiva um 100 T€ aufstockt (Gegenbuchung: an Kapital) und die Verbindlichkeiten i.H.v. 200 T€ passiviert (hier: Sollbuchung auf dem Kapitalkonto i.H.v. 200 T€).

4. Die übernommene Betriebsschuld ist im rechnerischen Saldo des Buchwertes (des Kapitals von V) bereits enthalten. Ihre Übernahme wird daher unterstellt, ohne dass dieser Vorgang Anschaffungs- (bzw. Veräußerungs-) Charakter hat. Auch dies ist eine Auswirkung der bei betrieblichen Einheiten geltenden „Einheitstheorie".

---

[306] Der BS lautet: „WG (300 T€) bzw. Geschäftswert an Kapital (T) 300 T€.
[307] Vgl. Tz. 35 des BMF-Schreibens zur v.E. vom 13.01.1993 (BStBl I 1993, 80) mit dem Bsp. Allgemein zur Darstellung der Eröffnungsbilanz aufgrund einer Betriebsveräußerung s. *Preißer,* Teil B, Kap. II.
[308] S. Tz. 39 a.a.O. zur AfA sowie Tz. 41 zu den Vorbesitzzeiten (InvZulG u.a.) a.a.O.
[309] S. hierzu zuletzt *Kanzler* (INF 2000, 513) und *Korn* (KÖSDI 2001, 12705).

3.2.2 Die Übertragung von Privatvermögen

Beispiel 3: Kinder als Vermieter
V hat als Ergebnis seiner unternehmerischen Tätigkeit ein privates Mietwohngrundstück erworben. Der Verkehrswert beträgt 1 Mio. €, der Steuerwert nach § 11d EStDV (AK ./. AfA des V) hingegen 100 T€. Die Übergabe erfolgt gegen Zahlung von 400 T€.

Der Vergleich beider Grundfälle macht den Unterschied zwischen der Einheitstheorie und der Trennungstheorie deutlich. Die „innere" Begründung ist darin zu sehen, dass bei der Übergabe einer betrieblichen Funktionseinheit die steuerrelevante Größe „Buchwert" bzw. „Buchkapital" alle damit zusammenhängenden Wirtschaftsfaktoren wie den Finanzierungsaufwand (Fremdkapital) mitumfasst. Dies ist bekanntlich beim PV nicht der Fall.

Lösung:
In diesem Fall (PV) hat T zu 40 % entgeltlich (400 T€ zu 1 Mio. €) und zu 60 % unentgeltlich erworben. Nach diesem Aufteilungsverhältnis bestimmt sich auch die Folgebehandlung. Hinsichtlich des unentgeltlichen Teils übernimmt T die AfA-Reihe des V nach § 11d EStDV i.H.v. 60 T€ (60 % des maßgeblichen Werts). Dieser Betrag ist unter Verwendung der AfA-Methode und des AfA-Satzes des Vorgängers V fortzuführen. Bzgl. des entgeltlichen Erwerbstatbestandes wird eine neue AfA-Reihe gebildet mit 400 T€ BMG und einer Abschreibung nach § 7 Abs. 4 EStG (2%)[310].

V realisiert nur unter den Voraussetzungen des § 23 EStG einen steuerpflichtigen Veräußerungsgewinn, wenn also zwischen dem Erwerb (der Anschaffung) des Objekts und der Weitergabe an die Angehörigen nicht mehr als zehn Jahre vergangen sind[311]. Auch dieser evtl. Gewinn aus privaten Veräußerungsgeschäften ist nach der Trennungstheorie zu ermitteln. Zu den Auswirkungen der Neuregelung des § 23 EStG für den Übernehmer s. 3.5.

Anm.: Im Fall der Übergabe und Nutzung eines Wohnhauses zu eigenen Wohnzwecken nach EigZulG (bzw. nach § 10e EStG) im Rahmen eines **teilentgeltlichen** Generationennachfolgevertrages soll das Teilentgelt die AK i.S.d. genannten Bestimmungen darstellen, ohne dass die BMG anteilig gekürzt wird[312].

---

[310] S. hierzu auch das umfassende Bsp. in Tz. 16 des BMF-Schreibens zur v.E. vom 13.01.1993 (BStBl I 1993, 80).
[311] Diese in Tz. 23 des BMF-Schreibens zur v.E. (a.a.O.) vertretene Ansicht gilt nach BMF vom 15.10.2000 (BStBl I 2000, 1383 Tz. 30), auch für die Neuregelung ab 1999.
[312] BFH vom 07.08.1991 (BStBl II 1992, 736).

3.2.3 Die Übertragung von Mischvermögen bei mehreren Nachfolgern

Im Rahmen der Entstehungsgeschichte der „neuen" v.E. (ab 1990) ist die Versorgung der Dynastie gegen entsprechende Absicherung realistischer als die eindimensionale Übertragung eines Gegenstandes an ein Kind.

Beispiel 4: Der vermögende Vater, glückliche Kinder
V hat zwei Kinder S und T und überträgt zu Lebzeiten an S den Betrieb (100 T€ Buchwert; 1 Mio. € Verkehrswert) gegen

1. Zahlung von 500 T€ an T,
2. Übertragung eines Privatgrundstücks (Wert: 500 T€) an T,
3. (spätere) Übertragung eines Betriebsgrundstücks (Wert: 500 T€) an T,
4. **Variante**: Statt des Betriebes ein Betriebsgrundstück (Buchwert 100 T€; Verkehrswert 1 Mio. €) gegen Übernahme einer Privatschuld von 200 T€ an S übertragen.

Lösung:

1. Eine der Neuerungen in der Rspr. liegt in der steuerlichen Zuordnung der **Ausgleichszahlung,** die der Übernehmer S aufzubringen hat, zur Person des Übergebers V. Dieser wird als **fingierter Durchgangserwerber** der Ausgleichszahlung angesehen, so dass V einen begünstigten Veräußerungsgewinn nach § 16 EStG von 400 T€ (500 T€ ./. 100 T€) nach dem Einheitsprinzip zu versteuern hat. Für diesen Zahlungsvorgang ist auch der Ausdruck „abgekürzter Zahlungsweg" verwendet worden. Die Direktzahlung S an T wird steuerlich umgeleitet in zwei Zahlungsströme S an V und sodann V an T, da V auch gegenüber seiner Tochter eine (vermeintliche) Zahlungsverpflichtung haben soll[313]. Spiegelbildlich muss S in der Eröffnungsbilanz die Buchwerte aufstocken, ggf. einen Firmenwert ansetzen.

2. Bei der Übertragung eines Privatgrundstücks des S zur Abgeltung der Gleichstellungsverpflichtung liegt eine sog. **private Sachleistungsverpflichtung** vor, wofür die gleichen Grundsätze wie bei der unmittelbaren Bezahlung gelten, d.h. ein teilentgeltlicher Anschaffungs- bzw. Veräußerungsvorgang.

3. Die **betriebliche Sachleistungsverpflichtung** gehört zu den umstrittenen Regelungen im BMF-Schreiben. Nach Tz. 32 ist diese Verpflichtung für S – in Übereinstimmung mit dem BFH-Beschluss[314] – (noch) kein Entgelt für den Erwerb des väterlichen Betriebes. Wird jedoch die Verpflichtung durch Auflassung des Grundstücks erfüllt, wertet die h.M. den Vorgang

---

[313] Eine aus dem BGB abzuleitende Verpflichtung des V, beide Kinder **gleichmäßig** zu beschenken, gibt es nicht. Die Figur des „abgekürzten Zahlungsweges" ist nur von dem erbrechtlichen Hintergrund nachvollziehbar, wonach die Übertragung in Hinblick auf die künftige Pflichtteilsberechtigung erfolgen soll.
[314] So auch BFH vom 05.07.1990 (BStBl II 1990, 847).

als Entnahme des Übernehmers S[315], die dieser als laufender nichtbegünstigter Gewinn zu versteuern hat. Die Verwaltung (a.a.O.) hingegen differenziert nach zeitlichen Aspekten. Bei einer im **unmittelbaren Anschluss** an den Betriebsübergang stattfindenden Auflassung des Betriebsgrundstücks soll der Vorgang noch dem Übergeber V als dessen Entnahmegewinn zuzurechnen sein, eine **spätere** Übertragung führt zu einer Gewinnrealisation seitens des Übernehmers. Allein positiv an dieser „Steueroption" ist die den Beteiligten eingeräumte Möglichkeit, über die Steuerfolgen zu disponieren. Nachdem aber die angebotenen Kriterien (unmittelbar[316]) sowie die Vergleichsfälle zu unbestimmt sind, muss die Regelung rechtsstaatlich präzisiert und m.E. in einem Fall auch teleologisch reduziert, d.h. in den Rechtsfolgen zurückgenommen, werden.

Als Anhaltspunkt für die zeitliche Fixierung bietet sich – wie in den vergleichbaren Fällen der Erbauseinandersetzung – der „Sechs-Monatszeitraum" ab dem Übergang des wirtschaftlichen Eigentums am Betrieb an. Für den Fall, dass die Übergabe zeitnah innerhalb der Sechs-Monatsfrist stattfindet, und der Vorgang daher dem Übergeber V „anzulasten" ist, bietet sich – wie in anderen Fällen der Veräußerung auch – § 16 Abs. 3 S. 5 EStG (Ansatz des gemeinen Wertes des Einzel-WG) als Lösung an. Danach ist der Vorgang als Teil der **tarifbegünstigten Veräußerung** bei V zu erfassen. Einzig in der Fallalternative, dass V noch vor der Übertragung des Betriebes an S das Grundstück an T überträgt, liegt m.E. ein laufender Entnahmegewinn von V vor (so auch für diesen Fall der BFH vom 27.08.1992, BStBl II 1993, 225).

4. In der **Variante (Beispiel 4)** wird ein betriebliches **Einzel-WG** im Rahmen der v.E. übertragen. Unterstellt, dass dieses die Existenzgrundlage darstellt, wendet die Verwaltung in Tz. 34 zu Recht[317] nicht die Einheitstheorie (das Einheitsprinzip), sondern das Trennungsprinzip an. Danach liegt mit 200 T€ Erlös bei einem Verkehrswert von 1 Mio. € zu 1/5 ein Veräußerungserlös (gegen Buchwertabgang) und zu 4/5 eine Entnahme vor. Beide Tatbestände erhöhen den laufenden (!) Gewinn.

Für alle diskutierten Anwendungsfälle der v.E. wird in den nachfolgenden „Ausgleichsmodalitäten" – zusätzlich zur Alternative der Versorgungsleistungen – **keine entgeltliche** Übertragung angenommen:

---

[315] Aus der Literatur statt aller *Reiß* in *K/S*, § 16 B 142; neutral in der Schilderung *Wacker* in *Schmidt*, EStG § 16 Rz. 70.
[316] Es wurde nicht mit dem justiziablen Begriff „unverzüglich" (= ohne schuldhaftes Zögern) operiert.
[317] Wie oben ausgeführt, liegt die Berechtigung für das Einheitsprinzip in der geschlossenen Steuergröße „Buchkapital". Dies ist auch bei einem betrieblichen Einzel-WG nicht der Fall (s. auch bilanzrechtliches Saldierungsverbot).

- Beteiligungsangebote an die weichenden Angehörigen[318],
- die Bestellung eines Nießbrauchs (oder allgemein: eines Nutzungsrechtes) an dem übertragenen Vermögen zugunsten des Übergebers oder einer dritten Person (z.B. Ehegatte des Übergebers)[319].

3.3 Einzelfragen im Anwendungsbereich der vorweggenommene Erbfolge

Zwei Voraussetzungen des Typusbegriffes der v.E. sind seit jeher umstritten. Zum einen ist unsicher, wie und ob der „Kreis der Nachfolgebeteiligten" in der ESt zu schließen ist. In objektiver Hinsicht hat die Verwaltung mit dem 1. Rentenerlass vom 23.12.1996 (BStBl I 1996, 1508) den „Gegenstand der Vermögensübergabe" präzisiert.

3.3.1 Die „geeigneten" Nachfolger bei der vorweggenommenen Erbfolge

Als taugliche Beteiligte der Generationennachfolge und damit als Nutznießer des Sonderrechtsinstituts sind neben dem Übergeber – und aus dessen Perspektive – anzusehen:

- Erbanwärter der ersten Ordnung i.S.d. §§ 1924 und 1931 BGB (Ehegatten und Abkömmlinge);
- sollten diese vorverstorben sein, so kommen – mit Ausnahme der Eltern[320] des Übergebers – die nächstgenannten Verwandten (Geschwister) in Betracht;
- wird der Kreis allerdings auf die Abkömmlinge der Geschwister (Neffen, Nichten) zu Lebzeiten eigener Abkömmlinge erstreckt, ist ein Nachweis in Form eines Testaments (wohl) unerlässlich[321];
- nicht erbberechtigte Fremde (wie die Verlobten und Lebensabschnittspartner) kommen nach neuerer Auffassung auch, aber nur ausnahmsweise, als Übernehmer in Betracht[322].

---

[318] Es kommen hierbei gesellschaftsrechtliche (Unter-)Beteiligungen am übernommenen Gewerbebetrieb ebenso in Betracht wie Nutzungsrechte an Teilen des übernommenen Vermögens.
[319] S. Tz. 10 des BMF-Schreibens zur v.E. vom 13.10.1993 (BStBl I 1993, 80). Allerdings führt die spätere Ablösung des Nutzungsrechtes zu nachträglichen AK des Übernehmers (so auch BFH vom 21.07.1992, BStBl II 1993, 486).
[320] Der Generationennachfolgevertrag ist keine Vermögensrückabwicklung. Unter einer anderen rechtlichen Wertung lässt es allerdings der BFH vom 23.01.1997 (BStBl II 1997, 458) zu, dass die Großeltern des Übernehmers (!) Nachfolgekandidaten für das Familienvermögen sind. Voraussetzung ist aber, dass bereits der Übergeber zu Leistungen an diese verpflichtet war.
[321] Ein späterer Widerruf des Testaments stellt verfahrensrechtlich ein „rückwirkendes Ereignis" i.S.d. § 175 Abs. 1 Nr. 2 AO dar.
[322] So schon immer *Fischer* in *K/S*, § 22 B 305 (und neuerdings *ders.* in *Kirchhof-Kompakt*, § 22 Rz. 12) und zwischenzeitlich wohl auch die Verwaltung (Tz. 23 im BMF-Rentenerlass vom 30.10.1998 BStBl I 1998, 1417 m.w.N.).
Es ist jedoch zu empfehlen, sich diesen Fall im Rahmen einer verbindlichen Auskunft im Vorweg von der Finanzverwaltung bestätigen zu lassen.

Ein besonderes Problem tritt bei wiederkehrenden Bezüge zugunsten der Geschwister (zulässige Versorgungsbezüge zugunsten Dritter) dann auf, wenn sich der errechnete Rentenbarwert als „verkapptes Gleichstellungsgeld" herausstellen sollte. In diesem Fall wechselt die Rechtsfolge: Aus der unentgeltlichen Übergabe gegen Versorgungsleistungen (zugunsten Dritter) wird eine entgeltliche Übertragung gegen „verrentetes" Gleichstellungsgeld[323].

3.3.2 Die existenzsichernde „Familien"-Grundlage

Die bestehende Rechtsunsicherheit zur Objekttauglichkeit veranlasste die Verwaltung im Jahre 1996 zu Ausführungsbestimmungen (sog. Rentenerlass des BMF vom 23.12.1996, BStBl I 1996, 1508 im folgenden kurz BMF RE genannt). Diese Regelung ist zwar als Spezialanwendung zur Fallgruppe der Versorgungsleistungen ergangen, hat aber zugleich eine Indizwirkung für den pauschalen Anwendungsbereich der v.E., muss daher noch „gegengeprüft" werden. Die Neuregelung geht von zwei Untertatbestandsmerkmalen aus:

- Dem Begriff der **existenzsichernden Wirtschaftseinheit** (Rz. 7 – 10 BMF RE) sowie
- der weitergehenden Differenzierung danach, ob **ertragbringend** (ja/nein).

Für den allgemeinen Anwendungsbereich der v.E. hat nur das erste Kriterium unmittelbare Bedeutung, während das zweite Subkriterium dem Sonderinstitut der Versorgungsbezüge vorbehalten erscheint. Unter existenzsichernden Wirtschaftseinheiten (WE) werden exemplarisch erwähnt (Rz. 8 BMF RE):

- Die steuerlichen Funktionseinheiten Betrieb, Teilbetrieb und MU-Anteil,
- Anteile an Kapitalgesellschaften,
- Geschäfts- oder Mietwohngrundstücke,
- Einfamilienhäuser, Eigentumswohnungen und verpachtete unbebaute Grundstücke sowie
- als Sonderfall die Ablösung eines (Vorbehalts- oder Vermächtnis-)Nießbrauchs, wenn er für den Nießbraucher eine existenzsichernde Einheit dargestellt hat.

Bei der Auflistung überraschen die fehlende ausdrückliche Differenzierung nach BV/PV und die Zusammenfassung von WG/Sachgesamtheiten einerseits und Vorgängen (z.B. Ablösung) andererseits.

Diese Auffassung ist im Hinblick auf die einheitliche Behandlung mit dem Erbschaftsteuerrecht nur begrüßenswert. Fraglich ist allerdings, ob sich diese extensive Auslegung noch mit der Ursprungsidee der v.E. deckt. Es lassen sich allerdings hier statt Radikallösungen (ja/nein) auf der Rechtsfolgenseite dynamische Lösungen vorstellen.

[323] S. hierzu aus der Literatur *Fischer* in *Kirchhof-kompak*t, § 22 Rz. 13, aus der Rspr. BFH vom 20.10.1991 (BStBl 2000, 602) sowie 1. Rentenerlass vom 23.12.1996 (BStBl I 1996, 1508, Tz. 29).

Demgegenüber werden negativ und enumerativ (d.h. ohne Analogiemöglichkeit) ausgegrenzt (Rz. 10 BMF RE):

- Ertragloses Vermögen wie Hausrat, Wert- und Kunstgegenstände, Sammlungen und unbebaute Grundstücke,
- Wertpapiere und stille Beteiligungen und
- von einem Totalnießbrauch erfasstes Vermögen (sämtliche Erträge gehören dem Übergeber = Nießbrauchsberechtigten).

Die Gemeinsamkeit dieser Ausschlusstatbestände liegt in der diesen WG offenbar eigenen Unmöglichkeit des „Wirtschaftens"[324].

Ein erster Widerspruch liegt in der Auflistung der Wertpapiere als Nicht-WE und der Anteile an KapG als WE. Aktien sind bekanntlich Wertpapiere[325]. Gelten sie in diesem Regelungskontext als WE oder Nicht-WE? Nach der strengen Auslegungsmethode (abschließender Ausschlusskatalog) wären sie Nicht-WE. Dieses Ergebnis (GmbH-Anteile als WE, Aktien als Nicht-WE) kann nicht richtig sein. Der Widerspruch kann nur dadurch aufgelöst werden, dass Wertpapiere, solange sie keine Beteiligung an KapG repräsentieren, nicht zu den Wirtschaftseinheiten zählen.

Ähnliche Wertungswidersprüche wird es bei werthaltigen Sammlungen geben, die für ganze Dynastien bereits die Existenzgrundlage darstellten. Erwähnt werden sollte noch, dass der BFH in einer aktuellen Entscheidung WG, die vom Erlass erwähnt ist, Eigentumswohnungen dann nicht zu den WE zählen, wenn sie „nur" **selbstgenutzt** sind[326].

Losgelöst von den aufgezeigten punktuellen Abstimmungsproblemen liegt ein verlässlicher Anhaltspunkt vor, dass Funktionseinheiten und Grundstücke mit Einkunftserzielung immer existenzsichernde WE sind. Die Beteiligungen an KapG werden – wie gesehen – unterschiedslos gleichgestellt. Ein Totalnießbrauch, gleich an welcher Einheit, schließt die Annahme einer WE aus. Für (bloße) Wertpapiere kann man sich bei entsprechenden Dispositionsmöglichkeiten (Portfolio) auch eine andere Entscheidung des BFH vorstellen.

3.4 Das Sonderrechtsinstitut: Die wiederkehrenden Versorgungszusagen anlässlich der vorweggenommenen Erbfolge

Wie bereits gesehen, erfreut sich die Modalität der wiederkehrenden Versorgungszusage wegen der fehlenden Beeinflussung des Zustandstatbestands (unentgeltlicher Übergang der WE) besonders großer Beliebtheit. Die Diskussion und Eingruppierung kann nur bei einer Gesamtschau der Übertragungsvorgänge gegen periodisch wiederkehrende Leistungen geführt werden.

---

[324] Exakt: Der Fortsetzung des Wirtschaftens.
[325] Herkömmliche Definition: Das Recht aus dem Papier (Mitwirkungs- und Gewinnrechte) folgt dem **Recht am Papier**, womit die Bedeutung der **Urkunde** in den Vordergrund gerückt wird.
[326] BFH (FR 2000, 399); Dies wird aber nur für die Variante „Versorgungsleistungen" zutreffen.

3.4.1 Generell: Vermögensübergang gegen wiederkehrende Bezüge

Nach herkömmlicher Betrachtungsweise sind drei Fallgruppen zu unterscheiden, die nachfolgend synoptisch – in den Voraussetzungen, Bezeichnungen und Rechtsfolgen – gegenübergestellt werden. Es handelt sich gleichzeitig um eine summarische Gesamtdarstellung der davon betroffenen §§ 10, 12 und 22 EStG.

Bei der nachfolgenden Gruppenbildung müssen zwei Aspekte getrennt beurteilt werden. Zum Einen geht es um die Auswirkung der Übertragungsmodalität auf die **WE selbst**. Je nachdem, ob man hierin einen entgeltlichen oder teil- bzw. unentgeltlichen Vorgang erblickt, führt dies im ersten Fall zu einem Anschaffungs-/Veräußerungstatbestand oder zu einer Fortführung der „betrieblichen" Buchwerte (§ 6 Abs. 3 EStG) bzw. der „privaten" Steuerwerte (§ 11d EStDV). Zum Anderen müssen die **laufenden** wiederkehrenden Bezüge einer steuerlichen Beurteilung zugeführt werden. Hierzu gibt es grundsätzlich zwei Möglichkeiten:

1. Berücksichtigung als Einnahmen beim Empfänger nach § 22 Nr. 1 EStG und ein entsprechender Abzug als Erwerbs- oder Existenzaufwand (§ 10 Abs. 1 Nr. 1a EStG) beim Verpflichteten (steuerrelevante Alternative 1).
2. Weder Erfassung als steuerbare Einnahme noch zulässiger Abzug (steuerirrelevante Alternative 2).

Als dritte Alternative sehen § 10 Abs. 1 Nr.1a und § 22 Nr.1 EStG allerdings eine zusätzliche Unterscheidung vor. In dem steuerrelevanten Anwendungsfall wird danach unterschieden, ob es sich bei dem wiederkehrenden Bezug um einen **gleichmäßigen** oder um einen ungleichmäßigen Versorgungsbezug handelt. Bei gleichmäßigem Bezug (= Rente) wird für den Empfänger wie den Verpflichteten nur der **Ertragsanteil**[327], beim ungleichmäßigen Bezug hingegen der volle Betrag berücksichtigt (= dauernde Last).

Dies erlaubt eine Gruppenbildung in drei Bereiche, von denen der erste als „**vollentgeltliche**" Übertragung, der zweite als „**teil-entgeltliche**" und der dritte als „**unentgeltliche**" Übertragung bezeichnet werden kann.

Die Bezeichnung als „**voll (teil/un)-entgeltlicher**" Vorgang wird hier **nicht wertend**[328], sondern in **technischer** Hinsicht zur besseren Unterscheidung der einzelnen Vorgänge gebraucht.

---

[327] Die – von der Lebenserwartung des Berechtigten abhängige – Berechnung ergibt sich aus § 22 Nr. 1 S. 3 Buchst. a) EStG.
[328] So besteht Einigkeit darüber, dass bei der „privaten Versorgungsrente", hier als „teil-entgeltlicher" Vorgang eingruppiert, nicht der Wert der Gegenleistung, sondern das Versorgungsbedürfnis im Vordergrund steht (statt aller *Fischer* in *Kirchhof-Kompakt*, § 22 Rz. 9.).
Für ein „quantifizierendes Steuerrecht" bietet sich die obige Differenzierung jedoch idealtypisch an.

Vorgang	(Übertragung)	Rechtliche Bezeichnung	Rechtsfolgen
1. V = KR	voll-entgeltlich	**Private**[329] **Veräußerungsleibrente**	**bei K**: KR = AK und LR = WK/BA/(Zinsanteil)[330] **bei E**: KR = u.U. VG[331] und LR = 20 Abs. 1 Nr. 7 EStG
2. V ≥ ½ KR[332]	teil-entgeltlich	*(Private Versorgungsbezüge)*	**bei K**: *Fortführung AK* **bei E**: *kein VG*
a) KR: keine Gleichmäßigkeit		**Dauernde Last**	**bei K**: LR = voll abzugsf. SA
b) KR: Gleichmäßigkeit		**Private Versorgungsrente**	**bei E**: LR = voll steuerbar, § 22 EStG
3. V < ½ KR	Unentgeltlich	**Unterhaltsrente**	**bei K**: kein Abzug **bei E**: keine Besteuerung

V: (Verkehrs-)wert der übertragenen WE (des Vermögensgegenstandes)
LR: laufende Rentenzahlung, hier noch ohne Abgrenzung zur dauernden Last
KR: Bezeichnung für den kapitalisierten Rentenbarwert (gem. § 14 BewG)
K: Kinder als Übernehmer der WE (= Rentenverpflichtet)
E: Eltern als Übergeber der WE (= Rentenberechtigt)
VG: Veräußerungsgewinn
AK: Anschaffungskosten
WK: Werbungskosten
BA: Betriebsausgaben
SA: Sonderausgaben

Die vorgeschlagene Eingruppierung bedarf einiger Erläuterungen:

- Die Dreiteilung ergibt sich aufgrund der **quantifizierenden** Umsetzung der tatbestandlichen Vorwegcharakterisierung seitens der Verwaltung und der meisten BFH-Senate[333].

---

[329] „Privat" bedeutet im Unterschied zu einem rein-betrieblichen Vorgang, dass (a) das übertragene Vermögen nicht im Bereich der Gewinneinkunftsarten eingesetzt wird oder dass (b) die Gegenleistung letztlich nach privaten Versorgungsgesichtspunkten bemessen ist. Hierzu ausführlich Tz. 42 ff. des BMF-Rentenerlasses.

[330] Der Abzug des Zinsanteils wird bei der jeweiligen Einkunftsart der übertragenen WE als Erwerbsaufwand (BA/WK) berücksichtigt, Tz. 45 f. BMF-Rentenerlass a.a.O. Der Zinsanteil selbst berechnet sich nach § 22 Nr. 1 S. 3 Buchst. a) EStG direkt (Renten) oder analog (dauernde Last).

[331] Ein Veräußerungsgewinn ergibt sich rechnerisch nur bei Verrechnung von Leistung und Gegenleistung und führt im PV allenfalls bei §§ 17 und 23 EStG zu einem steuerbaren VG.

[332] Diese zweite Überschrift hat nur redaktionellen Charakter; eigentliche Steuertatbestände sind nur die „Unter-Blöcke" a) und b).

- Danach werden diejenigen Übertragungsvorgänge, bei denen der wiederkehrende Bezug (d.h. der Kapitalwert der Rente) **mehr als doppelt** so hoch ist wie der Wert des übertragenen Vermögens ist (3. Fall), als steuerirrelevante **Unterhaltsrente** bezeichnet. Dies gilt sowohl für die vom Übertragungsvorgang unmittelbar betroffenen Wirtschaftseinheiten (unentgeltliche Übertragung) wie auch für die laufenden Zahlungen. Die rechtliche Wertung für letztere wird dabei § 12 Nr. 2 EStG (unbeachtliche Unterhaltszahlung) entnommen[334].
- Für die verbleibenden Fälle wird zwischen der vollentgeltlichen (1. Fall) und der teilentgeltlichen (2. Fall) Variante unterschieden. In der 1. Fallgruppe, die bei Verträgen unter fremden Dritten unterstellt wird, ist – wie üblich – nach den Wirtschaftseinheiten des BV und des PV zu differenzieren[335]. Beiden Untergruppen der **vollentgeltlichen 1. Fallgruppe** ist allerdings gemein, dass die einzelne Rentenleistung in eine nichtsteuerbare Vermögensumschichtung hinsichtlich des Tilgungsanteils und einen steuerbaren Zinsanteil aufgeteilt wird. Der Zinsanteil errechnet sich bei wiederkehrenden Bezügen nach dem Ertragsanteil, wie er gesetzlich in § 22 Nr. 1 S. 3 Buchst. a) S. 3 EStG in der Tabelle festgelegt ist.
- In der hier einschlägigen **teilentgeltlichen** Hauptfallgruppe (2.) **(vorweggenommene Erbfolge)** ist aufgrund obiger Ausführungen zur Rspr. des Großen Senats deutlich geworden, dass der **Übertragungsvorgang selbst unentgeltlich** erfolgt. In diesem Zusammenhang wird die Rspr.-Formel vom „steuerneutralen Einkünftetransfer" noch plastischer. Dieses Prädikat gilt jedoch auch für die 1. Fallgruppe mit der weitergehenden Steuerirrelevanz bei den laufenden Versorgungsbezügen.
- Hierfür, aber auch für die unterschiedliche Behandlung der laufenden Zahlungen innerhalb der 2. Fallgruppe (**Dauernde Last versus Private Versorgungsrente**), bringt der X. Senat seit Anbeginn des vom GrS kreierten Sonderrechtsinstitut wenig Verständnis auf. Dies gilt vor allem für das Hauptkriterium, das für die Beurteilung herangezogen wird: die (Nicht-)Bezugnahme in den Nachfolgeverträgen auf den sog. **Änderungsvorbehalt nach § 323 ZPO**[336].

Den ersten Bedenken, die der X. Senat äußerte, wonach der Große Senat mit seiner Rspr. den historischen Rahmen der Altenteilsverträge gesprengt haben soll[337], haben so-

---

[333] So urteilen derzeit der IV. Senat des BFH vom 18.02.1993 (BStBl II 1993, 546, 548), der VIII. Senat vom 07.04.1992 (BStBl II 1992, 809) und der IX. Senat des BFH vom 23.01.1992 (BStBl II 1993, 526).
[334] So früher R 123 S. 6 EStR und heute Tz. 18 des BMF-Rentenerlasses a.a.O.
[335] Betriebliche Veräußerungsleibrenten werden hier bei der Darstellung von § 16 EStG behandelt; s. dazu Teil B, Kap. II.
[336] Bei Geltung des § 323 ZPO werden ursprüngliche Leistungsvereinbarungen (Originärer Anwendungsfall: Rechtskräftige Schadensersatzrente des Unfallverursachers bei einem Verkehrsunfall) späteren Änderungen (Bsp. neue Schäden) automatisch angepasst. Aus dem Bereich des Zivil(prozess)rechts hat die Änderungsklausel Eingang in die Übertragungsverträge der Generationennachfolge gefunden.
[337] Beginnend mit dem damaligen BFH-Vorlagebeschluss vom 25.04.1990 (BStBl II 1990, 625) (Die Bezeichnung „Generationennachfolgevertrag" verdienen nur die Verträge mit angemessener Versorgungsleistung, wonach idealtypisch die laufende Rente mit 50 % des Vermögensertrages angesetzt wird) und vorläufig endend mit dem aktuellen II. Vorlagebeschluss in BB 2000, 2609 (s. sogleich).

wohl Rspr. und Verwaltung zwischenzeitlich Rechnung getragen (s. unter 3.4.2). Die offenen Punkte werden im Anschluss diskutiert.

3.4.2 Unterscheidung innerhalb der Fallgruppe II nach Typus 1 und 2

Die Verwaltung hat den Vorwurf der unpräzisen Definition der beiden Anwendungsfälle auf der Basis der o.g. existenzsichernden Wirtschaftseinheit (Minimalvoraussetzung) mit dem BMF-Rentenerlass 1996/98[338] widerlegt. Es werden danach unter dem Gesichtspunkt **ausreichender Ertragserwartung** Typus 1 und Typus 2 gebildet.

Die WE mit ausreichenden Erträgen repräsentiert der **Typus 1**. Er liegt vor, wenn aus den durchschnittlich erzielbaren Erträgen die Versorgungsleistungen finanziert werden können[339]. Von besonderer praktischer Bedeutung ist die weitere Folge, dass bei Typus 1 (historischer Prototyp: Altenteiler/Leibgeding) die **Abänderbarkeit (nach § 323 ZPO)** der Versorgungsleistung unterstellt wird. Ohne einen ausdrücklichen vertraglichen Ausschluss der Klausel, wonach die Bedürfnisse des Berechtigten und die Leistungsfähigkeit des Verpflichteten situationsgerecht angepasst werden, liegt bei **Typus 1** eine **dauernde Last** mit den aufgezeigten Folgen vor. Außerhalb der Einkunftsart der übertragenen WE kann der Belastete den Betrag als SA nach § 10 Abs. 1 Nr. 1a EStG in **voller Höhe** abziehen, der Empfänger hat den identischen Betrag nach § 22 Nr. 1 S. 1 EStG zu versteuern[340]. Wichtig ist in diesem Zusammenhang noch, dass bei Misch-Erwerben (Übertragung einer WE mit Schuldübernahme und mit Versorgungsleistung) die auf den unentgeltlichen Bereich der WE[341] entfallenden Erträge zur Finanzierung der Versorgungsleistung ausreichen müssen (Tz. 16 des BMF-Rentenerlasses).

Umgekehrt liegt bei **Typus 2** zwar eine existenzsichernde, aber **keine ertragsausreichende WE** vor. Neben den allgemeinen Kriterien werden als Beispiele Betriebe mit geringen Gewinn oder Miethäuser mit geringen (bzw. negativen) Einkünften genannt[342]. Bei WE des Typus 2 wird schließlich seitens der Verwaltung unterstellt (Rz. 38 f. des BMF-Rentenerlasses), dass sie regelmäßig **unabänderbar** sind. Bei Geld-Versorgungsleistungen nach Typus 2 handelt es sich um eine **private Versorgungsrente**.[343] Sie ist beim Empfänger mit dem Ertragsanteil nach § 22 EStG steuerbar und ist korrespondierend beim Verpflichteten mit dem Ertragsanteil als SA nach § 10 EStG abziehbar.

---

[338] BMF-Rentenerlass vom 23.12.1996 (BStBl I 1996, 1508), geändert durch BMF vom 30.10.1998 (BStBl I 1998, 1417).
[339] S. Tz. 15 des BMF-Rentenerlasses a.a.O. Dabei ist grundsätzlich von den Jahreserträgen auszugehen. Zur Ermittlung der Erträge ist von der steuerlichen Einkunftsermittlung auszugehen; dabei werden aber die AfA-Posten, außerordentliche Aufwendungen und dgl. (z.B. in bestimmten Fällen – s. Tz. 16 für den teilentgeltlichen Erwerb – auch die Schuldzinsen) wieder hinzugerechnet. Der Nutzungswert der eigengenutzten Wohnung zählt nach BFH vom 10.11.1999 (ZEV 2000, 118), ebenfalls nicht zu den Erträgen.
[340] Zu Typus 1 selbst s. Tz. 11 ff. des BMF-Rentenerlasses a.a.O. und zu den Folgen (dauernde Last) s. Tz. 36 f.
[341] Hierbei ist darauf zu achten, dass je nach übertragener WE das Trennungsprinzip (PV und Einzel-WG) oder das Einheitsprinzip (steuerfunktionale Einheiten wie der Betrieb etc.) angewandt wird.
[342] Tz. 17 f. BMF RE (a.a.O).
[343] Etwas anderes gilt nur bei ausdrücklicher Bezugnahme auf § 323 ZPO oder bei nicht vertretbaren Sachleistungen (Tz. 39 des BMF-Rentenerlasses a.a.O.).

Über diese Grundsätze hinaus kann unstreitig nach Verwaltungsauffassung bzw. nach der Rspr. von folgenden zusätzlichen Einzelaspekten ausgegangen werden:

- Versorgungsleistungen im hier gebrauchten Sinne werden grundsätzlich auf die Lebenszeit des Empfängers (oder eines Dritten) vereinbart. Bei verkürzter Laufzeit wird ebenso wie im umgekehrten Fall der (über das Ableben hinaus) verlängerten Laufzeit (sog. Mindestzeitrente) das Merkmal der entgeltlichen Gegenleistung vermutet[344].
- Bei der häufig vorkommenden „gleitenden Vermögensübergabe", bei der auf einen ersten Nießbrauchsvorbehalt eine spätere Versorgungsrente folgt, kann in der späteren Ablöse des Nießbrauchs eine Einmal-Gegenleistung gesehen werden[345].
- Eine spätere Umschichtung des übertragenen Vermögens (die zuerst übernommene WE 1 wird verkauft und eine WE 2 wird mit dem Kaufpreis erworben) ist nach Verwaltungsauffassung fünf Jahre nach Erwerb der vorherigen WE unschädlich[346].

3.4.3 „Offene" Fragen zum Institut der vorweggenommenen Erbfolge

In mindestens zwei Bereichen ist die v.E. z.Zt. noch nicht zu Ende diskutiert.

Noch nie wollte sich der X. Senat dem steuerirrelevanten „Einkünftetransfer" in der 2. Fallgruppe (Überschreiten des Vermögens um die Hälfte des Barwertes, **sog. 50%-Regelung**) anschließen. Durch die Einführung des **Typus 2** mit dem BMF-Rentenerlass 1996/98 sieht sich der X. Senat in seiner Kritik bestätigt. Das Vorliegen einer existenzsichernden WE ohne hinreichende Erträge einerseits (Bsp.: Zweifamilienhaus gegen Nießbrauchsvorbehalt an einer Wohneinheit[347]) und entsprechende Gegenleistungen andererseits (im Bsp.: monatliche Zahlung einer Leibrente von 1.500 €) dürfen danach wegen **Überschreiten der 50%-Regelung** nicht zu abziehbaren „Unterhaltsansprüchen" führen. Dieses „Paradoxon eines unentgeltlichen Vorgangs (keine Anschaffung) mit Gegenleistung", wonach der Ertragsanteil abziehbar ist, will der X. Senat mit zwei Vorlagen aus den Jahren 1999/2000 vom GrS klären lassen[348].

Schließlich steht die 50 %-Regelung selbst (und damit im Ergebnis auch die 3. Fallgruppe – Unterhaltsrente in der derzeitigen Ausgestaltung) zur Disposition. Während der IV. Senat diese strikte Grenze mit den aufgezeigten Rechtsfolgen respektiert, sieht wiederum der X. Senat diese Auslegung im Widerspruch zur Grundthese des GrS, dass Versorgungsleistungen als „vorbehaltene Vermögenserträge" keine Zuwendungen i.S.d. § 12 Nr. 2 EStG seien.

---

[344] Tz. 50 des BMF-Rentenerlasses a.a.O. sowie für die Mindestzeitrente der BFH vom 21.10.1999 (DStR 2000, 147).
[345] S. Tz. 10 des BMF-Rentenerlasses a.a.O.; sowie *Fischer* in *Kirchhof-Kompakt*, § 22 Rz. 17. Es kann aber auch ein gestreckter Vermögensübergang mit ursprünglich geplanter späterer unentgeltlichen Versorgungsleistung vorliegen.
[346] Tz. 21 des BMF-Rentenerlasses a.a.O.
[347] Das Bsp. ist dem „inspirierenden" *Fischer* in *Kirchhof-Kompakt*, § 22 Rz. 24 entnommen. Das von *Heinicke* in *Schmidt*, § 22 Rz. 87 a.E. gebildete Bsp. (Gemälde < 50.000 gegen Rentenbarwert 100.000) ist demgegenüber bereits im Ansatz falsch gewählt, da eine Kunstsammlung keine existenzsichernde WE (Tz. 10 des BMF-Rentenerlasses a.a.O. darstellt.
[348] BFH vom 10.11.1999 (BStBl II 2000, 188) sowie BFH vom 13.09.2000 (BB 2000, 2609); Der Ausdruck selbst stammt von *Fischer* in *Kirchhof-Söhn*, § 22 B 377.

Der ersten These des X. Senats zur Unverträglichkeit des Typus 2 in der Fallgruppe der Versorgungsleistungen wird wegen mehrfacher Widersprüchlichkeiten[349] zugestimmt. Die zuletzt dargestellte Auffassung verkennt allerdings den Grundsatz der Geltung der Rspr-Grundsätze (Sonderrechtsinstitut der v.E.) im Rahmen der Gesetze (hier: § 12 Nr. 2 EStG). Die 50 %-Regelung soll trotz der Trennschärfe im Grenzbereich bei Gestaltungen um die Hälfteregelung aus Praktikabilitätsgründen bestehen bleiben.

3.5 Auswirkungen der Unternehmensteuerreform 2001 auf das Institut der vorweggenommenen Erbfolge

Der Wechsel vom Anrechnungsverfahren zum Halbeinkünfteverfahren hat bei übertragungstauglichen KapG-Beteiligungen im Jahre 2001 zu vorgezogenen (vordatierten?) Gewinnausschüttungen geführt, wenn die Steuerlandschaft von Übergeber/Übernehmer dies erforderlich machen. Bekanntlich führt ein individueller Steuersatz von < 40% zu Benachteiligungen nach dem Systemwechsel. Bei entsprechend diskrepanten Steuersätzen bei den Beteiligten der Generationennachfolge (Bsp: Übergeber: < 40% und Übernehmer: > 40%) ist die Gewinnausschüttung häufig noch im Jahre 2001 vorgenommen worden[350].

Abgesehen von diesem Übergangsphänomen des Jahres 2001 wirkt sich die Neuregelung von § 23 EStG umfassender und langwierig für Gestaltungen im Bereich der v.E. aus. Nachdem bei teilentgeltlichen Übertragungen die Trennungstheorie angewandt wird, läuft beim unentgeltlichen Part die bisherige „Spekulationsfrist" des Übergebers weiter, andererseits liegt hinsichtlich des entgeltlichen Teils ein Anschaffungs-/Veräußerungstatbestand vor.

> **Beispiel 5: Das Wendeschicksal einer Immobilie[351]**
> V überträgt im Jahre 10 ein Mietwohngrundstück (Verkehrswert: 1 Mio. €) auf seinen Sohn S gegen 500 T€. Das Grundstück mit AK/HK von 600 T€ wurde im Jahre 02 erworben. S verkauft das Grundstück für 1,2 Mio. €
>
> a) im Jahr 11,
> b) im Jahr 13.

Die Aufspaltung in entgeltlich/unentgeltliche Anschaffungsvorgänge mit gleicher Quote (50%) führt bei zeitlicher Geltung des § 23 EStG n.F. zu für alle Beteiligten überraschenden Ergebnissen

> **Lösung:**
> - Der entgeltliche Part löst bei V einen privaten Veräußerungsgewinn nach § 23 Abs. 1 S. 1 EStG aus. Dem Veräußerungserlös von 500 T€ werden

---
[349] Zu dem einem bereits von *Fischer* a.a.O. aufgestellten Widerspruch (Gegenleistung ohne Anschaffung) gesellt sich die innere Perplexität der Rechtsfigur des Typus 2 (existenzsichernde, aber nicht ertragreiche WE).
[350] S. hierzu *Geck,* ZEV 2001,41 (45f.) mit allen Ausschüttungsvarianten.
[351] S. auch *Tiedtke/Wälzholz,* ZEV 2000, 293 (294).

hälftige AK/HK³⁵² von 300 T€ gegenübergestellt. Die Nettogewinngröße für V sind 200 T€.

- S übernimmt in der Variante a) den Lauf der „Spekulationsfrist" des Vorgängers V gem. § 23 Abs. 1 S. 3 EStG und hat folglich bei einem Erlös von 1,2 Mio. €, der halbiert wird – und damit steuertechnisch 600 T€ beträgt – einen Veräußerungsgewinn von 350 T€ (600 T€ ./. 250 T€) zu versteuern.
- Der Verkauf im Jahre 13 (Variante b) ist nicht steuerbar.

Die Warnung der Literatur vor teilentgeltlichen Übertragungen von Immobilien angesichts der Tatbestandserweiterung des § 23 EStG ist aus einkommensteuerlicher Sicht nachvollziehbar.

4 Der Erbfall (= Alleinerbfall)

In der zeitlichen Reihung der Generationennachfolge liegt zwischen der v.E. und der Erbauseinandersetzung der Erbfall. Die Beurteilung des Erbfalles ist zugleich die steuerliche „Endstation" im **Alleinerbfall**.

Der Erbfall bildet trotz des UmwStG (1995) im Steuerrecht immer noch das Paradigma der Gesamtrechtsnachfolge. An der erbrechtlichen Gesamtrechtsnachfolge haben sich seit der ersten Entscheidung des BFH im Jahre 1965³⁵³ steuerliche Streitfragen entzündet. Die zitierte BFH-Rspr. operierte mit einem materiellrechtlichen Verständnis zu § 45 AO (bzw. damals § 8 Abs. 1 StAnpG), wonach der Erbe neben der verfahrensrechtlichen Position auch die materielle Rechtslage des Erblassers übernehme. Nach dieser sog. „Fußstapfentheorie" gingen die steuerlichen Rechtspositionen des Erblassers (Buchwerte bei Betriebsübergang, Besitzzeiten bei §§ 6, 17 und 23 EStG und auch der Verlustausgleich nach § 10d EStG) unbesehen auf den Erben über. Die Nachfolgeeuphorie³⁵⁴ der BFH-Rspr. erzeugte zunächst in der Lit. aufgrund der geltenden Besteuerungsmaxime nach der individuellen Leistungsfähigkeit Widerspruch³⁵⁵, dem sich zwischenzeitlich in Einzelfragen auch die Rspr. anzuschließen scheint. Das steuerlich-erbrechtliche Grundverständnis wird nach heute h.A. mit der „Doppeltatbestandstheorie" am besten wiedergegeben: Da-

---

³⁵² Zur zeitlichen erstmaligen Erfassung der isolierten HK ab 1999 (Bsp. vorheriger Erwerb von Grund und Boden, spätere Erstellung eines Gebäudes) s. § 52 Abs. 39 S. 4 EStG.
³⁵³ BFH vom 15.01.1965, BStBl III 1965, 252 (zu § 7b EStG). Weitere Urteile in der Tradition dieser Rspr. BFH vom 21.03.1969 BStBl II 1969, 520 (zu § 23 EStG); vom 10.04.1973 BStBl II 1973, 679 (zu § 10d EStG) und vom 25.08.1983 BStBl II 1984, 31 (zu § 55 EStG). Aus der Lit. s. *Offerhaus* in H/H/Sp, § 45 Rz. 1 und 9.
³⁵⁴ Ausdruck von *Ruppe*, DStJG 1987, 56 (dortige FN 21). Ähnlich auch *Meincke*, a.a.O., 20, 33 ff. und *Moench*, StBerKongrRep 1985, 91 ff.
³⁵⁵ Grundlegend *Trzaskalik*, StuW 1979, 97 ff. Ähnlich zur damaligen Zeit *Biergans*, ESt (3. – 6. Aufl., 1985 – 1992, 1046 ff.

nach realisieren Erblasser wie Erbe jeweils **eigene Steuertatbestände**.[356] Dies bedeutet konkret, dass etwa der Erbe des Nachlassbetriebes mit (bzw. ab) dem Todeszeitpunkt in seiner Person die Voraussetzungen eines Unternehmers erfüllt (erfüllen muss).

Die gesamte Dimension der erbrechtlichen Steuernachfolge wird jedoch nur dann offenkundig und die involvierten Fragen sind nur dann einer systemgerechten Lösung zuzuführen, wenn die verschiedenen Steuerpositionen, um deren Nachfolge gerungen wird, getrennt behandelt werden. Aufgrund der zivilrechtlichen Erkenntnisse (s. 2.2) und der öffentlich-rechtlichen Vordiskussion (s. 2.3) bietet sich folgende Gruppenbildung an:

- Die Steuerpositionen, die von der Übertragung unmittelbar betroffen sind (z.B. der Betrieb, das Mietwohngrundstück etc.). Man kann dafür auch den Begriff der „**externen Steuernachfolge**" bilden.
- Die mit dem o.g. Kompetenzobjekt (Betrieb etc.) mitübergehenden akzessorischen Steuerpositionen (wie Besitzzeiten, AfA-Methoden und dgl.) gehören bereits zum Anwendungsbereich der „**internen Steuernachfolge**".
- Völlig losgelöst von einem übergehenden (zivilistischen) Kompetenzobjekt ist die Frage des Übergangs „**originärer (oder besser: genuiner) Steuerpositionen**" wie z.B. eines nicht verbrauchten Verlustausgleichs zu diskutieren.

4.1 Externe Steuernachfolge (Auswirkungen auf das Kompetenzobjekt)

Der Erbfall – betrachtet als externer Vorgang – ist und bleibt nach absolut h.M. nicht ertragsteuerbar. So führt der (Allein-)Erbe die Buchwerte des Erblassers nach § 6 Abs. 3 EStG bzw. die Steuerwerte nach § 11d EStDV fort, ohne dass hierin ein Akt der Gewinnrealisation gesehen wird. Der Subjektwechsel von Todes wegen allein löst – in Übereinstimmung mit dem Zivilrecht – keine Steuerfolgen aus[357]. Der nahtlose Übergang im Wege der Gesamtrechtsnachfolge findet sein steuerliches Pendant in der Buchwert-(Restwert-)fortführung. Die Kontinuität ist das bestimmende verfahrens- und materiellrechtliche Moment. Die dortige gesetzestechnische Umschreibung als „unentgeltliche" Übertragung wird der Behandlung gerecht, auch wenn weitere Vorgänge (wie die Schenkung) hierunter subsumierbar sind. Die für den betrieblichen Bereich weitergehende Unterscheidung in § 6 Abs. 3 EStG („Buchwertübergang" bei steuerfunktionellen Einheiten) und die divergierende Anordnung in § 6 Abs. 4 EStG („Realisationszwang" bei Einzel-WG) ist nur ein scheinbarer Widerspruch. Konform mit dem erbrechtlichen Moment der **Gesamt**rechtsnachfolge gehen auch nur die steuerlichen geschlossenen **Funktionseinheiten** auf den Erben über. Die gegen diese Behandlung gerichteten Auffassungen in der Literatur (Wahlrecht des Erben zur Betriebsaufgabe[358] sowie generelle erfolgswirksame

---

[356] Vgl. *Brenner* in *K/S*, § 36 B 22; *Schenking* in *H/H/R*, § 2 Rz. 158 ff., *Conradi* in *L/B/M*, § 36, Tz. 4; *Seemann* in *Frotscher*, § 36 Tz. 11. *Tipke/Kruse* AO-Komm. § 45 Rz. 2; S. auch H*einicke* in *Schmidt*, § 1 Rz. 15 und *Kirchhof* in *Kirchhof-Kompakt*, § 2 Rz. 69.

[357] So löst insb. die Erfüllung von privaten Nachlassverbindlichkeiten keinen entgeltlichen Anschaffungsvorgang aus; vgl. BFH vom 15.05.1986, BStBl II 1986, 609 (zum Geldvermächtnis) und BFH vom 17.10.1991, BStBl II 1992, 392 (zum Erbersatzanspruch).

[358] So noch *Reiß* in *K/S* (1992), § 16 B 80 und B 130 (für den Schenker); jedoch nicht mehr weiterverfolgt von *Reiß* in *Kirchhof-Kompakt* (2001), § 16 Rz. 109 ff.

4   Der Erbfall (= Alleinerbfall)

Behandlung nach der Reinvermögenszugangstheorie[359]) konnten sich nicht durchsetzen bzw. wurden nicht weiter verfolgt. Das Konzept der mit § 6 Abs. 3 EStG einhergehenden „sachlichen Verschonungssubvention" (interpersonaler Übergang der stillen Reserven) wird zurecht als Grundsatz der Rechtseinheit[360] von der Rspr. und der h.L. geduldet.

4.2   Die (interne) Steuernachfolge bei akzessorischen Positionen

Zur Verdeutlichung der Fallgruppenbildung werden zunächst exemplarisch die verschiedenen Positionen aufgelistet, die hierunter fallen; und sodann wird stellvertretend für zwei Steuerpositionen ein Lösungskonzept erarbeitet und dieses auf die Einzelpositionen übertragen. Folgende akzessorische Positionen sind hiervon betroffen:

- Fortführung der Einkunftsart[361], insb. bei § 24 Nr. 2 EStG;
- Bindung an Bilanzierungswahlrechte und Abschreibungsoptionen;
- Verpächterwahlrecht bei § 16 EStG;
- Besitzzeiten und sonstige Identitätsvorstellungen (§§ 6b, 17, 23 EStG);
- Einzelfragen zu § 11d EStDV u.v.m.

Alle aufgelisteten Positionen verbindet der gleichzeitige Übergang des sog. Kompetenzobjekts nach § 1922 BGB. So tritt die Frage nach der Kontinuität der Einkunftsart bei einer „Nachlasspraxis" nur dann auf, wenn der Erbe die Freiberufler-Praxis des Erblassers von Todes wegen erworben hat. Die angesprochene Frage der **Kontinuität** von Steuermerkmalen wird gelegentlich vom Gesetzgeber gesehen und i.d.R. mit einer neutralen Formulierung (Rechtsnachfolger[362] bzw. Rechtsvorgänger[363]) positivrechtlich bejaht. Die meisten aufgeworfenen Fragen sind allenfalls versteckt in Verwaltungsschreiben oder in Einzeljudikaten angesprochen, ohne einer grundsätzlichen Lösung zugeführt zu sein.

Die Diskussion wird anhand der konkreten Frage der Vererbbarkeit des Verpächterwahlrechts nach § 16 EStG einerseits und des Übergangs von § 6b-Rücklage andererseits diskutiert; die Ergebnisse sollen verallgemeinert werden.

4.2.1   Kriterien für den erbrechtlichen Übergang akzessorischer Positionen

Vorweg verdient die Hervorhebung und die Sonderstellung der hier genannten **akzessorischen** Positionen eine gesonderte Erwähnung. Es wird unterstellt, dass eine befriedigende Lösung für den Übergang von Steuermerkmalen von Todes wegen nur bei einer die ganze Rechtsordnung einbeziehenden Betrachtungsweise gefunden werden kann. Die

---

[359] So sollte nach der betrieblichen Steuerlehre (statt aller *Kemmer/Wasmer*, FR 1987, 433) die Begleichung von privaten Nachlassverbindlichkeiten immer zu Anschaffungsvorgängen des Erben und zur Betriebsaufgabe beim Erblasser führen.
[360] Damit ist der Wertungsgleichlauf zwischen § 1922 BGB und § 6 Abs. 3 EStG bzw. § 11d EStDV gemeint.
[361] Das Nachfolge-Thema bei einer Praxis wird beim Kapitel „Realisationszwang" im Gesamtzusammenhang dargestellt.
[362] So bei § 24 Nr. 2 EStG.
[363] Vgl. § 17 Abs. 1 S. 4 EStG.

Nachfolgediskussion zum öffentlichen Recht verdeutlichte, dass bei einem **„dinglichen"** Merkmal (Bsp.: Baugenehmigung) die Rechtsnachfolge in Übereinstimmung mit dem Zivilrecht der Regelfall ist. In diesem Sinne steht der hier verwendete Begriff der „akzessorischen" Position für ein dingliches Merkmal im öffentlichen Recht.

Als nächsten Schritt gilt es, eine Definition für ein **akzessorisch-dingliches Steuermerkmal** zu finden. Hier wird folgende hypothetische Überlegung vorgeschlagen:

Nur für den Fall, dass die konkrete Eigenschaft weggedacht werden kann und sich danach – in der Vorstellung – ein anderer Übertragungsgegenstand (ein aliud) ergibt, liegt ein akzessorisches Steuermerkmal vor. Anders formuliert liegt ein akzessorisches Merkmal immer dann vor, wenn **Eigenschaft und Träger untrennbar miteinander verbunden sind.**

Ganz andere Übertragungsgrundsätze gelten, wenn demnach die konkrete Eigenschaft dem Kompetenzobjekt nicht das „Gepräge" gibt. Sodann liegt ein sog. originäres (oder genuines) Steuermerkmal vor (s. sogleich unter 4.3).

4.2.2 Beurteilung der konkreten Fälle

Mit dem fraglichen Übergang des Verpächterwahlrechts bei § 16 EStG (d.h. der Bindung des Erben an die Entscheidung des Erblassers) einerseits und der Kontinuität der Besitzzeiten und der Gestaltungsmöglichkeiten bei § 6b EStG andererseits werden bewusst steuerliche Extrempositionen ausgewählt.

4.2.2.1 Das Verpächterwahlrecht im Todesfall

Bekanntlich hat der Verpächter eines Betriebes nach R 139 Abs. 5 EStR ein Wahlrecht zwischen der steuerwirksamen Betriebsaufgabe (§ 16 Abs. 3 EStG) und der Fortführung durch „gewerbliche Verpachtung" ohne Gewerbebetrieb.

Um es nochmals zu verdeutlichen: **Anders** als bei einem vom Erblasser noch aktiv bewirtschafteten Betrieb[364] soll in dieser Fallgruppe ein bereits **verpachteter Betrieb** vom Erblasser auf den Erben übergehen. Ist der Erbe an die Option des Erblassers gebunden?

- Das Zivilrecht liefert mit §§ 566, 581 BGB („Kauf bricht nicht Miete bzw. Pacht") einen ersten Anhaltspunkt und Beleg für den dinglich-akzessorischen Charakter der Verpachtung.
- Ähnlich deutlich unterscheidet das GewSt-Recht; der Verpächter unterliegt nicht der GewSt, nur der Pächter ist gewerbesteuerpflichtig[365].
- Das Bewertungsrecht folgt schließlich in der Frage des verpachteten Gewerbebetriebes der einkommensteuerlichen Beurteilung und belässt es bei der BV-Zuordnung zum Verpächter[366].

---

[364] Dort entsteht das Verpächterwahlrecht in der Person des zunächst aktiv bewirtschaftenden Erben neu (vgl. BFH vom 20.04.1989, BStBl II 1989, 863 sowie BMF vom 23.11.1990, BStBl I 1990, 770).
[365] Vgl. *Glanegger/Güroff*, § 7 Rz. 62.
[366] BFH vom 13.11.1963 (BStBl III 1964, 124).

Die Belege aus den verschiedenen Teilrechtsordnungen legen die Wichtigkeit des Merkmals „verpachteter Betrieb" versus „nicht verpachteter Betrieb" nahe. In diesem Sinne kann das Merkmal der Verpachtung – und damit das „Verpächterwahlrecht" – nicht weggedacht werden, ohne dass damit nicht eine andere Steuereinheit (ein aliud) entstünde. Das Verpächterwahlrecht geht als „quasi-dingliche" Eigenschaft auf den Erben über. Dieser tritt in die Rechtsstellung des bisherigen Verpächters ein[367].

4.2.2.2 Vererbung und Reinvestitionsrücklage nach § 6b EStG

Anders als beim Verpächterwahlrecht (Betrieb) wird die Rücklagenoption nach § 6b EStG durch die Veräußerung eines **Einzel-WG** ausgelöst. Auch hier nimmt die h.M. einen Übergang auf den Erben an[368]. Dabei wird der Anwendungsbereich des § 6b-Übergangs auf die Fälle eingeschränkt, in denen der Betrieb nach § 6 Abs. 3 EStG unter Buchwertfortführung auf den Gesamtrechtsnachfolger übergeht (R 41c Abs. 5 EStR).

Hiergegen ließe sich allerdings der personenbezogene Charakter dieser betrieblichen Subventionsbestimmung einwenden. Auch die weitere Rechtsfolge, dass bei einem unterstellten Übergang von Todes wegen der Erbe die Übertragungsmöglichkeit für alle seine inländischen Betriebe ausnutzen kann, scheint zunächst gegen den akzessorisch-dinglichen Charakter zu sprechen.

Dennoch steht hier zu Recht als vererbte Hauptposition die funktionelle Steuereinheit „Betrieb" im Vordergrund. Die Zulässigkeit und das gleichzeitige Anknüpfen an den unentgeltlich übergehenden (Teil-)Betrieb lässt die **§ 6b-Qualität als akzessorisches** Merkmal im hier vorgetragenen Sinne erscheinen. Rein rechtstechnisch werden die Besitzzeiten des Erblassers auf den Erben nach § 6b Abs. 4 Nr. 2 EStG angerechnet.

Die Gesamtschau belegt die Richtigkeit des Ergebnisses mit einer einzigen Einschränkung. Die Kompensationsmöglichkeit für stille Reserven nach § 6b EStG stellt den materiellen Gegenpart zu dieser nach § 6 Abs. 3 EStG auf den Erben übergehenden „latenten Steuerhypothek" dar. Es sollte allerdings wegen des akzessorisch-dinglichen Charakters bei den Übertragungsmöglichkeiten eine teleologische Reduktion auf WG des ererbten Betriebes und eben nicht auf alle inländischen Betriebe des Erben erfolgen.

4.2.2.3 Fazit

Auch bei den akzessorischen Positionen kommt es zu der erbrechtlichen Steuernachfolge (der Erbe übernimmt die Steuermerkmale des Rechtsvorgängers).

Dies gilt **erstens** für alle diejenigen Steuermerkmale, auf die die dingliche Zusatzqualifikation zutrifft. Im Vorfeld muss daher anhand des Zivilrechts und der anderen steuerlichen Teilbereiche geprüft werden, ob das konkrete Merkmal die Eigenschaft erfüllt.

Anders hingegen ist die Situation, wenn man sich das Merkmal **wegdenken** kann und der rechtliche Charakter der Hauptposition (des Kompetenzobjekts) bestehen bleibt; so-

---

[367] Das Ergebnis stimmt mit den BFH-Urteilen vom 17.10.1991 (BStBl II 1992, 392) und vom 28.11.1991 (BStBl II 1992, 521) überein.
[368] *Glanegger* in *Schmidt*, § 6b Rz. 2, *Herrmann/Heuer*, § 6b Rz. 277 und 300; sowie *Jachmann* in *Kirchhof-Kompakt*, § 6b Rz. 21.

dann liegt keine akzessorische Eigenschaft im hier gebrauchten Sinne vor, etwa bei § 24 Nr. 2 EStG oder bei der Eigenheimförderung.

Zweitens gilt die Aussage für alle Fälle der im Wege der Gesamtrechtsnachfolge bzw. nach § 6 Abs. 3 EStG übergehenden **steuerfunktionellen Einheiten**, z.B. auch einer Realteilung mit Teilbetrieben. Umgekehrt (z.B. bei „Realteilung" mit Einzel-WG) kommt die Automatik nicht zur Anwendung[369].

4.3 Genuine Steuerpositionen im Erbfall am Beispiel des Verlustausgleichs

Eine gänzlich andere Situation liegt, ohne dass dies in der Diskussion immer verdeutlicht wird, bei der Frage des Übergangs von Steuermerkmalen **ohne** Bezug zu einem (zivilrechtlichen) **Kompetenzobjekt** vor. Von herausragender, wenngleich nicht ausschließlicher[370], Bedeutung ist hier der vom Erblasser nicht verbrauchte Verlustabzug bzw. Verlustausgleich.

4.3.1 Entwicklung der Rechtsprechung

Als Ausfluss der individuellen Leistungsfähigkeit sind Verluste **nie** durch **Einzelrechtsnachfolge** übertragbar (keine Disposition über Steuergrößen), R 115 Abs. 7 EStR. Neben der Ehegattenverlustverrechnung wird von der Verwaltung als einzige Ausnahme von dem Grundsatz, dass **Verlust-Erzieler** und **-Verrechner identisch** sein müssen, die Übertragung nicht ausgenutzter Verluste vom Erblasser auf den Erben zugelassen[371]. Der BFH – und ihm folgend a.a.O. die Verwaltung – hat seit 1962 einen Verlusttransfer vom Erblasser EL auf den Erben E in dem Maße zugelassen, in dem der Erblasser den Verlust noch hätte geltend machen können. In technischer Hinsicht werden zwei Kategorien von Verlusten unterschieden:

1. Verluste, die im Todesjahr des EL entstanden sind (1. Gruppe = 2. Bsp. in H 115 EStH) und
2. Verluste, die vor dem Todesjahr entstanden sind (2. Gruppe = 1. und 3. Bsp a.a.O.).

In der 1. Gruppe (**Todesjahrverluste des EL**; im Bsp. Todesjahr = VZ 02) erfolgt zunächst ein Ausgleich im Todesjahr des EL und sodann bei ihm ein Rücktrag gem. § 10d Abs. 1 EStG nach 01. Der nicht aufgebrauchte Verlust wird sodann in der Veranlagung des E in 02 ausgeglichen; ein etwaiger Überhang folgt § 10d EStG (Berücksichtigung zuerst in 01 und dann in 03 ff.) in der Veranlagung des E.

In der 2. Gruppe (**Verluste vor dem Todesjahr des EL**; im Bsp.: Verluste 01; Todesjahr 02) ergibt sich folgendes Verrechnungsschema:

---

[369] Vgl. etwa zur Sachwertabfindung und zu § 6b *Jachmann* in *Kirchhof-Kompakt*, § 6b Rz. 21.
[370] Andere Positionen sind die „Einkunftsartenbeurteilung" bzw. der Übergang von Positionen der SA oder der außergewöhnlichen Belastung.
[371] H 115 EStH 1999 „Verlustabzug" – im Erbfall.

4   Der Erbfall (= Alleinerbfall)

1. Reihenfolge für EL:

- Verlustausgleich bei EL in 01
- Verlustrücktrag bei EL in 00
- Verlustvortrag bei EL in 02 (Todesjahr)

2. Behandlung bei E:

Der (nicht aufgebrauchte) Verlustvortrag des EL wird von E zeitlich und dem Betrag nach unbegrenzt fortgeführt (auch im Todesjahr).

Die Unvereinbarkeit dieser (von der Verwaltung übernommenen) Rspr. mit dem Individualbesteuerungsgrundsatz führte in einer ersten Entscheidung des XI. Senats des BFH vom 05.05.1999 (BStBl II 1999, 653) zu der Erkenntnis, dass ein Verlustübergang des EL auf E nur dann möglich sei, wenn der Erbe durch die ererbten Verluste auch **wirtschaftlich belastet** sei, m.a.W. er sie auch tragen müsse. Haftet demnach der Erbe nur beschränkt (z.B. bei einem Nachlassinsolvenzverfahren[372]), ist er nicht zur Verrechnung der EL-Verluste in seiner Veranlagung berechtigt.

Noch einen Schritt weiter geht die BFH-Anfrage vom 29.03.2000 (HFR 2000, 796, I. Senat), nach der generell die Verlustübertragung abgelehnt wird. Dies gilt insb. für den Verlustvortrag, der wegen der „**Höchstpersönlichkeit**" einen Fremdkörper in der Besteuerung nach der individuellen Leistungsfähigkeit darstellt[373]. Allenfalls qua Billigkeitsmaßnahmen (§ 163 AO und § 227 AO) könne in Härtefällen abgeholfen werden.

Nach der grundsätzlich zustimmenden Auffassung *Kirchhofs*[374] sollte dem Erben lediglich ein Anspruch auf zuviel gezahlte Steuern des Erblassers zustehen, da dieser eine Besteuerung entsprechend seinem Lebenseinkommen nicht mehr erreichen kann. M.a.W. wird danach der – wenn überhaupt mögliche – Verlusttransfer auf den Erstattungsanspruch des EL limitiert. Diese wenig originelle Ansicht, die sich ohnehin schon aus § 45 AO ergibt, fußt auf dem Grundsatz der „periodenübergreifenden Leistungsfähigkeit".

Im Ergebnis soll danach ein Transfer des Verlustvortrages (des Verlustausgleichs allgemein?) nicht mehr zulässig sein. Dieser Rspr.-Änderung wird – vorbehaltlich eines BMF-Schreibens – nur im Ansatz zugestimmt, aber nicht in der Argumentation und in den Folgen.

4.3.2   Stellungnahme zur Änderung der Rechtsprechung

Drei Punkte sind vorweg klärungsbedürftig:

1. Der Übergang von Verlustausgleich (§ 2 Abs. 3) und von Verlustabzug (§ 10d EStG) muss unterschiedlich interpretiert werden.

---

[372] Zu den anderen Möglichkeiten der Nachlassbeschränkung s. Kap. III.2.
[373] Die treffende Formulierung wäre: Die persönliche Leistungsfähigkeit eines Steuerbürgers kann nicht auf einen anderen angerechnet werden, auch wenn dieser in die Vermögensverhältnisse des Erblassers eintrete.
[374] *Kirchhof* in *Kirchof-Kompakt*, § 2 Rz. 110; sowie *ders.* schon vorher in *K/S/M* § 2 D 60.

2. Bei der Anlehnung an die zivilrechtliche Vorgaben des § 1922 BGB darf nicht außer Acht gelassen werden, dass die dahinterstehenden Wertungen (die vorgesetzlichen Wertauffassungen) diametral entgegengesetzt sind. Der steuerliche Verlust ist für den Erben keine Nachlassverbindlichkeit, sondern eine sich für ihn zukünftig positiv auswirkende Verrechnungseinheit (evtl. sogar ein positives WG).
3. Das Gebot der individuellen Leistungsfähigkeit kann nur vor diesem Hintergrund richtig interpretiert werden und nicht pauschal jedes Wunschergebnis rechtfertigen.

Dies führt zu folgenden Erkenntnissen:

a) **Verlustübergang in Form eines Verlustausgleichs beim Erben**

In den ersten beiden Verwaltungsbeispielen (H 115 EStH „Verlustabzug im Erbfall"; Bsp. 1 und 2) werden von EL nicht aufgebrauchte Todesjahr- und Vortodesjahrverluste beim Erben E zunächst als Verlustausgleich nach § 2 Abs. 3 EStG berücksichtigt, bevor der übersteigende Betrag nach § 10d EStG bei ihm erfasst wird.

Hiergegen ist nach einem anerkannten zivilistischen Grundsatz einzuwenden, dass **niemand mehr übertragen kann als ihm selbst zusteht**[375]. Während umgekehrt zwar Ausschnitte (aus) der Rechtsposition des Übergebers den Rechtsträger wechseln können[376], kann durch die Rechtsnachfolge nicht ein neues WG geschaffen werden. Für den Fall, dass der Erblasser seinen (Vor-)Todesjahrverlust nicht mehr qua Verlustvortrag berücksichtigen kann, kann der Erbe nicht mehr bekommen, als dem Erblasser verwehrt wurde, d.h. allenfalls den Verlustrücktrag. Die konstitutive Begründung von **neuem Verlustausgleichspotential** beim Erben steht im Widerspruch zu den allgemeinen Denkgesetzen, zumindest zu zivilrechtlichen Grundaussagen der Rechtsnachfolge.

Um möglichen Einwendungen vorzugreifen, dass das rechnerische Ausgleichspotential doch vom Erblasser erzielt wurde und insoweit als Rechengröße korrekt auf den Erben übergeht, wird entgegengehalten, dass hier nicht eine absolute Zahl Gegenstand der Rechtsnachfolge ist, sondern eine Rechtsposition („Verrechenbarer Verlust").

Danach kann ein **Todesjahrverlust** des Erblassers, der bei ihm keinen Verlustvortrag auslösen konnte, beim Erben allenfalls im Wege des **Rücktrages** (§ 10d Abs. 1 EStG) geltend gemacht werden. Verlustausgleich und Verlustvortrag scheiden aus.

Nach den gleichen Grundsätzen kann m.E. ein (nicht aufgebrauchter) **Vortodesjahrverlust** des EL nur im Wege des **Verlustvortrages (§ 10d Abs. 2 EStG) bei E** berücksichtigt werden. Diese Auslegungsgrundsätze sind noch vor der Diskussion der individuellen Leistungsfähigkeit zu berücksichtigen.

b) **Verlustübergang in Form eines Verlustabzugs beim Erben**

Für den danach realistisch verbleibenden Fall der Berücksichtigung der Vortodesjahrverluste des EL beim Erben in Form des möglichen Verlustvortrages, d.h. für die Frage des **vererbten Verlustabzugs**, gelten folgende Grundsätze:

- Die pauschale Unzulässigkeit, wie sie zuletzt (2000) vom I. Senat wegen der Höchstpersönlichkeit des Verlustvortrages aufgestellt wurde, trifft zwar den richtigen Ausgangspunkt, geht aber am Kern des Problems vorbei.

---

[375] Nemo plus transferre potest quam ipse habet.
[376] Sog. konstitutive Rechtsnachfolge (Bsp. Unterbeteiligung). S. Kap. III.1.

- Wie schon mehrfach aufgezeigt wurde, wird die Vorstellung vom Übergang einer Rechtsposition von Todes wegen dann erleichtert, wenn sich der Übergang als geschlossener – auch die Schulden einbeziehender Gesamtvorgang verstehen lässt (Universalsukzession). In diese Richtung gehen offensichtlich auch die Überlegungen des XI. Senats (1999), wenn die „wirtschaftliche Belastung" als Bedingung aufgestellt wird. Die von *Kirchhof* vorgenommene Fixierung auf eine fehlende Haftungsbeschränkung des Erben greift zu kurz.
- Vielmehr sollte – nach dem Vorbild des § 15a EStG und in Ansätzen des neuen § 10d Abs. 1 bzw. § 2 Abs. 3 EStG – ein Verlustvortrag des EL nur dann auf den Erben übergehen, wenn und soweit dieser auch mit der übergehenden „Verlustquelle" belastet ist. Für den Fall, dass sich die **Verlustquelle (Bsp. Nachlassbetrieb oder Mietwohngrundstück) nicht mehr im Nachlass befindet** (Insolvenz oder Verkauf), ist ein Transfer wegen fehlender Belastung des Erben ausgeschlossen. Mit dieser Auslegung schließt sich der Kreis eines einheitlichen Nachfolgeverständnisses (geschlossenes Kompetenzobjekt), das seine Erkenntnisquellen aus dem Zivilrecht gewinnt und auf das Steuerrecht als Teildisziplin des öffentlichen Rechts übertragen wird.

Diese Erkenntnisse können auf sämtliche genuine steuerrechtliche Nachfolgepositionen übertragen werden, ob sie sich in der ESt (SA, außergewöhnliche Belastungen), in der USt (Bsp.: Kleinunternehmereigenschaft, Persönliche Qualifikationsmerkmale nach § 4 UStG[377]) oder auch in der GewSt[378] wiederfinden.

5 Die Erbauseinandersetzung (Mehrere Erben)

Der letzte Akt der Zuteilung von Nachlassvermögen ist die Erbauseinandersetzung unter den Miterben. Oftmals ist sie auch die ultima ratio, wenn es der Erblasser nicht verstanden hat, zu Lebzeiten eine psychologisch befriedigende, rechtlich klare und steuerlich optimale Aufteilung vorzunehmen. Dann obliegt es den Miterben, sich der angebotenen Lösungen zu bedienen. Schwierigkeiten treten immer dann auf, wenn von der Auseinandersetzung steuerliche „Funktionseinheiten" wie der (Teil-)Betrieb oder der MU-Anteil betroffen sind.

5.1 Grundzüge zur Erbauseinandersetzung

Wie der „epochale" Beschluss des GrS des BFH vom 05.07.1990 (BStBl II 1990, 837) zeigt, kann die steuerliche Diskussion bereits in den Grundzügen nur dann nachvollzogen werden, wenn auch die erbrechtlichen Aspekte miteinbezogen werden. Die bis da-

---

[377] Es kommen – trotz oder wegen § 1 Abs. 1a UStG – noch hinzu:
- Die Befugnis zur Ausstellung von Rechnungen nach § 14 UStG,
- die Option zur Ist-Besteuerung nach § 20 UStG u.v.m.

[378] Dort gilt bekanntlich trotz des Objektcharakters bei § 10a GewStG der individuelle Grundsatz der Unternehmens- und Unternehmeridentität.

hin festzustellende (Fehl-)Entwicklung in der Rspr. des BFH (und davor in der des RFH) war nur auf eine Ignoranz des Erbrechts zurückzuführen.

5.1.1 Einführung in die erbrechtliche und steuerrechtliche Problematik

Bei mehreren Miterben liegt nach §§ 2032 ff. BGB eine Gesamthandsgemeinschaft vor[379]. Der entscheidende Unterschied zum sonstigen Recht der Gesamthand liegt in der erbrechtlichen „Geburtsstunde" der Miterbengemeinschaft (im folgendem: MEG) durch den Tod des Erblassers, die insoweit als Zufallsgemeinschaft charakterisiert werden kann. Wiederum anders als bei den PersG (inkl. der OHG und KG) besteht ihre Hauptaufgabe darin, den ungeteilten Nachlass nur bis zu seiner Abwicklung am Rechtsverkehr teilhaben zu lassen. Mit der Auseinandersetzung, auf deren sofortige Durchführung jeder Erbe einen Anspruch hat (§ 2040 BGB), ist ihre Aufgabe erfüllt.

Es handelt sich bei der MEG um eine Zwischenherrschaft – bezogen auf den Nachlass –, die sich allerdings in der Praxis nicht selten einer (ungewünscht) langen Lebensdauer erfreut. An dieser Stelle (Interregnum) beginnen die steuerrechtlichen Probleme der MEG und ihrer Auseinandersetzung. Das Hauptproblem lag bis zum Jahre 1990 in der Beurteilung der Auseinandersetzung der MEG. Je nachdem, ob man in der Schlusszuordnung der einzelnen Nachlassgegenstände noch eine letzte private Ableitung vom Erblasser annahm oder dies schon als rechtsgeschäftlichen Übertragungsakt der Erben begriff, lag ein unentgeltliches Rechtsgeschäft (Erste Vorstellung) oder ein entgeltlicher Erwerb vor. Dies hing (hängt) mit der Stellung der MEG und der einzelnen Erben im steuerlichen Gesamtkontext der Personenmehrheiten zusammen.

Zusätzlich spielt die erbrechtliche Subsumtion in der Beurteilung des Erbanfalles des einzelnen Miterben eine wichtige Rolle. In der Einzelzuwendung seitens des Erblassers kann einmal ein Vorausvermächtnis und ein anderes Mal eine Teilungsanordnung angenommen werden[380].

> **Beispiel 6: Vorausvermächtnis oder Teilungsanordnung**
> A und B sind Miterben zu je 50 %. Zum Nachlass gehören zwei gleichwertige Betriebe (je 1 Mio. € Verkehrswert) und ein Aktienpaket im Wert von 100 T€. Das Testament sieht vor, dass jeder der Erben einen Betrieb erhalten soll und A zusätzlich das Aktienpaket, wofür er an B 50 T€ zu zahlen hat.
>
> **Lösung:**
> Nur, wenn einer der Erben einen zusätzlichen Zuwendungsgegenstand (Aktienpaket) **ohne Anrechnung auf die Quote** erhält, liegt ein Vorausvermächtnis

---

[379] Die zivilrechtlichen Fragen werden nicht abschließend von §§ 2032 ff. BGB geregelt, vielmehr erfolgt über §§ 2038 Abs. 2, 2042 Abs. 2 und 2044 Abs. 1 BGB eine Querverweisung auf das Recht der Bruchteilsgemeinschaft (§§ 741 ff. BGB). Dies führt zivilrechtlich zu einem (unschönen) Nebeneinander der Regeln über die Gesamthandsgemeinschaft (§§ 717 ff. BGB) und der Bruchteilsgemeinschaft (§§ 741 ff. BGB). Dieser ungleiche Parallellauf ist steuerlich bedenkenlos, da im Zweifel ohnehin Bruchteilsrecht anzuwenden ist (§ 39 Abs. 2 Nr. 2 AO).
[380] S. auch die identische Problematik im Erbschaftsteuerrecht *Preißer* Band 3, Teil C, Kap. I.3.1.2.2. sowie Bsp. 9b.

(§ 2150 BGB) vor. Andererseits, bei interner Ausgleichverpflichtung (vorliegender Fall), wird nur eine Teilungsanordnung angenommen[381].

Heute bereiten vor allem die Fragen der Auseinandersetzung von Steuerfunktionseinheiten Schwierigkeiten, wenn sie in Übereinstimmung mit den allgemeinen Regelungen gelöst werden (müssen).

5.1.2 Der Meinungswandel in der Rechtsprechung des Bundesfinanzhofs (Reichsfinanzfhofs)

Der RFH hat in ständiger Rspr., beginnend mit einem Urteil aus 1933[382] die Erbauseinandersetzung als letzten Bestandteil eines einheitlichen **privaten** (und damit unentgeltlichen) Erbvorgangs betrachtet.

Seit dem Jahre 1957 hat der BFH vorübergehend – zur Auseinandersetzung von PV – die Einzelübertragung als entgeltlichen Vorgang behandelt, wobei dieser Entgeltstatbestand sogar über die Abfindungen hinaus ausgedehnt wurde[383].

Für den **betrieblichen** Teil kehrte der BFH 1963 für weitere zweieinhalb Jahrzehnte zur Einheitsbetrachtung des RFH zurück und der einzelne Miterbe wurde nach der Auseinandersetzung als unmittelbarer Nachfolger des Erblassers angesehen[384]. Für den Regelfall der „schlichten" MEG wurden die Miterben nicht als Mitunternehmer behandelt. Erst 1976 hat der BFH diese Rspr. auf das **PV** übertragen (BFH vom 02.12.1976, BStBl II 1977, 209).

Widersprüchlich wurde das Konzept mit einem BFH-Urteil vom 24.04.1974 (BStBl II 1975, 580), als dem Miterben einer „schlichten" MEG zwar **laufende** gewerbliche Einkünfte nach § 15 Abs. 1 Nr. 2 EStG zugewiesen wurden (kein Regelfall), dieser aber als weichender Erbe bei Abfindungszahlungen **keinen Veräußerungsgewinn** nach § 16 EStG zu versteuern hatte.

Eine erste – von den Auswirkungen noch unproblematische – Kehrtwendung trat mit einem Urteil aus dem Jahre 1985 (BFH vom 09.07.1985, BStBl II 1985, 722) ein, als der IX. Senat für das **PV** die These von der Unentgeltlichkeit der Abfindungszahlungen aufgab und diese als Aufwendungen für den Erwerb des Alleineigentums deklarierte. Diese –

---

[381] S. auch Tz. 77 des BMF-Schreibens zur Erbauseinandersetzung vom 11.01.1993 (BStBl I 1993, 62); im folgenden: BMF-ErbA).
[382] RStBl 1934, 295. Schon vorher (1929) wurde ähnlich entschieden (RStBl 1929, 215). Danach sollten die bis zur Auseinandersetzung erzielten Einkünfte allen Miterben gemeinschaftlich zugeordnet werden. Immerhin führten bereits damals Abfindungszahlungen des leistenden Miterben zu einer entgeltlichen Veräußerung bzw. zu einem Anschaffungsvorgang.
[383] Nach BFH vom 06.12.1957 (BStBl III 1958, 33) wurde bereits der Verzicht des einzelnen Miterben auf den Gesamthandsanteil an den aufgegebenen WG als dessen Erwerbsaufwendung (=AK) für die im Gegenzug erhaltenen WG behandelt.
[384] BFH vom 16.08.1962 (BStBl III 1963, 480). Diese Auffassung wurde in 16 (!) weiteren BFH-Urteilen bis zum Urteil vom 19.05.1983 (BStBl II 1983, 380) durchgehalten. Folge: Weder AK beim zahlenden Erben noch Veräußerungsgewinn beim weichenden Erben. Zusätzlich wurde eine 2-Klassengesellschaft geschaffen, je nachdem ob der Miterbe als MU anzusehen war. Dies (MU) war aber der absolute (und nur theoretische) Ausnahmefall.

als „Abfindungs-Rspr." in der Literatur bezeichnete[385] – neue Betrachtungsweise brachte allenfalls für den Erwerber erhöhtes AfA-Potential mit sich, ohne für den weichenden Erben zu Steuerfolgen (PV) zu führen.

Damit war jedoch der Boden bereitet für den Beschluss des GrS am 05.07.1990, wo in Fällen von **übertragenem BV** eine Gleichbehandlung von PV und BV eingefordert wurde und vor allem – konform mit dem Erbrecht – zukünftig von zwei verschiedenen Vorgängen ausgegangen werden sollte[386].

Diese vom vorlegenden VIII. Senat formulierte **Trennungstheorie** wurde vom GrS übernommen: Erbfall und Erbauseinandersetzung sind danach zwei getrennte Vorgänge und stellen **keine rechtliche Einheit** dar (1. Petitum). Weitere Folge ist, dass die Miterben in ihrer gesamthänderischen Verbundenheit selbständig je einen Einkünftetatbestand erfüllen. Gehört folglich zum Nachlass ein Betrieb, so sind die Miterben als „geborene MU" nach § 15 Abs. 1 Nr. 2 EStG anzusehen. Es gibt danach keinen Unterschied mehr zwischen „schlichter" und fortgesetzter MEG.

Im zweiten, schwierigeren Teil der Entscheidung hat der GrS die **Erbauseinandersetzung** aus dem Rechtsinstitut der **Realteilung** entwickelt. Dabei sind zwei Phasen zu unterscheiden:

1. Die Trennung des einzelnen Miterben von der MEG mit Vermögensübertragung wird als **rechtsgeschäftliche** Loslösung behandelt (mit den Folgen der §§ 16 Abs. 1 Nr. 2 bzw. § 6 Abs. 3 EStG im betrieblichen Bereich und § 11d EStDV bei PV).

2. Für die im Fall unterschiedlicher Teilungsmassen anfallende Ausgleichszahlung (sog. „Spitzenausgleich") sieht der BFH nur in dem „Mehr-Betrag", der geleistet wird, einen **Anschaffungstatbestand**. Für den „Sockel-Tatbestand" der getrennt zugewiesenen WG ohne Ausgleichszahlung wird nach BFH-Auffassung nur der gesetzliche Auseinandersetzungsanspruch nach § 2140 BGB „konkretisiert" und es liegt insoweit keine Veräußerung/Anschaffung vor[387].

Von besonderer Bedeutung war nun, dass es der BFH zuließ, dass in den gespalten Abrechnungsvorgang **Verbindlichkeiten** einbezogen werden konnten, **ohne** dass daraus ein **Entgelt**statbestand wurde (anders als bei der v.E.[388]).

Mit zwei Entscheidungen aus den Jahren 1998 und 2000 scheint der IV. Senat des BFH das Rad wieder zurückdrehen zu wollen und deutet zumindest bei einer aufgrund einer Teilungsanordnung (ohne Ausgleichsverpflichtung) beruhenden Erbauseinandersetzung eine Rückbeziehung auf den Erbfall an[389]. Von Bedeutung ist dabei, dass der BFH den von der Verwaltung für eine zulässige Rückwirkung geöffneten Zeitkorridor von

---

[385] Vgl. nur *Söffing* (BB Beilage 12/1989, 5). Dabei sollten nach Auffassung des IX. Senats nur dann entgeltliche Aufwendungen vorliegen, wenn Vermögenswerte **außerhalb** der Erbmasse eingesetzt wurden.
[386] Vorlagebeschluss des VIII. Senats des BFH vom 18.10.1988 (BStBl II 1989, 549).
[387] Nach a.A. liegt insgesamt ein Tausch vor, der auch hinsichtlich der „Sockeltatbestände" zu einer Gewinnrealisierung geführt hätte.
[388] Übernimmt folglich einer der Miterben mehr Verbindlichkeiten, als ihm nach der Quote zustehen, so ist dies kein Entgeltstatbestand.
[389] BFH vom 04.11.1998 (BStBl II 1999, 291) und vor allem BFH vom 04.04.2000 (DStR 2000, 1051 = DB 2000, 1308).

sechs Monaten (Tz. 8 des BMF-ErbA) deutlich überzieht; im Urteil betrug der Zeitraum zwischen Erbfall und Auseinandersetzung zwei Jahre und drei Monate.

Der Sachverhalt des IV. Senats (Erbauseinandersetzung bei einfacher Nachfolgeklausel **ohne Veräußerungsgewinn**[390]) wie die Entscheidungsgründe (bei materieller Prüfung lag beim „verzichtenden" Miterben keine MU-Stellung mangels Gewinnbeteiligung vor) ergeben m.E. nicht die Substanz für eine Missachtung der Trennungstheorie[391]. Allenfalls der amtliche Zeitrahmen einer zulässigen Rückbeziehung der einvernehmlichen Auseinandersetzung auf den Erbfall, die (ohnehin nur) hinsichtlich der laufenden Einkünfte möglich ist, wird als zu eng empfunden. Während die Trennungstheorie nicht angegriffen wird, hat das Urteil die Fallgruppe der **einfachen Nachfolgeklausel** mit (unentgeltlicher) **Teilungsanordnung** in die Nähe der „qualifizierten Nachfolgeklausel" gerückt, wo auch nur der qualifizierte Erbe alleiniger Gesellschafter (und damit MU) wird. Man könnte für diesen Anwendungsfall auch die Figur der „scheingeborenen" **Mitunternehmerschaft**[392] kreieren, wenn sich im Nachlass eine **Mitunternehmerschaft** befindet.

Ein ähnlicher methodischer Vorwurf (mangelnde Kristallisationsmasse des vorgelegten Sachverhalts für die Entscheidungssätze) bleibt auch der Leitentscheidung des GrS aus 1990 nicht erspart. Die dortige Erkenntnis der rein **rechtsgeschäftlichen** Erbauseinandersetzung – verglichen mit dem unentgeltlichen Erbfall – wurde gewonnen bei einem Lebenssachverhalt, wo ein Erwerb unter Miterben aufgrund des gesetzlichen Vorkaufsrechts nach § 2034 ff. BGB vorlag.

5.1.3 Die (steuerliche) Rechtsstellung der einzelnen Miterben

In zivilrechtlicher Hinsicht haften die einzelnen Miterben für die gemeinschaftlichen Nachlassverbindlichkeiten bis zur Teilung als Gesamtschuldner (§ 2058 BGB)[393]. Daneben besteht für den Gläubiger der MEG die Möglichkeit der Inanspruchnahme der Miterben in ihrer gesamthänderischen Verbundenheit (§ 2059 Abs. 2 BGB)[394]. Nach § 45 Abs. 2 AO gelten diese Haftungsgrundsätze in gleicher Weise für Steueransprüche.

Unter verfahrensrechtlichen Gesichtspunkten geht nach § 45 Abs. 1 AO das Schuldverhältnis mit dem Tod des Erblassers auf die Erben über. Die weitere Frage, wie davon der einzelne Miterbe betroffen ist, richtet sich nach §§ 2032 ff., insb. nach den dortigen Verwaltungsbefugnissen (§ 2038 mit der Verweisung auf das Recht der Bruchteilsgemeinschaft). Umgekehrt ergeben sich für den Gläubiger aufgrund der gesamtschuldnerischen Verbundenheit der Miterben erleichterte Zugriffsmöglichkeiten – (wie etwa der

---

[390] Im Urteil ging es um eine Abfindung für den Verzicht auf eine Witwenrente und auf ein WG des Sonder-BV, das sich allerdings nach Auffassung des IV. Senats im PV befand.
[391] Ähnlich auch *Geck* (DStR 2000, 1383), der zu Recht darauf hinweist, dass der BFH die Teilungsanordnung ohne Ausgleichsverpflichtung als Vorausvermächtnis interpretieren hätte können und sodann mit Tz. 68 letzter Satz des BMF-ErbA (= BFH vom 24.09.1991, BStBl II 1992, 330) der „atypische" Vermächtnisnehmer als Inhaber der Einkunftsquelle anzusehen ist.
[392] Zivilrechtlich werden bekanntlich die Erben bei einer einfachen Nachfolgeklausel ohne Umweg über die MEG sofort und erbquotal-anteilig Neugesellschafter.
[393] Eine darauf fußende „Gesamtschuldklage" ermöglicht die Vollstreckung in das **Eigenvermögen**.
[394] Eine hierauf basierende Inanspruchnahme führt zu einer „Gesamthandklage" mit der Beschränkung auf das Vermögen der MEG.

Erlass eines zusammengefassten Bescheides nach § 155 Abs. 3 AO). Dabei trifft § 171 Abs. 12 AO eine gesetzliche Wertentscheidung zugunsten einer „Individualschuld" des einzelnen Miterben, wenn der Fristenlauf für dessen Inanspruchnahme von der Annahme[395] seiner Erbschaft abhängt.

Die dogmatisch schwierige Frage, inwieweit der einzelne Miterbe auch die **materielle Steuerschuld** des Erblassers übernimmt, wird dogmatisch mit dem Stichwort „Doppeltatbestandstheorie"[396] umschrieben. Danach verwirklichen Erblasser und (der/die) Erben jeweils eigene Steuertatbestände. Dieser für laufende Steuern (ESt) geltende Grundsatz bedeutet, dass vom Erblasser überlassene „unfertige Steuerrechtslagen" (Bsp.: AfA bei einem noch nicht abgeschriebenen Objekt) in der Person des/der Erben neu begründet (besser: realisiert) werden. Für bereits vom Erblasser realisierte Steuerschulden gilt das bereits dargestellte Haftungsszenario nach § 45 Abs. 2 AO. Bei der Erbschaftsteuerschuld nach § 20 Abs. 3 ErbStG, die die h.M. im Steuerrecht als Erbfall- und Eigenschuld und nicht als Nachlassverbindlichkeit einordnet[397], handelt es sich um die Schuld des einzelnen Miterben. Der spätere interne Ausgleich ändert nichts an dieser Charakterisierung.

Inwieweit **genuine** (d.h. keine von einem Kompetenzobjekt wie Gebäude, Betrieb abgeleiteten) **Steuermerkmale** (wie z.B. der nicht verbrauchte Verlustabzug nach § 10d EStG) auf die Miterben übergehen, wurde (s. 4) bereits dargestellt.

5.2 Erben und übergehendes Kompetenzobjekt – Laufende Besteuerung

Die Zwischenherrschaft der MEG und ihre Besteuerung eignen sich nicht für pauschale Betrachtungen. Das Steuerrecht regelt dies in Abhängigkeit von dem jeweils übergehenden Objekt („Zustandstatbestand").

5.2.1 Miterbengemeinschaft und das (reine) Privatvermögen

Bei **gemeinschaftlich eingesetztem PV** verzichtet das Ertragsteuerrecht auf eine Zusatzqualifikation, wie dies beim BV mit dem Typusmerkmal der MU der Fall ist. Die Ergebnisse aus der gemeinschaftlichen Vermietung bzw. Kapitalanlage werden einheitlich ermittelt und erbquotal aufgeteilt (§ 39 Abs. 2 Nr. 2 AO bzw. Tz. 6 des BFM-ErbA). Eine individuelle Einnahmeerzielungsabsicht wird nicht gefordert[398], eine gemeinschaftliche Betätigung wird unterstellt.

---

[395] Nach h.M. (*Tipke/Kruse*, § 171 Rz. 34a) soll es bei § 171 Abs. 12 AO auf die Annahme aller Erben ankommen.
[396] Grundlage hierfür soll die Individualbesteuerung sein.
[397] Statt aller *Meincke*, ErbStG-Komm. § 20 Rz. 11.
[398] Anders regelt die Verwaltung die Möglichkeit von MEG, einen Freistellungsauftrag für Quellensteuer bei Kapitaleinkünften zu stellen. Nach Tz. 2b des BMF-Schreibens vom 26.08.1992 (BStBl I 1993, 58) kann die MEG für Zinseinnahmen auf einem Gesamthandskonto keinen eigenen Freistellungsauftrag stellen. Das Sonderrecht steht nur „losen" Personenvereinigungen zu, zu denen die MEG ausdrücklich nicht gerechnet wird.

Beispiel 7: Die kurze Freude
EL erwirbt in 08 eine Immobilie. Nach seinem Tode in 09 veräußern die Kinder K1 und K2 im Jahre 11 die Immobilie. Liegt ein Fall des § 23 EStG vor?

Mit der Verlängerung der „Spekulationsfrist" auf 10 Jahre droht auch den Erben die Steuererfassung im Rahmen des § 23 EStG.

Lösung:
Während nach alter Auffassung (BFH vom 12.07.1988, BStBl II 1988, 942) ein Erbe (Gesamtrechtsnachfolger) unstreitig die Spekulationsfrist „fortführte", regelt sich die Besteuerung für Veräußerungen ab 1999 nach § 23 Abs. 1 S. 3 EStG. Danach ist dem unentgeltlichen **Einzelrechtsnachfolger** (Beschenkter, Vermächtnisnehmer) die Anschaffung durch den Vorgänger zuzurechnen; er setzt die vom Schenker in Gang gesetzte Spekulationsfrist fort. Strittig ist derzeit, ob § 23 Abs. 1 S. 3 EStG eine Gleichstellung[399] mit der Gesamtrechtsnachfolge oder eine Klarstellung verfolgt, wonach nur noch die unentgeltliche Einzelnachfolge erfasst ist[400]. M.E. musste der Gesetzgeber des StEntlG 1999 wissen, dass die frühere „Fußstapfentheorie" (automatisches Einrücken des Erben in die Position des Erblassers) nicht mehr gültig ist (historische Auslegung).

Mit der ausdrücklichen Erwähnung scheint sich das StEntlG gegen die Kontinuität bei § 23 EStG im Falle der Gesamtrechtsnachfolge ausgesprochen zu haben. Diese Auslegung steht jedoch im krassen **Wertungswiderspruch** zu sonstigen Fortführungstatbeständen des Erben (der MEG) und ist abzulehnen[401].

Als gesichertes Ergebnis wird festgehalten, dass weder der Erbfall noch die „einfache" Erbauseinandersetzung eine Anschaffung i.S.d. § 23 Abs. 1 S. 1 EStG darstellen. Etwas anderes gilt nur, wenn einer der Erben das „Spekulationsobjekt" entgeltlich (Spitzenausgleich) erworben hat.

Einen – in der Praxis nicht seltenen – Sonderfall stellt die **selbstgenutzte Wohnung** dar. Nach dem BFH vom 28.07.1999 (vermittelt die Übernahme der „eigenen vier Wände" durch einen der Miterben unter dem Regime des § 10e EStG nicht einen kompletten Abzugsbetrag, sondern nur einen anteilmäßigen Abzugsbetrag (§ 10e Abs. 1 S. 6 EStG) i.H.d. Ausgleichszahlung (BStBl II 2000, 61)[402]. Bei mehreren Selbstnutzern wird der Höchstbetrag entsprechend der Erbquote aufgeteilt.

---

[399] So *Fischer* in *Kirchhof-Kompakt*, § 23 Rz. 15.
[400] So *Schulze zur Wiesche*, BB 1999, 2223 (2227); offen *Schmidt* in *Heinicke*, § 23 Rz. 20.
[401] Der Verfasser ist sich der Tatsache bewusst, dass dieses Ergebnis mit der grammatikalischen Methode nicht erzielt werden kann, da die Gesamtrechtsnachfolge nicht in der Einzelrechtsnachfolge „aufgeht". Dies ist aber die Voraussetzung der Auslegung nach dem Analogie-Grundsatz des „Maius minus continet" (wörtlich: Das Größere nimmt das Kleinere aus.).

5.2.2 Die „wesentlichen" Beteiligungen an Kapitalgesellschaften

Auch im Anwendungsbereich von § 17 EStG können Erben (bzw. die MEG) vermehrt in die Steuerpflicht „hineinwachsen".

Beispiel 8: Der fruchtbare Kapitalanleger
EL (16 Kinder) war im Jahre 1999 mit 15 % an der X-GmbH beteiligt. Nach seinem Tode (2000) veräußert K16 seine Beteiligung in 2002, die er in 2001 im Rahmen der Erbauseinandersetzung zugestanden bekam.

Befindet sich im Nachlass eine (wesentliche) Beteiligung und übernimmt ein Erbe diese im Rahmen der Realteilung, so liegt hierin keine Anschaffung. Dieselbe Folge gilt in der Zuwendung der Beteiligung ohne Ausgleichszahlung. Fraglich ist nur, inwieweit Erben (die MEG?) die Besitzzeiten des Vorgängers fortführt.

Lösung:
Mit einem Schlussanteil von 1/16 am Stammkapital der X-GmbH (= 0,9375) erfüllt K16 in seiner Person nicht die subjektiven Merkmale des § 17 EStG. Ein entgeltlicher Ausgleichserwerb ist ebenfalls nicht ersichtlich. Nach § 17 Abs. 1 S. 4 i.V.m. Abs. 2 S. 3 EStG liegt allerdings ein erweiterter Besteuerungstatbestand vor. Danach hat die MEG (K1 – K16) unentgeltlich von EL und K16 wiederum unentgeltlich von der MEG erworben. Damit kann K16 erst ab 2007 steuerfrei veräußern[403].

Eine identische Lösung (Kontinuität zwischen Erblasser, MEG und Schlusserbe) ergibt sich für einbringungsgeborene Anteile i.S.d. § 21 UmwStG.

5.2.3 Das Einzelunternehmen und die Miterbengemeinschaft

Für den Nachlassbetrieb, der von Miterben übernommen wird, stellen sich die Fragen, ob wirklich jeder Miterbe MU geworden ist, wie Erbfallschulden zu behandeln sind und schließlich, ob es einen Unterschied zwischen der Betriebsübernahme und der Praxisübernahme gibt.

Die erbrechtliche Qualität ist – entgegen der amtlichen Darstellung – bei der grundsätzlichen Gleichstellung „Miterbe eines Nachlassbetriebes = MU" zu berücksichtigen.

- So sind nach der h.M. im Falle der Vor-/Nacherbschaft (§§ 2100 ff. BGB) beide Miterben als MU anzusehen.
- Anders gelagert ist die Problematik, wenn einer der Miterben von seinem Ausschlagungsrecht (§ 1942 BGB) oder von der Haftungsbeschränkung nach § 27 Abs. 2 HGB Gebrauch macht. Hier wird gem. § 175 Abs. 1 Nr. 2 AO rückwirkend die Zuweisung laufender gewerblicher Einkünfte aufgehoben. Allerdings soll nach Tz. 40

---
[402] Konform mit den Grundsätzen des GrS wird die Aufteilung in Erfüllung des Auseinandersetzungsanspruches nicht als Anschaffungs-/Veräußerungsgeschäft gewertet.
[403] S. auch Tz. 28 des BMF-ErbA (dort – Bsp. 10 – allerdings mit Abfindungszahlung).

des BMF-ErbA der ausschlagende Miterbe ggf. erhaltene Abfindungen als Veräußerungserlös nach § 16 Abs. 1 Nr. 2 EStG versteuern müssen („Durchgangsunternehmer"). Das rechtsfolgeninkonsequente Ergebnis (keine laufenden Einkünfte, aber Veräußerungseinkünfte) ist schwer nachzuvollziehen und wäre besser über § 12 Nr. 2 EStG (unzulässige Steuerfreiheit der freiwilligen Abfindungszahlungen) zu erzielen.

- Ist der Betrieb qua **Sachvermächtnis** weitergegeben worden, so liegt ein unentgeltlicher Erwerb des Vermächtnisnehmers von der MEG und nicht – wie früher – vom Erblasser vor. Während dies bei einzelnen WG des BV zu einer Entnahme durch die MEG führt, ist der ganzheitliche Betriebserwerb eine doppelt unentgeltliche Übertragung (Erblasser – MEG – Vermächtnisnehmer) gem. § 6 Abs. 3 EStG. Der Grundsatz der Durchgangsunternehmereigenschaft der einzelnen Miterben (laufende gewerbliche Einkünfte bis zur Erfüllung des Vermächtnisses) wird „amtlich" durchbrochen (Tz. 68 des BMF-ErbA), wenn sich allein der Vermächtnisnehmer ab dem Erbfall unternehmerisch geriert hat. In der Sonderkonstellation des **Vorausvermächtnisnehmers** gelten mit einer Ausnahme die identischen Rechtsfolgen. Nach Tz. 74 des BMF-ErbA soll es bei der Überführung eines Einzel-WG in das BV des Miterben = Vermächtnisnehmers ein Wahlrecht zwischen Buchwertfortführung und dem Teilwertansatz geben. Ab 2001 ist wegen § 6 Abs. 5 S. 3 EStG n.F. (StEntlG 2002) nunmehr zwingend die Buchwertfortführung geboten[404], die Verwaltungsanordnung ist durch das Gesetz überholt.
- Beim **Unternehmensnießbrauch** liegt bei der MEG als Bestellerin des Nießbrauchs ein ruhender Gewerbebetrieb vor, während der Nießbrauchsberechtigte laufende gewerbliche Einkünfte erzielt, ohne allerdings AfA-berechtigt zu sein (BFH vom 28.09.1995, BStBl II 1996, 440).

Sämtliche **Erbfallschulden** (Vermächtnisse, Pflichtteilsansprüche, Abfindungen etc.) stellen **keine AK** für die MEG dar (BFH vom 02.03.1993 BStBl II 1992, 392). Unabhängig von der Mittelherkunft handelt es sich um Privatschulden. Eine damit verbundene Kreditaufnahme – d.h. die hierfür aufgewendeten Zinsen – kann nicht mehr zur Schaffung von BA führen (Aufgabe der früheren „Sekundärfolge"-Rspr.[405]).

Eingangs wurde bereits auf das Thema der Rückbeziehung der laufenden gewerblichen Einkünfte durch eine befolgte Teilungsanordnung und das extensive BFH-Urteil vom 04.05.2000 (BFH/NV 2000, 1039) eingegangen. Beim Betrieb als Nachlassgegenstand kann aus den BFH-Erkenntnissen nur die Schlussfolgerung gezogen werden, dass auch nach Ablauf der sechs Monaten ab dem Erbfall eine Zuordnung möglich ist. M.E. bietet sich – für eine Neuregelung – statt des Fristenbeginns „Erbfall" in Übereinstimmung mit dem Zivilrecht (Ausschlagung) das Datum „Kenntnis vom Erbfall" an. Am sechsmonatigen Fristenlauf selbst sollte hingegen festgehalten werden.

---

[404] H.A. (vgl. *Wacker* in *Schmidt*, § 16 Rz. 597). Von 1999 bis 2000 war demgegenüber zwingend (§ 6 Abs. 5 S. 3 a.F.) trotz Tz. 74 des BMF-ErbA, der insoweit nur bis 1998 galt, Gewinnrealisation geboten. Die Anwendung von § 6 Abs. 5 EStG unterstellt bei PersG den Vorrang vor § 6 Abs. 4 EStG.

[405] Die frühere BFH-Rspr. wurde aufgegeben durch den VIII. Senat vom 14.04.1992 (BStBl II 1993, 275) und vom 02.03.1993 (BStBl II 1994, 619). Dem hat sich auch die Verwaltung angeschlossen: Tz. 37 und 70 des BMF-ErbA (1993) sind insoweit überholt (s. BMF vom 11.08.1994, BStBl I 1994, 603).

Für die **Nachlasspraxis** gelten die erhöhten steuersubjektiven Anforderungen nach § 18 EStG auch für die MEG (Schädliche Beteiligung eines Berufsfremden für die ganze MEG sowie unbeachtlicher Strukturwandel, Tz. 5 des BMF-ErbA).

5.2.4 Beteiligung an Personengesellschaften (Mitunternehmerschaft) im Nachlass (Tod des Mitunternehmers[406])

Die Beteiligung an einer PersG (steuererhöht: **Mitunternehmerschaft**) stellt ebenso wie der (Teil-) Betrieb eine steuerliche Funktionseinheit dar. Im Unterschied zu diesem gilt bei der erbrechtlichen Nachfolge nicht der geschlossene Übergang auf die MEG, sondern – wie aufgezeigt – die **Sonderrechtsnachfolge**. Danach ist die Nachfolgefrage heute eine Diskussion über den Anwendungsbereich und die Folgen der jeweiligen **Klauseln** geworden, mit denen stellvertretend die Modalitäten der Sonderrechtsnachfolge umschrieben werden[407].

> **Beispiel 9: „Schweigen" im Gesellschaftsvertrag und im Testament**
> Der Gesellschaftsvertrag einer dreigliedrigen GbR (OHG, KG, PartG) mit A, B und C als Gesellschafter enthält keinen Nachfolgepassus. Was gilt, wenn A verstirbt und zwei Kinder (K1 und K2) sowie eine Witwe W ohne testamentarische Anordnung hinterlässt? Die Nachkommen sollen zu gleichen Teilen erben.

Nachdem sich der Gesetzgeber des HRefG 1998 der gängigen Vertragspraxis für die Personenhandelsgesellschaften (PersHG) angeschlossen hat, gilt heute folgende Regelung.

> **Lösung:**
> Die PersHG (OHG, KG) sowie die PartG bleiben gem. § 131 Abs. 3 Nr. 1 HGB (bzw. § 9 Abs. 1 PartGG) bestehen. Der Tod des OHG-Gesellschafters, Komplementärs oder Partners löst die gleichen Rechtsfolgen aus wie sein Ausscheiden[408]. Dies wird mit dem Begriff der „Fortsetzungsklausel" umschrieben. Nur beim Tode des BGB-Gesellschafters kommt es – nach wie vor – zur Auflösung der Gesellschaft (§ 727 BGB). Dieser Fall wird als „Auflösungsklausel" bezeichnet und hier bei der Frage der MEG und ihrer Auseinandersetzung nicht weiter behandelt, da dieses Kapitel von der Unternehmenskontinuität ausgeht.

Die weiteren – und praxisrelevanten – Varianten der vertraglich vereinbarten „Nachfolgeklausel" spielen ebenso wie die „Eintrittsklausel" zugunsten eines Nicht-Erben im Recht der Erbauseinandersetzung eine große Rolle.

---

[406] So die „plakative" Überschrift bei *Wacker* in *Schmidt*, § 16 Rz. 660.
[407] S. auch Band 3, Teil C, Kap. 4.2.1.
[408] Beim Tode des Kommanditisten galt immer schon diese Rechtsfolge (§ 170 HGB).

5 Die Erbauseinandersetzung (Mehrere Erben)

Beispiel 10: Die Fortsetzungsklausel
In der A-B-C-OHG verstirbt C, ohne ein Testament zu hinterlassen. A und B führen die OHG fort.
Wie ist die steuerliche Behandlung des Abfindungsanspruchs der Erben E1 und E2?

Im gesetzlichen Regelfall der PersHG haben die Erben einen Abfindungsanspruch nach § 738 BGB gegen die verbleibenden Gesellschafter. Dieser Anspruch fällt in den Nachlass und stellt nunmehr eine private Forderung dar (s. Rz.78 des BMF-ErbA).

Lösung:
- Der Abfindungsanspruch führt in der Person des Alt-Gesellschafters C zu einer Veräußerung des MU-Anteils nach § 16 Abs. 1 Nr. 2 EStG.
- Übersteigt der Abfindungsanspruch den Buchwert seines (Eigen-) Kapitalkontos in der OHG, realisiert C einen Veräußerungsgewinn, der ab 2001 – bei gegebenen persönlichen Voraussetzungen – wieder dem hälftigen Steuersatz nach § 34 EStG unterliegt.
- Liegt der Abfindungsanspruch unter dem Buchkapital, kommt es – bei einer betrieblich veranlassten Vereinbarung – zu einem Veräußerungsverlust für C. In der Fortführungsbilanz der OHG sind die Aktiva abzustocken[409]. Sind allerdings private, d.h. familiäre, Gründe für das Unterschreiten des Buchkapitals verantwortlich, so verneinen Verwaltung und Rspr. einen steuerrelevanten (mathematisch aber vorliegenden – vgl. § 16 Abs. 2 EStG) Verlust. Hier kommt es sodann zur Anwendung von § 6 Abs. 3 EStG (Buchwertfortführung).
- Im Falle von **Sonder-BV** (Bsp.: C hat der OHG ein Grundstück verpachtet) wird dieses noch vom Erblasser entnommen (jetzt: notwendiges PV) und im Rahmen des § 16 Abs. 3 S. 5 EStG[410] mit dem gemeinen Wert angesetzt[411].
- Zu den erbschaftssteuerlichen Folgen der Fortsetzungsklausel s. *Preißer*, Band 3, Teil C, Kap. I.4.2.1.1 (Fallgruppe 2).

---

[409] Die Gegenbuchung ist die Bildung eines passiven Ausgleichsposten in der Gesamthandsbilanz (und nicht in einer negativen Ergänzungsbilanz), der sodann laufend erfolgswirksam aufzulösen ist (a.A. *Wacker* in *Schmidt*, § 16 Rz. 663, der überhaupt keinen Passivposten bildet und *Reiß* in *K/S*, § 16 B 124, der den Fall über § 6 Abs. 3 EStG löst).

[410] Gleichzeitig muss das BFH vom 15.03.2000 (DB 2000, 1159) zur fehlenden GewSt-Pflicht beim entnommenen Sonder-BV (dort allerdings zu einem Fall der qualifizierten Nachfolgeklausel) auch auf diesen Fall übertragen werden. Evtl. vorhandene GewSt-Vorträge des C gehen wegen § 10a GewStG verloren.

[411] Eine Gewinnrealisierung unterbleibt aber u.a. wegen § 6 Abs. 5 S. 2 EStG, wenn es sich beim Sonder-BV nur um ein aufgrund der Zuordnungsnorm des § 15 Abs. 1 Nr. 2 EStG gebildetes Sonder-BV handelt, das – für sich betrachtet – ein (zumindest) handelsrechtliches Gewerbe darstellt (vgl. auch § 105 Abs. 2 HGB).

Im nachfolgenden Teil der Darstellung rücken die Miterben in die Gesellschafterstellung des Erblassers ein, zuerst alle und in der Variante des Falles nur ein privilegierter Gesellschafter-Erbe.

Beispiel 11: Die einfache Nachfolgeklausel
Bei der A-KG verstirbt der Kommanditist X (Sonder-BV) und wird von seinen Kindern K1 und K2 beerbt, die auch zunächst zu zweit die Kommanditistenstellung übernehmen. Sind K1 und K2 immer als MU anzusehen? Wie wird bei der Auseinandersetzung die Abfindung behandelt?

Dieser gesellschaftsrechtliche Grundfall zur Vererbung der Kommanditistenstellung wirft ertragsteuerlich zwei Fragenkomplexe auf, die weitgehend durch die Gestaltungsoption für die Miterben ausgelöst werden. Durch den im Wege der Sonderrechtsnachfolge gesplitteten Gesellschaftsanteil des X (K1 und K2 übernehmen jeweils die Hälfte des MU-Anteils von X) bieten sich dieser, evtl. vorhandenes Sonder-BV sowie ggf. zusätzliche Einzel-WG als Abfindungsmasse an. Die Lösung wird ab 2001 von der Neuregelung der § 6 Abs. 3 ff. EStG überlagert.

Lösung:

1. **Die aufgespaltene MU-Stellung der Gesellschafter-Erben**
   Bei einer – auch rückwirkend möglichen – Einigung der Miterben K1 und K2 können die laufenden gewerblichen Einkünfte nach § 15 Abs. 1 Nr. 2 EStG auf einen der beiden Erben übertragen werden, der sodann als der alleinige Unternehmer anzusehen ist. Dies kann unter der Voraussetzung von Tz. 7 – 9 des BMF-ErbA mit verbindlicher Erklärung binnen sechs Monate ab dem Erbfall geschehen, nach dem BFH vom 04.05.2000 (BStBl II 2001, 171) auch noch einige Zeit später.
   Dies ändert – auch nach Auffassung des IV. Senats – nichts am **Durchgangserwerb beider Erben**. Sodann ergibt sich bei einer vereinbarten und durchgeführten Wertausgleichsverpflichtung beim weichenden Miterben ein Veräußerungsgewinn nach § 16 Abs. 1 Nr. 2 EStG, dem umgekehrt AK des zahlenden Miterben gegenüberstehen[412]. Bei fehlender Wertausgleichsverpflichtung[413] kommen weder ein Veräußerungstatbestand beim weichenden Miterben noch ein Anschaffungsvorgang beim zahlenden Miterben in Betracht. Das zwischenzeitlich gespaltene Buchkapital des Erblassers „wiedervereinigt" sich in der Person des Alleinübernehmers. Das Sonder-BV geht ebenfalls unentgeltlich auf die beiden Miterben K1 und K2 über, ohne dass beim Erblasser X eine Realisation vorliegt.

---

[412] Bei konsequenter Befolgung des Durchgangserwerbs müssen die nachträglichen AK in einer positiven Ergänzungsbilanz des zahlenden Miterben erfasst werden.
[413] Zivilrechtlich unwahrscheinlich, da der BGH erkannt hat, dass trotz Sondererbfolge die Beteiligung nicht am Nachlass vorbei vererbt werden darf (BGH vom 14.05.1986 BGHZ 98, 48 sowie BGH vom 03.07.1989 BGHZ 108, 187), so dass sich im Zweifel immer ein Ausgleichsanspruch ergeben wird.

2. Auseinandersetzung unter den Miterben mit Nachlassgegenständen

Die Idylle der Verwaltungsanordnung (Tz. 81 f. des BMF-ErbA) aus dem Jahre 1993 hilft nicht mehr weiter. Das Problem ist ab 2001 durch das Wechselspiel von § 6 Abs. 3 ff. EStG und § 16 Abs. 3 S. 2 EStG (Realteilung) überlagert worden, um schließlich mit dem UntStFG (vom 20.12.2001) als gelöst zu gelten. Vorgreiflich ist zu erwähnen, dass sowohl BFH wie BMF die damalige Neuregelung der Erbauseinandersetzung nach dem Vorbild der Realteilung entwickelten. Dieses Institut war jedoch damals in keinem Steuergesetz erwähnt; erst im Jahre 1999 ist die Realteilung in den Korpus des EStG „eingezogen". Zwei Jahre später kam es mit der gesetzgeberischen Kehrtwendung von (insb.) § 6 Abs. 5 S. 3 EStG a.F. (Übertragung von WG zwischen MU und **Mitunternehmerschaft** sowie zwischen MU'n) zu – derzeit ungeklärten – Abstimmungsfragen. Dabei geht es ganz allgemein bei dem weichenden Miterben um die Frage, ob der Vorgang als Aufgabe des MU-Anteils nach § 16 Abs. 1 Nr. 2, Abs. 3 EStG oder als Maßnahme der Realteilung begriffen werden kann.

Folgende Abfindungsalternativen (K1 = weichender Erbe) sind zu unterscheiden:

a) Übertragung des hälftigen Anteils von K1 auf K2 gegen Nachlass-PV

Es gab kein Abstimmungsproblem mit § 16 Abs. 3 S. 2 EStG. Wegen fehlender Regelungsnähe zu § 16 EStG tritt die Aufgabe zurück. Nachdem auch § 6 Abs. 5 S. 3 EStG nicht einschlägig ist, liegt eine unentgeltliche Übertragung nach § 6 Abs. 3 EStG vor. Für das PV gilt § 11d EStDV.

b) Übertragung gegen Einzel-WG (BV aus KG-Vermögen)

Der von den Voraussetzungen und den Rechtsfolgen einschlägige § 16 Abs. 3 S. 2 EStG legte die Annahme einer MU-Anteils-Aufgabe nahe. Bei Überführung der Einzel-WG in das PV des K1 entsteht zwischen dem gemeinen Wert und dem Buchwert des WG ein Aufgabegewinn. Wenn allerdings die Einzel-WG in ein anderes BV von K1 überführt werden, gab es einen Widerspruch zwischen § 16 EStG (Realisation) und § 6 Abs. 5 S. 3 n.F. EStG (Buchwertzwang). Nach der für ein Jahr (2001) vorherrschenden Auffassung wurde die Regelung zur Realteilung als lex specialis gegenüber § 6 Abs. 5 S. 3 EStG angesehen, so dass ab 2001 die Neuregelung des § 6 Abs. 5 EStG (Buchwertzwang) verdrängt sein sollte[414], also Aufgabe anzunehmen war. Erst durch das UntStFG 2001 wurde dieser Normenkonflikt mit § 16 Abs. 3 S. 3 EStG n.F. zugunsten des Buchwertzwanges entschieden[415].

---

[414] *Patt* in *H/H/R*, EStG-Komm. § 6, Rz. 111; *Glanegger* in *Schmidt*, § 6 Rz. 475; *Brandenberg* (FR 2000, 1186); *Herrmann/Neufang* (BB 2000, 2604). A.A. *Reiß* in *Kirchhof-kompakt*, § 16 Rz. 342 sowie BB 2000, 1965 und *Wacker* in *Schmidt*, § 16 Rz. 536.
Wiederum anders – mit Gestaltungsvorschlägen – *Korn/Strahl*, EStG, § 6 Rz. 513.33.

[415] Dies wurde mit dem neu erkannten Gesetzeszweck der steuerneutralen Umstrukturierung erreicht.

c) Übertragung gegen Sonder-BV

Erhält der ausscheidende K1 das Sonder-BV (exakt: den zusätzlichen hälftigen Anteil des K2) als Abfindung, hängt die weitere Behandlung wiederum davon ab, ob das Sonder-BV in ein anderes BV des K1 überführt wird oder PV bei K1 wird.

- Für den Fall der Überführung in ein **eigenes BV** des K1 ist ab 2001 gem. § 6 Abs. 5 S. 2 EStG zwingend die Buchwertfortführung vorgesehen[416].
- Für den Fall der Überführung in das **PV** erhöht sich der Aufgabegewinn um den Unterschied zwischen dem gemeinen Wert und dem Buchwert.

d) Übertragung gegen überquotale Nachlassverbindlichkeit

In diesem Fall machen die Miterben K1 und K2 von der Möglichkeit der erfolgsneutralen Erbauseinandersetzung Gebrauch.

Zu weitergehenden erbschaftssteuerlichen Konsequenzen wird auf *Preißer,* Band 3, Teil C, Kap. I.4.2.1.1 verwiesen, sowie auf die häufig vorkommende Weitergabeverpflichtung nach § 13a ErbStG auf (ebenda) Kap. III.3.4.1.

Beispiel 12: Die qualifizierte Nachfolgeklausel
An der B-KG ist B als Komplementär beteiligt. Sonder-BV ist vorhanden. Von seinen beiden Kindern S und T bestimmt B die Tochter T zur alleinigen Nachfolgerin in der KG. B fragt noch zu Lebzeiten, mit welchen einkommensteuerlichen Vor- und Nachteilen die Lösung verbunden ist[417] und ggf. welche Gestaltungsmaßnahmen bei seinem erklärten Nachfolgewillen zu treffen sind.

Bei der qualifizierten Nachfolgeklausel erfolgt zivil- und steuerrechtlich unentgeltlich ein unmittelbarer Übergang auf den privilegierten Gesellschafter-Erben (§ 6 Abs. 3 EStG). Hiervon ist auch das **anteilige Sonder-BV** des Nachfolgers betroffen, das seine Eigenschaft beibehält. Bezüglich des anteiligen Sonder-BV des Nicht-Berufenen S liegt ein **laufender – nicht gewerbesteuerpflichtiger**[418] – **Entnahmegewinn** vor, der noch dem Erblasser zugerechnet wird. Ein Wertausgleich wiederum, den T an S zu leisten hat, ist privat veranlasst und führt nicht zu AK des alleinigen Gesellschafter-Nachfolgers.

---

[416] Argument: Gegenstand der konkurrierenden Realteilung kann nur sein, was bislang nicht im Eigentum des Realteilers stand (so auch *Gänger* in Bordewin/Brandt EStG-Komm., § 16 Rz. 241 k).Ein besonderes Problem tritt auf, wenn es sich um **wesentliches Sonder-BV** (wesentliche Betriebsgrundlage) handelt. In diesem Fall liegt laufender Gewinn nach § 15 Abs. 1 Nr. 2 EStG aus der Realteilung vor.
[417] Zur erbschaftsteuerlichen Behandlung s. *Preißer* Band 3, Teil C, Kap. I.4.2.1.1.
[418] S. hierzu bereits BFH vom 15.03.2000 (DB 2000, 1159), der der AdV-Entscheidung (DStRE 1998, 470: wahrscheinliche GewSt-Pflicht) entgegengetreten ist.

Lösung:
Als Gestaltungsmöglichkeiten[419] zur **Vermeidung der Zwangsentnahme** werden diskutiert:

a) Übertragung des Sonder-BV auf gewerblich geprägte SchwesterG;
b) Alleinerbeneinsetzung der T;
c) Einfache Nachfolgeklausel mit Teilungsanordnung;
d) Vorweggenommene Erbfolge bzw. Schenkung auf den Todesfall.

a) Die Ausgliederung **des Sonder-BV auf eine GmbH & Co. KG** noch zu Lebzeiten des Erblassers B und deren anschließende Vermietung an die B-KG bereitet gesellschaftsrechtlich wegen der Neufassung von § 105 Abs. 2 HGB ab 01.07.1998 keine Probleme. Unter zwei Gesichtspunkten könnten sich steuerliche Schwierigkeiten ergeben:

- Wegen der Zuordnungsfunktion von § 15 Abs. 1 Nr. 2 EStG könnte das von der Schwester-GmbH & Co. KG gehaltene WG steuerrechtlich trotzdem der B-KG zugewiesen werden;
- Der BFH hat mit Urteil vom 06.09.2000 (DStR 2000, 2123) die Buchwertübertragung zwischen Schwestergesellschaften für die Rechtslage vor 1999 zugelassen. Danach (in den Jahren 1999 und 2000) führte der Vorgang per se (§ 6 Abs. 5 S. 3 a.F. EStG) für zwei Jahre zur Realisation. Ab 01.01.2001 war völlig ungeklärt, ob wegen § 6 Abs. 5 S. 3 EStG n.F. zwingende Buchwertüberführung oder zwingende Aufdeckung geboten ist. Ein Teil der Lit. nahm Erfolgsneutralität nur bei beteiligungsidentischer SchwesterG an[420]. Eine andere Auffassung ging wegen des o.g. BFH-Urteils und wegen der Zielsetzung des StEntlG von der direkten erfolgsneutralen Übertragung aus[421]. Wegen der zurückhaltenden Äußerung der Finanzverwaltung[422] war man gut beraten, der herrschenden Lit.-Auffassung den Vorzug zu geben, wonach das Wunschergebnis in einem mehrstufigen Verfahren erreicht wird[423]. Trotz der Neufassung von § 6 Abs. 5 S. 3 EStG sind die nachfolgend aufgeführten Zwischenschritte auch nach In-Kraft-Treten des UntStFG nach wie vor erforderlich; eine direkte neutrale Übertragung von Einzel-WG unter Schwester-PersG ist immer noch nicht möglich.

---

[419] In anderem Zusammenhang ist auf die gesellschaftsrechtliche Umwandlungsmöglichkeit nach § 139 HGB (aus Komplementär wird Kommanditist) hinzuweisen. Dabei ändert sich nichts an den einkommensteuerlichen Folgen.
[420] *Schmitt/Franz* (BB 2001, 1280).
[421] *Schmidt*, § 15 Rz. 683 und *Korn/Strahl*, § 6 Rz. 513.16.
[422] Bericht zur Fortentwicklung des Unternehmenssteuerrechts vom 19.04.2001.
[423] vgl. *Kloster/Kloster*, GmbHR 2000, 1133; *Kemper/Konold* DStR 2000, 2120; *Cattelaens* in *L/B/P*, vor § 6 Rz. 132.

Das „Übertragungs-Dreieck" sieht wie folgt aus:

1. Zunächst überträgt B das WG unentgeltlich aus dem KG-Vermögen in das Sonder-BV bei derselben KG (§ 6 Abs. 5 S. 3, 2. Alt. EStG);
2. Anschließend wird das WG gem. § 6 Abs. 5 S. 1 EStG in das Sonder-BV bei der SchwesterG (GmbH & Co. KG) übertragen (mit Änderung des Mietvertrages);
3. Schließlich wird das WG aus dem dortigen Sonder-BV in das Gesamthandsvermögen der GmbH & Co. KG übertragen.

b) Die **Alleinerbeneinsetzung von T**, so sie im testamentarischen Gesamtzusammenhang gewollt ist, lässt das Sonder-BV neutral auf die Alleinerbin übergehen. Etwaige Vermächtnisschulden zugunsten des S sind private Verbindlichkeiten, die weder zu AK noch zu einem Veräußerungsgewinn führen.

c) Bei der einfachen **Nachfolgeklausel mit Teilungsanordnung** bestehen die gleichen Probleme der Realisation, nur dass sie jetzt zu Lasten der Alleinübernehmerin T erfolgt, während sie bei der vorliegenden qualifizierten Nachfolgeklausel noch in der Person des Erblassers erfasst wird und als Nachlassverbindlichkeit gem. § 45 Abs. 2 AO (bzw. § 1922 BGB) auf beide Erben übergeht:

d) Die vorherige Übertragung i.R.d. **vorweggenommenen Erbfolge an T** führt nicht zu einem Durchgangseigentum der späteren MEG. Die weiteren Steuerfolgen hängen von den Vereinbarungen der drei beteiligten Personen ab[424].

Beispiel 13: Die Eintrittsklausel
Dem Prokuristen P und der Tochter T werden seitens B das Recht eingeräumt, durch einseitige Willensentscheidung in die Stellung des B nach dessen Ableben einzurücken.

In dieser Variante erfolgt kein Einrücken ipso iure, sondern durch die Ausübung des **Gestaltungsrechts** eines Dritten (oder eines Erben[425]).

Lösung:

- Wird die Option innerhalb des sechsmonatigen Korridors ausgeübt, wird ein Direktübergang unterstellt, bei dem die verbleibenden Gesellschafter als Treuhänder die Beteiligung „bereithalten". Die weiteren Folgen richten sich sodann nach der einfachen Nachfolgeklausel (Option durch alle Miterben) oder nach der qualifizierten Nachfolgeklausel.

---

[424] S. Kap.III.3: Falls z.B. ein Gleichstellungsgeld vereinbart wird, liegt ein Anschaffungsvorgang bei T vor.
[425] So jedenfalls Tz. 79 des BMF-ErbA; nach h.A. kommt die Eintrittsklausel nur bei **Dritten** in Betracht.

- Wird die Option nicht oder erst nach sechs Monaten ausgeübt, so gelten die Rechtsfolgen der Fortsetzungsklausel.

Exkurs: In verfahrensrechtlicher Hinsicht stellt sich die Frage, wie viele Grundlagenbescheide und mit welchem Inhalt diese bei der MEG zu versehen sind. Dabei muss berücksichtigt werden, dass die Infektionstheorie von § 15 Abs. 3 Nr. 1 EStG bei der MEG gerade nicht gilt (Tz. 4 des BMF-ErbA). Dies lässt die Annahme zu, dass je nach gemeinsam verwirklichtem Einkunftstatbestand eine eigene einheitliche und gesonderte Feststellung der Einkünfte nach §§ 179, 180 Abs. 1 Nr. 2 a AO zu erfolgen hat. Sollte allerdings für die Grundlagenfeststellung das jeweils gleiche FA nach §§ 18, 20 AO zuständig sein, spricht aus Gründen der Verfahrensökonomie nichts gegen einen einzigen Grundlagenbescheid[426]. Wie üblich, ist dabei nach den gemeinsamen und den individuellen Besteuerungsmerkmalen bei diesem „Nachlass-Feststellungsbescheid" zu unterscheiden.

5.3 Die Abwicklung der Miterbengemeinschaft

5.3.1 Einführung

Im gesellschaftsrechtlichen Idealfall folgt der rechtlichen Auflösung die faktische Abwicklung (Liquidation) der Gesellschaft. Danach ist die Gesellschaft handelsrechtlich beendigt[427].

Allein für **KapG** ist die Liquidation ausdrücklich in § 11 KStG geregelt. Danach wird zunächst auf der Ebene der KapG der Abwicklungsgewinn, der alle bislang gebildeten stillen Reserven umfasst, bei dieser erfasst. In einem zweiten Schritt werden auf der Ebene der Gesellschafter die Liquidationserlöse – je nach Beteiligungshöhe – als Einnahmen nach § 20 Abs. 1 Nr. 2 bzw. § 17 Abs. 4 EStG erfasst[428]. Mit Ausnahme der nur hälftigen Erfassung der Einkünfte (§ 3 Nr. 40 Buchst. c, e EStG) hat sich an der Systematik durch das StSenkG ab 2001 nichts geändert. Bekanntlich können die Steuerfolgen durch eine steuerfreie **Spaltung** vermieden werden.

Für die **PersG** hingegen gibt es keine explizite Regelung, so dass auf § 16 Abs. 3 EStG rekurriert wird. In seltenen Fällen kann es anlässlich der Abwicklung zu einem Unternehmensverkauf nach § 16 Abs. 1 Nr. 1 EStG kommen. Wegen des Transparenzgrundsatzes bei PersG lassen sich die Steuerfolgen auf einer (d.h. der Gesellschafter-)Ebene darstellen. Der halbe Steuersatz nach § 34 EStG wird – entsprechend den allgemeinen Rechtsgrundsätzen zu § 16 Abs. 3 EStG – nur dann gewährt, wenn die Abwicklung **uno actu** erfolgt. Ähnlich wie bei der Spaltung können die Steuerfolgen durch eine erfolgsneutrale **Realteilung** gem. § 16 Abs. 3 S. 2 i.V.m. § 6 Abs. 3 EStG vermieden werden.

---

[426] In diesem Sinne *Tipke/Kruse*, § 180.
[427] Eine Personenvereinigung kann auch ohne Abwicklung ihr Ende finden, wenn die Auskehrung des restlichen Gesellschaftsvermögen mangels Masse unterbleibt.
[428] Wird die Beteiligung im BV gehalten, so ist auf die Umqualifikation von § 20 Abs. 3 EStG ebenso wie auf die Möglichkeit von § 16 Abs. 1 Nr. 1, 2. HS EStG zu achten, dass eine 100 %-Beteiligung als Teilbetrieb fingiert wird.

Die MEG nimmt im herkömmlichen Abwicklungssystem der PersG allein deshalb eine Sonderstellung ein, weil es dort während der noch **bestehenden MEG** zu personellen Veränderungen kommen kann, die entweder zum Ausscheiden oder zum Verkauf des Anteils führen. Bei der Beurteilung der Abwicklung sind drei Grundüberlegungen vorweg und in der laufenden Diskussion zu berücksichtigen:

- Die eigentliche Auseinandersetzung der MEG ist vom BFH im Jahre 1990 am (damals noch nicht kodifizierten) Rechtsinstitut der Realteilung entwickelt worden.
- Zwischenzeitlich hat die Realteilung nicht nur ihren gesetzlichen „Niederschlag" (§ 16 Abs. 3 S. 2 EStG) gefunden, sondern auch mehrere Änderungen erfahren.
- Der sich mit der Einführung von § 6 Abs. 5 S. 3 EStG (ab 2001) ergebende offene **normative Widerspruch** zu § 16 Abs. 3 S. 2 EStG („Buchwertzwang nur bei Binnentransfers zwischen MU'n und in der **Mitunternehmerschaft**" nach § 16 Abs. 3 S. 2 EStG) ist durch das UntStFG (2001) rückwirkend beigelegt.

5.3.2 Personenbestandsveränderungen bei bestehender Miterbengemeinschaft

Die Verwaltung erwähnt zwei Formen der personellen Veränderung bei bestehen bleibender MEG:

1. Die Übertragung des Anteils (lt. Tz. 40 ff. des BMF-ErbA: „Veräußerung")[429];
2. das Ausscheiden, insb. gegen Sachwertabfindung (Tz. 51 ff., insb. 54 f. BMF-ErbA).

5.3.2.1 Die Übertragung des Anteils

Nachdem im Regelfall jeder Erbe eines Nachlassbetriebes „geborener MU" und der Miterbe von PV „gemeinschaftlicher Einkunftserzieler" wird, kann er sich auch rechtsgeschäftlich durch Schenkung oder durch Verkauf von diesem Erbanteil trennen.

- Für den Fall der **Schenkung** des Erbanteils gelten dabei die allgemeinen Grundsätze, denen zufolge der Übernehmer gem. § 6 Abs. 3 EStG das Kapitalkonto des Übergebers (beim Nachlassbetrieb) bzw. nach § 11d EStDV die anteiligen Steuerwerte (bei einem Mietshaus) fortführt. Ansonsten ist auf die Kontinuitätslösung bei §§ 17, 23 EStG zu achten, wonach der Beschenkte in **doppelt unentgeltlicher Nachfolge** die Vorbesitzzeiten des Erblassers (EL → MEG → Beschenkter) fortführt.
- Im Fall des **Verkaufs** des Erbanteils kommt der „Einkünftedualismus" zum Tragen. Beim Verkauf des **MU-Anteils** liegt eine Anteilsveräußerung nach § 16 Abs. 1 Nr. 2 EStG vor. Selbst beim Erwerb durch einen anderen Miterben (so auch der Originalsachverhalt des GrS vom 05.07.1990, BStBl II 1990, 837) gelten die bekannten Grundsätze für den entgeltlichen Erwerb eines MU-Anteils, nach denen die AK, soweit sie das Buchkapital übersteigen, in eine positive Ergänzungsbilanz des Erwerbers einzustellen sind[430].

---

[429] Wie die weiteren Ausführungen belegen, ist mit der Überschrift „Veräußerung" eigentlich „Übertragung" gemeint (redaktionelle Unkorrektheit).
[430] Vgl. das Bsp. 18 im BMF-ErbA.

- Beim Verkauf von **PV** liegt ein Anschaffungstatbestand mit allen Konsequenzen vor. Hierzu gehören zum einen beim Veräußerer die „Aufdeckungsfolgen" der §§ 17, 23 EStG und des § 21 UmwStG, wenn die zusätzlichen Voraussetzungen erfüllt sind. Zum anderen löst die entgeltliche Anschaffung beim Erwerber den „Neueintritt" in die o.g. Bestimmungen aus. Bei einem Mietshaus etwa wird die historische AfA des Erblassers, die bislang erbquotal gem. § 11d EStDV aufgeteilt wurde, aufgebrochen und nur noch anteilig von den verbleibenden Miterben fortgeführt. Der neue Miteigentümer begründet mit seinen AK nach § 7 Abs. 4 EStG eine neue AfA-BMG und ein neues AfA-Volumen[431].

Wegen der unterschiedlichen Steuerfolgen geht Tz. 49 des BMF-ErbA bei einem verkauften **Mischnachlass** von der Notwendigkeit der Aufteilung des Kaufpreises aus.

5.3.2.2 Das Ausscheiden des Miterben, insbesondere gegen Sachwertabfindung

Das Ausscheiden aus der MEG wird allgemein auch als Anwendungsfall der „personellen Teilauseinandersetzung" angesehen. Im zivilrechtlichen Teil wurde darauf hingewiesen, dass mit der einhergehenden **Anwachsung** nach § 738 BGB ein Unterfall der (beschränkten) Gesamtrechtsnachfolge[432] vorliegt. Anders als bei der „klassischen" Gesamtrechtsnachfolge wird beim Ausscheiden aus einer Gesamthandsgemeinschaft eine Abfindung fällig, die häufig in Form von Gegenständen der Gemeinschaft (Sachwertabfindung) statt in Geld (Barabfindung) gezahlt wird.

Beispiel 14: Das Ausscheiden gegen Sachwerte
E1 will aus der E1-E2-E3-MEG (Betrieb) ausscheiden. Dazu soll er ein zukünftig nicht mehr benötigtes Betriebsgrundstück erhalten. Offen ist für E1 noch, ob er das Grundstück in sein PV oder in das eigene Einzelunternehmen überführt. Die Bilanz der MEG sieht vor dem Ausscheiden wie folgt aus:

Aktiva	Buchwert	(Teilwert)	Passiva	Buch	(Teilwert)
Grundstück	300 T€	(400 T€)	Kapital E1	300 T€	(400T€)
Übrige Aktiva	600 T€	(800 T€)	Kapital E2	300 T€	(400T€)
			Kapital E3	300 T€	(400T€)
	900 T€	(1.200 T€)		900 T€	(1.200T€)

Mit welchem Wert ist das Grundstück anzusetzen, je nachdem ob es E1 in das PV oder in das eigene BV überführt?

Lösung:
1. **Überführung in das PV**
   Nach den allgemeinen Grundsätzen beim Ausscheiden eines Pers-G'fters gegen Sachwertabfindung und einer Überführung in das **PV** des Ausschei-

---
[431] Vgl. das Bsp. 19 im BMF-ErbA.
[432] Andere (*Reiß*, BB 2000, 2604) bezeichnen den Vorgang als „Teilliquidation".

denden wird der Teilwert des Abfindungs-WG ermittelt (hier: 400 T€) und dieses entnommen. Dabei erzielt der Ausscheidende (E1) einen Aufgabe- (bzw. Veräußerungs-)gewinn nach § 16 Abs. 1 Nr. 2 EStG i.H.d. auf ihn entfallenden stillen Reserven (hier: 100 T€/3 = 33.333 T€). Bei den verbleibenden Partnern (E2 und E3) wird die Differenz von 66.666 T€ als **laufender** Gewinn nach § 15 Abs. 1 Nr. 2 EStG im Rahmen der Kapitalkontenentwicklung erfasst[433].

2. Überführung in das BV (1. Teil)

Für den Fall der Überführung in das **BV des E1** sieht Tz. 55 des BMF-ErbA die Buchwertfortführung vor, da die stillen Reserven im inländischen BV des E1 verhaftet bleiben („finale Entnahmelehre").

Auch an dieser Stelle (Sachwertabfindung gegen Überführung eines Einzel-WG in das BV) wird die Diskussion der Jahre 1998 – 2002 in Grundzügen nachgezeichnet. Der Leser kann sich einen Überblick über die in diesen vier Jahren herrschende Unsicherheit verschaffen, die die gestaltende Beratung in einem wichtigen Sektor zu einem „vabanque"-Spiel verkommen ließ.

Bis 1998 war diese Lösung konform mit den allgemeinen Auslegungsregeln zu § 16 Abs. 1 Nr. 2 EStG, wonach dem Ausscheidenden ein Wahlrecht für den Buch-, Teil- oder Zwischenwert eingeräumt wurde. Bei der Buchwertfortführung fiel weder ein Veräußerungsgewinn (E1) noch ein laufender Gewinn (E2 und E3) an.

In den Jahren **1999 und 2000** ist durch die Einfügung von § 6 Abs. 5 S. 3 EStG a.F. der Aufdeckungszwang für die Überführung von Einzel-WG von einem Rechtsträger (MEG) auf einen anderen Rechtsträger (E1) eingeführt worden. Nach h.A. hatte § 6 Abs. 5 S. 3 a.F. EStG Vorrang vor den Grundsätzen zum Sachwertausscheiden[434]. Vorhandene stille Reserven mussten in diesem gesetzgeberischen „Intermezzo" von zwei Jahren aufgedeckt werden.

Ab 2001 stellte sich erneut die Abstimmungsfrage, wenn einerseits nach § 16 Abs. 3 S. 2 EStG im Anwendungsbereich der Realteilung die Überführung von Einzel-WG mit Aufdeckungszwang (§ 16 Abs. 1 Nr. 2 EStG) vorgesehen war. Anderseits führte § 6 Abs. 5 S. 3 EStG einen **Buchwertzwang** für die Überführung von Einzel-WG aus der **Mitunternehmerschaft** in das BV des einzelnen MU's ein.

Rein begrifflich kann die Abstimmungsfrage dahinstehen, wenn man im **Ausscheiden des MU keinen** Anwendungsfall der **Realteilung** sieht. Realteilung und Ausscheiden

---

[433] Die bilanztechnische Behandlung sieht wie folgt aus:
- In einem ersten Schritt werden die anteiligen stillen Reserven des E1 (1/3 von 300 T€ = 100 T€) bei den WG anteilig aktiviert: Grundstück 333.334 € und übrige Aktiva 666.666 € gegen Kapital (E1) i.H.v. 400 T€ (= Abfindungsschuld).
- In einem zweiten Schritt erfolgt die Ausbuchung des Kapitals durch: per Kapital 400 T€ an Grundstück 333.334 € und sonstiger betrieblicher Ertrag 66.666 € (Kapital von E2 und E3!).

Bilanz nach Ausscheiden des E1		
Aktiva	666.666 €	Kapital E2 333.333 €
		Kapital E3 333.333 €

[434] Vgl. *Reiß* in *Kirchhof-kompakt*, § 16 Rz. 335 sowie *Wacker*, BB 1999, Beilage 5 (Heft 16).

wurden nach bislang h.M. trotz des wirtschaftlich vergleichbaren Vorganges als rechtlich unterschiedlich behandelt, da einmal die PersG (die MEG) bestehen bleibt (Sachwertabfindung) und dies bei der Realteilung nicht der Fall ist[435].

Mit der Gesetzesbegründung zu § 16 Abs. 3 S. 1 und S. 2 EStG i.d.F. des StEntlG liegt aber eine authentische Äußerung des Gesetzgebers vor, dass er die Unterscheidung zwischen Realteilung und Sachwertabfindung nicht teilt und stattdessen die Realteilung als **Oberbegriff** für beide versteht. Das Abstimmungsproblem ist evident und wurde von der h.M. zugunsten § 6 Abs. 5 S. 3 EStG entschieden[436].

Diese von der h.M. für 2001 favorisierte Auffassung ist durch das UntStFG mit der Neufassung der §§ 6 Abs. 5, 16 Abs. 3 S. 3 ff. EStG schließlich Gesetz geworden[437].

Lösung:
2. **Überführung in das BV (2. Teil)**
   Mit dem sich nunmehr aus § 6 Abs. 5 S. 3 i.V.m. § 16 Abs. 3 S. 3 EStG (i.d.F. des UntStFG) ergebenden Buchwertzwang muss E1 den Buchwert des Grundstücks in seinem Einzelunternehmen fortführen. Dazu wird das Kapitalkonto des E1 in der MEG erfolgsneutral angepasst, wenn es über dem Buchwert liegt. Betrüge im vorliegendem Fall der Buchwert des Grundstücks z.B. 350 T€ und das Kapital des E1 nach wie vor 300 T€, so würde das Kapital des E1 auf 350 T€ gesetzt. Gleichzeitig führte dies zu einer betragsmäßigen Minderung der Kapitalkonten von E2 und E3 (im Bsp. auf je 275 TE). Im vorliegenden Fall ändert sich wegen der identischen Buchwerte des Grundstücks und des Eigenkapitals nichts an dem Bilanzausweis der betroffenen Posten

Aktiva			Passiva
Sonstige Aktiva	600 T€	Kapital E2	300 T€
		Kapital E3	300 T€

Bei einer **Barabfindung mit liquiden Mitteln** finden zu Recht die Grundsätze des (verdeckten) Verkaufs Anwendung (Tz. 53), da liquide Mittel i.S.d. Beendigung von funktionellen Einheiten nicht als reserventrächtige WG behandelt werden können.

5.3.3 Die Beendigung der Miterbengemeinschaft in Form der „Naturalteilung"

In der einfachsten Form der Beendigung kann die MEG durch Veräußerung der Aktiva und anschließender Erfüllung der restlichen (hier: Nachlass-)Verbindlichkeiten been-

---
[435] S. *Wacker* in *Schmidt*, § 16 Rz. 531 und *Bogenschütz*, StbJb 1999/2000, 122.
[436] *Wacker* in *Schmidt*, § 16 Rz. 647 und Rz. 524; ähnlich *Reiß* in *K/S*, § 16 Rz. 336 – beide ohne Begründung –. Einzig *Mitsch/Grüter* (INF 2000, 652) begründen ihre Auffassung damit, dass die zwingende Aufdeckung wenig plausibel erscheint, wenn die Übertragung von WG als laufender Geschäftsvorfall zwingend zum Buchwert vorgenommen werden müsse. S. auch *Röhring*, EStG 2001, 29; sowie (a.A.) *van Lishaut* (DB 2000, 1789).
[437] Im Einzelnen s. dazu die Darstellung im Band 2, Teil B, Kap. V.

det werden. Der verbliebene Resterlös wird sodann unter den Miterben verteilt. Dieser der gesetzlichen Liquidation der §§ 145 ff. HGB nachempfundene Naturalteilung folgt den allgemeinen Grundsätzen. Bei einem Nachlassbetrieb hängt dabei die Vergünstigung gem. §§ 16, 34 EStG vom Zeitmoment ab. Geschieht die Beendigung des unternehmerischen Engagements nicht in „einem Akt" oder unterliegen die einzelnen Vorgänge nicht dem Veräußerungsvorgang, so droht die Versteuerung als laufender Gewinn nach § 15 Abs. 1 Nr. 2 EStG (s. Tz. 56 ff.)[438].

5.3.4 Die (eigentliche) Realteilung der Miterbengemeinschaft

5.3.4.1 Dogmatische Grundzüge

Wie schon mehrfach ausgeführt, hat der BFH die MEG und vor allem ihre Auseinandersetzung am Leitbild der Realteilung entwickelt. Dies galt uneingeschränkt, solange im Nachlass ein Betrieb war und die Miterben als MU fungierten. Bereits bei einem PV-Nachlass „krankte" die Orientierung an der Realteilung mangels tatbestandlicher Vergleichbarkeit. Die Unterschiede im Erscheinungsbild zur Sachwertabfindung wurden aufgezeigt. Die neutrale Realteilung wurde in der Rspr. des BFH auf die analog reziproke Anwendung des § 24 UmwStG gestützt, wonach der neutrale „Buchwert"-Weg **aus der PersG** genauso möglich sein sollte wie der **neutrale Weg in die PersG**.

Zwischenzeitlich erstreckte der BFH die Anwendung des abgeleiteten Buchwert-Wahlrechts auch auf Einzel-WG als Teilungsmassen. Dieser extensiven Auslegung hat der Gesetzgeber mit § 16 Abs. 3 S. 2, 1.HS EStG zunächst einen Riegel vorgeschoben, indem er den Vorgang der Realteilung mit **Einzel-WG** zu einem Anwendungsfall der **Aufgabe** des MU-Anteils nach § 16 Abs. 1 Nr. 2 EStG erklärt. Nur bei steuerfunktionellen Einheiten führt die Realteilung nach dem 2. HS zu einer **Buchwertfortführungspflicht** (1999).

Zwei Jahre später legte der Gesetzgeber des StSenkG und StSenkErgG (2001) eine geschlossene Regelung zur Übertragung von steuerfunktionellen Einheiten (Sachgesamtheiten) mit § 6 Abs. 5 S. 3 EStG vor. Er distanzierte sich dabei um 180 Grad von der zwei Jahre zuvor eingeführten **rechtsträgerbezogenen** Betrachtungsweise, die bei jedwedem Wechsel des Rechtssubjekts von Einzel-WG innerhalb einer PersG Gewinnrealisation annahm. Im Gegenteil: Unter dem Gesichtspunkt der Abschaffung von Wahlrechten führen nunmehr Transaktionen von **Einzel-WG** im (weitesten) Rechtskreis von § 15 Abs. 1 Nr. 2 EStG, zu der auch die MEG gehört, zum **Buchwertzwang**. Der Regelungswiderspruch hätte nicht offensichtlicher sein können.

Wie schon mehrfach ausgeführt, hat das UntStFG vom 20.12.2001 dem Spuk mit rückwirkender Regelung (ab 01.01.2001) ein Ende bereitet, sodass eine neutrale Realteilung mit Einzel-WG wieder bedenkenfrei möglich ist, wobei aber die neu eingeführte Sperrfrist zu beachten ist.

---

[438] Bei BV hängt die Steuerbarkeit von den Voraussetzungen der §§ 17, 23 EStG bzw. des § 21 UmwStG ab.

Darüber hinaus – und dies führt zu den Anfängen des Rechtsinstituts zurück – hat man sich bei den Folgefragen der Erbauseinandersetzung immer wieder die axiomatischen Grundsätze der BFH-Leitentscheidung zu vergegenwärtigen, denen zufolge

- die Auseinandersetzung in **Höhe der Erbquote** nur den gesetzlichen Auseinandersetzungsanspruch nach § 2042 BGB konkretisiert und insoweit **unentgeltlich** erfolgt[439];
- Abfindungszahlungen nur dann (und insoweit) als **entgeltliche** Anschaffung (Veräußerung) zu werten sind, als sie das „Mehr" ausgleichen, das der einzelne Miterbe an gegenständlicher Zuwendung erhalten hat[440];
- in die Entgeltsberechnung die (auch überquotale) Übernahme von **Nachlassverbindlichkeiten nicht** einzubeziehen ist[441].

5.3.4.2 Realteilung (Betriebsvermögen) ohne Abfindungszahlungen

Den Grundfall bildet die Auseinandersetzung ohne Abfindungszahlung.

Beispiel 15: Die undramatische Auseinandersetzung

a) Die Miterben E1/E2 teilen unter sich zwei Betriebe (Teilbetriebe) ohne Ausgleich auf.
b) E1 und E2 weisen sich aus dem Nachlass (Einzelunternehmen) je ein Einzel-WG zu, das beide in das PV überführen.
c) E1 nutzt im Bsp. b) das Einzel-WG in seinem Einzelunternehmen bzw. als Sonder-BV bei „seiner" PersG.
d) E1 erhält einen Teilbetrieb; E2 bekommt das Betriebsgrundstück.

Die Grundtatbestände einer betrieblichen Nachlasstrennung führen ab 2001 zu nachfolgenden Lösungen (die abweichende Lösung für 1999/2000 bzw. davor wird in den Fußnoten mitgeteilt).

Lösung:

a) Gem. § 16 Abs. 3 S. 2, 2. HS EStG i.V.m. § 6 Abs. 3 EStG sind die Buchwerte fortzuführen. Eine Aufgabe kommt hier bereits begrifflich wegen des fortgesetzten Unternehmensengagements nicht in Betracht. Rein technisch erfolgt dies im Wege der Kapitalkontenanpassung. Der **Buchwertzwang** gilt entgegen Tz. 12 des BMF-ErbA auch bei **Teilbetrieben**[442].

---

[439] Tz. 10 des BMF-ErbA; sowie BFH vom 05.07.1990, BStBl II 1990, 837.
[440] Tz. 14 des BMF-ErbA.
[441] Tz. 17 und 25 ff des BMF-ErbA.
[442] Bis 1998 konnte auch bei Teilbetrieben das Wahlrecht ausgeübt werden; ab 1999 wegen der eindeutigen gesetzlichen Lösung weggefallen.

b) Bei beiden Miterben liegt die Aufgabe eines MU-Anteils gem. §§ 16 Abs. 1 Nr. 2 und Abs. 2 EStG vor. Die Einzel-WG sind mit dem gemeinen Wert nach § 16 Abs. 3 S. 7 EStG anzusetzen[443].
c) Im VZ 2001 war dies ein weiterer Anwendungsfall des normativen Widerspruchs zwischen den eingangs erwähnten einschlägigen Normen. Heute besteht auch hier Buchwertzwang gem. §§ 16 Abs. 3 S. 2 und 6 Abs. 5 S. 3 EStG.
(nachfolgend – in Klammern – die Diskussion des Jahres 2001: Trotz der Aufgabe des MU-Anteils wird z.T. ein Buchwertzwang aufgrund des vorrangig geltenden § 6 Abs. 5 S. 3 befürwortet[444]; nach der wohl h.A. ist § 16 Abs. 3 (hier: S. 5) EStG die speziellere Vorschrift, so dass nach dieser Auffassung mit dem Ansatz des gemeinen Wert Realisationszwang besteht[445]. M.E. belegt die Rechtsfolge („gemeiner Wert") die Wirkung als „Fremdkörper" im gesamten Regelungssystem, wenn das WG in das BV überführt wird. Es wird daher der Mindermeinung von Fischer gefolgt.)
d) Es liegt der Fall der asynchronen Realteilung vor. Dies bedeutet für E1 den Zwang zur Buchwertfortführung und für E2 die Aufgabe eines MU-Anteils. Diese personenbezogene Interpretation führt allein zu sachgerechten Lösungen[446].

5.3.4.3 Realteilung (Betriebsvermögen) mit Abfindungszahlung

Auch die „amtlichen" Leitfälle zur klassischen Erbauseinandersetzung mit Abfindungszahlung (Rz. 16 und 17 des BMF-ErbA) erfahren durch den aktuellen Gesetzgeber teilweise eine Änderung.

Beispiel 16: Ungleiche Betriebe
S und T sind Miterben zu je 1/2. Zum Nachlass gehören zwei gewerbliche Betriebe. BV1 hat einen Wert von 2 Mio. € und einen Buchwert von 200 T€. Das BV2 hat einen Wert von 1,6 Mio. € (Buchwert: 160 T€). Im Wege der Erbauseinandersetzung erhält S das BV1 und T das BV2. Außerdem zahlt S an T einen Ausgleich von 200 T€[447].
Variante: Statt der aktiven Zahlung stellt S die T von Betriebsschulden i.H.v. 200 T€ frei, übernimmt folglich Nachlassverbindlichkeiten i.H.v. 200 T€.

---

[443] S. Tz. 11 des BMF-ErbA mit dem ergänzenden Hinweis, dass sich die künftige AfA gem. R 43 Abs. 6 nach den Entnahmewerten (besser: Aufgabewerten) richtet.
[444] So *Fischer* in *Kirchhof-kompakt*, § 6 Rz. 188, ohne Argumentation.
[445] *Gänger* in *Bordewin/Brandt*, § 16 Rz. 214 i und *Brandeberg* (FR 2000, 1186).
[446] Nach altem Recht (Wahlrecht) war damit die Frage der asynchronen Ausübung des Wahlrechts verbunden (hierzu *Wacker* in *Schmidt* § 16 Rz. 555).
[447] Das Bsp. ist dem Bsp. von *Wacker* in *Schmidt*, § 16 Rz. 619 m.w.N. nachgebildet.

Lösung:

- In der **Variante** machen die Miterben von der Gestaltungsmöglichkeit Gebrauch, die ihnen der BFH eingeräumt hat. Durch die steuerunschädliche Einbeziehung der betrieblichen Nachlassverbindlichkeiten in die Auseinandersetzung kann dieser neutral geteilt werden. Es liegt sodann eine **unentgeltliche Realteilung** nach § 16 Abs. 3 S. 2, 2. HS EStG vor (s. auch Tz. 17 des BMF-ErbA).
- Im **Ausgangsfall** liegt ein Nachlass im Gesamtwert von 3,6 Mio. € vor. S und T hätten erbquotal je 1,8 Mio. € erhalten sollen. Der von S aufgewendete Ausgleichsbetrag von 200 T€ führt – aufgrund der Einheitstheorie – zu einem entgeltlichen Erwerbsanteil von 1/10. Zu 9/10 erwirbt S unentgeltlich. Auf die Zahlen des Falles bezogen, hat S den Buchwert (200 T€) zu 9/10 unentgeltlich (180 T€) und zu 1/10 entgeltlich übernommen (200 T€ AK zu 20 T€ Buchwert = 180 T€ Aufstockungsbetrag). Die Aktiva sind um 180 T€ aufzustocken. Umgekehrt erzielt T einen Veräußerungsgewinn nach § 16 Abs. 1 Nr. 2 EStG aus der Veräußerung eines MU-Anteils i.H.v. 180 T€.

Für S und T bestand (besteht) Buchwertzwang für die Überführung. Um diesen anteiligen Realisationszwang zu vermeiden[448], schlug ein Teil der Literatur die sog. „Zweistufenlösung" vor[449]:

Danach veräußert T dem S **vor der Realteilung einen Bruchteil** ihrer Beteiligung am gesamten Nachlass, so dass nach der Übertragung die Miterben entsprechend der Zielquote (S zu 5/9 am Gesamtnachlass; T zu 4/9 am Gesamtnachlass) beteiligt sind. Durch die vorherige Anteilsveräußerung erhöhen sich die Buchwerte **beider Betriebe**, deren Kapitalkonten anzupassen sind.

Auch hier war für einige Zeit ungeklärt, ob der BFH in Zukunft noch an der Möglichkeit der begünstigten Veräußerung von **Teilanteilen an PersG** festhält. Sowohl der GrS des BFH vom 18.10.1999 (BStBl II 2000, 123) wie der IV. Senat des BFH vom 24.08.2000 (ZEV 2000, 463) äußerten sich zurückhaltend und wollten nur noch „aus historischen Gründen" an dieser Auffassung festhalten.

Auch hier sorgte das UntStFG 2001 schließlich durch die Einführung von § 16 Abs. 1 S. 2 EStG für Klarheit, in dem die Veräußerung von **Teilen** eines **MU-Anteils** stets zu **laufendem Gewinn** führt[450].

Wegen der Fiktion der „Zweistufentheorie" war m.E. schon immer der Auffassung der Finanzverwaltung (Tz. 16) zu folgen. Das „Wunschergebnis" der Zweistufenlösung kann noch durch eine entsprechende **tatsächliche Gestaltung** erreicht werden.

---

[448] Wieder andere (*Reiß* in *Kirchhof-kompakt*, § 16 Rz. 124) übernehmen die vom BFH für die Realteilung einer gewerblichen PersG – nicht MEG – entwickelte Lösung, wonach i.H.d. **gesamten Ausgleichs** Gewinn realisiert wird, allerdings mit der Einschränkung, dass dies nur gelte, als mit dem Spitzenausgleich ein „Mehr an stillen Reserven" abgegolten wird.

[449] *Esser* (DStZ 1997, 439).

[450] Diese konstitutive Neuregelung, die ab 01.01.2002 greift, soll gerade diese Konstruktionen (Zweistufentheorie) verhindern (amtl. Begründung zu § 16 Abs. 1 S. 2 EStG).

5.3.4.4 Realteilung (Privatvermögen) ohne Abfindungszahlung

Obwohl rein terminologisch der aus dem Recht der PersG entlehnte Begriff der Realteilung auf die Erbauseinandersetzung mit ausschließlichem PV nicht passt, wird er auch hier als funktionstechnischer Begriff verwendet.

Beispiel 17: Auseinandersetzung über privates Vermögen

- E1 und E 2 erhalten im Rahmen der Auseinandersetzung je ein Mietshaus
- E1 bekommt den privaten Grundbesitz und E2 einen 20%igen GmbH-Geschäftsanteil.

Beiden Fällen ist gemein, dass kein steuerverhaftetes BV zugeteilt wird.

Lösung:
E1 und E2 führen jeweils die Steuerwerte der MEG bzw. des Erblassers (doppelt unentgeltlicher Erwerb) nach § 11d EStDV fort. Dabei sind auch die GmbH-Anteile nach **§ 11d EStDV „steuerverhaftet"** i.S.d. § 17 bzw. § 23 EStG, da § 16 Abs. 3 S. 2 EStG nur das BV erfasst. Es liegen mit der Übernahme auch keine Anschaffungsvorgänge i.S.d. vorgenannten Bestimmungen vor, die eine spätere potentielle Steuer auslösen können.

5.3.4.5 Realteilung (Privatvermögen) mit Abfindungszahlung

Beispiel 18: Die Zinshäuser kosten Geld[451]
E1 und E2 mit der Erbquote von je 1/2 teilen das Nachlassvermögen Mietshaus (Verkehrswert 2 Mio. €; davon GruBo 0,5 Mio. €) und Bargeld (1 Mio. €) wie folgt auf: E1 erhält das Grundstück und zahlt an E2 0,5 Mio. €, E2 erhält den Rest. Es ist davon auszugehen, dass der Erblasser 12 Jahre nach der Anschaffung des Objekts verstorben ist und der heutige Verkehrswert mit den ursprünglichen AK/HK identisch ist.

Lösung:
E1 hat das Mietshaus zu 1/4 entgeltlich erworben, da der Spitzenausgleich für den erhaltenen Nachlassüberschuss (das „Mehr") bezahlt wurde. Nur i.H.d. Abfindungszahlungen entstehen AK[452]. Beim vorliegenden Anschaffungsdatum ergibt sich für E2 keine Steuerpflicht nach § 23 Abs. 1 S. 3 EStG[453]. Hinsichtlich der AfA des E1 wird zwischen dem unentgeltlichen und dem entgeltlichen Teil unterschieden, so dass sich **zwei AfA-Reihen** mit unterschiedlicher Dauer gegenüberstehen (anders formuliert: es gibt zwei verschiedene Abschreibungszeiträume). Für E1 bemisst sich die künftige AfA wie folgt:

---

[451] S. auch zusammenfassendes Bsp. 14 des BMF-ErbA (Tz. 28 ff., 32).
[452] Werden von einem Erben mehrere WG des PV übernommen, so wird die Abfindungszahlung entsprechend dem **Verkehrswert** der einzelnen Gegenstände aufgeteilt und zugeordnet (Bsp. 11 und 12 von Tz. 30 des BMF-ErbA).
[453] Zu § 23 EStG s. Kap. II.

- Nach dem Verhältnis der Verkehrswerte entfallen von der Abfindungszahlung (0,5 Mio. €) auf das Gebäude 375 T€ und auf den GruBo 135 T€.
- Die ursprüngliche AfA des Erblassers von 1,5 Mio. € wird gem. § 11d EStDV zu 3/4 fortgeführt, wobei für das AfA-Volumen die vom Erblasser bereits verbrauchte AfA nicht mehr zur Verfügung steht. Mit der neuen AfA-BMG von 1,125 Mio. € errechnet sich für E1 eine „unentgeltliche" jährliche AfA von 2 %, folglich 22.500 €/Jahr.
- Gleichzeitig ergibt sich eine neue „entgeltliche" AfA-Reihe mit einer BMG von 375 T€, die über 50 Jahre mit jährlich 7.500 € gem. § 7 Abs. 4 EStG abgeschrieben wird.

Mit zwei Gestaltungsmöglichkeiten kann dieser Weg (ggf. § 23 EStG beim weichenden Miterben und eine doppelte AfA-Reihe beim zahlenden Miterben von privaten V+V-Objekten) vermieden werden:

- Entweder räumt E1 dem Miterben E2 ein **Nutzungsrecht** an dem Mietshaus ein; dieses gilt nicht als entgeltlicher Teilungsvorgang (Tz. 23 des ErbA-BMF),
- oder es werden **Nachlassschulden** in die Auseinandersetzung miteinbezogen, wobei sich diese Maßnahmen bei mehreren Mietshäusern mit unterschiedlich hohen Hypothekenbelastungen anbietet[454].

5.3.4.6 Realteilung eines Mischnachlasses

Auch bei der Realteilung sind seit dem Jahre 2001 die Akzente neu gesetzt. Bei einem Mischnachlass (der Nachlass umfasst sowohl BV wie PV) sind zunächst nach Auffassung des BFH vom 14.03.1996 (BStBl II 1996, 310) die verschiedenen Nachlassteile nach den o.g. Grundsätzen für die jeweiligen Vermögensteile (BV/PV) aufzuteilen[455] und getrennt zu behandeln.

1. Fallgruppe: Nach Auffassung der Verwaltung aus dem Jahre 1993 lag bei einer Auseinandersetzung über einen Mischnachlass **ohne Abfindungszahlung** nie ein entgeltlicher Veräußerungs-/Anschaffungstatbestand vor, da die Miterben keinen Spitzenausgleich erbrachten.

- Soweit die Teilungsmassen die beiden **Haupt-Vermögenskategorien (Betrieb oder PV)** repräsentieren, erfolgt die Zuordnung aufgesplittet nach den hierfür geltenden Regeln. Der Betriebsnachfolger übernimmt hier gem. § 6 Abs. 3 analog die Buchwerte des EL[456] und der PV-Nachfolger übernimmt die Steuerwerte nach § 11d EStDV.
- Werden hingegen aus dem Mischnachlass **Teilbetriebe** zugewiesen (an E1 und E2) und zusätzlich **PV** zugunsten eines Teilbetriebsnachfolgers (E1), so liegt nun ein Anwendungsfall von § 16 Abs. 3 S. 2 EStG vor, da nach dessen 2. HS die Auseinan-

---

[454] Vgl. dazu die Bsp. 7 und 8 (Tz. 25 ff. des BMF-ErbA).
[455] Wiederum ist das Verhältnis der Verkehrswerte entscheidend.
[456] Nach h.M. (*Wacker* in *Schmidt*, § 16 Rz. 653 (Fall 1)) ist § 16 Abs. 3 S. 2 EStG n.F. nicht einschlägig.

dersetzung (Realteilung) auf die Übertragung von Teilbetrieben gerichtet ist. E1 und E2 müssen in den Teilbetrieben die Buchwerte fortführen. Der Ausgleich mit PV (Miethaus) ändert daran nichts.
- Für die Teilung mit **Einzel-WG** ist die Problematik des Jahres 2001 „entschärft".

Beispiel 19: Das Betriebsgrundstück als Joker
El hinterlässt einen Betrieb (Verkehrswert: 1 Mio. €; Buchwert 700 T€) und PV im Wert von 0,5 Mio. €. Die drei Erben A, B und C einigen sich darauf, dass A den Betrieb mit Ausnahme des Betriebsgrundstücks (Buchwert: 350 T€ und Teilwert 0,5 Mio. €) erhält, das B in seinen eigenen Betrieb übernimmt. C erhält das PV.

Lösung:

- **Bis 1998** war die Abfindung mit WG des Nachlasses im Rahmen der Gesamtauseinandersetzung nach den alten Realteilungsgrundsätzen zu behandeln, die auch die buchwertmögliche Überführung von Einzel-WG als Teilungsmasse erlaubte[457].
- **Ab 1999** (und – zunächst – auch nach dem 31.12.2000) führt die Erbauseinandersetzung über einen Mischnachlass ohne Wertausgleich durch Zerschlagung des **Nachlassbetriebes** in **Einzel-WG** wegen § 16 Abs. 3 S. 2, 1. HS EStG a.F. zur Aufgabe der MU-Anteile. Nur C hat unentgeltlich erworben. Da **A weder einen Teilbetrieb noch einen MU-Anteil** erhält, sind die WG des Betriebes, auch das Betriebsgrundstück mit dem gemeinen Wert zu übernehmen, wobei ein Aufgabegewinn von A und B von je 150 T€ nach § 16 Abs. 3 S. 2, 1. HS EStG entsteht[458].
- **Ab 2002** (bzw. rückwirkend ab 2001) gilt wiederum die Lösung aus 1998 (und davor) mit dem Unterschied, dass bei Überführung eines Einzel-WG in ein BV nunmehr Buchwertzwang (mit nachfolgenden Sanktionen) gilt.

2. Fallgruppe: Bei **Abfindungszahlungen** wurden (und werden) die jeweiligen Abfindungsbeträge den beiden Vermögensteilen zugeordnet und lösen dort – je nach dem Zuordnungscharakter – eine Steuerpflicht (bei BV) oder eben keine bei PV (Ausnahme: §§ 17 und 23 EStG) aus[459].

---

[457] Vgl. etwa *Gebel*, Betriebsvermögen und Unternehmensnachfolge, 1997, C 252 (dort mit Wertausgleich).
[458] Dieses Ergebnis mag, wie im vorliegenden Fall, dann zu überzeugen, wenn dem Betrieb eine wesentliche Betriebsgrundlage (hier: das Grundstück) entzogen wird. Es ist aber teleologisch zu reduzieren, wenn unwesentliche WG Gegenstand der Nachlassteilung sind.
[459] E1 und E2 sind die einzigen Erben des EL **(E1 soll den Betrieb und E2 das Miethaus erhalten).**
- Sollte der Betrieb einen Verkehrswert von 2 Mio. € und das Mietwohngrundstück einen von 4 Mio. € haben, so wird E2 dem E1 zum Ausgleich 1 Mio. € zahlen. Hier liegt bei E1 eine – abgesehen von § 23 EStG – steuerfreie Veräußerung der V+V-Bruchteilsgemeinschaft vor. E2 hat AK und zwei AfA-Reihen.

Bei der Aufteilung eines Mischnachlasses gegen Abfindungszahlungen und der Aufteilung des Nachlassbetriebes in Einzel-WG[460] entsteht ein Aufgabegewinn, der um den betrieblichen Teil der Ausgleichszahlung zu kürzen ist.

5.3.4.7 Die (insbesondere gegenständliche) Teilauseinandersetzung

Unter Teilauseinandersetzungen versteht man sowohl personelle wie gegenständliche Auseinandersetzungen, bei denen nicht der ganze Nachlass in einem Akt aufgeteilt wird. Die personellen Teilauseinandersetzungen bedeuten das Ausscheiden eines Miterben aus der (fortbestehenden) MEG und sind hier bereits unter dem Gesichtspunkt der Personenbestandsveränderung während der MEG behandelt worden.

Bei den verbleibenden **gegenständlichen Teilauseinandersetzungen** ist – in Abweichung von den bisher behandelten Grundsätzen (vgl. die Behandlung zur Abfindung mit WG des Nachlasses) – auf eine Besonderheit hinzuweisen. Bei den Abfindungen in **umgekehrter Richtung**, wenn also der Nachlass sukzessive aufgeteilt wird und einer ersten Abfindungszahlung (im Bsp.: A zahlt an den Miterben B im ersten Zug 1 Mio. € gegen die Betriebsübernahme) eine in umgekehrter Richtung laufende Zahlung folgt (B zahlt bei der Schlussauseinandersetzung an A gegen die Übernahme des Grundstücks 0,5 Mio. €), gilt folgender Grundsatz: Beide (mehrere) Akte der Auseinandersetzung sind dann als **Einheit** anzusehen, wenn die verschiedenen Teilauseinandersetzungen binnen **fünf Jahren** abgewickelt werden (Tz. 62 des BMF-ErbA). Die späteren Zahlungsströme, die in umgekehrter Richtung fließen, mindern nachträglich die AK (und umgekehrt den Veräußerungsgewinn), der in der ersten Zahlungsrunde ermittelt wurde[461] (im obigen Bsp. reduziert sich der ursprüngliche Veräußerungserlös des B um die Hälfte auf 0,5 Mio. €).

6 Gesamtfazit zur ertragsteuerlichen Rechtsnachfolge

Die Ausgangslage bei der Generationennachfolge ist identisch: Einerseits vorhandenes Vermögen mit einer unterschiedlichen steuerlichen Vor- und Nachbelastung (Betrieb, betriebliche Einzel-WG und PV) und mehrere potentielle Übernehmer andererseits.

Die Idealvorstellung des BGB (einheitlicher Übergang des Gesamtvermögens auf alle Nachkommen) und das steuerliche Optimum des steuerneutralen Übergangs lassen sich aus zeitlichen und psychologischen Gründen selten realisieren. Der verantwortliche bisherige Vermögensträger („pater familias" oder – immer häufiger – „mater familias") überträgt daher noch zu Lebzeiten das werthaltige Vermögen an den (oder die) geeigneten

---

- Sollte umgekehrt der Betrieb einen Verkehrswert von 4 Mio. € haben und das Mietwohngrundstück nur 2 Mio. € wert sein, so führt der Spitzenausgleich von E1 an E2, bei E2 zu einer Veräußerung des MU-Anteils gem. § 16 Abs. 1 Nr. 2 EStG i.H.v. 1 Mio. € ./. 1/2 Buchkapital des EL.

[460] Unterstellt, dass im Beispiel 14 das Grundstück nur 200 T€ Wert hätte und B die Differenz von A 150 T€ durch Barausgleich von A erhalten hätte, ist der Aufgabegewinn von A sodann um diese Ausgleichszahlung zu kürzen.

[461] Verfahrensrechtlich wird dies bei abgeschlossenen Jahren durch die ausdrückliche Anwendung des § 175 Abs. 1 Nr. 2 AO erreicht (Tz. 65 des BMF-ErbA).

Übernehmer. Die „zu kurz" gekommenen Abkömmlinge werden abgefunden (vorweggenommene Erbfolge). Kann der „alte" Vermögensträger nicht „loslassen", nimmt ihm das Gesetz im Erbfall die Entscheidung nur vorläufig ab. In einem nächsten Schritt werden die Nachlassgegenstände entweder sofort (gegenständliche und personelle Teilerbauseinandersetzung) oder mit Beendigung der Erbengemeinschaft „auseinandergesetzt".

Von der Rechtsordnung werden verschiedene Instrumente für die Wunschvorstellung der Kontinuität des Übergangs bereitgehalten. Dies beginnt bei § 1922 (§1967) BGB, der Einzelübertragungen überflüssig macht. Steuerverfahrensrechtlich wird mit § 45 AO ebenfalls die Identität zwischen Vorgänger und Nachfolger beschworen. In materieller Hinsicht ermöglichen § 6 Abs. 3 EStG und § 11d EStDV undramatische Übergänge.

Die ersten Bruchstellen treten bei vereinbarten Kompensationsleistungen zugunsten der ausgeschlossenen Familienmitglieder auf (Geld gegen Verantwortung). In dem Augenblick, da den Ausgleichszahlungen steuerlicher Anschaffungscharakter zukommt, löst dies erstmalig Steuerfolgen aus. Die ursprüngliche Idylle im Bereich des PV's ist bei kurzfristigem Gestaltungsbedarf (fünf Jahre bei § 17 EStG und zehn Jahre bei § 23 EStG für die wichtigsten Güter) seit 2001 empfindlich gestört und in den Folgen der Übertragung im betrieblichen Bereich angenähert.

Im Bereich der v.E. bieten sich wiederkehrende Versorgungsleistungen als Gestaltungsinstrument zur Vermeidung der Realisation, d.h. der Aufdeckung etwaiger stiller Reserven an. Eine etwaige Schuldübernahme (ausgenommen: Betriebsschulden bei übernommenen Funktionseinheiten) löst ähnlich wie Direktzahlungen bereits einen Anschaffungsvorgang aus.

Im Erbfall bleibt es nur im konfliktfreien Alleinerbfall bei der o.g. Kontinuitätslösung. Dies betrifft jedoch uneingeschränkt nur das „Hauptkompetenzobjekt" und die unmittelbar anknüpfenden Steuergrößen. Für andere losgelöste Steuermerkmale – hier als genuine Steuergrößen bezeichnet – gilt dies (automatischer Übergang) schon nicht mehr.

Bei der später erfolgenden Aufteilung des Nachlassvermögens steht bei einem Nachlassbetrieb die „geborene Unternehmerschaft" aller Miterben seit 1990 (1993) im Vordergrund. Damit unterliegt das marktwirtschaftliche Ausscheiden eines der Miterben immer dem Realisationszwang (§ 16 Abs. 1 Nr. 2 EStG)[462]. Eine steuerschonende Ausnahme bildet dabei nur die Aufteilung der Nachlassmasse in betriebliche Einheiten nach dem Vorbild der Realteilung. Durch eine Gesetzesänderung (1999/2001) nimmt auch das Ausscheiden während der bestehenden Miterbengemeinschaft hieran teil, wenn der weichende Erbe als Sachabfindung eine betriebliche Funktionseinheit (realistisch: einen Teilbetrieb) erhält. Anders als bei der v.E. können Nachlassverbindlichkeiten bei der Erbauseinandersetzung steuerneutral in der Aufteilung durch überquotale Zuweisung berücksichtigt werden (kein entgeltlicher Anschaffungsvorgang). Der ursprünglich wegen des Dualismus der Einkunftsarten gravierende Nachfolgenachteil für betriebliche Einheiten ist durch die Anwendung des sog. Einheitsprinzips (hier verwendet für "Einheitstheorie") in den Rechtsfolgen gemildert worden. Einen gewissen Ausgleich – gegenüber der grundsätzlichen Bevorzugung – leistet im PV das Trennungsprinzip. Beide Prinzipien spielen

---

[462] Damit ist die eigentliche Trennungstheorie gemeint, wonach (privater, unentgeltlicher) Erbfall und (rechtsgeschäftliche, im Zweifel entgeltliche) Erbauseinandersetzung zwei getrennte steuerliche Vorgänge sind.

6 Gesamtfazit zur ertragsteuerlichen Rechtsnachfolge

im quantifizierenden Teil der Rechtsnachfolge vor allem wegen der grundsätzlich teilentgeltlichen Ausgleichsleistungen eine große Rolle und führen der Höhe nach zu unterschiedlichen Ergebnissen, je nachdem ob BV oder PV betroffen ist. Der noch im Jahre 1990 aufgestellte Vorwurf der Rechtsfolgendivergenz, wonach bei größerer zeitlicher Entfernung vom eigentlichen Erbfall (d.h. bei der v.E. sowie bei der Schlusserbauseinandersetzung) eher das neutrale Kontinuum erreicht werden konnte als beim Erbfall unmittelbar bzw. bei sofortiger Personenstandveränderung bei bestehender Miterbengemeinschaft[463], kann heute nicht mehr behauptet werden.

Für große Unsicherheit sorgte im Jahr 2001 (und teilweise schon vorher) eine kurzfristige Laune des Gesetzgebers, eine steuerneutrale Übertragung von Einzel-WG in BV anlässlich der Realteilung (bzw. Sachwertabfindung) zu untersagen. Mit Rückwirkungsregelung hat das UntStFG diese Umstrukturierungsblockade wieder aufgehoben.

---

[463] So einige Erstrezensenten des Beschlusses des GrS vom 05.07.1990 (kritisch: *Flume*, DB 1990, 2390).

IV Verluste im Ertragsteuerrecht – Einkommensteuer-Verlustverrechnung und Verluste im Unternehmensbereich

1 Einleitung

„**Die wichtigste steuerliche Größe sind die Verluste**". An dieser nur scheinbar paradoxen Aussage, die unter StB kursiert, ist zumindest ein Aspekt richtig. Anders als in der sonstigen Rechtsordnung sind Verluste im Steuerrecht kein „Negativposten" in der Rechnung der Steuerbürger, sondern eine erstrebenswerte Größe. Die psychologisch nachvollziehbare Interpretation der Verluste als Abzugsposten bei der Steuererklärung zur Minimierung (Nullsetzung) der individuellen Steuerlast führt zu einer Gestaltungsphantasie, die es in dem Ausmaß wohl nur in dieser Disziplin der Rechtsordnung gibt. Im Unternehmensbereich ist bei Sanierungen – allgemein bei Umstrukturierungsmaßnahmen – der Erhalt der „Alt"-Verluste für die neuen Rechtssubjekte eine der beiden Zielgrößen[464] schlechthin. Dem gegenüber steht das Interesse des Staates an einer rechtzeitigen Besteuerung der individuellen Leistungsfähigkeit des Bürgers bzw. des Unternehmenssubjektes als Marktteilnehmer. Für die ESt hat das StEntlG 1999/2000/2002 eine gravierende – und hochtechnisierte[465] – Neuerung für die Verlustverrechnung gebracht, die mit dem Stichwort der **Mindestbesteuerung** umschrieben wird. An deren Darstellung schließt sich ein vergleichender Exkurs zur speziellen Verlustentstehungssituation bei §§ 16, 17, 23 EStG an. Den nächsten Hauptkomplex bildet das Thema der besonderen Verlustbeschränkungen im ESt-Recht, bei denen die Verluste – als Ausnahme von der generellen Verrechenbarkeit mit anderen Einkünften – in der jeweiligen Einkunftsart „eingesperrt" bleiben. Hierzu zählen Bestimmungen wie §§ 2a, 2b und 15a EStG. Die Darstellung der Verlustbehandlung im Unternehmensbereich (u.a. mit der „Mantelkauf"-Problematik bei KapG) rundet zusammen mit der gewerbesteuerlichen Behandlung das Thema ab.

In der nachfolgenden Darstellung geht es nur um steuerlich zu berücksichtigende Verluste, so dass Negativergebnisse z.B. aus Liebhaberei[466] im Vorfeld ausscheiden. Die in der Lit. häufig vorgenommene Differenzierung zwischen echten (sog. „erlittenen") und erzielten („Buch"-)Verlusten spielt hier ebenfalls keine Rolle, da damit allenfalls Gerechtigkeitsdiskussionen geführt werden können.

---

[464] Daneben steht die Behandlung der Umstrukturierung als neutraler Vorgang (keine Gewinnrealisation) im Vordergrund.
[465] Zur Gesetzesdiktion und -systematik vgl. nur *Kirchhof* in *Kirchhof-Kompakt*, § 2 Rz. 94: „§ 2 Abs. 3 S. 8 EStG ist rechtssystematisch völlig missglückt..." oder *Lindberg* in *Frotscher*, § 2 Rz. 74, der sogar wegen der Verschachtelung des Satzbaus in § 2 Abs. 3 S. 6 und 7 EStG dem Gesetzgeber die „Verwendung der deutschen Sprache" abspricht.
[466] Zur Liebhaberei vgl. *Preißer* Band 1, Teil A, Kap. III.

2 Die Verlustverrechnung in der Einkommensteuer

Kaum ein Einzelkomplex hat die Steuerrechtswissenschaft so herausgefordert wie die Zulässigkeit und Art der Verlustverrechnung in der ESt-Veranlagung natürlicher Personen (und von Ehegatten). Getreu dem Motto dieses Buches werden die theoretischen Prinzipien nicht vorangestellt, sondern aus (mit) der geltenden Rechtslage erklärt.

2.1 System und Terminologie der Verlustverrechnung – Einführung

Das derzeitige[467] System der Verlustberücksichtigung lässt sich zunächst graphisch – wie folgt – darstellen:

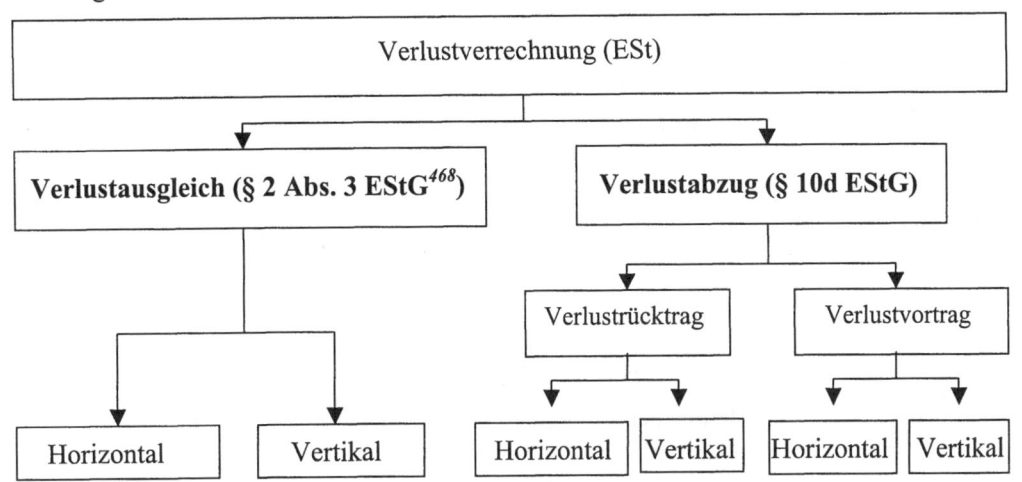

```
                    Verlustverrechnung (ESt)
                   /                        \
   Verlustausgleich (§ 2 Abs. 3 EStG[468])    Verlustabzug (§ 10d EStG)
         /            \                      /                    \
                                      Verlustrücktrag        Verlustvortrag
                                        /      \               /       \
   Horizontal    Vertikal         Horizontal  Vertikal    Horizontal  Vertikal
```

In der Veranlagung eines Jahres wird zunächst innerhalb einer Einkunftsart das positive und negative Ergebnis mehrerer Einkunftsquellen (Zustandstatbestände) saldiert. Dieser Vorgang wird **horizontaler Verlustausgleich** genannt, da er auf der Ebene einer Einkunftsart erfolgt. So wird etwa der Gewinn des Betriebes A mit dem Verlust des Betriebes B ein- und desselben Gewerbetreibenden zu einer Größe („gewerbliche Einkünfte") verrechnet. Die Legitimation ergibt sich u.a. aus dem objektiven Nettoprinzip, wonach nur der „Netto-Erwerb" aus einer Einkunftsart (Einnahmen unter Abzug aller Erwerbsaufwendungen dieser Einkunftsart) der Besteuerung unterliegt[469].

Einen Schritt weiter, aber immer noch innerhalb desselben VZ, kommt es zum sog. **vertikalen Verlustausgleich**, wenn positive und negative Ergebnisse der sieben Einkunftsarten miteinander saldiert werden. Im ergänzten Kurz-Bsp. wird der Verlust aus V+V in 01 wird mit dem gewerblichen Gewinn 01 verrechnet. Rein begrifflich lässt sich dies mit der alleinigen Erfassung des **kumulierten Nettoerwerbserfolges** umschreiben.

---

[467] An dieser (ansonsten immer schon gültigen) Darstellung ist nur die Einführung der Submerkmale (horizontaler und vertikaler Ausgleich) auf der Ebene des Verlustabzugs neu.
[468] Wegen des horizontalen Verlustausgleiches kann zusätzlich noch § 2 Abs. 1 EStG („Einkünfte") zitiert werden.
[469] Als Rechtsgrundlage für den horizontalen Verlustausgleich wird § 2 Abs. 1 EStG („Einkünfte"...; also die Zusammenfassung) sowie § 2 Abs. 3 S. 2 EStG n.F. („Einkünfte aus jeder Einkunftsart") genannt.

Wichtig ist, dass der vertikale Verlustausgleich in der Ermittlung des Einkommens immer dem horizontalen Ausgleich folgt[470]. Der vertikale Verlustausgleich wird aus dem Grundsatz des „synthetischen Steuerrechts" (oder der synthetischen Einkünfte; auch „Einheitssteuer" genannt) abgeleitet. Danach münden grundsätzlich alle Einkunftsarten mit der gleichen Wertigkeit in die BMG für das zu versteuernde Einkommen[471]. Die Neuregelung nach § 2 Abs. 3 EStG n.F. bezieht sich nahezu ausschließlich auf den vertikalen Verlustausgleich, d.h. seine generelle Beschränkung.

Als Ausfluss der interperiodischen Leistungsfähigkeit, die die ganze Lebensschaffenskraft des Steuerbürgers – und nicht nur den temporären Ausschnitt eines VZ – gleichmäßig erfassen will, schließt sich die periodenübergreifende Verlustverrechnung, der sog. **Verlustabzug** an den Verlustausgleich an. Danach können nicht ausgeglichene Verluste eines Jahres in die Vergangenheit transportiert (**Verlustrücktrag**) oder in der Zukunft (**Verlustvortrag**) berücksichtigt werden. Der erstmals im Jahre 1929 zugelassene Verlustabzug[472] ist in § 10d EStG beheimatet und im Zuge der Neufassung des § 2 Abs. 3 EStG mit reformiert worden.

Die spezialgesetzlichen Verlustverrechnungsbeschränkungen (s. 3) lassen für „ihre" Einkunftsart grundsätzlich nicht den vertikalen Verlustausgleich zu und verbieten gleichzeitig den Verlustabzug.

2.2 Der Verlustausgleich

2.2.1 Das einführende Veranlagungsbeispiel

Anmerkung: Anstelle einer einführenden Textpassage soll sich der Leser anhand eines – zunächst unkommentierten – Zahlenbeispiels aus der Veranlagung des Jahres 1999 (erstes Jahr der Mindestbesteuerung) einen ersten Überblick über die „mathematische" Regelungsmaterie des § 2 Abs. 3 EStG verschaffen. Im Anschluss wird das Thema „Verlustausgleich" anhand einer Arbeitsversion des Gesetzestextes aufbereitet.

Beispiel 1: Die Veranlagung eines Jahres mit Verlusten eines Ehegatten
Die Einkünfte des Ehemanns (jeweils in €) betragen:

aus Land- und Forstwirtschaft	+	2.000 €
aus Gewerbebetrieb	+	63.500 €
aus selbstständiger Arbeit	+	21.500 €
aus Kapitalvermögen	+	18.000 €
aus Vermietung und Verpachtung	./.	100.000 €

Die Einkünfte der Ehefrau aus selbständiger Arbeit belaufen sich auf 45.000 €. Ermitteln Sie den Gesamtbetrag der Einkünfte.

---

[470] Früher ergab sich der Vorrang des **horizontalen Verlustausgleichs** aus der Rspr. des BFH vom 03.06.1975 (BStBl II 1975, 698); heute ist er positivistisch in § 2 Abs. 3 S. 2 EStG („...sind **zunächst**...") festgeschrieben.
[471] Der wissenschaftliche Gegenbegriff ist das „Schedulensystem", bei dem es für jede Einkunftsart einen eigenen Steuertarif gibt.
[472] Damals § 15 EStG 1935.

Lösung (in €):

	Ehemann	Ehefrau	Gesamt
Einkünfte aus Land- und Forstwirtschaft	+ 2.000		
Einkünfte aus Gewerbebetrieb	+ 63.500		
Einkünfte aus selbständiger Arbeit	+ 21.500	+ 45.000	
Einkünfte aus Kapitalvermögen	+ 18.000		
Einkünfte aus Vermietung und Verpachtung	./. 100.000		
Summe der positiven Einkünfte aus jeder Einkunftsart:	+ 105.000	+ 45.000	+ 150.000

ausgleichsfähige negative Summen der Einkünfte (s. § 2 Abs. 3 S. 2 und S. 6 EStG):

105.000 ./. 51.500 = 53.500

$105.000 ./. \frac{53.500}{2} = 78.250$ ./. 78.250 ./. 21.750 ./. 100.000

| **verbleibende Summe der positiven Einkünfte:** | **+ 26.750** | **+ 23.250** | **+ 50.000** |

Anteilige Einkünfte nach Verlustausgleich aus:
- Einkünften aus L+F (2.000/105.000 = 1,9 %)   + 508
- Einkünften aus Gewerbebetrieb (63.500/105.000 = 60,5 %)   + 16.184
- Einkünften aus selbstständiger Arbeit (21.500/105.000 = 20,5%)   + 5.484
- Einkünften aus Kapitalvermögen (18.000/105.000 = 17,9%)   + 4.574
- Einkünften aus V+V (0/105.000 = 0,0%)   0

  + 26.750

2.2.2 Die Systematik des § 2 Abs. 3 EStG

2.2.2.1 Der horizontale Verlustausgleich

Auf der ersten Stufe erfolgt nach der Neufassung wie nach der Altfassung der **horizontale Verlustausgleich**.

Beispiel 2: Veräußerungsgewinn und laufender Verlust in einem VZ
Der Steuerbürger G erzielt in 01 einen Veräußerungsgewinn durch Verkauf des Betriebes A i.H.v. 150.000 € und einen laufenden Verlust aus dem Betrieb B i.H.v. 50.000 €. Zusätzlich hat er einen L+F-Gewinn von 50.000 € sowie einen anzuerkennenden Verlust aus der Vermietung einer Kate (eines Bauernhofes) i.H.v. 200.000 €. Ermitteln Sie die Summe der Einkünfte.

Das Beispiel ist nicht nur für die Reihenfolge der Verlustverrechnung bedeutsam, sondern auch für die Zusatzfrage, ob außerordentliche tarifbegünstigte Einkünfte (hier nach §§ 16, 34 EStG) mit zu berücksichtigen sind.

Lösung – 1. Teil:
Im Zahlen lauten die Einkünfte des G in 01:
§ 15 EStG: + 100 T€ (150 T€ gem. § 16 EStG ./. 50 T€ gem. § 15 EStG)
§ 13 EStG: + 50 T€
§ 21 EStG: ./. 200 T€

Als erster Schritt findet der horizontale Ausgleich innerhalb von § 15 EStG statt. Nach R 197 Abs. 3 EStR nehmen auch die außerordentlichen Einkünfte des § 16 EStG am horizontalen wie am vertikalen Verlustausgleich teil[473]. Demgegenüber werden sachliche Steuerbefreiungen (etwa die Freibeträge bei den Aufgabe-/Veräußerungsgewinnen nach § 16 Abs. 4 EStG u.a. und die steuerfreien Einnahmen nach § 3 EStG) nicht bei der Verlustverrechnung berücksichtigt[474]. Danach belaufen sich die gewerblichen Einkünfte des G auf + 100 T€ (§ 15 EStG).

2.2.2.2 Der vertikale Verlustausgleich

Nachdem es bei den in Betracht kommenden Einkunftsquellen des G (im Bsp. 2) keine speziellen Verrechnungsbeschränkungen gibt, greift als zweiter Schritt § 2 Abs. 3 EStG mit dem **vertikalen Verlustausgleich**.

Anmerkung: Der folgenden Darstellung und Lösung wird der „redigierte", mit einer Bearbeitungsreihenfolge versehene Gesetzestext vorangestellt, damit die Ableitung aus dem Gesetz nachvollzogen werden kann. Es handelt sich um eine Arbeitsversion zu § 2 Abs. 3 EStG.

Für den vertikalen Verlustausgleich des Einzelveranlagten sind zunächst § 2 Abs. 3 Sätze 2 – 4 EStG in der hier wiedergegebenen Fassung zu befolgen:

„S. 2: Bei der Ermittlung der Summe der Einkünfte **sind** zunächst (1.) jeweils die **Summen der Einkünfte aus jeder Einkunftsart**, dann (2.) die **Summe der positiven Einkünfte** zu ermitteln.

S. 3: Die Summe der Einkünfte ist, (4.) **soweit** sie den Betrag von 51.500 € **übersteigt**, (5.) durch **negative Summen** der Einkünfte aus anderen Einkünften nur bis zur **Hälfte** zu mindern.

S. 4: Die Minderung ist (3.) und (6.) in dem **Verhältnis** vorzunehmen, in dem die positiven Summen der Einkünfte aus verschiedenen Einkunftsarten zur Summe der positiven Einkünfte stehen."

---

[473] Kritisch dazu *Bauer/Egger*, DStR 2000, 1171 (1174) und *Ritzer*, Mindestbesteuerung 2000, Tz. 4.2.5.; Zustimmend *Broudré*, NWB Fach 3, 11020 und *Röhner*, BB 2001, 1126. R 197 Abs. 3 EStR (1999) wurde durch das Schreiben des BMF vom 20.02.2001 (DStR 2001, 396) bestätigt.
[474] BFH vom 29.07.1966 (BStBl III 1966, 544).

Lösung – 2. Teil:

1. Der horizontale Verlustausgleich ist bereits durchgeführt (§ 15 EStG: + 100 T€).
2. Die Summe der positiven Einkünfte (aus § 13 EStG und § 15 EStG) beträgt **150 T€**.
3. Diese ergibt – als vorläufiges „Nebenprodukt" – die folgende Relation:
   a) Gewerbliche Einkünfte (100 T€) haben einen Anteil von 2/3 und
   b) L+F-Einkünfte (50 T€) einen Anteil von 1/3 an der Summe der positiven Einkünfte (150 T€) des G.

Hinweis: Die Ermittlung der einzelnen positiven Einkünfte sowie der Summe der positiven Einkünfte ist ein vorbereitender Schritt zur weiteren Berechnung der internen Relation im Bereich der positiven Einkünfte (in diesem und in anderen VZ). Dabei sind, wie hier, die Verluste in einer Einkunftsart vorweg abzuziehen und nur der Saldo in die Verhältnisrechnung einzustellen.
Entscheidend – auch in Hinblick und im Vorgriff auf S. 4 – ist dabei, dass die Verhältnisgleichung das Ziel verfolgt, die Berechnungsgrundlage **gleichmäßig** zu mindern und nicht einzelne Einkunftsarten zu privilegieren. Dies ist ein weiterer Ausfluss des synthetischen Steuersystems, wonach die einzelnen Einkunftsarten bei der Verlustverrechnung nach § 2 Abs. 3 EStG „über den Kamm (des einheitlichen Einkommens) geschoren" werden. Wie noch aufzuzeigen sein wird, ändern sich die Steuerergebnisse aus den Einzeleinkunftsarten. Es werden andere Einkünfte für die Zukunft geschaffen, die mit den jeweiligen Vorjahresergebnissen nichts mehr gemein haben.

Nun erfolgt die Ermittlung des **Verrechnungspotentials**, nachdem § 2 Abs. 3 EStG die Ausgleichsmöglichkeit für positive Einkünfte mit negativen Einkünften begrenzt.

4. Gem. § 2 Abs. 3 S. 3 **1. HS** EStG erfolgt ein **Vorwegabzug** von der Summe der positiven Einkünfte i.H.v. 51.500 €[475]. Konkret wird sofort der Sockelbetrag i.H.v. 51.500 € von 150 T€ (Summe der positiven Einkünfte) abgezogen. Dies ergibt als Zwischengröße verbleibende Einkünfte i.H.v. **98.500 €**.

An dieser Stelle greift die eigentliche Neuerung von S. 3 **2. HS** ein, die sog. **Mindestbesteuerung**.

5. Die verbleibenden Einkünfte von 98.500 € sind nur zur Hälfte ausgleichbar; 49.250 € werden danach versteuert, obwohl 99.250 € Verluste aus V+V noch nicht verrechnet sind.

---

[475] Dafür werden auch die Begriffe „Bagatellgrenze" (*Hallerbach* in *H/H/R*, § 2 Rz. 30 ff.) bzw. „Sofortabzug" (*Geserich*, DStR 2000, 846) oder „Sockelbetrag" (OFD München, S 2117 – 4 St 41/42) gebraucht.

Hiermit stimmt die allgemeine Aussage überein, dass jeder Betrag, der über den Vorwegabzug (51.500 €) hinaus erzielt wird, nur zu 50 % mit Verlusten ausgeglichen werden kann. Nach der (auf € überarbeiteten) Formel von *Altfelder*[476] lässt sich das **Verlustausgleichspotential** mit folgender Formel veranschaulichen:

> 51.500 € + 1/2 (Summe der positiven Einkünfte ./. 51.500 €)

Die schematische Lösung zu Beispiel 2 sieht – wie folgt – aus:

	Summe der positiven Einkünfte	Summe der negativen Einkünfte
Summe der Einkünfte	+ 150.000 €	./. 200.000 €
Vorwegabzug	./. 51.500 €	+ 51.500 €
Verbleibende Einkünfte	+ 98.500 €	./. 148.500 €
Hälftiger übersteigender Betrag	./. 49.250 €	+ 49.250 €
Betrag Mindestbesteuerung	+ 49.250 €	./. 99.250 €

Für die weitere Berechnung, u.a. für den späteren Verlustabzug nach § 10d EStG, wird die festgestellte Summe der Einkünfte[477] nach S. 4 auf die verschiedenen Einkunftsarten nach dem durchgeführten Gesamtverlustausgleich neu zugeteilt.

6. Die Berechnung nach S. 4 erfolgt wiederum schematisch (in €):

	Einkünfte gem. § 15 EStG	Einkünfte gem. § 13 EStG	Summe der positiven Einkünfte
positive Einkünfte	+ 100.000	+ 50.000	+ 150.000
jeweiliger Anteil	2/3	1/3	
Vorwegabzug	./. 34.333	./. 17.167	./. 51.500
Verbleiben	+ 65.667	+ 32.833	+ 98.500
hälftiger übersteigender Betrag	./. 32.833	./. 16.417	./. 49.250
Summe/Aufteilung der Einkünfte	./. 32.834	./. 16.416	./. 49.250

---

[476] *Altfelder*, FR 2000, 18.
[477] Rein denklogisch muss die Summe der Einkünfte immer positiv sein oder mindestens „0" betragen. Davon macht die Verwaltung in R 3 Abs. 2 EStR zwei Ausnahmen:
- Verwirklicht ein Steuerbürger im VZ nur eine Einkunftsart und ist diese negativ, so ist auch die Summe der Einkünfte negativ.
- Betragen die positiven Einkünfte weniger als 51.500 € und übersteigt die Summe der negativen Einkünfte die positiven Einkünfte, so ist die Summe der Einkünfte ebenfalls negativ.

2.2.2.3 Mehrere negative Einkunftsarten und verbleibende Verluste

In Ergänzung zum Grundbeispiel sind zwei zusätzliche Faktoren zu berücksichtigen:

a) Das Schicksal der verbleibenden Verluste (im Beispiel 2: 99.250 € aus der Verlustquelle V+V gem. § 21 EStG) ist nicht in § 2 EStG geregelt, sondern wird aufgrund einer gesonderten Feststellung nach § 10d Abs. 4 EStG dem Verlustabzug nach § 10d EStG übertragen.
b) Warten mehrere Einkunftsarten mit negativen Ergebnissen auf, findet nach S. 5 leg. cit. systemgerecht eine Aufteilung innerhalb der negativen Einkünfte statt.

Beispiel 3: Zwei Verlustquellen in einem VZ
Bei ansonsten gleichen Ergebnissen (wie im Bsp. 2) ergibt sich bei G im VZ 01 zu den Verlusten aus V+V noch ein zusätzlicher Überschuss der WK über die Einnahmen aus Kapitalvermögen nach § 20 EStG i.H.v. 20.000 €. Der Gesamtverlust beträgt demnach 220.000 €.

Nach § 2 Abs. 3 S. 5 EStG sind auch die verrechenbaren negativen Einkünfte auf die positiven Einkünfte in dem Verhältnis aufzuteilen, in dem sie zur Summe der negativen Einkünfte stehen. Die Verteilung wird dann erforderlich, wenn die negativen Einkünfte den nach § 2 Abs. 3 S. 3 EStG max. ausgleichbaren Betrag übersteigen. Die negativen Einkünfte werden dann **anteilswahrend** mit positiven Einkünften ausgeglichen.

Lösung (in €):

	Einkünfte gem. § 21 EStG	Einkünfte gem. § 20 EStG	Summe der negativen Einkünfte
negative Einkünfte	./. 200.000	./. 20.000	./. 220.000
Verhältnis zur Summe	10/11	1/11	-
Vorwegabzug	46.818	4.682	51.500
hälftiger übersteigender Betrag positive Einkünfte:	44.772	4.478	49.250
ausgleichbare Verluste insgesamt:	+ 91.590	+ 9.160	+ 100.750
verbleibende Verluste	./. 108.410	./. 10.840	./. 119.250

Die negativen Einkünfte i.H.v. 119.250 € können im VZ 01 nicht saldiert werden und stehen für einen Verlustabzug gem. § 10d EStG zur Verfügung.

2.2.2.4 Ausschluss der Verluste: Verstoß gegen das objektive Nettoprinzip?

In bestimmten Konstellationen kommt es nicht nur zu einer zeitlichen Verlagerung der Verluste, sondern gänzlich zu einem „Verlust der Verluste"[478]. Insb., wenn es sich dabei um echte Verluste handelt, läge nach Auffassungen einiger Autoren und des FG Münster vom 07.09.2000 (BB 2001, 656) ein Verstoß gegen das Leistungsfähigkeitsprinzip (bzw. gegen die „Ist-Besteuerung"[479]) vor. Der BFH hat allerdings mit späterem Beschluss vom 09.05.2001 (BStBl II 2001, 552) die Verfassungsmäßigkeit bestätigt. Der entscheidende Vorwurf, der erhoben wird, liegt in der Ungleichbehandlung (Schlechterstellung) der Steuerbürger mit vielen Einkunftsarten gegenüber denen, die ihre Aktivitäten einer Einkunftsart mit der Möglichkeit des unbeschränkten horizontalen Verlustausgleiches zukommen lassen. Ohne auf diesen und den begründeteren Vorwurf der fehlenden Bestimmtheit der Norm näher einzugehen, sei am Rande vermerkt, dass sich die „Gestaltungsbranche" eben diesen Unterschied durch eine gezielte Einkünftesteuerung und -streuung zu eigen macht[480]. M.E. ist ein „Verfassungspurismus" dann nicht mehr angebracht, wo sich Normen offensiv für die individuelle Steuerplanung einsetzen lassen.

2.2.2.5 Die Fallgruppenkonzentration auf die „hohen" Gewinne/Verluste

Unbeeinflusst von dieser Diskussion beschränkt die Verwaltung – ähnlich wie *Ritzer*[481] – in pragmatischer Hinsicht die Anwendungsbeispiele auf vier Szenarien (H 3 zu R 3 Abs. 2 EStR), als da sind (mit aktuellen €-Beträgen):

1.	Die Summen der positiven und negativen Einkünfte sind < 51.500 € (Fall I).
2.	Die Summe der positiven Einkünfte ist > 51.500 €, die Summe der negativen Einkünfte ist < 51.500 € (Fall II).
3.	Die Summe der negativen Einkünfte ist > 51.500 €, die Summe der positiven Einkünfte ist < 51.500 € (Fall III).
4.	Die Summen der positiven und negativen Einkünfte sind > 51.500 € (Fall IV).

Es besteht Einigkeit, dass sich in den drei ersten Szenarien hinsichtlich des Verlustausgleiches nichts ändert, da es bei einer Summe der negativen Einkünfte unterhalb des Sockelbetrages von 51.500 € immer zu einem vollständigen Ausgleich kommt (Fälle I und II). In der Fallgruppe III sorgt(e) § 10d EStG für identische Ergebnisse. Nur bei Fallgruppe IV (hier: Bsp. 2 und 3) kommt es zur Mindestbesteuerung. Zur inhaltlichen Klar-

---

[478] Bei bestimmten Zahlen kommt es zu einem zu versteuernden Einkommen (jenseits des Grundfreibetrages), obwohl die negativen Einkünfte überwiegen (vgl. *Herzig/Briesemeister*, DStR 1999, 1377).

[479] Ist kein Einkommen für die zu bezahlende Steuer mehr vorhanden (und muss auf das Vermögen zurückgegriffen werden), so wird die Mindestbesteuerung in Extremfällen, da es bei einem z.v.E. ohne positiven Einkünftesaldo verbleibt als unzulässige Soll-Besteuerung angegriffen (*Stapperfend*, FR 2000, 1204; *Offerhaus*, DStR 2000, 9; s. aber auch *Werner*, BB 2001, 659, der dem Gesetzgeber ein weites Ermessen zugesteht).

[480] Hierzu zählt die Ausnutzung des „gewillkürten BV", die Gründung einer gewerblich geprägten PersG nach § 15 Abs. 3 EStG und ähnliche gewerbliche Konzentrationen.

[481] *Ritzer*, Mindestbesteuerung (2000) I.3.1.

stellung ist aber darauf hinzuweisen, dass die Folge der Mindestbesteuerung – wegen § 32a EStG – erst bei einem zu versteuernden Einkommen (also einem Gesamtbetrag der Einkünfte abzüglich der Existenzaufwendungen und abzüglich der Freibeträge) von 51.500 € zuzüglich des (u.U. zweifachen) Grundfreibetrages greift.

2.2.2.6 Die Berücksichtigung von § 24a EStG und § 13 Abs. 3 EStG

Ein offenes Rechtsproblem ist derzeit die Berücksichtigung des Altersentlastungsbetrages nach § 24a EStG und des L+F-Freibetrages gem. § 13 Abs. 3 EStG, da sie bei der Gesamtbetragsermittlung nach § 2 Abs. 3 EStG zwischen Verlustausgleich und Verlustabzug „geklemmt" sind. Konkret lautet die Frage: Sind die Abzugsbeträge anteilig auf die Einkunftsarten, nur auf L+F-Einkünfte bzw. nur auf Einkünfte nach § 19 EStG zu verteilen? Die heute h.A.[482] geht von einer Zuordnung auf die positiven Einkünfte im Verhältnis der positiven Einkünfte zur Summe der Einkünfte aus. Eine der Grundaussagen der Neuregelung („Synthetisches Steuerrecht") legt diese Auslegung nahe.

2.2.3 Ehegattenverlustausgleich bei Zusammenveranlagung

Die „Regelung" in den Sätzen 6 – 8 von § 2 Abs. 3 EStG gehört zu den umstrittensten Bereichen des neuen Verlustkonzepts[483]. Eine Gegenüberstellung der alten Rechtslage zu den Regelungszielen des § 2 Abs. 3 S. 6 – 8 EStG soll die Intention des Gesetzgebers verdeutlichen. Wieder wird der „aufbereitete" Gesetzestext auch hier im Text mit einer Prüfungsreihenfolge vorangestellt. Bis 1998 war ein unbeschränkter ehegatteninterner Verlustausgleich sowohl innerhalb derselben Einkunftsart als auch zwischen den einzelnen Einkunftsarten zulässig[484]. Dies hing damit zusammen, dass zusammenveranlagte Ehegatten bereits bei der Ermittlung der Summe der Einkünfte wie ein Stpfl. behandelt wurden.

Demgegenüber wurden die vertikalen Verlustausgleichsmöglichkeiten entsprechend der Regelungen für einzeln veranlagte Steuerbürger erheblich eingeschränkt. Der Grundgedanke der S. 6 – 8 ist nach der Begründung des Gesetzes[485] die Beibehaltung des unbegrenzten horizontalen Verlustausgleichs sowie die Verdopplung des Vorwegabzugs auf (nunmehr) 103.000 €.

Wenngleich das Gesetz die Begriffe der „eine" Ehegatte und der „andere" Ehegatte verwendet, besteht Einigkeit über die allein sinnstiftende Gleichstellung des „einen" Ehegatten mit dem Verlustinhaber (Verlustverursacher) und des „anderen" Ehegatten mit dem Verlustempfänger.

---

[482] *Altfelder*, FR 2000, 18; *Geserich*, DStR 2000, 845; a.A. *Stapperfend*, DStJG 2001, 329 (379) und wohl auch *Hallerbach* in *H/H/R*, § 2 R 45 ff., die eine dritte Alternative entdeckt.
[483] *Kirchhof* in *Kirchhof-Kompakt*, § 2 Rz. 95 ff. schreibt: „Nicht mehr beherrschbarer Regelungsgehalt".
[484] Hatte der Ehemann gewerbliche Gewinne von 100 TDM und § 21 EStG-Verluste von 250 TDM, die Ehefrau hingegen Lohneinkünfte von 150 TDM, so betrug die Summe der Einkünfte der Ehegattengemeinschaft 0 DM.
[485] BT-Drs. 14/443 S. 20; s. auch *Kirchhof* in *Kirchhof-Kompakt*, § 2 Rz. 92 und 95.

Die Reihenfolge und Systematik des Ehegatten-Verlustausgleichs lässt sich stark vereinfacht am besten mit dem „*Altfelder*"-Pendel[486] erklären: Von zwei Ehegatten ist A der Verlustinhaber und B der andere Ehegatte, der „Verlustempfänger".

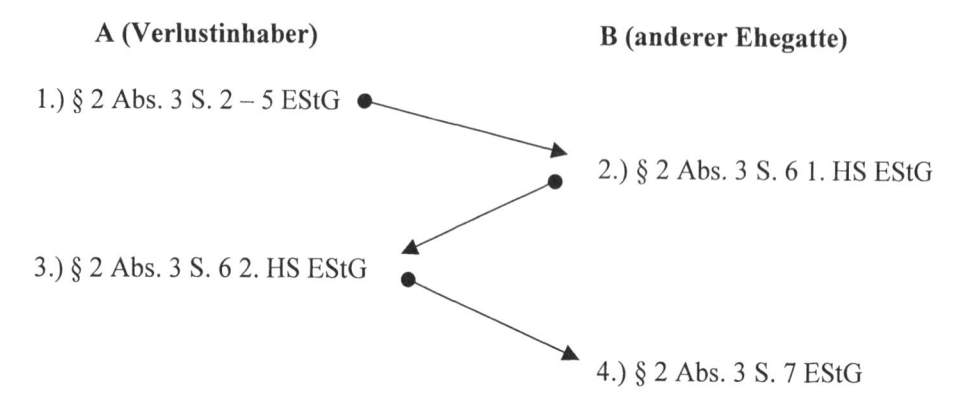

A (Verlustinhaber)   **B (anderer Ehegatte)**

1.) § 2 Abs. 3 S. 2 – 5 EStG

2.) § 2 Abs. 3 S. 6 1. HS EStG

3.) § 2 Abs. 3 S. 6 2. HS EStG

4.) § 2 Abs. 3 S. 7 EStG

Im ersten Schritt erfolgt zunächst getrennt der Verlustausgleich beim Verlustinhaber-Ehegatten. Anschließend werden nicht ausgleichbare Verluste des A auf den Ehegatten B mit ausgleichbaren positiven Einkünften im Wege des horizontalen und vertikalen Verlustausgleichs übertragen (2. Schritt). Besteht sodann nach § 2 Abs. 3 S. 6 2. HS EStG ein nicht ausgenutzter Augleichsbetrag, so wird dieser grundsätzlich auf den Verlustinhaber zurückübertragen (3. Schritt). Konnten die Ehegatten bis dahin den Maximalbetrag des Verlustausgleichs nicht ausnutzen, erfolgt i.H.d. Unterschiedsbetrages die Übertragung von Verlusten auf den anderen Ehegatten (4. Schritt).

Der nachfolgende redigierte Gesetzestext (die eingefügten Zahlen stehen für die Prüfungsreihenfolge) wird für die schwierigen Detailregelungen vorgeschlagen; die sog. „Soweit-Grenze", die die wechselseitige Übertragung auf den beiden letzten Stufen der Höhe nach limitiert, wird vom Gesetz jeweils mit den Worten bezeichnet: „soweit der Betrag der Minderungen bei beiden Ehegatten nach den Sätzen 3 – 6 (7) den Betrag von 103.000 € zuzüglich der Hälfte des den Betrag von 103.000 € übersteigenden Teils der zusammengefassten Summe der positiven Einkünfte beider Ehegatten nicht übersteigt".

Diese Verdoppelung des ausgleichsfähigen Höchstbetrages bei Ehegatten wird hier – vereinfachend – mit „**Ehegatten-Höchstbetrag**" (bzw. **Mindestausgleichspotential**) umschrieben.

§ 2 Abs. 3 S. 6 und 7 EStG lauten in der „Arbeitsversion"[487]:

„Satz 6: Bei Ehegatten, die nach den §§ 26, 26b EStG zusammen veranlagt werden, sind nicht nach den Sätzen 2 – 5 **ausgeglichene** Verluste (1.) des einen Ehegatten (Verlustinhaber) dem anderen Ehegatten **zuzurechnen** (2.), soweit sie bei diesem nach den Sätzen 2 – 5 ausgeglichen werden können;

---

[486] Vgl. *Altfelder*, FR 2000, 18 (22).
[487] Dabei sind die wichtigsten Tatbestandsvoraussetzungen fett gedruckt, die Prüfungsreihenfolge ist wieder in Klammer gesetzt.

Können negative Einkünfte des einen Ehegatten (Verlustinhaber) bei dem anderen Ehegatten zu weniger als 51.500 € ausgeglichen werden, (3.) sind die positiven Einkünfte des einen Ehegatten (Verlustinhaber) über die Sätze 2 – 5 hinaus um den (3.a) Unterschiedsbetrag bis zu einem Höchstbetrag von 51.500 € durch die noch nicht ausgeglichenen negativen Einkünfte dieses Ehegatten **zu mindern,** (3.b) soweit der Minderungsbetrag den Ehegatten-Höchstbetrag nicht übersteigt.

Satz 7: Können negative Einkünfte des einen Ehegatten (Verlustinhaber) bei ihm nach S. 3 zu weniger als 51.500 € ausgeglichen werden, (4.) sind die positiven Einkünfte des anderen Ehegatten über die S. 2 – 6 hinaus bis zu einem Höchstbetrag von 51.500 € durch die noch nicht ausgeglichenen negativen Einkünfte des einen Ehegatten (Verlustinhaber) zu **mindern,** soweit der Minderungsbetrag den Ehegatten-Höchstbetrag nicht übersteigt.

2.2.3.1 Der exemplarische Ehegattenverlustausgleich

Statt mit einer Unzahl von Beispielen wird nachfolgend nur mit zwei Hauptbeispielen gearbeitet; Ergänzungen lassen sich unschwer einfügen.

Beispiel 4: Zwei fleißige Ehegatten, eine Verlustquelle

Einkünfte A
gem. § 18 EStG: + 150 T€
gem. § 21 EStG: ./. 300 T€
Einkünfte B
gem. § 15 EStG: + 150 T€

Zunächst erfolgt eine getrennte Ausgleichsberechnung gem. § 2 Abs. 3 S. 2 – 5 EStG für jeden einzelnen Ehegatten[488]. Hieran schließt sich die gemeinsame Betrachtungsweise an. Sodann erfolgt der unbeschränkte horizontale Verlustausgleich unter Ehegatten[489]. Gibt es danach (oder mangels identischer Einkünfte beider Ehegatten) nicht ausgeglichene negative Einkünfte des Verlustinhabers, kommen die einzelnen Schritte von S. 6 ff. zur Anwendung. Dabei ist die erste (ungeschriebene) Voraussetzung, dass der Verlustempfänger über hinreichendes positives Aufnahmepotential verfügt.

---

[488] R 174b Abs. 1 S. 1 EStR sowie die Beispiele 4 ff. in H 3 zu R 3 EStR 1999.
[489] Verbleiben nach der Einzelberechnung bei einem Ehegatten bei diesem nach durchgeführten Verlustausgleich noch negative Einkünfte aus **einer** Einkunftsart (Bsp.: Bei A: § 15 EStG: ./. 100 T€ und § 20 EStG: + 40 T€; dies ergibt – nach dem vertikalen Verlustausgleich von 40 T€ – negative Einkünfte des A von ./. 60 T€, die bei § 15 EStG positioniert sind) und liegen gleichzeitig positive Einkünfte des anderen Ehegatten aus **derselben** Einkunftsart (Bsp. Bei B: § 15 EStG: + 80 T€), so werden die verbleibenden gewerblichen Verluste des A i.H.v. 60 T€ nach § 2 Abs. 3 S. 6, 1. HS EStG auf B übertragen. Die Summe der (nur gewerblichen) Einkünfte bei B beträgt 20 T€. Generell zur Anordnung (in) und Zulässigkeit des horizontalen ehegatteninternen Verlustausgleich (nach) S. 6, 1. HS EStG vgl. *Hallerbach*, DStR 1999, 358 sowie *Stapperfend*, DStJG 2001, 329 (343).

Lösung (in €):

Einkünfte (in €) gem.	A		B
	§ 18 EStG	§ 21 EStG	§ 15 EStG
1. Der vertikale Ausgleich des A	+ 150.000	./. 300.000	
Vorwegabzug (51.500 €)	./. 51.500	+ 51.500	
1/2 übersteigender Betrag	./. 49.250	+ 49.250	
Verbleiben § 2 Abs. 3 S. 2 – 5 EStG	+ 49.250	./. 199.250	
2. Potentialberechnung bei B			
Die Berechnung beim Verlustempfänger (B) legt die Höhe der übertragungsfähigen Verluste fest			+ 150.000
Vorwegabzug (51.500 €)			./. 51.500
1/2 übersteigender Betrag			./. 75.000[490]
Ausgleichspotential (B)			+ 23.500
	A	A	B
2.a) Durchführung der Übertragung	§ 18 EStG	§ 21 EStG	§ 15 EStG
Bei A werden übertragen:		+ 126.500	
Bei B (Verlustempfänger) verbleibt			./. 126.500
Summe der Einkünfte (A)		+ 49.250	
Summe der Einkünfte (B)			+ 23.500
Verbleibender Verlustabzug (A)		./. 72.750	

Falls der empfangende Ehegatte – mangels positiver Einkünfte – über kein Ausgleichspotential verfügt, mindern sich nach S. 6, 2. HS die positiven Einkünfte des Verlustverursachers um den Unterschiedsbetrag (Differenz zu 51.500 € – Schritt 3.a). Einschränkend sieht der 2. HS am Ende noch eine Obergrenze als „gemeinsamen Minderungshöchstbetrag" vor. Die „Soweit-Grenze"[491] beträgt 103.000 € zzgl. der Hälfte des übersteigenden Betrages der positiven Ehegatteneinkünfte. Sie soll die Ehegatten nicht gegenüber Einzelveranlagten besser stellen (Schritt 3.b). Von den beiden Limits (Unterschiedsbetrag und Soweit-Grenze) kommt die niedrigere Grenze zur Anwendung.

---

[490] 75.000 €, da B bei ihrer Einkünfteermittlung keinen Verlustausgleich vorgenommen hat.
[491] Auch Kappungsgrenze (*Lindberg* in *Frotscher*, § 2 Rz. 77) oder „übertragsinterne Grenze" (*Hallerbach* in *H/H/R*, § 2 Rz. 37 ff.) genannt.

2 Die Verlustverrechnung in der Einkommensteuer

Beispiel 5: Ein fleißiger Ehegatte mit einer Verlustquelle (inkl. Lösung)

	A		B
Einkünfte gem. (in €)	§ 15 EStG	§ 21 EStG	
Einkünfte nach getrennter Berechnung	+ 200.000	./. 250.000	0
Vorwegabzug	./. 51.500	./. 51.500	
1/2 übersteigender Betrag (148.500)	./. 74.250	./. 74.250	
Verbleiben:	74.250	./.124.250	0
Der Verlustabzug nach S. 6 1. HS, ist mangels Einkünften von B nicht anwendbar.			
3.a) Unterschiedsbetrag nach dem 2. HS: hier: **51.500 €**, da keine anrechenbaren Einkünfte vorliegen			
3.b) Berechnung der Soweit-Grenze nach dem 2. HS:			
Zunächst pauschale Verdoppelung:		+ 103.000	
+ hälftiger überschiessender Betrag (200.000 ./. 103.000) x 1/2		+ 48.500	
Gesamt		+ 151.500	
Davon bereits verbraucht		./. 125.750	
Es verbleiben		+ 25.750	
Ergebnis: Das kleinere Limit wird mit ./. **25.750 €** genommen und von den positiven Einkünften + 74.250 € (§ 15 EStG) abgezogen.			
Summe der Einkünfte (A):		+ 48.500 (§ 15 EStG)	
Verbleibender Verlustabzug (A):		./. 98.500 (§ 21 EStG)	

Für den Fall, dass ein Ehegatte den Vorwegabzug nicht voll ausnutzen kann, da er nicht über ausreichende positive Einkünfte (d.h. 51.500 €) verfügt, können bei ihm noch nicht ausgeglichene negative Einkünfte auf den anderen Ehegatten bis zur höchstmöglichen Verlustverrechnung übertragen werden. Damit soll einer ungünstigen Konstellation vorgebeugt werden, um eine Schlechterstellung mit der alten Rechtslage zu verhindern. Wie bei S. 6 wird bei S. 7 die Übertragung nach dem Unterschiedsbetrag bzw. nach der „Soweit-Grenze" limitiert (Schritt 4.).

Beispiel 6: Zwei unterschiedlich fleißige Ehegatten, zwei Verlustquellen
A verfügt über ein großes Potential von negativen Einkünften (§ 21 EStG), wobei ihm zum Ausgleich bei Einzelbetrachtung zu geringe gewerbliche Einkünfte zur Verfügung stehen. Partner B kann die Verluste aus einer Einkunftsquelle („Unterschüsse" nach § 20 EStG) vollständig mit den (höheren) Überschüssen aus § 19 EStG ausgleichen. B hat dabei sein individuelles Potential i.S.v. § 2 Abs. 3 S. 2 – 5 EStG voll ausgeschöpft (damit kein S. 6 1. HS). Nachdem auch A über keine weiteren positiven Einkünfte verfügt, kommt eine Übertragung nach S. 6 2. HS nicht in Betracht.
Nach der isolierten Verrechnung verbleiben bei **A ./. 300 T€** (§ **21 EStG** nach Verrechnung mit § 15 EStG) und bei **B + 50 T€** (§ **19 EStG** nach Verrechnung

mit § 20 EStG). Der Differenzbetrag nach § 2 Abs. 3 S. 7 EStG beträgt 25 T€, die „Kappungsgrenze" liegt bei 15 T€.

§ 2 Abs. 3 S. 7 EStG (4. Schritt) ermöglicht einen erhöhten Verlustübertrag zum anderen Ehegatten. Die Voraussetzungen sind dann gegeben, wenn die positiven Einkünfte des Verlusterzielers unter 51.500 € liegen und die Verluste die positiven Einkünfte übersteigen. Wie bereits ausgeführt, darf die gemeinsame Minderungshöchstgrenze noch nicht erreicht sein.

Lösung:
Nach § 2 Abs. 3 S. 7 EStG kommt es zu einer Übertragung des geringeren Höchstbetrages (hier: nach der „Kappungsgrenze") von 15 T€.
Damit belaufen sich die Einkünfte des A gem. § 21 EStG auf ./. 285.000 € (= verbleibender Verlustabzug nach § 10d Abs. 4 EStG) und die Lohneinkünfte der B auf + 35.000 €.

2.2.3.2 Problemfelder beim Ehegattenverlustausgleich

Nach der Grundaussage von § 2 Abs. 3 S. 6 und 7 EStG wird der Vorwegabzug bei Zusammenveranlagung i.V.m. der Hälfte des übersteigenden Betrages verdoppelt. Bei Vorliegen nur jeweils einer Einkunftsart der Ehegatten kommt der „algorithmische Gesetzeswortlaut" zum richtigen Ergebnis.

Bei einer differenzierten Einkünftestruktur sind nach S. 8 – durch die Verweisung auf S. 4 und S. 5 – die positiven wie negativen Einkünfte im Verhältnis zur jeweiligen Summe der Einkünfte abzuschmelzen. Ähnlich wie im Grundfall werden bei einem vertikalen Verlustausgleich aus qualitativen Einkünften nunmehr funktionsbestimmte Einkünfte (besser: unselbständig-rechnerische Teile der BMG „Einkommen").

Strittig ist z. Zt., wie das Ausgleichspotential zu errechnen ist. Problematisch ist insb. die richtige Bezugsgröße (Summe der Einkünfte). Hierzu werden vier Meinungen vertreten:

1. Nach h.M. ist nach dem erfolgten horizontalen Verlustausgleich eine erneute Verhältnisrechnung nach den neu zusammengesetzten Einkünften durchzuführen[492].
2. Nach einer Mindermeinung wird der horizontale Verlustausgleich unter Ehegatten generell abgelehnt[493]. Allgemein wird diese Auffassung als „contra legem" (= gegen den Wortlaut des Gesetzes) abgelehnt.
3. Nach Verwaltungsauffassung (R 3 EStR) ist die Höchstbetragsberechnung auf der Grundlage der positiven Einkünfte nach Einzelbetrachtung – ohne weitere Rechenschritte[494] – durchzuführen.

---

[492] U.a. *Hallerbach*, DStR 1999, 1925. Dabei wird aus Vereinfachungsgründen von H. die Zusammenrechnung der Ehegatteneinkünfte auf der vorgezogenen **Ermittlungsebene** vorgeschlagen. Die verbleibenden Einkünfte sollen danach bis 103.000 € uneingeschränkt ausgleichbar und übersteigende positive Einkünfte nur zur Hälfte ausgleichbar sein.
[493] *Raupach/Böckstiegel*, FR 1999, 487 mit dem Argument aus § 26b EStG (Zusammenrechnung der Einkünfte).

4. *Kirchhof*[495] vertritt schließlich eine unmittelbare Wortlautauslegung, derzufolge die ausgleichsfähigen Verluste nach S. 6, 1. HS dem anderen Ehegatten direkt zugerechnet werden, als ob sie von ihm selbst erwirtschaftet wären.

Nachdem mit der Verwaltungsauffassung tendenziell ein höherer vertikaler Verlustausgleich – als vielleicht vom Gesetzgeber gewollt – erzielt wird, kann die Streitfrage dahinstehen.

2.3 Der Verlustabzug gemäß § 10d EStG

Negative Einkünfte, die nicht gem. § 2 Abs. 3 EStG ausgeglichen werden können, sind entweder vom Gesamtbetrag der Einkünfte des Vorjahres (Verlustrücktrag) oder der folgenden VZ (Verlustvortrag) gem. § 10d EStG abzuziehen. Für beide zeitverlagerten Verlustberücksichtigungen kommen wiederum beide Methoden, die horizontale wie die vertikale Verrechnung, in Betracht. Einschränkungen ergeben sich dem Grunde nach nur beim vertikalen Verlustabzug (über die Einkunftsarten hinweg), da § 10d EStG an § 2 Abs. 3 EStG anknüpft.

Gesetzestechnisch ist der **Rücktrag (Abs. 1) vor dem Vortrag (Abs. 2)** durchzuführen; diese Auslegung bezieht sich auf die Reihenfolge der Absätze. Bei der **Berechnung** hingegen schreibt § 10d Abs. 1 S. 3 EStG ausdrücklich vor, dass für die Berechnung des Ausgleichspotentials beim Rücktrag ein etwaiger Verlustvortrag vorweg zu berücksichtigen ist. Hier ist also die Sichtweise des Abzugsjahres und nicht des Entstehungsjahres entscheidend. Nach § 10d Abs. 1 S. 7 und 8 EStG kann der Stpfl. die Methode und die Höhe des Verlustabzugs durch einen Antrag beeinflussen.

2.3.1 Der Verlustrücktrag gem. § 10d Abs. 1 EStG

Bis einschließlich VZ 1998 galt eine großzügige Regelung, derzufolge der Rücktrag zunächst auf das vorvergangene Jahr[496] (im Beispiel 7) und der verbleibende Rest auf das unmittelbar dem Verlustentstehungsjahr (03) vorangehende Jahr (02) vorzunehmen war. Nach erfolglosem Rücktrag (nicht komplett verrechneter Verlust) wurde vorgetragen (04 ff.). Der Rücktrag, auf den schon damals verzichtet werden konnte (§10d Abs. 1 S. 4 EStG a.F. – ab 1994 –), wurde erst nach dem Vorwegabzug von SA und agB vorgenommen, so dass durch diese das Verlustverrechnungsvolumen nicht aufgezehrt wurde[497].

---

[494] Vgl. *Bauer/Eggers*, StuB 1999, 397.
[495] In *Kirchhof-Kompakt*, § 2 Rz. 96 ff. (101 ff.).
[496] Lediglich betragsmäßig auf 1 Mio. DM beschränkt.
[497] Rein gesetzestechnisch standen Rücktrag, SA und agB an der gleichen Abzugsstelle (Abzugsposten vom Gesamtbetrag der Einkünfte). Nach der Meistbegünstigungstheorie gestatteten Rspr. und Verwaltung die nachrangige Berücksichtigung des Rücktrags.

§ 10d Abs. 1 EStG ist ab VZ 1999 entscheidend verändert worden; nach der Neufassung gilt:

- Der Rücktrag ist nur noch auf den unmittelbar vorangegangen VZ möglich;
- Er ist der Höhe nach auf 2 Mio. DM, ab VZ 2001 auf **511.500 €** (1 Mio. DM) begrenzt worden;
- Der Rücktrag ist ausdrücklich **vor** den existenzsichernden Aufwendungen durchzuführen (§ 10d Abs. 1 S. 1 EStG);
- Vor allem ist der vertikale Rücktrag an § 2 Abs. 3 EStG gekoppelt.

Beispiel 7: Auf ein gutes Jahr folgt ein schlechtes Jahr
Summe der positiven Einkünfte des ledigen A im VZ 00 i.H.v. 40.000 €, aufgeteilt nach:

- § 15 EStG: + 36.000 €,
- § 18 EStG: + 4.000 €.

Im VZ 01 ändert sich die Einkünftesituation dramatisch. Nach durchgeführtem § 2 Abs. 3 EStG beträgt der nicht ausgleichsfähige Verlust 01 insgesamt: ./. 30.000 €, davon:

- § 15 EStG: ./. 8.000 €,
- § 18 EStG: ./. 6.000 €,
- § 21 EStG: ./. 18.000 €.

Auch hier wird eine „Arbeitsversion" des § 10d EStG n.F.[498] vorangestellt:

1. Beim Verlustrücktrag ist zunächst der horizontale Abzug der Verluste von positiven Einkünften der gleichen Einkunftsart – abgesehen von der absoluten Begrenzung von 511.500 € – unbeschränkt möglich (§ 10d Abs. 1 S. 2 EStG).
2. Anschließend ist der vertikale Verlustabzug bis 51.500 € unbeschränkt und bei übersteigenden positiven Einkünften bis zur Hälfte möglich.
3. Sodann sind die zurückgetragenen negativen Einkünfte auf die positiven Einkünfte im Verhältnis zur Summe der positiven Einkünfte aufzuteilen (§ 10d Abs. 3 i.V.m. § 2 Abs. 3 S. 4 und 5 EStG).
4. Die verbleibenden negativen Einkünfte sind schließlich nach Abs. 4 für den Verlustvortrag nach Einkunftsarten getrennt zu ermitteln.

Lösung:

1. Bei Verrechnung der positiven Einkünfte des VZ 00 mit den einschlägigen Verlusten des VZ 01 (§ 15 EStG: ./. 8.000 € und § 18 EStG: ./. 4.000 €) verbleiben nach dem durchgeführten **horizontalen Rücktrag**:

---

[498] In der Neufassung durch das StEntlG 1999/2000/2002 vom 24.03.1999 (BGBl I 1999, 402).

2 Die Verlustverrechnung in der Einkommensteuer

	Summe der Einkünfte	§ 15 EStG	§ 18 EStG	§ 20 EStG	§ 21 EStG
Einkünfte 00	+ 40.000	+ 36.000	+ 4.000	-	-
Rücktrag 01	./. 32.000	./. 8.000	./. 6.000	-	./. 18.000
Verbleiben		+ 28.000	./. 2.000	-	./. 8.000

2. Der **vertikale Rücktrag** erfolgt i.H.v. 20.000 € auf die gewerblichen Einkünfte, da der Maximalbetrag unterschritten ist.
3. Die Verluste konnten in voller Höhe zurückgetragen werden. Eine Aufteilung sowohl der positiven 3. wie der negativen 4. Einkünfte unterbleibt.

Für den Fall, dass mehrere positive und negative Einkünfte beim vertikalen Rücktrag zusammentreffen und eine Verrechnung wegen des Überschreitens der Höchstbeträge nicht möglich ist, gilt auch hier das Mindestbesteuerungskonzept:

1. Die zurückgetragenen Verluste sind anteilig auf die positiven Einkünfte zu verteilen.
2. Die nach dem vertikalen Verlustrücktrag verbleibenden negativen Einkünfte sind im Verhältnis zur Summe der negativen Einkünfte vor Verlustabzug verhältniswahrend auf die positiven Einkünfte entsprechend ihrer Summenrelation zu verteilen.

Wie schon aufgezeigt wurde, entsteht dabei wieder das Problem, in welchem Verhältnis zuzuordnen ist. M.E. sind neue Grenzen zu bilden, die auf den positiven Einkünften **nach dem horizontalen Rücktrag** basieren.

Der Bürger hat schließlich nach § 10d Abs. 1 S. 7 und 8 EStG ein eingeschränktes Wahlrecht, das antragsgebunden ist. Er kann dabei teilweise oder ganz auf den Rücktrag zugunsten des Vortrages verzichten (R 115 Abs. 5 S. 3 EStR). Er kann – etwa in Hinblick auf § 15 Abs. 4 EStG – den Rücktrag auf bestimmte negative Einkünfte beschränken[499]. Wegen der Vorweg-Positionierung des Verlustabzugs vor den nachgelagerten Abzügen (der §§ 10 und 33 EStG) bietet sich ebenfalls eine Beschränkung des Rücktrags[500] an.

Bei **zusammenveranlagten Ehegatten** verdoppelt sich der Mindestabzugsbetrag. Dabei sind die Verlustverrechnungsschritte für jeden Ehegatten getrennt durchzuführen (§ 10d Abs. 1 S. 4 EStG). Verbleibt danach ein nicht ausgeglichener Teil positiver Einkünfte, können diese im Rahmen der Höchstbetragsrechnung durch Übertragung auf den anderen Ehegatten grundsätzlich ausgeglichen werden. Dabei ist allerdings Grundvoraussetzung, dass die Ehegatten danach noch über ein Ausgleichspotential verfügen[501].

Bei beiden Ehegatten sind die rücktragsfähigen Verluste betragsmäßig beschränkt (§ 62d Abs. 2 S. 2 EStDV). Dabei ist zu beachten, dass der von einem Ehegatten nicht ausgenutzte Betrag dem anderen Ehegatten zugerechnet werden kann (R 115 Abs. 4 S. 5

---

[499] In der Lit. (bei *Schmidt-Heinicke*, § 10d, Rz. 37 m.w.N.) werden Berechnungsformeln für die optimale Ausnutzung der Gestaltungsmöglichkeiten angeboten.
[500] Nach *Broudré*, NWB a.a.O., 11034, ist bei Zusammenveranlagung der Antrag von dem Ehegatten zu stellen, der den Verlust erlitten hat. *Groll* in *K/S/M*, § 10d B 301 erstreckt dies auf die Beteiligungsverluste.
[501] Der Betrag von 103.000 € zuzüglich der Hälfte der übersteigenden positiven Ehegatteneinkünfte darf nicht verbraucht sein.

EStR 1999). Damit können max. 4 Mio. DM (ab VZ 2001: 1.023.000 €) von einem Ehegatten beansprucht werden.

Auf ein Spezialproblem der Ehegattenveranlagung ist dann einzugehen, wenn für das Abzugsjahr noch keine Zusammenveranlagung stattgefunden hat. Wegen der getrennten Feststellung der verbleibenden Einkünfte nach § 10d Abs. 4 S. 1 EStG ist der Wechsel zwischen getrennter Veranlagung und Zusammenveranlagung unproblematisch, so dass die freie Wahl (inkl. des Widerrufs) bis zur Unanfechtbarkeit eines Änderungsbescheids ausgeübt werden kann (so schon BFH vom 25.06.1993, BStBl II 1993, 824).

2.3.2 Der Verlustvortrag gemäß § 10d Abs. 2 EStG

Als eine Kontinuität zum alten Recht bleibt auch ab VZ 1999 der Verlustvortrag zeitlich und der Höhe nach unbeschränkt zulässig. Wie beim Verlustrücktrag wirken hier dieselben Einschränkungen:

1. Auch im Abzugs(= vortrags-)Jahr gilt die Mindestbesteuerung des § 2 Abs. 3 S. 2 ff. EStG.
2. Auch der Verlustvortrag ist bei der Einkommensermittlung **vor** den §§ 10, 33 ff. EStG vorzunehmen[502].

> **Beispiel 8: Hohe Vorbelastung**
> Für den Steuerbürger B ergibt sich gem. § 10d Abs. 4 S. 1 EStG ein nicht ausgleichbarer gewerblicher Verlust von 0,5 Mio. € im VZ 02. Ein Rücktrag nach Abs. 1 in den VZ 01 ist ausgeschlossen. Im VZ 03 erzielt B aus seinem Einzelunternehmen einen Gewinn von 300 T€ und einen ausgleichsfähigen Verlust als Kommanditist aus der B-KG i.H.v. ./. 100 T€.

Wiederum gebührt dem **horizontalen Verlustvortrag** – nach durchgeführtem Verlustausgleich gem. § 2 Abs. 3 EStG – der Vorrang vor dem vertikalen Vortrag. Der horizontale Abzug ist bis zum vollständigen Verbrauch der positiven wie der negativen Einkünfte durchzuführen.

> **Lösung:**
> Bei der Ermittlung der gewerblichen Einkünfte in 03 werden der Gewinn aus dem Einzelunternehmen (0,3 Mio. € gem. § 15 Abs. 1 Nr. 1 EStG) und der Verlust aus der Kommanditbeteiligung nach § 15 Abs. 1 Nr. 2 EStG (./. 100 T€) nach § 2 Abs. 3 S. 2 EStG ausgeglichen. Die gewerblichen Einkünfte des B in 03 belaufen sich zunächst auf 200 T€.
> Nach § 10d Abs. 2 S. 2 EStG werden aus dem VZ 02 anteilig die Verluste i.H.v. 200 T€ im Wege des Vortrages berücksichtigt. Die gewerblichen Einkünfte im VZ 02 betragen jetzt 0 €.
> Der verbleibende Verlust von 300 T€ wird nach § 10d Abs. 4 EStG in die folgenden VZ vorgetragen.

---

[502] § 10d Abs. 2 S. 1 EStG sowie – ganz deutlich – R 3 EStR (Ermittlungsschema).

2 Die Verlustverrechnung in der Einkommensteuer

Nach erfolgtem Verlustausgleich und nach dem horizontalen § 10d Abs. 2 EStG-Abzug kommt es, so noch positive Einkünfte vorliegen, zum **vertikalen Verlustvortrag** nach § 10d Abs. 2 S. 3 EStG. Dabei enthält Abs. 2 S. 3 EStG zwei Grenzen:

1. zum einen ist die „Soweit-Grenze"[503] des § 2 Abs. 3 EStG anzuwenden.
2. Zum anderen gibt es eine eigene (§ 10d-interne) Grenze mit der Höchstbetragsberechnung mit den bekannten Beträgen (früher: „100.000-Plus"-Grenze; heute: „51.500 Plus-Grenze"). Die geringere Grenze ist anzuwenden.

Beispiel 9: Viel Plus, Viel Minus – mit integrierter Lösung – (in €):

VZ 02	Summe positive Einkünfte	§ 13 EStG	§ 15 EStG	§ 18 EStG	§ 20 EStG	§ 21 EStG
Einkünfte	+ 500.000	+ 50.000	+ 300.000	./. 25.000	+150.000	./. 25.000
Relation positive Einkünfte (§ 2 Abs. 3 S. 4 EStG)		1/10	6/10		3/10	
Relation negative Einkünfte (§ 2 Abs. 3 S. 5 EStG)				1/2		1/2
Vorweg	./. 50.000	./. 5.000	./. 30.000	+ 25.000	./. 15.000	+ 25.000
Darüber	-	-	-	-	-	-
Summe der Einkünfte	+ 450.000	+ 45.000	+ 270.000		+135.000	
Verlust-Vortrag 01		**./. 45.000**	**./. 70.000**	**./. 50.000**	**./. 35.000**	**./.100.000**
Horizontal	./. 150.000	./. 45.000	./. 70.000		./. 35.000	
Verbleibende Einkünfte	+ 300.000		+ 200.000		+100.000	
Verbleibende Verluste				./.150.000		./.100.000
Positive Relation (§ 10d EStG)			2/3		1/3	
Negative Relation (§ 10d EStG)				3/5		2/5

---

[503] Str. ist, ob sich die Soweit-Grenze von § 10d Abs. 2 S. 3 EStG auf den ganzen § 2 Abs. 3 EStG (so der Wortlaut: und damit auch auf das horizontale Ausgleichspotential des § 2 Abs. 3 S. 2 EStG) oder nur auf die dortige vertikale Soweit-Grenze von § 2 Abs. 3 S. 3 EStG (so die h.M. – vgl. *Ritzer* a.a.O. Tz. 3.3.3.1) bezieht.

Soweit-Grenze	250.000					
Höchstgrenze	200.000[504]					
Ergebnis:	./. 200.000		./. 33.333	+ 120.000	./. 66.667	80.000
Summe der Einkünfte	**+ 100.000**		**+ 66.667**		**+ 33.333**	
Verbleibende Verluste	./. 50.000			./. 30.000		./. 20.000

Für zusammenveranlagte Ehegatten gelten die Verrechnungsbeschränkungen von § 2 Abs. 3 S. 6 – 8 EStG auch für den Verlustvortrag (§ 10d Abs. 2 S. 4 EStG). Bei § 10d EStG n.F. ist wegen der Höchstbetragsrechnung unklar, inwieweit ein horizontaler Abzug gestattet worden ist. Das schon mehrfach diskutierte Problem der Bezugsgröße für die Mindestausgleichsberechnung kehrt hier verstärkt wieder (R 115 Abs. 10 EStR 1999).

Es ist zunächst der horizontale Verlustvortrag nach dem getrennten horizontalen und vertikalen Verlustausgleich durchzuführen. Anschließend kommt der vertikale Verlustvortrag zur Anwendung (Ausnahme: Der Verlustrücktrag nach § 10d Abs. 1 EStG kommt zur Anwendung).

2.3.3 Zusammentreffen von Verlustrücktrag und Verlustvortrag in einem Veranlagungszeitraum

Wie schon erwähnt, schreibt § 10d Abs. 1 S. 3 EStG die Reihenfolge vor: Vorrang des vertikalen Verlustvortrags vor dem vertikalen Verlustrücktrag. Nach dem zweiten Grundsatz geht bekanntlich der horizontale Abzug immer dem vertikalen Abzug vor. Aus der Kombination beider „Dogmen" ergibt sich das Schema:

1. horizontaler Vortrag
2. vertikaler Vortrag
3. horizontaler Rücktrag
4. vertikaler Rücktrag.

Treffen Alt- und Neuverluste[505] zusammen, so ergibt sich unter Bezugnahme auf das Günstigkeitsgebot von R 115 Abs. 3 EStR 1999 folgendes auf *Hallerbach*[506] zurückgehende Abzugsschema:

Gesamtbetrag der Einkünfte
./. Verlustrücktrag/-vortrag nach § 10d Abs. 1 EStG n.F.
./. Sonderausgaben
./. außergewöhnliche Belastungen, sonstige Abzüge
./. Verlustvortrag nach § 10d Abs. 2 EStG a.F.

---

[504] An dieser Stelle wurde mit DM-Beträgen gearbeitet.
[505] Neuverluste sind gem. § 52 Abs. 25 EStG solche, die nach dem 31.12.1998 entstanden sind. Für diese gilt der Vorrang, vgl. § 10d Abs. 1 S. 1 EStG n.F., der Abziehbarkeit der SA vor dem Verlustvortrag nicht.
[506] Dieselbe in *H/H/R*, § 10d Anm. R 4.

2.3.4 Verbleibender Verlustvortrag

Nach § 10d Abs. 4 S. 1 EStG sind die am Ende eines VZ verbleibenden und nicht ausgleichbaren Verluste für die Zwecke des Verlustvortrages einzeln und gesondert festzustellen. Daraus wird die unmittelbare Verpflichtung abgeleitet, zunächst die Verrechnungsschritte nach § 2 Abs. 3 EStG und § 10d Abs. 1 EStG durchzuführen. Der verbleibende Verlustvortrag ist Anknüpfungspunkt für einen weiteren Verlustabzug in den Folgejahren. Auch hierfür wird ein **Berechnungsschema** aufgestellt:

Verluste im Verlustentstehungsjahr
./. Ausgeglichene Verluste nach § 2 Abs. 3 EStG
./. Abgezogene Verluste nach 10d Abs. 1 EStG
./. Abziehbare Verluste nach § 10d Abs. 2 EStG
+ Verbleibender Verlustvortrag des vorangegangenen VZ
= **Verbleibender Verlustabzug nach § 10d Abs. 4 S. 2 EStG**

2.3.5 Verlustverrechnungen im Bereich der Personengesellschaften

Bei **PersG** ist die PersG alleiniges Gewinnermittlungssubjekt, der G'fter aber das Steuersubjekt. Nachdem sich – vom Anwendungsfall des § 15a EStG abgesehen – die Verluste als individuelle „Größe" nur in der Steuererklärung des Stpfl. bemerkbar machen, gelten alle o.g. Beträge jeweils in der (und für die) Person des einzelnen G'fters[507].

Des Weiteren ist zu berücksichtigen, dass bei MU-schaften der GewSt-Messbetrag sowie der auf den einzelnen MU entfallende Anteil nach Maßgabe des Gewinnverteilungsschlüssel einheitlich und gesondert festzustellen ist (§ 35 Abs. 3 S. 1 EStG). Wegen der ab VZ 2001 eingeführten **Anrechnungs**möglichkeit des 1,8fachen des GewSt-Messbetrages auf die ESt wird der herkömmliche Verlustabzug und der damit möglicherweise einhergehende Leerlauf des Anrechnungsguthabens in der Lit. stark kritisiert[508].

2.4 Sonderfragen bei der Verlustentstehung (Veräußerungsverluste)

Einen immer größeren Anwendungsbereich in der Grundlagendiskussion zur Verlustentstehung nimmt die Behandlung von Veräußerungsverlusten ein. Aus Gründen der thematischen Nähe zur Technik der Verlustverrechnung werden anhand einer Fallstudie die – aufgrund des Systemwechsels – divergierenden Ergebnisse bei „Veräußerungsverlusten" bei nur minimaler Sachverhaltsänderung aufgezeigt.

---

[507] Dies hat insb. Bedeutung für Publikums-Verlustgesellschaften, da auf diese Weise das Rücktragsvolumen von § 10d Abs. 1 EStG (511.500 €) im wirtschaftlichen Ergebnis mit der Anzahl der G'fter multipliziert werden kann.
[508] Statt aller *Förster*, FR 2000, 866.

2.4.1 Verlustermittlung und Verlustberücksichtigung bei § 23 EStG

Beispiel 10: Der Veräußerungsverlustvergleich (VVV – Grundfall)
Dem ledigen Angestellten A (Einkünfte nach § 19 EStG: 100 T€) gehört ein bebautes Grundstück, das er im VZ 01 i.H.v. 400 T€ erworben hat. Aufgrund von Emissionen entschließt er sich in 04 zum Verkauf und erzielt einen Erlös von 300 T€[509], ohne es vermietet zu haben.

Bereits mit Wirkung ab dem 31.07.1996 (zur zeitlichen Anwendbarkeit beachte § 52 Abs. 39 S. 4 EStG) wurde bei § 23 EStG eine Verschärfung dergestalt eingeführt, dass sich die AK – als rechnerische Abzugsgröße – um die (Sonder-)AfA-Beträge mindern, soweit sie sich im Rahmen der Überschusseinkünfte ausgewirkt haben. Diese Bestimmung (§ 23 Abs. 3 S. 4 EStG) ist bei der Neuregelung durch das StSenkG beibehalten worden. Durch die Verlängerung der schädlichen Veräußerungsfrist auf zehn Jahre nach § 23 Abs. 1 Nr. 1 EStG kann es gerade in den neuen Bundesländern zu erheblichen Verschärfungen kommen[510].

Bis VZ 1998 durften Verluste aus (damals) Spekulationsgeschäften nur bis zur Höhe des Spekulationsgewinnes des Steuerbürgers im gleichen VZ ausgeglichen werden (§ 23 Abs. 3 S. 4 EStG a.F.). Aufgrund des BVerfG-Beschlusses vom 30.09.1998 (DStR 1998, 1743) zur Verfassungswidrigkeit des Verrechnungsverbotes von § 22 Nr. 3 EStG wurde die Vorgängerbestimmung gelockert[511]. Mit der Neufassung erfolgte nicht nur eine redaktionelle Umstellung (§ 23 Abs. 3 S. 4 EStG a.F. wurde zu § 23 Abs. 3 S. 8 EStG n.F.), sondern eine Ergänzung durch S. 9. Mit der Einführung der Verlustverrechnung in § 23 EStG „nach Maßgabe des § 10d EStG" geht die h.M. davon aus, dass dieses ein Rechtsfolgenverweis ist und demzufolge diese Verluste vom Einkommen i.S.d. § 2 Abs. 4 EStG abzuziehen sind[512]. Demgegenüber geht die Verwaltung (im Schreiben des BMF vom 05.10.2000, BStBl I 2000, 1383, Tz. 42) davon aus, dass die Verluste in den Vor- und Rücktragsjahren unmittelbar in der Einkunftsart des § 23 EStG gegen zurechnen sind[513].

---

[509] Da es sich nur um einen Vergleich zwischen den Einkunftsarten handelt, werden aus Vereinfachungsgründen identische Erwerbsaufwendungen wie AfA etc. ebenso wenig berücksichtigt wie in die vergleichende Darstellung individuelle existenzsichernde Aufwendungen einfließen.

[510] Bsp.: Ein Steuerbürger erwirbt in 1997 ein bebautes Grundstück in Leipzig zu 500 T€ (davon GruBo: 100 T€). In 1999 wird das Vermietungsobjekt für 400 T€ veräußert. Aus dem zunächst erscheinenden Veräußerungsverlust wird bei einer realistischen Rekonstruktion der Steuerjahre 1997 – 1999 ein Veräußerungsgewinn:

Erlös		+ 400.000
./. AK GruBo		./. 100.000
./. AK Gebäude	+ 400.000	
./. Sonder-AfA (50 %)	./. 200.000	
./. AfA (§ 7 Abs. 4 EStG)	./. 24.000	./. 176.000
Veräußerungsgewinn		**+ 124.000**

[511] Vgl. zur Geschichte *Strahl*, StBJb 99/00, 353.
[512] Statt aller *Herzig/Lutterbach*, DStR 1999, 521.
[513] Zusätzlich soll der verbleibende Betrag nach § 10d Abs. 3 EStG gesondert festgestellt werden (*Kohlrust-Schulz*, NWB F 3, 10775 und *Urban*, INF 1999, 389).

2 Die Verlustverrechnung in der Einkommensteuer

Zu den verfassungsrechtlichen Bedenken, ob die ab 1999 neu eingeführte Regelung (§ 52 Abs. 39 S. 1 EStG) wegen der grundsätzlichen Bedenken des BVerfG-Beschlusses (zu einem Fall der Vermietung beweglicher Gegenstände nach § 22 Nr. 3 EStG) auch in der Vergangenheit anwendbar sei, geht die OFD D'dorf nur von einer Neuwirkung aus[514].

Lösung:
Der Verkauf ist ein steuerbares privates Veräußerungsgeschäft nach § 23 Abs. 1 Nr. 1 EStG. Gem. § 23 Abs. 3 S. 1 EStG lautet das Ergebnis (Verlust):

Veräußerungspreis	+ 300.000 €
./. AK	./. 400.000 €
Veräußerungsverlust	./. 100.000 €

Der Verlust ist gem. § 23 Abs. 3 S. 8 und 9 EStG nur mit Veräußerungsgewinnen ausgleichbar, nicht mit positiven Einkünften aus § 19 EStG.

Als Ergebnis wird festgehalten, dass, obwohl die persönliche Leistungsfähigkeit des A in 04 gleich Null (100 T€ ./. 100 T€) ist, das zu versteuernde Einkommen hingegen 100 T€ beträgt (inkl. einem zusätzlichen Verlustvortrag für private Veräußerungsgeschäfte i.H.v. 100 T€).

2.4.2 Verlustermittlung und Verlustberücksichtigung bei § 17 EStG

Eine geringfügige Abweichung im Sachverhalt zeigen die Besteuerungsunterschiede zwischen §§ 17 und 23 EStG auf.

Beispiel 10a: Veräußerungsverluste, § 17 EStG (1. Alternative)
A legt das Grundstück in eine von ihm gegründete GmbH (Sachgründung) ein. Bei gleichem Sachverhalt veräußert A nun die ihm gehörenden und privat gehaltenen 100 % an der GmbH und erzielt dafür ebenfalls nur 300.000 €.

Wie üblich, wird das Ergebnis bei Veräußerungsgeschäften auch bei § 17 EStG nach Abzug der Veräußerungskosten und der AK vom Veräußerungserlös bestimmt (§ 17 Abs. 2 S. 1 EStG). Bei der Ermittlung der Veräußerungsverluste sind drei Aspekte zu beachten:

1. Durch das **Absinken** der **Wesentlichkeitsgrenze** von ursprünglich > 25 % (bis 1998) über exakt 10 % (1999/2000) auf die derzeitige „Beteiligungsgrenze" von – ebenfalls exakt – 1 % wachsen viele Beteiligungen in die „Wesentlichkeit" hinein und sind damit schlagartig steuerverhaftet, obwohl sie dies bei Erwerb/Ausgabe noch nicht waren. Bislang nicht vorhandene stille Reserven werden vom Gesetzgeber „entdeckt". Gegen das Absenken der Wesentlichkeitsgrenze von > 25 % auf 10 % durch das StEntlG vom 04.03.1999[515] gibt es für problematische Anwendungsfälle[516] im 1. Quartal 1999 große und berechtigte Bedenken wegen einer unzulässigen Rückwir-

---
[514] DB 1999, 1631 gegen FG D'dorf vom 13.09.1999 (EFG 1999, 1128).
[515] Das Gesetz wurde am 31.03.1999 veröffentlicht (BGBl I 1999, 402).
[516] Bsp.: Veräußerung von 20 %-Beteiligung im Februar 1999.

kung[517]. Bei dem weiteren Absenken auf 1 % durch das StSenkG (BGBl I 2000, 1433) wird allenfalls das Fehlen einer Übergangsregelung moniert[518]. Zusätzlich zur Problematik im Anwendungsbereich war im Rahmen der Rückwirkungsdiskussion auch die Tatbestandsfrage zu beantworten, welches Recht für die jeweilige Beurteilung der § 17-Voraussetzungen gilt. § 17 Abs. 1 S. 1 EStG sieht nunmehr eine unabänderliche, d.h. **feste 1 %-Beteiligungsgrenze** vor[519].

2. Wegen der mathematischen Berechnungsformel des Veräußerungsergebnisses spielt insb. die Auslegung des steuerlichen AK-Begriffes eine wichtige Rolle. Der BFH geht dabei aufgrund einer nunmehr abgesicherten Rspr. vom **„normspezifischen" Nettoprinzip** aus[520]. In Anlehnung an die AK-Thematik beim MU (§ 15 Abs. 1 Nr. 2 EStG) wird ein weiter AK-Begriff zugrundegelegt, der vor allem **nachträgliche** AK berücksichtigt, wie sie etwa bei späteren Einlagen, sowie bei Darlehen, Bürgschaften und dergleichen in Betracht kommen. Voraussetzung für diese bürgerfreundliche Auslegung soll nur noch sein, dass der konkrete Beitrag durch das Gesellschaftsverhältnis veranlasst ist und nicht den Charakter von sofort abzugsfähigen Aufwand (WK/BA) hat.

Damit wird – als erfreulichstes Ergebnis dieser Rspr. – ein Gleichlauf mit dem Gesellschaftsrecht erreicht, wenn z.B. eigenkapitalersetzende Darlehen gem. § 32a GmbHG in Parallelwertung mit dem GmbH-Recht auch steuerlich als Eigenkapital behandelt werden[521]. Dies wurde zwischenzeitlich auf „Krisenbürgschaften" übertragen[522] und erfährt derzeit seine echte Bewährungsprobe mit der Beurteilung eigenkapitalersetzender Nutzungsüberlassungen, die nach der BGH-Rspr. zu § 32a Abs. 3 GmbHG unterstellt werden.

3. Die Rückwirkungsdiskussion spielt nicht nur bei (Beteiligungs-)streitigen Übertragungsvorgängen eine Rolle (oben 1.), sondern auch bei den **persönlichen Verlustvoraussetzungen** des § 17 Abs. 2 S. 4 EStG.

Für Verluste aus der Veräußerung einer (wesentlichen) Beteiligung an einer KapG sind bereits 1996 deutliche Verlustbeschränkungen in § 17 Abs. 2 EStG festgeschrieben worden, die z.T. durch das StEntlG 1999/2000/2002 gelockert wurden. Der Hauptunterschied zwischen Veräußerungsgewinnen und Veräußerungsverlusten nach § 17 EStG besteht darin, dass es beim Gewinn ausreicht, wenn der Veräußerer innerhalb des Fünfjahres-Zeitraumes überhaupt (zu irgendeiner Zeit) qualifiziert (d.h. früher „wesentlich") beteiligt war. Ein Veräußerungsverlust hingegen wird gem. § 17

---

[517] Vgl. aus der Lit. – auszugsweise – *Bornheim*, DB 2001, 162; *Kirchhof*, StuW 2000, 221; *Hey*, BB 1998, 1444; *Schneider* in *K/S/M*, § 17 A 266; *Demuth/Strunk*, DStR 2001, 57.

[518] So äußert der IX. Senat des BFH – allerdings zu der Verlängerung der Veräußerungsfristen bei § 23 EStG – im Beschluss vom 05.03.2001 (DStR 2001, 481) starke Zweifel an der Neuregelung wegen dem Fehlen einer Übergangsregelung.

[519] Für die alte Rechtslage hingegen gilt der jeweils gültige Gesetzeszustand als Kriterium für die § 17-Grenze (zuletzt FG BaWü vom 08.12.2000, DStR 2001, 119).

[520] Nach den Urteilen vom 20.04.1999 (BStBl II 1999, 650) und vom 12.12.2000 (DB 2001, 680).

[521] Zur Problematik s. *Gosch* in *Kirchhof-Kompakt*, § 17 Rz. 201 ff. (215) und *Weber-Grellet/Schmidt*, § 17 Rz. 156 sowie H 140 Abs. 5 EStH.

[522] BFH vom 05.03.2001 (DStR 2001, 481).

Abs. 4 EStG bei erworbenen Beteiligungen nur bei einer ununterbrochenen qualifizierten Beteiligung während der letzten fünf Jahre berücksichtigt.
Das heute geltende Konzept der Berücksichtigung von Verlusten i.R.d. § 17 EStG geht von zwei Fallgruppen aus, die sich allerdings nicht deutlich aus dem Gesetz ableiten lassen:

a) Die erste Gruppe umfasst die **gründungsgeborenen** Anteile. Hierfür gibt es keine (fünfjährige) Haltedauer.
b) Die zweite Gruppe gilt den **erworbenen Beteiligungen**. Dabei wird differenziert: Nach § 17 Abs. 2 S. 4 Buchst. a EStG werden Verluste beim unentgeltlichen Erwerb erst nach einer höchstpersönlichen Haltedauer von fünf Jahren berücksichtigt. Eine Ausnahme davon macht S. 2 für den Fall, wenn der Rechtsvorgänger den Verlust in seiner Person hätte geltend machen können[523].

Bei entgeltlich erworbenen Anteilen gilt gem. S. 4 Buchst. b dem Grundsatz nach ebenfalls die ununterbrochene Fünfjahres**haltefrist**[524]. Hiervon gibt es zwei Ausnahmen:

a) Nach § 17 Abs. 2 S. 2, 1. HS gilt die Frist nicht für Anteile, die zur Begründung einer § 17-Beteiligung geführt haben.
b) Der 2. HS erstreckt die Ausnahme auf die Anteile, die nach der Begründung einer § 17-Beteiligung erworben wurden.

Bei der Beurteilung beider Ausnahmen stellt sich die Frage, ob für die „Begründung" der Beteiligung auf den Halter (Gesamtberücksichtigung der Verluste) abzustellen ist oder nur auf den hinzuerworbenen Anteil (**anteilsbezogener Verlust**)[525]. Nach absolut h.A.[526] wird eine anteilsbezogene Betrachtung vorgenommen, so dass nur der Verlust berücksichtigt wird, der auf den eigentlichen Begründungsakt für die (wesentliche) Beteiligung entfällt[527].
Mit der Zuordnung der Veräußerungseinkünfte (hier: Verluste) des § 17 EStG zu den gewerblichen Einkünften können die anzuerkennenden Verluste im Rahmen der §§ 2 Abs. 3 und 10d EStG unbeschränkt ausgeglichen und abgezogen werden. Wegen der häufigen Aktivitäten des Gesetzgebers auf dem Gebiet des § 17 EStG ist in diesem Zusammenhang die Frage des Entstehens des Veräußerungsverlustes von weit größerer Bedeutung. Wegen der Zuordnung zu den gewerblichen Einkünften kommt für

---

[523] Wegen der fehlenden gesetzlichen Unterscheidung gilt die Anordnung in § 17 Abs. 2 S. 3, 4 EStG für alle Fälle des unentgeltlichen Erwerbs (Schenkung, Erbfall etc.). Bei teilentgeltlichen Erwerbsvorgängen (Bsp.: vE) erfolgt eine Aufteilung nach der Trennungstheorie (vgl. *Maurer*, Band 2, Teil C, Kap. III).
[524] Das Absinken der Beteiligung unter die § 17-Grenze führt zu einer neuen fünfjährigen Haltefrist (*Kröner*, StBJb 1997/98, 214; vgl. auch *Weber-Grellet/Schmidt*, § 17 Rz. 199 m.w.N.).
[525] Bsp.: A erwirbt am 01.06.1999 zuerst 9 % einer GmbH-Beteiligung, einen Monat später weitere 7 % und wiederum einen Monat später 4 %. Am 01.06.2001 veräußert er die gesamte Beteiligung von 20 %.
[526] Statt aller *Frotscher*, § 17 Rz. 105b.
[527] Im obigen Beispiel führt erst der spätere Erwerb der 7 % zu einer wesentlichen Beteiligung, die durch den letzten Erwerb von 4 % noch bestätigt wird, so dass nur der Anteil des Veräußerungsverlustes, der auf diese 11 % entfällt, berücksichtigt wird. Der auf die ersten 9 % entfallende Verlust wird nicht berücksichtigt.

den Zeitpunkt der Besteuerung und für die Frage nach der Höhe der Verluste (Gewinne) – konform mit § 4 Abs. 1 EStG – das „**Soll-Prinzip**" und nicht das Zuflussprinzip des § 11 EStG zum Tragen. Im Falle der Anteilsveräußerung ist danach der Zeitpunkt ausschlaggebend, in dem das wirtschaftliche Eigentum auf den Erwerber übergeht[528].

Verluste gem. § 17 EStG werden nicht nur bei der Anteilsveräußerung erzielt, sondern gem. § 17 Abs. 4 EStG auch bei der **Auflösung der KapG**. Für Auflösungsverluste nach § 17 Abs. 4 EStG hat der BFH mit zwei Urteilen aus den Jahre 2000 klarstellend entschieden, dass es auf den Zeitpunkt ankäme, da bei der KapG mit einer wesentlichen Änderung der Verhältnisse nicht mehr zu rechnen ist[529]. Dabei werden verschiedene Zeitpunkte diskutiert, wobei die (auch spätere) Auflösung der KapG immer die Grundvoraussetzung ist. Abgesehen von einer einzigen Ausnahme sind die insolvenzrechtlichen Regelungen nur mit Vorbehalt auf das Steuerrecht zu übertragen. Nur die Ablehnung des Insolvenzverfahrens mangels Masse nach § 26 Abs. 1 InsO löst unstreitig beim G'fter § 17 Abs. 4 EStG und dessen Abs. 2 aus: In diesem Augenblick anteilig zu berücksichtigender Auflösungsverlust. M.E. dürfen auf keinen Fall die Aktivitäten der mit der Insolvenz befassten Personen (Verwalter/Gericht) allein den Ausschlag für die zeitliche Erfassung des Auflösungsverlustes bilden; die abstrakten gesetzlichen Voraussetzungen für die Eröffnung eines Insolvenzverfahrens bzw. §§ 62 ff. GmbHG sind der bessere Anhaltspunkt[530].

Lösung:
Bei der Sacheinlage des Grundstücks in die 100 %-GmbH wird eine vollwertige Sacheinlage nach § 5 Abs. 4 GmbHG unterstellt. Der Wert der GmbH-Anteile entspricht dabei dem Wert des Grundstücks.

Problem: M.E. stellt die Einlage i.R.e. Sachgründung eine Veräußerung dar (Blümich, Rz 115 zu § 23 EStG, wohl ein tauschähnliches Rechtsgeschäft), unabhängig von der Fiktion bei der verdeckten Einlage i.R.d. § 23 Abs. 1 S. 5 Nr. 2 EStG. Mithin ist m.E. die Veräußerung der Gesellschaftsanteile steuerbar, der Gewinn liegt aber bei Null, da das Stammkapital (= AK der Beteiligung) dem TW des Grundstückes entspricht.

Der Veräußerungsverlust selbst unterliegt dem Halbeinkünfteverfahren[531].

Gem. § 3 Nr. 40c EStG hälftiger Veräußerungserlös	+ 150.000 €
./. hälftige AK der Anteile (§ 3c Abs. 2 EStG)	./. 200.000 €
Veräußerungsverlust (§ 17 Abs. 2 EStG)	./. **50.000 €**

---

[528] Absolut h.M. (DStR 2000, 374 sowie *Gosch* in *Kirchhof-Kompakt*, § 17 Rz. 163 und *Weber-Grellet/Schmidt*, § 17 Rz. 131).
[529] BFH vom 25.01.2000 (DStR 2000, 1003) und vom 12.12.2000 (DB 2001, 680).
[530] S.o. *Gosch* a.a.O. Rz. 284 und *Weber-Grellet/Schmidt*, a.a.O. Rz. 222.
[531] Zur erstmaligen Anwendung des Halbeinkünfteverfahren s. § 52 Abs. 4a Nr. 2 EStG. Vgl. auch *Hötzel* in *Schaumburg/Rödder*, UnternehmenStRef 2001, 237 sowie *Maurer*, Band 2, Teil C. Im Grundfall (Wj. = Kj.) wird das neue KStG im Wj. 2001 angewandt, die für den Anteilseigner maßgeblichen § 3 Nr. 40a – c und j EStG erstmals für Erlöse im Wj. 2002.

2 Die Verlustverrechnung in der Einkommensteuer

Durch die Qualifizierung dieses Veräußerungsverlustes als gewerbliche Einkünfte ist ein horizontaler und vertikaler Verlustausgleich nach Maßgabe des § 2 Abs. 3 EStG möglich. Ebenso kommt § 10d EStG zur Anwendung.
Bei einem Vergleich der Leistungsfähigkeit (0) mit[532] dem z.v.E.[533] gelangt man zu dem Ergebnis, dass die Einkünfte nach § 19 EStG des A (100 T€) mit dem Veräußerungsverlust nach § 17 EStG i.H.v. 50 T€ auszugleichen sind und das z.v.E. demnach 50.000 € beträgt.
Durch die Anwendung des Halbeinkünfteverfahren wird zwar die Hälfte des tatsächlich entstandenen Veräußerungsverlustes vernichtet, wegen des vertikalen Verlustausgleichs nach § 2 Abs. 3 S. 2 EStG werden jedoch nur 50.000 € (gegenüber 100.000 € im Grundfall des § 23 EStG) versteuert.

2.4.3 Gewerbliche Verluste

Als dritte Möglichkeit bietet sich im Ausgangssachverhalt die gewerbliche Nutzung, z.B. in Form des gewerblichen Grundstückshandel, an. Anders als bei §§ 17, 23 EStG bereitet die steuerliche Technik der gewerblichen Verlusterzielung – ausgenommen die Anpassungsarbeiten an das auch hier greifende Halbeinkünfteverfahren – kaum Probleme.

Beispiel 10b: Gewerblicher Veräußerungsverlust (2. Alternative)
Das Grundstück des A wird im Rahmen der gewerblichen Betätigung eingesetzt. Auch hier wird das Grundstück mit dem Einstandspreis von 400 T€ später mit 300 T€ verkauft.

Während für die Technik der Verlustentstehung wegen § 16 Abs. 2 EStG die gleichen Methoden wie bei §§ 17, 23 EStG angewandt werden, muss auch bei § 16 EStG das Halbeinkünfteverfahren berücksichtigt werden. Betroffen sind davon Beteiligungen, die sich im BV befinden bzw. 100 %-Beteiligungen an KapG, da sie nach § 16 Abs. 1 Nr. 1 S. 2 EStG einem Teilbetrieb gleichgestellt werden. Konkret findet das Halbeinkünfteverfahren in zwei Konstellationen Anwendung:

- Die Beteiligung gehört zum BV und wirft Dividenden ab (1. Fall) und
- der Betrieb, zu dem eine Beteiligung an einer KapG gehört, wird verkauft (2. Fall).

Während der 1. Fall die allgemeine Thematik des Halbeinkünfteverfahrens, hier in der Variante gewerblicher Einkünfte (§ 20 Abs. 3 EStG) zum Gegenstand hat – und hierbei auf die allgemeine Darstellung verwiesen wird[534] – stellt sich das Thema in der 2. Konstellation neu:
Nach § 3 Nr. **40 lit. b** EStG bleibt die Hälfte des Veräußerungspreises für eine KapG-Beteiligung steuerfrei, auch wenn mit ihr gewerbliche Einkünfte erzielt werden (S. 2). Damit wird neben der Halbeinkünfte-Erfassung des Beteiligungsverkaufes in einem

---

[532] Hier kann allerdings auch angenommen werden, dass die Einlage als tauschähnliches Geschäft zu werten ist und demnach die Rechtsfolgen des § 23 Abs. 1 S. 5 Nr. 2 EStG auslösen kann.
[533] Hier vorbehaltlich aller Abzugsposten.
[534] S. *Maurer*, Band 2, Teil C, Kap. I und II.

„fortbestehenden" Betrieb (Nr. 40) auch der Anteil dieses WG am Gesamt-BV anlässlich einer kompletten Betriebsveräußerung/-aufgabe erfasst[535].

Das damit einhergehende Problem des Herausfilterns des anteiligen Kaufpreises auf die Beteiligung an der KapG soll nach der h.M. aufgrund der „Stufentheorie" erfolgen[536]. Die Stufentheorie, derzufolge in der Grundkonstellation des Unternehmensverkaufes der Aufpreis zum Kapital auf die einzelnen WG verteilt wird, führt hier nicht weiter. Im vorliegenden Komplex geht es um die gedankliche Aufteilungsarbeit, die ansonsten der **Teilwertbegriff** leistet. Die gesetzliche Wertung von § 6 Abs. 1 Nr. 1 S. 2 EStG – bzw. als Hilfs- und Verprobungswert das Stuttgarter Verfahren – wird daher auch hier für das Herauslösen aus dem Paketpreis vorgeschlagen.

Bei einer 100 %-Beteiligung an einer KapG liegt eine Tatbestandsüberschneidung vor, da der Vorgang sowohl von § 3 Nr. 40a EStG sowie nach § 3 Nr. 40b EStG erfasst wird[537].

Lösung:
1. Ermittlung des gewerblichen Veräußerungsverlustes (§ 16 Abs. 2 EStG):

Erlös	+ 300.000 €
./. Wert des BV	./. 400.000 €
Veräußerungsverlust	./. **100.000 €**

2. Vertikaler Verlustausgleich des A mit § 19 EStG (+100 T€):

- 100 T€ ./. 51.500 € = 48.500 € x 50 % = ./. 24.250 €
  => **24.250 € (§ 19 EStG).**
- Verbleibender Verlustvortrag nach § 10d EStG i.H.v. ./. 24.250 €.

Die – je nach Einkunftsart – stark unterschiedlichen Ergebnisse der Verlustberücksichtigung bei gleicher Betätigung sind m.E. kein Grund, § 23 EStG und z.T. § 17 EStG deshalb als gleichheitssatzwidrig zu bezeichnen[538].

Die Erkenntnisse sollten jedoch von denen zur Kenntnis genommen werden, für die das „synthetische Einkunfts- bzw. Steuerrecht" schon zum dogmatischen Ausgangspunkt für die Weiterentwicklung im Steuerrecht gemacht wird. Der tatsächliche Befund ist ein anderer; zumindest ist das synthetische Steuerrecht derzeit nicht flächendeckend verwirklicht.

---

[535] Eine rechtssystematische Ausnahme! Einzel-WG spielen ansonsten bei § 16 Abs. 1 Nr. 1 EStG keine Rolle, es sei denn für den Erwerber, der für die EB eine Aufteilung des Gesamtkaufpreises auf die Einzel-WG wegen der unterschiedlichen AfA-Sätze benötigt.
[536] Zur Stufentheorie allgemein s. B II 6 (Stufentheorie). Für § 3 Nr. 40b EStG s. *Hötzel* a.a.O., 223 sowie *Heinicke/Schmidt*, § 3 ABC zu Nr. 40b.
[537] Das Konkurrenzproblem muss nur bei einer vorangegangene erfolgswirksamen TW-AfA gelöst werden, da Nr. b) die Vergünstigung – i.U. zu Nr. a) – nicht ausschließt.
[538] Das gesetzgeberische Ermessen ist m.E. im Verlustbereich weiter als bei der Regelung im positiven Bereich, da Verluste mit einer der steuerrechtlichen Zielvorstellungen kollidieren, Haupteinnahmequelle des Staates zu sein.

3 Spezielle Beschränkungen bei der Verlustverrechnung

Zusätzlich zur (neu eingeführten) Mindestbesteuerung der §§ 2 Abs. 3, 10d EStG gibt es seit längerem **tätigkeitsbezogene** Einschränkungen der Verlustverrechnung im EStG. In den meisten Fällen (§ 2b, § 15 Abs. 4, § 15a EStG) stehen ordnungspolitische Überlegungen im Vordergrund (Sozialzwecknormen). Sonst haben die Beschränkungsnormen fiskalischen Charakter,[539] um Fremdeinflüsse oder systemwidrige Elemente bei der gewerblichen Gewinnermittlung auszuschließen (§§ 22, 23 EStG). Als Rechtsfolge bleiben in allen Fällen die Verluste in der Einkunfts-(=Verlust)quelle eingesperrt (geparkt), um mit späteren Gewinnen verrechnet zu werden. Sie nehmen i.d.R. nicht am Verlustausgleich und Verlustabzug nach § 2 Abs. 3, § 10d EStG teil. Wie noch aufzuzeigen sein wird, regt der Gesetzgeber mit dem System der Einzelregelungen die Phantasie der Gestaltungsbranche an; er lädt zu Konstruktionen ein.

Die meisten Gesetzestexte in diesem Zusammenhang, die als sog. Sozialzweck-(oder Lenkungs-)normen steuerpolitischen Charakter haben, tragen aufgrund der technischen Kasuistik den Bauplan für deren „Umgehung" mit sich. Anders formuliert: Bei einem offensiven Umgang mit dem Gesetzeswortlaut kann ein hektisch zusammengeschusterter Gesetzestext mühelos in das Gegenteil des Gesetzeszweckes gewendet werden. Hier hilft auch nicht die Neufassung von § 42 AO.

3.1 Negative Einkünfte mit Auslandsbezug gemäß § 2a EStG

Der Normencharakter als Verrechnungsbeschränkung ist bei § 2a EStG doppelt vertreten. Zum einen werden seit 1983 Auslandsverluste, die aus den im ersten Absatz aufgelisteten[540] Tätigkeiten resultieren, aus fiskalischen Gründen nicht zur pauschalen Verlustverrechnung mit Inlandseinkünften zugelassen. Demgegenüber wirk(t)en die Abs. 3 und 4 von § 2a EStG als Subventionsbestimmung.

Dort wurden (bis 1998) Verluste aus ausländischen gewerblichen Betriebsstätten zur unmittelbaren Verlustverrechnung mit Inlandsgewinnen zugelassen, wenn die Betriebsstätte ihren Sitz in einem DBA-Ausland hatte. Nach allgemeinen (OECD-)DBA-Grundsätzen unterliegen gewerbliche Ergebnisse dem Zugriff des Quellenstaates, der im Regelfall mit einer Freistellung der Einkünfte im Inland – meist unter Einbeziehung in den Progressionsvorbehalt – verbunden ist.

Danach werden **gewerbliche Auslandsverluste in DBA-Ländern nicht berücksichtigt**. Um der drohenden Resignation bei gewerblichen Auslandsengagements in DBA-Ländern vorzubeugen, sollte § 2a Abs. 3 EStG die steuerlichen Nachteile – verglichen mit „abkommenslosen" Ländern[541] – beseitigen. Anfangsverluste wurden bei DBA-Engagements unmittelbar berücksichtigt. Der somit ermöglichte allgemeine Verlustabzug

---

[539] Mit den „Konstruktionen" der Gegenwart schlägt sich die Finanzverwaltung heute herum und macht sie zu Klausuren der (hoffentlich nicht zu fernen) Zukunft.
[540] Die letzte Ergänzung durch das StBerG 1999 (§ 2a Abs. 1 S. 1 Nr. 6b EStG) führte ein Verlustausgleichsverbot für die „bare-boat"-Vercharterung von Freizeitschiffen im Ausland ein.
[541] Dort werden die Auslandsergebnisse unter dem Gesichtspunkt des Welteinkommensprinzips berücksichtigt.

war mit einer Hinzurechnung (§ 2a Abs. 3 S. 3 – 6 und Abs. 4 EStG) für den Fall der späteren Gewinnerzielung verbunden. Mit der Streichung dieser Subventionsvorschrift ab VZ 1999 ist die internationale Öffnung der deutschen Steuerpolitik zurückgenommen worden. Bis zum Jahre 2008 bleibt es jedoch bei der Hinzurechnung bei früheren Verlustverrechnungen[542].

> **Beispiel 11: DBA – Betriebsstättenverluste – alte Rechtslage**
> A unterhält mehrere Betriebsstätten in einem DBA-Land. Insgesamt erwirtschaftet er in 1997 einen Anlaufverlust von ./. 100.000 DM und in 1998 einen von ./. 50.000 DM. Ab 1999 erzielt er saldierte Gewinne aus den Betriebsstätte in diesem DBA-Land i.H.v. je 120.000 DM. A machte von der Möglichkeit des § 2 Abs. 3 EStG a.F. Gebrauch.
>
> **Lösung:**
> Die Verluste i.H.v. ./. 100.000 DM (VZ 1997) und von ./. 50.000 DM (VZ 1998) wurden vom Gesamtbetrag der Einkünfte abgezogen.
> Im VZ 1999 erfolgt eine Hinzurechnung zum Einkommen nach § 2a Abs. 3 S. 3 EStG a.F. i.H.v. 100.000 DM und im VZ 2000 i.H.v. 50.000 DM.
> Die verbleibenden Gewinne i.H.v. 50.000 DM aus dem VZ 2000 werden wegen der Freistellung nicht in die inländischen Besteuerungsgrundlagen einbezogen, sondern nur im Rahmen des Steuersatzes (§ 32b EStG) berücksichtigt.

Der Exkurs in die zwischenzeitlich nur noch latent wirkenden Anordnungen von § 2a Abs. 3 und 4 EStG soll zusätzlich auf zwei Aspekte hinweisen:

- Der globale (verbliebene) Anwendungsbereich von § 2a EStG ist nur bei einer Einbindung in das Internationale Steuerrecht nachvollziehbar und
- § 2a EStG kommt wegen der Einzelfallregelung eine hohe dogmatische Bedeutung zu, da sich der exemplarische Gehalt nur im Gesamtzusammenhang erschließt.

3.1.1 Internationalrechtliche Stellung und dogmatischer „Stellenwert" von § 2a EStG

Gäbe es keine Spezialregelung wie § 2a EStG, so würden Auslandsergebnisse (hier: -verluste) nach dem Welteinkommensprinzip unmittelbar auf die deutschen Besteuerungsgrundlagen durchschlagen. Dieser Grundsatz gilt aber nur unter dem Vorbehalt des Internationalen Steuerrechts. Dafür gibt es zwei Haupt- und zwei Unterszenarien.

1. Wenn mit dem Tätigkeits-(Quellen-)staat kein DBA besteht, finden § 2a Abs. 1 und 2 EStG unmittelbare Anwendung. § 2 Abs. 3, § 10d EStG sind abbedungen.

---

[542] Obwohl Abs. 3 S. 1 und S. 2 ab VZ 1999 nicht mehr zur Anwendung kommen, bilden sie weiterhin die Grundlage der noch geltenden Hinzurechnung.

3 Spezielle Beschränkungen bei der Verlustverrechnung

2. Es besteht ein DBA mit dem Quellenstaat:

   a) Das Besteuerungsrecht für die Aktivitäten von § 2a Abs. 1 Nr. 1 – 7 EStG wird der **BRD**[543] zugewiesen. In diesem Fall gilt § 2a EStG ebenfalls unmittelbar (Wirkung wie bei 1.).

   b) Das Besteuerungsrecht ist dem **Quellenstaat** zugewiesen. Auch hier sind zwei Unterfälle zu unterscheiden:

   - Es ist im Inland (Ansässigkeitsstaat = BRD) die **Anrechnungsmethode**[544] vereinbart. Auch hier gilt § 2a EStG unmittelbar (Wirkung wie unter 1.).
   - Es ist die **Freistellungsmethode**[545] vereinbart. Im Falle der Freistellungsmethode werden nach ständiger Rspr. des BFH vom 06.10.1993 (zuletzt BStBl II 1994, 113) weder positive **noch negative** Einkünfte bei der Verrechnung im Inland berücksichtigt. Hier wirken sich Auslandsverluste nur im Rahmen des **negativen Progressionsvorbehalts** nach § 32b EStG aus.
   Es ist daher eine „Schattenveranlagung" unter Anwendung aller Normen des deutschen Rechts einschließlich des § 2a EStG durchzuführen[546]. § 2a EStG wirkt hier nur mittelbar, indem der Steuersatz ohne Berücksichtigung der Auslandsverluste ermittelt wird.

Der zusätzlich **dogmatische** Stellenwert von § 2a EStG liegt in der Einzelauflistung begründet. Dies kann am besten anhand des Bsp. der Nichtberücksichtigung einer **Teilwertabschreibung** (insb. bei einer Beteiligung an einer KapG) verdeutlicht werden. Die Nichtberücksichtigung einer TW-AfA auf ein „ausländisches" WG wird bei § 2a Abs. 1 EStG an drei Stellen[547] erwähnt. Vor dem Hintergrund der allgemein gültigen Aussage, dass eine TW-AfA bei PV wegen des Dualismus der Einkunftsarten (keine Berücksichtigung von Vermögensänderungen im PV) nicht steuerrelevant ist, hat es mit den explizit aufgeführten Fällen weitgehend eine andere Bewandtnis.

- Noch im Anschluss an obige Feststellung (keine TW-AfA im PV) hat bereits § 2a Abs. 1 **Nr. 6c** EStG eine aufschlussreiche Entstehungsgeschichte. Diese ab VZ 1992 geltende Ausgleichsbeschränkung wurde eingeführt, weil Auslandsaktivitäten im Bereich der Vermietung (Nr. 6a) und der Vercharterung (Nr. 6b) ursprünglich nur als **Anwendungsfälle des PV** konzipiert waren. Mit einer Umqualifikation der betroffenen WG (Gebäude, Schiffe, sog. Sachinbegriffe) in BV (Einlage/Gründung einer Ge-

---

[543] Dies gilt regelmäßig für Einkünfte der Nr. 3 und Nr. 4 – vgl. *Gosch* in *Kirchhof-Kompakt*, § 2a Rz. 30 und Rz. 38.
[544] Die Anrechnungsmethode gilt i.d.R. für Einkünfte der Nr. 5 und Nr. 6a vgl. *H/H/R*, § 2a Rz. 20.
[545] Regelmäßig für Einkünfte aus unbeweglichen Vermögen, bei L+F-Einkünften und für im Ausland belegene **gewerbliche Betriebsstätten** (Ausnahme: Art. 24 Abs. 1 Nr. 1 und 2 DBA-Schweiz für nicht aktive Betriebsstättegilt die Anrechnungsmethode) vereinbart.
[546] So der BFH in ständiger Rspr. (BFH vom 11.10.1989, BStBl II 1990, 157) und auch die Gesetzesbegründung (BT-Drs. 9/2074, 64).
[547] § 2a Abs. 1 Nr. **3a, 6c und 7a** EStG.

sellschaft) war der Weg zu einer TW-AfA eröffnet. Um diesen Umweg abzugraben, ist Nr. 6c im Jahre 1992 eingeführt worden[548].

- Die TW-AfA einer betrieblichen Beteiligung an einer **ausländischen KapG** nach § 2a Abs. 1 **Nr. 3a** EStG verdankt ihre Auflistung der Tatsache, dass bis 1991 Verluste aus Anteilen an ausländischen Betriebsstätte (Zweck: Halten von Auslandsbeteiligungen) auf die inländische Gewinnermittlung durchschlugen. Dieser steuerlichen Wertminderung der Auslandsanteile sollte mit Nr. 3a – vorbehaltlich der Aktivitätsmerkmale gem. § 2a Abs. 2 S. 2 EStG – entgegengewirkt werden[549].
- Mit der Einführung von **Nr. 7a** sollte ebenfalls eine Umgehung der Ausgleichsbeschränkungen der Nr. 3 und 4 verhindert werden. Durch die **Zwischenschaltung** einer inländischen KapG mit den in § 2a Abs. 1 Nr. 1 – 6 EStG genannten Aktivitäten konnte – ebenfalls bis 1991 – über die TW-AfA dieser Beteiligung[550] ein mittelbarer Verlustausgleich erzielt werden. Auch dieses „Schlupfloch" wurde ab VZ 1992 gestopft.

3.1.2 Der Hauptanwendungsbereich: Betriebsstättenverluste

§ 2a Abs. 1 S. 1 Nr. 2 EStG erfasst Verluste aus einer in einem ausländischen Staat belegenen gewerblichen Betriebsstätte. Der Anwendungsbereich ist durch die Aktivitätsklausel von Abs. 2 auf sog. passive Betriebsstätte beschränkt.

> **Beispiel 12: Verluste in der neuen Welt**
> Billy G möchte mit dem im Studium neu praktizierten Intranet-Kommunikationssystem BSCW (Basic Support Corporate Work) auch die Finanzkreise in den USA beglücken. Er erwirbt dafür die Lizenz des Programmherstellers und errichtet noch im August 2001 eine „Filiale" seiner deutschen Firma in New York. Aufgrund der wirtschaftlichen Entwicklung nach dem Terroranschlag am 11.09.2001 belaufen sich die Anlaufverluste seiner US-amerikanischen Betriebsstätte im VZ 01 auf ./. 100 T€.
> Kann er seine inländischen gewerblichen Gewinne (120 T€) mit den Verlusten verrechnen?

Bei der Einordnung ausländischer gewerblicher Betriebsstätten-Verluste ist nicht nur auf das Vorliegen einer Betriebsstätte einzugehen[551]. Bei mehreren Betriebsstätten ist für jede Betriebsstätte gesondert das Ergebnis zu ermitteln. Wie die Gesamtschau belegt, folgt § 2a EStG nicht dem Einkunftsartenschema des § 2 Abs. 1 EStG, sondern formuliert

---

[548] Es besteht Einigkeit, dass § 2a Abs. 1 Nr. 6c EStG zu weit gefasst ist; er erfährt – wegen der Entstehungsgeschichte – eine teleologische Einschränkung auf TW-AfA, soweit davon verpachtete WG betroffen sind (vgl. *Mössner* in *K/S/M*, § 2a B 66 p).
[549] Von der Regelung des § 2a Abs. 1 Nr. 3a EStG sind aber nicht **ausschüttungsbedingte** TW-AfA betroffen. Dieser Fall ist von der Spezialregelung des § 8b Abs. 6 KStG erfasst.
[550] Die TW-AfA war – für sich betrachtet – berechtigt, da die Anteile durch erlittenen Verluste an Wert verloren.
[551] Nach h.A. (*Blümich*, EStG-Komm. § 2a Rz. 34 sowie *Littmann/Bitz/Pust*, § 2a Rz. 18) ist im Zweifel vom inländischen BSt-Begriff des § 12 AO auszugehen.

3 Spezielle Beschränkungen bei der Verlustverrechnung

eher **Tatbestandsumschreibungen**, in denen unerwünschte Verlustzuweisungen eine Rolle spielen (besonders deutlich: § 2a Abs. 1 Nr. 3, 6b, 6c und 7 EStG). Für die praxisrelevante Auslegung gewerblicher Auslandsverluste ist daher zu berücksichtigen, dass die speziellen Umqualifizierungen des nationalen Rechts (z.B. das sog. Subsidiaritätsprinzip der § 20 Abs. 3 EStG und § 21 Abs. 3 EStG[552]) hier nicht einschlägig sind. Für diese phänomenologische Betrachtungsweise hat sich in der Lit. der Begriff von der „umgekehrten isolierenden Betrachtungsweise" gem. § 49 Abs. 2 EStG eingebürgert[553].

Von größerer Bedeutung ist allerdings die **Aktivitätsprüfung** nach § 2a Abs. 2 EStG. Danach greift die Verlustbeschränkung von Abs. 1 nicht, wenn aktive gewerbliche Tätigkeiten[554] im Ausland unternommen[555] werden. Darunter versteht das Gesetz die Herstellung und Lieferung von Waren (ausgenommen Waffen), Gewinnung von Bodenschätzen, sowie sonstige gewerbliche Leistungen, soweit sie nicht touristischen Zwecken dienen oder in der Vermietung von WG einschließlich der gewerblichen Überlassung von Rechten, Plänen und dgl. liegen. Im letzten Halbsatz (sog. Holdingprivileg) wird das unmittelbare Halten eines mindestens 25 %-igen Anteils an einer ausländischen KapG mit entsprechenden Aktivtätigkeiten selbst als aktive gewerbliche (!) Betätigung fingiert.

Für die Auslegung der einschlägigen Tatbestandsmerkmale gelten mit Ausnahme der isolierten Betrachtungsweise (§ 49 Abs. 2 EStG) und der Interpretation des „Waren"-Begriffes keine Besonderheiten. Nachdem es im Steuerrecht keine Legaldefinition für „Waren" gibt, greift die heute h.A. auf den Warenbegriff des § 1 Abs. 2 Nr. 1 HGB a.F. (= körperliche, bewegliche Gegenstände) zurück[556]. Danach sollen immaterielle WG (Software, Spielfilme) ebenso wenig Waren sein wie Grundstücke. Zumindest bei Immobilien sollte § 2a EStG seiner Zielsetzung nach – und nicht mit einer überholten Analogie zum alten HGB – ausgelegt werden[557].

Lösung:
Die Ausnutzung und das Zur-Verfügung-Stellen eines neuen Kommunikationsmediums ist eine gewerbliche Tätigkeit. Ebenso wird die Filiale als Betriebsstätte subsumiert, zumindest wenn sie die Merkmale einer Zweigniederlassung aufweist (§ 12 Nr. 2 AO).
Als Folge dieser Auslegung zu § 2a Abs. 1 Nr. 2 EStG sieht S. 1 eine eingeschränkte Verlustverrechnung mit zukünftigen Einkünften **derselben Art**[558] **in demselben Staat** vor. Weder § 2 Abs. 3 EStG (horizontaler Verlustausgleich mit inländischen gewerblichen Gewinnen von 120 T€) noch der Verlustabzug nach § 10d EStG sind danach möglich.

---

[552] Ähnliches gilt für §§ 13 ff. EStG, § 8 Abs. 2 KStG (gewerbliche Einkünfte).
[553] Vgl. *Blümich*, EStG-Komm. § 2a Rz. 24 bzw. s. *J. Schmidt/Preißer*, Teil D, Kap. V.2.2.
[554] Nach S. 2 von § 2a Abs. 2 EStG wird dies auf ausländische KapG mit entsprechenden Tätigkeiten erstreckt (Anwendungsfälle von Nr. 3, Nr. 4 und Nr. 7).
[555] Einschlägige Aktivitäten von mindestens 90 % sind wegen des Kriteriums „fast ausschließlich" erforderlich.
[556] Vgl. *Schmidt-Heinicke*, § 2a Rz. 16, *Mössner* in *K/S/M*, § 2a C 9 u.v.a.
[557] Gleicher Ansicht *Littmann/Bitz/Pust*, § 2a Rz. 35.
[558] Es besteht Einigkeit darüber, dass es sich um Einkünfte **derselben Ziffer** handelt.

Nach § 2a Abs. 2 EStG gilt dies allerdings nicht, wenn die Tätigkeit des B dem Aktivitätsvorbehalt genügt. Wegen des Ausnahmetatbestandes der gewerblichen Überlassung von Rechten etc. ist die Tätigkeit in der US-Filiale jedenfalls dann als schädlich anzusehen, wenn B seinen Kunden Benutzungsrechte zu deren eigener Verwertung überlasst[559]. Solange B mit seinem Intranet-Angebot die Kunden jedoch nur an der Kommunikationsplattform teilhaben lässt, spricht dies nicht gegen eine aktive gewerbliche Tätigkeit.

Damit werden die US-Auslandsverluste nach § 2 Abs. 3 EStG mit den Inlandseinkünften zur Gänze ausgeglichen.

Diese Aussage gilt uneingeschränkt allerdings nur, wenn das DBA-USA für die konkrete Aktivität dem Ansässigkeitsstaat BRD das Besteuerungsrecht zuweist oder wenn für die BRD bei Vorabbesteuerung durch den Quellenstaat USA die Anrechnungsmethode gilt. Ansonsten (Freistellungsmethode) wird der Auslandsverlust nur beim Steuersatz berücksichtigt (negativer Progressionsvorbehalt[560]).

3.1.3 Ergänzungen

Abgesehen von der steuerpolitischen Feststellung, dass die Abschaffung des § 2a Abs. 3 und Abs. 4 EStG ein Schritt zurück in der politischen Öffnung des Steuerrechts ist – und möglicherweise Art. 52 EGV verletzt[561] – fehlt eine nachvollziehbare Entscheidung des Gesetzgebers zur Frage, welche Auslandsaktivitäten volkswirtschaftlich wünschenswert sind.

Die Frage stellt sich – mangels Aufnahme in den Katalog des § 2a Abs. 2 EStG – für landwirtschaftliche Betriebsstätten ebenso wie für stille Beteiligungen. Mit einem entsprechenden Gestaltungsvorschlag (L+F wird bei Zukauf fremder Waren zu einer gewerblichen Betätigung; Ausstattung der ausländischen Betriebsstätte mit hohem Eigenkapital statt einer Einlage als stiller G'fter[562]) können gravierende steuerliche Fehlentwicklungen vermieden werden. Bei allem Verständnis für die Verlustkappung bei Beteiligungen an Plantagen/Tierfarmen auf den Bahamas, Bermudas und Touristikvorhaben in Costa Rica und Monaco[563], kann die Entscheidung, echte gewerbliche Anlaufverluste in DBA-Staaten von der Verlustverrechnung auszuschließen, wenig überzeugen.

---

[559] So gehört z.B. der Filmverleih nicht zu den begünstigten Tätigkeiten (*Blümich*, § 2a Rz. 88).
[560] Nach § 32b Abs. 1 EStG i.V.m. H 185 zu R 185 EStR ist allerdings nicht mehr § 10d EStG analog im Rahmen des negativen Progressionsvorbehalts zu berücksichtigen.
[561] Vgl. *Saß*, DB 2001, 508 sowie EuGH vom 14.12.2000, DB 2001, 517 (AMID-Urteil: EU-widrige Regelung, wenn inländische Verluste auf künftige inländische Gewinne nur vorgetragen werden dürfen, wenn die Verluste zunächst mit den im Inland steuerfrei gestellten Gewinnen einer Betriebsstätteverrechnet sind, über die sich das Unternehmen im EU-Ausland bedient; hier Verletzung des Art. 52 EGV wegen der Steuerbehandlung im **Herkunftsstaat** des Unternehmens).
[562] Für **Patentverwerter** bleibt der Ratschlag, dies auf **privater Basis** zu tun (§ 2a EStG ist dann nicht einschlägig).
[563] So die ausdrückliche Gesetzesbegründung (BT-Drs. 9/2074, 62).

3 Spezielle Beschränkungen bei der Verlustverrechnung

3.2 Verluste bei Verlustzuweisungsgesellschaften (§ 2b EStG)

In eine andere Richtung als bei § 2a EStG zielt § 2b EStG. Seit 05.03.1999[564] werden Verluste aus Beteiligungen an Verlustzuweisungsgesellschaften steuerlich einerseits einem Verrechnungsverbot unterzogen (S. 1 und S. 2) und zusätzlich dem Mindestbesteuerungskonzept gem. § 2 Abs. 3 EStG unterstellt (S. 4). Dies bedeutet, dass negative Einkünfte nach § 2b EStG nicht in die horizontale, vertikale und periodenübergreifende Verlustverrechnung mit anderen Einkünften einbezogen werden; ein späterer Binnenausgleich mit § 2b-Gewinnen erfolgt nach Maßgabe der § 2 Abs. 3, § 10d EStG.

Aufgrund der bewusst unklar gehaltenen Steuermerkmale des § 2b EStG ist die Vorschrift erst seit 05.07.2000 praktizierbar, nachdem in einem BMF-Schreiben Leitlinien zur Auslegung des § 2b EStG erstellt wurden (BStBl I 2000, 1148; im Folgenden nur mit Rz. zitiert).

3.2.1 Der „Tatbestand" des § 2b EStG[565]

§ 2b EStG grenzt den Ausgleich von **negativen Einkünften** ein und setzt damit eine Einkunftserzielung voraus. Anders als bei der Liebhaberei, die bei echten Verlustgesellschaften wegen des Fehlens der Einkünfteerzielungsabsicht vermutet wird, steht bei § 2b EStG das Erzielen eines **steuerlichen Vorteils** (S. 1 und 3) im Vordergrund. Der Liebhaberei-Test zählt noch zu den einfachen Aufgaben bei § 2b EStG. Während die fehlende Einkunftserzielungsabsicht nach § 15 Abs. 2 S. 2 EStG – und damit **Liebhaberei – bei fehlendem Totalgewinn** angenommen wird, verbleibt für § 2b EStG der Anwendungsbereich der **vorübergehenden** Verlusterzielung[566]. Nach Verwaltungsauffassung (Rz. 4) ist § 2b EStG auf negative Einkünfte regelmäßig nicht anzuwenden, wenn das Verhältnis der kumulierten Verluste[567] während der Verlustphase zur Höhe des gezeichneten und konzeptionell aufzubringenden Kapitals nach der Ergebnisvorschau **50 % nicht übersteigt**.

Von der Verlustbeschränkung werden nur negative Einkünfte aufgrund von **Beteiligungen an Gesellschaften, Gemeinschaften und ähnlichen Modellen** erfasst. Wegen des Transparenzgebotes wird es sich immer um Mitunternehmerschaften handeln, da nur diese Verluste vermitteln können; die typische Erscheinungsform ist dabei der geschlossene (Immobilien-, Schiff-, Betreiber-, Leasing- oder Medien-) Fonds, meist in der Rechtsform als GmbH & Co. – KG aufgelegt. Besonders kritisch wurde der nicht eben stark konturierte Begriff des **ähnlichen Modells** untersucht. Nach Rz. 11 (mit Beispiel in Rz. 12) werden alle (modellhaften) Anlage- bzw. Investitionstätigkeiten **außerhalb** einer

---

[564] Dies ist der maßgebliche Stichtag für die Neuregelung durch das StEntlG 1999/2000/2002 gem. § 52 Abs. 4 EStG.
[565] Aus diesem Grund werden bei § 2b EStG die gesetzlichen Merkmale im Text bewusst **fett** gedruckt.
[566] Allgemeine Auffassung (*Söffing*, DB 2000, 2340). In diesem auch *Seeger/Schmidt*, § 2a Rz. 5, wonach der Begriff eines „§ 2b-Gebilde" weiter zu verstehen ist als der Begriff der Verlustzuweisungsgesellschaften in der BFH-Rspr.
[567] Zu den kumulierten Verlusten gehören auch die **modellhaft** vorgesehenen Kosten für die **Fremdfinanzierung** (von Rz. 5 als Sonder-WK bzw. Sonder-BA bezeichnet).

Gesellschaft/Gemeinschaft erfasst. Danach werden auch Rechtsgeschäfte erfasst, die nach einem vorgegebenen Modell vom **einzelnen** Stpfl. durchgeführt werden. Hiergegen, d.h. gegen die Einbeziehung von Einzelinvestitionen, ist Fundamentalkritik geübt, da sich Rz. 11 f. des BMF-Schreibens insoweit über den Gesetzeswortlaut („**Beteiligungen** an ähnlichen Modellen") hinwegsetzt[568].

Einen Anhaltspunkt für die Erzielung des steuerlichen Vorteils liefert S. 3 mit zwei Konkretisierungsversuchen:

- nach dem Betriebskonzept ist die Rendite auf das einzusetzende Kapital **nach Steuern mehr als doppelt so hoch** als die Rendite **vor Steuern**.
- Außerdem soll die Betriebsführung überwiegend auf diesem Umstand beruhen bzw. soll der steuerliche Vorteil „in Aussicht gestellt worden sein".

Von den vielen Ungenauigkeiten abgesehen, verdienen wiederum drei Aspekte eine erhöhte Aufmerksamkeit, die sich bei der Lektüre des Gesetzestextes nicht erschließen.

- Zunächst werden die Regelbeispiele von der Verwaltung als unwiderlegbare Vermutung (Rz. 27) interpretiert.
- Der Vergleich der Nachsteuerrendite mit der Vorsteuerrendite fußt nach Rz. 32 auf der internen Zinsfußmethode. Danach ist die Rendite so zu bestimmen, dass zu Beginn des Betrachtungszeitraumes die Summe der mit der Rendite abgezinsten Einzahlungen identisch ist mit der Summe der mit der Rendite abgezinsten Auszahlungen (aus Sicht des Modellanlegers). Die Formel dazu ist in Rz. 32 abgebildet[569]. Bei der Renditeberechnung nach Steuern geht die Finanzverwaltung nicht vom individuellen Steuersatz des Anlegers, sondern vom jeweiligen aktuellen Höchsteinkommensteuersatz (Modellcharakter) aus[570]. Einzubeziehen ist nach Rz. 37 noch der SolZ, nicht hingegen die Kirchensteuer[571].
- Beim zweiten Regelbeispiel steht das „In-Aussicht-Stellen" der Steuerminderungen im Vordergrund. Nach der Gesetzesbegründung ist der schlichte Hinweis auf die Möglichkeit der Entstehung von Verlusten für sich genommen unschädlich, wenn diese Aussage nicht werbemäßig hervorgehoben wird und der Initiator damit lediglich seiner Informationspflicht gegenüber dem Anleger nachkommt[572]. Diese restriktive Auslegung wurde von der Verwaltung beibehalten (Rz. 43).

3.2.2 Die Rechtsfolgen des § 2b EStG

Negative Einkünfte i.S.v. § 2b EStG werden nicht in die Verlustverrechnung mit anderen Einkunftsquellen einbezogen. Es findet nur ein Ausgleich mit positiven Einkünften

---

[568] Statt aller *von Beckerath* in *Kirchhof-Kompakt*, § 2a Rz. 31 f.
[569] Außerdem steht das Berechnungsmodul auf den Internetseiten des BMF unter www.bundesfinanzministerium.de unter „Fachabteilungen/Infos".
[570] Sehr kritisch hierzu *Meyer-Scharenberg/Fleischmann*, DStR 2000, 1373.
[571] Zu Recht machen *Marx/Löffler*, DStR 2000, 1665, darauf aufmerksam, dass – neben der Abzugsfähigkeit der GewSt – auch die pauschalierte Anrechnung nach § 35 EStG n.F. mit einzubeziehen ist.
[572] BT-Drs. 14/443, 20.

3   Spezielle Beschränkungen bei der Verlustverrechnung

aus § 2b-Einkunftsquellen statt. M.a.W. bilden alle unter § 2b EStG fallenden Einkünfte einen eigenständigen Verrechnungskreis.

Beispiel 13: § 2b EStG
Der Steuerbürger V erzielt im VZ 01 einen Überschuss aus V+V von 80 T€ und einen Verlust aus einem gewerblichen Einzelunternehmen von 190 T€. Hinzu kommt ein § 2b-Verlust in der Einkunftsart des § 21 EStG i.H.v. 200 T€ sowie ein § 2b-Gewinn aus einer OHG-Beteiligung i.H.v. 120 T€.

Lösung (in €):

Einkünfte aus § 21 EStG	+ 80.000	
Einkünfte aus § 15 EStG		./. 190.000
Einkünfte aus § 21 EStG (§ 2b EStG)		./. 200.000
Einkünfte aus § 15 EStG (§ 2b EStG)	+ 120.000	
Zwischensumme:	**+ 200.000**	**./. 390.000**

Vertikaler Verlustausgleich[573]
Unbeschränkt ausgleichsfähig   + 51.500
Zusätzlicher Verlustausgleich
1/2 von (200.000 ./. 51.500)   + 74.250
Höchstbetrag   **+ 125.750   ./. 125.750   + 125.750**

davon für die Verrechnung:
der Einkünfte aus §§ 15, 21 EStG
(80.000 x 125.750 / 200.000)   + 50.300
der Einkünfte i.S.v. § 2b EStG
(120.000 x 125.750 / 200.000)   + 75.450

Verbleibende positive Einkünfte: + 74.250
davon aus § 21 EStG
(80.000 ./. 50.300)   + 29.700
davon aus § 15 EStG (i.S.v.
§ 2b EStG – 120.000 ./. 75.450)   + 44.550

Verbleibende negative Einkünfte: ./. 264.250
davon aus § 15 EStG
(./. 190.000 + 50.300)   ./. 139.700
davon aus § 21 EStG (i.S.v.
§ 2b EStG – ./. 200.000 + 74.450)   ./. 125.550

---

[573] Wegen § 2b Abs. 1 EStG ist ein horizontaler Verlustausgleich mit gewerblichen Einkünften ausgeschlossen.

Nach der zusätzlichen horizontalen Verrechnung[574] gehen nicht-ausgeglichene Verluste in den Verlustabzug in folgendem Verhältnis ein:

Einkünfte aus § 15 EStG
(./. 139.700 + 44.550) ./. 95.150

Einkünfte aus § 21 EStG
(§ 2b EStG): ./. 125.550
Summe der Einkünfte: + 29.700[575]

3.3 Verluste gemäß § 15 Abs. 4 EStG (gewerbliche Tierzucht/Termingeschäfte)

Das ursprüngliche Ziel des § 15 Abs. 4 EStG war (ist) es, die traditionelle Tierhaltung i.R.d. § 13 EStG vor der gewerblichen Tierhaltung zu schützen[576]. Für Verlustzuweisungsgesellschaften in diesem Bereich sollte durch das Ausgleichs- und Abzugsverbot jeglicher steuerlicher Anreiz unterbunden werden.

Mit der gleichen Sanktion (Verlustausgleichs- und -abzugsverbot) werden durch das StEntlG 1999/2000/2002 Verluste aus betrieblichen Termingeschäften belegt.

3.3.1 Verluste aus gewerblicher Tierzucht

Nach § 15 Abs. 4 EStG a.F. durften Verluste aus gewerblicher Tierzucht und Tierhaltung[577] weder mit anderen Einkünften aus Gewerbebetrieb noch mit Einkünften aus anderen Einkunftsarten verrechnet werden. Ebenso war ein Verlustabzug (§ 10d EStG) nur mit gleichartigen Gewinnen zulässig.

Durch das StEntlG 1999/2000/2002 sind Terminologie und Höhe des Verlustabzugs in Anpassung an die Modifikation des § 10d EStG (Rücktrag nur auf das unmittelbar vorangegangene Jahr mit der Beschränkung auf 511.500 €) geändert worden. Für Zwecke der Verlustverrechnung fingiert § 15 Abs. 4 EStG mit gewerblichen Tierverlusten eine eigene Einkunftsart, die nach § 10d Abs. 4 EStG gesondert festzustellen ist.

---

[574] Da gem. § 2b EStG nur die Verrechnung von negativen Einkünften i.S.v. § 2b EStG mit anderen Einkünften ausgeschlossen ist, werden die verbleibenden positiven Einkünfte aus § 15 EStG (§2b EStG) mit anderen § 15-Einkünfte horizontal saldiert.
[575] Für einen evtl. Verlustabzug können die verbleibenden positiven § 21-Einkünfte berücksichtigt werden.
[576] § 15 Abs. 4 EStG wurde für verfassungskonform befunden (BFH vom 06.07.1989, BStBl II 1989, 787).
[577] Wegen der fehlenden Wettbewerbssituation gilt das Verbot nicht für die Tierhaltung im Zoo/Zirkus oder auch bei industriell betriebener Fischzucht/-mästerei (*Reiß* in *Kirchhof-Kompakt*, § 15 Rz. 604 m.w.N).

3.3.2 Verluste aus betrieblichen Termingeschäften

Mit der Erweiterung des § 15 Abs. 4 um drei Sätze (S. 3 – 5) ist seit 1999 (bzw. 2002[578]) das Ausgleichs- und Abzugsverbot auf Verluste aus betrieblichen Termingeschäfte erstreckt worden. Die Bestimmung versteht sich als Komplement zu § 23 Abs. 1 S. 1 Nr. 4 EStG, der für den gleichen Tatbestand im PV die Steuerbarkeit anordnet.

Betroffen sind objektiv Verluste, die der Stpfl. aus Termingeschäften erleidet, mittels derer er einen Differenzausgleich oder einen durch den Wert einer veränderlichen Bezugsgröße bestimmten Geldbetrag oder Vorteil erlangt. Erfasst sind Geschäfte i.S.v. § 2 Abs. 2 WPHG und i.S.d. § 1 Abs. 11 KWG sowie alle Geschäfte, die in Abhängigkeit der Entwicklung einer anderen Bezugsgröße einen Anspruch auf Geldzahlung begründen[579]. Als Verlust gilt bei allen Geschäften der Überhang der BA über die BE aus Geschäften in Zusammenhang mit § 15 Abs. 4 S. 3 EStG.

Die Verrechnungsbeschränkung gilt nach S. 4 nicht für die Fälle, da die Termingeschäfte zum gewöhnlichen Geschäftsbetrieb eines Kreditinstituts oder eines ähnlichen Finanzdienstleistungsinstituts gehören[580]. Ebenso werden Geschäfte zur Absicherung des gewöhnlichen Geschäftsbetriebs von der Verrechnungsbeschränkung ausgenommen. Damit sind sog. Hedge- oder Hedging-Geschäfte gemeint, in denen Preis-, Kurs- oder Zinsrisiken verringert werden sollen.

Vom Verrechnungsverbot nach § 15 Abs. 4 S. 5 EStG erfasst sind allerdings Verluste aus Anschaffungs- und Veräußerungsgeschäften für betriebliche Anteile i.S.v. § 20 Abs. 1 Nr. 1 EStG, sofern diese nicht zum gewöhnlichen Geschäftsbetrieb der Banken etc. gehören. Ausgenommen sind danach Verluste aus sog. Derivatgeschäften der Banken, die dem kurzfristigen Eigenhandel dienen[581].

Als Rechtsfolge kann ein Ausgleich von Verlusten nur mit gewerblichen Termingeschäften in diesem VZ erfolgen oder qua Verlustabzug nach § 10d EStG in anderen VZ. Auch hier bilden betriebliche Termingeschäfte für die Zwecke der Verlustverrechnung eine eigene Einkunftsart. Hingegen können Terminverluste aus Betrieb 1 mit Termingewinnen aus Betrieb 2 desselben Steuerbürgers ausgeglichen werden.

3.4 Verluste gemäß § 22, 23 EStG

Für negative Einkünfte aus sonstigen Leistungen (§ 22 Nr. 3 EStG)[582] gab es ursprünglich ebenso ein allgemeines Verrechnungsverbot (bzw. ein isoliertes Ausgleichsgebot mit Gewinnen nach Nr. 3 leg. cit.). Nach dem Beschluss des BVerfG vom 30.09.1998 (DStR 1998, 1743), der auf eine Ungleichbehandlung mit den anderen Einkunftsarten erkannte, wurde § 22 Nr. 3 EStG ab VZ 1999 dahingehend geändert, dass

---

[578] Die sog. „Hedging"-Geschäfte werden erst ab 2002 erfasst (§ 52 Abs. 32a EStG).
[579] Darunter fallen Waren- und Devisentermingeschäfte mit Differenzausgleich ebenso wie sog. Swaps Futures und Indexoptionsscheine (Verbrieftes Recht, eine Ausgleichszahlung bei Überschreiten bzw. Unterschreiten eines bestimmten Indexstandes zu erhalten).
[580] Sehr kritisch zum Sonderrecht der Kreditinstitute *Reiß* in Kirchhof-Kompakt, § 15 Rz. 613 ff.
[581] Dies ergibt sich aus der Querverweisung in S. 5; vgl. *Strahl*, KÖSDI 20001, 12700.
[582] Hierbei handelt es sich um einen Auffangtatbestand für Leistungen, die weder einer anderen Einkunftsart noch einer der Nr. 1, 1a, 2 oder 4 des § 22 EStG zuzurechnen sind.

zumindest ein Verlustabzug (§ 10d EStG) mit den anderen Einkunftsquellen dieser Einkunftsart möglich ist.

Ein Ausgleich im Verlustentstehungsjahr mit gleichen Einkünften oder mit positiven Einkünften aus anderen Einkunftsarten ist weiterhin nicht gestattet[583].

Beispiel 14: Ein verregneter Sommer an der Ostsee
Strandkorbbesitzer S vermietet gelegentlich Strandkörbe in Timmendorfer Strand. Im VZ 02 war die AfA für die Strandkörbe um 250 € höher als die erhaltenen Leihgebühren. Im VZ 01 und im VZ 02 erzielte S als Europaabgeordneter jährlich einen Überschuss von 250 T€. Sonstige steuerbare Vorfälle zu § 22 EStG sind nicht ersichtlich.

Lösung:
S erzielt im VZ 02 Negativeinkünfte aus § 22 Nr. 3 EStG durch die Vermietung beweglicher Gegenstände i.H.v. 250 €. Die falsche Bezeichnung „Leihgebühr" (statt Mietzins) ändert nichts am Vorliegen eines Mietvertrages. Gleichzeitig erzielt er einen Überschuss nach § 22 Nr. 4 EStG i.H.v. 250 T€. S kann den Abgeordnetenüberschuss nicht in 02 mit dem Verlust ausgleichen. Ein Rücktrag der ./. 250 € auf den VZ 01 und eine Berücksichtigung in 01 mit dem Ergebnis 249.750 €[584] gem. § 22 EStG ist möglich.

Nachdem die Verlustentstehung bei § 23 EStG (Private Veräußerungsgeschäfte) bereits aufgezeigt wurde (vgl. 2.4.1) wird abschließend die Technik der Verlustverrechnung skizziert.

Beispiel 15: Ausgleichende Spekulations-„gerechtigkeit"
X erzielt in 01 einen Überschuss aus der Veräußerung eines Grundstücks innerhalb der „Spekulationsfrist" von 10 Jahren i.H.v. 200 T€. Im gleichen VZ erleidet er einen Spekulationsverlust aus einem Wertpapiergeschäft (An- und Verkauf innerhalb eines Jahres) i.H.v. 150 T€.

Als Folge des BVerfG-Beschlusses zu § 22 Nr. 3 EStG wurde auch § 23 Abs. 3 EStG, der eine ähnliche Verlustverrechnungsbeschränkung vorsah[585], mit Wirkung ab VZ 1999 geändert. Nach § 23 Abs. 3 S. 8 EStG sind Überschüsse und Verluste aus allen privaten Veräußerungsgeschäften nach § 23 Abs. 1 EStG bis zur Höhe der Überschüsse[586] ausgleichsfähig.

---

[583] Hierzu *Risthaus/Plenker*, DB 1999, 605.
[584] Die WK-Pauschale gem. § 9a EStG kommt nur bei Einkünften nach § 22 Nr. 1 und Nr. 1a EStG zur Anwendung.
[585] Sehr spät und rückwirkend auch vom BFH im Urteil vom 15.12.2000 als verfassungswidrig erkannt (BStBl II 2001, 411).
[586] Fälschlicherweise (§2 Abs. 2 Nr. 2 EStG!) verwendet § 23 EStG den Terminus „Gewinn".

Lösung:
Innerhalb von § 23 Abs. 1 EStG erfolgt zwischen der Nr. 1 (+ 200 T€) und der Nr. 2 (./. 150 T€) ein horizontaler Ausgleich nach § 23 Abs. 3 S. 8 EStG. Es verbleiben steuerbare Einkünfte aus privaten Veräußerungsgeschäften i.H.v. 50.000 €.

Bei Wertpapiergeschäften nach § 23 Abs. 1 Nr. 2 EStG ist darauf zu achten, dass gem. § 3 Nr. 40j EStG die Hälfte der steuerpflichtigen Veräußerungserlöse, deren Leistungen beim Empfänger zu den Einnahmen i.S.v. § 20 Abs. 1 Nr. 1 EStG gehören, befreit sind. Der Anteilseigner soll bei einem Verkauf innerhalb der Frist des § 23 Abs. 1 Nr. 2 EStG nicht schlechter stehen als bei einer Ausschüttung vor oder nach Ablauf dieser Frist.

3.5 Das negative Kapitalkonto des Kommanditisten gemäß § 15a EStG

Zu den gravierendsten gesetzlichen Einschränkungen im Bereich der Verlustverrechnung gehört der am 20.08.1980 mit Wirkung zum 01.01.1980 eingeführte § 15a EStG[587]. Zahlreiche BFH-Urteile gaben die Richtung vor, die der Gesetzgeber mit fünf Absätzen umgesetzt hat. Wie in anderen Fällen zur Verlustverrechnung auch, wird in diesem Buch der steuertechnischen Ausgestaltung die Zielsetzung des § 15a EStG vorangestellt, da die verwendeten Gesetzesbegriffe gelegentlich den Blick auf die Kernaussage verstellen. § 15a EStG beschneidet die freie (reguläre) Verlustverrechnung eines Kommanditisten mit negativem Kapitalkonto, wie sie sich ansonsten nach §§ 2 Abs. 3, 10d EStG ergeben würde. Der Kommanditist mit negativem Kapitalkonto stellt nach den ersten vier Absätzen die gesetzliche Leitfigur für einen Investor im Rahmen einer **Verlustzuweisungsgesellschaft** dar. Da diese nicht nur in der Rechtsform einer KG betrieben werden, beschränkt § 15a Abs. 5 EStG den unerwünschten Effekt der sofortigen oder alsbaldigen Verlustverrechnung auch für andere vergleichbare mitunternehmerische Beteiligungen in Bereichen mit Sonderabschreibungen und erhöhten Absetzungen[588]. § 15a EStG begrenzt für den beschränkt haftenden Mitunternehmer die reguläre Verlustverrechnung auf den Haftungsbetrag. Darüber hinausgehende Verluste können erst dann berücksichtigt werden, wenn der MU wieder Gewinne aus seiner Gesellschaft zugewiesen bekommt, da er vorher weder rechtlich noch wirtschaftlich belastet ist (BR-Drs. 511/79).

3.5.1 Der Grundtatbestand von § 15a Abs. 1 und Abs. 2 EStG

Nach § 15a Abs. 1 S. 1 EStG können Verlustanteile des Kommanditisten, die zu einem negativen Kapitalkonto führen oder dieses erhöhen, weder mit anderen Einkünften ausgeglichen noch abgezogen werden. Diese nicht ausgleichs- und abzugsfähigen Ver-

---

[587] Für sog. Altfälle (d.h. vor dem 11.10.1979 eröffnete Betriebe) wurde § 15a EStG erstmalig im VZ 1985 angewandt; Für Seeschiffe war § 15a EStG erstmalig im VZ 1995 bzw. im VZ 2000 anwendbar (§ 52 Abs. 3 S. 1 f. EStG).
[588] In Betracht kamen (und kommen) die See- und Luftfahrtbranche, der soziale Wohnungsbau sowie Anwendungsfälle der §§ 7d ff. EStG sowie des § 82f EStDV.

lustanteile werden nach Abs. 2 in den folgenden Jahren mit den Gewinnanteilen aus der identischen KG verrechnet. Demzufolge bewirken § 15a Abs. 1 und Abs. 2 EStG einen **innerbetrieblichen Verlustvortrag**.

Diese Rechtsfolge gilt nicht, wenn gem. § 15a Abs. 1 S. 2 EStG der Kommanditist am Bilanzstichtag für die strittigen Beträge (d.h. für die Verlustanteile nach S. 1) haftet. In diesen Fällen kommt es wegen der persönlichen Belastungssituation zur sog. „überschießenden Außenhaftung".

Beispiel 16: Die Grundsituation
K ist seit 02.01.01 Kommanditist der K-KG mit einer Hafteinlage von 100 T€, die voll erbracht ist[589]. K verfügt über kein Sonder-BV. Das Kapitalkonto des K beträgt am 31.12.02 vor der Verlustverrechnung 50 T€.
Für 02 wird K ein Verlust i.H.v. 150 T€ zugewiesen.
In 03 erwirtschaftet die KG Gewinne, von denen 50 T€ auf K entfallen.
In 01 erzielt K ein sonstiges Einkommen von 10 T€, in 02 sonstige gewerbliche Einkünfte von 80 T€, in 03 hingegen keine anderen Einkünfte[590].

§ 15a EStG ist in das allgemeine Verlustsystem – wie es bereits aufgezeigt wurde – eingebunden, so dass es zu einer Konkurrenzsituation mit den anderen „Verlustnormen" kommen kann.

Lösung:
Im Jahr **02** werden von 150 T€ KG-Verluste, die auf K nach § 15 Abs. 1 S. 2 EStG entfallen, im Rahmen des § 15 EStG nur ./. 100 T€ anerkannt, die mit anderen Einkünften des Jahres 02 (hier: + 80 T€) ausgleichsfähig sind. Die gewerblichen Einkünfte des K in 02 betragen nach dem horizontalen Ausgleich ./. 20 T€ und werden nach § 10d EStG berücksichtigt.
Mangels Antrag führt der Verlustrücktrag i.H.v. ./. 20 T€ gem. § 10d Abs. 1 EStG in **01** – bei einem sonstigen Einkommen von + 10 T€ – zu einem „Null-Fall", die verbleibenden ./. 10 T€ werden auf die VZ 03 ff. vorgetragen.
Die – wegen des entstandenen negativen Kapitalkontos – **nicht ausgleichsfähigen ./. 50 T€** des Jahres 02 können nur i.R.d. § 15a Abs. 2 EStG in den Folgejahren berücksichtigt werden. Es steht ihnen im VZ **03** ein KG-Gewinnanteil von + 50 T€ gegenüber.
An dieser Stelle (Verlustberücksichtigung in 03) tritt ein Konkurrenzproblem auf, da sowohl § 10d-Verluste (./. 10 T€) wie § 15a-Verluste (./. 50 T€) vorhanden sind. Bei verrechenbaren KG-Gewinnen hat die Verrechnung nach § 15a EStG Vorrang vor dem allgemeinen Verlustvortrag nach § 10d EStG.

---

[589] Hafteinlage ist die im HR stehende Einlage; unter Pflichteinlage versteht man die Einlageverpflichtung lt. Gesellschaftsvertrag, die von der Hafteinlage abweichen kann.
[590] Im Beispiel wie in der Lösung finden sonstige Abzugsgrößen (Erwerbsaufwand, Existenzsichernder Aufwand und Freibeträge) keine Berücksichtigung.

Im Ergebnis werden die KG-(Alt-)Verluste mit den KG-Gewinnen des Jahres 03 komplett verrechnet (0- Einkünfte) und ./. 10 T€ Verluste nach § 10d EStG auf die **VZ 04** ff. vorgetragen.

3.5.1.1 Der Begriff „Anteil am Verlust" der Kommanditgesellschaft

Das Besteuerungskonzept bei PersG bringt es gem. § 15 Abs. 1 S. 1 Nr. 2 EStG mit sich, dass neben den Gewinnanteilen auch die individuellen Entgelte des G´fters für Dienste und WG-Überlassungen zugunsten der PersG besteuert werden[591]. Diese individuellen Komponenten der gewerblichen Einkünfte eines MU´s finden (Sonderergebnisse) seit der Übernahme des Urteils des BFH vom 14.05.1991 (BStBl II 1992, 167) durch die Verwaltung vom 15.12.1993 (BStBl I 1993, 976) bei § 15a EStG keine Berücksichtigung. Sonder-BE werden ebenso wie Tätigkeitsvergütungen isoliert nach § 15 Abs. 1 Nr. 2 EStG behandelt und sind grundsätzlich von § 15a EStG freizustellen. Dies gilt allerdings nicht für die Ergebnisse aus etwaigen Ergänzungsbilanzen der Kommanditisten!

3.5.1.2 Der Begriff „Kapitalkonto des Kommanditisten"

In Übereinstimmung mit den obigen Ausführungen sind bei der Definition des „negativen Kapitalkontos" nach § 15a Abs. 1 EStG die Komponenten des **Sonder-BV nicht** zu berücksichtigen. Entgegen der h.M. im (damaligen) Schrifttum ist der BFH nicht der „pädagogischen" Interpretation[592] gefolgt; er hat vielmehr eine wortlautgetreue Auslegung vorgenommen und danach ist beim „Kapitalkonto" kein Platz für das steuerliche Sonder-BV. Andererseits sind die Kapitalien aus etwaigen Ergänzungsbilanzen einzubeziehen s BMF vom 30.05.1997 (BStBl I 1997, 627[593]).

> **Beispiel 17: Die fremdfinanzierte Beteiligung mit negativem Kapitalkonto**
> An der X-GmbH & Co. – KG sind als Kommanditisten A und B mit einer Einlage von je 10 T€ beteiligt. Beide haben ihre Einlage voll eingezahlt. A hat der KG ein WG vermietet, das in der Sonderbilanz mit 6 T€ ausgewiesen ist. B hat seine Einlage i.H.v. 8 T€ mit Hilfe eines Kredits finanziert. Der Verlust der KG beläuft sich in 01 auf 30 T€.
> - Welche Verluste sind ausgleichs- und abzugsfähig?
> - In welcher Höhe sind die Verluste nur intern verrechenbar?
> - Was geschieht bei A mit Sonder-BE (Mietzinsen) i.H.v. 1.000 €?
> - Wie kann B seine Kreditzinsen i.H.v. 800 € (Sonder-BA) berücksichtigen?

---

[591] S. hierzu ausführlich *Preißer*, Band 2, Teil B, Kap. II.
[592] Bei der Einbeziehung des Sonder-BV kommen Belohnungsaspekte (vorhandenes aktives Sonder-BV erhöht das Ausgleichsvolumen) und Bestrafungsüberlegungen zum Tragen (Schulden vermindern das Volumen).
[593] Sehr irritierend ist in diesem Zusammenhang R 138d Abs. 2 EStR, wenn dort für das Sonder-BV auf die Geltung des § 15a EStG verwiesen wird. Dies gilt nur in dem **Ausnahmefall**, da sich das Sonder-BV seinerseits im Eigentum einer § 15a-Gesellschaft befindet, m.a.W. wenn eine KG Gesellschafterin einer anderen KG ist.

- Macht es bei A einen Unterschied, ob er ursprünglich G´fter der KG war (Ausgangsfall) oder den Anteil von C erworben hat und hieraus noch ein Mehrkapital in der Ergänzungsbilanz i.H.v. 2.000 € im Jahre 01 stehen hat (Variante)?

Der Vielzahl der Fragen zum trotz ist die Antwort seit dem übernommenen Urteil des BFH vom 14.05.1991 einfach geworden, da die Ergebnisse aus dem Sonder-BV weder bei den „Verlustanteilen" i.S.d. § 15a Abs. 1 EStG noch beim „negativen Kapitalkonto" eine Rolle spielen. Das Sonder-BV führt unter Verlustgesichtspunkten ein Eigenleben.

Lösung:
A und B haben im **Ausgangsfall** als Gründungsgesellschafter der KG Verluste aus der KG i.H.v. je 15 T€. Bei einem Anfangskapital von 10 T€ bei beiden Gesellschaftern bleiben die Ergebnisse aus der jeweiligen Sonderbilanz unberücksichtigt, so dass beide i.H.v. je 10 T€ ausgleichs- und abzugsfähige Verluste nach § 15 Abs. 1 Nr. 2 EStG haben. Die verbleibenden 5 T€ sind bei jedem G´fter nach § 15a Abs. 2 EStG intern verrechenbare X-KG-Verluste, da nach 10.000 € Verlustzuweisung ein negatives Kapitalkonto entsteht.
Entgegen früher h.A.[594] kann A sein Ausgleichsvolumen nicht durch das positive Sonderkapital vermehren; ebenso wenig beginnt das negative Kapitalkonto des B bereits ab einem Zuweisungsbetrag von 2 T€, da das negative Sonderkapital von ./. 8 T€ bei § 15a Abs. 1 EStG nicht mit zu berücksichtigen ist.
Die Ergebnisse aus den Sonderbilanzen stellen bei A zusätzliche gewerbliche Einkünfte (+ 1.000 €) nach § 15 Abs. 1 Nr. 2 EStG dar, während sie bei B das gewerbliche Ergebnis i.H.v. 800 € ebenfalls nach § 15 Abs. 1 Nr. 2 EStG mindern. Sie sind als ausgleichsfähige Verluste in 01 nach § 2 Abs. 3 EStG in den horizontalen und vertikalen Verlustausgleich des B einzubeziehen.
In der **Variante** ist die Ausgangsgröße für das Kapitalkonto bei A unter Einbeziehung des positiven Ergänzungskapitals zu ermitteln. Danach „entsteht" ein negatives Kapital erst ab einer Verlustzuweisung von 12.000 € (10 T€ Kapital lt. Gesamthandsbilanz + 2 T€ Ergänzungsbilanz), womit sich die ausgleichs-/abzugsfähigen KG-Verluste des A auf 12.000 € erhöhen. Lediglich 3.000 € Verlustanteile sind intern nach § 15a Abs. 2 EStG verrechenbar.

Während die Abschichtung des Sonder-BV im Anwendungsbereich des § 15a EStG keine Probleme mehr verursacht, muss die verbleibende Zielgröße „Kapital(-konto)" als **Eigenkapital** definiert und vom unmaßgeblichen Fremdkapital abgegrenzt werden. Dies hängt zum einen mit der in den meisten Gesellschaftsverträgen[595] üblichen Aufteilung der Kapitalkonten in drei (bzw. vier) Unterkapitalkonten zusammen; zum anderen werden aus dem Recht der KapG bestimmte Kapitalgrößen in die Vertragspraxis der PersG hineingetragen, denen dort eine andere Wertigkeit als im Herkunftsbereich (GmbHG, AktG) zu-

---

[594] Beide Auffassungen sind gegenübergestellt bei *Söffing*, DStZ 1992, 129.
[595] S. Formularhandbuch „Münchner Handbuch GesR I *von Falkenhausen*, §§ 55, 56.

kommt. Entscheidend ist dabei nach ständiger BFH-Rspr.[596] die Funktion des Guthabens auf dem jeweiligen Kapitalkonto. Für das Vorliegen von Eigenkapital spricht danach:

- Die Buchung von Verlusten auf dem Konto,
- eine ermäßigte Verzinsung des Kontos, bzw. die Zinsvariabilität entsprechend dem Geschäftsverlauf,
- der zeitliche Gleichlauf zwischen Konto und Beteiligungsdauer,
- die Verbuchung von Entnahmen und Einlagen und vor allem
- die fehlende Möglichkeit, das Konto im Insolvenzfall als Forderung geltend zu machen.

Demgegenüber legt die Buchung des laufenden Zahlungsverkehrs in der Form eines Verrechnungskontos, wie es zwischen KapG und deren Gesellschaftern üblich ist, die Annahme von Fremdkapital nahe.

In der Art eines Kurzkommentars sind im Schreiben des BMF vom 30.05.1997 (BStBl I 1997, 627) die wichtigsten Indikatoren und deren Zuordnung vorgenommen worden, ohne die Chance zu nutzen, sich um eine gleichzeitige Praxisintegration der gebräuchlichen Kapitalkontenbezeichnungen zu bemühen.

1. Geleistete Pflicht- und Hafteinlagen gehören immer zum Eigenkapital (in der Praxis: Kapitalkonto I);
2. Werden – atypisch für die KG – Kapitalrücklagen zur kurzfristigen Stärkung des Bilanzergebnisses (aus Gesellschaftermitteln) oder Gewinnrücklagen (durch „Stehen-Lassen" der nicht entnommenen Gewinne) gebildet, so hat dies ebenfalls Eigenkapitalcharakter (häufig unter Kapitalkonto II dargestellt);
3. Bei den variablen Kapitalkonten, auf denen die laufenden Entnahmen und Einlagen verzeichnet sind (in der Praxis Kapitalkonto III bzw. II, wenn kein gesondertes Kapitalkonto II für die Rücklagen gebildet wird), erfolgt die Zuordnung aufgrund der o.g. allgemeinen Kriterien. Getrennt geführte Verlustvortragskonten (ebenfalls häufig unter III aufgelistet) mindern regelmäßig das Kapitalkonto und stellen daher Eigenkapital dar. Das gilt auch, wenn die Kommanditisten lt. Vertrag entgegen § 167 Abs. 3 HGB eine Nachschusspflicht trifft;
4. Darlehen und Bürgschaften hingegen stellen Fremdkapital dar (häufig auf Kapitalkonto IV verbucht). § 15a Abs. 1 S. 2 EStG (überschießende Außenhaftung nur bei § 171 Abs. 1 HGB) verdeutlicht diese Auslegung. In der BFH-Rspr. wurden diese Grundsätze auch auf die Fälle erstreckt, da gesellschaftsrechtlich Eigenkapital vorliegt (Darlehen mit vereinbartem Rangrücktritt; eigenkapitalersetzende Darlehen[597]). Es bleibt steuerliches Fremdkapital (BFH vom 28.03.2000, DStR 2000, 771).

In diesem Zusammenhang wird derzeit diskutiert, ob sog. „Finanzplandarlehen" (vertraglich vorgesehene Kapitalzuflüsse seitens der G'fter) oder „Darlehen mit gesplitterter Einlage" (vertraglich ist neben der Bareinlageleistung ein weiterer Finanzierungsbeitrag als Darlehen vorgesehen) zum Eigenkapital oder zum Fremdkapital

---

[596] Nach dem Urteil des BFH vom 03.02.1988 (BStBl II 1998, 551); vom 14.05.1991 (BStBl II 1992, 167); vom 30.03.1993 (BStBl II 1993, 706) und zuletzt vom 23.01.2001 (Lexinform 2001, Doc. 0571967).

[597] Bei einer GmbH & Co. – KG vgl. § 172a HGB i.V.m. § 32a GmbHG.

i.S.d. § 15a EStG gehören. Entgegen der h.M. im Schrifttum[598], die sich der gesellschaftsrechtlichen Wertung als Eigenkapital auch für das Steuerrecht anschließt, wird hier die Meinung vertreten, dass der BFH bei § 15a EStG bereits eine eigenständige steuerliche Sichtweise eingeschlagen hat und diese konsequent fortzusetzen hat.

5. Ebenso bleiben stille Reserven beim Kapitalkontenbegriff des § 15a EStG unberücksichtigt. Die eigentlich überraschende Erkenntnis liegt darin, dass es dazu einer BFH-Entscheidung (BFH vom 14.12.1995, BStBl II 1996, 226) bedurfte, da doch die Nichtberücksichtigung stiller Reserven jedem bilanziellen Kapitalbegriff zu eigen ist, ja sogar sein Wesen ausmacht. Das Kapitalkonto mit dem Kapitalausweis ist eben nur eine Rechen- oder Hilfsgröße, die den buchhalterischen Beteiligungswert des einzelnen Gesellschafters ausweist. Demgegenüber repräsentiert die Nichtbilanzgröße „Vermögensanteil" bekanntlich den wahren Beteiligungswert unter Einschluss der stillen Reserven.

Beispiel 18: Kapitalkonten I – IV und § 15a EStG
X ist zu 25 % an der X-KG beteiligt. Seine (im HR) eingetragene Haftsumme beträgt 50 T€, die erbracht wurde. Die (vertraglich vereinbarte) Pflichteinlage beläuft sich auf 70 T€. Die StB weist für X folgende relevante Bestände aus:

Kapitalkonto I (Festkapital):	+ 70 T€ bei ausstehenden Einlagen i.H.v. 20 T€
Kapitalkonto II (Rücklage):	+ 20 T€
Kapitalkonto III (Verlustvortrag):	./. 10 T€
Kapitalkonto IV (Darlehen):	+ 200 T€

Als Tätigkeitsvergütung (lt. Dienstvertrag) erhält X angemessene 48 T€/Jahr. Der Verlust lt. StB der X-KG beträgt ./. 400 T€.

Bei **Tätigkeitsvergütungen**, die immer nach § 15 Abs. 1 Nr. 2 EStG steuerbar sind, wird für Zwecke der Kapitalkontendarstellung danach differenziert, ob sie auf einem Dienstvertrag beruhen oder ob sie (unangemessen hoch) einen sog. „Vorab-Gewinn" darstellen und als solche in das Kapitalkonto integriert werden. Eine angemessene, dem Fremdvergleich standhaltenden Tätigkeitsvergütung, die auf einem Dienstvertrag beruht, berührt nicht das Kapitalkonto.

Lösung:
- Von dem Verlust der X-KG entfällt auf X ein Anteil von ./. 100 T€.
- Das maßgebliche Kapitalkonto i.S.d. § 15a Abs. 1 EStG beträgt 60.000 €, das sich zusammensetzt aus:

Kapitalkonto I (bezahlte Einlage):	+ 50.000 €
Kapitalkonto II (Rücklage):	+ 20.000 €
Kapitalkonto III (Verlustvortrag):	./. 10.000 €
Kapitalkonto IV (§ 15a EStG):	+ 60.000 €

---

[598] Vgl. *Schmidt*, § 15a Rz. 91 m.w.N.

- Die Tätigkeitsvergütungen beeinflussen bei dieser Gestaltung nicht die Entwicklung des Kapitalkontos.
- Von § 15a Abs. 1 EStG ist danach bei zugewiesenen Verlusten von 100 T€ ein Differenzbetrag von 40 T€ erfasst.

Es entsteht ein negatives Kapitalkonto, so dass ./. 40 T€ Verluste nur intern gem. § 15a Abs. 1 und 2 EStG verrechenbar sind. I.H.v. ./. 60.000 € sind ausgleichsfähige Verluste nach § 15 Abs. 1 Nr. 2 EStG gegeben, die vorliegend mit den Tätigkeitsvergütungen i.H.v. 48.000 € verrechnet werden. Der verbleibende Verlust des X aus der Beteiligung an der X-KG i.H.v. ./. 12 T€ ist vertikal mit anderen gewerblichen Einkünften oder horizontal mit ggf. anderen Einkünften ausgleichbar.

3.5.1.3 Wirkungsweise des § 15a EStG und klausurtechnischer Bearbeitungshinweis

Abgesehen von der Stellung des § 15a EStG innerhalb des EStG-Verlustkonzepts bieten sich die Begriffe des § 15a Abs. 1 EStG **in einem Klausurfall** für eine getrennte Darstellung an:

Kapitalkonto	Ausgleichsfähiger Verlust	Verrechenbarer Verlust
(Entwicklung 31.12.)	(i.S.v. § 15 Abs. 1 Nr. 2 EStG)	(i.S.v. § 15a Abs. 2 EStG)

Beispiel 19: Häufige Verluste zehren trotzdem auf

Y ist seit 01.01.02 als Kommanditist an der Y-KG beteiligt. Die geleistete und in das HR eingetragene Einlage betrug 100.000 €. Der auf Y entfallende Verlustanteil 02 belief sich auf ./. 110.000 €. Im Jahre 03 leistete Y eine freiwillige Einlage von 30.000 € bei einem Verlustanteil von ./. 65.000 € in 03. In 04 erhält Y einen Gewinnanteil aus der KG i.H.v. 25.000 €.
In den Jahren 00 – 04 betragen die anderen Einkünfte des Y jeweils +80.000 €.

Lösung (Technisch-Rechnerische):

Kapitalkonto (€)	Ausgleichsfähiger Verlust (€)		Verrechenbares Volumen (in €)
VZ 02			
100.000	./. 100.000		
./. 110.000	+ 80.000	(sonstige Einkünfte)	
	./. 20.000	(§§ 2, 10d EStG)	
./. 10.000			+ 10.000

VZ 03

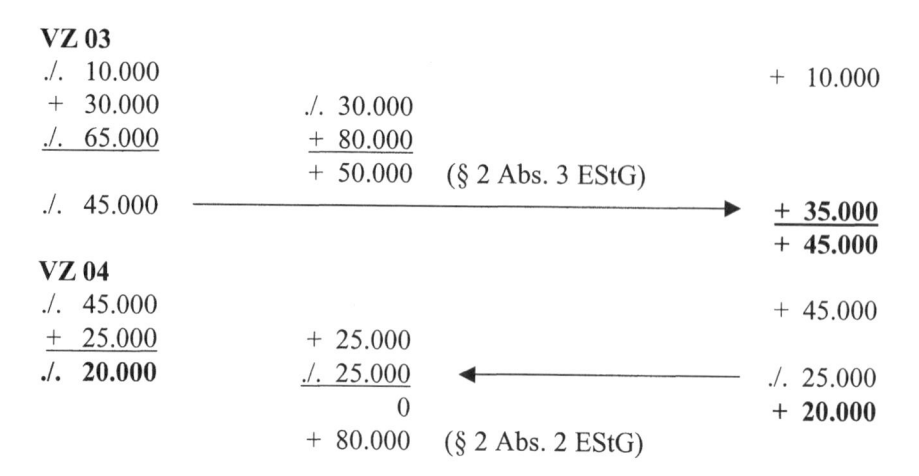

./. 10.000			+ 10.000
+ 30.000	./. 30.000		
./. 65.000	+ 80.000		
	+ 50.000	(§ 2 Abs. 3 EStG)	
./. 45.000		⟶	**+ 35.000**
			+ 45.000

VZ 04

./. 45.000			+ 45.000
+ 25.000	+ 25.000		
./. 20.000	./. 25.000	⟵	./. 25.000
	0		**+ 20.000**
	+ 80.000	(§ 2 Abs. 2 EStG)	

Lösung (in Worten):

- Im VZ 02 entsteht ab der Verlustgröße von 100.000 € ein negatives Kapitalkonto; somit sind ./. 100 T€ Verluste (§ 15 Abs. 1 Nr. 2 EStG) nach § 2 Abs. 3 EStG mit 80 T€ sonstigen Einkünften ausgleichsfähig, der Rest (./. 20 T€) wird nach § 10d EStG auf 01 zurückgetragen. Die verbleibenden ./. 10 T€ Verluste sind gem. § 15a Abs. 2 EStG intern verrechenbar mit künftigen Beteiligungsgewinnen des Y aus der Y-KG, wozu auch Veräußerungsgewinne nach § 16 Abs. 1 Nr. 2 EStG zählen.

- Im VZ 03 stellt sich als erstes die Frage der Entwicklung des Kapitalkontos des Y. Einer chronologischen Darstellung [i.d.S., dass von einem Zwischenstand von + 20 T€ (./. 10 T€ + 30 T€) nach Verlustverrechnung (./. 65 T€) i.H.v. ./. 45 T€ negatives Kapitalkonto entsteht[599]] ist früh eine Absage erteilt worden. Stattdessen findet eine reine Saldoberechnung auf den 31.12.[600] statt, wonach Anfangskapital (./. 10 T€) und Schlusskapital (./. 45 T€) verglichen werden und diese Differenz („soweit ein ... sich erhöht") den Neuzugang zum verrechenbaren Verlustvolumen (35 T€) nach § 15a Abs. 2 EStG bestimmt. Der Betrag von insgesamt ./. 45 T€ im VZ 03 wird sodann gem. § 15a Abs. 4 S. 1 EStG gesondert festgestellt. Umgekehrt stellen – wegen der Saldo-Betrachtungsweise – geleistete Einlagen (30 T€) immer das Mindestausgleichspotential gem. § 2 Abs. 3 S. 1 und 2 EStG dar. Der Grund ist auch darin zu sehen, dass die geleisteten Einlagen den Kommanditisten im Verlustentstehungsjahr (03) wirtschaftlich belasten und somit ausgleichs-/abzugsfähig sind[601].

- Im VZ 04 findet erstmalig eine innerbetriebliche Verrechnung der festgestellten Verluste i.H.v. ./. 25 T€ mit dem in 04 erzielten Gewinnanteil von + 25 T€ statt. Die Umqualifikation aus den Vorjahren in verrechenbare

---

[599] Hierzu ausführlich *von Beckerath* in *K/S/M*, § 15a D 46 ff.
[600] Unterstellt wird: Wj. = Kj.
[601] S. *Schmidt*, § 15a Rz. 82

Verluste wird nunmehr erstmalig „eingelöst". Gleichzeitig reduziert sich das gesondert nach § 15a Abs. 4 EStG festzustellende Verrechnungsvolumen auf ./. 20 T€.
- Die Gesamtdarstellung belegt in der Momentaufnahme zum 31.12.04 die Richtigkeit der einzelnen Rechenschritte, da dem negativen Kapitalkonto von ./. 20 T€ in gleicher Höhe künftig verrechenbare Verluste gegenüberstehen.

3.5.2 Die überschießende Außenhaftung von § 15a Abs. 1 S. 2 und 3 EStG

Bei zwei gesellschaftsrechtlichen Konstellationen wird ein entstehendes bzw. sich erhöhendes negatives Kapitalkonto steuerlich nicht „bestraft":
- Nach § 171 Abs. 1 HGB bleibt die geleistete Einlage hinter dem Betrag der **Hafteinlage**[602] zurück (§ 15a Abs. 1 S. 2 EStG) und der gleichgestellte Fall, dass
- durch Gewinnentnahmen in der Situation der Verlustzuweisung das Kapitalkonto gemindert wird (§ 172 Abs. 4 S. 2 HGB; R 138d Abs. 3 S. 9 EStR) bzw. – allgemein – die Rückgewähr der Einlage.

In beiden Fällen[603] kommt es nach §§ 171 f. HGB zu einer **persönlichen Haftung** des Kommanditisten, die der Höhe nach auf die Hafteinlage bzw. den Differenzbetrag zwischen Hafteinlage und geleisteter Einlage begrenzt ist. Auch hier kommt der Grundsatz der rechtlichen Belastung des Kommanditisten zum Tragen, der einen Ausgleich/Abzug des Verlustanteils rechtfertigen soll.

Aus diesen Überlegungen erschließt sich sogleich die restriktive Auslegung von § 15a Abs. 1 S. 2 EStG, wonach an der Ausnahmeregelung **nicht** teilhaben (R 138d Abs. 3 EStR):
- Nicht namentlich im HR eingetragene Kommanditisten,
- nicht zum maßgeblichen Bilanzstichtag eingetragene Kommanditisten,
- Treugeber bzw. Unterbeteiligte, da sie nicht im HR eingetragen sind,
- Haftung aufgrund § 176 HGB (Haftung vor Eintragung).

Aus diesen Gründen kann das Haftungsprivileg auch nur **einmal** in Anspruch genommen werden (R 138d Abs. 3 S. 8 und 9 EStR 2001).

Schließlich trägt nach § 15 Abs. 1 S. 3 EStG der Kommanditist die Feststellungslast für das Vorliegen der o.g. Voraussetzungen. Die weitere Negativvoraussetzung, dass die Haftung nicht vertraglich – z.B. durch eine interne Freistellung – ausgeschlossen ist oder die Vermögensminderung des Haftungs-Kommanditisten unwahrscheinlich (z.B. durch

---

[602] Entscheidend ist immer die im HR eingetragene Hafteinlage und nicht die (vertraglich vereinbarte) Pflichteinlage.
[603] Überraschend wird der zweite in § 172 Abs. 4 S. 1 HGB erwähnte Fall der Einlagenrückgewähr (die direkte Rückzahlung der Einlage; der sog. Kapitalrückfluß) nicht zu den privilegierten Tatbeständen gezählt. Dies mag (mit *von Beckerath* in *Kirchhof-Kompakt*, § 2a Rz. 102) seinen Grund darin haben, dass angemessen abgewickelte Verkehrsgeschäfte keine Einlagenrückgewähr darstellen.

den Abschluss eines Versicherungsvertrages) ist, trägt dem Umstand des konkreten persönlichen Risikos Rechnung.

3.5.3 Einlage- und Haftungsminderung nach § 15a Abs. 3 EStG

Zum Haftungsrecht der §§ 171 f. HGB kommt noch eine weitere gesellschaftsrechtliche „Störgröße" hinzu: die Manipulation des Kapitalkontos i.S.d. § 15a Abs. 1 EStG durch eine **kurzfristige** Erhöhung zum Bilanzstichtag. Vor dem Hintergrund dieser Gestaltungsmöglichkeit zur Erweiterung des Ausgleichs-/Abzugsvolumens ist in § 15a Abs. 3 EStG eine dynamische Regelung für das **Jahr danach** geschaffen worden, wenn die kurzfristige Erhöhung des Vorjahrs wieder zurückgenommen wird.

3.5.3.1 Sinn und Zweck der Ausnahmeregelung

Spätere Entnahmen, die zur Entstehung oder Erhöhung eines negativen Kapitalkontos führen (Einlagenminderung) werden dem Kommanditisten als **fiktiver Gewinn** zugerechnet, es sei denn, dass es durch die Entnahme zu einem Wiederaufleben der Haftung kommt. Gleiches gilt für die spätere Herabsetzung der im HR eingetragenen Haftungseinlage (Haftungsminderung). Die Hinzurechnung eines fiktiven Gewinnes erfolgt aber nur, wenn und soweit im Jahr der Einlage- und Haftungsminderung oder in den vorangegangenen zehn Jahren Verlustanteile ausgleichs- oder abzugsfähig gewesen sind. Die fiktiven Gewinne werden gleichzeitig in **verrechenbare Verluste** umgepolt, die im laufenden Jahr und in den Folgejahren mit Gewinnanteilen aus dieser KG verrechnet werden können.

§ 15a Abs. 3 EStG soll daher verhindern, dass wegen der Maßgeblichkeit des Kapitalkontos bzw. wegen des Umfangs der Außenhaftung zum Bilanzstichtag durch eine vorübergehende Einlagenerhöhung der Verlustausgleich reaktiviert wird. Statt einer rückwirkenden Annullierung im Jahr der „Beeinflussung" wird im Folgejahr (exakt: im Jahr der Minderung) der identische Effekt zeitversetzt erzielt[604].

3.5.3.2 Die Einlageminderung

Nach § 15a Abs. 3 S. 1 EStG liegt eine Einlageminderung vor, **soweit** durch Entnahmen ein negatives Kapitalkonto entsteht oder sich erhöht. Der Höhe nach wird die Einlageminderung durch die Entnahmen (i.S.d. § 4 Abs. 1 S. 2 EStG) begrenzt.

Wiederum tritt das Problem des Zusammentreffens der verschiedenen Komponenten des Kapitalkontos in einem Jahr und ihr Einfluss auf § 15a Abs. 3 S. 1 EStG auf.

- Treffen Einlagen und Entnahmen zusammen, wird nur auf die Anfangs- und Schlussbestände abgestellt[605].

---

[604] Allgemeine Auffassung (statt aller *von Beckerath* in *Kirchhof-Kompakt*, § 15a Rz. 190 f. sowie *Schmidt*, § 15a Rz. 150).
[605] *Schmidt*, § 15a Rz. 155; *von Beckerath* in *K/S/M*, § 15a D 43; *Bitz* in *Littmann/Bitz/Pust*, § 15a Rz. 37.

3 Spezielle Beschränkungen bei der Verlustverrechnung

- Beim Zusammentreffen von Gewinnanteilen und Entnahmen vertritt nunmehr auch die Finanzverwaltung die Auffassung, dass es nur auf die Schlussbestände der Kapitalkonten ankäme und ein Zwischensaldo nicht zu bilden ist[606]. Dies spiegelt auch die gewollte Rechtsfolge wieder, da sich auf diese Weise die Verlusthaftung der Vorjahre mit den Gewinnen zukünftiger Jahre bei Wiederauffüllung des Kapitalkontos realisiert.
- Auch Einlagen und Verlustanteile werden saldiert und als eine (1) maßgebliche Größe an das Kapitalkonto i.S.d. § 15a Abs. 3 S. 1 EStG „abgegeben".
- Beim Zusammentreffen von Entnahmen und Verlustanteilen erfolgt ebenfalls nur ein einheitlicher Vergleich der Kapitalkontenstände in den jeweiligen Schlussbilanzen. Die Reihenfolge der Verrechnung ist dabei unerheblich, da in den Fällen, da nach Verbuchung der Entnahmen und Verlustanteile das (negative) Kapital so weit gemindert ist, dass ein Ausgleich nicht mehr gerechtfertigt ist. Somit ist das Kapitalkonto primär als durch den Verlustanteil gemindert anzusehen[607].

Hieraus ergibt sich in umgekehrter Richtung die Ermittlung und Höhe des (fiktiven) Gewinnzuschlags, der gedanklich überhaupt ausgleichs- und abzugsfähige Verluste voraussetzt. Es sind drei Konstellationen denkbar[608], bei denen jeweils die Kompensationswirkung der überschiessenden Außenhaftung (§ 15a Abs. 3 S. 1 i.V.m. Abs. 1 S. 2 EStG) zu berücksichtigen ist.

1. Grundfall: Die Entnahme lässt die Haftung wieder aufleben:

    Betrag der Entnahme
    ./. Betrag der wieder aufgelebten Haftung
    = vorläufiger Gewinnzuschlag

2. Entnahme ohne vorherige Einlage bzw. ohne Hafteinlage (kein Wiederaufleben der Haftung):

    Betrag der Entnahme
    ./. Betrag der **bestehenden**[609] Außenhaftung
    = vorläufiger Gewinnzuschlag

3. Geleistete Einlage ohne voll ausgeschöpfte Außenhaftung:

    Betrag der Entnahme
    ./. bestehende Haftung
    ./. wieder auflebende Haftung
    = vorläufiger Gewinnzuschlag

---

[606] Nunmehr OFD Frankfurt 09.06.1998, ESt-Kartei, § 15a Karte 6; ebenso OFD Berlin vom 09.11.1998 Nr. 1008 sowie das mehrheitliche Schrifttum (*Bitz* a.a.O. Rz. 37d).
[607] Gleicher Ansicht *von Beckerath* in *K/S/M*, § 15a D 54 – D 60.
[608] Nach *Walzer* BB 1981, 1680.
[609] Ein Gewinnzuschlag bis zur wiederauflebenden Haftung ist ungerechtfertigt.

Hier kann es zu einem Gewinnzuschlag nur kommen, soweit die Entnahmen den Betrag der Haftsumme übersteigen. Werden nämlich Beträge bis zur Höhe der Haftsumme entnommen, so liegt eine Einlagerückgewähr oder eine unzulässige Gewinnentnahme nach § 172 Abs. 4 HGB vor, die § 15a Abs. 3 EStG ins Leere laufen lassen[610].

Die Beschränkung auf den Elf-Jahres-Zeitraum (Jahr der Einlageminderung zzgl. der zehn vorhergehenden Jahre) verfolgt den Zweck, den Kommanditisten so zu stellen, als habe die geminderte Einlage bereits von Anfang an bestanden. Aus praktischen Gründen wird dabei die Grenze am Beginn eines Elf-Jahreszeitraumes gezogen. Darüber hinaus sei nach Auffassung des FG Köln vom 18.05.2000 (EFG 2000, 934) eine Saldierung der Verluste mit den Gewinnen innerhalb dieses Zeitraumes geboten.

Beispiel 20: Der pfiffige Kommanditist Z
Z ist mit einer in 01 erbrachten und im HR eingetragenen Einlage von 20 T€ an der Z-KG als Kommanditist beteiligt. Für 01 entfällt auf Z ein Verlustanteil von ./. 50 T€. Da sich das Ergebnis abzeichnete, erbrachte Z noch im Dezember 01 eine Einlage von 30 T€, die nicht im HR eingetragen wurde. Diese Einlage entnimmt Z im Januar 02. In diesem Jahr (02) entfällt auf Z ein Verlust von ./. 10 T€ (Alternative: Gewinnanteil 02 für Z von + 10 TE).

Lösung (in €):

Kapitalkonto	Ausgleichs-/Abzugsfähige Verluste	Verrechenbare Verluste
VZ 01		
+ 20.000		
+ 30.000		
./. 50.000 →	50.000	0
0		
VZ 02		
0		
./. 30.000		
./. 10.000		./. 10.000
./. 40.000		
	(ab hier § 15a Abs. 3 EStG)	
	+ 30.000 (S. 1)	
	0 (S. 2)	./. 30.000
		./. 40.000

Im VZ 01 ist der komplette Verlustanteil von ./. 50 € gem. § 15 Abs. 1 Nr. 2 EStG ausgleichs- und abzugsfähig gem. §§ 2 Abs. 3, 10d EStG. Die vorüber-

---

[610] Vgl. auch *Zenthöfer/Schulze zur Wiesche*, ESt (2001) K.2.4.3.5 a, 549 ff.

gehende Einlageerhöhung wird nicht rückwirkend beseitigt oder nach § 42 AO negiert.

Im VZ 02 stellt der Verlustanteil nur einen verrechenbaren Verlust nach § 15a Abs. 2 EStG dar, da insoweit ein negatives Kapitalkonto vorliegt. Die Reihenfolge der Verrechnung ist hier obsolet.

Gem. § 15a Abs. 3 S. 1 EStG wird die Entnahme in 02 als Einlageminderung behandelt und führt zu einem (fiktiven) steuerbaren Gewinn nach § 15 Abs. 1 Nr. 2 EStG. Die Einschränkung der überschießenden Außenhaftung nach S. 2 liegt nicht vor, da die Einlagenerhöhung in 01 nicht in das HR eingetragen wurde. Keine der in § 172 Abs. 4 HGB genannten Varianten (Einlagerückgewähr[611] bzw. Gewinnentnahme in Verlustzeiten) ist einschlägig. Gleichzeitig werden – zeitversetzt – nach § 15a Abs. 3 S. 4 EStG die fiktiven Gewinne in verrechenbare Verluste umgepolt. Zusammen mit dem Anfangsbestand von ./. 10 T€ wird zum 31.12.02 gem. § 15a Abs. 4 EStG für Z ein verrechenbarer Verlust aus der Z-KG i.H.v. ./. 40.000 € festgestellt. In der **Alternative (Gewinnanteil 02: + 10 T€)** verändert sich das Schlusskapital. Statt ./. 40 T€ bewirkt der Gewinnanteil einen Schlussbestand von ./. 20 T€.

Nach der h.A. wird beim Zusammentreffen von Gewinn und Entnahmen kein Zwischensaldo gebildet. Für den Begriff des „entstehenden negativen Kapitalkontos" wird – wie in den anderen Fällen auch – nur der Vergleich der jeweiligen Schlussbestände 01 und 02 vorgenommen und i.H.v. **20 T€** ein fiktiver Gewinn nach § 15a Abs. 3 EStG angenommen. Die nach S. 4 umgepolten verrechenbaren Verluste von ./. 20.000 können bereits in 02 i.H.v. 10 T€ mit dem Gewinnanteil des Z verrechnet werden.

3.5.3.3 Die Haftungsminderung

Gem. § 15a Abs. 3 S. 3 EStG liegt eine Haftungsminderung vor, wenn der Haftungsbetrag i.S.d. § 15a Abs. 1 S. 2 EStG („überschießende Außenhaftung") reduziert wird. Er ermittelt sich, indem von der Haftsumme die Einlage, soweit diese nicht zurückgezahlt ist, und auf die Haftung geleistete Zahlungen abgezogen werden[612].

Beispiel 21: „Das Spiel mit der Haftsumme"
Die Pflichteinlage beträgt 90 T€, die Haftsumme 100 T€. Ausgehend von einem Kapitalkonto zum 01.01.01 von 50 T€ wird in 02 ein Verlust i.H.v. 100 T€ zugewiesen, in 02 erfolgt – ohne Ergebniszuweisung – eine Einlage i.H.v. 40 T€ und in 03 wird die Haftsumme auf 95 T€ herabgesetzt.

---

[611] Die Rückzahlung der 30 T€ bezieht sich eindeutig auf die in 01 erbrachte spätere Einlage.
[612] S. *von Beckerath* in *K/S/M*, § 15a D 124.

Lösung (in €):

Kapitalkonto	Ausgleichs-/Abzugsfähige Verluste		Haftungsbetrag
	§ 15a Abs. 1 S. 1 EStG	§ 15a Abs. 1 S. 2 EStG	§ 171 Abs. 1 HGB
VZ 01 + 50.000 ./. 100.000 ./. 50.000	./. 50.000 →	./. 50.000 →	+ 50.000
VZ 02 ./. 50.000 + 40.000 ./. 10.000			./. 40.000 + 10.000
VZ 03		Gewinnzuschlag	./. 5.000 + 5.000

Lösung (in Worten):

Im Jahr 01 betrug der Haftungsbetrag gem. §§ 171, 172 HGB 50 T€ (100 T€ ./. 50 T€). Im Jahre 02 reduziert er sich auf 10 T€, da eine zusätzliche Einlage von der Haftung nach § 171 Abs. 1 HGB befreit. Durch die Herabsetzung der Haftsumme in 03 kommt es zu einer Reduktion des Haftungsbetrages i.S.d. § 15a Abs. 1 S. 2 EStG. Die Haftungsminderung beträgt somit 5 T€.

Eine Haftungsminderung führt nur dann zu einer Rückgängigmachung des Verlustausgleichs durch Nachversteuerung solcher Verluste, die im Elf-Jahreszeitraum[613] zu einem negativen Kapitalkonto geführt haben und nur wegen § 15a Abs. 1 S. 2 EStG ausgleichsfähig waren[614].

Es ist daher ein **Gewinnzuschlag** i.H.v. **5.000 €** vorzunehmen, da im Jahre 01 immerhin 50 T€ gem. § 15a Abs. 1 S. 2 EStG ausgleichsfähig waren und zu einem negativen Kapitalkonto geführt haben.

3.5.4 Die Ausweitung des Anwendungsbereiches von § 15a EStG

In zwei Richtungen kommt es zu einer entsprechenden Anwendung des § 15a EStG:

- Zum einen ordnet § 15a Abs. 5 EStG eine entsprechende Anwendung auf andere PersG an und
- zum anderen sehen einige Einkunftsarten die entsprechende Anwendung des § 15a EStG vor.

---

[613] Jahr der Haftungsminderung zzgl. der zehn vorhergehenden Jahre.
[614] S. auch *Schmidt*, § 15a Rz. 165.

3 Spezielle Beschränkungen bei der Verlustverrechnung

3.5.4.1 Vergleichbare Unternehmer im Sinne des § 15a Abs. 5 EStG

Mit Ausnahme der überschiessenden HGB-Außenhaftung (erweiterter Verlustausgleich) sind die Ausgleichs- und Abzugsbeschränkungen des § 15a EStG auf vergleichbare Unternehmer mit beschränkter Haftung anzuwenden. Nach der Rspr. des BFH fallen nicht nur die enumerativ aufgeführten fünf Unternehmer von § 15a Abs. 5 EStG darunter. Vielmehr ist § 15a Abs. 5 EStG generalisierbar, so dass alle G'fter von PersG (d.h. alle MU) und wohl auch der Einzelkaufmann darunter fallen, wenn sie eine dem Kommanditisten vergleichbare begrenzte Außenhaftung bei ihrem gewerblichen Engagement aufweisen[615].

Insb. bei atypisch stillen Gesellschaftern (Nr. 1) und gewerblichen BGB-Gesellschaftern (Nr. 2) finden sich Anwendungsfälle für einen begrenzten Verlustausgleich. Beim atypisch Stillen muss – entgegen § 232 Abs. 2 HGB – noch hinzukommen, dass der Verlustanteil seinem Kapitalkonto auch dann zu belasten ist, wenn dieses dadurch passiv wird. Bei Gesellschaftern einer GbR wird dies schließlich nur angenommen, wenn es ihnen gelungen ist, durch einzelvertragliche Absprachen mit allen Gläubigern die Haftung auf das Gesellschaftsvermögen (also unter Ausschluss des grundsätzlich haftenden PV) zu beschränken[616].

3.5.4.2 § 15a EStG bei anderen Einkunftsarten

In den anderen Gewinneinkunftsarten (§ 13 Abs. 7 und § 18 Abs. 4 EStG) führt ein Pauschalverweis auf § 15a EStG zu dessen – wohl nur theoretischen[617] – Anwendbarkeit.

Von größerer Bedeutung ist hingegen die in § 20 Abs. 1 Nr. 4[618] EStG und in § 21 Abs. 1 S. 2 EStG angeordnete Geltung des § 15a EStG. Stellvertretend wird die Bedeutung für gemeinschaftliche Vermietungseinkünfte aufgezeigt. Eine rein vermögensverwaltende KG erzielt z.B. als Bauherrengemeinschaft bzw. als geschlossener Immobilienfonds Vermietungseinkünfte. Die traditionell hohe Fremdkapitalquote führt bereits häufig in der Investitionsphase zu negativen Beteiligungsanteilen (Kapitalkonten). Die – in der Rechtsform einer KG, verbunden mit den Haftungsprivilegien – erzielten V+V-Einkünfte der G'fter unterliegen in der Verlustbeurteilung der sinngemäßen Anwendung des § 15a EStG. Die zahlenmäßige Auswirkungen werden im Teil A, Kap. II (V+V) dargestellt.

3.5.5 Konkurrenzfragen

Wie indirekt aus § 15a Abs. 5 Nr. 3 EStG ersichtlich wird, hat der Gesetzgeber das Konkurrenzproblem zu § 2a EStG (negative ausländische Einkünfte) gesehen. Innerhalb

---

[615] Das bedeutet bei einem OHG-G'fter oder einem Komplementär, dass sie dann unter das „Verlust-Regime" des § 15a EStG (Ausgleich bis zur Höhe der Einlage) fallen, wenn es ihnen gelungen ist, im Außenverhältnis gegenüber Geschäftspartnern die Haftung auf die Einlage zu begrenzen.
[616] Nach dem Urteil des BGH vom 27.09.1999 (DStR 1999, 1704).
[617] Wegen des „Auffangcharakters" gewerblicher Einkünfte hat § 15 EStG grundsätzlich Vorrang.
[618] § 15a EStG kann demnach in beiden steuerlichen Fällen der stillen Gesellschaft anwendbar sein; bei der typisch stillen und bei der atypisch stillen Gesellschaft.

ihrer jeweiligen Regelungsbereiche sind beide Normen getrennt anzuwenden. Bei einem **überlappendem** Sachverhalt, d.h. im Kollisionsfall (nach beiden Vorschriften liegen nur verrechenbare Verluste vor), geht § 15a EStG vor (R 138d Abs. 5 EStR).

§ 2b EStG und § 15a EStG hingegen stehen gleichberechtigt nebeneinander. Praktikabler ist die Ansicht, dass beim Aufeinandertreffen mehrerer Verlustbeschränkungsnormen diejenige mit den weitergehenden Einschränkungen Vorrang hat[619].

3.5.6 Ausscheiden des Kommanditisten und die Beendigung der Kommanditgesellschaft

Sowohl die Liquidation der KG (Regelfall der Beendigung einer PersG gem. § 145 HGB) wie auch das Ausscheiden des Kommanditisten (entweder durch An-/Abwachsung oder durch rechtsgeschäftliche Übertragung auf einen Dritten) hinterlassen ein negatives Kapitalkonto mit z.T. ungeklärten Rechtsfolgen.

3.5.6.1 Behandlung der verrechenbaren Verluste

Die nach § 15a Abs. 2 EStG geparkten Verluste sind auch mit Veräußerungsgewinnen des ausscheidenden Kommanditisten nach § 16 Abs. 1 Nr. 2 EStG verrechenbar.

Während bei der unentgeltlichen Übertragung der Beschenkte (Erbe, Vermächtnisnehmer) nicht nur das Kapitalkonto des Alt-Kommanditisten, sondern nach § 6 Abs. 3 EStG auch dessen verrechenbaren Verluste übernimmt (BFH vom 10.03.1998, BStBl II 1999, 269), treten bei der entgeltlichen Übertragung Probleme auf.

Verbleiben nach der grundsätzlich zulässigen Aufrechnung der nach § 15a Abs. 2 EStG verrechenbaren Verluste mit dem Veräußerungsgewinn des Alt-Kommanditisten noch Restbestände, so lässt die h.M. eine Umwandlung dieser eigentlich nur verrechenbaren Verluste in ausgleichsfähige Verluste zu (R 138d Abs. 4 EStR). Von dieser Meistbegünstigung macht das FG M'ster vom 15.04.1999 (EFG 2000, 1321) eine berechtigte Ausnahme für den Fall der Sanierung (§ 3 Nr. 66 EStG a.F.), da eine Doppelvergünstigung nicht vorgesehen ist.

3.5.6.2 Behandlung des negativen Kapitalkontos

Grundsätzlich zählt die Übernahme des negativen Kapitalkontos durch den Erwerber zum Veräußerungserlös bzw. zum Aufgabegewinn nach § 16 Abs. 1 Nr. 2 bzw. Abs. 3 EStG, obwohl der Alt-Kommanditist nach HGB nicht zum Auffüllen des passiven Kontos verpflichtet ist (keine Nachschusspflicht)[620]. Bei der näheren Ausgestaltung der Rechtsfolgen werden jedoch zwei Szenarien unterschieden:

1. Das negative Kapitalkonto beruht auf ausgleichsfähigen Verlusten und
2. das negative Kapitalkonto beruht auf verrechenbaren Verlusten.

---

[619] So auch *Heinicke-Schmidt*, § 2a Rz. 9.
[620] Absolut h.M. (statt aller *Reiß* in *K/S/M*, § 16 C 84 ff.) bzw. s. § 52 Abs. 33 S. 3 EStG.

3 Spezielle Beschränkungen bei der Verlustverrechnung

Zu 1.: Negatives Kapitalkonto bei ausgleichsfähigen Verlusten

Bei einer entgeltlichen Übertragung wird das negative Kapitalkonto (mit ausgleichsfähigen Verlusten) als Teil des Veräußerungsgewinnes nach § 16 Abs. 1 bzw. 2 EStG behandelt. Dieses Ergebnis wird mit allgemeinen Gerechtigkeitsüberlegungen begründet, wonach der Alt-Kommanditist, der früher die steuerlichen Verlustvorteile geltend machte, nunmehr auch den Nachteil eines Veräußerungsgewinnes in Kauf nehmen müsse (§ 52 Abs. 33 S. 3 EStG!). Eine Ausnahme (kein Veräußerungsgewinn) wird nur für den Fall zugelassen, dass der ausscheidende Kommanditist aufgrund einer Bürgschaft oder dgl. noch in Anspruch genommen werden kann (H 138d „Bürgschaft" EStH).

Zu 2.: Negatives Kapitalkonto bei verrechenbaren Verlusten

Die Rechtsfolge für diesen Fall ist höchstrichterlich nicht eindeutig entschieden und führt zu unterschiedlichen Auffassungen:

- Nach der wohl h.M. führt das Schweigen des Gesetzgebers in § 52 Abs. 33 S. 3 EStG in dieser Variante zu keinem steuerbaren Veräußerungstatbestand. Dies wird vor allem damit begründet, dass die Befreiung von der Verlustausgleichspflicht keine zu besteuernde Vermögensmehrung sei[621].
- Einige FG vertreten mit der Gegenmeinung in der Lit. die Auffassung, dass auch hier ein Gewinn nach § 16 EStG anfalle, der mit ggf. noch bestehenden Verlusten des § 15a Abs. 2 EStG zu verrechnen sei[622].
- Eine vermittelnde Meinung kommt nur für den Fall zu einem Veräußerungsgewinn, da der Erwerber ein zusätzliches Entgelt zahle, ansonsten führten beide divergierenden Ansichten zum gleichen Ergebnis[623].

Mit BFH-Erkenntnissen in vergleichbaren Fallkonstellationen (keine Besteuerung des negativen Kapitalkontos, wenn sie aus Verlusten resultieren, die einem Abzugsverbot unterliegen[624]) ist aus Billigkeitsgründen der Teil des negativen Kapitalkontos, der aus **verrechenbaren** Verlusten entstanden ist, **nicht** zu versteuern.

3.5.6.3 Behandlung beim Erwerber

Bei Ausscheiden des Kommanditisten ordnet § 52 Abs. 33 S. 4 EStG an, dass bei Vorliegen eines negativen Kapitalkontos der hieraus resultierende Gewinn bei den verbleibenden vollhaftenden Gesellschaftern als Verlust(-anteil) anzusetzen ist. Dies gilt jedoch nicht bei einem Gesellschafterwechsel.

Diese nur für den Fall der Anwachsung vorgesehene Rechtsfolge wird von der h.M. nur dann angewandt, soweit dem negativen Kapitalkonto keine stillen Reserven entsprechen (R 138d Abs. 6 S. 3 – 5 EStR).

---

[621] Statt aller *von Beckerath* in *K/S/M*, § 15a B 363.
[622] FG Köln vom 22.08.1995 (EFG 1995, 1045) sowie aus der Lit. *Schmidt*, § 15a Rz. 224 und *Littmann/Bitz*, § 15a Rz. 50.
[623] S. *Reiß* in *K/S/M*, § 16 C 89.
[624] BFH vom 26.10.1994 (BStBl II 1995, 297) und vom 25.01.1996 (BStBl II 1996, 289).

4 Verluste im Recht der Unternehmenssanierungen sowie in der Gewerbesteuer

4.1. Verluste beim „Mantelkauf" nach § 8 Abs. 4 KStG[625]

4.1.1 Begriff des „Mantelkaufs"/Motive

Als Mantelkauf wird die Übertragung aller Anteile oder einer qualifizierten Mehrheit der Anteile an einer KapG (GmbH, AG) bezeichnet. Die GmbH hat dabei ihren ursprünglichen Geschäftsbetrieb eingestellt, ist im übrigen vermögenslos geworden oder verfügt über kein nennenswertes Vermögen mehr[626]. Nunmehr wird durch die neuen Anteilseigner neues Kapital in die GmbH „geschleust" und dabei die GmbH in ihrer geschäftlichen Ausrichtung neu gestaltet.

Steuerliche wie nicht steuerliche Motive halten sich dabei die Waage. Als nicht steuerliche Ziele werden vor allem die Vermeidung des langwierigen Eintragungsverfahren (bei Gründung einer neuen GmbH) und der Haftungssituation im Gründungsstadium der GmbH[627] genannt. Rein steuerlich geht es häufig um die Verrechnung der erhofften neuen Gewinne mit den alten Verlusten. Grundvoraussetzung (war und) ist dabei die rechtliche Identität der GmbH, die kaum Probleme bereitet.

Die einfache Möglichkeit, sich durch Umhängen eines (anderen) Rechtskleides eine Kompensationsmöglichkeit für Gewinne zu schaffen, war dem BFH – alleine wegen des Grundsatzes der Leistungsfähigkeit – immer schon ein Dorn im Auge.

4.1.2 Die Entwicklung der BFH-Rechtsprechung und die Folgereaktion

In den ersten Entscheidungen zum Verlustabzug beim Mantelkauf hat der BFH den Verlustabzug versagt, da zwischen dem Stpfl., der den Verlust erlitten hat, und dem, der ihn nutzen will, Personengleichheit bestehen müsse[628]. In zwei weiteren Entscheidungen aus dem Jahre 1966, in denen die „neuen" – zivilrechtlich identischen – Gesellschaften durch Zuführung von neuem Kapital an die Stelle der „alten" GmbH's getreten sind, hat der BFH mit anderen Gründen den Verlustabzug versagt. Beim Wegfall „sämtlicher sachlicher und persönlicher Grundlagen" zwischen Alt-GmbH und Neu-GmbH gäbe es keinen Verlustabzug[629]. Dies war die Geburtsstunde der wirtschaftlichen Identität, die allerdings nicht lange dauern sollte. Während der BFH im Jahre 1973 in seiner ersten positiven Entscheidung den Verlustabzug zuließ, weil im konkreten Fall das „sachliche und persönliche Substrat" erhalten blieb[630], distanzierte sich der BFH in zwei Entscheidungen (BFH vom 29.10.1986, BStBl II 1987, 308 und 310) von seiner eigenen Rspr. und versagte den

---

[625] Vgl. auch *Maurer*, Band 2, Teil C, Kap. III und IV (inkl. der Darstellung in der EK-Gliederung).
[626] Vgl. *Scholz*, GmbH-Komm., § 3 Anm. 18.
[627] Handelndenhaftung nach § 11 Abs. 2 GmbHG sowie die Verlustdeckungshaftung nach § 9 Abs. 1, § 9c GmbHG analog (vgl. *K. Schmid*, Gesellschaftsrecht, § 4 III).
[628] BFH vom 08.01.1958 (BStBl III 1958, 97) sowie vom 27.09.1961 (BStBl III 1961, 540).
[629] BFH vom 15.02.1966 (BStBl III 1966, 289) und vom 17.05.1966 (BStBl III 1966, 514).
[630] BFH vom 19.12.1973 (BStBl II 1974, 181).

Verlustabzug nur noch bei fehlender rechtlicher Identität. Mit dieser Rspr. waren für vier Jahre Verlustvorträge bei KapG „marktfähig", d.h. veräußerbar. Das StRefG 1990 hat schließlich diese Entwicklung gestoppt und den Verlustabzug sowohl von der rechtlichen wie der wirtschaftlichen Identität abhängig gemacht. In der Urversion des § 8 Abs. 4 KStG wurde die wirtschaftliche Identität erst bei einer Übertragung von mehr als drei Viertel verneint. Mit dem Gesetz zur Fortsetzung der Unternehmensteuerreform 1997 wurde die Verlustnutzung bei Umstrukturierungen, an denen KapG beteiligt sind, in erheblichem Maße eingeschränkt. Danach liegt die wirtschaftliche Identität bereits dann nicht mehr vor, wenn mehr als 50 % der Anteile übertragen werden und wenn der KapG überwiegend neues BV zugeführt wird. Der neu eingefügte S. 3 begünstigt steuerlich die Sanierungsfälle, wonach die Zuführung von neuem BV dann unschädlich ist, wenn sie allein der Sanierung des Betriebes dient, der den verbleibenden Verlust verursacht hat. Des Weiteren muss im Sanierungsfall der Geschäftsbetrieb im vergleichbaren Umfang in den folgenden fünf Jahren fortgeführt werden.

Die Neufassung brachte mehr Unsicherheit als Planungssicherheit, so dass erst seit Vorliegen der Verwaltungsanweisung aus dem Jahre 1999 die Vorschrift handhabbar erscheint.

4.1.3 Die wirtschaftliche Identität im Besonderen

Wirtschaftliche Identität liegt insb. dann nicht vor:

- Wenn mehr als 50 % der Anteile an der KapG übertragen werden,
- danach überwiegend neues BV hinzugeführt wurde
- und kein Sanierungsfall vorliegt (d.h. eine Sanierung ist unschädlich).

Nach dem BMF-Schreiben vom 16.04.1999 zu § 8 KStG (BStBl I 1999, 455); nachfolgend in diesem Zusammenhang nur mit Rz. zitiert) soll noch ein weiterer Indikator für den Verlust der wirtschaftlichen Identität hinzukommen, i.e. der „Branchenwechsel".

In methodischer Hinsicht sind zwei Streitfragen seit der Einführung des § 8 Abs. 4 KStG durch das BMF-Schreiben geklärt:

- Die gesetzliche Aufzählung ist nicht abschließend; sie hat exemplarischen Charakter[631].
- Nach dem Urteil des BFH vom 13.08.1997 (BStBl II 1997, 829; BMF Rz. 29) müssen die Voraussetzungen nicht vollständig erfüllt sein[632].

---

[631] So sind nach Rz. 26 (des BMF-Schreibens) dem Gesellschafterwechsel durch Übertragung von mehr als 50 % folgende Fälle gleichgestellt:
- Eine Kapitalerhöhung, bei der die Neu-G'fter danach zu mehr als 50 % beteiligt sind.
- Eine Verschmelzung auf die Verlustgesellschaft mit einer entsprechenden Mehrheitsbeteiligung der Neu-G'fter.
- Die Einbringung nach § 20 UmwStG mit entsprechend neuen Beteiligungsverhältnissen.

[632] Als Beispielsfall wird der Fall zitiert, dass der Neu-G'fter nicht mehr als 50 % der Anteile hält, aber eine entsprechende „Mehrheitsposition" innehat.

Damit hat der Gesetzeswortlaut insgesamt nur „Modellcharakter". Außerdem ist nunmehr die Regelung zum Verlustabzug bei KapG aus dem reinen Anwendungsbereich das „Mantelkaufs" herausgetreten. Sie stellt ein allgemeines Thema bei der Umstrukturierung von KapG dar.

Beispiel 22: Neue Mäntel kleiden gut[633]

Die Gesellschafter A und B halten alleine zu je 50 % die Anteile an der X-GmbH (mit Mindeststammkapital von 25.000 €; Gesellschaftszweck: Bekleidungsgeschäft, insb. Herren- und Damenmäntel). Nachdem der Verlustvortrag der GmbH auf 300 T€ aufgelaufen ist, wird eine Kapitalerhöhung erforderlich (03). Den neuen Anteil i.H.v. 100 T€ übernimmt C alleine. Zwei Jahre später (05) erwirbt C die Anteile des A, ohne dass sich etwas an der Verlustsituation ändert. Der Verlustvortrag beträgt in 07 bereits 500 T€.

Die Aktiva der GmbH schrumpfen von 750 T€ (03) auf jetzt (07) nur noch 150 T€ (bei einem seit 03 konstanten Negativkapital in der Bilanz i.H.v. 15.000 €).

Im nächsten Jahr (08) entschließt sich C, aus dem „Mantelgeschäft" auszusteigen und kauft zu diesem Zweck die Anteile des B, um

1. ab 08 nur noch erfolgversprechenden Handel mit Dessous zu betreiben,
2. ab 08 in den Verkaufsräumen ein esoterisches Geschäft zu führen.

Kann C (nunmehriger Alleininhaber der X-GmbH) die Altverluste bei „seiner" neuen GmbH geltend machen?

Trotz des (nur noch) exemplarischen Charakters von § 8 Abs. 4 KStG sind vorweg dessen Tatbestandsmerkmale zu prüfen.

Lösung:

a) **Übertragung von mehr als 50 % der Anteile?**
Zwar hat C die Anteile in 03 nicht gekauft, sondern durch eine Kapitalerhöhung erworben. Der Erwerb mittels Kapitalerhöhung bei entsprechender neuer Gesellschafterposition steht nach Rz. 26 einem unmittelbaren Mehrheitserwerb gleich. Die weiteren Zukäufe der Anteile der Alt-G'fter A und B waren dazu nicht mehr erforderlich.

b) **Zuführung von überwiegend neuem BV?**
Nach Rz. 12 betrifft die Zuführung von neuem BV den Zeitraum von fünf Jahren nach der schädlichen Anteilsübertragung. Danach überwiegt neu zugeführtes BV, wenn das – gleich wie finanzierte[634] – **Aktivvermögen** das im Zeitpunkt der Anteilsübertragung vorhandene **Aktivvermögen** übersteigt.

---

[633] S. vergleichbare Fallstudie von *Jansen*, DStR 2001, 837.
[634] Die Finanzierung über Eigenmittel oder qua Fremdkapital spielt dabei keine Rolle; also **kein Abzug von Schulden** (s. auch Rz. 9).

Hier betrug das Aktivvermögen im Zeitpunkt der Übertragung (03) 735 T€ (750 T€ ./. 15 T€). Somit sind Zuführungen schädlich, die diesen Betrag innerhalb der Fünfjahresfrist (d.h. bis 08) nach der Kapitalerhöhung überschreiten.

Exkurs: Der BFH hat im Urteil vom 08.08.2001 (DB 2001, 2380) die Zuführung von neuem BV auch dann angenommen, wenn die Neuzuführungen den Bestand des vor der Zuführung vorhandenen Restaktivvermögens übersteigen[635] und dabei zusätzlich ausgeführt, dass die Übernahme von Bürgschaften und die Einräumung von Sicherheiten für Bankkredite der Zuführung von neuem Aktivvermögen vergleichbar sei.

c) Kein Sanierungsfall

Die Zuführung neuen BV ist nach Rz. 13 ff. dann unschädlich, wenn

- sie allein der Sanierung dient,
- der Geschäftsbetrieb, der den Verlust verursacht hat, in einem nach dem Gesamtbild der wirtschaftlichen Verhältnisse vergleichbaren Umfang erhalten wird[636] und
- die KapG den Geschäftsbetrieb in diesem Umfang fünf Jahre fortführt.

Nach diesen drei kumulativen Voraussetzungen soll es der KapG möglich sein, den angeschlagenen Betrieb zu sanieren, ohne dabei den Verlust der Verluste zu riskieren.

Unstreitig liegt im Beispielsfall von 03 – 07 kein Sanierungsfall vor. Zu den gesetzlichen o.g. drei Tatbestandsmerkmalen gesellt sich nach Verwaltungsauffassung ein zusätzliches Merkmal:

d) Schädlicher Branchenwechsel (Rz. 10)

Obwohl eine KapG steuerlich nur einen einheitlichen Geschäftsbetrieb unterhalten kann, wird im Einstellen des einen Geschäftsbetriebs und in der Eröffnung eines neuen Geschäftsbetriebs ein schädlicher Branchenwechsel angenommen.

Im ersten Beispielfall (Umstellen auf Dessous) liegt nach Rz. 19 nur ein unbeachtlicher Strukturwandel vor, da die Änderung ohne wesentliche Änderung der personellen und sachlichen Ressourcen erfolgen kann.

Im zweiten Beispielfall (esoterisches Geschäft) kann man zwar eine längere Umstellungsphase als fünf Jahre fordern[637], eine Verwendung der früheren sachlichen Ressourcen des Textileinzelhandels erscheint bei dem neuen Betätigungsfeld der esoterischen Beratung wenig wahrscheinlich.

---

[635] Unproblematisch ist dies der Fall, wenn das neue Aktivvermögen unter Verrechnung von Zugängen und Abgängen im betragsmäßigen Saldo höher als das ursprüngliche Aktivvermögen ist.
[636] Nach Rz. 16 ist ein **Abschmelzen** des verlustverursachenden Geschäftsbetriebs innerhalb des Fünfjahreszeitraumes um **mehr als die Hälfte** schädlich.
[637] Vgl. *Jansen* a.a.O. DStR 2001, 837 (bis zu acht Jahren);

4.2 Verluste im Umwandlungssteuerrecht

Mit der Neufassung des UmwG/UmwStG 1994 (Geltung ab VZ 1995) wurde ursprünglich die Möglichkeit geschaffen, den „... verbleibenden Verlustabzug i.S.d. § 10d Abs. 3 EStG (a.F.) ..." auf die übernehmende Gesellschaft zu übertragen, wobei die übertragende KapG ihren Geschäftsbetrieb noch nicht eingestellt haben durfte. Mit dem Gesetz zur Fortsetzung der Unternehmenssteuerreform (1997; Geltung ab 1998) wurde § 12 Abs. 3 S. 2 UmwStG deutlich verschärft, da nunmehr das Merkmal der Betriebseinstellung entfällt.

Für die Nutzung der Verluste ist jetzt Voraussetzung, **"... dass der Betrieb oder Betriebsteil, der den Verlust verursacht hat, über den Verschmelzungsstichtag hinaus in einem nach dem Gesamtbild der wirtschaftlichen Verhältnisse vergleichbaren Umfang in den folgenden fünf Jahren fortgeführt wird"**.

Obwohl in § 12 UmwStG andere Ausgangsbegriffe (Betrieb/Betriebsteil) wie in § 8 Abs. 4 KStG (Geschäftsbetrieb) gewählt wurden, ist es offensichtlich, dass § 12 Abs. 3 UmwStG als Parallelvorschrift zu § 8 Abs. 4 KStG zu werten ist. Der dogmatische Unterschied liegt in der Verlustfortführung **ein- und derselben** KapG beim Mantelkauf, während bei Umwandlungen nach § 12 Abs. 3 UmwStG, der für Verschmelzungen, Spaltungen und Übertragungen gilt, die **neue (zweite)** KapG den Verlust fortführen soll.

Trotz des rechtlichen Charakters als Parallelvorschriften kann es vorkommen, dass beide Vorschriften miteinander konkurrieren und dass es – je nach vertraglicher Ausgestaltung – zu unterschiedlichen Antworten bezüglich der Verlustfortführung kommt.

> **Beispiel 23: Was gilt bei einer Verschmelzung?**[638]
> Die B-GmbH (mit § 10d-Verlustvorträgen) wird auf die A-GmbH (ebenfalls mit § 10d-Vorträgen) verschmolzen. Nach der Verschmelzung sind an der A-GmbH die bisher nicht beteiligten Gesellschafter der B-GmbH zu mehr als 50 % beteiligt.

Fälle der eben geschilderten Art machen deutlich, dass es wegen der heterogenen Ausgangslage (beide GmbH haben Verlustvorträge) zur unterschiedlichen Anwendung beider Verlustvorschriften kommt. Soweit es um die Verlustkontinuität der A-GmbH geht, ist § 8 Abs. 4 KStG einschlägig (Verlustfortführung der **identischen** KapG). Bei der Verlustübertragung der B-GmbH auf die A-GmbH ist § 12 Abs. 3 S. 2 UmwStG anzuwenden.

> **Lösung:**
> Wenn die anderen zusätzlichen Voraussetzungen des § 8 Abs. 4 KStG bei der A-GmbH gegeben sind (Zuführung von überwiegend neuem BV/kein Sanierungsfall), kann die A-GmbH ihren **eigenen** (Alt-)Verlust nicht mehr geltend machen.
> Andererseits kann bei Vorliegen der Vorrausetzungen des § 12 Abs. 3 UmwStG der Verlust der B-GmbH auf die A-GmbH übertragen werden[639].

---

[638] Abgewandeltes Bsp. zu Rz. 47 des BMF-Schreibens vom 16.04.1999 (BStBl I 1999, 455).

Nachfolgend werden die wichtigsten Voraussetzungen des § 12 Abs. 3 S. 2 UmwStG in der Form eines Kurzkommentars dargestellt:

1. **Betrieb oder Betriebsteil, (der fortgeführt wird):**
   Trotz der Bedenken in der Lit.[640] hält die Verwaltung an den gesetzlichen Begriffen fest. Der neue Terminus „Betriebsteil" soll gegenüber dem Oberbegriff „Betrieb" ein abgrenzbarer Teilausschnitt aus den Gesamtaktivitäten des Unternehmers darstellen, wobei einzelne WG oder Kostenstellen noch nicht zu einem Betriebsteil führen (Rz. 37).

   Beispiel 24: Verluste eines Betriebsteils
   Die A-GmbH hat zwei gleichwertige Betriebsteile und erzielt in den Jahren 01 und 02 folgende Ergebnisse:

	BT (1)	BT (2)	Gesamt
01	+ 400	./. 800	./. 400
02	./. 200	+ 300	+ 100
Summe	+ 200	./. 500	./. 300

   Die A-GmbH wird Ende des Jahres 02 auf die B-GmbH verschmolzen, die nur den Betriebsteil (2) fortführt.

Für die praktisch wichtige Frage der Abgrenzung von Verlusten eines Betriebsteils stellt die Verwaltung auf eine isolierte Betrachtung des verlustverursachenden Betriebsteils – unter Einbeziehung ggf. auf diesen Betriebsteil anfallender Gewinne – ab (Rz. 40).

   Lösung:
   Da der Betrieb der A-GmbH nicht fortgeführt wird, kann die B-GmbH nicht den gesamten Verlust von ./. 300 fortführen. Der Verlust des Betriebsteils (2) i.H.v. ./. 500 ist dem Grunde nach bei der B-GmbH abziehbar.
   Nach Rz. 40 wird der Verlust des Betriebsteils aber **auf die Höhe des Gesamtbetrages (hier: ./. 300) begrenzt.**

2. **Fortführung (des Betriebs etc.):**
   Der Fünfjahreszeitraum beginnt mit dem steuerlichen Übertragungsstichtag. Dabei ist es unschädlich, wenn der Betrieb (Betriebsteil) erweitert wird, wenn er nur in dem geforderten Umfang fortgeführt wird (Rz. 42).

---

[639] Ähnliche Konstellationen kommen zum Tragen, wenn eine aktive A-GmbH auf eine inaktive B-GmbH verschmolzen wird und das Unternehmenswertverhältnis 1:1 beträgt (demzufolge **nur 50 %** der Geschäftsanteile übertragen werden). In diesem Fall bleibt es aber beim Erhalt beider Verlustvorträge (§ 8 Abs. 4 KStG steht nicht entgegen); s. dazu Rz. 49 des BMF sowie *Honert/Neumayer*, DStR 1997, 151.

[640] *Hörger/Endres*, DB 1998, 388; *Füger/Rieger*, DStR 1997, 1427 insb. wegen des neuen Begriffs des „Betriebsteils", der ohne Legaldefinition eingeführt wurde. Außerdem wird die diffuse neue Dreiteilung „Betrieb, Teilbetrieb, Betriebsteil" kritisiert.

Die Reduzierung ist dann schädlich, wenn der Betrieb im maßgeblichen Zeitraum um **mehr als die Hälfte** abgeschmolzen wird. Als Indikatoren für das „Hälfte-Kriterium" kommen sowohl Umsatz, Aktivvermögen, Auftragsbestand oder auch die Anzahl der Arbeitnehmer in Betracht.

3. Folgeaktivitäten der übernehmenden KapG:
Die übernehmende KapG darf den fortgeführten Betrieb (Betriebsteil) i.R.d. Betriebaufspaltung weiter verwenden. Schädlich sind hingegen Übertragungen im Wege der Einzelrechtsnachfolge. Somit ist die Einbringung eines Betriebsteils nach § 20 UmwStG (ebenso wie die Veräußerung) schädlich, während bei Gesamtrechtsnachfolge der Rechtsnachfolger den noch nicht aufgebrauchten Verlustvortrag weiter nutzen darf (Rz. 43 f.). Auf die Konzernklausel i.e.S. wird an dieser Stelle nicht eingegangen.

4.3 Der Verlustvortrag gem. § 10a GewStG

Die Interessenslage ist bei der „Rettung" des gewerbesteuerlichen Verlustes anders gelagert als die Abzugsdiskussion im Körperschaft- und Umwandlungssteuerrecht. Während dort die zivilrechtliche Ausgangssituation (die beteiligten Rechtsträger sind juristische Personen) die Rspr. und die Verwaltung vor eine Bewährungsprobe stellen, bereitet bei § 10a GewStG der **Objektsteuercharakter** der GewSt große Probleme.

Vorgreiflich ist auf drei technische Besonderheiten der gewerbesteuerlichen Verlustverrechnungen hinzuweisen:

1. Der Gewerbesteuerverlust heißt **Fehlbetrag**.
2. Trotz gelegentlicher Anläufe wird ein gewerblicher Fehlbetrag nur im Wege des **Vortrages** berücksichtigt. Der BFH vom 09.11.1990 hat den fehlenden Rücktrag wegen der Haushaltsbedenken für die Gemeinden gutgeheißen (BFH/NV 1991, 766).
3. Die Ermittlung des Fehlbetrages folgt der Systematik des GewStG. Nach dem bereinigten Ertragsteuerergebnis (§ 7 GewStG) sind noch Hinzurechnungen (§ 8 GewStG) und Kürzungen (§ 9 GewStG) zu berücksichtigen. Auf diese Weise kann sich bei einem Überhang an Kürzungen ein Gewerbeverlust ergeben, obwohl nach dem EStG bzw. nach dem KStG ein Gewinn erzielt wurde.

Für **KapG** belässt es das Gewerbesteuerrecht für den Vortrag des Fehlbetrages bei der Anwendung der §§ 10d EStG, 8 Abs. 4 KStG (rechtliche und wirtschaftliche Identität von Fehlbetragsverursacher und dem abziehenden Rechtsträger).

Für Einzelunternehmen (Objektsteuer!) wie für PersG wird aufgrund ständiger BFH-Rspr.[641] neben der **Unternehmensidentität** auch die **Unternehmeridentität** gefordert.

Dabei ist die – dem Gewerbesteuerrecht ohnehin immanente – **Unternehmensidentität** (A 67 GewStR) eher eine Leerformel, die die identische Erscheinungsform des verursachenden und anrechnenden Betriebes festschreibt. Dabei sind strukturelle Änderungen

---

[641] Entscheidender Beschluss des BFH vom 03.05.1993 (BStBl II 1993, 616) aufgrund des Vorlagebeschlusses des VIII. Senats vom 27.11.1991 (BStBl II 1992, 563).

(betriebswirtschaftliche Anpassungen) ebenso unschädlich wie rechtliche Umstrukturierungen:

- Umwandlungs- und Einbringungsvorgänge ändern daher nichts an der Unternehmensidentität (vorbehaltlich spezialgesetzlicher Regelungen wie §§ 18 f. UmwStG[642]), wenn die Identität des eingebrachten Betriebes gewahrt bleibt.
- Allein bei der Realteilung wird für § 10a GewStG – wie seit 1999 auch nach § 16 Abs. 3 S. 2 EStG – das zusätzliche Erfordernis des Teilbetriebes aufgestellt (A 67 Abs. 2 S. 8 f. GewStR).

Mit dem Zusatzkriterium der **Unternehmeridentität** wird ein persönliches Anknüpfungsmerkmal in die Objektsteuer „GewSt" transportiert. Mit der weiteren Formulierung, dass nur derjenige Gewerbetreibende den Fehlbetrag abziehen darf, der den „... Verlust zuvor in eigener Person **erlitten** hat ..." (A 68 Abs. 1 S. 1 GewStR), scheint der Grundsatz der subjektiven Leistungsfähigkeit auch in der GewSt einzuziehen. Gemeint ist und betroffen sind damit folgende Hauptgruppen:

a) Aus einem Einzelunternehmen wird eine PersG.
b) In einer PersG kommt es zu einem Gesellschafterwechsel.
c) Fälle der Organschaft.

Zu a): Einzelunternehmen ⇒ PersG

Im Falle des Beitritts eines Partners in ein Einzelunternehmen oder bei Einbringung eines Betriebs in eine PersG nach § 24 UmwStG kann der alte Fehlbetrag (des Einzelunternehmens auch von dem neuen Rechtssubjekt (PersG) abgezogen werden. Der Höhe nach wird jedoch nur der Anteil berücksichtigt, der gem. dem Gewinnverteilungsschlüssel auf das frühere Einzelunternehmen entfällt.

Zu b): Wechsel im Gesellschafterbestand einer PersG

Die hierzu ergangenen Urteile, die von der Verwaltung (A 68 Abs. 3 GewStR) übernommen wurden, erlauben die folgende Kasuistik:

- Beim Ausscheiden eines Gesellschafters (An-/Abwachsung nach § 738 BGB) entfällt der Verlustabzug nach § 10a GewStG i.H.d. Beteiligungsquote des Alt-Gesellschafters (BFH vom 14.12.1989, BStBl II 1990, 436).
- Bei Eintritt eines Neu-Gesellschafters in eine PersG bleibt es beim kompletten Verlustabzug; er wird jedoch nur von dem neuen Gewerbeertrag abgezogen, der auf die Alt-Gesellschafter entfällt (BFH vom 03.05.1993, BStBl II 1993, 616).
- Bei einer Veräußerung des MU-Anteils an Dritte gem. § 16 Abs. 1 Nr. 2 EStG werden die Grundsätze (s.o.) kombiniert.

---

[642]
- Bei einer Verschmelzung gilt § 19 Abs. 2 UmwStG;
- Bei einer Spaltung ist ein Fehlbetrag gem. § 19 i.V.m. § 15 Abs. 4 UmwStG aufzuteilen;
- Bei einer Umwandlung einer KapG aus eine PersG (Einzelunternehmen) kann der übernehmende Rechtsträger den Fehlbetrag nicht übernehmen (§ 18 Abs. 1 S. 2 UmwStG);
- Bei einer Ausgliederung auf eine KapG bleibt der volle Fehlbetrag bei dem ausgliedernden Unternehmen.

Beispiel 25: Fehlbetrag – Quo vadis?
Gleiche Beteiligungsverhältnisse bei der A,B-OHG, die in 02 einen Fehlbetrag von 400.000 € erzielt. Ende 03 überträgt B an C; die OHG erzielt ein positives Ergebnis (+ 300.000 €). Auch in 04 erzielt die OHG einen positiven Gewerbeertrag (+ 100.000 €).

Lösung:

In 03 wird von 300 T€ Ertrag der Fehlbetrag (02) bis 0 abgezogen; zum 31.12.03 verbleibt als Vortrag:	./. 100.000 €
./. auf den ausgeschiedenen B entfallender Betrag	(50.000 €)
Gesondert festzustellender Betrag zum 31.12.03 (§ 10a S. 2 GewStG):	./. 50.000€
In 04 wird nur der hälftige Anteil des A (./. 50.000) beim Verlustabzug berücksichtigt. Damit beträgt der Messbetrag 04: 100.000 ./. 50.000 = 50.000 €.	
Gesondert festzustellender Betrag zum 31.12.04: (+ 50.000 aus 03 ./. 50.000)	0 €

Als Fazit wird festgehalten, dass dem gewerbesteuerlichen Verlustvortrag eine **steuerlich-höchstpersönliche** Qualität zukommt. Im Ergebnis kann nur der frühere **Verlusterzieler** den Fehlbetrag entsprechend seiner Beteiligungsquote **bei der PersG** später abziehen. Mit dieser Aussage lassen sich sämtliche Fälle zum gewerbesteuerlichen Verlustvortrag bei Personenstandsveränderung in PersG zum richtigen Ergebnis führen[643].

Zu c): Organschaft und Verlustvortrag

Selbst im Recht der Organschaft (Organe sind immer KapG) lässt der BFH die „persönliche" Betrachtungsweise gelten. Nach dem Urteil des BFH vom 23.01.1992 (BStBl II 1992, 630) sind die vor der Gründung des Organschaftsverhältnisses beim **Organ** entstandenen Gewerbeverluste von dem getrennt ermittelten positiven Gewerbeertrag dieser Organtochter abzuziehen. Ein weitergehender Ausgleich mit dem Gewerbeertrag des Organträgers ist nicht zulässig.

Für **vororganschaftliche Verluste**, die der spätere **Organträger** erstmals im EZ 1999 erzielt hat, gelten folgende Neuregeln (A 68 Abs. 5 S. 6 – 8 GewStR):

- Der Organträger kann einen vor der Begründung des Organschaftsverhältnisses erzielten Gewerbeverlust nicht von dem positiven Ertrag des Organs abziehen.
- Sind beim Organträger sowohl vor als auch nach der Gründung des Organschaftsverhältnisses entstandene Gewerbeverluste vorzutragen, sind die vororganschaftlichen Verluste vorrangig abzuziehen.

---

[643] So sind in A 68 Abs. 3 GewStR noch fünf weitere Fälle aufgeführt (u.a. zur Realteilung – Nr. 7 – und zur doppelstöckigen PersG – Nr. 8 –).

Teil C

Gewerbesteuer

C Gewerbesteuer

I Übersicht und Essentialia inklusive Berechnungsschema

Die Gewerbesteuer (GewSt) ist diejenige Steuer, die am stärksten den Bedenken der Steuerbürger ausgesetzt ist. So verwundert es nicht, dass sich allein in den Jahren von 1998 bis 2001 durchgreifende Änderungen vollzogen haben und die GewSt des Jahres 2001 mit der von 1997 nur noch im technischen Teil (Besteuerungsgrundlagen) vergleichbar ist. In der Wirkung für den Steuerzahler, d.h. für den Gewerbetreibenden, ist sie kaum mehr wiederzuerkennen, insb. wenn ihre Reflexwirkung für die ESt einbezogen wird. Die wichtigsten Änderungen in diesem Zeitraum galten:

- Der Beseitigung der Gewerbekapitalsteuer, womit nur noch der Gewerbeertrag besteuert wird. Die GewSt galt in der (bis EZ[644] 1997 wirksamen) Altfassung als „Zweikomponentensteuer", bei der neben dem Ertrag auch das Gewerbekapital besteuert wurde[645].
- Der Abschaffung der (einkommensteuerlichen) Tarifbegrenzung gem. § 32c EStG a.F. für gewerbliche Einkünfte, wonach z.B. gewerbliche Gewinne im VZ 2000 ab 84.780 DM nur mit 43 % ESt-Tarifsatz belastet wurden.
- Der Neueinführung der **Anrechnung** der GewSt bei Einzelunternehmern und Mitunternehmern (nach § 15 Abs. 1 Nr. 2 EStG) um das 1,8-fache des (anteiligen) GewSt-Messbetrages (§ 35 EStG). Ausgenommen von der Anrechnung sind die KapG.

Ziel dieser Maßnahmen ist die Reduzierung der doppelten Ertragsteuerbelastung für die Unternehmensträger „Einzelunternehmer und Personengesellschaft[646]" bei grundsätzlicher Beibehaltung der wichtigsten kommunalen Einnahmequelle. Die Charakteristika der GewSt sind:

- **Realsteuer**, wodurch der Objektcharakter[647] der GewSt unterstrichen wird (Gegenbegriff: Personensteuer, bei der die persönlichen Verhältnisse im Rahmen der steuerlichen Leistungsfähigkeit berücksichtigt werden).
- **Gemeindesteuer**, da das Aufkommen der GewSt nach Art. 106 Abs. 6 GG den Gemeinden zusteht. Beleg für die Autonomie der Gemeinden ist vor allem das der gemeindlichen Selbstverwaltungsgarantie (Art. 28 GG) entspringende Recht, eigene

---

[644] Im Unterschied zur ESt wird die Gewerbesteuer erhoben (§ 14 GewStG). Von daher EZ für Erhebungszeitraum.
[645] In den neuen Bundesländern ist bereits 1991 nur die Gewerbeertragsteuer eingeführt worden.
[646] Dies hat seinen Grund sowohl im (neuen) Halbeinkünfteverfahren für Kapitalgesellschaften und deren Anteilseigner wie auch in der allgemeinen steuerlichen Privilegierung der KapG, wonach diese – anders als Einzel- und Mitunternehmer – Leistungsentgelte der **G'fter im Dienste der KapG** mit steuerlicher Wirkung **als BA** abziehen dürfen.
[647] Zu den Ausnahmen bei § 10a GewStG vgl. die Übersicht unter Teil B, Kap. IV.

Hebesätze für die GewSt festzulegen[648]. Den Kommunen obliegt die Ertragshoheit der GewSt gem. § 1 GewStG. Nach A 3 GewStR haben die Gemeinden auch die Verwaltungshoheit, wobei sie von den Finanzämtern unterstützt werden.
- **Betriebliche Abzugsteuer**, womit sie als BA (Objektsteuer) bei der Ermittlung des gewerblichen Gewinnes abgezogen wird.
- **Direkte Steuer**, bei der Steuerschuldner und Steuerträger (-zahler) identisch sind.

Zur Ermittlung der Gewerbsteuerschuld wird folgendes **Berechnungsschema** verwendet:

Gewinn aus Gewerbebetrieb (§ 7 GewStG)
+ Hinzurechnungen (§ 8 GewStG)
./. Kürzungen (§ 9 GewStG)
(./. ggf. Gewerbeverluste, § 10a GewStG)
= **Gewerbeertrag (gem. § 11 Abs. 1 GewStG auf volle 100 € abrunden)**
(+ ggf. Ertrag von Organgesellschaften, § 2 Abs. 2 GewStG)
./. Freibetrag[649] i.H.v. 24.500 € (§ 11 Abs. 1 S. 3 Nr. 1 GewStG)
= **Maßgeblicher Gewerbeertrag**
x (gestaffelte[650]) Steuermesszahl (§ 11 Abs. 2 GewStG)
= **Steuermessbetrag (§ 14 GewStG)**
x Hebesatz (§ 16 GewStG)
= **GewSt**

---

[648] Die Hebesätze der größeren Gemeinden (> 50.000 Einwohner) erfahren eine Spreizung von 340 % (Rüsselsheim) bis 500 % (Frankfurt/Main im Jahre 2000).
[649] Nur bei nat. Personen (Einzelunternehmer) und PersG.
[650] Die Treppenstaffelung nach jeweils 12.000 € (für die ersten 12 T€: 1% usw.) gilt ebenfalls nur bei Einzelunternehmen und PersG.

II   Steuergegenstand und Steuerpflicht

1   Steuergegenstand der Gewerbesteuer

1.1   Historische Unterscheidung

Der GewSt unterliegen nach der Systematik des GewStG als Grundtypen des Gewerbebetriebs:

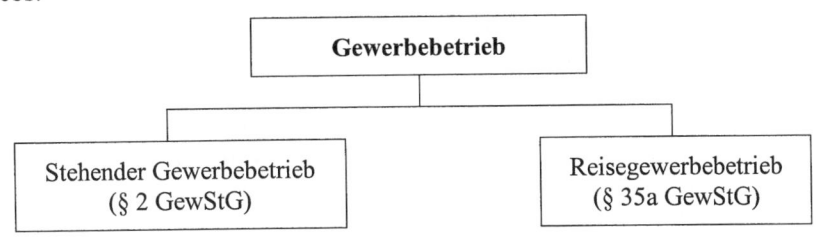

```
                    Gewerbebetrieb
                    /            \
      Stehender Gewerbebetrieb    Reisegewerbebetrieb
          (§ 2 GewStG)              (§ 35a GewStG)
```

Der Haupttyp des gewerbesteuerlichen Gewerbebetriebes ist der **stehende Gewerbebetrieb.** Der Reisegewerbebetrieb nach § 35a GewStG setzt demgegenüber voraus, dass der Inhaber über eine Reisegewerbekarte (oder eine Befreiung davon) verfügt. Die historische Unterscheidung war früher (bis 1979) allein deshalb von Bedeutung, da es bei Reisegewerbetreibenden – anders als beim Inhaber eines stehenden Gewerbebetriebs – keine Lohnsummensteuer für die Aufteilung der GewSt gab[651]. Heute erschöpft sich die Bedeutung der GewSt-Pflicht des „fahrenden Volkes" nach § 35a Abs. 3 GewStG darin, dass sich die Erhebungshoheit bei Reisegewerbetreibenden in der Gemeinde befindet, in der sich der Mittelpunkt der gewerblichen Tätigkeit befindet.

1.2   Anknüpfung an das Einkommensteuerrecht?

Wegen § 2 Abs. 1 S. 2 GewStG kann bei der Frage nach dem Vorliegen eines (gewerbesteuerlichen) Gewerbebetriebes auf die Ausführungen zu § 15 Abs. 2 EStG verwiesen werden[652]. Immer wieder wird in verwirrender Weise hervorgehoben, dass dieser Verweis in § 2 Abs. 1 S. 2 GewStG nur in materiell-rechtlicher Hinsicht gilt, ihm folglich verfahrensrechtlich keine Bindungswirkung zukäme[653]. Daran mag zwar richtig sein, dass die ESt-Feststellung des Gewerbebetriebes – trotz § 35b GewStG, der nur die Höhe des gewerblichen Gewinns betrifft – keine ausdrückliche Grundlagenwirkung gem. § 175 Abs. 1 Nr. 1 AO erzeugt. Dies hängt aber nur damit zusammen, dass die entsprechende

---

[651] Die letzte (nicht amtlich veröffentlichte) Entscheidung des BFH zu § 35a GewStG stammt vom 23.11.1983 (NV), wo es um die Beurteilung eines „reisenden Angestellten" ging.
[652] Teil A, Kap. III.
[653] So z.B. *Glanegger*, GewStG-Komm. (im folgendem wird nur der jeweilige Autor – *Glanegger* oder *Güroff* – zitiert), § 14 Rz. 5. Ähnlich der BFH vom 10.12.1998 (BFH/NV 1999, 1067) zur GewSt beim gewerblichen Grundstückshandel.

Feststellung im ESt-Bescheid (Gewerblichkeit: ja/nein) dort eine unselbständige Besteuerungsgrundlage bildet.

Beispiel 1: Der Rechtsanwalt als Insolvenzverwalter
RA Lay Fledderer F betreut zusammen mit 67 angestellten Mitarbeitern (RA-Kollegen, Betriebswirten und anderen) sowie mehreren Subunternehmern (Wirtschaftsprüfer) die großen Insolvenzen in seiner Region. F beharrt in der ESt-Erklärung auf Einkünfte nach § 18 EStG und sieht nicht ein, sich qua GewSt an den Infrastrukturmaßnahmen der Stadt B zu beteiligen, in der er seinen Geschäftssitz innehat. Das Wohnsitz-FA des F teilt dessen Ansicht, während die Stadt B nach entsprechender „Vorleistung" des Betriebs-FA einen GewSt-Bescheid erlässt.

Gem. § 16 Abs. 1 GewStG wird die GewSt von der „hebeberechtigten" Gemeinde aufgrund eines Bescheides über den Steuermessbetrag durch das Betriebs-FA erhoben. Der eigentliche GewSt-Bescheid wird von der Gemeinde dem Unternehmer gem. §§ 122 und 124 AO bekannt gegeben. Nur in den Stadtstaaten erlässt das Finanzamt selbst den GewSt-Messbetragsbescheid und den GewSt-Bescheid.

Der Messbetragsbescheid seinerseits entscheidet gem. § 184 Abs. 1 AO in verbindlicher Weise über die sachliche und persönliche Steuerpflicht (§ 184 Abs. 1 S. 2 AO).

Lösung:

- In materiell-rechtlicher Hinsicht fußt die Entscheidung auf § 15 Abs. 2 EStG. Diese wiederum hängt von der Auslegung zu § 18 EStG, insb. von der Geltung der Vervielfältigungstheorie bei Freiberuflern ab. Gem. § 18 Abs. 1 Nr. 1 EStG ist die Mitarbeit von fachlich ähnlich oder gleich gebildeten Angestellten unschädlich, solange die Überwachung gewährleistet ist. Nach § 18 Abs. 1 Nr. 3 EStG gilt die steuerschädliche Vervielfältigungstheorie jedoch nach wie vor, da für Verwaltungstätigkeiten und dgl. keine ausdrückliche Bezugnahme auf § 18 Abs. 1 Nr. 1 EStG erfolgte.
  Dieser Auffassung folgt auch der BFH vom 12. 12. 2001 (NJW 2002, 990) für einen Freiberufler, der einen Katalogberuf i.S.d. § 18 Abs. 1 Nr. 1 EStG (im Urteil: Rechtsanwalt) ausübt, auch wenn die Tätigkeit als Verwalter (im Urteil: im Rahmen der Gesamtvollstreckung) berufsrechtlich erlaubt ist. Im Ergebnis liegen gewerbliche Einkünfte vor.

- In verfahrensrechtlicher Hinsicht entscheidet das Betriebs-FA unabhängig vom Wohnsitz-FA nach § 184 Abs. 1 S. 2 AO über die sachliche Steuerpflicht. Die Entscheidung des Betriebs-FA war korrekt, die Stadt B hatte daraufhin einen GewSt-Bescheid gegenüber F zu erlassen. Eine davon abweichende steuerliche Beurteilung des Wohnsitz-FA ist nicht nur bindend, sondern falsch und muss ggf. gem. § 174 AO (widerstreitende Steuerfestsetzung) korrigiert werden.

1 Steuergegenstand der Gewerbesteuer

1.3 Formeller, fiktiver und fehlender Gewerbebetrieb

1.3.1 Der formelle Gewerbebetrieb

Unter den Begriff des **formellen Gewerbebetriebes** subsumiert man die Regelung in § 2 Abs. 2 GewStG, wonach eine Tätigkeit in der Rechtsform einer KapG immer zur GewSt-Pflicht führt. Damit hängt auch zusammen, dass der BFH in zwei bestätigenden Entscheidungen aus dem Jahre 2001 die bereits früher geäußerte Rechtsansicht trotz Kritik im Schrifttum[654] bekräftigt hat, dass Veräußerungsgewinne i.S.d. § 16 EStG, so sie von KapG erzielt werden, der GewSt-Pflicht unterliegen. Nach BFH vom 08.08.2001 (BFH/NV 2002, 535) ging es um den Liquidationsgewinn des Betriebs „Steuerberatung" und im zweiten Fall vom 05.09.2001 (BStBl II 2002, 155) um den Aufgabegewinn bei einem Fitnessstudio, die jeweils in der Rechtsform einer GmbH ausgeübt wurden. Entscheidend sei eben, dass nach § 2 Abs. 2 GewStG **Tätigkeiten von KapG** „stets und in vollem Umfang" als deren Gewerbebetrieb angesehen werden.

Noch stärker beachtet wurde in diesem Zusammenhang die Entscheidung des BFH zur **Mehrmütter-Organschaft** vom 26.04.2001 (BFH/NV 2001, 1195). Der Sachverhalt war dadurch gekennzeichnet, dass zwei Organträgerinnen Anteile an ihren Organgesellschaften veräußerten, wobei zwischen Organträgerinnen und Organgesellschaft eine GbR zur Sicherung des einheitlichen Beherrschungswillens zwischengeschaltet war. Mit der Veräußerung der Anteile war der Zweck der GbR erfüllt. Mit ihrer Liquidation stellt sich daher die Frage, ob der Aufgabegewinn der GewSt bei den Organträgerinnen unterliegt oder wegen des Sonderrechts der liquidierten GbR gewerbesteuerfrei ist[655]. Der BFH hat den Veräußerungsgewinn den Organträgerinnen als gewerbesteuerpflichtigen Gewinn zugewiesen und hierauf auch nicht die Kürzungsbestimmung von § 9 Nr. 2a GewStG angewandt[656].

1.3.2 Der fiktive Gewerbebetrieb

Als **fiktive Gewerbebetriebe** werden gem. § 2 Abs. 3 GewStG die wirtschaftlichen Geschäftsbetriebe von nichtrechtsfähigen Vereinen und sonstigen juristischen Personen des öffentlichen Rechts bezeichnet, wie dies etwa beim Kantinenbetrieb eines Sportvereins der Fall ist (vgl. A 15 Abs. 3 GewStR). Der Grund für die Fiktion liegt in der beim wirtschaftlichen Geschäftsbetrieb fehlenden Gewinnerzielungsabsicht (§ 14 S. 2 AO). Eine reine Selbstkostenkalkulation führt demnach bei einem (rechtsfähigen/nichtrechtsfähigen) Verein zu einem wirtschaftlichen Geschäftsbetrieb.

Die Fiktion des § 2 Abs. 3 GewStG hat nach den BFH-Urteilen zu Lohnsteuerhilfevereinen vom 16.12.1998 (BStBl II 1999, 366 und BFH/NV 1999, 1250) nur noch Bedeu-

---

[654] *Güroff*, § 2 Rz. 187.
[655] Der Aufgabegewinn nach § 16 Abs. 3 EStG unterliegt generell nicht der GewSt, A 38 Abs. 3 und A 40 GewStR.
[656] Die Kürzung nach § 9 Nr. 2a GewStG gilt nur für ausgeschüttete Gewinnanteile.

tung für den Bereich des Körperschaftsteuerrechts, in dem das KStG hinsichtlich der Steuerpflicht an das Unterhalten eines wirtschaftlichen Geschäftsbetriebes anknüpft[657].

1.3.3 Kein Gewerbebetrieb

Demgegenüber gelten nach § 2a GewStG **Arbeitsgemeinschaften nicht als Gewerbebetrieb**.

> **Beispiel 2: Die ARGE „BAB-Ostsee"**
> Der Ausbau der BAB-Ostsee von Lübeck nach Rostock wird von einer ARGE, bestehend aus dem Tiefbauunternehmen T und dem Straßenbauunternehmen S, realisiert. Beide Aktiengesellschaften S und T erzielen hieraus einen Gewinn von je 1 Mio. €. Wer hat die ertragsteuerliche Belastung zu tragen?

Auch wenn sich Unternehmer zur gemeinsamen Realisierung eines einzigen (Werk-) Vertrages mit der Bildung gemeinschaftlichen Vermögens zusammenschließen (= Arbeitsgemeinschaft), so bilden sie einkommensteuerlich eine Mitunternehmerschaft gem. § 15 Abs. 1 Nr. 2 EStG (so auch BFH vom 13.10.1998, BFH/NV 1999, 463). Damit stellen sie grundsätzlich als mitunternehmerische ARGE gem. § 2 Abs. 1 S. 2 GewStG ein Gewerbesteuersubjekt dar. Hiervon macht jedoch § 2a GewStG eine rechtskonstitutive Ausnahme. Die gewerbesteuerliche Belastung folgt bei Arbeitsgemeinschaften dem Transparenzkonzept des § 15 Abs. 1 Nr. 2 EStG: Die Partner der ARGE selbst sind mit ihren Gewinnen gewerbesteuerpflichtig.

> **Lösung:**
> - Gem. § 15 Abs. 1 Nr. 2 EStG i.V.m. §§ 179 und 180 Abs. 1 Nr. 2a AO werden die Gewinnanteile der S-AG und der T-AG von je 1 Mio. € aus der Beteiligung an der ARGE im Rahmen ihrer gewerblichen Einkünfte gem. § 8 Abs. 2 KStG der KSt unterworfen.
> - Nach § 2a GewStG werden die gewerblichen Beteiligungserträge ebenfalls bei den Partnern der ARGE der GewSt gem. § 2 Abs. 2 GewStG unterworfen.

1.4 Der Gewerbebetrieb in Abhängigkeit vom Unternehmensträger

1.4.1 Einzelunternehmer

Beim Einzelunternehmer treten – von einer Ausnahme abgesehen – bei der Zuordnung des Gewerbebetriebes keine Besonderheiten auf. Die steuerliche Ausnahmeerscheinung liegt in der als künstlich empfundenen Spaltung einer vom Steuerpflichtigen als Unternehmenseinheit betriebenen Tätigkeit, wenn z.B. ein Freiberufler daneben/zusätzlich gewerblich eingestufte Einkünfte erzielt (s. Beispiel 1). Insoweit geht die Grenze der

---

[657] S. hierzu *Maurer*, Band 2, Teil C, Kap. I (wirtschaftlicher Geschäftsbetrieb).

1 Steuergegenstand der Gewerbesteuer

GewSt-Pflicht mitten durch viele Berufe, wobei letzteres („der einheitliche Beruf") eher dem Rechtsempfinden breiter Bevölkerungskreise entspricht.

1.4.2 Personengesellschaften

Bei PersG (bzw. Mitunternehmerschaften) sind diese – egal ob als gewerblich tätige PersG (§ 15 Abs. 3 Nr. 1 EStG) oder als gewerblich geprägte PersG (§ 15 Abs. 3 Nr. 2 EStG) – mit ihrer **gesamten** Tätigkeit als Gewerbesteuersubjekte anzusehen. Im Gewerbesteuerrecht sind die PersG – anders als in der Einkommensteuer – Steuerrechtssubjekt, § 5 Abs. 1 S. 3 GewStG[658]. Nicht immer ist jedoch die genaue Definition und die Anzahl der Gewerbesteuersubjekte einfach zu bestimmen. Während dies bei Außengesellschaften unproblematisch ist und das Gewerbesteuersubjekt dort mit der jeweiligen PersG (OHG/KG/GbR) übereinstimmt, können bei Innengesellschaften Probleme auftreten.

> **Beispiel 3: Wie viele Gesellschaften, so viele Gewerbebetriebe?**
> An der X-GmbH sind als atypisch stille Gesellschafter u.a. die Eheleute Y und Z beteiligt. Die X-GmbH ist ein Medienfonds, der in verschiedenen Sparten (Heimatfilm, Sportfilm, Erotikfilm) Filmverwertungsrechte erwirbt und auswertet. Y ist mit 100 anderen Gesellschaftern an der Sparte Heimatfilm beteiligt, während sich ihr Gatte Z mit 50 Finanziers an den Sportfilmen beteiligt.
> Wie viele Gewerbebetriebe liegen vor? Wem ist der (sind die) GewSt-Bescheid(e) bekannt zu geben?

Bei atypisch stillen Gesellschaften liegt zwischen dem Inhaber des Handelsgewerbes und den stillen Gesellschaftern eine Mitunternehmerschaft (auch ohne gemeinsames Gesamthandsvermögen) vor. Fraglich ist indessen, wie viele Gewerbebetriebe i.S.d. Gewerbesteuerrechts vorliegen. Im Jahre 1995 hat sich der BFH in zwei Entscheidungen mit dieser Frage auseinander gesetzt. Bei der Beteiligung mehrerer Personen bzw. Personengruppen an einem Handelsgewerbe liegen mehrere (atypisch) stille Gesellschaften vor.

Nach der ersten Entscheidung vom 08.02.1995 (BStBl II 1995, 764) führt das Vorliegen mehrerer (atypisch) stiller Gesellschaften dann zu **einem** Gewerbebetrieb i.S.d. § 2 Abs. 1 S. 2 GewStG, wenn die Tätigkeiten insgesamt als Einheit anzusehen sind. Dies ist immer dann der Fall, wenn alle (atypisch) stillen Gesellschafter an allen Geschäften des Handelsgewerbes beteiligt sind.

Im entgegengesetzten Fall der unterschiedlichen und getrennten Beteiligung der jeweiligen Personengruppe an verschiedenen Geschäften des „tätigen Inhabers", hat der BFH vom 06.12.1995 (BStBl II 1998, 685) auf das Vorliegen **mehrerer** Gewerbebetriebe erkannt.

---

[658] Anders die ARGE, § 2a GewStG; s. 1.3.4.

Lösung:

- Y bildet zusammen mit 100 atypisch stillen Gesellschaftern, die sich an der Sparte Heimatfilm beteiligen, einen ersten Gewerbebetrieb i.S.d. § 2 Abs. 1 S. 2 GewStG. Z bildet zusammen mit seiner Personengruppe (50 weitere Personen), deren finanzielles Engagement dem Sportfilm gilt, einen zweiten Gewerbebetrieb. Es sind mindestens zwei GewSt-Bescheide zu erlassen.
- Nach BFH vom 12.11.1985 (BFH/NV 1987, 393) ist mangels vollstreckungsfähigen Gesellschaftsvermögens immer der Inhaber des Handelsgewerbes als Schuldner der GewSt anzusehen. Der X-GmbH, zu Händen des Geschäftsführers, sind daher beide GewSt-Bescheide bekannt zu geben.

1.4.3 Kapitalgesellschaften

Bei KapG als Inhaber des Gewerbebetriebs treten wegen des dort geltenden formellen Gewerbebetriebs (s. 1.3.1) keine Besonderheiten auf.

1.5 Inländischer Gewerbebetrieb

Nach § 2 Abs. 1 und 7 GewStG unterliegen nur inländische[659] Betriebe der GewSt. Inländische **Betriebsstätten** ausländischer Unternehmen führen nur ganz ausnahmsweise (vgl. § 2 Abs. 6 GewStG) nicht zur deutschen GewSt-Pflicht.

2 Die sachliche Steuerpflicht im eigentlichen Sinne

Mit sachlicher Steuerpflicht ist – entsprechend dem Objektcharakter der GewSt – immer der bestehende Gewerbebetrieb gemeint. Persönliche Merkmale des Unternehmers spielen dabei keine Rolle.

2.1 Beginn der Gewerbesteuerpflicht

Bei Einzelunternehmen und Personengesellschaften beginnt die GewSt-Pflicht – abweichend vom Einkommensteuerrecht – erst mit der Aufnahme der gewerblichen, d.h. marktoffenbaren, Tätigkeit („werbender Gewerbebetrieb"). Reine Vorbereitungshandlungen wie z.B. das Anmieten des Geschäftslokals oder Kosten für gesellschaftsrechtliche Beratung, sind gewerbesteuerlich belanglos (A 18 Abs. 1 GewStR).

Demgegenüber beginnt bei KapG die GewSt-Pflicht mit der Eintragung im HR, also in dem Zeitpunkt, da eine juristische Person (vgl. § 13 GmbHG) entstanden ist.

---

[659] Zum genauen Inhalt vgl. A 21 Abs. 3 GewStR.

Beispiel 4: Vorgeschäfte einer GmbH
Die Y-GmbH (25 T€ Stammkapital) wird am 01.03.01 in das HR eingetragen. Die notarielle GmbH-Satzung ist bereits am 01.02.01 beurkundet worden. Der Notar bestand auf einen Vorschuss, der am 15.01.01 von den Gründungsgesellschaftern bezahlt wurde (1 T€). Die Abschlussrechnung (2 T€) wurde am 15.02.01 beglichen. Sonst fielen bis zur Eintragung keine Aufwendungen an. Im (Rumpf-)Wirtschaftsjahr 01 erzielte die GmbH lt. G+V bereits einen Gewinn von 102 T€. Welcher Gewerbeertrag ist zu versteuern?

Anders als bei Einzelunternehmen und PersG, können Kosten für Vorbereitungsmaßnahmen bei den KapG berücksichtigt werden (A 18 Abs. 2 GewStR). Dies kann aber nur für diejenige Vor-GmbH gelten, die zusammen mit der GmbH eine steuerliche Einheit bildet, wenn es zur Eintragung kommt.

Lösung:
Die Kosten für die notarielle Beurkundung können im Erhebungszeitraum 01 nur insoweit berücksichtigt werden, als sie auf die Vor-GmbH entfallen. Dies ist der Zeitraum zwischen notarieller Satzungsbeurkundung (01.02.01) und der Eintragung im HR (01.03.01). Der Vorschuss fällt in das Stadium der sog. Vorgesellschaft (BGB-Gesellschaft) und wird insoweit nicht abgezogen. Der gewerbesteuerpflichtige Gewinn der Y-GmbH beträgt in 01 exakt 100 T€.

2.2 Ende der Gewerbesteuerpflicht

Parallel zum Beginn der Steuerpflicht gibt es auch für das Ende der Steuerpflicht unterschiedliche Regelungen (A 19 GewStR).

Während die unternehmerische Schlussphase (Liquidation, Aufgabe, Veräußerung) bei den Einzelunternehmern und PersG nicht der GewSt unterliegt (steuerpflichtig ist nicht der „sterbende Betrieb"), erlischt die Steuerpflicht bei KapG erst nach Abwicklung dieser Geschäfte (A 19 Abs. 3 GewStR). Vom BFH werden für diese unterschiedliche Beurteilung die Worte „stets und in vollem Umfang" bei § 2 Abs. 2 GewStG (KapG) verantwortlich gemacht.

3 Die persönliche Steuerpflicht

3.1 Gewerbebetrieb und Gewerbetreibender, insbesondere die Mehrheit von Betrieben

Trotz des Objektcharakters der GewSt musste § 5 GewStG eine persönliche Steuerpflicht anordnen, um Tatbestände wie einen Betriebsübergang oder dgl. hinreichend zu würdigen. Persönlicher Steuerschuldner der GewSt ist der (Einzel-)Unternehmer[660], bei PersG eben diese (als selbständiges Steuersubjekt) und bei KapG die juristische Person (KapG).

Mehrere Gewerbebetriebe bilden je einen selbständigen Gewerbebetrieb, wobei Betriebe der gleichen Art eines Unternehmers zu einem Gewerbebetrieb zusammengefasst werden (A 16 Abs. 2 GewStR), insb., wenn sie sich an einem politischen Ort (Gemeinde) befinden. Dies kann ausnahmsweise auch für verschiedenartige Betriebe gelten, wenn sie „innerlich zusammenhängen" (Bsp.: Konditorei und Café). PersG und KapG üben immer einen einheitlichen Gewerbebetrieb aus, wobei natürlich mehrere personenidentische Gesellschaften mit unterschiedlichen Gesellschaftszwecken betrieben werden können (A 16 Abs. 3 und 4 GewStR).

3.2 Unternehmer- und Unternehmenswechsel

Wegen der persönlichen Definition der Steuerschuldnerschaft und wegen der zeitlichen Fixierung des EZ auf das Kalenderjahr (§ 14 S. 2 GewStG) treten unter zwei Gesichtspunkten Probleme auf:

- Welche Bedeutung hat ein Gesellschafterwechsel inmitten des Jahres bei PersG?
- Was geschieht bei einem jahresmittigen Unternehmerwechsel beim Einzelbetrieb?

3.2.1 Der Gesellschafterwechsel

Sowohl bei der Frage nach der sachlichen Steuerpflicht (welcher Gewerbebetrieb?) wie nach der Steuerschuldnerschaft gibt das Gewerbesteuerrecht bei einem Gesellschafterwechsel bei PersG eine klare **Objektsteuer**-Antwort. Solange die PersG gesellschaftsrechtlich als solche bestehen bleibt und solange auch nach einem Rechtsformwechsel wenigstens ein Alt-G'fter auch Partner (Inhaber) des neuen Rechtsgebildes ist, führt ein Wechsel im Bestand der Gesellschafter **nicht zu einem Unternehmerwechsel** (korrekt: Unternehmenswechsel)[661] i.S.d. § 2 Abs. 5 GewStG. Es erfolgt keine Änderung der sachlichen Steuerpflicht „Gewerbebetrieb" (A 20 Abs. 2 GewStR).

Führt jedoch ein Gesellschafterwechsel zu einer **Änderung der Rechtsform** (aus PersG wird beim Ausscheiden des vorletzten Gesellschafters ein Einzelunternehmen bzw. beim umgekehrten Fall des § 24 UmwStG), so ändert sich damit folgerichtig die persönliche Steuerschuldnerschaft gem. § 5 GewStG (vgl. A 35 Abs. 1 S. 3 GewStR).

> **Beispiel 5: Häufiger Wechsel im Personenbestand einer KG**
> Gesellschafter der X-KG sind seit 01.01.01 der Komplementär A und die Kommanditisten B und C. Nachdem B im Febr. 01 seinen Kommanditanteil an

---

[660] Zu achten ist auf die Formulierung von § 5 Abs. 1 S. 2 GewStG, wonach derjenige als Unternehmer anzusehen ist, für dessen Rechnung das Gewerbe betrieben wird. Dies kann im Erbfall – oder bei Genehmigung des Vormundschaftsgerichts – auch ein Minderjähriger sein.
[661] Korrekter wäre in diesem Zusammenhang die Bezeichnung „Unternehmenswechsel" (s. aber die Überschrift zu A 20 GewStR).

3 Die persönliche Steuerpflicht

D veräußert, fühlen sich die verbleibenden A und C von dem neuen Partner D übervorteilt und kündigen ihre Gesellschafterstellung zum 30.09.01. D führt das Geschäft der KG alleine weiter. Der für den EZ 01 ermittelte einheitliche Steuermessbetrag beträgt 12.000 €.

Lösung:

- Der Gesellschafterwechsel B–D im Febr. 01 ändert nichts an der Rechtsform der KG und führt demnach auch nicht zu einem Wechsel hinsichtlich der Steuerschuldnerschaft.
- Mit dem Ausscheiden der Gesellschafter A und C zum 30.09.01 wird aus der KG ein von D fortgeführtes Einzelunternehmen. Gem. § 2 Abs. 5 GewStG ist gewerbesteuerlich immer noch derselbe Gewerbebetrieb gegeben (identische sachliche Steuerpflicht). Allerdings ändert sich ab 01.10.01 die persönliche Steuerschuldnerschaft, die jetzt allein auf D übergeht.
Nach BFH vom 17.02.1989 (BStBl II 1989, 664) ist in diesem Fall der einheitliche Steuermessbetrag dem Einzelunternehmer D und der PersG (X-KG) anteilig zuzurechnen und getrennt zu berechnen.
Dies bedeutet, dass für die X-KG ein anteiliger Steuermessbetrag von 9.000 € und für D ein solcher i.H.v. 3.000 € festgesetzt wird[662].

Bei KapG berührt ein Gesellschafterwechsel weder die sachliche noch die persönliche Steuerpflicht (Rechtsfolge der juristischen Person).

3.2.2 Der Unternehmerwechsel

Bei einer Betriebsveräußerung gilt der alte Gewerbebetrieb bei Übergabe gem. § 2 Abs. 5 GewStG als eingestellt; dies führt zum Erlöschen der persönlichen Steuerschuldnerschaft des Altinhabers (§ 5 Abs. 2 GewStG). Mit der Übergabe beginnt die sachliche und persönliche Steuerpflicht des Erwerbers neu zu laufen (A 20 Abs. 1 GewStR).

Beispiel 6: Verkauf des Betriebs zur Sonnenwende
K ist des Kampfes mit den Gewerkschaften überdrüssig. Ebenso wenig lassen ihn die Geschäftsgebaren seiner (vorwiegend) „New age Partner" den marktwirtschaftlichen Überlebenskampf länger attraktiv erscheinen. Er veräußert daher zum 21.06. seinen Einzelbetrieb „Pay-TV" an Herrn B. Was ist gewerbesteuerlich zu veranlassen?

Lösung:
Vom 01.01. bis 20.06. wird die GewSt für den Gewerbebetrieb des K festgestellt, der auch insoweit Steuerschuldner ist. Mit diesem Termin gilt der Betrieb des K als eingestellt (§ 2 Abs. 5 GewStG), seine persönliche Steuerpflicht (§ 5 Abs. 2 GewStG) erlischt in diesem Zeitpunkt.

---

[662] Zur Aufteilung und Berücksichtigung von Freibeträgen s. A 69 Abs. 2 S. 4 ff. GewStR.

Ab 21.06. gilt der Betrieb des B als neu gegründet, ab diesem Zeitpunkt beginnt auch dessen persönliche Steuerpflicht zu laufen.

3.2.3 Die Verpachtung des Gewerbebetriebs

Bei der Verpachtung eines Betriebs hat der Verpächter nach R 139 Abs. 5 EStR das Verpächterwahlrecht: Er kann die Aufgabe des Betriebs erklären (und danach Einkünfte gem. § 21 EStG erzielen) oder den Betrieb einkommensteuerlich fortbestehen lassen (und somit weiterhin gewerbliche Einkünfte erzielen). Dieses **Wahlrecht** besteht konsequenterweise **nicht** für die **GewSt**.

Mit Beginn des Pachtvertrages erzielt nur der Pächter gewerbesteuerliche Ergebnisse (A 11 Abs. 3 GewStR).

III Die Besteuerungsgrundlage (§ 6 GewStG)

1 Die Ausgangsgröße: Der Gewerbeertrag

Die Verweisung in § 7 GewStG auf den gewerblichen Gewinn, so wie er sich aus dem EStG oder aus dem KStG ergibt, darf nicht als eine absolute rechtliche Bindung an die ESt- oder KSt-Ergebnisse verstanden werden. Aufgrund der Reduzierung des Gewerbesteuergutes auf die werbende Tätigkeit und aufgrund des Objektsteuercharakters werden diejenigen Komponenten ausgefiltert, die mit der Ertragskraft eines werbenden Unternehmens nichts zu tun haben. So sind nach A 38 Abs. 3 i.V.m. A 39 GewStR die außerordentlichen Einkünfte gem. §§ 16 Abs. 1 und 3 EStG (**Veräußerungs- und Aufgabegewinn**) und nach § 24 EStG (**Entschädigungen** etc.) **nicht anzusetzen**[663]. Diese nur für **PersG und Einzel-(Mit-)unternehmer** angeordneten Befreiungen von der GewStpflicht gelten gem. § 7 S. 2 GewStG jedoch dann nicht, wenn eine KapG ihrerseits Gesellschafterin einer PersG (Bsp.: GmbH bei einer GmbH & Co. KG) ist und auf diese der Veräußerungs- oder Aufgabegewinn entfällt.

Darüber hinaus sind bei der Ermittlung des Gewerbeertrages bei Einzelunternehmern und bei PersG die Verlustverrechnungsbeschränkungen von § 15 Abs. 4 EStG (gewerbliche Tierzucht) und § 15a EStG (Verluste bei negativem Kapitalkonto) nicht anzuwenden (A 39 Abs. 1 Nr. 4 und 5 GewStR). Für KapG gibt es nach A 40 Abs. 1 S. 2 GewStR nur den Ausschluss des Verlustabzugs gem. § 10d EStG und der Freibeträge gem. §§ 24 f. KStG.

Losgelöst von den Einschränkungen bei der Übernahme des einkommensteuerlichen Gewinnes ist bei **PersG** hinzuzufügen, dass deren **komplettes** Besteuerungsergebnis (inkl. der Ergebnisse aus den individuellen Ergänzungs- und Sonderbilanzen) der GewSt zugrunde gelegt wird (A 39 Abs. 2 GewStR).

> **Beispiel 7: Das GewSt-Problem mit dem Sonder-BV bei der Vererbung**
> Bei der A-B-C-OHG geht der Anteil des A im Wege der qualifizierten Nachfolgeklausel auf den S(ohn) über. A hat der OHG ein Grundstück überlassen und wird von S und T(ochter) beerbt.

Bekanntlich fällt das Grundstück als Sonder-BV des A in den allgemeinen Nachlass und ist nicht von der qualifizierten Nachfolgeklausel erfasst. Damit liegt zwangsläufig eine Entnahme des Erblassers vor. Ergebnisse aus dem Bereich des Sonder-BV, wie z.B. der Verkauf des Sonder-BV, sind grundsätzlich zu versteuern (BFH vom 06.11.1980, BStBl II 1981, 220).

---

[663] Bei dem gleichfalls ausgeschlossenen § 17 EStG (A 39 Abs. 1 Nr. 2 GewStR) liegt eine überflüssige Zitierung vor, da dieser niemals bei gewerblichen Einkünften greift.

Lösung:

Obwohl der Entnahmegewinn zum Sonder-BV des Erblassers A zählt und anlässlich der Vererbung der Gesellschafterstellung auch von ihm (bzw. seinen Erben) zu versteuern ist, hat der BFH vom 15.03.2000 (BStBl II 2000, 316) diesen Vorgang nicht als Teil des lebenden Betriebs „MU-Anteil" angesehen. Vielmehr wird dieser Gewinn, obwohl der MU-Anteil des A gem. § 6 Abs. 3 EStG zu Buchwerten steuerneutral auf S übergeht, als Teil des tarifbegünstigten Aufgabegewinnes angesehen, der gewerbesteuerfrei ist.

Zum Sonderrecht der Organbesteuerung wird auf die Ausführungen zur Organschaft verwiesen (*Maurer* Band 2, Teil C, Kap. V).

2 Die Hinzurechnungen des § 8 GewStG

2.1 Sinn der Hinzurechnungen (und Kürzungen)

Die Hinzurechnungen des § 8 GewStG sowie die Kürzungen nach § 9 GewStG dienen im wesentlichen dem Objektcharakter der GewSt. Mit ihnen soll idealtypisch der objektivierte Gewerbeertrag ermittelt werden. Während mit den Hinzurechnungen weitgehend eine Gleichstellung des eigen- und fremdfinanzierten Betriebs erreicht werden soll, verhindern Kürzungen eine Doppelbelastung des Gewerbebetriebes mit Objekt- oder Realsteuern[664].

2.2 Entgelte für Dauerschulden (§ 8 Nr. 1 GewStG)

Zu den umfangreichen Komplexen des Gewerbesteuerrechtes gehört die Erfassung und Behandlung der sog. Dauerschulden. Nach der gesetzlichen Regelung sind zwei Kategorien von Schulden zu unterscheiden, die – eine jede für sich – zur Dauerschuld i.S.d. § 8 Nr. 1 GewStG führen:

- Schulden, die mit Gründung, Erwerb, Erweiterung und Verbesserung des Betriebs zusammenhängen (nachfolgend 2.2.1) und
- Schulden zur dauerhaften Verstärkung des Betriebskapitals (Dauerschulden i.e.S.).

Während in der ersten Kategorie das Zeitmoment der Schuld keine Rolle spielt, kommt dem Zeitmoment, zusammen mit dem Charakter der Schuld bei der Dauerschuld i.e.S., eine – theoretisch – weit größere Bedeutung zu.

---

[664] Vgl. *Güroff* § 8 Rz. 1 und § 9 Rz. 1 jeweils m.w.N.

2 Die Hinzurechnungen des § 8 GewStG

2.2.1 Schulden beim Erwerb (...) des Betriebs

In der ersten Kategorie der Dauerschulden (vgl. A 45 Abs. 3 S. 12 ff. GewStR) ist darauf zu achten, dass die aufgenommenen Verbindlichkeiten über die Finanzierung der gewöhnlichen Neuanschaffungen von Maschinen, Geräten und dgl. hinausgehen, somit ein den Gründungs- und Erwerbsvorgängen vergleichbares Gewicht haben. Andererseits muss die Schuldenaufnahme nicht unbedingt zu einer Kapazitätserweiterung führen. So kann auch eine Standortverlegung, verbunden mit dem fremdfinanzierten Erwerb eines neuen, in der Funktionsweise aber vergleichbaren Maschinenparks, zu Dauerschulden führen.

> **Beispiel 8: Ein teures Erbe**
> An der X-KG sind die A-GmbH als (vermögensloser) Komplementär, B und C als Kommanditisten beteiligt. Beim Tode der B fiel ihr Kommanditanteil aufgrund vertraglicher Regelung dem verbleibenden C zu; die Erben der B waren abzufinden.
> Ist die Abfindungsschuld eine Dauerschuld i.S.d. § 8 Nr. 1 GewStG?

Bei der sog. Fortsetzungsklausel geht beim Tode des Gesellschafters einer PersG dessen Anteil auf die verbleibenden Partner über (Anwachsung gem. § 738 BGB). Die PersG hat sodann an den (die) Erben eine Abfindung zu zahlen.

> **Lösung:**
> Gegen die Behandlung des Abfindungsanspruches als Verbindlichkeit anlässlich des Erwerbs einer Mitunternehmerschaft könnte sprechen, dass nicht der erwerbende Gesellschafter C, sondern die KG zur Zahlung verpflichtet war und außerdem mit dem Erwerb keine Verstärkung der betrieblichen Kapazitäten der KG einherging.
> Für die Behandlung als Dauerschuld nach § 8 Nr. 1, 1. Alt. GewStG spricht hingegen der Wortlaut, dass anlässlich des Anwachsungserwerbs ein Kredit aufgenommen wurde und die Person des Zahlungsverpflichteten zumindest dann vernachlässigenswert ist, wenn die Schuld im Buchungskreis der Mitunternehmerschaft anfällt. In diesem Sinne (Dauerschuld) hat auch der BFH vom 13.07.1999 (BFH/NV 2000, 80) entschieden.

2.2.2 Die eigentlichen Dauerschulden

In der zweiten Kategorie kommt neben dem Charakter der Schuld vor allem dem Zeitmoment eine entscheidende Bedeutung zu (A 45 Abs. 6 GewStR). Abzugrenzen sind Dauerschulden von Schulden des **laufenden Geschäftsverkehrs** (A 45 Abs. 4 GewStR).

Beispiel 9: Warenschulden mit unterschiedlichem Charakter[665]

1. Importeur I weist in der Bilanzposition Kreditoren zum 31.12.01 Verbindlichkeiten gegenüber dem Hauptlieferanten L i.H.v. 1 Mio. € aus. Die Schuld datiert aus einer Warenlieferung vom 01.11.01 mit einem eingeräumten Zahlungsziel von drei Monaten. Am Fälligkeitstag (31.01.02) bittet I erfolgreich L um eine weitere Verlängerung um ein Jahr. Am 01.02.03 wird tatsächlich gezahlt. Der Zins ist mit 7 % gleichgeblieben.
2. Exporteur E liefert zum Wiederaufbau Waren nach Afghanistan und vereinbart ein Zahlungsziel von drei Jahren. Zur Refinanzierung nimmt E bei seiner Hausbank Kredite in gleicher Größenordnung auf, die bei Eingang des jeweiligen Veräußerungserlöses aus dem Warengeschäft getilgt werden.

Schulden, die nicht zum laufenden Geschäftsverkehr gehören – wie z.B. Globalkredite, Hypothekenschulden, Investitionskredite für das Anlagevermögen (vgl. A 45 Abs. 4 S. 8 GewStR) – sind grundsätzlich Dauerschulden, wenn ihre Laufzeit über ein Jahr hinausgeht.

Schulden, die zum laufenden Geschäftsverkehr gehören – wie z.B. Warenschulden oder Lohnrückstände – sind grundsätzlich keine Dauerschulden, können dies aber unter Berücksichtigung des zeitlichen Moments werden (A 45 Abs. 6 GewStR). Sie behalten allerdings ihren Charakter als kurzfristige Verbindlichkeit, solange sie in der nach Art des Geschäftsvorfalles üblichen Frist getilgt werden[666].

Bei Wechselschulden wird die Unterscheidung besonders deutlich. Solange mit Dreimonatsakzepten bei der Finanzierung von Umlaufvermögen gearbeitet wird, gehören sie eindeutig zu laufenden Schulden. Wenn diese jedoch über ein Jahr hinaus prolongiert werden und dies auch im Vorhinein geplant ist, werden sie zu Dauerschulden nach BFH vom 12.09.1990 (BStBl II 1991, 251).

Lösung:

1. Bei der Warenschuld des I handelte es sich ursprünglich (01) um eine kurzfristige Warenschuld. Mit der Schuldumwandlung zum 31.01.02 wurde daraus eine Dauerschuld, da nunmehr von einer Gesamtlaufzeit von mehr als einem Jahr auszugehen ist. Im Jahr 02 ist daher die Hälfte der Zinsen (70.000 €/2 = 35.000 €) als Entgelt für eine Dauerschuld dem Gewerbeertrag hinzuzurechnen. Die Schuld bleibt auch dann eine Dauerschuld, wenn sie vorzeitig getilgt wird (A 45 Abs. 6 Nr. 3 S. 9 GewStR[667]).

---

[665] Einige Fälle (und Übersichten) zu III entstammen in der Grundstruktur dem an der FHÖV Hamburg – Fachbereich Finanzen früher eingesetzten Fallmaterial, an dem der Autor bis 1995 eingesetzt war und mitgewirkt hat.
[666] Ständige BFH-Rspr. (zuletzt BFH vom 18.04.1991, BStBl II 1991, 584); s. auch A 45 Abs. 6 Nr. 1 S. 1 GewStR.
[667] Kurz: Einmal Dauerschuld, immer Dauerschuld.

2. Die Refinanzierung von Warengeschäften gehört grundsätzlich zu den kurzfristigen Verbindlichkeiten, es sei denn, dass der Jahreszeitraum überschritten wird. Hierzu hat allerdings der BFH entschieden, dass dies bei branchenüblichen Überschreitungen nicht steuerschädlich sei, wenn der Einzelnachweis geführt werden kann, dass der Erlös aus jedem einzelnen Warengeschäft zur Rückzahlung des eigenen Kredites verwendet wird (zuletzt BFH vom 03.08.1993, BStBl II 1994, 664). Somit liegt bei der Refinanzierung des E keine Dauerschuld vor.

Anders wäre der Fall zu entscheiden (Dauerschuld), wenn E seinen Abnehmern langfristige verzinsliche Kredite gewährt und sich seinerseits hierfür refinanziert.

Nachfolgende Grundsätze bzw. aktuelle BFH-Entscheidungen sind bei der Abgrenzung zwischen Dauerschulden und Schulden des laufenden Geschäftsverkehrs noch zu berücksichtigen:

- Schulden, die **nicht** mit einem **bestimmten** Geschäftsvorfall in Zusammenhang stehen („Sockelkredite"), stellen bei Überschreiten der Zwölf-Monatsgrenze immer eine Dauerschuld dar (A 45 Abs. 6 Nr. 3 S. 1 GewStR). In diesem Sinne hat der BFH auch Steuerschulden bei Überschreiten der Jahreslaufzeit als Dauerschulden behandelt, es sei denn, dass AdV gewährt wurde (BFH vom 19.12.1973; BStBl II 1974, 387).
- Für Kredite in Zusammenhang mit **Leasinggeschäften** hat die Verwaltung in A 45 Abs. 6 Nr. 1 S. 11 ff. GewStR besondere Grundsätze erlassen. Insbesondere wird bei Krediten des Leasinggebers erst bei einer Laufzeit von mehr als sechs Jahren eine Dauerschuld angenommen, wenn der Gegenstand dem Leasingnehmer zugerechnet wird, während für dessen Finanzierung die reguläre Einjahresfrist gilt. Für einen in der Praxis wichtigen Fall der Forfaitierung (entgeltliche Abtretung der Ansprüche des Leasinggebers gegen den Leasingnehmer an einen Dritten) hat der BFH am 08.11.2000 (BStBl II 2001, 722) entschieden, dass es sich dabei grundsätzlich um einen Kauf handelt, der eine Behandlung als Dauerschuld ausschließt. Für den Fall allerdings, dass das sog. Bonitätsrisiko der Forderung beim Leasinggeber verbleibe („Forfaitierung von Restwertforderungen aus Teilamortisations-Leasingverträgen"), läge eine Dauerschuld mit der Konsequenz des § 8 Nr. 1 GewStG vor.

Seit der Neueinführung des Begriffes „**Entgelte**" in § 8 Nr. 1 GewStG im Jahre 1990 (statt: Zinsen) ist klargestellt worden, dass alle möglichen Formen der Vergütung für die Nutzung von Fremdkapital, wie z.B. die Gewinnanteile bei partiarischen Darlehen, hierunter fallen.

In zwei Bereichen, die bislang nur von der Verwaltung (A 46 GewStR) geregelt waren, hat die Rspr. des BFH vor kurzem für Klarheit gesorgt:

1. So behandelt der BFH – entgegen der Verwaltungsauffassung – laufende Verwaltungskostenbeiträge dann als Entgelte für Dauerschulden, wenn sie der Höhe nach prozentual am Darlehensbetrag bemessen sind (BFH vom 09.08.2000, BStBl II 2001, 609: wirtschaftliche Betrachtungsweise).

2. Hingegen werden – in Übereinstimmung mit der Verwaltung – Vorfälligkeitsentschädigungen als Dauerschuldzinsen (wegen des Zusammenhangs mit dem ganzen Kreditvertrag), Bereitstellungszinsen hingegen nicht als Dauerschuldzinsen behandelt (BFH vom 25.02.1999, BStBl II 1999, 473: in diesem Zeitpunkt fehlender Kredit).

2.2.3 Der Sonderfall des Kontokorrentkontos[668]

Als handelsrechtlich typischer Fall laufender, kurzfristiger Schulden werden Kontokorrentverbindlichkeiten (§ 355 HGB[669]) angesehen. Dennoch geht der BFH in ständiger Rspr. (zuletzt BFH vom 03.07.1997, BStBl II 1997, 742) davon aus, dass diese dann zu Dauerschulden werden, wenn trotz der äußeren Form als Kontokorrentverkehr ein bestimmter **Mindestkredit** dem Unternehmen dauernd, d.h. länger als ein Jahr, gewidmet wird. Auch ein zwischenzeitliches Guthaben ändert nichts an dieser Beurteilung[670]. Nach gesicherter Rspr. wird der Mindestbetrag so errechnet, dass als Messlatte für den Sockelkredit der **achtniedrigste Kontostand** zugrunde gelegt wird[671]. Die Schuldenstände an den „sieben niedrigeren" Tagen bleiben bei der Feststellung des für die Berechnung der Dauerschuld in Betracht kommenden Mindestbetrages außer Betracht. Rein rechnerisch ist damit als Mindestschuld der Kreditbetrag anzusetzen, der dem Betrieb an 358 Tagen (im Schaltjahr 359 Tage) im Jahr zur Verfügung steht (ausführlich A 45 Abs. 7 GewStR).

Das Kontokorrentverhältnis verliert nur dann die rechtliche Eigenschaft als Dauerschuld, wenn ein Bezug als Einzelkredit zu den einzelnen laufenden Geschäften hergestellt werden kann. Diese theoretische Möglichkeit hat jedoch in den entschiedenen Einzelfällen des BFH[672] nie vorgelegen bzw. ist nicht nachgewiesen worden.

Beispiel 10: Der Großhändler mit dem Kontokorrent
Großhändler G unterhält bei seiner Bank ein Girokonto (Kontokorrentkonto) mit einem Kreditlimit von 250.000 €. Die zehn niedrigsten Kontostände haben nach einer Auflistung des ganzen Jahres 01 betragen:

Tag	Datum	Kontostand	Reihenfolge der Salden
Mo	21.01.	73.500 € (S)	
Di	22.01.	78.520 € (S)	
Fr	19.04.	57.020 € (S)	
Sa	20.04.	57.020 € (S)	

---

[668] Weitere Sonderfälle enthalten A 47 und 48 GewStR für Dauerschulden von Kreditinstituten und Spar- und Darlehenskassen aufgrund § 19 GewStDV.
[669] Bei einem (Banken-)Kontokorrent erfolgt in regelmäßigen Zeitabständen (i.d.R. pro Quartalsende) eine Verrechnung der Guthaben und Schulden mit der Folge, dass nur der Saldo am jeweiligen Quartalsende – als sog. Schuldanerkenntnis – in eine einklagbare Forderung bzw. erfüllbare Schuld erwächst.
[670] Ein Guthaben in einem zusammenhängenden Zeitraum von 14 Tagen schließt allerdings eine Dauerschuld aus (so der BFH vom 05.11.1980, BStBl II 1981, 219).
[671] In der Literatur wird dies weitgehend – und überraschend – akzeptiert (statt aller *Lenski/Steinberg*, GewStG-Komm., § 8 Nr. 1 Rz. 152).
[672] BFH vom 03.08.1993 (BStBl II 1994, 664) sowie vom 07.02.1997 (BFH/NV 1997, 612).

So	21.04.	57.020 € (S)	
Mo	22.04.	150.600 € (S)	
Mo	06.05.	36.300 € (S)	
Do	04.07.	76.000 € (S)	
Mi	14.08.	1.600 € (H)	
Do	26.09.	149.400 € (S)	

Der Zinssatz betrug in der ersten Jahreshälfte 7 % und in der zweiten Jahreshälfte 8 %. Wie hoch ist der Hinzurechnungsbetrag?

Bei der Berechnung der Entgelte für Dauerschulden aufgrund der Salden aus den Kontoauszügen ist der Mischzinssatz für das ganze Jahr anzusetzen. Werden stattdessen die Zinsen nach der Zinsstaffelmethode errechnet, so ist nicht von den Salden, sondern von den der Zinszahlung tatsächlich zugrunde gelegten Beträgen auszugehen (A 45 Abs. 7 S. 10 GewStR).

Lösung:

Tag	Datum	Kontostand	Reihenfolge der Salden
Mo	21.01.	73.500 € (S)	6.
Di	**22.01.**	**78.520 € (S)**	**8. (maßgeblich)**
Fr	19.04.	57.020 € (S)	3.
Sa	20.04.	57.020 € (S)	4.
So	21.04.	57.020 € (S)	5.
Mo	22.04.	150.600 € (S)	(10.)
Mo	06.05.	36.300 € (S)	2.
Do	04.07.	76.000 € (S)	7.
Mi	14.08.	1.600 € (H)	1.
Do	26.09.	149.400 € (S)	(9.)

Der durchschnittliche Jahreszins (01) beträgt 7,5 %. Dies ergibt als Entgelt für Dauerschulden gem. § 8 Nr. 1 GewStG einen Betrag von 5.889 € (78.520 € x 7,5 %); hiervon wird die Hälfte angesetzt: hinzuzurechnen sind 2.944,50 €.

2.2.4 § 42 AO und die Selbständigkeit eines jeden Kreditgeschäfts

Sowohl die Berechnungsarithmetik der Finanzverwaltung wie auch nachvollziehbare Bedenken gegen die BFH-Rspr. veranlassen Unternehmer zu den verschiedensten Gestaltungen. Die wichtigsten sind:

- Zuführung von Guthaben aus Privatguthaben bzw. von anderen Konten der gleichen Bank für einen kurzen Zeitraum von etwa zehn Tagen auf dem Kontokorrentkonto, um auf diese Weise am entscheidenden achten Tag ein Guthaben auszuweisen.

- Unterhaltung von zwei Kontokorrentkonten bei verschiedenen Kreditinstituten mit jeweiliger Querüberweisung, um an mindestens acht Tagen einen Guthabensaldo auf beiden Konten auszuweisen.
- Teile des Kontokorrentkredits werden vorzeitig – z.B. aus dem Erlös anderer Warenverkäufe – getilgt.

Obwohl bei diesen Fällen in den Entscheidungsgründen der finanzgerichtlichen Rspr. die Selbständigkeit eines jeden Kreditgeschäftes „bemüht" wird, neigt der BFH dazu, diese Fälle als Gestaltungsmissbrauch nach § 42 AO anzusehen und verbindet im Ergebnis mehrere Kreditgeschäfte zu einer einheitlichen Schuld. Dies geschieht sogar bei Kreditverhältnissen mit verschiedenen Kreditgebern, wenn keine wirtschaftlich beachtlichen (außersteuerlichen) Gründe für die gegenseitigen Geldtransfers ersichtlich sind[673]. Im Urteilsfall vom 06.02.1991 (BStBl II 1991, 851) erreicht dies der BFH – bei nicht zusammenwirkenden Kreditgebern – dadurch, dass er zwar nicht von einer einheitlichen Schuld ausgeht, aber die Rechtsfolgen des § 42 AO eintreten lässt, als ob der Kreditgeber nicht gewechselt hätte.

2.3 Renten und dauernde Lasten (§ 8 Nr. 2 GewStG)

Die Hinzurechnung ist auf wiederkehrende Leistungen beschränkt, die wirtschaftlich mit der **Gründung** oder dem **Erwerb** eines Betriebs (oder vergleichbarer funktionaler Einheiten) zusammenhängen. Die Hinzurechnung erfolgt in dem Maße, wie der Gewinn gemindert wurde. Eine Hinzurechnung findet jedoch nicht statt, wenn die wiederkehrenden Bezüge beim Empfänger bereits der GewSt unterliegen, § 8 Nr. 2 S. 2 GewStG (Vermeidung der Doppelbelastung).

> **Beispiel 11: Ein Fall zum doppelten Management-buy-out**
> Der GF G erwirbt am 01.01.04 den Gewerbebetrieb des C(hefs) gegen eine betriebliche Veräußerungsrente. Der versicherungsmathematische Barwert der Rentenverpflichtung soll aufgrund besonderer Umstände betragen[674]:
>
> - Zum 01.01.04: 300.000 €,
> - zum 31.12.04: 278.000 € und
> - zum 31.12.05: 258.000 €.
>
> Zum 01.01.05 muss G aus Krankheitsgründen den Betrieb an seinen Prokuristen P weiter veräußern, der die Rentenverpflichtung übernimmt.

---

[673] S. aber *Zitzelsberger*, Grundlagen der Gewerbesteuer, 1990, 249, sowie *Lenski/Steinberg* § 8 Nr. 1, Rz. 16, die sich bei Verbindlichkeiten bei mehreren Kreditgebern gegen die Zusammenfassung als eine einheitliche Schuld aussprechen.

[674] Dem Verfasser ist bewusst, dass sich bei einem Standardsachverhalt ein niedrigerer Rentenbarwert bei unterstellter Jahresrente von 48.000 € ergeben würde (ca. 240 T€ zum 31.12.04 und ca. 185 T€ zum 31.12.05).

Die monatlichen Rentenzahlungen i.H.v. 4.000 € haben G/P als Aufwand gebucht, während die Verminderung des Rentenbarwertes erfolgswirksam behandelt wird.

Der Grund für den späteren endgültigen Wegfall der Rentenverpflichtung an Silvester 05 war der plötzliche Tod des C aufgrund übermäßigen Alkoholgenusses.

Bei passivierten Renten und dauernden Lasten ergibt sich die Gewinnminderung entsprechend der einkommensteuerlichen Behandlung aus dem Unterschied zwischen der laufenden Zahlung und der Verminderung des Passivpostens für die Verbindlichkeiten, da nur in Höhe des Zinsanteils ein Erwerbsaufwand – und sonst eine unbeachtliche Vermögensumschichtung – vorliegt (s. auch A 49 Abs. 3 GewStR).

Lösung:

1. Hinzurechnung bei G in 04:
- Dem Aufwand von 48.000 € (laufende Rentenzahlung) steht die ertragswirksame Auflösung der Rentenverbindlichkeit i.H.v. 22.000 € gegenüber, so dass sich ein Hinzurechnungssaldo für G in 04 gem. § 8 Nr. 2 GewStG von 26 T€ ergibt.
- Alle sonstigen Voraussetzungen (Erwerb des Betriebs durch G mit einer Rentenvereinbarung und fehlende Gewebesteuerbelastung beim Veräußerer C) liegen vor.

2. Hinzurechnung bei P in 05:
- Durch den Unternehmerwechsel ist P ab 01.01.05 gem. § 5 Abs. 2 i.V.m. § 2 Abs. 5 GewStG Schuldner der GewSt geworden.
- Die Differenz aus dem ordentlichen Vorgang zur Erfassung der Rentenverpflichtung beträgt in 05 nunmehr 28 T€ (48.000 € ./. 20.000 € – Auflösung –), die grundsätzlich hinzugerechnet wird.
- Fraglich ist nur, ob die Hinzurechnung auch für den neuen Erwerber des Betriebs und damit den Übernehmer der Rentenverpflichtung gilt.

Die Literatur hat bislang diesen Fall eines abgeleiteten Erwerbs (durch P) dem Originalerwerb des Betriebs (hier durch G) gleichgestellt[675]. Der BFH vom 18.01.2001 (BStBl II 2001, 687) folgt der Ansicht aus den folgenden Überlegungen:

a) Auch beim zweiten entgeltlichen Erwerb hängt die übernommene Rentenschuld mit dem Erwerb des Betriebs zusammen[676].

b) Auch der Normzweck des § 8 Nr. 2 GewStG (objektivierter Gewerbeertrag) gebietet die Hinzurechnung, da der ESt-Abzug auch beim Zweiterwerber P gegeben ist und die Renten auch hier als Entgelt für das im Unternehmen arbeitende Kapital anzusehen sind.

---

[675] *Lenski/Steinberg* § 8 Nr. 2 Rz. 19; sowie *Güroff*, § 8 Nr. 2 Rz. 7.
[676] Anders wäre es bei einer Schenkung des Betriebs von G an P (vgl. auch A 49 Abs. 1 S. 9 GewStR).

- Dies führt im Ergebnis bei P in 05 zur Hinzurechnung von 28 T€. Der sonstige betriebliche Ertrag, der am 31.12.05 durch den Wegfall der Rentenverbindlichkeit i.H.v. 258 T€ verbucht wird, berührt gem. A 49 Abs. 3 S. 2 GewStG das Hinzurechnungsergebnis nicht.

2.4 Gewinnanteile des stillen Gesellschafters (§ 8 Nr. 3 GewStG)

Die Gewinnanteile des typisch stillen Gesellschafters werden bei der Gewinnermittlung des tätigen Teilhabers (Inhaber des Handelsgewerbes) als BA abgezogen und werden gem. § 8 Nr. 3 GewStG hinzugerechnet, wenn die Beteiligung des stillen Gesellschafters nicht zu dessen BV gehört und somit dort der GewSt unterliegt. Insofern findet in der GewSt eine Gleichbehandlung zwischen dem typisch stillen Gesellschafter und dem atypisch stillen Gesellschafter statt, dessen Ertrag gem. § 7 GewStG bereits bei der Gewinnermittlung der Mitunternehmerschaft berücksichtigt wird.

> **Beispiel 12: Rücksicht auf die Nichte**
> Der Gewinn des Einzelgewerbetreibenden O beläuft sich auf 95.000 €. In ihm ist bereits ein Gewinnanteil der Nichte N berücksichtigt, die sich am Unternehmen des O mit einer Einlage von 100 T€ als stille Gesellschafterin beteiligt hat (versprochener Gewinnanteil 5 %).
>
> **Lösung:**
> Vor Berücksichtigung des an N abzuführenden Gewinnanteils beträgt der Gewinn des O 100.000 € (95 T€ × 100 T€/95 T€). Der Anteil der N beläuft sich auf 5 T€.
> Bei der Hinzurechnung des Gewinnanteils wird unterstellt, dass es sich um keine atypisch stille Beteiligung handelt (keine MU-Initiative und kein MU-Risiko der N) und dass N die Beteiligung nicht im BV hält.

In gleicher Weise erfolgt die Hinzurechnung der Gewinnanteile des Komplementärs einer KGaA gem. § 8 Nr. 4 GewStG (A 52 GewStR).

2.5 Halbdividendenzurechnung (§ 8 Nr. 5 GewStG)

Die durch die § 3 Nr. 40 EStG i.V.m. § 3c EStG eintretende Minderung des steuerpflichtigen Gewinns sowie die völlige Freistellung bei § 8b KStG wirkt sich auf die Höhe des Gewerbeertrages gem. § 7 GewStG aus[677].

Um auch hier die wertungsmäßige Gleichstellung mit den anderen Tatbeständen zu erreichen, schreibt § 8 Nr. 5 GewStG i.d.F. des UntStFG (2001) vor, dass die hälftig befreiten Ausschüttungserträge dem Gewerbeertrag hinzugerechnet werden.

---

[677] Ein echtes Problem tritt hier nur bei PersG auf.

2.6 Miet- und Pachtzinsen (§ 8 Nr. 7 GewStG)

2.6.1 Die grundsätzliche Bedeutung (unter Einbeziehung der Kürzung nach § 9 Nr. 4 GewStG)

Im Grundtatbestand wird nach § 8 Nr. 7 GewStG beim Mieter der hälftige Mietzins für bewegliche WG des Anlagevermögens hinzugerechnet, wenn der Vermieter nicht gewerbesteuerpflichtig ist.

Der zweite Tatbestand des § 8 Nr. 7 GewStG ist nur bei einer gleichzeitigen Diskussion von § 9 Nr. 4 GewStG nachvollziehbar. Mit der Hinzurechnung des hälftigen Pachtzinses beim Pächter eines Betriebes (Teilbetriebes) nach § 8 Nr. 7 GewStG korrespondiert die Kürzung des Gewerbeertrages beim gewerblichen Vermieter um eben diesen Betrag. Voraussetzung hierfür ist allerdings, dass der Pachtzins jährlich 125 T€ übersteigt. Folgendes Schema kann bei § 8 Nr. 7 GewStG zugrunde gelegt werden:

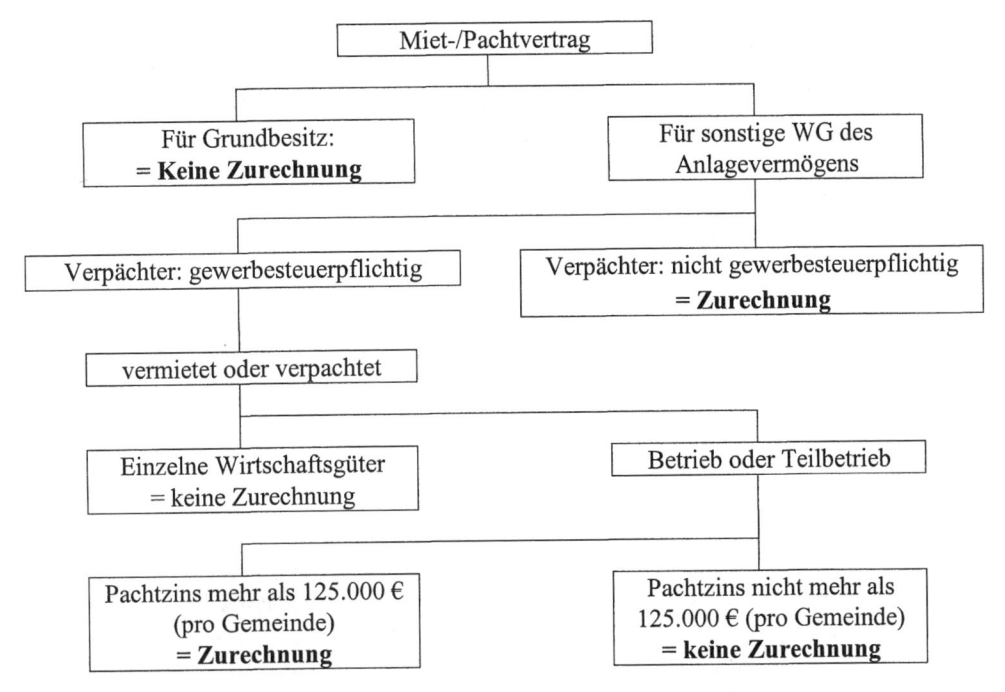

```
                    ┌─────────────────────┐
                    │  Miet-/Pachtvertrag │
                    └──────────┬──────────┘
              ┌────────────────┴────────────────┐
    ┌─────────────────────┐          ┌─────────────────────────┐
    │ Für Grundbesitz:    │          │ Für sonstige WG des     │
    │ = Keine Zurechnung  │          │ Anlagevermögens         │
    └─────────────────────┘          └────────────┬────────────┘
              ┌───────────────────────────────────┴─┐
    ┌─────────────────────────────────┐   ┌─────────────────────────────────┐
    │ Verpächter: gewerbesteuer-      │   │ Verpächter: nicht gewerbe-      │
    │ pflichtig                       │   │ steuerpflichtig                 │
    │                                 │   │ = Zurechnung                    │
    └─────────────┬───────────────────┘   └─────────────────────────────────┘
    ┌─────────────────────────────────┐
    │ vermietet oder verpachtet       │
    └─────────────┬───────────────────┘
    ┌──────────────────┴──────────────┐
    ┌──────────────────────┐   ┌──────────────────────┐
    │ Einzelne Wirtschafts-│   │ Betrieb oder         │
    │ güter                │   │ Teilbetrieb          │
    │ = keine Zurechnung   │   │                      │
    └──────────────────────┘   └──────────┬───────────┘
                        ┌─────────────────┴─────────────────┐
              ┌─────────────────────────┐   ┌─────────────────────────┐
              │ Pachtzins mehr als      │   │ Pachtzins nicht mehr    │
              │ 125.000 €               │   │ als 125.000 €           │
              │ (pro Gemeinde)          │   │ (pro Gemeinde)          │
              │ = Zurechnung            │   │ = keine Zurechnung      │
              └─────────────────────────┘   └─────────────────────────┘
```

Die Zielsetzung von § 8 Nr. 7 (i.V.m. § 9 Nr. 4) GewStG ist offensichtlich:

- Aufgrund des Objektcharakters der GewSt wird der mit fremden WG arbeitende Unternehmer demjenigen gleichgestellt, der Eigentümer des AV ist.
- Bei Grundstücken wird eine Ausnahme gemacht, weil der Grundbesitz ohnehin mit der Grundsteuer (ebenfalls Objektsteuer) belastet ist.
- Bei einem gewerbesteuerpflichtigen Verpächter unterbleibt im Grundfall die Hinzurechnung, weil dies zu einer gewerbesteuerlichen Doppelbelastung führen würde.
- Hiervon wird aber beim zweiten Tatbestand, der Betriebsverpachtung – ohne Grundbesitz –, ab einer Aufgriffsgrenze von jährlich 125 T€ Mietzins eine Aus-

nahme gemacht. Auf diese Weise soll eine angemessene Verteilung der GewSt auf die einzelnen Gemeinden erfolgen.
- Die Hinzurechnung nur der Hälfte der Mietzinsen soll dem Umstand Rechnung tragen, dass die andere Hälfte für die Instandhaltung der WG aufgebracht werden muss.

2.6.2 Der Grundtatbestand: Angemietetes Anlagevermögen (ohne Grundbesitz)

Bei angemieteten beweglichen WG, die den Charakter von Anlagevermögen haben, wird der hälftige Pachtzins, so er bei der Gewinnermittlung abgezogen wurde, nach § 8 Nr. 7 GewStG wieder hinzugerechnet. Voraussetzung ist allerdings, dass der Verpächter nicht zur GewSt heranzuziehen ist.

Beispiel 13: Was ist das?
Der Pächter P pachtet von der Gemeinde G ein aufgelassenes bebautes Grundstück, das die Gemeinde aus der Insolvenzmasse eines ehemaligen Heizwerkes erworben hat. Im Gebäude sind Heizstationen und Rohrleitungen fest installiert. P zahlt an die Gemeinde einen jährlichen Pachtzins von 250.000 €, wovon ein Fünftel auf die intakten Heizanlagen entfällt.

Während die Tatbestandsmerkmale der V+V von § 8 Nr. 7 GewStG dem BGB zu entnehmen sind[678] und unter Miet-/bzw. Pachtzinsen alle geldwerten Vorteile zu verstehen sind (vgl. A 53 Abs. 5 GewStR), kann die Abgrenzung von Grundbesitz und sonstigen WG des Anlagevermögen problematisch sein. Bei der Abgrenzung ist auf § 68 Abs. 2 BewG zu achten (A 53 Abs. 2 GewStR). Danach zählen Vorrichtungen, auch wenn sie fest mit dem Gebäude – und damit mit dem Grundstück – verbunden sind, dann nicht zu den Gebäudebestandteilen, sondern zu **Betriebsvorrichtungen**, wenn sie als eine sog. qualifizierende Anlage ausschließlich dem Betrieb dienen[679]. Insoweit liegen bewegliche WG vor, die auch im Rahmen des § 8 Nr. 7 GewStG zu berücksichtigen sind.

Lösung:
Heizstationen eines Heizkraftwerks gelten als Betriebsvorrichtung (BFH vom 06.08.1998, BStBl II 2000, 144). Damit ist der Mietzins i.H.v. 50.000 € zur Hälfte (25 T€) hinzuzurechnen, da auch die zweite Voraussetzung (fehlende GewSt-Pflicht des Vermieters) einschlägig ist. Bei dieser Frage kommt es gem. A 53 Abs. 6 GewStR darauf an, dass der Verpächter nicht der deutschen GewSt unterliegt. Dies ist mangels Gewerbefähigkeit bei der öffentlichen Hand, soweit es sich nicht um Betriebe gewerblicher Art handelt, immer der Fall[680].

---

[678] Der Hauptunterschied beider Nutzungsüberlassungstatbestände liegt darin, dass bei der Verpachtung zusätzlich hinzukommt, dass der Verpächter über die Früchte des überlassenen Gegenstandes verfügen darf.
[679] Zuletzt vom BFH vom 09.08.2001 (BStBl II 2002, 100) für Belüftungs- und Entlüftungsanlagen in einem Friseursalon entschieden. Ebenso: Späneofen einer Tischlerei (BFH vom 07.09.2000, BStBl II 2001, 253).
[680] Ansonsten kann sich eine Gewerbesteuerfreiheit nach § 3 GewStG ergeben.

2.6.3 Die Betriebsverpachtung (über die Gemeindegrenze hinaus)

Mit einer anderen Zielsetzung wird bei einer Betriebsverpachtung ab einer bestimmten Größenordnung das Gewerbesteuergut unter den beteiligten Gemeinden aufgeteilt.

Beispiel 14: Wer zahlt und wer erhält die GewSt?
Eine GmbH führt Tiefbauarbeiten aus und verlegt durch eigene Bautrupps Gasleitungen und Leitungen (fortlaufende Bauausführungen) für die Post. Zwischen ihr (Betriebsgesellschaft) und dem Einzelunternehmen des Mehrheitsgesellschafters besteht eine Betriebsaufspaltung. Der Pachtzins beträgt pro Jahr 250 T€.

Einer der Hauptfälle der Betriebsverpachtung nach § 8 Nr. 7 GewStG ist die Betriebsaufspaltung, wenn **alle**[681] wesentlichen Betriebsgrundlagen (= Betrieb oder Teilbetrieb) überlassen werden.

Lösung:
Gem. § 8 Nr. 7 S. 3 GewStG sind gepachtete WG des Anlagevermögens nur dann dem Gemeindebezirk der Betriebsstätte zuzuordnen, wenn die auf die einzelnen Betriebsstätten (und damit auf die einzelnen Kommunen) entfallenden Mieten den Betrag von 125 T€ (ohne Miete für Grundbesitz) übersteigen. Soweit es sich bei den einzelnen Bautrupps um Bauausführungen i.S.d. § 12 S. 2 Nr. 8 AO handelt, bei denen der erforderliche Sechs-Monatszeitraum nicht überschritten wird, liegen nach Auffassung des BFH vom 16.12.1998 (BStBl II 1999, 365) jedoch keine einzelnen Betriebsstätten vor, die die Hinzurechnung nach § 8 Nr. 7 GewStG „aufnehmen" können.

Ganz allgemein kommt daher eine Hinzurechnung nur in Betracht, wenn die anteilige Miete (ohne die Anteile für die Grundbesitzvermietung) für die einer politischen Gemeinde zuzurechnende **Betriebsstätte** den jeweiligen Schwellenwert von 125 T€ übersteigt. Vice versa kommt es beim Verpächter zu einer Kürzung des Gewerbsertrages gem. § 9 Nr. 4 GewStG.

2.7 Berücksichtigung der Ergebnisse aus einer Mitunternehmer-Beteiligung

Mit der Hinzurechnung der mitunternehmerischen Verlustanteile gem. § 8 Nr. 8 GewStG und mit der Kürzung der MU-Gewinnanteile[682] gem. § 9 Nr. 2 GewStG wird ebenfalls eine gewerbesteuerliche Doppelbelastung vermieden.

---

[681] Für die Betriebsaufspaltung genügt es, dass nur eine wesentliche Betriebsgrundlage überlassen wird; für die Betriebsverpachtung müssen alle wesentlichen Betriebsgrundlagen verpachtet werden.
[682] Nach BFH vom 10.12.1998 (BFH/NV 1999, 1067) für einen Fall zum gewerblichen Grundstückshandel bekräftigt, dass Voraussetzung für die Hinzurechnung nach § 9 Nr.2 GewStG das Vorliegen einer **Mitunternehmerschaft** sei.

Der Grund liegt in der bereits erfolgten gewerbesteuerlichen Erfassung des Gewinnes einer Mitunternehmerschaft auf der Ebene eben dieser PersG (OHG/KG/GbR) als selbständiges Gewerbesteuersubjekt gem. § 7 GewStG, so dass für eine weitere Berücksichtigung bei den Beteiligungsgesellschaften kein Platz ist.

> **Beispiel 15: Die eigenständige PersG im Gewerbesteuerrecht**
> Zum BV eines Einzelunternehmers E gehört eine 30 %ige Beteiligung an der Y-OHG. Die OHG erzielt in 01 einen Gewinn von 100 T€ und in 02 einen Verlust von 30 T€. In den Bilanzen des E sind die Ergebnisse als Beteiligungserträge erfasst.

Obwohl (weil) die Beteiligungsergebnisse aus einer MU-Beteiligung in der StB des Gesellschafters grundsätzlich gewinnneutral zu behandeln sind[683], werden sie gem. § 15 Abs. 1 Nr. 2 EStG als Beteiligungserträge nach durchgeführter Gewinnfeststellung gem. §§ 179, 180 AO einkommensteuerlich erfasst. § 8 Nr. 8 und § 9 Nr. 2 GewStG verhindern folgerichtig eine weitere gewerbesteuerliche Berücksichtigung.

> **Lösung:**
> Bei der GewSt-Erhebung des E wird der Ertrag des Jahres 01 um 30 T€ gekürzt und in 02 erfolgt eine Hinzurechnung um 9 T€.

2.8 Weitere Hinzurechnungstatbestände

Die weiteren Hinzurechnungstatbestände der § 8 Nr. 9, 10 und 12 GewStG verstehen sich als Korrekturtatbestände zu vorrangigen ertragsteuerlichen Wertungen und zwar:

- § 8 Nr. 9 GewStG bezweckt eine Korrektur in der unterschiedlichen Behandlung der Spenden, die bei KapG den Gewinn nach § 9 Abs. 1 Nr. 2 KStG mindern und bei der ESt (§ 10b EStG) nur als SA abziehbar sind.
- § 8 Nr. 10 GewStG versteht sich als „Gegenregelung" zum gewerbesteuerlichen Schachtelprivileg gem. § 9 Nr. 2a, Nr. 7 und 8 GewStG (s. sogleich) und korrigiert vorherige Gewinnminderungen (Teilwertabschreibungen) bei Beteiligungen an KapG[684].
- Hinzugerechnet wird nach § 8 Nr. 12 GewStG die ausländische Steuer für die Einkünfte, die nicht im Gewinn enthalten sind oder gekürzt wurden[685].

---

[683] Dazu, wie – in der StB des E – das Beteiligungsergebnis richtig zu verbuchen ist, ohne zu einer doppelten einkommensteuerlichen Erfassung zu gelangen (s. Band 2, Teil A, Bilanzdarstellung der MU-Beteiligung).
[684] Zur (Nicht-)Anwendung der Norm im Organkreis s. BFH vom 28.10.1999 (BFH/NV 2000, 745).
[685] S. *Güroff*, GewStG-Komm., § 8 Nr. 12.

3 Kürzungen (§ 9 GewStG)

3.1 Die Kürzung bei betrieblichen Grundbesitz (§ 9 Nr. 1 GewStG)

Die Kürzungsvorschrift des § 9 Nr. 1 GewStG kennt zwei Anwendungsfälle:

- Nach § 9 Nr. 1 S. 1 GewStG erfolgt die Kürzung um 1,2 % des Einheitswertes (EW) des zum BV gehörenden Grundbesitzes des Unternehmers (Grundfall).
- Nach § 9 Nr. 1 S. 2 GewStG gibt es für vermögensverwaltende Grundstücksunternehmen eine faktische Gewerbesteuerbefreiung (die sog. erweiterte Kürzung).

3.1.1 § 9 Nr. 1 S. 1 GewStG: Der Grundtatbestand der Grundbesitzkürzung

Voraussetzung für die Kürzung des Gewerbeertrages ist ein eigener betrieblicher Grundbesitz des Unternehmers. Nähere Ausführungen dazu enthält § 20 GewStDV. Für die Frage, **ob** und **in welchem Umfang** betrieblicher Grundbesitz vorhanden ist, ist nur auf das Ertragsteuerrecht (EStG/KStG) abzustellen (§ 20 Abs. 1 EStDV). Dies erklärt sich allein daraus, dass nur dieser Wertansatz den gewerblichen Gewinn beeinflusst hat. Dabei sind die Verhältnisse zu Beginn des Erhebungszeitraums (Kalenderjahres, § 14 GewStG) maßgeblich. Bei anteiligem betrieblichen Grundbesitz ist nur der in der StB ausgewiesene Teil zu berücksichtigen (§ 20 Abs. 2 GewStDV).

Die Kürzung selbst (**„der Höhe nach"**) mit 1,2 % des maßgeblichen Einheitswertes basiert auf Ermittlungsergebnissen des Bewertungsrechtes. Maßgeblich ist gem. § 9 Nr. 1 S. 1, 2. HS GewStG der EW, der auf den letzten Feststellungszeitpunkt vor dem Ende des Erhebungszeitraumes lautet. Diese Werte für Betriebsgrundstücke (§§ 70 und 99 Abs. 1 Nr. 1 BewG) basieren immer noch auf den Wertverhältnissen des Jahres 1964, die allerdings mit einem 40%igen Zuschlag (§ 121a BewG) versehen wurden. Gekürzt wird folglich um 1,2 % des mit 140 % ermittelten EW.

> **Beispiel 16: Das unterschiedlich erfasste Grundstück**
> Der Gewerbetreibende G erwirbt im Nov. 01 ein unbebautes Grundstück (EW 100 T€), das er zu 25 % betrieblich nutzt und mit den anteiligen AK (1 Mio.) in der StB (31.12.01) ausweist. Im Mai 02 veräußert G das ganze Areal, um ein besser gelegenes Nachbargrundstück zu erwerben. Wie sind die Auswirkungen auf die GewSt?

Die bei § 9 Nr. 1 GewStG unterschiedlich anzuwendenden Steuergesetze führen zu folgenden Einzelerkenntnissen:

- Die Frage, in welchem Umfang ein Betriebsgrundstück in die Kürzung einzubeziehen ist, richtet sich allein nach der steuerbilanziellen Behandlung des Unternehmers gem.

§ 8 EStDV und vor allem gem. R 13 EStR[686]. Hier kommt das BewG (insb. § 99 Abs. 2 BewG[687]) nicht zur Anwendung.
- Wiederum anders bleiben die Steuerbilanzwerte unberücksichtigt, wenn es um die Wertfindung geht. Hier gilt ausschließlich der EW.

Lösung:
- Nachdem die Verhältnisse zu Beginn des EZ maßgeblich sind, kommt es in 01 zu keiner Kürzung des Gewerbeertrages; in 02 wird trotz der unterjährigen Veräußerung gekürzt (§ 20 GewStDV).
- In 02 erfolgt eine Kürzung um 25 % des maßgeblichen EW für das Grundstück. Der Anteil der bilanzierten Betriebsfläche definiert auch den Anteil der BMG (EW[688]), A 59 Abs. 2 GewStR. Danach ist der Gewerbeertrag 02 um 25 % von 140 T€ zu kürzen.

3.1.2 Die erweiterte Kürzung gemäß § 9 Abs. 1 Nr. 1 S. 2 GewStG

In seiner ursprünglichen Fassung (1936) war § 9 Abs. 1 S. 1 Nr. 2 GewStG darauf gerichtet, die Gewerbesteuerbelastung der kraft Rechtsform gewerbesteuerpflichtigen KapG derjenigen von Einzelunternehmen und PersG anzunähern, soweit es um die Verwaltung von Grundbesitz ging. Mit den StÄndG (1958/1961) wurde der Regelungsgehalt in sachlicher Hinsicht durch die Zulassung unschädlicher Nebentätigkeiten (Wohnungsbaubetreuung, Errichtung und Verkauf bestimmter EFH/ZFH sowie ETW) geändert. Gleichzeitig wurde die erweiterte Befreiung (Kürzung des Gewerbeertrages um die Grundstücksmiete) in persönlicher Hinsicht auf Einzelunternehmen und PersG ausgeweitet. Der Grundgedanke der gewerbesteuerlichen Freistellung von reiner Vermögensverwaltung ist nach der Rspr. Des BFH beibehalten worden (zuletzt vom 18.04.2000, BB 2000, 1877).

Beispiel 17: Die Vermietung einer Spielhalle
Eine GmbH & Co. KG vermietet ein ihr gehörendes Gebäude im EG an eine GbR, die Inhaberin eines Spielcasinos (einarmige Banditen etc.) ist. Neben der Immobilienmiete (250 T€ p.a.) ist die KG mit 50 % am Erlös der GbR beteiligt und überlässt der GbR im Rahmen des Pachtvertrages Theke und Barhocker. Ist der Mietzins gewerbsteuerfrei, wenn die sonstige Vermietungstätigkeit der KG eindeutig den Erfordernissen des § 9 Nr. 1 S. 2 GewStG entspricht?

---

[686] Zu den verschiedenen Möglichkeiten vgl. *Kölpin*, Band 2, Teil A, Kap. III „bebaute Grundstücke".
[687] Nur bei einem betrieblichen Anteil von > 50 % handelt es sich um ein Betriebsgrundstück i.S.d. BewG. Bei einem Anteil von kleiner bzw. gleich 50 % bleibt es Grundvermögen. Ebenso läuft § 99 Abs. 2 S. 3 BewG leer (kein Betriebsgrundstück, falls andere Personen als der Betriebsinhaber Miteigentümer sind).
[688] Dabei wird unterstellt, dass der EW des betreffenden Grundstücks als Grundvermögen und als Betriebsgrundstück identisch ist.

Unter folgenden Voraussetzung liegen **schädliche Nebentätigkeiten** vor:
- Jede gewerbliche Betätigung – auch von untergeordneter Bedeutung –, die nicht zu den Ausnahmetatbeständen des § 9 Nr. 1 S. 2 GewStG (Errichtung von Häusern, ...) gehört, führt zur Versagung der erweiterten Kürzung nach BFH vom 31.07.1990 (BStBl II 1990, 1075).
- Dies gilt auch, wenn bei den aufgeführten Tätigkeiten der Vermögensverwaltung die Grenze zur Gewerblichkeit überschritten wird nach BFH vom 13.08.1997 (BStBl II 1998, 270[689]).
- Die zusätzliche Vermietung von **Betriebsvorrichtungen** (nachfolgend BVO), die häufig bei der Grundstücksvermietung anfällt, ist dann keine schädliche Nebentätigkeit, wenn
  – die Gegenstände nur wegen der Eigenart ihrer Nutzung durch den Mieter BVO sind oder
  – wenn die Vermietung der BVO von untergeordneter Bedeutung ist, was bei einem auf die BVO entfallenden Mietanteil von < 20 % (BFH vom 26.02.1992, BStBl II 1992, 738) oder bei hierauf (BVO) entfallenden HK von < 20 % (BFH vom 26.08.1993, BFH/NV 1994, 338) angenommen wurde.

Lösung:
- Als gewerblich geprägte PersG (§ 15 Abs. 3 Nr. 2 EStG) erzielt die KG gewerbliche Einkünfte.
- Dessen ungeachtet unterliegen diese nicht der GewSt (bzw. werden komplett gekürzt), wenn sich die Tätigkeit der KG als reine Grundstücksverwaltung qualifizieren lässt (§ 9 Nr. 1 S. 2 GewStG).
- Zwar liegen hier keine unschädlichen Hilfstätigkeiten i.S.d. o.g. Befreiungsbestimmung vor, da die Mitvermietung der BVO (Theke und Barhocker) von absolut untergeordneter Bedeutung (BFH vom 18.04.2000, BStBl II 2001, 359) ist und für sich betrachtet noch nicht zur Versagung der erweiterten Kürzung führt (so der BFH a.a.O.).
- Die Beteiligung an der GbR ist jedoch dann als schädliche Nebentätigkeit anzusehen, wenn sie mitunternehmerische Qualität hat. Dies – und kein bloßes partiarisches Mietverhältnis – ist dann anzunehmen, wenn die KG „interne Mitspracherechte" in der Willensbildung der GbR hat.

3.2 Kürzung um Gewinnanteile an Kapitalgesellschaften (§ 9 Nr. 2a, 7 und 8 GewStG)

Gem. § 9 Nr. 2a GewStG sind **betriebliche Beteiligungserträge** der Gesellschafter einer deutschen KapG gewerbesteuerfrei, wenn die Beteiligung zu Beginn des EZ mindestens 10 % betragen hat. Mit diesem gewerbesteuerlichen Schachtelprivileg unterliegen Gewinnausschüttungen nach § 20 Abs. 3 EStG ab einer Mindestbeteiligung von 10 %

---
[689] Gl. Ansicht *Lenski/Steinberg*, § 9 Nr.1 Rz. 132 ff.

gem. § 20 Abs. 3 EStG keiner GewSt. Damit wird eine gewerbesteuerliche Doppelbelastung der erwirtschafteten Gewinne (KapG) und der ausgeschütteten Dividende (G'fter) vermieden.

Unter Gewinnanteilen werden nicht nur die laufenden Dividendenzahlungen, sondern auch Ausschüttungen im Rahmen einer Liquidation der KapG (die sog. Liquidationsrate) verstanden (BFH vom 02.04.1997, BStBl II 1998, 25). Naturgemäß muss der Gewinn zuvor der Besteuerung auf der Ebene der KapG unterlegen haben, bevor der Gewinnanteil auf G'fter-Ebene nach § 9 Nr. 2a GewStG befreit wird. Somit genießen Gewinne aus der Veräußerung der Beteiligung kein Schachtelprivileg.

Das nationale gewerbesteuerliche Schachtelprivileg wird nach § 9 Nr. 7 GewStG um das **internationale Privileg** ergänzt, bei dem eine deutsche Tochtergesellschaft – ebenfalls mit mindestens 10 % – an einer ausländischen KapG beteiligt ist. Während die Mindestbeteiligung bei EG-Mutter-KapG (Gesellschaften, die der Mutter-Tochter-EG-Richtlinie unterliegen) für das Privileg genügt, muss es sich bei den anderen ausländischen Mutter-KapG um solche handeln, die aktive Tätigkeiten i.S.d. § 8 AStG entfalten. Bei passiven Gesellschaften entfällt das Privileg. Auf Antrag wird das Privileg gem. § 9 Nr. 7 S. 2 GewStG auf Enkelgesellschaften erstreckt.

Nach § 9 Nr. 8 GewStG gelten die o.g. Befreiungsvoraussetzungen (mindestens 10 %ige Beteiligung zu Beginn des EZ) auch für Gewinnanteile an ausländischen Mutter-KapG, mit denen ein DBA besteht und dieses eine andere Beteiligungsqualität festschreibt[690].

3.3 Kürzungen aufgrund ertragsteuerrechtlicher Besonderheiten

Gem. § 9 Nr. 5 GewStG erfolgt nunmehr – nach vorheriger Hinzurechnung der Spenden bei Körperschaften (§ 9 Abs. 1 Nr. 2 KStG) gem. § 8 Nr. 9 GewStG – eine rechtsformunabhängige Kürzung der Spenden[691] vom Gewerbeertrag.

Nach § 9 Nr. 10 GewStG kürzen als vGA gem. § 8a KStG umqualifizierte Nutzungsentgelte für Kapitalüberlassung („überschrittener Safe haven") den Gewerbeertrag[692].

3.4 Kürzung aufgrund internationalen Steuerrechts (§ 9 Nr. 3 GewStG)

Die Kürzung gem. § 9 Nr. 3 GewStG (Kürzung des Gewerbeertrages um den auf eine ausländische **Betriebsstätte** entfallenden Gewinn) hat klarstellenden Charakter, da sich das Ergebnis der Steuerbefreiung bereits aus der fehlenden Steuerbarkeit nach § 2 Abs. 1 GewStG (inländischer Gewerbebetrieb) begründen lässt (so auch A 62 GewStR).

---

[690] Dies ist ein Fall des Treaty-overriding.
[691] Das mit Urteil vom 03.12.2001 vom BFH (BFH/NV 2002, 482) bestätigte AdV-Verfahren zur Tragweite des § 10b Abs. 4 S. 2 EStG – Verhältnis von Aussteller- und Veranlasserhaftung – betrifft auch § 9 Nr. 5 GewStG.
[692] Die Hinzurechnungsbestimmungen von § 8 Nr. 1 und 3 GewStG behalten dennoch Gültigkeit.

4 Ergänzung und Zusammenfassung der Besteuerungsgrundlagen

4.1 Berücksichtigung eines Gewerbesteuerverlustes (§ 10a GewStG)

Nachfolgend wird ein synoptischer Vergleich zwischen dem Verlustabzug gem. § 10d EStG und dem gewerbesteuerlichen Verlustvortrag nach § 10a GewStG unternommen[693].

Verlustabzug gem. § 10d EStG	Gewerbeverlust gem. § 10a GewStG
• Zunächst Verlustausgleich (horizontal und vertikal gem. § 2 Abs. 3 EStG).	• Kein Ausgleich mit positiven Gewerbeerträgen aus anderen Gewerbebetrieben.
• Sodann Verlustrücktrag (Vorjahr) bis zu einem Betrag von 511.500 €. Danach Verlustvortrag (zeitlich unbegrenzt).	• Kein Verlustrücktrag möglich. • Nur Verlustvortrag (zeitlich unbegrenzt).
• Grundsätzlich unbeschränkt stpfl. Natürliche Person, die den Verlust erlitten hat. • Keine rechtsgeschäftliche Übertragung des Verlustabzugs.	• Gewerbetreibende i.S.d. GewStG. • Unter**nehmer**identität. • Unter**nehmens**identität. (bei Körperschaften wirtschaftliche Identität gefordert).
• Übertragbarkeit bei Gesamtrechtsnachfolge. • Keine Antragsgebundenheit, siehe aber § 10d Abs. 1 S. 7 und 8 EStG.	• Keinerlei Übertragbarkeit. • Keine Antragsgebundenheit.

• Verlustabzugsbetrag
= negativer Gesamtbetrag der Einkünfte.
	• Gewerbeverlust (Fehlbetrag):
	  Maßgebender Gewinn/Verlust
	  + Hinzurechnungen
	  ./. Kürzungen
	  = Gewerbeverlust (Fehlbetrag).

• Gesonderte Feststellung des am Schluss eines VZ verbleibenden Verlustabzugs.	• Gesonderte Feststellung der vortragsfähigen Fehlbeträge.

4.2 Steuermesszahl und Steuermessbetrag

Als **Steuermessbetrag** wird definiert: **Gewerbeertrag x Steuermesszahl**. Bei dieser Definition wird bereits ein um einen Verlust gekürzter, auf 100 € abgerundeter und ggf.[694] um den Freibetrag (24.500 €) reduzierter Gewerbeertrag zugrunde gelegt.

---

[693] Die Detailfragen zu § 10a GewStG sind in Teil B, Kap. IV zusammenfassend dargestellt.
[694] Gem. § 11 Abs. 1 S. 3 Nr. 1 GewStG gilt dies nur für Einzelunternehmer und PersG.

Bei der Multiplikation der Restgröße „Gewerbeertrag" mit der Steuermesszahl wird bei KapG pauschal mit 5 % gerechnet. 1993 wurden – zur Förderung der mittelständischen Gewerbebetriebe – für Einzelunternehmen und PersG gestaffelte Steuermesszahlen nach § 11 Abs. 2 Nr. 1 GewStG eingeführt:

Im Treppenschritt von jeweils 12.000 € erhöht sich die Steuermesszahl um je einen Prozentpunkt.

Beispiel 18: Das gewerbesteuerliche Treppensteigen
Einzelunternehmer E erzielt einen Gewerbeertrag von 73.000 € (inkl. Hinzurechnungen und Kürzungen). Der Steuermessbetrag ist zu errechnen.

Lösung:

Gewerbeertrag	Freibetrag	Steuermesszahl	Ergebnis:
Bis 24.500 €	0 €	0 €	0 €
36.500 €	24.500 €	1 % (x 12.000 €)	120 €
48.500 €	36.500 €	2 % (x 12.000 €)	240 €
60.000 €	48.500 €	3 % (x 12.000 €)	360 €
72.500 €	60.000 €	4 % (x 12.000 €)	480 €
Über 72.500 €	72.500 €	5 % (x 500 €)	25 €
Gesamt: 73.000 €			**1.225 €**

Der Steuermessbetrag nach dem Gewerbeertrag beläuft sich auf 1.225 €.

IV Spezifika der Gewerbesteuer

1 Die Zerlegung

Der Steuermessbetrag ist auf alle Gemeinden zu zerlegen, in denen im EZ Betriebsstätten unterhalten werden (§ 28 GewStG). Als Zerlegungsmaßstab für die Anteile der einzelnen Gemeinden werden nach §§ 29 und 31 GewStG die Arbeitslöhne der eigenen Arbeitnehmer[695] herangezogen. Zwei Probleme gibt es in der Praxis der Zerlegung:
- Stimmt der Betriebsstättenbegriff des § 28 GewStG mit dem nach § 12 AO überein?
- Was gilt bei mehrgemeindlichen Betriebsstätten?

1.1 Die mehrgemeindliche Betriebsstätte (§ 30 GewStG)

Der Begriff der mehrgemeindlichen Betriebsstätte geht davon aus, dass sich eine Betriebsstätte über mehrere Gemeinden erstreckt und demnach das Zerlegungsmerkmal „Betriebsstätte = Gemeinde" leer läuft. Für diesen Fall hat zuletzt der BFH vom 28.10.1987 (BStBl II 1988, 292) entschieden, dass die Zerlegung nach der Lage der örtlichen Verhältnisse unter Berücksichtigung der erwachsenden Gemeindelasten zu erfolgen habe. Dies wird von der h.M. als eine abschließende Aufzählung der in Betracht kommenden Umstände angesehen[696].

1.2 Der Betriebsstättenbegriff des § 28 GewStG

Schwieriger gestaltet sich die Rechtslage zum **Betriebsstättenbegriff** seit dem BFH-Urteil vom 13.09.2000 (BStBl II 2001, 734).

> **Beispiel 19: Der Kaminkehrer und die GewSt**
> Der Kaminkehrermeister (alias Bezirksschornsteinfeger) K wohnt in der Gemeinde A und hat Kehrbezirke in den Gemeinden B, C, D und E. Nach Erlass des Steuermessbescheides gegenüber K bestehen die Gemeinden B ff. auf Zerlegungsanteile an den Steuermessbeträgen. Zu Recht?

Nachdem es in § 28 GewStG keinen eigenständigen Betriebsstättenbegriff gibt, rekurriert der BFH in ständiger Rspr. Auf § 12 AO (zuletzt am 10.11.1998, BFH/NV 1999, 665). Danach ist eine Betriebsstätte jede feste Geschäftseinrichtung (oder Anlage), die der Tätigkeit des Unternehmens dient. Aus dem Beispielskatalog zu § 12 S. 2 AO ergibt sich, dass hierbei der Unternehmer nicht nur eine vorübergehende Nutzungsmöglichkeit, sondern ggf. auch eine behördlich zugewiesene **rechtliche Verfügungsmacht** innehat.

---

[695] Vergütungen, die an andere Unternehmer für die Gestellung von fremden Arbeitskräften gezahlt werden, scheiden nach A 77 GewStR aus.
[696] Statt aller *Güroff*, § 30 Rz. 4.

Lösung:

- Unter Beachtung der obigen Ausführungen gelangte der BFH bereits in früheren Jahren (BFH vom 13.11.1996, BStBl II 1997, 295) zu dem Ergebnis, dass ein Kaminkehrer in den zu prüfenden Anlagen über keine rechtliche Verfügungsmacht verfügt. Das alleinige Zutrittsrecht zu den Grundstücken bzw. Räumen, in denen sich die zu wartenden Anlagen befinden, macht aus den Kehrbezirken noch keine Betriebsstätten. In diesem Sinne wurde auch für andere vergleichbare Fälle (Taxifahrer ohne ständigen Standplatz) entschieden (Gegenfall: der Händler auf örtlich fixierten Marktständen).
- Der Fall wurde jedoch neu aufgerollt, da es zwischenzeitliche Rspr. Mehrerer Einkommensteuersenate (zuletzt BFH vom 18.09.1991, BStBl II 1992, 90) gibt, die – für Zwecke der Fahrten Wohnung/Arbeitsstätte gem. § 4 Abs. 5 Nr. 6 EStG – den Arbeitsbezirk als Betriebsstätte i.S.d. letztgenannten Regelung angesehen haben.
- In einer gut begründeten Entscheidung gelangt der BFH in der eingangs zitierten Entscheidung vom 13.09.2000 (BStBl II 2001, 734) zu einer unterschiedlichen Verwendung des Betriebsstättenbegriffes im EStG und im GewStG. Während es bei § 4 Abs. 5 Nr. 6 EStG um eine typisierende Gleichbehandlung von Unternehmern und Arbeitnehmern geht, hat der Betriebsstättenbegriff in § 28 GewStG – übereinstimmend mit § 12 AO – eine andere Aufgabe zu erfüllen: Es geht dort um die „örtliche Verwurzelung" eines Unternehmens, die sodann zur Betriebsstätte führt.

Die Gemeinden B, C, D und E erhalten keinen Zerlegungsanteil.

2 Die Korrekturvorschrift des § 35b GewStG

Wie z.T. schon ausgeführt wurde, enthält § 35b GewStG eine **spezialgesetzliche Änderungsvorschrift** für GewSt-Bescheide[697], wenn sich der ESt- oder KSt-Bescheid ändert. § 35b GewStG kommt insb. dann zur Anwendung (s. auch A 83 GewStR), wenn

1. der ESt-Bescheid, der KSt-Bescheid oder der Feststellungsbescheid aufgehoben oder geändert werden und
2. die Aufhebung bzw. Änderung (siehe 1.) die Höhe des Gewinns aus Gewerbebetrieb berührt und
3. diese Aufhebung oder Änderung die Höhe des Gewerbeertrags beeinflusst.

Besonders wird nochmals hervorgehoben, dass die Grundfrage der **sachlichen GewSt-Pflicht** – das Vorliegen eines gewerblichen Unternehmens – **nicht** von der Bindungswirkung des § 35b GewStG erfasst ist.

---

[697] Inkl. Verlustfeststellungsbescheide.

3 Die Gewerbesteuerrückstellung als Bilanzproblem

In Klausuren und in der Praxis begegnet einem die GewSt bereits beim Erstellen der Schlussbilanz des Unternehmens, wenn es gilt, die Bilanzposition „GewSt-Rückstellung" zu errechnen.

Für die Berechnung der GewSt-Rückstellung werden mehrere Formeln gehandelt, darunter die „mathematische Formel" der *DATEV*[698]. Aus didaktischen Gründen empfiehlt sich folgende **Formel**:

1. **Gewerbeertrag (Ermittlung der BMG)**
   Vorläufiger Bilanzgewinn (ggf. mit Korrekturen gem. § 4 Abs. 5 EStG, § 10 KStG)
   + Hinzurechnungen
   ./. Kürzungen
   + Vorauszahlungen
   = Gewerbeertrag
   (ggf. ./. Freibetrag)
   = Gekürzter vorläufiger Gewerbeertrag (abgerundet auf volle hundert €)

2. **Berechnung der Rückstellung**
   Messbetrag nach Gewerbeertrag unter **Berücksichtigung** der (ggf. gestaffelten) Steuermesszahl
   x Hebesatz (... %)
   Divisor (exakt berechnet[699] oder gem. R 20 Abs. 2 EStR nach der 5/6-Methode)
   ./. Vorauszahlungen
   = Rückstellung (bzw. Erstattungsanspruch)

3. **(ggf. Verprobung)**

---

[698] Vgl. *DATEV*, Tabellen und Informationen 2002, 130 f.:

$$\text{GewSt-RSt} = \frac{\frac{(E./.F+V) \times Z}{100} \times \frac{H}{100}}{\frac{Z \times H}{10.000} + 1} ./. V$$

E = Gewerbeertrag, abgerundet auf 100 €; F = umgerechneter Freibetrag; H = Hebsatz; V = Vorauszahlungen; Z = Steuermesszahl 0 bis 5 für nat. Personen und PersG bzw. 5 für KapG.

[699] Da die GewSt als BA vom Gewinn abgezogen wird (Abzugsgröße von sich selbst), muss ihre gewinnmindernde Wirkung bei der Rückstellung berücksichtigt werden. Der Divisor errechnet sich nach folgender Formel: (Z x H/10.000) / [1 + (Z x H/10.000)], wobei Z wieder für Steuermesszahl und H für Hebesatz steht. Dies ergibt z.B. bei einem Hebesatz von 400 bzw. 500 folgende Multiplikatoren (bei Divisoren entfällt 0, ...).

Hebesatz	Z = 1	Z = 2	Z = 3	Z = 4	Z = 5
400	0,0385	0,0741	0,1071	0,1379	0,1667
500	0,0467	0,0909	0,1304	0,1667	0,2000

3.1 Reihenfolge und Berechnung der Steuerrückstellungen bei Kapitalgesellschaften

Bei der Bilanzerstellung von KapG ist wegen des Abzugs der GewSt als BA die Reihenfolge zu beachten, dass zuerst die GewSt und sodann die KSt berechnet und in die Bilanz eingestellt werden. Die Berechnung der GewSt-Rückstellung wird jedoch durch das Fehlen eines Freibetrages sowie durch die einheitliche Steuermesszahl von 5 % erleichtert.

Beispiel 20: Die Mathematik des (Gewerbe-)Steuerrechts
Für die Y-GmbH ist die Schlussbilanz des Jahres 02 aufgrund der vorläufigen Bilanz – ohne Steuerrückstellungen – zu erstellen:

A	Y-GmbH 02		P
Aktiva	1.920.000 €	Gezeichnetes Kapital	200.000 €
		Gewinnrücklage	480.000 €
		Jahresüberschuss	200.000 €
		Verbindlichkeiten	1.040.000 €
	1.920.000 €		1.920.000 €

Das Jahresergebniskonto der Y-GmbH weist als Gewinn einen positiven Saldo von 200.000 € aus. Als Steueraufwand sind bislang nur die Vorauszahlungen für die KSt (10.000 €), die GewSt (ebenfalls 10.000 €) und der SolZ von 550 € erfasst.

Die endgültige Bilanz des Jahres 02 ist zu erstellen. Der Hebesatz soll 470 % betragen.

Lösung:

1. **Berechnung der GewSt-Rückstellung**

   a) **Ermittlung der BMG**

gem. § 7 GewStG i.V.m. § 8 Abs. 1 KStG	200.000 €
+ KSt-Vorauszahlung inkl. SolZ (§ 10 Nr. 2 KStG)	10.500 €
= Bereinigter Jahresüberschuss	210.500 €
+ GewSt-Vorauszahlung	10.000 €
= Vorläufiger Gewerbeertrag (ohne FB)	**220.500 €**

   b) **Berechnung der Rückstellung**

aa)	Messbetrag: 220.500 € x 5 %	11.025 €
bb)	11.025 € x 470 % (Hebesatz), abgerundet	51.817 €
cc)	davon 5/6 (R 20 EStR), abgerundet	43.180 €
	Divisorberechnung[700] (1,235)	41.957 €
dd)	./. Vorauszahlungen	10.000 €
	= GewSt-Rückstellung	**31.957 €**

---

[700] Divisorberechnung: D = 1 + H/100 x Z/100 = 1 + 5 x 470/10.000 = **1,235**.

2. Berechnung der KSt-Rückstellung

a) **Ermittlung der BMG**
Korrigierter Jahresüberschuss (s.o.)	210.500 €
./. GewSt (s.o.)	31.957 €
= zu versteuerndes Einkommen	178.543 €

b) KSt auf z.v.E (25 % gem. § 23 Abs. 1 KStG)   44.635 €
c) ./. Vorauszahlungen   10.000 €
    = **KSt-Rückstellung**   **34.635 €**
(zzgl. 5,5 % SolZ = 1.905 € ./. 550 € = 1.355 €)

3. Endgültige Steuerbilanz der Y-GmbH zum 31.12.02

A	Y-GmbH 02		P
Aktiva	1.920.000 €	Gezeichnetes Kapital	200.000 €
		Gewinnrücklage	480.000 €
		Jahresüberschuss	**132.053 €**
		GewSt-Rückstellung	31.957 €
		KSt-Rückstellung (inkl. SolZ)	35.990 €
		Verbindlichkeiten	1.040.000 €
	1.920.000 €		1.920.000 €

3.2 Die Gewerbesteuerrückstellung bei Personengesellschaften bzw. Einzelunternehmen

Bei den Unternehmensträgern Einzelunternehmen sowie PersG sind zusätzlich der Freibetrag sowie die gestaffelten Steuermesszahlen zu berücksichtigen.

Beispiel 21: Die Gesamtgewerbesteuerbelastung beim Einzelunternehmer
Die Bilanzen und die G+V des E weisen folgende Zahlen aus:

- Vorläufiger Gewinn   50.000 €.
- Bereits als BA berücksichtigte Zinsen für Investitionskredit   10.000 €.

Außerdem wird ein eigenbetrieblich genutzter Grundstücksanteil (70 % betriebliche Nutzung des Grundstücks mit einem EW von 50.000 €) mit den anteiligen AK von 420.000 € bilanziert.
E möchte wissen, mit welcher GewSt-Gesamtbelastung (Hebesatz in der Gemeinde des E: 380 %) er rechnen muss?

Neben der Berechnung der Rückstellung in der Schlussbilanz ist bei gewerbesteuerlichen Fragestellungen ab 2001 die Anrechnung der GewSt gem. § 35 EStG zu berücksichtigen. Sie beträgt gem. § 35 Abs. 1 EStG das 1,8fache des GewSt-Messbetrages.

Lösung:

1. Berechnung der GewSt-Rückstellung in der Bilanz des E

a) Ermittlung der BMG:
- Gewinn lt. Steuerbilanz (§ 7 GewStG)   50.000 €
- Dauerschuldzinsen (§ 8 Nr. 1 GewStG) – 50 % –   +   5.000 €
- Kürzung um 1,2 % von 70 % des EW (140 %)   ./.   588 €

b) **Gewerbeertrag**   =   **54.412 €**
- Abrundung (§ 11 Abs. 1 GewStG)   54.400 €
- Freibetrag (§ 11 Abs. 1 GewStG)   ./.   24.500 €
  Vorläufiger Gewerbeertrag   =   29.900 €

c) Steuermesszahlenberechnung (§ 11 Abs. 2)
- Für die erste Stufe   12.000 € x 1 %   120 €
- Für die zweite Stufe   12.000 € x 2 %   +   240 €
- Für die verbleibenden   5.900 € x 3 %   +   177 €

d) **GewSt-Messbetrag**   =   **537 €**

e) Berechnung der GewSt (Rückstellung)
- Messbetrag x Hebesatz (380 %), abgerundet auf volle €   **2.040 €**
- berechnet mit 5/6-Abschlag, **GewSt-Rückstellung**   **1.700 €**

2. Berechnung der Steuerermäßigung gem. § 35 EStG
Gem. § 35 Abs.1 EStG ermäßigt sich die ESt des E um das 1,8fache des GewSt-Messbetrages von 537 €, folglich um **966,60 €**.

4 De lege ferenda – Fragen zur Gewerbesteuer (u.a. § 35 EStG)

Das Gemeindefinanzsystem steht z.Zt. (und das schon während der letzten 30 Jahre) auf dem Prüfstand. Die politischen Extrempositionen sind dabei:

- Abschaffung der GewSt (und Beteiligung der Gemeinden mit einem wirtschaftsbezogenen Anteil an der Umsatzsteuer).
- Einbeziehung aller Wirtschaftsgruppen (Freiberufler etc.) in die persönliche Steuerpflicht einer sodann „Unternehmenssteuer", um auch diese Personen in die Finanzierung der erforderlichen kommunalen Infrastrukturmaßnahmen einzubinden.

Losgelöst von verfassungsrechtlichen Bedenken (kommunale Selbstverwaltungsgarantie gem. Art. 28 Abs. 2 GG) konkurrieren Maximalforderungen wie eine umfassende Neuordnung des kommunalen Finanzausgleichs mit Minimalforderungen (rechtsformneutrale Besteuerung bei bestehen bleibendem Standortwettbewerb der einzelnen Kommunen).

Sowohl die Anrechnung nach § 35 EStG wie die frühere Steuersatzvergünstigung gem. § 32c EStG a.F. sind wegen ihrer unpraktikablen Handhabung (insb. bei PersG) nicht die geeigneten Instrumente zur Rechtsformneutralität, zumal die Auswirkungen, d.h. die Steuerentlastungen, wegen fehlender Transparenz für den Bürger keinen Demokratieanreiz bergen. Der von den Kommunen gewünschte Finanzierungsbeitrag aller „unternehmenstragenden" Gemeindebürger lässt sich m.E. nur durch eine Ausweitung der persönlichen Steuerpflicht (Freiberufler und GmbH-Geschäftsführer) erreichen. Damit kann eine spürbare Reduzierung der Hebesätze sowie die Kappung einiger fragwürdiger (und höchst bürokratischer) Tatbestände zur sachlichen Steuerpflicht einhergehen[701].

---

[701] Der Autor denkt in diesem Zusammenhang insb. an § 8 Nr. 1 GewStG (die Objektsteuer kann m.E. keinen Verstoß gegen den Grundsatz der Ist-Besteuerung rechtfertigen) sowie an das Zusammenspiel von § 8 Nr. 7 und § 9 Nr. 4 GewStG.

Teil D

Internationales Steuerrecht

D Internationales Steuerrecht

I Strukturierung der Fallgestaltungen im Internationalen Steuerrecht (inklusive der Grenzpendlerproblematik)

1 Grenzüberschreitende Sachverhalte und Internationales Steuerrecht

Das „Internationale Steuerrecht" hat zwei Gesichter. Steuerlich relevante Aktivitäten gibt es vom Inland ins Ausland (z.B. Outsourcen der Entwicklungsabteilung) sowie natürlich in umgekehrter Richtung (z.B. ausländische Spezialisten werden im Inland tätig). In beiden Fällen können (werden) die beteiligten Fisken einen Besteuerungsanspruch jeweils für sich reklamieren.

> **Beispiel 1: Der „Greencard-Spezialist"**
> In der Geschäftsführung des großen inländischen Softwareherstellers S-GmbH wird überlegt, ob über das Greencard-Verfahren ausländische Spezialisten in den inländischen Betrieb integriert werden sollen oder ob die Entwicklungsabteilung in ein Land verlegt werden soll, in dem Programmierungskapazitäten ausreichend vorhanden sind. Neben allgemeinen wirtschaftlichen Überlegungen sind für die Geschäftsleitung auch mögliche steuerliche Aspekte von Interesse und zwar auch, soweit es die Besteuerung der Ausländer im Inland betrifft.

Die meisten Steuerrechtsordnungen, einschließlich der deutschen, basieren auf einer weitreichenden Steuerpflicht. Hat eine natürliche Person ihren Wohnsitz gem. § 8 AO oder gewöhnlichen Aufenthalt gem. § 9 AO bzw. eine Gesellschaft ihren Sitz oder den Ort der Geschäftsleitung im Inland (§§ 10 und 11 AO), wird sie dort mit ihrem gesamten Welteinkommen der Besteuerung unterworfen (sog. Welteinkommens- oder Universalitätsprinzip, § 1 Abs. 1 und 2, § 2 EStG im Rahmen der unbeschränkten Steuerpflicht).

Fehlen diese Voraussetzungen, greift der Fiskus dennoch zu, beschränkt sich aber auf die im Inland erwirtschafteten Erträge (sog. Quellen(staats)- oder Territorialitätsprinzip, §§ 1 Abs. 4, 49 ff. EStG im Rahmen der beschränkten StPfl.).

Folgt der andere beteiligte Staat denselben Prinzipien empfindet der Stpfl. die gesetzlichen oder verwaltungsinternen Regelungen nicht selten als ungerecht. Schlimmstenfalls führt dies jedoch zu einer doppelten steuerlichen Erfassung ein und desselben Sachverhaltes. Zumindest die zuletzt genannte Möglichkeit sollte vermieden werden. Hier zeigt sich bereits eine der bedeutendsten Aufgaben, die dem „Internationalen Steuerrecht" zu Eigen sind.

Lösung:
Auf das Ausgangsbeispiel bezogen bedeutet dies, dass der Softwarehersteller S-GmbH als unbeschränkt Stpfl. nach § 1 Abs. 1 Nr. 1 KStG sowohl mit seinen im Inland erzielten Einkünften als auch mit möglichen Einkünften, die in seiner ausländischen Entwicklungsabteilung erzielt werden, der deutschen Besteuerung unterworfen werden kann (Welteinkommensprinzip). Auf denkbare Einkünfte der ausländischen Entwicklungsabteilung wird auch der ausländische Staat ein Besteuerungsrecht ausüben wollen[702].
Dem ausländischen Greencard-Spezialisten kann es ähnlich ergehen und zwar zunächst unabhängig davon, ob er in Deutschland der unbeschränkten StPfl. gem. § 1 Abs. 1 EStG oder der beschränkten StPfl. nach § 1 Abs. 4 i.V.m. § 49 ff. EStG unterliegt.

Natürlich lässt sich diese Problematik der klassischen Doppelbesteuerung im nationalen Alleingang lösen, aber nur für unbeschränkt Stpfl. Sollten zusätzliche im Ausland steuerpflichtige Einkünfte anfallen, erfolgt die Berücksichtigung ausländischer Steuern meist über die sog. **Anrechnungsmethode** gem. § 34c EStG (s. Kap. II.4.2.1).
Dem gem. § 1 Abs. 4 EStG beschränkt Stpfl. helfen die deutschen innerstaatlichen Regelungen bei der Vermeidung drohender Doppelbesteuerung nicht weiter. Er kann nur auf sein jeweiliges nationales Steuerrecht verwiesen werden. Schon aus dieser einführenden Betrachtung wird erkennbar, dass es sinnvoll ist, entsprechend der Systematik der deutschen Steuergesetze für die steuerliche Überprüfung zu differenzieren nach

- **Steuerinländern**, die **Auslandsbeziehungen** (im Beispiel 1 der Softwarehersteller S) unterhalten,
- und **Steuerausländern**, die **Inlandsbeziehungen** (der Greencard-Inhaber im Beispiel 1) unterhalten.

Die Unterscheidung in diese beiden Fallgruppen wird im Folgenden auch das Gliederungsgerüst für die Darstellung der weiteren internationalen Steuersachverhalte sein.
Darüber hinaus wird ebenfalls ersichtlich, dass nationale Regelungen zur Beseitigung der Doppelbesteuerung kaum vorhanden sind, weil steuerbegründende Normen auch im „Internationalen Steuerrecht" aus nahe liegenden Gründen (Finanzbedarf des Gemeinwesens) im Vordergrund stehen und sie zu allem oft noch kompliziert in der Anwendung sowie unzulänglich im Ergebnis sind. Notwendig ist eine gemeinsame Lösung durch die betroffenen Staaten. Die Konfliktbereinigung zwischen den beteiligten Staaten wird in den weitaus häufigsten Fällen durch den Abschluss von jeweils bilateralen Abkommen zur Vermeidung der Doppelbesteuerung vorgenommen. Politisch wünschenswert ist die Entwicklung eines supranationalen Steuerrechts, wie es in Ansätzen in der EG erst erkennbar, in Skandinavien mit multilateralen DBA bereits verwirklicht ist. Neben der Frage, in welche Richtung sich ein internationaler Steuersachverhalt entwickelt, wird dem-

---
[702] Zur Vermeidung einer Doppelbesteuerung würde die BRD diese Einkünfte von der Besteuerung freistellen.

nach immer zu prüfen sein, ob er unter den Regelungsbereich von Gemeinschaftsrecht oder eines Doppelbesteuerungsabkommens (DBA) fällt.

Da im Weiteren meist auf die Regelungen in den DBA zurückgegriffen wird, empfiehlt es sich im Vorfeld kurz die deutsche Abkommenspraxis zu beleuchten, sowie Wirkungsweise und Systematik der DBA darzustellen (s. Kap. II).

Deutlich wurde auch, dass das Internationale Steuerrecht weitgehend ohne das „Pass"-Kriterium der Stpfl. mit grenzüberschreitenden Aktivitäten auskommt, demnach Fragen zur Staatsangehörigkeit grundsätzlich keine Rolle spielen. Die polarisierende Eingruppierung in Steuerinländer und Steuerausländer hat in den letzten Jahren dennoch eine Einschränkung erfahren, soweit davon sog. Grenzpendler betroffen sind. Hierbei handelt es sich um Normkorrekturen auf **nationaler** Ebene, die durch die Rspr. des EuGH erforderlich wurden. Offensichtlich muss neben dem Völkerrecht und neben dem nationalen Recht auch das Gemeinschaftsrecht in dieser Frage beachtet werden.

2   Die Grenzpendlerproblematik

2.1   Vorgeschichte und Regelungshintergrund zu § 1 Abs. 3 EStG und § 1a EStG

Bis 1994 konnte die Frage nach der persönlichen Steuerpflicht in dem o.g. Sinne nur zweidimensional (unbeschränkte/beschränkte Steuerpflicht) beantwortet werden. Dies brachte für Personen, die in der BRD ihr hauptsächliches Einkommen erzielten und im Ausland wohnten, den gravierenden Nachteil mit sich, dass diese – beschränkt steuerpflichtigen – Einkünfte nur **objektsteuerartig**[703] erfasst wurden (§ 50 EStG). Nachdem für diese Grenzpendler[704] im Heimatland häufig keine Veranlagung mehr durchgeführt wurde, blieben persönliche Umstände in der Besteuerung vollständig unberücksichtigt. Handelte es sich dabei um EG-Bürger, lag ein Verstoß gegen die EG-Grundfreiheiten des freien Waren-, Personen-, Dienstleistungs- und Kapitalverkehrs (Art. 3 Abs. 1c EGV) nahe. Besonders massiv verletzt wurde die Arbeitnehmerfreizügigkeit innerhalb der EG (Art. 39 EGV).

Beginnend mit dem „Werner"-Fall[705] und einer ersten Reaktion des Gesetzgebers (Grenzpendlergesetz I – 1994) leitete der Fall „Schumacker" (Belgier mit Wohnsitz in Belgien und Arbeitsplatz als Heizungsbauer in Köln[706]), dem ebenfalls die persönliche Entlastung (subjektives Nettoprinzip/Tarifvergünstigung) versagt blieb, eine Wende ein.

§ 50 Abs. 4a EStG wurde durch das JStG 1996 mittels § 1 Abs. 3 EStG und § 1a EStG ersetzt. Seitdem ist für EG-Bürger das – im Ausland gegebene – Ansässigkeitskriterium alleine kein Grund mehr, ihnen den Status als „unbeschränkt steuerpflichtig" zu verweigern. Bei überwiegend im Inland erzielten Einkünften sind diese EG-Bürger den Steuerinländern gleichzustellen (§ 1 Abs. 3 EStG). Der Gesetzgeber ging dabei über die

---

[703] *Littmann/Eicher*, § 1 Rz. 92.
[704] In den meisten Fällen wurde das Besteuerungsgut kraft DBA der BRD als Quellenstaat zugewiesen.
[705] Deutscher Staatsbürger mit Wohnsitz in Belgien und beruflichen Einkünften in der BRD.
[706] EuGH vom 14.02.1995 (Rs C-279/93, Schumacker, Slg. 1995, I-225).

Vorgaben des EuGH hinaus und gewährt allen Bürgern, die die Voraussetzung der „weitaus überwiegenden" Einkunftserzielung in der BRD (> 90 % „deutsche" Einkünfte[707]) erfüllen, auf **Antrag**[708] die (fingierte) unbeschränkte Steuerpflicht. Die Veranlagung erfolgt sodann gem. § 46 Abs. 2 Nr. 7b EStG.

Die personenbezogenen Steuervergünstigungen des § 1a EStG werden aber nur den Angehörigen der EG-Staaten sowie denen des Europäischen Wirtschaftsraumes[709] gewährt.

2.2 Die konkrete Regelung

2.2.1 § 1 Abs. 3 EStG

Für die **Fiktion** der unbeschränkten Steuerpflicht nach § 1 Abs. 3 EStG, wobei aber nur inländische Einkünfte einbezogen werden (kein Welteinkommensprinzip), sind alternativ erforderlich:

- Die Gesamteinkünfte unterliegen zu mind. 90 % der deutschen ESt oder
- die Auslandseinkünfte überschreiten nicht die Bagatellgrenze von 6.136 € (12.272 €).

Als weitere Voraussetzung müssen die ausländischen Einkünfte durch eine ausländische Steuerbehörde nachgewiesen werden (materielles Tatbestandsmerkmal); außerdem gelten die nach einem DBA in der BRD quellensteuerpflichtigen Einkünfte nicht als der deutschen ESt unterliegend (§ 1 Abs. 3 S. 3 EStG).

> **Beispiel 2: Der Däne in Flensburg**
> D (Däne, verheiratet, wohnhaft in Aarhus) kommt täglich seiner Funktion als GF einer bekannten „Soft-P-Firma" in Flensburg nach, deren Kommanditist er gleichzeitig ist (Einkünfte als GF: 50.000 € und Einkünfte als Gesellschafter: 34.000 €). Gleichzeitig hält er im PV Anteile an der Vertriebs-AG der Firma und erhält hieraus eine – nach § 3 Nr. 40 EStG steuerpflichtige – Dividende i.H.v. 10.000 €. D erzielt aus einer in Kopenhagen vermieteten ETW jährlich – umgerechnet – 5.000 €.

Methodisch wird in einem ersten Schritt zunächst die nach deutschem Steuerrecht zu erfassende Summe der in- und ausländischen Einkünfte ermittelt und in einem zweiten Schritt eine Aufteilung der in der Summe enthaltenen Einkünfte nach deutschem und nach ausländischem Besteuerungsrecht vorgenommen[710].

---

[707] In den Folgeurteilen („Wielockx", DB 1995, 2147; „Biehl", IStR 1995, 531 sowie zuletzt „Gschwind", IStR 1999, 597) hat der EuGH die Grenze von 90 % als gemeinschaftsrechtskonform ausgelegt.
[708] Das Wahlrecht muss für alle verwirklichten Einkunftsarten einheitlich ausgeübt werden (*Korn*, § 1 Rz. 90).
[709] Island, Liechtenstein, Norwegen. In der Schweiz ist dies noch nicht ratifiziert.
[710] Vgl. *Heinicke/Schmidt*, § 1 Rz. 55 (insb. 59 f. zu quellensteuerpflichtigen Einkünften).

2 Die Grenzpendlerproblematik

Lösung:

1. Schritt: Die Gesamteinkünfte des D betragen:

- gem. § 15 Abs. 1 S. 1 Nr. 2 EStG (G'fter + G'fterbezüge) 84.000 €
- gem. § 20 EStG (10.000 € ./. 102 € ./. 3.100 €) 6.798 €
- gem. § 21 EStG: 5.000 €

Summe der Einkünfte des D: **95.798 €**

Die Summe der Einkünfte ist ausschließlich nach deutschem Steuerrecht zu ermitteln. Hierbei sind insb. WK-Pauschbeträge und andere Freibeträge (§ 19 Abs. 2, § 20 Abs. 4 EStG) zu berücksichtigen. Für den Fall, dass der Stpfl. sowohl inländische wie ausländische Einkünfte in derselben Einkunftsart realisiert, sind die Freibeträge anteilig zu berücksichtigen. Gem. § 1 Abs. 3 S. 3 EStG sind Einkünfte mit Quellensteuerabzug (§ 50 Abs. 5 EStG) als Auslandseinkünfte zu behandeln, die nicht in die Veranlagung zur unbeschränkten Steuerpflicht mit einzubeziehen sind[711], aber zur Anrechnung nach § 36 Abs. 2 EStG berechtigen.

Lösung:

2. Schritt: Aufteilung der Einkünfte nach deutschem und ausländischem Besteuerungsrecht

- **Deutsches** Besteuerungsrecht gem. § 49 Abs. 1 Nr. 2a EStG i.V.m. Art. 7 Abs. 1 S. 2 OECD-MA für KG-Einkünfte 84.000 €
- Gem. § 1 Abs. 3 S. 3 EStG sind die Dividenden nicht in die Veranlagung mit einzubeziehen, folglich ausländische Besteuerung 6.798 €
- **Dänische Vermietungseinkünfte** 5.000 €

Ausländische Einkünfte: **11.798 €**

Die Relation zwischen inländischen und ausländischen Einkünften beträgt demzufolge 87,68 % (deutsche Einkünfte) zu 12,32 % (ausländische Einkünfte). Danach kann D nach der Relationsrechnung keinen Antrag auf Veranlagung als unbeschränkt Stpfl. stellen.

Gem. § 1 Abs. 3 S. 2 i.V.m. § 1a Abs. 1 Nr. 2 S. 3 EStG ist die unschädliche Bagatellgrenze von 6.136 € bei verheirateten Staatsangehörigen der EG jedoch zu verdoppeln (12.272 €). Vor dem Hintergrund dieser persönlichen Steuervergünstigung kann D erfolgreich den Antrag gem. § 1 Abs. 3 EStG stellen, da die der dänischen Besteuerung unterliegenden Einkünfte (11.798 €) den Bagatellbetrag unterschreiten.

Derzeit umstritten ist die Behandlung der Dividendeneinkünfte. Nach wohl h.A. sind diese Kapitaleinkünfte im Rahmen des Progressionsvorbehalts (§ 32b Abs. 1 Nr. 3, 2. Alt.

---

[711] Die KapESt (sowie früher auch die KSt) ist jedoch anrechenbar.

EStG) zu berücksichtigen, während es die Gegenansicht mit der Abzugsbesteuerung bewenden lässt[712].

2.2.2 § 1a EStG

Unter wiederum zwei alternativen subjektiven Voraussetzungen werden die familien- und personenbezogenen Vergünstigungen des § 1a EStG gewährt. Der Stpfl. muss

- entweder nach § 1 Abs. 1 EStG unbeschränkt steuerpflichtig sein und die quantitativen Voraussetzungen des § 1 Abs. 3 S. 2 – 4 EStG erfüllen,
- oder er muss nach § 1 Abs. 3 EStG steuerpflichtig sein.

Wichtig ist dabei, dass sich die Steuervergünstigungen ihrerseits auf Ehegatten oder Kinder beziehen, die ihren Wohnsitz oder gewöhnlichen Aufenthalt ebenfalls in einem EG- oder EWR-Staat haben[713]. Um in den Genuss der einzelnen Steuervergünstigungen zu kommen, müssen bei den Familienmitgliedern folgende zusätzliche Voraussetzungen erfüllt sein:

1. **Unterhaltsaufwendungen gem. § 1a Abs. 1 Nr. 1 EStG:**

    - Der Empfänger muss vom Geber dauernd getrennt leben oder geschieden sein,
    - und muss seinen Wohnsitz in einem EG-/EWR-Staat haben, wobei
    - der Nachweis der Unterhaltszahlungen durch eine zuständige ausländische Behörde bestätigt sein muss.

    Sind die Voraussetzungen erfüllt, kommt es zum SA-Abzug gem. § 10 Abs. 1 Nr. 1 EStG beim Geber.

2. **Ehegattenveranlagung gem. § 1a Abs. 1 Nr. 2 EStG:**

    - Der Ehegatte ist Staatsangehöriger eines EG-/EWR-Staates.
    - Beide Ehegatten haben den Wohnsitz[714] in einem EG-/EWR-Staat.

    Sodann erfolgt die Ehegattenveranlagung nach § 26 Abs. 1 S. 1 EStG.

3. **Haushaltsfreibetrag gem. § 1a Abs. 1 Nr. 3 EStG:**

    - Es findet keine Ehegattenveranlagung statt (Scheidung/Dauerndes Getrennt-Leben).
    - Dem Stpfl. steht für das Kind ein Kinderfreibetrag oder Kindergeld zu.
    - Das Kind ist in der Wohnung des Stpfl. in einem EG-/EWR-Staat gemeldet.

    Unter diesen kumulativen Voraussetzungen wird der Haushaltsfreibetrag gem. § 32 Abs. 7 EStG gewährt. Ab dem VZ 1996 sind bei ins Ausland entsandten[715] Angehörigen des öffentlichen Dienstes die zu § 1a Abs. 1 Nr. 2 – 3 EStG genannten Vor-

---

[712] *Lüdicke*, IStR 1996, 111 (h.A.) gegen *Littmann*, § 1 Rz. 92g.
[713] Auf die Staatsangehörigkeit kommt es dabei nicht an.
[714] Gemeint ist in diesem Zusammenhang: den „gemeinsamen" Wohnsitz.
[715] Deshalb greift das Beamtenprivileg nicht, wenn der Beamte aus privaten Gründen im Ausland wohnt.

schriften sinngemäß anzuwenden (§ 1a Abs. 2 EStG), wenn die Einkunftsgrenzen des § 1 Abs. 3 S. 2 – 4 EStG nicht überschritten werden (Beamtenprivileg).

2.2.3 Zusammenfassung und Schema

Anschließend kann die Frage der persönlichen Steuerpflicht und damit ein Anwendungsfall zum internationalen Steuerrecht mit folgendem Schema[716] gelöst werden, das die Erörterungen zu § 1 Abs. 1 und 4 EStG ergänzt.

---

[716] Ähnlicher Flussplan bei IDW, Außensteuerrecht.

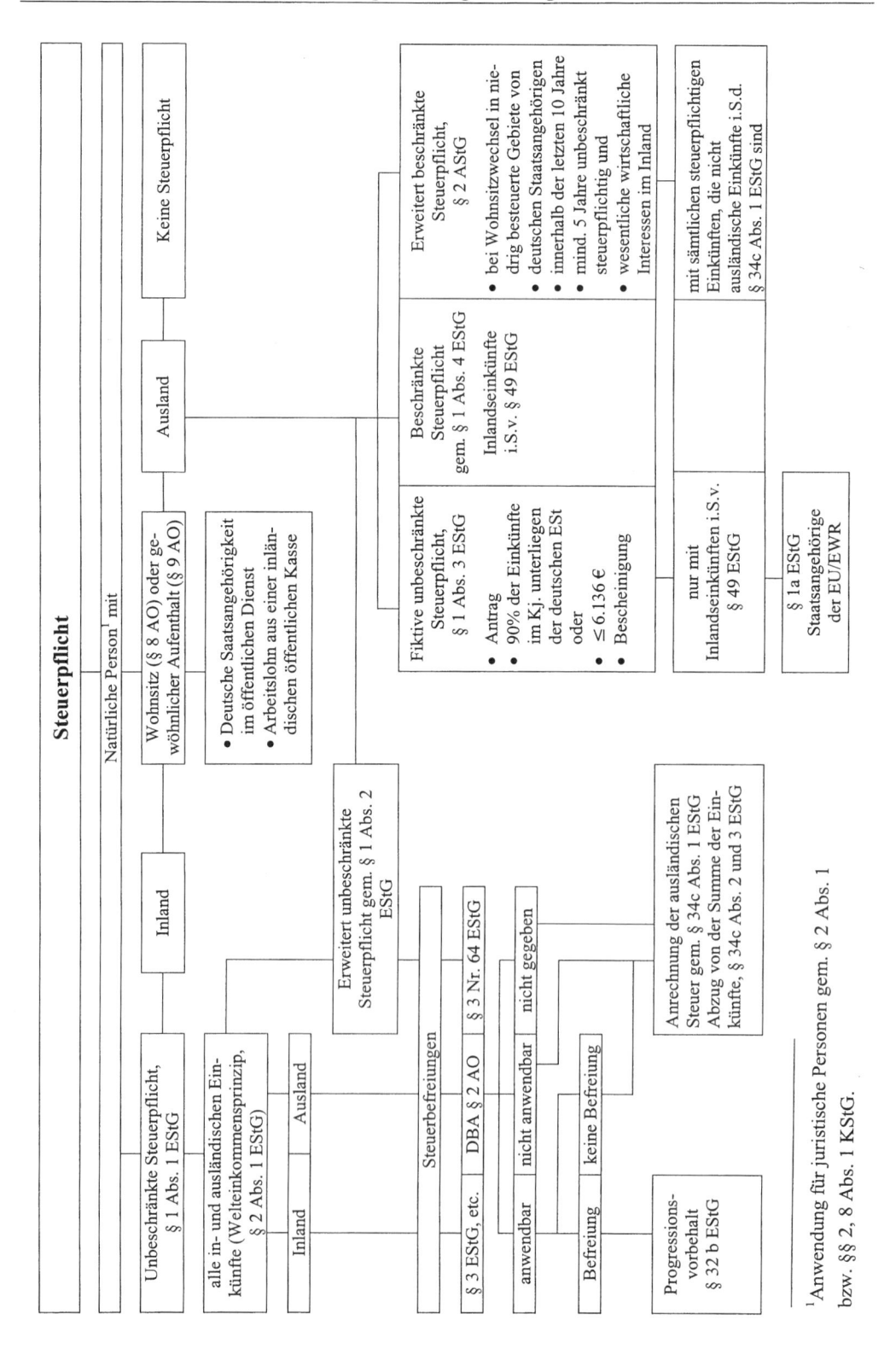

Steuerpflicht

Natürliche Person[1] mit

- **Inland**: Wohnsitz (§ 8 AO) oder gewöhnlicher Aufenthalt (§ 9 AO)
- **Ausland**
- **Keine Steuerpflicht**

Inland

Unbeschränkte Steuerpflicht, § 1 Abs. 1 EStG
- alle in- und ausländischen Einkünfte (Welteinkommensprinzip, § 2 Abs. 1 EStG)

Erweitert unbeschränkte Steuerpflicht gem. § 1 Abs. 2 EStG
- Deutsche Staatsangehörigkeit im öffentlichen Dienst
- Arbeitslohn aus einer inländischen öffentlichen Kasse

Steuerbefreiungen
- § 3 EStG, etc.
- DBA § 2 AO
- § 3 Nr. 64 EStG

Inland / Ausland

- anwendbar → Befreiung
- nicht anwendbar → keine Befreiung
- nicht gegeben

Progressionsvorbehalt § 32 b EStG

Anrechnung der ausländischen Steuer gem. § 34c Abs. 1 EStG
Abzug von der Summe der Einkünfte, § 34c Abs. 2 und 3 EStG

Ausland

Fiktive unbeschränkte Steuerpflicht, § 1 Abs. 3 EStG
- Antrag
- 90% der Einkünfte im Kj. unterliegen der deutschen ESt oder
- ≤ 6.136 €
- Bescheinigung

Beschränkte Steuerpflicht gem. § 1 Abs. 4 EStG
Inlandseinkünfte i.S.v. § 49 EStG

Erweitert beschränkte Steuerpflicht, § 2 AStG
- bei Wohnsitzwechsel in niedrig besteuerte Gebiete von deutschen Staatsangehörigen innerhalb der letzten 10 Jahre mind. 5 Jahre unbeschränkt steuerpflichtig und wesentliche wirtschaftliche Interessen im Inland

nur mit Inlandseinkünften i.S.v. § 49 EStG

mit sämtlichen steuerpflichtigen Einkünften, die nicht ausländische Einkünfte i.S.d. § 34c Abs. 1 EStG sind

§ 1a EStG Staatsangehörige der EU/EWR

---

[1] Anwendung für juristische Personen gem. § 2 Abs. 1 bzw. §§ 2, 8 Abs. 1 KStG.

II Die deutschen Doppelbesteuerungsabkommen (DBA)

1 Historie und derzeitiger Stand

Mit der Internationalisierung des Wirtschaftslebens Ende der Zwanzigerjahre des letzten Jahrhunderts wurde auch in Deutschland die Notwendigkeit erkannt, Verträge zur Vermeidung der Doppelbesteuerung abzuschließen. Das erste Abkommen dieser Art wurde mit Österreich im Jahre 1922 ausgehandelt und in Kraft gesetzt[718]. Es folgten die DBA mit Italien (1925) und mit der Schweiz (1931) bevor durch den zweiten Weltkrieg und die anschließenden Folgen eine zwangsläufige Stagnation eintrat. Erst in den Fünfzigerjahren wurde die Abkommenspolitik wieder aufgenommen und das Abkommensnetz rasch ausgebaut. Einbezogen wurden zunächst die westeuropäischen Nachbarstaaten, die USA, später die wirtschaftlich bedeutenden Länder auf dem asiatischen und afrikanischen Kontinent sowie in Südamerika. Auch mit den Staaten des Ostblocks wurden trotz unterschiedlicher interner Finanzierungssysteme und damit Interessenlage Verträge über die Vermeidung der Doppelbesteuerung ausgehandelt. Neben dem Abschluss neuer Abkommen nahm zunehmend auch die Revision bestehender Abkommen aufgrund geänderter wirtschaftlicher oder steuerlicher Rahmenbedingungen immer größeren Raum ein.

Derzeit hat die BRD 75 Abkommen auf dem Gebiet der Steuern vom Einkommen und Vermögen, 6 Abkommen auf dem Gebiet der Erbschaft- und Schenkungsteuer sowie verschiedene Sonderabkommen abgeschlossen[719].

2 Multinationale Zusammenarbeit

Bilaterale Verträge bergen wegen ihrer ausgehandelten unterschiedlichen Regelungen die Gefahr, Einfluss auf den wirtschaftlichen Wettbewerb zu nehmen. Die so möglicherweise entstehenden Verzerrungen wurden schon frühzeitig als schädlich für eine funktionierende Weltwirtschaft erkannt. Im Wege einer internationalen Zusammenarbeit wurden bereits in den Zwanzigerjahren Musterlösungen für bilaterale Verträge geschaffen[720].

---

[718] Schon seit Ende des 19. Jahrhunderts wurden zur Vermeidung der Doppelbesteuerung zweiseitige Abkommen geschlossen (Übereinkunft zwischen Preußen und Sachsen über die direkten Steuern vom 16.04.1869 sowie Österreich und Ungarn über die Unternehmensbesteuerung vom 18.12.1869 und 07.01.1870).

[719] Der Stand der DBA wird vom BMF jährlich zu Jahresbeginn im BStBl veröffentlicht; für 2001 vgl. BMF vom 02.01.2001 (BStBl I 2001, 41) und für 2002 vgl. BMF vom 18.01.2002 (BStBl I 2002, 135).

[720] Eine vom Völkerbund eingesetzte Kommission legte 1928 Musterlösungen für bilaterale Abkommen vor. Im Fiskalausschuss des Völkerbundes wurde auf dieser Grundlage 1943 der Mustervertrag von Mexiko und 1946 der Mustervertrag von London entwickelt; vgl. *Debatin/Wassermeyer*, DBA, Systematik Rz. 13 ff.

Erst durch die erfolgreichen Bemühungen des Steuerausschusses der OECD[721] wurden die heute noch gültigen gemeinsamen Abkommensgrundsätze formuliert und fanden ihren Abschluss im Jahre 1963 in einem „Musterabkommen zur Vermeidung der Doppelbesteuerung auf dem Gebiet der Steuern vom Einkommen und Vermögen" (OECD-MA). Dieses Abkommen wurde in den folgenden Jahren durch ergänzende Mustervorschläge mehrfach verfeinert[722]. Die internationale Abkommenspraxis hat sich stark an den gefundenen Regelungen orientiert, so natürlich auch die deutschen DBA.

Zwischenzeitlich ist allerdings ein Funktionswandel bei den neuen (bzw. revidierten) DBA eingetreten. Aus den Fehlern der ersten DBA wurden die Konsequenzen gezogen, so dass nunmehr nationale Steuerausfälle wegen Nicht- oder Minderversteuerung vermieden werden sollen; außerdem wird das DBA immer mehr als Instrument der Investitionshilfe (z.B. internationales Schachtelprivileg) entdeckt. Das geänderte Grundverständnis findet auch in der neuen Namensgebung seinen Niederschlag, wo es statt „Abkommen zur Vermeidung der Doppelbesteuerung" nur noch heißt: „Steuerabkommen".

Neben dem OECD-MA sind noch die UN-MA und die USA-MA zu erwähnen; letztere – mit der sog. „Saving clause" (Art. 1: Bei ausschließlicher Besteuerung im ausländischen Staat erfolgt – wie auch ohne DBA – eine Anrechnung der ausländischen Steuer) werden nur von den USA als Vertragsstaat zugrunde gelegt.

Vor allen Dingen – wirtschaftlichen Entwicklungen folgend – ist auf dem Gebiet des Steuerrechts die internationale Abstimmung immer im Fluss und notwendiger denn je. Deutlich wird dies am Beispiel des sich rasant entwickelnden E-Commerce. Die damit zusammenhängende steuerliche Problematik lässt sich nur in einem breiten Konsens lösen. Ansätze hierzu sind von verschiedenen Arbeitsgruppen bereits erarbeitet und auch vorgestellt worden[723]. Es fehlen lediglich die nationalen Umsetzungen.

3   Wirkungsweise der Doppelbesteuerungsabkommen

Bei den DBA handelt es sich um völkerrechtliche Verträge zwischen zwei Staaten in denen die nationale Besteuerungshoheit in der Sache oder in der Höhe begrenzt wird.

Beispiel 2: Steuerfreie Ferien?
Inländer A erwirbt eine Ferienwohnung in Italien und verkauft diese nach Ablauf von zwei Jahren.

---

[721] OECD = **O**rganisation for **E**conomic **C**ooperation and **D**evelopment.
[722] Die letzte Revision stammt aus dem Jahre 2000, die insb. für Art. 14 und 23 A OECD-MA einschneidende Änderungen mit sich brachte (Art. 14 OECD-MA geht in Art. 7 OECD-MA auf; neuer Abs. 4 in Art. 23 A OECD-MA: Abs. 1 ist nicht mehr anwendbar bei Steuerbefreiung im Quellenstaat).
[723] Für den Bereich der indirekten Steuern hat die Europäische Kommission eine Änderungsrichtlinie zur 6. EG-Richtlinie „Umsatzbesteuerung des elektronischen Geschäftsverkehrs" im Juni 2000 vorgelegt. Für den Bereich der Betriebsstätten-Besteuerung hat eine AG der OECD (Working Party) im September 2000 eine Änderung des Art. 5 OECD-MA für betriebsstättenbegründende Merkmale vorgeschlagen.

Lösung:
Hier liegt nach deutschem Steuerrecht gem. §§ 22 Nr. 2, 23 Abs. 1 EStG ein steuerpflichtiges privates Veräußerungsgeschäft vor. Weist das einschlägige DBA für diesen Sachverhalt das Besteuerungsrecht dem Belegenheitsstaat zu und belässt dieser private Immobilienveräußerungen steuerfrei, so bleibt der Verkauf steuerfrei, wenn es im DBA insoweit keine Rückverweisungen gibt.

DBA schaffen auch **keine eigenen Besteuerungstatbestände**. Zusammengefasst lässt sich festhalten, dass, wenn ein deutscher Besteuerungstatbestand gegeben ist, dieser durch ein DBA aufgehoben oder eingeschränkt werden kann. Ist ein solcher Tatbestand aber nicht erfüllt, kann ein DBA ihn auch nicht begründen. Die Regelungen in den DBA beschränken sich daher im Wesentlichen auf die Zuordnung der Besteuerungsrechte und auf die Festlegung der Methode, mit der die Doppelbesteuerung vermieden werden soll.

Bei einem DBA handelt es sich um einen völkerrechtlichen Vertrag gem. Art. 59 Abs. 2 GG. Er wird von Bundestag und Bundesrat durch Zustimmungsgesetz erlassen und durch den Bundespräsidenten ratifiziert. Somit ist auch ein DBA ein Bundesgesetz. Wenn sich insoweit ein Konflikt mit nationalen Steuergesetzen ergibt, haben die DBA als lex specialis – auch nach Maßgabe des § 2 AO[724] – Vorrang vor den nationalen Regelungen.

Jedoch hat der nationale Gesetzgeber es sich auch nicht nehmen lassen, nationale Gesetze zu schaffen, die wiederum DBA-Regelungen vorgehen (Bsp. § 50d Abs. 1a EStG a.F., sog. "treaty overriding"). Hintergrund dafür ist, die missbräuchliche Nutzung eines DBA auszuschließen.

Umgekehrt disponiert nicht nur der Gesetzgeber mit den DBA, sondern auch die Stpfl. machen sich die DBA für grenzüberschreitende Gestaltungen zu eigen („treaty shopping"). Dies ist immer dann der Fall, wenn im Bereich weltweit agierender Konzerne (Bsp.: mit Sitz in den USA) Tochtergesellschaften (Bsp. in Großbritannien) zwischengeschaltet werden, um sich – aufgrund von DBA – günstige bilaterale Regelungen (z.B. mit einem EG-Mitgliedstaat) zu erschließen, die es bei einer Direktinvestition (Bsp: USA – EG-Mitgliedstaat) nicht geben würde. Als Reaktion hierauf wird der Gesetzgeber die konkreten DBA-Vorteile nicht zur Anwendung kommen lassen (z.B. § 50d Abs. 3 EStG n.F.).

4 Systematik der Doppelbesteuerungsabkommen

4.1 Ansässigkeitsbestimmungen in den Doppelbesteuerungsabkommen

Eine Doppelbesteuerung ist immer dann möglich, wenn Einkunftsquelle und Einkunftssubjekt verschiedenen Staaten zuzuordnen sind. Ausgehend von diesem Gedanken sind in den DBA die Regelungen über den persönlichen Geltungsbereich vorangestellt. So wird ein DBA für Personen gültig, die in einem oder in beiden Vertragsstaaten ansässig sind[725].

---

[724] § 2 AO kommt somit nur deklaratorische Bedeutung zu.
[725] Vgl. Art. 1 OECD-MA: „Dieses Abkommen gilt für Personen, die in einem Vertragsstaat oder in beiden Vertragsstaaten ansässig sind".

Beispiel 3: Eine Greencard – Doppelte Ansässigkeit
Der türkische Staatsangehörige A (s. Bsp. 1) erhält im Losverfahren eine begehrte Greencard zugeteilt und wird von der S-GmbH mit Sitz in München eingestellt. In der Nähe seines AG bezieht A eine Wohnung, behält aber seinen Familienwohnsitz im türkischem Antalya bei. Insgesamt verbringt er ca. 10 Wochen im Jahr bei seiner Familie in der Türkei.

Ist eine Person in der BRD unbeschränkt steuerpflichtig, gilt sie hier auch i.S.d. DBA als ansässig. Hat sie einen Wohnsitz oder ihren gewöhnlichen Aufenthalt zusätzlich in dem anderen Vertragsstaat, wird diese Problematik der Doppelansässigkeit in den DBA durch eine sog „tie-breaker-clause" gelöst (vgl. die Kollisionsregeln des Art. 4 Abs. 2 bzw. 3 OECD-MA). Das DBA bestimmt einen der beiden Staaten, der als Ansässigkeitsstaat i.S.d. DBA anzusehen ist. Regelmäßig wird hierbei der **Mittelpunkt der Lebensinteressen** ausschlaggebendes Kriterium sein.

Lösung:
A hat nach § 8 AO durch die Beziehung seiner neuen Wohnung einen Wohnsitz in Deutschland begründet und ist somit nach § 1 Abs. 1 EStG im Inland unbeschränkt steuerpflichtig. So legt z.B. Art. 4 Abs. 1 DBA-Türkei mit dem Wohnsitz die Ansässigkeit fest, die damit in Deutschland wäre.
Nach türkischem Steuerrecht ist A mit der Beibehaltung seines Familienwohnsitzes auch in der Türkei unbeschränkt steuerpflichtig und damit nach obigem DBA-Artikel in der Türkei ansässig. Art. 4 Abs. 2 DBA-Türkei sieht folgende Lösung der **Doppelansässigkeit**sproblematik vor:

- Als ansässig gilt A in dem Staat, zu dem er engere wirtschaftliche (hier die BRD) und persönliche Beziehungen (hier die Türkei) hat und damit auch den Mittelpunkt seiner Lebensinteressen. Es ist bei dieser Ausgangslage eine zusammenfassende Wertung vorzunehmen, bei der darauf abzustellen ist, welcher Vertragsstaat für die betroffene Person der bedeutungsvollere ist[726]. Der Mittelpunkt der Lebensinteressen liegt danach i.d.R. am **Familienwohnsitz**, also in der Türkei.
- Gilt für den doppelansässigen A nach dem DBA-Türkei Deutschland nicht als Ansässigkeitsstaat, hat Deutschland für die ausländischen Einkünfte kein Besteuerungsrecht und kann sie auch nicht dem Progressionsvorbehalt unterwerfen, obwohl eine unbeschränkte Steuerpflicht besteht. Letztlich ist zu untersuchen, inwieweit das DBA Deutschland als Quellenstaat ein Besteuerungsrecht beläßt.
Ist oder gilt Deutschland nach den Regelungen des DBA als Ansässigkeitsstaat, besteht hier ein uneingeschränktes Besteuerungsrecht, wenn die DBA-Regelungen ein Besteuerungsrecht im Quellenstaat nicht begründen.

---

[726] BFH vom 23.07.1971 (BStBl II 1971, 758).

Lässt sich der Mittelpunkt der Lebensinteressen allerdings nicht eindeutig feststellen, muss auf den nächsten Kollisionsstufen weitergeprüft werden. Die einzelnen Prüfungsschritte werden – losgelöst vom Einzelfall BRD/Türkei – durch die folgende Abbildung verdeutlicht:

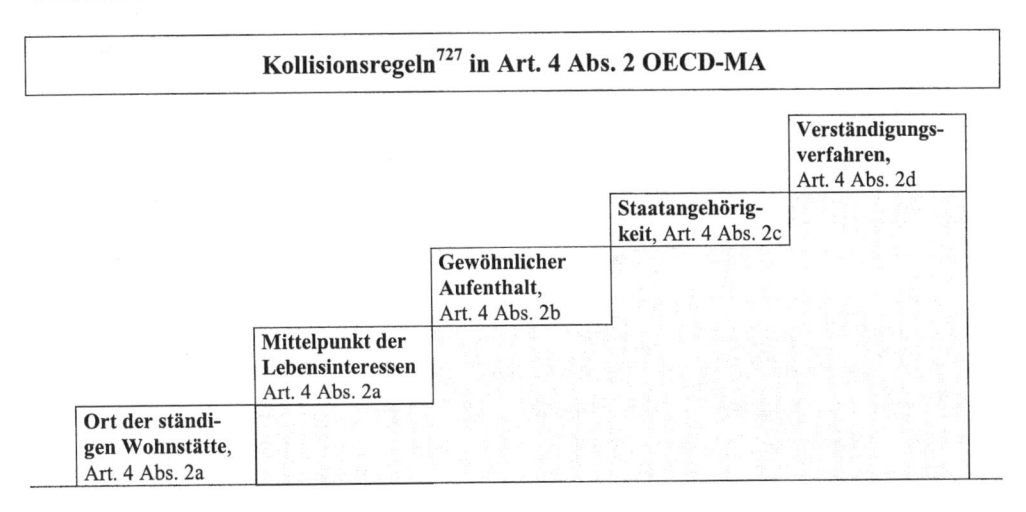

Kollisionsregeln[727] in Art. 4 Abs. 2 OECD-MA

				Verständigungsverfahren, Art. 4 Abs. 2d
			Staatangehörigkeit, Art. 4 Abs. 2c	
		Gewöhnlicher Aufenthalt, Art. 4 Abs. 2b		
	Mittelpunkt der Lebensinteressen Art. 4 Abs. 2a			
Ort der ständigen Wohnstätte, Art. 4 Abs. 2a				

Nach dem DBA wird als nächstes auf den Ort des gewöhnlichen Aufenthaltes abgestellt. Die Schwierigkeit liegt hierbei darin, dass nicht ohne weiteres auf die nationale Regelung des § 9 AO zurückgegriffen werden kann. Es ist vielmehr eine Einzelfallentscheidung im internationalen Konsens zu treffen. Findet man über den gewöhnlichen Aufenthalt keine Ansässigkeitszuordnung, ist auf die Staatsangehörigkeit abzustellen. Gibt es bei der Staatsangehörigkeit schließlich Zweifel über die Bestimmung des Ansässigkeitsstaates (z.B. die betroffene Person ist Staatsangehörige beider Vertragsstaaten), haben sich die jeweils zuständigen Behörden hierüber einvernehmlich zu verständigen.

Abschließend zu dieser Thematik sei noch darauf hingewiesen, dass eine Doppelansässigkeit von anderen als natürlichen Personen nach Art. 4 Abs. 3 OECD-MA über die Bestimmung des Ortes der tatsächlichen Geschäftsleitung gelöst wird.

4.2 Besteuerungsregeln der Doppelbesteuerungsabkommen

Alle DBA enthalten zwei wesentliche Regelungsbereiche, nämlich zum einen die Behandlung der Einkünfte im Quellenstaat, zum anderen deren Auswirkungen auf die Besteuerung im Ansässigkeitsstaat. Die Hauptintention liegt, wie sich schon aus der Vielzahl der Artikel ergibt, bei der **Limitierung** der Besteuerung im **Quellenstaat**[728]. So befassen sich im OECD-MA von den insgesamt 30 Artikeln die Art. 6 – 22 OECD-MA mit dieser Thematik. Im Grundsatz sind bei der Quellenstaatbesteuerung vier Möglichkeiten denkbar:

---

[727] Die Negativprüfung der unteren Stufe wird jeweils auf der nächsthöheren Stufe geprüft.
[728] *Debatin/Wassermeyer*, DBA I – I Rz. 42 ff. Systematik schreiben in diesem Zusammenhang von der "Umgrenzung der Besteuerung im Quellenstaat".

1. Die Besteuerung an der Quelle bleibt im vollen Umfang bestehen.
2. Die Besteuerungsgrundlagen werden beschränkt.
3. Es ergeben sich Auswirkungen auf die Steuerhöhe durch Anrechnungen.
4. Eine Besteuerung an der Quelle findet nicht statt.

Findet eine unbeschränkte – bzw. eine der Höhe nach begrenzte – Quellenstaatbesteuerung statt, führt das jeweilige DBA aus, wie der Ansässigkeitsstaat eine mögliche Doppelbesteuerung vermeidet.

Dabei enthalten die Regelungen der DBA (Art. 6 – 22 OECD-MA) vollständige wie unvollständige **Verteilungsnormen**. Durch die Zielsetzung der DBA soll aber gerade eine durch unvollständige Verteilungsnormen zustande kommende Doppelbesteuerung vermieden werden. Dies wird durch die Anwendung des sog. **Methodenartikels** erreicht.

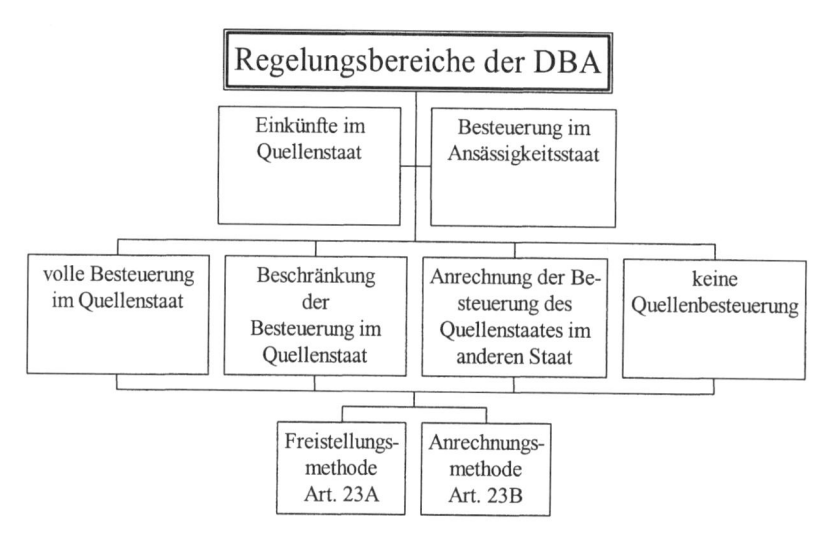

```
                    ┌─────────────────────────────┐
                    │  Regelungsbereiche der DBA  │
                    └─────────────────────────────┘
                          │              │
                ┌─────────┴──┐      ┌────┴──────────┐
                │ Einkünfte  │      │ Besteuerung   │
                │ im         │      │ im            │
                │ Quellen-   │      │ Ansässigkeits-│
                │ staat      │      │ staat         │
                └────────────┘      └───────────────┘
```

- volle Besteuerung im Quellenstaat
- Beschränkung der Besteuerung im Quellenstaat
- Anrechnung der Besteuerung des Quellenstaates im anderen Staat
- keine Quellenbesteuerung

  - Freistellungsmethode Art. 23A
  - Anrechnungsmethode Art. 23B

Die Methoden hierzu sind meist in einem einzigen Artikel in dem jeweiligen DBA enthalten. Im OECD-MA ist dies der Art. 23 OECD-MA, untergliedert in 23 A und 23 B OECD-MA, der somit zwei Alternativmöglichkeiten anbietet.

4.2.1 Die Anrechnungsmethode

4.2.1.1 Die Anrechnungsmethode nach dem Recht der Doppelbesteuerungsabkommen

Die Doppelbesteuerung kann vermieden werden, in dem der Sachverhalt, der zu einer Besteuerung im Quellenstaat führt, auch im Ansässigkeitsstaat in die Besteuerung einbezogen wird, aber die ausländische Steuer angerechnet wird, § 34c Abs. 6 EStG i.V.m. § 34c Abs. 1 EStG (**Anrechnungsmethode**, Art. 23 B OECD-MA). Die Anrechnungsmethode gilt nach den DBA meist für folgende Einkünfte:

- aus Dividenden, Zinsen und Lizenzgebühren,
- aus der Tätigkeit als Künstler oder Berufssportler,

4　Systematik der Doppelbesteuerungsabkommen

- aus der Tätigkeit als Mitglied im Aufsichts- oder Verwaltungsrat einer ausländischen Gesellschaft,
- aus unbeweglichem Vermögen nur in Ausnahmefällen (DBA-Schweiz/DBA-Spanien).

Der grenzüberschreitende Sachverhalt wird nach der Anrechnungsmethode folglich zweimal, im Quellenstaat und im Ansässigkeitsstaat, bei der Ermittlung des zu versteuernden Einkommen (z.v.E.), also bei den Besteuerungsgrundlagen, berücksichtigt. Lediglich bei der ESt- und KSt-Schuld wird die ausländische Steuer angerechnet.

4.2.1.2　Die Umsetzung der Anrechnungsmethode in nationales Recht

§ 34c EStG ist dem gesetzestechnischen Aufbau zufolge nur anwendbar, wenn **kein DBA** besteht (§ 34c Abs. 1 – 3 EStG). Nach § 34c Abs. 6 EStG ist die Anrechnungsmethode – ebenso wie die wahlweise zum Einsatz kommende Abzugsmethode nach § 34c Abs. 2 EStG – dann bei DBA-Staaten anwendbar, wenn das DBA dessen Anwendung vorsieht (s. oben Art. 23 B OECD-MA). Nach dem Wortlaut von § 34c Abs. 1 EStG müssen folgende Voraussetzungen gegeben sein:

- Unbeschränkte Steuerpflicht (oder qua § 50 Abs. 6 EStG beschränkte Stpfl.[729]);
- ausländische Einkünfte i.S.v. § 34d EStG[730];
- die ausländischen Einkünfte sind im Quellenstaat einer der deutschen ESt entsprechenden Steuer (vgl. Anhang 12/II EStR 2001 – früher Anlage 8 zu EStR 1999) unterworfen worden;
- aufgrund der „per-country-limitation" dürfen nur die im jeweiligen Vertragsstaat bezahlten Steuern – und nicht etwa „Drittstaatensteuern" – angerechnet werden;
- die ausländische Steuer muss festgesetzt und gezahlt sein und darf keinem Ermäßigungsanspruch mehr unterliegen.

> **Beispiel 4: Anrechnung oder Abzug nach § 34c EStG**
> M und F werden als kinderloses Ehepaar zusammenveranlagt. An SA sind 10.000 € für das Ehepaar angefallen.
>
> **Einkünfte des M:**
> - Aus einem inländischen Gewerbebetrieb:　　　　　　　　　　10 T€
> - Aus einem MFH in der Schweiz (CH-Steuer i.H.v. 1 T€):　　　5 T€
> - Aus L+F in Deutschland:　　　　　　　　　　　　　　　　55 T€
>
> **Einkünfte der F:**
> - Aus selbständiger Arbeit in Frankreich (F-Steuer i.H.v. 50 T€):　110 T€
> - Aus einem MFH in der Schweiz:　　　　　　　　　　　　　./. 2 T€
>
> Für die Lösung ist bei einem z.v.E. von 168 T€ (178 T€ Summe der Einkünfte ./. 10 T€) von einem Steuersatz von 45 % auszugehen.

---

[729] Geltung des Betriebsstätten-Prinzips.
[730] Hierbei handelt es sich um die „Umkehr"-Regelung zu § 49 EStG (inländische Einkünfte). Auf die Darstellung unter Kap. V.1 wird daher verwiesen.

Die Anrechnung der ausländischen Steuer, die ggf. noch in Euro (€) umgerechnet werden muss (R 212a Abs. 1 EStR 2001), kommt nur in der Höhe in Betracht, in der deutsche ESt auf die ausländischen Einkünfte entfällt. Die Berechnung des sog. Anrechnungshöchstbetrages erfolgt nach folgender Formel:

$$\text{Max. anrechenbare ausländische Steuer} = \textbf{deutsche ESt} \times \frac{\text{ausländische Einkünfte}}{\text{Summe der Einkünfte}}$$

Hierbei muss auf die sog. „per country limitation" geachtet werden.

Lösung (Anrechnungsmethode):
Die Anrechnung ist getrennt nach der CH- und der F-Steuer vorzunehmen.

1. Anrechenbare CH-Steuer:
Die deutsche ESt auf das z.v.E. von 168 T€ beträgt: 75.600 €
Hierauf sind nach der Formel max. anzurechnen:

$$75.600\ \text{€} \times \frac{3.000\ \text{€ (CH-Einkünfte)}}{178.000\ \text{€ (Summe der Einkünfte)}} = \textbf{1.274,15 €}$$

Damit ist der Anrechnungshöchstbetrag (1.274,15 €) festgelegt. Tatsächlich kann jedoch nur die „gezahlte" Steuer von 1.000 € angerechnet werden.

2. Anrechenbare F-Steuer:
Nach der „Anrechnungshöchstbetrags-Formel" können max. 61,80 % (110 T€/178 T€) von 75.600 €, somit 46.720,80 € angerechnet werden.

Ergebnis:
Nach der Anrechnungsmethode sind von den im Ausland gezahlten Steuern 47.720,80 € (1 T€ CH-Steuer und maximal 46.720,80 € F-Steuer) auf die deutsche Steuer von 75.600 € anrechenbar. Die von M und F zu zahlende Steuer beträgt: **27.879, 20 €.**
Statt der Anrechnungsmethode kann auch die **Abzugsmethode** gem. § 34c Abs. 2 EStG gewählt werden.

Lösung (Abzugsmethode):
Wegen der Limitierung der F-Steuer wählt F die Abzugsmethode nach § 34c Abs. 2 EStG, während M bei der Anrechnungsmethode bleibt. Dies führt zu folgenden Ergebnissen:

M-Einkünfte:		70.000 €
F-Einkünfte:		
110.000 € ./. 50.000 € (F-Steuer)	60.000 €	
./. V+V-Einkünfte (CH)	./. 2.000 €	58.000 €
zu versteuerndes Einkommen:		**128.000 €**

Bei 45 % Steuersatz fallen demnach 57.600 € ESt an. Die Anrechnungsmethode (27.879,20 €) hat sich hier als deutlich günstiger erwiesen als die Abzugsmethode.

4.2.2 Die Freistellungsmethode

4.2.2.1 Die Freistellungsmethode nach Doppelbesteuerungsabkommen

Die zweite Methode zur Vermeidung der Doppelbesteuerung ist die **Freistellungsmethode** (Art 23 A OECD-MA). Sie ist nur anzuwenden, wenn sie im DBA selbst vorgesehen ist. Die ausländischen Einkünfte werden danach im Ansässigkeitsstaat als steuerfrei behandelt, jedoch bei der Bemessung des Steuersatzes i.R.d. Progressionsvorbehaltes gem. § 32b Abs. 1 Nr. 3, 1. Alt. EStG berücksichtigt. Die Freistellungsmethode greift meist bei folgenden Einkünften. Einkünfte

- aus Gewerbebetrieb (Unternehmensgewinne aus Betriebsstätte, z.T. aber nur, wenn sie aus einer aktiven Tätigkeit stammen – sog. Aktivitätsvorbehalt),
- aus nichtselbständiger Tätigkeit,
- aus selbständiger Tätigkeit, die in einer festen Einrichtung ausgeübt wird,
- aus unbeweglichem Vermögen, wenn kein Ausnahmefall vorliegt.

4.2.2.2 Die Umsetzung der Freistellungsmethode in nationales Recht

Während sich die tarifliche ESt grundsätzlich auf das z.v.E. gem. § 32a Abs. 1 – 3 und Abs. 5 EStG bezieht, gibt es hiervon die Ausnahme des Progressionsvorbehaltes nach § 32b EStG. In steuerverfassungsrechtlicher Terminologie findet hier eine Trennung zwischen der Ebene der horizontalen Steuergerechtigkeit (Ermittlung der Besteuerungsgrundlagen) und der vertikalen Steuergerechtigkeit (Tarif) statt. Ohne dass die Besteuerungsgrundlagen tangiert sind, wird auf das **unangetastete** z.v.E. der Steuersatz angewendet, der sich unter Einbeziehung bestimmter steuerfreier Einkünfte ergibt (sog. **besonderer Steuersatz**). Dazu gehören neben steuerfreien inländischen Lohn- und Ersatzleistungen nach § 32b Abs. 1 Nr. 1a – i EStG, auf die hier nicht näher eingegangen wird, im internationalen Steuerrecht die Fälle von:

1. § 32b Abs. 1 Nr. 2 EStG, wonach bei einem **Umzug im VZ** wegen § 2 Abs. 7 S. 3 EStG nur eine Veranlagung als unbeschränkt Stpfl. durchgeführt wird und die zwangsläufig ausländischen (bzw. nach § 49 EStG steuerpflichtigen) Einkünfte qua Progressionsvorbehalt berücksichtigt werden, und – **vor allem** –
2. § 32b Abs. 1 Nr. 3 EStG (eigentlicher Anwendungsfall bei DBA-steuerfreien Auslandseinkünften).

Die Wirkungsweise von § 32b EStG wird ausschließlich anhand eines Beispiels zu DBA-steuerfreien Einkünften aufgezeigt.

Beispiel 5: Das Steuersatzgefälle
Einzelunternehmer E erzielt im Inland mit dem Stammhaus ein z.v.E. von 70.000 €, das sich vorwiegend aus den gewerblichen Einkünften zusammensetzt. Er unterhält in einem DBA-Land eine Betriebsstätte, in der – vergleichbar Art. 7 Abs. 1 OECD-MA – befreite Einkünfte i.H.v. 20.000 € erzielt werden. In welcher Höhe hat E ESt im VZ 2002 zu zahlen?

Bis einschließlich 1995 war bei § 32b EStG eine komplizierte „Schattenveranlagung" durchzuführen, wobei der Steuersatz so zu berechnen war, als ob kein DBA[731] bestünde. Wegen der Berücksichtigung von § 10d EStG analog führte die Schattenveranlagung zu laufenden Änderungen und war schließlich nicht mehr handhabbar[732].

Ab dem VZ 1996 entscheidet das Zuflussprinzip des § 11 EStG bei der Berücksichtigung ausländischer Verluste. Dieser **negative Progressionsvorbehalt** kann dazu führen, dass sich – vorbehaltlich § 2a EStG[733] – ein Steuersatz von 0 % ergibt (BFH vom 25.05.1970, BStBl II 1970, 660 und vom 09.08.2001, BStBl II 2001, 778[734]). Das ab 1996 geltende Verfahren wird auch die **Hinzu- bzw. Abrechnungsmethode** genannt[735].

Lösung:
1. Ermittlung des Steuersatzes:
- Das für den Steuersatz maßgebliche Einkommen beträgt: 90.000,00 €
- Abrundung gem. § 32a Abs. 2 EStG (durch 36 € teilbar): 89.964,00 €
- Hierauf entfällt lt. Grundtabelle 02 eine Tarifsteuer von: 33.769,00 €

Dies ergibt einen durchschnittlichen Steuersatz von 37,536 %.

2. Berechnung der Steuer des E:
- Abrundung des z.v.E. von 70.000 € gem. § 32a Abs. 2 EStG auf: 69.984,00 €
- Anwendung des durchschnittlichen Steuersatzes (37,536 %): 26.269,19 €

Die Abrundung gem. § 32a Abs. 3 S. 3 EStG, ergibt eine Steuer von **26.269 €**. Im Vergleich dazu beträgt die Steuer lt. Grundtabelle (ohne § 32b EStG): 24.078 €.

Bei einem echten Steuervergleich muss natürlich die im Ausland bezahlte Steuer berücksichtigt werden. Bei Auslandsengagements qua Betriebsstätte-Niederlassung in Niedrigsteuerländern lässt sich unschwer der Steuervorteil errechnen. Die Freistellung mit Progressionsvorbehalt führt dann zu einer echten Freistellung, wenn es für das betreffen-

---
[731] Bzw. steuerfreie Ersatzleistungen.
[732] Vgl. nur *Littmann*, § 32b Rz. 92 und 123.
[733] Ausländische Verluste gem. § 2a EStG werden nur nach Maßgabe des § 2a EStG berücksichtigt (BFH vom 17.11.1999, BStBl II 2000, 605).
[734] Danach bestehen keine verfassungsrechtlichen Bedenken, dass wegen der vorrangigen Berücksichtigung des § 32b EStG auch ein z.v.E. unterhalb des Grundfreibetrages der ESt unterliegt.
[735] Vgl. *Littmann*, § 32b Rz. 7.

de Steuersubjekt **keine Steuerprogression** gibt. Dies ist etwa bei KapG mit dem konstanten Steuersatz von 25 % der Fall.

4.2.3 Besondere Doppelbesteuerungsabkommen-Klauseln

Hinzuweisen ist in diesem Zusammenhang darauf, dass die Freistellungsmethode nicht greift, wenn das DBA eine **Rückfallklausel** enthält, die auf den zugrunde liegenden Sachverhalt anzuwenden ist. Der Mechanismus ist einfach:

> **Beispiel 6: Freistellung unter Vorbehalt**
> In einem DBA ist vereinbart, dass der Quellenstaat von der Steuer freistellt. Dies erfolgt allerdings nur unter dem Vorbehalt, dass die betroffenen Einkünfte im Ansässigkeitsstaat der Besteuerung unterliegen.

Mit diesen sog. „**subject-to-tax**"-Klauseln[736] soll das Entstehen „weißer" Einkünfte verhindert werden, die aufgrund von Qualifikationskonflikten oder dgl. in keinem der Vertragsstaaten besteuert werden. Findet sich allerdings in einem DBA keine Rückfallklausel und kann oder darf ein Vertragsstaat nach dem Wortlaut des jeweiligen Artikels besteuern, lebt das Besteuerungsrecht des anderen Staates nicht deshalb auf, weil der erstgenannte sein Besteuerungsrecht nicht wahrnimmt (sog. Verbot der virtuellen Besteuerung).

> **Lösung:**
> Bei Vorliegen der „subject-to-tax"-Klausel fällt das Besteuerungsrecht dann an den Quellenstaat zurück, wenn der Ansässigkeitsstaat von seiner Besteuerung keinen Gebrauch macht.

Daneben haben sich in der Abkommenspraxis folgende (wichtige) Klauseln eingebürgert:

- „**switch over**"-Klausel:
  Bei dieser Klausel findet ein Methodenwechsel statt, d.h. dass der jeweilige Staat bei Vorliegen der „switch-over-clause" dann von der Freistellungsmethode zur Anrechnungsmethode wechselt (umstellt), wenn im anderen Vertragsstaat keine Besteuerung z.B. aufgrund von Qualifikationskonflikten, stattfindet[737].

- „**remittance base**"-Klausel:
  Hier findet eine Freistellung nur dann statt, wenn die Einkünfte aus dem Quellenstaat, die dort zu einer Quellensteuer geführt haben (z.B. Dividenden), tatsächlich in den Ansässigkeitsstaat überwiesen wurden[738].

---

[736] Bsp.: Art. 23 Abs. 1 Unterabschnitt 2 DBA-Schweden: (sinngemäß) „... Quellensteuereinkünfte in Schweden liegen dann vor, wenn sie in Schweden besteuert werden ...".
[737] Bsp.: Art. 23 Abs. 2d DBA-Kasachstan.
[738] Bsp.: Art. 15 DBA-GB „... von einer in dem anderen Gebiet ansässigen und damit dort steuerpflichtigen Person **bezogen** werden ...".

- **Anrechnung fiktiver Steuern:**
Nachdem im Regelfall bei der Anrechnungsmethode die (im Zweifel niedrigeren) ausländischen Steuern auf das inländische Steuerniveau „hochgeschleust" werden, ist diese Wirkung häufig kontraproduktiv i.S.e. Investitionsförderung. Um dennoch die Investition zu fördern, findet sich in einigen Entwicklungsländer-DBA die Anrechnung einer **fiktiven** ausländischen Steuer, die sich an der Steuerbelastung des Ansässigkeitsstaates orientiert (sog. „tax sparing credit" oder „matching credit").

Die BRD nimmt in der jüngeren DBA-Praxis, insb. bei den Verhandlungen mit den GUS-Nachfolgestaaten, wieder Abstand von dieser Fördermaßnahme.

4.3 Aufbau der Doppelbesteuerungsabkommen am Beispiel des OECD-Musterabkommens

Im Abschnitt I ist der persönliche und sachliche Geltungsbereich geregelt.
• Art. 1: Persönlicher Geltungsbereich (Ansässigkeit)   • Art. 2: Unter das Abkommen fallende Steuern

Im Abschnitt II sind bestimmte Begriffe definiert.
• Art. 3: Allgemeine Begriffe wie Person, Gesellschaft, Unternehmen etc.   • Art. 4: Ansässige Person   • Art. 5: Betriebsstätte

Abschnitt III enthält die Besteuerung des Einkommens im Quellenstaat.
• Art. 6: Besteuerung des Einkommens aus unbeweglichem Vermögen   • Art. 7: Besteuerung von Unternehmensgewinnen   • Art. 8: Besteuerung von Gewinnen aus der Schifffahrt und der Luftfahrt   • Art. 9: Besteuerung von verbundenen Unternehmen   • Art. 10: Besteuerung von Dividenden   • Art. 11: Besteuerung von Zinsen   • Art. 12: Besteuerung von Lizenzgebühren[739]   • Art. 13: Besteuerung von Gewinnen aus der Veräußerung von Vermögen   • Art. 14: Besteuerung von Einkünften aus selbständiger Tätigkeit[740]   • Art. 15: Besteuerung der unselbständigen Arbeit   • Art. 16: Besteuerung von Aufsichtsrat- und Verwaltungsratsvergütungen   • Art. 17: Besteuerung von Künstlern und Sportlern   • Art. 18: Besteuerung von Ruhegehältern

---

[739] Neuregelung in der Revision 2000 zur Softwareüberlassung durch Differenzierung nach Copyright und „copyrighted article".
[740] Art. 14 OECD-MA wurde im Jahre 2000 gestrichen und in Art. 7 OECD-MA eingearbeitet.

- Art. 19: Besteuerung des öffentlichen Dienstes
- Art. 20: Besteuerung von Studenten
- Art. 21: Besteuerung von anderen Einkünften (in den vorstehenden Art. Nicht genannte)

Im Abschnitt IV ist die Vermögensbesteuerung geregelt.
- Art. 22: Besteuerung der verschiedenen Vermögensarten

Im Abschnitt V sind die verschiedenen Methoden zur Vermeidung der Doppelbesteuerung enthalten.
- Art. 23 A: Befreiungsmethode[741]
- Art. 23 B: Anrechnungsmethode

Abschnitt VI enthält besondere Bestimmungen.
- Art. 24: Grundsatz der Gleichbehandlung
- Art. 25: Verständigungsverfahren
- Art. 26: Informationsaustausch (Auskunftsklauseln)
- Art. 27: Behandlung von Diplomaten und Konsularbeamten
- Art. 28: Mögliche Ausdehnung des räumlichen Geltungsbereichs

Abschnitt VII enthält die Schlussbestimmungen.
- Art. 29: In-Kraft-Treten
- Art. 30: Außer-Kraft-Treten

Einzelne DBA enthalten in sog. Protokollen erläuternde Vereinbarungen zu einzelnen Artikeln, die bei Ihrer Anwendung zu beachten sind. Abschließend sei noch darauf hingewiesen, dass es zu jedem Artikel des OECD-MA eine von Sachverständigen ausgearbeitete und von den Regierungen der Mitgliedsstaaten gebilligte Kommentierung[742] gibt. Dieser offizielle „Kommentar zum OECD-MA" kann bei der Anwendung von strittigen Regelungen in den DBA eine wertvolle Auslegungshilfe sein.

4.4 Auslegungsregel für Doppelbesteuerungsabkommen

Zu den anerkannten Auslegungsgrundsätzen innerstaatlicher Normen[743] gesellen sich bei Zweifeln über die Tragweite einer DBA-Regelung noch die speziellen völkerrechtlichen Aspekte[744]. Zu diesen zählen:

---

[741] Art. 23 A OECD-MA ist um Abs. 4 ergänzt worden: Abs. 1 ist nicht mehr anzuwenden, wenn durch die Praxis des Quellenstaates die Einkünfte steuerbefreit sind.
[742] Die Abkommensberechtigung von PersG findet sich seit der Revision 2000 im Kommentar wieder.
[743] Auslegung von Gesetzen (in dieser Reihenfolge) nach der grammatikalischen (Wortlaut-)Methode, der systematischen Methode (Kontext der Norm), der historischen Methode (Regelungsabsicht des Gesetzgebers) und der teleologischen Auslegung (Auslegung nach Sinn und Zweck der Norm).

- Bei Auslegungsstreitigkeiten ist das DBA grundsätzlich „aus sich selbst heraus" (autonom) auszulegen, sodann nach dem Grundsatz der „Entscheidungsharmonie" im Interesse des Vertragsstaates vorzugehen und – erst bei Schweigen des DBA – nach dem lex fori (Recht des Anwenderstaates) zu entscheiden[745]. Um Schwierigkeiten auf dieser Ebene vorzubeugen, empfiehlt sich häufig eine dritte Abkommenssprache.

- OECD-MA und OECD-Kommentar werden als wichtige Erkenntnisquellen für das jeweilige bilaterale DBA angesehen, sind aber bei der Revision im Jahr 2000 nicht in den Status besonderer Urkunden i.S.d. Art. 31 bzw. ergänzender Materialien i.S.d. Art. 32 WÜRV aufgenommen worden.

- Nach übereinstimmender Auffassung[746] gilt aber:
  - Bei bilateraler Übernahme des OECD-MA ist der Kommentar anzuwenden[747].
  - Erst bei einer Abweichung sowohl vom Wortlaut als auch nach der Auslegung im konkreten Einzelfall ist das Muster-DBA einschließlich Kommentar nicht zugrunde zu legen.

- Besondere Bedeutung kommt der „isolierenden Betrachtungsweise" zu (vgl. § 49 Abs. 2 EStG sowie unter Kap. V.2.2).

---

[744] Niedergelegt im Wiener Übereinkommen über das Recht der Verträge vom 23.05.1969 (Art. 31 – 33 WÜRV), BGBl II 1985, 927.
[745] Hierzu werden Extrempositionen von *Debatin* („lex fori als ultima ratio"), BB 1992, 1181 und von *Vogel*, DBA-Komm., Art. 3 Abs. 2, (Abweichen vom lex fori nur bei Vorliegen wichtiger Gründe) vertreten.
[746] *Vogel*, DBA-Komm., Einl. Rz. 80 und *Debatin/Wassermeyer*, DBA Vor Art. 1, EK Rz. 51.
[747] Nicht geklärt ist, ob es dabei auf den Stand des Komm. bei Abschluss des DBA oder auf den jeweils geltenden Komm. ankommt.

III Auslandsbeziehungen eines Steuerinländers (Fälle der unbeschränkten Steuerpflicht)

1 Einführung in die Thematik

Die Internationalisierung des Wirtschaftslebens, technische Entwicklungen, aber auch die Ausnutzung von möglichen Steuervorteilen haben in den letzten Jahren Inländer (Unternehmen und natürliche Personen) zunehmend veranlasst, Aktivitäten über die Grenze hinaus zu entfalten, ohne ihren Sitz, den Ort der Geschäftsleitung, ihren Wohnsitz bzw. gewöhnlichen Aufenthalt im Inland aufzugeben. **Im Folgenden werden von der Vielzahl der möglichen Fallgestaltungen die in der (Prüfungs-)Praxis bedeutendsten dargestellt.** Dabei sollen zunächst die steuerlichen Folgen der unternehmerischen Betätigung im Ausland untersucht werden und anschließend das privat motivierte Engagement von natürlichen Personen außerhalb von Deutschland.

Möchte sich ein inländischer Unternehmer auch über die Grenze hinweg unternehmerisch betätigen, kann er dafür grundsätzlich zwei Gestaltungsmöglichkeiten in Betracht ziehen. Direktgeschäfte bleiben außer Betracht.

> **Beispiel 1: Die gestaltende GmbH**
> Der Softwarehersteller S-GmbH hat sich entschieden, seine Forschungsabteilung ins Ausland zu verlagern und gleichzeitig eine Vertriebsschiene seiner Produkte zu installieren. S hat im Inland die Rechtsform einer KapG und will wissen, wie seine ausländischen Aktivitäten steuerlich am effektivsten gestaltet werden können.
>
> **Lösung:**
> Die S-GmbH kann ihre ausländischen Aktivitäten in einer eigenständigen Gesellschaft als KapG (in einer Rechtsform des jeweiligen Staates) bündeln oder aber über eine unselbständige Zweigniederlassung laufen lassen, die steuerlich als Betriebsstätte des inländischen Stammhauses geführt wird.

Die Grundsätze über die **Betriebsstättenbesteuerung** sind im Übrigen auch anzuwenden, wenn für die ausländische Gesellschaft die Form einer PersG gewählt wird, weil nach deutschem Steuerrecht die PersG ertragsteuerlich kein eigenständiges Steuersubjekt ist. Die von ihr erzielten Gewinne sind anteilsmäßig von den G´ftern zu versteuern (Grundsatz der transparenten Besteuerung). Das bedeutet, dass das Unternehmen der PersG abkommensrechtlich als Unternehmen der G´fter, als deren Betriebsstätte behandelt wird.[748] Danach gibt es so viele Betriebsstätten im Ausland wie G´fter vorhanden sind.

---

[748] BFH vom 26.02.1992 (BStBl II 1992, 937).

Wird die transparente steuerliche Behandlung der PersG vom ausländischen Sitzstaat nicht geteilt,[749] kann dies zu einem Qualifikationskonflikt und schlimmstenfalls zu einer Doppelbesteuerung führen. Die steuerliche Folgen, die aus der Gründung einer PersG entstehen können, werden als Annex bei der Betriebsstättenbetrachtung abgehandelt (s. unter Kap. III.2.2).

2 Inländisches Unternehmen mit Outbound-Aktivitäten (Internationales Unternehmenssteuerrecht)

2.1 Steuerliche Folgen mit einer Kapitalgesellschaften im Ausland

Bei Gründung einer KapG im Ausland (Tochtergesellschaft), sind für die Muttergesellschaft im Inland auch ertragsteuerliche Aspekte zu bedenken.

> **Beispiel 2: Die Mutter bekommt Töchter**
> Die S-GmbH gründet nach den ausländischen gesellschaftsrechtlichen Vorschriften eine KapG namens T und hält 100 % der Anteile an der T. Die Geschäftsleitung befindet sich im Sitzstaat der T.
>
> **Lösung:**
> Auf den ersten Blick ergibt sich, dass T in Deutschland weder unbeschränkt (Sitz und Ort der Geschäftsleitung im Ausland) noch beschränkt steuerpflichtig (keine inländischen Einkünfte) ist. Die Untersuchung der ertragsteuerlichen Folgen kann sich daher nur auf das beschränken, was von der Gesellschaft zurück ins Inland fließt und auf die Frage, ob die S-GmbH der T Vorteile zugewendet hat, die das steuerliche Ergebnis im Inland zu Unrecht beeinflusst haben.

2.1.1 Steuerliche Behandlung der ausgeschütteten Dividenden

Durch das StSenkG wurde die Besteuerung der Dividenden in Deutschland völlig neu geregelt. Das seit 1977 gültige Vollanrechnungsverfahren im Körperschaftsteuerrecht wurde durch das sog. Halbeinkünfteverfahren ersetzt. Der bislang für KapG geltende, gespaltene KSt-Satz für ausgeschüttete und einbehaltene Gewinne von 30 % bzw. 40 % wird ab 2001 einheitlich auf 25 % reduziert. Als Konsequenz hieraus werden Ausschüttungen einer ausländischen Gesellschaft an eine inländische (unbeschränkt steuerpflichtige) Körperschaft gem. § 8b Abs. 1 KStG nicht mehr besteuert. Diese Neuregelung erfasst nach § 34 Abs. 1 KStG bereits Ausschüttungen von ausländischen Gesellschaften ab dem Jahr 2001. Eine Mindestbeteiligungsgrenze bzw. eine Mindesthaltezeit der ausländischen Anteile ist im Gesetz nicht vorgesehen. Diese Ausführungen gelten gem. § 8b Abs. 6 KStG auch für mittelbare Beteiligungen über eine Mitunternehmerschaft.

---

[749] Z.B. besteuern die USA, Spanien, Ungarn, Tschechien PersG wie Körperschaften.

In Bezug auf die **Ausschüttung von Dividenden** an einen inländischen Empfänger sind mehrere Fallkonstellationen denkbar:

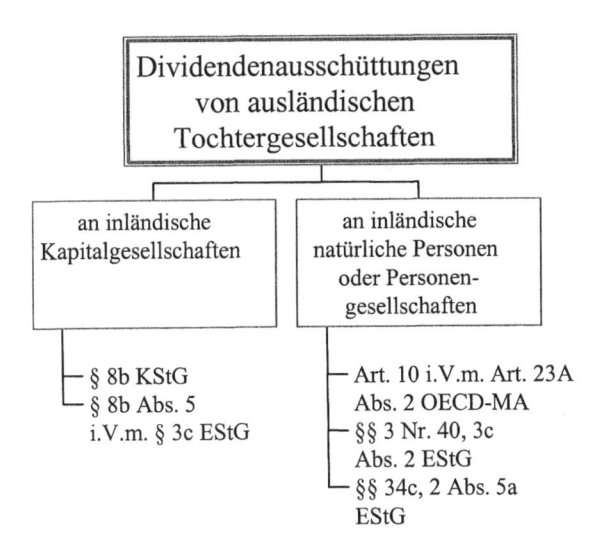

```
         Dividendenausschüttungen
            von ausländischen
           Tochtergesellschaften
          /                    \
  an inländische          an inländische
  Kapitalgesellschaften   natürliche Personen
                          oder Personen-
                          gesellschaften

  – § 8b KStG             – Art. 10 i.V.m. Art. 23A
  – § 8b Abs. 5             Abs. 2 OECD-MA
    i.V.m. § 3c EStG      – §§ 3 Nr. 40, 3c
                            Abs. 2 EStG
                          – §§ 34c, 2 Abs. 5a
                            EStG
```

1. Alternative: Inländische KapG als Muttergesellschaft

Beispiel 2a: Die ausschüttende Tochter
T (aus Beispiel 2) schüttet eine Dividende i.H.v. 100 T€ an die S-GmbH aus.

Lösung:
Die Ausschüttungen, die die S-GmbH von der T erhält, sind nach § 8b Abs. 1 KStG im Inland steuerfrei. Eine Differenzierung, ob die T ihren Sitz in einem DBA-Land hat oder nicht ist nach der neuen gesetzlichen Regelung nicht mehr notwendig.

Im Zusammenhang mit der Gründung einer ausländischen Tochtergesellschaft fallen i.d.R. aber auch eine Vielzahl von weiteren Kosten an, die zunächst von der Muttergesellschaft getragen werden müssen. Die frühere Prüfung nach dem Vorliegen einer Schachteldividende und ggf. nach Sonderregelungen (Mutter-Tochter-Richtlinie) ist damit weitgehend gegenstandslos geworden (zur Unterscheidung zwischen Streubesitz- und Schachteldividenden s. aber Kap. III.3).

Beispiel 3: Töchter kosten Geld
Im Zusammenhang mit der Gründung der T entstehen der S-GmbH Aufwendungen, die zum Teil über Banken fremdfinanziert werden. Die Ausschüttungen der T belegt der Sitzstaat mit Quellensteuer.

Ausgaben im Zusammenhang mit der ausländischen Beteiligung können gem. § 8b Abs. 5 KStG nunmehr pauschal i.H.v. 5 % der Einnahmen aus den Dividenden geltend gemacht werden. Für diese Pauschalierungsregel wird der unmittelbare wirtschaftliche Zusammenhang zwischen Einnahmen und Ausgaben i.S.v. § 3c EStG unterstellt. Im Ergebnis bedeutet dies, dass immer nur 95 % der Einnahmen steuerfrei sind, unabhängig von der Höhe der tatsächlich entstandenen Aufwendungen. Durch die Thesaurierung von Erträgen (sog. „Ballooning") kann die Anwendung der Pauschalierungsregel bis zur Ausschüttung vermieden werden, wenn sie sich nachteilig auswirken würde.

Im Ergebnis sind (gelten) daher – unabhängig vom tatsächlichen Anfall – immer 5 % der Dividendeneinnahmen von ausländischen Tochtergesellschaften als nicht abzugsfähige Ausgaben.

Lösung:
Die S-GmbH kann 95 % der Dividenden, die sie von T erhält, im Inland steuerfrei vereinnahmen. Als steuerliche Belastung bleibt die ausländische Quellensteuer bestehen. Zu beachten ist schließlich noch, dass § 8b Abs. 1 KStG wegen der Maßgeblichkeit des körperschaftsteuerlichen Einkommensbegriffes für die GewSt auch auf letztere durchschlägt. § 9 Nr. 7 und 8 GewStG kommt für freizustellende Beteiligungserträge nach § 8b Abs. 1 KStG keine Bedeutung mehr zu.

Fraglich ist allerdings derzeit noch, ob die Regelung in § 3c Abs. 1 EStG zum Halbeinkünfteverfahren auch auf § 8b Abs. 1 KStG anzuwenden ist. Die Folge wäre, dass alle mit der Beteiligung zusammenhängenden BA nicht abzugsfähig wären, wenn keine Ausschüttung erfolgt. Würde man dieser, von der Finanzverwaltung favorisierten Ansicht nicht folgen, ergäbe sich zwangsläufig eine Ungleichbehandlung der BA im Zusammenhang mit inländischen und ausländischen Beteiligungen[750].

Die in der Vergangenheit große Schwierigkeiten bereitende Anrechnungsproblematik der im Ausland erhobenen Quellensteuer besteht nach der Einführung der nationalen Steuerfreistellungsregelung nicht mehr.

2. Alternative: Inländisches Personenunternehmen (Einzelunternehmer oder PersG) als Muttergesellschaft

Hier wäre – entsprechend der vorgegebenen Systematik – zunächst zu untersuchen, ob ein DBA zur Anwendung kommt. Die rechtliche Folge für den Inländer ist jedoch davon unabhängig, da die Vermeidung der Doppelbesteuerung mit oder ohne DBA bei Dividenden, wie bereits ausgeführt, über die Anrechnungsmethode erfolgt (vgl. Art. 10 OECD-MA i.V.m. Art. 23 A Abs. 2 OECD-MA), also letztlich über die nationale Regelung des § 34c EStG. Nach § 3 Nr. 40d EStG werden die ausländischen Dividenden beim inländischen Steuerpflichtigen nur zur Hälfte erfasst und zwar unabhängig davon, ob die Einnahmen den Einkünften aus Kapitalvermögen oder denjenigen aus Gewerbebetrieb zuzurechnen sind. Der steuerfreie hälftige Anteil unterliegt nicht dem Progressionsvorbehalt, wobei § 2 Abs. 5a EStG ggf. zu beachten ist. Gem. § 3c Abs. 2 EStG dürfen die mit den Dividenden zusammenhängenden WK/BA nur noch zur Hälfte abgezogen werden.

---

[750] Die geplante Änderung von § 8b Abs. 5 KStG durch das UntStFG 2001, wonach in dessen 1. Satz § 3c Abs. 1 EStG für **alle** KapG ausgeschlossen werden sollte, ist allerdings nicht umgesetzt worden.

Dabei spielt es keine Rolle, in welchem VZ die Einnahmen oder ob überhaupt Einnahmen angefallen sind. Die ausländische Quellensteuer (KapESt und **nicht** KSt) ist nach den Grundsätzen des § 34c EStG in vollem Umfang anrechenbar bzw. auf Antrag bei der Ermittlung der Einkünfte abziehbar.

Exkurs: Praxishinweise zum Anrechnungsverfahren bei Dividenden nach § 34c EStG

a) Der Einbehalt von Quellensteuer und ihre Höhe ist durch Bankbelege nachzuweisen (§ 68b EStDV). Eine Zusammenfassung der ausländischen Einkünfte und der ausländischen Steuern aus mehreren Staaten ist nicht zulässig.

b) Bei der Ermittlung der Einkünfte sind die deutschen Einkunftsermittlungsvorschriften vollumfänglich anzuwenden (ggf. WK-Pauschbetrag gem. § 9a S. 1 Nr. 2 EStG, Sparerfreibetrag gem. § 20 Abs. 4 EStG etc.).

c) Bei der Ermittlung der anrechenbaren ausländischen Steuern ist **besonders zu beachten**, dass ihre Anrechnung/Abzug nur insoweit möglich ist, als sie keinem Ermäßigungsanspruch mehr unterliegen, vgl. § 34 Abs. 1 S. 1 EStG. Viele DBA begrenzen die Quellenbesteuerung für Dividenden. Eine Anrechnung/Abzug erfolgt **nur i.H.d. lt. DBA vereinbarten Quellensteuersätze**, unabhängig davon, ob der Ermäßigungsanspruch bei der ausländischen Steuerbehörde geltend gemacht wurde oder beispielsweise wegen Ablaufs einer Antragsfrist überhaupt noch angemeldet werden kann[751].

d) Nach einigen DBA (z.B. Brasilien, Spanien, Portugal, Türkei) ist eine Anrechnung von Quellensteuern bis zu einem bestimmten Höchstbetrag i.R.d. ESt-Veranlagung möglich, selbst wenn im Ausland keine oder eine niedrigere Steuer einbehalten wurde. Allerdings ist ein Abzug dieser fiktiven Quellensteuer bei der Ermittlung der Einkünfte nach § 34c Abs. 2 EStG nicht erlaubt[752].

e) Auf eine Besonderheit im Verhältnis zu Frankreich sei abschließend noch hingewiesen. Nach dem DBA-Frankreich wird bei in Deutschland ansässigen Aktionären französischer KapG auf Antrag die französische KapESt nicht erhoben oder vollumfänglich erstattet. Bei der Veranlagung zur deutschen ESt wird darüber hinaus ein Betrag von 50 % der Ausschüttung als Steuergutschrift („avoir fiscal") wie einbehaltene deutsche KapESt auf die deutsche Steuer des Aktionärs angerechnet[753].

2.1.2 Angemessener Liefer- und Leistungsverkehr zwischen verbundenen Unternehmen

Gründet eine inländische Gesellschaft eine ausländische Tochtergesellschaft, so beschränken sich die Beziehungen grundsätzlich nicht nur auf Gründungshilfe und Dividendenausschüttungen. Die Belieferung, Erbringung von Dienstleistungen und weitere Finanzierungen durch die inländische Muttergesellschaft machen einen weiteren Großteil der Beziehungen aus. Diese wechselseitigen Beziehungen müssen allerdings auch mone-

---

[751] BFH vom 15.03.1995 (BStBl II 1995, 580).
[752] Zum Nachweis über das Vorliegen der Voraussetzungen für die Anrechnung fiktiver Quellensteuern bei ausländischen Zinseinkünften vgl. BMF vom 15.05.1998 (BStBl I 1998, 554).
[753] Zum Verfahren vgl. BMF vom 25.03.1988 (BStBl I 1988, 136); nach Einführung des Halbeinkünfteverfahrens besteht hinsichtlich der „avoir-fiscal"-Regelung derzeit eine unklare Rechtslage.

tär, u.a. auch für steuerliche Auswirkungen, bewertet werden. Dies geschieht in der Praxis durch sog. **Verrechnungspreise**.

> **Beispiel 4: Die vielseitige Mutter-Tochter-Beziehung**
> Die ausländische Tochtergesellschaft T erhält von ihrer inländischen Muttergesellschaft S-GmbH (S) den Auftrag, neue Softwareprodukte zu entwickeln. Die Forschungsergebnisse werden, soweit verwertbar, im Inland produziert und vertrieben. Den Verkauf im Ausland übernimmt die T, wobei S ihr für die Produkte die Vollkosten zuzüglich einem Gewinnaufschlag von 20 % in Rechnung stellt. Die S unterhält zentrale Abteilungen für Marketing, Recht und Finanzen, die auch für die T tätig werden. Da die T nicht zuletzt durch die hohen Forschungsaufwendungen Liquiditätsprobleme hat, gewährt die S ein unverzinsliches Darlehen.

2.1.2.1 Einleitende Anmerkungen zu der Verrechnungspreisproblematik

Die Gestaltung von Verrechnungspreisen (Verrechnung von Waren und Leistungen) im Konzernverbund bzw. deren Überprüfung durch die beteiligten Finanzverwaltungen haben sich zu einem Kernbereich des internationalen Steuerrechts entwickelt. Speziell die hochindustrialisierten Nationen mit i.d.R. hohem Steuerniveau beobachten inzwischen kritisch die Entwicklungen der Unternehmen, welche tendenziell darauf hinauslaufen, Verluste bei ihnen zu belassen und Gewinne in Niedrigsteuerländer zu transferieren. Auch die OECD hat sich mit dieser Thematik befasst und in der OECD-Verrechnungspreisrichtlinie[754] zehn Grundregeln für die praktische Handhabung erarbeitet. Eine weitere Empfehlung ist in Art. 9 OECD-MA enthalten. In Deutschland hat das BMF bereits 1983 verbindliche Regularien erlassen, die derzeit neu überarbeitet und an die OECD-Vorstellungen angepasst werden[755]. Trotz all dieser Hilfen bereitet die Bestimmung des korrekten Verrechnungspreises zwischen verbundenen Unternehmen in der Praxis größte Schwierigkeiten für alle Beteiligten. Verschiedene Lösungsansätze, wie beispielsweise die im Voraus vereinbarte Festlegung durch die betroffenen Fisken im Rahmen von sog. APA (Advanced Pricing Agreement) oder über unilateral erteilte verbindliche Auskünfte der zuständigen FA, haben sich mittlerweile herauskristallisiert. Jedoch stecken die Lösungen allesamt noch in den Anfängen und lösen vor allen Dingen nicht die Frage, welcher Fremdvergleichspreis der einzig richtige ist.

2.1.2.2 Rechtsgrundlagen für die Korrektur der Verrechnungspreise

Postulat für jede Gewinnkorrektur zwischen verbundenen Unternehmen ist nach internationalen Grundsätzen ein Verstoß gegen den Fremdvergleich. Fraglich bleiben die Rechtsgrundlagen für eine mögliche Gewinnberichtigung. In den Fällen, in denen kein DBA eingreift, können nur die Abgrenzungsklauseln des nationalen Steuerrechts zu einer

---

[754] OECD-Transfer Pricing Guidelines For Multinational Enterprises And Tax Administrations, Paris 1995.
[755] BMF vom 23.02.1983 (BStBl I 1983, 218).

2 Inländisches Unternehmen mit Outbound-Aktivitäten

Gewinnkorrektur bei Verrechnungspreisproblemen führen. Die möglichen Korrekturvorschriften sind in Tz. 1.1.1 der VerwGrS genannt. In Frage kommen danach die **verdeckte Gewinnausschüttung, die verdeckte Einlage oder eine Berichtigung nach § 1 AStG**.

Fällt der Sachverhalt in den Regelungsbereich eines DBA, wird diskutiert, ob eine Gewinnberichtigung z.B. bereits über Art. 9 OECD-MA möglich ist, also unabhängig von einer innerstaatlichen Rechtsgrundlage des Anwenderstaates ist. Nach allgemeiner Ansicht[1193] ist Art. 9 OECD-MA keine eigenständige Rechtsgrundlage für eine Berichtigung, sondern beschränkt lediglich die nationalen Berichtigungsmöglichkeiten (so auch Tz. 1.2.1 VerwGrS, s BMF vom 23.02.1983, BStBl I 1983, 218). Damit ergeben sich für die Wirkungsweise der DBA-Berichtigungsvorschriften zwei Folgen:

1. Die Berichtigungsvorschriften können international übereinstimmend angewandt werden.
2. Auf der Grundlage der Abgrenzungsklauseln können im Zweifelsfall Verständigungs- oder Konsultationsverfahren eingeleitet werden.

Da aber im Ergebnis immer eine nationale Berichtigungsvorschrift eingreifen muss, kann es für die weitere Untersuchung des Falles zunächst dahingestellt bleiben, ob ein DBA-Fall vorliegt oder nicht.

2.1.2.3 Die Ermittlung des angemessenen Verrechnungspreises

Grundsätzlich ist davon auszugehen, dass es nicht nur einen angemessenen Verrechnungspreis gibt, sondern eine gewisse Bandbreite angemessener Verrechnungspreise. Die deutsche Finanzverwaltung vertritt hierzu allerdings eine andere Auffassung[1194]. Für die Überprüfung der Angemessenheit haben sich allgemein anerkannte Standardmethoden herausgebildet. Im Ergebnis stellen sie entweder auf die Markttransparenz oder auf den Leistungsbeitrag des jeweiligen Unternehmens ab. Im ersten Fall stehen die Methoden des Fremdvergleiches im Vordergrund. So hat die OECD in ihren Transfer Pricing Guidelines 1995 zehn Grundregeln für die Durchführung des Fremdvergleichs aufgestellt. Die deutsche Finanzverwaltung äußerte sich in den Verwaltungsgrundsätzen umfassend zu den einzelnen Methoden. Angewandte Methoden zur Einkunftsabgrenzung sind danach folgende:

6. **Preisvergleichsmethode (vgl. Tz. 2.2.2 VerwGrS)**

   Diese Methode stellt auf die Preise ab, die fremde Dritte für gleiche Leistungen vereinbart haben. Durchgeführt wird ein tatsächlicher Fremdvergleich, entweder nach den Preisen, die ein fremder Unternehmer einem fremden Abnehmer in Rechnung stellt (sog. äußerer Preisvergleich) oder mit dem Preis mit dem ein verbundenes Unternehmen an einen fremden Abnehmer liefert (sog. innerer Preisvergleich). Die praktische Schwierigkeit bei der Anwendung dieser Methode liegt darin Vergleichspreise zu finden, denen gleiche oder zumindest vergleichbare Leistungen zugrunde liegen.

[1193] Vgl. *Wassermeyer* in *Debatin/Wassermeyer*, Art. 9 B I Rz. 1 ff.
[1194] Vgl. Bsp. in Tz. 2.1.9 VerwGrS s BMF vom 23.02.1983, BStBl I 1983, 218.

2. Wiederverkaufsmethode (vgl. Tz. 2.2.3 VerwGrS)

Bei dieser Methode erfolgt eine Rückrechnung von dem Preis, zu dem ein nahe stehendes Unternehmen an einen fremden Dritten liefert, durch Abzug einer angemessenen Handelsspanne vom möglichst unbeeinflussten Wiederverkaufspreis. Zugrunde gelegt wird ein hypothetischer Vergleichspreis. Die praktische Schwierigkeit dieser Methode liegt in der Ermittlung und Bestimmung der üblichen Handelsspanne.

3. Kostenaufschlagsmethode (vgl. Tz. 2.2.4 VerwGrS)

Bei dieser Methode werden die betriebswirtschaftlich ermittelten Kosten des liefernden oder leistenden Unternehmens um einen in dem jeweiligen Geschäftszweig üblichen Gewinnaufschlag erhöht. Sie kommt hauptsächlich dann zur Anwendung, wenn es an einer Beteiligung am allgemeinen Markt fehlt. Die praktische Schwierigkeit dieser Methode liegt zum einen in der Bestimmung des üblichen Gewinnaufschlags, wenn gleiche oder vergleichbare Geschäfte nicht zu finden sind, und zum anderen in der Definition des Kostenbegriffes.

4. Andere Methoden zur Einkunftsabgrenzung

Komponenten dieser anderen Methoden sind ertragsbezogen. Eine Aufteilung erfolgt dann beispielsweise durch einen Vergleich des Ergebnisses des zu beurteilenden Unternehmens mit einem fremden dritten Unternehmen oder durch einen konzerninternen Profitsplit aufgrund einer Funktionsanalyse. Die Anwendung dieser ertragsorientierten Methoden sind zwar weder durch die Verwaltungsgrundsätze noch durch die OECD-Richtlinie ausgeschlossen, werden aber derzeit in Deutschland nicht angewandt, obwohl sie in der praktischen Anwendung leichter zu nachvollziehbaren Ergebnissen führen könnten.

2.1.2.4 Festlegung der angemessenen Methode

Die Unternehmen sind grundsätzlich in der Auswahl der Standardmethode zur Bestimmung der Verrechnungspreise frei[758]. Eine Überprüfung erfolgt seitens der Finanzverwaltung allerdings dahingehend, ob sie nach Art und Anwendung sachgerecht ist. Maßstab dabei ist der ordentliche GF, der sich an der Methode orientieren wird, die den Verhältnissen am nächsten kommt, nach der sich auf wirtschaftlich vergleichbaren Märkten Fremdpreise bilden. Der Preisvergleichsmethode wird sowohl nach den VerwGrS als auch nach der OECD-Richtlinie eine gewisse Vorrangstellung eingeräumt. Nach den praktischen Erfahrungen kommt gerade ihr keine besondere Bedeutung zu. Oft lassen die Gegebenheiten des Marktes nur die Anwendung einer bestimmten Methode zu. Als Beispiele hierfür sind anzuführen:

- Beliefert ein Produktionsunternehmen ausschließlich eigene Vertriebstöchter, wird zur Bestimmung des angemessenen Lieferpreises vorrangig die Wiederverkaufsmethode anzuwenden sein.

---

[758] Ist in Tz. 2.4.1 der VerwGrS s BMF vom 23.02.1983, BStBl I 1983, 218 ausdrücklich festgestellt.

- Werden im Konzernverbund Halbfertigfabrikate an ein Herstellungsunternehmen auf einer nachgeordneten Stufe geliefert, wird i.d.R. nach der Kostenaufschlagsmethode verrechnet.
- Produziert eine ausländische Tochtergesellschaft ausschließlich für die Muttergesellschaft, die auch langfristig die Produktion abnimmt, so würde unter Fremden die Produktion in Lohnfertigung übertragen werden mit der Folge der Anwendung der Kostenaufschlagsmethode.

Festzustellen ist schließlich noch, dass sich innerhalb der verschiedenen Branchen bestimmte Präferenzen für einzelne Methoden herausgebildet haben. So bevorzugt die Pharmaindustrie die Wiederverkaufsmethode, die Chemie- und die Kraftfahrzeugzulieferindustrie die Kostenaufschlagsmethode. Abschließend lässt sich festhalten, dass sich letztendlich die Methode mit der größten betriebswirtschaftlichen Überzeugungskraft im Unternehmen durchsetzen und auch von der jeweiligen Finanzverwaltung akzeptiert werden wird.

2.1.2.5 Technik der Gewinnberichtigung

Wie bereits oben zum Ausdruck gebracht, geben die DBA den betroffenen Staaten lediglich die Möglichkeit, eine Gewinnberichtigung bei unangemessenen Verrechnungspreisen vorzunehmen, die Rechtsgrundlage für die Korrektur der Einkünfte muss sich hingegen aus dem nationalen Steuerrecht ableiten lassen. In Deutschland übernehmen diese Funktion die verdeckte Gewinnausschüttung (vGA), die verdeckte Einlage (vE) und die Berichtigungsvorschrift des § 1 AStG.

Grundsätzlich sind die genannten Abgrenzungsregelungen voneinander unabhängig und nebeneinander anwendbar. Liegen allerdings die Voraussetzungen für eine Berichtigung über eine vGA, eine vE und § 1 AStG gleichzeitig vor, **gehen die vGA und die vE dem § 1 AStG vor.**

Eine **vGA** liegt – ceteris paribus – immer dann vor, wenn eine Tochtergesellschaft der Muttergesellschaft einen Vorteil gewährt, sie also beispielsweise mit unangemessen niedrigen Preisen beliefert. Beim Umkehrfall, wenn also die Muttergesellschaft die Tochtergesellschaft mit unangemessen niedrigen Preisen beliefert, ist zunächst von einer **vE** und erst sekundär von einem Berichtigungstatbestand nach § 1 AStG auszugehen. Eine vE ist nach der Rspr. des BFH allerdings nicht bei bloßen Nutzungen und Dienstleistungen gegeben[759].

Die Unterschiede in den Rechtsfolgen einer vE bzw. einer Korrektur nach § 1 AStG sind eklatant. Bei einer vE vollzieht sich die Gewinnerhöhung durch Erhöhung des Beteiligungsansatzes innerhalb der Bilanz. Ist eine TW-AfA auf diesen Beteiligungsansatz möglich, wird die eingetretene Gewinnerhöhung wieder rückgängig gemacht werden.

Liegt der Einkommensberichtigung keine Vermögensmehrung zugrunde, erfolgt die Korrektur nach § 1 AStG außerhalb der Bilanz durch Ansatz eines Merkpostens, der nicht

---

[759] Vgl. BFH vom 26.10.1987 (BStBl II 1988, 348).

über eine TW-AfA neutralisiert werden kann[760]. Erst wenn die Beteiligung veräußert oder die ausländische Gesellschaft liquidiert wird, wirkt sich der Merkposten als Aufwand aus.

Lösung:

1. **Beurteilung der Forschungsaktivitäten der T:**
   Die Forschungstätigkeit der T ist als Dienstleistung gegenüber der S zu qualifizieren. Sie erfordert i.d.R. einen hohen Kapitalaufwand und birgt ein Verlustrisiko. Ziel der S ist es darüber hinaus, die Forschungsergebnisse für sich zu reklamieren. Unter diesen Gesichtspunkten wird sich nur schwer ein fremdes drittes Unternehmen auf dem Markt finden lassen, das forscht, noch werden an Dritte Forschungsaufträge erteilt. Geeignete Methode zur Bestimmung des Verrechnungspreises ist daher die **Cost-plus-Methode** (Kostenaufschlagsmethode).

2. **Lieferung der gefertigten Produkte an die T:**
   Ausgangspunkt für eine mögliche Korrektur der Verrechnungspreise wird die Gewinnsituation der T sein. Bewegt sie sich im Verlustbereich, besteht das Risiko, dass die ausländische Finanzverwaltung diesen auf zu hohe Verrechnungspreise zurückführt und eine vGA annimmt, mit der Gefahr einer Doppelbesteuerung. Ein Verlustausgleich könnte von der S durch Zahlung sog. Marketingzuschüsse erfolgen, zumal nach Tz. 3.4.1 VerwGrS Markterschließungskosten nur ausnahmsweise vom Vertriebsunternehmen übernommen werden. Zur Vermeidung einer vE empfiehlt sich in Anlehnung an die Rspr.[761] eine im vorhinein getroffene Vereinbarung zwischen S und T, dass sich erstere angemessen am Umfang der Markteinführungskosten beteiligen wird. In der Wahl der geeigneten Verrechnungspreismethode sind die Unternehmen, wie dargestellt, grundsätzlich frei. In der Praxis erscheint es allerdings sinnvoll, statt der hier vereinbarten Kostenaufschlagsmethode die **Wiederverkaufsmethode** anzuwenden. So wird es der ausländischen Gesellschaft ermöglicht, eine ausreichende Handelsspanne festzulegen.

3. **Erbringung von Beratungsleistungen für die T:**
   Dienstleistungen im Konzernverbund sind zu verrechnen, da aus deutscher Sicht andernfalls eine Korrektur nach § 1 AStG durchgeführt wird. Zu beachten ist, dass nach Tz. 7.1.2 VerwGrS eine von den Kosten des leistenden Unternehmens unabhängige Vergütung unzulässig ist. Als geeignete Methode könnte die **Preisvergleichsmethode** gewählt werden. Der Fremdvergleichspreis ließe sich beispielsweise problemlos aus der Gebührentabelle für Rechtsanwälte oder StB entnehmen.

---

[760] Vgl. BFH vom 30.05.1990 (BStBl II 1990, 875).
[761] Vgl. BFH vom 17.02.1993 (BStBl II 1994, 457).

4. **Die Gewährung eines zinslosen Darlehens an die T:**
   Handelt es sich um ein echtes Darlehen und nicht um eine vE (liegt vor, wenn mit einer Rückzahlung von vornherein nicht ernsthaft zu rechnen ist), ist in jedem Fall eine Verzinsung vorzunehmen. Anzusetzen sind die Zinssätze zu denen Banken **unter vergleichbaren Bedingungen** an ihre Kunden Darlehen ausreichen.

5. **Vorteilsausgleich:**
   Fraglich könnte sein, ob zwischen vorteilhaften (z.B. unentgeltliche Forschung) und nachteiligen (z.B. zinsloses Darlehen) Vereinbarungen ein rechnerischer Ausgleich zulässig ist. Die im Beispiel aufgeführten Geschäfte stehen in keinem inneren Zusammenhang und sind daher gem. Tz. 2.3 VerwGrS nicht verrechnungsfähig.

2.2 Die Errichtung einer Betriebsstätte im Ausland

Die Alternative zur Neugründung einer eigenen KapG für die Abwicklung des Geschäftsverkehrs über die Grenze ist, wie bereits erwähnt, die Gründung einer Betriebsstätte im Ausland. Gründe, die für die Errichtung einer Betriebsstätte sprechen, liegen meist im steuerlichen Bereich und hier vor allem in einem wirksamen Verlustmanagement. Sie können aber auch außersteuerlicher Art sein, wie beispielsweise die Möglichkeit Publizitäts- oder Mitbestimmungsregelungen zu vermeiden. Neben der Abwägung der Gründe, die für bzw. gegen die Errichtung einer Betriebsstätte sprechen, ist zunächst deren steuerliche Definition und Rechtsqualität zu klären. Der Schwerpunkt liegt danach bei der Behandlung der steuerlichen Folgen, die durch die Einschaltung einer Betriebsstätte entstehen, insb. bei den Gewinnabgrenzungsproblemen. Zu den vielgestaltigen Problembereichen, die sich ergeben können, hat die Finanzverwaltung nach längeren Geburtswehen 1999 in einem Erlass (Betriebsstätten-VerwGrS) klare und umfangreiche Positionen bezogen[762].

2.2.1 Der Betriebsstättenbegriff

Definiert ist die Betriebsstätte sowohl im nationalen Steuerrecht (§ 12 AO) als auch in den DBA, vgl. Art. 5 OECD-MA. Wegen der vorrangigen Geltung der DBA gegenüber nationalem Recht sind die Begriffsbestimmungen des jeweiligen DBA zu beachten. Inhaltlich stimmt der abkommensrechtliche Betriebsstättenbegriff mit dem des § 12 AO allerdings weitgehend überein. National und auch international ist für die Annahme einer Betriebsstätte eine feste Geschäftseinrichtung Voraussetzung. Sie liegt vor, wenn sie örtlich fixiert und auf eine gewisse Dauer (länger als sechs Monate) angelegt ist[763]. Erforderlich ist weiter, dass der Unternehmer eine nicht nur vorübergehende Verfügungsmacht

---
[762] Betriebsstätten-VerwGrS vom 24.12.1999 (BStBl I 1999, 1076).
[763] Nach BFH vom 19.05.1993 (BStBl II 1993, 655) muss sie länger als sechs Monate bestehen.

über diese Einrichtung hat[764]. In vier Punkten unterscheiden sich die Definitionen dennoch:

Betriebsstätte gem. § 12 AO	Betriebsstätte gem. Art. 5 Abs. 1 OECD-MA
1. Die **feste Geschäftseinrichtung** muss der Tätigkeit des Unternehmens lediglich **dienen.**	1. Die Tätigkeit des Unternehmens muss durch die feste Geschäfteinrichtung **ausgeübt werden.**
2. **Bauausführungen und Montagen** begründen nach § 12 Nr. 8 AO nur dann eine **Betriebsstätte**, wenn sie **länger als sechs Monate** dauern.	2. Eine Bauausführung oder Montage ist nur dann eine Betriebsstätte, wenn sie die Dauer von **12 Monaten überschreitet.**
3. Vgl. § 12 Nr. 5 und 6 AO	3. Geschäftseinrichtungen unterstützender und vorbereitender Art, wie z.B. **Warenlager oder Einkaufsstellen**, gelten wegen ihres bloßen Hilfscharakters **nicht** als Betriebsstätte (Art. 5 Abs. 4 OECD-MA).
4. § 13 AO definiert lediglich den Begriff des ständigen Vertreters.	4. Art. 5 Abs. 5 OECD-MA qualifiziert den ständigen Vertreter als Betriebsstätte.

Aus der Aufzählung dieser vier Punkte lässt sich unschwer erkennen, dass der Betriebsstättenbegriff nach den DBA enger definiert ist. Ist somit nach den DBA von einer Betriebsstätte auszugehen, liegt sie auch nach nationalen Bestimmungen der AO vor. Sowohl in den DBA als auch in § 12 AO ist die Betriebsstätte als unselbständiger Teil des Gesamtunternehmens umschrieben. Dieser Grundsatz der „Einheitlichkeit des Unternehmens" bedingt u.a., dass schuldrechtliche Verträge zwischen Stammhaus und Betriebsstätte steuerlich nicht anzuerkennen sind und bereitet, wie noch dargestellt wird, Schwierigkeiten bei Gewinnabgrenzungsfragen.

2.2.2 Steuerliche Folgen der Betriebsstätten-Gründung

Wird eine Betriebsstätte im Ausland errichtet, ist für die weiteren steuerlichen Folgen entscheidend, ob ein DBA eingreift oder nicht. Dies gilt gleichermaßen für eine Betriebsstätte, die ein Ausländer im Inland zur Abwicklung seines Geschäftsverkehrs einschaltet.

---

[764] Vgl. BFH vom 03.02.1993 (BStBl II 1993, 462).

2.2.2.1 Errichtung einer Betriebsstätte im Ausland ohne Doppelbesteuerungsabkommen

Die rechtlichen Folgen richten sich ausschließlich nach den nationalen gesetzlichen Regelungen. Errichtet eine unbeschränkt steuerpflichtige KapG eine ausländische Betriebsstätte, erzielt sie als Inländerin (dabei ist es gleichgültig, ob natürliche Person oder KapG) ausländische Einkünfte i.S.v. § 34d Nr. 2a EStG i.V.m. § 8 Abs. 1 KStG. Werden diese Einkünfte im Ausland besteuert, wird eine Doppelbesteuerung über § 34c EStG durch Anrechnung oder Abzug der ausländischen Steuern bei der Einkommensermittlung vermieden. Bei der Ermittlung des Gewerbeertrages wird der Teil, der auf die ausländische Betriebsstätte entfällt, nach § 9 Nr. 3 GewStG gekürzt. Verluste ausländischer Betriebsstätten sind unter den Voraussetzungen des § 2a Abs. 1 i.V.m. Abs. 2 EStG abzugsfähig. Der Vollständigkeit halber sei an dieser Stelle noch auf die Sonderregelungen des sog. Pauschalierungserlasses[765] hingewiesen. Danach können unter bestimmten Voraussetzungen ausländische Einkünfte aus Gewerbetrieb auf Antrag mit nur 25 % besteuert werden.

2.2.2.2 Errichtung einer Betriebsstätte im Ausland mit Doppelbesteuerungsabkommen

Die Regelungen in den DBA sehen vor, dass die Einkünfte (das Vermögen) im Betriebsstättenstaat besteuert werden können und in dem Staat, in dem das Unternehmen seinen Sitz hat (Ansässigkeitsstaat) freizustellen sind (Art. 7 Abs. 1, 23 A Abs. 1 OECD-MA). Ist Deutschland der Ansässigkeitsstaat, werden die Einkünfte i.d.R. von den inländischen Besteuerungsgrundlagen ausgenommen. Es greift die **Freistellungsmethode**. Nach Art. 23 A Abs. 3 OECD-MA i.V.m. § 32b Abs. 1 Nr. 3 EStG erfolgt eine Berücksichtigung der freigestellten Einkünfte über den Progressionsvorbehalt.

Enthält ein DBA allerdings eine sog. **Aktivitätsklausel** (z.B. DBA-Schweiz) und wird die Betriebsstätte nicht aktiv nach dieser Regelung tätig, werden die Einkünfte im Inland nach § 34c Abs. 6 EStG unter Anrechnung bzw. Abzug der ausländischen Steuer in die Besteuerung einbezogen. Die Einschränkungen des Verlustausgleiches/Abzugs nach § 2a Abs. 1 und 2 EStG wirken sich bei nach DBA steuerbefreiten Einkünften lediglich i.R.d. Progressionsvorbehaltes aus. Der bis einschließlich im VZ 1998 mögliche Verlustabzug nach § 2a Abs. 3 EStG führt noch bis zum VZ 2008 zu einer Nachversteuerung bei späteren Gewinnen. Hinzuweisen ist noch auf zwei Besonderheiten:

- Bezieht die Betriebsstätte Einkünfte mit Kapitalanlagecharakter i.S.v. § 10 Abs. 6 AStG greift zur Vermeidung der Doppelbesteuerung nicht die im DBA vorgesehene Freistellungsmethode, sondern nach § 20 Abs. 2 AStG die Anrechnungsmethode.
- Die Rückfallklauseln, die in einigen, vor allem neueren DBA enthalten sind (z.B. DBA-USA), bewirken, dass das Besteuerungsrecht von Gewinnen, die im Betriebsstättenstaat tatsächlich nicht besteuert werden, an den Ansässigkeitsstaat zurückfällt.

---

[765] Vgl. BMF vom 10.04.1984 (BStBl I 1984, 252).

2.2.3 Aufteilung des Betriebsvermögens und der Einkünfte

Beispiel 5: Die „aufwendige" Betriebsstätte-Gründung
Im Zusammenhang mit der Suche nach geeigneten Geschäftsräumen für die zu errichtende ausländische Betriebsstätte fallen Gründungskosten (z.B. für Makler, Annoncen, Reisen etc.) an. Ein von der S-GmbH (vgl. Eingangsbeispiel zur Tochtergesellschaft) selbst entwickeltes Patent wird der Betriebsstätte zur Mitbenutzung überlassen. S beliefert die Betriebsstätte mit der im Inland produzierten Software, stellt ihr die Rechts- und Steuerabteilung für Beratungszwecke zur Verfügung und gewährt ihr zur Erfüllung ihres Geschäftszweckes ein Darlehen.

2.2.3.1 Allgemeines zur Einkunftsabgrenzung zwischen den Unternehmensteilen Stammhaus und Betriebsstätte

Die Einkunftsabgrenzungsproblematik spielt ertragsteuerlich vor allem eine Rolle bei Fallgestaltungen, die unter den Regelungsbereich eines DBA fallen, weil die ausländische Betriebsstätte von der deutschen Besteuerung freigestellt ist. Auch wenn mit dem Betriebsstättenstaat kein DBA geschlossen wurde, ist eine sachgerechte Gewinnabgrenzung für die GewSt wegen der Kürzungsvorschrift des § 9 Nr. 3 GewStG aus deutscher Sicht notwendig.

Diesen Gegebenheiten folgend, ist der Betriebsstätte der Ertrag zuzurechnen, den sie erwirtschaftet hat. Sieht man in dem „Erwirtschaften" einen Vorgang, der gewinnorientiert ist, so ergibt sich bei Geschäftsbeziehungen zum Stammhaus, sog. Innentransaktionen, ein Konflikt. Stammhaus und Betriebsstätte bilden rechtlich und tatsächlich eine Einheit mit der Folge, dass schuldrechtliche Vereinbarungen zwischen diesen beiden Betriebsstättenteilen rechtlich nicht möglich sind. Gewinne können hieraus also nicht berücksichtigt werden. Diesem **Einheitlichkeitsgrundsatz** mit der These, dass ein Unternehmen an sich selbst nichts verdienen darf, trägt Art. 7 Abs. 3 OECD-MA Rechnung.

Art. 7 Abs. 2 OECD-MA hingegen enthält für die Einkunftszuordnung den Fremdvergleichsgrundsatz (auch **„dealing at arm`s length"-Prinzip** genannt). Nach dem Maßstab dieses Fremdvergleichs sind der Betriebsstätte „... die Gewinne zuzurechnen, die sie hätte erzielen können, wenn sie eine gleiche oder ähnliche Tätigkeit unter gleichen oder ähnlichen Bedingungen als selbständiges Unternehmen ausgeübt hätte und im Verkehr mit dem Unternehmen, dessen Betriebsstätte sie ist, völlig unabhängig gewesen wäre ...".
Die Leistungsverrechnung zwischen Unternehmen, wie sie Art. 7 Abs. 2 OECD-MA fingiert, erfolgt grundsätzlich mit **Gewinnaufschlag**. Diese beiden unterschiedlichen Ansätze bei der Einkunftsabgrenzung in Einklang zu bringen, bereitet in der Praxis Schwierigkeiten. Nach allgemeiner Ansicht ist der Fremdvergleichsgrundsatz des Art. 7 Abs. 2 OECD-MA dem Einheitlichkeitsgrundsatz des Art. 7 Abs. 3 OECD-MA untergeordnet[766]. Die Regel, dass Leistungen zwischen Betriebsstätte und Stammhaus ohne Gewinnaufschlag zu verrechnen sind, wird weder von den betroffenen Unternehmen noch von der Finanzverwaltung konsequent eingehalten. Diese Aussagen finden sich in allen von

---
[766] Vgl. OECD-Komm., Art. 7 OECD-MA, Nr. 12.2.

Deutschland abgeschlossenen DBA. Sie haben aber auch Gültigkeit für Gewinnabgrenzungsfragen zwischen Stammhaus und Betriebsstätte in Nicht-DBA-Ländern.

2.2.3.2 Methoden der Gewinnabgrenzung

Da die Betriebsstätte ein Teil des Gesamtunternehmens ist, ist ihr auch ein Teil des Gesamtergebnisses zuzurechnen. Die Aufteilung des Gesamtergebnisses kann nach der direkten oder indirekten Methode erfolgen.

- **Direkte Methode:** Ausgangspunkt für die direkte Methode ist der Fremdvergleichsgrundsatz des Art. 7 Abs. 2 OECD-MA. Die Betriebsstätte wird als eigenständiges Unternehmen gesehen. Aufwand und Ertrag sind der Betriebsstätte zuzurechnen, soweit sie durch diese veranlasst sind. Es genügt ein mittelbarer wirtschaftlicher Veranlassungszusammenhang[767]. Gleichgültig ist hingegen, in welchem Betriebsteil sie entstanden sind. So können Aufwendungen, die im deutschen Stammhaus angefallen sind, bei der Ermittlung des Ergebnisses der ausländischen Betriebsstätte zu berücksichtigen sein. Wird beispielsweise die Buchführung für die Betriebsstätte im Stammhaus erledigt, ist die Zuordnung dieser Aufwendungen zur Betriebsstätte lediglich die rechnerische Durchführung der steuerrechtlich gebotenen Gewinnaufteilung. BE oder BA, die nicht eindeutig dem Stammhaus oder der Betriebsstätte zugerechnet werden können, sind im Wege der Schätzung aufzuteilen. Das Zahlenmaterial ist grundsätzlich der betrieblichen Kostenrechnung zu entnehmen, soweit sie in sich schlüssig ist und sachgerecht auf die einzelnen Geschäfte angewandt wird.
Art. 7 OECD-MA und auch das deutsche Steuerrecht räumen der direkten Methode den Vorrang ein[768]. Sie ist insb. dann für die Gewinnaufteilung als geeignet anzusehen, wenn Stammhaus und Betriebsstätte unterschiedliche Funktionen ausüben. Hat sich das Unternehmen für eine der beiden Methoden entschieden, ist ein willkürlicher Methodenwechsel nicht mehr zulässig[769].

- **Indirekte Methode:** Ist eine direkte Zuordnung nicht möglich oder unangemessen schwierig, kann eine Gewinnaufteilung pauschal oder nach bestimmten Betriebsparametern erfolgen. Die Schwierigkeit liegt in der Festlegung eines sachgerechten Aufteilungsschlüssels. Als Maßstab lässt sich beispielsweise heranziehen, in welchem Verhältnis die in der Betriebsstätte erzielten BE oder Gehälter und Löhne zu den entsprechenden Größen des Stammhauses stehen. Wird der Gesamtgewinn durch Aufwendungen oder Erträge beeinflusst, die nicht alle Betriebsteile betreffen, sind sie noch vor der Schlüsselung aus dem Gesamtergebnis herauszurechnen und nach der Schlüsselung dem Betriebsteil hinzuzurechnen, zu dem sie gehören. Zu einem sachgerechten Ergebnis führt diese Methode i.d.R. nur bei Funktionsgleichheit von Stammhaus und Betriebsstätte.

---

[767] Vgl. BFH vom 20.07.1988 (BStBl II 1989, 140).
[768] Vgl. BFH vom 29.07.1992 (BStBl II 1993, 63).
[769] Vgl. hierzu Art. 7 Abs. 6 OECD-MA.

Lösung:

1. **Gründungskosten:**
   Für die steuerliche Behandlung der Gründungskosten einer Betriebsstätte werden drei Meinungen vertreten.

   a) Eine Mindermeinung[770] geht davon aus, dass Aufwendungen, die vor Bestehen der Betriebsstätte anfallen immer Aufwendungen sind, die das Stammhaus zu tragen hat. Als Argument wird angeführt, dass abkommensrechtlich die Rechtsfolgen der DBA an das Bestehen der Betriebsstätte anknüpfen. Eine spätere Zuordnung zur entstandenen Betriebsstätte sei nicht möglich. Fraglich bei dieser Auffassung könnte sein, ob beim Stammhaus wegen des Fehlens eines Veranlassungszusammenhangs die Versagung des BA-Abzugs nach § 4 Abs. 4 EStG erfolgen muss oder dort der BA-Abzug nach § 3c EStG nicht möglich ist.

   b) Überwiegend wird im Schrifttum vertreten, dass Gründungskosten bis zur Entstehung der Betriebsstätte grundsätzlich vom Stammhaus (der S) zu tragen sind, mit der Entstehung dann aber zu Lasten der Betriebsstätte umgebucht werden[771]. Als Argument wird herangezogen, dass diese Gewinnkorrektur dem Fremdvergleichsgrundsatz entspricht. Im Ergebnis trägt somit der Betriebsstättenstaat den Gründungsaufwand.

   c) Auch nach der Verwaltungsauffassung hat der Betriebsstättenstaat den Gründungsaufwand zu tragen[772]. Im Gegensatz zu obiger Meinung aber bereits ab dem Zeitpunkt des Entstehens des Gründungsaufwandes. Als Argument wird herangezogen, dass der Zurechnungszeitraum grundsätzlich unabhängig von der Existenz der Betriebsstätte sein muss. Ausschlaggebend für die Zuordnung von Aufwendungen ist allein der Veranlassungszusammenhang.

   Folge der Verwaltungsmeinung ist, dass sich negative ausländische Einkünfte ergeben können, die im Falle des Scheiterns der geplanten Betriebsstättengründung allenfalls im Rahmen des § 2a EStG Berücksichtigung finden können. Im Unterschied dazu verbleiben nach der herrschenden Literaturmeinung die Aufwendungen beim Stammhaus.

2. **Überlassung von WG (Patent) an die Betriebsstätte:**
   Zunächst ist zu unterscheiden, ob die Nutzungsüberlassung auf Dauer angelegt oder nur von vorübergehender Natur ist.

---

[770] Vgl. *Ritter* in JbFSt 1976/77, S. 288.
[771] Vgl. *Debatin/Wassermeyer*, DBA-Komm. zu Art. 7 OECD-MA, Rz. 295.
[772] Vgl. Betriebsstätten-VerwGrS vom 24.12.1999 (BStBl I 1999, 1076) Tz. 2.9.1.

- Ist sie auf Dauer angelegt, gilt das WG als in das Betriebsstättenvermögen überführt. Dies gilt auch dann, wenn das WG, wie in diesem Fall das Patent, als ein nicht entgeltlich erworbenes immaterielles WG in der Bilanz der S nicht erfasst ist. Eine Besteuerung löst die Überführung der WG in der Betriebsstätte nur aus, wenn sich die Betriebsstätte in einem DBA-Land mit Freistellungsmethode befindet. Maßgeblich ist grundsätzlich der Fremdvergleichspreis zum Zeitpunkt der Überführung.
- Werden WG sowohl vom Stammhaus als auch von der Betriebsstätte genutzt, ist für die Zuordnung der erkennbare Wille der Geschäftsleitung maßgeblich. Dieser kann beispielsweise durch den Ausweis in der Betriebsstättenbilanz zum Ausdruck kommen[773]. Zu beachten ist dabei, dass ein WG dem jeweiligen Betriebsteil nur zu 100 % zugeordnet werden kann.
- Soll der Betriebsstätte die Nutzung des Patentes nur vorübergehend gewährt werden, ist eine Zuordnung zur Betriebsstätte nicht möglich. Unabhängig davon ist der Aufwand und Ertrag dieses WG entsprechend der tatsächlichen Nutzung zwischen Stammhaus und Betriebsstätte aufzuteilen. Verrechnet werden dürfen nur die angefallenen Kosten ohne Gewinnaufschlag. Der größte Teil der Kosten ist bei der Entwicklung des Patentes entstanden, also zu Zeiten, in denen noch keine Nutzung durch die Betriebsstätte erfolgte. Weil mit diesen Aufwendungen allein das inländische Stammhaus belastet bleibt, ergibt sich eine unsachgemäße Erfolgsverteilung. Lösbar wäre dieses Problem, wenn man entweder dem Stammhaus einen angemessenen Anteil des Betriebsstättenergebnisses, das durch die Nutzungsüberlassung entstanden ist, zurechnet oder für die Nutzung eine Lizenzzahlung vereinbart. Letzteres wird grundsätzlich nicht anerkannt, da Stammhaus und Betriebsstätte aufgrund des Einheitlichkeitsgrundsatzes keine zivilrechtlich wirksamen und damit steuerlich zu berücksichtigenden Verträge abschließen können.

3. **Belieferung der Betriebsstätte:**
Werden im inländischen Stammhaus (S) produzierte Waren zum Weiterverkauf an die ausländische Betriebsstätte geliefert, erfolgt die Verrechnung – allgemein anerkannt – mit den am Markt üblichen Preisen[774], also mit Gewinnaufschlag und nicht zu den HK. Bei S entsteht mit der Überführung ein Gewinn, der sich aus der Differenz zwischen Fremdvergleichspreis und HK zum Überführungszeitpunkt ergibt. Voraussetzung für diesen Realisierungstatbestand ist wiederum eine DBA-Betriebsstätte. Dem Einheitlichkeitsprinzip folgend, hat zunächst der BFH[775] und später

---

[773] Vgl. BFH vom 29.07.1992 (BStBl II 1993, 63).
[774] Vgl. OECD-Komm., Art. 7 OECD-MA, Nr. 17.3.
[775] Vgl. BFH vom 20.07.1988 (BStBl II 1989, 140).

auch die Finanzverwaltung (allerdings nur im Billigkeitswege)[776] eine „aufgeschobene Besteuerung" in dem Zeitpunkt festgeschrieben, in dem die Waren von der Betriebsstätte an einen dritten Abnehmer verkauft werden. Technisch geschieht dies dadurch, dass im Zeitpunkt der Überführung ein passiver Merkposten i.H.d. realisierten Gewinnes gebildet wird, der mit Ausscheiden des WG aus der ausländischen Betriebsstätte erfolgswirksam aufgelöst wird.

Den Gegebenheiten der Praxis folgend, nach denen der Warenlieferverkehr zwischen Stammhaus und Betriebsstätte zunehmend entsprechend den Regelungen wie bei verbundenen Unternehmen durchgeführt wird, hat die Finanzverwaltung ein Wahlrecht zur sofortigen Gewinnverwirklichung eingeräumt. Bei Inanspruchnahme des Wahlrechtes wird beim Stammhaus im Zeitpunkt der Überführung eine Forderung zu Marktpreisen eingebucht, bei der Betriebsstätte ein gleich hoher Wareneinkauf auf dem Verbindlichkeitskonto erfasst. Ändert sich der Marktpreis zwischen dem Zeitpunkt der Überführung in die Betriebsstätte und dem Veräußerungszeitpunkt an deren Abnehmer, ist grundsätzlich letzterer für die Gewinnaufteilung maßgeblich, es sei denn, die Ursache, beispielsweise für einen niedrigeren Veräußerungspreis, liegt ausschließlich in der Risikosphäre der Betriebsstätte[777]. Ist die Ware in der Betriebsstätte am Bilanzstichtag noch vorhanden, ist sie mit den AK/HK des Stammhauses zu bewerten.

4. Erbringung von Beratungsleistungen für die Betriebsstätte:

Aufwendungen, die durch das Erbringen von Leistungen des Stammhauses für die Betriebsstätte entstehen, sind der Betriebsstätte zuzuordnen. Fraglich ist lediglich, ob die Verrechnung mit einem Gewinnaufschlag zu erfolgen hat. Im Vordergrund steht hier nach allgemeiner Auffassung das Prinzip der Einheitlichkeit des Unternehmens. Danach kann ein Gewinnaufschlag zumindest dann nicht angesetzt werden, wenn das Erbringen der Dienstleistung Teil des allgemeinen Managements des Unternehmens ist. Typische Managementleistungen sind unter anderem Beratungen auf dem Gebiet der Buchführung, der Steuern, des Rechts sowie des Revisions- und Prüfungswesens[778]. Eine Verrechnung zu Fremdvergleichspreisen kommt demnach nur ausnahmsweise in Betracht, wenn das Erbringen dieser Dienstleistungen zur Haupttätigkeit des Stammhauses zählt.

5. Darlehensgewährung durch das Stammhaus:

- **Allgemeine Überlegungen:**
  Die ausländische Betriebsstätte muss, wie jedes vergleichbare selbständige Unternehmen, zur Erfüllung ihres Geschäftszweckes über eine bestimmte Kapitalausstattung verfügen. In diesem Zusammenhang

---

[776] Vgl. Betriebsstätten-VerwGrS vom 24.12.1999 (BStBl I 1999, 1076) Tz. 2.6.1.
[777] Vgl. *Debatin/Wassermeyer*, DBA-Komm. zu Art. 7 OED-MA, Rz. 255.
[778] Vgl. Betriebsstätten-VerwGrS vom 24.12.1999 (BStBl I 1999, 1076) Tz. 3.4.2.

spricht man von dem notwendigen Dotationskapital der Betriebsstätte, das vom eingesetzten Fremdkapital abzugrenzen ist. Fremdmittel in diesem Sinne sind zeitlich begrenzte Darlehen, die entweder von der Betriebsstätte selbst oder vom Stammhaus für die Betriebsstätte bei fremden Dritten aufgenommen werden können. Auch Ausreichungen in Form von sog. Eigendarlehen vom Stammhaus an die Betriebsstätte sind möglich. Steuerlich wird dieses Fremdkapital bis zur Höhe des angemessenen Dotationskapitals als Eigenkapital behandelt, was für die Ermittlung des Gewinnes und des Vermögens der Betriebsstätte Bedeutung hat.

- **Ermittlung des Dotationskapitals:**
  Schwierigkeiten ergeben sich vor allem bei der Festlegung der Höhe des angemessenen Dotationskapitals. Mit der h.M. ist jedenfalls davon auszugehen, dass der Betriebsstätte im Rahmen des Gesamtunternehmens eine Mindestausstattung gewährt werden muss[779]. Bei der Bemessung der Höhe rückt die Fiktion der Selbständigkeit und Unabhängigkeit der Betriebsstätte in den Vordergrund. Das bedeutet, dass das Dotationskapital der Betriebsstätte nach der Kapitalausstattung bestimmt werden soll, dass sie hätte, wenn sie gegenüber dem Stammhaus ein selbständiges Unternehmen wäre[780]. Hierzu ist grundsätzlich nach der direkten Methode ein äußerer Fremdvergleich mit Funktions- und Risikoanalyse anzustellen. Problematisch wird es, wenn sich in dem Wirtschaftszweig, der für den Fremdvergleich herangezogen wird, kein einheitliches Bild hinsichtlich des eingesetzten Kapitals ergibt oder wenn sich überhaupt keine Fremdvergleichskriterien finden lassen. In diesen Fällen ist ein interner Fremdvergleich durchzuführen. Dabei wird das Eigenkapital des Gesamtunternehmens im Schätzungswege entsprechend den ausgeübten Funktionen auf Stammhaus und Betriebsstätte aufgeteilt[781]. Nicht zu beanstanden ist, zumindest bei Funktionsgleichheit von Stammhaus und Betriebsstätte, die Anwendung der Kapitalspiegeltheorie, nach der die Eigenkapitalausstattung der Betriebsstätte entsprechend der Eigenkapitalquote des Stammhauses erfolgt. Hinzuweisen ist schließlich noch darauf, dass eine Überdotierung der Betriebsstätte von der Finanzverwaltung nicht anerkannt wird, wenn sie über die wirtschaftlichen Erfordernisse hinausgeht.

- **Darlehen aus Eigenmitteln des Stammhauses:**
  Erhält die Betriebsstätte ein Darlehen aus Eigenmitteln des Stammhauses (also beispielsweise aus erwirtschafteten Gewinnen oder Einlagen) könnte dies nach obigen Ausführungen nur Fremdkapital sein,

---

[779] Vgl. *Debatin* in DB 1989, 1693.
[780] Vgl. BFH vom 01.04.1987 (BStBl II 1987, 550).
[781] Vgl. Betriebsstätten-VerwGrS vom 24.12.1999 (BStBl I 1999, 1076) Tz. 2.5.1.

soweit es über das notwendige Dotationskapital der Betriebsstätte hinaus gewährt wird. Da Betriebsstätte und Stammhaus rechtlich eine Einheit bilden, sind Darlehensverträge zwischen beiden Unternehmensteilen nicht zulässig. Jede Überlassung von Eigenmitteln des Stammhauses an die Betriebsstätte stellt steuerrechtlich Dotationskapital dar[782].

- **Durchreichung der vom Stammhaus aufgenommenen Fremdmittel an die Betriebsstätte:**
  Grundsätzlich können auch bei dieser Gestaltung Zinsen bei der Betriebsstätte nur für den Teil anfallen, der ihr über das angemessene Dotationskapital hinaus als Betriebsschuld zurechenbar ist[783]. Die Zinszahlungen des Stammhauses sind der Betriebsstätte insoweit unproblematisch zuzuordnen, wenn die Kreditaufnahme vom Stammhaus nur für Zwecke der Betriebsstätte erfolgt. Ist die Mittelverwendung nicht eindeutig zuordenbar, muss eine sachgerechte Aufteilung der Kosten durchgeführt werden. Die Betriebsstätte leistet hier auch keine Zinszahlungen an das Stammhaus (die nach obigen Ausführungen nicht abzugsfähig wären), sondern sie übernimmt nach dem Erwirtschaftungsprinzip nur den Ausgleich der vom Stammhaus gezahlten Zinsen für Mittel, die bei ihr eingesetzt werden, vor. Diese Zinsverrechnung durch das Stammhaus erlaubt keinen Gewinnaufschlag.

- **Darlehensaufnahme der Betriebsstätte bei Dritten:**
  Es gelten sinngemäß die zuvor gemachten Ausführungen. Schon aufgrund der bestehenden Manipulationsmöglichkeit kann es keinen Unterschied machen, von welchem Betriebsstättenteil eines Unternehmens ein Darlehen bei einem Dritten aufgenommen wird. Soweit das angemessene Dotationskapital überschritten wird, liegen bei der ausländischen Betriebsstätte Fremdmittel vor, wenn der Kredit für ihre Zwecke aufgenommen wird. Bei nicht eindeutiger Zuordnung sind die Kosten im Schätzungswege aufzuteilen.

2.3 Beteiligung an einer ausländischen Personengesellschaft

2.3.1 Allgemeines

Nach deutschem Rechtsverständnis sind PersG transparente Gebilde, weil die Einkünfte der Gesellschaft den Gesellschaftern als „Mitunternehmer" zugeordnet werden. Steuersubjekte sind danach die Gesellschafter. Beteiligt sich ein Inländer an einer ausländischen PersG, wird **diese Beteiligung** nach deutschem Rechtsverständnis grundsätzlich als **Unternehmen** dieser Person i.S.d. Art. 7 OECD-MA behandelt. Da die PersG im Ausland für ihre Geschäftstätigkeit in der Regel eine feste Einrichtung unterhält, führt

---

[782] Vgl. OECD-Komm., Art. 7 OECD-MA, Nr. 18.3.
[783] Vgl. BFH vom 12.01.1994 (BFH/NV 1994, 690).

dies dazu, dass der Inländer als Mitunternehmer eine (anteilige) **Betriebsstätte** im Ausland begründet (BFH vom 27.02.1991, BStBl II 1991, 444).

Durch die Mitunternehmerschaft wird sozusagen eine ausländische Betriebsstätte[784] vermittelt, unabhängig davon, ob der inländische G'fter im Inland ein gewerbliches Unternehmen betreibt oder nicht. Das Transparenzprinzip des deutschen Steuerrechts wird vielfach im Ausland nicht nachvollzogen.

2.3.2 Die Einstufung der ausländischen Gesellschaft

Beteiligt sich ein Steuerinländer an einer nach ausländischem Recht errichteten Gesellschaft im Ausland, ist zunächst abzuklären, ob sich diese Gesellschaft nach deutschem Rechtsverständnis als KapG oder als PersG darstellt[785]. Für diesen Zweck ist ein sog. Typenvergleich durchzuführen. Festzustellen ist, ob die Gesellschaft nach ihrem gesellschaftsrechtlichen Aufbau im Ausland, aber auch nach ihrer wirtschaftlichen Stellung eher einer deutschen PersG oder einer deutschen KapG entspricht. Entscheidend dabei ist das Gesamtbild der Verhältnisse[786]. Problematisch, vor allem im Hinblick auf die Besteuerung des inländischen Gesellschafters, wird der Fall, wenn sich zwischen den beteiligten Staaten eine abweichende Qualifikation bei der zu beurteilenden Gesellschaft ergibt. Der subjektive **Qualifikationskonflikt** (PersG oder KapG) schlägt dann zwangsläufig auf die Einkünftequalifikation durch (Art. 7 OECD-MA oder Art. 10 OECD-MA). So sind z.B. die US-amerikanischen PersG wie die „general partnership" (vergleichbar der deutschen OHG) und die „limited partnership" (vergleichbar der KG) in einige Bundesstaaten einer „corporation", also einer Körperschaft, angenähert. Ein erster Qualifikationskonflikt liegt bereits dann vor, wenn ein deutscher G'fter an einer US-amerikanischen „GmbH & Co – KG" („Partnership" mit einer „Corporation" als G'fter) beteiligt ist. Nach amerikanischem Steuerrecht ist diese „Partnership" ein eigenständiges Ertragsteuersubjekt, während nach deutschem Recht das Transparenzkonzept gilt.

2.3.3 Besteuerung des inländischen Gesellschafters einer ausländischen Personengesellschaft ohne Doppelbesteuerungsabkommen

Einkünfte aus Betriebsstätten (= Beteiligung an der ausländischen PersG) in Staaten, mit denen Deutschland kein DBA abgeschlossen hat, unterliegen der deutschen Besteuerung. Zu den Einkünften gehören auch die Vergütungen nach § 15 Abs. 1 Nr. 2 EStG. Der Gewinnanteil ist nach inländischen Gewinnermittlungsvorschriften zu ermitteln. Sind mehrere Inländer an der ausländischen PersG beteiligt, werden die Besteuerungsgrundlagen gesondert und einheitlich festgestellt. Wird die Gesellschaft im Ausland wie eine

---

[784] Sprachlich ist die Bezeichnung „Betriebsstätte" deshalb unschön, weil jede Betriebsstätte ansonsten ein Stammhaus voraussetzt. Die PersG ist schwerlich als „Stammhaus" vorstellbar.
[785] Auslöser war die Venezuela-Entscheidung des RFH vom 12.02.1930 (RStBl 1930, 444).
[786] Kriterien sind u.a.:
- Unbeschränkte Haftung mindestens eines G'fters,
- Selbstorganschaft,
- Existenz der Gesellschaft abhängig vom Mitgliederwechsel.

KapG besteuert, unterliegt sie mit ihrem Gewinn der dortigen KSt. Etwaige „Gewinnausschüttungen" werden bei der inländischen Besteuerung als Privatentnahmen und nicht als Dividenden behandelt, weil im Inland von einer Mitunternehmerschaft auszugehen ist.

Im Ausland festgesetzte und bezahlte Steuern sind nach Maßgabe des § 34c EStG zu berücksichtigen.

2.3.4 Besteuerung des inländischen Gesellschafters einer ausländischen Personengesellschaft mit Doppelbesteuerungsabkommen

Auch im Anwendungsbereich von DBA gilt die Beteiligung an einer ausländischen PersG als ausländische Betriebsstätte des inländischen Steuerpflichtigen. Grundsätzlich steht nach den von Deutschland abgeschlossenen DBA das Besteuerungsrecht für diese Einkünfte dem Betriebsstättenstaat zu[787]. Die Freistellung von der deutschen Besteuerung zieht folgende Konsequenzen nach sich:

- Die von natürlichen Personen bezogenen Betriebsstätteneinkünfte sind für die Anwendung des Tarifvorbehaltes zu ermitteln.
- Die von KapG bezogenen Betriebsstätteneinkünfte sind unter dem Geltungsbereich des alten KSt-Rechts (KStG 1999) zu ermitteln und bei der Gliederung des verwendbaren Eigenkapitals dem EK 01 zuzurechnen.

Von der Freistellung erfasst werden nur die Unternehmensgewinne i.S.d. Art. 7 OECD-MA. Dazu gehören grundsätzlich nur die von der Betriebsstätte bezogenen Einkünfte. Andere Einkünfte des G´fter aus seiner Rechtsbeziehung zu der PersG – wie z.B. Mieten aus unbeweglichem Vermögen oder Zinsen für überlassenes Kapital oder Lizenzen – sind nach dem jeweiligen DBA-Artikel zu beurteilen. Zu beachten ist in diesem Zusammenhang jedoch der sog. **Betriebsstättenvorbehalt**, der für alle genannten Einkünfte mit Ausnahme der Einkünfte für unbewegliches Vermögen greift. Damit ist der Qualifikationskonflikt vorprogrammiert, da mit der Annahme der Beteiligung als Betriebsstätte diese Einkünfte nach deutschem Verständnis (§ 15 Abs. 1 Nr. 2 EStG) Art. 7 OECD-MA unterstellt werden. Der Vertragsstaat wird bei einem anderen Konzept der Besteuerung der PersG diese zusätzlichen Vergütungen dem „einschlägigen" Artikel unterstellen.

Vor allem in romanischen Staaten (z.B. Spanien) werden PersG vielfach wie juristische Personen behandelt. In anderen Ländern (z.B. USA, Frankreich) können PersG zur KSt oder umgekehrt (z.B. Belgien) an sich körperschaftsteuerpflichtige Gebilde zur unmittelbaren Besteuerung ihrer Gesellschafter optieren[788].

Ergibt der Typenvergleich eine unterschiedliche Einstufung der ausländischen Gesellschaft in Deutschland und im Ausland, entstehen dadurch, wie bereits erwähnt, Qualifika-

---

[787] **Ausnahmsweise** verbleibt – i.d.R. bei passiven Betriebsstätteneinkünften z.B. Art. 24 Abs. Nr. 1a DBA-Schweiz – das Besteuerungsrecht in **Deutschland,** mit der Folge der Anrechnung der im Betriebsstättenstaat erhobenen Steuern. Ähnliches gilt auch, wenn Rückfallklauseln der DBA greifen.
[788] Eine vergleichende Gegenüberstellung ausländischer Gesellschaften ist in einer Tabelle im Anhang zu den Betriebsstätten-VerwGrS vom 24.12.1999 (BStBl I 1999, 1076) zu ersehen.

tionskonflikte, die zu Doppel- oder Nichtbesteuerungen führen können. Diese Problematik lässt sich am besten an einem konkreten Beispielsfall verdeutlichen.

Beispiel 6: Die internationale Mitunternehmerschaft
Der Inländer A beteiligt sich an einer spanischen PersG. Der im Jahr 01 erzielte Gewinn verbleibt in der Gesellschaft. Im Jahr 02 wird der Gewinn anteilig an den A ausgekehrt. Darüber hinaus gewährt der A der spanischen Gesellschaft ein verzinsliches Darlehen.

Lösung:
Nach Art. 28 des spanischen Zivilgesetzbuches sind PersG des spanischen Rechtes juristische Personen, die auch als solche besteuert werden[789]. Wird ein Typenvergleich nach den Kriterien des deutschen Steuerrechts durchgeführt, ist die spanische Gesellschaft als PersG einzustufen. Das DBA-Spanien knüpft an diese Qualifizierung an, mit der Folge, dass es sich bei der Gesellschaft gem. Art. 4 Abs. 1 i.V.m. Art. 3 Abs. 1 DBA-Spanien um eine in Spanien ansässige Person handelt.
Die Gesellschaft gilt im Sitzstaat als unbeschränkt steuerpflichtige KapG und damit als eigenständiges Steuersubjekt. Die Gewinne dieser „KapG" stellen nach Art. 7 DBA-Spanien Unternehmensgewinne dar, die im Sitzstaat mit der dortigen KSt versteuert werden dürfen.
Auch aus Sicht des Ansässigkeitsstaates des Gesellschafters, nach der die Gesellschaft als PersG und A als MU qualifiziert wird, der eine Betriebsstätte in Spanien unterhält, handelt es sich um Unternehmensgewinne, für die Spanien das Besteuerungsrecht beansprucht. Nach Art. 23 Abs. 1 Buchst. a DBA-Spanien sind die Anteile am Gewinn der spanischen PersG von der BMG der deutschen Steuer auszunehmen (Freistellungsmethode).
Allerdings müssen die steuerfreien Einkünfte aus der Mitunternehmerschaft im Ausland nach § 180 Abs. 5 AO gesondert und ggf. einheitlich festgestellt werden, da sie bei der Besteuerung des Gesellschafters in Deutschland über den Progressionsvorbehalt nach § 32b Abs. 1 EStG berücksichtigt werden. Unerheblich ist, ob die Gewinne dem inländischen Gesellschafter zugeflossen sind oder nicht. Somit findet der im Jahr 01 in der Gesellschaft verbleibende Gewinn nur über den Progressionsvorbehalt Eingang in die Besteuerung des A in Deutschland.
Schüttet die spanische Gesellschaft ihren Gewinn ganz oder teilweise als „Dividende" aus, findet die Dividendenklausel des Art. 10 DBA-Spanien Anwendung[790]. Das hat zum einen die Folge, dass Spanien gem. Art. 10 Abs. 2 DBA-Spanien berechtigt ist, eine Quellensteuer von bis zu 10 % des Bruttobetrages einzubehalten. Zum anderen aber führt dies dazu, dass das Besteuerungsrecht für die Dividende der Wohnsitzstaat des Dividendenempfängers, also hier Deutschland, hat. Da Deutschland, wie oben ausgeführt, die spanische Gesell-

---
[789] Vgl. BMF vom 28.05.1998 (BStBl I 1998, 557).
[790] Gelegentlich auch „Qualifikationsverkettung" genannt.

schaft wie eine PersG behandelt, wird die „Dividende" nach deutschen steuerrechtlichen Gesichtspunkten als Entnahme behandelt. Diese Entnahme darf zwar den Gewinn nicht mindern, ist aber in Ermangelung einer innerstaatlichen Regelung in Deutschland nicht zu besteuern. Eine Zuordnung zu den Kapitaleinkünften ist nicht möglich. Hinzu kommt, dass auch das DBA-Spanien in Art. 23 Abs. 1 Buchst. a DBA-Spanien diese „Dividende" abkommensrechtlich von der deutschen Besteuerung freistellt. Eine Anrechnung der in Spanien erhobenen und gezahlten Quellensteuer auf die deutsche ESt kommt schon deshalb nicht in Betracht, weil in Deutschland keine Steuer auf die Dividende erhoben wird. Die Auskehrung des Gewinns im Jahr 02 führt somit lediglich zu einer Quellensteuerbelastung in Spanien.

Vergütungen, die ein Gesellschafter einer PersG für die Hingabe eines Darlehens an diese Gesellschaft erhält, zählen nach § 15 Abs. 1 Nr. 2 S. 1, 2. Alt. EStG zu den Einkünften aus der Mitunternehmerschaft. Dieser Grundsatz gilt ebenfalls, wenn das Darlehen von einem inländischen Gesellschafter an „seine" ausländische PersG ausgereicht wird, mit der Folge der Erfassung der Zinseinkünfte im Rahmen der Unternehmensgewinne.

Sie werden allerdings nach dem Methodenartikel des anzuwendenden DBA nicht von der deutschen Steuer-BMG ausgenommen, wenn der Staat, in dem die PersG ihren Sitz hat, eine abweichende Qualifizierung vornimmt, die entsprechend dem anzuwendenden DBA dort zu einer Steuerbefreiung führt. Gehört die Forderung, für die die Zinsen gezahlt werden zum BV der ausländischen Betriebsstätte, sind die Zinsen den Unternehmensgewinnen zuzurechnen. Eine abweichende Qualifizierung erfolgt in diesem Fall nicht.

Nach der Rspr. (BFH vom 27.02.1991, BStBl II 1991, 44) gehört eine solche Forderung allerdings grundsätzlich nicht zur Betriebsstätte der ausländischen PersG, weil die Qualifikations- und Zurechnungsnorm des nationalen Rechts (Qualifikation nach § 15 EStG als Sonder-BV und damit Zurechnung zum BV der Betriebsstätte) nicht auf eine ausländische PersG übertragen werden kann. Das DBA stellt nicht auf die rechtliche, sondern auf die tatsächliche Zugehörigkeit ab. Im Beispielsfall liegt zwar eine Verbindlichkeit der ausländischen Betriebsstätte vor, nicht aber von ihr gehaltenes Aktivvermögen.

Die Zinszahlungen, die A erhält, fallen unter den Anwendungsbereich des Art. 11 Abs. 1 DBA-Spanien und sind demnach nicht den Unternehmensgewinnen des Art. 7 Abs. 1 DBA-Spanien zuzurechnen. Spanien stellt grundsätzlich von der Besteuerung frei, erhebt lediglich eine Quellensteuer, die gem. Art. 23 Abs. 1 Buchst. b DBA-Spanien auf die deutsche Steuer angerechnet wird.

Hinzuweisen ist abschließend noch darauf, dass die Qualifizierung als PersG nach deutschem Recht selbstverständlich für die Anwendung nationaler Rechtsnormen, wie insb. des AStG, des § 26 Abs. 2 – 5 KStG sowie des § 9 Nr. 7 GewStG verbindlich ist.

3 Sonstige grenzüberschreitende Aktivitäten eines Steuerinländers

Unter zwei Gesichtspunkten werden Privatengagements – unter Einbeziehung der unselbständigen Arbeit – von Steuerinländern näher beleuchtet:

- die Behandlung der AN und
- die Behandlung der Dividendenbezieher (in Abgrenzung zu den Zinseinkünften und in Abgrenzung zu den Schachteldividenden; s.o.).

3.1 Die Besteuerung von international tätigen Arbeitnehmern

3.1.1 Grundsätze

Die Besteuerung der unselbständigen Arbeit ist in Art. 15 OECD-MA geregelt. Zunächst ordnet Nr. 1 die Besteuerung im Ansässigkeitsstaat des AN an, es sei denn, dass die Arbeit im anderen Staat ausgeübt wird (sodann nach Nr. 1, 2. HS: Quellenstaatsprinzip in Form des „Arbeitsortsprinzips").

Nach Nr. 2 wird das Besteuerungsrecht – in einer eigenartigen Regelungstechnik – jedoch an den **Ansässigkeitsstaat** zurückübertragen, wenn drei Voraussetzungen (Standard-Prüfungsstationen) kumulativ vorliegen:

- Der unselbständig Tätige hält sich im anderen Staat insgesamt **nicht länger als 183 Tage** innerhalb eines Zeitraumes von 12 Monaten auf,
- die Vergütungen werden von einem AG bezahlt, der nicht im anderen Staat ansässig ist und
- die Vergütungen werden auch nicht von der ausländischen Betriebsstätte des AG getragen.

Liegt demnach nur eine der drei Voraussetzungen nicht vor, behält der Quellenstaat das Besteuerungsrecht. Eine Sonderregelung ist in Art. 15 Nr. 3 OECD-MA für den Einsatz auf Schiffen und Luftfahrzeugen vorgesehen, die vor dem Hintergrund von Art. 8 OECD-MA zu interpretieren ist. Art. 15 Nr. 3 OECD-MA begründet ein Besteuerungsrecht für den Staat, in dem sich die **Geschäftsleitung** befindet, von dem das Schiff (Flugzeug) aus im internationalen Verkehr betrieben wird[791]. Dies ist schließlich auch der Staat, in dem die Gewinne aus dem Betrieb von Seeschiffen etc, besteuert werden.

Art. 15 OECD-MA steht in einem besonderen Verhältnis zu Art. 16 OECD-MA (Aufsichtsrats- und Verwaltungsratsvergütungen) und zu Art. 17 OECD-MA (Künstler und Sportler), die als lex specialis Art. 15 OECD-MA vorgehen.

Nur dann, wenn es zu einer Besteuerung im Quellenstaat kommt, ist über den „Methodenartikel" das Konkurrenzverhältnis zu klären. Im Regelfall findet sodann im Ansässigkeitsstaat eine Freistellung mit Progressionsvorbehalt (Art. 23 A OECD-MA) statt. Gelegentlich wird auch auf den Progressionsvorbehalt verzichtet.

---

[791] Wegen der weiteren Voraussetzungen von Art. 15 Nr. 3 OECD-MA („gewöhnlicher Arbeitsplatz") trifft dies nur für das Bordpersonal zu.

Beispiel 7: Der international arbeitswütige Wirtschaftsprüfer
Der deutsche Wirtschaftsprüfer W mit Familienwohnsitz in Freiburg arbeitet im Auftrag seines deutschen AG seit dem 20.02.01 für ca. 15 Monate in Genf (Alternative: Marseille). Dort wohnt er in verschiedenen Hotels. Im VZ 01 fährt er an jedem zweiten Wochenende zu seiner Familie (Heimspiele des FC Freiburg). Den Weihnachtsurlaub verbringt er vom 22.12.01 bis 10.01.02 im Schwarzwald (bzw. zu Hause in Freiburg). In der Schweiz (Frankreich) bezieht er ein Monatsgehalt von 6.000 €.

Nachdem das OECD-MA eine eigene Definition des Begriffes „unselbständige Arbeit" enthält, ist auf das Recht des jeweiligen Vertragsstaates zu rekurrieren. Der OECD-Begriff der „unselbständigen Arbeit" ist mit dem deutschen Terminus der „nichtselbständigen Arbeit" gleichzusetzen.

Lösung:

1. **Vorfragen:**
   - Nach dem Verständnis der §§ 8, 9 AO begründet W mit seinen Hotelübernachtungen im Ausland keinen Wohnsitz; allerdings liegt der gewöhnliche Aufenthalt des W ab 20.02.01 in der Schweiz (bzw. in Frankreich), da die kurzfristigen Unterbrechungen (Wochenendheimfahrten) und der Urlaub nicht hinderlich sind.
   - Nachdem die jeweils anderen Steuerrechtsordnungen diese Frage identisch behandeln und den Wohnsitz in Deutschland belassen, liegt der Fall eines „Doppelansässers" vor.
   - In diesem Fall richtet sich die Beantwortung nach Art. 4 Nr. 2a OECD-MA. Danach bestimmt sich die Ansässigkeit des W nach der ständigen Wohnstätte. Diese verbleibt beim Familienwohnsitz (zugleich der Mittelpunkt der Lebensinteressen).

   Somit ist festzuhalten, dass für W als Ansässigkeits-(Wohnsitz-)staat die BRD gilt und der Quellenstaat Schweiz bzw. Frankreich ist.

2. **Zuordnung des Besteuerungsgutes:**
   - Im VZ 01 hält sich W länger als 183 Tage im Ausland auf. Damit ist das Besteuerungsrecht gem. Art. 15 Abs. 2 OECD-MA nicht auf den Ansässigkeitsstaat übergegangen; vielmehr gilt für die nicht-(bzw. un-) selb-ständigen Einkünfte des W das Arbeitsortprinzip (Quellenstaatsprinzip). Der Lohn des VZ 01 wird im Ausland versteuert.
   - Im VZ 02 sind alle drei Voraussetzungen von Art. 15 Abs. 2 OECD-MA erfüllt, so dass das Besteuerungsrecht für den Lohn des W im VZ 02 wieder auf die BRD zurückfällt.

3. Der Methodenartikel:
- Nach Art. 23 A OECD-MA wird im VZ 01 der im Ausland versteuerte Lohn mit Progressionsvorbehalt freigestellt.
- Gem. Art. 24 Abs. 1 Nr. 1d DBA-Schweiz gilt die identische Rechtsfolge (Freistellung mit Progressionsvorbehalt) auch nach dem bilateralen DBA.
- Nach Art. 13 Abs. 1 – 4 DBA-Frankreich dürfte hier überhaupt keine Doppelbesteuerung stattfinden, da es dort nur eine ausschließliche Quellenbesteuerung gibt. Die BRD stellt aber – anders als Frankreich – über Art. 20a DBA-Frankreich die Einkünfte letztlich unter Progressionsvorbehalt[1229].

3.1.2 Sonderfragen

Eine besondere Problematik besteht im Bereich der **internationalen Leiharbeitnehmer**. Dort ist die Frage, wer die Vergütung trägt, für die Zuordnung des Besteuerungsrechts von entscheidender Bedeutung. Da der Entleiher den Verleiher vergütet, könnte dieser folglich als AN anzusehen sein. Dieses Entgelt wird jedoch nicht i.S. einer Weiterbelastung des Arbeitslohnes gesehen, sondern als eine Vergütung für die erbrachte Leistung des Verleihers. Daher wird i.d.R. der Verleiher als AG angesehen, auch wenn der AN den Weisungen des Entleihers zu folgen hat und in dessen Betrieb eingegliedert ist.

3.2 Die internationale Dividendenbesteuerung

3.2.1 Grundzüge/Vorwegunterscheidung

Die fünf Absätze von Art. 10 OECD-MA untergliedern sich wie folgt:
1. In Abs. 1 ist das Besteuerungsrecht des Wohnsitzstaates des Empfängers geregelt.
2. Abs. 2 definiert Zulässigkeit und Höhe der Quellenbesteuerung.
3. Die DBA-authentische Definition der Dividenden findet sich in Abs. 3.
4. Abs. 4 enthält den Betriebsstätten-Vorbehalt und
5. Abs. 5 schreibt das Verbot der extraterritorialen Besteuerung fest (vgl. Ausführungen zum AStG, Kap. IV).

Daneben sind die Methodenartikel Art. 23 A und Art. 23 B OECD-MA mit auch bei Dividenden divergierenden Lösungen zu beachten.
- Vor dem Hintergrund der letztlich entscheidenden Bestimmungen des Verteilungsartikels greifen die meisten DBA das Differenzierungsangebot von Art. 10 Abs. 2 OECD-MA auf und kommen zu folgender Lösung:

[1229] So auch der BFH vom 29.01.1986 (BStBl II 1986, 513), aus der Lit. *Kramer* in *Debatin/Wassermeyer*, Rz. 7 ff. zu Art. 13 DBA-Frankreich.

- Bei **Streubesitzdividenden** erfolgt eine Anrechnung der im Quellenstaat gezahlten KapESt.
- Bei **Schachteldividenden** (deutsche KapG ist zu mindestens zu 25 % am Kapital der ausländischen KapG[793] beteiligt) erfolgt die Freistellung (mit/ohne Aktivitätsvorbehalt).

• Für (hier näher untersuchte) **Privatpersonen** kommt nur der **Streubesitz** in Betracht, wonach die Anteile an den KapG von natürlichen Personen oder PersG gehalten werden müssen. Immer dann, wenn deutsche KapG Anteile an ausländischen KapG halten, greift heute die Sonderregelung von § 8b KStG.

3.2.2 Einzelheiten

Streubesitzdividenden unterliegen lt. OECD-MA einem Quellensteuerabzug von 15 %[794]. Das Problem der Anrechnung der Quellensteuer im Inland liegt in dem Aufsaugen der niedrigen ausländischen KapESt. Mit der Einbeziehung der Auslandsdividende in das z.v.E. wird sie letztlich mit der Steuer des Wohnsitzstaates erfasst.

Diese – i.S.e. Investitionsanreizes – kontraproduktive Besteuerungspraxis wird durch die **Anrechnung fiktiver** (inländischer) Steuern umgangen. Dieses „tax sparing" war in der Vergangenheit in einigen DBA mit Entwicklungsländern enthalten, wird aber zwischenzeitlich kaum mehr praktiziert. Die Dividendenbesteuerung enthält darüber hinaus noch zwei weitere Besonderheiten:

• Die BMG ist grundsätzlich der „**Bruttobetrag**" der Dividende, d.h. der erhaltene Betrag ohne Kostenberücksichtigung. Unter Dividenden selbst werden alle ausgeschütteten Gewinne auf Anteile an KapG erfasst, also auch vGA.
• In Abs. 4 erfolgt eine Besteuerung nach dem Grundsatz „substance over form". Ohne nähere Definition wird nach neuerer Abkommenspraxis der **Nutzungsberechtigte** (früher: der Empfänger) erfasst. Damit soll eine Missbrauchseinschränkung einhergehen. Bei Dividendenempfängen über Mittelsmänner („treaty shopping") wird die Besteuerung in der Person vorgenommen, die über die Hingabe des Kapitals sowie über die Verwendung der Nutzen entscheiden kann.

Das System der Aufteilung des Steuergutes in eine Quellensteuer und in eine Definitivsteuer im Ansässigkeitsstaat stand auch Pate bei der Besteuerung von Zinsen (Art. 11 OECD-MA) und Lizenzen (Art. 12 OECD-MA).

---

[793] Die meisten DBA sehen eine wesentlich geringere Beteiligungsquote (5 % oder 10 %) vor.
[794] Dies ist in den meisten DBA der vorgesehene Quellensteuerhöchstsatz. Manche sehen 20 % (Brasilien, Türkei) oder nur 10 % (z.B. im DBA-Schweiz, solange in der BRD Vollanrechnung herrscht) vor.

IV Regelungsbereiche des Außensteuergesetzes (AStG)

1 Allgemeines

Die Internationalisierung der Wirtschaft und die Tendenz, das zwischen den Staaten bestehende Steuergefälle zu nutzen (z.B. Verlagerungen in die sog. Steueroasenländer), machten es erforderlich, einseitige Regelungen zur Sicherung des nationalen Steuergutes zu schaffen. Als Grundgedanke für die Konzeption des AStG kam hinzu, dass die in verschiedenen Steuergesetzen bereits vorhandenen Bestimmungen zur Besteuerung von Geschäftsbeziehungen über die Grenze zusammengefasst, ergänzt und erweitert werden sollten. Diesen Überlegungen Rechnung tragend, wurde im September 1972 ein „Gesetz über die Besteuerung bei Auslandsbeziehungen" (kurz: „Außensteuergesetz") erlassen. Das AStG verfolgt grundsätzlich keine Doppelbesteuerungsabsicht, sondern hat eine abschnittsgerechte Besteuerung zum Ziel, wie sie unter vollkommen unabhängigen Personen ablaufen würde.

Erfasst werden neben Sachverhalten, bei denen die ausländische Besteuerungshöhe den wesentlichen Anknüpfungspunkt bildet, auch Vorgänge, bei denen die ausländische Steuerbelastung keine Rolle spielt. Neue Gestaltungen sowie sich ändernde wirtschaftliche (auch steuerliche) Gegebenheiten führten zu mehrmaligen Anpassungen und Erweiterungen dieses Gesetzes, die seine praktische Handhabung weiter verkomplizierten.

2 Gliederung des Außensteuergesetzes

Das AStG versucht folgende Gestaltungsmöglichkeiten abzudecken:
- Laufende Geschäftsbeziehungen verschiedenster Art unter nahe stehenden Personen über die Grenze, sowohl vom Ausland ins Inland als auch umgekehrt (§ 1 AStG).
- Ein Stpfl. Entzieht sich durch Wegzug dem Zugriff der inländischen Steuergesetze. Steuerlich erfasst werden sollen der im Inland erwirtschaftete Vermögenszuwachs und die im Inland erwirtschafteten Einkünfte, wenn der Wechsel in ein Niedrigsteuerland erfolgt (§§ 2 – 6 AStG).
- Ein Stpfl. Im Inland schafft sich ein Steuerobjekt im niedrig besteuerten Ausland, zu dem er entweder keine laufenden Geschäftsbeziehungen unterhält oder aber diese Geschäftsbeziehungen nicht zu beanstanden sind (§§ 7 – 14 AStG).

Neben diesen drei Fallgruppen enthält das AStG Verfahrensvorschriften, Regelungen zur Lösung von Konflikten mit nationalen Gesetzen und DBA sowie zur zeitlichen Anwendung (§§ 16 – 21 AStG).

3 Einkunftsberichtigung nach § 1 AStG

§ 1 AStG findet Anwendung, wenn bei Geschäftsbeziehungen mit internationalen Verflechtungen eine Gewinnberichtigung vorgenommen werden muss. Häufig kommt es zur Abgrenzung zwischen § 1 AStG und den sonstigen Korrekturmechanismen (vGA und vE).

Beispiel 1: Der Standardfall
Die inländische M-GmbH produziert Waren, die sie im Ausland zum Teil über Tochtergesellschaften oder über fremde Großhändler vertreiben lässt. In Nordfrankreich wird der Vertrieb von der 100 %-igen Tochtergesellschaft T übernommen; für die Region Südfrankreich bedient man sich der ortsansässigen Handelsfirma S. Die Marktbedingungen sind in den jeweiligen Vertriebszonen identisch, ebenso die von der M vorgegebenen Verkaufspreise. Zur Deckung der Vertriebskosten wurde der S ein Rabattsatz von 35 %, der T ein Rabattsatz von 40 % eingeräumt. Da die T trotzdem in Liquiditätsschwierigkeiten gerät, stundet die M zunächst zinslos die Forderungen aus den Warenlieferungen und verzichtet anschließend auf einen Teil dieser Forderungen.

3.1 Voraussetzungen der Gewinnberichtigung nach § 1 AStG

3.1.1 Geschäftsbeziehungen

Beziehungen zwischen Nahestehenden sind stets geschäftlicher Art, wenn die zu beurteilenden Aktivitäten beim inländischen Stpfl. oder bei der nahe stehenden Person unter die in § 1 Abs. 4 AStG genannten Grundtätigkeiten[795] zu subsumieren sind. Geschäftsbeziehungen sind danach alle Beziehungen, die ein Betrieb i.S.d. Gewinneinkünfte eingeht. Sie müssen Teil einer selbständigen, nachhaltigen, mit Gewinnerzielungsabsicht und unter Teilnahme am allgemeinen wirtschaftlichen Verkehr ausgeübten Betätigung sein. Nicht darunter fällt beispielsweise ein Darlehen, das ein Steuerinländer einer ausländischen KapG gewährt, an der er wesentlich beteiligt ist, wenn er diese Beteiligung im PV hält[796].

3.1.2 Nahe stehende Personen

Die Definition dieses Tatbestandsmerkmales ergibt sich aus § 1 Abs. 2 AStG.

- § 1 Abs. 2 **Nr. 1** AStG:
Dem Stpfl. ist eine selbständige Person[797] nahe stehend, wenn entweder ein mittelbares oder unmittelbares Beteiligungsverhältnis von mind. einem Viertel zwischen ihnen besteht (sog. **wesentliche Beteiligung**) oder die Möglichkeit gegeben ist, gegenseitig mittelbar oder unmittelbar beherrschenden Einfluss auszuüben (sog. **Einfluss-**

---
[795] Es muss sich um Tätigkeiten in Tatbestandsnähe zu §§ 13, 15, 18 oder 21 EStG handeln.
[796] Vgl. BFH vom 05.12.1990 (BStBl II 1991, 287).
[797] Deshalb ist § 1 AStG nicht auf das Verhältnis zwischen Stammhaus und Betriebsstätte anwendbar.

möglichkeit). Zu beachten ist, dass diese wesentliche Beteiligung mittlerweile nicht mehr identisch ist mit derjenigen des § 17 EStG.
- § 1 Abs. 2 Nr. 2 AStG:
Die Nr. 1 wird erweitert, in dem eine wesentliche Beteiligung (oder beherrschende Einflussmöglichkeit) über **dritte Personen** als ausreichend angesehen wird. (Bsp.: **zwei Schwestergesellschaften** zwischen denen kein Beteiligungsverhältnis besteht, haben eine gemeinsame Muttergesellschaft).
- § 1 Abs. 2 **Nr. 3** AStG:
Ein Nahestehen liegt vor, wenn ein Stpfl. auf Geschäftsbeziehungen zu einer anderen Person Einfluss nehmen kann, ohne dass die Einflussmöglichkeit auf diesen Geschäftsbeziehungen beruht oder wenn er ein eigenes Interesse an der Erzielung der Einkünfte des anderen hat. (Bsp.: eine stille Beteiligung wird zugunsten des Geschäftsführers der ausländischen Gesellschaft finanziert).

Abschließend zu diesem Tatbestandsmerkmal ist noch anzumerken, dass der Begriff „nahe stehend" nicht mit der Definition des „beherrschenden Gesellschafters" bei der vGA (vgl. A 31 Abs. 6 KStR) identisch ist.

3.1.3 Vereinbarte Bedingungen, die einem Fremdvergleich nicht standhalten

Im Ergebnis sind die Geschäftsbeziehungen zwischen den Nahestehenden danach zu beurteilen, ob sich die Beteiligten wie voneinander **unabhängige Dritte** verhalten haben. Abzustellen ist auf die Verhältnisse eines freien Marktes unter Zugrundelegung der verkehrsüblichen Sorgfalt eines ordentlichen und gewissenhaften GF's gegenüber Fremden. Bei der Untersuchung, ob die Fremdvergleichsbedingungen erfüllt sind, ist auf jeden einzelnen Geschäftsvorfall abzustellen, da die Möglichkeit eines Vorteilsausgleiches in Betracht zu ziehen ist. Nur wenn nach Verrechnung der einzelnen Geschäfte im Rahmen des Vorteilsausgleiches ein Saldo zu Lasten des inländischen Stpfl. verbleibt, sind die Einkünfte zu berichtigen.

3.2 Durchführung der Berichtigung nach § 1 AStG

Nach dem Wortlaut des § 1 Abs. 1 AStG ist eine Berichtigung der Einkünfte nur „unbeschadet anderer Vorschriften" vorzunehmen. Danach haben die **vGA** und die **vE** als technische Berichtigungsmöglichkeit **Vorrang** gegenüber einer Einkunftskorrektur nach § 1 AStG. Nur wenn die Voraussetzungen für eine vGA bzw. eine vE nach den dafür maßgebenden Grundsätzen nicht vorliegen, erfolgt ein Zuschlag zu den Einkünften (bei Bilanzierenden außerhalb der Bilanz) gestützt auf § 1 AStG[798].

Die Berichtigung ist in dem Jahr vorzunehmen, in dem sich die Vorteilsgewährung auf den Gewinn auswirkt, denn Zielsetzung dieser Vorschrift ist eine abschnittsgerechte, zutreffende Besteuerung. Der Berichtigungsbetrag ist derselben Einkunftsart zuzurech-

---

[798] Vgl. Tz. 8.1.1. Buchst. c VerwGrS s BMF vom 23.02.1983, BStBl I 1983, 218.

nen, wie die berichtigten Einkünfte. Erfolgt ein nachträglicher Ausgleich der Einkunftsminderung durch den Stpfl. (Zinsen werden beispielsweise nachbelastet), ist dieser Betrag mit dem Ausgleichsposten zu verrechnen. Ansonsten würde eine Doppelerfassung eintreten. Gleiches gilt sinngemäß, wenn eine Beteiligung oder die ausländische Gesellschaft veräußert bzw. liquidiert wird. In diesem Fällen ist der Veräußerungs- oder Liquidationserlös um den Betrag zu kürzen, der außerhalb der Bilanz zugerechnet und bislang noch nicht verrechnet wurde.

Lösung:

- **Niedrigerer Warenrabatt:**
  Die T ist im Verhältnis zu M eine nahe stehende Person nach § 1 Abs. 2 Nr. 1 AStG. Durch die Belieferung mit Waren sind M und T in Geschäftsbeziehungen zueinander getreten. Die Einräumung eines Rabattsatzes von 40 % hält einem Fremdvergleich nicht stand (S wurden lediglich 35 % gewährt). Sachliche und wirtschaftliche Gründe für einen höheren Rabattsatz sind nicht erkennbar. Ebenso wenig liegen andere Positionen vor, die zu Lasten der T gehen, gleichzeitig aber von M zu tragen wären. Ein Vorteilsausgleich scheidet daher aus.
  Die Voraussetzungen für eine Einkunftsberichtigung nach § 1 AStG sind erfüllt, obwohl Frankreich kein Niedrigsteuerland ist. Technisch erfolgt die Korrektur über eine vE entsprechend A 36a KStR, da der Verkauf der Waren zu einem geringeren Preis gesellschaftsrechtlich veranlasst ist. Der Steuerbilanzwert der Anteile an der T wird um den Betrag erhöht, der sich aus dem Rabattunterschied der verkauften Waren im Verhältnis zu fremden Dritten (hier: 5 %) ergibt.

- **Zinslose Stundung:**
  Die zinslose Stundung der Forderungen aus den Warenlieferungen ist ausschließlich durch die gesellschaftsrechtliche Beziehung zwischen T und M begründet und hält einem Fremdvergleich nicht stand. M verzichtet auf einen Ertrag, den sie zumindest bei einer kurzfristigen Geldanlage hätte erzielen können.
  Die unentgeltliche Überlassung eines Lieferantenkredits stellt kein einlagefähiges WG dar[799]. Es erfolgt eine Hinzurechnung nach § 1 AStG außerhalb der Bilanz in Höhe eines angemessenen Zinssatzes zuzüglich eines Risikozuschlages von 2 %.

- **Verzicht auf die Forderung:**
  Auch hier ist der Verzicht auf die Begleichung der Warenforderung gesellschaftsrechtlich veranlasst und widerspricht einem Fremdverhalten. Ein einlagefähiges WG in Form einer Forderung liegt vor. Die Einkunftsberichtigung erfolgt durch Umbuchung der Position „Forderungen aus Warenlieferungen" auf „Beteiligungswert T" in der StB der M.

---

[799] Vgl. BFH vom 26.10.1987 (BStBl II 1988, 348).

Zu beachten ist allerdings, dass bei Uneinbringlichkeit dieser Forderung, beispielsweise wegen Überschuldung der T, die Forderung bei M ertragsmindernd ausgebucht werden muss[800].

Anzumerken bleibt schließlich noch, dass der vorliegende Sachverhalt auch ohne § 1 AStG zu lösen wäre, weil allein nach körperschaftsteuerlichen Grundsätzen (beherrschende Stellung bei einer Beteiligung von mehr als 50 %) eine verdeckte Einlage vorläge. Läge die Beteiligungsquote allerdings zwischen 25 % und 50 % müsste wiederum auf § 1 AStG zurückgegriffen werden.

3.3 Das Zusammentreffen von § 1 AStG und einem Doppelbesteuerungsabkommen

Nicht selten treffen die § 1 AStG – Korrektur und ein DBA aufeinander.

Beispiel 2: Das schweizerische „Wohnhaus" einer AG
Rentner R mit Wohnsitz im Inland ist Eigentümer eines EFH in der Schweiz und hält 100 % der Anteile an einer schweizerischen AG. Die AG übt ihre Tätigkeit in dem EFH aus, das ihr für diese Zwecke unentgeltlich zur Nutzung überlassen wird.
Alternative: Das EFH wird dem GF der AG unentgeltlich zu Wohnzwecken überlassen.

Lösung (Ausgangsfall):
Die AG ist eine dem R nahe stehende Person gem. § 1 Abs. 2 Nr. 1 AStG. Dem Grunde nach liegt eine Vermietungstätigkeit i.S.v. § 21 EStG vor und somit Geschäftsbeziehungen nach § 1 Abs. 4 AStG.
§ 1 AStG erfasst die Minderung von Einkünften eines (unbeschränkt) Stpfl. unabhängig davon, ob diese Einkünfte im Inland oder im Ausland erzielt werden. Die unentgeltliche Nutzungsüberlassung führt bei R zu einer Minderung der Vermietungseinkünfte.
Nach Art. 6 DBA-Schweiz hat der Belegenheitsstaat – die Schweiz – das Besteuerungsrecht für Vermietungseinkünfte. Allerdings erfolgt gem. Art. 24 Abs. 1 DBA-Schweiz keine Freistellung von der deutschen Besteuerung. Es greift vielmehr die Anrechnungsmethode. Die Vermietungseinkünfte werden im Inland unter Anrechnung der schweizerischen Steuern erfasst.
Die Vermietungs- und Verpachtungseinkünfte im Inland sind nach § 1 AStG zu berichtigen.

Anmerkung:
Dem Grunde nach ändert sich an diesem Lösungsansatz nichts, wenn nach dem zugrunde liegenden DBA statt der Anrechnungsmethode die Freistellungsmethode eingreift. Nach § 32b Abs. 1 Nr. 2 EStG haben die ausländi-

---
[800] Vgl. BFH vom 09.06.1997 (BStBl II 1998, 307).

schen Einkünfte Auswirkungen auf die Höhe des Steuersatzes (Progressionsvorbehalt). Die Höhe der dem Progressionsvorbehalt unterliegenden ausländischen Einkünfte ist in diesem Fall nach deutschem Steuerrecht zu ermitteln[801].

Lösung (Alternative):
Ist die unentgeltliche Nutzungsmöglichkeit an die Zeitdauer des Anstellungsvertrages gebunden, kann unterstellt werden, dass dadurch eine verdeckte Entlohnung (eine Tantieme) gewährt werden soll. Aufgrund der Unentgeltlichkeit sind die Einkünfte aus V+V bei R, wie im Ausgangsfall, gemindert.
Der GF ist eine nahe stehende Person gem. § 1 Abs. 2 Nr. 3, 3. Alt. AStG (eigenes Interesse an der Einkunftserzielung des anderen), denn die ersparten Gehaltskosten kommen letztendlich der AG zugute. Unter fremden Dritten wäre eine Unentgeltlichkeit in dieser Form nicht vereinbart worden.
Die Berichtigung der Einkünfte aus V+V im Inland nach § 1 AStG führt dazu, dass die ersparten Gehaltskosten der AG in Deutschland steuerwirksam werden.

4 Die Wegzugsbesteuerung (§§ 2 – 6 AStG)

4.1 Allgemeines

Anfang der siebziger Jahre verlegten viele wohlhabende deutsche Staatsbürger ihren Wohnsitz in das niedrig besteuernde Ausland, um der hohen inländischen Steuerbelastung zu entgehen[802]. Ertragsteuerlich zog diese Wohnsitzverlegung ins Ausland einen Wechsel von der unbeschränkten zur beschränkten Steuerpflicht nach sich. Von der beschränkten Steuerpflicht nach § 1 Abs. 4 EStG werden aber lediglich die in § 49 EStG exakt definierten inländischen Einkünfte erfasst. Da dadurch Deutschland ein nicht unerhebliches Steuersubstrat hätte entzogen werden können, wurde im AStG durch die Einführung der sog. **erweitert beschränkten Steuerpflicht in den §§ 2 – 6 AStG** ein Abwehrmechanismus geschaffen. Das deutsche Besteuerungsrecht wird damit über die in § 49 EStG genannten Einkünfte auf alle nicht ausländischen Einkünfte i.S.d. § 34d EStG[803] und auf im Inland erwirtschaftete Vermögenszuwächse hinaus ausgedehnt. Ebenso werden aus dem Wegzug vermögenssteuerliche und erbschaftsteuerliche Konsequenzen gezogen, soweit diese auch ohne Wegzug eingetreten wären.

---
[801] Vgl. BFH vom 22.05.1991 (BStBl II 1992, 94).
[802] Daher auch die Bezeichnung als „lex Horten".
[803] Vgl. Anwendungsschreiben des BMF zum AStG vom 02.12.1994 (BStBl I 1995 Sonder Nr. 1/1995) Tz. 2.5.0.1 mit einer beispielhaften Aufzählung dieser Einkünfte.

4.2 Die Wegzugsbesteuerung nach § 2 AStG

4.2.1 Der Tatbestand des § 2 AStG

Die Tatbestandsvoraussetzungen des § 2 AStG sind im Einzelnen:

- Der Wegzugsbesteuerung nach § 2 AStG unterliegen nur natürliche Personen.
- Diese natürlichen Personen müssen **deutsche Staatsbürger** i.S.d. GG sein. Unerheblich ist, ob sie gleichzeitig die Staatsbürgerschaft eines weiteren Staates inne haben.
- Sie müssen innerhalb der **letzten 10 Jahre** vor dem Wegzug insgesamt **5 Jahre** unbeschränkt steuerpflichtig gewesen sein. War die natürliche Person innerhalb des maßgeblichen Zehn-Jahres-Zeitraums mehrere Male unbeschränkt steuerpflichtig, sind diese Zeiträume zu addieren. Allerdings sind Inlandsaufenthalte, die beispielsweise Besuchszwecken dienten und nicht länger als sechs Monate dauerten, nicht hinzuzurechnen. Ebenso wenig sind kurzfristige Unterbrechungen von Inlandsaufenthalten abzuziehen. Die Fristberechnungen erfolgen nach § 108 AO i.V.m. §§ 187 ff. BGB.
- Der Wegzug muss in einen ausländischen Staat mit **niedriger Besteuerung** erfolgen. Niedrige Besteuerung ist in § 2 Abs. 2 AStG definiert. Der ausländische Staat besteuert niedrig, wenn eine der beiden folgenden Voraussetzungen vorliegt:
  1. Die Steuer, die von einer unverheirateten Person im ausländischen Staat bei einem unterstellten Einkommen von **77.000 €** erhoben wird, ist um ein **Drittel geringer** als die deutsche ESt im vergleichbaren Fall. Für den Steuervergleich sind sog. Schattenveranlagungen durchzuführen.
  2. In dem ausländischen Staat kann dem Zuzügler eine wesentliche Vorzugsbesteuerung gewährt werden. Zu denken ist in diesem Zusammenhang an Fallgestaltungen, bei denen im Ausland völlige Steuerfreiheit eingeräumt werden kann oder Steuervergünstigungen beispielsweise durch den Abschluss von Steuerverträgen, Erlassen und Stundungen erlangt werden können. Im Einzelfall kann die fiktive Berechnung der ausländischen Steuer Schwierigkeiten bereiten. Für den Stpfl. gelten in diesem Fall die erhöhten Mitwirkungspflichten des § 90 Abs. 2 AO mit der Folge, dass sich Schwierigkeiten oder gar eine Unmöglichkeit bei der Berechnung der ausländischen Steuer zu seinem Nachteil auswirken kann[804].
- Die natürliche Person muss **wesentliche wirtschaftliche Interessen** im Inland haben. Der Begriff „wesentliche wirtschaftliche Interessen" ist in § 2 Abs. 3 AStG abschließend definiert. Es handelt sich dabei um alternative, nicht kumulative Tatbestände.
  1. Nach § 2 Abs. 3 Nr. 1 AStG hat eine natürliche Person wesentliche wirtschaftliche Interessen im Geltungsbereich des AStG, wenn sie sich betätigt:
     a) Als Unternehmer eines Gewerbebetriebes,
     b) als vollhaftender MU eines Gewerbebetriebes,
     c) als Kommanditist eines Gewerbebetriebes mit einer Einkunftsbeteiligung von mehr als 25 %,

---

[804] Vgl. BFH vom 26.11.1986 (BStBl II 1987, 363).

d) durch Halten einer wesentlichen inländischen Beteiligung i.S.d. § 17 Abs. 1 S. 4 EStG.

Bei der Überprüfung der Frage, ob einer dieser Fälle vorliegt, ist ausschließlich auf die Verhältnisse zu Beginn des VZ abzustellen. Da bei Kommanditisten die Einkunftsbeteiligung maßgeblich ist, sind neben dem Bilanzgewinn auch alle gewährten Vorwegvergütungen zu berücksichtigen.

2. Nach § 2 Abs. 3 Nr. 2 AStG hat eine Person wesentliche wirtschaftliche Interessen im Geltungsbereich des AStG, wenn die nicht ausländischen Einkünfte dieser Person mehr als 30 % der Gesamteinkünfte betragen oder 62.000 € übersteigen. Der Begriff der ausländischen Einkünfte i.S.d. Vorschrift ergibt sich aus § 34d EStG[805].

3. Nach § 2 Abs. 3 Nr. 3 AStG schließlich hat eine Person wesentliche wirtschaftliche Interessen im Geltungsbereich des AStG, wenn ihr Vermögen, dessen Erträge bei unbeschränkter Steuerpflicht nicht ausländische Einkünfte wären, mehr als 30 % des Gesamtvermögens oder mehr als 154.000 € beträgt[806].

4.2.2 Bagatellgrenze und Ausnahme von der erweitert beschränkten Steuerpflicht

Nach § 2 Abs. 1 S. 2 AStG tritt die erweitert beschränkte Steuerpflicht nur für VZ ein, in denen die beschränkt steuerpflichtigen Einkünfte insgesamt **mehr als 16.500 €** betragen. Bei diesem Betrag handelt es sich um keinen Freibetrag, sondern um eine Freigrenze. Wird die Freigrenze überschritten, tritt die erweitert beschränkte Steuerpflicht in vollem Umfang ein. Sind die beschränkt steuerpflichtigen Einkünfte hingegen niedriger, werden diese Einkünfte im Rahmen der allgemeinen Steuerpflicht nach dem EStG erfasst.

Beschränkt Stpfl., die die Voraussetzungen des § 1 Abs. 3 EStG erfüllen, werden auf Antrag als unbeschränkt steuerpflichtig behandelt. Selbstverständlich erfolgt für diese Fälle keine zusätzliche Veranlagung nach § 2 AStG.

4.2.3 Rechtsfolge des § 2 AStG

Für den Wegzügler besteht inländische Steuerpflicht grundsätzlich für zehn weitere Jahre für alle Einkünfte, die nicht bereits durch § 49 Abs. 1 EStG erfasst werden und keine ausländischen Einkünfte nach § 34d EStG sind. Rein schematisch lassen sich die Einkünfte eines Steuerinländers skizzieren als:

---

[805] Vgl. hierzu die von der erweitert beschränkten Steuerpflicht erfassten Einkünfte im Anwendungsschreiben zum AStG a.a.O. Tz. 2.5.02.
[806] Wie bei den Einkünften geht auch dieses Vermögen über das Inlandsvermögen i.S.v. § 121 BewG hinaus. Vgl. Anwendungsschreiben des BMF zum AStG vom 02.12.1994 (BStBl I 1995 Sonder Nr. 1/1995) Tz. 3.1.2 mit einer Zusammenstellung des sog. erweiterten Inlandsvermögens.

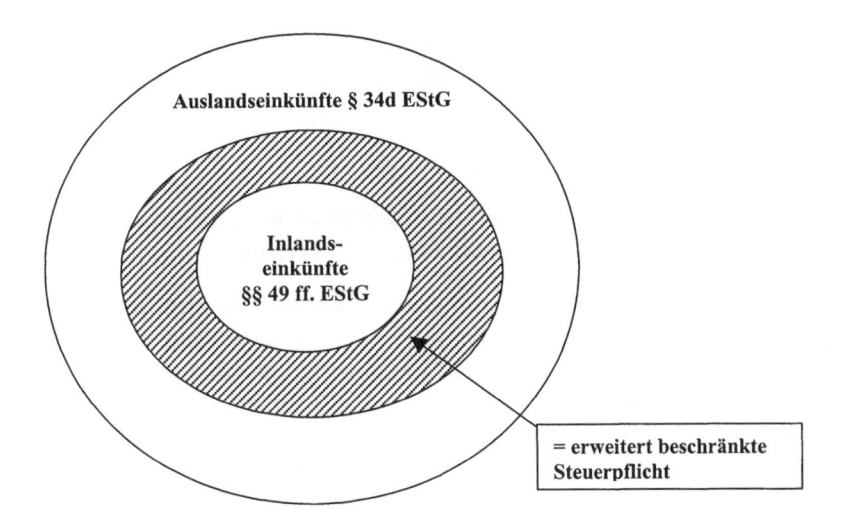

4 Die Wegzugsbesteuerung (§§ 2 – 6 AStG)

Auslandseinkünfte § 34d EStG

Inlandseinkünfte §§ 49 ff. EStG

= erweitert beschränkte Steuerpflicht

Wie die Dreifach-Ellipse verdeutlicht, erlaubt § 2 AStG den Zugriff auf diejenigen Inlandseinkünfte, die dem Fiskus bei nur beschränkter Steuerpflicht vorenthalten sind. Hierzu zählen vor allem die wegen § 50 Abs. 5 EStG mit **Abgeltungswirkung** versehenen **Quellensteuereinkünfte**. Aufgrund dessen wird bei § 2 AStG auch von der **erweitert beschränkten Steuerpflicht** gesprochen. Die Voraussetzungen des § 2 AStG müssen in jedem VZ des Zehn-Jahres-Zeitraumes von neuem geprüft und ggf. bejaht werden.

4.2.3.1 Ermittlung der Einkünfte nach § 2 AStG

Die sog. erweiterten Inlandseinkünfte, die i.R.d. § 2 AStG zu erfassen sind, werden nach deutschen innerstaatlichen Vorschriften ermittelt. Bei der Berechnung der Steuerschuld kommen Freibeträge und sonstige Abzüge wie bei der beschränkten Steuerpflicht (§ 50 EStG) zur Anwendung. Die ESt wird nach der Grundtabelle ermittelt[807]. Bei Ehegatten kommt eine Zusammenveranlagung grundsätzlich nicht in Betracht. Eine Ausnahme ist unter bestimmten Voraussetzung nur möglich, wenn der Wechsel von der unbeschränkten zur erweitert beschränkten Steuerpflicht oder umgekehrt während des Kj. erfolgt (§ 2 Abs. 7 S. 3 EStG).

Bei Anwendung der Grundtabelle ist nach § 2 Abs. 5 S. 1 AStG allerdings der Steuersatz zu berücksichtigen, der sich ergäbe, wenn alle Einkünfte des Stpfl. – also auch die ausländischen – in die Steuerberechnung einbezogen werden (Progressionsvorbehalt). Auch die in diesem Zusammenhang zu berücksichtigenden ausländischen Einkünfte sind nach den Grundsätzen des deutschen Steuerrechts zu ermitteln. Etwa bestehende DBA berühren diese Tarifregelung grundsätzlich nicht. Die ESt, die für die erweitert beschränkt Stpfl. festgesetzt wird, darf nach § 2 Abs. 5 S. 3 AStG, § 50 Abs. 3 S. 2 EStG die Steuerabzugsbeträge nicht unterschreiten. Sie beträgt daher mindestens 25 % des

---

[807] Vgl. Anwendungsschreiben des BMF zum AStG vom 02.12.1994 (BStBl I 1995 Sonder Nr. 1/1995) Tz. 2.5.3.3.

steuerpflichtigen Einkommens, selbst wenn sie tatsächlich, beispielsweise wegen der Auswirkungen eines niedrigeren Progressionsvorbehalts, niedriger wäre.

4.2.3.2 Konkurrenzfragen

4.2.3.2.1 Verhältnis der erweitert beschränkten Steuerpflicht zur allgemeinen beschränkten Steuerpflicht

Wie oben ausgeführt, ist vom Gesetzgeber beabsichtigt, über § 2 AStG eine Erweiterung der Steuerpflicht gegenüber der allgemeinen beschränkten Steuerpflicht nach dem EStG zu erreichen. Dies schließt allerdings nicht aus, dass sich bei der erweitert beschränkten Steuerpflicht eine niedrigere Steuer ergeben kann als bei der allgemeinen beschränkten Steuerpflicht. Aus § 2 Abs. 6 AStG letzter Satzteil wird abgeleitet, dass in diesem Fall die bei der beschränkten Steuerpflicht entstehende Steuer nicht unterschritten werden darf[808].

4.2.3.2.2 Verhältnis der erweitert beschränkten Steuerpflicht zur unbeschränkten Steuerpflicht

Weist der Wegzügler nach, dass die nach § 2 AStG anfallende Steuer höher ist, als sie bei unbeschränkter Steuerpflicht wäre, so wird der überschießende Teil nach § 2 Abs. 6 AStG nicht erhoben. Im Rahmen dieser Vergleichsberechnung ist bei der unbeschränkten Steuerpflicht das gesamte Welteinkommen unter Berücksichtigung aller bei der unbeschränkten Steuerpflicht in Betracht kommenden Steuerermäßigungen einzubeziehen. Bei ausländischen Einkünfte sind deshalb die Freistellungen und Anrechnungen nach den DBA bzw. § 34c EStG zu beachten[809]. Besteht die erweitert beschränkte Steuerpflicht nur für einen Teil des Jahres, ist auch nur dieser Teil in die Vergleichsberechnung mit einzubeziehen.

Für einen erweitert beschränkt Stpfl. sind daher bis zu drei verschiedene Einkommensteuerbeträge zu ermitteln:

1. ESt nach § 2 AStG,
2. ESt wie bei unbeschränkter Steuerpflicht als Obergrenze,
3. ESt wie bei allgemein beschränkter Steuerpflicht als Untergrenze.

4.2.3.2.3 Auswirkungen von Doppelbesteuerungsabkommen auf die Wegzugsbesteuerung

Da die DBA den Zweck haben, das Besteuerungsrecht für die einzelnen Einkünfte zwischen den Vertragstaaten abzugrenzen, ist bei einem bestehenden DBA stets zu prüfen, welchem Staat das Besteuerungsrecht für die erweiterten Inlandseinkünfte zugewie-

---

[808] Vgl. Anwendungsschreiben des BMF zum AStG vom 02.12.1994 (BStBl I 1995 Sonder Nr. 1/1995) Tz. 2.6.1.
[809] Vgl. Anwendungsschreiben des BMF zum AStG vom 02.12.1994 (BStBl I 1995 Sonder Nr. 1/1995) Tz. 2.6.2.

4 Die Wegzugsbesteuerung (§§ 2 – 6 AStG)

sen wird. Sind sie dem Staat zugewiesen, in dem der Wegzügler seinen neuen Wohnsitz begründet hat, können diese Einkünfte in Deutschland nicht nach § 2 AStG erfasst werden, sondern allenfalls im Rahmen des Progressionsvorbehaltes berücksichtigt werden. In der Praxis bedeutet dies, dass § 2 AStG in den Fällen, in denen ein **DBA** eingreift, **selten** zur Anwendung kommt, da die meisten DBA für die erweiterten Inlandseinkünfte dem Wohnsitzstaat das alleinige Besteuerungsrecht einräumen.

Exkurs: Besonderheiten beim Wegzug in die Schweiz

Begründet ein deutscher Staatsbürger seinen Wohnsitz in der Schweiz, sind die Sonderregelungen des Art. 4 Abs. 4 DBA-Schweiz zu beachten. Danach kommt § 2 AStG für das Jahr des Wegzugs und die folgenden fünf Jahre in vollem Umfang zur Anwendung. Nach Ablauf dieses Zeitraumes bleibt die erweitert beschränkte Steuerpflicht noch für den in § 2 AStG vorgesehenen Zeitraum bestehen, aber mit der Maßgabe, dass die Einschränkungen des deutschen Besteuerungsrechtes nach dem DBA-Schweiz zu berücksichtigen sind[810]. Die Abkommensbeschränkungen des deutschen Besteuerungsrechtes treten sofort ein:

- Wenn der Stpfl. schweizerischer Staatsangehöriger ist,
- wenn der Stpfl. in der Schweiz ansässig geworden ist, um dort einem Arbeitsverhältnis i.S.d. Art. 4 Abs. 4 letzter Satz DBA-Schweiz nachzugehen,
- wenn der Stpfl. ein Grenzgänger i.S.d. Art. 15a DBA-Schweiz ist und infolge einer Heirat mit einem/einer Schweizer Staatsangehörigen in die Schweiz verzogen ist.

4.2.3.2.4 Auswirkungen des EG-Rechts auf die Wegzugsbesteuerung

Die steuerlichen Sanktionen des Wegzugs vom Inland in einen anderen Mitgliedstaat der EU über die erweitert beschränkte Steuerpflicht nach § 2 AStG könnten zu einer Einschränkung des Rechtes auf freien Aufenthalt (Art. 8a EGV) oder ggf. auch der Niederlassungsfreiheit (Art. 48, 52 EGV) führen. Diese Ansicht wird vielfach in der Lit. vertreten[811]. Eine Entscheidung des EuGH zu dieser Problematik ist indes noch nicht ergangen und wohl in nächster Zeit auch nicht zu erwarten. Der Grund ist vor allem darin zu sehen, dass bei direkten Steuern die nationale Steuerhoheit auch gemeinschaftsrechtlich nach wie vor anerkannt ist.

4.2.4 Fallstudie zu § 2 AStG

Beispiel 3: Der „Münchner Monegasse"

A, ein unverheirateter deutscher Staatsangehöriger, lebt seit 20 Jahren in München. Seinen Lebensunterhalt bestreitet er aus Gewinnbeteiligungen, die er von einer gewerblich tätigen inländischen KG erhält. Die Gewinnbeteiligungen entsprechen seiner Beteiligungsquote von 30 %.

---

[810] Wegen weiterer Einzelheiten vgl. Einführungsschreiben zum DBA-Schweiz vom 26.03.1975 (BStBl I 1975, 479).
[811] Vgl. *Dautzenberg*, IStR 1997, 39 ff. *Sass*, FR 1998, 7 ff.

Anfang 01 verlegt er seinen Wohnsitz nach Monaco. Als Angestellter einer Unternehmensberatungsfirma bezieht er dort im Jahr 01 ein Jahresgehalt von 60.000 €. Ebenfalls im Jahr 01 erhält er von der KG eine Gewinnbeteiligung von 15.000 €, im Jahr 02 von 30.000 €. Der Wert seiner KG-Beteiligung beträgt in den Jahren 01 und 02 jeweils 250.000 €. Andere Vermögenswerte besitzt A nicht.

Lösung:
A war als natürliche Person vor dem Ende seiner unbeschränkten Steuerpflicht im Jahr 01 während der letzten 10 Jahre mindestens fünf Jahre unbeschränkt steuerpflichtig. A ist Deutscher i.S.d. Art. 110 Abs. 1 GG. Monaco erhebt keine ESt, ist also ein Gebiet mit niedriger Besteuerung nach § 2 Abs. 2 AStG[812].

VZ 01:
A bezieht Einkünfte

- aus nicht selbständiger Tätigkeit in Monaco. Dabei handelt es sich um ausländische Einkünfte nach § 34d Nr. 5 EStG.
- aus einer Gewinnbeteiligung einer deutschen KG. Es handelt sich um nicht ausländische Einkünfte i.S.d. § 2 Abs. 1 AStG, die allerdings unter die Bagatellgrenze von 16.500 € fallen.

Zwischenergebnis:
Im Jahr 01 wird eine Veranlagung zur erweitert beschränkten Steuerpflicht nicht durchgeführt.

Veranlagung zur normalen beschränkten Steuerpflicht:
Bei dem Gewinn aus der Beteiligung an der deutschen KG handelt es sich um inländische Einkünfte gem. § 1 Abs. 4, § 49 Abs. 1 Nr. 2 i.V.m. § 15 Abs. 1 Nr. 2 EStG. Mit diesen Einkünften unterliegt A der „normalen" beschränkten Steuerpflicht.

Berechnung der Steuer für 01:

Einkünfte nach § 49 Abs. 1 Nr. 2 EStG:	15.000 €
Zu versteuerndes Einkommen (z.v.E.):	15.000 €
Steuer nach § 32a Abs. 1 EStG (Grundtabelle)	1.853 €
Mindeststeuer nach § 50 Abs. 3 S. 2 EStG (25 % des Einkommens)[813]	3.750 €

---

[812] Vgl. Anwendungsschreiben des BMF zum AStG vom 02.12.1994 (BStBl I 1995 Sonder Nr. 1/1995) Anlage 1 zu Tz. 2.2.
[813] § 50 Abs. 5 S. 2, 2. HS EStG (beschränkt steuerpflichtige Einkünfte als AN) steht nicht entgegen.

Veranlagungszeitraum 02:
Grundsätzlich kann auf die obigen Ausführungen verwiesen werden. Nur betragen die Einkünfte, die A aus der Gewinnbeteiligung an der deutschen KG bezieht 30.000 €. Damit ist die Freigrenze des § 2 Abs. 1 AStG überschritten. Wesentliche wirtschaftliche Interessen im Inland liegen vor:

a) A ist als Kommanditist MU mit einer mehr als 25 %igen Gewinnbeteiligung (§ 2 Abs. 3 Nr. 1 AStG).
b) A erzielt nicht ausländische Einkünfte von mehr als 30 % seiner Gesamteinkünfte (§ 2 Abs. 3 Nr. 2 AStG).
c) A hat ein Vermögen von über 154.000 €, aus dem die nicht ausländischen Erträge stammen (§ 2 Abs. 3 Nr. 3 AStG).

Zwischenergebnis:
A hat nach allen drei Ziffern des § 2 Abs. 3 AStG wesentliche wirtschaftliche Interessen im Inland und ist damit erweitert beschränkt Steuerpflichtig nach § 2 AStG. Eine Beschränkung der erweitert beschränkten Steuerpflicht durch DBA erfolgt nicht, da Deutschland mit Monaco kein DBA abgeschlossen hat.

Berechnung der Steuer für 02:
Da die Steuer aufgrund der erweitert beschränkten Steuerpflicht nicht höher sein darf als sie bei unbeschränkter Steuerpflicht anfallen würde, aber auch nicht niedriger als bei normaler beschränkter Steuerpflicht, ist eine Vergleichsberechnung durchzuführen.

	Unbeschränkte Steuerpflicht	Beschränkte Steuerpflicht	Erweitert beschränkte Steuerpflicht
	in €	in €	in €
Gewinnanteil aus Gewerbebetrieb	30.000	30.000	30.000
Einkünfte aus nichtselbständiger Tätigkeit	60.000	–	–
WK-Pauschale	./. 1.044	–	–
SA-Pauschale	./. 1.334	–	–
z.v.E.	87.622	30.000	–
Steuer lt. Grundtabelle	**22.926**	6.418	–
Mindeststeuer 25 %	–	7.500	–
Ausländische Einkünfte ./. WK-Freibetrag	–	–	58.956
Welteinkommen	–	–	88.956
ESt nach Grundtabelle	–	–	33.280 (= 37,40 %)
Steuer nach § 2 Abs. 5 AStG	–	–	**11.220**

Für A wird im Rahmen der erweitert beschränkten Steuerpflicht eine Steuer von **11.220 €** festgesetzt.

4.3 Erbschaftsteuerliche Auswirkungen bei Wohnsitzwechsel in das niedrig besteuernde Ausland (Kurzdarstellung[814])

4.3.1 Tatbestand der erweitert beschränkten Erbschaftsteuerpflicht

Folgende Tatbestände müssen erfüllt sein:

- Auf den Erblasser (Schenker) muss die Vorschrift des § 2 Abs. 1 AStG anwendbar sein.
- Der Erbe (Beschenkte) darf nicht Inländer sein oder als Inländer i.S.d. § 2 Abs. 1 Nr. 1 ErBStG gelten, da sonst bereits unbeschränkte Steuerpflicht eintreten würde.

4.3.2 Umfang der erweitert beschränkten Erbschaftsteuerpflicht

Neben dem Inlandsvermögen i.S.v. § 121 Abs. 2 BewG und den Nutzungsrechten an einem solchen Vermögen sind auch die Teile des Erwerbs steuerpflichtig, deren Erträge bei unbeschränkter Einkommensteuerpflicht nicht ausländische Einkünfte nach §§ 34c, 34d EStG wären[815].

Da § 4 AStG die beschränkte Erbschaftsteuerpflicht erweitert, sind alle Steuerbefreiungen und Freibeträge, die für sie nach dem ErBStG zum Ansatz kommen, auch bei der erweitert beschränkten Erbschaftsteuerpflicht anzusetzen.

Die erweitert beschränkte Erbschaftsteuerpflicht gilt für einen Zeitraum von zehn Jahren, beginnend mit dem Jahr in dem die unbeschränkte Erbschaftsteuerpflicht geendet hat.

Weist der Stpfl. nach, dass er im Ausland für die Vermögenswerte, die der erweitert beschränkten Steuerpflicht unterliegen, eine Steuer von mindestens 30 % der nach § 4 Abs. 1 AStG zusätzlich anfallenden Erbschaftsteuer zu zahlen hat, fällt nach § 4 Abs. 2 AStG keine erweitert beschränkte Erbschaftsteuer an.

4.3.3 Doppelbesteuerungsabkommen und die erweitert beschränkte Erbschaftsteuerpflicht

Schließt ein DBA die erweitert beschränkte ESt-Pflicht nach § 2 Abs. 1 AStG aus, tritt auch keine erweitert beschränkte Erbschaftsteuerpflicht ein.

Weist ein DBA, das speziell die Erbschaftsteuer (Schenkungsteuer) regelt, das Besteuerungsrecht für einen an sich unter § 4 AStG fallenden Sachverhalt ausschließlich dem Wohnsitzstaat des Erblassers (Schenkers) zu, verbleibt dieser Erwerb im Inland steuerfrei.

---

[814] S. ausführlich mit Beispiel *Preißer*, Band 3, Teil C, Kap. II.
[815] Vgl. Anwendungsschreiben des BMF zum AStG vom 02.12.1994 (BStBl I 1995 Sonder Nr. 1/1995) Tz. 4.1.1, in der die Vermögenswerte aufgezählt sind, die der erweitert beschränkten Erbschaftsteuerpflicht unterliegen.

4.4 Zwischenschaltung einer Kapitalgesellschaft (§ 5 AStG)

4.4.1 Allgemeines

Durch das Einfügen des § 5 AStG in den Vorschriftenblock der Wegzugsbesteuerung soll eine Umgehungsmöglichkeit des § 2 AStG verhindert werden. Würden erweitert beschränkt Stpfl. ihre inländischen Wirtschaftsinteressen auf eine ausländische Gesellschaft verlagern, würde § 2 AStG ins Leere laufen. § 5 AStG sieht vor, dass den Personen i.S.d. § 2 AStG Einkünfte ausländischer Zwischengesellschaften unter bestimmten Voraussetzungen zuzurechnen sind. Dies gilt entsprechend für die Zurechnung von Vermögenswerten ausländischer Gesellschaften bei der Erbschaftsteuer (Schenkungsteuer).

4.4.2 Tatbestandsvoraussetzungen für die Zurechnung nach § 5 AStG

Folgende Tatbestände müssen erfüllt sein:

- Die natürliche Person, der zugerechnet wird, muss während der letzten 10 Jahre vor dem Ende ihrer unbeschränkten Steuerpflicht als deutscher Staatsbürger mind. 5 Jahre unbeschränkt steuerpflichtig gewesen sein.
- Die Person muss jetzt in einem niedrig besteuernden Ausland oder in keinem ausländischen Gebiet ansässig sein.
- Die Person muss allein oder mit anderen unbeschränkt steuerpflichtigen Personen an einer ausländischen Zwischengesellschaft i.S.v. § 7 AStG beteiligt sein.
- Nicht erforderlich ist, dass diese Person wesentliche wirtschaftliche Inlandsinteressen hat oder ihre insgesamt beschränkt steuerpflichtigen Einkünfte mehr als 16.200 € betragen.

4.4.3 Folgen der Anwendung des § 5 AStG

Von der Zurechnung des § 5 AStG werden Einkünfte erfasst, mit denen Personen i.S.d. § 2 AStG bei unbeschränkter Steuerpflicht nach den §§ 7, 8 und 14 AStG zur Steuer herangezogen würden. Es müssen demnach Einkünfte vorliegen, die bei unbeschränkter Steuerpflicht des Beteiligten der Hinzurechnungsbesteuerung unterlägen. Auf die Ausführungen zu den §§ 8 und 14 AStG darf insoweit verwiesen werden. Die nichtausländischen Zwischeneinkünfte sind der Person i.S.v. § 2 AStG mit dem Teil zuzurechnen, der ihrer Beteiligung am Nennkapital der Zwischengesellschaft entspricht. Zu beachten ist, dass Beteiligungsquote und Zurechnungsquote nicht identisch sein müssen. Aus dem fehlenden Verweis auf die §§ 9 – 13 AStG in § 5 AStG ergeben sich darüber hinaus folgende Besonderheiten:

- Die Freigrenze nach § 9 AStG bei gemischten Einkünften der ausländischen Gesellschaft ist nicht zu beachten.
- Ein Steuerabzug nach § 10 Abs. 1 AStG ist nicht möglich.
- Wegen der Nichtanwendbarkeit des § 10 AStG können allerdings negative Zurechnungsbeträge zum Ansatz kommen.

- Die zuzurechnenden Einkünfte gelten bereits mit dem Ende des Wj. der ausländischen Gesellschaft als zugeflossen, da die Fiktion des Zuflusszeitpunktes in § 10 Abs. 2 AStG nicht greift.
- Freistellungen aufgrund von DBA, wie in § 10 Abs. 5 AStG vorgesehen, sind nicht zu gewähren.
- Ein Ausgleich mit Gewinnausschüttungen oder Veräußerungsgewinnen entfällt wegen der Nichtanwendbarkeit des § 11 AStG.
- Die Anrechnung ausländischer Steuern, wie es § 12 AStG vorsieht, ist nicht möglich.
- Die Vorschrift über Schachteldividenden nach § 13 AStG hat ebenfalls keine Bedeutung, da § 5 AStG nur auf natürliche Personen und deren ESt abstellt.

Bei Anwendung eines DBA gelten auch i.R.d. § 5 AStG die zu § 2 AStG gemachten Ausführungen. Es ist festzustellen, welchem Staat das DBA das Besteuerungsrecht zuweist und ob das deutsche Besteuerungsrecht ggf. der Höhe nach begrenzt ist.

4.5 Besteuerung des Vermögenszuwachses bei Wegzug

Grundsätzlich gehört der Gewinn aus der Veräußerung von (wesentlichen) Beteiligungen an inländischen oder ausländischen KapG gem. § 17 EStG zu den gewerblichen Einkünften. Verzieht ein Stpfl. ins Ausland und verkauft seine Anteile an einer inländischen Gesellschaft, unterliegt er mit diesen inländischen Einkünften (§ 49 Abs. 1 Nr. 2 EStG) der beschränkten Steuerpflicht, wenn Deutschland nicht in einem DBA auf das Besteuerungsrecht verzichtet hat.

Besteht demnach kein DBA mit dem Staat, in den der Stpfl. verzieht bzw. ein DBA, nach dem das Besteuerungsrecht für diesen Sachverhalt in Deutschland verbleibt, ist die Realisierung des Besteuerungsanspruchs grundsätzlich schwierig, da nicht sichergestellt ist, dass die deutsche Finanzverwaltung von der Anteilsveräußerung erfährt.

Über § 6 AStG wird dieses Problem dadurch gelöst, dass die Besteuerung der in den Anteilen ruhenden stillen Reserven bereits mit dem Wegzug (Beendigung der unbeschränkten Steuerpflicht) und nicht erst mit dem Verkauf erfolgt.

4.5.1 Tatbestandsvoraussetzungen des § 6 AStG

4.5.1.1 Persönliche Voraussetzungen

Folgende Tatbestände müssen erfüllt sein:

- Dem Anwendungsbereich des § 6 AStG unterliegen nur natürliche Personen.
- Die natürliche Person muss mind. 10 Jahre unbeschränkt steuerpflichtig gewesen sein. Hat der Stpfl. mehrmals zwischen unbeschränkter und beschränkter Steuerpflicht gewechselt, sind die Zeiträume der unbeschränkten Steuerpflicht für die Erfüllung der Mindestfrist zu addieren.
- Bei unentgeltlichem Erwerb der Anteile sind für die Berechnung der 10-Jahresfrist nach § 6 Abs. 2 AStG auch die Zeiten zu berücksichtigen, in denen der/die Rechts-

vorgänger unbeschränkt steuerpflichtig war(-en). Dies gilt auch für eine teilweise unentgeltliche Übertragung der Anteile.
- Nicht erforderlich ist, dass dem Stpfl. die Anteile während des gesamten 10-Jahres-Zeitraumes gehörten.
- Die natürliche Person braucht nicht die deutsche Staatsangehörigkeit zu besitzen.
- Die natürliche Person muss ihren Wohnsitz oder gewöhnlichen Aufenthalt aufgeben. Bei nur vorübergehender Abwesenheit greift § 6 Abs. 4 AStG. Hinzuweisen ist schließlich noch auf die der Aufgabe des Wohnsitzes/gewöhnlichen Aufenthaltes gleichgestellten Tatbestände in § 6 Abs. 3 AStG.

4.5.1.2 Sachliche Voraussetzungen

Es müssen, mit Ausnahme der Veräußerung alle Voraussetzungen des § 17 EStG erfüllt sein[816].

a) Die natürliche Person muss innerhalb der letzten 5 Jahre vor dem Wegzug am Kapital der inländischen Gesellschaft unmittelbar oder mittelbar mit mind. 1 % beteiligt gewesen sein.
b) Die Mindestbeteiligung muss nicht während des gesamten 5-Jahreszeitraumes bestanden haben.

Bei unentgeltlichem Erwerb der Kapitalanteile während des 5-Jahreszeitraumes genügt es, wenn beim Rechtsvorgänger die Mindestbeteiligung innerhalb der letzten 5 Jahre gegeben war.

Der Wegzug in ein niedrig besteuertes Ausland ist nicht notwendig.

4.5.2 Rechtsfolgen des § 6 AStG

Rechtsfolgen des § 6 AStG sind:
- Der nach § 6 AStG ermittelte Vermögenszuwachs unterliegt der **unbeschränkten Steuerpflicht**[817].
- Die Freibetragsregelung des § 17 Abs. 3 EStG ist zu berücksichtigen.
- Der verbleibende steuerpflichtige Vermögenszuwachs wird gem. § 6 Abs. 1 AStG mit dem ermäßigten Steuersatz nach § 34 EStG versteuert.
- **Ermittlung des Vermögenszuwachses**:
    a) Der Vermögenszuwachs errechnet sich, in dem vom gemeinen Wert der Anteile zum Zeitpunkt des Wegzugs die AK abgezogen werden.
    b) Gehörten dem Stpfl. die Anteile bereits bei **erstmaliger** Begründung der unbeschränkten Steuerpflicht, ist statt der AK, der in diesem Zeitpunkt zu ermittelnde gemeine Wert zum Abzug zu bringen. Auf diese Weise werden nur die stillen Re-

---
[816] Vgl. zu den Problembereichen des § 17 EStG insb. die Ausführungen in EStR und EStH zu § 17 EStG.
[817] Vgl. Anwendungsschreiben des BMF zum AStG vom 02.12.1994 (BStBl I 1995 Sonder Nr. 1/1995) Tz. 6.1.3.1.

serven besteuert, die während der unbeschränkten Steuerpflicht (und nicht schon zuvor) gebildet wurden.

c) Der gemeine Wert ist nach § 9 Abs. 2, § 11 BewG zu ermitteln. Bei börsennotierten Anteilen ist deren Kurswert zum Stichtag maßgeblich. Die Werte nichtnotierter Anteile sind zunächst an Hand von Verkäufen zu ermitteln. Liegen solche nicht vor, ist vor allem unter Berücksichtigung der Ertragsaussichten zu schätzen. Anhaltspunkte für eine Schätzung kann auch eine Berechnung nach dem „Stuttgarter Verfahren"[818] liefern.

- Eine Realisierung von Verlusten über § 6 AStG ist nicht möglich[819].

4.5.2.1 Steuerliche Folgen aus dem Verkauf der Anteile nach dem Wegzug

a) Ausgangslage:
Verkauft ein Stpfl. nach seinem Wegzug ins Ausland die Anteile an seiner inländischen KapG, die bereits bei Wegzug nach § 6 AStG der Besteuerung unterworfen wurden, könnte ihm unter zwei Gesichtspunkten eine nochmalige Besteuerung drohen:

– Er unterliegt mit dem vollen Veräußerungsgewinn (einschließlich des Wertzuwachses vor dem Wegzug) der beschränkten Steuerpflicht nach § 49 Abs. 1 Nr. 2e EStG. Der „Veräußerungsgewinn" würde im Inland demnach doppelt besteuert.

– Besteht mit dem Staat, in dem der Stpfl. nunmehr ansässig ist, ein DBA, nach dem der Ansässigkeitsstaat das Besteuerungsrecht für den Gewinn aus dem Anteilsverkauf hat, besteht auch in diesem Fall die Gefahr der Mehrfachbesteuerung.

b) Vermeidung der Doppelbesteuerung im Inland:
Wird eine Besteuerung nach § 6 AStG durch einen Tatbestand, der die beschränkte Steuerpflicht auslöst, eingeholt, kann die mögliche inländische Doppelbesteuerung nach § 6 Abs. 1 S. 5 AStG dadurch vermieden werden, dass der Vermögenszuwachs, der der beschränkten Steuerpflicht unterworfen wird, um den Vermögenszuwachs gekürzt wird, der der Wegzugsbesteuerung zugrunde gelegt wurde. Damit wird sichergestellt, dass lediglich der übersteigende Betrag der beschränkten Steuerpflicht unterliegt. Eine Doppelbesteuerung ist damit ausgeschlossen.
Die Kürzung nach § 6 Abs. 1 S. 5 AStG kann sogar zu einem ausgleichsfähigen Verlust führen, wenn der Vermögenszuwachs, der bei Wegzug besteuert wurde, größer ist als der tatsächlich erzielte Gewinn bei der späteren Veräußerung[820].
Entsprechend diesen Ausführungen ist auch der Fall zu behandeln, in dem der Stpfl. durch Wegzug zunächst die Besteuerung nach § 6 AStG auslöst, nach einer gewissen Zeit durch Rückzug wieder unbeschränkt steuerpflichtig wird und anschließend seine Anteile tatsächlich veräußert. Eine Kürzung unterbleibt allerdings, wenn bei der Rückkehr des Stpfl. eine Berichtigung nach § 6 Abs. 4 AStG vorgenommen wurde.

---

[818] S. *Preißer*, Band 3, Teil C, Kap. III.3.3.2.
[819] Vgl. hierzu BFH vom 28.02.1990 (BStBl II 1990, 615 ff.).
[820] Vgl. hierzu Anwendungsschreiben des BMF zum AStG vom 02.12.1994 (BStBl I 1995 Sonder Nr. 1/1995) Tz. 6.1.4.2.

c) **Vermeidung der Doppelbesteuerung im DBA-Fall:**
Weist ein DBA das Besteuerungsrecht für den Anteilsverkauf ausschließlich dem Ansässigkeitsstaat zu, entfällt das deutsche Besteuerungsrecht hierfür mit der Folge, dass eine Kürzung nach § 6 Abs. 1 S. 5 AStG nicht möglich ist. Macht der Ansässigkeitsstaat von seinem Besteuerungsrecht Gebrauch, ist es auch seine Sache, die dadurch eintretende doppelte Besteuerung zu verhindern. Dies kann entweder durch eine Freistellung des Veräußerungsgewinnes in der Höhe erfolgen, in der er bereits der Wegzugsbesteuerung unterworfen wurde. Es kann auch eine Anrechnung der in Deutschland bezahlten Steuer vorgenommen werden. Wird auf diese Weise die Doppelbesteuerung nicht verhindert, bleibt als ultima ratio nur die Einleitung eines Verständigungsverfahrens.

4.5.2.2 Verhinderung von Umgehungen (§ 6 Abs. 3 AStG)

Folgende ergänzende Tatbestände werden der Beendigung der unbeschränkten Steuerpflicht durch Wegzug oder Aufgabe des gewöhnlichen Aufenthaltes gleichgestellt:

- Unentgeltliche Übertragung auf nicht unbeschränkt steuerpflichtige Personen, also auf natürliche oder juristische Personsn (aber auch PersG), die entweder beschränkt oder gar nicht steuerpflichtig sind. Zu beachten ist in diesem Zusammenhang, dass die ESt auf Antrag zu ermäßigen oder zu erlassen ist, wenn durch den Übertragungsvorgang bereits Schenkungsteuer ausgelöst wurde.
- Die Verlegung des Wohnsitzes oder gewöhnlichen Aufenthaltes in ein DBA-Land (in dem der Stpfl. nach den Abkommensregelungen als ansässig gilt) unter gleichzeitiger Beibehaltung eines inländischen Wohnsitzes und damit der unbeschränkten Steuerpflicht.
- Die Einlage von im PV gehaltenen Anteilen an einer inländischen KapG in einen ausländischen Betrieb oder eine ausländische Betriebsstätte, wenn durch Bestimmungen des DBA das deutsche Besteuerungsrecht verloren geht.
- Der Tausch von Anteilen an einer inländischen KapG gegen Anteile an einer ausländischen KapG. Dadurch sollte der Möglichkeit des Ausschlusses der Besteuerung nach dem sog. Tauschgutachten des BFH[821] entgegengewirkt werden. Zu beachten ist, dass der Anteilstausch in einen Mitgliedstaat der EU unter den Voraussetzungen des UmwStG nicht zu einer Gewinnrealisierung führt.

> **Beispiel 15: Behandlung einer Beteiligung an einer inländischen KapG nach Wegzug ins Ausland (§ 6 AStG)**
> A (österreichischer Staatsangehöriger) erwarb in 01 50 % der Anteile an der B-GmbH mit Sitz in München zum Preis von 1 Mio. €. Im Jahr 03 verlegte er seinen Wohnsitz von Wien nach München. Die Anteile des A an der B-GmbH hatten zu diesem Zeitpunkt einen gemeinen Wert von 2 Mio. €. Ende des Jahres 14 verzog A wieder nach Wien. Der Wert seiner Anteile an der B-GmbH

---

[821] Vgl. BFH vom 16.12.1958 (BStBl III 1959, 30).

war zwischenzeitlich auf 5 Mio. € gestiegen. Im Jahre 17 schließlich veräußerte der A diese Anteile für 10 Mio. €.

Lösung:
A war als natürliche Person mindestens 10 Jahre unbeschränkt einkommensteuerpflichtig (03 – 14). Die österreichische Staatsbürgerschaft ist für die Anwendung des § 6 AStG unerheblich. Unerheblich ist auch, ob A in ein hoch- bzw. niedrigbesteuerndes Ausland oder in ein DBA- bzw. Nicht-DBA-Land verzieht. A hat in den letzten 5 Jahren vor dem Wegzug ins Ausland die in § 17 Abs. 1 EStG geforderte Beteiligungsquote erfüllt.

VZ 14:
Die persönlichen und sachlichen Tatbestandsvoraussetzungen des § 6 AStG und des § 17 EStG sind erfüllt. § 17 EStG ist im Zeitpunkt der Beendigung der unbeschränkten Steuerpflicht auch ohne Veräußerung anzuwenden. Der Vermögenszuwachs ist durch Gegenüberstellung der AK und des gemeinen Wertes zum Zeitpunkt des Wegzugs zu ermitteln. Soweit Anteile dem Stpfl. zum Zeitpunkt der Begründung der unbeschränkten Steuerpflicht bereits gehört haben, tritt an die Stelle der AK der gemeine Wert der Anteile zu diesem Zeitpunkt.

Gemeiner Wert der Anteile zum Zeitpunkt des Wegzugs	5.000.000 €
./. Gemeiner Wert der Anteile zum Zeitpunkt der Begründung der unbeschränkten Steuerpflicht	2.000000 €
= **Vermögenszuwachs nach §§ 6 AStG, 17 EStG:**	**3.000.000 €**

Zu berücksichtigen ist ggf. noch der Freibetrag nach § 17 Abs. 3 EStG. Auf diese BMG ist gem. § 6 Abs. 1 S. 4 AStG der ermäßigte Steuersatz nach § 34 EStG nach heutigem Recht nicht mehr anzuwenden. Der Vermögenszuwachs ist im Zeitpunkt der Beendigung der unbeschränkten Steuerpflicht zu erfassen und unterliegt damit noch der unbeschränkten Steuerpflicht.

VZ 17:
Die Veräußerung der Anteile nach dem Wegzug führt zur beschränkten Steuerpflicht gem. § 49 Abs. 1 Nr. 2e, § 17 EStG. Grundsätzlich ist der gesamte Wertzuwachs nach § 17 EStG zu besteuern. Da bereits eine Besteuerung bei Wegzug durchgeführt wurde, würde dies zwangsläufig zu einer Doppelbesteuerung führen. Diese wird nach § 6 Abs. 1 S. 5 AStG dadurch vermieden, dass der Veräußerungsgewinn aus dem Verkauf um den bei Wegzug bereits versteuerten Vermögenszuwachs gekürzt wird.

Veräußerungserlös		10.000.000 €
./. AK	./.	1.000.000 €
= Veräußerungsgewinn		9.000.000 €
./. nach § 6 AStG bereits versteuert	./.	3.000.000 €
= **Beschränkt steuerpflichtig**		**6.000.000 €**

Ist der bei Wegzug bereits versteuerte Vermögenszuwachs größer als der bei der Veräußerung erzielte Gewinn, führt die Kürzung nach § 6 Abs. 1 S. 5 AStG zu einem ausgleichsfähigen Verlust[822].

Auswirkungen von DBA:
Grundsätzlich wird eine Besteuerung nach § 6 AStG nicht dadurch ausgeschlossen, dass der Stpfl. in einen Staat verzieht, mit dem ein DBA besteht, nach dem der spätere Gewinn aus der Veräußerung der Anteile nicht in Deutschland besteuert werden darf. Aus diesem Grund scheidet auch eine Kürzung nach § 6 Abs. 1 S. 5 AStG aus. Damit obliegt die Beseitigung einer möglichen Doppelbesteuerung, die durch die Wegzugsbesteuerung ausgelöst wurde, dem Ansässigkeitsstaat. Es bestehen vier Möglichkeiten zur Vermeidung der Doppelbesteuerung.

1. Der Wohnsitzstaat knüpft bei der Ermittlung des Veräußerungsgewinnes an die Wertverhältnisse beim Wegzug an[823].
2. Der Wohnsitzstaat lässt die Anrechnung der nach § 6 AStG erhobenen Steuer zu[824].
3. Der Wohnsitzstaat stellt den Vermögenszuwachs, der beim Wegzug versteuert wurde, frei.
4. Als letzte Möglichkeit verbleibt die Beantragung und Durchführung eines Verständigungsverfahrens.

Lösung (des Ausgangssachverhaltes):
Nach Art. 7 Nr. 1 DBA-Österreich hat Österreich das Besteuerungsrecht aus dem Verkauf der wesentlichen Beteiligung an der KapG. Im DBA-Österreich ist keine Wertanknüpfung, Anrechnung oder Freistellung vorgesehen. Nach österreichischem EStG unterliegt der volle Unterschiedsbetrag zwischen den seinerzeitigen AK und dem Veräußerungserlös beim Verkauf der Besteuerung. Allerdings ermöglicht § 48 der österreichischen Bundesabgabenordnung der Finanzverwaltung, die Doppelbesteuerung im Rahmen einer Ermessensentscheidung durch Anrechnung oder Freistellung zu vermeiden. Macht die österreichische Finanzverwaltung davon nicht Gebrauch, verbleibt die Möglichkeit eines Verständigungsverfahrens.

4.5.3 Die Hinzurechnungsbesteuerung nach dem AStG

Gründet oder erwirbt ein Steuerinländer eine juristischen Person im Ausland, so schafft er dort ein eigenständiges Steuersubjekt. Die Erträge dieser Gesellschaft können sich für die inländische Besteuerung allenfalls auswirken, wenn sie über eine Ausschüttung an den Steuerinländer gelangen (oder bei Verkauf der Beteiligung!). Bei einer Thesaurierung ginge der deutsche Fiskus demnach leer aus. Genau diese Gestaltungen sollen

---
[822] Vgl. R 222 Abs. 4 EStR.
[823] So z.B. die Regelungen in den DBA mit Italien und der Schweiz.
[824] So z.B. die Regelungen in den DBA mit Schweden und Kanada.

über die Regelungen der Hinzurechnungsbesteuerung (§§ 7 ff. AStG) unter bestimmten Voraussetzungen erfasst werden. Es müssen vier Tatbestandsvoraussetzungen erfüllt sein, damit die ausländischen Einkünfte beim inländischen Stpfl. angesetzt werden können:

- Ausländische Gesellschaft,
- Beherrschung durch inländische Gesellschafter,
- ausländische Gesellschaft muss Einkünfte aus passivem Erwerb erzielen,
- passive Einkünfte müssen niedrig besteuert werden.

4.5.3.1 Ausländische Gesellschaften

Träger der Einkünfte muss eine ausländische Gesellschaft i.S.d. § 7 AStG sein. Nach dem KStG (§§ 1 und 2 KStG) fallen darunter Körperschaften, Personenvereinigungen und Vermögensmassen. Aus der Hinzurechnungsbesteuerung scheiden demnach alle natürlichen Personen und alle Formen der Mitunternehmerschaft aus. Treten Meinungsverschiedenheiten über die Qualifikation einer Gesellschaft als KapG oder PersG auf, wird darüber nach den Kriterien des deutschen Steuerrechts mittels eines Typenvergleichs entschieden.

4.5.3.2 Beherrschung durch inländische Gesellschafter

Beispiel 9: Beteiligungsverhältnisse
Am Nennkapital der A-AG in der Schweiz sind beteiligt:

- A mit Wohnsitz in London, aber gewöhnlichem Aufenthalt in München mit 12 %.
- C-GmbH mit Sitz und Geschäftsleitung in München mit 20 %.
- D-GmbH mit Sitz in München und Geschäftsleitung in Amsterdam mit 20 %.
- B mit Wohnsitz und gewöhnlichem Aufenthalt in der Schweiz mit 48 %.

Inländischer Gesellschafter kann gem. § 7 Abs. 1 AStG jede unbeschränkt steuerpflichtige natürliche oder juristische Person sein. Hält eine PersG die Anteile an der ausländischen Gesellschaft, gelten deren Gesellschafter nach § 7 Abs. 3 AStG als unmittelbar an der ausländischen Gesellschaft beteiligt.

Beherrschung ist gegeben, wenn den inländischen Gesellschaftern mehr als die Hälfte der Anteile an der ausländischen Gesellschaft zuzurechnen sind (§ 7 Abs. 1 AStG). Die Ermittlung der Beteiligungsquote erfolgt nach § 7 Abs. 1 – 4 AStG.

Lösung:
Die Beteiligungsquote bestimmt sich grundsätzlich nach den Anteilen am Nennkapital. Die Anteile aller inländischen Gesellschafter sind nach § 7 Abs. 2 S. 1 AStG zusammenzurechnen.
Unbeschränkt steuerpflichtig nach § 1 EStG ist A, weil er seinen gewöhnlichen Aufenthalt in München hat, die C-GmbH nach § 1 KStG, weil sie sowohl

Sitz als auch Geschäftsleitung in München hat und die D-GmbH nach § 1 KStG, weil sie ihren Sitz in München hat.

Die Beteiligungsquote der inländischen Gesellschafter beträgt zusammenaddiert 52 %, womit Beherrschung nach § 7 AStG vorliegt.

Hinzuweisen ist noch darauf, dass A und die D-GmbH unter die Regelungen des AStG fallen, obwohl sie nach den jeweiligen DBA als in England bzw. Holland ansässig gelten. Abschließend ist im Übrigen noch die Meldepflicht von Auslandsaktivitäten nach § 138 Abs. 2 AO zu beachten.

4.5.3.3 Einkünfte aus passivem Erwerb

§ 8 Abs. 1 und 2 AStG regeln abschließend alle aktiven (unschädlichen) Einkünfte. Einkünfte, die nicht unter diese Vorschriften zu subsumieren sind, sind demnach solche aus passivem Erwerb. Jede wirtschaftliche Tätigkeit der ausländischen Gesellschaft muss gesondert auf die Anwendung der Katalogvorschriften des § 8 AStG hin untersucht werden. Entfaltet die ausländische Gesellschaft mehrere wirtschaftliche Tätigkeiten, kann sie, selbst wenn hierfür nur ein BV eingesetzt wird, nur aktive, aktive und passive oder nur passive Einkünfte beziehen. Hat eine ausländische KapG beispielsweise einen Produktionsbetrieb, verwaltet daneben Wertpapiere und vermietet Grundbesitz, sind alle daraus resultierenden Einkünfte jeweils auf ihre Schädlichkeit zu untersuchen. Die Zuordnung erfolgt nach den Grundsätzen der funktionalen Betrachtungsweise. Dabei können an sich passive betriebliche Nebenerträge der aktiven Tätigkeit zugeordnet werden, wenn sie nach der Verkehrsauffassung keinen Bereich mit eigenständigem, wirtschaftlichem Schwergewicht bilden[825]. So können schädliche Einkünfte aus Geldanlagen unschädlichen gewerblichen Einkünften zugerechnet werden, wenn sie aus Finanzmitteln stammen, die für die aktive Tätigkeit notwendig sind. Allerdings sind diese unschädlichen passiven Nebenerträge vom Stpfl. über § 90 Abs. 2 AO nachzuweisen. Unschädliche Zwischeneinkünfte im Einzelnen:

a) **Einkünfte aus der L+F (§ 8 Abs. 1 Nr. 1 AStG)**

b) **Einkünfte aus industrieller Tätigkeit (§ 8 Abs. 1 Nr. 2 AStG)**

c) **Einkünfte aus dem Betrieb von Kreditinstituten und Versicherungsunternehmen** (§ 8 Abs. 1 Nr. 3 AStG), wenn diese Unternehmen einen in kaufmännischer Weise eingerichteten Geschäftsbetrieb unterhalten, also eine ausreichende personelle und sachliche Ausstattung haben. Betreiben sie allerdings ihre Geschäfte überwiegend mit unbeschränkt Stpfl. (oder solchen Stpfl. nahe stehenden Personen), die nach § 7 AStG an der ausländischen Gesellschaft beteiligt sind, werden ihre daraus erzielten Einkünfte in passive umqualifiziert.

d) **Einkünfte aus dem Handel** (§ 8 Abs. 1 Nr. 4 AStG)
Ein schädlicher Handel liegt vor, wenn die Ware von einem inländischen Gesellschafter (oder einer nahe stehenden Person) aus dem Inland an die ausländische Gesellschaft geliefert wird oder von der ausländischen Gesellschaft an einen inländi-

---

[825] Vgl. Anwendungsschreiben des BMF zum AStG vom 02.12.1994 (BStBl I 1995 Sonder Nr. 1/1995).

schen Gesellschafter (oder an eine nahe stehende Person) in das Inland geliefert wird. In diesen Fällen liegen allerdings keine passiven Einkünfte vor, wenn nachgewiesen wird, dass das Handelsgeschäft im Rahmen eines qualifizierten Geschäftsbetriebes getätigt worden ist und bei der Abwicklung dieses Geschäftes keine schädliche Mitwirkung eines Inlandsbeteiligten (oder einer nahe stehenden Person) vorgelegen hat.

e) **Einkünfte aus Dienstleistungen** (§ 8 Abs. 1 Nr. 5 AStG)
Der Tatbestandsaufbau entspricht dem des Handels. Eine schädliche Dienstleistung liegt demnach vor, wenn die ausländische Gesellschaft sich zur Erbringung der Dienstleistung eines Inlandsbeteiligten bedient oder die ausländische Gesellschaft Dienstleistungen an Inlandsbeteiligte erbringt. Auch hier liegen keine passiven Einkünfte vor, wenn der Stpfl. nachweist, dass die ausländische Gesellschaft für die Erbringung der Dienstleistung einen qualifizierten Geschäftsbetrieb unterhält und die jeweiligen Dienstleistungen ohne schädliche Mitwirkung eines Inlandsbeteiligten (nahe stehende Person) ausgeübt werden.

f) **Einkünfte aus V+V** (§ 8 Abs. 1 Nr. 6 AStG)
Diese Einkünfte sind schädlich, wenn sie aus folgenden Tatbeständen stammen:

- Aus der Überlassung der Nutzung von Rechten, Plänen, Mustern, Verfahren, Erfahrungen und Kenntnissen, es sei denn, die ausländische Gesellschaft, verwertet eine eigene Forschungs- und Entwicklungsarbeit, die ohne schädliche Mitwirkung eines Inlandsbeteiligten (**nahe stehende** Person) unternommen wurde (hierunter fallen vor allem Patentverwertungsgesellschaften o.ä.).
- Aus der V+V von Grundstücken, es sei denn, die Einkünfte hieraus wären bei einem unmittelbaren Bezug durch den Stpfl. aufgrund eines DBA steuerbefreit.
- Aus der V+V von beweglichen Sachen, es sei denn, die V+V erfolgt im Rahmen eines qualifizierten Geschäftsbetriebes (hierunter fallen vor allem Leasinggesellschaften o.ä.).

g) **Einkünfte aus der Aufnahme und Ausleihe von Auslandskapital** (§ 8 Abs. 1 Nr. 7 AStG)
Kapitalaufnahme und Kapitalausleihe führen nur dann zu unschädlichen Einkünften, wenn es sich ausschließlich um im Ausland aufgenommenes Fremdkapital handelt und dieses einem inländischen Betrieb (Betriebsstätte) oder einer aktiv tätigen ausländischen Betriebsstätte darlehensweise zur Verfügung gestellt wird. Das Auslandskapital darf weder bei einer dem Stpfl. noch der ausländischen Gesellschaft **nahe stehend**en Person aufgenommen werden. Für das Vorliegen dieser Voraussetzungen obliegt dem Stpfl. die objektive Beweislast.

h) **Einkünfte der ausländischen Gesellschaft aus Schachtelbeteiligungen** (§ 8 Abs. 2 AStG a.F.)

> **Beispiel 10: Einkünfte aus Schachtelbeteiligungen** (§ 8 Abs. 2 AStG)
> Der Inländer A hält 100 % der Anteile an der Schweizer Holding AG. Des weiteren ist er zu 60 % an der Schweizer Produktionsfirma B-AG beteiligt. 20 % der Anteile an der B-AG hält die Holding AG, die restlichen 20 % ein Schweizer Staatsbürger. Die B-AG schüttet eine Dividende aus.

Lösung:
Die Dividende könnte zu unschädlichen Einkünften nach § 8 Abs. 2 AStG führen, wenn die Holding AG die Voraussetzungen einer Landes- bzw. einer Funktionsholding erfüllen würde.

Hier könnte eine Landesholding in Betracht zu ziehen sein, da Holding AG und B-AG Sitz und Geschäftsleitung in der Schweiz haben. Die B-AG erzielt ihre Erträge aus einer aktiven Tätigkeit gem. § 8 Abs. 1 Nr. 2 AStG. Unterstellt, dass der 12-Monatszeitraum erfüllt ist, scheitert die Annahme einer Landesholding an der Beteiligungsquote. Die Holding AG ist nicht mit mindestens 25 % an der B-AG beteiligt. Die in § 26 Abs. 2 AStG genannte Beteiligungsquote findet keine Anwendung. Unbeachtlich ist auch, dass A mittelbar und unmittelbar 80 % der Anteile an der B-AG hält. Die der Holding AG anteilig zufließenden Dividenden sind Einkünfte aus passivem Erwerb.

Annex:[826]
Mit der Einführung des Halbeinkünfteverfahrens besteht keine Notwendigkeit mehr Gewinnausschüttungen von KapG grundsätzlich als passive Einkünfte zu behandeln und damit in die Regelungen der Hinzurechnungsbesteuerung nach §§ 7 – 14 AStG einzubeziehen. Gewinnausschüttungen werden nach der neuen Gesetzeslage bei natürlichen Personen zur Hälfte und bei KapG vollständig von der Besteuerung freigestellt.

Aus diesem Grunde wurde im UntStFG eine Nr. 8 in § 8 Abs. 1 AStG angefügt, nach der Gewinnausschüttungen von KapG grundsätzlich zu den Einkünften aus aktivem Erwerb zu zählen sind.

Gem. § 8 Abs. 1 Nr. 8 AStG sind Gewinnausschüttungen von KapG aktive Einkünfte.
Unerheblich ist künftig

- die Dauer und die Höhe der Beteiligung an der ausschüttenden Gesellschaft,
- ob die ausschüttende Gesellschaft selbst aktive oder passive Einkünfte erzielt,
- ob die ausschüttende Gesellschaft niedrig besteuert wird oder nicht,
- ob die ausschüttende Gesellschaft in einem DBA-Staat oder Nicht-DBA-Staat ansässig ist.

In der Gesetzesbegründung zu § 8 Abs. 1 Nr. 8 AStG wird auch klargestellt, dass vGA begünstigt i.S.d. Vorschrift sind. Allerdings ist zu beachten, dass passive Einkünfte einer Untergesellschaft nach § 14 AStG durch eine übertragende Zurechnung zu der jeweils übergeordneten Zwischengesellschaft gelangen, letztlich also nach wir vor beim inländischen Anteilseigner erfasst werden, gleichgültig im Übrigen, ob thesauriert oder ausgeschüttet wurde.

Folgen und Anwendungszeitpunkt der Neuregelung in § 8 Abs. 1 Nr. 8 AStG: Mit der Neufassung wurden alle bisherigen Regelungen aufgehoben, nach denen die Dividendenbesteuerung von der Hinzurechnungsbesteuerung auszunehmen war. Dazu zählt insb. der § 8 Abs. 2 AStG. Der bisherige § 8 Abs. 2 AStG wurde allerdings wortgleich in § 9 Nr. 7 GewStG übernommen, so dass dort alles beim alten bleibt.

---

[826] Zu den Änderungen im Katalog der unschädlichen Einkünfte des § 8 AStG durch das UntStFG.

Anzuwenden sind diese Vorschriften gem. § 21 Abs. 7 S. 4 AStG erstmals für den VZ, für den Zwischeneinkünfte hinzuzurechnen wären, die in einem Wj. entstanden sind, das nach dem 31.12.2000 beginnt. Das bedeutet, dass Zwischeneinkünfte der ausländischen Gesellschaft des Wj. 2001 nach § 10 Abs. 2 AStG zu Beginn des Jahres 2002 als bezogen gelten, wenn das Wj. dem Kj. entspricht.

Abschließend ist darauf hinzuweisen, dass mit der Zuordnung der Gewinnausschüttungen zu den aktiven Einkünften auch der Gewinn aus der Veräußerung von Anteilen an KapG aus der Hinzurechnungsbesteuerung herauszunehmen war. Eingefügt wurde im UntStFG in § 8 Abs. 1 AStG eine Nr. 9, nach der diese Sachverhalte unter bestimmten Vorraussetzungen den aktiven Einkünften zugeordnet werden. Entsprechendes gilt nach dieser Neuregelung für Einkünfte infolge einer Liquidation oder Kapitalherabsetzung.

4.5.3.4 Niedrige Besteuerung (§ 8 Abs. 3 AStG)

Eine niedrige Besteuerung liegt vor, wenn eine der beiden Alternativen des § 8 Abs. 3 AStG gegeben ist. Die Ertragsteuerbelastung der in die Belastungsberechnung einzubeziehenden Hinzurechnungseinkünfte liegt unter 25 %. In den Hinzurechnungseinkünften sind Gewinnausschüttungen enthalten, für die der Sitzstaat eine Schachtelvergünstigung im Wege der Steuerfreistellung oder indirekten Steueranrechnung gewährt. Diese Gewinnausschüttungen gelten immer als niedrig besteuert. Sie scheiden aus der allgemeinen Belastungsberechnung aus.

a) **Regelfall ohne Belastungsberechnung:**
In der Anlage 1 zum AStG-Anwendungsschreiben zu § 8 Abs. 3 AStG sind die wichtigsten Niedrigsteuerländer aufgeführt. Befindet sich die Gesellschaft in einem dieser Länder, kann i.d.R. ohne weitere Prüfung davon ausgegangen werden, dass eine niedrige Besteuerung vorliegt. Dagegen kann i.d.R. von einer hohen Besteuerung ausgegangen werden, wenn die Gesellschaft in einem der in Anlage 2 zum AStG-Anwendungsschreiben genannten Staaten ansässig ist.

b) **Sonderfall mit Belastungsberechnung:**
Bei der Belastungsberechnung sind den passiven Einkünften eines Wj. diejenigen ausländischen Ertragsteuern gegenüberzustellen, die für dieses Wj. geschuldet werden. Dabei ist nicht auf den Prozentsatz als solchen abzustellen, sondern auf das Ergebnis der Verhältnisrechung (bezahlte Ertragsteuern/steuerpflichtige Einkünfte).

Ertragsteuern sind alle Steuern des Sitzstaates, die an die Erträge der ausländischen Gesellschaft anknüpfen. Die Ermittlung der Einkünfte erfolgt nach deutschem Steuerrecht. Die niedrige Besteuerung i.S.v. § 8 Abs. 3 AStG ist nicht identisch mit der niedrigeren Besteuerung nach § 2 Abs. 2 AStG.

Beispiel 11: Die „beastete" Zwischengesellschaft[827]
Eine Zwischengesellschaft im Land C erzielt passive Einkünfte. In der G+V werden folgende umgerechnete Gewinne ausgewiesen:

- Jahr 01: 80.000 €
- Jahr 02: 280.000 €
- Jahr 03: 400.000 €

Die Gewinnermittlung entspricht den inländischen Vorschriften. Das Land C gewährt zur Förderung von Investitionen bei der Ermittlung des Einkommens einen Freibetrag von 20 % des Gewinnes, höchstens jedoch von umgerechnet 50.000 €. Die Steuern vom Ertrag werden jeweils im folgenden Wj. bezahlt. Daneben fällt in den Jahren 02 und 03 jeweils eine Vermögensteuer von umgerechnet 1.000 € an. Der KSt-Satz in C beträgt 30 %.

Lösung:

Belastungsberechnung 01:

Gewinn	80.000 €
./. Freibetrag 20 %	./. 16.000 €
= Einkommen	64.000 €
KSt 30 %	19.200 €

Daraus ergibt sich eine Belastung nach § 8 Abs. 3 AStG:
19.200 / 80.000 = **24 %**

Belastungsberechnung 02:

Gewinn	280.000 €
./. Freibetrag (max. 50.000)	./. 50.000 €
= Einkommen	230.000 €
KSt 30 %	69.000 €

Daraus ergibt sich eine Belastung nach § 8 Abs. 3 AStG:
69.000 / 280.000 = **24,64 %**

Belastungsberechnung 03:

Gewinn	400.000 €
./. Freibetrag (max. 50.000)	./. 50.000 €
= Einkommen	350.000 €
KSt 30 %	105.000 €

Daraus ergibt sich eine Belastung nach § 8 Abs. 3 AStG:
105.000/400.000 = **26,25 %**

Ergebnis:
In den Jahren 01 und 02 liegt jeweils eine niedrige Besteuerung vor. Nachrichtlich wird der Hinzurechnungsbetrag für das Jahr 01 mit 80.000 € festge-

---

[827] Niedrige Besteuerung; Belastungsberechnung gem. § 8 Abs. 3 AStG.

stellt und fließt im Jahr 02 zu. Der Hinzurechnungsbetrag für das Jahr 02 wird mit 259.800 € festgestellt [280.000 € ./. 19.200 € (KSt 01) ./. 1.000 € (VSt)] und fließt im Jahr 03 zu. Im Jahr 03 erfolgt keine Feststellung, da keine niedrige Besteuerung gegeben ist.
(**Beachte:** Hinweis im BStBl I 1980, 282 für die Belastungsberechnung im Verhältnis zur Schweiz).

Annex:[828]
Der Gesetzgeber hatte im StSenkG verschiedene Neuregelungen der Hinzurechnungsbesteuerung konzipiert. Im nachfolgenden UntStFG wurde, nicht zuletzt aufgrund der heftigen Kritik in der Lit., in weiten Bereichen der ursprüngliche Zustand wiederhergestellt. Änderungen des StSenkG sind insoweit nie wirksam geworden.
Im Zusammenhang mit der Absenkung des KSt-Tarifs in § 23 KStG auf allgemein 25 % musste auch die „Niedrigbesteuerung" in § 8 Abs. 3 AStG neu definiert werden. Bereits im StSenkG wurde daher geregelt, dass eine niedrige Besteuerung erst vorliegt, wenn die Ertragssteuerbelastung im Ansässigkeitsstaat 25 % unterschreitet. Diese 25 % Grenze wurde im UntStFG beibehalten. Nach der Neuregelung sollen künftig bei der Belastungsrechnung alle Ertragsteuern berücksichtigt werden, gleichgültig in welchem Staat sie erhoben werden. Einzubeziehen können danach z.B. Quellensteuern sein, die auf Zinsen oder Lizenzgebühren entfallen oder auch Steuern auf den Gewinn einer passiven Betriebsstätte der Zwischengesellschaft in einem Drittstaat.
Quellensteuern, die die Zwischengesellschaft auf bezogene Dividenden gezahlt hat, haben keinen Einfluss auf die Belastungsberechnung, da nach der Neuregelung in § 8 Abs. 1 Nr. 8 AStG (s.o.) künftig aktive Einkünfte vorliegen.
Anwendungszeitpunkt: Anzuwenden sind diese Vorschriften gem. § 21 Abs. 7 S. 4 AStG erstmals für den VZ, für den Zwischeneinkünfte hinzuzurechnen wären, die in einem Wj. entstanden sind, das nach dem 31.12.2000 beginnt. Das bedeutet, dass Zwischeneinkünfte der ausländischen Gesellschaft des Wj. 2001 nach § 10 Abs. 2 AStG zu Beginn des Jahres 2002 als bezogen gelten, wenn das Wj. dem Kj. entspricht.

4.5.4 Rechtsfolgen der Hinzurechnungsbesteuerung

Die festgestellten passiven Einkünfte werden dem inländischen Gesellschafter entsprechend seiner Hinzurechnungsquote zugerechnet (**Hinzurechnungsbetrag**).
Der inländische Stpfl. wird so behandelt, als würde unmittelbar nach dem Ende des Wj. der Zwischengesellschaft eine Vollausschüttung vorgenommen (§ 10 Abs. 2 AStG). Als Folge dieser Ausschüttungsfiktion sind die Steuern der ausländischen Gesellschaft, die auf diese Einkünfte bezahlt wurden, abzuziehen (§ 10 Abs. 1 AStG). Da bei negativen passiven Einkünften eine Ausschüttung nicht möglich ist, gibt es auch keinen negativen Hinzurechnungsbetrag, § 10 Abs. 1 S. 3 AStG. Die Hinzurechnungsquote errechnet sich nach der unmittelbaren Beteiligung des einzelnen inländischen G´fters am Nennkapital der ausländischen Gesellschaft.

---

[828] Zu den Änderungen des § 8 Abs. 3 AStG durch das StSenkG und das UntStFG.

Der Empfänger der fiktiven Ausschüttung erzielt Einkünfte aus Kapitalvermögen nach § 20 Abs. 1 Nr. 1 EStG. Über § 20 Abs. 3 EStG können sie anderen Einkunftsarten (z.B. § 15 EStG) zugerechnet werden. Bei der Ermittlung der GewSt sind die Kürzungsvorschriften § 9 Nr. 7 und 8 GewStG zu beachten.

Die Auswirkungen von DBA auf die Hinzurechnungsbesteuerung:

§ 10 Abs. 5 AStG sieht vor, dass die Bestimmungen der DBA so anzuwenden sind, als wäre der Hinzurechnungsbetrag tatsächlich ausgeschüttet worden. Demnach wird die Hinzurechnungsbesteuerung der Besteuerung der Dividenden gleichgestellt. Zu beachten ist daher:

- Das internationale Schachtelprivileg nach dem jeweiligen DBA und
- der Betriebsstättenvorbehalt des jeweiligen DBA.

Ausnahme: Zwischeneinkünfte mit Kapitalanlagecharakter i.S.v. § 10 Abs. 6 S. 2 AStG unterliegen auch bei Vorliegen einer Freistellung nach dem jeweiligen DBA im Inland der Besteuerung. § 10 Abs. 5 AStG findet für diese Einkünfte keine Anwendung.

Ausschüttungen von Gewinnanteilen:

Wird die der Hinzurechnungsbesteuerung zugrunde liegende fiktive Ausschüttung von einer tatsächlichen Ausschüttung überlagert, würde eine Doppelbesteuerung drohen. § 11 Abs. 1 AStG sieht zur Vermeidung dieser Doppelbesteuerung vor, dass bei dem unbeschränkt Stpfl. der Hinzurechnungsbetrag um die Gewinnanteile zu kürzen ist. Übersteigen die Gewinnanteile den Hinzurechnungsbetrag, ist dieser Ausschüttungsüberschuss mit den angesetzten Hinzurechnungsbeträgen der vorangegangenen vier Jahre nach deren zeitlichen Reihenfolge zu verrechnen. Die auf die Hinzurechnungsbeträge entrichteten Steuern sind dann ggf. nach § 11 Abs. 2 AStG zu erstatten.

Ausnahme: Zwischeneinkünfte mit Kapitalanlagecharakter i.S.v. § 10 Abs. 6 S. 2 AStG sind nicht nach § 11 Abs. 1 AStG begünstigt.

Steueranrechnung nach § 12 AStG:

Dem Stpfl. wird ein Wahlrecht für die steuerliche Berücksichtigung der ausländischen Ertragsteuern zugestanden. Abweichend vom Abzug bei der Ermittlung des Hinzurechnungsbetrages nach § 10 Abs. 1 AStG kann nach § 12 AStG eine Anrechnung auf die inländische Steuerschuld vorgenommen werden.

Praktische Bedeutung hat dies vor allem, weil die Steuerbelastung im Inland in der Regel höher ist, die Anrechnung in voller Höhe möglich ist und somit günstiger als der Abzug ausländischer Steuer von den passiven Einkünften.

Beispiel 12: Berücksichtigung von Ausschüttungen im Rahmen der Hinzurechnungsbesteuerung

Die ausländische Zwischengesellschaft A-AG erzielt im Jahr 05 Einkünfte aus passivem Erwerb i.H.v. 200 €. In demselben entrichtet sie eine Steuer von 10 €. Im Jahr 04 erwirtschaftete sie einen Verlust von 180 €. Im Jahr 05 schüttet sie thesaurierte Gewinne i.H.v. 150 € an den Inländer A aus.

Lösung:

Ermittlung des Ausschüttungsüberschusses

Einkünfte aus passivem Erwerb		200 €
./. entrichtete Steuer (§ 10 Abs. 1 AStG)	./.	10 €
./. Verlust (§ 10 Abs. 3 AStG)	./.	180 €
= Hinzurechnungsbetrag		10 €
Gewinnanteile	./.	150 €
Anzusetzender Hinzurechnungsbetrag		0 €
Ausschüttungsüberschuss		140 €

Wird verrechnet mit den anzusetzenden Hinzurechnungsbeträgen der Jahre 01 – 04 nach § 11 Abs. 2 AStG.

Beispiel 12 (Fortführung): Ermittlung des Erstattungsbetrages
Der inländische Stpfl. A hält die Anteile an der A-AG in seinem PV. Sein Steuerbescheid für das Jahr 01 weist folgende Zahlen aus:

Einkünfte inländischer Gewerbebetrieb		500 €
+ Einkünfte V+V		100 €
+ Einkünfte Kapitalvermögen nach § 10 Abs. 2 AStG		160 €
= Gesamtbetrag der Einkünfte		760 €
./. SA etc.	./.	30 €
= z.v.E.		730 €
Steuer 40 % (geschätzt)		**292 €**

Lösung:

Ermittlung des Erstattungsbetrages:
Gesamtbetrag der Einkünfte nach Kürzung des anzusetzenden Hinzurechnungsbetrages um die Ausschüttungsüberschüsse:
500 + 100 + 20 (160 ./. 140)

(Für 20 besteht keine Ausgleichsmöglichkeit mehr).		620 €
./. SA etc.	./.	30 €
z.v.E.		590 €
Steuer 40 % (geschätzt)		**236 €**
ESt ursprünglich		292 €
./. fiktive ESt	./.	236 €
= Erstattungsbetrag		**56 €**

4.5.5 Gemischte Einkünfte (§ 9 AStG)

Bezieht eine ausländische Gesellschaft aktive und passive Einkünfte, sind letztere aber von untergeordneter Bedeutung, so bleiben sie unter den Voraussetzungen des § 9 AStG bei der Inlandsbesteuerung außer Ansatz. Sowohl die relative als auch die absolute Freigrenze des § 9 AStG dürfen nicht überschritten werden.

1. **Relative Freigrenze:**
   Die Bruttoerträge aus passivem Erwerb dürfen nicht mehr als 10 % der gesamten Bruttoerträge der ausländischen Gesellschaft betragen. Bei dieser Verhältnisrechnung bleiben die unter § 13 Abs. 1 AStG (s.u.) fallenden Dividenden außer Ansatz.

2. **Absolute Freigrenze:**
   Die absoluten Freigrenzen werden überschritten, wenn
   - bei der ausländischen Gesellschaft die Hinzurechnungsbeträge für sämtliche Beteiligte 60.000 € überschreiten oder
   - bei einem Inlandsbeteiligten die anzusetzenden Hinzurechnungsbeträge für alle ausländischen Gesellschaften, an denen er beteiligt ist, den Betrag von 60.000 € übersteigen.

4.5.6 Schachteldividenden (§ 13 AStG)

Sinn und Zweck der Vorschrift: Abgesehen von den Fällen des § 8 Abs. 2 AStG stellen Beteiligungserträge, die eine Gesellschaft i.S.d. § 7 AStG von einer KapG erhält, grundsätzlich Einkünfte aus passivem Erwerb dar. Um volkswirtschaftlich sinnvolle Auslandsinvestitionen zu gewährleisten, sollen bestimmte Schachteldividenden und Gewinne aus der Veräußerung von Schachtelbeteiligungen über § 13 AStG begünstigt werden.

Regelungsgehalt des § 13 AStG: Nach § 13 AStG erfolgt die Behandlung der Beteiligungserträge bei der Zwischengesellschaft so, wie sie bei einem unmittelbaren Zufluss an den Inländer zu behandeln wären. Dasselbe gilt für die konzerninterne Veräußerung von Anteilen an KapG durch die Zwischengesellschaft.

4.5.7 Nachgeschaltete Zwischengesellschaften (§ 14 AStG)

Die Einfügung dieser Vorschrift war notwendig um Umgehungen des AStG durch Einschaltung von Holdinggesellschaften zu verhindern. § 7 Abs. 1 AStG ermöglicht nämlich die Hinzurechnung der Zwischeneinkünfte der ausländischen Gesellschaften zu den Einkünften des inländischen Gesellschafters nur, wenn dieser Gesellschafter unmittelbar an der ausländischen Gesellschaft beteiligt ist. Damit könnte die Hinzurechnungsbesteuerung einfach in der Weise umgangen werden, dass zwischen eine ausländische Gesellschaft mit schädlichen Zwischeneinkünften und dem inländischen Gesellschafter eine weitere ausländische Gesellschaft geschaltet wird. Diese Regelungslücke soll § 14 AStG schließen. Nach der im Detail sehr komplizierten und kaum noch praktikablen Vorschrift werden Zwischeneinkünfte unter bestimmten Voraussetzungen bereits bei der vorgeschalteten ausländischen Gesellschaft erfasst und im Beteiligungsaufbau von Stufe zu Stufe hochgerechnet, bis sie bei der Gesellschaft der obersten Stufe angelangt sind. Von dort erfolgt die Hinzurechnung nach § 7 AStG beim unmittelbar beteiligten inländischen G´fter.

4.5.8 Besonderheiten bei Kapitalanlagegesellschaften

Durch das StÄndG 1992 sind in das AStG Regelungen eingeführt worden, durch die für Zwischeneinkünfte mit Kapitalanlagecharakter die Zugriffsbesteuerung erweitert wurde. Zwischeneinkünfte mit Kapitalanlagecharakter sind in § 10 Abs. 6 S. 2 AStG definiert. Sie müssen aus Folgendem stammen:

- Dem Halten,
- der Verwaltung,
- der Werterhaltung oder der Werterhöhung,
- von Zahlungsmitteln,
- Forderungen,
- Wertpapieren,
- Beteiligungen oder
- ähnlichen Vermögenswerten.

Bezieht die ausländische Gesellschaft Zwischeneinkünfte mit Kapitalanlagecharakter, ergeben sich zwei wesentliche Besonderheiten gegenüber der „üblichen" Hinzurechnungsbesteuerung:

1. Eine Beherrschung der ausländischen Gesellschaft durch Inländer i.S.d. § 7 Abs. 1 AStG ist nicht erforderlich. Es genügt, wenn ein unbeschränkt Stpfl. zu mind. 10 % an der ausländischen Gesellschaft beteiligt ist (§ 7 Abs. 4 AStG).
2. Die Freistellungsregelung des § 10 Abs. 5 AStG wird ganz oder teilweise ausgeschlossen, wenn die relative oder absolute Grenze der Bagatellregelung des § 10 Abs. 6 S. 1 AStG überschritten wird[829].

Sind neben den Einkünften mit Kapitalanlagecharakter auch andere Zwischeneinkünfte vorhanden, ist in einen nach § 10 Abs. 5 AStG freizustellenden und einen nach § 10 Abs. 6 AStG nicht begünstigten Teil aufzuteilen. Diese Aufteilung kann nach denselben Grundsätzen vorgenommen werden, wie sie bei der Abgrenzung der Einkünfte aus passivem Erwerb bei Gesellschaften mit gemischten Einkünften praktiziert werden[830].

> **Beispiel 13: Hinzurechnungsbesteuerung bei Zwischeneinkünften mit Kapitalanlagecharakter**
>
> Die ausländische Zwischengesellschaft A-AG erzielt im Jahr 01 Einkünfte aus passivem Erwerb von insgesamt 115.000 €. Darin enthalten sind Zwischeneinkünfte mit Kapitalanlagecharakter i.H.v. 50.000 €. Im Jahr 02 schüttet sie eine Dividende i.H.v. 100.000 € aus.

---

[829] Vgl. zur Problematik des „Treaty Override" *Debatin*, DB 1992, 2159.
[830] Vgl. Anwendungsschreiben des BMF zum AStG vom 02.12.1994 (BStBl I 1995 Sonder Nr. 1/1995) Tz. 10.4.).

Lösung:
Die Einkünfte aus passivem Erwerb führen nach der folgenden Berechnung zu einer Hinzurechnungsbesteuerung im Jahr 02:

Zwischeneinkünfte mit Kapitalanlagecharakter		50.000 €
+ Andere Zwischeneinkünfte		65.000 €
= Summe:		115.000 €
Dividende 02	100.000 €	
Nicht verrechenbar (§ 11 Abs. 4 AStG)	./. 50.000 €	
Kürzung des HZB (11 Abs. 1 AStG)	50.000 €	./. 50.000 €
Hinzurechnungsbetrag (HZB) 02:		**65.000 €**
Steuerfreier Gewinnanteil im Jahr 02, § 11 Abs. 4 S. 2 AStG		50.000 €

Probeberechnung:

Der Inländer A versteuert 02		
HZB nach dem AStG		65.000 €
Gewinnanteil	100.000 €	
Davon steuerfrei	./. 50.000 €	
Steuerpflichtig	50.000 €	+ 50.000 €
Summe:		115.000 €

4.5.9 Verfahrensvorschriften (§ 18 AStG)

Nach § 18 Abs. 1 AStG werden die Besteuerungsgrundlagen für die Hinzurechnungsbesteuerung gesondert festgestellt. Sind an einer Zwischengesellschaft mehrere unbeschränkt Stpfl. beteiligt, erfolgt die gesonderte Feststellung ihnen gegenüber einheitlich. Gesondert festzustellen ist:

- Ob hinzugerechnet wird,
- was hinzugerechnet wird,
- wem hinzugerechnet wird,
- wann hinzugerechnet wird.

Der Hinzurechnungsbescheid ist ein Grundlagenbescheid nach § 171 Abs. 10 AO. Erklärungspflicht: Jeder, der an der Zwischengesellschaft beteiligt ist, ist nach § 18 Abs. 3 AStG verpflichtet, eine Erklärung für die gesonderte und ggf. einheitliche Feststellung abzugeben.

4.5.10 Verhältnis der §§ 7 ff. AStG zu anderen Vorschriften

Scheingeschäfte (§ 41 Abs. 2 AO): Überträgt ein Inländer Einkunftsquellen auf eine ausländische Gesellschaft, kann trotz vorhandener Verträge eine steuerliche Anerkennung versagt werden, wenn es sich um Scheingeschäfte handelt. Steuerlich ist dann nach § 41 Abs. 2 AO das Rechtsgeschäft zugrunde zu legen, das durch das Scheingeschäft verdeckt wird. Eine Überprüfung erfolgt rechtssystematisch vor den §§ 7 ff. AStG.

Rechtsmissbrauch (§ 42 AO): Sowohl die Errichtung einer ausländischen Basisgesellschaft als auch die Einschaltung einer ausländischen Gesellschaft für einzelne Geschäfte kann rechtsmissbräuchlich nach § 42 AO sein. § 42 AO hat Vorrang vor den Bestimmungen des AStG. Diese immer schon vorherrschende Auffassung sieht sich durch die Neufassung des § 42 AO auch hier bestätigt.

Allerdings ist vor Anwendung des § 42 AO stets zu untersuchen, ob sich die Geschäftsleitung des Unternehmens im Inland befindet, da die unbeschränkte Steuerpflicht insoweit § 42 AO ausschließt. DBA schränken die Anwendung des § 42 AO nicht ein.

Verhältnis des AStG zu den DBA (§ 20 AStG): Durch die Vorbehaltsklausel des § 20 Abs. 1 AStG wird klargestellt, dass die DBA von der nach nationalem Recht gestalteten Rechtslage ausgehen und die Hinzurechnungsbesteuerung als eigenständigen Besteuerungsanspruch anerkennen. Hinzuweisen ist in diesem Zusammenhang noch darauf, dass die inländische Besteuerung von Einkünften mit Kapitalanlagecharakter nicht steuermindernd durch Eingliederung dieser Einkünfte in eine Betriebsstätte umgangen werden kann. Für diese Gestaltung sieht § 20 Abs. 2 AStG die Steueranrechnungsmethode vor.

V Besteuerung der Steuerausländer im Inland

1 Sachlicher Umfang der beschränkten Steuerpflicht

1.1 Überblick

Sowohl für natürliche Personen (§ 1 Abs. 4 EStG) wie für juristische Personen (§ 2 KStG) setzt die beschränkte Steuerpflicht von Steuerausländern sog. Inlandseinkünfte gem. § 49 EStG (ggf. i.V.m. § 8 Abs. 1 KStG) voraus[831]. Die Steuererhebung erfolgt vielfach durch Steuerabzug an der Quelle. Dadurch und durch § 50 Abs. 1 und 2 EStG sind persönliche Verhältnisse weitgehend ausgeschlossen. In ihrer Reinform weist die Besteuerung nach der beschränkten Steuerpflicht objektsteuerartige Züge auf. In den Folgebestimmungen der §§ 50, 50a EStG ist die Durchführung der Besteuerung geregelt.

1.2 Konkurrenzen

Sind die Voraussetzungen des § 2 AStG gegeben, gilt das lex specialis der erweiterten beschränkten Steuerpflicht dieser Norm (s. Kap. IV).

Selbst, wenn alle tatbestandlichen Voraussetzungen des § 49 EStG gegeben sind, kann die Besteuerung nach §§ 1 Abs. 4, 49 ff. EStG durch ein **DBA** ausgeschlossen oder beschränkt sein. Für diesen Fall wird der Besteuerungstatbestand nach § 49 EStG gegenstandslos, auch wenn der ausländische Staat von seinem Besteuerungsrecht keinen Gebrauch macht[832]. Der hierin enthaltene Grundsatz des Verbots der „virtuellen Doppelbesteuerung" – unabhängig von der tatsächlichen Erfassung der Einkünfte in irgendeinem Vertragsstaat – kann jedoch durch eine „subject-to-tax"-Klausel vermieden werden[833].

2 Inlandseinkünfte gemäß § 49 EStG

Als zentrale Norm definiert § 49 Abs. 1 EStG einen abschließenden Katalog von Einkünften mit Inlandsbezug. Bereits vorgreiflich ist darauf hinzuweisen, dass diese nicht ununbedingt die Kehrseite der ausländischen Einkünfte i.S.d. § 34d EStG sind[834]. Einen ersten Überblick – verbunden mit der jeweiligen verfahrensrechtlichen Folge – vermittelt die nachfolgende Übersicht:

---

[831] Nach *Frotscher*, § 49 Rz. 2 werden nur Einkünfte erfasst, deren Inlandsbezug eine gewisse Intensität aufweist; so auch *Kraft* in *H/H/R*, § 49 Rz. 103.
[832] Ausführlich *Wassermeyer* in *Debatin/Wassermeyer*, Art. 1 Rz. 11.
[833] S. Kap. II.
[834] So können etwa in den Inlandseinkünften des § 49 Abs. 1 EStG auch ausländische Einkünfte i.S.d. 34d EStG enthalten sein (Bsp.: Eine Kapitalforderung gegen einen ausländischen Schuldner, die auf einem inländischen Grundstück dinglich abgesichert ist); vgl. § 34d Nr. 6 EStG einerseits und § 49 Abs. 1 Nr. 5c aa) EStG andererseits.

Teil 1: § 49 Abs. 1 Nr. 1 – 3 EStG

Norm	Einkunftsart	Inlandsbezug und anzuwendender Artikel nach OECD-MA	Verfahren (Besonderheiten)
§ 49 Abs. 1 ...			
... Nr. 1	Einkünfte aus **L+F** (§§ 13, 14 EStG)	„im **Inland betrieben**" Belegenheitsprinzip (Art. 6, 13 OECD-MA)	*Veranlagung*
... Nr. 2 ...	Einkünfte aus **Gewerbebetrieb** (§§ 15 –17 EStG)		
... Buchst. a)		**inländische Betriebsstätte** oder **ständiger Vertreter** im Inland, Betriebsstättenprinzip (Art. 7 i.V.m. Art. 5 OECD-MA)	
... Buchst. b) und c)		Betrieb von Seeschiffen und Luftfahrzeugen für Beförderungen zwischen inländischen und von inländischen zu ausländischen Häfen (Art. 8 OECD-MA)	
... Buchst. d)		inländische Ausübung und Verwertung **künstlerischer, artistischer und sonstiger Darbietungen** (Art. 17 OECD-MA)	**Steuerabzug** mit Abgeltungswirkung
... Buchst. e)		Veräußerung von **Anteilen an KapG** i.S.d. § 17 EStG (Art. 13 Abs. 4 OECD-MA)	**Veranlagung**; Vorschrift ist subsidiär zu Nr. 2 Buchst. a) und Nr. 8
... Buchst. f)		Veräußerung von **unbeweglichem Vermögen, Sachinbegriffen oder Rechten** (Art. 13 OECD-MA)	**Veranlagung**; „Lückenfüller" zur Erfassung stiller Reserven
... Nr. 3	Einkünfte aus **selbständiger Arbeit** (§ 18 EStG)	**Ausübung** oder **Verwertung im Inland** (Art. 14 OECD-MA)	**Steuerabzug** oder **Veranlagung**

Teil 2: § 49 Abs. 1 Nr. 4 und 5 EStG

... Nr. 4 n.F.[835]	Einkünfte aus **nichtselbständiger Arbeit** (§ 19 EStG)		
... Buchst. a)		**Ausübung** oder **Verwertung im Inland** (Art. 15 OECD-MA)	Bei inländischen AG **Steuerabzug** mit Abgeltungswirkung, ansonsten **Veranlagung**
... Buchst. b)		Einkünfte aus bestimmten inländischen öffentlichen Kassen (Art. 19 OECD-MA)	
... Buchst. c)		Vergütungen für Geschäftsführer oder Prokuristen oder Vorstandstätigkeit bei einer Gesellschaft mit Geschäftsleitung im Inland (Art. 15 OECD-MA)	
... Nr. 5 ...	Einkünfte aus **Kapitalvermögen** (§ 20 EStG)		

---

[835] Neugefasst durch StÄndG vom 20.12.2001.

... Buchst. a)	Erträge gem. § 20 Abs. 1 Nr. 1, 2, 4, 6 und 9 EStG	inländischer Schuldner oder bestimmte ausländische Erträge aus Tafelgeschäften (Art. 10 OECD-MA)		Grds. Steuerabzug mit Abgeltungswirkung unter Betriebsstätten-Vorbehalt
... Buchst. b) ...	Aufgehoben			
... Buchst. c) ...	Erträge gem. § 20 Abs. 1 Nr. 5 und 7 EStG			
... Doppelb. aa)		inländische dingliche Besicherung der Kapitalforderung (Art. 11 OECD-MA)		
... Doppelb. bb)		Erträge aus nicht beteiligungsähnlichen Genussrechten („nicht in § 20 Abs. 1 Nr. 1 EStG genannt") sind; inländischer Schuldner (teleologische Reduktion – Art. 11 OECD-MA)		Grds. Steuerabzug mit Abgeltungswirkung unter Betriebsstätten-Vorbehalt
... Doppelb. cc)		Erträge aus **Tafelgeschäften**, die durch **inländische Kredit- oder Finanzdienstleistungsinstitut** ausgezahlt werden (Art. 11 OECD-MA)		

Teil 3: § 49 Abs. 1 Nr. 6 – 9 EStG

... Nr. 6	Einkünfte aus V+V (§ 21 EStG)	**Belegenheit** im Inland, **Eintragung** in inländisches öffentliches Buch oder Register oder Verwertung in (fremder) inländischer Betriebsstätte.	Grds. **Veranlagung**; **Steuerabzug** bei Überlassung bestimmter Rechte und gewerbliche Erfahrungen
... Nr. 7	**Wiederkehrende** Bezüge (§ 22 Nr. 1 EStG)	Regelung **läuft** derzeit **leer,** da kein Steuerabzug erhoben wird.	
... Nr. 8	**Private** Veräußerungsgeschäfte (§ 22 Nr. 2 EStG)	**inländische Grundstücke** oder inländische grundstücksgleiche Rechte sowie Beteiligungen i.S.d. § 17 EStG (Art. 13 OECD-MA)	**Veranlagung;** Vorschrift geht Nr. 2e vor
... Nr. 8a	Abgeordnetenbezüge (§ 22 Nr. 4 EStG)	**kein** besonderer Inlandsbezug (Art. 21 OECD-MA)	Veranlagung
... Nr. 9	Sonstige Einkünfte (§ 22 Nr. 3 EStG)	**inländische Nutzung** beweglicher Sachen (Art. 12 OECD-MA)	Steuerabzug; „Lückenfüllende" Auffangvorschrift

2.1 Der Katalog des § 49 Abs. 1 EStG

2.1.1 Die Hauptfälle

Charakteristisch für § 49 EStG ist offensichtlich, dass auf die sieben Einkunftsarten zurückgegriffen wird, jedoch nicht auf alle Unterfälle. § 49 EStG ist daher enger als § 2 EStG und relativiert das strenge Einkunftsartenrecht durch eine gelegentliche phänomenologische Umschreibung der Tätigkeiten (vgl. § 49 Abs. 1 Nr. 2d EStG: „künstlerische, sportliche ... Darbietung").

Beispiel 1: Belgische Existentialisten und der Internet-Server
Zinedine (Zm) ist Belgier und mit Zidane (Zf), ebenfalls Belgierin, verheiratet. Sie wohnen gemeinsam in Brügge. Zm und Zf sind in 01 entgeltlich tätig gewesen:

1. Zm hat ein Unternehmen in Brügge, das einen Server betreibt (sog. „Internet Service Provider" = ISP) und unterhält u.a. in Aachen ein Unternehmen, das mit Web-Sites auf diesem Server den Kunden Börseninformationen anbietet und gleichzeitig die Abwicklung von Börsengeschäften ermöglicht.
2. Zm ist als Aufsichtsratsvorsitzender bei einer AG in Köln tätig.
3. Zf ist eine international anerkannte Schachspielerin und war in 01 einmal in Düsseldorf auf einem Simultan-Schachturnier engagiert.
4. Zf lässt über eine Kölner Agentur in der BRD ihr Spezialwissen zur „indischen Eröffnung" im Schachspiel auf dem deutschen Markt verwerten.
5. Zf ist bei RTL als Talk-Show-Moderatorin angestellt, wo sie – wöchentlich – vorbereitete Quiz-Fragen zum Schachspiel beantworten lässt.

Der Fächerkanon des § 49 Abs. 1 EStG erfordert eine andere Vorgehensweise als die Grundsubsumtion nach § 2 Abs. 1 EStG. So steht weniger das Einkunftsartenrecht, sondern die genaue Typuserfassung der konkreten Tätigkeit im Vordergrund.

Lösung:

1. Bei dem Internet-Unternehmen in Aachen könnten Einkünfte nach § 49 Abs. 1 Nr. 2a EStG in Deutschland vorliegen, wenn es sich bei dem Inhaltsanbieter in Aachen um eine Betriebsstätte handelt. Eine Betriebsstätte liegt sowohl nach § 12 S. 1 AO wie nach Art. 5 OECD-MA dann vor, wenn eine feste Geschäftseinrichtung oder Anlage vorliegt, die der Tätigkeit des Unternehmens dient.
Für den Bereich der Internet-Anbieter ist vorweg darauf hinzuweisen, dass automatisierte Einrichtungen wie z.B. ein Server nur dann eine Betriebsstätte darstellen können, wenn bei ihnen sowohl die physische Komponente (Hardware) wie die unphysische Komponente (Software) gegeben sind. Nach jüngster Ansicht der OECD können solche automatisierten Einrichtungen – auch ohne Einsatz von Personal – eine Betriebsstätte begründen[836], dies in Übereinstimmung mit dem sog. „Pipeline-Urteil" des BFH vom 30.10.1996 (BStBl II 1997, 12).
Nach zutreffender weiterer Differenzierung geht der OECD-Entwurf davon aus, dass eine Betriebsstätte dann nicht begründet werden kann, wenn der Server reine Vorbereitungs- oder Hilfstätigkeiten im Bereich des E-Commerce ausführt. Dies wäre etwa der Fall, wenn – auf einem Mirrorserver – lediglich Informationen oder eine Kommunikationsplattform vorgehalten werden. Vielmehr muss es sich um sog. **dezidierte Server** han-

---
[836] OECD-Entwurf Tz. 42.6 **entgegen** Tz. 10 S. 4 zu Art. 5 OECD-MA-Komm.

deln, mit denen **Online-Geschäfte** durchgeführt werden können. Dies ist dann der Fall,

- wenn von Computer zu Computer Musikstücke, Videos und dgl. überspielt (in der EDV-Sprache: „downgeloaded") werden können oder
- wenn Dienstleistungen in ihren Kernfunktionen (von der Bestellung bis zur Bezahlung) erbracht werden können.

Man wird dies bei Online-Börsengeschäften – in Übereinstimmung mit dem Urteil des FG SchlHol vom 06.09.2001 (IStR 2002, 134) bejahen können. Eine Betriebsstätte in Aachen liegt damit vor.

Das eigentliche Hauptproblem liegt in der **Gewinnabgrenzung und -zuweisung.** Dazu wurde im Februar 2001 seitens der Business Profits Tag der OECD ein Bericht vorgelegt, der als Diskussionsentwurf die Anwendung des Art. 7 OECD-MA auf E-commerce-Aktivitäten behandelt. Konform mit dem „arm's length"-Prinzip werden verschiedene Gewinnzuordnungen vorgestellt, die dann im Betriebsstättenstaat maximiert werden können, wenn dort Personal zur Wartung oder Kundenbetreuung eingesetzt wird. Am meisten Gewinn verbleibt im Betriebsstättenstaat, wenn die Vermögensgegenstände durch Personal der Betriebsstätte selbständig entwickelt wurden[837].

Wichtig ist schließlich, dass bei § 49 Abs. 1 Nr. 2 EStG auch **Veräußerungstatbestände (§§ 16 und 17 EStG)** erfasst werden[838].

2. Die Aufsichtsratstätigkeit von Zm stellt gem. § 18 Abs. 1 Nr. 3 i.V.m. § 49 Abs. 1 Nr. 3 EStG Einkünfte aus **selbständiger Arbeit** dar, da sie im Inland ausgeübt wird.

3. Gem. § 49 Abs. 1 Nr. 2d EStG gehören die im Inland ausgeübte oder verwertete **künstlerische, sportliche, artistische** oder ähnliche Darbietung zu den inländischen Einkünften aus Gewerbebetrieb, wenn sie nicht unter Nr. 3 bzw. Nr. 4 zu subsumieren sind. Immer wieder hat sich die Rspr. der FG mit „Schach" als Sport auseinandergesetzt[839]. Aufgrund der gesetzesauthentischen Aussage in § 52 Abs. 2 Nr. 2 S. 2 AO wird man diese Aussage auf § 49 EStG übertragen können. Da Zf die sportliche Darbietung als Simultan-Schachspielerin im Zweifel selbständig ausübt, erzielt sie mit dem Schachspielen Einkünfte gem. **§ 49 Abs. 1 Nr. 3 EStG.**

4. Die Verwertung des – im Inland genutzten – **Know-hows** fällt unter den Auffangtatbestand von **§ 49 Abs. 1 Nr. 9 EStG,** wonach die hierfür bezogenen Vergütungen als Inlandseinkünfte gelten.

---

[837] Vgl. Tz. 129 ff. des o.g. OECD-Entwurfs.
[838] In diesem Zusammenhang ist auf § 49 Abs. 1 **Nr. 2f** EStG zu verweisen, wonach Veräußerungsgewinne bei **gewerblichem Grundstückshandel** unter Nr. 2 fallen. Kein Fall des § 49 Abs. 1 Nr. 6 EStG.
[839] Der BFH hat sich nur in einer Entscheidung (1986) mit dem Erwerb der Zeitung „Schach-Echo" mit dem Thema auseinandergesetzt.

5. Mit der Anstellung bei RTL und dem Vorlesen von Quizfragen übt Zf eine nichtselbständige Tätigkeit aus, die zu beschränkt steuerpflichtigen Einkünften nach § 49 Abs. 1 Nr. 4 EStG führt.

2.1.2 Der Sondertatbestand des § 49 Abs. 1 Nr. 5 EStG (Kapitalforderungen)

Zinseinkünfte aus Kapitalforderungen unterliegen abkommensrechtlich – ähnlich wie Dividenden – einem Verteilungskonzept nach Art. 10 und 11 OECD-MA, die sowohl dem Quellenstaat als auch dem Wohnsitzstaat ein Besteuerungsrecht einräumen. Das Quellensteuerrecht wird im Fall von Zinseinkünften gem. Art. 11 Abs. 2 OECD-MA auf 10 % begrenzt[840].

Allerdings kommt der Besteuerung von Zinserträgen, die Steuerausländer aus Kapitalforderungen (z.B. aus Darlehen, Sparbucheinlagen, verzinslichen Wertpapieren) erzielen, nur eine geringe praktische Bedeutung zu. So verzichtet die BRD bereits in den meisten bilateralen DBA auf ihr Besteuerungsrecht für Zinsen i.S.d. Art. 11 OECD-MA[841].

Darüber hinaus aber greift die nationale Norm des § 49 Abs. 1 Nr. 5 (und Nr. 7) EStG eine Besteuerung nur unter Voraussetzungen auf, die einen besonders starken Inlandsbezug haben.

Beispiel 2: Der Multi-Anleger aus Friesland
Nicht nur wegen des Ausgangs der letzten Bundestagswahlen verlegt der 65-jährige A(lt) seinen Wohnsitz im VZ 02 in das spanische Sonnenparadies „Costa del Illusione". Er besitzt allerdings noch erhebliche Kapitalanlagen in der BRD und erzielt daraus folgende Einkünfte im VZ 03:

1. Gewinnanteil i.H.v. 3.000 € als typisch stiller Gesellschafter an einer GmbH in Aurich, der ihm ohne jeden Abzug überwiesen wurde,
2. Zinsen i.H.v. 5.000 € aus der Hypothek an einem Grundstück in Leer,
3. Zinsen i.H.v. 7.000 € aus einem Postsparbuch,
4. Zinserträge aus einem „Tafelgeschäft" i.H.v. 10.000 €.

Hat die BRD – unabhängig von dem DBA-Spanien – ein Besteuerungsrecht?

Neben den „Dividendentatbeständen" von § 49 Abs. 1 Nr. 5a EStG i.V.m. § 20 Abs. 1 Nr. 1, 2 und 4 EStG müssen die eigentlichen Kapitalforderungen (Zinsen) nach § 49 Abs. 1 Nr. 5c aa) EStG im Inland **dinglich besichert** sein, um eine Steuerpflicht zu begründen. Dies bedeutet, dass zur Sicherheit des Inhabers der Darlehensforderung ein Grundpfand- oder ein Verwertungsrecht an einem Grundstück wirksam bestellt wurde[842].

Aus kapitalmarktpolitischen Gründen unterliegen solche Kapitalforderungen allerdings nur dann der beschränkten Steuerpflicht gem. § 49 Abs. 1 Nr. 5c cc) S. 2 EStG, wenn es sich dabei **nicht** um Zinsen aus Anleihen und Forderungen handelt, die in ein

---

[840] Zur Erfassung von Streubesitzdividenden s. Kap. III.3.
[841] Vgl. *Pöllath* in *Vogel*, Art. 11 Ü. 19 und Rz. 6, 21 und 47; ebenso *Schaumburg*, Anm. 5.245 a.E.
[842] Vgl. *Klein* in *H/H/R*, § 49 Anm. 847.

2   Inlandseinkünfte gemäß § 49 EStG

öffentliches Schuldbuch eingetragen sind oder über die **Sammelurkunden** i.S.d. § 9a DepotG oder **Teilschuldverschreibungen** ausgestellt sind.

Ungeachtet einer dinglichen Sicherung können auch andere Bezüge i.S.d. § 20 Abs. 1 Nr. 7 EStG eine beschränkte Steuerpflicht nach § 49 Abs. 1 Nr. 5a, 2. HS EStG auslösen, sofern es sich um Erträge aus Gewinnobligationen und Wandelanleihen handelt, die von einem inländischen Schuldner ausbezahlt werden.

Weiterhin regelt § 49 Abs. 1 Nr. 5c Doppelbuchst. cc EStG einen Sondertatbestand für Zinserträge, die gegen Aushändigung der Zinsscheine – also im **Tafelgeschäft** – mit einem inländischen Kreditinstitut erzielt werden. Wiederum eine Ausnahme hiervon wird für ausländische Kreditinstitute als Empfänger der Zinsen gemacht.

Lösung:

1. Bei den Gewinnanteilen als stiller G'fter gem. § 230 HGB liegen inländische Einkünfte gem. § 49 Abs. 1 Nr. 5a i.V.m. § 20 Abs. 1 Nr. 4 EStG vor, da sich A an einer deutschen GmbH (Inhaber des Handelsgewerbes) beteiligt, wobei diese Einkünfte gem. § 43 Abs. 1 Nr. 3 EStG allerdings kapitalertragsteuerpflichtig sind.

    Für **kapitalertragsteuerpflichtige** Einkünfte tritt jedoch gem. § 50 Abs. 5 S. 1 EStG mit der einbehaltenen Quellensteuer eine **Abgeltungswirkung** ein. Die Einkünfte werden – vorbehaltlich S. 2 – nicht mehr veranlagt. Die Ausnahmetatbestände gem. § 50 Abs. 5 S. 2 (BE etc.) liegen nicht vor.

    Fraglich kann allenfalls sein, ob die Abgeltungswirkung auch dann greift, wenn – wie hier – tatsächlich kein Quellenabzug vorgenommen wurde. Nach zutreffender Ansicht des BFH vom 18.05.1994 (BStBl II 1994, 697; dort allerdings für lohnsteuerpflichtige Einkünfte) spielt es keine Rolle, ob der Abzug tatsächlich durchgeführt wurde, da dem FA immer noch der Zugriff auf den abzugspflichtigen Haftungsschuldner (hier: die GmbH) gem. § 44 Abs. 5 EStG verbleibt. Damit werden die Gewinnanteile des A als stiller G'fter nicht mehr veranlagt.

2. Die hypothekarisch gesicherten Zinsen i.H.v. 5.000 € stellen nach § 49 Abs. 1 Nr. 5c aa) EStG i.V.m. § 20 Abs. 1 Nr. 5 EStG inländische Einkünfte dar, die keiner KapESt unterliegen.

3. Die Zinsen auf dem Postsparbuch stellen keine inländischen Einkünfte i.S.d. § 49 Abs. 1 Nr. 5 EStG dar. Der Gesetzgeber vertraut an dieser Stelle auf die Steuerehrlichkeit des „Weltbürgers", der die Einnahmen in der Steuererklärung seines Landes angeben wird (...).

4. Die ESt auf Zinserträge im Tafelgeschäft wird nach § 43 Abs. 1 Nr. 1 bzw. Nr. 7a und 8 EStG im Weg des KapESt-Abzugs erhoben. Dabei wird auf Grund der Anonymität des Tafelgeschäfts der Kapitalabschlag stets einbehalten. Die KapESt beträgt gem. § 43a Abs. 1 Nr. 3, 2. HS EStG i.V.m. § 44 Abs. 1 S. 4 Nr. 1a bb) EStG für den Fall, dass Zinsscheine oder Teilschuldverschreibungen eingelöst werden, 35 %. Werden Dividendenscheine eingelöst oder Erträge realisiert, die aus inländischen oder ausländi-

schen Investmentanteilen herrühren, gilt gem. § 43 Abs. 1 Nr. 1 i.V.m. § 43a Abs. 1 Nr. 1, § 44 Abs. 1 S. 4 Nr. 1a bb) EStG eine KapESt von 20 %.

In beiden Fällen greift die Abgeltungswirkung von § 50 Abs. 5 EStG. Die Erträge aus den Tafelgeschäften sind bereits berücksichtigt.

Ergänzend wird darauf hingewiesen, dass dem beschränkt Steuerpflichtigen in DBA-Fällen die Möglichkeit bleibt, einen Antrag nach § 50d EStG beim BMF auf Erstattung des – jeweils zulässigen – KapESt-Satzes zu stellen.

2.2   Die isolierende Betrachtungsweise des § 49 Abs. 2 EStG

Die Einkunftsqualifizierung nach § 49 Abs. 1 EStG wird wesentlich durch die isolierende Betrachtungsweise des § 49 Abs. 2 EStG beeinflusst. Nach dem sehr umstrittenen Wortlaut[843] bleiben „im Ausland gegebene Besteuerungsmerkmale außer Betracht, soweit bei ihrer Berücksichtigung inländische Einkünfte i.S.d. § 49 **Abs. 1** EStG nicht angenommen werden können".

Auslöser für den 1974 eingefügten Abs. 2 war die Rspr. des RFH[844] und des BFH[845], wonach ausländische KapG im Inland Zinsen vereinnahmten bzw. selbständige Einkünfte realisierten, **ohne** in Deutschland eine **Betriebsstätte** begründet zu haben. Das Problem liegt nun darin, dass eine KapG nach deutschem Steuerrecht (§ 8 Abs. 2 KStG) immer gewerbliche Einkünfte erzielt und damit die Subsidiarität des § 20 Abs. 3 EStG (statt Kapitaleinkünfte: gewerbliche Einkünfte) auslöst. Andererseits sind diese wegen § 49 Abs. 1 Nr. 2a EStG nur dann steuerbar, wenn im Inland eine Betriebsstätte vorliegt.

Die Anwendungsfälle bezogen sich auf **KapG ohne inländische Betriebsstätte** mit Einkünften, die nach inländischem Steuerrecht – kraft Subsidiarität – als gewerbliche Einkünfte zu qualifizieren waren (z.B. aus V+V). Das Dilemma war offensichtlich: Ohne „korrigierende" Rspr. bzw. ohne gesetzliche Lösung wären nicht alle Steuermerkmale verwirklicht, so dass keine steuerbaren Einkünfte vorlägen.

Mit der absolut h.M. wird § 49 Abs. 2 EStG (1974) nur als Bestätigung der bisherigen Rspr. interpretiert, was im Ergebnis auf eine **Aufhebung der Subsidiaritätsregeln** hinausläuft. Damit können ausländische KapG ohne inländische Betriebsstätte (fast) alle vom Katalog des § 49 EStG aufgelisteten Einkünfte erzielen. Lediglich selbständige Einkünfte gem. § 15 EStG bleiben den ausländischen KapG vorenthalten, da § 15 und 18 EStG sich gegenseitig ausschließen und nicht im Verhältnis der Subsidiarität zueinander stehen.

Die später eingefügten § 49 Abs. 1 Nr. 2d und 9 EStG bestätigen diese Auslegung des § 49 Abs. 2 EStG als „Kodifikation der Rspr.": Danach gelten z.B. Vergütungen für über-

---

[843] Ganz deutlich *Kluge*, Anm. Q 15: „Der Wortlaut vermittelt nichts". Ähnlich *Clausen* in *H/H/R*, § 49 Anm. 1220. Auch *Gosch* in *Kirchhof-kompakt*, § 49 Rz. 161 muss die Norm „wenden", um sie zu kommentieren.
[844] RFH vom 07.02.1929 (RStBl 1929, 193).
[845] BFH in ständiger Rspr.; letztes Urteil vom 20.02.1974 (BStBl II 1974, 511), vor Einführung des § 49 Abs. 2 EStG.

lassenes Know-how, die eine ausländische KapG ohne inländische Betriebsstätte erzielt, als sonstige, inländische Einkünfte gem. § 49 Abs. 1 Nr. 9 EStG.

3 Durchführung der Besteuerung sowie Verfahrensfragen

3.1 Charakterisierung der §§ 50 und 50a EStG

§ 50 EStG enthält in den ersten drei Absätzen materiell-rechtliche Grundsätze der Besteuerung, in § 50 Abs. 5 sowie in § 50a EStG verfahrensrechtliche Sondervorschriften zur Durchführung der Besteuerung an der Quelle. Beide Normenkomplexe führen dazu, dass die persönlichen Verhältnisse nahezu unberücksichtigt bleiben. Von daher rührt auch der **objektsteuerartige** Charakter der beschränkten Steuerpflicht. Nachfolgend liegen keine Grenzpendler-Sachverhalte vor.

3.2 Durchführung der Besteuerung (§ 50 Abs. 1 EStG)

3.2.1 Das objektive Nettoprinzip (Abzug des Erwerbsaufwands)

Nach § 50 Abs. 1 S. 1 EStG sind BA und WK nach Maßgabe des Veranlassungsprinzips (§ 4 Abs. 4 EStG) abzugsfähig, sofern sie mit inländischen Einkünften zusammenhängen[1283]. Der Bezug zu den inländischen Einkünften (nicht: zu den Einnahmen) ermöglicht auch den Abzug von nachträglichen und vorweggenommenen BA/WK. Die WK-Pauschalen des § 9a EStG sind hingegen gem. § 50 Abs. 1 S. 4 EStG nicht anzuwenden. Als einzige Ausnahme kann gem. § 50 Abs. 1 S. 5 und 6 EStG der AN-Pauschbetrag von 1.044 € angesetzt werden, dies aber nur zeitanteilig entsprechend dem tatsächlichen Zufluss der Einnahmen. Ebenso wenig kommen der Sparerfreibetrag des § 20 Abs. 4 EStG sowie der Freibetrag nach § 16 Abs. 4 EStG zur Anwendung.

> **Beispiel 3: Der veranlagte ausländische Arbeitnehmer**
> Die Elsässerin E arbeitet als angestellte Dolmetscherin beim deutschen Südwestfunk. E erhält dafür einen monatlichen Arbeitslohn von 3.000 €; E wählt die ESt-Veranlagung nach § 50 Abs. 5 S. 2 Nr. 2 EStG. § 1 Abs. 3 sowie § 1a EStG kommen nicht zur Anwendung.

Als Ausnahme vom Abzugsverbot der existentiellen Aufwendungen (siehe 3.1.2) können ausländische AN den zeitanteiligen Abzug der Pauschbeträge nach § 10c Abs. 1 (SA-Pauschbetrag) sowie nach § 10c Abs. 2 und 3 EStG (Vorsorgepauschale) geltend machen.

[1283] Dabei reichen ein rein rechtlicher, örtlicher oder zeitlicher Zusammenhang alleine nicht aus (*H/H/R*, § 50 Rz. 40).

Lösung:
Aufgrund der gewählten ESt-Veranlagung werden WK nur bei wirtschaftlichem Zusammenhang mit den Einkünften als Dolmetscherin zum Abzug zugelassen. Statt des WK-Einzelnachweises kann auch der WK-Pauschbetrag gem. § 9a Nr. 1 EStG für die Monate der Arbeit in der BRD berücksichtigt werden. Weiterhin kann E gem. § 50 Abs. 1 S. 5 EStG den SA-Pauschbetrag sowie die Vorsorgepauschale nach § 10c EStG ansetzen.

Ein Verlustabzug gem. § 10d EStG ist gem. S. 2 leg. cit. nur insoweit möglich, als dieser bei Inlandseinkünften entstanden ist. Die weitere gesetzliche Voraussetzung, dass sich dies aus im Inland aufbewahrten Unterlagen ergeben müsse, ist bei EG/EWR-Bürgern gem. R 223a EStR nicht anzuwenden (Verstoß gegen EG-Recht).

3.2.2 Das subjektive Nettoprinzip sowie Tarifermäßigungen

§ 50 Abs. 1 S. 4 EStG schließt gänzlich den Abzug von SA nach §§ 10 und 10a EStG aus; davon sind auch die Pauschbeträge des § 10c EStG betroffen. Ebenso wenig können außergewöhnliche Belastungen (§§ 33 – 33c EStG) abgezogen werden.

Die Freibeträge gem. § 24a EStG (Altersentlastungsbetrag), § 32 Abs. 6 EStG (Kinderfreibetrag) und § 32 Abs. 7 EStG (Haushaltsfreibetrag) sind nach § 50 Abs. 1 S. 4 EStG ebenfalls nicht abziehbar. Tarifvergünstigungen sind nur eingeschränkt möglich[847], weitere Tarifermäßigungen sind generell nicht zugelassen[848].

3.2.3 Sonstiges (Vertikale Steuergerechtigkeit/Tarifrecht)

Die tarifliche Steuer bemisst sich bei der Veranlagung gem. § 50 Abs. 3 S. 1 EStG nach dem Grundtarif des § 32a Abs. 1 EStG (zuzüglich „Soli" gem. § 4 SolZG). Der in § 50 Abs. 3 S. 2 EStG niedergelegte **Mindeststeuersatz von 25 %** findet nur bei veranlagter ESt Anwendung[849].

Sowohl das Splitting-Verfahren bei Zusammenveranlagung (§ 26 Abs. 1 S. 1 EStG) als auch der Progressionsvorbehalt nach § 32b EStG sind bei beschränkter Steuerpflicht nicht anwendbar, da beide Tarifbestimmungen die unbeschränkte Steuerpflicht voraussetzen[850].

---

[847] So ist § 34 EStG nur bei Veräußerungsgewinnen nach § 16 und 18 EStG anwendbar.
[848] S. auch *Wied*, § 50 Rz. 39.
[849] Quellensteuerpflichtige Einkünfte sind durch den Abzug abgegolten.
[850] § 50 Abs. 3 S. 1 EStG verweist ausdrücklich nur auf § 32a Abs. 1 EStG; § 50 Abs. 1 S. 4 EStG schließt § 32a Abs. 6 EStG aus.

3   Durchführung der Besteuerung sowie Verfahrensfragen

3.3 Verfahrensfragen

3.3.1 Einleitung

Bei beschränkt Stpfl. wird die ESt entweder im Rahmen einer Veranlagung oder eines vereinfachten Erstattungsverfahrens durch ESt-Bescheid festgesetzt bzw. durch einen Steuerabzug an der Quelle erhoben. Für Einkünfte, die dem Steuerabzug vom Arbeitslohn, vom Kapitalertrag oder gem. § 50a EStG unterliegen, greift grundsätzlich die Abgeltungswirkung gem. § 50 Abs. 5 S. 1 EStG . Diese Besteuerung wird als **„Bruttobesteuerung"** bezeichnet, da bei ihr der Abzug von Erwerbsaufwand nicht zugelassen ist[851].

Einzig bei erweitert beschränkter Steuerpflicht nach § 2 AStG und bei AN (§ 50 Abs. 5 Nr. 2 EStG) kommt eine Veranlagung in Betracht.

3.3.2 Ausnahmen vom Quellensteuerabzug nach § 50 Abs. 5 EStG

Die Abgeltungswirkung mit Quellensteuerabzug tritt nicht ein, wenn es sich um einen der vier genannten Ausnahmefälle handelt:
1. Einnahmen aus inländischem Betrieb (§ 50 Abs. 5 S. 2, 2. HS EStG),
2. Nachträgliches Nicht-Vorliegen der Voraussetzungen der § 1 Abs. 2 und 3 EStG bzw. des § 1a EStG (§ 50 Abs. 5 Nr. 1 EStG),
3. AN-Veranlagung auf Antrag (§ 50 Abs. 5 Nr. 2 EStG),
4. Erstattungsverfahren gem. § 50 Abs. 5 Nr. 3 EStG.

3.3.2.1 Einnahmen aus inländischem Betrieb

Bei einer inländischen Betriebsstätte (s. oben Bsp. 2) oder bei einem ständigen Vertreter liegen inländische BE vor. Unter Anwendung des § 50 Abs. 1 S. 1 – 4 EStG werden die Betriebsergebnisse sodann in der Veranlagung berücksichtigt.

3.3.2.2 Nachträgliches Nicht-Vorliegen der unbeschränkten Steuerpflicht

Hier handelt es sich um Korrekturen der ursprünglichen Annahme einer unbeschränkten Steuerpflicht (allerdings nicht nach § 1 Abs. 1 EStG). Betroffen von der Regelung sind insb. AN, bei denen beim Lohnsteuerabzug die Splittingtabelle zugrunde gelegt wurde. Die Steuernachforderung basiert auf § 39a Abs. 5 EStG.

3.3.2.3 Arbeitnehmer-Veranlagung auf Antrag

Jeder Bürger der EG/EWR hat danach als AN das Recht auf eine Antragsveranlagung, wenn er seinen Wohnsitz (bzw. gewöhnlichen Aufenthalt) im Hoheitsgebiet eines

---

[851] Nach einigen Autoren (*Schaumburg*, 1998, Rn. 5.283) liegt hierin ein Verstoß sowohl gegen Art. 3 Abs. 1 GG wie – bei EG-Bürgern – auch gegen Art. 6, 48 und 52 EG-Vertrag.

dieser Staaten hat[852]. Die Veranlagung kommt nur bei lohnsteuerpflichtigen Einkünften zum Tragen, während die Steuerabzüge vom Kapitalertrag (§ 43 EStG) und nach § 50a EStG bestehen bleiben. Materiell-rechtlich gelten bei der Veranlagung die Vorschriften für beschränkt steuerpflichtige AN gem. § 50 Abs. 1 EStG.

3.3.2.4 Erstattungsverfahren

Ebenso entfällt die Abgeltungswirkung, wenn ein beschränkt Stpfl. nach § 50 Abs. 5 Nr. 3 EStG die Erstattung der einbehaltenen und abgeführten Steuer beantragt und seine Einnahmen dem Steuerabzug nach § 50a Abs. 4 Nr. 1 oder 2 EStG unterliegen (s. sogleich). Antragsberechtigt sind daher in erster Linie Künstler, Sportler und Artisten, wobei es keine Rolle spielt, ob sie gewerblich, selbständig oder als AN tätig wurden. Wegen des Sachzusammenhangs mit § 50a EStG wird auf Detailfragen im nächsten Kap. eingegangen.

3.3.3 Der Sondertatbestand des § 50a EStG

3.3.3.1 Zweck der Norm

Die in § 50a EStG genannten Stpfl. verfügen im Regelfall über keine dauerhaften Bezüge, so dass sich der Staat des Sicherungsinstruments des Quellensteuerabzugs bedient. Auch hier wird die ESt nach den Bruttoeinnahmen bemessen[853].

3.3.3.2 Aufsichtsratssteuer

Der Aufsichtsratssteuer unterliegen alle Vergütungen für die Überwachung der Geschäftsführung von inländischen KapG nach § 50a Abs. 1 EStG i.V.m. § 73a EStDV[854]. Die Steuer beträgt 30 % der Vergütungen (§ 50a Abs. 2 EStG), wobei BA grundsätzlich nicht abzugsfähig sind. Nach § 50a Abs. 3 S. 2 EStG wird nur für Reisekostenvergütungen, soweit sie über die steuerlichen Pauschalvergütungen hinaus gewährt werden.

3.3.3.3 Quellensteuer bei Vergütungen nach § 50a Abs. 4 EStG

Unabhängig von der Einkunftsqualifikation nach § 2 Abs. 1 EStG werden nach § 50a Abs. 4 EStG im Ergebnis alle Aktivitäten von (steuer-)**ausländischen Künstlern und Sportlern** dem Quellensteuerabzug unterworfen:

---

[852] Für die Veranlagung ist das Betriebsstätten-FA zuständig, das die Bescheinigung nach § 39d Abs. 1 S. 3 EStG erteilt hat.
[853] Nach h.M. (*Gosch* in *Kirchhof-kompakt*, § 50a Rz. 1) soll kein Gleichheitssatzverstoß vorliegen, obwohl der Erwerbsaufwand nicht berücksichtigt wird.
[854] Die Geschäftsleitung oder der Sitz der KapG müssen im Inland liegen.

- Nach § 50a Abs. 4 Nr. 1 EStG deren gewerbliche Tätigkeitsvergütungen,
- nach § 50a Abs. 4 Nr. 2 EStG die weitergehende gewerbliche Betätigung dieser Berufsgruppe,
- nach § 49 Abs. 1 Nr. 4 EStG die Vergütungen in der Eigenschaft als AN.

Darüber hinaus wird der Kreis der dem Quellensteuerabzug unterliegenden Einkünfte nach § 50a Abs. 4 Nr. 2 EStG auf Schriftsteller, Journalisten etc. erweitert. Von 1996 bis 2001 betrug der Steuerabzug immer 25 % der **Bruttoeinnahmen** ohne Abzüge. Ab VZ 2002 beträgt der Regelsatz zwar weiter 25 %, ist aber bei geringfügigen Einnahmen gestaffelt worden, so dass erst bei Einnahmen über 1.000 € der „Quellenspitzensteuersatz" von 25 % anfällt. Ab VZ 2003 wird der Regelsatz 20 % betragen.

In § 50a Abs. 4 Nr. 3 EStG ist die Regelung auf Vergütungen für Nutzungsüberlassungen erstreckt worden. Für die technische Handhabung des Quellensteuerabzugs ist über § 50a Abs. 5 EStG § 73e EStDV zu berücksichtigen, der die Formalien für die Einbehaltung des Quellensteuerabzugs regelt (Abzugsverpflichteter, Haftungsverfahren etc.).

Stichwortregister

Abfindungen 239
Abfluss 35, 164
Abflussprinzip 182
   Ausnahme 38
Abgeltungswirkung 619
   Lohnsteuer 51
Abstandszahlung 366
Abwachsung 357
Abzugsmethode 544
Abzugsverbot 152
   generelles 124
AfA-Beträge
   bei Drittaufwand 252
Ähnliche Berufe 120
Aktivitätsklausel 563
Aktivitätsprüfung 451
Aktivtätigkeit
   fiktive 451
Altersvorsorgebeiträge 181
Amtsveranlagung 51
An-/Abwachsung 302
Änderungsvorbehalt
   nach § 323 ZPO 375
Angehörigenverträge 268
Angemessenheit 140, 200
Anlaufverluste 100
AN-Pauschbetrag 13
Anrechnungsmethode 542, 544
Anrechnungsverfahren 58
Ansässigkeit
   doppelte 540
Anschaffungskosten 340
Antragsveranlagung
   bei beschränkter Steuerpflicht 623
Anwachsung 357
Anwartschaft 337
Arbeitgeber 41
Arbeitnehmer 42
   international tätige 575
Arbeitnehmer-Überlassung 56
Arbeitsgemeinschaft 492
Arbeitslohn 45

Arbeitsverhältnisse
   mit Ehegatten 269
   mit Kindern 269
Arbeitszimmer
   häusliches 134
Architekt 120
ARGE 492
Aufbauschema ESt-Klausur 7
Aufenthalt
   gewöhnlicher 17
   gewöhnlicher (international) 541
Aufgabeerklärung 320
Auflösungsklausel 396
Aufrechnung
   als Zufluss 37
Aufsichtsratssteuer 624
Aufteilungsverbot 152
Aufwand
   anschaffungsnahen 150
   verlorener 205
Aufwendungen 162, 185, 203
   gemischte 152
   unangemessene 139
Aufzeichnungspflicht 126
Ausbildungsbetrag 219
Ausbildungsfreibetrag 215
Ausbildungshilfe 212
Ausgaben 185, 203
Auslandsbezug
   negative Einkünfte mit ~ 447
Auslegung
   nach völkerrechtlichen Grundsätzen 549
Außenhaftung
   überschießende 467
Außensteuergesetz 579
   Einkunftsberichtigung 580
Außergewöhnliche Belastung 197
   abziehbarer Betrag 211
   Umfang 210
Autodidakt 121
Avoir fiscal 555
Bardividende 59
Barwert

abgezinster 298
Beherrschung 600
Behinderte 216
Behinderten-Pauschbetrag 217
Belastung
  außergewöhnliche 197
  wirtschaftliche 164, 165
  zumutbare 206, 216
Belastungsprinzip 203
Berechnungsschema
  Gewerbesteuer 488
  Höchstbetrag Sonderausgaben 171
Berechnungsschema ESt 6
Berichtigungsvorschriften
  DBA 557
Berufsausbildung 209
  Aufwendungen für 206
  eigene 175
  Kosten der 163
Berufskleidung
  typische 50, 153
Bescheinigung über die
  Gemeinnützigkeit
  vorläufige 191
Besicherung
  dingliche 618
Bestechung 143
Beteiligung
  mittelbare 335
  wesentliche 326
Beteiligungsertrag
  betrieblicher 515
Beteiligungserträge 57, 62
Betrachtungsweise
  isolierende 620
Betrag
  anrechnungsfreier 212
Betreuungsfreibetrag 219, 224
Betrieb
  fortgeführter 481
  lebender 318
Betriebliche Veranlassung 148
Betriebsaufgabe 283, 307
  bei selbständiger Tätigkeit 316

Betriebsausgaben 29, 124
  vorweggenommene 178
Betriebsgrundlagen
  wesentliche 280, 285
Betriebsstätte 551
  ausländische 561
  Begriff 561
  Errichtung 562
  gewerbesteuerliche 519
  mehrgemeindliche 519
Betriebsstättenverlust 448, 450
Betriebsstättenvorbehalt 572
Betriebsteil
  fortgeführter 481
Betriebsunterbrechung 310
Betriebsveranstaltung 46
Betriebsveräußerung 283, 285
Betriebsvermögen
  Übertragung von 365
Betriebsverpachtung 317, 510
Betriebsvorrichtung 510, 515
Beweis des ersten Anscheins 101
Bewirtungsaufwendungen 128
Bezüge
  wiederkehrende 85, 299, 373
Bruttodividende 59
Buchwertklauseln 276
Buchwertverknüpfung 279
Bürgschaft
  Inanspruchnahme aus 255
Bußgeld 140
Darlehen
  eigenkapitalersetzendes 254
  partiarisches 63
  teilentgeltliches 71
  von Angehörigen 254
Dauernde Last 159, 168
366, 373, 375, 506
Dauerschulden 500
DBA 537
  OECD-Musterabkommen 538, 548
  remittance base-Klausel 547
  Rückfallklausel 547
  subject-to-tax-Klausel 547

Stichwortregister

switch over-Klausel 547
Dienstreisen 131
Dienstverhältnis 44
Diplomaten 18
Dividendenbesteuerung
  internationale 577
Doppelbesteuerungsabkommen 530, 537
Doppelte Haushaltsführung 130, 132
Dotationskapital 569
Dreiecksverhältnisse
  ertragsteuerliche 229
Drei-Objekt-Grenze 106
Drittaufwand 165
  echter 246
  steuerlicher 243
Dritte 229
Dritteinnahmen 237
Dualismus 282
Dualismus der Einkunftsarten 89
Durchgriff 109
Durchlaufspendenverfahren 184, 190
EG-Bürger 531
Ehegatten 210
  zusammenveranlagte 435
Ehegattenarbeitsverträge 268
Ehegattenveranlagung
  EG/EWR-Staaten 534
Eigenheimzulagengesetz 83
Eigenkapital 462
Eigenkapitalersetzende Darlehen 331
Eigenkapitalersetzende Maßnahmen 342
Einkommensverwendung 159, 198
Einkünfte
  aus Gewerbebetrieb 90, 283
  aus Kapitalvermögen 57
  aus nichtselbständiger Arbeit 41
  aus selbständiger Arbeit 116
  aus Vermietung und Verpachtung 72
  außerordentliche 239
  nachträgliche 238
  negative 453
  sonstige 84
Einkünfteerzielungsabsicht 78, 100
Einlage

offene 341
  verdeckte 337, 341, 559
  wertgeminderte Beteiligung 345
Einlageminderung 468
Einlagerückgewähr 467
Einnahmen 21
  negative 28
  regelmäßig wiederkehrende 38
  steuerfreie 47
Einsatzwechseltätigkeit 131
Einzelrechtsnachfolge 355
Einzelunternehmer
  als Gewerbesteuersubjekt 492
Einzelwirtschaftsgüter
  unentgeltliche Übertragung 282
Elf-Jahres-Zeitraum 470
Entschädigungen 239
Enumerationsprinzip 162
Erbauseinandersetzung 387
Erbfall 379
Erbfolge
  vorweggenommene 362
Erbschaftsteuerpflicht
  erweitert beschränkte 592
Erfinder 117
Erforderlichkeit 200
Erhaltungsaufwand 77
Erstattungsverfahren 624
erteilungsnorm 542
Ertragsanteil 375
Ertragsteuerrecht
  Grundprinzipien des 3
Erwerbsaufwand 124, 149
Erziehungsbetrag 219
Europäischer Wirtschaftsraum 532
Existenzminimum
  sozialhilferechtliches 220
Fahrlässigkeit 199
Familienleistungsausgleich 219
Familienpersonengesellschaft 271
Fehlbetrag
  Gewerbesteuer 482
Finanzierungsversicherung
  steuerschädliche 66

Finanzplankredit 343
Flugzeug
  im internationalen Verkehr 575
Fonds 234
Forderungen
  grundpfandrechtlich gesicherte 68
Fortsetzungsklausel 396
Freiberufler 117
Freistellungsmethode 545
Freiwilligkeit 186
Fremdkapital 462
Fremdvergleich 270, 276, 556, 564, 581
Fünfjahresfrist 333
Fünf-Jahres-Zeitraum 106
Gästehaus 129
Gebäude 73
Gebäudeteil 73
Gefährdungshaftung 193
Gegenleistung 186
Gegenwerttheorie 204
Geldstrafe 140
gemeiner Wert 315
gemeinnützige Zwecke 184
Generationennachfolgevertrag 362
Gepräsetheorie 113
Gesamtbild 95
Gesamtrechtsnachfolge 355, 379
Gesamtschuld 229
Geschäftsbetrieb
  wirtschaftlicher 491
Geschäftsleitung
  Ort der tatsächlichen ~ 541
Geschenke
  für Geschäftsfreunde 126
Gesellschafter
  inländischer 600
Gesellschafterwechsel 230
  Gewerbesteuer 496
Gestaltungsmissbrauch 259, 506
Gewerbebetrieb 90
  Abgrenzung zu Land- und
    Forstwirtschaft 110
  Abgrenzung zur selbständigen Arbeit
    112

  fiktiver 491
  Reisegewerbe 489
  stehender 489
  werbender 494
Gewerbebetrieb
  formeller 491
Gewerbeertrag 499
Gewerbekapitalsteuer 487
Gewerbesteuer 487
Gewerbesteuerrückstellung 521, 523
Gewinn
  fiktiver 468
Gewinnabgrenzung
  Methoden 565
Gewinnansprüche
  Abtretung von 231
Gewinnanteil
  mitunternehmerischer 511
Gewinnausschüttung
  verdeckte 559
Gewinneinkünfte 21
Gewinnerzielungsabsicht 99
Gewinnvorab 464
Gewöhnlicher Aufenthalt 17
Grenzpendler 19, 531
Großspenden 189
Grundstück 73
  unbebautes 107
Grundstückshandel 97
  gewerblicher 105
Günstigerprüfung 219
Güterstandsvereinbarung
  eheliche 357
Hafteinlage 467
Haftung
  bei Spendenbescheinigungen 191
  Lohnsteuer 54
Haftungsbescheid 55
Haftungsminderung 471
Halbdividendenzurechnung 508
Halbeinkünfteverfahren 58, 327, 378,
  445, 552
  Gewerbesteuer 508
Halber Steuersatz 284

Haushalt
　Aufwendungen für 152
Haushaltsersparnis 128
Haushaltsfreibetrag 225
　EG/EWR-Staaten 534
Haushaltshilfe 215
Heilberuf 119
Herstellungsaufwand
　anschaffungsnaher 77
Herstellungskosten
　nachträgliche 150
Hinterbliebene 216
Hinterbliebenen-Pauschbetrag 217
Hinzurechnungen 500
Hinzurechnungsbesteuerung 599
Hobbyaufwendungen 158
Höchstbetragsrechnung 172
Holdingprivileg 451
Identität
　wirtschaftliche 477
Immobilienfonds
　geschlossener 79
Individualbesteuerung
　Grundsatz der 4
Ingenieur 120
Inlandseinkünfte 613
Internationales Steuerrecht 529
Internet-Server
　dezidierter 616
Investmentanteile 234
Isolierende Betrachtungsweise 550
　umgekehrte 451
Journalist 120
Kapitalanlagegesellschaften 610
Kapitalertragsteuer 58, 64, 619
Kapitalgesellschaft
　als Gewerbesteuersubjekt 494
　Zwischenschaltung 593
Kapitalkonto 463
　kurzfristige Erhöhung 468
　negatives 292, 459, 474
　negatives ~ bei Kommanditisten 459
Katalogberufe 119
Kinder 218

berücksichtigungsfähige 220
　volljährige 221
Kinderbetreuungskosten 218, 226
Kinderfreibetrag 210, 219, 224
　Übertragung 225
Kindergeld 210, 219
Kirchensteuer 173
Kirchliche Zwecke 185
Kollisionsregeln 541
Kommanditist
　Kapitalkonto des 461
　Verlustanteile des 459
Konkurrenzen 473
Kontokorrent 504
Korrekturvorschriften
　Gewerbesteuer 520
Kulturelle Zwecken 188
Künstler 117
Kursdifferenzpapiere 233
Kürzung
　Einheitswert Grundvermögen 512
Kürzungen 500, 512
Lasten
　dauernde 168
Laufender Gewinn
　Abgrenzung zu Veräußerungsgewinnen 295
Lebensführungskosten
　private 151
Lebenspartnerschaftsgesetz 12
Lebensversicherung
　fondsgebundene 171
　Zinsen aus 65
Leibrente 85, 299
　als Sonderausgabe 161
Leiharbeitnehmer
　internationale 577
Leistungen
　wiederkehrende 85, 159, 168, 338
Leistungsfähigkeitsprinzip 4, 426
Liebhaberei 78
　einkommensteuerliche 99, 118
Lohnsteuer 41
　Pauschalierung 52

Steuerschuldnerschaft 51, 52
Mantelkauf 476
Mehrmütter-Organschaft 491
Miet- und Pachtzinsen 508
Mieteinnahme 79
Mildtätige Zwecke 185
Mindestbesteuerung 418, 453
Mindeststeuersatz 622
Mischbetriebe 111
Missbrauch rechtlicher
    Gestaltungsmöglichkeiten 505
Miterbengemeinschaft 388
    Übertragung von Anteilen 404
Mitgliedsbeiträge
    an politische Parteien 182
Mitunternehmerschaft
    bei Familienpersonengesellschaften 277
    Vererbung 396
Nachfolgeklausel
    qualifizierte 400
Nachfolgeklausel mit Teilungsanordnung 402
Nachhaltigkeit 96
Nebentätigkeit 44
Nettodividende 59
Nettoprinzip
    normspezifisches 442
    objektives 4, 124, 419, 621
    subjektives 4, 162, 622
Niedrigsteuerland 585, 604
Nießbrauch 256
    Ablösung 262
    an Personengesellschaften 266
    bei Einkünften aus V + V 258
    bei Kapitalvermögen 263
    Formen 258
Novation
    als Zufluss 37
Opfergrenze 213
Optionsgeschäfte 233
Organschaft 484
Outboundinvestitionen 551, 575
Per-country-limitation 543

Person
    nahe stehende 580
Personengesellschaft
    als Gewerbesteuersubjekt 493
    ausländische 570
    gewerbliche 109
    vermögensverwaltende 109, 336
Personensteuern
    nicht berücksichtigungsfähige 143
Persönlichkeitsbildung 155
Pflege-Pauschbetrag 217
Pflegepersonen 216
Policendarlehen 66
Policenfinanzierung 171
Prima facie-Beweis 101
Private Lebensführung 126
Privatvermögen
    Übertragung von 367
Prognoseentscheidung 101
Progressionsvorbehalt 545
    negativer 546
Quellenstaatsprinzip 529
Quellensteuer
    bei Sportlern und Künstlern 624
Quellensteuerabzug 623
Rabattregelung 24
Ratenzahlung 297
Räumungsverkauf 313
Realisation 279
Realsplitting 209
    begrenztes 166
Realteilung 399, 403, 408, 413
    einer Personengesellschaft 325
    mit Abfindungszahlung 410, 412
    ohne Abfindungszahlung 409, 412
Rechtsanwalt 119
Rechtsmissbrauch 612
Rechtsnachfolge 353
    im Ertragsteuerrecht 353
Reinvestitionsrücklage 383
Reisekosten 48, 153
Renten 159, 168, 365, 506
Rentenerlass 371
Rentensplitting 85

Rentenversicherung
    gesetzliche 181
Repräsentationsaufwendungen 139
Rückfallklauseln 276
Rückwirkung 110
Sachbezug 24
Sachinbegriff 84
Sachvermächtnis 395
Saisonbetrieb 310
Sanierungsmaßnahme 314
Schachteldividende 609
Schachtelprivileg
    gewerbesteuerliches 512, 515
    internationales 516
Schadensersatz
    Einkommensteuerliche Behandlung
        von 22
Schadensersatzrente 88
Scheingeschäft 611
Schiff
    im internationalen Verkehr 575
Schuldzinsen
    als Sonderausgabe 160
    als Werbungskosten 81
Schulgeld 179
Segmentierung 100
Selbständigkeit 93
Singularsukzession 355
Sofortversteuerung 299
Sonderausgaben 162
    Berechnungsschema 171
    Erstattungen von 165
    persönliche Abzugsberechtigung 165
Sonderausgabenabzug
    Voraussetzungen 170
Sonderausgaben-Pauschbetrag 197
Sparerfreibetrag 57
Spekulationsgewinn 440
Spekulationsverlust 440
Spenden 516
    an politische Parteien 182
Spendenabzug
    Höhe des 188
Spendenbescheinigung 190

Sponsoring 187
Steueranrechnung 578
Steuerbarkeit
    Einkommensteuer 20
Steuerberater 119
Steuerberatungskosten 174
Steuerentlastungsgesetz 418
Steuerentstrickung 312
Steuergegenstand Gewerbesteuer 489
Steuergerechtigkeit 4
Steuermessbetrag 490, 517
Steuermesszahl 517
Steuerpflicht
    beschränkte 531, 613
    erweitert beschränkte 584
    fiktive unbeschränkte 532
    persönliche ~ Gewerbesteuer 495
    sachliche 15
    sachliche ~ Gewerbesteuer 494
    unbeschränkte 15, 531
Steuerverstrickung 89
Stiftung 189
Stille Gesellschaft
    atypisch 473, 493
    typisch 63, 507
Stille Reserven 284
    Aufdeckung 279
Strafverfahren
    Behandlung der Kosten 142
Streubesitzdividenden 578
Stripped-Bonds 232
Stückzinsen 232
Substanzausbeuteverträge 73
Tafelgeschäft 619
Tarifbegrenzung 487
Tätigkeitsvergütung 464
Teilauseinandersetzungen 415
Teilbetrieb
    Definition 303
    Veräußerung 302
Teilbetriebsaufgabe 316
Termingeschäfte 233
    betriebliche 456
Territorialitätsprinzip 529

Tierhaltung
  gewerbliche 110
Tierzucht
  gewerbliche 456
Treaty overriding 539
Treaty shopping 539, 578
Treuhand 266
  Formen 267
Übernachtungskosten 131
Überschusseinkünfte 21
Überschusserzielungsabsicht 78
Übertragung
  entgeltliche ~ von
    Vermögensgegenständen 364
  teilentgeltliche 281
  unentgeltliche 279, 280
  unentgeltliche ~ von
    Vermögensgegenständen 364
  Zeitpunkt 287
Umstrukturierung
  betriebliche 279
Umwandlungssteuerrecht
  Verluste 480
Umzugskosten 156
Unfall
  als Werbungskosten 157
Universalitätsprinzip 529
Universalsukzession 355
Unterhalt 132, 152, 207
  Aufwendungen für 152, 206
Unterhaltsaufwendungen
  EG/EWR-Staaten 534
Unterhaltsleistungen
  als Sonderausgaben 166
  inländische öffentliche 211
Unterhaltsrente 160, 375
Unterhaltsverpflichtungen
  gesetzliche 210
Unternehmen
  personeller Umfang 116
  sachlicher Umfang 115
Unternehmensidentität 482
Unternehmensnießbrauch 395
Unternehmenssanierung 476

Unternehmeridentität 482
Unterricht und Erziehung
  als freiberufliche Tätigkeit 118
Veranlassungszusammenhang 145
Veräußerungsgewinn 291, 340, 367
Veräußerungsverlust 439
  gewerblicher 445
Verfahren
  AStG 611
  beschränkte Steuerpflicht 621
Verkehrswert 315
Verlust 418
  ausgleichsfähiger 465, 474
  bei § 22, 23 EStG 457
  verrechenbarer 465, 468, 474
Verlustanteil
  mitunternehmerischer 511
Verlustausgleich 420
  bei Zusammenveranlagung 427
  horizontaler 421
  vertikaler 419, 422
Verlustbeschränkung 453
  bei Personengesellschaften 439
  Transferierung 384
  verrechenbare 475
Verlustgesellschaft 78
Verlustrücktrag 433
  horizontaler 434
  vertikaler 435
Verlustverrechnung 419
  Einschränkung der 447
Verlustvortrag 433
  Gewerbesteuer 482
  verbleibender 439
Verlustzuweisungsgesellschaft 453, 459
Vermächtnisnießbrauch 258, 262
Vermietung
  gewerbliche 104
Vermögensumschichtung 159
Vermögensverwaltung
  fremdes Vermögen 123
  private 103
Verpächterwahlrecht 318, 382, 498
Verpachtung

eines Gewerbebetriebs 498
Verpflegungsmehraufwand 130
Verrechnungspreis 556
   Methoden 557
   Überprüfung 558
Verrechnungsverbot 453, 457
Versicherung 169, 200
Versicherungsvertragsrente 88
Versorgungsleistung 168
   wiederkehrende 365, 372
Versorgungsrente 160
   private 375
Vertrag
   völkerrechtlicher 539
Vertragsweg
   abgekürzter 246
Vervielfältigungstheorie 121
Verwendung
   zweckwidrige 193
Vollzug
   tatsächlicher 275
Vorbehaltsnießbrauch 258, 261
Vorsorgeaufwendungen 168
Vorsorgepauschale 172
Vorwegabzug 171
Vorzugsbesteuerung 585
Wegzugsbesteuerung 584
   und DBA 588
   Vermögenszuwachs 594
Weiterbildung
   eigene 175
   Kosten der 163
Weiterbildungskosten 178
Weiterleitungsklauseln
   bedingte 276
Welteinkommensprinzip 529
Werbungskosten 29, 124
   bei V + V 80
   Pauschalierung 34
   vorweggenommene 176, 178
Wertpapierhandel
   gewerblicher 105
Wesentliche Beteiligung 394
Wesentlichkeitsgrenze 332, 441

Wiederholungsabsicht 96
Wirksamkeit
   zivilrechtliche 269, 272
Wirtschaftlicher Verkehr
   Teilnahme an 98
Wirtschaftsgüter
   mehrjährige Nutzung von ~ als
     Sonderausgabe 163
Wohnraum
   eigengenutzter 82
Wohnsitz 16
Wohnung
   Begriff 16
   selbstgenutzte 394
Zahlungsweg
   abgekürzter 165, 245, 368
Zehn-Tages-Zeitraum 39
Zeitrente 86
Zerlegung 519
Zerlegungsmaßstab 519
Zero-Bonds 232
Zinsabschlagsteuer 64
Zinseinkünfte
   bei beschränkter Steuerpflicht 618
Zufluss 26, 35, 65, 164
Zuflussprinzip
   Ausnahme 38
   bei DBA 546
zumutbare Belastung 206, 216
zusammenveranlagte Ehegatten
   Vorsorgepauschale bei ~ 173
Zuwendung
   freigiebige 180
   unbenannte 248
Zuwendungsbestätigung
   unrichtige 192
Zuwendungsnießbrauch 258, 259
   entgeltlicher 260
   unentgeltlicher 260
Zwangsläufigkeit 200
Zweigniederlassung 305
Zwischengesellschaft
   nachgeschaltete 609
Zwischengewinn 235

Zwölftelung 212, 216, 222